D1671745

StGB
StPO

TEXTO

TEXTO Gesetzesausgabe

StGB StPO

Schweizerisches Strafgesetzbuch
Strafprozessordnung
und Nebenerlasse

Herausgegeben von

Prof. Dr. iur. Marcel Alexander Niggli
Ordinarius für Strafrecht und Rechtsphilosophie
an der Universität Freiburg i. Ue.

5. Auflage

Stand am 1.7.2013
gemäss der SR

Helbing Lichtenhahn Verlag

Bibliografische Information der Deutschen Nationalbibliothek
Die Deutsche Nationalbibliothek verzeichnet diese Publikation
in der Deutschen Nationalbibliografie; detaillierte bibliografische Daten
sind im Internet über http://dnb.d-nb.de abrufbar.

Stand der Erlasse gemäss der Systematischen Sammlung des Bundesrechts:
1. Juli 2013

Dies ist keine amtliche Veröffentlichung.
Massgebend ist allein die Veröffentlichung durch die Bundeskanzlei.

Gerne nehmen wir Ihre Anregungen, Hinweise und Kritik
unter texto@helbing.ch entgegen.

© 2013 Helbing Lichtenhahn Verlag, Basel

ISBN 978-3-7190-3421-4

www.helbing.ch

Inhaltsübersicht

Abkürzungen

a	alt(e)
aBetmG	Bundesgesetz vom 3. Oktober 1951 über die Betäubungsmittel und die psychotropen Stoffe (Betäubungsmittelgesetz, BetmG; Auszug auf dem Stand vor der Revision am 1. Juli 2011)
Abk.	Abkommen
Abs.	Absatz
aBV	(alte) Bundesverfassung der Schweizerischen Eidgenossenschaft vom 29. Mai 1874 (AS 1874 1 ff., BS 1 3 ff.)
AJP	Aktuelle Juristische Praxis
Änd.	Änderung(en)
Art.	Artikel
AS	Amtliche Sammlung des Bundesrechts; bis 1987: Sammlung der eidgenössischen Gesetze; bis 1948: Amtliche Sammlung der Bundesgesetze und Verordnungen (Eidgenössische Gesetzessammlung)
aStGB-AT	Ehemals gültiger Teil des Strafgesetzbuches (Art. 1–110 und 333–401 aStGB)
AT	Allgemeiner Teil
Aufl.	Auflage
AuG	Bundesgesetz vom 16. Dezember 2005 über die Ausländerinnen und Ausländer (Ausländergesetz; SR 142.20)
BB	Bundesbeschluss
BBl	Bundesblatt
Bd./Bde.	Bande/Bände
BEHG	Bundesgesetz vom 24. März 1995 über die Börsen und den Effektenhandel (Börsengesetz; SR 954.1)
BetmG	Bundesgesetz vom 3. Oktober 1951 über die Betäubungsmittel und die psychotropen Stoffe (Betäubungsmittelgesetz; SR 812.121)
betr.	betreffend
BFF	Bundesamt für Flüchtlinge
BG	Bundesgesetz
BGG	Bundesgesetz vom 17. Juni 2005 über das Bundesgericht (Bundesgerichtsgesetz; SR 173.110)
BJ	Bundesamt für Justiz
BRB	Bundesratsbeschluss
BS	Bereinigte Sammlung der Bundesgesetze und Verordnungen 1848–1947
Bst.	Buchstabe

BV	Bundesverfassung der Schweizerischen Eidgenossenschaft vom 18. April 1999 (Bundesverfassung; SR 101)
BVers	Bundesversammlung
BWIS	Bundesgesetz vom 21. März 1997 über Massnahmen zur Wahrung der inneren Sicherheit (SR 120)
bzgl.	bezüglich
d.h.	das heisst
d.i.	das ist
DAP	Dienst für Analyse und Prävention
DNA	Desoxyribonukleinsäure
DSG	Bundesgesetz vom 19. Juni 1992 über den Datenschutz (Datenschutzgesetz; SR 235.1)
E	Entwurf
EJPD	Eidgenössisches Justiz- und Polizeidepartement
ELG	Bundesgesetz vom 6. Oktober 2006 über Ergänzungsleistungen zur Alters-, Hinterlassenen- und Invalidenversicherung (SR 831.30)
EMRK	Konvention vom 4. November 1950 zum Schutze der Menschenrechte und Grundfreiheiten (Europäische Menschenrechtskonvention; SR 0.101)
EU	Europäische Union
Europol	Europäisches Polizeiamt
f./ff.	folgende, fortfolgende
Fn.	Fussnote
FS	Festschrift
i.i.	in initio
IMES	Bundesamt für Zuwanderung, Integration und Auswanderung
INTERPOL	Internationale Kriminalpolizeiliche Organisation (International Criminal Police Organization)
IPAS	Informatisiertes Personennachweis-, Aktennachweis- und Verwaltungssystem (des Bundesamtes für Polizei)
JStG	Bundesgesetz vom 20. Juni 2003 über das Jugendstrafrecht (Jugendstrafgesetz; SR 311.1)
JStPO	Schweizerische Jugendstrafprozessordnung vom 20. März 2009 (Jugendstrafprozessordnung; SR 312.1)
KG	Bundesgesetz vom 6. Oktober 1995 über Kartelle und andere Wettbewerbsbeschränkungen (Kartellgesetz; SR 251)
lit.	litera
MStG	Militärstrafgesetz vom 13. Juni 1927 (SR 321.0)

MTV	Verordnung vom 10. November 2004 über die Mitteilung kantonaler Strafentscheide (SR 312.3)
N	Note, Randziffer
nBetmG	(revidiertes) Bundesgesetz vom 3. Oktober 1951 über die Betäubungsmittel und die psychotropen Stoffe (Betäubungsmittelgesetz), Änderung vom 20. März 2008 (AS 2009 2623)
NFA	Neugestaltung des Finanzausgleichs und der Aufgabenteilung zwischen Bund und Kantonen
N-SIS	Nationaler Teil des Schengener Informationssystems
OHG	Bundesgesetz vom 23. März 2007 über die Hilfe an Opfer von Straftaten (Opferhilfegesetz; SR 312.5)
OHV	Verordnung vom 23. Februar 2008 über die Hilfe an Opfer von Straftaten (Opferhilfeverordnung; SR 312.51)
OR	Bundesgesetz betreffend die Ergänzung des Schweizerischen Zivilgesetzbuches vom 30. März 1911 (Fünfter Teil: Obligationenrecht; SR 220)
Par.	Paragraph
ParlG	Bundesgesetz über die Bundesversammlung vom 13. Dezember 2002 (Parlamentsgesetz; SR 171.10)
RIPOL	Automatisiertes Personen- und Sachfahndungssystem
s.(a.)	siehe (auch)
SchKG	Bundesgesetz vom 11. April 1889 über Schuldbetreibung und Konkurs (SR 281.1)
SchlB	Schlussbestimmung(en)
SGG	Bundesgesetz vom 4. Oktober 2002 über das Bundesstrafgericht (Strafgerichtsgesetz)
SIRENE	Supplementary Information Request at the National Entry
SIS	Schengener Informationssystem
SJZ	Schweizerische Juristen-Zeitung
SR	Systematische Sammlung des Bundesrechts
StBOG	Bundesgesetz vom 19. März 2010 über die Organisation der Strafbehörden des Bundes (Strafbehördenorganisationsgesetz; SR 173.71)
StGB	Schweizerisches Strafgesetzbuch vom 21. Dezember 1937 (SR 311.0)
StPO	Schweizerische Strafprozessordnung vom 5. Oktober 2007 (Strafprozessordnung; SR 312.0)
SVG	Strassenverkehrsgesetz vom 19. Dezember 1958 (SR 741.01)
TEVG	Bundesgesetz vom 19. März 2004 über die Teilung eingezogener Vermögenswerte (SR 312.4)
Tit.	Titel

u.a.	und andere
Übereink.	Übereinkommen
UeB	Übergangsbestimmungen
UNO	Organisation der Vereinten Nationen (United Nations Organization)
usw.	und so weiter
UWG	Bundesgesetz vom 19. Dezember 1986 gegen den unlauteren Wettbewerb (SR 241)
V	Verordnung
VeÜ-ZSSchK	Verordnung vom 18. Juni 2010 über die elektronische Übermittlung im Rahmen von Zivil- und Strafprozessen sowie von Schuldbetreibungs- und Konkursverfahren (SR 272.1)
vgl.	vergleiche
VOSTRA	(Voll)automatisiertes Strafregister
VOSTRA-V	Verordnung vom 29. September 2006 über das Strafregister (VOSTRA-Verordnung; SR 331)
V-StGB -MStG	Verordnung vom 19. September 2006 zum Strafgesetzbuch und zum Militärstrafgesetz (SR 311.01)
VStrR	Bundesgesetz vom 22. März 1974 über das Verwaltungsstrafrecht (SR 313.0)
WG	Bundesgesetz vom 20. Juni 1997 über Waffen, Waffenzubehör und Munition (Waffengesetz; SR 514.54)
ZAR	Zentrales Ausländerregister
ZeugSG	Bundesgesetz vom 23. Dezember 2011 über den ausserprozessualen Zeugenschutz (SR 312.2)
ZGB	Schweizerisches Zivilgesetzbuch vom 10. Dezember 1907 (SR 210)
Ziff.	Ziffer
ZStrR	Schweizerische Zeitschrift für Strafrecht
ZStW	Zeitschrift für die gesamte Strafrechtswissenschaft

Einleitend:
Langsamer Abschied von Feuerbach

Prof. Dr. Marcel Alexander Niggli

I.   Das 19. Jahrhundert

Im gleichen Jahr, in dem Paul Johann Anselm VON FEUERBACH (1775–1833) seine «Revision der Grundsätze und Grundbegriffe des positiven peinlichen Rechts»[1] erscheinen liess, erhielt die Schweiz, d.h. die Helvetische Republik, mit dem «Peinlichen Gesetzbuch» vom 4. Mai 1799 erstmals ein gemeinsames Strafgesetzbuch.[2] Es handelte sich weitgehend um eine an die schweizerischen Gegebenheiten angepasste Übersetzung des französischen Code pénal von 1791.[3] Mit Zusammenbruch der Helvetik wurden in der Mediation 1803 die Kantone wieder souverän und damit für die Gesetzgebung auch im Bereich des Strafrechts zuständig.

Sie nutzten dies im Verlauf des 19. Jahrhunderts zum Erlass eigener Strafgesetzbücher,[4] die allerdings sehr unterschiedlich waren: Während sich die Deutschschweizer Kantone eher an deutschen Gesetzen,[5] ab 1871 am Reichsstrafgesetzbuch orientierten, nahm für die französischsprachigen Kantone diese Stellung der französische Code pénal ein.

Die sehr starke Fragmentierung der schweizerischen Strafrechtspflege erschien zunehmend unzeitgemäss und wurde mit Einführung der Freizügigkeit in der Bundesverfassung von 1848 offensichtlich. Dennoch wurde dazumal eine Bundeskompetenz für das materielle Strafrecht trotz eines entsprechenden Antrages abgelehnt. Einzig Strafbestimmungen zum Schutz des jungen Bundesstaates und seiner Beziehungen zum Ausland wurden mit dem Bundesstrafrecht von 1853 eingeführt (Hoch- und Landesverrat, Verbrechen gegen fremde Staaten, Verbrechen gegen die verfassungsmässige Ordnung und die innere Sicherheit sowie Straftaten gegen eidgenössische Behörden, Verkehrsmittel und Urkunden).[6]

Der Verfassungsentwurf von 1872 sah eine Bundeskompetenz in den Bereichen des Straf- und Zivilrechts vor, doch wurde dieser Entwurf vom Volk abgelehnt, was man schwergewichtig den Vereinheitlichungsbestrebungen zuschrieb. In der schliesslich

---

1   FEUERBACH 1799.
2   Dazu WAGNER, ZStrR 1943. Zur Geschichte bis dahin STRATENWERTH, AT/1, § 1 N 1 ff.
3   THORMANN/VON OVERBECK, StGB, Bd. 1, 10 f.; SCHULTZ, AT/1, 63.
4   Zur Entwicklung: THORMANN/VON OVERBECK, StGB, Bd. 1, 11 ff.
5   Und damit auch an den Feuerbachschen Prinzipien (nulla poena sine lege, Schuldprinzip etc.) massgeblich formuliert in der bereits erwähnten «Revision» aber auch den anderen Schriften dieser Jahre: «Über die Strafe als Sicherungsmittel vor künftigen Beleidigungen des Verbrechers: nebst einer näheren Prüfung der Kleinischen Strafrechtstheorie» 1800, der «Kritik des Kleinschrodischen Entwurfs zu einem peinlichen Gesetzbuche für die Chur-Pfalz-Bayrischen Staaten», Giessen 1804, und natürlich seinem «Lehrbuch des Gemeinen in Deutschland geltenden Peinlichen Rechts», Giessen 1801.
6   THORMANN/VON OVERBECK, StGB, Bd. 1, 16 f.; SCHULTZ, AT/1, 63; RIKLIN, AT, § 7 N 14.

angenommenen Fassung von 1874 wurde deshalb darauf verzichtet und lediglich das Verbot von Todesstrafe und körperlichen Strafen wurde festgeschrieben.[7]

Die erwähnte Fragmentierung des materiellen Strafrechts allerdings blieb weiterhin ein erheblicher Störfaktor, was der Schweizerische Juristenverein mit einer 1887 fast einstimmig angenommenen Resolution zum Ausdruck brachte: «Der Schweizerische Juristenverein, überzeugt, dass ein wirksamer und erfolgreicher Kampf gegen das Verbrechertum nicht möglich ist, so lange die Zersplitterung der kantonalen Strafgesetzgebung fortbesteht, ersucht den Bundesrat, die Vorarbeiten für die Vereinheitlichung des Strafrechtes an die Hand nehmen zu wollen.»[8] Als Folge davon wurde gleichen Jahres eine entsprechende Motion eingebracht mit dem Ziel, dem Bund die Gesetzgebungskompetenz im Bereich des Strafrechtes zu übertragen, und der Bundesrat beauftragte 1889 CARL STOOSS (1849–1934)[9] mit der Vorbereitung und Ausarbeitung eines schweizerischen Strafgesetzbuches.

II.   Carl Stooss und das schweizerische Strafgesetzbuch

STOOSS ging dabei nicht grundsätzlich anders vor, als es EUGEN HUBER für das Zivilrecht tat: Er versuchte vorweg, sich einen Überblick über das Bestehende zu verschaffen, indem er den damaligen Status quo zusammenstellte. Dies tat er in zwei Publikationen, namentlich *Die schweizerischen Strafgesetzbücher zur Vergleichung zusammengestellt*, 1890 erschienen sowie *Die Grundzüge des schweizerischen Strafrechts*, 1892 in zwei Bänden erschienen.[10]

Bereits ein Jahr später[11] veröffentlichte STOOSS den ersten Vorentwurf zu einen allgemeinen Teil des StGB[12] und wiederum ein Jahr später, 1894, den Vorentwurf zum Allgemeinen und Besonderen Teil samt zugehörigen Motiven.[13]

In den Jahren 1893–1896 tagte eine erste Expertenkommission, der auch STOOSS selbst angehörte, welche die Entwürfe überarbeitete. Die Protokolle ihrer Beratungen sind 1896 unter dem Titel *Verhandlungen der vom Eidgenössischen Justiz- und Polizeidepartement einberufenen Expertenkommission über den Vorentwurf zu einem*

---

7   Was allerdings bzgl. der Todesstrafe bereits 1879 wieder rückgängig gemacht wurde: THORMANN/VON OVERBECK, StGB, Bd. 1, 18.

8   THORMANN/VON OVERBECK, StGB, Bd. 1, 19. Zur Diskussion um die Vereinheitlichung des Strafrechts vgl. etwa den Bericht von STOOSS, ZStrR 1892 über die Verhandlungen des Schweizerischen Juristenvereins.

9   Zur Biographie von Stooss vgl. etwa HAFTER, ZStrR 1934 und HAFTER, Schweizer Juristen; HOLENSTEIN, Zürcher, 215 ff.; RITTLER, GLEISPACH und MITTERMAIER, ZStrR 1934; zu seiner Person und seinem Werk GSCHWEND, ZStrR 1994 und GAUTHIER, ZStrR 1994; zum Wirken seiner kriminalpolitischen Positionen RUSCA, 1981 und KAENEL, Entwicklung 1981.

10 Band I wurde von Emil ZÜRCHER in ZStrR 1892 rezensiert.

11 Für die chronologische Ordnung der folgenden Jahre ist die Zusammenstellung in RIEDO, Strafantrag, 99 ff. ausserordentlich hilfreich.

12 STOOSS, Motive 1893; vgl. dazu etwa den aus dem Jahr 1893 stammenden Text von MERKEL, ZStrR 1901 (der Text stammt aus dem Jahre 1893) und VON LISZT, Vorentwurf.

13 STOOSS, Motive 1894; vgl. dazu STOOSS, ZStrR 1896; LAMMASCH, ZStrR 1895 und VON LILIENTHAL, ZStW 1895.

Schweizerischen Strafgesetzbuch in zwei Bänden publiziert worden und resultierten im Vorentwurf 1896.[14] Den Vorentwurf 1896 erläuterte STOOSS im *Bericht über den Vorentwurf zu einem Schweizerischen Strafgesetzbuch nach den Beschlüssen der Expertenkommission* zuhanden des Eidgenössischen Justizdepartements, dessen Manuskript in zwei Teilen in den Jahren 1899 bzw. 1901 gedruckt und publiziert wurde.[15]

Dann trat ein gewisser Unterbruch ein, der zum einen darin begründet lag, dass die Kompetenz des Bundes zur Strafrechtsgesetzgebung fehlte; sie wurde 1898 durch Art. 64bis aBV eingeführt.[16] Andererseits war bedeutsam, dass STOOSS 1896 eine Berufung an die Universität Wien annahm, nicht zuletzt auch deswegen, weil der langsame Prozess ihn zu ermüden begann.[17] Schliesslich lässt sich die zögerliche Gesetzgebung wohl auch darauf zurückführen, dass die Stooss'schen Ideen und Konzepte zur damaligen Avant-Garde gehörten und in der Schweiz auf doch erhebliche Skepsis stiessen.[18]

Erst fünf Jahre danach, 1901, setzte der Bundesrat eine entsprechende Expertenkommission ein. In Zusammenarbeit mit STOOSS sollten sich die sieben Personen, die ihr angehörten, mit dem Vorentwurf 1896 auseinandersetzen.[19] Eigenartigerweise sind die Sitzungsprotokolle dieser Kommission nicht publiziert. Es existiert einzig eine maschinengeschriebene Abschrift der entsprechenden Protokolle. Die Arbeit dieser intermediären, ersten kleinen Expertenkommission mündete im Vorentwurf 1903.[20] Dessen Veröffentlichung führte zu einer Vielzahl von Äusserungen der interessierten Kreise,[21] die ihrerseits wiederum in einer zweiten kleinen Expertenkommission zusammen mit STOOSS gesichtet und zum Vorentwurf 1908 verarbeitet wurden.[22] Zu diesem Entwurf nun äussern sich die berühmten *Erläuterungen* von EMIL ZÜRCHER[23] und der *Bericht an das hohe Justizdepartement über die neue Fassung des Vorentwurfs zu einem schweizerischen Strafgesetzbuch* von STOOSS[24].

---

14 Vgl. dazu ZÜRCHER, Denkschrift, 10 ff.

15 STOOSS, Bericht 1899 und Bericht 1901; vgl. dazu MEYER VON SCHAUENSEE, Geschichte und Kritik; vgl. weiter EJPD, ZStrR 1897.

16 AS 16, 885, 888; BBl 1896 IV 733, 1898 V 461. Vgl. dazu STOOSS, Gerichtssaal 1897 und STOOSS, ZStrR 1898.

17 Frucht dieser Berufung ist etwa das Lehrbuch des Österreichischen Strafrechts; zu STOOSS in Österreich: MOOS, ZStrR 1988.

18 SCHULTZ, AT/1, 64 f., der zu Recht auch darauf hinweist, dass bereits die zweite Tagung der progressiven «Internationalen kriminalistischen Vereinigung», der neben STOOSS etwa FRANZ VON LISZT angehörte, in der Schweiz stattfand.

19 Zu den Verzögerungen etwa THORMANN, FS Huber; HOLENSTEIN, Zürcher, 346 ff.; NÄGELI, 85 ff.; HAFTER, Juristen, 120 ff.

20 HAFTER, ZStrR 1909, 300; vgl. dazu HAFTER, ZStrR 1903.

21 Eine Übersicht findet sich in HAFTER, Bibliographie 1908 und Bibliographie 1912; TEICHMANN, Bibliographie sowie Strafrecht (Nachtrag), 506 und ZÜRCHER, Bibliographie; vgl. ferner zur Rolle und Bedeutung von Hafter, NÄGELI, 87 f. Zu den einzelnen Voten ferner RIEDO, Strafantrag, 101.

22 Vgl. HAFTER, ZStW 1910.

23 ZÜRCHER, Erläuterungen; zu Zürcher eingehend HOLENSTEIN, Zürcher; HAFTER, Juristen, 127 ff.; vgl. weiter die Nachrufe von HAFTER, ZStrR 1926 und FRITZSCHE, SJZ 1926/27.

24 STOOSS, Bericht 1909; vgl. dazu auch VON OVERBECK, ZStrR 1909 und KRONAUER, ZStrR 1913.

Der Vorentwurf 1908 wurde dann in der zweiten (grossen) Expertenkommission[25] während vier Jahren (1912–1916) diskutiert und überarbeitet.[26] Die Beratungen dieser zweiten Expertenkommission wurden publiziert als *Schweizerisches Strafgesetzbuch, Protokoll der zweiten Expertenkommission* (neun Bände und zwei Zusatzbände, 1912 ff.).[27] Die Arbeiten dieser zweiten grossen Kommission mündeten im Vorentwurf 1915, der seinerseits durch die Redaktionskommission zum Vorentwurf 1916 wurde, teilweise unter erheblichen Änderungen, was allerdings durch einen entsprechenden Vorschlag Bundesrat MÜLLERS veranlasst war: *«Ich beantrage, die Redaktionskommission allgemein zu ermächtigen, den definitiven Text Ihrer Beschlüsse zu fixieren und die Herausgabe des VE vorzubereiten. [...] Ihr Stillschweigen darf ich als Zustimmung auffassen».*[28] Wie RIEDO wohl zu Recht vermutet,[29] dürfte das Stillschweigen der anderen Kommissionsmitglieder weniger aus deren Zustimmung geflossen sein als vielmehr aus der Tatsache, dass es ihnen ob der doch sehr grosszügigen «allgemeinen Ermächtigung» die Sprache verschlagen hatte.

Schliesslich legte, nach einer letzten erneuten Durchsicht des Textes durch STOOSS in Zusammenarbeit mit Bundesrat MÜLLER, der Bundesrat den Entwurf eines schweizerischen Strafgesetzbuches mitsamt einer – von EMIL ZÜRCHER verfassten[30] – Botschaft 1918 den beiden Räten vor.[31] Dieser Entwurf wurde in den vorberatenden Kommissionen von National- bzw. Ständerat und dann in den Räten selbst diskutiert.[32] Nach dem Differenzbereinigungsverfahren erfolgte am 21. Dezember 1937 – CARL STOOSS war inzwischen verstorben – die Schlussabstimmung, in welcher die Vorlage in den Räten breite Zustimmung fand.[33] Wie dringend dieses neue Gesetz notwendig war, zeigt sich etwa in der Reportage ERNST TOLLERS über den Giftmordprozess Riedel-Guala.[34] Toller beschreibt darin die Strafe des «Gatters», die er im Zuchthaus Thorberg miterlebt hatte, eine Strafe, die als «Stehblock» zehn Jahre später in Auschwitz fürchterliche Berühmtheit erlangen sollte.[35] Zwar wurde gegen das neue StGB das Referendum ergriffen[36], doch scheiterte dieses in der Volksabstimmung vom 3. Juli 1938. Am 1. Januar 1942

---

25 Den Vorsitz hatte Bundesrat Müller inne.

26 Parallel zu den Beratungen besorgte eine Redaktionskommission die Umsetzung der jeweils gefassten Beschlüsse, so insbesondere den Vorentwurf 1913.

27 Zur Arbeit dieser zweiten Expertenkommission HAFTER, ZStrR 1913; HAFTER, ZStrR 1914, HAFTER, Juristen, 125 und NÄGELI, 89 ff.

28 Schweizerisches Strafgesetzbuch, Protokoll der zweiten Expertenkommission IX, 404.

29 RIEDO, Strafantrag, 102, Fn. 448.

30 HOLENSTEIN, Zürcher, 343 und 501.

31 Für eine Gegenüberstellung des Vorentwurfs 1893 zum Entwurf 1918: STOOSS, ZStrR 1918, 284 ff.; vgl. weiter die Übersicht auf die Entwicklung von 1893 bis 1929 in MITTERMAIER, ZStrR 1929.

32 Vgl. STOOSS, ZStrR 1929.

33 BBl 1937 III 625 ff.

34 TOLLER, Weltbühne 1931.

35 Den besten Einblick in die Zustände jener Zeit liefern wohl journalistische und literarische Arbeiten; vgl. etwa GROSSMANN, Strafanstalten 1905; TOLLER, Justiz 1927 oder SLING, Richter 1929.

36 Dazu etwa CORRODI, SJZ 1924/25; DELAQUIS, ZStrR 1932 und ZStrR 1938; PFENNINGER, SJZ 1937/38 und RENNEFAHRT, SJZ 1937/38; vgl. weiter NÄGELI, Hafter, 94 und HAFTER, Juristen, 121 f.

trat das Schweizerische Strafgesetzbuch endlich – über 50 Jahre nach der fraglichen Resolution – in Kraft.[37]

III. Die Revision des Allgemeinen Teiles und des Dritten Buches des StGB

Für beinahe 30 Jahre blieb das Gesetz nach Inkrafttreten im Wesentlichen unverändert. Es erlebte erst per 1. Juli 1971 eine massgebliche Revision, indem der Katalog der Sanktionen erweitert, insbesondere Halbfreiheit und Halbgefangenschaft eingeführt und die Maximaldauer einer bedingten Strafe auf 18 Monate erweitert wurden. In immer schnellerem Tempo wurden dann – fast ausschliesslich im Bereich des Besonderen Teiles – Anpassungen, Ergänzungen und Änderungen vorgenommen.[38] Die erste «grosse» Überarbeitung des Strafgesetzbuches beanspruchte dann fast 25 Jahre. 1983 wurden die Professoren HANS SCHULTZ (Allgemeiner Teil des StGB, Einführung und Anwendung des Strafgesetzbuches) bzw. MARTIN STETTLER (Jugendstrafrecht) mit der Ausarbeitung vollständiger Überarbeitungen des ersten und dritten Buches beauftragt. Die beiden Vorentwürfe wurden 1985[39] bzw. 1986[40] vorgelegt und in der Folge von einer Expertenkommission überarbeitet. Die Resultate dieser Arbeiten wurden 1993 der Öffentlichkeit vorgestellt.[41] Diese Vorentwürfe führten zu einer äusserst regen Auseinandersetzung,[42] v.a. deshalb, weil sich die öffentliche Meinung inzwischen doch deutlich geändert hatte. Stand zum Zeitpunkt der Aufträge zur Ausarbeitung von Revisionsvorschlägen v.a. der Anpassungsbedarf an die internationalen Entwicklungen und dementsprechend eine relativ deutliche Liberalisierung im Vordergrund, so veränderte sich dies im Verlaufe der Zeit zunehmend in eine angestrebte Verschärfung. Dem neuerlich verstärkten Gewicht einer repressiven Kriminalitätspolitik versuchte der Bundesrat durch eine Überarbeitung des Vorentwurfs der Expertenkommission Rechnung zu tragen. Dieser Entwurf des Bundesrates und die zugehörige Botschaft wurden 1998 veröffentlicht.[43] Die anschliessende Beratung der Räte 1999–2002 brachte zwar nochmals gewisse Änderungen, schien die Reform aber endlich abzuschliessen.[44] Kurz danach gerieten einzelne Punkte des Sanktionenrechts erneut in Kritik. Bemängelt wurde insbesondere das – wohl durch Versehen entstandene – Missverhältnis bedingt vollziehbarer Geldstrafen (bei Verbrechen und Vergehen) zu unbedingt vollziehbaren Bussen (bei Übertretungen), andererseits aber auch die – bewusst so angestrebten – engen Bedingungen einer Verwahrung. Der Bundesrat nahm diese Kritik auf und veröffentlichte 2005 nochmals eine Botschaft.[45]

---

37 AS 54 757 ff.; Art. 401 Abs. 1 StGB.
38 Vgl. für die Zeit nach 1971 SUTTER, Revisionen 1994.
39 SCHULTZ, Bericht 1985, Druckfassung 1987.
40 STETTLER, 1986; vgl. weiter auch STETTLER, ZStrR 1988.
41 BUNDESAMT FÜR JUSTIZ, Bericht 1993 sowie Vorentwürfe 1993.
42 Vgl. nur etwa die in BAUHOFER/BOLLE, Reform 1994, enthaltenen Beiträge oder SCHWEIZERISCHE KRIMINALISTISCHE GESELLSCHAFT, Vernehmlassung 1994 sowie in Antwort darauf RIKLIN, ZStrR 1994.
43 BOTSCHAFT 1998.
44 BBl 2002 8240.
45 BOTSCHAFT 2005.

Diese Fassung schliesslich wurde mit einigen kleinen Änderungen vom Parlament im März 2006 beschlossen und per 1. Januar 2007 in Kraft gesetzt.

Wesentlichstes Resultat der Revision, so lässt sich sicherlich feststellen, ist, dass das schweizerische Strafgesetzbuch – entgegen der ursprünglichen Absicht – sicherlich nicht liberaler geworden ist, sondern sich international (v.a. an Deutschland und Österreich) angepasst hat, so wie es umgekehrt einst diese Staaten als vorbildliches Gesetzeswerk beeinflusst hatte. Die schweizerischen Besonderheiten, die daraus resultieren, dass die Schweiz kein ausschliesslich deutschsprachiger Staat ist, sind im Rahmen dieser Reform weiter zurückgedrängt worden, sieht man einmal von der teilbedingten Strafe ab. Und die soll ja nun nach den neuesten Wünschen des Parlamentes wieder abgeschafft werden.[46]

IV. Revision von Gesetzen

1. Allgemeine Schwierigkeiten

Berücksichtigt man nur die Entstehungsgeschichte und die Revision des Allgemeinen Teils des Strafgesetzbuches, so könnte man meinen, Gesetzgebungs- oder Revisionsvorhaben dauerten grundsätzlich lange, weil sie gründlich durchdacht und abgewogen würden, doch trifft dies wohl die Realität nicht. Tatsächlich sind v.a. grundsätzliche, umfassende (und damit einheitliche) Änderungen praktisch unmöglich geworden, während umgekehrt punktuelle Änderungen und Ergänzungen so häufig sind, dass das einzig Stete und Bleibende ist, dass sich das Strafgesetz in permanenter Änderung befindet. Das ist auch keine Besonderheit des Kernstrafrechts, sondern zeichnet die jüngere Gesetzgebung allgemein aus.

Problematisch erscheint zum einen das stetig **zunehmende Tempo der Revisionen**, weil es bewirkt, dass *ein*, wenn nicht sogar *das* Spezifikum des Rechts unter Druck gerät, nämlich dessen deutlich langsameres Änderungstempo gegenüber der Geschwindigkeit gesellschaftlicher Entwicklung. Gerade diese Langsamkeit des Rechts erlaubt eine seiner wesentlichsten Funktion überhaupt, die Schaffung von Sicherheit. Wo aber Änderungen bereits selbst wieder abgeändert werden, bevor sie noch in Kraft zu treten vermögen, wo der aktuelle Stand eines Gesetzes auf die Minute genau angegeben werden muss, da wird es schwierig, überhaupt einen gültigen Stand des Gesetzes zu statuieren.

Drei Beispiele mögen genügen:

1. Die Bestimmungen über die Verantwortlichkeit des Unternehmens, die bereits im Vorentwurf der Experten von 1993 enthalten waren,[47] wurden vorzeitig per 1. Oktober 2003 in Kraft gesetzt; dies im Wissen darum, dass die Bestimmungen (Art. 100^{quater} und 100^{quinquies}) wenige Jahre später zu Art. 102 und 102a werden würden. Vergessen ging

---

46 Vgl. nachfolgend S. XXV, Ziff. 34: Motion Rickli.

47 BUNDESAMT FÜR JUSTIZ, Bericht 1993 sowie Vorentwürfe 1993, Art. 101–103.

dabei, dass Art. 106 aStGB entsprechend hätte angepasst werden müssen. Das führte dazu, dass – hätte man das Gesetz beim Wort nehmen wollen – auch Übertretungen die Verantwortlichkeit des Unternehmens hätten begründen können, obwohl bereits beschlossen war, dass dies bei Inkrafttreten des revidierten AT StGB per 1. Januar 2007 nicht sein sollte. Symptomatisch erscheint auch, dass trotz der Gesamtrevision des AT StGB bereits ab Inkrafttreten ein Art. 108 nicht existierte, obwohl umgekehrt die Unternehmensstrafbarkeit gemäss Art. 102 im Rahmen der parlamentarischen Beratungen durch eine Bestimmung (Art. 102a) ergänzt wurde.

2. Als zweites Beispiel sei die Verjährung genannt. Auch hier wurde die Revision des Verjährungsrechts, die bereits im Rahmen des revidierten AT StGB geplant war, vorgezogen und hinsichtlich der Art. 70–72 aStGB bereits am 5. Oktober 2001 beschlossen.[48] Hinterher wurde offenbar bewusst, dass die Verjährung auch in anderen Bestimmungen zu harmonisieren war, sodass mit Beschluss vom 22. März 2002 das damals gültige StGB nochmals hinsichtlich Art. 59, 75bis und 109 sowie einiger Bestimmungen des Besonderen Teiles angepasst werden musste.[49] Beide Änderungen wurden per 1. Oktober 2003 in Kraft gesetzt. Weniger als vier Jahre später hat die Revision des AT nun auch dies überdeckt, während das Nebenstrafrecht nach wie vor nicht bereinigt ist. Nur als Schmankerl sei dabei noch erwähnt, dass völlig vergessen ging, dass das Haftpflichtrecht auf die strafrechtlichen Verjährungsfristen abstellt (vgl. Art. 60 Abs. 2 OR),[50] was dogmatische Probleme von ganz eigenem Reiz schafft.

3. Im November 2003 wurden Bericht und Vorentwurf zur Revision der Bestimmungen über den Menschenhandel veröffentlicht.[51] Der darin vorgeschlagene neue Art. 182 StGB bezog sich in seinem Wortlaut – trotz der bereits beschlossenen Revision des AT StGB – auf Zuchthaus und Gefängnis. Weil die Referendumsfrist erst im Juli 2006 ablief (sie verstrich ungenutzt), war ursprünglich ein Inkrafttreten per 1. Januar 2007 vorgesehen. Dies aber war nicht möglich, weil dann eine Strafbestimmung (Art. 182 StGB) in Kraft getreten wäre, die sich noch an der alten Sanktionsordnung des StGB orientiert, während gleichzeitig mit ihr die Sanktionsordnung nach revidiertem AT StGB in Kraft getreten wäre, weshalb eine Anpassung über Art. 333 hätte scheitern müssen. Als Ausweg wurde die Vorlage per 1. Dezember 2006 in Kraft gesetzt, und dies – man achte die Kurzfristigkeit – mit Präsidialentscheid vom 28. November 2006.[52]

---

48 BBl 2001 5738.
49 BBl 2002 2750.
50 Vgl. dazu nur RIEDO/KUNZ, AJP 2004.
51 Unterzeichnung des Fakultativprotokolls zur Kinderrechtskonvention betreffend den Verkauf von Kindern, die Kinderprostitution und die Kinderpornographie sowie Beitritt zum UNO-Übereinkommen gegen transnationale organisierte Kriminalität und zu den beiden Zusatzprotokollen gegen Menschenhandel und Menschenschmuggel; vgl. BBl 2005 2807 sowie BBl 2005 2849.
52 AS 2006 5437 (Näheres zum Verfahren und seinen Details unter: <www.ejpd.admin.ch> unter dem Stichwort Menschenhandel).

2. Schwierigkeiten mit der Revision des StGB

Problematisch erscheint auch (gerade im Hinblick auf das Strafrecht) der zunehmende **Einfluss populistischer Denk- und Diskussionsstrukturen.** Bereits im Rahmen der Revision des AT StGB hatte man zuweilen den Eindruck gewinnen müssen, es werde über ein Gesetz zur Wahrung der geistigen Gesundheit diskutiert, so sehr war die Diskussion medial auf die verschwindend kleine Gruppe der psychisch kranken Täter fokussiert.

Ausserordentlich störend wirkt sich dabei aus, dass die zunehmende Mediatisierung des gesellschaftlichen Diskurses zum einen mit der Tatsache zusammentrifft, dass sich das Strafrecht für symbolische Diskussion bestens eignet, ist doch in Sachen Strafrecht jeder Spezialist oder glaubt es zu sein. Diese – überall zu beobachtende – Problemlage wird in der Schweiz noch durch die starken direktdemokratischen Strukturen verstärkt. Die Trias dieser Bedingungen hindert zunehmend einen rationalen (oder wenigstens pragmatischen) Diskurs über Strafe und Strafrecht.

Erwähnt seien hier nur die beiden jüngsten Sündenfälle: Da war erstens die sog. Verwahrungsinitiative vom 3. Mai 2000, die am 8. Februar 2004 mit 56.2% der Stimmen (und 21½ Ständestimmen) angenommen wurde. Die Initiative hat etwas verlangt, das sich rechtlich so gar nicht verwirklichen lässt (ganz abgesehen davon, dass sie selbstwidersprüchlich war, denn wenn man psychiatrischen Gutachten sogar dann vertraut, wenn sie Prognosen für das gesamte zukünftige Leben stellen, dann ist nicht einsichtig, warum man ihnen bei einer erneuten Begutachtung nicht vertrauen sollte). Da war zweitens die sog. Unverjährbarkeitsinitiative vom 1. März 2006, die am 30. November 2008 mit 51.9% der Stimmen (und in 18 Ständen) angenommen wurde. Eine Initiative, die sich kaum anders denn als Unfall beschreiben lässt, sieht sie doch vor, dass sexuelle Handlungen an Minderjährigen überhaupt nicht verjähren können, während selbst eine Tötung verjährt, was im besten Fall unlogisch, im schlimmsten kriminogen wirkt. Die beiden Initiativen zeigen das Problem drastisch auf: Während es durchaus legitim erscheint, darüber abzustimmen, ob Atomkraft zuzulassen sei oder nicht, eignet sich die Frage, welche Betriebstemperatur für einen Reaktor angemessen sei, kaum für eine Abstimmung. Genau das aber findet gegenwärtig statt. Mit katastrophalen Konsequenzen.

3. Die unendliche Revision

Um Durcheinander zu kreieren, benötigt man allerdings keine Initiativen und kein Volk, dem Parlament gelingt dies zusammen mit den Medien fabelhaft alleine. Kaum war per Januar 2007 das revidierte Gesetz in Kraft getreten, so schien es, als ob es gar nie Befürworter gehabt hätte, denn selbst seine prominentesten Verfechter waren augenscheinlich zu Kritikern mutiert. Die Geschwindigkeit, mit der man *nach* dem Inkrafttreten Änderungen forderte, postulierte und umsetzte, schien vergessen machen zu wollen, dass man 20 Jahre für die Revision von AT und Drittem Buch StGB benötigt hatte.

Kaum nämlich war das revidierte Strafgesetz ein Jahr in Kraft, als ein allseitiger Dauer-beschuss einsetzte, der kaum anders denn als Propaganda gegen das Strafrecht verstan-den werden kann (Schlagwort: Kuscheljustiz). Der revidierte AT StGB nämlich stellte nur den Aufhänger für die Kritik dar, konnte aber weder deren Ziel noch deren Grund darstellen, denn weder die Entwicklung der Kriminalität (die stetig sinkt), noch diejeni-ge der Justiz bieten Anhaltspunkte für das allgemeine Sturmlaufen.

Höchst merkwürdig etwa musste es berühren, wenn medial der Prozentsatz der bedingt ausgesprochenen Freiheitsstrafen bei Vergewaltigungen als Resultat des revidierten AT StGB dargestellt wurde, obwohl sich diese Quote durch die Revision überhaupt nicht verändert hatte.[53] Das Strafrecht war endgültig zwischen den Hammer des Populismus und den Amboss der medialen Skandalisierung geraten. Dass es für den Skandal kei-nen Anlass gab, änderte nichts daran, dass die Politik sich intensiv mit dem Strafrecht auseinandersetzte und im Juni 2009 Sondersessionen von National- und Ständerat zur Verschärfung des Strafrechts und zur Kriminalität anberaumte, wobei wenig erstaunt, dass es v.a. die Sondersession des Nationalrates war, die Massstäbe setzte.[54] Es lohnt sich vielleicht, hier die Motionen aufzulisten, die der Nationalrat im Eilzugtempo in einem Morgen angenommen hat:

1. Motion Burkhalter: Nationale Strategie für die Bekämpfung der Internetkriminalität (08.3100); Text: Der Bundesrat wird beauftragt, zusammen mit den Kantonen und der Wirtschaft eine nationale Strategie für die Bekämpfung der Internetkriminalität zu entwickeln. Diese soll insbesondere Massnahmen gegen Spionage, unbefugte Beschaf-fung und Missbrauch von Daten sowie asymmetrische Angriffe mit terroristischem Ziel enthalten.[55]

2. Motion Glanzmann-Hunkeler: Registrierungspflicht bei Wireless-Prepaid-Karten (07.3627); Text: Der Bundesrat wird beauftragt, ein Gesetz vorzuschlagen, das Wire-less-Prepaid-Karten unter die Registrierungspflicht stellt. Das Post- und Fernmeldege-setz (BÜPF) und entsprechende Verordnungen sind dahingehend anzupassen, dass eine Teilnehmeridentifikation auch innerhalb von privaten Netzwerken obligatorisch ist. Insbesondere muss feststellbar sein, welche Rechner einem solchen Netzwerk ange-schlossen sind.[56]

3. Motion Darbelley: Steigerung der Effizienz im Strafvollzug (07.3710); Text: Der Bundesrat wird beauftragt, die notwendigen Schritte für eine Effizienzsteigerung und Kosteneinsparungen im Strafvollzug einzuleiten. Insbesondere gilt dies für folgende Punkte: Abschluss eines Überstellungsabkommens mit Balkanstaaten und weiteren

---

53 Damit der Trick gelingen konnte, mussten alle Freiheitsstrafen, bei denen ein Teil bedingt ausgesprochen wurde, den bedingten Freiheitsstrafen zugeschlagen werden.
54 Sondersession des Ständerates vom 11. Juni 2009 (ohne wesentliche Vorkommnisse). Vgl. www.parlament.ch/ ab/frameset/d/s/4809/304274/d_s_4809_304274_304600.htm?DisplayTextOid=304601. Sondersession des Nationalrates vom 3. Juni 2009. Vgl. www.parlament.ch/ab/frameset/d/n/4809/300565/d_n_4809_300565_ 300566.htm?DisplayTextOid=300567.
55 www.parlament.ch/D/Suche/Seiten/geschaefte.aspx?gesch_id=20083100.
56 www.parlament.ch/D/Suche/Seiten/geschaefte.aspx?gesch_id=20073627.

Staaten zur Strafverbüssung im Herkunftsland. Im Europarat ist auf eine Änderung des Übereinkommens über die Überstellung verurteilter Personen hinzuwirken: Eine Überstellung soll für einen Restvollzug von bis zu drei Monaten (heute sechs) möglich werden; die Zustimmung der Gefangenen ist nicht mehr notwendig. Schaffung ordentlicher rechtlicher Grundlagen für die Strafverbüssung mit elektronischen Fussfesseln.[57]

4. Motion Büchler: Kampf dem Terrorismus (07.3751); Text: Der Bundesrat sorgt dafür, dass das Bundesamt für Polizei den Auftrag und die notwendigen Ressourcen erhält, im Internet Informationen zu beschaffen, die auf Verbrechen wie Terrorismus, Menschenhandel, Proliferation, organisierte Kriminalität und Spionage hindeuten. Ein besonderer Fokus ist dabei auf dschihadistische Webseiten zu legen. Dschihadistische und gewaltextremistische Seiten auf Schweizer Servern sind sofort vom Netz zu nehmen.[58]

5. Motion Galladé: Maximale Altersobergrenze für erzieherische und therapeutische Schutzmassnahmen im Jugendstrafrecht (07.3847); Text: Die Obergrenze des Massnahmealters gemäss Artikel 19 Absatz 2 im Jugendstrafrecht ist in bestimmten Fällen von bisher 22 auf 25 Jahre anzuheben.[59]

6. Motion Hochreutener: Verbot von elektronischen Killerspielen (07.3870); Text: Der Bundesrat wird beauftragt, dem Parlament eine Botschaft zu unterbreiten, um den Verkauf von gewaltbeinhaltenden Killerspielen (sogenannten Ego-Shootern gemäss Rating 16+/18+ der Pan European Game Information) an Kinder und Jugendliche zu verbieten bzw. zu unterbinden.[60]

7. Motion Rickli: Schaffung eines nationalen Registers für vorbestrafte Pädophile (08.3033); Text: Der Bundesrat wird beauftragt, die gesetzlichen Grundlagen für ein nationales Register von verurteilten pädophilen Sexualstraftätern zu schaffen. Strafverfolgungsbehörden müssen anhand dieses Registers jederzeit unbürokratischen Zugang zu Informationen über Wohnort, Name und Daten von verurteilten pädophilen Sexualstraftätern haben. Die Behörden sollen in begründeten Fällen und auf Anfrage Auskünfte an Institutionen, die mit Kindern und Jugendlichen zu tun haben (beispielsweise Kindergärten, Schulen, Vereine), oder betroffene Personen (z.B. Eltern) geben können. Wegen sexueller Handlungen mit Unmündigen (Art. 187 StGB) verurteilte Täter sind zu verpflichten, die zuständigen Behörden über Wechsel ihres Wohn- und Arbeitsortes zu informieren. Verstösse gegen diese Vorschrift sind streng zu bestrafen.[61]

8. Motion Fraktion der Schweizerischen Volkspartei: Ausschaffung von Ausländern, die sich weigern, sich zu integrieren (08.3094); Text: Der Bundesrat wird beauftragt, die gesetzlichen Grundlagen zu schaffen, dass Ausländer, welche sich erwiesenermassen weigern, sich zu integrieren, d. h. die Schweizer Regeln (z.B. Erlernen

---

57 www.parlament.ch/D/Suche/Seiten/geschaefte.aspx?gesch_id=20073710.
58 www.parlament.ch/D/Suche/Seiten/geschaefte.aspx?gesch_id=20073751.
59 www.parlament.ch/D/Suche/Seiten/geschaefte.aspx?gesch_id=20073847.
60 www.parlament.ch/D/Suche/Seiten/geschaefte.aspx?gesch_id=20073870.
61 www.parlament.ch/D/Suche/Seiten/geschaefte.aspx?gesch_id=20083033.

der Sprache) zu akzeptieren, ihre Niederlassungsbewilligung verlieren und ausgeschafft werden können.[62]

9. Motion Joder: Verschärfung des Strafrahmens bei vorsätzlicher Körperverletzung (08.3131); Text: Der Bundesrat wird beauftragt, durch entsprechende gesetzliche Anpassungen die Strafandrohung bei vorsätzlicher Körperverletzung zu verschärfen.[63]

10. Motion Segmüller: Sicherheit verbessern. Polizeiliche Grundversorgung stärken. (08.3208); Text: Der Bundesrat wird beauftragt, in Absprache mit den Kantonen dem Parlament Gesetzesänderungen und Massnahmen vorzuschlagen, wie er in Einklang mit der kantonalen Polizeihoheit die Grundversorgung an Polizeikräften sicherstellen, die präventive Präsenz der Polizei erhöhen und bestehende Lücken schliessen kann.[64]

11. Motion Robbiani: Für eine wirksame Bekämpfung der Kriminalität in den Grenzregionen (08.3268); Text: Die Kriminalität in den Grenzgebieten soll erfolgreich bekämpft werden. Der Bundesrat wird deshalb aufgefordert, Folgendes zu tun: Die Präsenz von Grenzwächterinnen und Grenzwächtern ist in den Risikogebieten so zu verstärken, dass in den am nächsten an der Grenze gelegenen Regionen intensivere Kontrollen durchgeführt werden können. Die Aufstockung des Personals der Polizei wird nötig, weil die betroffenen Regionen Kontrollen und Massnahmen zur Bekämpfung der Kriminalität durchführen müssen. Es ist zu prüfen, ob und wie sich der Bund an dieser Personalaufstockung finanziell beteiligen kann. Die Zusammenarbeit mit den in den angrenzenden Staaten (insbesondere Italien) für die Gebietskontrolle zuständigen Organen sowie die Zusammenarbeit mit den neuen Vertragspartnern des Personenfreizügigkeitsabkommens sind auszubauen, mit dem Ziel, wirksamere Massnahmen zur Vorbeugung und zur Bekämpfung der Grenzkriminalität durchzuführen.[65]

12. Motion Stamm: Strafvollzug in den Herkunftsländern (08.3441); Text: Der Bundesrat wird ersucht, alle notwendigen Schritte zu unternehmen, um mit anderen Ländern Staatsverträge auszuhandeln, damit Strafgefangene ihre Freiheitsstrafen in ihren Herkunftsländern statt in der Schweiz verbüssen können. Dabei ist der Strafvollzug im Ausland selbstverständlich so sicherzustellen, dass die Regeln eines humanen Strafvollzugs respektiert bleiben.[66]

13. Motion Fiala: Stalking (08.3495); Text: Der Bundesrat wird beauftragt, Stalking unter Strafe zu stellen und das Strafgesetzbuch mit einem entsprechenden Artikel zu ergänzen.[67]

14. Postulat Heer: Prüfung von Massnahmen gegen ausländische Drogenhändler mit Bewilligung B und C (08.3501): Der Bundesrat wird gebeten, zu prüfen, welche Massnahmen gegen ausländische Drogenhändler mit Bewilligung B und C eingeleitet

---

62 www.parlament.ch/D/Suche/Seiten/geschaefte.aspx?gesch_id=20083094.
63 www.parlament.ch/D/Suche/Seiten/geschaefte.aspx?gesch_id=20083131.
64 www.parlament.ch/D/Suche/Seiten/geschaefte.aspx?gesch_id=20083208.
65 www.parlament.ch/D/Suche/Seiten/geschaefte.aspx?gesch_id=20083268.
66 www.parlament.ch/D/Suche/Seiten/geschaefte.aspx?gesch_id=20083441.
67 www.parlament.ch/D/Suche/Seiten/geschaefte.aspx?gesch_id=20083495.

werden können, damit eine abschreckende Wirkung erzielt und der Drogenhandel in Wohnquartieren eingedämmt werden kann.[68]

15. Motion Fiala: Erhöhung der Strafandrohung bei Kinderpornografie (08.3609): Der Bundesrat wird beauftragt, im Strafgesetzbuch die Strafandrohungen im Bereich der Kinderpornografie (Art. 197 Ziff. 3; Art. 197 Ziff. 3bis und Art. 197 Ziff. 4 StGB) zu erhöhen.[69]

16. Motion Aubert: Schutz des Kindes vor Misshandlung und sexuellem Missbrauch (08.3790); Text: Der Bundesrat wird beauftragt, dem Parlament eine Änderung des Zivilgesetzbuches oder eines anderen Bundesgesetzes vorzulegen, mit der eine allgemeine Meldepflicht gegenüber Kindesschutzbehörden in allen Schweizer Kantonen eingeführt werden kann. Ein einheitliches Vorgehen durch eine allgemeine Meldepflicht soll dazu beitragen, dass die Misshandlung und der sexuelle Missbrauch von Kindern – beides fordert noch viel zu viele Opfer – wirksam bekämpft werden.[70]

17. Motion Galladé: Erhöhung des Massnahmenalters bei jugendlichen Straftätern (08.3797); Text: Der Bundesrat wird beauftragt, die Obergrenze des Massnahmenalters gemäss Artikel 19 Absatz 2 im Jugendstrafrecht in bestimmten Fällen von bisher 22 auf 25 Jahre anzuheben respektive zu gewährleisten, dass Jugendliche im Massnahmenvollzug auch nach dem 22. Altersjahr in einer adäquaten Anstalt untergebracht werden können.[71]

18. Motion Jositsch: Verjährungsfristen bei Wirtschaftsdelikten (08.3806); Text: Der Bundesrat wird beauftragt, bei Wirtschaftsdelikten die Verjährungsfristen im Strafrecht zu verlängern.[72]

19. Motion Schmid-Federer: Verdeckte Ermittlungen im Vorfeld von Strafverfahren (08.3841); Text: Der Bundesrat wird beauftragt, dem Parlament eine Änderung von Artikel 286 der Schweizerischen Strafprozessordnung (StPO) vom 5. Oktober 2007 zu unterbreiten, sodass verdeckte Ermittlungen auch dann möglich sind, wenn der Verdacht besteht, dass eine schwere Straftat gemäss Artikel 286 Absatz 2 bevorstehe.[73]

20. Motion Müller: Massnahmen gegen gemeingefährliche Geschwindigkeitsexzesse (08.3951); Text: Der Bundesrat wird beauftragt, gesetzliche Grundlagen zur Bekämpfung von Geschwindigkeitsexzessen im Strassenverkehr zu schaffen. Dabei sind folgende Massnahmen umzusetzen: Wer nach einem Entzug des Führerausweises eine Geschwindigkeitsübertretung begeht, die zu einem erneuten Entzug des Führerausweises führt, muss nach dessen Wiedererhalt obligatorisch und auf eigene Kosten im von ihm gefahrenen Fahrzeug ein Aufzeichnungsgerät mit integriertem GPS-System (Blackbox) einbauen lassen. Gleichzeitig ist im Führerschein ein deutlich sichtbarer Ver-

---

68 www.parlament.ch/D/Suche/Seiten/geschaefte.aspx?gesch_id=20083501.
69 www.parlament.ch/D/Suche/Seiten/geschaefte.aspx?gesch_id=20083609.
70 www.parlament.ch/D/Suche/Seiten/geschaefte.aspx?gesch_id=20083790.
71 www.parlament.ch/D/Suche/Seiten/geschaefte.aspx?gesch_id=20083797.
72 www.parlament.ch/D/Suche/Seiten/geschaefte.aspx?gesch_id=20083806.
73 www.parlament.ch/D/Suche/Seiten/geschaefte.aspx?gesch_id=20083841.

merk einzutragen mit dem Hinweis, dass die betroffene Person nur dieses, mit einem Aufzeichnungsgerät versehene Fahrzeug lenken darf. Die Dauer, während der das Aufzeichnungsgerät im Fahrzeug eingebaut sein muss und während welcher der Vermerk im Führerschein eingetragen bleibt, wird von den zuständigen Behörden, gestützt auf die gesetzlichen Grundlagen, festgelegt. Das Aufzeichnungsgerät speichert permanent die Angaben zur gefahrenen Geschwindigkeit und ist einmal pro Monat von den zuständigen Behörden auszuwerten. Wird bei der Auswertung eine weitere Übertretung festgestellt, ist der Führerschein zu entziehen und für die gleiche Dauer das Fahrzeug einzuziehen. Fährt die betroffene Person ohne Führerschein oder mit einem Fahrzeug ohne Aufzeichnungsgerät, wird das von ihr gefahrene Fahrzeug durch die Behörden für die Dauer der Entzugsverlängerung des Führerausweises eingezogen. Dies gilt auch dann, wenn das Fahrzeug nicht dem Fahrer gehört. Wird gleichzeitig eine Geschwindigkeitsübertretung festgestellt, die nach geltender Rechtslage zum Entzug des Führerausweises führt, wird das gefahrene Fahrzeug definitiv eingezogen bzw. enteignet. Wer ein Fahrzeug ausleiht, ist verpflichtet, den Führerschein des Fahrers zu überprüfen. Die Ausleihung eines Fahrzeuges – auch zum rein privaten Gebrauch – an Personen ohne gültigen Fahrausweis oder mit der Pflicht zum Einbau eines Aufzeichnungsgerätes ist verboten.[74]

21. Motion Heim: Eindämmung der häuslichen Gewalt (09.3059); Text: Der Bundesrat wird beauftragt, einen Bericht zur Einstellungspraxis betreffend Tatbestand «Häusliche Gewalt» in den Kantonen zu erstellen und gestützt darauf die nötigen Massnahmen zur Eindämmung solcher Gewaltvorkommen und zur Stärkung der Opfer zu unterbreiten. Insbesondere sind dabei Massnahmen zu evaluieren, die darauf abzielen, dass: die provisorische Einstellung des Verfahrens auf Antrag an die Bedingung des Besuchs eines Lernprogramms gegen Gewalt geknüpft wird respektive die definitive Verfahrenseinstellung an die Bedingung der erfolgreichen Absolvierung des Lernprogramms einerseits und an das Nichtwiederauftreten dieser Gewalttaten durch die Tatperson andererseits; das Verfahren von Amtes wegen wieder aufgenommen wird, wenn sich die Tatperson dem Programm entzieht und/oder innerhalb von sechs Monaten seit der provisorischen Einstellung gegen die Tatperson erneut wegen Gewalt gegen das Opfer angeklagt und ein Verfahren eingeleitet wird; die Einstellung des Verfahrens bei wiederholter Gewalt der Tatperson gegen das Opfer nicht mehr möglich ist respektive das Verfahren von Amtes wegen wieder aufgenommen wird.[75]

22. Motion Baettig: Abschaffung der bedingten gemeinnützigen Arbeit (09.3233); Text: Der Bundesrat wird beauftragt, eine Vorlage zur Änderung der Artikel 42 Absatz 1, Artikel 43 Absatz 1 und Artikel 37 Absatz 1 StGB zu präsentieren, welche beinhaltet, dass die gemeinnützige Arbeit nur noch unbedingt ausgesprochen werden

---

74 www.parlament.ch/D/Suche/Seiten/geschaefte.aspx?gesch_id=20083951.
75 www.parlament.ch/D/Suche/Seiten/geschaefte.aspx?gesch_id=20093059.

kann. Sie muss auch ohne Berücksichtigung der Zustimmung des Täters verhängt werden können.[76]

23. Motion Büchler: Sicherheit des Wirtschaftsstandorts Schweiz (09.3266); Text: Der Bundesrat wird beauftragt, als Sofortmassnahme zur Erhöhung der Sicherheit des Wirtschafts- und Bildungsstandorts Schweiz die Organisationen, die im Rahmen der Bundesverwaltung für die Bewältigung der Cyberbedrohung zuständig sind und die einen effektiven Bedarf ausweisen können, bis Ende 2009 um bis zu 50 Prozent ihres Bestandes per 1. Januar 2009 aufzustocken.[77]

24. Motion Stamm: Wiedereinführung von Freiheitsstrafen unter sechs Monaten (09.3300); Text: Der Bundesrat wird beauftragt, eine Gesetzesänderung vorzubereiten, welche bedingte und unbedingte Freiheitsstrafen auch unter sechs Monaten wieder einführt. Dabei sollte vor allem Artikel 40 des Strafgesetzbuches (StGB) geändert werden. Der Text ist analog zur Formulierung, die bis Ende 2006 in Kraft war, neu zu fassen. Artikel 41 und Artikel 42 Absatz 4 StGB sollen ersatzlos gestrichen werden. Alle Gesetzesbestimmungen, die auf die Geldstrafe verweisen (z. B. Art. 39, Umwandlung), sind entsprechend anzupassen.[78]

25. Motion Stamm: Schnellgerichte bei geständigen und bei auf frischer Tat ertappten Tätern (09.3311); Text: Die gesetzlichen Bestimmungen – insbesondere die Strafprozessordnung – sei so zu ändern, dass in Fällen, bei denen es über den Täter keinen Zweifel gibt, der Täter sofort in Haft genommen und in Haft behalten werden kann.[79]

26. Motion Stamm: Strafgesetzbuch. Abschaffung der Freiwilligkeit gemeinnütziger Arbeit (09.3313); Text: Die Bedingung in Artikel 37 des Strafgesetzbuches, wonach der Täter der Anordnung von gemeinnütziger Arbeit zustimmen muss, sei zu streichen. Verhält sich der Verurteilte unkooperativ, sei die gemeinnützige Arbeit um die Zeitdauer des unkooperativen Verhaltens zu verlängern, oder die gesamte angeordnete Dauer sei nachträglich als Freiheitsstrafe zu verbüssen.[80]

27. Postulat Jositsch: Überprüfung der Gerichtspraxis bezüglich Ausschöpfung der Strafrahmen (09.3366); Text: Der Bundesrat wird beauftragt, eine Studie zu erstellen, in der evaluiert wird, inwiefern die Strafgerichte die vom Gesetzgeber vorgesehenen Strafrahmen ausschöpfen.[81]

28. Motion Heer: Anpassung der Voraussetzungen für den Strafregistereintrag (09.3398); Text: Der Bundesrat wird beauftragt, die Voraussetzungen für einen Eintrag von Bussen im Strafregister dahingehend zu ändern, dass hierfür nicht die einkommens- und vermögensabhängige Höhe der Busse entscheidend ist, sondern das Verschulden

---

76 www.parlament.ch/D/Suche/Seiten/geschaefte.aspx?gesch_id=20093233.
77 www.parlament.ch/D/Suche/Seiten/geschaefte.aspx?gesch_id=20093266.
78 www.parlament.ch/D/Suche/Seiten/geschaefte.aspx?gesch_id=20093300.
79 www.parlament.ch/D/Suche/Seiten/geschaefte.aspx?gesch_id=20093311.
80 www.parlament.ch/D/Suche/Seiten/geschaefte.aspx?gesch_id=20093313.
81 www.parlament.ch/D/Suche/Seiten/geschaefte.aspx?gesch_id=20093366.

des Delinquenten, was sich typischerweise an der Höhe der Ersatzfreiheitsstrafe, die festgelegt wird, ablesen lässt.[82]

29. Motion Rickli: Erhöhung des Strafmasses bei Vergewaltigungen (09.3417); Text: Der Bundesrat wird beauftragt, dem Parlament folgende Änderung von Artikel 190 des Strafgesetzbuches (StGB) zu unterbreiten: In Absatz 1 (Vergewaltigung) ist die Mindeststrafe von einem auf drei Jahre hinaufzusetzen («... Freiheitsstrafe von drei bis zu zehn Jahren ...»). In Absatz 3 (qualifizierter Tatbestand) ist als Mindeststrafe eine «Freiheitsstrafe nicht unter fünf Jahren» vorzusehen.[83]

30. Motion Rickli: Höheres Strafmass bei Vergewaltigung von Kindern unter 12 Jahren (09.3418); Text: Der Bundesrat wird beauftragt, dem Parlament folgende Änderung bzw. Ergänzung von Artikel 190 des Strafgesetzbuches (StGB) zu unterbreiten: Artikel 190 StGB ist um einen Absatz 4 betreffend die Vergewaltigung von Kindern zu ergänzen. In diesem Absatz 4 ist festzuhalten, dass für eine Vergewaltigung, bei welcher das Opfer zur Zeit der Tat weniger als 12 Jahre alt ist, eine Freiheitsstrafe nicht unter sieben Jahren verhängt wird.[84]

31. Motion Allemann: Verbot von Killerspielen (09.3422); Der Bundesrat wird beauftragt, dem Parlament eine gesetzliche Grundlage vorzulegen, die es erlaubt, die Herstellung, das Anpreisen, die Einfuhr, den Verkauf und die Weitergabe von Spielprogrammen zu verbieten, in denen grausame Gewalttätigkeiten gegen Menschen und menschenähnliche Wesen zum Spielerfolg beitragen.[85]

32. Postulat Sommaruga: Elektronische Fussfesseln als Strafvollzugsmittel (09.3424); Text: Der Bundesrat wird beauftragt, zur Einführung elektronischer Fussfesseln als Mittel zum Vollzug von Freiheitsstrafen eine erneute Vernehmlassung bei den Kantonen durchzuführen und eine erneute Evaluation vorzunehmen sowie einen Bericht vorzulegen.[86]

33. Motion Rickli: Verlängerung der Widerrufsfrist bei Nichtbewährung (09.3427); Text: Der Bundesrat wird beauftragt, dem Parlament folgende Änderung von Artikel 46 Absatz 5 des Strafgesetzbuches zu unterbreiten: Die Widerrufsfrist des bedingten Strafvollzugs ist von drei auf fünf Jahre zu erhöhen.[87]

34. Motion Rickli: Abschaffung des teilbedingten Strafvollzugs für Strafen über zwei Jahren (09.3428); Text: Der Bundesrat wird beauftragt, dem Parlament folgende Änderung von Artikel 43 des Strafgesetzbuches zu unterbreiten: Der teilbedingte Strafvollzug ist für Strafen über zwei Jahre abzuschaffen.[88]

---

82 www.parlament.ch/D/Suche/Seiten/geschaefte.aspx?gesch_id=20093398.
83 www.parlament.ch/D/Suche/Seiten/geschaefte.aspx?gesch_id=20093417.
84 www.parlament.ch/D/Suche/Seiten/geschaefte.aspx?gesch_id=20093418.
85 www.parlament.ch/D/Suche/Seiten/geschaefte.aspx?gesch_id=20093422.
86 www.parlament.ch/D/Suche/Seiten/geschaefte.aspx?gesch_id=20093424.
87 www.parlament.ch/D/Suche/Seiten/geschaefte.aspx?gesch_id=20093427.
88 www.parlament.ch/D/Suche/Seiten/geschaefte.aspx?gesch_id=20093428.

35. Motion Sommaruga: Rückversetzung von verurteilten Personen (09.3443); Text: Der Bundesrat wird beauftragt, im Hinblick auf die Rückversetzung von verurteilten Personen in den Straf- oder Massnahmenvollzug – insbesondere mit Blick auf die Artikel 62 Absatz 3 sowie 95 Absatz 5 des Strafgesetzbuches – die Schweizerische Strafprozessordnung dahingehend zu ändern, dass für die ganze Schweiz einheitliche Modalitäten gelten. Diese sollen insbesondere die folgenden Bereiche betreffen: einen dringlichen und provisorischen Entscheid der Administrativbehörden über die Rückversetzung von verurteilten Personen; die Modalitäten der Überprüfung dieses Entscheides durch einen provisorischen und einen definitiven richterlichen Entscheid; die Beweiserhebung; genaue Festlegung der Fristen für die Gültigkeit der dringlichen und provisorischen Entscheide der Administrativbehörde sowie des provisorischen richterlichen Entscheids.[89]

36. Motion Häberli-Koller: Fehlende Wirkung bedingter Geldstrafen (09.3444); Text: Der Bundesrat wird beauftragt, das Strafgesetzbuch im ersten Buch, zweiter Abschnitt dahingehend zu ändern, dass der Richter keine bedingte Geldstrafen mehr aussprechen kann.[90]

37. Motion Hochreutener: Verstärkte Berücksichtigung der Sicherheit potentieller Opfer im Strafrecht (09.3445); Text: Der Bundesrat wird beauftragt, dem Parlament Vorschläge zu unterbreiten, mit denen im Strafrecht im Bereich der Gewaltkriminalität der Sicherheit potentieller Opfer neben dem Gedanken der Resozialisierung vermehrt Rechnung getragen werden kann.[91]

38. Motion Kiener Nellen: Unmündige Sexarbeiterinnen und -arbeiter. Strafbare Freier (09.3449); Text: Der Bundesrat wird aufgefordert, eine Lösung zum Schutz unmündiger Sexarbeiterinnen und Sexarbeiter auszuarbeiten, indem Artikel 195 des Strafgesetzbuches mit der Strafbarkeit von Freiern ergänzt wird, wenn sie sich bei Unmündigen Sexdienstleistungen erkaufen.[92]

39. Motion Amherd: Wiedereinführung kurzer Haftstrafen (09.3450); Text: Der Bundesrat wird beauftragt, das Strafgesetzbuch im ersten Buch, zweiter Abschnitt dahingehend zu ändern, dass unbedingte Haftstrafen unter 24 Monaten wieder ausgefällt werden können.[93]

Und all dies an einem einzigen Morgen! Welch herkulische Leistung, ist man geneigt auszurufen. Doch was diese Flut von Anregungen und Wünschen eint (abgesehen von der Tatsache, dass sie im Verlaufe eines Vormittags in dieser Zahl schlicht nicht sachgerecht diskutiert werden können) ist der – jedenfalls für einen mit Strafrecht regelmässig beschäftigten Menschen schlicht unglaubliche, ja beinahe schon naive – Glaube an die

---

89 www.parlament.ch/D/Suche/Seiten/geschaefte.aspx?gesch_id=20093443.
90 www.parlament.ch/D/Suche/Seiten/geschaefte.aspx?gesch_id=20093444.
91 www.parlament.ch/D/Suche/Seiten/geschaefte.aspx?gesch_id=20093445.
92 www.parlament.ch/D/Suche/Seiten/geschaefte.aspx?gesch_id=20093449.
93 www.parlament.ch/D/Suche/Seiten/geschaefte.aspx?gesch_id=20093450.

Wirksamkeit von Strafe (insbesondere deren abschreckender Wirkung) gepaart mit doch erheblichem Missverständnis des Wirkungsmechanismus selbst.

V.   Das StGB in seinen aktuellen Bezügen

Trotz der jüngsten Änderungen sind nach wie vor typisch schweizerische Eigenheiten deutlich zu erkennen, so etwa in der Gewichtung der einzelnen Rechtsgüter: Blickt man nämlich in die Strafgesetzbücher unserer Nachbarländer, so fällt auf, dass sie – wie die Schweiz auch – allesamt die einzelnen Delikte in Gruppen zusammenfassen und diese Gruppen nach ihrer Bedeutung ordnen. Welch ein Unterschied aber besteht in dieser Ordnung. Während Deutschland und Italien mit dem Staat beginnen und dann langsam über die öffentliche Verwaltung und Ordnung oder Religion zum einzelnen Bürger und seinen Rechtsgütern kommen, ist dies in Österreich, Frankreich und der Schweiz gerade umgekehrt. Hier beginnt man mit dem Menschen (in Frankreich genau genommen mit der Menschheit bzw. mit den Verbrechen gegen die Menschlichkeit) und gelangt über die Familie zum Staat. Bemerkenswert erscheint der Stellenwert des Vermögens, dem in der Schweiz der 2. Titel gewidmet ist, während es in Deutschland erst im 18.–21. Titel auftaucht. Auch im Verhältnis zu denjenigen Staaten, die ebenfalls den Schutz des Individuums in den Vordergrund stellen, erscheint die Einordnung der Vermögensdelikte (gleich nach Leib und Leben und vor Ehre, Freiheit oder sexueller Integrität) beachtlich, gehen den Vermögensdelikten in Österreich doch immerhin diejenigen gegen Leib und Leben, Freiheit, Ehre und die Privatsphäre vor, ebenso in Frankreich, wo die Vermögensdelikte ein eigenes (drittes) Buch bilden nach den Delikten gegen die Person, zu denen Delikte gegen Leib und Leben, sexuelle Selbstbestimmung, Freiheit, Würde, Persönlichkeit und Familie gehören.

Eine weitere schweizerische Besonderheit besteht bzgl. der angedrohten Strafmasse. Während nämlich die Strafrahmen sehr grosszügig gesetzt werden (insbesondere deren Obergrenze: vgl. etwa den einfachen Diebstahl mit Freiheitsentzug bis zu 5 Jahren), bewegt sich das Mass der tatsächlich ausgefällten Strafen typischerweise im unteren Drittel dieser Strafrahmen. Mit dieser Struktur hat die Schweiz lange Zeit ausgezeichnete Erfolge verzeichnet. Die Quote der Gewaltdelikte ist im Vergleich zu anderen Ländern wie bereits Deutschland (ganz zu schweigen von den USA) deutlich niedriger. D.h. gerade hinsichtlich Gewalt erscheint die Schweiz nachgerade als Paradies. Trotz dieser Erfolge soll dieses Modell aber ebenfalls am Ausland orientiert werden (vgl. vorstehend etwa die Motionen, die Strafschärfungen verlangen sowie die Motion, die die Ausschöpfung der Strafrahmen verlangt).

Nicht nur der Allgemeine, sondern auch der Besondere Teil wird ständig um- und ausgebaut. Dabei ist dreierlei auffällig: Zum einen nimmt der internationale Einfluss ständig zu. Die immer engere Vernetzung der Wirtschaftsräume verknüpft auch die Nationalstaaten und ihre jeweiligen Regelungen immer mehr miteinander. Zum zweiten ist eine gewisse Abkehr vom Individuum festzustellen. Mehr und mehr stehen Kollektive und Gemeinschaften – oder zumindest prozedurale allgemeine Prinzipien im Zentrum der Regelungen. Zum dritten schliesslich lässt sich beobachten, dass Strafrecht in einer immer heterogeneren Gesellschaft – quasi als moralisches bzw. ethisches Minimum[94] – mehr und mehr an Bedeutung gewinnt. Fast jeder neue Erlass weist Strafnormen auf, offenbar, weil man der Durchsetzung ansonsten misstraut. Alleine im letzten Lustrum sind so monatlich ein bis zwei neue Erlasse mit Strafbestimmungen erlassen worden, so dass sich heute in der Schweiz mit Strafe und ihrer Durchführung über 400 Erlasse befassen. Zum einen führt das zu einer zunehmenden Zufälligkeit der Strafverfolgung: Weil nur die Strafnormen an Zahl zunehmen, aber weder die Strafverfolgungs- noch die Strafvollzugsbehörden entsprechend erweitert oder aufgestockt werden, muss das, was verfolgt wird, zwingend vom Legalitätsprinzip wegführen und den Einfluss anderer – wohl häufig rein aleatorischer – Faktoren fördern. Andererseits führt diese Entwicklung zu einer immer stärkeren Marginalisierung des sog. Kernstrafrechts gegenüber dem Nebenstrafrecht, während umgekehrt – um nur ein Beispiel zu nennen – modernes Wirtschaftsrecht mit Wirtschaftsstrafrecht zu verschmelzen beginnt. Dieses Wuchern strafrechtlicher Bestimmungen wiederum führt zu immer quälenderen Abgrenzungsproblemen, was alleine an der Diskussion um den Charakter der Strafbestimmungen etwa des Wettbewerbsrechts, insbesondere des Kartellgesetzes, deutlich wird.

Auch vor diesem Hintergrund erscheint letztlich eine Rückbesinnung auf die Grundprinzipien strafenden Rechts bedeutsam,[95] so wie sie – trotz aller Widersprüchlichkeiten und möglicher Fehler – im Allgemeinen Teil des Strafgesetzbuches doch immer noch in – gerade im Vergleich zum Nebenstrafrecht – beeindruckender Konsistenz formuliert werden.

VI. Die Entwicklung seit der 3. Auflage

Die beschriebenen Entwicklungen hin zu einer Verflüssigung (und damit letztlich zu einer Liquidierung) des Strafrechts, oder jedenfalls der FEUERBACHschen Prinzipien setzen sich leider auch in jüngster Zeit ungebrochen fort.

Die Flut von Motionen zur Verschärfung des Strafrechts hält weiter an, seit dem Sommer 2009 waren es insgesamt 17, darunter auch eine zur Beschleunigung dieser Verschärfung.[96] Einzig die Rassendiskriminierungs-Strafnorm (Art. 261bis StGB) soll wieder einmal gestrichen werden.[97]

---

94 Der Begriff stammt von GEORG JELLINEK, 1908.

95 Garantiefunktion des Strafgesetzes; vgl. STRATENWERTH, ZStrR 2009, 114–126.

96 Motion Joder: Keine weitere Verzögerung bei der Verschärfung des Strafrechts (09.4074); Text: Der Bundesrat wird beauftragt, die für den Herbst 2009 in Aussicht gestellte Vorlage betreffend Verschärfung des Strafrechts dem Parlament nach erfolgter Vernehmlassung ohne weiteren Verzug vorzulegen. Abrufbar unter: www.parlament.ch/D/Suche/Seiten/geschaefte.aspx?gesch_id=20094074; 30.11.2010.

97 Motion Mörgeli: Streichung des Rassismusartikels (09.3843); Text: Das Schweizerische Strafgesetzbuch (StGB) und das Militärstrafgesetz (MStG) seien wie folgt zu ändern: Artikel 261bis StGB sowie Artikel 171c MStG seien ersatzlos zu streichen. Abrufbar unter: www.parlament.ch/D/Suche/Seiten/geschaefte.aspx?gesch_id=20093843; 30.11.2010.

Zu erwähnen ist natürlich die Umsetzung der sog. Unverjährbarkeits-Initiative,[98] mit der Art. 101 StGB geändert und die Unverjährbarkeit eingeführt wird von sexuellen Handlungen mit Kindern (Art. 187 Ziff. 1), sexueller Nötigung (Art. 189), Vergewaltigung (Art. 190) und Schändung (Art. 191), wenn sie an Kindern unter 10 Jahren begangen wurden.

Zu erwähnen ist weiter die geplante Ausdehnung des Berufsverbotes,[99] sowie der Bundesbeschluss über die Genehmigung und Umsetzung der Cybercrime-Konvention.[100]

Kern der erwähnten Tendenz zur Verflüssigung des Strafrechtes stellen aber zwei Grossprojekte dar. Zum einen die unverdächtig als «Änderung des Sanktionenrechts» bezeichnete Vernehmlassungsvorlage,[101] die im Kern nichts anderes darstellt, als den Versuch, alle wesentlichen Neuerungen des 2007 revidierten Allgemeinen Teiles des StGB rückgängig zu machen. Man mag zu diesen Vorschlägen stehen, wie man will. Auch die vehementesten Verfechter extremer Repression werden zugeben müssen, dass es doch geradezu hanebüchen erscheint, eine Revision nach 25 Jahren Arbeit innert dreier Jahren ihres Inkrafttretens gänzlich zurücknehmen zu wollen, ganz so, als hätte man überhaupt nicht gewusst, was diese Revision denn eigentlich bedeute. Und das 25 Jahre lang! Handelte eine natürliche Person derart, so würden wir sie ohne Zweifel für kopflos und dumm halten. Und auch hinsichtlich unserer Gesetzgebung besteht zumindest der sehr dringende Verdacht, dass sie ohne Sinn und Verstand handle und keine Vorstellung von dem habe, was sie eigentlich tut.

Das zweite umfangreiche Revisionsvorhaben, das es zu erwähnen gilt, ist das ebenfalls gänzlich irreführend betitelte Bundesgesetz über die Harmonisierung der Strafrahmen.[102] Unter diesem scheinbar harmlosen Titel nämlich versteckt sich die grösste je unternommene Revision des Besonderen Teiles des StGB, ja genau genommen müsste man (wäre, was vorgeschlagen, nicht so desolat und unsystematisch) von einer Totalrevision des BT reden. Dass es sich beim Vorhaben um ein reines Bestreben nach Ver-

---

98 Bericht und Vorentwurf zur Änderung des Schweizerischen Strafgesetzbuches und des Militärstrafgesetzes zur Umsetzung von Artikel 123b BV über die Unverjährbarkeit sexueller und pornografischer Straftaten an Kindern vor der Pubertät, abrufbar unter: www.admin.ch/ch/d/gg/pc/ind2010.html; 30.11.2010. Vernehmlassungsfrist: 4. Oktober 2010.

99 Änderung des Schweizerischen Strafgesetzbuches (StGB), des Militärstrafgesetzes (MStG) und des Jugendstrafgesetzes (JStG); Ausdehnung des Berufsverbots (Motion Sommaruga, 08.3373); Eröffnung geplant: 12.2010; Abschluss geplant: 02.2011.

100 Bundesbeschluss (Entwurf) über die Genehmigung und die Umsetzung des Übereinkommens des Europarates über die Cyberkriminalität; BBl 2010 4747. Änderung Art. 143bis StGB. Botschaft: BBl 2010 4697 ff.

101 Vorentwurf Schweizerisches Strafgesetzbuch und Militärstrafgesetz (Änderung des Sanktionenrechts) und Erläuternder Bericht, abrufbar unter: www.bj.admin.ch/content/bj/de/home/themen/sicherheit/gesetzgebung/sanktionensystem.html). Vernehmlassungsfrist bis 30. Oktober 2010.

102 Vorentwurf zum Bundesgesetz über die Harmonisierung der Strafrahmen im Strafgesetzbuch, im Militärstrafrecht und im Nebenstrafrecht und Erläuternder Bericht, abrufbar unter: www.bj.admin.ch/content/bj/de/home/themen/sicherheit/gesetzgebung/strafrahmenharmonisierung.html; 30.11.2010). Vernehmlassungsfrist: 10. Dezember 2010.

schärfung des Strafrechts handelt, wird an der Motion Joder überdeutlich,[103] die ungeduldig diese Verschärfung nicht abwarten kann.

Dass es sich der Natur nach um eine **Totalrevision** (wenn eben auch unsystematischer und unzusammenhängendster Art) handelt, wird bereits am Umfang sichtbar, denn es wird rund ein Drittel aller Bestimmungen des Besonderen Teiles verändert. Weiter soll durchgängig eine geschlechtsneutrale Formulierung eingeführt werden («der Richter» durch «das Gericht» ersetzt), obwohl im 2007 totalrevidierten Allgemeinen Teil «der Richter» ganz unbekümmert weiterexistiert. Weiter werden in vier Bestimmungen redaktionelle Änderungen vorgenommen, die von vollständiger Neuformulierung (Art. 168 StGB: Bestechung bei Zwangsvollstreckung) bis zur Umformulierung der Marginalie reichen: Bei Art. 294 StGB soll es künftig «Verstoss gegen ein Berufsverbot» heissen, statt wie bisher «Übertretung eines Berufsverbotes». Auch lustig ist die vorgeschlagene Änderung von Art. 239 StGB: Statt «Störung von Betrieben, die der Allgemeinheit dienen» soll es künftig heissen: «Störung von Betrieben im Dienste der Allgemeinheit». Solche Änderungen sollen wohl die linguistische Ernsthaftigkeit der Vorlage deutlich machen.

Was die materiellen Änderungen betrifft, so mögen Beispiele genügen, die Gesamtheit ist zu umfangreich, um sie vollständig aufzuführen:

– **Aufgehoben** werden sollen **20 Bestimmungen**, also rund 10% aller bestehenden Bestimmungen des Besonderen Teiles, darunter etwa die Kindstötung (Art. 116 StGB), der Inzest (Art. 213 StGB), die Störung des Eisenbahnverkehrs (Art. 238 StGB), Staatsgefährliche Propaganda (Art. 275bis StGB), Rechtswidrige Vereinigung (Art. 275ter StGB) und selbst die Strafbarkeit der Verübung einer Tat in selbstverschuldeter Unzurechnungsfähigkeit (Art. 263 StGB) soll fallen. Bestimmungen also, die teils seit Einführung des StGB 1942 bestanden.

– **Teilweise aufgehoben** werden **16 Bestimmungen** (also weitere 15% aller Bestimmungen des BT). Der Bogen reicht hier von der einfachen Körperverletzung (Art. 123 Ziff. 1 Abs. 2 StGB), über sexuelle Handlungen mit Abhängigen (Art. 188 Ziff. 2 StGB), sexuelle Handlungen mit Anstaltspfleglingen, Gefangenen, Beschuldigten (Art. 192 Abs. 2 StGB), Inumlaufsetzen falschen Geldes (Art. 242 Abs. 2 StGB), Einführen, Erwerben etc. von Falschgeld (Art. 244 Abs. 2 StGB), die Urkundenfälschung (Art. 251 Ziff. 2 StGB) oder die falsche Beweisaussage (Art. 306 Abs. 2 StGB).

Aufgehoben werden v.a. Privilegierungen. So etwa Bestimmungen, in denen in leichten (Art. 123 Ziff. 1 Abs. 2 StGB: Einfache Körperverletzung; Art. 225 Abs. 2 StGB: Gefährdung durch Sprengstoffe ohne verbrecherische Absicht) oder besonders leichten Fällen die Strafe gemildert werden kann (Art. 251 Ziff. 2 StGB: Urkundenfälschung), die Begehung mit einer privilegierten Strafe bedroht wird (Art. 240 Abs. 2

---

103 Motion Joder: Keine weitere Verzögerung bei der Verschärfung des Strafrechts (09.4074); Text abrufbar unter: www.parlament.ch/D/Suche/Seiten/geschaefte.aspx?gesch_id=20094074; 30.11.2010.

StGB: Geldfälschung; Art. 241 Abs. 2 StGB: Geldverfälschung), oder der Richter von Strafe absehen kann (Art. 171 Abs. 2 StGB: Gerichtlicher Nachlassvertrag, oder Art. 304 Ziff. 2 StGB: Irreführung der Rechtspflege). Aufgehoben werden weiter Bestimmungen, die eine Straffreiheit vorsehen, wenn das Opfer eines Sexualdeliktes den Täter heiratet (Art. 188 Ziff. 2: Sexuelle Handlungen mit Abhängigen; Art. 192 Abs. 2: Sexuelle Handlungen mit Anstaltspfleglingen, Gefangenen, Beschuldigten; Art. 193 Abs. 2 StGB: Ausnützung der Notlage). In einem Fall wird die Qualifikation aufgehoben (grosse Menge bei Einfuhr, Erwerb oder Lagerung von Falschgeld), die bisher gegenüber dem Grundtatbestand (drei Jahre Freiheitsstrafe oder Geldstrafe) schärfer bestraft ist (Freiheitsstrafe von einem bis fünf Jahren). Neu soll bereits der Grundtatbestand mit bis zu fünf Jahren Freiheitsstrafe bedroht sein, weshalb die Qualifikation entfällt.

- Bei **18** Tatbeständen soll die **Geldstrafe als Sanktion gestrichen** werden.
- Bei **17** Tatbeständen soll die **Obergrenze der Freiheitsstrafe erhöht** werden.
- Bei **13** Tatbeständen soll die **Obergrenze der Freiheitsstrafe gesenkt** werden, darunter merkwürdigerweise der für das Sicherheitsgefühl so massgebliche Hausfriedensbruch (Art. 186 StGB), aber auch bei Unwahren Angaben gegenüber Handelsregisterbehörden (Art. 153 StGB), Tätlichen Angriffen auf schweizerische Hoheitszeichen (Art. 270 StGB) oder der falschen Anschuldigung wegen einer Übertretung (Art. 303 Ziff. 2 StGB).
- Umgekehrt soll bei **17** Tatbeständen eine **Mindeststrafe eingeführt oder eine bestehende Mindeststrafe erhöht** werden.
- Bei **6 Tatbeständen soll die bestehende Untergrenze** der Freiheitsstrafe **gesenkt** werden (Art. 140 Ziff. 4: qualifizierter Raub mit Lebensgefährdung – Freiheitsstrafe nicht unter 3 statt nicht unter 5 Jahren; Art. 144 Abs. 3 StGB: qualifizierte Sachbeschädigung – sechs Monate statt ein Jahr; Art. 144bis Ziff. 1 Abs. 2: Datenbeschädigung mit grossem Schaden – Freiheitsstrafe von mindestens 6 Monaten statt mindestens 1 Jahr). Zusätzlich wird die Mindeststrafe für die gewerbsmässige Begehung bei drei Tatbeständen gesenkt (Art. 144bis Ziff. 2 Abs. 2: Datenschädigung Virentatbestand Gewerbsmässigkeit; Art. 156 Ziff. 2: gewerbsmässige Erpressung; Art. 157 Ziff. 2: gewerbsmässiger Wucher). Jeweils mindestens 6 Monate statt 1 Jahr Mindeststrafe.
- Weil eine **Mindeststrafe von 30 Tagessätzen Geldstrafe** für verfehlt erachtet wird, wird dieses Minimum bei **5 Strafbestimmungen** auf 90 Tagessätze erhöht (Art. 174 Ziff. 2: qualifizierte Verleumdung; Art. 235 Ziff. 1 Abs. 2: gewerbsmässiges Herstellen von gesundheitsschädlichem Futter; Art. 282 Ziff. 2: qualifizierte Wahlfälschung; Art. 285 Ziff. 2 Abs. 2: qualifizierte Gewalt/Drohung gegen Behörden und Beamte; Art. 310 Ziff. 2 Abs. 2: qualifizierte Gefangenenbefreiung). Umgekehrt wird dieses Minimum bei weiteren **5 Strafbestimmungen** abgeschafft (Art. 226 Abs. 2 und 3: qualifiziertes Herstellen, Verbergen etc. von Sprengstoffen; Art. 231 Ziff. 1

Abs. 1: Verbreiten menschlicher Krankheiten; Art. 234 Abs. 1: Verunreinigung von Trinkwasser; Art. 311 Ziff. 1: Meuterei von Gefangenen). Bei Art. 286 (Hinderung einer Amtshandlung) schliesslich wird von 30 Tagessätzen Geldstrafe auf Freiheitsstrafe bis 6 Monate oder Geldstrafe erhöht.

– Eine **Mindeststrafe von sechs Monaten Freiheitsentzug** soll für **12** Delikte **eingeführt** werden.

– Das alles führt natürlich zu Veränderungen des Deliktstypus. So sollen **9** Tatbestände **von Übertretungen zu Vergehen** werden, **17** Tatbestände sollen **vom Vergehen zum Verbrechen** hochgestuft werden und, wohl damit nicht ausschliesslich straferhöhend gewirkt wird, sollen **2** Tatbestände **vom Verbrechen zum Vergehen** werden, einerseits Art. 260^{quater} StGB: Gefährdung der öffentlichen Sicherheit mit Waffen (eine Norm, die es erst seit 10 Jahren gibt), und andererseits die Verrückung staatlicher Grenzzeichen (Art. 268 StGB). Schliesslich soll die Beschimpfung (Art. 177 Abs. 1 StGB) **vom Vergehen zur Übertretung** werden.

– Bei **13** Tatbeständen soll das richterliche Ermessen eingeschränkt werden, indem **statt einer «kann»-Formulierung eine «muss»-Formel** gewählt wird.

– Bei **13** weiteren Tatbeständen werden **eigentliche Neuerungen** vorgeschlagen, so etwa die Einführung qualifizierter Strafbarkeit für die schwere fahrlässige Körperverletzung (Art. 125 Abs. 2 StGB) oder die Einführung der Strafbarkeit des Konsums (!) von Gewaltdarstellungen (Art. 135 Abs. 2 StGB) und harter Pornographie (Art. 197 Ziff. 3bis StGB).

Auch bei den Neuerungen allerdings zeigt sich die Wankelmütigkeit des Gesetzgebers (um nicht Flatterhaftigkeit oder gar Charakterlosigkeit zu verwenden, was man bei einer natürlichen Person zweifellos tun würde). So war das Strafmass von Art. 285 Ziff. 2 Abs. 2 StGB per 2007 bereits neu umschrieben worden (Freiheitsstrafe bis zu drei Jahren oder Geldstrafe).[104] Das soll nun erneut abgeändert und das Minimum auf 90 Tagessätze angehoben werden, um – wie der Bericht sagt – dem erschwerenden Umstand der Gewaltanwendung angemessen Rechnung zu tragen,[105] ganz so, als ob das vor drei Jahren anders gewesen wäre.

Unabhängig aber vom gänzlich unverständlichen Umfang oder vom Inhalt dieser Revision kann die Art und Weise, wie hier «Begründungen» vorgebracht werden, nur erschrecken. Fangen wir bei den Petitessen an: Die Änderung des Marginale von Art. 294 StGB von «Übertretung eines …» zu «Verstoss gegen …» etwa wird damit begründet, dass die Bestimmung keine Übertretung mehr darstelle, sondern ein Vergehen, ganz so, als könne man Verbote nur «übertreten», wenn sie Übertretungen darstellten.

---

104 Strafdrohungen neu umschrieben gemäss Ziff. II 1 Abs. 16 des BG vom 13. Dez. 2002, in Kraft seit 1. Jan. 2007 (AS 2006 3459; BBl 1999 1979).

105 Erläuternder Bericht zum BG über die Harmonisierung der Strafrahmen im Strafgesetzbuch, im Militärstrafgesetz und im Nebenstrafrecht, S. 41.

Bei der **Kindstötung** (Art. 116 StGB) wird als Begründung für deren ersatzlose Streichung angeführt, die Situation werdender Mütter stelle sich heute grundlegend anders dar. Es sei zudem störend, dass der Tatentschluss lange vor der Tat gefasst werden könne (man gewinnt den Eindruck, dass hier verzweifelt nach Argumenten gesucht wird, stammen doch die einzigen beiden (kantonalen!) Urteile diesbezüglich aus dem Jahre 1943!). Eine Strafmilderung könne über Art. 19 Abs. 2 und Art. 48 StGB erreicht werden, grundsätzlich seien bei der Kindstötung die Art. 111–113 StGB anzuwenden. D.h. man erhöht den Strafrahmen für Handlungen, die bisher unter Art. 116 StGB fielen von «Freiheitsstrafe bis 3 Jahre oder Geldstrafe» auf mindestens (Art. 113 StGB) Freiheitsstrafe von einem bis zehn Jahren. Die Obergrenze wird mithin im besten aller Fälle verdreifacht. Bemerkenswert bei einer Begründung von gerade einmal 14 Zeilen!

Mit 15 Zeilen wird begründet, warum die **Begehung einer Tat in selbstverschuldeter Unzurechnungsfähigkeit** (Art. 263 StGB) ersatzlos gestrichen werden soll. Hier wird zum einen angeführt, dass die Bestimmung geringe Bedeutung habe (durchschnittlich 36 Urteile pro Jahr), was bei der Kindstötung (durchschnittlich 0.5 Urteile pro Jahr) offenbar unwichtig blieb. Zum anderen soll massgeblich sein, dass die Bestimmung gegen das Schuldprinzip verstösst. Nur – : War das nicht bereits seit 1942 so? Die Bestimmung stellt gerade die ansonsten mit der Vorlage behaupteterweise angestrebte Akzeptanz des Strafrechts sicher, weil bei gänzlich schuldfreier Begehung eines Deliktes eine Strafe ausgesprochen werden kann, sofern die Schuldunfähigkeit selbst bewirkt wurde.

Wollte man solchen Argumenten folgen, so wären dutzende und aberdutzende von Bestimmungen zu streichen, die ebenfalls nur selten zur Anwendung kommen. Es kann ja die Frage danach, ob etwas strafbar sein soll, nicht von der Häufigkeit der Verstösse abhängig gemacht werden.

Die Qualität der Begründungen zeigt sich beispielsweise auch bei **Art. 186 StGB (Hausfriedensbruch).** Hier soll die bestehende Regelstrafe für Vergehen (3 Jahre) auf maximal ein Jahr reduziert werden. Mit sage und schreibe satten 6 (in Worten: sechs!) Zeilen Begründung wird ausführlichst dargetan, dass der Strafrahmen zu hoch sei im Vergleich zu den Nachbarstaaten (!). Er entspreche «ganz offensichtlich nicht der Rechtswirklichkeit», auch diese Aussage natürlich ohne Angabe von Belegen.

Hausfriedensbruch trage Bagatellcharakter, weshalb die ausgefällten Strafen regelmässig sehr tief seien, obwohl andernorts erwähnt wird, dass die verwendeten Angaben zu den Urteilen sich alleine auf Urteile beziehen, die ausschliesslich nach der fraglichen Strafbestimmungen ergangen sind,[106] und gerade Hausfriedensbruch zumeist mit anderen Delikten zusammen begangen wird. Selbst wenn man aber dieser verqueren Logik folgen wollte, so ist doch bemerkenswert, dass die Tatsache, dass die Gerichte die Straf-

---

106 Erläuternder Bericht zum BG über die Harmonisierung der Strafrahmen im Strafgesetzbuch, im Militärstrafgesetz und im Nebenstrafrecht, S. 10.

rahmen «in aller Regel bei Weitem» nicht ausschöpften,[107] der Vorlage sonst gerade als Begründung dienen, die Minimalstrafen zu erhöhen.

Viel allgemeiner aber ist geradezu beschämend, wie hier **Scheinbegründungen** vorgebracht werden. Ein Beispiel: Bei Art. 231 Ziff. 1 Abs. 1 StGB (Verbreitung menschlicher Krankheiten) besteht gegenwärtig ein Strafrahmen von Freiheitsstrafe bis 5 Jahre oder Geldstrafe nicht unter 30 Tagessätzen. Dazu bemerkt der Bericht 2,5 Zeilen. Die Mindeststrafe von 30 Tagessätzen sei nicht angemessen und deshalb aufzuheben. Auf weiteren 2,5 Zeilen wird ausgeführt, die durchschnittliche Freiheitsstrafe liege zwischen 2 und 6 Monaten. Und damit zur nächsten Norm![108] Man denkt sich, die Begründung würde sich in den allgemeinen Grundsätzen finden, auf die verwiesen wird, aber: Pustekuchen!

In den **allgemeinen Grundsätzen** nämlich findet sich nur die Aussage, dass gesetzliche Mindeststrafen zu vermeiden seien (!), obwohl man nicht auf sie verzichten könne (!). Mindeststrafen seien nur festzulegen, wenn sie nachvollziehbar und sinnvoll seien. Eine Einschränkung des richterlichen Ermessens bei Taten, deren «Unwert angesichts dieser Mindeststrafe [i.e. 30 Tagessätze Geldstrafe] offensichtlich nur leicht über dem ‹durchschnittlichen› Unwert einer Straftat liegt, [sei] nicht sachgerecht»[109]. Entweder werde die Mindeststrafe gestrichen oder auf 90 Tagessätze erhöht.

Das heisst doch wohl, dass der «durchschnittliche Unwert einer Straftat» bei der unteren Strafgrenze liegt, weshalb ein Strafrahmen nur gering darüber sinnlos wäre. Unverständlich bleibt dann aber, weshalb es problematisch sein sollte, dass die Gerichte häufig am unteren Strafrahmen bleiben, denn das stellt ja dann den durchschnittlichen Fall dar.

Geradezu aberwitzig erscheint, wenn die Änderung von **«kann»- zu «ist»-Vorschriften** mit der Reduktion von Rechtsunsicherheit begründet wird.[110] Zum einen nämlich ist doch mehr oder minder offen eingestandenes Ziel die Verschärfung des Strafrechts. Zum anderen unterstellt eine derartige Begründung, dass richterliches Ermessen gleichbedeutend sei mit Rechtsunsicherheit. Eine Ungeheuerlichkeit! Dieser Logik zufolge müsste man wohl das Ermessen insgesamt abschaffen und zu den germanischen Strafkatalogen zurückkehren. Die unausgesprochene Position hinter einer solchen Argumentation dürfte in einem – in jüngerer Zeit vom Populismus (linker und rechter Prägung) immer lauter geäusserten – Misstrauen den Gerichten gegenüber bestehen, was nicht weiter schlimm wäre, hätte dieser Populismus nicht selbst den Gesetzgeber und die Verwaltung erfasst. Nur als schlechten Witz schliesslich kann man verstehen (bliebe einem das Lachen nicht im Halse stecken), wenn als Gipfel des Sarkasmus die «Reduk-

---

107 Erläuternder Bericht zum BG über die Harmonisierung der Strafrahmen im Strafgesetzbuch, im Militärstrafgesetz und im Nebenstrafrecht, S. 10.

108 Erläuternder Bericht zum BG über die Harmonisierung der Strafrahmen im Strafgesetzbuch, im Militärstrafgesetz und im Nebenstrafrecht, S. 32.

109 Erläuternder Bericht zum BG über die Harmonisierung der Strafrahmen im Strafgesetzbuch, im Militärstrafgesetz und im Nebenstrafrecht, S. 6.

110 Erläuternder Bericht zum BG über die Harmonisierung der Strafrahmen im Strafgesetzbuch, im Militärstrafgesetz und im Nebenstrafrecht, S. 7.

tion der Rechtsunsicherheit» zum Nutzen der Angeschuldigten behauptet wird, ganz so, als ob (1) ein Straftäter sich vor seiner Straftat darüber informierte, ob nun eine qualifizierte oder privilegierte Strafbestimmung auf sein Vorhaben anwendbar sei (was ja zudem wohl meist die Beiziehung eines Rechtskundigen voraussetzen würde), und als ob (2) ausgerechnet die Täter davon profitierten, wenn Möglichkeiten milderer Strafe gestrichen werden.

Etwas ehrlicher zumindest (wenn auch nur teilweise) scheint die Begründung des Vorhabens mit den Wünschen der **Öffentlichkeit und Politik**.[111] Ehrlich ist es, weil nicht von Wünschen der Bevölkerung gesprochen wird, unehrlich, weil es von Öffentlichkeit spricht und die Medien meint, wobei eben Medien und Politik im Hinblick auf die Forderung nach schärferer Strafe eben weitestgehend dasselbe sind, da kaum etwas so politisch lohnend ist, wie die medial verbreitete **Forderung nach harten Strafen**. Tatsächlich hat die Bevölkerung weitaus differenziertere Einstellungen und ist viel weniger punitiv als Medien oder Politik dies annehmen und behaupten.[112] Die Politik begründet also ihren Wunsch nach Verschärfung des Strafrechts mit sich selbst bzw. ihren Wünschen. Fürwahr, Münchhausen könnte es nicht besser! Ein ganz analoges Auseinanderfallen von medialem/politischen Diskurs und Einstellungen der Bevölkerung findet sich übrigens auch hinsichtlich Sterbe- und Suizidhilfe.[113]

Diese Vereinnahmung der Einstellungen und Wünsche der Bevölkerung für die eigenen Ziele ist aus der jüngsten populistischen Politik von Links und Rechts bestens bekannt. Furchterregend erscheint aber, dass solches ungefiltert in die Gesetzgebung einfliesst.

VII.   StPO

1.   Entstehung

Als 1898 dem Bund die Kompetenz zur Gesetzgebung auf dem Gebiet des Strafrechts erteilt wurde, blieben die Organisation der Gerichte und das gerichtliche Verfahren ausdrücklich den Kantonen vorbehalten. Die Aufgabenteilung schien klar: Der Bund ist für Materielles, die Kantone sind für Formelles zuständig. Die Eindeutigkeit dieser Teilung ist allerdings nur eine scheinbare. In Wirklichkeit fanden sich bereits 1942 mit Einführung des Strafgesetzbuches darin prozessuale Bestimmungen (so etwa über die Gerichtsstände bei Strafverfahren gegen Jugendliche oder bei Mediendelikten etc.). Dennoch blieb die Zweiteilung zumindest dem Grundsatze nach unangefochten und unangetastet, bis in den 90er Jahren des 20. Jahrhunderts die Diskussionen über eine mögliche Vereinheitlichung des Prozessrechtes einsetzten, wesentlich gefördert durch die Internationalisierung von Wirtschaft und Gesellschaft, angesichts derer die Vielzahl der schweizerischen Prozessgesetze zunehmend problematisch erschien. Zwar wird

---

111 Erläuternder Bericht zum BG über die Harmonisierung der Strafrahmen im Strafgesetzbuch, im Militärstrafgesetz und im Nebenstrafrecht, S. 2, 5 f., 8.

112 Vgl. dazu ANDRÉ KUHN 2008, 267 ff. und 279 ff. ; ANDRÉ KUHN/JOELLE VUILLE, 2009, 151 ff.; sowie ANDRÉ KUHN/JOELLE VUILLE, 2010.

113 Vgl. CH. SCHWARZENEGGER, P. MANZONI, D. STUDER, C. LEANZA, Jusletter 2010.

für das Strafprozessrecht typischerweise die Förderung der Strafverfolgung auch über Kantonsgrenzen hinweg angeführt, doch dürfte gerade im Hinblick auf das Strafprozessrecht wichtiger gewesen sein, dass mit der Unterzeichnung der EMRK (in Kraft getreten für die Schweiz Ende 1974) über die Individualbeschwerde eine stetige Vereinheitlichung hinsichtlich der prozessualen Grundrechte eingesetzt hatte. Die unterschiedlichen kantonalen Prozessordnungen erschienen so zunehmend als kulturell oder historisch bedingte Varianten derselben Grundordnung und nicht mehr als gänzlich differierende Positionen.

1994 wurde eine Expertenkommission eingesetzt,[114] die 1995 ihren Zwischenbericht ablieferte. 1996 wurde die Botschaft über die neue Bundesverfassung vorgestellt, die auch einen Teil über die Reform der Justiz enthielt. 1997 folgte der umfassende Bericht «Aus 29 mach 1».[115] 1999 beauftragte das EJPD Prof. Niklaus Schmid mit der Ausarbeitung eines Vorentwurfes für eine eidg. Strafprozessordnung und Jean Zermatten, damals Präsident des Jugendgerichts Wallis, mit der Ausarbeitung des Jugendstrafprozessrechtes. Die beiden Experten lieferten die Früchte ihrer Arbeit Ende 2000[116] bzw. Anfang 2001[117] ab. Parallel dazu wurden im März 2000 die Art. 122 und 123 BV angenommen und in Art. 123 Abs. 1 BV dem Bund die Kompetenz zur Gesetzgebung auf dem Gebiet des Strafprozessrechtes erteilt. Die Vorentwürfe Schmid und Zermatten wurden 2001 in die Vernehmlassung gegeben, die überwiegend positiv ausfiel.[118] Der Bundesrat beschloss 2003 die Vorentwürfe zu überarbeiten und präsentierte 2005 die Botschaft zur Vereinheitlichung des Schweizerischen Strafprozessrechts[119] bzw. zur Schweizerischen Jugendstrafprozessordnung.[120] Nach einlässlicher Beratung durch die Räte[121] wurde die StPO schliesslich in der endgültigen Form publiziert (Referendumsvorlage).[122] Nachdem das Referendum nicht ergriffen wurde, wurde das Inkrafttreten der StPO auf Beginn 2011 fixiert. Der Entwurf der JStPO hingegen wurde nochmals überarbeitet[123] und 2009 schliesslich ebenfalls in endgültiger Form präsentiert.[124] Auch gegen diese

---

114 Zur Geschichte weiter: www.bj.admin.ch/bj/de/home/themen/sicherheit/gesetzgebung/strafprozess.html

115 www.bj.admin.ch/etc/medialib/data/sicherheit/gesetzgebung/strafprozess.Par.0001.File.tmp/a29m1-d.pdf. Vgl. dazu auch die Hearings zum Bericht der Expertenkommission: www.bj.admin.ch/etc/medialib/data/sicherheit/gesetzgebung/strafprozess.Par.0058.File.tmp/hearingsexpertenberdf.pdf

116 Vgl. www.bj.admin.ch/etc/medialib/data/sicherheit/gesetzgebung/strafprozess.Par.0020.File.tmp/vn-ve-1-d.pdf. Vgl. dazu auch den Begleitbericht zum Vorentwurf: www.bj.admin.ch/etc/medialib/data/sicherheit/gesetzgebung/strafprozess.Par.0014.File.tmp/vn-ber-1-d.pdf

117 Vgl. www.bj.admin.ch/etc/medialib/data/sicherheit/gesetzgebung/strafprozess.Par.0023.File.tmp/vn-ve-2-d.pdf. Vgl. dazu auch den Begleitbericht zum Vorentwurf: www.bj.admin.ch/etc/medialib/data/sicherheit/gesetzgebung/strafprozess.Par.0017.File.tmp/vn-ber-2-d.pdf

118 Vgl. www.bj.admin.ch/etc/medialib/data/sicherheit/gesetzgebung/strafprozess.Par.0011.File.tmp/ve-ber-d.pdf.

119 BBl 2006 1085 (Botschaft) bzw. BBl 2006 1389 (Text); vgl. www.admin.ch/ch/d/ff/2006/1085.pdf (Botschaft) bzw. www.admin.ch/ch/d/ff/2006/1389.pdf (Text).

120 BBl 2006 1561, vgl. www.admin.ch/ch/d/ff/2006/1561.pdf.

121 Vgl. www.parlament.ch/d/suche/seiten/geschaefte.aspx?gesch_id=20050092

122 BBl 2007 6977, vgl. htwww.admin.ch/ch/d/ff/2007/6977.pdf.

123 BBl 2008 3121 (Erläuterungen) bzw. BBl 2008 3157 (Entwurf), vgl. www.admin.ch/ch/d/ff/2008/3121.pdf-www.admin.ch/ch/d/ff/2008/3121.pdf (Erläuterungen) bzw. www.admin.ch/ch/d/ff/2008/3157.pdf (überarb. Entwurf).

124 BBl 2009 1993, vgl. www.admin.ch/ch/d/ff/2009/1993.pdf.

Vorlage ist kein Referendum ergriffen worden (die Frist lief am 9. Juli 2009 ab), so dass die JStPO mit der StPO in Kraft gesetzt werden kann.

2. Revisionen

Auch im Bereich der Strafprozessordnung zeigen sich (wie könnte es anders sein) dieselben Entwicklungen, die wir bereits skizziert haben: Zunehmende Geschwindigkeit der Revisionen, Revisionen der Revisionen, bevor das Gesetz überhaupt in Kraft tritt. Entsprechend ist die Strafprozessordnung, die im Januar 2011 in Kraft treten soll, bereits mannigfach geändert.

Das Lustigste vielleicht zuerst: Weil der Gesetzgeber selbst gemerkt hat, dass beim gegenwärtigen Tempo der Änderungen (sei es der Gesetze, sei es seiner Ideen) Verwirrung und Unklarheit entstehen kann, was denn nun tatsächlich gelte, hat er beim Bundesgesetz über die polizeilichen Informationssysteme des Bundes (BPI),[125] unter der Ziff. I. «Koordination mit der Strafprozessordnung» vermerkt: *«1. Unabhängig davon, ob die Strafprozessordnung vom 5. Oktober 2007[48] (StPO) oder das vorliegende Gesetz (BPI) zuerst in Kraft tritt, lauten mit Inkrafttreten des später in Kraft tretenden Gesetzes sowie bei gleichzeitigem Inkrafttreten die nachfolgenden Artikel wie folgt: [es folgt der ‹finale› Text von Art. 96 Abs. 2 und Art. 99 Abs. 3 StPO]».* Wie bitte? Wenn die StPO später in Kraft tritt als das BPI, dann soll dieses die später in Kraft tretende StPO ändern? Nicht umgekehrt? Ach, ein Ausrutscher, nichts als ein Ausrutscher, aber Denkste! Das Bundesgesetz über die Luftfahrt[126] wiederholt dasselbe Spiel: Unter dem Titel IV. Koordination mit der Strafprozessordnung bestimmt es: *«Tritt die Strafprozessordnung vom 5. Oktober 2007 nach diesem Gesetz oder gleichzeitig mit ihm in Kraft tritt [!], so fallen die Änderungen des Luftfahrtgesetzes und des Eisenbahngesetzes, welche die Strafprozessordnung in Anhang 1 Ziffer II Ziffern 22 und 25 vorsieht, dahin.»*

Tatsächlich tritt nun die StPO zwar vor dem LFG, aber nach dem BPI in Kraft. Das hat nun für einen klassisch ausgebildeten Juristen den grossen Vorteil, dass er wieder einmal etwas dazulernen darf. So glaubte er, an FEUERBACH geschult, dass nur das zeitlich spätere Gesetz einen früheren Erlass abändern könne, und wird nun, Potzteufel!, eines Besseren belehrt.

Nachfolgend eine Liste der Änderungen, die beschlossen oder wenigstens in Vorbereitung sind:

– Bundesgesetz über die **Organisation der Strafbehörden** des Bundes:[127]
  Änderung von Art. 23, 90, 173, 222, 269, 278, 286, 305, 423 StPO.

---

125 Bundesgesetz über die polizeilichen Informationssysteme des Bundes (BPI) vom 13. Juni 2008, in Kraft seit 5. Dezember 2008, SR 361.

126 Luftfahrtgesetz, LFG, Änderung vom 1. Oktober 2010, BBl 2010, 6585–6604; Bundesgesetz über die Luftfahrt (Luftfahrtgesetz, LFG), Änderung vom … (Entwurf), BBl 2009, 4985–5004.

127 Strafbehördenorganisationsgesetz vom 19. März 2010, in Kraft seit dem 1. Januar 2011, SR 173.71.

- Parlamentarische Initiative, **Verbot von sexuellen Verstümmelungen:**[128]
  Änderung von Art. 168 Abs. 4 Bst. a, 251 Abs. 4, 269 Abs. 2 Bst. a und 286 Abs. 2 Bst. a StPO.
- Bundesgesetz über die **Patentanwältinnen und Patentanwälte:**[129]
  Änderung von Art. 171 Abs. 1 StPO.
- Bundesgesetz über die **Psychologieberufe:**[130]
  Änderung von Art. 171 Abs. 1 StPO.
- Bundesgesetz über die Änderung von Bundesgesetzen zur Umsetzung des Römer Statuts des Internationalen Strafgerichtshofs:[131]
  Änderung von Art. 23 Abs. 1 Bst. g StPO.

Auch im Bereich des Strafprozessrechts ist mithin dieselbe Entwicklung wie im materiellen Recht zu vermerken, eine Entwicklung, die man nur als Abschied von FEUERBACH und seinen Prinzipien eines aufgeklärten und vernünftigen Strafrechts verstehen kann.

VIII. Die Revisionen und Revisionsvorhaben seit der 3. Auflage im Jahr 2011

Der Rhythmus, ja die Frenetik der gesetzgeberischen Arbeiten lässt nicht nach. Beginnen wir mit der Strafprozessordnung.

1. StPO

Die Änderungen der Strafprozessordnung sind v.a. Konsequenz der Änderungsmanie des Strafgesetzbuches:

Geändert wurden hier Art. 171 Abs. 1 (Aufnahme der Patentanwälte) sowie Art. 168 Abs. 4, 251 Abs. 4, 269 Abs. 2 und 286 Abs. 2 (in allen Fällen Aufnahme von Art. 124 StGB in die Kataloge).

In Vorbereitung ist sodann eine Änderung zur Präzisierung des Anwendungsbereichs der Bestimmungen über die verdeckte Ermittlung (Geschäft Nr. 08.485), deren Vernehmlassung abgeschlossen ist.

---

128 Geschäftsnr. 05.404: Bericht der Kommission für Rechtsfragen des Nationalrates vom 30. April 2010, BBl 2010, 5651–5672; Stellungnahme des Bundesrates vom 25. August 2010, BBl 2010, 5677–5682; Entwurf: BBl 2010, 5673–5676.

129 Patentanwaltsgesetz, PAG vom 20. März 2009, BBl 2009, 2013–2022; Botschaft zum Patentanwaltsgesetz vom 7. Dezember 2007, BBl 2008, 407–444; Bundesgesetz über die Patentanwältinnen und Patentanwälte (Patentanwaltsgesetz, PAG) vom ... (Entwurf), BBl 2008, 445–454.

130 Psychologieberufegesetz, PsyG vom ... (Entwurf), BBl 2009, 6959–6974; Botschaft zum Psychologieberufegesetz vom 30. September 2009, BBl 2009, 6897–6958.

131 BG vom 18. Juni 2010, Inkrafttreten am 1. Januar 2011, AS 2010, 4963–4988; Bundesgesetz über die Änderung von Bundesgesetzen zur Umsetzung des Römer Statuts des Internationalen Strafgerichtshofs vom 18. Juni 2010, BBl 2010, 4277–4302; Bundesgesetz über die Änderung von Bundesgesetzen zur Umsetzung des Römer Statuts des Internationalen Strafgerichtshofs vom ... (Entwurf), BBl 2008, 3973–3998; Botschaft über die Änderung von Bundesgesetzen zur Umsetzung des Römer Statuts des Internationalen Strafgerichtshofs vom 23. April 2008, BBl 2008, 3863–3972.

2.   StGB

Für das Strafgesetzbuch sind dagegen seit der dritten Auflage im Jahre 2011 Änderungen zuhauf beschlossen worden:

1. Durch das BG über die Patentanwältinnen und Patentanwälte (Patentanwaltsgesetz, PAG) vom 20. März 2009 (AS 2011 2259): Art. 321 Ziff. 1 erster Satz (Aufnahme der Patentanwälte in die Liste der Berufsgeheimnisträger).

2. Durch das BG über die Sicherheitsorgane der Transportunternehmen im öffentlichen Verkehr (BGST) vom 18. Juni 2010 (AS 2011 3962): Art. 285 Ziff. 1 und Art. 286 (Definition als Beamte).

3. Durch den BB über die Genehmigung des Übereinkommens des Europarates über die Cyberkriminalität vom 18. März 2011 (AS 2011 6293): Art. 143bis (Streichung des Passus «ohne Bereicherungsabsicht»; Einführung eines Absatz 2: Inverkehrbringen oder Zugänglichmachen von Passwörtern, Programmen und anderen Daten, die der Begehung von Handlungen nach Abs. 1 dienen).

4. Durch das BG über die Armee und die Militärverwaltung (Militärgesetz, MG), Änderung vom 19. März 2010 (AS 2010 6015): Art. 363 Abs. 2; 367 Abs. 1, 2 sowie 2bis–2quinquies; 369 Abs. 3 und 4 (Mitteilung und Streichung von Entscheiden).

5. Durch das Zivilgesetzbuch (Erwachsenenschutz), Änderung vom 19. Dezember 2008 (AS 2011 725): Art. 30 Abs. 2 und 3, 62c Abs. 5, 220, 349 Abs. 1, 363, 364 und 365 Abs. 2 sowie Ersatz des Ausdruckes «unmündig» durch «minderjährig» in Art. 97 Abs. 2 und 4, 188 Ziff. 1, 195 und 219 Abs. 1 sowie Art. 5 und 187 (Marginale) und der Gliederungstitel vor Art. 363.

6. Durch das BG über die verdeckte Ermittlung vom 23. Dez. 2011 (AS 2012 3745): Einführung von Art. 317bis (Rechtfertigung von Handlungen bei verdeckter Ermittlung).

7. Schliesslich ist das Strafgesetzbuch selbst direkt (also nicht als Auswirkung eines anderen Erlasses) mit Datum vom 30. September 2011 geändert worden (AS 2012 2575): Art. 97 Abs. 2 (Verjährung bei sexuellen Handlungen mit Kindern, Aufnahme von Art. 124); Art. 124 (Verstümmelung weiblicher Genitalien); Art. 260bis Abs. 1 Bst. cbis (Aufnahme der Genitalverstümmelung in den Katalog strafbarer Vorbereitungshandlungen).

In zwei Fällen werden Texte «koordiniert», d.h. geändert, die noch gar nicht in Kraft sind, also quasi Texte in statu nascendi, was wir vorstehend bereits erwähnt haben. Rechtstheoretisch ist die Frage reizvoll: Kann ein Text, der noch nicht in Kraft ist, einen anderen Text ändern, der dies ebenfalls noch nicht ist? Und wenn er dies nicht kann, wie muss ihn man formulieren, dass es möglich werden könnte? Und ist dabei nur der Zeitpunkt des Inkrafttretens massgeblich? Reicht es also aus, dass der ändernde Text nach dem zu ändernden in Kraft tritt? Was aber ist mit der Beschlussfassung? Kann ich rechtsgültig die Änderung eines Textes beschliessen, der noch gar nicht in Kraft ist? Also eigentlich hypothetische Gesetzgebung? (Also etwa: Wir beschliessen hiermit, dass zukünftig jedes Gesetz, das den Begriff «X» enthält, aufgehoben werden soll. Wir beschliessen ebenfalls, dieses unser Änderungsgesetz sei jedes Jahr erneut zu beschliessen und in Kraft zu setzen [damit es zeitlich jeweils nach den anderen in Kraft treten kann]). Und wenn ich das kann, inwiefern wird durch ein derartiges Vorgehen der demokratische Prozess ausgehebelt, weil natürlich kaum mehr vermittelbar ist, dass über die Änderung eines Gesetzes gestritten wird, das eventuell gar nicht in Kraft treten wird. Und schliesslich: Ist es der richtige Weg, die Gesetzgebung mittels hypothetischer Vorlagen zu beschleunigen, statt auf ihr Proprium zu insistieren und eine Entschleunigung durchzusetzen? Sei dem, wie dem wolle, zwei hypothetische Vorlagen stehen an:

– Im ersten Fall wird eine hypothetische Konkurrenz geregelt, nämlich bei Art. 97 Abs. 2 (Verjährung) in seiner Fassung gemäss dem BG vom 13. Juni 2008 über die Verfolgungsverjährung bei Straftaten an Kindern (auch hier wieder mit der lustigen Formulierung: *Unabhängig davon, ob das Bundesgesetz über die Verfolgungsverjährung bei Straftaten an Kindern oder die Änderung des Strafgesetzbuches vom 30. September 2011 zuerst in Kraft tritt, wird mit Inkrafttreten des später in Kraft tretenden Gesetzes sowie bei gleichzeitigem Inkrafttreten Artikel 97 Absatz 2 StGB wie folgt geändert*).

– Im andern Fall wird die beschlossene Änderung gleich nochmals zukünftig geändert, wenn dann ein anderer Erlass in Kraft treten wird, nämlich wiederum Art. 97 Abs. 2 mit der erwähnten Änderung des ZGB (Erwachsenenschutz): «unmündig» wird dannzumal zu «minderjährig» werden.

Vor der Tür stehen Revisionen bzgl. Zwangsheirat, Umsetzung der Ausschaffungsinitiative, Umsetzung der Lanzarote-Konvention, Tätigkeitsverbot und Kontakt- und Rayonverbot, des Strafregisterrechts, des Allgemeinen Teiles (Änderung des Sanktionensystems), des Besonderen Teils (Harmonisierung der Strafrahmen) sowie der Verfolgungsverjährung.

Man sieht, die Prozessordnung ist «stabiler» als das materielle Strafrecht. Das, so steht zu vermuten, liegt daran, dass mit populistischen Forderungen nach ihrer Änderung kein Blumentopf gewonnen werden kann, so dass sie von der Fürsorge eifriger Liebhaber verschont bleibt. Ach wäre doch das materielle Recht auch so uninteressant.

IX. Die Revisionen und Revisionsvorhaben seit der 4. Auflage im Jahr 2012

Auch dieses Mal wieder sind die Änderungen am materiellen häufiger und tiefgreifender als im formellen Strafrecht (vgl. VIII.), zumindest sofern man die Rechtsprechung mit ihren teils doch wenig offensichtlichen Interpretationen des Gesetzestextes ausser Acht lässt (so statuiert etwa Art. 222 StPO, dass die verhaftete Person Haftentscheide anfechten kann, was BGE 137 IV 22 aber so versteht, dass zur Beschwerde auch die überhaupt nicht erwähnte Staatsanwaltschaft legitimiert sei, und das mit der Begründung, dies müsse aus dem öffentlichen Interesse an einer guten Justizverwaltung folgen «l'intérêt public à une bonne administration de la justice»).

Die fünf Änderungen der **StPO** ergeben sich wesentlich aus der Änderung anderer Gesetze:

- **BG über die verdeckte Fahndung und Ermittlung**: Art. 285a definiert den Begriff der verdeckten Ermittlung; Art. 298a–d regeln die verdeckte Fahndung; Art. 288 wird im Hinblick auf Legende und Anonymität an das BG angepasst.

- **BG über die Protokollierungsvorschriften**: Angepasst werden Bestimmungen für die Protokollierung mit technischen Hilfsmitteln (Audio/Video): Art. 78 Abs. 5bis und Abs. 7.

- **BG über die Anpassung von verfahrensrechtlichen Bestimmungen zum anwaltlichen Berufsgeheimnis**: Eingeschränkt wird die Beschlagnahme bei Beschuldigten, sowie ihre Kommunikation mit Zeugnisverweigerungsberechtigten und Anwälten.

- **Kriegsmaterialgesetz**: Aufgrund der Änderung des KMG werden angepasst die Art. 269 Abs. 2 lit. d, 286 Abs. 2 lit. d.

- **Börsengesetz**: Angepasst an das geänderte BEHG werden Art. 269 Abs. 2 lit. a und j.

Im materiellen Strafrecht sind demgegenüber folgende Änderungen zu vermerken:

- **Zwangsheirat**: Einführung von Art. 181a StGB. Die neue Bestimmung unterscheidet sich von Art. 181 StGB v.a. durch die höhere Strafdrohung (5 Jahre, also Verbrechen statt Vergehen) sowie Anwendung auch auf Auslandstraftaten.

- **Ausserprozessualer Zeugenschutz**: Eingefügt bzw. geändert werden Art. 317bis Abs. 3 sowie Art. 367 Abs. 3 lit. l. und Abs. 4 StGB. Es handelt sich um die Zulässigkeit entsprechender Handlungen bzw. die Datenbearbeitung.

- **Personenschutz/Minderjährige**: Aufgrund verschiedener Änderungen im Personenschutzrecht wird die Bezeichnung «unmündig» ersetzt durch «minderjährig»: Art. 97 Abs. 2 und 4; Art. 182 Abs. 2; Art. 188 Ziff. 1 sowie Art. 195 und 219 StGB.

- **Unverjährbarkeit**: Die Umsetzung der Unverjährbarkeits-Initiative bedingt eine Änderung von Art. 101 Abs. 1 lit. e sowie Abs. 3 Dritter Satz StGB.

- **Börsendelikte**: Art. 161 (Insider) und 161bis (Kursmanipulation) werden aus dem Strafgesetzbuch gestrichen. Analoge, aber breiter formulierte Normen werden als Art. 40 und 40a ins Börsengesetz eingeführt. Gleichzeitig wird ein Abschnitt 5a geschaffen, in welchem dieselben Handlungen wie in Art. 40 und 40a als aufsichtsrechtlich unzulässiges Marktverhalten erfasst werden, sofern kein Vermögensvorteil angestrebt wird. Art. 40 und 40a unterscheiden sich von den bisherigen Strafbestimmungen des StGB u.a. dadurch, dass – soweit ersichtlich – zum ersten Mal im schweizerischen Strafrecht eine Abstufung des Deliktstypus bzw. des Strafmasses nach der Höhe des Schadens vorgesehen wird (Vermögensvorteil bis 1 Mio. CHF: 3 Jahre Freiheitsentzug, Vergehen; Vermögensvorteil grösser als 1 Mio. CHF: 5 Jahre

Freiheitsentzug, Verbrechen; das einzige Beispiel wäre Art. 144 StGB (und für Daten analog Art. 144bis StGB), der als Sündenfall erscheint und als Kriterium den «grossen Schaden» nennt, was eben Flexibilität der Einzelfallbewertung erlaubt. Es erscheint mindestens merkwürdig, jedenfalls in einer Rechtsordnung, die – anders etwa als die österreichische – diese Abstufungen nicht kennt, eine so fundamentale Änderung (hin zu bezifferten Beträgen) quasi über die Hintertüre einzuführen.

Nur nebenher sei auf eine Änderung hingewiesen, die erst in Vorbereitung befindlich ist: Bis zum 5. September 2013 läuft noch die Vernehmlassung zur Änderung des Korruptionsstrafrechtes (www.admin.ch/ch/d/gg/pc/pendent.html). Nach diesen Vorschlägen soll die bisher in Art. 4a UWG geregelte Privatbestechung ins StGB überführt werden (neu: Art. 322[octies] und 322[novies]). Wesentlicher, aber massgeblicher Unterschied wäre das Dahinfallen des bisher bestehenden Antragserfordernisses (Art. 23 Abs. 1 und 2 UWG). Ob es der Sache dienlich ist, Strafbestimmungen nach Belieben vom Strafgesetzbuch in Nebenstrafgesetze zu verschieben und umgekehrt, mag jeder für sich beantworten. Dass aber die Streichung des Antragserfordernisses im Bereich der Privatbestechung an einen Schildbürgerstreich erinnert, scheint keiner Diskussion zu bedürfen.

Einige Zeit vor Feuerbach hatte ein anderer Heiliger der Rechtswissenschaft, CHARLES DE SECONDAT, BARON DE MONTESQUIEU festgestellt, dass es zwar auch notwendig sein könne, Gesetze zu ändern. Soweit dies aber zutreffe, solle es «mit zitternder Hand» geschehen und müsse mit viel Feierlichkeit und Vorkehrungen vonstatten gehen, sodass das Volk natürlicherweise schliesse, die Gesetze seien heilig, da es so vieler Förmlichkeiten bedürfe, sie abzuändern:

Il est vrai que, par une bizarrerie qui vient plutôt de la nature que de l'esprit des hommes, il est quelquefois nécessaire de changer certaines lois. Mais le cas est rare, et, lorsqu'il arrive, il n'y faut toucher que d'une main tremblante : on y doit observer tant de solennités et apporter tant de précautions que le peuple en conclue naturellement que les lois sont bien saintes, puisqu'il faut tant de formalités pour les abroger.

MONTESQUIEU, Lettres Persanes, 1721, Lettre LXXIX

Das stimmt wohl. Deshalb verfällt heute auch nicht einmal ein Kind mehr auf die absurde Idee, Gesetzen käme irgendwelche Heiligkeit zu (noch, so steht zu vermuten: besondere Gültigkeit).

Freiburg, im Juli 2013

Literaturverzeichnis

BAUHOFER/BOLLE (Hrsg.), Reform der strafrechtlichen Sanktionen, Schweizerische Arbeitsgruppe für Kriminologie, Reihe Kriminologie Band 12, Chur/Zürich 1994

BOTSCHAFT 1998, Botschaft zur Änderung des Schweizerischen Strafgesetzbuches (Allgemeine Bestimmungen, Einführung und Anwendung des Gesetzes) und des Militärstrafgesetzes sowie zu einem Bundesgesetz über das Jugendstrafrecht vom 21. September 1998, BBl 1999 II 1979–2152

BOTSCHAFT 2005, Botschaft zur Änderung des Strafgesetzbuches in der Fassung vom 13. Dezember 2002 und des Militärstrafgesetzes in der Fassung vom 21. März 2003, BBl 2005 4689

BUNDESAMT FÜR JUSTIZ, Bericht zur Revision des Allgemeinen Teils und des Dritten Buches des Strafgesetzbuches und zu einem Bundesgesetz über die Jugendstrafrechtspflege – erstellt auf der Grundlage der Schlussberichte der Expertenkommission, Bern, Eidgenössische Drucksachen- und Materialzentrale 1993

– Vorentwürfe der Expertenkommission zum Allgemeinen Teil und zum Dritten Buch des Strafgesetzbuches und zu einem Bundesgesetz über die Jugendstrafrechtspflege, Bern 1993

CORRODI: Zur Vereinheitlichung des Strafrechts, SJZ 1924/25, 256–257

DELAQUIS, Die kulturelle und rechtspolitische Bedeutung des Entwurfes zu einem schweizerischen Strafgesetzbuch, ZStrR 1932, 161–180

– Im Kampfe um das schweizerische Strafgesetzbuch, ZStrR 1938, 133–144

EJPD (Eidgenössisches Justiz- und Polizeidepartement), Schweizerisches Strafrecht, ZStrR 1897, 98–100

FEUERBACH, Revision der Grundsätze und Grundbegriffe des positiven peinlichen Rechts, Erfurt 1799.

FEUERBACH, Über die Strafe als Sicherungsmittel vor künftigen Beleidigungen des Verbrechers: nebst einer näheren Prüfung der Kleinischen Strafrechtstheorie, Chemnitz 1800.

FEUERBACH, Lehrbuch des Gemeinen in Deutschland geltenden Peinlichen Rechts, Giessen 1801.

FEUERBACH, Kritik des Kleinschrodischen Entwurfs zu einem peinlichen Gesetzbuche für die Chur-Pfalz-Bayrischen Staaten, Giessen 1804.

FRITZSCHE, Professor Dr. Emil Zürcher, SJZ 1926/27, 144

GAUTHIER, Les nouvelles peines et la politique criminelle de Carl Stooss, ZStrR 1994, 380–387

GROSSMANN, Österreichische Strafanstalten, Wien 1905

GSCHWEND, Carl Stooss (1849–1934). Originell-kreativer Kodifikator und geschickter Kompilator des schweizerischen Strafrechts. Reflexionen zu seinem 60. Todestag, ZStrR 1994, 26–56

HAFTER, Der Vorentwurf eines Bundesgesetzes betr. Einführung des schweizerischen Strafgesetzbuches, ZStrR 1903, 131–159

– Bibliographie und kritische Materialien zum Vorentwurf eines schweizerischen Strafgesetzbuches, 1898–1907, Bern 1908

– Schweizerisches Strafgesetzbuch, ZStrR 1909, 300–301

– Bibliographie und kritische Materialien zum Vorentwurf eines schweizerischen Strafgesetzbuches, 1908–1911, Bern 1912

– Der neue Vorentwurf zu einem Schweizerischen Strafgesetzbuch, ZStW 1910, 613–621 und 735–753

– Die Arbeiten am schweizerischen Strafgesetzbuch, ZStrR 1913, 253–286

– Die Arbeiten am schweizerischen Strafgesetzbuch, Zweiter Beitrag, ZStrR 1914, 4–37

– Emil Zürcher, ZStrR 1926, 127–136

– Carl Stooss zu Gedächtnis, ZStrR 1934, 141–150

– Wir Juristen, Erfahrungen und Gedanken, Zürich 1944

– Carl Stooss, in: Hans Schulthess (Hrsg.), Schweizer Juristen der letzten hundert Jahre, Zürich 1945, 361–392

HOLENSTEIN, Emil Zürcher (1850–1926) – Leben und Werk eines bedeutenden Strafrechtlers, Diss. Zürich 1996

JELLINEK, Die sozialethische Bedeutung von Recht, Unrecht und Strafe, 2. Auflage, Berlin 1908

KAENEL, Die kriminalpolitische Konzeption von Carl Stooss im Rahmen der geschichtlichen Entwicklung von Kriminalpolitik und Straftheorien, Diss. Bern 1981

KRONAUER, Der Vorentwurf zum schweizerischen Strafgesetz vom Jahre 1908 im Verhältnis zu der bisherigen Gesetzgebung des Bundes in Strafsachen, ZStrR 1913, 125–164

KUHN, L'opinion publique réclame-t-elle des peines plus sévères que celles prononcées par les juges? in: Der Richter und sein Bild – Le juge et son image, Berne 2008, 267 ff.

KUHN, Verlangt die öffentliche Meinung strengerre Strafen als die von des Richtern ausgesprochenen? in: Der Richter und sein Bild – Le juge et son image, Berne 2008, 279 ff.

KUHN/VUILLE, Répression versus resocialisation – La punitivité du public est-elle en phase avec celle des juges? in: Neue Gewalt oder neue Wahrnehmung? – Nouvelle violence ou nouvelle perception de la violence?, Berne 2009, 151 ff.

KUHN/VUILLE, La justice pénale: Les sanctions selon les juges et selon l'opinion publique, Lausanne 2010

LAMMASCH, Der Entwurf eines schweizerischen Strafgesetzbuches, ZStrR 1895, 121–142

MERKEL, Randbemerkungen zum Vorentwurf zu einem Schweizerischen Strafgesetzbuch, ZStrR 1901, 240–252

MEYER VON SCHAUENSEE, Zur Geschichte und Kritik des Stooss'schen Entwurfs für ein Schweizerisches Strafgesetz, Luzern 1897

MITTERMAIER, Über die Entwicklung der Strafgesetzgebung seit dem Entwurf Stooss von 1893, ZStrR 1929, 73–90

MONTESQUIEU, Lettres Persanes, 1721.

MOOS, Carl Stooss in Österreich, ZStrR 1988, 35–79

NÄGELI, Ernst Hafter, Leben und Werk, Diss. Zürich 1988

PFENNINGER, Das schweizerische Strafrecht, in: Mezger/Schönke/Jeschek (Hrsg.), Das ausländische Strafrecht der Gegenwart, Bd. 2, Berlin 1957, 149–357

– Schweizerisches Strafgesetzbuch, SJZ 1937/38, 399–373

RENNEFAHRT, Ist die Vereinheitlichung des schweizerischen Strafrechts geschichtlich gerechtfertigt?, SJZ 1937/38, 241–245

RIEDO, Der Strafantrag, Diss. Freiburg, Grundlegendes Recht, Bd. 7, Basel u.a. 2004

RIEDO/KUNZ, Jetlag oder Grundprobleme des neuen Verjährungsrechts, AJP 2004, 904–916

RIKLIN, Schweizerisches Strafrecht, Allgemeiner Teil I: Verbrechenslehre, 2. Aufl., Zürich 2002

– Die Schweizerische Kriminalistische Gesellschaft (SKG) und die Strafrechtsreform – Ein kritischer Kommentar, ZStrR 1994, 432–458

RITTLER/GLEISPACH/MITTERMAIER, Erinnerungen an Carl Stooss, ZStrR 1934, 396–408

RUSCA, La destinée de la politique criminelle de Carl Stooss, Diss. Fribourg 1981

SCHULTZ, Hans: Einführung in den Allgemeinen Teil des Strafrechts, Bd. 1: Die allgemeinen Voraussetzungen der kriminalrechtlichen Sanktion, 4. Aufl., Bern 1982

– Bericht und Vorentwurf zur Revision des allgemeinen Teils des schweizerischen Strafgesetzbuches, Bern 1985

– Bericht und Vorentwurf zur Revision des allgemeinen Teils des schweizerischen Strafgesetzbuches, Druckfassung, Bern 1987

SCHWARZENEGGER, MANZONI, STUDER, LEANZA, Was die Schweizer Bevölkerung von Sterbehilfe und Suizidbeihilfe hält, in: Jusletter 13. September 2010

SCHWEIZERISCHE KRIMINALISTISCHE GESELLSCHAFT, Vernehmlassung zur Totalrevision des Allgemeinen Teils des Schweizerischen Strafgesetzbuches, ZStrR 1994, 354–375

SCHWEIZERISCHES STRAFGESETZBUCH, Protokoll der 2. Expertenkommission, 9 Bde., Luzern 1912–16

SLING [d.i. Paul Schlesinger], Richter und Gerichtete, Berlin 1929

STETTLER, Avant-projet de la loi fédérale concernant la condition pénale des mineurs et rapport explicatif, Berne: Département fédéral de justice et police 1986

– Die Grundzüge des Vorentwurfs für ein Bundesgesetz über die strafrechtliche Stellung von Kindern und Jugendlichen, ZStrR 1988, 138–155

STOOSS, Carl: Die schweizerischen Strafgesetzbücher zur Vergleichung zusammengestellt und im Auftrage des Bundesrathes herausgegeben, Basel 1890

– Die Grundlagen eines einheitlichen Strafrechts, Aus den Verhandlungen des schweizerischen Juristenvereins, ZStrR 1892, 406–412

– Die Grundzüge des schweizerischen Strafrechts im Auftrage des Bundesrathes vergleichend zusammengestellt, Basel 1893

– Motive zu dem Vorentwurf eines Schweizerischen Strafgesetzbuches, Allgemeiner Teil, Basel 1893

– Schweizerisches Strafgesetzbuch, Vorentwurf mit Motiven im Auftrag des schweizerischen Bundesrates, Basel 1894

– Der Geist der modernen Strafgesetzgebung, ZStrR 1896, 269–290

– Das Schweizerische Strafgesetzbuch, Der Gerichtssaal 1897, 471–473

– Die Rechtseinheit, ZStrR 1898, 327–332

– Bericht über den Vorentwurf zu einem Schweizerischen Strafgesetzbuch nach den Beschlüssen der Expertenkommission, Erster Teil, Bern 1899

– Bericht über den Vorentwurf zu einem Schweizerischen Strafgesetzbuch nach den Beschlüssen der Expertenkommission, Zweiter Teil, Bern 1901

– Bericht an das hohe schweizerische Justizdepartement über die neue Fassung des Vorentwurfs zu einem schweizerischen Strafgesetzbuch vom April 1908, Bern 1909

– Lehrbuch des Österreichischen Strafrechts, 2. Aufl., Wien 1913

– Zum schweizerischen Strafgesetzentwurf, 1893–1918, ZStrR 1918, 280–360

– Der allgemeine Teil des schweizerischen Strafgesetzentwurfs nach den Beschlüssen des Nationalrates, ZStrR 1929, 129–135

STRATENWERTH, Schweizerisches Strafrecht, Allgemeiner Teil I: Die Straftat, 3. Aufl., Bern 2005

- Neuere Strafgesetzgebung – eine Philippika, ZStrR 2009, 114–126.

SUTTER, Die Revisionen des Schweizerischen Strafgesetzbuches: Ein Überblick über die Entwicklung seit 1971, in: Bauhofer/Bolle (Hrsg.): Reform der strafrechtlichen Sanktionen, Schweizerische Arbeitsgruppe für Kriminologie, Reihe Kriminologie Band 12, Chur/Zürich 1994, 17–44

TEICHMANN, Bibliographie über den Vorentwurf zu einem Schweizerischen Strafgesetzbuch, Bern 1898

- Das Strafrecht der deutschen Schweiz (einschliesslich der Bundesgesetzgebung), in: von Liszt (Hrsg.), Die Strafgesetzgebung der Gegenwart in rechtsvergleichender Darstellung, Bd. 2: Das Strafrecht der aussereuropäischen Staaten nebst einem Anhange. Nachträge zum ersten Band: Das Strafrecht der Staaten Europas 1893–1898, Berlin 1899, 502–514

THORMANN/VON OVERBECK, Schweizerisches Strafgesetzbuch, Bd. 1: Allgemeine Bestimmungen, Zürich 1940

THORMANN, Zivilgesetzbuch und Strafgesetzentwürfe, in: Festgabe Eugen Huber zum siebzigsten Geburtstage, Bern 1919, 157–202

TOLLER, Justiz: Erlebnisse, Berlin 1927

- Giftmordprozess Riedel-Guala, Die Weltbühne, 27. Jahrgang, II. Halbjahr, 1931, 552–554

VERHANDLUNGEN DER EXPERTENKOMMISSION des Eidgenössischen Justiz- und Polizeidepartements über den Vorentwurf zu einem Schweizerischen Strafgesetzbuch, 2 Bde., Bern 1893/96

VON LILIENTHAL, Der Stosssche Entwurf eines schweizerischen Strafgesetzbuches, ZStW 1895, 97–158

VON OVERBECK, Die schweizerischen Strafgesetzentwürfe und ihre Bedeutung für die deutsche Strafrechtsreform, ZStrR 1909, 226–250

VON LISZT, Die Forderungen der Kriminalpolitik und der Vorentwurf eines schweizerischen Strafgesetzbuchs, Archiv für soziale Gesetzgebung und Statistik 1893, in: Strafrechtliche Aufsätze und Vorträge, Bd. 2: 1892–1904, Berlin 1905, 94–132

WAGNER, Aus der Beratung des ersten schweizerischen Strafgesetzbuches von 1799, ZStrR 1943, 161–181

ZÜRCHER, Rezension: Stooss, die Grundzüge des schweizerischen Strafrechts, Bd. 1, Basel 1892, ZStrR 1892, 292–295

- Denkschrift an das hohe Justiz- und Polizeidepartement der schweizerischen Eidgenossenschaft über die Durchführung der Strafrechtseinheit, Bern 1901

- Bibliographie und kritische Materialien zu den Entwürfen eines schweizerischen Strafgesetzbuches, Vierte Fortsetzung, 1912–1923, Bern 1924

- Schweizerisches Strafgesetzbuch, Erläuterungen zum Vorentwurf vom April 1908, Bern 1914

1. Schweizerisches Strafgesetzbuch (StGB)

Inhaltsverzeichnis

Erstes Buch: Allgemeine Bestimmungen

Erster Teil: Verbrechen und Vergehen

Erster Titel: Geltungsbereich

Zweiter Titel: Strafbarkeit

Dritter Titel: Strafen und Massnahmen

Erstes Kapitel: Strafen

Erster Abschnitt: Geldstrafe, gemeinnützige Arbeit, Freiheitsstrafe

Zweiter Abschnitt: Bedingte und teilbedingte Strafen

Dritter Abschnitt: Strafzumessung

Fünfter Titel: Strafbare Handlungen gegen die sexuelle Integrität

Sechster Titel: Verbrechen und Vergehen gegen die Familie

Siebenter Titel: Gemeingefährliche Verbrechen und Vergehen

Achter Titel: Verbrechen und Vergehen gegen die öffentliche Gesundheit

**Neunter Titel: Verbrechen und Vergehen gegen den
öffentlichen Verkehr**

**Zehnter Titel: Fälschung von Geld, amtlichen Wertzeichen,
amtlichen Zeichen, Mass und Gewicht**

Elfter Titel: Urkundenfälschung

**Zwölfter Titel: Verbrechen und Vergehen gegen den
öffentlichen Frieden**

Zwölfter Titelbis: Völkermord und Verbrechen gegen die Menschlichkeit

Zwölfter Titelter: Kriegsverbrechen

Zwölfter Titelquater: Gemeinsame Bestimmungen für den zwölften Titelbis und den zwölften Titelter

Dreizehnter Titel: Verbrechen und Vergehen gegen den Staat und die Landesverteidigung

Vierzehnter Titel: Vergehen gegen den Volkswillen

Fünfzehnter Titel: Strafbare Handlungen gegen die öffentliche Gewalt

Drittes Buch: Einführung und Anwendung des Gesetzes

Vierter Titel: Amtshilfe und Rechtshilfe

Fünfter Titel: Mitteilung bei strafbaren Handlungen gegen Minderjährige

Sechster Titel: Strafregister

Siebenter Titel: Straf- und Massnahmenvollzug, Bewährungshilfe, Anstalten und Einrichtungen

7a. Titel: Haftung bei Aufhebung der lebenslänglichen Verwahrung

Achter Titel: Begnadigung, Amnestie, Wiederaufnahme des Verfahrens

Neunter Titel: Präventionsmassnahmen, ergänzende Bestimmungen und allgemeine Übergangsbestimmungen

Schweizerisches Strafgesetzbuch (StGB)

vom 21. Dezember 1937

Die Bundesversammlung der Schweizerischen Eidgenossenschaft,

gestützt auf Artikel 123 Absätze 1 und 3 der Bundesverfassung[1],[2]
nach Einsicht in eine Botschaft des Bundesrates vom 23. Juli 1918[3],

beschliesst:

Erstes Buch:[4] Allgemeine Bestimmungen

Erster Teil: Verbrechen und Vergehen

Erster Titel: Geltungsbereich

1. Keine Sanktion ohne Gesetz

Art. 1 Eine Strafe oder Massnahme darf nur wegen einer Tat verhängt werden, die das Gesetz ausdrücklich unter Strafe stellt.

2. Zeitlicher Geltungsbereich

Art. 2 [1] Nach diesem Gesetze wird beurteilt, wer nach dessen Inkrafttreten ein Verbrechen oder Vergehen begeht.

[2] Hat der Täter ein Verbrechen oder Vergehen vor Inkrafttreten dieses Gesetzes begangen, erfolgt die Beurteilung aber erst nachher, so ist dieses Gesetz anzuwenden, wenn es für ihn das mildere ist.

3. Räumlicher Geltungsbereich.

Verbrechen oder Vergehen im Inland

Art. 3 [1] Diesem Gesetz ist unterworfen, wer in der Schweiz ein Verbrechen oder Vergehen begeht.

[2] Ist der Täter wegen der Tat im Ausland verurteilt worden und wurde die Strafe im Ausland ganz oder teilweise vollzogen, so rechnet ihm das Gericht die vollzogene Strafe auf die auszusprechende Strafe an.

[3] Ist ein Täter auf Ersuchen der schweizerischen Behörde im Ausland verfolgt worden, so wird er, unter Vorbehalt eines krassen Verstosses gegen die Grundsätze der Bundesverfassung und der Konvention

---

SR 311.0. AS 54 757, 57 1328 und BS 3 203
1   SR 101
2   Fassung gemäss Ziff. I des BG vom 30. Sept. 2011 in Kraft seit 1. Juli 2012 (AS 2012 2575; BBl 2010 5651 5677).
3   BBl 1918 IV 1
4   Fassung gemäss Ziff. I des BG vom 13. Dez. 2002, in Kraft seit 1. Jan. 2007 (AS 2006 3459; BBl 1999 1979).

vom 4. November 1950[5] zum Schutze der Menschenrechte und Grundfreiheiten (EMRK), in der Schweiz wegen der Tat nicht mehr verfolgt, wenn:

a. das ausländische Gericht ihn endgültig freigesprochen hat;

b. die Sanktion, zu der er im Ausland verurteilt wurde, vollzogen, erlassen oder verjährt ist.

[4] Hat der auf Ersuchen der schweizerischen Behörde im Ausland verfolgte Täter die Strafe im Ausland nicht oder nur teilweise verbüsst, so wird in der Schweiz die Strafe oder deren Rest vollzogen. Das Gericht entscheidet, ob eine im Ausland nicht oder nur teilweise vollzogene Massnahme in der Schweiz durchzuführen oder fortzusetzen ist.

Verbrechen oder Vergehen im Ausland gegen den Staat

Art. 4 [1] Diesem Gesetz ist auch unterworfen, wer im Ausland ein Verbrechen oder Vergehen gegen den Staat und die Landesverteidigung (Art. 265–278) begeht.

[2] Ist der Täter wegen der Tat im Ausland verurteilt worden und wurde die Strafe im Ausland ganz oder teilweise vollzogen, so rechnet ihm das Gericht die vollzogene Strafe auf die auszusprechende Strafe an.

Straftaten gegen Minderjährige im Ausland[6]

Art. 5 [1] Diesem Gesetz ist ausserdem unterworfen, wer sich in der Schweiz befindet, nicht ausgeliefert wird und im Ausland eine der folgenden Taten begangen hat:

a.[7] Menschenhandel (Art. 182), sexuelle Nötigung (Art. 189), Vergewaltigung (Art. 190), Schändung (Art. 191) oder Förderung der Prostitution (Art. 195), wenn das Opfer weniger als 18 Jahre alt war;

b. sexuelle Handlungen mit Kindern (Art. 187), wenn das Opfer weniger als 14 Jahre alt war;

c. qualifizierte Pornografie (Art. 197 Ziff. 3), wenn die Gegenstände oder Vorführungen sexuelle Handlungen mit Kindern zum Inhalt hatten.

[2] Der Täter wird, unter Vorbehalt eines krassen Verstosses gegen die Grundsätze der Bundesverfassung und der EMRK[8], in der Schweiz wegen der Tat nicht mehr verfolgt, wenn:

a. ein ausländisches Gericht ihn endgültig freigesprochen hat;

b. die Sanktion, zu der er im Ausland verurteilt wurde, vollzogen, erlassen oder verjährt ist.

---

5 SR 0.101

6 Ausdruck gemäss Anhang Ziff. 14 des BG vom 19. Dez. 2008 (Erwachsenenschutz, Personenrecht und Kindesrecht), in Kraft seit 1. Jan. 2013 (AS 2011 725; BBl 2006 7001). Diese Änd. wurde im ganzen Erlass berücksichtigt.

7 Fassung gemäss Art. 2 Ziff. 1 des BB vom 24. März 2006 über die Genehmigung und die Umsetzung des Fakultativprotokolls vom 25. Mai 2000 zum Übereink. über die Rechte des Kindes, betreffend den Verkauf von Kindern, die Kinderprostitution und die Kinderpornografie, in Kraft seit 1. Dez. 2006 (AS 2006 5437; BBl 2005 2807).

8 SR 0.101

³ Ist der Täter wegen der Tat im Ausland verurteilt worden und wurde die Strafe im Ausland nur teilweise vollzogen, so rechnet ihm das Gericht den vollzogenen Teil auf die auszusprechende Strafe an. Das Gericht entscheidet, ob eine im Ausland angeordnete, dort aber nur teilweise vollzogene Massnahme fortzusetzen oder auf die in der Schweiz ausgefällte Strafe anzurechnen ist.

Gemäss staatsvertraglicher Verpflichtung verfolgte Auslandtaten

Art. 6 ¹ Wer im Ausland ein Verbrechen oder Vergehen begeht, zu dessen Verfolgung sich die Schweiz durch ein internationales Übereinkommen verpflichtet hat, ist diesem Gesetz unterworfen, wenn:

a. die Tat auch am Begehungsort strafbar ist oder der Begehungsort keiner Strafgewalt unterliegt; und

b. der Täter sich in der Schweiz befindet und nicht an das Ausland ausgeliefert wird.

² Das Gericht bestimmt die Sanktionen so, dass sie insgesamt für den Täter nicht schwerer wiegen als diejenigen nach dem Recht des Begehungsortes.

³ Der Täter wird, unter Vorbehalt eines krassen Verstosses gegen die Grundsätze der Bundesverfassung und der EMRK[9], in der Schweiz wegen der Tat nicht mehr verfolgt, wenn:

a. ein ausländisches Gericht ihn endgültig freigesprochen hat;

b. die Sanktion, zu der er im Ausland verurteilt wurde, vollzogen, erlassen oder verjährt ist.

⁴ Ist der Täter wegen der Tat im Ausland verurteilt worden und wurde die Strafe im Ausland nur teilweise vollzogen, so rechnet ihm das Gericht den vollzogenen Teil auf die auszusprechende Strafe an. Das Gericht entscheidet, ob eine im Ausland angeordnete, dort aber nur teilweise vollzogene Massnahme fortzusetzen oder auf die in der Schweiz ausgesprochene Strafe anzurechnen ist.

Andere Auslandtaten

Art. 7 ¹ Wer im Ausland ein Verbrechen oder Vergehen begeht, ohne dass die Voraussetzungen der Artikel 4, 5 oder 6 erfüllt sind, ist diesem Gesetz unterworfen, wenn:

a. die Tat auch am Begehungsort strafbar ist oder der Begehungsort keiner Strafgewalt unterliegt;

b. der Täter sich in der Schweiz befindet oder ihr wegen dieser Tat ausgeliefert wird; und

c. nach schweizerischem Recht die Tat die Auslieferung zulässt, der Täter jedoch nicht ausgeliefert wird.

---

9 SR 0.101

² Ist der Täter nicht Schweizer und wurde das Verbrechen oder Vergehen nicht gegen einen Schweizer begangen, so ist Absatz 1 nur anwendbar, wenn:

a. das Auslieferungsbegehren aus einem Grund abgewiesen wurde, der nicht die Art der Tat betrifft; oder

b. der Täter ein besonders schweres Verbrechen begangen hat, das von der internationalen Rechtsgemeinschaft geächtet wird.

³ Das Gericht bestimmt die Sanktionen so, dass sie insgesamt für den Täter nicht schwerer wiegen als die Sanktionen nach dem Recht des Begehungsortes.

⁴ Der Täter wird, unter Vorbehalt eines krassen Verstosses gegen die Grundsätze der Bundesverfassung und der EMRK[10], in der Schweiz wegen der Tat nicht mehr verfolgt, wenn:

a. ein ausländisches Gericht ihn endgültig freigesprochen hat;

b. die Sanktion, zu der er im Ausland verurteilt wurde, vollzogen, erlassen oder verjährt ist.

⁵ Ist der Täter wegen der Tat im Ausland verurteilt worden und wurde die Strafe im Ausland nur teilweise vollzogen, so rechnet ihm das Gericht den vollzogenen Teil auf die auszusprechende Strafe an. Das Gericht entscheidet, ob eine im Ausland angeordnete, aber dort nur teilweise vollzogene Massnahme fortzusetzen oder auf die in der Schweiz ausgesprochene Strafe anzurechnen ist.

Begehungsort　　　　**Art. 8** ¹ Ein Verbrechen oder Vergehen gilt als da begangen, wo der Täter es ausführt oder pflichtwidrig untätig bleibt, und da, wo der Erfolg eingetreten ist.

² Der Versuch gilt als da begangen, wo der Täter ihn ausführt, und da, wo nach seiner Vorstellung der Erfolg hätte eintreten sollen.

4. Persönlicher　　　**Art. 9** ¹ Dieses Gesetz ist nicht anwendbar auf Personen, soweit
Geltungsbereich　　　deren Taten nach dem Militärstrafrecht zu beurteilen sind.

² Für Personen, welche zum Zeitpunkt der Tat das 18. Altersjahr noch nicht vollendet haben, bleiben die Vorschriften des Jugendstrafgesetzes vom 20. Juni 2003[11] (JStG) vorbehalten. Sind gleichzeitig eine vor und eine nach der Vollendung des 18. Altersjahres begangene Tat zu beurteilen, so ist Artikel 3 Absatz 2 JStG anwendbar.[12]

10　SR 0.101
11　SR 311.1
12　Fassung gemäss Art. 44 Ziff. 1 des Jugendstrafgesetzes vom 20. Juni 2003, in Kraft seit 1. Jan. 2007 (AS 2006 3545; BBl 1999 1979).

Zweiter Titel: Strafbarkeit

1. Verbrechen und Vergehen.
Begriff

Art. 10 [1] Dieses Gesetz unterscheidet die Verbrechen von den Vergehen nach der Schwere der Strafen, mit der die Taten bedroht sind.

[2] Verbrechen sind Taten, die mit Freiheitsstrafe von mehr als drei Jahren bedroht sind.

[3] Vergehen sind Taten, die mit Freiheitsstrafe bis zu drei Jahren oder mit Geldstrafe bedroht sind.

Begehen durch Unterlassen

Art. 11 [1] Ein Verbrechen oder Vergehen kann auch durch pflichtwidriges Untätigbleiben begangen werden.

[2] Pflichtwidrig untätig bleibt, wer die Gefährdung oder Verletzung eines strafrechtlich geschützten Rechtsgutes nicht verhindert, obwohl er aufgrund seiner Rechtstellung dazu verpflichtet ist, namentlich auf Grund:

a. des Gesetzes;
b. eines Vertrages;
c. einer freiwillig eingegangenen Gefahrengemeinschaft; oder
d. der Schaffung einer Gefahr.

[3] Wer pflichtwidrig untätig bleibt, ist gestützt auf den entsprechenden Tatbestand nur dann strafbar, wenn ihm nach den Umständen der Tat derselbe Vorwurf gemacht werden kann, wie wenn er die Tat durch ein aktives Tun begangen hätte.

[4] Das Gericht kann die Strafe mildern.

2. Vorsatz und Fahrlässigkeit.
Begriffe

Art. 12 [1] Bestimmt es das Gesetz nicht ausdrücklich anders, so ist nur strafbar, wer ein Verbrechen oder Vergehen vorsätzlich begeht.

[2] Vorsätzlich begeht ein Verbrechen oder Vergehen, wer die Tat mit Wissen und Willen ausführt. Vorsätzlich handelt bereits, wer die Verwirklichung der Tat für möglich hält und in Kauf nimmt.

[3] Fahrlässig begeht ein Verbrechen oder Vergehen, wer die Folge seines Verhaltens aus pflichtwidriger Unvorsichtigkeit nicht bedenkt oder darauf nicht Rücksicht nimmt. Pflichtwidrig ist die Unvorsichtigkeit, wenn der Täter die Vorsicht nicht beachtet, zu der er nach den Umständen und nach seinen persönlichen Verhältnissen verpflichtet ist.

Sachverhaltsirrtum

Art. 13 [1] Handelt der Täter in einer irrigen Vorstellung über den Sachverhalt, so beurteilt das Gericht die Tat zu Gunsten des Täters nach dem Sachverhalt, den sich der Täter vorgestellt hat.

² Hätte der Täter den Irrtum bei pflichtgemässer Vorsicht vermeiden können, so ist er wegen Fahrlässigkeit strafbar, wenn die fahrlässige Begehung der Tat mit Strafe bedroht ist.

3. Rechtmässige Handlungen und Schuld.
Gesetzlich erlaubte Handlung

Art. 14 Wer handelt, wie es das Gesetz gebietet oder erlaubt, verhält sich rechtmässig, auch wenn die Tat nach diesem oder einem andern Gesetz mit Strafe bedroht ist.

Rechtfertigende Notwehr

Art. 15 Wird jemand ohne Recht angegriffen oder unmittelbar mit einem Angriff bedroht, so ist der Angegriffene und jeder andere berechtigt, den Angriff in einer den Umständen angemessenen Weise abzuwehren.

Entschuldbare Notwehr

Art. 16 ¹ Überschreitet der Abwehrende die Grenzen der Notwehr nach Artikel 15, so mildert das Gericht die Strafe.

² Überschreitet der Abwehrende die Grenzen der Notwehr in entschuldbarer Aufregung oder Bestürzung über den Angriff, so handelt er nicht schuldhaft.

Rechtfertigender Notstand

Art. 17 Wer eine mit Strafe bedrohte Tat begeht, um ein eigenes oder das Rechtsgut einer anderen Person aus einer unmittelbaren, nicht anders abwendbaren Gefahr zu retten, handelt rechtmässig, wenn er dadurch höherwertige Interessen wahrt.

Entschuldbarer Notstand

Art. 18 ¹ Wer eine mit Strafe bedrohte Tat begeht, um sich oder eine andere Person aus einer unmittelbaren, nicht anders abwendbaren Gefahr für Leib, Leben, Freiheit, Ehre, Vermögen oder andere hochwertige Güter zu retten, wird milder bestraft, wenn ihm zuzumuten war, das gefährdete Gut preiszugeben.

² War dem Täter nicht zuzumuten, das gefährdete Gut preiszugeben, so handelt er nicht schuldhaft.

Schuldunfähigkeit und verminderte Schuldfähigkeit

Art. 19 ¹ War der Täter zur Zeit der Tat nicht fähig, das Unrecht seiner Tat einzusehen oder gemäss dieser Einsicht zu handeln, so ist er nicht strafbar.

² War der Täter zur Zeit der Tat nur teilweise fähig, das Unrecht seiner Tat einzusehen oder gemäss dieser Einsicht zu handeln, so mildert das Gericht die Strafe.

³ Es können indessen Massnahmen nach den Artikeln 59–61, 63, 64, 67 und 67 b getroffen werden.

⁴ Konnte der Täter die Schuldunfähigkeit oder die Verminderung der Schuldfähigkeit vermeiden und dabei die in diesem Zustand begangene Tat voraussehen, so sind die Absätze 1–3 nicht anwendbar.

**Zweifelhafte
Schuldfähigkeit**

Art. 20 Besteht ernsthafter Anlass, an der Schuldfähigkeit des Täters zu zweifeln, so ordnet die Untersuchungsbehörde oder das Gericht die sachverständige Begutachtung durch einen Sachverständigen an.

**Irrtum über die
Rechtswidrigkeit**

Art. 21 Wer bei Begehung der Tat nicht weiss und nicht wissen kann, dass er sich rechtswidrig verhält, handelt nicht schuldhaft. War der Irrtum vermeidbar, so mildert das Gericht die Strafe.

**4. Versuch.
Strafbarkeit des
Versuchs**

Art. 22 [1] Führt der Täter, nachdem er mit der Ausführung eines Verbrechens oder Vergehens begonnen hat, die strafbare Tätigkeit nicht zu Ende oder tritt der zur Vollendung der Tat gehörende Erfolg nicht ein oder kann dieser nicht eintreten, so kann das Gericht die Strafe mildern.

[2] Verkennt der Täter aus grobem Unverstand, dass die Tat nach der Art des Gegenstandes oder des Mittels, an oder mit dem er sie ausführen will, überhaupt nicht zur Vollendung gelangen kann, so bleibt er straflos.

**Rücktritt und
tätige Reue**

Art. 23 [1] Führt der Täter aus eigenem Antrieb die strafbare Tätigkeit nicht zu Ende oder trägt er dazu bei, die Vollendung der Tat zu verhindern, so kann das Gericht die Strafe mildern oder von einer Bestrafung absehen.

[2] Sind an einer Tat mehrere Täter oder Teilnehmer beteiligt, so kann das Gericht die Strafe dessen mildern oder von der Bestrafung dessen absehen, der aus eigenem Antrieb dazu beiträgt, die Vollendung der Tat zu verhindern.

[3] Das Gericht kann die Strafe auch mildern oder von der Bestrafung absehen, wenn der Rücktritt des Täters oder des Teilnehmers die Vollendung der Tat verhindert hätte, diese aber aus anderen Gründen ausbleibt.

[4] Bemüht sich einer von mehreren Tätern oder Teilnehmern aus eigenem Antrieb ernsthaft, die Vollendung der Tat zu verhindern, so kann das Gericht seine Strafe mildern oder von seiner Bestrafung absehen, wenn die Tat unabhängig von seinem Tatbeitrag begangen wird.

**5. Teilnahme.
Anstiftung**

Art. 24 [1] Wer jemanden vorsätzlich zu dem von diesem verübten Verbrechen oder Vergehen bestimmt hat, wird nach der Strafandrohung, die auf den Täter Anwendung findet, bestraft.

[2] Wer jemanden zu einem Verbrechen zu bestimmen versucht, wird wegen Versuchs dieses Verbrechens bestraft.

Gehilfenschaft

Art. 25 Wer zu einem Verbrechen oder Vergehen vorsätzlich Hilfe leistet, wird milder bestraft.

Teilnahme am Sonderdelikt

Art. 26 Wird die Strafbarkeit durch eine besondere Pflicht des Täters begründet oder erhöht, so wird der Teilnehmer, dem diese Pflicht nicht obliegt, milder bestraft.

Persönliche Verhältnisse

Art. 27 Besondere persönliche Verhältnisse, Eigenschaften und Umstände, welche die Strafbarkeit erhöhen, vermindern oder ausschliessen, werden bei dem Täter oder Teilnehmer berücksichtigt, bei dem sie vorliegen.

6. Strafbarkeit der Medien

Art. 28 [1] Wird eine strafbare Handlung durch Veröffentlichung in einem Medium begangen und erschöpft sie sich in dieser Veröffentlichung, so ist, unter Vorbehalt der nachfolgenden Bestimmungen, der Autor allein strafbar.

[2] Kann der Autor nicht ermittelt oder in der Schweiz nicht vor Gericht gestellt werden, so ist der verantwortliche Redaktor nach Artikel 322bis strafbar. Fehlt ein verantwortlicher Redaktor, so ist jene Person nach Artikel 322bis strafbar, die für die Veröffentlichung verantwortlich ist.

[3] Hat die Veröffentlichung ohne Wissen oder gegen den Willen des Autors stattgefunden, so ist der Redaktor oder, wenn ein solcher fehlt, die für die Veröffentlichung verantwortliche Person als Täter strafbar.

[4] Die wahrheitsgetreue Berichterstattung über öffentliche Verhandlungen und amtliche Mitteilungen einer Behörde ist straflos.

Quellenschutz

Art. 28a [1] Verweigern Personen, die sich beruflich mit der Veröffentlichung von Informationen im redaktionellen Teil eines periodisch erscheinenden Mediums befassen, oder ihre Hilfspersonen das Zeugnis über die Identität des Autors oder über Inhalt und Quellen ihrer Informationen, so dürfen weder Strafen noch prozessuale Zwangsmassnahmen gegen sie verhängt werden.

[2] Absatz 1 gilt nicht, wenn der Richter feststellt, dass:

a. das Zeugnis erforderlich ist, um eine Person aus einer unmittelbaren Gefahr für Leib und Leben zu retten; oder

b.[13] ohne das Zeugnis ein Tötungsdelikt im Sinne der Artikel 111–113 oder ein anderes Verbrechen, das mit einer Mindeststrafe von drei Jahren Freiheitsstrafe bedroht ist, oder eine Straftat nach den Artikeln 187, 189–191, 197 Ziffer 3, 260ter, 260^{quinquies}, 305bis, 305ter und 322ter–322^{septies} des vorliegenden Gesetzes sowie nach Artikel 19 Ziffer 2 des Betäubungsmittelgesetzes vom 3. Okto-

---

13 Fassung gemäss Ziff. I 1 des BG vom 21. März 2003 (Finanzierung des Terrorismus), in Kraft seit 1. Okt. 2003 (AS 2003 3043; BBl 2002 5390).

ber 1951[14] nicht aufgeklärt werden oder der einer solchen Tat Beschuldigte nicht ergriffen werden kann.

7. Vertretungsverhältnisse

Art. 29 Eine besondere Pflicht, deren Verletzung die Strafbarkeit begründet oder erhöht, und die nur der juristischen Person, der Gesellschaft oder der Einzelfirma[15] obliegt, wird einer natürlichen Person zugerechnet, wenn diese handelt:

a. als Organ oder als Mitglied eines Organs einer juristischen Person;
b. als Gesellschafter;
c. als Mitarbeiter mit selbständigen Entscheidungsbefugnissen in seinem Tätigkeitsbereich einer juristischen Person, einer Gesellschaft oder einer Einzelfirma[16]; oder
d. ohne Organ, Mitglied eines Organs, Gesellschafter oder Mitarbeiter zu sein, als tatsächlicher Leiter.

8. Strafantrag. Antragsrecht

Art. 30 [1] Ist eine Tat nur auf Antrag strafbar, so kann jede Person, die durch sie verletzt worden ist, die Bestrafung des Täters beantragen.

[2] Ist die verletzte Person handlungsunfähig, so ist ihr gesetzlicher Vertreter zum Antrag berechtigt. Steht sie unter Vormundschaft oder unter umfassender Beistandschaft, so steht das Antragsrecht auch der Erwachsenenschutzbehörde zu.[17]

[3] Ist die verletzte Person minderjährig oder steht sie unter umfassender Beistandschaft, so ist auch sie zum Antrag berechtigt, wenn sie urteilsfähig ist.[18]

[4] Stirbt die verletzte Person, ohne dass sie den Strafantrag gestellt oder auf den Strafantrag ausdrücklich verzichtet hat, so steht das Antragsrecht jedem Angehörigen zu.

[5] Hat eine antragsberechtigte Person ausdrücklich auf den Antrag verzichtet, so ist ihr Verzicht endgültig.

Antragsfrist

Art. 31 Das Antragsrecht erlischt nach Ablauf von drei Monaten. Die Frist beginnt mit dem Tag, an welchem der antragsberechtigten Person der Täter bekannt wird.

Unteilbarkeit

Art. 32 Stellt eine antragsberechtigte Person gegen einen an der Tat Beteiligten Strafantrag, so sind alle Beteiligten zu verfolgen.

---

14 SR 812.121
15 Heute: dem Einzelunternehmen.
16 Heute: dem Einzelunternehmen.
17 Fassung des zweiten Satzes gemäss Anhang Ziff. 14 des BG vom 19. Dez. 2008 (Erwachsenenschutz, Personenrecht und Kindesrecht), in Kraft seit 1. Jan. 2013 (AS 2011 725; BBl 2006 7001).
18 Fassung gemäss Anhang Ziff. 14 des BG vom 19. Dez. 2008 (Erwachsenenschutz, Personenrecht und Kindesrecht), in Kraft seit 1. Jan. 2013 (AS 2011 725; BBl 2006 7001).

Rückzug

Art. 33 [1] Die antragsberechtigte Person kann ihren Strafantrag zurückziehen, solange das Urteil der zweiten kantonalen Instanz noch nicht eröffnet ist.

[2] Wer seinen Strafantrag zurückgezogen hat, kann ihn nicht nochmals stellen.

[3] Zieht die antragsberechtigte Person ihren Strafantrag gegenüber einem Beschuldigten zurück, so gilt der Rückzug für alle Beschuldigten.

[4] Erhebt ein Beschuldigter gegen den Rückzug des Strafantrages Einspruch, so gilt der Rückzug für ihn nicht.

Dritter Titel: Strafen und Massnahmen

Erstes Kapitel: Strafen

Erster Abschnitt: Geldstrafe, gemeinnützige Arbeit, Freiheitsstrafe

1. Geldstrafe.
Bemessung

Art. 34 [1] Bestimmt es das Gesetz nicht anders, so beträgt die Geldstrafe höchstens 360 Tagessätze. Das Gericht bestimmt deren Zahl nach dem Verschulden des Täters.

[2] Ein Tagessatz beträgt höchstens 3000 Franken. Das Gericht bestimmt die Höhe des Tagessatzes nach den persönlichen und wirtschaftlichen Verhältnissen des Täters im Zeitpunkt des Urteils, namentlich nach Einkommen und Vermögen, Lebensaufwand, allfälligen Familien- und Unterstützungspflichten sowie nach dem Existenzminimum.

[3] Die Behörden des Bundes, der Kantone und der Gemeinden geben die für die Bestimmung des Tagessatzes erforderlichen Auskünfte.

[4] Zahl und Höhe der Tagessätze sind im Urteil festzuhalten.

Vollzug

Art. 35 [1] Die Vollzugsbehörde bestimmt dem Verurteilten eine Zahlungsfrist von einem bis zu zwölf Monaten. Sie kann Ratenzahlung anordnen und auf Gesuch die Fristen verlängern.

[2] Besteht der begründete Verdacht, dass der Verurteilte sich der Vollstreckung der Geldstrafe entziehen wird, so kann die Vollzugsbehörde die sofortige Bezahlung oder eine Sicherheitsleistung verlangen.

[3] Bezahlt der Verurteilte die Geldstrafe nicht fristgemäss, so ordnet die Vollzugsbehörde die Betreibung an, wenn davon ein Ergebnis zu erwarten ist.

Ersatzfreiheitsstrafe

Art. 36 [1] Soweit der Verurteilte die Geldstrafe nicht bezahlt und sie auf dem Betreibungsweg (Art. 35 Abs. 3) uneinbringlich ist, tritt an die Stelle der Geldstrafe eine Freiheitsstrafe. Ein Tagessatz entspricht einem Tag Freiheitsstrafe. Die Ersatzfreiheitsstrafe entfällt, soweit die Geldstrafe nachträglich bezahlt wird.

[2] Wurde die Geldstrafe durch eine Verwaltungsbehörde verhängt, so entscheidet das Gericht über die Ersatzfreiheitsstrafe.

[3] Kann der Verurteilte die Geldstrafe nicht bezahlen, weil sich ohne sein Verschulden die für die Bemessung des Tagessatzes massgebenden Verhältnisse seit dem Urteil erheblich verschlechtert haben, so kann er dem Gericht beantragen, den Vollzug der Ersatzfreiheitsstrafe zu sistieren und stattdessen:

a. die Zahlungsfrist bis zu 24 Monaten zu verlängern; oder

b. den Tagessatz herabzusetzen; oder

c. gemeinnützige Arbeit anzuordnen.

[4] Ordnet das Gericht gemeinnützige Arbeit an, so sind die Artikel 37, 38 und 39 Absatz 2 anwendbar.

[5] Soweit der Verurteilte die Geldstrafe trotz verlängerter Zahlungsfrist oder herabgesetztem Tagessatz nicht bezahlt oder die gemeinnützige Arbeit trotz Mahnung nicht leistet, wird die Ersatzfreiheitsstrafe vollzogen.

2. Gemeinnützige Arbeit.
Inhalt

Art. 37 [1] Das Gericht kann mit Zustimmung des Täters an Stelle einer Freiheitsstrafe von weniger als sechs Monaten oder einer Geldstrafe bis zu 180 Tagessätzen gemeinnützige Arbeit von höchstens 720 Stunden anordnen.

[2] Die gemeinnützige Arbeit ist zu Gunsten sozialer Einrichtungen, Werken in öffentlichem Interesse oder hilfsbedürftiger Personen zu leisten. Sie ist unentgeltlich.

Vollzug

Art. 38 Die Vollzugsbehörde bestimmt dem Verurteilten eine Frist von höchstens zwei Jahren, innerhalb der er die gemeinnützige Arbeit zu leisten hat.

Umwandlung

Art. 39 [1] Soweit der Verurteilte die gemeinnützige Arbeit trotz Mahnung nicht entsprechend dem Urteil oder den von der zuständigen Behörde festgelegten Bedingungen und Auflagen leistet, wandelt sie das Gericht in Geld- oder Freiheitsstrafe um.

[2] Vier Stunden gemeinnütziger Arbeit entsprechen einem Tagessatz Geldstrafe oder einem Tag Freiheitsstrafe.

[3] Freiheitsstrafe darf nur angeordnet werden, wenn zu erwarten ist, dass eine Geldstrafe nicht vollzogen werden kann.

3. Freiheitsstrafe.
Im Allgemeinen

Art. 40 Die Dauer der Freiheitsstrafe beträgt in der Regel mindestens sechs Monate; die Höchstdauer beträgt 20 Jahre. Wo es das Gesetz ausdrücklich bestimmt, dauert die Freiheitsstrafe lebenslänglich.

Kurze unbedingte
Freiheitsstrafe

Art. 41 [1] Das Gericht kann auf eine vollziehbare Freiheitsstrafe von weniger als sechs Monaten nur erkennen, wenn die Voraussetzungen für eine bedingte Strafe (Art. 42) nicht gegeben sind und zu erwarten ist, dass eine Geldstrafe oder gemeinnützige Arbeit nicht vollzogen werden kann.

[2] Es hat diese Strafform näher zu begründen.

[3] Vorbehalten bleibt die Freiheitsstrafe an Stelle einer nicht bezahlten Geldstrafe (Art. 36) oder nicht geleisteter gemeinnütziger Arbeit (Art. 39).

Zweiter Abschnitt: Bedingte und teilbedingte Strafen

1. Bedingte Strafen

Art. 42 [1] Das Gericht schiebt den Vollzug einer Geldstrafe, von gemeinnütziger Arbeit oder einer Freiheitsstrafe von mindestens sechs Monaten und höchstens zwei Jahren in der Regel auf, wenn eine unbedingte Strafe nicht notwendig erscheint, um den Täter von der Begehung weiterer Verbrechen oder Vergehen abzuhalten.

[2] Wurde der Täter innerhalb der letzten fünf Jahre vor der Tat zu einer bedingten oder unbedingten Freiheitsstrafe von mindestens sechs Monaten oder zu einer Geldstrafe von mindestens 180 Tagessätzen verurteilt, so ist der Aufschub nur zulässig, wenn besonders günstige Umstände vorliegen.

[3] Die Gewährung des bedingten Strafvollzuges kann auch verweigert werden, wenn der Täter eine zumutbare Schadenbehebung unterlassen hat.

[4] Eine bedingte Strafe kann mit einer unbedingten Geldstrafe oder mit einer Busse nach Artikel 106 verbunden werden.[19]

2. Teilbedingte Strafen

Art. 43 [1] Das Gericht kann den Vollzug einer Geldstrafe, von gemeinnütziger Arbeit oder einer Freiheitsstrafe von mindestens einem Jahr und höchstens drei Jahren nur teilweise aufschieben, wenn dies notwendig ist, um dem Verschulden des Täters genügend Rechnung zu tragen.

[2] Der unbedingt vollziehbare Teil darf die Hälfte der Strafe nicht übersteigen.

---

19   Fassung gemäss Ziff. I des BG vom 24. März 2006 (Korrekturen am Sanktions- und Strafregisterrecht), in Kraft seit 1. Jan. 2007 (AS 2006 3539; BBl 2005 4689).

[3] Bei der teilbedingten Freiheitsstrafe muss sowohl der aufgeschobene wie auch der zu vollziehende Teil mindestens sechs Monate betragen. Die Bestimmungen über die Gewährung der bedingten Entlassung (Art. 86) sind auf den unbedingt zu vollziehenden Teil nicht anwendbar.

3. Gemeinsame Bestimmungen.
Probezeit

Art. 44 [1] Schiebt das Gericht den Vollzug einer Strafe ganz oder teilweise auf, so bestimmt es dem Verurteilten eine Probezeit von zwei bis fünf Jahren.

[2] Für die Dauer der Probezeit kann das Gericht Bewährungshilfe anordnen und Weisungen erteilen.

[3] Das Gericht erklärt dem Verurteilten die Bedeutung und die Folgen der bedingten und der teilbedingten Strafe.

Bewährung

Art. 45 Hat sich der Verurteilte bis zum Ablauf der Probezeit bewährt, so wird die aufgeschobene Strafe nicht mehr vollzogen.

Nichtbewährung

Art. 46 [1] Begeht der Verurteilte während der Probezeit ein Verbrechen oder Vergehen und ist deshalb zu erwarten, dass er weitere Straftaten verüben wird, so widerruft das Gericht die bedingte Strafe oder den bedingten Teil der Strafe. Es kann die Art der widerrufenen Strafe ändern, um mit der neuen Strafe in sinngemässer Anwendung von Artikel 49 eine Gesamtstrafe zu bilden. Dabei kann es auf eine unbedingte Freiheitsstrafe nur erkennen, wenn die Gesamtstrafe mindestens sechs Monate erreicht oder die Voraussetzungen nach Artikel 41 erfüllt sind.

[2] Ist nicht zu erwarten, dass der Verurteilte weitere Straftaten begehen wird, so verzichtet das Gericht auf einen Widerruf. Es kann den Verurteilten verwarnen oder die Probezeit um höchstens die Hälfte der im Urteil festgesetzten Dauer verlängern. Für die Dauer der verlängerten Probezeit kann das Gericht Bewährungshilfe anordnen und Weisungen erteilen. Erfolgt die Verlängerung erst nach Ablauf der Probezeit, so beginnt sie am Tag der Anordnung.

[3] Das zur Beurteilung des neuen Verbrechens oder Vergehens zuständige Gericht entscheidet auch über den Widerruf.

[4] Entzieht sich der Verurteilte der Bewährungshilfe oder missachtet er die Weisungen, so ist Artikel 95 Absätze 3–5 anwendbar.

[5] Der Widerruf darf nicht mehr angeordnet werden, wenn seit dem Ablauf der Probezeit drei Jahre vergangen sind.

Dritter Abschnitt: Strafzumessung

1. Grundsatz

Art. 47 [1] Das Gericht misst die Strafe nach dem Verschulden des Täters zu. Es berücksichtigt das Vorleben und die persönlichen Verhältnisse sowie die Wirkung der Strafe auf das Leben des Täters.

[2] Das Verschulden wird nach der Schwere der Verletzung oder Gefährdung des betroffenen Rechtsguts, nach der Verwerflichkeit des Handelns, den Beweggründen und Zielen des Täters sowie danach bestimmt, wie weit der Täter nach den inneren und äusseren Umständen in der Lage war, die Gefährdung oder Verletzung zu vermeiden.

2. Strafmilderung. Gründe

Art. 48 Das Gericht mildert die Strafe, wenn:

a. der Täter gehandelt hat:
   1. aus achtenswerten Beweggründen,
   2. in schwerer Bedrängnis,
   3. unter dem Eindruck einer schweren Drohung,
   4. auf Veranlassung einer Person, der er Gehorsam schuldet oder von der er abhängig ist;

b. der Täter durch das Verhalten der verletzten Person ernsthaft in Versuchung geführt worden ist;

c. der Täter in einer nach den Umständen entschuldbaren heftigen Gemütsbewegung oder unter grosser seelischer Belastung gehandelt hat;

d. der Täter aufrichtige Reue betätigt, namentlich den Schaden, soweit es ihm zuzumuten war, ersetzt hat;

e. das Strafbedürfnis in Anbetracht der seit der Tat verstrichenen Zeit deutlich vermindert ist und der Täter sich in dieser Zeit wohl verhalten hat.

Wirkung

Art. 48a [1] Mildert das Gericht die Strafe, so ist es nicht an die angedrohte Mindeststrafe gebunden.

[2] Das Gericht kann auf eine andere als die angedrohte Strafart erkennen, ist aber an das gesetzliche Höchst- und Mindestmass der Strafart gebunden.

3. Konkurrenz

Art. 49 [1] Hat der Täter durch eine oder mehrere Handlungen die Voraussetzungen für mehrere gleichartige Strafen erfüllt, so verurteilt ihn das Gericht zu der Strafe der schwersten Straftat und erhöht sie angemessen. Es darf jedoch das Höchstmass der angedrohten Strafe nicht um mehr als die Hälfte erhöhen. Dabei ist es an das gesetzliche Höchstmass der Strafart gebunden.

[2] Hat das Gericht eine Tat zu beurteilen, die der Täter begangen hat, bevor er wegen einer andern Tat verurteilt worden ist, so bestimmt es die Zusatzstrafe in der Weise, dass der Täter nicht schwerer bestraft wird, als wenn die strafbaren Handlungen gleichzeitig beurteilt worden wären.

[3] Hat der Täter eine oder mehrere Taten vor Vollendung des 18. Altersjahres begangen, so dürfen diese bei der Bildung der Gesamtstrafe nach den Absätzen 1 und 2 nicht stärker ins Gewicht fallen, als wenn sie für sich allein beurteilt worden wären.

4. Begründungspflicht

Art. 50 Ist ein Urteil zu begründen, so hält das Gericht in der Begründung auch die für die Zumessung der Strafe erheblichen Umstände und deren Gewichtung fest.

5. Anrechnung der Untersuchungshaft

Art. 51 Das Gericht rechnet die Untersuchungshaft, die der Täter während dieses oder eines anderen Verfahrens ausgestanden hat, auf die Strafe an. Ein Tag Haft entspricht einem Tagessatz Geldstrafe oder vier Stunden gemeinnütziger Arbeit.

Vierter Abschnitt: Strafbefreiung und Einstellung des Verfahrens[20]

1. Gründe für die Strafbefreiung.

Fehlendes Strafbedürfnis[21]

Art. 52 Die zuständige Behörde sieht von einer Strafverfolgung, einer Überweisung an das Gericht oder einer Bestrafung ab, wenn Schuld und Tatfolgen geringfügig sind.

Wiedergutmachung

Art. 53 Hat der Täter den Schaden gedeckt oder alle zumutbaren Anstrengungen unternommen, um das von ihm bewirkte Unrecht auszugleichen, so sieht die zuständige Behörde von einer Strafverfolgung, einer Überweisung an das Gericht oder einer Bestrafung ab, wenn:

a. die Voraussetzungen für die bedingte Strafe (Art. 42) erfüllt sind; und

b. das Interesse der Öffentlichkeit und des Geschädigten an der Strafverfolgung gering sind.

Betroffenheit des Täters durch seine Tat

Art. 54 Ist der Täter durch die unmittelbaren Folgen seiner Tat so schwer betroffen, dass eine Strafe unangemessen wäre, so sieht die zuständige Behörde von einer Strafverfolgung, einer Überweisung an das Gericht oder einer Bestrafung ab.

---

20 Fassung gemäss Ziff. I des BG vom 3. Okt. 2003 (Strafverfolgung in der Ehe und in der Partnerschaft), in Kraft seit 1. April 2004 (AS 2004 1403; BBl 2003 1909 1937).

21 Fassung gemäss Ziff. I des BG vom 3. Okt. 2003 (Strafverfolgung in der Ehe und in der Partnerschaft), in Kraft seit 1. April 2004 (AS 2004 1403; BBl 2003 1909 1937).

2. Gemeinsame Bestimmungen

Art. 55 [1] Das Gericht sieht bei der bedingten Strafe vom Widerruf und bei der bedingten Entlassung von der Rückversetzung ab, wenn die Voraussetzungen der Strafbefreiung gegeben sind.

[2] Als zuständige Behörden nach den Artikeln 52, 53 und 54 bezeichnen die Kantone Organe der Strafrechtspflege.

3. Einstellung des Verfahrens. Ehegatte, eingetragene Partnerin, eingetragener Partner oder Lebenspartner als Opfer[20]

Art. 55a[22] [1] Bei einfacher Körperverletzung (Art. 123 Ziff. 2 Abs. 3–5), wiederholten Tätlichkeiten (Art. 126 Abs. 2 Bst. b, b[bis] und c), Drohung (Art. 180 Abs. 2) und Nötigung (Art. 181) können die Staatsanwaltschaft und die Gerichte das Verfahren sistieren, wenn:[24]

a.[25] das Opfer:
1. der Ehegatte des Täters ist und die Tat während der Ehe oder innerhalb eines Jahres nach deren Scheidung begangen wurde, oder
2. die eingetragene Partnerin oder der eingetragene Partner des Täters ist und die Tat während der Dauer der eingetragenen Partnerschaft oder innerhalb eines Jahres nach deren Auflösung begangen wurde, oder
3. der hetero- oder homosexuelle Lebenspartner beziehungsweise der noch nicht ein Jahr getrennt lebende Ex-Lebenspartner des Täters ist; und

b. das Opfer oder, falls dieses nicht handlungsfähig ist, sein gesetzlicher Vertreter darum ersucht oder einem entsprechenden Antrag der zuständigen Behörde zustimmt.

[2] Das Verfahren wird wieder an die Hand genommen, wenn das Opfer oder, falls dieses nicht handlungsfähig ist, sein gesetzlicher Vertreter seine Zustimmung innerhalb von sechs Monaten seit der Sistierung schriftlich oder mündlich widerruft.[26]

[3] Wird die Zustimmung nicht widerrufen, so verfügen die Staatsanwaltschaft und die Gerichte die Einstellung des Verfahrens.[27]

[4] ...[28]

---

22 Eingefügt durch Ziff. I des BG vom 3. Okt. 2003 (Strafverfolgung in der Ehe und in der Partnerschaft), in Kraft seit 1. April 2004 (AS 2004 1403; BBl 2003 1909 1937).

23 Fassung gemäss Art. 37 Ziff. 1 des Partnerschaftsgesetzes vom 18. Juni 2004, in Kraft seit 1. Jan. 2007 (AS 2005 5685; BBl 2003 1288).

24 Fassung gemäss Anhang 1 Ziff. II 8 der Strafprozessordnung vom 5. Okt. 2007, in Kraft seit 1. Jan. 2011 (AS 2010 1881; BBl 2006 1085).

25 Fassung gemäss Art. 37 Ziff. 1 des Partnerschaftsgesetzes vom 18. Juni 2004, in Kraft seit 1. Jan. 2007 (AS 2005 5685; BBl 2003 1288).

26 Fassung gemäss Anhang 1 Ziff. II 8 der Strafprozessordnung vom 5. Okt. 2007, in Kraft seit 1. Jan. 2011 (AS 2010 1881; BBl 2006 1085).

27 Fassung gemäss Anhang 1 Ziff. II 8 der Strafprozessordnung vom 5. Okt. 2007, in Kraft seit 1. Jan. 2011 (AS 2010 1881; BBl 2006 1085).

28 Aufgehoben durch Anhang 1 Ziff. II 8 der Strafprozessordnung vom 5. Okt. 2007, mit Wirkung seit 1. Jan. 2011 (AS 2010 1881; BBl 2006 1085).

Zweites Kapitel: Massnahmen

Erster Abschnitt: Therapeutische Massnahmen und Verwahrung

1. Grundsätze

Art. 56 [1] Eine Massnahme ist anzuordnen, wenn:

a. eine Strafe allein nicht geeignet ist, der Gefahr weiterer Straftaten des Täters zu begegnen;

b. ein Behandlungsbedürfnis des Täters besteht oder die öffentliche Sicherheit dies erfordert; und

c. die Voraussetzungen der Artikel 59–61, 63 oder 64 erfüllt sind.

[2] Die Anordnung einer Massnahme setzt voraus, dass der mit ihr verbundene Eingriff in die Persönlichkeitsrechte des Täters im Hinblick auf die Wahrscheinlichkeit und Schwere weiterer Straftaten nicht unverhältnismässig ist.

[3] Das Gericht stützt sich beim Entscheid über die Anordnung einer Massnahme nach den Artikeln 59–61, 63 und 64 sowie bei der Änderung der Sanktion nach Artikel 65 auf eine sachverständige Begutachtung. Diese äussert sich über:

a. die Notwendigkeit und die Erfolgsaussichten einer Behandlung des Täters;

b. die Art und die Wahrscheinlichkeit weiterer möglicher Straftaten; und

c. die Möglichkeiten des Vollzugs der Massnahme.

[4] Hat der Täter eine Tat im Sinne von Artikel 64 Absatz 1 begangen, so ist die Begutachtung durch einen Sachverständigen vorzunehmen, der den Täter weder behandelt noch in anderer Weise betreut hat.

[4bis] Kommt die Anordnung der lebenslänglichen Verwahrung nach Artikel 64 Absatz 1bis in Betracht, so stützt sich das Gericht beim Entscheid auf die Gutachten von mindestens zwei erfahrenen und voneinander unabhängigen Sachverständigen, die den Täter weder behandelt noch in anderer Weise betreut haben.[29]

[5] Das Gericht ordnet eine Massnahme in der Regel nur an, wenn eine geeignete Einrichtung zur Verfügung steht.

[6] Eine Massnahme, für welche die Voraussetzungen nicht mehr erfüllt sind, ist aufzuheben.

Zusammentreffen von Massnahmen

Art. 56a [1] Sind mehrere Massnahmen in gleicher Weise geeignet, ist aber nur eine notwendig, so ordnet das Gericht diejenige an, die den Täter am wenigsten beschwert.

---

29 Eingefügt durch Ziff. I des BG vom 21. Dez. 2007 (Lebenslängliche Verwahrung extrem gefährlicher Straftäter), in Kraft seit 1. Aug. 2008 (AS 2008 2961; BBl 2006 889).

² Sind mehrere Massnahmen notwendig, so kann das Gericht diese zusammen anordnen.

Verhältnis der Massnahmen zu den Strafen

Art. 57 ¹ Sind die Voraussetzungen sowohl für eine Strafe wie für eine Massnahme erfüllt, so ordnet das Gericht beide Sanktionen an.

² Der Vollzug einer Massnahme nach den Artikeln 59–61 geht einer zugleich ausgesprochenen sowie einer durch Widerruf oder Rückversetzung vollziehbaren Freiheitsstrafe voraus. Ebenso geht die Rückversetzung in eine Massnahme nach Artikel 62 a einer zugleich ausgesprochenen Gesamtstrafe voraus.

³ Der mit der Massnahme verbundene Freiheitsentzug ist auf die Strafe anzurechnen.

Vollzug

Art. 58 ¹ ...³⁰

² Die therapeutischen Einrichtungen im Sinne der Artikel 59–61 sind vom Strafvollzug getrennt zu führen.

2. Stationäre therapeutische Massnahmen.

Behandlung von psychischen Störungen

Art. 59 ¹ Ist der Täter psychisch schwer gestört, so kann das Gericht eine stationäre Behandlung anordnen, wenn:

a. der Täter ein Verbrechen oder Vergehen begangen hat, das mit seiner psychischen Störung in Zusammenhang steht; und

b. zu erwarten ist, dadurch lasse sich der Gefahr weiterer mit seiner psychischen Störung in Zusammenhang stehender Taten begegnen.

² Die stationäre Behandlung erfolgt in einer geeigneten psychiatrischen Einrichtung oder einer Massnahmevollzugseinrichtung.

³ Solange die Gefahr besteht, dass der Täter flieht oder weitere Straftaten begeht, wird er in einer geschlossenen Einrichtung behandelt. Er kann auch in einer Strafanstalt nach Artikel 76 Absatz 2 behandelt werden, sofern die nötige therapeutische Behandlung durch Fachpersonal gewährleistet ist.³¹

⁴ Der mit der stationären Behandlung verbundene Freiheitsentzug beträgt in der Regel höchstens fünf Jahre. Sind die Voraussetzungen für die bedingte Entlassung nach fünf Jahren noch nicht gegeben und ist zu erwarten, durch die Fortführung der Massnahme lasse sich der Gefahr weiterer mit der psychischen Störung des Täters in Zusammenhang stehender Verbrechen und Vergehen begegnen, so kann das Gericht auf Antrag der Vollzugsbehörde die Verlängerung der Massnahme um jeweils höchstens fünf Jahre anordnen.

---

30 Aufgehoben durch Anhang 1 Ziff. II 8 der Strafprozessordnung vom 5. Okt. 2007, mit Wirkung seit 1. Jan. 2011 (AS 2010 1881; BBl 2006 1085).

31 Fassung gemäss Ziff. I des BG vom 24. März 2006 (Korrekturen am Sanktions- und Strafregisterrecht), in Kraft seit 1. Jan. 2007 (AS 2006 3539; BBl 2005 4689).

Suchtbehandlung

Art. 60 [1] Ist der Täter von Suchtstoffen oder in anderer Weise abhängig, so kann das Gericht eine stationäre Behandlung anordnen, wenn:

a. der Täter ein Verbrechen oder Vergehen begangen hat, das mit seiner Abhängigkeit in Zusammenhang steht; und

b. zu erwarten ist, dadurch lasse sich der Gefahr weiterer mit der Abhängigkeit in Zusammenhang stehender Taten begegnen.

[2] Das Gericht trägt dem Behandlungsgesuch und der Behandlungsbereitschaft des Täters Rechnung.

[3] Die Behandlung erfolgt in einer spezialisierten Einrichtung oder, wenn nötig, in einer psychiatrischen Klinik. Sie ist den besonderen Bedürfnissen des Täters und seiner Entwicklung anzupassen.

[4] Der mit der stationären Behandlung verbundene Freiheitsentzug beträgt in der Regel höchstens drei Jahre. Sind die Voraussetzungen für die bedingte Entlassung nach drei Jahren noch nicht gegeben und ist zu erwarten, durch die Fortführung der Massnahme lasse sich der Gefahr weiterer mit der Abhängigkeit des Täters in Zusammenhang stehender Verbrechen und Vergehen begegnen, so kann das Gericht auf Antrag der Vollzugsbehörde die Verlängerung der Massnahme einmal um ein weiteres Jahr anordnen. Der mit der Massnahme verbundene Freiheitsentzug darf im Falle der Verlängerung und der Rückversetzung nach der bedingten Entlassung die Höchstdauer von insgesamt sechs Jahren nicht überschreiten.

**Massnahmen für
junge Erwachsene**

Art. 61 [1] War der Täter zur Zeit der Tat noch nicht 25 Jahre alt und ist er in seiner Persönlichkeitsentwicklung erheblich gestört, so kann ihn das Gericht in eine Einrichtung für junge Erwachsene einweisen, wenn:

a. der Täter ein Verbrechen oder Vergehen begangen hat, das mit der Störung seiner Persönlichkeitsentwicklung in Zusammenhang steht; und

b. zu erwarten ist, dadurch lasse sich der Gefahr weiterer mit der Störung seiner Persönlichkeitsentwicklung in Zusammenhang stehender Taten begegnen.

[2] Die Einrichtungen für junge Erwachsene sind von den übrigen Anstalten und Einrichtungen dieses Gesetzes getrennt zu führen.

[3] Dem Täter sollen die Fähigkeiten vermittelt werden, selbstverantwortlich und straffrei zu leben. Insbesondere ist seine berufliche Aus- und Weiterbildung zu fördern.

[4] Der mit der Massnahme verbundene Freiheitsentzug beträgt höchstens vier Jahre. Er darf im Falle der Rückversetzung nach bedingter Entlassung die Höchstdauer von insgesamt sechs Jahren nicht über-

schreiten. Die Massnahme ist spätestens dann aufzuheben, wenn der Täter das 30. Altersjahr vollendet hat.

5 Wurde der Täter auch wegen einer vor dem 18. Altersjahr begangenen Tat verurteilt, so kann die Massnahme in einer Einrichtung für Jugendliche vollzogen werden.

Bedingte Entlassung **Art. 62** 1 Der Täter wird aus dem stationären Vollzug der Massnahme bedingt entlassen, sobald sein Zustand es rechtfertigt, dass ihm Gelegenheit gegeben wird, sich in der Freiheit zu bewähren.

2 Bei der bedingten Entlassung aus einer Massnahme nach Artikel 59 beträgt die Probezeit ein bis fünf Jahre, bei der bedingten Entlassung aus einer Massnahme nach den Artikeln 60 und 61 ein bis drei Jahre.

3 Der bedingt Entlassene kann verpflichtet werden, sich während der Probezeit ambulant behandeln zu lassen. Die Vollzugsbehörde kann für die Dauer der Probezeit Bewährungshilfe anordnen und Weisungen erteilen.

4 Erscheint bei Ablauf der Probezeit eine Fortführung der ambulanten Behandlung, der Bewährungshilfe oder der Weisungen notwendig, um der Gefahr weiterer mit dem Zustand des bedingt Entlassenen in Zusammenhang stehender Verbrechen und Vergehen zu begegnen, so kann das Gericht auf Antrag der Vollzugsbehörde die Probezeit wie folgt verlängern:

a. bei der bedingten Entlassung aus einer Massnahme nach Artikel 59 jeweils um ein bis fünf Jahre;

b. bei der bedingten Entlassung aus einer Massnahme nach den Artikeln 60 und 61 um ein bis drei Jahre.

5 Die Probezeit nach der bedingten Entlassung aus einer Massnahme nach den Artikeln 60 und 61 darf insgesamt höchstens sechs Jahre dauern.

6 Hat der Täter eine Straftat im Sinne von Artikel 64 Absatz 1 begangen, so kann die Probezeit so oft verlängert werden, als dies notwendig erscheint, um weitere Straftaten dieser Art zu verhindern.

Nichtbewährung **Art. 62a** 1 Begeht der bedingt Entlassene während der Probezeit eine Straftat und zeigt er damit, dass die Gefahr, der die Massnahme begegnen soll, fortbesteht, so kann das für die Beurteilung der neuen Tat zuständige Gericht nach Anhörung der Vollzugsbehörde:

a. die Rückversetzung anordnen;

b. die Massnahme aufheben und, sofern die Voraussetzungen dazu erfüllt sind, eine neue Massnahme anordnen; oder

c. die Massnahme aufheben und, sofern die Voraussetzungen dazu erfüllt sind, den Vollzug einer Freiheitsstrafe anordnen.

² Sind auf Grund der neuen Straftat die Voraussetzungen für eine unbedingte Freiheitsstrafe erfüllt und trifft diese mit einer zu Gunsten der Massnahme aufgeschobenen Freiheitsstrafe zusammen, so spricht das Gericht in Anwendung von Artikel 49 eine Gesamtstrafe aus.

³ Ist auf Grund des Verhaltens des bedingt Entlassenen während der Probezeit ernsthaft zu erwarten, dass er eine Tat im Sinne von Artikel 64 Absatz 1 begehen könnte, so kann das Gericht, das die Massnahme angeordnet hat, auf Antrag der Vollzugsbehörde die Rückversetzung anordnen.

⁴ Die Rückversetzung dauert für die Massnahme nach Artikel 59 höchstens fünf Jahre, für die Massnahmen nach den Artikeln 60 und 61 höchstens zwei Jahre.

⁵ Sieht das Gericht von einer Rückversetzung oder einer neuen Massnahme ab, so kann es:

a. den bedingt Entlassenen verwarnen;

b. eine ambulante Behandlung oder Bewährungshilfe anordnen;

c. dem bedingt Entlassenen Weisungen erteilen; und

d. die Probezeit bei einer Massnahme nach Artikel 59 um ein bis fünf Jahre, bei einer Massnahme nach den Artikeln 60 und 61 um ein bis drei Jahre verlängern.

⁶ Entzieht sich der bedingt Entlassene der Bewährungshilfe oder missachtet er die Weisungen, so ist Artikel 95 Absätze 3–5 anwendbar.

Endgültige Entlassung   **Art. 62b** ¹ Hat sich der bedingt Entlassene bis zum Ablauf der Probezeit bewährt, so ist er endgültig entlassen.

² Der Täter wird endgültig entlassen, wenn die Höchstdauer einer Massnahme nach den Artikeln 60 und 61 erreicht wurde und die Voraussetzungen für die bedingte Entlassung eingetreten sind.

³ Ist der mit der Massnahme verbundene Freiheitsentzug kürzer als die aufgeschobene Freiheitsstrafe, so wird die Reststrafe nicht mehr vollzogen.

Aufhebung der Massnahme   **Art. 62c** ¹ Die Massnahme wird aufgehoben, wenn:

a. deren Durch- oder Fortführung als aussichtslos erscheint;

b. die Höchstdauer nach den Artikeln 60 und 61 erreicht wurde und die Voraussetzungen für die bedingte Entlassung nicht eingetreten sind; oder

c. eine geeignete Einrichtung nicht oder nicht mehr existiert.

² Ist der mit der Massnahme verbundene Freiheitsentzug kürzer als die aufgeschobene Freiheitsstrafe, so wird die Reststrafe vollzogen. Liegen in Bezug auf die Reststrafe die Voraussetzungen der bedingten

Entlassung oder der bedingten Freiheitsstrafe vor, so ist der Vollzug aufzuschieben.

[3] An Stelle des Strafvollzugs kann das Gericht eine andere Massnahme anordnen, wenn zu erwarten ist, dadurch lasse sich der Gefahr weiterer mit dem Zustand des Täters in Zusammenhang stehender Verbrechen und Vergehen begegnen.

[4] Ist bei Aufhebung einer Massnahme, die auf Grund einer Straftat nach Artikel 64 Absatz 1 angeordnet wurde, ernsthaft zu erwarten, dass der Täter weitere Taten dieser Art begeht, so kann das Gericht auf Antrag der Vollzugsbehörde die Verwahrung anordnen.

[5] Hält die zuständige Behörde bei Aufhebung der Massnahme eine Massnahme des Erwachsenenschutzes für angezeigt, so teilt sie dies der Erwachsenenschutzbehörde mit.[32]

[6] Das Gericht kann ferner eine stationäre therapeutische Massnahme vor oder während ihres Vollzugs aufheben und an deren Stelle eine andere stationäre therapeutische Massnahme anordnen, wenn zu erwarten ist, mit der neuen Massnahme lasse sich der Gefahr weiterer mit dem Zustand des Täters in Zusammenhang stehender Verbrechen und Vergehen offensichtlich besser begegnen.

Prüfung der Entlassung und der Aufhebung

Art. 62d [1] Die zuständige Behörde prüft auf Gesuch hin oder von Amtes wegen, ob und wann der Täter aus dem Vollzug der Massnahme bedingt zu entlassen oder die Massnahme aufzuheben ist. Sie beschliesst darüber mindestens einmal jährlich. Vorher hört sie den Eingewiesenen an und holt einen Bericht der Leitung der Vollzugseinrichtung ein.

[2] Hat der Täter eine Tat im Sinne von Artikel 64 Absatz 1 begangen, so beschliesst die zuständige Behörde gestützt auf das Gutachten eines unabhängigen Sachverständigen und nach Anhörung einer Kommission aus Vertretern der Strafverfolgungsbehörden, der Vollzugsbehörden sowie der Psychiatrie. Sachverständige und Vertreter der Psychiatrie dürfen den Täter nicht behandelt oder in anderer Weise betreut haben.

3. Ambulante Behandlung. Voraussetzungen und Vollzug

Art. 63 [1] Ist der Täter psychisch schwer gestört, ist er von Suchtstoffen oder in anderer Weise abhängig, so kann das Gericht anordnen, dass er nicht stationär, sondern ambulant behandelt wird, wenn:

a. der Täter eine mit Strafe bedrohte Tat verübt, die mit seinem Zustand in Zusammenhang steht; und

---

32 Fassung gemäss Anhang Ziff. 14 des BG vom 19. Dez. 2008 (Erwachsenenschutz, Personenrecht und Kindesrecht), in Kraft seit 1. Jan. 2013 (AS 2011 725; BBl 2006 7001).

b. zu erwarten ist, dadurch lasse sich der Gefahr weiterer mit dem Zustand des Täters in Zusammenhang stehender Taten begegnen.

[2] Das Gericht kann den Vollzug einer zugleich ausgesprochenen unbedingten Freiheitsstrafe, einer durch Widerruf vollziehbar erklärten Freiheitsstrafe sowie einer durch Rückversetzung vollziehbar gewordenen Reststrafe zu Gunsten einer ambulanten Behandlung aufschieben, um der Art der Behandlung Rechnung zu tragen. Es kann für die Dauer der Behandlung Bewährungshilfe anordnen und Weisungen erteilen.

[3] Die zuständige Behörde kann verfügen, dass der Täter vorübergehend stationär behandelt wird, wenn dies zur Einleitung der ambulanten Behandlung geboten ist. Die stationäre Behandlung darf insgesamt nicht länger als zwei Monate dauern.

[4] Die ambulante Behandlung darf in der Regel nicht länger als fünf Jahre dauern. Erscheint bei Erreichen der Höchstdauer eine Fortführung der ambulanten Behandlung notwendig, um der Gefahr weiterer mit einer psychischen Störung in Zusammenhang stehender Verbrechen und Vergehen zu begegnen, so kann das Gericht auf Antrag der Vollzugsbehörde die Behandlung um jeweils ein bis fünf Jahre verlängern.

Aufhebung der Massnahme

Art. 63a [1] Die zuständige Behörde prüft mindestens einmal jährlich, ob die ambulante Behandlung fortzusetzen oder aufzuheben ist. Sie hört vorher den Täter an und holt einen Bericht des Therapeuten ein.

[2] Die ambulante Behandlung wird durch die zuständige Behörde aufgehoben, wenn:

a. sie erfolgreich abgeschlossen wurde;

b. deren Fortführung als aussichtslos erscheint; oder

c. die gesetzliche Höchstdauer für die Behandlung von Alkohol-, Betäubungsmittel- oder Arzneimittelabhängigen erreicht ist.

[3] Begeht der Täter während der ambulanten Behandlung eine Straftat und zeigt er damit, dass mit dieser Behandlung die Gefahr weiterer mit dem Zustand des Täters in Zusammenhang stehender Taten voraussichtlich nicht abgewendet werden kann, so wird die erfolglose ambulante Behandlung durch das für die Beurteilung der neuen Tat zuständige Gericht aufgehoben.

[4] Entzieht sich der Täter der Bewährungshilfe oder missachtet er die Weisungen, so ist Artikel 95 Absätze 3–5 anwendbar.

Vollzug der aufgeschobenen Freiheitsstrafe

Art. 63b [1] Ist die ambulante Behandlung erfolgreich abgeschlossen, so wird die aufgeschobene Freiheitsstrafe nicht mehr vollzogen.

2 Wird die ambulante Behandlung wegen Aussichtslosigkeit (Art. 63*a* Abs. 2 Bst. b), Erreichen der gesetzlichen Höchstdauer (Art. 63*a* Abs. 2 Bst. c) oder Erfolglosigkeit (Art. 63*a* Abs. 3) aufgehoben, so ist die aufgeschobene Freiheitsstrafe zu vollziehen.

3 Erscheint die in Freiheit durchgeführte ambulante Behandlung für Dritte als gefährlich, so wird die aufgeschobene Freiheitsstrafe vollzogen und die ambulante Behandlung während des Vollzugs der Freiheitsstrafe weitergeführt.

4 Das Gericht entscheidet darüber, inwieweit der mit der ambulanten Behandlung verbundene Freiheitsentzug auf die Strafe angerechnet wird. Liegen in Bezug auf die Reststrafe die Voraussetzungen der bedingten Entlassung oder der bedingten Freiheitsstrafe vor, so schiebt es den Vollzug auf.

5 An Stelle des Strafvollzugs kann das Gericht eine stationäre therapeutische Massnahme nach den Artikeln 59–61 anordnen, wenn zu erwarten ist, dadurch lasse sich der Gefahr weiterer, mit dem Zustand des Täters in Zusammenhang stehender Verbrechen und Vergehen begegnen.

4. Verwahrung.
Voraussetzungen und Vollzug

Art. 64 1 Das Gericht ordnet die Verwahrung an, wenn der Täter einen Mord, eine vorsätzliche Tötung, eine schwere Körperverletzung, eine Vergewaltigung, einen Raub, eine Geiselnahme, eine Brandstiftung, eine Gefährdung des Lebens oder eine andere mit einer Höchststrafe von fünf oder mehr Jahren bedrohte Tat begangen hat, durch die er die physische, psychische oder sexuelle Integrität einer andern Person schwer beeinträchtigt hat oder beeinträchtigen wollte, und wenn:[33]

a. auf Grund der Persönlichkeitsmerkmale des Täters, der Tatumstände und seiner gesamten Lebensumstände ernsthaft zu erwarten ist, dass er weitere Taten dieser Art begeht; oder

b. auf Grund einer anhaltenden oder langdauernden psychischen Störung von erheblicher Schwere, mit der die Tat in Zusammenhang stand, ernsthaft zu erwarten ist, dass der Täter weitere Taten dieser Art begeht und die Anordnung einer Massnahme nach Artikel 59 keinen Erfolg verspricht.

1bis Das Gericht ordnet die lebenslängliche Verwahrung an, wenn der Täter einen Mord, eine vorsätzliche Tötung, eine schwere Körperverletzung, einen Raub, eine Vergewaltigung, eine sexuelle Nötigung, eine Freiheitsberaubung oder Entführung, eine Geiselnahme, Menschenhandel, Völkermord, ein Verbrechen gegen die Menschlichkeit

---

33 Fassung gemäss Ziff. I des BG vom 24. März 2006 (Korrekturen am Sanktions- und Strafregisterrecht), in Kraft seit 1. Jan. 2007 (AS 2006 3539; BBl 2005 4689).

oder ein Kriegsverbrechen (zwölfter Titel[ter]) begangen hat und wenn die folgenden Voraussetzungen erfüllt sind:[34]

a. Der Täter hat mit dem Verbrechen die physische, psychische oder sexuelle Integrität einer anderen Person besonders schwer beeinträchtigt oder beeinträchtigen wollen.

b. Beim Täter besteht eine sehr hohe Wahrscheinlichkeit, dass er erneut eines dieser Verbrechen begeht.

c. Der Täter wird als dauerhaft nicht therapierbar eingestuft, weil die Behandlung langfristig keinen Erfolg verspricht.[35]

[2] Der Vollzug der Freiheitsstrafe geht der Verwahrung voraus. Die Bestimmungen über die bedingte Entlassung aus der Freiheitsstrafe (Art. 86–88) sind nicht anwendbar.[36]

[3] Ist schon während des Vollzugs der Freiheitsstrafe zu erwarten, dass der Täter sich in Freiheit bewährt, so verfügt das Gericht die bedingte Entlassung aus der Freiheitsstrafe frühestens auf den Zeitpunkt hin, an welchem der Täter zwei Drittel der Freiheitsstrafe oder 15 Jahre der lebenslänglichen Freiheitsstrafe verbüsst hat. Zuständig ist das Gericht, das die Verwahrung angeordnet hat. Im Übrigen ist Artikel 64a anwendbar.[37]

[4] Die Verwahrung wird in einer Massnahmevollzugseinrichtung oder in einer Strafanstalt nach Artikel 76 Absatz 2 vollzogen. Die öffentliche Sicherheit ist zu gewährleisten. Der Täter wird psychiatrisch betreut, wenn dies notwendig ist.

Aufhebung und Entlassung

Art. 64a [1] Der Täter wird aus der Verwahrung nach Artikel 64 Absatz 1 bedingt entlassen, sobald zu erwarten ist, dass er sich in der Freiheit bewährt.[38] Die Probezeit beträgt zwei bis fünf Jahre. Für die Dauer der Probezeit kann Bewährungshilfe angeordnet und können Weisungen erteilt werden.

[2] Erscheint bei Ablauf der Probezeit eine Fortführung der Bewährungshilfe oder der Weisungen als notwendig, um der Gefahr weiterer Straftaten im Sinne von Artikel 64 Absatz 1 zu begegnen, so kann das Gericht auf Antrag der Vollzugsbehörde die Probezeit jeweils um weitere zwei bis fünf Jahre verlängern.

---

34 Fassung gemäss Ziff. I 1 des BG vom 18. Juni 2010 über die Änderung von Bundesgesetzen zur Umsetzung des Römer Statuts des Internationalen Strafgerichtshofs, in Kraft seit 1. Jan. 2011 (AS 2010 4963; BBl 2008 3863).

35 Eingefügt durch Ziff. I des BG vom 21. Dez. 2007 (Lebenslängliche Verwahrung extrem gefährlicher Straftäter), in Kraft seit 1. Aug. 2008 (AS 2008 2961; BBl 2006 889).

36 Fassung gemäss Ziff. I des BG vom 24. März 2006 (Korrekturen am Sanktions- und Strafregisterrecht), in Kraft seit 1. Jan. 2007 (AS 2006 3539; BBl 2005 4689).

37 Fassung gemäss Ziff. I des BG vom 24. März 2006 (Korrekturen am Sanktions- und Strafregisterrecht), in Kraft seit 1. Jan. 2007 (AS 2006 3539; BBl 2005 4689).

38 Fassung gemäss Ziff. I des BG vom 21. Dez. 2007 (Lebenslängliche Verwahrung extrem gefährlicher Straftäter), in Kraft seit 1. Aug. 2008 (AS 2008 2961; BBl 2006 889).

³ Ist auf Grund des Verhaltens des bedingt Entlassenen während der Probezeit ernsthaft zu erwarten, dass er weitere Straftaten im Sinne von Artikel 64 Absatz 1 begehen könnte, so ordnet das Gericht auf Antrag der Vollzugsbehörde die Rückversetzung an.

⁴ Entzieht sich der bedingt Entlassene der Bewährungshilfe oder missachtet er die Weisungen, so ist Artikel 95 Absätze 3–5 anwendbar.

⁵ Hat sich der bedingt Entlassene bis zum Ablauf der Probezeit bewährt, so ist er endgültig entlassen.

Prüfung der Entlassung **Art. 64b**³⁹ ¹ Die zuständige Behörde prüft auf Gesuch hin oder von Amtes wegen:

a. mindestens einmal jährlich, und erstmals nach Ablauf von zwei Jahren, ob und wann der Täter aus der Verwahrung bedingt entlassen werden kann (Art. 64*a* Abs. 1);

b. mindestens alle zwei Jahre, und erstmals vor Antritt der Verwahrung, ob die Voraussetzungen für eine stationäre therapeutische Behandlung gegeben sind und beim zuständigen Gericht entsprechend Antrag gestellt werden soll (Art. 65 Abs. 1).

² Die zuständige Behörde trifft die Entscheide nach Absatz 1 gestützt auf:

a. einen Bericht der Anstaltsleitung;

b. eine unabhängige sachverständige Begutachtung im Sinne von Artikel 56 Absatz 4;

c. die Anhörung einer Kommission nach Artikel 62*d* Absatz 2;

d. die Anhörung des Täters.

Art. 64c⁴⁰

Prüfung der Entlassung aus der lebenslänglichen Verwahrung und bedingte Entlassung

¹ Bei lebenslänglicher Verwahrung nach Artikel 64 Absatz 1bis prüft die zuständige Behörde von Amtes wegen oder auf Gesuch hin, ob neue, wissenschaftliche Erkenntnisse vorliegen, die erwarten lassen, dass der Täter so behandelt werden kann, dass er für die Öffentlichkeit keine Gefahr mehr darstellt. Sie entscheidet gestützt auf den Bericht der Eidgenössischen Fachkommission zur Beurteilung der Behandelbarkeit lebenslänglich verwahrter Straftäter.

² Kommt die zuständige Behörde zum Schluss, der Täter könne behandelt werden, so bietet sie ihm eine Behandlung an. Diese wird in einer geschlossenen Einrichtung vorgenommen. Bis zur Aufhebung der lebenslänglichen Verwahrung nach Absatz 3 bleiben die

---

39 Fassung gemäss Ziff. I des BG vom 24. März 2006 (Korrekturen am Sanktions- und Strafregisterrecht), in Kraft seit 1. Jan. 2007 (AS 2006 3539; BBl 2005 4689).

40 Eingefügt durch Ziff. I des BG vom 21. Dez. 2007 (Lebenslängliche Verwahrung extrem gefährlicher Straftäter), in Kraft seit 1. Aug. 2008 (AS 2008 2961; BBl 2006 889).

Bestimmungen über den Vollzug der lebenslänglichen Verwahrung anwendbar.

3 Zeigt die Behandlung, dass sich die Gefährlichkeit des Täters erheblich verringert hat und so weit verringern lässt, dass er für die Öffentlichkeit keine Gefahr mehr darstellt, so hebt das Gericht die lebenslängliche Verwahrung auf und ordnet eine stationäre therapeutische Massnahme nach den Artikeln 59–61 in einer geschlossenen Einrichtung an.

4 Das Gericht kann den Täter aus der lebenslänglichen Verwahrung bedingt entlassen, wenn er infolge hohen Alters, schwerer Krankheit oder aus einem andern Grund für die Öffentlichkeit keine Gefahr mehr darstellt. Die bedingte Entlassung richtet sich nach Artikel 64a.

5 Zuständig für die Aufhebung der lebenslänglichen Verwahrung und für die bedingte Entlassung ist das Gericht, das die lebenslängliche Verwahrung angeordnet hat. Es entscheidet gestützt auf die Gutachten von mindestens zwei erfahrenen und voneinander unabhängigen Sachverständigen, die den Täter weder behandelt noch in anderer Weise betreut haben.

6 Die Absätze 1 und 2 gelten auch während des Vollzugs der Freiheitsstrafe, welcher der lebenslänglichen Verwahrung vorausgeht. Die lebenslängliche Verwahrung wird frühestens gemäss Absatz 3 aufgehoben, wenn der Täter zwei Drittel der Strafe oder 15 Jahre der lebenslänglichen Strafe verbüsst hat.

5. Änderung der Sanktion

Art. 65 1 Sind bei einem Verurteilten vor oder während des Vollzuges einer Freiheitsstrafe oder einer Verwahrung nach Artikel 64 Absatz 1 die Voraussetzungen einer stationären therapeutischen Massnahme gegeben, so kann das Gericht diese Massnahme nachträglich anordnen.[41] Zuständig ist das Gericht, das die Strafe ausgesprochen oder die Verwahrung angeordnet hat. Der Vollzug einer Reststrafe wird aufgeschoben.

2 Ergibt sich bei einem Verurteilten während des Vollzuges der Freiheitsstrafe aufgrund neuer Tatsachen oder Beweismittel, dass die Voraussetzungen der Verwahrung gegeben sind und im Zeitpunkt der Verurteilung bereits bestanden haben, ohne dass das Gericht davon Kenntnis haben konnte, so kann das Gericht die Verwahrung nachträglich anordnen. Zuständigkeit und Verfahren bestimmen sich nach den Regeln, die für die Wiederaufnahme gelten.[42]

---

41 Fassung gemäss Ziff. I des BG vom 21. Dez. 2007 (Lebenslängliche Verwahrung extrem gefährlicher Straftäter), in Kraft seit 1. Aug. 2008 (AS 2008 2961; BBl 2006 889).

42 Eingefügt durch Ziff. I des BG vom 24. März 2006 (Korrekturen am Sanktions- und Strafregisterrecht), in Kraft seit 1. Jan. 2007 (AS 2006 3539; BBl 2005 4689).

Zweiter Abschnitt: Andere Massnahmen

1. Friedensbürgschaft

Art. 66 [1] Besteht die Gefahr, dass jemand ein Verbrechen oder Vergehen ausführen wird, mit dem er gedroht hat, oder legt jemand, der wegen eines Verbrechens oder eines Vergehens verurteilt wird, die bestimmte Absicht an den Tag, die Tat zu wiederholen, so kann ihm das Gericht auf Antrag des Bedrohten das Versprechen abnehmen, die Tat nicht auszuführen, und ihn anhalten, angemessene Sicherheit dafür zu leisten.

[2] Verweigert er das Versprechen oder leistet er böswillig die Sicherheit nicht innerhalb der bestimmten Frist, so kann ihn das Gericht durch Sicherheitshaft zum Versprechen oder zur Leistung von Sicherheit anhalten. Die Sicherheitshaft darf nicht länger als zwei Monate dauern. Sie wird wie eine kurze Freiheitsstrafe vollzogen (Art. 79).

[3] Begeht er das Verbrechen oder das Vergehen innerhalb von zwei Jahren, nachdem er die Sicherheit geleistet hat, so verfällt die Sicherheit dem Staate. Andernfalls wird sie zurückgegeben.

2. Berufsverbot

Art. 67 [1] Hat jemand in Ausübung eines Berufes, Gewerbes oder Handelsgeschäftes ein Verbrechen oder Vergehen begangen, für das er zu einer Freiheitsstrafe von über sechs Monaten oder einer Geldstrafe von über 180 Tagessätzen verurteilt worden ist, und besteht die Gefahr weiteren Missbrauchs, so kann ihm das Gericht die betreffende oder vergleichbare Tätigkeit für sechs Monate bis zu fünf Jahren ganz oder teilweise verbieten.

[2] Mit dem Berufsverbot wird ausgeschlossen, dass der Täter die Tätigkeit selbstständig, als Organ einer juristischen Person oder Handelsgesellschaft, als Beauftragter oder als Vertreter eines andern ausübt. Besteht die Gefahr, der Täter werde seine Tätigkeit auch zur Begehung von Straftaten missbrauchen, wenn er sie nach Weisung und unter Kontrolle eines Vorgesetzten ausübt, so ist ihm die Tätigkeit ganz zu untersagen.

Vollzug

Art. 67a [1] Das Berufsverbot wird am Tag wirksam, an dem das Urteil rechtskräftig wird. Die Dauer des Vollzugs einer Freiheitsstrafe oder einer freiheitsentziehenden Massnahme (Art. 59–61 und 64) wird auf die Dauer des Verbots nicht angerechnet.

[2] Hat der Täter die ihm auferlegte Probezeit nicht bestanden und wird die bedingte Freiheitsstrafe vollzogen oder die Rückversetzung in eine Strafe oder Massnahme angeordnet, so wird die Dauer des Verbots erst von dem Tage an gerechnet, an dem er bedingt oder

endgültig entlassen wird oder an dem die Sanktion aufgehoben oder erlassen wird.

[3] Hat der Täter die ihm auferlegte Probezeit bestanden, so entscheidet die zuständige Behörde über eine inhaltliche oder zeitliche Einschränkung oder über die Aufhebung des Berufsverbots.

[4] Ist das Berufsverbot seit mindestens zwei Jahren vollzogen, so kann der Täter bei der zuständigen Behörde um eine inhaltliche oder zeitliche Einschränkung oder um die Aufhebung des Verbots ersuchen.

[5] Ist ein weiterer Missbrauch nicht zu befürchten und hat der Täter den von ihm verursachten Schaden soweit zumutbar ersetzt, so ist das Berufsverbot im Fall von Absatz 3 oder 4 von der zuständigen Behörde aufzuheben.

3. Fahrverbot

Art. 67b Hat der Täter ein Motorfahrzeug zur Begehung eines Verbrechens oder Vergehens verwendet und besteht Wiederholungsgefahr, so kann das Gericht neben einer Strafe oder einer Massnahme nach den Artikeln 59–64 den Entzug des Lernfahr- oder Führerausweises für die Dauer von einem Monat bis zu fünf Jahren anordnen.

4. Veröffentlichung des Urteils

Art. 68 [1] Ist die Veröffentlichung eines Strafurteils im öffentlichen Interesse, im Interesse des Verletzten oder des Antragsberechtigten geboten, so ordnet sie das Gericht auf Kosten des Verurteilten an.

[2] Ist die Veröffentlichung eines freisprechenden Urteils oder einer Einstellungsverfügung der Strafverfolgungsbehörde im öffentlichen Interesse, im Interesse des Freigesprochenen oder Entlasteten geboten, so ordnet sie das Gericht auf Staatskosten oder auf Kosten des Anzeigers an.

[3] Die Veröffentlichung im Interesse des Verletzten, Antragsberechtigten, Freigesprochenen oder Entlasteten erfolgt nur auf deren Antrag.

[4] Das Gericht bestimmt Art und Umfang der Veröffentlichung.

5. Einziehung.
a. Sicherungseinziehung

Art. 69 [1] Das Gericht verfügt ohne Rücksicht auf die Strafbarkeit einer bestimmten Person die Einziehung von Gegenständen, die zur Begehung einer Straftat gedient haben oder bestimmt waren oder die durch eine Straftat hervorgebracht worden sind, wenn diese Gegenstände die Sicherheit von Menschen, die Sittlichkeit oder die öffentliche Ordnung gefährden.

[2] Das Gericht kann anordnen, dass die eingezogenen Gegenstände unbrauchbar gemacht oder vernichtet werden.

b. Einziehung von Vermögenswerten.
Grundsätze

Art. 70 [1] Das Gericht verfügt die Einziehung von Vermögenswerten, die durch eine Straftat erlangt worden sind oder dazu bestimmt waren, eine Straftat zu veranlassen oder zu belohnen, sofern sie nicht dem Verletzten zur Wiederherstellung des rechtmässigen Zustandes ausgehändigt werden.

² Die Einziehung ist ausgeschlossen, wenn ein Dritter die Vermögenswerte in Unkenntnis der Einziehungsgründe erworben hat und soweit er für sie eine gleichwertige Gegenleistung erbracht hat oder die Einziehung ihm gegenüber sonst eine unverhältnismässige Härte darstellen würde.

³ Das Recht zur Einziehung verjährt nach sieben Jahren; ist jedoch die Verfolgung der Straftat einer längeren Verjährungsfrist unterworfen, so findet diese Frist auch auf die Einziehung Anwendung.

⁴ Die Einziehung ist amtlich bekannt zu machen. Die Ansprüche Verletzter oder Dritter erlöschen fünf Jahre nach der amtlichen Bekanntmachung.

⁵ Lässt sich der Umfang der einzuziehenden Vermögenswerte nicht oder nur mit unverhältnismässigem Aufwand ermitteln, so kann das Gericht ihn schätzen.

Ersatzforderungen

Art. 71 ¹ Sind die der Einziehung unterliegenden Vermögenswerte nicht mehr vorhanden, so erkennt das Gericht auf eine Ersatzforderung des Staates in gleicher Höhe, gegenüber einem Dritten jedoch nur, soweit dies nicht nach Artikel 70 Absatz 2 ausgeschlossen ist.

² Das Gericht kann von einer Ersatzforderung ganz oder teilweise absehen, wenn diese voraussichtlich uneinbringlich wäre oder die Wiedereingliederung des Betroffenen ernstlich behindern würde.

³ Die Untersuchungsbehörde kann im Hinblick auf die Durchsetzung der Ersatzforderung Vermögenswerte des Betroffenen mit Beschlag belegen. Die Beschlagnahme begründet bei der Zwangsvollstreckung der Ersatzforderung kein Vorzugsrecht zu Gunsten des Staates.

Einziehung von Vermögenswerten einer kriminellen Organisation

Art. 72 Das Gericht verfügt die Einziehung aller Vermögenswerte, welche der Verfügungsmacht einer kriminellen Organisation unterliegen. Bei Vermögenswerten einer Person, die sich an einer kriminellen Organisation beteiligt oder sie unterstützt hat (Art. 260ter), wird die Verfügungsmacht der Organisation bis zum Beweis des Gegenteils vermutet.

6. Verwendung zu Gunsten des Geschädigten

Art. 73 ¹ Erleidet jemand durch ein Verbrechen oder ein Vergehen einen Schaden, der nicht durch eine Versicherung gedeckt ist, und ist anzunehmen, dass der Täter den Schaden nicht ersetzen oder eine Genugtuung nicht leisten wird, so spricht das Gericht dem Geschädigten auf dessen Verlangen bis zur Höhe des Schadenersatzes beziehungsweise der Genugtuung, die gerichtlich oder durch Vergleich festgesetzt worden sind, zu:

a. die vom Verurteilten bezahlte Geldstrafe oder Busse;

b. eingezogene Gegenstände und Vermögenswerte oder deren Verwertungserlös unter Abzug der Verwertungskosten;

c. Ersatzforderungen;

d. den Betrag der Friedensbürgschaft.

[2] Das Gericht kann die Verwendung zu Gunsten des Geschädigten jedoch nur anordnen, wenn der Geschädigte den entsprechenden Teil seiner Forderung an den Staat abtritt.

[3] Die Kantone sehen für den Fall, dass die Zusprechung nicht schon im Strafurteil möglich ist, ein einfaches und rasches Verfahren vor.

Vierter Titel: Vollzug von Freiheitsstrafen und freiheitsentziehenden Massnahmen

1. Vollzugsgrundsätze

Art. 74 Die Menschenwürde des Gefangenen oder des Eingewiesenen ist zu achten. Seine Rechte dürfen nur so weit beschränkt werden, als der Freiheitsentzug und das Zusammenleben in der Vollzugseinrichtung es erfordern.

2. Vollzug von Freiheitsstrafen. Grundsätze

Art. 75 [1] Der Strafvollzug hat das soziale Verhalten des Gefangenen zu fördern, insbesondere die Fähigkeit, straffrei zu leben. Der Strafvollzug hat den allgemeinen Lebensverhältnissen so weit als möglich zu entsprechen, die Betreuung des Gefangenen zu gewährleisten, schädlichen Folgen des Freiheitsentzugs entgegenzuwirken und dem Schutz der Allgemeinheit, des Vollzugspersonals und der Mitgefangenen angemessen Rechnung zu tragen.

[2] ...[43]

[3] Die Anstaltsordnung sieht vor, dass zusammen mit dem Gefangenen ein Vollzugsplan erstellt wird. Dieser enthält namentlich Angaben über die angebotene Betreuung, die Arbeits- sowie die Aus- und Weiterbildungsmöglichkeiten, die Wiedergutmachung, die Beziehungen zur Aussenwelt und die Vorbereitung der Entlassung.

[4] Der Gefangene hat bei den Sozialisierungsbemühungen und den Entlassungsvorbereitungen aktiv mitzuwirken.

[5] Den geschlechtsspezifischen Anliegen und Bedürfnissen der Gefangenen ist Rechnung zu tragen.

---

43 Aufgehoben durch Anhang 1 Ziff. II 8 der Strafprozessordnung vom 5. Okt. 2007, mit Wirkung seit 1. Jan. 2011 (AS 2010 1881; BBl 2006 1085).

6 Wird der Gefangene bedingt oder endgültig entlassen und erweist sich nachträglich, dass bei der Entlassung gegen ihn ein weiteres, auf Freiheitsstrafe lautendes und vollziehbares Urteil vorlag, so ist vom Vollzug der Freiheitsstrafe abzusehen, wenn:

a. sie aus einem von den Vollzugsbehörden zu vertretenden Grund nicht zusammen mit der andern Freiheitsstrafe vollzogen wurde;

b. der Gefangene in guten Treuen davon ausgehen konnte, dass bei seiner Entlassung kein weiteres auf Freiheitsstrafe lautendes und vollziehbares Urteil gegen ihn vorlag; und

c. damit die Wiedereingliederung des Gefangenen in Frage gestellt würde.

Besondere Sicherheitsmassnahmen

Art. 75a[44]   1 Die Kommission nach Artikel 62 *d* Absatz 2 beurteilt im Hinblick auf die Einweisung in eine offene Strafanstalt und die Bewilligung von Vollzugsöffnungen die Gemeingefährlichkeit des Täters, wenn:

a. dieser ein Verbrechen nach Artikel 64 Absatz 1 begangen hat; und

b. die Vollzugsbehörde die Frage der Gemeingefährlichkeit des Gefangenen nicht eindeutig beantworten kann.

2 Vollzugsöffnungen sind Lockerungen im Freiheitsentzug, namentlich die Verlegung in eine offene Anstalt, die Gewährung von Urlaub, die Zulassung zum Arbeitsexternat oder zum Wohnexternat und die bedingte Entlassung.

3 Gemeingefährlichkeit ist anzunehmen, wenn die Gefahr besteht, dass der Gefangene flieht und eine weitere Straftat begeht, durch die er die physische, psychische oder sexuelle Integrität einer anderen Person schwer beeinträchtigt.

Vollzugsort

Art. 76   1 Freiheitsstrafen werden in einer geschlossenen oder offenen Strafanstalt vollzogen.

2 Der Gefangene wird in eine geschlossene Strafanstalt oder in eine geschlossene Abteilung einer offenen Strafanstalt eingewiesen, wenn die Gefahr besteht, dass er flieht, oder zu erwarten ist, dass er weitere Straftaten begeht.

Normalvollzug

Art. 77   Der Gefangene verbringt seine Arbeits-, Ruhe- und Freizeit in der Regel in der Anstalt.

Arbeitsexternat und Wohnexternat

Art. 77a   1 Die Freiheitsstrafe wird in der Form des Arbeitsexternats vollzogen, wenn der Gefangene einen Teil der Freiheitsstrafe, in der

---

44 Fassung gemäss Ziff. I des BG vom 24. März 2006 (Korrekturen am Sanktions- und Strafregisterrecht), in Kraft seit 1. Jan. 2007 (AS 2006 3539; BBl 2005 4689).

Regel mindestens die Hälfte, verbüsst hat und nicht zu erwarten ist, dass er flieht oder weitere Straftaten begeht.

2 Im Arbeitsexternat arbeitet der Gefangene ausserhalb der Anstalt und verbringt die Ruhe- und Freizeit in der Anstalt. Der Wechsel ins Arbeitsexternat erfolgt in der Regel nach einem Aufenthalt von angemessener Dauer in einer offenen Anstalt oder der offenen Abteilung einer geschlossenen Anstalt. Als Arbeiten ausserhalb der Anstalt gelten auch Hausarbeit und Kinderbetreuung.

3 Bewährt sich der Gefangene im Arbeitsexternat, so erfolgt der weitere Vollzug in Form des Wohn- und Arbeitsexternats. Dabei wohnt und arbeitet der Gefangene ausserhalb der Anstalt, untersteht aber weiterhin der Strafvollzugsbehörde.

Halbgefangenschaft   **Art. 77b** Eine Freiheitsstrafe von sechs Monaten bis zu einem Jahr wird in der Form der Halbgefangenschaft vollzogen, wenn nicht zu erwarten ist, dass der Gefangene flieht oder weitere Straftaten begeht. Der Gefangene setzt dabei seine Arbeit oder Ausbildung ausserhalb der Anstalt fort und verbringt die Ruhe- und Freizeit in der Anstalt. Die für diese Vollzugsdauer notwendige Betreuung des Verurteilten ist zu gewährleisten.

Einzelhaft   **Art. 78** Einzelhaft als ununterbrochene Trennung von den anderen Gefangenen darf nur angeordnet werden:

a. bei Antritt der Strafe und zur Einleitung des Vollzugs für die Dauer von höchstens einer Woche;

b. zum Schutz des Gefangenen oder Dritter;

c. als Disziplinarsanktion.

Vollzugsform für kurze Freiheitsstrafen   **Art. 79** 1 Freiheitsstrafen von weniger als sechs Monaten und nach Anrechnung der Untersuchungshaft verbleibende Reststrafen von weniger als sechs Monaten werden in der Regel in der Form der Halbgefangenschaft vollzogen.

2 Freiheitsstrafen von nicht mehr als vier Wochen können auf Gesuch hin tageweise vollzogen werden. Die Strafe wird in mehrere Vollzugsabschnitte aufgeteilt, die auf Ruhe- oder Ferientage des Gefangenen fallen.

3 Halbgefangenschaft und tageweiser Vollzug können auch in einer besonderen Abteilung eines Untersuchungsgefängnisses vollzogen werden.

Abweichende Vollzugsformen   **Art. 80** 1 Von den für den Vollzug geltenden Regeln darf zu Gunsten des Gefangenen abgewichen werden:

a. wenn der Gesundheitszustand des Gefangenen dies erfordert;

b. bei Schwangerschaft, Geburt und für die Zeit unmittelbar nach der Geburt;

c. zur gemeinsamen Unterbringung von Mutter und Kleinkind, sofern dies auch im Interesse des Kindes liegt.

2 Wird die Strafe nicht in einer Strafanstalt, sondern in einer anderen geeigneten Einrichtung vollzogen, so untersteht der Gefangene den Reglementen dieser Einrichtung, soweit die Vollzugsbehörde nichts anderes verfügt.

Arbeit

Art. 81 1 Der Gefangene ist zur Arbeit verpflichtet. Die Arbeit hat so weit als möglich seinen Fähigkeiten, seiner Ausbildung und seinen Neigungen zu entsprechen.

2 Der Gefangene kann mit seiner Zustimmung bei einem privaten Arbeitgeber beschäftigt werden.

Aus- und Weiterbildung

Art. 82 Dem Gefangenen ist bei Eignung nach Möglichkeit Gelegenheit zu einer seinen Fähigkeiten entsprechenden Aus- und Weiterbildung zu geben.

Arbeitsentgelt

Art. 83 1 Der Gefangene erhält für seine Arbeit ein von seiner Leistung abhängiges und den Umständen angepasstes Entgelt.

2 Der Gefangene kann während des Vollzugs nur über einen Teil seines Arbeitsentgeltes frei verfügen. Aus dem anderen Teil wird für die Zeit nach der Entlassung eine Rücklage gebildet. Das Arbeitsentgelt darf weder gepfändet noch mit Arrest belegt noch in eine Konkursmasse einbezogen werden. Jede Abtretung und Verpfändung des Arbeitsentgeltes ist nichtig.

3 Nimmt der Gefangene an einer Aus- und Weiterbildung teil, welche der Vollzugsplan an Stelle einer Arbeit vorsieht, so erhält er eine angemessene Vergütung.

Beziehungen zur Aussenwelt

Art. 84 1 Der Gefangene hat das Recht, Besuche zu empfangen und mit Personen ausserhalb der Anstalt Kontakt zu pflegen. Der Kontakt mit nahe stehenden Personen ist zu erleichtern.

2 Der Kontakt kann kontrolliert und zum Schutz der Ordnung und Sicherheit der Strafanstalt beschränkt oder untersagt werden. Die Überwachung von Besuchen ist ohne Wissen der Beteiligten nicht zulässig. Vorbehalten bleiben strafprozessuale Massnahmen zur Sicherstellung einer Strafverfolgung.

3 Geistlichen, Ärzten, Rechtsanwälten, Notaren und Vormündern sowie Personen mit vergleichbaren Aufgaben kann innerhalb der allgemeinen Anstaltsordnung der freie Verkehr mit den Gefangenen gestattet werden.

4 Der Kontakt mit Verteidigern ist zu gestatten. Besuche des Verteidigers dürfen beaufsichtigt, die Gespräche aber nicht mitgehört werden. Eine inhaltliche Überprüfung der Korrespondenz und anwaltlicher Schriftstücke ist nicht gestattet. Der anwaltliche Kontakt kann bei Missbrauch von der zuständigen Behörde untersagt werden.

5 Der Verkehr mit den Aufsichtsbehörden darf nicht kontrolliert werden.

6 Dem Gefangenen ist zur Pflege der Beziehungen zur Aussenwelt, zur Vorbereitung seiner Entlassung oder aus besonderen Gründen in angemessenem Umfang Urlaub zu gewähren, soweit sein Verhalten im Strafvollzug dem nicht entgegensteht und keine Gefahr besteht, dass er flieht oder weitere Straftaten begeht.

6bis Lebenslänglich verwahrten Straftätern werden während des der Verwahrung vorausgehenden Strafvollzugs keine Urlaube oder andere Vollzugsöffnungen gewährt.[45]

7 Vorbehalten bleiben Artikel 36 des Wiener Übereinkommens vom 24. April 1963[46] über konsularische Beziehungen sowie andere für die Schweiz verbindliche völkerrechtliche Regeln über den Besuchs- und Briefverkehr.

Kontrollen und Untersuchungen

Art. 85 1 Die persönlichen Effekten und die Unterkunft des Gefangenen können zum Schutz der Ordnung und Sicherheit der Strafanstalt durchsucht werden.

2 Beim Gefangenen, der im Verdacht steht, auf sich oder in seinem Körper unerlaubte Gegenstände zu verbergen, kann eine Leibesvisitation durchgeführt werden. Diese ist von einer Person gleichen Geschlechts vorzunehmen. Ist sie mit einer Entkleidung verbunden, so ist sie in Abwesenheit der anderen Gefangenen durchzuführen. Untersuchungen im Körperinnern sind von einem Arzt oder von anderem medizinischem Personal vorzunehmen.

Bedingte Entlassung. a. Gewährung

Art. 86 1 Hat der Gefangene zwei Drittel seiner Strafe, mindestens aber drei Monate verbüsst, so ist er durch die zuständige Behörde bedingt zu entlassen, wenn es sein Verhalten im Strafvollzug rechtfertigt und nicht anzunehmen ist, er werde weitere Verbrechen oder Vergehen begehen.

2 Die zuständige Behörde prüft von Amtes wegen, ob der Gefangene bedingt entlassen werden kann. Sie holt einen Bericht der Anstaltsleitung ein. Der Gefangene ist anzuhören.

---

45 Eingefügt durch Ziff. I des BG vom 21. Dez. 2007 (Lebenslängliche Verwahrung extrem gefährlicher Straftäter), in Kraft seit 1. Aug. 2008 (AS 2008 2961; BBl 2006 889).
46 SR 0.191.02

³ Wird die bedingte Entlassung verweigert, so hat die zuständige Behörde mindestens einmal jährlich neu zu prüfen, ob sie gewährt werden kann.

⁴ Hat der Gefangene die Hälfte seiner Strafe, mindestens aber drei Monate verbüsst, so kann er ausnahmsweise bedingt entlassen werden, wenn ausserordentliche, in der Person des Gefangenen liegende Umstände dies rechtfertigen.

⁵ Bei einer lebenslangen Freiheitsstrafe ist die bedingte Entlassung nach Absatz 1 frühestens nach 15, nach Absatz 4 frühestens nach zehn Jahren möglich.

b. Probezeit | **Art. 87** ¹ Dem bedingt Entlassenen wird eine Probezeit auferlegt, deren Dauer dem Strafrest entspricht. Sie beträgt jedoch mindestens ein Jahr und höchstens fünf Jahre.

² Die Vollzugsbehörde ordnet in der Regel für die Dauer der Probezeit Bewährungshilfe an. Sie kann dem bedingt Entlassenen Weisungen erteilen.

³ Erfolgte die bedingte Entlassung aus einer Freiheitsstrafe, die wegen einer Straftat nach Artikel 64 Absatz 1 verhängt worden war, und erscheinen bei Ablauf der Probezeit die Bewährungshilfe oder Weisungen weiterhin notwendig, um der Gefahr weiterer Straftaten dieser Art zu begegnen, so kann das Gericht auf Antrag der Vollzugsbehörde die Bewährungshilfe oder die Weisungen jeweils um ein bis fünf Jahre verlängern oder für diese Zeit neue Weisungen anordnen. Die Rückversetzung in den Strafvollzug nach Artikel 95 Absatz 5 ist in diesem Fall nicht möglich.

c. Bewährung | **Art. 88** Hat sich der bedingt Entlassene bis zum Ablauf der Probezeit bewährt, so ist er endgültig entlassen.

d. Nichtbewährung | **Art. 89** ¹ Begeht der bedingt Entlassene während der Probezeit ein Verbrechen oder Vergehen, so ordnet das für die Beurteilung der neuen Tat zuständige Gericht die Rückversetzung an.

² Ist trotz des während der Probezeit begangenen Verbrechens oder Vergehens nicht zu erwarten, dass der Verurteilte weitere Straftaten begehen wird, so verzichtet das Gericht auf eine Rückversetzung. Es kann den Verurteilten verwarnen und die Probezeit um höchstens die Hälfte der von der zuständigen Behörde ursprünglich festgesetzten Dauer verlängern. Erfolgt die Verlängerung erst nach Ablauf der Probezeit, so beginnt sie am Tag der Anordnung. Die Bestimmungen über die Bewährungshilfe und die Weisungen sind anwendbar (Art. 93–95).

3 Entzieht sich der bedingt Entlassene der Bewährungshilfe oder missachtet er die Weisungen, so sind die Artikel 95 Absätze 3–5 anwendbar.

4 Die Rückversetzung darf nicht mehr angeordnet werden, wenn seit dem Ablauf der Probezeit drei Jahre vergangen sind.

5 Die Untersuchungshaft, die der Täter während des Verfahrens der Rückversetzung ausgestanden hat, ist auf den Strafrest anzurechnen.

6 Sind auf Grund der neuen Straftat die Voraussetzungen für eine unbedingte Freiheitsstrafe erfüllt und trifft diese mit der durch den Widerruf vollziehbar gewordenen Reststrafe zusammen, so bildet das Gericht in Anwendung von Artikel 49 eine Gesamtstrafe. Auf diese sind die Regeln der bedingten Entlassung erneut anwendbar. Wird nur die Reststrafe vollzogen, so ist Artikel 86 Absätze 1–4 anwendbar.

7 Trifft eine durch den Entscheid über die Rückversetzung vollziehbar gewordene Reststrafe mit dem Vollzug einer Massnahme nach den Artikeln 59–61 zusammen, so ist Artikel 57 Absätze 2 und 3 anwendbar.

3. Vollzug von Massnahmen

Art. 90 1 Eine Person, die sich im Vollzug einer Massnahme nach den Artikeln 59–61 befindet, darf nur dann ununterbrochen von den andern Eingewiesenen getrennt untergebracht werden, wenn dies unerlässlich ist:

a. als vorübergehende therapeutische Massnahme;

b. zum Schutz des Eingewiesenen oder Dritter;

c. als Disziplinarsanktion.

2 Zu Beginn des Vollzugs der Massnahme wird zusammen mit dem Eingewiesenen oder seinem gesetzlichen Vertreter ein Vollzugsplan erstellt. Dieser enthält namentlich Angaben über die Behandlung der psychischen Störung, der Abhängigkeit oder der Entwicklungsstörung des Eingewiesenen sowie zur Vermeidung von Drittgefährdung.

2bis Massnahmen nach den Artikeln 59–61 und 64 können in der Form des Wohn- und Arbeitsexternats vollzogen werden, wenn begründete Aussicht besteht, dass dies entscheidend dazu beiträgt, den Zweck der Massnahme zu erreichen, und wenn keine Gefahr besteht, dass der Eingewiesene flieht oder weitere Straftaten begeht. Artikel 77a Absätze 2 und 3 gilt sinngemäss.[47]

3 Ist der Eingewiesene arbeitsfähig, so wird er zur Arbeit angehalten, soweit seine stationäre Behandlung oder Pflege dies erfordert oder zulässt. Die Artikel 81–83 sind sinngemäss anwendbar.

---

47 Eingefügt durch Ziff. I des BG vom 24. März 2006 (Korrekturen am Sanktions- und Strafregisterrecht), in Kraft seit 1. Jan. 2007 (AS 2006 3539; BBl 2005 4689).

⁴ Für die Beziehungen des Eingewiesenen zur Aussenwelt gilt Artikel 84 sinngemäss, sofern nicht Gründe der stationären Behandlung weiter gehende Einschränkungen gebieten.

⁴ᵇⁱˢ Für die Einweisung in eine offene Einrichtung und für die Bewilligung von Vollzugsöffnungen gilt Artikel 75a sinngemäss.[48]

⁴ᵗᵉʳ Während der lebenslänglichen Verwahrung werden keine Urlaube oder andere Vollzugsöffnungen bewilligt.[49]

⁵ Für Kontrollen und Untersuchungen gilt Artikel 85 sinngemäss.

4. Gemeinsame Bestimmungen. Disziplinarrecht

Art. 91 ¹ Gegen Gefangene und Eingewiesene, welche in schuldhafter Weise gegen Strafvollzugsvorschriften oder den Vollzugsplan verstossen, können Disziplinarsanktionen verhängt werden.

² Disziplinarsanktionen sind:

a. der Verweis;

b. der zeitweise Entzug oder die Beschränkung der Verfügung über Geldmittel, der Freizeitbeschäftigung oder der Aussenkontakte;

c.[50] die Busse; sowie

d.[51] der Arrest als eine zusätzliche Freiheitsbeschränkung.

³ Die Kantone erlassen für den Straf- und Massnahmenvollzug ein Disziplinarrecht. Dieses umschreibt die Disziplinartatbestände, bestimmt die Sanktionen und deren Zumessung und regelt das Verfahren.

Unterbrechung des Vollzugs

Art. 92 Der Vollzug von Strafen und Massnahmen darf aus wichtigen Gründen unterbrochen werden.

Fünfter Titel: Bewährungshilfe, Weisungen und freiwillige soziale Betreuung

Bewährungshilfe

Art. 93 ¹ Mit der Bewährungshilfe sollen die betreuten Personen vor Rückfälligkeit bewahrt und sozial integriert werden. Die für die Bewährungshilfe zuständige Behörde leistet und vermittelt die hierfür erforderliche Sozial- und Fachhilfe.

---

48 Eingefügt durch Ziff. I des BG vom 24. März 2006 (Korrekturen am Sanktions- und Strafregisterrecht), in Kraft seit 1. Jan. 2007 (AS 2006 3539; BBl 2005 4689).

49 Eingefügt durch Ziff. I des BG vom 21. Dez. 2007 (Lebenslängliche Verwahrung extrem gefährlicher Straftäter), in Kraft seit 1. Aug. 2008 (AS 2008 2961; BBl 2006 889).

50 Eingefügt durch Ziff. I des BG vom 24. März 2006 (Korrekturen am Sanktions- und Strafregisterrecht), in Kraft seit 1. Jan. 2007 (AS 2006 3539; BBl 2005 4689).

51 Ursprünglich Bst. c.

[2] Personen, die in der Bewährungshilfe tätig sind, haben über ihre Wahrnehmungen zu schweigen. Sie dürfen Auskünfte über die persönlichen Verhältnisse der betreuten Person Dritten nur geben, wenn die betreute Person oder die für die Bewährungshilfe zuständige Person schriftlich zustimmt.

[3] Die Behörden der Strafrechtspflege können bei der für die Bewährungshilfe zuständigen Behörde einen Bericht über die betreute Person einholen.

Weisungen

Art. 94 Die Weisungen, welche das Gericht oder die Strafvollzugsbehörde dem Verurteilten für die Probezeit erteilen kann, betreffen insbesondere die Berufsausübung, den Aufenthalt, das Führen eines Motorfahrzeuges, den Schadenersatz sowie die ärztliche und psychologische Betreuung.

Gemeinsame Bestimmungen

Art. 95 [1] Das Gericht und die Strafvollzugsbehörde können vor ihrem Entscheid über Bewährungshilfe und Weisungen einen Bericht der für die Bewährungshilfe und die Kontrolle der Weisungen zuständigen Behörde einholen. Die betroffene Person kann zum Bericht Stellung nehmen. Abweichende Stellungnahmen sind im Bericht festzuhalten.

[2] Die Anordnung von Bewährungshilfe und die Weisungen sind im Urteil oder im Entscheid festzuhalten und zu begründen.

[3] Entzieht sich der Verurteilte der Bewährungshilfe oder missachtet er die Weisungen oder sind die Bewährungshilfe oder die Weisungen nicht durchführbar oder nicht mehr erforderlich, so erstattet die zuständige Behörde dem Gericht oder den Strafvollzugsbehörden Bericht.

[4] Das Gericht oder die Strafvollzugsbehörde kann in den Fällen nach Absatz 3:

a. die Probezeit um die Hälfte verlängern;

b. die Bewährungshilfe aufheben oder neu anordnen;

c. die Weisungen ändern, aufheben oder neue Weisungen erteilen.

[5] Das Gericht kann in den Fällen nach Absatz 3 die bedingte Strafe widerrufen oder die Rückversetzung in den Straf- oder Massnahmenvollzug anordnen, wenn ernsthaft zu erwarten ist, dass der Verurteilte neue Straftaten begeht.

Soziale Betreuung

Art. 96 Die Kantone stellen für die Dauer des Strafverfahrens und des Strafvollzugs eine soziale Betreuung sicher, die freiwillig in Anspruch genommen werden kann.

Sechster Titel: Verjährung

1. Verfolgungs-verjährung.
Fristen

Art. 97 ¹ Die Strafverfolgung verjährt in:

a. 30 Jahren, wenn die Tat mit lebenslänglicher Freiheitsstrafe bedroht ist;

b. 15 Jahren, wenn die Tat mit einer Freiheitsstrafe von mehr als drei Jahren bedroht ist;

c. sieben Jahren, wenn die Tat mit einer anderen Strafe bedroht ist.

² Bei sexuellen Handlungen mit Kindern (Art. 187) und minderjährigen Abhängigen (Art. 188) sowie bei Straftaten nach den Artikeln 111, 113, 122, 124, 182, 189–191 und 195, die sich gegen ein Kind unter 16 Jahren richten, dauert die Verfolgungsverjährung in jedem Fall mindestens bis zum vollendeten 25. Lebensjahr des Opfers.[52]

³ Ist vor Ablauf der Verjährungsfrist ein erstinstanzliches Urteil ergangen, so tritt die Verjährung nicht mehr ein.

⁴ Die Verjährung der Strafverfolgung von sexuellen Handlungen mit Kindern (Art. 187) und minderjährigen Abhängigen (Art. 188) sowie von Straftaten nach den Artikeln 111–113, 122, 182, 189–191 und 195, die sich gegen ein Kind unter 16 Jahren richten, bemisst sich nach den Absätzen 1–3, wenn die Straftat vor dem Inkrafttreten der Änderung vom 5. Oktober 2001[53] begangen worden ist und die Verfolgungsverjährung zu diesem Zeitpunkt noch nicht eingetreten ist.[54]

Beginn

Art. 98 Die Verjährung beginnt:

a. mit dem Tag, an dem der Täter die strafbare Tätigkeit ausführt;

b. wenn der Täter die strafbare Tätigkeit zu verschiedenen Zeiten ausführt, mit dem Tag, an dem er die letzte Tätigkeit ausführt;

c. wenn das strafbare Verhalten dauert, mit dem Tag, an dem dieses Verhalten aufhört.

2. Vollstreckungs-verjährung.
Fristen

Art. 99 ¹ Die Strafen verjähren in:

a. 30 Jahren, wenn eine lebenslängliche Freiheitsstrafe ausgesprochen wurde;

b. 25 Jahren, wenn eine Freiheitsstrafe von zehn oder mehr Jahren ausgesprochen wurde;

c. 20 Jahren, wenn eine Freiheitsstrafe von mindestens fünf und weniger als zehn Jahren ausgesprochen wurde;

---

52 Fassung gemäss Ziff. I des BG vom 30. Sept. 2011 in Kraft seit 1. Juli 2012 (AS 2012 2575; BBl 2010 5651 5677).
53 AS 2002 2993
54 Fassung gemäss Art. 2 Ziff. 1 des BB vom 24. März 2006 über die Genehmigung und die Umsetzung des Fakultativprotokolls vom 25. Mai 2000 zum Übereink. über die Rechte des Kindes, betreffend den Verkauf von Kindern, die Kinderprostitution und die Kinderpornografie, in Kraft seit 1. Dez. 2006 (AS 2006 5437; BBl 2005 2807).

d. 15 Jahren, wenn eine Freiheitsstrafe von mehr als einem und weniger als fünf Jahren ausgesprochen wurde;

e. fünf Jahren, wenn eine andere Strafe ausgesprochen wurde.

2 Die Verjährungsfrist einer Freiheitsstrafe verlängert sich:

a. um die Zeit, während der sich der Täter im ununterbrochenen Vollzug dieser oder einer anderen Freiheitsstrafe oder Massnahme, die unmittelbar vorausgehend vollzogen wird, befindet;

b. um die Dauer der Probezeit bei bedingter Entlassung.

Beginn

Art. 100 Die Verjährung beginnt mit dem Tag, an dem das Urteil rechtlich vollstreckbar wird. Bei der bedingten Strafe oder beim vorausgehenden Vollzug einer Massnahme beginnt sie mit dem Tag, an dem der Vollzug der Strafe angeordnet wird.

3. Unverjährbarkeit

Art. 101 [1] Keine Verjährung tritt ein für:

a. Völkermord (Art. 264);

b. Verbrechen gegen die Menschlichkeit (Art. 264a Abs. 1 und 2);

c. Kriegsverbrechen (Art. 264c Abs. 1–3, 264d Abs. 1 und 2, 264e Abs. 1 und 2, 264f, 264g Abs. 1 und 2 und 264h);

d. Verbrechen, die als Mittel zu Erpressung oder Nötigung Leib und Leben vieler Menschen in Gefahr brachten oder zu bringen drohten, namentlich unter Verwendung von Massenvernichtungsmitteln, durch Auslösen von Katastrophen oder durch Geiselnahme.

e.[55] sexuelle Handlungen mit Kindern (Art. 187 Ziff. 1), sexuelle Nötigung (Art. 189), Vergewaltigung (Art. 190), Schändung (Art. 191), sexuelle Handlungen mit Anstaltspfleglingen, Gefangenen, Beschuldigten (Art. 192 Abs. 1) und Ausnützung der Notlage (Art. 193 Abs. 1), wenn sie an Kindern unter 12 Jahren begangen wurden.[56]

2 Wäre die Strafverfolgung bei Anwendung der Artikel 97 und 98 verjährt, so kann das Gericht die Strafe mildern.

3 Die Absätze 1 Buchstaben a, c und d sowie 2 gelten, wenn die Strafverfolgung oder die Strafe am 1. Januar 1983 nach dem bis zu jenem Zeitpunkt geltenden Recht noch nicht verjährt war. Absatz 1 Buchstabe b gilt, wenn die Strafverfolgung oder die Strafe beim Inkrafttreten der Änderung vom 18. Juni 2010 dieses Gesetzes nach bisherigem Recht noch nicht verjährt war. Absatz 1 Buchstabe e gilt, wenn

---

55 Eingefügt durch Ziff. I 1 des BG vom 15. Juni 2012 (Unverjährbarkeit sexueller und pornografischer Straftaten an Kindern vor der Pubertät), in Kraft seit 1. Jan. 2013 (AS 2012 5951; BBl 2011 5977).

56 Fassung gemäss Ziff. I 1 des BG vom 18. Juni 2010 über die Änderung von Bundesgesetzen zur Umsetzung des Römer Statuts des Internationalen Strafgerichtshofs, in Kraft seit 1. Jan. 2011 (AS 2010 4963; BBl 2008 3863).

die Strafverfolgung oder die Strafe am 30. November 2008 nach dem bis zu jenem Zeitpunkt geltenden Recht noch nicht verjährt war.[57, 58]

Siebenter Titel: Verantwortlichkeit des Unternehmens

Strafbarkeit　　　　**Art. 102**　[1] Wird in einem Unternehmen in Ausübung geschäftlicher Verrichtung im Rahmen des Unternehmenszwecks ein Verbrechen oder Vergehen begangen und kann diese Tat wegen mangelhafter Organisation des Unternehmens keiner bestimmten natürlichen Person zugerechnet werden, so wird das Verbrechen oder Vergehen dem Unternehmen zugerechnet. In diesem Fall wird das Unternehmen mit Busse bis zu 5 Millionen Franken bestraft.

[2] Handelt es sich dabei um eine Straftat nach den Artikeln 260ter, 260[quinquies], 305bis, 322ter, 322[quinquies] oder 322[septies] Absatz 1 oder um eine Straftat nach Artikel 4 a Absatz 1 Buchstabe a des Bundesgesetzes vom 19. Dez. 1986[59] gegen den unlauteren Wettbewerb, so wird das Unternehmen unabhängig von der Strafbarkeit natürlicher Personen bestraft, wenn dem Unternehmen vorzuwerfen ist, dass es nicht alle erforderlichen und zumutbaren organisatorischen Vorkehren getroffen hat, um eine solche Straftat zu verhindern.[60]

[3] Das Gericht bemisst die Busse insbesondere nach der Schwere der Tat und der Schwere des Organisationsmangels und des angerichteten Schadens sowie nach der wirtschaftlichen Leistungsfähigkeit des Unternehmens.

[4] Als Unternehmen im Sinne dieses Titels gelten:

a. juristische Personen des Privatrechts;

b. juristische Personen des öffentlichen Rechts mit Ausnahme der Gebietskörperschaften;

c. Gesellschaften;

d. Einzelfirmen[61].

Art. 102a[62]

57　Dritter Satz eingefügt durch Ziff. I 1 des BG vom 15. Juni 2012 (Unverjährbarkeit sexueller und pornografischer Straftaten an Kindern vor der Pubertät), in Kraft seit 1. Jan. 2013 (AS 2012 5951; BBl 2011 5977).

58　Fassung gemäss Ziff. I 1 des BG vom 18. Juni 2010 über die Änderung von Bundesgesetzen zur Umsetzung des Römer Statuts des Internationalen Strafgerichtshofs, in Kraft seit 1. Jan. 2011 (AS 2010 4963; BBl 2008 3863).

59　SR 241

60　Fassung gemäss Art. 2 Ziff. 2 des BB vom 7. Okt. 2005 über die Genehmigung und die Umsetzung des Strafrechtsübereinkommens und des Zusatzprotokolls des Europarates über Korruption, in Kraft seit 1. Juli 2006 (AS 2006 2371; BBl 2004 6983).

61　Heute: Einzelunternehmen.

62　Aufgehoben durch Anhang 1 Ziff. II 8 der Strafprozessordnung vom 5. Okt. 2007, mit Wirkung seit 1. Jan. 2011 (AS 2010 1881; BBl 2006 1085).

Zweiter Teil: Übertretungen

Begriff

Art. 103 Übertretungen sind Taten, die mit Busse bedroht sind.

**Anwendbarkeit
der Bestimmungen
des Ersten Teils**

Art. 104 Die Bestimmungen des Ersten Teils gelten mit den nachfolgenden Änderungen auch für die Übertretungen.

**Keine oder bedingte
Anwendbarkeit**

Art. 105 [1] Die Bestimmungen über die bedingte und die teilbedingte Strafe (Art. 42 und 43) sowie über die Verantwortlichkeit des Unternehmens (Art. 102 und 102a[63]) sind bei Übertretungen nicht anwendbar.

[2] Versuch und Gehilfenschaft werden nur in den vom Gesetz ausdrücklich bestimmten Fällen bestraft.

[3] Freiheitsentziehende Massnahmen (Art. 59–61 und 64), das Berufsverbot (Art. 67) sowie die Veröffentlichung des Urteils (Art. 68) sind nur in den vom Gesetz ausdrücklich bestimmten Fällen zulässig.

Busse

Art. 106 [1] Bestimmt es das Gesetz nicht anders, so ist der Höchstbetrag der Busse 10 000 Franken.

[2] Der Richter spricht im Urteil für den Fall, dass die Busse schuldhaft nicht bezahlt wird, eine Ersatzfreiheitsstrafe von mindestens einem Tag und höchstens drei Monaten aus.

[3] Das Gericht bemisst Busse und Ersatzfreiheitsstrafe je nach den Verhältnissen des Täters so, dass dieser die Strafe erleidet, die seinem Verschulden angemessen ist.

[4] Die Ersatzfreiheitsstrafe entfällt, soweit die Busse nachträglich bezahlt wird.

[5] Auf den Vollzug und die Umwandlung sind die Artikel 35 und 36 Absätze 2–5 sinngemäss anwendbar.

Gemeinnützige Arbeit

Art. 107 [1] Das Gericht kann mit Zustimmung des Täters an Stelle der ausgesprochenen Busse gemeinnützige Arbeit bis zu 360 Stunden anordnen.

[2] Die Vollzugsbehörde bestimmt eine Frist von höchstens einem Jahr, innerhalb der die gemeinnützige Arbeit zu leisten ist.

[3] Leistet der Verurteilte die gemeinnützige Arbeit trotz Mahnung nicht, so ordnet das Gericht die Vollstreckung der Busse an.

Art. 108[64]

---

63 Dieser Art. ist aufgehoben. Siehe heute: Art. 112 der Strafprozessordnung vom 5. Okt. 2007 (SR 312.0).
64 Dieser Art. bleibt aus gesetzestechnischen Gründen leer. Berichtigt von der Redaktionskommission der BVers (Art. 58 Abs. 1 ParlG – SR 171.10).

Verjährung   **Art. 109** Die Strafverfolgung und die Strafe verjähren in drei Jahren.

Dritter Teil: Begriffe

Art. 110 [1] *Angehörige* einer Person sind ihr Ehegatte, ihre eingetragene Partnerin oder ihr eingetragener Partner, ihre Verwandten gerader Linie, ihre vollbürtigen und halbbürtigen Geschwister, ihre Adoptiveltern, ihre Adoptivgeschwister und Adoptivkinder.[65]

[2] *Familiengenossen* sind Personen, die in gemeinsamem Haushalt leben.

[3] Als *Beamte* gelten die Beamten und Angestellten einer öffentlichen Verwaltung und der Rechtspflege sowie die Personen, die provisorisch ein Amt bekleiden oder provisorisch bei einer öffentlichen Verwaltung oder der Rechtspflege angestellt sind oder vorübergehend amtliche Funktionen ausüben.

[3bis] Stellt eine Bestimmung auf den Begriff der Sache ab, so findet sie entsprechende Anwendung auf Tiere.[66]

[4] *Urkunden* sind Schriften, die bestimmt und geeignet sind, oder Zeichen, die bestimmt sind, eine Tatsache von rechtlicher Bedeutung zu beweisen. Die Aufzeichnung auf Bild- und Datenträgern steht der Schriftform gleich, sofern sie demselben Zweck dient.

[5] *Öffentliche Urkunden* sind Urkunden, die von Mitgliedern einer Behörde, Beamten und Personen öffentlichen Glaubens in Wahrnehmung hoheitlicher Funktionen ausgestellt werden. Nicht als öffentliche Urkunden gelten Urkunden, die von der Verwaltung der wirtschaftlichen Unternehmungen und Monopolbetriebe des Staates oder anderer öffentlich-rechtlicher Körperschaften und Anstalten in zivilrechtlichen Geschäften ausgestellt werden.

[6] Der *Tag* hat 24 aufeinander folgende Stunden. Der Monat und das Jahr werden nach der Kalenderzeit berechnet.

[7] Untersuchungshaft ist jede in einem Strafverfahren verhängte Haft, Untersuchungs-, Sicherheits- und Auslieferungshaft.

---

65   Fassung gemäss Art. 37 Ziff. 1 des Partnerschaftsgesetzes vom 18. Juni 2004, in Kraft seit 1. Jan. 2007 (AS 2005 5685; BBl 2003 1288).
66   AS 2006 3583

Zweites Buch: Besondere Bestimmungen

Erster Titel: Strafbare Handlungen gegen Leib und Leben

1. Tötung.
Vorsätzliche Tötung

Art. 111 Wer vorsätzlich einen Menschen tötet, ohne dass eine der besondern Voraussetzungen der nachfolgenden Artikel zutrifft, wird mit Freiheitsstrafe[67] nicht unter fünf Jahren bestraft.

Mord

Art. 112[68] Handelt der Täter besonders skrupellos, sind namentlich sein Beweggrund, der Zweck der Tat oder die Art der Ausführung besonders verwerflich, so ist die Strafe lebenslängliche Freiheitsstrafe oder Freiheitsstrafe nicht unter zehn Jahren.[69]

Totschlag

Art. 113[70] Handelt der Täter in einer nach den Umständen entschuldbaren heftigen Gemütsbewegung oder unter grosser seelischer Belastung, so ist die Strafe Freiheitsstrafe von einem Jahr bis zu zehn Jahren.[71]

Tötung auf Verlangen

Art. 114[72] Wer aus achtenswerten Beweggründen, namentlich aus Mitleid, einen Menschen auf dessen ernsthaftes und eindringliches Verlangen tötet, wird mit Freiheitsstrafe bis zu drei Jahren oder Geldstrafe[73] bestraft.

Verleitung und Beihilfe zum Selbstmord

Art. 115 Wer aus selbstsüchtigen Beweggründen jemanden zum Selbstmorde verleitet oder ihm dazu Hilfe leistet, wird, wenn der Selbstmord ausgeführt oder versucht wurde, mit Freiheitsstrafe bis zu fünf Jahren oder Geldstrafe[74] bestraft.

Kindestötung

Art. 116[75] Tötet eine Mutter ihr Kind während der Geburt oder solange sie unter dem Einfluss des Geburtsvorganges steht, so wird sie mit Freiheitsstrafe bis zu drei Jahren oder Geldstrafe bestraft.

---

67 Ausdruck gemäss Ziff. II 1 Abs. 1 des BG vom 13. Dez. 2002, in Kraft seit 1. Jan. 2007 (AS 2006 3459; BBl 1999 1979). Diese Änd. wurde im ganzen zweiten Buch berücksichtigt.
68 Fassung gemäss Ziff. I des BG vom 23. Juni 1989, in Kraft seit 1. Jan. 1990 (AS 1989 2449; BBl 1985 II 1009).
69 Strafdrohungen neu umschrieben gemäss Ziff. II 1 Abs. 16 des BG vom 13. Dez. 2002, in Kraft seit 1. Jan. 2007 (AS 2006 3459; BBl 1999 1979).
70 Fassung gemäss Ziff. I des BG vom 23. Juni 1989, in Kraft seit 1. Jan. 1990 (AS 1989 2449; BBl 1985 II 1009).
71 Strafdrohungen neu umschrieben gemäss Ziff. II 1 Abs. 16 des BG vom 13. Dez. 2002, in Kraft seit 1. Jan. 2007 (AS 2006 3459; BBl 1999 1979).
72 Fassung gemäss Ziff. I des BG vom 23. Juni 1989, in Kraft seit 1. Jan. 1990 (AS 1989 2449; BBl 1985 II 1009).
73 Ausdruck gemäss Ziff. II 1 Abs. 2 des BG vom 13. Dez. 2002, in Kraft seit 1. Jan. 2007 (AS 2006 3459; BBl 1999 1979). Diese Änd. wurde im ganzen zweiten Buch berücksichtigt.
74 Ausdruck gemäss Ziff. II 1 Abs. 3 des BG vom 13. Dez. 2002, in Kraft seit 1. Jan. 2007 (AS 2006 3459; BBl 1999 1979). Diese Änd. wurde im ganzen zweiten Buch berücksichtigt.
75 Fassung gemäss Ziff. I des BG vom 23. Juni 1989, in Kraft seit 1. Jan. 1990 (AS 1989 2449; BBl 1985 II 1009).

Fahrlässige Tötung

Art. 117 Wer fahrlässig den Tod eines Menschen verursacht, wird mit Freiheitsstrafe bis zu drei Jahren oder Geldstrafe bestraft.

2. Schwanger-
schaftsabbruch.
Strafbarer Schwanger-
schaftsabbruch

Art. 118[76] [1] Wer eine Schwangerschaft mit Einwilligung der schwangeren Frau abbricht oder eine schwangere Frau zum Abbruch der Schwangerschaft anstiftet oder ihr dabei hilft, ohne dass die Voraussetzungen nach Artikel 119 erfüllt sind, wird mit Freiheitsstrafe bis zu fünf Jahren oder Geldstrafe bestraft.

[2] Wer eine Schwangerschaft ohne Einwilligung der schwangeren Frau abbricht, wird mit Freiheitsstrafe von einem Jahr[77] bis zu zehn Jahren bestraft.

[3] Die Frau, die ihre Schwangerschaft nach Ablauf der zwölften Woche seit Beginn der letzten Periode abbricht, abbrechen lässt oder sich in anderer Weise am Abbruch beteiligt, ohne dass die Voraussetzungen nach Artikel 119 Absatz 1 erfüllt sind, wird mit Freiheitsstrafe bis zu drei Jahren oder Geldstrafe bestraft.

[4] In den Fällen der Absätze 1 und 3 tritt die Verjährung in drei Jahren ein.[78]

Strafloser Schwanger-
schaftsabbruch

Art. 119[79] [1] Der Abbruch einer Schwangerschaft ist straflos, wenn er nach ärztlichem Urteil notwendig ist, damit von der schwangeren Frau die Gefahr einer schwerwiegenden körperlichen Schädigung oder einer schweren seelischen Notlage abgewendet werden kann. Die Gefahr muss umso grösser sein, je fortgeschrittener die Schwangerschaft ist.

[2] Der Abbruch einer Schwangerschaft ist ebenfalls straflos, wenn er innerhalb von zwölf Wochen seit Beginn der letzten Periode auf schriftliches Verlangen der schwangeren Frau, die geltend macht, sie befinde sich in einer Notlage, durch eine zur Berufsausübung zugelassene Ärztin oder einen zur Berufsausübung zugelassenen Arzt vorgenommen wird. Die Ärztin oder der Arzt hat persönlich mit der Frau vorher ein eingehendes Gespräch zu führen und sie zu beraten.

[3] Ist die Frau nicht urteilsfähig, so ist die Zustimmung ihrer gesetzlichen Vertreterin oder ihres gesetzlichen Vertreters erforderlich.

---

76 Fassung gemäss Ziff. I des BG vom 23. März 2001 (Schwangerschaftsabbruch), in Kraft seit 1. Okt. 2002 (AS 2002 2989; BBl 1998 3005 5376).

77 Ausdruck gemäss Ziff. II 1 Abs. 4 des BG vom 13. Dez. 2002, in Kraft seit 1. Jan. 2007 (AS 2006 3459; BBl 1999 1979). Diese Änd. wurde im ganzen zweiten Buch berücksichtigt.

78 Fassung gemäss Ziff. I des BG vom 22. März 2002 (Verjährung der Strafverfolgung), in Kraft seit 1. Okt. 2002 (AS 2002 2986; BBl 2002 2673 1649).

79 Fassung gemäss Ziff. I des BG vom 23. März 2001 (Schwangerschaftsabbruch), in Kraft seit 1. Okt. 2002 (AS 2002 2989; BBl 1998 3005 5376).

⁴ Die Kantone bezeichnen die Praxen und Spitäler, welche die Voraussetzungen für eine fachgerechte Durchführung von Schwangerschaftsabbrüchen und für eine eingehende Beratung erfüllen.

⁵ Ein Schwangerschaftsabbruch wird zu statistischen Zwecken der zuständigen Gesundheitsbehörde gemeldet, wobei die Anonymität der betroffenen Frau gewährleistet wird und das Arztgeheimnis zu wahren ist.

Übertretungen durch Ärztinnen oder Ärzte

Art. 120⁸⁰ ¹ Mit Busse⁸¹ wird die Ärztin oder der Arzt bestraft, die oder der eine Schwangerschaft in Anwendung von Artikel 119 Absatz 2 abbricht und es unterlässt, vor dem Eingriff:

a. von der schwangeren Frau ein schriftliches Gesuch zu verlangen;

b. persönlich mit der schwangeren Frau ein eingehendes Gespräch zu führen und sie zu beraten, sie über die gesundheitlichen Risiken des Eingriffs zu informieren und ihr gegen Unterschrift einen Leitfaden auszuhändigen, welcher enthält:

   1. ein Verzeichnis der kostenlos zur Verfügung stehenden Beratungsstellen,

   2. ein Verzeichnis von Vereinen und Stellen, welche moralische und materielle Hilfe anbieten, und

   3. Auskunft über die Möglichkeit, das geborene Kind zur Adoption freizugeben;

c. sich persönlich zu vergewissern, dass eine schwangere Frau unter 16 Jahren sich an eine für Jugendliche spezialisierte Beratungsstelle gewandt hat.

² Ebenso wird die Ärztin oder der Arzt bestraft, die oder der es unterlässt, gemäss Artikel 119 Absatz 5 einen Schwangerschaftsabbruch der zuständigen Gesundheitsbehörde zu melden.

Art. 121⁸²

3. Körperverletzung. Schwere Körperverletzung

Art. 122⁸³ Wer vorsätzlich einen Menschen lebensgefährlich verletzt,

wer vorsätzlich den Körper, ein wichtiges Organ oder Glied eines Menschen verstümmelt oder ein wichtiges Organ oder Glied unbrauchbar macht, einen Menschen bleibend arbeitsunfähig,

---

80 Fassung gemäss Ziff. I des BG vom 23. März 2001 (Schwangerschaftsabbruch), in Kraft seit 1. Okt. 2002 (AS 2002 2989; BBl 1998 3005 5376).

81 Ausdruck gemäss Ziff. II 1 Abs. 5 des BG vom 13. Dez. 2002, in Kraft seit 1. Jan. 2007 (AS 2006 3459; BBl 1999 1979). Diese Änd. wurde im ganzen zweiten Buch berücksichtigt.

82 Aufgehoben durch Ziff. I des BG vom 23. März 2001 (Schwangerschaftsabbruch) (AS 2002 2989; BBl 1998 3005 5376).

83 Fassung gemäss Ziff. I des BG vom 23. Juni 1989, in Kraft seit 1. Jan. 1990 (AS 1989 2449; BBl 1985 II 1009).

gebrechlich oder geisteskrank macht, das Gesicht eines Menschen arg und bleibend entstellt,

wer vorsätzlich eine andere schwere Schädigung des Körpers oder der körperlichen oder geistigen Gesundheit eines Menschen verursacht,

wird mit Freiheitsstrafe bis zu zehn Jahren oder Geldstrafe nicht unter 180 Tagessätzen bestraft.[84]

Einfache Körperverletzung

Art. 123[85] 1. Wer vorsätzlich einen Menschen in anderer Weise an Körper oder Gesundheit schädigt, wird, auf Antrag, mit Freiheitsstrafe bis zu drei Jahren oder Geldstrafe bestraft.

In leichten Fällen kann der Richter die Strafe mildern (Art. 48a).[86]

2. Die Strafe ist Freiheitsstrafe bis zu drei Jahren oder Geldstrafe, und der Täter wird von Amtes wegen verfolgt,

wenn er Gift, eine Waffe oder einen gefährlichen Gegenstand gebraucht,

wenn er die Tat an einem Wehrlosen oder an einer Person begeht, die unter seiner Obhut steht oder für die er zu sorgen hat, namentlich an einem Kind,

wenn er der Ehegatte des Opfers ist und die Tat während der Ehe oder bis zu einem Jahr nach der Scheidung begangen wurde,[87]

wenn er die eingetragene Partnerin oder der eingetragene Partner des Opfers ist und die Tat während der Dauer der eingetragenen Partnerschaft oder bis zu einem Jahr nach deren Auflösung begangen wurde,[88]

wenn er der hetero- oder homosexuelle Lebenspartner des Opfers ist, sofern sie auf unbestimmte Zeit einen gemeinsamen Haushalt führen und die Tat während dieser Zeit oder bis zu einem Jahr nach der Trennung begangen wurde.[89]

Verstümmelung weiblicher Genitalien

Art. 124[90]   [1] Wer die Genitalien einer weiblichen Person verstümmelt, in ihrer natürlichen Funktion erheblich und dauerhaft beeinträchtigt oder sie in anderer Weise schädigt, wird mit Freiheitsstrafe

---

84 Strafdrohungen neu umschrieben gemäss Ziff. II 1 Abs. 16 des BG vom 13. Dez. 2002, in Kraft seit 1. Jan. 2007 (AS 2006 3459; BBl 1999 1979).

85 Fassung gemäss Ziff. I des BG vom 23. Juni 1989, in Kraft seit 1. Jan. 1990 (AS 1989 2449; BBl 1985 II 1009).

86 Fassung gemäss Ziff. II 2 des BG vom 13. Dez. 2002, in Kraft seit 1. Jan. 2007 (AS 2006 3459; BBl 1999 1979).

87 Eingefügt durch Ziff. I des BG vom 3. Okt. 2003 (Strafverfolgung in der Ehe und in der Partnerschaft), in Kraft seit 1. April 2004 (AS 2004 1403; BBl 2003 1909 1937).

88 Eingefügt durch Anhang Ziff. 18 des Partnerschaftsgesetzes vom 18. Juni 2004, in Kraft seit 1. Jan. 2007 (AS 2005 5685; BBl 2003 1288).

89 Ursprünglich Abs. 4. Eingefügt durch Ziff. I des BG vom 3. Okt. 2003 (Strafverfolgung in der Ehe und in der Partnerschaft), in Kraft seit 1. April 2004 (AS 2004 1403; BBl 2003 1909 1937).

90 Fassung gemäss Ziff. I des BG vom 30. Sept. 2011 in Kraft seit 1. Juli 2012 (AS 2012 2575; BBl 2010 5651 5677).

bis zu zehn Jahren oder Geldstrafe nicht unter 180 Tagessätzen bestraft.

[2] Strafbar ist auch, wer die Tat im Ausland begeht, sich in der Schweiz befindet und nicht ausgeliefert wird. Artikel 7 Absätze 4 und 5 sind anwendbar:

Fahrlässige Körperverletzung

Art. 125 [1] Wer fahrlässig einen Menschen am Körper oder an der Gesundheit schädigt, wird, auf Antrag, mit Freiheitsstrafe bis zu drei Jahren oder Geldstrafe[91] bestraft.

[2] Ist die Schädigung schwer, so wird der Täter von Amtes wegen verfolgt.

Tätlichkeiten

Art. 126 [1] Wer gegen jemanden Tätlichkeiten verübt, die keine Schädigung des Körpers oder der Gesundheit zur Folge haben, wird, auf Antrag, mit Busse bestraft.

[2] Der Täter wird von Amtes wegen verfolgt, wenn er die Tat wiederholt begeht:

a. an einer Person, die unter seiner Obhut steht oder für die er zu sorgen hat, namentlich an einem Kind;

b. an seinem Ehegatten während der Ehe oder bis zu einem Jahr nach der Scheidung; oder

b[bis].[92] an seiner eingetragenen Partnerin oder seinem eingetragenen Partner während der Dauer der eingetragenen Partnerschaft oder bis zu einem Jahr nach deren Auflösung; oder

c. an seinem hetero- oder homosexuellen Lebenspartner, sofern sie auf unbestimmte Zeit einen gemeinsamen Haushalt führen und die Tat während dieser Zeit oder bis zu einem Jahr nach der Trennung begangen wurde.[93]

4. Gefährdung des Lebens und der Gesundheit.

Aussetzung

Art. 127[94] Wer einen Hilflosen, der unter seiner Obhut steht oder für den er zu sorgen hat, einer Gefahr für das Leben oder einer schweren unmittelbaren Gefahr für die Gesundheit aussetzt oder in einer solchen Gefahr im Stiche lässt, wird mit Freiheitsstrafe bis zu fünf Jahren oder Geldstrafe bestraft.

---

91 Ausdruck gemäss Ziff. II 1 Abs. 2 des BG vom 13. Dez. 2002, in Kraft seit 1. Jan. 2007 (AS 2006 3459; BBl 1999 1979). Diese Änd. wurde im ganzen zweiten Buch berücksichtigt.

92 Eingefügt durch Anhang Ziff. 18 des Partnerschaftsgesetzes vom 18. Juni 2004, in Kraft seit 1. Jan. 2007 (AS 2005 5685; BBl 2003 1288).

93 Eingefügt durch Ziff. I des BG vom 23. Juni 1989 (AS 1989 2449; BBl 1985 II 1009). Fassung gemäss Ziff. I des BG vom 3. Okt. 2003 (Strafverfolgung in der Ehe und in der Partnerschaft), in Kraft seit 1. April 2004 (AS 2004 1403; BBl 2003 1909 1937).

94 Fassung gemäss Ziff. I des BG vom 23. Juni 1989, in Kraft seit 1. Jan. 1990 (AS 1989 2449; BBl 1985 II 1009).

Unterlassung der Nothilfe	**Art. 128**[95] Wer einem Menschen, den er verletzt hat, oder einem Menschen, der in unmittelbarer Lebensgefahr schwebt, nicht hilft, obwohl es ihm den Umständen nach zugemutet werden könnte,

wer andere davon abhält, Nothilfe zu leisten, oder sie dabei behindert,

wird mit Freiheitsstrafe bis zu drei Jahren oder Geldstrafe bestraft.

Falscher Alarm   **Art. 128**[bis][96] Wer wider besseres Wissen grundlos einen öffentlichen oder gemeinnützigen Sicherheitsdienst, einen Rettungs- oder Hilfsdienst, insbesondere Polizei, Feuerwehr, Sanität, alarmiert, wird mit Freiheitsstrafe bis zu drei Jahren oder Geldstrafe bestraft.

Gefährdung des Lebens   **Art. 129**[97] Wer einen Menschen in skrupelloser Weise in unmittelbare Lebensgefahr bringt, wird mit Freiheitsstrafe bis zu fünf Jahren oder Geldstrafe bestraft.

Art. 130–132[98]

Raufhandel   **Art. 133**[99] 1 Wer sich an einem Raufhandel beteiligt, der den Tod oder die Körperverletzung eines Menschen zur Folge hat, wird mit Freiheitsstrafe bis zu drei Jahren oder Geldstrafe bestraft.

2 Nicht strafbar ist, wer ausschliesslich abwehrt oder die Streitenden scheidet.

Angriff   **Art. 134**[100] Wer sich an einem Angriff auf einen oder mehrere Menschen beteiligt, der den Tod oder die Körperverletzung eines Angegriffenen oder eines Dritten zur Folge hat, wird mit Freiheitsstrafe bis zu fünf Jahren oder Geldstrafe[101] bestraft.

Gewaltdarstellungen   **Art. 135**[102] 1 Wer Ton- oder Bildaufnahmen, Abbildungen, andere Gegenstände oder Vorführungen, die, ohne schutzwürdigen kulturellen oder wissenschaftlichen Wert zu haben, grausame Gewalttätigkeiten gegen Menschen oder Tiere eindringlich darstellen und dabei die elementare Würde des Menschen in schwerer Weise verletzen, herstellt, einführt, lagert, in Verkehr bringt, anpreist, ausstellt, an-

---

95 Fassung gemäss Ziff. I des BG vom 23. Juni 1989, in Kraft seit 1. Jan. 1990 (AS 1989 2449; BBl 1985 II 1009).
96 Eingefügt durch Ziff. I des BG vom 17. Juni 1994, in Kraft seit 1. Jan. 1995 (AS 1994 2290; BBl 1991 II 969).
97 Fassung gemäss Ziff. I des BG vom 23. Juni 1989, in Kraft seit 1. Jan. 1990 (AS 1989 2449; BBl 1985 II 1009).
98 Aufgehoben durch Ziff. I des BG vom 23. Juni 1989, mit Wirkung seit 1. Jan. 1990 (AS 1989 2449; BBl 1985 II 1009).
99 Fassung gemäss Ziff. I des BG vom 23. Juni 1989, in Kraft seit 1. Jan. 1990 (AS 1989 2449; BBl 1985 II 1009).
100 Fassung gemäss Ziff. I des BG vom 23. Juni 1989, in Kraft seit 1. Jan. 1990 (AS 1989 2449; BBl 1985 II 1009).
101 Ausdruck gemäss Ziff. II 1 Abs. 6 des BG vom 13. Dez. 2002, in Kraft seit 1. Jan. 2007 (AS 2006 3459; BBl 1999 1979). Diese Änd. wurde im ganzen zweiten Buch berücksichtigt.
102 Fassung gemäss Ziff. I des BG vom 23. Juni 1989, in Kraft seit 1. Jan. 1990 (AS 1989 2449; BBl 1985 II 1009).

bietet, zeigt, überlässt oder zugänglich macht, wird mit Freiheitsstrafe bis zu drei Jahren oder Geldstrafe bestraft.

[1bis] Mit Freiheitsstrafe bis zu einem Jahr oder mit Geldstrafe wird bestraft,[103] wer Gegenstände oder Vorführungen nach Absatz 1, soweit sie Gewalttätigkeiten gegen Menschen oder Tiere darstellen, erwirbt, sich über elektronische Mittel oder sonst wie beschafft oder besitzt.[104]

[2] Die Gegenstände werden eingezogen.

[3] Handelt der Täter aus Gewinnsucht, so ist die Strafe Freiheitsstrafe bis zu drei Jahren oder Geldstrafe. Mit Freiheitsstrafe ist eine Geldstrafe zu verbinden.[105]

Verabreichen gesundheitsgefährdender Stoffe an Kinder

Art. 136[106] Wer einem Kind unter 16 Jahren alkoholische Getränke oder andere Stoffe in einer Menge, welche die Gesundheit gefährden kann, verabreicht oder zum Konsum zur Verfügung stellt, wird mit Freiheitsstrafe bis zu drei Jahren oder Geldstrafe bestraft.

Zweiter Titel:[107] Strafbare Handlungen gegen das Vermögen

1. Strafbare Handlungen gegen das Vermögen.

Unrechtmässige Aneignung

Art. 137 1. Wer sich eine fremde bewegliche Sache aneignet, um sich oder einen andern damit unrechtmässig zu bereichern, wird, wenn nicht die besonderen Voraussetzungen der Artikel 138–140 zutreffen, mit Freiheitsstrafe bis zu drei Jahren oder Geldstrafe bestraft.

2. Hat der Täter die Sache gefunden oder ist sie ihm ohne seinen Willen zugekommen,

handelt er ohne Bereicherungsabsicht oder

handelt er zum Nachteil eines Angehörigen oder Familiengenossen,

so wird die Tat nur auf Antrag verfolgt.

---

103 Strafdrohungen neu umschrieben gemäss Ziff. II 1 Abs. 16 des BG vom 13. Dez. 2002, in Kraft seit 1. Jan. 2007 (AS 2006 3459; BBl 1999 1979).

104 Eingefügt durch Ziff. I des BG vom 5. Okt. 2001 (Strafbare Handlungen gegen die sexuelle Integrität; Verbot des Besitzes harter Pornografie), in Kraft seit 1. April 2002 (AS 2002 408; BBl 2000 2943).

105 Ausdruck gemäss Ziff. II 1 Abs. 7 des BG vom 13. Dez. 2002, in Kraft seit 1. Jan. 2007 (AS 2006 3459; BBl 1999 1979). Diese Änd. wurde im ganzen zweiten Buch berücksichtigt.

106 Fassung gemäss Ziff. II des BG vom 20. März 2008, in Kraft seit 1. Juli 2011 (AS 2009 2623, 2011 2559; BBl 2006 8573 8645).

107 Fassung gemäss Ziff. I des BG vom 17. Juni 1994, in Kraft seit 1. Jan. 1995 (AS 1994 2290; BBl 1991 II 969).

Veruntreuung

Art. 138 1. Wer sich eine ihm anvertraute fremde bewegliche Sache aneignet, um sich oder einen andern damit unrechtmässig zu bereichern,

wer ihm anvertraute Vermögenswerte unrechtmässig in seinem oder eines anderen Nutzen verwendet,

wird mit Freiheitsstrafe bis zu fünf Jahren oder Geldstrafe bestraft.

Die Veruntreuung zum Nachteil eines Angehörigen oder Familiengenossen wird nur auf Antrag verfolgt.

2. Wer die Tat als Mitglied einer Behörde, als Beamter, Vormund, Beistand, berufsmässiger Vermögensverwalter oder bei Ausübung eines Berufes, Gewerbes oder Handelsgeschäftes, zu der er durch eine Behörde ermächtigt ist, begeht, wird mit Freiheitsstrafe bis zu zehn Jahren oder Geldstrafe[108] bestraft.

Diebstahl

Art. 139 1. Wer jemandem eine fremde bewegliche Sache zur Aneignung wegnimmt, um sich oder einen andern damit unrechtmässig zu bereichern, wird mit Freiheitsstrafe bis zu fünf Jahren oder Geldstrafe bestraft.

2. Der Dieb wird mit Freiheitsstrafe bis zu zehn Jahren oder Geldstrafe nicht unter 90 Tagessätzen[109] bestraft, wenn er gewerbsmässig stiehlt.

3. Der Dieb wird mit Freiheitsstrafe bis zu zehn Jahren oder Geldstrafe nicht unter 180 Tagessätzen[110] bestraft,

wenn er den Diebstahl als Mitglied einer Bande ausführt, die sich zur fortgesetzten Verübung von Raub oder Diebstahl zusammengefunden hat,

wenn er zum Zweck des Diebstahls eine Schusswaffe oder eine andere gefährliche Waffe mit sich führt oder

wenn er sonst wie durch die Art, wie er den Diebstahl begeht, seine besondere Gefährlichkeit offenbart.

4. Der Diebstahl zum Nachteil eines Angehörigen oder Familiengenossen wird nur auf Antrag verfolgt.

Raub

Art. 140 1. Wer mit Gewalt gegen eine Person oder unter Androhung gegenwärtiger Gefahr für Leib oder Leben oder nachdem er den Betroffenen zum Widerstand unfähig gemacht hat, einen Diebstahl

---

108 Ausdruck gemäss Ziff. II 1 Abs. 8 des BG vom 13. Dez. 2002, in Kraft seit 1. Jan. 2007 (AS 2006 3459; BBl 1999 1979). Diese Änd. wurde im ganzen zweiten Buch berücksichtigt.

109 Ausdruck gemäss Ziff. II 1 Abs. 9 des BG vom 13. Dez. 2002, in Kraft seit 1. Jan. 2007 (AS 2006 3459; BBl 1999 1979). Diese Änd. wurde im ganzen zweiten Buch berücksichtigt.

110 Ausdruck gemäss Ziff. II 1 Abs. 10 des BG vom 13. Dez. 2002, in Kraft seit 1. Jan. 2007 (AS 2006 3459; BBl 1999 1979). Diese Änd. wurde im ganzen zweiten Buch berücksichtigt.

begeht, wird mit Freiheitsstrafe bis zu zehn Jahren oder Geldstrafe nicht unter 180 Tagessätzen bestraft.

Wer, bei einem Diebstahl auf frischer Tat ertappt, Nötigungshandlungen nach Absatz 1 begeht, um die gestohlene Sache zu behalten, wird mit der gleichen Strafe belegt.

2. Der Räuber wird mit Freiheitsstrafe nicht unter einem Jahr[111] bestraft, wenn er zum Zweck des Raubes eine Schusswaffe oder eine andere gefährliche Waffe mit sich führt.

3. Der Räuber wird mit Freiheitsstrafe nicht unter zwei Jahren bestraft,

wenn er den Raub als Mitglied einer Bande ausführt, die sich zur fortgesetzten Verübung von Raub oder Diebstahl zusammengefunden hat,

wenn er sonst wie durch die Art, wie er den Raub begeht, seine besondere Gefährlichkeit offenbart.

4. Die Strafe ist Freiheitsstrafe nicht unter fünf Jahren, wenn der Täter das Opfer in Lebensgefahr bringt, ihm eine schwere Körperverletzung zufügt oder es grausam behandelt.

Sachentziehung

Art. 141 Wer dem Berechtigten ohne Aneignungsabsicht eine bewegliche Sache entzieht und ihm dadurch einen erheblichen Nachteil zufügt, wird, auf Antrag, mit Freiheitsstrafe bis zu drei Jahren oder Geldstrafe bestraft.

Unrechtmässige Verwendung von Vermögenswerten

Art. 141bis Wer Vermögenswerte, die ihm ohne seinen Willen zugekommen sind, unrechtmässig in seinem oder eines andern Nutzen verwendet, wird, auf Antrag, mit Freiheitsstrafe bis zu drei Jahren oder Geldstrafe bestraft.

Unrechtmässige Entziehung von Energie

Art. 142 ¹ Wer einer Anlage, die zur Verwertung von Naturkräften dient, namentlich einer elektrischen Anlage, unrechtmässig Energie entzieht, wird, auf Antrag, mit Freiheitsstrafe bis zu drei Jahren oder Geldstrafe bestraft.

² Handelt der Täter in der Absicht, sich oder einen andern unrechtmässig zu bereichern, so wird er mit Freiheitsstrafe bis zu fünf Jahren oder Geldstrafe bestraft.

Unbefugte Datenbeschaffung

Art. 143 ¹ Wer in der Absicht, sich oder einen andern unrechtmässig zu bereichern, sich oder einem andern elektronisch oder in vergleichbarer Weise gespeicherte oder übermittelte Daten beschafft,

---

111 Ausdruck gemäss Ziff. II 1 Abs. 12 des BG vom 13. Dez. 2002, in Kraft seit 1. Jan. 2007 (AS 2006 3459; BBl 1999 1979).

die nicht für ihn bestimmt und gegen seinen unbefugten Zugriff besonders gesichert sind, wird mit Freiheitsstrafe bis zu fünf Jahren oder Geldstrafe bestraft.

[2] Die unbefugte Datenbeschaffung zum Nachteil eines Angehörigen oder Familiengenossen wird nur auf Antrag verfolgt.

Unbefugtes Eindringen in ein Datenverarbeitungssystem

Art. 143bis[112] [1] Wer auf dem Wege von Datenübertragungseinrichtungen unbefugterweise in ein fremdes, gegen seinen Zugriff besonders gesichertes Datenverarbeitungssystem eindringt, wird, auf Antrag, mit Freiheitsstrafe bis zu drei Jahren oder Geldstrafe bestraft.

[2] Wer Passwörter, Programme oder andere Daten, von denen er weiss oder annehmen muss, dass sie zur Begehung einer strafbaren Handlung gemäss Absatz 1 verwendet werden sollen, in Verkehr bringt oder zugänglich macht, wird mit Freiheitsstrafe bis zu drei Jahren oder Geldstrafe bestraft.

Sachbeschädigung

Art. 144 [1] Wer eine Sache, an der ein fremdes Eigentums-, Gebrauchs- oder Nutzniessungsrecht besteht, beschädigt, zerstört oder unbrauchbar macht, wird, auf Antrag, mit Freiheitsstrafe bis zu drei Jahren oder Geldstrafe bestraft.

[2] Hat der Täter die Sachbeschädigung aus Anlass einer öffentlichen Zusammenrottung begangen, so wird er von Amtes wegen verfolgt.

[3] Hat der Täter einen grossen Schaden verursacht, so kann auf Freiheitsstrafe von einem Jahr bis zu fünf Jahren erkannt werden. Die Tat wird von Amtes wegen verfolgt.

Datenbeschädigung

Art. 144bis 1. Wer unbefugt elektronisch oder in vergleichbarer Weise gespeicherte oder übermittelte Daten verändert, löscht oder unbrauchbar macht, wird, auf Antrag, mit Freiheitsstrafe bis zu drei Jahren oder Geldstrafe bestraft.

Hat der Täter einen grossen Schaden verursacht, so kann auf Freiheitsstrafe von einem Jahr bis zu fünf Jahren erkannt werden. Die Tat wird von Amtes wegen verfolgt.

2. Wer Programme, von denen er weiss oder annehmen muss, dass sie zu den in Ziffer 1 genannten Zwecken verwendet werden sollen, herstellt, einführt, in Verkehr bringt, anpreist, anbietet oder sonst wie zugänglich macht oder zu ihrer Herstellung Anleitung gibt, wird mit Freiheitsstrafe bis zu drei Jahren oder Geldstrafe bestraft.

Handelt der Täter gewerbsmässig, so kann auf Freiheitsstrafe von einem Jahr bis zu fünf Jahren erkannt werden.

---

112 Fassung gemäss Art. 2 Ziff. 1 des BB vom 18. März 2011 (Übereink. des Europarates über die Cyberkriminalität), in Kraft seit 1. Jan. 2012 (AS 2011 6293; BBl 2010 4697).

Veruntreuung und Entzug von Pfandsachen und Retentionsgegenständen

Art. 145 Der Schuldner, der in der Absicht, seinen Gläubiger zu schädigen, diesem eine als Pfand oder Retentionsgegenstand dienende Sache entzieht, eigenmächtig darüber verfügt, sie beschädigt, zerstört, entwertet oder unbrauchbar macht, wird, auf Antrag, mit Freiheitsstrafe bis zu drei Jahren oder Geldstrafe bestraft.

Betrug

Art. 146 [1] Wer in der Absicht, sich oder einen andern unrechtmässig zu bereichern, jemanden durch Vorspiegelung oder Unterdrückung von Tatsachen arglistig irreführt oder ihn in einem Irrtum arglistig bestärkt und so den Irrenden zu einem Verhalten bestimmt, wodurch dieser sich selbst oder einen andern am Vermögen schädigt, wird mit Freiheitsstrafe bis zu fünf Jahren oder Geldstrafe bestraft.

[2] Handelt der Täter gewerbsmässig, so wird er mit Freiheitsstrafe bis zu zehn Jahren oder Geldstrafe nicht unter 90 Tagessätzen bestraft.

[3] Der Betrug zum Nachteil eines Angehörigen oder Familiengenossen wird nur auf Antrag verfolgt.

Betrügerischer Missbrauch einer Datenverarbeitungsanlage

Art. 147 [1] Wer in der Absicht, sich oder einen andern unrechtmässig zu bereichern, durch unrichtige, unvollständige oder unbefugte Verwendung von Daten oder in vergleichbarer Weise auf einen elektronischen oder vergleichbaren Datenverarbeitungs- oder Datenübermittlungsvorgang einwirkt und dadurch eine Vermögensverschiebung zum Schaden eines andern herbeiführt oder eine Vermögensverschiebung unmittelbar darnach verdeckt, wird mit Freiheitsstrafe bis zu fünf Jahren oder Geldstrafe bestraft.

[2] Handelt der Täter gewerbsmässig, so wird er mit Freiheitsstrafe bis zu zehn Jahren oder Geldstrafe nicht unter 90 Tagessätzen bestraft.

[3] Der betrügerische Missbrauch einer Datenverarbeitungsanlage zum Nachteil eines Angehörigen oder Familiengenossen wird nur auf Antrag verfolgt.

Check- und Kreditkartenmissbrauch

Art. 148 [1] Wer, obschon er zahlungsunfähig oder zahlungsunwillig ist, eine ihm vom Aussteller überlassene Check- oder Kreditkarte oder ein gleichartiges Zahlungsinstrument verwendet, um vermögenswerte Leistungen zu erlangen und den Aussteller dadurch am Vermögen schädigt, wird, sofern dieser und das Vertragsunternehmen die ihnen zumutbaren Massnahmen gegen den Missbrauch der Karte ergriffen haben, mit Freiheitsstrafe bis zu fünf Jahren oder Geldstrafe bestraft.

[2] Handelt der Täter gewerbsmässig, so wird er mit Freiheitsstrafe bis zu zehn Jahren oder Geldstrafe nicht unter 90 Tagessätzen bestraft.

Zechprellerei

Art. 149 Wer sich in einem Gastgewerbebetrieb beherbergen, Speisen oder Getränke vorsetzen lässt oder andere Dienstleistungen beanspruncht und den Betriebsinhaber um die Bezahlung prellt, wird, auf Antrag, mit Freiheitsstrafe bis zu drei Jahren oder Geldstrafe bestraft.

Erschleichen einer Leistung

Art. 150 Wer, ohne zu zahlen, eine Leistung erschleicht, von der er weiss, dass sie nur gegen Entgelt erbracht wird, namentlich indem er ein öffentliches Verkehrsmittel benützt,

eine Aufführung, Ausstellung oder ähnliche Veranstaltung besucht,

eine Leistung, die eine Datenverarbeitungsanlage erbringt oder die ein Automat vermittelt, beansprucht,

wird, auf Antrag, mit Freiheitsstrafe bis zu drei Jahren oder Geldstrafe bestraft.

Herstellen und Inverkehrbringen von Materialien zur unbefugten Entschlüsselung codierter Angebote

Art. 150[bis][113] 1 Wer Geräte, deren Bestandteile oder Datenverarbeitungsprogramme, die zur unbefugten Entschlüsselung codierter Rundfunkprogramme oder Fernmeldedienste bestimmt und geeignet sind, herstellt, einführt, ausführt, durchführt, in Verkehr bringt oder installiert, wird, auf Antrag, mit Busse bestraft.[114]

2 Versuch und Gehilfenschaft sind strafbar.

Arglistige Vermögensschädigung

Art. 151 Wer jemanden ohne Bereicherungsabsicht durch Vorspiegelung oder Unterdrückung von Tatsachen arglistig irreführt oder ihn in einem Irrtum arglistig bestärkt und so den Irrenden zu einem Verhalten bestimmt, wodurch dieser sich selbst oder einen andern am Vermögen schädigt, wird, auf Antrag, mit Freiheitsstrafe bis zu drei Jahren oder Geldstrafe bestraft.

Unwahre Angaben über kaufmännische Gewerbe

Art. 152 Wer als Gründer, als Inhaber, als unbeschränkt haftender Gesellschafter, als Bevollmächtigter oder als Mitglied der Geschäftsführung, des Verwaltungsrates, der Revisionsstelle oder als Liquidator einer Handelsgesellschaft, Genossenschaft oder eines andern Unternehmens, das ein nach kaufmännischer Art geführtes Gewerbe betreibt,

in öffentlichen Bekanntmachungen oder in Berichten oder Vorlagen an die Gesamtheit der Gesellschafter oder Genossenschafter oder an die an einem andern Unternehmen Beteiligten unwahre oder unvollständige Angaben von erheblicher Bedeutung macht oder machen lässt, die einen andern zu schädigenden Vermögensverfügungen veranlassen können,

wird mit Freiheitsstrafe bis zu drei Jahren oder Geldstrafe bestraft.

---

113 Eingefügt durch Anhang Ziff. 2 des Fernmeldegesetzes vom 30. April 1997, in Kraft seit 1. Jan. 1998 (AS 1997 2187; BBl 1996 III 1405).

114 Strafdrohungen neu umschrieben gemäss Ziff. II 1 Abs. 16 des BG vom 13. Dez. 2002, in Kraft seit 1. Jan. 2007 (AS 2006 3459; BBl 1999 1979).

Unwahre Angaben gegenüber Handelsregisterbehörden

Art. 153 Wer eine Handelsregisterbehörde zu einer unwahren Eintragung veranlasst oder ihr eine eintragungspflichtige Tatsache verschweigt, wird mit Freiheitsstrafe bis zu drei Jahren oder Geldstrafe bestraft.

Art. 154 *Aufgehoben*

Warenfälschung

Art. 155 1. Wer zum Zwecke der Täuschung in Handel und Verkehr eine Ware herstellt, die einen höheren als ihren wirklichen Verkehrswert vorspiegelt, namentlich indem er eine Ware nachmacht oder verfälscht,

eine solche Ware einführt, lagert oder in Verkehr bringt,

wird, sofern die Tat nicht nach einer andern Bestimmung mit höherer Strafe bedroht ist, mit Freiheitsstrafe bis zu drei Jahren oder Geldstrafe bestraft.

2.[115] Handelt der Täter gewerbsmässig, so wird er, sofern die Tat nicht nach einer andern Bestimmung mit höherer Strafe bedroht ist, mit Freiheitsstrafe bis zu fünf Jahren oder Geldstrafe bestraft.

Erpressung

Art. 156 1. Wer in der Absicht, sich oder einen andern unrechtmässig zu bereichern, jemanden durch Gewalt oder Androhung ernstlicher Nachteile zu einem Verhalten bestimmt, wodurch dieser sich selber oder einen andern am Vermögen schädigt, wird mit Freiheitsstrafe bis zu fünf Jahren oder Geldstrafe bestraft.

2. Handelt der Täter gewerbsmässig oder erpresst er die gleiche Person fortgesetzt,

so wird er mit Freiheitsstrafe von einem Jahr bis zu zehn Jahren bestraft.

3. Wendet der Täter gegen eine Person Gewalt an oder bedroht er sie mit einer gegenwärtigen Gefahr für Leib und Leben, so richtet sich die Strafe nach Artikel 140.

4. Droht der Täter mit einer Gefahr für Leib und Leben vieler Menschen oder mit schwerer Schädigung von Sachen, an denen ein hohes öffentliches Interesse besteht, so wird er mit Freiheitsstrafe nicht unter einem Jahr[116] bestraft.

Wucher

Art. 157 1. Wer die Zwangslage, die Abhängigkeit, die Unerfahrenheit oder die Schwäche im Urteilsvermögen einer Person dadurch

---

115 Fassung gemäss Ziff. I 1 des BG vom 3. Okt. 2008 zur Umsetzung der revidierten Empfehlungen der Groupe d'action financière, in Kraft seit 1. Febr. 2009 (AS 2009 361; BBl 2007 6269).

116 Ausdruck gemäss Ziff. II 1 Abs. 12 des BG vom 13. Dez. 2002, in Kraft seit 1. Jan. 2007 (AS 2006 3459; BBl 1999 1979). Diese Änd. wurde im ganzen zweiten Buch berücksichtigt.

ausbeutet, dass er sich oder einem anderen für eine Leistung Vermögensvorteile gewähren oder versprechen lässt, die zur Leistung wirtschaftlich in einem offenbaren Missverhältnis stehen,

wer eine wucherische Forderung erwirbt und sie weiterveräussert oder geltend macht,

wird mit Freiheitsstrafe bis zu fünf Jahren oder Geldstrafe bestraft.

2. Handelt der Täter gewerbsmässig, so wird er mit Freiheitsstrafe von einem Jahr bis zu zehn Jahren bestraft.

Ungetreue Geschäftsbesorgung

Art. 158 1. Wer aufgrund des Gesetzes, eines behördlichen Auftrages oder eines Rechtsgeschäfts damit betraut ist, Vermögen eines andern zu verwalten oder eine solche Vermögensverwaltung zu beaufsichtigen, und dabei unter Verletzung seiner Pflichten bewirkt oder zulässt, dass der andere am Vermögen geschädigt wird, wird mit Freiheitsstrafe bis zu drei Jahren oder Geldstrafe bestraft.

Wer als Geschäftsführer ohne Auftrag gleich handelt, wird mit der gleichen Strafe belegt.

Handelt der Täter in der Absicht, sich oder einen andern unrechtmässig zu bereichern, so kann auf Freiheitsstrafe von einem Jahr bis zu fünf Jahren erkannt werden.

2. Wer in der Absicht, sich oder einen andern unrechtmässig zu bereichern, die ihm durch das Gesetz, einen behördlichen Auftrag oder ein Rechtsgeschäft eingeräumte Ermächtigung, jemanden zu vertreten, missbraucht und dadurch den Vertretenen am Vermögen schädigt, wird mit Freiheitsstrafe bis zu fünf Jahren oder Geldstrafe bestraft.

3. Die ungetreue Geschäftsbesorgung zum Nachteil eines Angehörigen oder Familiengenossen wird nur auf Antrag verfolgt.

Missbrauch von Lohnabzügen

Art. 159 Der Arbeitgeber, der die Verpflichtung verletzt, einen Lohnabzug für Steuern, Abgaben, Versicherungsprämien und -beiträge oder in anderer Weise für Rechnung des Arbeitnehmers zu verwenden, und damit diesen am Vermögen schädigt, wird mit Freiheitsstrafe bis zu drei Jahren oder Geldstrafe bestraft.

Hehlerei

Art. 160 1. Wer eine Sache, von der er weiss oder annehmen muss, dass sie ein anderer durch eine strafbare Handlung gegen das Vermögen erlangt hat, erwirbt, sich schenken lässt, zum Pfande nimmt, verheimlicht oder veräussern hilft, wird mit Freiheitsstrafe bis zu fünf Jahren oder Geldstrafe bestraft.

Der Hehler wird nach der Strafandrohung der Vortat bestraft, wenn sie milder ist.

Ist die Vortat ein Antragsdelikt, so wird die Hehlerei nur verfolgt, wenn ein Antrag auf Verfolgung der Vortat vorliegt.

2. Handelt der Täter gewerbsmässig, so wird er mit Freiheitsstrafe bis zu zehn Jahren oder Geldstrafe nicht unter 90 Tagessätzen bestraft.

Art. 161[117]

Art. 161[bis][118]

2. Verletzung des Fabrikations- oder Geschäftsgeheimnisses

Art. 162 Wer ein Fabrikations- oder Geschäftsgeheimnis, das er infolge einer gesetzlichen oder vertraglichen Pflicht bewahren sollte, verrät,

wer den Verrat für sich oder einen andern ausnützt,

wird, auf Antrag, mit Freiheitsstrafe bis zu drei Jahren oder Geldstrafe bestraft.

3. Konkurs- und Betreibungsverbrechen oder -vergehen.
Betrügerischer Konkurs und Pfändungsbetrug

Art. 163 1. Der Schuldner, der zum Schaden der Gläubiger sein Vermögen zum Scheine vermindert, namentlich

Vermögenswerte beiseiteschafft oder verheimlicht,

Schulden vortäuscht,

vorgetäuschte Forderungen anerkennt oder deren Geltendmachung veranlasst,

wird, wenn über ihn der Konkurs eröffnet oder gegen ihn ein Verlustschein ausgestellt worden ist, mit Freiheitsstrafe bis zu fünf Jahren oder Geldstrafe bestraft.

2. Unter den gleichen Voraussetzungen wird der Dritte, der zum Schaden der Gläubiger eine solche Handlung vornimmt, mit Freiheitsstrafe bis zu drei Jahren oder Geldstrafe bestraft.

Gläubigerschädigung durch Vermögensminderung

Art. 164 1. Der Schuldner, der zum Schaden der Gläubiger sein Vermögen vermindert, indem er

Vermögenswerte beschädigt, zerstört, entwertet oder unbrauchbar macht,

Vermögenswerte unentgeltlich oder gegen eine Leistung mit offensichtlich geringerem Wert veräussert,

ohne sachlichen Grund anfallende Rechte ausschlägt oder auf Rechte unentgeltlich verzichtet,

---

117 Aufgehoben durch Ziff. II 3 des BG vom 28. Sept. 2012, mit Wirkung seit 1. Mai 2013 (AS 2013 1103; BBl 2011 6873).
118 Eingefügt durch Art. 46 des Börsengesetzes vom 24. März 1995 (AS 1997 68; BBl 1993 I 1369). Aufgehoben durch Ziff. II 3 des BG vom 28. Sept. 2012, mit Wirkung seit 1. Mai 2013 (AS 2013 1103; BBl 2011 6873).

wird, wenn über ihn der Konkurs eröffnet oder gegen ihn ein Verlust-schein ausgestellt worden ist, mit Freiheitsstrafe bis zu fünf Jahren oder Geldstrafe bestraft.

2. Unter den gleichen Voraussetzungen wird der Dritte, der zum Schaden der Gläubiger eine solche Handlung vornimmt, mit Frei-heitsstrafe bis zu drei Jahren oder Geldstrafe bestraft.

Misswirtschaft   **Art. 165** 1. Der Schuldner, der in anderer Weise als nach Ar-tikel 164, durch Misswirtschaft, namentlich durch ungenügende Kapitalausstattung, unverhältnismässigen Aufwand, gewagte Speku-lationen, leichtsinniges Gewähren oder Benützen von Kredit, Ver-schleudern von Vermögenswerten oder arge Nachlässigkeit in der Berufsausübung oder Vermögensverwaltung,

seine Überschuldung herbeiführt oder verschlimmert, seine Zah-lungsunfähigkeit herbeiführt oder im Bewusstsein seiner Zahlungs-unfähigkeit seine Vermögenslage verschlimmert,

wird, wenn über ihn der Konkurs eröffnet oder gegen ihn ein Verlust-schein ausgestellt worden ist, mit Freiheitsstrafe bis zu fünf Jahren oder Geldstrafe bestraft.

2. Der auf Pfändung betriebene Schuldner wird nur auf Antrag eines Gläubigers verfolgt, der einen Verlustschein gegen ihn erlangt hat.

Der Antrag ist innert drei Monaten seit der Zustellung des Verlust-scheines zu stellen.

Dem Gläubiger, der den Schuldner zu leichtsinnigem Schuldenma-chen, unverhältnismässigem Aufwand oder zu gewagten Speku-lationen verleitet oder ihn wucherisch ausgebeutet hat, steht kein Antragsrecht zu.

Unterlassung der Buchführung   **Art. 166** Der Schuldner, der die ihm gesetzlich obliegende Pflicht zur ordnungsmässigen Führung und Aufbewahrung von Geschäfts-büchern oder zur Aufstellung einer Bilanz verletzt, so dass sein Ver-mögensstand nicht oder nicht vollständig ersichtlich ist, wird, wenn über ihn der Konkurs eröffnet oder in einer gemäss Artikel 43 des Bundesgesetzes vom 11. April 1889[119] über Schuldbetreibung- und Konkurs (SchKG) erfolgten Pfändung gegen ihn ein Verlustschein aus-gestellt worden ist, mit Freiheitsstrafe bis zu drei Jahren oder Geld-strafe bestraft.

Bevorzugung eines Gläubigers   **Art. 167** Der Schuldner, der im Bewusstsein seiner Zahlungsunfä-higkeit und in der Absicht, einzelne seiner Gläubiger zum Nachteil anderer zu bevorzugen, darauf abzielende Handlungen vornimmt,

---

119 SR 281.1

insbesondere nicht verfallene Schulden bezahlt, eine verfallene Schuld anders als durch übliche Zahlungsmittel tilgt, eine Schuld aus eigenen Mitteln sicherstellt, ohne dass er dazu verpflichtet war, wird, wenn über ihn der Konkurs eröffnet oder gegen ihn ein Verlustschein ausgestellt worden ist, mit Freiheitsstrafe bis zu drei Jahren oder Geldstrafe bestraft.

Bestechung bei Zwangsvollstreckung

Art. 168 [1] Wer einem Gläubiger oder dessen Vertreter besondere Vorteile zuwendet oder zusichert, um dessen Stimme in der Gläubigerversammlung oder im Gläubigerausschuss zu erlangen oder um dessen Zustimmung zu einem gerichtlichen Nachlassvertrag oder dessen Ablehnung eines solchen Vertrages zu bewirken, wird mit Freiheitsstrafe bis zu drei Jahren oder Geldstrafe bestraft.

[2] Wer dem Konkursverwalter, einem Mitglied der Konkursverwaltung, dem Sachwalter oder dem Liquidator besondere Vorteile zuwendet oder zusichert, um dessen Entscheidungen zu beeinflussen, wird mit Freiheitsstrafe bis zu drei Jahren oder Geldstrafe bestraft.

[3] Wer sich solche Vorteile zuwenden oder zusichern lässt, wird mit der gleichen Strafe belegt.

Verfügung über mit Beschlag belegte Vermögenswerte

Art. 169 Wer eigenmächtig zum Schaden der Gläubiger über einen Vermögenswert verfügt, der

amtlich gepfändet oder mit Arrest belegt ist,

in einem Betreibungs-, Konkurs- oder Retentionsverfahren amtlich aufgezeichnet ist oder

zu einem durch Liquidationsvergleich abgetretenen Vermögen gehört

oder einen solchen Vermögenswert beschädigt, zerstört, entwertet oder unbrauchbar macht,

wird mit Freiheitsstrafe bis zu drei Jahren oder Geldstrafe bestraft.

Erschleichung eines gerichtlichen Nachlassvertrages

Art. 170 Der Schuldner, der über seine Vermögenslage, namentlich durch falsche Buchführung oder Bilanz, seine Gläubiger, den Sachwalter oder die Nachlassbehörde irreführt, um dadurch eine Nachlassstundung oder die Genehmigung eines gerichtlichen Nachlassvertrages zu erwirken,

der Dritte, der eine solche Handlung zum Vorteile des Schuldners vornimmt,

wird mit Freiheitsstrafe bis zu drei Jahren oder Geldstrafe bestraft.

Gerichtlicher Nachlassvertrag

Art. 171 [1] Die Artikel 163 Ziffer 1, 164 Ziffer 1, 165 Ziffer 1, 166 und 167 gelten auch, wenn ein gerichtlicher Nachlassvertrag angenommen und bestätigt worden ist.

2 Hat der Schuldner oder der Dritte im Sinne von Artikel 163 Ziffer 2 und 164 Ziffer 2 eine besondere wirtschaftliche Anstrengung unternommen und dadurch das Zustandekommen des gerichtlichen Nachlassvertrages erleichtert, so kann die zuständige Behörde bei ihm von der Strafverfolgung, der Überweisung an das Gericht oder der Bestrafung absehen.

Widerruf des Konkurses   **Art. 171bis**   1 Wird der Konkurs widerrufen (Art. 195 SchKG[120]), so kann die zuständige Behörde von der Strafverfolgung, der Überweisung an das Gericht oder der Bestrafung absehen.

2 Wurde ein gerichtlicher Nachlassvertrag abgeschlossen, so ist Absatz 1 nur anwendbar, wenn der Schuldner oder der Dritte im Sinne von Artikel 163 Ziffer 2 und 164 Ziffer 2 eine besondere wirtschaftliche Anstrengung unternommen und dadurch dessen Zustandekommen erleichtert hat.

4. Allgemeine Bestimmungen.   **Art. 172**[121]

...

Verbindung von Freiheitsstrafe mit Geldstrafe   **Art. 172bis**   Ist in diesem Titel ausschliesslich Freiheitsstrafe angedroht, so kann der Richter diese in jedem Falle mit Geldstrafe verbinden.[122]

Geringfügige Vermögensdelikte   **Art. 172ter**   1 Richtet sich die Tat nur auf einen geringen Vermögenswert oder auf einen geringen Schaden, so wird der Täter, auf Antrag, mit Busse bestraft.

2 Diese Vorschrift gilt nicht bei qualifiziertem Diebstahl (Art. 139 Ziff. 2 und 3), bei Raub und Erpressung.

Dritter Titel: Strafbare Handlungen gegen die Ehre und den Geheim- oder Privatbereich[123]

1. Ehrverletzungen.   **Art. 173**[124]   1. Wer jemanden bei einem andern eines unehrenhaf-
Üble Nachrede   ten Verhaltens oder anderer Tatsachen, die geeignet sind, seinen Ruf zu schädigen, beschuldigt oder verdächtigt,

---

120 SR 281.1
121 Aufgehoben durch Ziff. II 3 des BG vom 13. Dez. 2002, mit Wirkung seit 1. Jan. 2007 (AS 2006 3459; BBl 1999 1979).
122 Strafdrohungen neu umschrieben gemäss Ziff. II 1 Abs. 16 des BG vom 13. Dez. 2002, in Kraft seit 1. Jan. 2007 (AS 2006 3459; BBl 1999 1979).
123 Fassung gemäss Ziff. I des BG vom 20. Dez. 1968, in Kraft seit 1. Mai 1969 (AS 1969 319; BBl 1968 I 585).
124 Fassung gemäss Ziff. I des BG vom 5. Okt. 1950, in Kraft seit 5. Jan. 1951 (AS 1951 1; BBl 1949 I 1249).

wer eine solche Beschuldigung oder Verdächtigung weiterverbreitet, wird, auf Antrag, mit Geldstrafe bis zu 180 Tagessätzen[125] bestraft.

2. Beweist der Beschuldigte, dass die von ihm vorgebrachte oder weiterverbreitete Äusserung der Wahrheit entspricht, oder dass er ernsthafte Gründe hatte, sie in guten Treuen für wahr zu halten, so ist er nicht strafbar.

3. Der Beschuldigte wird zum Beweis nicht zugelassen und ist strafbar für Äusserungen, die ohne Wahrung öffentlicher Interessen oder sonst wie ohne begründete Veranlassung, vorwiegend in der Absicht vorgebracht oder verbreitet werden, jemandem Übles vorzuwerfen, insbesondere, wenn sich die Äusserungen auf das Privat- oder Familienleben beziehen.

4. Nimmt der Täter seine Äusserung als unwahr zurück, so kann er milder bestraft oder ganz von Strafe befreit werden.

5. Hat der Beschuldigte den Wahrheitsbeweis nicht erbracht oder sind seine Äusserungen unwahr oder nimmt der Beschuldigte sie zurück, so hat der Richter dies im Urteil oder in einer andern Urkunde festzustellen.

Verleumdung

Art. 174 1. Wer jemanden wider besseres Wissen bei einem andern eines unehrenhaften Verhaltens oder anderer Tatsachen, die geeignet sind, seinen Ruf zu schädigen, beschuldigt oder verdächtigt,

wer eine solche Beschuldigung oder Verdächtigung wider besseres Wissen verbreitet.

wird, auf Antrag, mit Freiheitsstrafe bis zu drei Jahren oder Geldstrafe bestraft.

2. Ist der Täter planmässig darauf ausgegangen, den guten Ruf einer Person zu untergraben, so wird er mit Freiheitsstrafe bis zu drei Jahren oder mit Geldstrafe nicht unter 30 Tagessätzen bestraft.[126]

3. Zieht der Täter seine Äusserungen vor dem Richter als unwahr zurück, so kann er milder bestraft werden. Der Richter stellt dem Verletzten über den Rückzug eine Urkunde aus.

Üble Nachrede oder Verleumdung gegen einen Verstorbenen oder einen verschollen Erklärten

Art. 175 [1] Richtet sich die üble Nachrede oder die Verleumdung gegen einen Verstorbenen oder einen verschollen Erklärten, so steht das Antragsrecht den Angehörigen des Verstorbenen oder des verschollen Erklärten zu.

---

125 Ausdruck gemäss Ziff. II 1 Abs. 13 des BG vom 13. Dez. 2002, in Kraft seit 1. Jan. 2007 (AS 2006 3459; BBl 1999 1979). Diese Änd. wurde im ganzen zweiten Buch berücksichtigt.

126 Strafdrohungen neu umschrieben gemäss Ziff. II 1 Abs. 16 des BG vom 13. Dez. 2002, in Kraft seit 1. Jan. 2007 (AS 2006 3459; BBl 1999 1979).

2 Sind zur Zeit der Tat mehr als 30 Jahre seit dem Tode des Verstorbenen oder seit der Verschollenerklärung verflossen, so bleibt der Täter straflos.

Gemeinsame Bestimmung

Art. 176 Der mündlichen üblen Nachrede und der mündlichen Verleumdung ist die Äusserung durch Schrift, Bild, Gebärde oder durch andere Mittel gleichgestellt.

Beschimpfung

Art. 177 1 Wer jemanden in anderer Weise durch Wort, Schrift, Bild, Gebärde oder Tätlichkeiten in seiner Ehre angreift, wird, auf Antrag, mit Geldstrafe bis zu 90 Tagessätzen bestraft.[127]

2 Hat der Beschimpfte durch sein ungebührliches Verhalten zu der Beschimpfung unmittelbar Anlass gegeben, so kann der Richter den Täter von Strafe befreien.

3 Ist die Beschimpfung unmittelbar mit einer Beschimpfung oder Tätlichkeit erwidert worden, so kann der Richter einen oder beide Täter von Strafe befreien.

Verjährung

Art. 178 1 Die Verfolgung der Vergehen gegen die Ehre verjährt in vier Jahren.[128]

2 Für das Erlöschen des Antragsrechts gilt Artikel 31.[129]

2.[127] Strafbare Handlungen gegen den Geheim- oder Privatbereich.

Verletzung des Schriftgeheimnisses

Art. 179 Wer, ohne dazu berechtigt zu sein, eine verschlossene Schrift oder Sendung öffnet, um von ihrem Inhalte Kenntnis zu nehmen,

wer Tatsachen, deren Kenntnis er durch Öffnen einer nicht für ihn bestimmten verschlossenen Schrift oder Sendung erlangt hat, verbreitet oder ausnützt,

wird, auf Antrag, mit Busse bestraft.

Abhören und Aufnehmen fremder Gespräche

Art. 179bis[131] Wer ein fremdes nichtöffentliches Gespräch, ohne die Einwilligung aller daran Beteiligten, mit einem Abhörgerät abhört oder auf einen Tonträger aufnimmt,

wer eine Tatsache, von der er weiss oder annehmen muss, dass sie auf Grund einer nach Absatz 1 strafbaren Handlung zu seiner Kenntnis gelangte, auswertet oder einem Dritten bekannt gibt,

---

127 Strafdrohungen neu umschrieben gemäss Ziff. II 1 Abs. 16 des BG vom 13. Dez. 2002, in Kraft seit 1. Jan. 2007 (AS 2006 3459; BBl 1999 1979).
128 Fassung gemäss Ziff. I des BG vom 22. März 2002 (Verjährung der Strafverfolgung), in Kraft seit 1. Okt. 2002 (AS 2002 2986; BBl 2002 2673 1649).
129 Fassung gemäss Ziff. II 2 des BG vom 13. Dez. 2002, in Kraft seit 1. Jan. 2007 (AS 2006 3459; BBl 1999 1979).
130 Fassung gemäss Ziff. I des BG vom 20. Dez. 1968, in Kraft seit 1. Mai 1969 (AS 1969 319; BBl 1968 I 585).
131 Eingefügt durch Ziff. I des BG vom 20. Dez. 1968, in Kraft seit 1. Mai 1969 (AS 1969 319; BBl 1968 I 585).

wer eine Aufnahme, von der er weiss oder annehmen muss, dass sie durch eine nach Absatz 1 strafbare Handlung hergestellt wurde, aufbewahrt oder einem Dritten zugänglich macht,

wird, auf Antrag, mit Freiheitsstrafe bis zu drei Jahren oder Geldstrafe bestraft.

Unbefugtes Aufnehmen von Gesprächen

Art. 179ter 132 Wer als Gesprächsteilnehmer ein nichtöffentliches Gespräch, ohne die Einwilligung der andern daran Beteiligten, auf einen Tonträger aufnimmt,

wer eine Aufnahme, von der er weiss oder annehmen muss, dass sie durch eine nach Absatz 1 strafbare Handlung hergestellt wurde, aufbewahrt, auswertet, einem Dritten zugänglich macht oder einem Dritten vom Inhalt der Aufnahme Kenntnis gibt,

wird, auf Antrag, mit Freiheitsstrafe bis zu einem Jahr oder Geldstrafe bestraft.[133]

Verletzung des Geheim- oder Privatbereichs durch Aufnahmegeräte

Art. 179^quater 134 Wer eine Tatsache aus dem Geheimbereich eines andern oder eine nicht jedermann ohne weiteres zugängliche Tatsache aus dem Privatbereich eines andern ohne dessen Einwilligung mit einem Aufnahmegerät beobachtet oder auf einen Bildträger aufnimmt,

wer eine Tatsache, von der er weiss oder annehmen muss, dass sie auf Grund einer nach Absatz 1 strafbaren Handlung zu seiner Kenntnis gelangte, auswertet oder einem Dritten bekannt gibt,

wer eine Aufnahme, von der er weiss oder annehmen muss, dass sie durch eine nach Absatz 1 strafbare Handlung hergestellt wurde, aufbewahrt oder einem Dritten zugänglich macht,

wird, auf Antrag, mit Freiheitsstrafe bis zu drei Jahren oder Geldstrafe bestraft.

Nicht strafbares Aufnehmen

Art. 179^quinquies 135 1 Weder nach Artikel 179bis Absatz 1 noch nach Artikel 179ter Absatz 1 macht sich strafbar, wer als Gesprächsteilnehmer oder Abonnent eines beteiligten Anschlusses Fernmeldegespräche:

a. mit Hilfs-, Rettungs- und Sicherheitsdiensten aufnimmt;

b. im Geschäftsverkehr aufnimmt, welche Bestellungen, Aufträge, Reservationen und ähnliche Geschäftsvorfälle zum Inhalt haben.

---

132 Eingefügt durch Ziff. I des BG vom 20. Dez. 1968, in Kraft seit 1. Mai 1969 (AS 1969 319; BBl 1968 I 585).

133 Strafdrohungen neu umschrieben gemäss Ziff. II 1 Abs. 16 des BG vom 13. Dez. 2002, in Kraft seit 1. Jan. 2007 (AS 2006 3459; BBl 1999 1979).

134 Eingefügt durch Ziff. I des BG vom 20. Dez. 1968, in Kraft seit 1. Mai 1969 (AS 1969 319; BBl 1968 I 585).

135 Eingefügt durch Ziff. I des BG vom 20. Dez. 1968 (AS 1969 319; BBl 1968 I 585). Fassung gemäss Ziff. I des BG vom 3. Okt. 2003, in Kraft seit 1. März 2004 (AS 2004 823; BBl 2001 2632 5816).

2 Hinsichtlich der Verwertung der Aufnahmen gemäss Absatz 1 sind die Artikel 179bis Absätze 2 und 3 sowie 179ter Absatz 2 sinngemäss anwendbar.

Inverkehrbringen und Anpreisen von Abhör-, Ton- und Bildaufnahmegeräten

Art. 179sexies[136] 1. Wer technische Geräte, die insbesondere dem widerrechtlichen Abhören oder der widerrechtlichen Ton- oder Bildaufnahme dienen, herstellt, einführt, ausführt, erwirbt, lagert, besitzt, weiterschafft, einem andern übergibt, verkauft, vermietet, verleiht oder sonst wie in Verkehr bringt oder anpreist oder zur Herstellung solcher Geräte Anleitung gibt,

wird mit Freiheitsstrafe bis zu drei Jahren oder Geldstrafe bestraft.

2. Handelt der Täter im Interesse eines Dritten, so untersteht der Dritte, der die Widerhandlung kannte und sie nicht nach seinen Möglichkeiten verhindert hat, derselben Strafandrohung wie der Täter.

Ist der Dritte eine juristische Person, eine Kollektiv- oder eine Kommanditgesellschaft oder eine Einzelfirma[137], so findet Absatz 1 auf diejenigen Personen Anwendung, die für sie gehandelt haben oder hätten handeln sollen.

Missbrauch einer Fernmeldeanlage

Art. 179septies[138] Wer aus Bosheit oder Mutwillen eine Fernmeldeanlage zur Beunruhigung oder Belästigung missbraucht, wird, auf Antrag, mit Busse bestraft.

Amtliche Überwachung, Straflosigkeit

Art. 179octies[139] 1 Wer in Ausübung ausdrücklicher, gesetzlicher Befugnis die Überwachung des Post- und Fernmeldeverkehrs einer Person anordnet oder durchführt oder technische Überwachungsgeräte (Art. 179bis ff.) einsetzt, ist nicht strafbar, wenn unverzüglich die Genehmigung des zuständigen Richters eingeholt wird.

2 Die Voraussetzungen der Überwachung des Post- und Fernmeldeverkehrs und das Verfahren richten sich nach dem Bundesgesetz vom 6. Oktober 2000[140] betreffend die Überwachung des Post- und Fernmeldeverkehrs.

Unbefugtes Beschaffen von Personendaten

Art. 179novies[141] Wer unbefugt besonders schützenswerte Personendaten oder Persönlichkeitsprofile, die nicht frei zugänglich sind, aus

---

136 Eingefügt durch Ziff. I des BG vom 20. Dez. 1968, in Kraft seit 1. Mai 1969 (AS 1969 319; BBl 1968 I 585).

137 Heute: ein Einzelunternehmen.

138 Eingefügt durch Ziff. I des BG vom 20. Dez. 1968 (AS 1969 319; BBl 1968 I 585). Fassung gemäss Anhang Ziff. 2 des Fernmeldegesetzes vom 30. April 1997, in Kraft seit 1. Jan. 1998 (AS 1997 2187; BBl 1996 III 1405).

139 Eingefügt durch Ziff. VII des BG vom 23. März 1979 über den Schutz der persönlichen Geheimsphäre (AS 1979 1170; BBl 1976 I 529 II 1569). Fassung gemäss Anhang Ziff. 1 des BG vom 6. Okt. 2000 betreffend die Überwachung des Post- und Fernmeldeverkehrs, in Kraft seit 1. Jan. 2002 (AS 2001 3096; BBl 1998 4241).

140 SR 780.1

141 Eingefügt durch Anhang Ziff. 4 des BG vom 19. Juni 1992 über den Datenschutz, in Kraft seit 1. Juli 1993 (AS 1993 1945; BBl 1988 II 413).

einer Datensammlung beschafft, wird auf Antrag mit Freiheitsstrafe bis zu drei Jahren oder Geldstrafe bestraft.

Vierter Titel: Verbrechen und Vergehen gegen die Freiheit

Drohung

Art. 180 [1] Wer jemanden durch schwere Drohung in Schrecken oder Angst versetzt, wird, auf Antrag, mit Freiheitsstrafe bis zu drei Jahren oder Geldstrafe bestraft.

[2] Der Täter wird von Amtes wegen verfolgt, wenn er:

a. der Ehegatte des Opfers ist und die Drohung während der Ehe oder bis zu einem Jahr nach der Scheidung begangen wurde; oder

a[bis].[142] die eingetragene Partnerin oder der eingetragene Partner des Opfers ist und die Drohung während der eingetragenen Partnerschaft oder bis zu einem Jahr nach deren Auflösung begangen wurde; oder

b. der hetero- oder homosexuelle Lebenspartner des Opfers ist, sofern sie auf unbestimmte Zeit einen gemeinsamen Haushalt führen und die Drohung während dieser Zeit oder bis zu einem Jahr nach der Trennung begangen wurde.[143]

Nötigung

Art. 181 Wer jemanden durch Gewalt oder Androhung ernstlicher Nachteile oder durch andere Beschränkung seiner Handlungsfreiheit nötigt, etwas zu tun, zu unterlassen oder zu dulden, wird mit Freiheitsstrafe bis zu drei Jahren oder Geldstrafe bestraft.

Zwangsheirat, erzwungene eingetragene Partnerschaft

Art. 181a[144] [1] Wer jemanden durch Gewalt oder Androhung ernstlicher Nachteile oder durch andere Beschränkung seiner Handlungsfreiheit nötigt, eine Ehe einzugehen oder eine Partnerschaft eintragen zu lassen, wird mit Freiheitsstrafe bis zu fünf Jahren oder Geldstrafe bestraft.

[2] Strafbar ist auch, wer die Tat im Ausland begeht, sich in der Schweiz befindet und nicht ausgeliefert wird. Artikel 7 Absätze 4 und 5 ist anwendbar.

Menschenhandel

Art. 182[145] [1] Wer als Anbieter, Vermittler oder Abnehmer mit einem Menschen Handel treibt zum Zwecke der sexuellen Ausbeutung, der Ausbeutung seiner Arbeitskraft oder zwecks Entnahme eines Körperorgans, wird mit Freiheitsstrafe oder Geldstrafe bestraft. Das Anwerben eines Menschen zu diesen Zwecken ist dem Handel gleichgestellt.

[2] Handelt es sich beim Opfer um eine minderjährige[146] Person oder handelt der Täter gewerbsmässig, so ist die Strafe Freiheitsstrafe nicht unter einem Jahr.

[3] In jedem Fall ist auch eine Geldstrafe auszusprechen.

[4] Strafbar ist auch der Täter, der die Tat im Ausland verübt. Die Artikel 5 und 6 sind anwendbar.

Freiheitsberaubung und Entführung

Art. 183[147] 1. Wer jemanden unrechtmässig festnimmt oder gefangen hält oder jemandem in anderer Weise unrechtmässig die Freiheit entzieht,

wer jemanden durch Gewalt, List oder Drohung entführt,

wird mit Freiheitsstrafe bis zu fünf Jahren oder Geldstrafe bestraft.

2. Ebenso wird bestraft, wer jemanden entführt, der urteilsunfähig, widerstandsunfähig oder noch nicht 16 Jahre alt ist.

Erschwerende Umstände

Art. 184[148] Freiheitsberaubung und Entführung werden mit Freiheitsstrafe nicht unter einem Jahr bestraft,

wenn der Täter ein Lösegeld zu erlangen sucht,

wenn er das Opfer grausam behandelt,

wenn der Entzug der Freiheit mehr als zehn Tage dauert oder

wenn die Gesundheit des Opfers erheblich gefährdet wird.

Geiselnahme

Art. 185[149] 1. Wer jemanden der Freiheit beraubt, entführt oder sich seiner sonst wie bemächtigt, um einen Dritten zu einer Handlung, Unterlassung oder Duldung zu nötigen,

wer die von einem anderen auf diese Weise geschaffene Lage ausnützt, um einen Dritten zu nötigen,

wird mit Freiheitsstrafe nicht unter einem Jahr bestraft.

---

145 Fassung gemäss Art. 2 Ziff. 1 des BB vom 24. März 2006 über die Genehmigung und die Umsetzung des Fakultativprotokolls vom 25. Mai 2000 zum Übereink. über die Rechte des Kindes, betreffend den Verkauf von Kindern, die Kinderprostitution und die Kinderpornografie, in Kraft seit 1. Dez. 2006 (AS 2006 5437; BBl 2005 2807).
146 AS 2012 7501
147 Fassung gemäss Ziff. I des BG vom 9. Okt. 1981, in Kraft seit 1. Okt. 1982 (AS 1982 1530; BBl 1980 I 1241).
148 Fassung gemäss Ziff. I des BG vom 9. Okt. 1981, in Kraft seit 1. Okt. 1982 (AS 1982 1530; BBl 1980 I 1241).
149 Fassung gemäss Ziff. I des BG vom 9. Okt. 1981, in Kraft seit 1. Okt. 1982 (AS 1982 1530; BBl 1980 I 1241).

2. Die Strafe ist Freiheitsstrafe nicht unter drei Jahren, wenn der Täter droht, das Opfer zu töten, körperlich schwer zu verletzen oder grausam zu behandeln.

3. In besonders schweren Fällen, namentlich wenn die Tat viele Menschen betrifft, kann der Täter mit lebenslänglicher Freiheitsstrafe bestraft werden.

4.[150] Tritt der Täter von der Nötigung zurück und lässt er das Opfer frei, so kann er milder bestraft werden (Art. 48a).

5. Strafbar ist auch, wer die Tat im Ausland begeht, wenn er in der Schweiz verhaftet und nicht ausgeliefert wird. Artikel 7 Absätze 4 und 5 sind anwendbar.[151]

Hausfriedensbruch   **Art. 186** Wer gegen den Willen des Berechtigten in ein Haus, in eine Wohnung, in einen abgeschlossenen Raum eines Hauses oder in einen unmittelbar zu einem Hause gehörenden umfriedeten Platz, Hof oder Garten oder in einen Werkplatz unrechtmässig eindringt oder, trotz der Aufforderung eines Berechtigten, sich zu entfernen, darin verweilt, wird, auf Antrag, mit Freiheitsstrafe bis zu drei Jahren oder Geldstrafe bestraft.

Fünfter Titel:[152] Strafbare Handlungen gegen die sexuelle Integrität

1. Gefährdung der Entwicklung von Minderjährigen.

Sexuelle Handlungen mit Kindern

Art. 187 1. Wer mit einem Kind unter 16 Jahren eine sexuelle Handlung vornimmt,

es zu einer solchen Handlung verleitet oder

es in eine sexuelle Handlung einbezieht,

wird mit Freiheitsstrafe bis zu fünf Jahren oder Geldstrafe bestraft.

2. Die Handlung ist nicht strafbar, wenn der Altersunterschied zwischen den Beteiligten nicht mehr als drei Jahre beträgt.

3.[153] Hat der Täter zur Zeit der Tat das 20. Altersjahr noch nicht zurückgelegt und liegen besondere Umstände vor oder ist die verletzte Person mit ihm die Ehe oder eine eingetragene Partnerschaft

---

150 Fassung gemäss Ziff. II 2 des BG vom 13. Dez. 2002, in Kraft seit 1. Jan. 2007 (AS 2006 3459; BBl 1999 1979).

151 Fassung des zweiten Satzes gemäss Ziff. II 2 des BG vom 13. Dez. 2002, in Kraft seit 1. Jan. 2007 (AS 2006 3459; BBl 1999 1979).

152 Fassung gemäss Ziff. 1 des BG vom 21. Juni 1991, in Kraft seit 1. Okt. 1992 (AS 1992 1670; BBl 1985 II 1009).

153 Fassung gemäss Anhang Ziff. 18 des Partnerschaftsgesetzes vom 18. Juni 2004, in Kraft seit 1. Jan. 2007 (AS 2005 5685; BBl 2003 1288).

eingegangen, so kann die zuständige Behörde von der Strafverfolgung, der Überweisung an das Gericht oder der Bestrafung absehen.

4. Handelte der Täter in der irrigen Vorstellung, das Kind sei mindestens 16 Jahre alt, hätte er jedoch bei pflichtgemässer Vorsicht den Irrtum vermeiden können, so ist die Strafe Freiheitsstrafe bis zu drei Jahren oder Geldstrafe.

5. ...[154]

6. ...[155]

Sexuelle Handlungen mit Abhängigen

Art. 188 1. Wer mit einer minderjährigen Person von mehr als 16 Jahren, die von ihm durch ein Erziehungs-, Betreuungs- oder Arbeitsverhältnis oder auf andere Weise abhängig ist, eine sexuelle Handlung vornimmt, indem er diese Abhängigkeit ausnützt,

wer eine solche Person unter Ausnützung ihrer Abhängigkeit zu einer sexuellen Handlung verleitet,

wird mit Freiheitsstrafe bis zu drei Jahren oder Geldstrafe bestraft.

2.[156] Ist die verletzte Person mit dem Täter eine Ehe oder eine eingetragene Partnerschaft eingegangen, so kann die zuständige Behörde von der Strafverfolgung, der Überweisung an das Gericht oder der Bestrafung absehen.

2. Angriffe auf die sexuelle Freiheit und Ehre.
Sexuelle Nötigung

Art. 189 1 Wer eine Person zur Duldung einer beischlafsähnlichen oder einer anderen sexuellen Handlung nötigt, namentlich indem er sie bedroht, Gewalt anwendet, sie unter psychischen Druck setzt oder zum Widerstand unfähig macht, wird mit Freiheitsstrafe bis zu zehn Jahren oder Geldstrafe bestraft.

2 ...[157]

3 Handelt der Täter grausam, verwendet er namentlich eine gefährliche Waffe oder einen anderen gefährlichen Gegenstand, so ist die Strafe Freiheitsstrafe nicht unter drei Jahren.[158]

Vergewaltigung

Art. 190 1 Wer eine Person weiblichen Geschlechts zur Duldung des Beischlafs nötigt, namentlich indem er sie bedroht, Gewalt anwendet, sie unter psychischen Druck setzt oder zum Widerstand

---

154 Aufgehoben durch Ziff. I des BG vom 21. März 1997 (AS 1997 1626; BBl 1996 IV 1318 1322).

155 Eingefügt durch Ziff. I des BG vom 21. März 1997 (AS 1997 1626; BBl 1996 IV 1318 1322). Aufgehoben durch Ziff. I des BG vom 5. Okt. 2001 (Verjährung der Strafverfolgung im allgemeinen und bei Sexualdelikten an Kindern) (AS 2002 2993; BBl 2000 2943).

156 Fassung gemäss Anhang Ziff. 18 des Partnerschaftsgesetzes vom 18. Juni 2004, in Kraft seit 1. Jan. 2007 (AS 2005 5685; BBl 2003 1288).

157 Aufgehoben durch Ziff. I des BG vom 3. Okt. 2003 (Strafverfolgung in der Ehe und in der Partnerschaft), mit Wirkung seit 1. April 2004 (AS 2004 1403; BBl 2003 1909 1937).

158 Fassung gemäss Ziff. I des BG vom 3. Okt. 2003 (Strafverfolgung in der Ehe und in der Partnerschaft), in Kraft seit 1. April 2004 (AS 2004 1403; BBl 2003 1909 1937).

unfähig macht, wird mit Freiheitsstrafe von einem Jahr bis zu zehn Jahren bestraft.

2 ...[159]

3 Handelt der Täter grausam, verwendet er namentlich eine gefährliche Waffe oder einen anderen gefährlichen Gegenstand, so ist die Strafe Freiheitsstrafe nicht unter drei Jahren.[160]

Schändung

Art. 191 Wer eine urteilsunfähige oder eine zum Widerstand unfähige Person in Kenntnis ihres Zustandes zum Beischlaf, zu einer beischlafsähnlichen oder einer anderen sexuellen Handlung missbraucht, wird mit Freiheitsstrafe bis zu zehn Jahren oder Geldstrafe bestraft.

Sexuelle Handlungen mit Anstaltspfleglingen, Gefangenen, Beschuldigten

Art. 192 1 Wer unter Ausnützung der Abhängigkeit einen Anstaltspflegling, Anstaltsinsassen, Gefangenen, Verhafteten oder Beschuldigten veranlasst, eine sexuelle Handlung vorzunehmen oder zu dulden, wird mit Freiheitsstrafe bis zu drei Jahren oder Geldstrafe bestraft.

2 Hat die verletzte Person mit dem Täter die Ehe geschlossen oder ist sie mit ihm eine eingetragene Partnerschaft eingegangen, so kann die zuständige Behörde von der Strafverfolgung, der Überweisung an das Gericht oder der Bestrafung absehen.[161]

Ausnützung der Notlage

Art. 193 1 Wer eine Person veranlasst, eine sexuelle Handlung vorzunehmen oder zu dulden, indem er eine Notlage oder eine durch ein Arbeitsverhältnis oder eine in anderer Weise begründete Abhängigkeit ausnützt, wird mit Freiheitsstrafe bis zu drei Jahren oder Geldstrafe bestraft.

2 Ist die verletzte Person mit dem Täter eine Ehe oder eine eingetragene Partnerschaft eingegangen, so kann die zuständige Behörde von der Strafverfolgung, der Überweisung an das Gericht oder der Bestrafung absehen.[162]

Exhibitionismus

Art. 194 1 Wer eine exhibitionistische Handlung vornimmt, wird, auf Antrag, mit Geldstrafe bis zu 180 Tagessätzen bestraft.

---

159 Aufgehoben durch Ziff. I des BG vom 3. Okt. 2003 (Strafverfolgung in der Ehe und in der Partnerschaft), mit Wirkung seit 1. April 2004 (AS 2004 1403; BBl 2003 1909 1937).
160 Fassung gemäss Ziff. I des BG vom 3. Okt. 2003 (Strafverfolgung in der Ehe und in der Partnerschaft), in Kraft seit 1. April 2004 (AS 2004 1403; BBl 2003 1909 1937).
161 Fassung gemäss Anhang Ziff. 18 des Partnerschaftsgesetzes vom 18. Juni 2004, in Kraft seit 1. Jan. 2007 (AS 2005 5685; BBl 2003 1288).
162 Fassung gemäss Anhang Ziff. 18 des Partnerschaftsgesetzes vom 18. Juni 2004, in Kraft seit 1. Jan. 2007 (AS 2005 5685; BBl 2003 1288).

[2] Unterzieht sich der Täter einer ärztlichen Behandlung, so kann das Strafverfahren eingestellt werden. Es wird wieder aufgenommen, wenn sich der Täter der Behandlung entzieht.

3. Ausnützung sexueller Handlungen.
Förderung der Prostitution

Art. 195   Wer eine minderjährige Person der Prostitution zuführt,

wer eine Person unter Ausnützung ihrer Abhängigkeit oder eines Vermögensvorteils wegen der Prostitution zuführt,

wer die Handlungsfreiheit einer Person, die Prostitution betreibt, dadurch beeinträchtigt, dass er sie bei dieser Tätigkeit überwacht oder Ort, Zeit, Ausmass oder andere Umstände der Prostitution bestimmt,

wer eine Person in der Prostitution festhält,

wird mit Freiheitsstrafe bis zu zehn Jahren oder Geldstrafe bestraft.

Art. 196[163]

4. Pornografie

Art. 197   1. Wer pornografische Schriften, Ton- oder Bildaufnahmen, Abbildungen, andere Gegenstände solcher Art oder pornografische Vorführungen einer Person unter 16 Jahren anbietet, zeigt, überlässt, zugänglich macht oder durch Radio oder Fernsehen verbreitet, wird mit Freiheitsstrafe bis zu drei Jahren oder Geldstrafe bestraft.

2. Wer Gegenstände oder Vorführungen im Sinne von Ziffer 1 öffentlich ausstellt oder zeigt oder sie sonst jemandem unaufgefordert anbietet, wird mit Busse bestraft.

Wer die Besucher von Ausstellungen oder Vorführungen in geschlossenen Räumen im Voraus auf deren pornografischen Charakter hinweist, bleibt straflos.

3. Wer Gegenstände oder Vorführungen im Sinne von Ziffer 1, die sexuelle Handlungen mit Kindern oder mit Tieren, menschlichen Ausscheidungen oder Gewalttätigkeiten zum Inhalt haben, herstellt, einführt, lagert, in Verkehr bringt, anpreist, ausstellt, anbietet, zeigt, überlässt oder zugänglich macht, wird mit Freiheitsstrafe bis zu drei Jahren oder Geldstrafe bestraft.

Die Gegenstände werden eingezogen.

3bis.[164] Mit Freiheitsstrafe bis zu einem Jahr oder mit Geldstrafe wird bestraft,[165] wer Gegenstände oder Vorführungen im Sinne von Zif-

---

163 Aufgehoben durch Art. 2 Ziff. 1 des BB vom 24. März 2006 über die Genehmigung und die Umsetzung des Fakultativprotokolls vom 25. Mai 2000 zum Übereink. über die Rechte des Kindes, betreffend den Verkauf von Kindern, die Kinderprostitution und die Kinderpornografie, mit Wirkung seit 1. Dez. 2006 (AS 2006 5437; BBl 2005 2807).

164 Eingefügt durch Ziff. I des BG vom 5. Okt. 2001 (Strafbare Handlungen gegen die sexuelle Integrität; Verbot des Besitzes harter Pornografie), in Kraft seit 1. April 2002 (AS 2002 408; BBl 2000 2943).

165 Strafdrohungen neu umschrieben gemäss Ziff. II 1 Abs. 16 des BG vom 13. Dez. 2002, in Kraft seit 1. Jan. 2007 (AS 2006 3459; BBl 1999 1979).

fer 1, die sexuelle Handlungen mit Kindern oder Tieren oder sexuelle Handlungen mit Gewalttätigkeiten zum Inhalt haben, erwirbt, sich über elektronische Mittel oder sonst wie beschafft oder besitzt.

Die Gegenstände werden eingezogen.

4. Handelt der Täter aus Gewinnsucht, so ist die Strafe Freiheitsstrafe bis zu drei Jahren oder Geldstrafe. Mit Freiheitsstrafe ist eine Geldstrafe zu verbinden.

5. Gegenstände oder Vorführungen im Sinne der Ziffern 1–3 sind nicht pornografisch, wenn sie einen schutzwürdigen kulturellen oder wissenschaftlichen Wert haben.

5. Übertretungen gegen die sexuelle Integrität.
Sexuelle Belästigungen

Art. 198 Wer vor jemandem, der dies nicht erwartet, eine sexuelle Handlung vornimmt und dadurch Ärgernis erregt,

wer jemanden tätlich oder in grober Weise durch Worte sexuell belästigt,

wird, auf Antrag, mit Busse bestraft.

Unzulässige Ausübung der Prostitution

Art. 199 Wer den kantonalen Vorschriften über Ort, Zeit oder Art der Ausübung der Prostitution und über die Verhinderung belästigender Begleiterscheinungen zuwiderhandelt, wird mit Busse bestraft.

6. Gemeinsame Begehung

Art. 200 Wird eine strafbare Handlung dieses Titels gemeinsam von mehreren Personen ausgeführt, so kann der Richter die Strafe erhöhen, darf jedoch das höchste Mass der angedrohten Strafe nicht um mehr als die Hälfte überschreiten. Dabei ist er an das gesetzliche Höchstmass der Strafart gebunden.

Art. 201–212[166]

Sechster Titel: Verbrechen und Vergehen gegen die Familie

Inzest

Art. 213[167] [1] Wer mit einem Blutsverwandten in gerader Linie oder einem voll- oder halbbürtigen Geschwister den Beischlaf vollzieht, wird mit Freiheitsstrafe bis zu drei Jahren oder Geldstrafe bestraft.

[2] Minderjährige bleiben straflos, wenn sie verführt worden sind.

[3] ...[168]

---

166 Diese aufgehobenen Art. werden (mit Ausnahme von Art. 211) ersetzt durch die Artikel 195, 196, 197, 198, 199 (vgl. Kommentar der Botschaft Ziff. 23 – BBl 1985 II 1009). Art. 211 wird ersatzlos gestrichen.

167 Fassung gemäss Ziff. I des BG vom 23. Juni 1989, in Kraft seit 1. Jan. 1990 (AS 1989 2449; BBl 1985 II 1009).

168 Aufgehoben durch Ziff. I des BG vom 5. Okt. 2001 (Verjährung der Strafverfolgung im allgemeinen und bei Sexualdelikten an Kindern) (AS 2002 2993; BBl 2000 2943).

Art. 214[169]

Mehrfache Ehe oder eingetragene Partnerschaft

Art. 215[170] Wer eine Ehe schliesst oder eine Partnerschaft eintragen lässt, obwohl er verheiratet ist oder in eingetragener Partnerschaft lebt,

wer mit einer Person, die verheiratet ist oder in eingetragener Partnerschaft lebt, die Ehe schliesst oder die Partnerschaft eintragen lässt, wird mit Freiheitsstrafe bis zu drei Jahren oder Geldstrafe bestraft.

Art. 216[171]

Vernachlässigung von Unterhaltpflichten

Art. 217[172] 1 Wer seine familienrechtlichen Unterhalts- oder Unterstützungspflichten nicht erfüllt, obschon er über die Mittel dazu verfügt oder verfügen könnte, wird, auf Antrag, mit Freiheitsstrafe bis zu drei Jahren oder Geldstrafe bestraft.

2 Das Antragsrecht steht auch den von den Kantonen bezeichneten Behörden und Stellen zu. Es ist unter Wahrung der Interessen der Familie auszuüben.

Art. 218[173]

Verletzung der Fürsorge- oder Erziehungspflicht

Art. 219[174] 1 Wer seine Fürsorge- oder Erziehungspflicht gegenüber einer minderjährigen Person verletzt oder vernachlässigt und sie dadurch in ihrer körperlichen oder seelischen Entwicklung gefährdet, wird mit Freiheitsstrafe bis zu drei Jahren oder Geldstrafe bestraft.

2 Handelt der Täter fahrlässig, so kann statt auf Freiheitsstrafe oder Geldstrafe auf Busse erkannt werden.[175]

Entziehen von Minderjährigen

Art. 220[176] Wer eine minderjährige Person dem Inhaber des Obhutsrechts entzieht oder sich weigert, sie ihm zurückzugeben, wird, auf Antrag, mit Freiheitsstrafe bis zu drei Jahren oder Geldstrafe bestraft.

---

169 Aufgehoben durch Ziff. I des BG vom 23. Juni 1989 (AS 1989 2449; BBl 1985 II 1009).
170 Fassung gemäss Ziff. 18 des Partnerschaftsgesetzes vom 18. Juni 2004, in Kraft seit 1. Jan. 2007 (AS 2005 5685; BBl 2003 1288).
171 Aufgehoben durch Ziff. I des BG vom 23. Juni 1989 (AS 1989 2449; BBl 1985 II 1009). Aufgehoben durch Ziff. I des BG vom 23. Juni 1989 (AS 1989 2449; BBl 1985 II 1009).
172 Fassung gemäss Ziff. I des BG vom 23. Juni 1989, in Kraft seit 1. Jan. 1990 (AS 1989 2449; BBl 1985 II 1009).
173 Aufgehoben durch Ziff. I des BG vom 23. Juni 1989 (AS 1989 2449; BBl 1985 II 1009).
174 Fassung gemäss Ziff. I des BG vom 23. Juni 1989, in Kraft seit 1. Jan. 1990 (AS 1989 2449; BBl 1985 II 1009).
175 Strafdrohungen neu umschrieben gemäss Ziff. II 1 Abs. 16 des BG vom 13. Dez. 2002, in Kraft seit 1. Jan. 2007 (AS 2006 3459; BBl 1999 1979).
176 Fassung gemäss Anhang Ziff. 14 des BG vom 19. Dez. 2008 (Erwachsenenschutz, Personenrecht und Kindesrecht), in Kraft seit 1. Jan. 2013 (AS 2011 725; BBl 2006 7001).

Siebenter Titel: Gemeingefährliche Verbrechen und Vergehen

Brandstiftung

Art. 221 [1] Wer vorsätzlich zum Schaden eines andern oder unter Herbeiführung einer Gemeingefahr eine Feuersbrunst verursacht, wird mit Freiheitsstrafe nicht unter einem Jahr bestraft.

[2] Bringt der Täter wissentlich Leib und Leben von Menschen in Gefahr, so ist die Strafe Freiheitsstrafe nicht unter drei Jahren.

[3] Ist nur ein geringer Schaden entstanden, so kann auf Freiheitsstrafe bis zu drei Jahren oder Geldstrafe erkannt werden.

Fahrlässige Verursachung einer Feuersbrunst

Art. 222 [1] Wer fahrlässig zum Schaden eines andern oder unter Herbeiführung einer Gemeingefahr eine Feuersbrunst verursacht, wird mit Freiheitsstrafe bis zu drei Jahren oder Geldstrafe bestraft.

[2] Bringt der Täter fahrlässig Leib und Leben von Menschen in Gefahr, so ist die Strafe Freiheitsstrafe bis zu drei Jahren oder Geldstrafe.

Verursachung einer Explosion

Art. 223 1. Wer vorsätzlich eine Explosion von Gas, Benzin, Petroleum oder ähnlichen Stoffen verursacht und dadurch wissentlich Leib und Leben von Menschen oder fremdes Eigentum in Gefahr bringt, wird mit Freiheitsstrafe nicht unter einem Jahr bestraft.

Ist nur ein geringer Schaden entstanden, so kann auf Freiheitsstrafe bis zu drei Jahren oder Geldstrafe erkannt werden.

2. Handelt der Täter fahrlässig, so ist die Strafe Freiheitsstrafe bis zu drei Jahren oder Geldstrafe.

Gefährdung durch Sprengstoffe und giftige Gase in verbrecherischer Absicht

Art. 224 [1] Wer vorsätzlich und in verbrecherischer Absicht durch Sprengstoffe oder giftige Gase Leib und Leben von Menschen oder fremdes Eigentum in Gefahr bringt, wird mit Freiheitsstrafe nicht unter einem Jahr bestraft.

[2] Ist nur Eigentum in unbedeutendem Umfange gefährdet worden, so kann auf Freiheitsstrafe bis zu drei Jahren oder Geldstrafe erkannt werden.

Gefährdung ohne verbrecherische Absicht.
Fahrlässige Gefährdung

Art. 225 [1] Wer vorsätzlich, jedoch ohne verbrecherische Absicht, oder wer fahrlässig durch Sprengstoffe oder giftige Gase Leib und Leben von Menschen oder fremdes Eigentum in Gefahr bringt, wird mit Freiheitsstrafe bis zu fünf Jahren oder Geldstrafe bestraft.

[2] In leichten Fällen kann auf Busse erkannt werden.

Herstellen, Verbergen, Weiterschaffen von Sprengstoffen und giftigen Gasen

Art. 226 [1] Wer Sprengstoffe oder giftige Gase herstellt, die, wie er weiss oder annehmen muss, zu verbrecherischem Gebrauche bestimmt sind, wird mit Freiheitsstrafe bis zu zehn Jahren oder Geldstrafe nicht unter 180 Tagessätzen bestraft.

[2] Wer Sprengstoffe, giftige Gase oder Stoffe, die zu deren Herstellung geeignet sind, sich verschafft, einem andern übergibt, von einem andern übernimmt, aufbewahrt, verbirgt oder weiterschafft, wird, wenn er weiss oder annehmen muss, dass sie zu verbrecherischem Gebrauche bestimmt sind, mit Freiheitsstrafe bis zu fünf Jahren oder Geldstrafe nicht unter 30 Tagessätzen[177] bestraft.

[3] Wer jemandem, der, wie er weiss oder annehmen muss, einen verbrecherischen Gebrauch von Sprengstoffen oder giftigen Gasen plant, zu deren Herstellung Anleitung gibt, wird mit Freiheitsstrafe bis zu fünf Jahren oder Geldstrafe nicht unter 30 Tagessätzen bestraft.

Gefährdung durch Kernenergie, Radioaktivität und ionisierende Strahlen

Art. 226bis[178] [1] Wer vorsätzlich durch Kernenergie, radioaktive Stoffe oder ionisierende Strahlen eine Gefahr für das Leben oder die Gesundheit von Menschen oder fremdes Eigentum von erheblichem Wert verursacht, wird mit Freiheitsstrafe oder mit Geldstrafe bestraft. Mit der Freiheitsstrafe ist eine Geldstrafe zu verbinden.

[2] Handelt der Täter fahrlässig, so wird er mit Freiheitsstrafe bis zu fünf Jahren oder Geldstrafe bestraft. Mit der Freiheitsstrafe ist eine Geldstrafe zu verbinden.

Strafbare Vorbereitungs-handlungen

Art. 226ter[179] [1] Wer planmässig konkrete technische oder organisatorische Vorbereitungen zu Handlungen trifft, um durch Kernenergie, radioaktive Stoffe oder ionisierende Strahlen eine Gefahr für das Leben oder die Gesundheit von Menschen oder für fremdes Eigentum von erheblichem Wert zu verursachen, wird mit Freiheitsstrafe bis zu fünf Jahren oder Geldstrafe bestraft. Mit der Freiheitsstrafe ist eine Geldstrafe zu verbinden.

[2] Wer radioaktive Stoffe, Anlagen, Apparate oder Gegenstände, die radioaktive Stoffe enthalten oder ionisierende Strahlen aussenden können, herstellt, sich verschafft, einem anderen übergibt, von einem anderen übernimmt, aufbewahrt, verbirgt oder weiterschafft, wird, wenn er weiss oder annehmen muss, dass sie zu strafbarem Gebrauch

---

177 Ausdruck gemäss Ziff. II 1 Abs. 14 des BG vom 13. Dez. 2002, in Kraft seit 1. Jan. 2007 (AS 2006 3459; BBl 1999 1979). Diese Änd. wurde im ganzen zweiten Buch berücksichtigt.

178 Eingefügt durch Anhang Ziff. II 2 des Kernenergiegesetzes vom 21. März 2003, in Kraft seit 1. Febr. 2005 (AS 2004 4719; BBl 2001 2665).

179 Eingefügt durch Anhang Ziff. II 2 des Kernenergiegesetzes vom 21. März 2003, in Kraft seit 1. Febr. 2005 (AS 2004 4719; BBl 2001 2665).

bestimmt sind, mit Freiheitsstrafe bis zu zehn Jahren oder Geldstrafe bestraft. Mit der Freiheitsstrafe ist eine Geldstrafe zu verbinden.

[3] Wer jemanden zur Herstellung von solchen Stoffen, Anlagen, Apparaten oder Gegenständen anleitet, wird, wenn er weiss oder annehmen muss, dass sie zu strafbarem Gebrauch bestimmt sind, mit Freiheitsstrafe bis zu fünf Jahren oder Geldstrafe bestraft. Mit der Freiheitsstrafe ist eine Geldstrafe zu verbinden.

Verursachen einer Überschwemmung oder eines Einsturzes

Art. 227 1. Wer vorsätzlich eine Überschwemmung oder den Einsturz eines Bauwerks oder den Absturz von Erd- und Felsmassen verursacht und dadurch wissentlich Leib und Leben von Menschen oder fremdes Eigentum in Gefahr bringt, wird mit Freiheitsstrafe nicht unter einem Jahr bestraft.

Ist nur ein geringer Schaden entstanden, so kann auf Freiheitsstrafe bis zu drei Jahren oder Geldstrafe erkannt werden.

2. Handelt der Täter fahrlässig, so ist die Strafe Freiheitsstrafe bis zu drei Jahren oder Geldstrafe.

Beschädigung von elektrischen Anlagen, Wasserbauten und Schutzvorrichtungen

Art. 228 1. Wer vorsätzlich elektrische Anlagen, Wasserbauten, namentlich Dämme, Wehre, Deiche, Schleusen, Schutzvorrichtungen gegen Naturereignisse, so gegen Bergsturz oder Lawinen, beschädigt oder zerstört und dadurch wissentlich Leib und Leben von Menschen oder fremdes Eigentum in Gefahr bringt, wird mit Freiheitsstrafe nicht unter einem Jahr bestraft.

Ist nur ein geringer Schaden entstanden, so kann auf Freiheitsstrafe bis zu drei Jahren oder Geldstrafe erkannt werden.

2. Handelt der Täter fahrlässig, so ist die Strafe Freiheitsstrafe bis zu drei Jahren oder Geldstrafe.

Gefährdung durch Verletzung der Regeln der Baukunde

Art. 229 [1] Wer vorsätzlich bei der Leitung oder Ausführung eines Bauwerkes oder eines Abbruches die anerkannten Regeln der Baukunde ausser acht lässt und dadurch wissentlich Leib und Leben von Mitmenschen gefährdet, wird mit Freiheitsstrafe bis zu drei Jahren oder Geldstrafe bestraft. Mit Freiheitsstrafe ist eine Geldstrafe zu verbinden.

[2] Lässt der Täter die anerkannten Regeln der Baukunde fahrlässig ausser Acht, so ist die Strafe Freiheitsstrafe bis zu drei Jahren oder Geldstrafe.

Beseitigung oder Nichtanbringung von Sicherheitsvorrichtungen

Art. 230 1. Wer vorsätzlich in Fabriken oder in andern Betrieben oder an Maschinen eine zur Verhütung von Unfällen dienende Vorrichtung beschädigt, zerstört, beseitigt oder sonst unbrauchbar macht, oder ausser Tätigkeit setzt, wer vorsätzlich eine solche Vorrichtung vorschriftswidrig nicht anbringt,

und dadurch wissentlich Leib und Leben von Mitmenschen gefährdet,

wird mit Freiheitsstrafe bis zu drei Jahren oder Geldstrafe bestraft. Mit Freiheitsstrafe ist eine Geldstrafe zu verbinden.

2. Handelt der Täter fahrlässig, so ist die Strafe Freiheitsstrafe bis zu drei Jahren oder Geldstrafe.

Achter Titel: Verbrechen und Vergehen gegen die öffentliche Gesundheit

Gefährdung durch gentechnisch veränderte oder pathogene Organismen

Art. 230bis [180] ^1 Wer vorsätzlich gentechnisch veränderte oder pathogene Organismen freisetzt oder den Betrieb einer Anlage zu ihrer Erforschung, Aufbewahrung oder Produktion oder ihren Transport stört, wird mit Freiheitsstrafe von einem bis zu zehn Jahren bestraft, wenn er weiss oder wissen muss, dass er durch diese Handlungen:

a. Leib und Leben von Menschen gefährdet; oder

b. die natürliche Zusammensetzung der Lebensgemeinschaften von Tieren und Pflanzen oder deren Lebensräume schwer gefährdet.

^2 Handelt der Täter fahrlässig, so wird er mit Freiheitsstrafe bis zu drei Jahren oder Geldstrafe bestraft.

Verbreiten menschlicher Krankheiten

Art. 231 1. Wer vorsätzlich eine gefährliche übertragbare menschliche Krankheit verbreitet, wird mit Freiheitsstrafe bis zu fünf Jahren oder Geldstrafe nicht unter 30 Tagessätzen bestraft.[181]

Hat der Täter aus gemeiner Gesinnung gehandelt, so ist die Strafe Freiheitsstrafe von einem Jahr bis zu fünf Jahren.

2. Handelt der Täter fahrlässig, so ist die Strafe Freiheitsstrafe bis zu drei Jahren oder Geldstrafe.

Verbreiten von Tierseuchen

Art. 232 1. Wer vorsätzlich eine Seuche unter Haustieren verbreitet, wird mit Freiheitsstrafe bis zu drei Jahren oder Geldstrafe bestraft.

Hat der Täter aus gemeiner Gesinnung einen grossen Schaden verursacht, so ist die Strafe Freiheitsstrafe von einem Jahr bis zu fünf Jahren.

---

180 Eingefügt durch Anhang Ziff. 1 des Gentechnikgesetzes vom 21. März 2003, in Kraft seit 1. Jan. 2004 (AS 2003 4803; BBl 2000 2391).
181 Strafdrohungen neu umschrieben gemäss Ziff. II 1 Abs. 16 des BG vom 13. Dez. 2002, in Kraft seit 1. Jan. 2007 (AS 2006 3459; BBl 1999 1979).

2. Handelt der Täter fahrlässig, so ist die Strafe Freiheitsstrafe bis zu drei Jahren oder Geldstrafe.

Verbreiten von Schädlingen

Art. 233 1. Wer vorsätzlich einen für die Landwirtschaft oder für die Forstwirtschaft gefährlichen Schädling verbreitet, wird mit Freiheitsstrafe bis zu drei Jahren oder Geldstrafe bestraft.

Hat der Täter aus gemeiner Gesinnung einen grossen Schaden verursacht, so ist die Strafe Freiheitsstrafe von einem Jahr bis zu fünf Jahren.

2. Handelt der Täter fahrlässig, so ist die Strafe Freiheitsstrafe bis zu drei Jahren oder Geldstrafe.

Verunreinigung von Trinkwasser

Art. 234 [1] Wer vorsätzlich das Trinkwasser für Menschen oder Haustiere mit gesundheitsschädlichen Stoffen verunreinigt, wird mit Freiheitsstrafe bis zu fünf Jahren oder Geldstrafe nicht unter 30 Tagessätzen bestraft.

[2] Handelt der Täter fahrlässig, so ist die Strafe Freiheitsstrafe bis zu drei Jahren oder Geldstrafe.

Herstellen von gesundheitsschädlichem Futter

Art. 235 1. Wer vorsätzlich Futter oder Futtermittel für Haustiere so behandelt oder herstellt, dass sie die Gesundheit der Tiere gefährden, wird mit Freiheitsstrafe bis zu drei Jahren oder Geldstrafe bestraft.

Betreibt der Täter das Behandeln oder Herstellen gesundheitsschädlichen Futters gewerbsmässig, so ist die Strafe Freiheitsstrafe bis zu drei Jahren oder Geldstrafe nicht unter 30 Tagessätzen. Mit der Freiheitsstrafe ist eine Geldstrafe zu verbinden.[182] In diesen Fällen wird das Strafurteil veröffentlicht.

2. Handelt der Täter fahrlässig, so ist die Strafe Busse.

3. Die Ware wird eingezogen. Sie kann unschädlich gemacht oder vernichtet werden.

Inverkehrbringen von gesundheitsschädlichem Futter

Art. 236 [1] Wer vorsätzlich gesundheitsschädliches Futter oder gesundheitsschädliche Futtermittel einführt, lagert, feilhält oder in Verkehr bringt, wird mit Freiheitsstrafe bis zu drei Jahren oder Geldstrafe bestraft. Das Strafurteil wird veröffentlicht.

[2] Handelt der Täter fahrlässig, so ist die Strafe Busse.

[3] Die Ware wird eingezogen. Sie kann unschädlich gemacht oder vernichtet werden.

---

182 Strafdrohungen neu umschrieben gemäss Ziff. II 1 Abs. 16 des BG vom 13. Dez. 2002, in Kraft seit 1. Jan. 2007 (AS 2006 3459; BBl 1999 1979).

Neunter Titel: Verbrechen und Vergehen gegen den öffentlichen Verkehr

Störung des öffentlichen Verkehrs

Art. 237 1. Wer vorsätzlich den öffentlichen Verkehr, namentlich den Verkehr auf der Strasse, auf dem Wasser oder in der Luft hindert, stört oder gefährdet und dadurch wissentlich Leib und Leben von Menschen in Gefahr bringt, wird mit Freiheitsstrafe bis zu drei Jahren oder Geldstrafe bestraft.

Bringt der Täter dadurch wissentlich Leib und Leben vieler Menschen in Gefahr, so kann auf Freiheitsstrafe von einem Jahr bis zu zehn Jahren erkannt werden.

2. Handelt der Täter fahrlässig, so ist die Strafe Freiheitsstrafe bis zu drei Jahren oder Geldstrafe.

Störung des Eisenbahnverkehrs

Art. 238 [1] Wer vorsätzlich den Eisenbahnverkehr hindert, stört oder gefährdet und dadurch wissentlich Leib und Leben von Menschen oder fremdes Eigentum in Gefahr bringt, namentlich die Gefahr einer Entgleisung oder eines Zusammenstosses herbeiführt, wird mit Freiheitsstrafe oder Geldstrafe[183] bestraft.

[2] Handelt der Täter fahrlässig und werden dadurch Leib und Leben von Menschen oder fremdes Eigentum erheblich gefährdet, so ist die Strafe Freiheitsstrafe bis zu drei Jahren oder Geldstrafe.

Störung von Betrieben, die der Allgemeinheit dienen

Art. 239 1. Wer vorsätzlich den Betrieb einer öffentlichen Verkehrsanstalt, namentlich den Eisenbahn-, Post-, Telegrafen- oder Telefonbetrieb hindert, stört oder gefährdet,

wer vorsätzlich den Betrieb einer zur allgemeinen Versorgung mit Wasser, Licht, Kraft oder Wärme dienenden Anstalt oder Anlage hindert, stört oder gefährdet,

wird mit Freiheitsstrafe bis zu drei Jahren oder Geldstrafe bestraft.

2. Handelt der Täter fahrlässig, so ist die Strafe Freiheitsstrafe bis zu drei Jahren oder Geldstrafe.

---

183 Ausdruck gemäss Ziff. II 1 Abs. 15 des BG vom 13. Dez. 2002, in Kraft seit 1. Jan. 2007 (AS 2006 3459; BBl 1999 1979). Diese Änd. wurde im ganzen zweiten Buch berücksichtigt.

Zehnter Titel: Fälschung von Geld, amtlichen Wertzeichen, amtlichen Zeichen, Mass und Gewicht

Geldfälschung

Art. 240 [1] Wer Metallgeld, Papiergeld oder Banknoten fälscht, um sie als echt in Umlauf zu bringen, wird mit Freiheitsstrafe nicht unter einem Jahr bestraft.

[2] In besonders leichten Fällen ist die Strafe Freiheitsstrafe bis zu drei Jahren oder Geldstrafe.

[3] Der Täter ist auch strafbar, wenn er die Tat im Ausland begangen hat, in der Schweiz betreten und nicht ausgeliefert wird, und wenn die Tat auch am Begehungsorte strafbar ist.

Geldverfälschung

Art. 241 [1] Wer Metallgeld, Papiergeld oder Banknoten verfälscht, um sie zu einem höhern Wert in Umlauf zu bringen, wird mit Freiheitsstrafe bis zu fünf Jahren oder Geldstrafe nicht unter 180 Tagessätzen bestraft.[184]

[2] In besonders leichten Fällen ist die Strafe Freiheitsstrafe bis zu drei Jahren oder Geldstrafe.

In Umlaufsetzen falschen Geldes

Art. 242 [1] Wer falsches oder verfälschtes Metallgeld oder Papiergeld, falsche oder verfälschte Banknoten als echt oder unverfälscht in Umlauf setzt, wird mit Freiheitsstrafe bis zu drei Jahren oder Geldstrafe[185] bestraft.

[2] Hat der Täter oder sein Auftraggeber oder sein Vertreter das Geld oder die Banknoten als echt oder unverfälscht eingenommen, so ist die Strafe Freiheitsstrafe bis zu drei Jahren oder Geldstrafe.

Nachmachen von Banknoten, Münzen oder amtlichen Wertzeichen ohne Fälschungsabsicht

Art. 243[186] [1] Wer ohne Fälschungsabsicht Banknoten so wiedergibt oder nachahmt, dass die Gefahr einer Verwechslung durch Personen oder Geräte mit echten Noten geschaffen wird, insbesondere wenn die Gesamtheit, eine Seite oder der grösste Teil einer Seite einer Banknote auf einem Material und in einer Grösse, die mit Material und Grösse des Originals übereinstimmen oder ihnen nahe kommen, wiedergegeben oder nachgeahmt wird,

wer ohne Fälschungsabsicht Gegenstände herstellt, die den in Kurs stehenden Münzen in Gepräge, Gewicht oder Grösse ähnlich sind

---

184 Strafdrohungen neu umschrieben gemäss Ziff. II 1 Abs. 16 des BG vom 13. Dez. 2002, in Kraft seit 1. Jan. 2007 (AS 2006 3459; BBl 1999 1979).

185 Ausdruck gemäss Ziff. II 1 Abs. 2 des BG vom 13. Dez. 2002, in Kraft seit 1. Jan. 2007 (AS 2006 3459; BBl 1999 1979). Diese Änd. wurde im ganzen zweiten Buch berücksichtigt.

186 Fassung gemäss Anhang Ziff. 3 des BG vom 22. Dez. 1999 über die Währung und die Zahlungsmittel, in Kraft seit 1. Mai 2000 (AS 2000 1144; BBl 1999 7258).

oder die Nennwerte oder andere Merkmale einer amtlichen Prägung aufweisen, so dass die Gefahr einer Verwechslung durch Personen oder Geräte mit in Kurs stehenden Münzen geschaffen wird,

wer ohne Fälschungsabsicht amtliche Wertzeichen so wiedergibt oder nachahmt, dass die Gefahr einer Verwechslung mit echten Wertzeichen geschaffen wird,

wer solche Gegenstände einführt, anbietet oder in Umlauf setzt,

wird mit Freiheitsstrafe bis zu drei Jahren oder Geldstrafe bestraft.[187]

[2] Handelt der Täter fahrlässig, wird er mit Busse bestraft.[188]

Einführen, Erwerben, Lagern falschen Geldes

Art. 244 [1] Wer falsches oder verfälschtes Metallgeld oder Papiergeld, falsche oder verfälschte Banknoten einführt, erwirbt oder lagert, um sie als echt oder unverfälscht in Umlauf zu bringen, wird mit Freiheitsstrafe bis zu drei Jahren oder Geldstrafe bestraft.[189]

[2] Wer sie in grosser Menge einführt, erwirbt oder lagert, wird mit Freiheitsstrafe von einem Jahr bis zu fünf Jahren bestraft.

Fälschung amtlicher Wertzeichen

Art. 245 1. Wer amtliche Wertzeichen, namentlich Postmarken, Stempel- oder Gebührenmarken, fälscht oder verfälscht, um sie als echt oder unverfälscht zu verwenden,

wer entwerteten amtlichen Wertzeichen den Schein gültiger gibt, um sie als solche zu verwenden,

wird mit Freiheitsstrafe bis zu drei Jahren oder Geldstrafe bestraft.

Der Täter ist auch strafbar, wenn er die Tat im Ausland begangen hat, in der Schweiz betreten und nicht ausgeliefert wird, und wenn die Tat auch am Begehungsorte strafbar ist.

2. Wer falsche, verfälschte oder entwertete amtliche Wertzeichen als echt, unverfälscht oder gültig verwendet, wird mit Freiheitsstrafe bis zu drei Jahren oder Geldstrafe bestraft.

Fälschung amtlicher Zeichen

Art. 246 Wer amtliche Zeichen, die die Behörde an einem Gegenstand anbringt, um das Ergebnis einer Prüfung oder um eine Genehmigung festzustellen, zum Beispiel Stempel der Gold- und Silberkontrolle, Stempel der Fleischschauer, Marken der Zollverwaltung, fälscht oder verfälscht, um sie als echt oder unverfälscht zu verwenden,

---

187 Strafdrohungen neu umschrieben gemäss Ziff. II 1 Abs. 16 des BG vom 13. Dez. 2002, in Kraft seit 1. Jan. 2007 (AS 2006 3459; BBl 1999 1979).
188 Strafdrohungen neu umschrieben gemäss Ziff. II 1 Abs. 16 des BG vom 13. Dez. 2002, in Kraft seit 1. Jan. 2007 (AS 2006 3459; BBl 1999 1979).
189 Fassung gemäss Anhang Ziff. 3 des BG vom 22. Dez. 1999 über die Währung und die Zahlungsmittel, in Kraft seit 1. Mai 2000 (AS 2000 1144; BBl 1999 7258).

wer falsche oder verfälschte Zeichen dieser Art als echt oder unverfälscht verwendet,

wird mit Freiheitsstrafe bis zu drei Jahren oder Geldstrafe bestraft.

Fälschungsgeräte; unrechtmässiger Gebrauch von Geräten

Art. 247 Wer Geräte zum Fälschen oder Verfälschen von Metallgeld, Papiergeld, Banknoten oder amtlichen Wertzeichen anfertigt oder sich verschafft, um sie unrechtmässig zu gebrauchen,

wer Geräte, womit Metallgeld, Papiergeld, Banknoten oder amtliche Wertzeichen hergestellt werden, unrechtmässig gebraucht,

wird mit Freiheitsstrafe bis zu drei Jahren oder Geldstrafe bestraft.

Fälschung von Mass und Gewicht

Art. 248 Wer zum Zwecke der Täuschung in Handel und Verkehr

an Massen, Gewichten, Waagen oder andern Messinstrumenten ein falsches Eichzeichen anbringt oder ein vorhandenes Eichzeichen verfälscht,

an geeichten Massen, Gewichten, Waagen oder andern Messinstrumenten Veränderungen vornimmt,

falsche oder verfälschte Masse, Gewichte, Waagen oder andere Messinstrumente gebraucht,

wird mit Freiheitsstrafe bis zu fünf Jahren oder Geldstrafe bestraft.

Einziehung

Art. 249[190] **1** Falsches oder verfälschtes Metall- oder Papiergeld, falsche oder verfälschte Banknoten, amtliche Wertzeichen, amtliche Zeichen, Masse, Gewichte, Waagen oder andere Messinstrumente sowie die Fälschungsgeräte, werden eingezogen und unbrauchbar gemacht oder vernichtet.

2 Banknoten, Münzen oder amtliche Wertzeichen, die ohne Fälschungsabsicht wiedergegeben, nachgeahmt oder hergestellt wurden, aber eine Verwechslungsgefahr schaffen, werden ebenfalls eingezogen und unbrauchbar gemacht oder vernichtet.

Geld und Wertzeichen des Auslandes

Art. 250 Die Bestimmungen dieses Titels finden auch Anwendung auf Metallgeld, Papiergeld, Banknoten und Wertzeichen des Auslandes.

---

190 Fassung gemäss Anhang Ziff. 3 des BG vom 22. Dez. 1999 über die Währung und die Zahlungsmittel, in Kraft seit 1. Mai 2000 (AS 2000 1144; BBl 1999 7258).

Elfter Titel: Urkundenfälschung

Urkundenfälschung

Art. 251[191] 1. Wer in der Absicht, jemanden am Vermögen oder an andern Rechten zu schädigen oder sich oder einem andern einen unrechtmässigen Vorteil zu verschaffen,

eine Urkunde fälscht oder verfälscht, die echte Unterschrift oder das echte Handzeichen eines andern zur Herstellung einer unechten Urkunde benützt oder eine rechtlich erhebliche Tatsache unrichtig beurkundet oder beurkunden lässt,

eine Urkunde dieser Art zur Täuschung gebraucht,

wird mit Freiheitsstrafe bis zu fünf Jahren oder Geldstrafe bestraft.

2. In besonders leichten Fällen kann auf Freiheitsstrafe bis zu drei Jahren oder Geldstrafe erkannt werden.

Fälschung von Ausweisen

Art. 252[192] Wer in der Absicht, sich oder einem andern das Fortkommen zu erleichtern,

Ausweisschriften, Zeugnisse, Bescheinigungen fälscht oder verfälscht,

eine Schrift dieser Art zur Täuschung gebraucht,

echte, nicht für ihn bestimmte Schriften dieser Art zur Täuschung missbraucht,

wird mit Freiheitsstrafe bis zu drei Jahren oder Geldstrafe bestraft.

Erschleichung einer falschen Beurkundung

Art. 253 Wer durch Täuschung bewirkt, dass ein Beamter oder eine Person öffentlichen Glaubens eine rechtlich erhebliche Tatsache unrichtig beurkundet, namentlich eine falsche Unterschrift oder eine unrichtige Abschrift beglaubigt,

wer eine so erschlichene Urkunde gebraucht, um einen andern über die darin beurkundete Tatsache zu täuschen,

wird mit Freiheitsstrafe bis zu fünf Jahren oder Geldstrafe bestraft.

Unterdrückung von Urkunden

Art. 254 1 Wer eine Urkunde, über die er nicht allein verfügen darf, beschädigt, vernichtet, beiseiteschafft oder entwendet, in der Absicht, jemanden am Vermögen oder an andern Rechten zu schädigen oder sich oder einem andern einen unrechtmässigen Vorteil zu verschaffen, wird mit Freiheitsstrafe bis zu fünf Jahren oder Geldstrafe bestraft.

2 Die Unterdrückung von Urkunden zum Nachteil eines Angehörigen oder Familiengenossen wird nur auf Antrag verfolgt.

---

191 Fassung gemäss Ziff. I des BG vom 17. Juni 1994, in Kraft seit 1. Jan. 1995 (AS 1994 2290; BBl 1991 II 969).
192 Fassung gemäss Ziff. I des BG vom 17. Juni 1994, in Kraft seit 1. Jan. 1995 (AS 1994 2290; BBl 1991 II 969).

Urkunden des Auslandes	**Art. 255** Die Artikel 251–254 finden auch Anwendung auf Urkunden des Auslandes.

Grenzverrückung

Art. 256 Wer in der Absicht, jemanden am Vermögen oder an andern Rechten zu schädigen oder sich oder einem andern einen unrechtmässigen Vorteil zu verschaffen, einen Grenzstein oder ein anderes Grenzzeichen beseitigt, verrückt, unkenntlich macht, falsch setzt oder verfälscht, wird mit Freiheitsstrafe bis zu drei Jahren oder Geldstrafe bestraft.

Beseitigung von Vermessungs- und Wasserstandszeichen

Art. 257 Wer ein öffentliches Vermessungs- oder Wasserstandszeichen beseitigt, verrückt, unkenntlich macht oder falsch setzt, wird mit Freiheitsstrafe bis zu drei Jahren oder Geldstrafe bestraft.

Zwölfter Titel: Verbrechen und Vergehen gegen den öffentlichen Frieden

Schreckung der Bevölkerung

Art. 258[193] Wer die Bevölkerung durch Androhen oder Vorspiegeln einer Gefahr für Leib, Leben oder Eigentum in Schrecken versetzt, wird mit Freiheitsstrafe bis zu drei Jahren oder Geldstrafe bestraft.

Öffentliche Aufforderung zu Verbrechen oder zur Gewalttätigkeit

Art. 259[194] 1 Wer öffentlich zu einem Verbrechen auffordert, wird mit Freiheitsstrafe bis zu drei Jahren oder Geldstrafe bestraft.

1bis Die öffentliche Aufforderung zum Völkermord (Art. 264), der ganz oder teilweise in der Schweiz begangen werden soll, ist auch strafbar, wenn die Aufforderung im Ausland erfolgt.[195]

2 Wer öffentlich zu einem Vergehen mit Gewalttätigkeit gegen Menschen oder Sachen auffordert, wird mit Freiheitsstrafe bis zu drei Jahren oder Geldstrafe bestraft.

Landfriedensbruch

Art. 260 1 Wer an einer öffentlichen Zusammenrottung teilnimmt, bei der mit vereinten Kräften gegen Menschen oder Sachen Gewalttätigkeiten begangen werden, wird mit Freiheitsstrafe bis zu drei Jahren oder Geldstrafe bestraft.

2 Die Teilnehmer, die sich auf behördliche Aufforderung hin entfernen, bleiben straffrei, wenn sie weder selbst Gewalt angewendet noch zur Gewaltanwendung aufgefordert haben.

---

193 Fassung gemäss Ziff. I des BG vom 17. Juni 1994, in Kraft seit 1. Jan. 1995 (AS 1994 2290; BBl 1991 II 969).
194 Fassung gemäss Ziff. I des BG vom 9. Okt. 1981, in Kraft seit 1. Okt. 1982 (AS 1982 1530; BBl 1980 I 1241).
195 Eingefügt durch Ziff. I 1 des BG vom 18. Juni 2010 über die Änderung von Bundesgesetzen zur Umsetzung des Römer Statuts des Internationalen Strafgerichtshofs, in Kraft seit 1. Jan. 2011 (AS 2010 4963; BBl 2008 3863).

**Strafbare Vorberei-
tungshandlungen**

Art. 260^bis196 1 Mit Freiheitsstrafe bis zu fünf Jahren oder Geldstrafe wird bestraft, wer planmässig konkrete technische oder organisatorische Vorkehrungen trifft, deren Art und Umfang zeigen, dass er sich anschickt, eine der folgenden strafbaren Handlungen auszuführen:

a. Vorsätzliche Tötung (Art. 111);

b. Mord (Art. 112);

c. Schwere Körperverletzung (Art. 122);

c^bis.197 Verstümmelung weiblicher Genitalien (Art. 124);

d. Raub (Art. 140);

e. Freiheitsberaubung und Entführung (Art. 183);

f. Geiselnahme (Art. 185);

g. Brandstiftung (Art. 221);

h. Völkermord (Art. 264);

i. Verbrechen gegen die Menschlichkeit (Art. 264a);

j. Kriegsverbrechen (Art. 264c–264h).198

2 Führt der Täter aus eigenem Antrieb die Vorbereitungshandlung nicht zu Ende, so bleibt er straflos.

3 Strafbar ist auch, wer die Vorbereitungshandlung im Ausland begeht, wenn die beabsichtigten strafbaren Handlungen in der Schweiz verübt werden sollen. Artikel 3 Absatz 2 ist anwendbar.199

Kriminelle Organisation

Art. 260^ter200 1. Wer sich an einer Organisation beteiligt, die ihren Aufbau und ihre personelle Zusammensetzung geheim hält und die den Zweck verfolgt, Gewaltverbrechen zu begehen oder sich mit verbrecherischen Mitteln zu bereichern,

wer eine solche Organisation in ihrer verbrecherischen Tätigkeit unterstützt,

wird mit Freiheitsstrafe bis zu fünf Jahren oder Geldstrafe bestraft.

2. Der Richter kann die Strafe mildern (Art. 48a),201 wenn der Täter sich bemüht, die weitere verbrecherische Tätigkeit der Organisation zu verhindern.

3. Strafbar ist auch, wer die Tat im Ausland begeht, wenn die Organisation ihre verbrecherische Tätigkeit ganz oder teilweise in der

---

196 Eingefügt durch Ziff. I des BG vom 9. Okt. 1981, in Kraft seit 1. Okt. 1982 (AS 1982 1530; BBl 1980 I 1241).

197 Eingefügt durch Ziff. I des BG vom 30. Sept. 2011 in Kraft seit 1. Juli 2012 (AS 2012 2575; BBl 2010 5651 5677).

198 Fassung gemäss Ziff. I 1 des BG vom 18. Juni 2010 über die Änderung von Bundesgesetzen zur Umsetzung des Römer Statuts des Internationalen Strafgerichtshofs, in Kraft seit 1. Jan. 2011 (AS 2010 4963; BBl 2008 3863).

199 Fassung des Satzes gemäss Ziff. II 2 des BG vom 13. Dez. 2002, in Kraft seit 1. Jan. 2007 (AS 2006 3459; BBl 1999 1979).

200 Eingefügt durch Ziff. I des BG vom 18. März 1994, in Kraft seit 1. Aug. 1994 (AS 1994 1614; BBl 1993 III 277).

201 Fassung des ersten Halbsatzes gemäss Ziff. II 2 des BG vom 13. Dez. 2002, in Kraft seit 1. Jan. 2007 (AS 2006 3459; BBl 1999 1979).

Schweiz ausübt oder auszuüben beabsichtigt. Artikel 3 Absatz 2 ist anwendbar.[202]

Gefährdung der öffentlichen Sicherheit mit Waffen

Art. 260[quater][203] Wer jemandem Schusswaffen, gesetzlich verbotene Waffen, wesentliche Waffenbestandteile, Waffenzubehör, Munition oder Munitionsbestandteile verkauft, vermietet, schenkt, überlässt oder vermittelt, obwohl er weiss oder annehmen muss, dass sie zur Begehung eines Vergehens oder Verbrechens dienen sollen, wird mit Freiheitsstrafe bis zu fünf Jahren oder Geldstrafe bestraft, sofern kein schwererer Straftatbestand erfüllt ist.[204]

Finanzierung des Terrorismus

Art. 260[quinquies][205] 1 Wer in der Absicht, ein Gewaltverbrechen zu finanzieren, mit dem die Bevölkerung eingeschüchtert oder ein Staat oder eine internationale Organisation zu einem Tun oder Unterlassen genötigt werden soll, Vermögenswerte sammelt oder zur Verfügung stellt, wird mit Freiheitsstrafe bis zu fünf Jahren oder Geldstrafe bestraft.

2 Nimmt der Täter die Möglichkeit der Terrorismusfinanzierung lediglich in Kauf, so macht er sich nach dieser Bestimmung nicht strafbar.

3 Die Tat gilt nicht als Finanzierung einer terroristischen Straftat, wenn sie auf die Herstellung oder Wiederherstellung demokratischer und rechtsstaatlicher Verhältnisse oder die Ausübung oder Wahrung von Menschenrechten gerichtet ist.

4 Absatz 1 findet keine Anwendung, wenn mit der Finanzierung Handlungen unterstützt werden sollen, die nicht im Widerspruch mit den in bewaffneten Konflikten anwendbaren Regeln des Völkerrechts stehen.

Störung der Glaubens- und Kultusfreiheit

Art. 261 Wer öffentlich und in gemeiner Weise die Überzeugung anderer in Glaubenssachen, insbesondere den Glauben an Gott, beschimpft oder verspottet oder Gegenstände religiöser Verehrung verunehrt,

wer eine verfassungsmässig gewährleistete Kultushandlung böswillig verhindert, stört oder öffentlich verspottet,

---

202 Fassung des Satzes gemäss Ziff. II 2 des BG vom 13. Dez. 2002, in Kraft seit 1. Jan. 2007 (AS 2006 3459; BBl 1999 1979).

203 Eingefügt durch Art. 41 des Waffengesetzes vom 20. Juni 1997, in Kraft seit 1. Jan. 1999 (AS 1998 2535; BBl 1996 I 1053).

204 Strafdrohungen neu umschrieben gemäss Ziff. II 1 Abs. 16 des BG vom 13. Dez. 2002, in Kraft seit 1. Jan. 2007 (AS 2006 3459; BBl 1999 1979).

205 Eingefügt durch Ziff. I 1 des BG vom 21. März 2003 (Finanzierung des Terrorismus), in Kraft seit 1. Okt. 2003 (AS 2003 3043; BBl 2002 5390).

wer einen Ort oder einen Gegenstand, die für einen verfassungsmässig gewährleisteten Kultus oder für eine solche Kultushandlung
bestimmt sind, böswillig verunehrt,

wird mit Geldstrafe bis zu 180 Tagessätzen bestraft.

Rassendiskriminierung   **Art. 261**[bis][206] Wer öffentlich gegen eine Person oder eine Gruppe
von Personen wegen ihrer Rasse, Ethnie oder Religion zu Hass oder
Diskriminierung aufruft,

wer öffentlich Ideologien verbreitet, die auf die systematische Herabsetzung oder Verleumdung der Angehörigen einer Rasse, Ethnie oder
Religion gerichtet sind,

wer mit dem gleichen Ziel Propagandaaktionen organisiert, fördert
oder daran teilnimmt,

wer öffentlich durch Wort, Schrift, Bild, Gebärden, Tätlichkeiten oder
in anderer Weise eine Person oder eine Gruppe von Personen wegen
ihrer Rasse, Ethnie oder Religion in einer gegen die Menschenwürde verstossenden Weise herabsetzt oder diskriminiert oder aus
einem dieser Gründe Völkermord oder andere Verbrechen gegen die
Menschlichkeit leugnet, gröblich verharmlost oder zu rechtfertigen
sucht,

wer eine von ihm angebotene Leistung, die für die Allgemeinheit
bestimmt ist, einer Person oder einer Gruppe von Personen wegen
ihrer Rasse, Ethnie oder Religion verweigert,

wird mit Freiheitsstrafe bis zu drei Jahren oder Geldstrafe bestraft.

Störung des Toten-   **Art. 262** 1. Wer die Ruhestätte eines Toten in roher Weise ver-
friedens   unehrt,

wer einen Leichenzug oder eine Leichenfeier böswillig stört oder verunehrt,

wer einen Leichnam verunehrt oder öffentlich beschimpft,

wird mit Freiheitsstrafe bis zu drei Jahren oder Geldstrafe bestraft.

2. Wer einen Leichnam oder Teile eines Leichnams oder die Asche
eines Toten wider den Willen des Berechtigten wegnimmt, wird mit
Freiheitsstrafe bis zu drei Jahren oder Geldstrafe bestraft.

Verübung einer Tat in   **Art. 263** [1] Wer infolge selbstverschuldeter Trunkenheit oder Betäu-
selbstverschuldeter   bung unzurechnungsfähig ist und in diesem Zustand eine als Ver-
Unzurechnungs-   brechen oder Vergehen bedrohte Tat verübt, wird mit Geldstrafe bis
fähigkeit   zu 180 Tagessätzen bestraft.

---

206 Eingefügt durch Art. 1 des BG vom 18. Juni 1993, in Kraft seit 1. Jan. 1995 (AS 1994 2887; BBl 1992 III 269).

² Hat der Täter in diesem selbstverschuldeten Zustand ein mit Freiheitsstrafe als einzige Strafe bedrohtes Verbrechen begangen, so ist die Strafe Freiheitsstrafe bis zu drei Jahren oder Geldstrafe.²⁰⁷

Zwölfter Titel^bis:²⁰⁸ Völkermord und Verbrechen gegen die Menschlichkeit

Völkermord

Art. 264 Mit lebenslänglicher Freiheitsstrafe oder mit Freiheitsstrafe nicht unter zehn Jahren wird bestraft, wer, in der Absicht, eine durch ihre Staatsangehörigkeit, Rasse, Religion oder ethnische, soziale oder politische Zugehörigkeit gekennzeichnete Gruppe als solche ganz oder teilweise zu vernichten:

a. Mitglieder dieser Gruppe tötet oder auf schwerwiegende Weise in ihrer körperlichen oder geistigen Unversehrtheit schädigt;

b. Mitglieder der Gruppe Lebensbedingungen unterwirft, die geeignet sind, die Gruppe ganz oder teilweise zu vernichten;

c. Massnahmen anordnet oder trifft, die auf die Geburtenverhinderung innerhalb der Gruppe gerichtet sind;

d. Kinder der Gruppe gewaltsam in eine andere Gruppe überführt oder überführen lässt.

Verbrechen gegen die Menschlichkeit

Art. 264a ¹ Mit Freiheitsstrafe nicht unter fünf Jahren wird bestraft, wer im Rahmen eines ausgedehnten oder systematischen Angriffs gegen die Zivilbevölkerung:

a. Vorsätzliche Tötung

a. einen Menschen vorsätzlich tötet;

b. Ausrottung

b. viele Menschen vorsätzlich tötet oder der Bevölkerung in der Absicht, sie ganz oder teilweise zu vernichten, Lebensbedingungen auferlegt, die geeignet sind, deren Vernichtung herbeizuführen;

c. Versklavung

c. sich ein Eigentumsrecht über einen Menschen anmasst und über ihn verfügt, namentlich in Form von Menschenhandel, sexueller Ausbeutung oder Zwangsarbeit;

d. Freiheitsberaubung

d. einem Menschen unter Verstoss gegen die Grundregeln des Völkerrechts in schwerwiegender Weise die Freiheit entzieht;

e. Verschwindenlassen von Personen

e. in der Absicht, eine Person für längere Zeit dem Schutz des Gesetzes zu entziehen:

---

207 Fassung gemäss Ziff. II 1 Abs. 16 des BG vom 13. Dez. 2002, in Kraft seit 1. Jan. 2007 (AS 2006 3459; BBl 1999 1979).

208 Eingefügt durch Ziff. I des BG vom 24. März 2000 (AS 2000 2725; BBl 1999 5327). Fassung gemäss Ziff. I 1 des BG vom 18. Juni 2010 über die Änderung von Bundesgesetzen zur Umsetzung des Römer Statuts des Internationalen Strafgerichtshofs, in Kraft seit 1. Jan. 2011 (AS 2010 4963; BBl 2008 3863).

1. im Auftrag oder mit Billigung eines Staates oder einer politischen Organisation der Person die Freiheit entzieht, wobei in der Folge die Auskunft über ihr Schicksal oder ihren Verbleib verweigert wird, oder

2. im Auftrag eines Staates oder einer politischen Organisation oder entgegen einer Rechtspflicht die Auskunft über das Schicksal oder den Verbleib dieser Person verweigert;

f. Folter

f. einem unter seinem Gewahrsam oder seiner Kontrolle stehenden Menschen grosse Leiden oder eine schwere Schädigung des Körpers oder der physischen oder psychischen Gesundheit zufügt;

g. Verletzung der sexuellen Selbstbestimmung

g. eine Person weiblichen Geschlechts vergewaltigt oder, nachdem sie gegen ihren Willen geschwängert wurde, gefangen hält in der Absicht, die ethnische Zusammensetzung einer Bevölkerung zu beeinflussen, eine Person zur Duldung einer sexuellen Handlung von vergleichbarer Schwere oder zur Prostitution nötigt oder sie zwangsweise sterilisiert;

h. Vertreibung oder zwangsweise Überführung

h. Menschen aus dem Gebiet, in dem sie sich rechtmässig aufhalten, vertreibt oder zwangsweise an einen andern Ort überführt;

i. Verfolgung und Apartheid

i. einer Gruppe von Menschen aus politischen, rassischen, ethnischen, religiösen, sozialen oder anderen völkerrechtswidrigen Gründen, im Zusammenhang mit einer Tat nach dem zwölften Titelbis oder dem zwölften Titelter oder zwecks systematischer Unterdrückung oder Beherrschung einer rassischen Gruppe, in schwerwiegender Weise Grundrechte vorenthält oder entzieht;

j. Andere unmenschliche Handlungen

j. eine andere Handlung von vergleichbarer Schwere wie die in diesem Absatz genannten Verbrechen verübt und dadurch einem Menschen grosse Leiden oder eine schwere Schädigung des Körpers oder der physischen oder psychischen Gesundheit zufügt.

[2] In besonders schweren Fällen, namentlich wenn die Tat viele Menschen betrifft oder der Täter grausam handelt, kann auf lebenslängliche Freiheitsstrafe erkannt werden.

[3] In weniger schweren Fällen nach Absatz 1 Buchstaben c–j kann auf Freiheitsstrafe nicht unter einem Jahr erkannt werden.

Zwölfter Titel[ter:209] Kriegsverbrechen

1. Anwendungsbereich   **Art. 264b** Die Artikel 264d–264j finden Anwendung im Zusammenhang mit internationalen bewaffneten Konflikten einschliesslich

---

209 Eingefügt durch Ziff. I 1 des BG vom 18. Juni 2010 über die Änderung von Bundesgesetzen zur Umsetzung des Römer Statuts des Internationalen Strafgerichtshofs, in Kraft seit 1. Jan. 2011 (AS 2010 4963; BBl 2008 3863).

Besetzungen sowie, soweit aus der Natur der Straftaten nichts anderes hervorgeht, im Zusammenhang mit nicht internationalen bewaffneten Konflikten.

2. Schwere Verletzungen der Genfer Konventionen

Art. 264c [1] Mit Freiheitsstrafe nicht unter fünf Jahren wird bestraft, wer im Zusammenhang mit einem internationalen bewaffneten Konflikt eine schwere Verletzung der Genfer Konventionen vom 12. August 1949[210] durch eine der folgenden Handlungen gegen die nach diesen Konventionen geschützten Personen oder Güter begeht:

a. vorsätzliche Tötung;

b. Geiselnahme;

c. Verursachung grosser Leiden oder schwere Schädigung des Körpers oder der physischen oder psychischen Gesundheit, namentlich durch Folter, unmenschliche Behandlung oder biologische Versuche;

d. durch militärische Erfordernisse nicht gerechtfertigte Zerstörung oder Aneignung von Gut in grossem Ausmass;

e. Nötigung zur Dienstleistung in den Streitkräften einer feindlichen Macht;

f. rechtswidrige Vertreibung, Überführung oder Gefangenhaltung;

g. Verweigerung des Rechts auf ein unparteiisches ordentliches Gerichtsverfahren vor Verhängung oder Vollstreckung einer schweren Strafe.

[2] Handlungen nach Absatz 1, die im Zusammenhang mit einem nicht internationalen bewaffneten Konflikt begangen werden, sind den schweren Verletzungen des humanitären Völkerrechts gleichgestellt, wenn sie gegen eine nach dem humanitären Völkerrecht geschützte Person oder gegen ein geschütztes Gut gerichtet sind.

[3] In besonders schweren Fällen, namentlich wenn die Tat viele Menschen betrifft oder der Täter grausam handelt, kann auf lebenslängliche Freiheitsstrafe erkannt werden.

[4] In weniger schweren Fällen nach Absatz 1 Buchstaben c–g kann auf Freiheitsstrafe nicht unter einem Jahr erkannt werden.

3. Andere Kriegsverbrechen

a. Angriffe gegen zivile Personen und Objekte

Art. 264d [1] Mit Freiheitsstrafe nicht unter drei Jahren wird bestraft, wer im Zusammenhang mit einem bewaffneten Konflikt einen Angriff richtet:

---

210 Genfer Abk. vom 12. Aug. 1949 zur Verbesserung des Loses der Verwundeten und Kranken der bewaffneten Kräfte im Felde (GA I), SR 0.518.12; Genfer Abk. vom 12. Aug. 1949 zur Verbesserung des Loses der Verwundeten, Kranken und Schiffbrüchigen der bewaffneten Kräfte zur See (GA II), SR 0.518.23; Genfer Abk. vom 12. Aug. 1949 über die Behandlung der Kriegsgefangenen (GA III), SR 0.518.42; Genfer Abk. vom 12. Aug. 1949 über den Schutz von Zivilpersonen in Kriegszeiten (GA IV), SR 0.518.51.

a. gegen die Zivilbevölkerung als solche oder gegen Zivilpersonen, die an den Feindseligkeiten nicht unmittelbar teilnehmen;

b. gegen Personen, Einrichtungen, Material oder Fahrzeuge, die Teil einer humanitären Hilfsmission oder einer friedenserhaltenden Mission in Übereinstimmung mit der Charta der Vereinten Nationen vom 26. Juni 1945[211] sind, solange sie vom humanitären Völkerrecht geschützt sind;

c. gegen zivile Objekte, unverteidigte Siedlungen oder Gebäude oder gegen entmilitarisierte Zonen, die kein militärisches Ziel darstellen;

d. gegen Sanitätseinheiten, Gebäude, Material oder Fahrzeuge, die ein Schutzzeichen des humanitären Völkerrechts verwenden oder deren geschützter Charakter auch ohne Schutzzeichen erkennbar ist, Krankenhäuser oder Sammelplätze für Kranke und Verwundete;

e. gegen Kulturgut oder mit seinem Schutz betraute Personen oder seinem Transport dienende Fahrzeuge, gegen Gebäude, die religiösen Handlungen, der Kunst, Erziehung, Wissenschaft oder Wohltätigkeit dienen, solange sie vom humanitären Völkerrecht geschützt sind.

[2] In besonders schweren Fällen von Angriffen gegen Personen kann auf lebenslängliche Freiheitsstrafe erkannt werden.

[3] In weniger schweren Fällen kann auf Freiheitsstrafe nicht unter einem Jahr erkannt werden.

b. Ungerechtfertigte medizinische Behandlung, Verletzung der sexuellen Selbstbestimmung und der Menschenwürde

Art. 264e [1] Mit Freiheitsstrafe nicht unter drei Jahren wird bestraft, wer im Zusammenhang mit einem bewaffneten Konflikt:

a. eine vom humanitären Völkerrecht geschützte Person körperlich schwer schädigt oder in ihrer physischen oder psychischen Gesundheit schwer verletzt oder gefährdet, indem er sie einem medizinischen Verfahren unterzieht, das nicht durch ihren Gesundheitszustand geboten ist und das nicht mit allgemein anerkannten medizinischen Grundsätzen im Einklang steht;

b. eine vom humanitären Völkerrecht geschützte Person weiblichen Geschlechts vergewaltigt oder, nachdem sie gegen ihren Willen geschwängert wurde, gefangen hält in der Absicht, die ethnische Zusammensetzung einer Bevölkerung zu beeinflussen, eine vom humanitären Völkerrecht geschützte Person zur Duldung einer sexuellen Handlung von vergleichbarer Schwere oder zur Prostitution nötigt oder sie zwangsweise sterilisiert;

211 SR 0.120

c. eine vom humanitären Völkerrecht geschützte Person in schwerwiegender Weise entwürdigend oder erniedrigend behandelt.

[2] In besonders schweren Fällen, namentlich wenn die Tat viele Menschen betrifft oder der Täter grausam handelt, kann auf lebenslängliche Freiheitsstrafe erkannt werden.

[3] In weniger schweren Fällen kann auf Freiheitsstrafe nicht unter einem Jahr erkannt werden.

c. Rekrutierung und Verwendung von Kindersoldaten

Art. 264f [1] Mit Freiheitsstrafe nicht unter drei Jahren wird bestraft, wer ein Kind unter fünfzehn Jahren in Streitkräfte oder bewaffnete Gruppen eingliedert, zu diesem Zweck rekrutiert oder zur Teilnahme an bewaffneten Konflikten verwendet.

[2] In besonders schweren Fällen, namentlich wenn die Tat viele Kinder betrifft oder der Täter grausam handelt, kann auf lebenslängliche Freiheitsstrafe erkannt werden.

[3] In weniger schweren Fällen kann auf Freiheitsstrafe nicht unter einem Jahr erkannt werden.

d. Verbotene Methoden der Kriegführung

Art. 264g [1] Mit Freiheitsstrafe nicht unter drei Jahren wird bestraft, wer im Zusammenhang mit einem bewaffneten Konflikt:

a. einen Angriff führt, obwohl er weiss oder annehmen muss, dass dieser den Tod oder die Verwundung von Zivilpersonen, die Beschädigung ziviler Objekte oder die weitreichende, langfristige und schwere Schädigung der natürlichen Umwelt verursachen wird, die in keinem Verhältnis zum erwarteten konkreten und unmittelbaren militärischen Vorteil stehen;

b. eine vom humanitären Völkerrecht geschützte Person als Schild benutzt, um Kampfhandlungen zu beeinflussen;

c. als Methode der Kriegführung plündert, sich auf andere Weise unrechtmässig Gut aneignet oder in einem durch die Erfordernisse des Krieges nicht zwingend gebotenen Ausmass feindliches Gut zerstört oder beschlagnahmt, Zivilpersonen lebensnotwendige Güter vorenthält oder Hilfslieferungen behindert;

d. einen gegnerischen Kombattanten auf heimtückische Weise, oder nachdem dieser sich ausser Gefecht befindet, tötet oder verwundet;

e. einen toten gegnerischen Kombattanten verstümmelt;

f. als Befehlshaber anordnet oder dem Gegner androht, niemanden am Leben zu lassen;

g. die Parlamentärflagge, die Flagge, Uniform oder militärische Abzeichen des Feindes, der Vereinten Nationen oder Schutzzeichen des humanitären Völkerrechts missbraucht;

h. als Angehöriger einer Besatzungsmacht einen Teil ihrer Zivilbevölkerung in das von ihr besetzte Gebiet überführt oder die Bevölkerung des besetzten Gebietes ganz oder teilweise innerhalb oder ausserhalb desselben umsiedelt.

[2] In besonders schweren Fällen, namentlich wenn die Tat viele Menschen betrifft oder der Täter grausam handelt, kann auf lebenslängliche Freiheitsstrafe erkannt werden.

[3] In weniger schweren Fällen kann auf Freiheitsstrafe nicht unter einem Jahr erkannt werden.

e. Einsatz verbotener Waffen

Art. 264h [1] Mit Freiheitsstrafe nicht unter drei Jahren wird bestraft, wer im Zusammenhang mit einem bewaffneten Konflikt:

a. Gift oder vergiftete Waffen verwendet;

b. biologische oder chemische Waffen, einschliesslich giftiger oder erstickender Gase, Stoffe und Flüssigkeiten, verwendet;

c. Geschosse verwendet, die sich im Körper des Menschen leicht ausdehnen oder flachdrücken oder im Körper des Menschen explodieren;

d. Waffen verwendet, welche als Hauptwirkung Verletzungen durch Splitter hervorrufen, die mittels Röntgenstrahlen nicht entdeckt werden können;

e. Laserwaffen verwendet, die als Hauptwirkung die dauerhafte Erblindung von Menschen herbeiführen.

[2] In besonders schweren Fällen kann auf lebenslängliche Freiheitsstrafe erkannt werden.

4. Bruch eines Waffenstillstandes oder des Friedens. Vergehen gegen einen Parlamentär. Verzögerte Heimschaffung von Kriegsgefangenen

Art. 264i Mit Freiheitsstrafe bis zu drei Jahren oder Geldstrafe wird bestraft, wer:

a. die Kampfhandlungen fortsetzt, nachdem er amtlich oder dienstlich Kenntnis vom Abschluss eines Waffenstillstandes oder des Friedens erhalten hat, oder die Bedingungen des Waffenstillstandes auf andere Weise verletzt;

b. einen gegnerischen Parlamentär oder eine seiner Begleitpersonen misshandelt, beschimpft oder ohne Grund zurückhält;

c. die Heimschaffung von Kriegsgefangenen nach Beendigung der Kampfhandlungen ungerechtfertigt verzögert.

5. Andere Verstösse gegen das humanitäre Völkerrecht

Art. 264j Mit Freiheitsstrafe bis zu drei Jahren oder Geldstrafe wird bestraft, wer im Zusammenhang mit einem bewaffneten Konflikt auf andere Weise als nach den Artikeln 264c–264i eine Vorschrift des humanitären Völkerrechts verletzt, deren Verletzung durch das

Völkergewohnheitsrecht oder ein internationales, von der Schweiz als verbindlich anerkanntes Übereinkommen als strafbar erklärt wird.

Zwölfter Titel^quater:[212] Gemeinsame Bestimmungen für den zwölften Titel^bis und den zwölften Titel^ter

Strafbarkeit des Vorgesetzten

Art. 264k [1] Der Vorgesetzte, der weiss, dass eine ihm unterstellte Person eine Tat nach dem zwölften Titel^bis oder dem zwölften Titel^ter begeht oder begehen wird, und der nicht angemessene Massnahmen ergreift, um diese Tat zu verhindern, wird nach der gleichen Strafandrohung wie der Täter bestraft. Verhindert der Vorgesetzte die Tat fahrlässig nicht, so ist die Strafe Freiheitsstrafe bis zu drei Jahren oder Geldstrafe.

[2] Der Vorgesetzte, der weiss, dass eine ihm unterstellte Person eine Tat nach dem zwölften Titel^bis oder dem zwölften Titel^ter begangen hat, und der nicht angemessene Massnahmen ergreift, um die Bestrafung des Täters sicherzustellen, wird mit Freiheitsstrafe bis zu drei Jahren oder Geldstrafe bestraft.

Handeln auf Befehl oder Anordnung

Art. 264l Der Untergebene, der auf Befehl eines Vorgesetzten oder auf Anordnung von vergleichbarer Bindungswirkung eine Tat nach dem zwölften Titel^bis oder dem zwölften Titel^ter begeht, ist strafbar, wenn er sich der Strafbarkeit der Handlung zur Zeit der Tat bewusst war.

Auslandtaten

Art. 264m [1] Strafbar ist auch der Täter, der im Ausland eine Tat nach dem zwölften Titel^bis, dem zwölften Titel^ter oder nach Artikel 264k begangen hat, wenn er sich in der Schweiz befindet und nicht an einen andern Staat ausgeliefert oder an ein internationales Strafgericht, dessen Zuständigkeit die Schweiz anerkennt, überstellt wird.

[2] Wurde die Auslandtat nicht gegen einen Schweizer begangen und ist der Täter nicht Schweizer, so kann, unter Vorbehalt von Massnahmen zur Sicherung von Beweisen, die Strafverfolgung eingestellt oder von einer solchen abgesehen werden, wenn:

a. eine ausländische Behörde oder ein internationales Strafgericht, dessen Zuständigkeit die Schweiz anerkennt, die Straftat verfolgt und der Täter ausgeliefert oder überstellt wird; oder

b. der Täter sich nicht mehr in der Schweiz befindet und seine Rückkehr nicht zu erwarten ist.

---

212 Eingefügt durch Ziff. I 1 des BG vom 18. Juni 2010 über die Änderung von Bundesgesetzen zur Umsetzung des Römer Statuts des Internationalen Strafgerichtshofs, in Kraft seit 1. Jan. 2011 (AS 2010 4963; BBl 2008 3863).

³ Artikel 7 Absätze 4 und 5 ist anwendbar, es sei denn, der Freispruch, der Erlass oder die Verjährung der Strafe im Ausland hatte das Ziel, den Täter in ungerechtfertigter Weise vor Strafe zu verschonen.

Ausschluss der relativen Immunität

Art. 264n Die Verfolgung von Taten nach dem zwölften Titel[bis], dem zwölften Titel[ter] und nach Artikel 264*k* bedarf keiner Ermächtigung nach einer der folgenden Bestimmungen:

a. Artikel 7 Absatz 2 Buchstabe b der Strafprozessordnung[213];

b. Artikel 14 und 15 des Verantwortlichkeitsgesetzes vom 14. März 1958[214];

c. Artikel 17 des Parlamentsgesetzes vom 13. Dezember 2002[215];

d. Artikel 61a des Regierungs- und Verwaltungsorganisationsgesetzes vom 21. März 1997[216];

e. Artikel 11 des Bundesgerichtsgesetzes vom 17. Juni 2005[217];

f. Artikel 12 des Verwaltungsgerichtsgesetzes vom 17. Juni 2005[218];

g. Artikel 16 des Patentgerichtsgesetzes vom 20. März 2009[219];

h. Artikel 50 des Strafbehördenorganisationsgesetzes vom 19. März 2010[220].

Dreizehnter Titel: Verbrechen und Vergehen gegen den Staat und die Landesverteidigung

1. Verbrechen oder Vergehen gegen den Staat.

Hochverrat

Art. 265 Wer eine Handlung vornimmt, die darauf gerichtet ist, mit Gewalt

die Verfassung des Bundes[221] oder eines Kantons[222] abzuändern,

die verfassungsmässigen Staatsbehörden abzusetzen oder sie ausserstand zu setzen, ihre Gewalt auszuüben,

schweizerisches Gebiet von der Eidgenossenschaft oder Gebiet von einem Kanton abzutrennen,

wird mit Freiheitsstrafe nicht unter einem Jahr[223] bestraft.

---

213 SR 312.0

214 SR 170.32

215 SR 171.10

216 SR 172.010

217 SR 173.110

218 SR 173.32

219 SR 173.41

220 SR 173.71

221 SR 101

222 SR 131.211/131.235

223 Ausdruck gemäss Ziff. II 1 Abs. 11 des BG vom 13. Dez. 2002, in Kraft seit 1. Jan. 2007 (AS 2006 3459; BBl 1999 1979). Diese Änd. wurde im ganzen zweiten Buch berücksichtigt.

Angriffe auf die Unabhängigkeit der Eidgenossenschaft

Art. 266 1. Wer eine Handlung vornimmt, die darauf gerichtet ist, die Unabhängigkeit der Eidgenossenschaft zu verletzen oder zu gefährden,

eine die Unabhängigkeit der Eidgenossenschaft gefährdende Einmischung einer fremden Macht in die Angelegenheiten der Eidgenossenschaft herbeizuführen,

wird mit Freiheitsstrafe nicht unter einem Jahr bestraft.

2.[224] Wer mit der Regierung eines fremden Staates oder mit deren Agenten in Beziehung tritt, um einen Krieg gegen die Eidgenossenschaft herbeizuführen, wird mit Freiheitsstrafe nicht unter drei Jahren bestraft.

In schweren Fällen kann auf lebenslängliche Freiheitsstrafe erkannt werden.

Gegen die Sicherheit der Schweiz gerichtete ausländische Unternehmungen und Bestrebungen

Art. 266bis[225] [1] Wer mit dem Zwecke, ausländische, gegen die Sicherheit der Schweiz gerichtete Unternehmungen oder Bestrebungen hervorzurufen oder zu unterstützen, mit einem fremden Staat oder mit ausländischen Parteien oder mit andern Organisationen im Ausland oder mit ihren Agenten in Verbindung tritt oder unwahre oder entstellende Behauptungen aufstellt oder verbreitet, wird mit Freiheitsstrafe bis zu fünf Jahren oder Geldstrafe bestraft.

[2] In schweren Fällen kann auf Freiheitsstrafe nicht unter einem Jahr erkannt werden.

Diplomatischer Landesverrat

Art. 267 1. Wer vorsätzlich ein Geheimnis, dessen Bewahrung zum Wohle der Eidgenossenschaft geboten ist, einem fremden Staate oder dessen Agenten bekannt oder zugänglich macht,[226]

wer Urkunden oder Beweismittel, die sich auf Rechtsverhältnisse zwischen der Eidgenossenschaft oder einem Kanton und einem ausländischen Staate beziehen, verfälscht, vernichtet, beiseiteschafft oder entwendet und dadurch die Interessen der Eidgenossenschaft oder des Kantons vorsätzlich gefährdet,

wer als Bevollmächtigter der Eidgenossenschaft vorsätzlich Unterhandlungen mit einer auswärtigen Regierung zum Nachteile der Eidgenossenschaft führt,

wird mit Freiheitsstrafe nicht unter einem Jahr bestraft.

---

224 Fassung gemäss Ziff. I des BG vom 5. Okt. 1950, in Kraft seit 5. Jan. 1951 (AS 1951 1; BBl 1949 1 1249).
225 Eingefügt durch Ziff. I des BG vom 5. Okt. 1950, in Kraft seit 5. Jan. 1951 (AS 1951 1; BBl 1949 I 1249).
226 Fassung gemäss Ziff. I des BG vom 10. Okt. 1997, in Kraft seit 1. April 1998 (AS 1998 852; BBl 1996 IV 525).

2.[227] Wer vorsätzlich ein Geheimnis, dessen Bewahrung zum Wohle der Eidgenossenschaft geboten ist, der Öffentlichkeit bekannt oder zugänglich macht, wird mit Freiheitsstrafe bis zu fünf Jahren oder Geldstrafe bestraft.

3.[228] Handelt der Täter fahrlässig, so ist die Strafe Freiheitsstrafe bis zu drei Jahren oder Geldstrafe.

Verrückung staatlicher Grenzzeichen

Art. 268 Wer einen zur Feststellung der Landes-, Kantons- oder Gemeindegrenzen dienenden Grenzstein oder ein anderes diesem Zwecke dienendes Grenzzeichen beseitigt, verrückt, unkenntlich macht, falsch setzt oder verfälscht, wird mit Freiheitsstrafe bis zu fünf Jahren oder Geldstrafe bestraft.

Verletzung schweizerischer Gebietshoheit

Art. 269 Wer in Verletzung des Völkerrechts auf schweizerisches Gebiet eindringt, wird mit Freiheitsstrafe oder Geldstrafe bestraft.

Tätliche Angriffe auf schweizerische Hoheitszeichen

Art. 270 Wer ein von einer Behörde angebrachtes schweizerisches Hoheitszeichen, insbesondere das Wappen oder die Fahne der Eidgenossenschaft oder eines Kantons, böswillig wegnimmt, beschädigt oder beleidigende Handlungen daran verübt, wird mit Freiheitsstrafe bis zu drei Jahren oder Geldstrafe bestraft.

Verbotene Handlungen für einen fremden Staat

Art. 271[229] 1. Wer auf schweizerischem Gebiet ohne Bewilligung für einen fremden Staat Handlungen vornimmt, die einer Behörde oder einem Beamten zukommen,

wer solche Handlungen für eine ausländische Partei oder eine andere Organisation des Auslandes vornimmt,

wer solchen Handlungen Vorschub leistet,

wird mit Freiheitsstrafe bis zu drei Jahren oder Geldstrafe, in schweren Fällen mit Freiheitsstrafe nicht unter einem Jahr bestraft.[230]

2. Wer jemanden durch Gewalt, List oder Drohung ins Ausland entführt, um ihn einer fremden Behörde, Partei oder anderen Organisation zu überliefern oder einer Gefahr für Leib und Leben auszusetzen, wird mit Freiheitsstrafe nicht unter einem Jahr bestraft.

3. Wer eine solche Entführung vorbereitet, wird mit Freiheitsstrafe oder Geldstrafe bestraft.

---

227 Eingefügt durch Ziff. I des BG vom 10. Okt. 1997, in Kraft seit 1. April 1998 (AS 1998 852; BBl 1996 IV 525).
228 Ursprünglich Ziff. 2.
229 Fassung gemäss Ziff. I des BG vom 5. Okt. 1950, in Kraft seit 5. Jan. 1951 (AS 1951 1; BBl 1949 1 1249).
230 Strafdrohungen neu umschrieben gemäss Ziff. II 1 Abs. 16 des BG vom 13. Dez. 2002, in Kraft seit 1. Jan. 2007 (AS 2006 3459; BBl 1999 1979).

2. Verbotener Nachrichtendienst. Politischer Nachrichtendienst

Art. 272[231] 1. Wer im Interesse eines fremden Staates oder einer ausländischen Partei oder einer andern Organisation des Auslandes zum Nachteil der Schweiz oder ihrer Angehörigen, Einwohner oder Organisationen politischen Nachrichtendienst betreibt oder einen solchen Dienst einrichtet,

wer für solche Dienste anwirbt oder ihnen Vorschub leistet,

wird mit Freiheitsstrafe bis zu drei Jahren oder Geldstrafe bestraft.

2. In schweren Fällen ist die Strafe Freiheitsstrafe nicht unter einem Jahr. Als schwerer Fall gilt es insbesondere, wenn der Täter zu Handlungen aufreizt oder falsche Berichte erstattet, die geeignet sind, die innere oder äussere Sicherheit der Eidgenossenschaft zu gefährden.

Wirtschaftlicher Nachrichtendienst

Art. 273 Wer ein Fabrikations- oder Geschäftsgeheimnis auskundschaftet, um es einer fremden amtlichen Stelle oder einer ausländischen Organisation oder privaten Unternehmung oder ihren Agenten zugänglich zu machen,

wer ein Fabrikations- oder Geschäftsgeheimnis einer fremden amtlichen Stelle oder einer ausländischen Organisation oder privaten Unternehmung oder ihren Agenten zugänglich macht,

wird mit Freiheitsstrafe bis zu drei Jahren oder Geldstrafe, in schweren Fällen mit Freiheitsstrafe nicht unter einem Jahr bestraft. Mit der Freiheitsstrafe kann Geldstrafe verbunden werden.[232]

Militärischer Nachrichtendienst

Art. 274[233] 1. Wer für einen fremden Staat zum Nachteile der Schweiz militärischen Nachrichtendienst betreibt oder einen solchen Dienst einrichtet, wer für solche Dienste anwirbt oder ihnen Vorschub leistet,

wird mit Freiheitsstrafe bis zu drei Jahren oder Geldstrafe bestraft.

In schweren Fällen kann auf Freiheitsstrafe nicht unter einem Jahr erkannt werden.

2. Die Korrespondenz und das Material werden eingezogen.

3. Gefährdung der verfassungsmässigen Ordnung. Angriffe auf die verfassungsmässige Ordnung

Art. 275[234] Wer eine Handlung vornimmt, die darauf gerichtet ist, die verfassungsmässige Ordnung der Eidgenossenschaft[235] oder der Kantone[236] rechtswidrig zu stören oder zu ändern, wird mit Freiheitsstrafe bis zu fünf Jahren oder Geldstrafe bestraft.

---

231 Fassung gemäss Ziff. I des BG vom 5. Okt. 1950, in Kraft seit 5. Jan. 1951 (AS 1951 1; BBl 1949 1 1249).
232 Strafdrohungen neu umschrieben gemäss Ziff. II 1 Abs. 16 des BG vom 13. Dez. 2002, in Kraft seit 1. Jan. 2007 (AS 2006 3459; BBl 1999 1979).
233 Fassung gemäss Ziff. I des BG vom 5. Okt. 1950, in Kraft seit 5. Jan. 1951 (AS 1951 1; BBl 1949 1 1249).
234 Fassung gemäss Ziff. I des BG vom 5. Okt. 1950, in Kraft seit 5. Jan. 1951 (AS 1951 1; BBl 1949 1 1249).
235 SR 101
236 SR 131.211/.235

Staatsgefährliche Propaganda

Art. 275^bis237 Wer eine Propaganda des Auslandes betreibt, die auf den gewaltsamen Umsturz der verfassungsmässigen Ordnung der Eidgenossenschaft oder eines Kantons gerichtet ist, wird mit Freiheitsstrafe bis zu drei Jahren oder Geldstrafe bestraft.

Rechtswidrige Vereinigung

Art. 275^ter238 Wer eine Vereinigung gründet, die bezweckt oder deren Tätigkeit darauf gerichtet ist, Handlungen vorzunehmen, die gemäss den Artikeln 265, 266, 266bis, 271–274, 275 und 275bis mit Strafe bedroht sind,

wer einer solchen Vereinigung beitritt oder sich an ihren Bestrebungen beteiligt,

wer zur Bildung solcher Vereinigungen auffordert oder deren Weisungen befolgt,

wird mit Freiheitsstrafe bis zu drei Jahren oder Geldstrafe bestraft.

4. Störung der militärischen Sicherheit.
Aufforderung und Verleitung zur Verletzung militärischer Dienstpflichten

Art. 276 1. Wer öffentlich zum Ungehorsam gegen militärische Befehle, zur Dienstverletzung, zur Dienstverweigerung oder zum Ausreissen auffordert,

wer einen Dienstpflichtigen zu einer solchen Tat verleitet,

wird mit Freiheitsstrafe bis zu drei Jahren oder Geldstrafe bestraft.

2. Geht die Aufforderung auf Meuterei oder auf Vorbereitung einer Meuterei, oder wird zur Meuterei oder zur Vorbereitung einer Meuterei verleitet, so ist die Strafe Freiheitsstrafe oder Geldstrafe.

Fälschung von Aufgeboten oder Weisungen

Art. 277 1. Wer vorsätzlich ein militärisches Aufgebot oder eine für Dienstpflichtige bestimmte Weisung fälscht, verfälscht, unterdrückt oder beseitigt,

wer ein gefälschtes oder verfälschtes Aufgebot oder eine solche Weisung gebraucht,

wird mit Freiheitsstrafe oder Geldstrafe bestraft.

2. Handelt der Täter fahrlässig, so ist die Strafe Freiheitsstrafe bis zu drei Jahren oder Geldstrafe.

Störung des Militärdienstes

Art. 278 Wer eine Militärperson in der Ausübung des Dienstes hindert oder stört, wird mit Geldstrafe bis zu 180 Tagessätzen bestraft.

---

237 Eingefügt durch Ziff. I des BG vom 5. Okt. 1950, in Kraft seit 5. Jan. 1951 (AS 1951 1; BBl 1949 I 1249).
238 Eingefügt durch Ziff. I des BG vom 5. Okt. 1950, in Kraft seit 5. Jan. 1951 (AS 1951 1; BBl 1949 I 1249).

Vierzehnter Titel: Vergehen gegen den Volkswillen

Störung und Hinderung von Wahlen und Abstimmungen

Art. 279 Wer eine durch Verfassung oder Gesetz vorgeschriebene Versammlung, Wahl oder Abstimmung durch Gewalt oder Androhung ernstlicher Nachteile hindert oder stört,

wer die Sammlung oder die Ablieferung von Unterschriften für ein Referendums- oder ein Initiativbegehren durch Gewalt oder Androhung ernstlicher Nachteile hindert oder stört,

wird mit Freiheitsstrafe bis zu drei Jahren oder Geldstrafe bestraft.

Eingriffe in das Stimm- und Wahlrecht

Art. 280 Wer einen Stimmberechtigten an der Ausübung des Stimm- oder Wahlrechts, des Referendums oder der Initiative durch Gewalt oder Androhung ernstlicher Nachteile hindert,

wer einen Stimmberechtigten durch Gewalt oder Androhung ernstlicher Nachteile nötigt, eines dieser Rechte überhaupt oder in einem bestimmten Sinn auszuüben,

wird mit Freiheitsstrafe bis zu drei Jahren oder Geldstrafe bestraft.

Wahlbestechung

Art. 281 Wer einem Stimmberechtigten ein Geschenk oder einen andern Vorteil anbietet, verspricht, gibt oder zukommen lässt, damit er in einem bestimmten Sinne stimme oder wähle, einem Referendums- oder einem Initiativbegehren beitrete oder nicht beitrete,

wer einem Stimmberechtigten ein Geschenk oder einen andern Vorteil anbietet, verspricht, gibt oder zukommen lässt, damit er an einer Wahl oder Abstimmung nicht teilnehme,

wer sich als Stimmberechtigter einen solchen Vorteil versprechen oder geben lässt,

wird mit Freiheitsstrafe bis zu drei Jahren oder Geldstrafe bestraft.

Wahlfälschung

Art. 282 1. Wer ein Stimmregister fälscht, verfälscht, beseitigt oder vernichtet,

wer unbefugt an einer Wahl oder Abstimmung oder an einem Referendums- oder Initiativbegehren teilnimmt,

wer das Ergebnis einer Wahl, einer Abstimmung oder einer Unterschriftensammlung zur Ausübung des Referendums oder der Initiative fälscht, insbesondere durch Hinzufügen, Ändern, Weglassen oder Streichen von Stimmzetteln oder Unterschriften, durch unrichtiges Auszählen oder unwahre Beurkundung des Ergebnisses,

wird mit Freiheitsstrafe bis zu drei Jahren oder Geldstrafe bestraft.

2. Handelt der Täter in amtlicher Eigenschaft, so ist die Strafe Freiheitsstrafe bis zu drei Jahren oder Geldstrafe nicht unter 30 Tages-

sätzen. Mit der Freiheitsstrafe kann eine Geldstrafe verbunden werden.[239]

Stimmenfang

Art. 282bis[240] Wer Wahl- oder Stimmzettel planmässig einsammelt, ausfüllt oder ändert oder wer derartige Wahl- oder Stimmzettel verteilt, wird mit Busse bestraft.

Verletzung des Abstimmungs- und Wahlgeheimnisses

Art. 283 Wer sich durch unrechtmässiges Vorgehen Kenntnis davon verschafft, wie einzelne Berechtigte stimmen oder wählen, wird mit Freiheitsstrafe bis zu drei Jahren oder Geldstrafe bestraft.

Art. 284[241]

Fünfzehnter Titel: Strafbare Handlungen gegen die öffentliche Gewalt

Gewalt und Drohung gegen Behörden und Beamte

Art. 285 1.[242] Wer eine Behörde, ein Mitglied einer Behörde oder einen Beamten durch Gewalt oder Drohung an einer Handlung, die innerhalb ihrer Amtsbefugnisse liegt, hindert, zu einer Amtshandlung nötigt oder während einer Amtshandlung tätlich angreift, wird mit Freiheitsstrafe bis zu drei Jahren oder Geldstrafe bestraft.

Als Beamte gelten auch Angestellte von Unternehmen nach dem Eisenbahngesetz vom 20. Dezember 1957[243], dem Personenbeförderungsgesetz vom 20. März 2009[244] und dem Gütertransportgesetz vom 19. Dezember 2008[245] sowie Angestellte der nach dem Bundesgesetz vom 18. Juni 2010[246] über die Sicherheitsorgane der Transportunternehmen im öffentlichen Verkehr mit Bewilligung des Bundesamts für Verkehr beauftragten Organisationen.

2. Wird die Tat von einem zusammengerotteten Haufen begangen, so wird jeder, der an der Zusammenrottung teilnimmt, mit Freiheitsstrafe bis zu drei Jahren oder Geldstrafe bestraft.[247]

---

239 Strafdrohungen neu umschrieben gemäss Ziff. II 1 Abs. 16 des BG vom 13. Dez. 2002, in Kraft seit 1. Jan. 2007 (AS 2006 3459; BBl 1999 1979).

240 Eingefügt durch Art. 88 Ziff. I des BG vom 17. Dez. 1976 über die politischen Rechte, in Kraft seit 1. Juli 1978 (AS 1978 688; BBl 1975 I 1317).

241 Aufgehoben durch Ziff. I des BG vom 18. März 1971 (AS 1971 777; BBl 1965 I 561).

242 Fassung gemäss Ziff. II 5 des BG vom 20. März 2009 über die Bahnreform 2, in Kraft seit 1. Jan. 2010 (AS 2009 5597; BBl 2005 2415, 2007 2681).

243 SR 742.101

244 SR 745.1

245 SR 742.41

246 SR 745.2

247 Fassung gemäss Art. 11 Abs. 2 des BG vom 18. Juni 2010 über die Sicherheitsorgane der Transportunternehmen im öffentlichen Verkehr, in Kraft seit 1. Okt. 2011 (AS 2011 3961; BBl 2010 891 915).

Der Teilnehmer, der Gewalt an Personen oder Sachen verübt, wird mit Freiheitsstrafe bis zu drei Jahren oder Geldstrafe nicht unter 30 Tagessätzen bestraft.[248]

Hinderung einer Amtshandlung

Art. 286[249] Wer eine Behörde, ein Mitglied einer Behörde oder einen Beamten an einer Handlung hindert, die innerhalb ihrer Amtsbefugnisse liegt, wird mit Geldstrafe bis zu 30 Tagessätzen bestraft.

Als Beamte gelten auch Angestellte von Unternehmen nach dem Eisenbahngesetz vom 20. Dezember 1957[250], dem Personenbeförderungsgesetz vom 20. März 2009[251] und dem Gütertransportgesetz vom 19. Dezember 2008[252] sowie Angestellte der nach dem Bundesgesetz vom 18. Juni 2010[253] über die Sicherheitsorgane der Transportunternehmen im öffentlichen Verkehr mit Bewilligung des Bundesamts für Verkehr beauftragten Organisationen.[254]

Amtsanmassung

Art. 287 Wer sich in rechtswidriger Absicht die Ausübung eines Amtes oder militärische Befehlsgewalt anmasst, wird mit Freiheitsstrafe bis zu drei Jahren oder Geldstrafe bestraft.

Art. 288[255]

Bruch amtlicher Beschlagnahme

Art. 289 Wer eine Sache, die amtlich mit Beschlag belegt ist, der amtlichen Gewalt entzieht, wird mit Freiheitsstrafe bis zu drei Jahren oder Geldstrafe bestraft.

Siegelbruch

Art. 290 Wer ein amtliches Zeichen, namentlich ein amtliches Siegel, mit dem eine Sache verschlossen oder gekennzeichnet ist, erbricht, entfernt oder unwirksam macht, wird mit Freiheitsstrafe bis zu drei Jahren oder Geldstrafe bestraft.

Verweisungsbruch

Art. 291 [1] Wer eine von einer zuständigen Behörde auferlegte Landes- oder Kantonsverweisung bricht, wird mit Freiheitsstrafe bis zu drei Jahren oder Geldstrafe bestraft.

---

248 Strafdrohungen neu umschrieben gemäss Ziff. II 1 Abs. 16 des BG vom 13. Dez. 2002, in Kraft seit 1. Jan. 2007 (AS 2006 3459; BBl 1999 1979).

249 Fassung gemäss Ziff. II 5 des BG vom 20. März 2009 über die Bahnreform 2, in Kraft seit 1. Jan. 2010 (AS 2009 5597; BBl 2005 2415, 2007 2681).

250 SR 742.101

251 SR 745.1

252 SR 742.41

253 SR 745.2

254 Fassung gemäss Art. 11 Abs. 2 des BG vom 18. Juni 2010 über die Sicherheitsorgane der Transportunternehmen im öffentlichen Verkehr, in Kraft seit 1. Okt. 2011 (AS 2011 3961; BBl 2010 891 915).

255 Aufgehoben durch Ziff. I 1 des BG vom 22. Dez. 1999 (Revision des Korruptionsstrafrechts) (AS 2000 1121; BBl 1999 5497).

[2] Die Dauer dieser Strafe wird auf die Verweisungsdauer nicht angerechnet.

Ungehorsam gegen amtliche Verfügungen

Art. 292 Wer der von einer zuständigen Behörde oder einem zuständigen Beamten unter Hinweis auf die Strafdrohung dieses Artikels an ihn erlassenen Verfügung nicht Folge leistet, wird mit Busse bestraft.

Veröffentlichung amtlicher geheimer Verhandlungen

Art. 293 [1] Wer, ohne dazu berechtigt zu sein, aus Akten, Verhandlungen oder Untersuchungen einer Behörde, die durch Gesetz oder durch Beschluss der Behörde im Rahmen ihrer Befugnis als geheim erklärt worden sind, etwas an die Öffentlichkeit bringt, wird mit Busse bestraft.

[2] Die Gehilfenschaft ist strafbar.

[3] Der Richter kann von jeglicher Strafe absehen, wenn das an die Öffentlichkeit gebrachte Geheimnis von geringer Bedeutung ist.[256]

Übertretung eines Berufsverbotes

Art. 294 Wer einen Beruf, ein Gewerbe oder ein Handelsgeschäft ausübt, dessen Ausübung ihm durch Strafurteil untersagt ist, wird mit Freiheitsstrafe bis zu einem Jahr oder Geldstrafe bestraft.[257]

Art. 295[258]

Sechzehnter Titel: Störung der Beziehungen zum Ausland

Beleidigung eines fremden Staates

Art. 296[259] Wer einen fremden Staat in der Person seines Oberhauptes, in seiner Regierung oder in der Person eines seiner diplomatischen Vertreter oder eines seiner offiziellen Delegierten an einer in der Schweiz tagenden diplomatischen Konferenz oder eines seiner offiziellen Vertreter bei einer in der Schweiz niedergelassenen oder tagenden zwischenstaatlichen Organisation oder Abteilung einer solchen öffentlich beleidigt, wird mit Freiheitsstrafe bis zu drei Jahren oder Geldstrafe bestraft.

Beleidigung zwischenstaatlicher Organisationen

Art. 297[260] Wer eine in der Schweiz niedergelassene oder tagende zwischenstaatliche Organisation oder Abteilung einer solchen in der

---

256 Eingefügt durch Ziff. I des BG vom 10. Okt. 1997, in Kraft seit 1. April 1998 (AS 1998 852; BBl 1996 IV 525).
257 Strafrahmen heraufgesetzt durch Ziff. II 1 Abs. 17 des BG vom 13. Dez. 2002, in Kraft seit 1. Jan. 2007 (AS 2006 3459; BBl 1999 1979).
258 Aufgehoben durch Ziff. II 3 des BG vom 13. Dez. 2002, mit Wirkung seit 1. Jan. 2007 (AS 2006 3459; BBl 1999 1979).
259 Fassung gemäss Ziff. I des BG vom 5. Okt. 1950, in Kraft seit 5. Jan. 1951 (AS 1951 1; BBl 1949 1 1249).
260 Fassung gemäss Ziff. I des BG vom 5. Okt. 1950, in Kraft seit 5. Jan. 1951 (AS 1951 1; BBl 1949 1 1249).

Person eines ihrer offiziellen Vertreter öffentlich beleidigt, wird mit Freiheitsstrafe bis zu drei Jahren oder Geldstrafe bestraft.

Tätliche Angriffe auf fremde Hoheitszeichen

Art. 298 Wer Hoheitszeichen eines fremden Staates, die von einer anerkannten Vertretung dieses Staates öffentlich angebracht sind, namentlich sein Wappen oder seine Fahne böswillig wegnimmt, beschädigt oder beleidigende Handlungen daran verübt, wird mit Freiheitsstrafe bis zu drei Jahren oder Geldstrafe bestraft.

Verletzung fremder Gebietshoheit

Art. 299 1. Wer die Gebietshoheit eines fremden Staates verletzt, insbesondere durch unerlaubte Vornahme von Amtshandlungen auf dem fremden Staatsgebiete,

wer in Verletzung des Völkerrechtes auf fremdes Staatsgebiet eindringt,

wird mit Freiheitsstrafe bis zu drei Jahren oder Geldstrafe bestraft.

2. Wer versucht, vom Gebiete der Schweiz aus mit Gewalt die staatliche Ordnung eines fremden Staates zu stören, wird mit Freiheitsstrafe bis zu drei Jahren oder Geldstrafe bestraft.

Feindseligkeiten gegen einen Kriegführenden oder fremde Truppen

Art. 300 Wer vom neutralen Gebiete der Schweiz aus Feindseligkeiten gegen einen Kriegführenden unternimmt oder unterstützt,

wer Feindseligkeiten gegen in die Schweiz zugelassene fremde Truppen unternimmt,

wird mit Freiheitsstrafe oder Geldstrafe bestraft.

Nachrichtendienst gegen fremde Staaten

Art. 301 1. Wer im Gebiete der Schweiz für einen fremden Staat zum Nachteil eines andern fremden Staates militärischen Nachrichtendienst betreibt oder einen solchen Dienst einrichtet,

wer für solche Dienste anwirbt oder ihnen Vorschub leistet,

wird mit Freiheitsstrafe bis zu drei Jahren oder Geldstrafe bestraft.

2. Die Korrespondenz und das Material werden eingezogen.

Strafverfolgung

Art. 302[261] [1] Die Verbrechen und Vergehen dieses Titels werden nur auf Ermächtigung des Bundesrates verfolgt.

[2] Der Bundesrat ordnet die Verfolgung nur an, wenn in den Fällen des Artikels 296 die Regierung des fremden Staates und in den Fällen des Artikels 297 ein Organ der zwischenstaatlichen Organisation um die Strafverfolgung ersucht. In Zeiten aktiven Dienstes kann er die Verfolgung auch ohne ein solches Ersuchen anordnen.

---

261 Fassung gemäss Ziff. I des BG vom 5. Okt. 1950, in Kraft seit 5. Jan. 1951 (AS 1951 1; BBl 1949 1 1249).

³ In den Fällen der Artikel 296 und 297 tritt die Verjährung in zwei Jahren ein.[262]

Siebzehnter Titel: Verbrechen und Vergehen gegen die Rechtspflege

Falsche Anschuldigung **Art. 303** 1. Wer einen Nichtschuldigen wider besseres Wissen bei der Behörde eines Verbrechens oder eines Vergehens beschuldigt, in der Absicht, eine Strafverfolgung gegen ihn herbeizuführen,

wer in anderer Weise arglistige Veranstaltungen trifft, in der Absicht, eine Strafverfolgung gegen einen Nichtschuldigen herbeizuführen,

wird mit Freiheitsstrafe oder Geldstrafe bestraft.

2. Betrifft die falsche Anschuldigung eine Übertretung, so ist die Strafe Freiheitsstrafe bis zu drei Jahren oder Geldstrafe.

Irreführung der Rechtspflege **Art. 304** 1. Wer bei einer Behörde wider besseres Wissen anzeigt, es sei eine strafbare Handlung begangen worden,

wer sich selbst fälschlicherweise bei der Behörde einer strafbaren Handlung beschuldigt,

wird mit Freiheitsstrafe bis zu drei Jahren oder Geldstrafe bestraft.

2. In besonders leichten Fällen kann der Richter von einer Bestrafung Umgang nehmen.

Begünstigung **Art. 305** ¹ Wer jemanden der Strafverfolgung, dem Strafvollzug oder dem Vollzug einer der in den Artikeln 59–61, 63 und 64 vorgesehenen Massnahmen entzieht,[263] wird mit Freiheitsstrafe bis zu drei Jahren oder Geldstrafe bestraft.

¹ᵇⁱˢ Ebenso wird bestraft, wer jemanden, der im Ausland wegen eines Verbrechens nach Artikel 101 verfolgt wird oder verurteilt wurde, der dortigen Strafverfolgung oder dem dortigen Vollzug einer Freiheitsstrafe oder einer Massnahme im Sinne der Artikel 59–61, 63 oder 64 entzieht.[264]

² Steht der Täter in so nahen Beziehungen zu dem Begünstigten, dass sein Verhalten entschuldbar ist, so kann der Richter von einer Bestrafung Umgang nehmen.

---

262 Fassung gemäss Ziff. I des BG vom 22. März 2002 (Verjährung der Strafverfolgung), in Kraft seit 1. Okt. 2002 (AS 2002 2986; BBl 2002 2673 1649).

263 Fassung des Halbsatzes gemäss Ziff. II 2 des BG vom 13. Dez. 2002, in Kraft seit 1. Jan. 2007 (AS 2006 3459; BBl 1999 1979).

264 Eingefügt durch Ziff. I des BG vom 9. Okt. 1981 (AS 1982 1530; BBl 1980 I 1241). Fassung gemäss Ziff. II 2 des BG vom 13. Dez. 2002, in Kraft seit 1. Jan. 2007 (AS 2006 3459; BBl 1999 1979).

Geldwäscherei

Art. 305bis265 1. Wer eine Handlung vornimmt, die geeignet ist, die Ermittlung der Herkunft, die Auffindung oder die Einziehung von Vermögenswerten zu vereiteln, die, wie er weiss oder annehmen muss, aus einem Verbrechen herrühren,

wird mit Freiheitsstrafe bis zu drei Jahren oder Geldstrafe bestraft.

2. In schweren Fällen ist die Strafe Freiheitsstrafe bis zu fünf Jahren oder Geldstrafe. Mit der Freiheitsstrafe wird eine Geldstrafe bis zu 500 Tagessätzen verbunden.266

Ein schwerer Fall liegt insbesondere vor, wenn der Täter:

a. als Mitglied einer Verbrechensorganisation handelt;

b. als Mitglied einer Bande handelt, die sich zur fortgesetzten Ausübung der Geldwäscherei zusammengefunden hat;

c. durch gewerbsmässige Geldwäscherei einen grossen Umsatz oder einen erheblichen Gewinn erzielt.

3. Der Täter wird auch bestraft, wenn die Haupttat im Ausland begangen wurde und diese auch am Begehungsort strafbar ist.267

Mangelnde Sorgfalt bei Finanzgeschäften und Melderecht264

Art. 305ter268 1 Wer berufsmässig fremde Vermögenswerte annimmt, aufbewahrt, anlegen oder übertragen hilft und es unterlässt, mit der nach den Umständen gebotenen Sorgfalt die Identität des wirtschaftlich Berechtigten festzustellen, wird mit Freiheitsstrafe bis zu einem Jahr oder Geldstrafe bestraft.270

2 Die von Absatz 1 erfassten Personen sind berechtigt, der Meldestelle für Geldwäscherei im Bundesamt für Polizei Wahrnehmungen zu melden, die darauf schliessen lassen, dass Vermögenswerte aus einem Verbrechen herrühren.271

Falsche Beweisaussage der Partei

Art. 306 1 Wer in einem Zivilrechtsverfahren als Partei nach erfolgter richterlicher Ermahnung zur Wahrheit und nach Hinweis auf die Straffolgen eine falsche Beweisaussage zur Sache macht, wird mit Freiheitsstrafe bis zu drei Jahren oder Geldstrafe bestraft.

---

265 Eingefügt durch Ziff. I des BG vom 23. März 1990, in Kraft seit 1. Aug. 1990 (AS 1990 1077; BBl 1989 II 1061).

266 Strafdrohungen neu umschrieben gemäss Ziff. II 1 Abs. 16 des BG vom 13. Dez. 2002, in Kraft seit 1. Jan. 2007 (AS 2006 3459; BBl 1999 1979).

267 Berichtigt von der Redaktionskommission der BVers [Art. 33 GVG – AS 1974 1051].

268 Eingefügt durch Ziff. I des BG vom 23. März 1990, in Kraft seit 1. Aug. 1990 (AS 1990 1077; BBl 1989 II 1061).

269 Fassung gemäss Ziff. I des BG vom 18. März 1994, in Kraft seit 1. Aug. 1994 (AS 1994 1614; BBl 1993 III 277).

270 Strafdrohungen neu umschrieben gemäss Ziff. II 1 Abs. 16 des BG vom 13. Dez. 2002, in Kraft seit 1. Jan. 2007 (AS 2006 3459; BBl 1999 1979).

271 Eingefügt durch Ziff. I des BG vom 18. März 1994 (AS 1994 1614; BBl 1993 III 277). Fassung gemäss Ziff. I 1 des BG vom 3. Okt. 2008 zur Umsetzung der revidierten Empfehlungen der Groupe d'action financière, in Kraft seit 1. Febr. 2009 (AS 2009 361; BBl 2007 6269).

² Wird die Aussage mit einem Eid oder einem Handgelübde bekräftigt, so ist die Strafe Freiheitsstrafe bis zu drei Jahren oder Geldstrafe nicht unter 90 Tagessätzen.[272]

Falsches Zeugnis. Falsches Gutachten. Falsche Übersetzung

Art. 307 ¹ Wer in einem gerichtlichen Verfahren als Zeuge, Sachverständiger, Übersetzer oder Dolmetscher zur Sache falsch aussagt, einen falschen Befund oder ein falsches Gutachten abgibt oder falsch übersetzt, wird mit Freiheitsstrafe bis zu fünf Jahren oder Geldstrafe bestraft.

² Werden die Aussage, der Befund, das Gutachten oder die Übersetzung mit einem Eid oder mit einem Handgelübde bekräftigt, so ist die Strafe Freiheitsstrafe bis zu fünf Jahren oder Geldstrafe nicht unter 180 Tagessätzen.[273]

³ Bezieht sich die falsche Äusserung auf Tatsachen, die für die richterliche Entscheidung unerheblich sind, so ist die Strafe Geldstrafe bis zu 180 Tagessätzen.[274]

Strafmilderungen

Art. 308 ¹ Berichtigt der Täter seine falsche Anschuldigung (Art. 303), seine falsche Anzeige (Art. 304) oder Aussage (Art. 306 und 307) aus eigenem Antrieb und bevor durch sie ein Rechtsnachteil für einen andern entstanden ist, so kann der Richter die Strafe mildern (Art. 48a) oder von einer Bestrafung Umgang nehmen.[275]

² Hat der Täter eine falsche Äusserung getan (Art. 306 und 307), weil er durch die wahre Aussage sich oder seine Angehörigen der Gefahr strafrechtlicher Verfolgung aussetzen würde, so kann der Richter die Strafe mildern (Art. 48a).[276]

Verwaltungssachen und Verfahren vor internationalen Gerichten

Art. 309[277] Die Artikel 306–308 finden auch Anwendung auf:

a. das Verwaltungsgerichtsverfahren, das Schiedsgerichtsverfahren und das Verfahren vor Behörden und Beamten der Verwaltung, denen das Recht der Zeugenabhörung zusteht;

b. das Verfahren vor internationalen Gerichten, deren Zuständigkeit die Schweiz als verbindlich anerkennt.

---

272 Strafdrohungen neu umschrieben gemäss Ziff. II 1 Abs. 16 des BG vom 13. Dez. 2002, in Kraft seit 1. Jan. 2007 (AS 2006 3459; BBl 1999 1979).

273 Strafdrohungen neu umschrieben gemäss Ziff. II 1 Abs. 16 des BG vom 13. Dez. 2002, in Kraft seit 1. Jan. 2007 (AS 2006 3459; BBl 1999 1979).

274 Strafdrohungen neu umschrieben gemäss Ziff. II 1 Abs. 16 des BG vom 13. Dez. 2002, in Kraft seit 1. Jan. 2007 (AS 2006 3459; BBl 1999 1979).

275 Fassung des letzten Halbsatzes gemäss Ziff. II 2 des BG vom 13. Dez. 2002, in Kraft seit 1. Jan. 2007 (AS 2006 3459; BBl 1999 1979).

276 Fassung des letzten Halbsatzes gemäss Ziff. II 2 des BG vom 13. Dez. 2002, in Kraft seit 1. Jan. 2007 (AS 2006 3459; BBl 1999 1979).

277 Fassung gemäss Ziff. I 1 des BG vom 22. Juni 2001 (Rechtspflegedelikte vor internationalen Gerichten), in Kraft seit 1. Juli 2002 (AS 2002 1491; BBl 2001 391).

Befreiung von Gefangenen

Art. 310 1. Wer mit Gewalt, Drohung oder List einen Verhafteten, einen Gefangenen oder einen andern auf amtliche Anordnung in eine Anstalt Eingewiesenen befreit oder ihm zur Flucht behilflich ist, wird mit Freiheitsstrafe bis zu drei Jahren oder Geldstrafe bestraft.

2. Wird die Tat von einem zusammengerotteten Haufen begangen, so wird jeder, der an der Zusammenrottung teilnimmt, mit Freiheitsstrafe bis zu drei Jahren oder Geldstrafe bestraft.

Der Teilnehmer, der Gewalt an Personen oder Sachen verübt, wird mit Freiheitsstrafe bis zu drei Jahren oder Geldstrafe nicht unter 30 Tagessätzen bestraft.[278]

Meuterei von Gefangenen

Art. 311 1. Gefangene oder andere auf amtliche Anordnung in eine Anstalt Eingewiesene, die sich in der Absicht zusammenrotten,

vereint Anstaltsbeamte oder andere mit ihrer Beaufsichtigung beauftragte Personen anzugreifen,

durch Gewalt oder Drohung mit Gewalt Anstaltsbeamte oder andere mit ihrer Beaufsichtigung beauftragte Personen zu einer Handlung oder Unterlassung zu nötigen,

gewaltsam auszubrechen,

werden mit Freiheitsstrafe bis zu drei Jahren oder Geldstrafe nicht unter 30 Tagessätzen bestraft.[279]

2. Der Teilnehmer, der Gewalt an Personen oder Sachen verübt, wird mit Freiheitsstrafe bis zu fünf Jahren oder Geldstrafe nicht unter 90 Tagessätzen bestraft.[280]

Achtzehnter Titel: Strafbare Handlungen gegen die Amts- und Berufspflicht

Amtsmissbrauch

Art. 312 Mitglieder einer Behörde oder Beamte, die ihre Amtsgewalt missbrauchen, um sich oder einem andern einen unrechtmässigen Vorteil zu verschaffen oder einem andern einen Nachteil zuzufügen, werden mit Freiheitsstrafe bis zu fünf Jahren oder Geldstrafe bestraft.

---

278 Strafdrohungen neu umschrieben gemäss Ziff. II 1 Abs. 16 des BG vom 13. Dez. 2002, in Kraft seit 1. Jan. 2007 (AS 2006 3459; BBl 1999 1979).

279 Strafdrohungen neu umschrieben gemäss Ziff. II 1 Abs. 16 des BG vom 13. Dez. 2002, in Kraft seit 1. Jan. 2007 (AS 2006 3459; BBl 1999 1979).

280 Strafdrohungen neu umschrieben gemäss Ziff. II 1 Abs. 16 des BG vom 13. Dez. 2002, in Kraft seit 1. Jan. 2007 (AS 2006 3459; BBl 1999 1979).

Gebühren-überforderung

Art. 313 Ein Beamter, der in gewinnsüchtiger Absicht Taxen, Gebühren oder Vergütungen erhebt, die nicht geschuldet werden oder die gesetzlichen Ansätze überschreiten, wird mit Freiheitsstrafe bis zu drei Jahren oder Geldstrafe bestraft.

Ungetreue Amtsführung   **Art. 314**[281] Mitglieder einer Behörde oder Beamte, die bei einem Rechtsgeschäft die von ihnen zu wahrenden öffentlichen Interessen schädigen, um sich oder einem andern einen unrechtmässigen Vorteil zu verschaffen, werden mit Freiheitsstrafe bis zu fünf Jahren oder mit Geldstrafe bestraft. Mit der Freiheitsstrafe ist eine Geldstrafe zu verbinden.[282]

Art. 315–316[283]

Urkundenfälschung im Amt

Art. 317[284] 1. Beamte oder Personen öffentlichen Glaubens, die vorsätzlich eine Urkunde fälschen oder verfälschen oder die echte Unterschrift oder das echte Handzeichen eines andern zur Herstellung einer unechten Urkunde benützen,

Beamte oder Personen öffentlichen Glaubens, die vorsätzlich eine rechtlich erhebliche Tatsache unrichtig beurkunden, namentlich eine falsche Unterschrift oder ein falsches Handzeichen oder eine unrichtige Abschrift beglaubigen,

werden mit Freiheitsstrafe bis zu fünf Jahren oder Geldstrafe bestraft.

2. Handelt der Täter fahrlässig, so ist die Strafe Busse.

Nicht strafbare Handlungen

Art. 317[bis][285] I Wer mit richterlicher Genehmigung im Rahmen einer verdeckten Ermittlung zum Aufbau oder zur Aufrechterhaltung seiner Legende oder mit Ermächtigung der Vorsteherin oder des Vorstehers des Eidgenössischen Departements für Verteidigung, Bevölkerungsschutz und Sport (VBS) nach Artikel 14c des Bundesgesetzes vom 21. März 1997[286] über Massnahmen zur Wahrung der inneren Sicherheit (BWIS) zur Schaffung oder Aufrechterhaltung seiner Tarnidentität Urkunden herstellt, verändert oder gebraucht, ist nicht nach den Artikeln 251, 252, 255 und 317 strafbar.

---

281 Fassung gemäss Ziff. I des BG vom 17. Juni 1994, in Kraft seit 1. Jan. 1995 (AS 1994 2290; BBl 1991 II 969).

282 Strafdrohungen neu umschrieben gemäss Ziff. II 1 Abs. 16 des BG vom 13. Dez. 2002, in Kraft seit 1. Jan. 2007 (AS 2006 3459; BBl 1999 1979).

283 Aufgehoben durch Ziff. I 1 des BG vom 22. Dez. 1999 (Revision des Korruptionsstrafrechts) (AS 2000 1121; BBl 1999 5497).

284 Fassung gemäss Ziff. I des BG vom 17. Juni 1994, in Kraft seit 1. Jan. 1995 (AS 1994 2290; BBl 1991 II 969).

285 Eingefügt durch Art. 24 Ziff. 1 des BG vom 20. Juni 2003 über die verdeckte Ermittlung, in Kraft seit 1. Jan. 2005 (AS 2004 1409; BBl 1998 4241). Fassung gemäss Anhang Ziff. 3 des BG vom 23. Dez. 2011, in Kraft seit 16. Juli 2012 (AS 2012 3745; BBl 2007 5037, 2010 7841).

286 SR 120

2 Wer mit Bewilligung für eine verdeckte Ermittlung oder mit Zustimmung der Vorsteherin oder des Vorstehers des VBS nach Artikel 14c BWIS Urkunden für Tarnidentitäten herstellt oder verändert, ist nicht nach den Artikeln 251, 252, 255 und 317 strafbar.

3 Wer im Rahmen des Bundesgesetzes vom 23. Dezember 2011[287] über den ausserprozessualen Zeugenschutz Urkunden herstellt, verändert oder gebraucht, ist nicht nach den Artikeln 251, 252, 255 und 317 strafbar.[288]

Falsches ärztliches Zeugnis

Art. 318 1. Ärzte, Zahnärzte, Tierärzte und Hebammen, die vorsätzlich ein unwahres Zeugnis ausstellen, das zum Gebrauche bei einer Behörde oder zur Erlangung eines unberechtigten Vorteils bestimmt, oder das geeignet ist, wichtige und berechtigte Interessen Dritter zu verletzen, werden mit Freiheitsstrafe bis zu drei Jahren oder Geldstrafe bestraft.

Hat der Täter dafür eine besondere Belohnung gefordert, angenommen oder sich versprechen lassen, so wird er mit Freiheitsstrafe bis zu drei Jahren oder Geldstrafe bestraft.

2. Handelt der Täter fahrlässig, so ist die Strafe Busse.

Entweichenlassen von Gefangenen

Art. 319 Der Beamte, der einem Verhafteten, einem Gefangenen oder einem andern auf amtliche Anordnung in eine Anstalt Eingewiesenen zur Flucht behilflich ist oder ihn entweichen lässt, wird mit Freiheitsstrafe bis zu drei Jahren oder Geldstrafe bestraft.

Verletzung des Amtsgeheimnisses

Art. 320 1. Wer ein Geheimnis offenbart, das ihm in seiner Eigenschaft als Mitglied einer Behörde oder als Beamter anvertraut worden ist, oder das er in seiner amtlichen oder dienstlichen Stellung wahrgenommen hat, wird mit Freiheitsstrafe bis zu drei Jahren oder Geldstrafe bestraft.

Die Verletzung des Amtsgeheimnisses ist auch nach Beendigung des amtlichen oder dienstlichen Verhältnisses strafbar.

2. Der Täter ist nicht strafbar, wenn er das Geheimnis mit schriftlicher Einwilligung seiner vorgesetzten Behörde geoffenbart hat.

Verletzung des Berufsgeheimnisses

Art. 321 1. Geistliche, Rechtsanwälte, Verteidiger, Notare, Patentanwälte, nach Obligationenrecht[289] zur Verschwiegenheit verpflichtete Revisoren, Ärzte, Zahnärzte, Chiropraktoren, Apotheker, Hebammen, Psychologen sowie ihre Hilfspersonen, die ein Geheimnis

---

287 SR 312.2
288 Eingefügt durch Anhang Ziff. 3 des BG vom 23. Dez. 2011 über den ausserprozessualen Zeugenschutz, in Kraft seit 1. Jan. 2013 (AS 2012 6715; BBl 2011 1).
289 SR 220

offenbaren, das ihnen infolge ihres Berufes anvertraut worden ist oder das sie in dessen Ausübung wahrgenommen haben, werden, auf Antrag, mit Freiheitsstrafe bis zu drei Jahren oder Geldstrafe bestraft.[290]

Ebenso werden Studierende bestraft, die ein Geheimnis offenbaren, das sie bei ihrem Studium wahrnehmen.

Die Verletzung des Berufsgeheimnisses ist auch nach Beendigung der Berufsausübung oder der Studien strafbar.

2. Der Täter ist nicht strafbar, wenn er das Geheimnis auf Grund einer Einwilligung des Berechtigten oder einer auf Gesuch des Täters erteilten schriftlichen Bewilligung der vorgesetzten Behörde oder Aufsichtsbehörde offenbart hat.

3. Vorbehalten bleiben die eidgenössischen und kantonalen Bestimmungen über die Zeugnispflicht und über die Auskunftspflicht gegenüber einer Behörde.

Berufsgeheimnis in der medizinischen Forschung

Art. 321[bis][291]   1 Wer ein Berufsgeheimnis unbefugterweise offenbart, das er durch seine Tätigkeit für die Forschung im Bereich der Medizin oder des Gesundheitswesens erfahren hat, wird nach Artikel 321 bestraft.

2 Berufsgeheimnisse dürfen für die Forschung im Bereich der Medizin oder des Gesundheitswesens offenbart werden, wenn eine Sachverständigenkommission dies bewilligt und der Berechtigte nach Aufklärung über seine Rechte es nicht ausdrücklich untersagt hat.

3 Die Kommission erteilt die Bewilligung, wenn:

a. die Forschung nicht mit anonymisierten Daten durchgeführt werden kann;

b. es unmöglich oder unverhältnismässig schwierig wäre, die Einwilligung des Berechtigten einzuholen und

c. die Forschungsinteressen gegenüber den Geheimhaltungsinteressen überwiegen.

4 Die Kommission verbindet die Bewilligung mit Auflagen zur Sicherung des Datenschutzes. Sie veröffentlicht die Bewilligung.

5 Sind die schutzwürdigen Interessen der Berechtigten nicht gefährdet und werden die Personendaten zu Beginn der Forschung anonymisiert, so kann die Kommission generelle Bewilligungen erteilen oder andere Vereinfachungen vorsehen.

6 Die Kommission ist an keine Weisungen gebunden.

---

290 Fassung gemäss Art. 48 Ziff. 1 des Psychologieberufegesetzes vom 18. März 2011, in Kraft seit 1. April 2013 (AS 2012 1929, 2013 915 975; BBl 2009 6897).

291 Eingefügt durch Anhang Ziff. 4 des BG vom 19. Juni 1992 über den Datenschutz, in Kraft seit 1. Juli 1993 (AS 1993 1945; BBl 1988 II 413).

[7] Der Bundesrat wählt den Präsidenten und die Mitglieder der Kommission. Er regelt ihre Organisation und ordnet das Verfahren.

Verletzung des Post- und Fernmeldegeheimnisses

Art. 321[ter][292]   [1] Wer als Beamter, Angestellter oder Hilfsperson einer Organisation, die Post- oder Fernmeldedienste erbringt, einem Dritten Angaben über den Post-, Zahlungs- oder den Fernmeldeverkehr der Kundschaft macht, eine verschlossene Sendung öffnet oder ihrem Inhalt nachforscht, oder einem Dritten Gelegenheit gibt, eine solche Handlung zu begehen, wird mit Freiheitsstrafe bis zu drei Jahren oder Geldstrafe bestraft.

[2] Ebenso wird bestraft, wer eine nach Absatz 1 zur Geheimhaltung verpflichtete Person durch Täuschung veranlasst, die Geheimhaltungspflicht zu verletzen.

[3] Die Verletzung des Post- und Fernmeldegeheimnisses ist auch nach Beendigung des amtlichen oder dienstlichen Verhältnisses strafbar.

[4] Die Verletzung des Post- und Fernmeldegeheimnisses ist nicht strafbar, soweit sie zur Ermittlung des Berechtigten oder zur Verhinderung von Schäden erforderlich ist.

[5] Vorbehalten bleiben Artikel 179[octies] sowie die eidgenössischen und kantonalen Bestimmungen über die Zeugnispflicht und über die Auskunftspflicht gegenüber einer Behörde.

Verletzung der Auskunftspflicht der Medien

Art. 322[293]   [1] Medienunternehmen sind verpflichtet, jeder Person auf Anfrage unverzüglich und schriftlich ihren Sitz sowie die Identität des Verantwortlichen (Art. 28 Abs. 2 und 3) bekannt zu geben.[294]

[2] Zeitungen und Zeitschriften müssen zudem in einem Impressum den Sitz des Medienunternehmens, namhafte Beteiligungen an anderen Unternehmungen sowie den verantwortlichen Redaktor angeben. Ist ein Redaktor nur für einen Teil der Zeitung oder Zeitschrift verantwortlich, so ist er als verantwortlicher Redaktor dieses Teils anzugeben. Für jeden Teil einer solchen Zeitung oder Zeitschrift muss ein verantwortlicher Redaktor angegeben werden.

[3] Bei Verstössen gegen die Vorschriften dieses Artikels wird der Leiter des Medienunternehmens mit Busse bestraft. Ein Verstoss liegt auch vor, wenn eine vorgeschobene Person als verantwortlich für die Veröffentlichung (Art. 28 Abs. 2 und 3) angegeben wird.[295]

---

292 Eingefügt durch Anhang Ziff. 2 des Fernmeldegesetzes vom 30. April 1997, in Kraft seit 1. Jan. 1998 (AS 1997 2187; BBl 1996 III 1405).

293 Fassung gemäss Ziff. I des BG vom 10. Okt. 1997, in Kraft seit 1. April 1998 (AS 1998 852; BBl 1996 IV 525).

294 Fassung des Halbsatzes gemäss Ziff. II 2 des BG vom 13. Dez. 2002, in Kraft seit 1. Jan. 2007 (AS 2006 3459; BBl 1999 1979).

295 Fassung des Halbsatzes gemäss Ziff. II 2 des BG vom 13. Dez. 2002, in Kraft seit 1. Jan. 2007 (AS 2006 3459; BBl 1999 1979).

Nichtverhin-derung einer strafbaren Veröffentlichung

Art. 322bis296 Wer als Verantwortlicher nach Artikel 28 Absätze 2 und 3 eine Veröffentlichung,[297] durch die eine strafbare Handlung begangen wird, vorsätzlich nicht verhindert, wird mit Freiheitsstrafe bis zu drei Jahren oder Geldstrafe bestraft. Handelt der Täter fahrlässig, so ist die Strafe Busse.

Neunzehnter Titel:[298] Bestechung

1. Bestechung schweizerischer Amtsträger.

Bestechen

Art. 322ter Wer einem Mitglied einer richterlichen oder anderen Behörde, einem Beamten, einem amtlich bestellten Sachverständigen, Übersetzer oder Dolmetscher, einem Schiedsrichter oder einem Angehörigen der Armee im Zusammenhang mit dessen amtlicher Tätigkeit für eine pflichtwidrige oder eine im Ermessen stehende Handlung oder Unterlassung zu dessen Gunsten oder zu Gunsten eines Dritten einen nicht gebührenden Vorteil anbietet, verspricht oder gewährt,

wird mit Freiheitsstrafe bis zu fünf Jahren oder Geldstrafe bestraft.

Sich bestechen lassen

Art. 322quater Wer als Mitglied einer richterlichen oder anderen Behörde, als Beamter, als amtlich bestellter Sachverständiger, Übersetzer oder Dolmetscher oder als Schiedsrichter im Zusammenhang mit seiner amtlichen Tätigkeit für eine pflichtwidrige oder eine im Ermessen stehende Handlung oder Unterlassung für sich oder einen Dritten einen nicht gebührenden Vorteil fordert, sich versprechen lässt oder annimmt,

wird mit Freiheitsstrafe bis zu fünf Jahren oder Geldstrafe bestraft.

Vorteilsgewährung

Art. 322quinquies Wer einem Mitglied einer richterlichen oder anderen Behörde, einem Beamten, einem amtlich bestellten Sachverständigen, Übersetzer oder Dolmetscher, einem Schiedsrichter oder einem Angehörigen der Armee im Hinblick auf die Amtsführung einen nicht gebührenden Vorteil anbietet, verspricht oder gewährt,

wird mit Freiheitsstrafe bis zu drei Jahren oder Geldstrafe bestraft.

Vorteilsannahme

Art. 322sexies Wer als Mitglied einer richterlichen oder anderen Behörde, als Beamter, als amtlich bestellter Sachverständiger, Übersetzer oder Dolmetscher oder als Schiedsrichter im Hinblick auf die

---

296 Eingefügt durch Ziff. I des BG vom 10. Okt. 1997, in Kraft seit 1. April 1998 (AS 1998 852; BBl 1996 IV 525).
297 Fassung des Halbsatzes gemäss Ziff. II 2 des BG vom 13. Dez. 2002, in Kraft seit 1. Jan. 2007 (AS 2006 3459; BBl 1999 1979).
298 Eingefügt durch Ziff. I 1 des BG vom 22. Dez. 1999 (Revision des Korruptionsstrafrechts), in Kraft seit 1. Mai 2000 (AS 2000 1121; BBl 1999 5497).

Amtsführung einen nicht gebührenden Vorteil fordert, sich versprechen lässt oder annimmt,

wird mit Freiheitsstrafe bis zu drei Jahren oder Geldstrafe bestraft.

2. Bestechung
fremder Amtsträger

Art. 322^{septies} Wer einem Mitglied einer richterlichen oder anderen
Behörde, einem Beamten, einem amtlich bestellten Sachverständi-
gen, Übersetzer oder Dolmetscher, einem Schiedsrichter oder einem
Angehörigen der Armee, die für einen fremden Staat oder eine internationale Organisation tätig sind, im Zusammenhang mit dessen
amtlicher Tätigkeit für eine pflichtwidrige oder eine im Ermessen
stehende Handlung oder Unterlassung zu dessen Gunsten oder zu
Gunsten eines Dritten einen nicht gebührenden Vorteil anbietet, verspricht oder gewährt,

wer als Mitglied einer richterlichen oder anderen Behörde, als
Beamter, als amtlich bestellter Sachverständiger, Übersetzer oder
Dolmetscher, als Schiedsrichter oder als Angehöriger der Armee
eines fremden Staates oder einer internationalen Organisation im
Zusammenhang mit seiner amtlichen Tätigkeit für eine pflichtwidrige
oder eine im Ermessen stehende Handlung oder Unterlassung für sich
oder einen Dritten einen nicht gebührenden Vorteil fordert, sich versprechen lässt oder annimmt,[299]

wird mit Freiheitsstrafe bis zu fünf Jahren oder Geldstrafe bestraft.

3. Gemeinsame
Bestimmungen

Art. 322^{octies}

1. ...[300]

2. Keine nicht gebührenden Vorteile sind dienstrechtlich erlaubte
sowie geringfügige, sozial übliche Vorteile.

3. Amtsträgern gleichgestellt sind Private, die öffentliche Aufgaben
erfüllen.

---

299 Par. eingefügt durch Art. 2 Ziff. 2 des BB vom 7. Okt. 2005 über die Genehmigung und die Umsetzung des
Strafrechtsübereinkommens und des Zusatzprotokolls des Europarates über Korruption, in Kraft seit 1. Juli 2006
(AS 2006 2371; BBl 2004 6983).

300 Aufgehoben durch Ziff. II 2 des BG vom 13. Dez. 2002, mit Wirkung seit 1. Jan. 2007 (AS 2006 3459; BBl 1999
1979).

Zwanzigster Titel:[301] Übertretungen bundesrechtlicher Bestimmungen

Ungehorsam des Schuldners im Betreibungs- und Konkursverfahren

Art. 323[302]   Mit Busse wird bestraft:

1. der Schuldner, der einer Pfändung oder der Aufnahme eines Güterverzeichnisses, die ihm gemäss Gesetz angekündigt worden sind, weder selbst beiwohnt noch sich dabei vertreten lässt (Art. 91 Abs. 1 Ziff. 1, 163 Abs. 2 und 345 Abs. 1[303] SchKG[304]);

2. der Schuldner, der seine Vermögensgegenstände, auch wenn sie sich nicht in seinem Gewahrsam befinden, sowie seine Forderungen und Rechte gegenüber Dritten nicht so weit angibt, als dies zu einer genügenden Pfändung oder zum Vollzug eines Arrestes nötig ist (Art. 91 Abs. 1 Ziff. 2 und 275 SchKG);

3. der Schuldner, der seine Vermögensgegenstände, auch wenn sie sich nicht in seinem Gewahrsam befinden, sowie seine Forderungen und Rechte gegenüber Dritten bei Aufnahme eines Güterverzeichnisses nicht vollständig angibt (Art. 163 Abs. 2, 345 Abs. 1[305] SchKG);

4. der Schuldner, der dem Konkursamt nicht alle seine Vermögensgegenstände angibt und zur Verfügung stellt (Art. 222 Abs. 1 SchKG);

5. der Schuldner, der während des Konkursverfahrens nicht zur Verfügung der Konkursverwaltung steht, wenn er dieser Pflicht nicht durch besondere Erlaubnis enthoben wurde (Art. 229 Abs. 1 SchKG).

Ungehorsam dritter Personen im Betreibungs-, Konkurs- und Nachlassverfahren

Art. 324[306]   Mit Busse wird bestraft:

1. die erwachsene Person, die dem Konkursamt nicht alle Vermögensstücke eines gestorbenen oder flüchtigen Schuldners, mit dem sie in gemeinsamem Haushalt gelebt hat, angibt und zur Verfügung stellt (Art. 222 Abs. 2 SchKG[307]);

2. wer sich binnen der Eingabefrist nicht als Schuldner des Konkursiten anmeldet (Art. 232 Abs. 2 Ziff. 3 SchKG);

3. wer Sachen des Schuldners als Pfandgläubiger oder aus andern Gründen besitzt und sie dem Konkursamt binnen der Eingabefrist nicht zur Verfügung stellt (Art. 232 Abs. 2 Ziff. 4 SchKG);

---

301 Ursprünglich 19. Tit.
302 Fassung gemäss Anhang Ziff. 8 des BG vom 16. Dez. 1994, in Kraft seit 1. Jan. 1997 (AS 1995 1227; BBl 1991 III 1).
303 Heute: Art. 341 Abs. 1.
304 SR 281.1
305 Heute: Art. 341 Abs. 1.
306 Fassung gemäss Anhang Ziff. 8 des BG vom 16. Dez. 1994, in Kraft seit 1. Jan. 1997 (AS 1995 1227; BBl 1991 III 1).
307 SR 281.1

4. wer Sachen des Schuldners als Pfandgläubiger besitzt und sie den Liquidatoren nach Ablauf der Verwertungsfrist nicht abliefert (Art. 324 Abs. 2 SchKG);

5. der Dritte, der seine Auskunfts- und Herausgabepflichten nach den Artikeln 57*a* Absatz 1, 91 Absatz 4, 163 Absatz 2, 222 Absatz 4 und 345 Absatz 1[308] des SchKG verletzt.

Ordnungswidrige Führung der Geschäftsbücher

Art. 325 Wer vorsätzlich oder fahrlässig der gesetzlichen Pflicht, Geschäftsbücher ordnungsmässig zu führen, nicht nachkommt,

wer vorsätzlich oder fahrlässig der gesetzlichen Pflicht, Geschäftsbücher, Geschäftsbriefe und Geschäftstelegramme aufzubewahren, nicht nachkommt,

wird mit Busse bestraft.

Widerhandlungen gegen die Bestimmungen zum Schutz der Mieter von Wohn- und Geschäftsräumen

Art. 325bis[309] Wer den Mieter unter Androhung von Nachteilen, insbesondere der späteren Kündigung des Mietverhältnisses, davon abhält oder abzuhalten versucht, Mietzinse oder sonstige Forderungen des Vermieters anzufechten,

wer dem Mieter kündigt, weil dieser die ihm nach dem Obligationenrecht[310] zustehenden Rechte wahrnimmt oder wahrnehmen will,

wer Mietzinse oder sonstige Forderungen nach einem gescheiterten Einigungsversuch oder nach einem richterlichen Entscheid in unzulässiger Weise durchsetzt oder durchzusetzen versucht,

wird auf Antrag des Mieters mit Busse bestraft.

Anwendung auf juristische Personen, Handelsgesellschaften und Einzelfirmen[305]

1. ...

Art. 326[311]

2. im Falle von Artikel 325bis

Art. 326bis[313] 1 Werden die im Artikel 325bis unter Strafe gestellten Handlungen beim Besorgen der Angelegenheiten einer juristischen Person, Kollektiv- oder Kommanditgesellschaft oder Einzelfirma[314] oder sonst in Ausübung geschäftlicher oder dienstlicher Verrichtun-

---

308 Heute: Art. 341 Abs. 1.

309 Eingefügt durch Ziff. II Art. 4 des BG vom 15. Dez. 1989 über die Änderung des OR (Miete und Pacht), in Kraft seit 1. Juli 1990 (AS 1990 802; BBl 1985 I 1389, SchlB zu den Tit. VIII und VIIIbis).

310 SR 220

311 Aufgehoben durch Ziff. II 3 des BG vom 13. Dez. 2002, mit Wirkung seit 1. Jan. 2007 (AS 2006 3459; BBl 1999 1979).

312 Heute: Einzelunternehmen.

313 Eingefügt durch Ziff. II Art. 4 des BG vom 15. Dez. 1989 über die Änderung des OR (Miete und Pacht), in Kraft seit 1. Juli 1990 (AS 1990 802; BBl 1985 I 1389, SchlB zu den Tit. VIII und VIIIbis).

314 Heute: Einzelunternehmen.

gen für einen anderen begangen, so finden die Strafbestimmungen auf diejenigen natürlichen Personen Anwendung, die diese Handlungen begangen haben.

[2] Der Geschäftsherr oder Arbeitgeber, Auftraggeber oder Vertretene, der von der Widerhandlung Kenntnis hat oder nachträglich Kenntnis erhält und, obgleich es ihm möglich wäre, es unterlässt, sie abzuwenden oder ihre Wirkungen aufzuheben, untersteht der gleichen Strafandrohung wie der Täter.

[3] Ist der Geschäftsherr oder Arbeitgeber, Auftraggeber oder Vertretene eine juristische Person, Kollektiv- oder Kommanditgesellschaft, Einzelfirma[315] oder Personengesamtheit ohne Rechtspersönlichkeit, so findet Absatz 2 auf die schuldigen Organe, Organmitglieder, geschäftsführenden Gesellschafter, tatsächlich leitenden Personen oder Liquidatoren Anwendung.

Übertretung firmen- und namensrechtlicher Bestimmungen.

Art. 326ter[316] Wer für einen im Handelsregister eingetragenen Rechtsträger oder eine im Handelsregister eingetragene Zweigniederlassung eine Bezeichnung verwendet, die mit der im Handelsregister eingetragenen nicht übereinstimmt und die irreführen kann,

wer für einen im Handelsregister nicht eingetragenen Rechtsträger oder eine im Handelsregister nicht eingetragene Zweigniederlassung eine irreführende Bezeichnung verwendet,

wer für einen im Handelsregister nicht eingetragenen ausländischen Rechtsträger den Eindruck erweckt, der Sitz des Rechtsträgers oder eine Geschäftsniederlassung befinde sich in der Schweiz,

wird mit Busse[317] bestraft.

Unwahre Auskunft durch eine Personalvorsorgeeinrichtung

Art. 326quater[318] Wer als Organ einer Personalvorsorgeeinrichtung gesetzlich verpflichtet ist, Begünstigten oder Aufsichtsbehörden Auskunft zu erteilen und keine oder eine unwahre Auskunft erteilt, wird mit Busse bestraft.

Art. 327[319]

---

315 Heute: Einzelunternehmen.

316 Eingefügt durch Ziff. I des BG vom 17. Juni 1994 (AS 1994 2290; BBl 1991 II 969). Fassung gemäss Anhang Ziff. 5 des BG vom 16. Dez. 2005 (GmbH-Recht sowie Anpassungen im Aktien-, Genossenschafts-, Handelsregister- und Firmenrecht), in Kraft seit 1. Jan. 2008 (AS 2007 4791; BBl 2002 3148, 2004 3969).

317 Berichtigt von der Redaktionskommission der BVers (Art. 58 Abs. 2 ParlG – SR 171.10).

318 Eingefügt durch Ziff. I des BG vom 17. Juni 1994, in Kraft seit 1. Jan. 1995 (AS 1994 2290; BBl 1991 II 969).

319 Aufgehoben durch Anhang Ziff. 3 des BG vom 22. Dez. 1999 über die Währung und die Zahlungsmittel (AS 2000 1144; BBl 1999 7258).

Nachmachen von Postwertzeichen ohne Fälschungsabsicht

Art. 328 1. Wer Postwertzeichen des In- oder Auslandes nachmacht, um sie als nachgemacht in Verkehr zu bringen, ohne die einzelnen Stücke als Nachmachungen kenntlich zu machen,

wer solche Nachmachungen einführt, feilhält oder in Verkehr bringt,

wird mit Busse bestraft.

2. Die Nachmachungen werden eingezogen.

Verletzung militärischer Geheimnisse

Art. 329 1. Wer unrechtmässig

in Anstalten oder andere Örtlichkeiten eindringt, zu denen der Zutritt von der Militärbehörde verboten ist,

militärische Anstalten oder Gegenstände abbildet, oder solche Abbildungen vervielfältigt oder veröffentlicht,

wird mit Busse bestraft.

2. Versuch und Gehilfenschaft sind strafbar.

Handel mit militärisch beschlagnahmtem Material

Art. 330 Wer Gegenstände, die von der Heeresverwaltung zum Zwecke der Landesverteidigung beschlagnahmt oder requiriert worden sind, unrechtmässig verkauft oder erwirbt, zu Pfand gibt oder nimmt, verbraucht, beiseiteschafft, zerstört oder unbrauchbar macht, wird mit Busse bestraft.[320]

Unbefugtes Tragen der militärischen Uniform

Art. 331 Wer unbefugt die Uniform des schweizerischen Heeres trägt, wird mit Busse bestraft.[321]

Nichtanzeigen eines Fundes

Art. 332[322] Wer beim Fund oder bei der Zuführung einer Sache nicht die in den Artikeln 720 Absatz 2, 720*a* und 725 Absatz 1 des Zivilgesetzbuches[323] vorgeschriebene Anzeige erstattet, wird mit Busse bestraft.

---

320 Strafdrohungen neu umschrieben gemäss Ziff. II 1 Abs. 16 des BG vom 13. Dez. 2002, in Kraft seit 1. Jan. 2007 (AS 2006 3459; BBl 1999 1979).
321 Strafdrohungen neu umschrieben gemäss Ziff. II 1 Abs. 16 des BG vom 13. Dez. 2002, in Kraft seit 1. Jan. 2007 (AS 2006 3459; BBl 1999 1979).
322 Fassung gemäss Ziff. III des BG vom 4. Okt. 2002 (Grundsatzartikel Tiere), in Kraft seit 1. April 2003 (AS 2003 463; BBl 2002 4164 5806).
323 SR 210

Drittes Buch:[324] Einführung und Anwendung des Gesetzes

Erster Titel: Verhältnis dieses Gesetzes zu andern Gesetzen des Bundes und zu den Gesetzen der Kantone

Anwendung des Allgemeinen Teils auf andere Bundesgesetze

Art. 333 [1] Die allgemeinen Bestimmungen dieses Gesetzes finden auf Taten, die in andern Bundesgesetzen mit Strafe bedroht sind, insoweit Anwendung, als diese Bundesgesetze nicht selbst Bestimmungen aufstellen.

[2] In den anderen Bundesgesetzen werden ersetzt:

a. Zuchthaus durch Freiheitsstrafe von mehr als einem Jahr;

b. Gefängnis durch Freiheitsstrafe bis zu drei Jahren oder Geldstrafe;

c. Gefängnis unter sechs Monaten durch Geldstrafe, wobei einem Monat Freiheitsstrafe 30 Tagessätze Geldstrafe zu höchstens 3000 Franken entsprechen.

[3] Wird Haft oder Busse oder Busse allein als Höchststrafe angedroht, so liegt eine Übertretung vor. Die Artikel 106 und 107 sind anwendbar. Vorbehalten bleibt Artikel 8 des Bundesgesetzes vom 22. März 1974[325] über das Verwaltungsstrafrecht. Eine Übertretung ist die Tat auch dann, wenn sie in einem anderen Bundesgesetz, welches vor 1942 in Kraft getreten ist, mit einer Gefängnisstrafe bedroht ist, die drei Monate nicht übersteigt.

[4] Vorbehalten sind die von Absatz 2 abweichenden Strafdauern und Artikel 41 sowie die von Artikel 106 abweichenden Bussenbeträge.

[5] Droht ein anderes Bundesgesetz für ein Verbrechen oder Vergehen Busse an, so ist Artikel 34 anwendbar. Von Artikel 34 abweichende Bemessungsregeln sind nicht anwendbar. Vorbehalten bleibt Artikel 8 des Bundesgesetzes vom 22. März 1974 über das Verwaltungsstrafrecht. Ist die Busse auf eine Summe unter 1 080 000 Franken begrenzt, so fällt diese Begrenzung dahin. Ist die angedrohte Busse auf eine Summe über 1 080 000 Franken begrenzt, so wird diese Begrenzung beibehalten. In diesem Fall ergibt der bisher angedrohte Bussenhöchstbetrag geteilt durch 3000 die Höchstzahl der Tagessätze.

---

324 Fassung gemäss Ziff. III des BG vom 13. Dez. 2002, in Kraft seit 1. Jan. 2007 (AS 2006 3459; BBl 1999 1979).
325 SR 313.0

[6] Bis zu ihrer Anpassung gilt in anderen Bundesgesetzen:

a. Die Verfolgungsverjährungsfristen für Verbrechen und Vergehen werden um die Hälfte und die Verfolgungsverjährungsfristen für Übertretungen um das Doppelte der ordentlichen Dauer erhöht.

b. Die Verfolgungsverjährungsfristen für Übertretungen, die über ein Jahr betragen, werden um die ordentliche Dauer verlängert.

c. Die Regeln über die Unterbrechung und das Ruhen der Verfolgungsverjährung werden aufgehoben. Vorbehalten bleibt Artikel 11 Absatz 3 des Bundesgesetzes vom 22. März 1974 über das Verwaltungsstrafrecht.

d. Die Verfolgungsverjährung tritt nicht mehr ein, wenn vor Ablauf der Verjährungsfrist ein erstinstanzliches Urteil ergangen ist.

e. Die Vollstreckungsverjährungsfristen für Strafen bei Verbrechen und Vergehen werden beibehalten, und diejenigen für Strafen bei Übertretungen werden um die Hälfte verlängert.

f. Die Bestimmungen über das Ruhen der Vollstreckungsverjährung werden beibehalten, und diejenigen über die Unterbrechung werden aufgehoben.

[7] Die in andern Bundesgesetzen unter Strafe gestellten Übertretungen sind strafbar, auch wenn sie fahrlässig begangen werden, sofern nicht nach dem Sinne der Vorschrift nur die vorsätzliche Begehung mit Strafe bedroht ist.

Verweisung auf aufgehobene Bestimmungen

Art. 334 Wird in Bundesvorschriften auf Bestimmungen verwiesen, die durch dieses Gesetz geändert oder aufgehoben werden, so sind diese Verweisungen auf die entsprechenden Bestimmungen dieses Gesetzes zu beziehen.

Gesetze der Kantone

Art. 335 [1] Den Kantonen bleibt die Gesetzgebung über das Übertretungsstrafrecht insoweit vorbehalten, als es nicht Gegenstand der Bundesgesetzgebung ist.

[2] Die Kantone sind befugt, die Widerhandlungen gegen das kantonale Verwaltungs- und Prozessrecht mit Sanktionen zu bedrohen.

Zweiter Titel:[326] ...

Art. 336–338

---

326 Aufgehoben durch Anhang 1 Ziff. II 8 der Strafprozessordnung vom 5. Okt. 2007, mit Wirkung seit 1. Jan. 2011 (AS 2010 1881; BBl 2006 1085).

Dritter Titel:[327] ...

Art. 339–348

Vierter Titel: Amtshilfe im Bereich der Polizei[328]

1. ...   **Art. 349**[329]

2. Zusammenarbeit mit INTERPOL.
a. Zuständigkeit[323]

Art. 350 [1] Das Bundesamt für Polizei nimmt die Aufgaben eines Nationalen Zentralbüros im Sinne der Statuten der Internationalen Kriminalpolizeilichen Organisation (INTERPOL) wahr.

[2] Es ist zuständig für die Informationsvermittlung zwischen den Strafverfolgungsbehörden von Bund und Kantonen einerseits sowie den Nationalen Zentralbüros anderer Staaten und dem Generalsekretariat von INTERPOL andererseits.

b. Aufgaben[324]

Art. 351 [1] Das Bundesamt für Polizei vermittelt kriminalpolizeiliche Informationen zur Verfolgung von Straftaten und zur Vollstreckung von Strafen und Massnahmen.

[2] Es kann kriminalpolizeiliche Informationen zur Verhütung von Straftaten übermitteln, wenn auf Grund konkreter Umstände mit der grossen Wahrscheinlichkeit eines Verbrechens oder Vergehens zu rechnen ist.

[3] Es kann Informationen zur Suche nach Vermissten und zur Identifizierung von Unbekannten vermitteln.

[4] Zur Verhinderung und Aufklärung von Straftaten kann das Bundesamt für Polizei von Privaten Informationen entgegennehmen und Private orientieren, wenn dies im Interesse der betroffenen Personen ist und deren Zustimmung vorliegt oder nach den Umständen vorausgesetzt werden kann.

---

327 Aufgehoben durch Anhang 1 Ziff. II 8 der Strafprozessordnung vom 5. Okt. 2007, mit Wirkung seit 1. Jan. 2011 (AS 2010 1881; BBl 2006 1085).

328 Fassung gemäss Anhang 1 Ziff. II 8 der Strafprozessordnung vom 5. Okt. 2007, in Kraft seit 1. Jan. 2011 (AS 2010 1881; BBl 2006 1085).

329 Aufgehoben durch Anhang 1 Ziff. 5 des BG vom 13. Juni 2008 über die polizeilichen Informationssysteme des Bundes, mit Wirkung seit 5. Dez. 2008 (AS 2008 4989; BBl 2006 5061).

330 Fassung gemäss Anhang 1 Ziff. II 8 der Strafprozessordnung vom 5. Okt. 2007, in Kraft seit 1. Jan. 2011 (AS 2010 1881; BBl 2006 1085).

331 Fassung gemäss Anhang 1 Ziff. II 8 der Strafprozessordnung vom 5. Okt. 2007, in Kraft seit 1. Jan. 2011 (AS 2010 1881; BBl 2006 1085).

c. Datenschutz[325]

Art. 352 [1] Der Austausch kriminalpolizeilicher Informationen richtet sich nach den Grundsätzen des Rechtshilfegesetzes vom 20. März 1981[333] sowie nach den vom Bundesrat als anwendbar erklärten Statuten und Reglementen von INTERPOL.

[2] Für den Austausch von Informationen zur Suche nach Vermissten, zur Identifizierung von Unbekannten und zu administrativen Zwecken gilt das Bundesgesetz vom 19. Juni 1992[334] über den Datenschutz.

[3] Das Bundesamt für Polizei kann den Zentralbüros anderer Staaten Informationen direkt vermitteln, wenn der Empfängerstaat den datenschutzrechtlichen Vorschriften von INTERPOL untersteht.

d. Finanzhilfen und Abgeltungen[328]

Art. 353 Der Bund kann Finanzhilfen und Abgeltungen an INTERPOL ausrichten.

3. Zusammenarbeit bei der Identifizierung von Personen[329]

Art. 354 [1] Das zuständige Departement registriert und speichert erkennungsdienstliche Daten, die von Behörden der Kantone, des Bundes und des Auslandes bei Strafverfolgungen oder bei Erfüllung anderer gesetzlicher Aufgaben erhoben und ihm übermittelt worden sind. Diese Daten können zur Identifizierung einer gesuchten oder unbekannten Person miteinander verglichen werden.

[2] Folgende Behörden können Daten im Rahmen von Absatz 1 vergleichen und bearbeiten:

a. das Rechenzentrum des Eidgenössischen Justiz- und Polizeidepartementes;

b. das Bundesamt für Polizei;

c. die Grenzstellen;

d. die Polizeibehörden der Kantone.

[3] Die Personendaten, die sich auf erkennungsdienstliche Daten nach Absatz 1 beziehen, werden in getrennten Informationssystemen bearbeitet; dabei gelten die Bestimmungen des Bundesgesetzes vom 13. Juni 2008[337] über die polizeilichen Informationssysteme des Bundes, des Asylgesetzes vom 26. Juni 1998[338] und des Bundesgesetzes

---

332 Fassung gemäss Anhang 1 Ziff. II 8 der Strafprozessordnung vom 5. Okt. 2007, in Kraft seit 1. Jan. 2011 (AS 2010 1881; BBl 2006 1085).
333 SR 351.1
334 SR 235.1
335 Fassung gemäss Anhang 1 Ziff. II 8 der Strafprozessordnung vom 5. Okt. 2007, in Kraft seit 1. Jan. 2011 (AS 2010 1881; BBl 2006 1085).
336 Fassung gemäss Anhang 1 Ziff. II 8 der Strafprozessordnung vom 5. Okt. 2007, in Kraft seit 1. Jan. 2011 (AS 2010 1881; BBl 2006 1085).
337 SR 361
338 SR 142.31

vom 16. Dezember 2005[339] über die Ausländerinnen und Ausländer. Das DNA-Profil-Informationssystem unterliegt den Bestimmungen des DNA-Profil-Gesetzes vom 20. Juni 2003[340].[341]

4 Der Bundesrat:

a. regelt die Einzelheiten, insbesondere die Verantwortung für die Datenbearbeitung, die Kategorien der zu erfassenden Daten, die Aufbewahrungsdauer der Daten und die Zusammenarbeit mit den Kantonen;

b. bestimmt die Behörden, welche Personendaten im Abrufverfahren eingeben und abfragen oder denen Personendaten im Einzelfall bekannt gegeben werden können;

c. regelt die Verfahrensrechte der betroffenen Personen, insbesondere die Einsicht in ihre Daten sowie deren Berichtigung, Archivierung und Vernichtung.

4. ...

Art. 355[342]

5. Zusammenarbeit mit Europol

a. Datenaustausch[337]

Art. 355a[343]　1 Das Bundesamt für Polizei (fedpol) und der Nachrichtendienst des Bundes (NDB) können dem Europäischen Polizeiamt (Europol) Personendaten, einschliesslich besonders schützenswerter Personendaten und Persönlichkeitsprofile, weitergeben.[345]

2 Für die Weitergabe dieser Daten gelten insbesondere die Voraussetzungen nach den Artikeln 3 und 10–13 des Abkommens vom 24. September 2004[346] zwischen der Schweizerischen Eidgenossenschaft und dem Europäischen Polizeiamt.

3 Gleichzeitig mit der Weitergabe von Daten unterrichtet das Bundesamt für Polizei Europol über die Zweckbestimmung der Daten sowie über alle Beschränkungen hinsichtlich ihrer Bearbeitung, die ihm selbst nach Massgabe der eidgenössischen oder der kantonalen Gesetzgebung auferlegt sind.

339　SR 142.20

340　SR 363

341　Fassung gemäss Anhang 1 Ziff. 5 des BG vom 13. Juni 2008 über die polizeilichen Informationssysteme des Bundes, in Kraft seit 5. Dez. 2008 (AS 2008 4989; BBl 2006 5061).

342　Aufgehoben durch Anhang 1 Ziff. 5 des BG vom 13. Juni 2008 über die polizeilichen Informationssysteme des Bundes, mit Wirkung seit 5. Dez. 2008 (AS 2008 4989; BBl 2006 5061).

343　Eingefügt durch Art. 2 des BB vom 7. Okt. 2005 über die Genehmigung und die Umsetzung des Abk. zwischen der Schweiz und dem Europol, in Kraft seit 1. April 2006 (AS 2006 1017; BBl 2005 983).

344　Fassung gemäss Anhang 1 Ziff. II 8 der Strafprozessordnung vom 5. Okt. 2007, in Kraft seit 1. Jan. 2011 (AS 2010 1881; BBl 2006 1085).

345　Fassung gemäss Ziff. I 3 der V vom 4. Dez. 2009 über die Anpassung gesetzlicher Bestimmungen infolge der Schaffung des Nachrichtendienstes des Bundes, in Kraft seit 1. Jan. 2010 (AS 2009 6921).

346　SR 0.362.2

b. Mandatserweiterung[341]	**Art. 355b**[347] Der Bundesrat wird ermächtigt, mit Europol im Rahmen von Artikel 3 Absatz 3 des Abkommens vom 24. September 2004[349] zwischen der Schweizerischen Eidgenossenschaft und dem Europäischen Polizeiamt Änderungen des Mandatsbereichs zu vereinbaren.
5bis. Zusammenarbeit im Rahmen der Schengen-Assoziierungsabkommen. Zuständigkeit	**Art. 355c**[350] Die Polizeiorgane des Bundes und der Kantone vollziehen die Bestimmungen der Schengen-Assoziierungsabkommen[351] nach Massgabe des innerstaatlichen Rechts.
5ter. ...	**Art. 355d**[352]
5quater. SIRENE-Büro	**Art. 355e**[353] ¹ Das Bundesamt für Polizei führt eine zentrale Stelle (SIRENE-Büro[354]), die für den N-SIS zuständig ist. ² Das SIRENE-Büro ist Anlauf-, Koordinations- und Konsultationsstelle für den Informationsaustausch im Zusammenhang mit den Ausschreibungen im SIS. Es überprüft die formelle Zulässigkeit der in- und ausländischen Ausschreibungen im SIS.

---

347 Eingefügt durch Art. 2 des BB vom 7. Okt. 2005 über die Genehmigung und die Umsetzung des Abk. zwischen der Schweiz und dem Europol, in Kraft seit 1. April 2006 (AS 2006 1017; BBl 2005 983).

348 Fassung gemäss Anhang 1 Ziff. II 8 der Strafprozessordnung vom 5. Okt. 2007, in Kraft seit 1. Jan. 2011 (AS 2010 1881; BBl 2006 1085).

349 SR 0.362.2

350 Eingefügt durch Art. 3 Ziff. 4 des BB vom 17. Dez. 2004 über die Genehmigung und die Umsetzung der bilateralen Abkommen zwischen der Schweiz und der EU über die Assoziierung an Schengen und an Dublin, in Kraft seit 1. Juni 2008 (AS 2008 447 2179 2227; BBl 2004 5965).

351 Abk. vom 26. Okt. 2004 zwischen der Schweizerischen Eidgenossenschaft, der Europäischen Union und der Europäischen Gemeinschaft über die Assoziierung dieses Staates bei der Umsetzung, Anwendung und Entwicklung des Schengen-Besitzstands (SR 0.362.31); Abk. vom 28. April 2005 zwischen der Schweizerischen Eidgenossenschaft und dem Königreich Dänemark über die Begründung von Rechten und Pflichten zwischen diesen beiden Staaten hinsichtlich der Schengener Zusammenarbeit (SR 0.362.33); Übereink. vom 17. Dez. 2004 zwischen der Schweizerischen Eidgenossenschaft, der Republik Island und dem Königreich Norwegen über die Umsetzung, Anwendung und Entwicklung des Schengen-Besitzstands und über die Kriterien und Verfahren zur Bestimmung des zuständigen Staates für die Prüfung eines in der Schweiz, in Island oder in Norwegen gestellten Asylantrags (SR 0.362.32); Prot. vom 28. Febr. 2008 zwischen der Schweizerischen Eidgenossenschaft, der Europäischen Union, der Europäischen Gemeinschaft und dem Fürstentum Liechtenstein über den Beitritt des Fürstentums Liechtenstein zum Abkommen zwischen der Schweizerischen Eidgenossenschaft, der Europäischen Union und der Europäischen Gemeinschaft über die Assoziierung der Schweizerischen Eidgenossenschaft bei der Umsetzung, Anwendung und Entwicklung des Schengen-Besitzstands (SR 0.362.311).

352 Eingefügt durch Art. 3 Ziff. 4 des BB vom 17. Dez. 2004 über die Genehmigung und die Umsetzung der bilateralen Abkommen zwischen der Schweiz und der EU über die Assoziierung an Schengen und an Dublin (AS 2008 447 2179; BBl 2004 5965). Aufgehoben durch Anhang 2 Ziff. II des BG vom 13. Juni 2008 über die polizeilichen Informationssysteme des Bundes, mit Wirkung seit 5. Dez. 2008 (AS 2008 4989; BBl 2006 5061).

353 Eingefügt durch Art. 3 Ziff. 4 des BB vom 17. Dez. 2004 über die Genehmigung und die Umsetzung der bilateralen Abkommen zwischen der Schweiz und der EU über die Assoziierung an Schengen und an Dublin, in Kraft seit 1. Juni 2008 (AS 2008 447 2179 2227; BBl 2004 5965).

354 Supplementary Information REquest at the National Entry (Anträge auf Zusatzinformationen bei der nationalen Eingangsstelle).

5^{quinquies}. Justizielle Zusammenarbeit im Rahmen der Schengen-Assoziierungsabkommen: Bekanntgabe von Personendaten

a. An einen Drittstaat oder ein internationales Organ

Art. 355f[355] ¹ Personendaten, die von einem Staat übermittelt oder bereitgestellt wurden, der durch eines der Schengen-Assoziierungsabkommen[356] gebunden ist (Schengen-Staat), können der zuständigen Behörde eines Drittstaates oder einem internationalen Organ bekanntgegeben werden, wenn:

a. die Bekanntgabe zur Verhütung, Feststellung oder Verfolgung einer Straftat oder zur Vollstreckung eines Strafentscheids erforderlich ist;

b. die empfangende Stelle für die Verhütung, Feststellung oder Verfolgung einer Straftat oder für die Vollstreckung eines Strafentscheids zuständig ist;

c. der Schengen-Staat, der die Personendaten übermittelt oder bereitgestellt hat, der Bekanntgabe vorgängig zugestimmt hat; und

d. der Drittstaat oder das internationale Organ einen angemessenen Schutz der Daten gewährleistet.

² Abweichend von Absatz 1 Buchstabe c dürfen Personendaten im Einzelfall bekanntgegeben werden, wenn:

a. die vorgängige Zustimmung des Schengen-Staates nicht rechtzeitig eingeholt werden kann; und

b. die Bekanntgabe zur Abwehr einer unmittelbar drohenden ernsthaften Gefahr für die öffentliche Sicherheit eines Schengen-Staates oder eines Drittstaates oder zur Wahrung der wesentlichen Interessen eines Schengen-Staates unerlässlich ist.

---

355 Eingefügt durch Ziff. 4 des BG vom 19. März 2010 über die Umsetzung des Rahmenbeschlusses 2008/977/JI über den Schutz von Personendaten im Rahmen der polizeilichen und justiziellen Zusammenarbeit in Strafsachen, in Kraft seit 1. Dez. 2010 (AS 2010 3387 3418; BBl 2009 6749).

356 Die Schengen-Assoziierungsabk. umfassen:
   a. das Abk. vom 26. Okt. 2004 zwischen der Schweizerischen Eidgenossenschaft, der Europäischen Union und der Europäischen Gemeinschaft über die Assoziierung dieses Staates bei der Umsetzung, Anwendung und Entwicklung des Schengen-Besitzstands (SR 0.362.31);
   b. das Abk. vom 26. Okt. 2004 in Form eines Briefwechsels zwischen dem Rat der Europäischen Union und der Schweizerischen Eidgenossenschaft über die Ausschüsse, die die Europäische Kommission bei der Ausübung ihrer Durchführungsbefugnisse unterstützen (SR 0.362.1);
   c. das Übereink. vom 17. Dez. 2004 zwischen der Schweizerischen Eidgenossenschaft, der Republik Island und dem Königreich Norwegen über die Umsetzung, Anwendung und Entwicklung des Schengen-Besitzstands und über die Kriterien und Verfahren zur Bestimmung des zuständigen Staates für die Prüfung eines in der Schweiz, in Island oder in Norwegen gestellten Asylantrags (SR 0.362.32);
   d. Abk. vom 28. April 2005 zwischen der Schweizerischen Eidgenossenschaft und dem Königreich Dänemark über die Umsetzung, Anwendung und Entwicklung derjenigen Teile des Schengen-Besitzstands, die auf Bestimmungen des Titels IV des Vertrags zur Gründung der Europäischen Gemeinschaft basieren (SR 0.362.33);
   e. das Protokoll vom 28. Februar 2008 zwischen der Schweizerischen Eidgenossenschaft, der Europäischen Union, der Europäischen Gemeinschaft und dem Fürstentum Liechtenstein über den Beitritt des Fürstentums Liechtenstein zu dem Abkommen zwischen der Schweizerischen Eidgenossenschaft, der Europäischen Union und der Europäischen Gemeinschaft über die Assoziierung der Schweizerischen Eidgenossenschaft bei der Umsetzung, Anwendung und Entwicklung des Schengen-Besitzstands (SR 0.362.311).

³ Die zuständige Behörde informiert den Schengen-Staat, der die Personendaten übermittelt oder bereitgestellt hat, unverzüglich über die Bekanntgabe von Personendaten nach Absatz 2.

⁴ Abweichend von Absatz 1 Buchstabe d dürfen Personendaten im Einzelfall bekanntgegeben werden, wenn:

a. dies zur Wahrung überwiegender schutzwürdiger Interessen der betroffenen Person oder einer Drittperson erforderlich ist;

b. dies zur Wahrung eines überwiegenden öffentlichen Interesses erforderlich ist; oder

c. hinreichende Garantien einen angemessenen Schutz der Daten gewährleisten.

b. An eine natürliche oder juristische Person

Art. 355g³⁵⁷ ¹ Personendaten, die von einem Schengen-Staat übermittelt oder bereitgestellt wurden, können natürlichen oder juristischen Personen in Schengen-Staaten im Einzelfall bekanntgegeben werden, wenn:

a. die Spezialgesetzgebung oder ein völkerrechtlicher Vertrag dies vorsieht;

b. der Schengen-Staat, der die Personendaten übermittelt oder bereitgestellt hat, der Bekanntgabe vorgängig zugestimmt hat;

c. überwiegende schutzwürdige Interessen der betroffenen Person der Bekanntgabe nicht entgegenstehen; und

d. die Bekanntgabe unerlässlich ist für:

1. die Erfüllung einer gesetzlichen Aufgabe der natürlichen oder juristischen Person,

2. die Verhütung, Feststellung oder Verfolgung einer Straftat oder die Vollstreckung eines Strafentscheids,

3. die Abwehr einer unmittelbar drohenden ernsthaften Gefahr für die öffentliche Sicherheit, oder

4. die Abwehr einer schweren Verletzung der Rechte Dritter.

² Die zuständige Behörde gibt der natürlichen oder juristischen Person die Daten mit der ausdrücklichen Auflage bekannt, sie ausschliesslich für den Zweck zu verwenden, den die Behörde nennt.

Art. 356–361³⁵⁸

---

357 Eingefügt durch Ziff. 4 des BG vom 19. März 2010 über die Umsetzung des Rahmenbeschlusses 2008/977/JI über den Schutz von Personendaten im Rahmen der polizeilichen und justiziellen Zusammenarbeit in Strafsachen, in Kraft seit 1. Dez. 2010 (AS 2010 3387 3418; BBl 2009 6749).

358 Aufgehoben durch Anhang 1 Ziff. II 8 der Strafprozessordnung vom 5. Okt. 2007, mit Wirkung seit 1. Jan. 2011 (AS 2010 1881; BBl 2006 1085).

6. Mitteilung bei Pornografie[359]

Art. 362   Stellt eine Untersuchungsbehörde fest, dass pornografische Gegenstände (Art. 197 Ziff. 3) in einem fremden Staate hergestellt oder von dort aus eingeführt worden sind, so informiert sie sofort die zur Bekämpfung der Pornografie eingesetzte Zentralstelle des Bundes.

Fünfter Titel: Mitteilung bei strafbaren Handlungen gegen Minderjährige

Art. 363[360]

Mitteilungsrecht   **Art. 364**[361]   Ist an einem Minderjährigen eine strafbare Handlung begangen worden, so sind die an das Amts- oder das Berufsgeheimnis (Art. 320 und 321) gebundenen Personen berechtigt, dies in seinem Interesse der Kindesschutzbehörde zu melden.

Sechster Titel: Strafregister

Zweck   **Art. 365** ^{1} Das Bundesamt für Justiz führt unter Mitwirkung anderer Bundesbehörden und der Kantone (Art. 367 Abs. 1) ein automatisiertes Strafregister über Verurteilungen und Gesuche um Strafregisterauszug im Rahmen von hängigen Strafverfahren, welches besonders schützenswerte Personendaten und Persönlichkeitsprofile enthält. Die Daten über Verurteilungen und jene über Gesuche um Strafregisterauszug im Rahmen von hängigen Strafverfahren werden im automatisierten Register getrennt bearbeitet.

^{2} Das Register dient der Unterstützung von Behörden des Bundes und der Kantone bei der Erfüllung folgender Aufgaben:

a. Durchführung von Strafverfahren;

b. internationale Rechtshilfe- und Auslieferungsverfahren;

c. Straf- und Massnahmenvollzug;

d. zivile und militärische Sicherheitsprüfungen;

---

359 Fassung gemäss Anhang 1 Ziff. II 8 der Strafprozessordnung vom 5. Okt. 2007, in Kraft seit 1. Jan. 2011 (AS 2010 1881; BBl 2006 1085).

360 Aufgehoben durch Anhang 1 Ziff. II 8 der Strafprozessordnung vom 5. Okt. 2007, mit Wirkung seit 1. Jan. 2011 (AS 2010 1881; BBl 2006 1085). Berichtigt durch die Redaktionskommission der BVers am 20. Febr. 2013 (AS 2013 845).

361 Fassung gemäss Anhang Ziff. 14 des BG vom 19. Dez. 2008 (Erwachsenenschutz, Personenrecht und Kindesrecht), in Kraft seit 1. Jan. 2013 (AS 2011 725; BBl 2006 7001).

e. Verhängung und Aufhebung von Fernhaltemassnahmen gegenüber Ausländern nach dem Bundesgesetz vom 26. März 1931[362] über Aufenthalt und Niederlassung der Ausländer sowie der übrigen Ausweisungen und Landesverweisungen;

f. Prüfung der Asylwürdigkeit nach dem Asylgesetz vom 26. Juni 1998[363];

g. Einbürgerungsverfahren;

h. Erteilung und Entzug von Führer- oder Lernfahrausweisen nach dem Strassenverkehrsgesetz vom 19. Dezember 1958[364];

i. Durchführung des konsularischen Schutzes;

j. statistische Bearbeitung nach dem Bundesstatistikgesetz vom 9. Oktober 1992[365];

k.[366] Anordnung oder Aufhebung von Massnahmen des Kindes- oder Erwachsenenschutzes;

l.[367] Ausschluss von der Zivildienstleistung nach dem Zivildienstgesetz vom 6. Oktober 1995[368];

m.[369] Beurteilung der Eignung für bestimmte Einsätze nach dem Zivildienstgesetz vom 6. Oktober 1995.

n.[370] Prüfung einer Nichtrekrutierung oder Zulassung zur Rekrutierung, eines Ausschlusses aus der Armee oder Wiederzulassung zur Armee oder einer Degradation nach dem Militärgesetz vom 3. Februar 1995[371] (MG);

o.[372] Prüfung der Eignung für eine Beförderung oder Ernennung nach dem MG;

p.[373] Prüfung von Hinderungsgründen für die Überlassung der persönlichen Waffe nach dem MG;

---

362 [BS 1 121; AS 1949 221, 1987 1665, 1988 332, 1990 1587 Art. 3 Abs. 2, 1991 362 Ziff. II 11 1034 Ziff. III, 1995 146, 1999 1111 2262 Anhang Ziff. 1, 2000 1891 Ziff. IV 2, 2002 685 Ziff. I 1 701 Ziff. I 1 3988 Anhang Ziff. 3, 2003 4557 Anhang Ziff. II 2, 2004 1633 Ziff. I 1 4655 Ziff. I 1, 2005 5685 Anhang Ziff. 2, 2006 979 Art. 2 Ziff. 1 1931 Art. 18 Ziff. 1 2197 Anhang Ziff. 3 3459 Anhang Ziff. 1 4745 Anhang Ziff. 1, 2007 359 Anhang Ziff. 1. AS 2007 5437 Anhang Ziff. I]. Siehe heute: das BG vom 16. Dez. 2005 über die Ausländerinnen und Ausländer (SR 142.20).

363 SR 142.31

364 SR 741.01

365 SR 431.01

366 Fassung gemäss Anhang Ziff. 14 des BG vom 19. Dez. 2008 (Erwachsenenschutz, Personenrecht und Kindesrecht), in Kraft seit 1. Jan. 2013 (AS 2011 725; BBl 2006 7001).

367 Eingefügt durch Ziff. II 1 des BG vom 3. Okt. 2008, in Kraft seit 1. April 2009 (AS 2009 1093; BBl 2008 2707).

368 SR 824.0

369 Eingefügt durch Ziff. II 1 des BG vom 3. Okt. 2008, in Kraft seit 1. April 2009 (AS 2009 1093; BBl 2008 2707).

370 Eingefügt durch Anhang Ziff. 1 des BG vom 3. Okt. 2008 über die militärischen Informationssysteme, in Kraft seit 1. Jan. 2010 (AS 2009 6617; BBl 2008 3213).

371 SR 510.10

372 Eingefügt durch Anhang Ziff. 1 des BG vom 3. Okt. 2008 über die militärischen Informationssysteme, in Kraft seit 1. Jan. 2010 (AS 2009 6617; BBl 2008 3213).

373 Eingefügt durch Anhang Ziff. 1 des BG vom 3. Okt. 2008 über die militärischen Informationssysteme, in Kraft seit 1. Jan. 2010 (AS 2009 6617; BBl 2008 3213).

q.[374] Prüfung eines Ausschlusses vom Schutzdienst nach dem Bevölkerungs- und Zivilschutzgesetz vom 4. Oktober 2002[375].

Inhalt

Art. 366 [1] Im Register sind Personen aufgeführt, die im Gebiete der Eidgenossenschaft verurteilt worden sind, sowie im Ausland verurteilte Schweizer.

[2] Ins Register sind aufzunehmen:

a. die Urteile wegen Verbrechen und Vergehen, sofern eine Strafe oder Massnahme ausgesprochen worden ist;

b. die Urteile wegen der durch Verordnung des Bundesrates zu bezeichnenden Übertretungen dieses oder eines anderen Bundesgesetzes;

c. die aus dem Ausland eingehenden Mitteilungen über dort erfolgte, nach diesem Gesetz vormerkungspflichtige Urteile;

d. die Tatsachen, die eine Änderung erfolgter Eintragungen herbeiführen.

[3] Urteile gegen Jugendliche sind nur aufzunehmen, wenn diese wegen eines Verbrechens oder Vergehens sanktioniert worden sind:

a. mit einem Freiheitsentzug (Art. 25 JStG[376]);

b. mit einer Unterbringung (Art. 15 JStG); oder

c. mit einer ambulanten Behandlung (Art. 14 JStG).[377]

[4] Im Register sind ebenfalls Personen aufgeführt, gegen die in der Schweiz Strafverfahren wegen Verbrechen und Vergehen hängig sind.[378]

Bearbeitung der Daten und Einsicht

Art. 367 [1] Folgende Behörden bearbeiten im Register Personendaten über Urteile nach Artikel 366 Absätze 1–3:[379]

a. das Bundesamt für Justiz;

b. die Strafjustizbehörden;

c. die Militärjustizbehörden;

d. die Strafvollzugsbehörden;

e. die Koordinationsstellen der Kantone.

---

374 Eingefügt durch Anhang Ziff. 1 des BG vom 3. Okt. 2008 über die militärischen Informationssysteme, in Kraft seit 1. Jan. 2010 (AS 2009 6617; BBl 2008 3213).

375 SR 520.1

376 SR 311.1

377 Eingefügt durch Art. 44 Ziff. 1 des Jugendstrafgesetzes vom 20. Juni 2003 (AS 2006 3545; BBl 1999 1979). Fassung gemäss Anhang Ziff. 2 des BG vom 19. März 2010, in Kraft seit 1. Jan. 2013 (AS 2010 6015, 2011 487; BBl 2009 5917).

378 Ursprünglich Abs. 3.

379 Fassung gemäss Anhang Ziff. 2 des BG vom 19. März 2010, in Kraft seit 1. Jan. 2013 (AS 2010 6015, 2011 487; BBl 2009 5917).

² Folgende Behörden dürfen durch ein Abrufverfahren Einsicht in die Personendaten über Urteile nach Artikel 366 Absätze 1, 2 und 3 Buchstaben a und b nehmen:[380]

a. die Behörden nach Absatz 1;

b. die Bundesanwaltschaft;

c. das Bundesamt für Polizei im Rahmen von gerichtspolizeilichen Ermittlungsverfahren;

d. der Führungsstab der Armee[381];

e.[382] das Bundesamt für Migration;

f. ...[383]

g. die kantonalen Fremdenpolizeibehörden;

h. die für den Strassenverkehr zuständigen Behörden der Kantone;

i. die Bundesbehörden, die zuständig sind für die Durchführung von Personensicherheitsüberprüfungen im Sinne von Artikel 2 Absatz 4 Buchstabe c des Bundesgesetzes vom 21. März 1997[384] über Massnahmen zur Wahrung der inneren Sicherheit;

j.[385] die Vollzugsstelle für den Zivildienst.

k.[386] die für Entscheide über den Ausschluss vom Schutzdienst zuständigen Stellen der Kantone.

l.[387] die Zeugenschutzstelle des Bundes gemäss dem Bundesgesetz vom 23. Dezember 2011[388] über den ausserprozessualen Zeugenschutz zur Erfüllung ihrer Aufgaben.

²ᵇⁱˢ Folgende Behörden dürfen durch ein Abrufverfahren auch Einsicht in die Personendaten über Urteile nach Artikel 366 Absatz 3 Buchstabe c nehmen:

a. der Führungsstab der Armee zum Zwecke der Prüfung einer Nichtrekrutierung oder Zulassung zur Rekrutierung, eines Ausschlusses aus der Armee oder Wiederzulassung zur Armee oder einer Degradation nach dem MG[389], zur Prüfung von Hinderungsgründen für die Überlassung der persönlichen Waffe nach dem

---

380 Fassung gemäss Anhang Ziff. 2 des BG vom 19. März 2010, in Kraft seit 1. Jan. 2013 (AS 2010 6015, 2011 487; BBl 2009 5917).

381 Die Bezeichnung der Verwaltungseinheit wurde in Anwendung von Art. 16 Abs. 3 der Publikationsverordnung vom 17. Nov. 2004 (SR 170.512.1) angepasst.

382 Fassung gemäss Ziff. I 3 der V vom 3. Nov. 2004 über die Anpassung gesetzlicher Bestimmungen infolge der Zusammenlegung der Bundesämter IMES und BFF, in Kraft seit 1. Jan. 2005 (AS 2004 4655).

383 Aufgehoben durch Ziff. I 3 der V vom 3. Nov. 2004 über die Anpassung gesetzlicher Bestimmungen infolge der Zusammenlegung der Bundesämter IMES und BFF, mit Wirkung seit 1. Jan. 2005 (AS 2004 4655).

384 SR 120

385 Eingefügt durch Ziff. II des BG vom 21. März 2003, in Kraft seit 1. Jan. 2004 (AS 2003 4843; BBl 2001 6127).

386 Eingefügt durch Anhang Ziff. 1 des BG vom 3. Okt. 2008 über die militärischen Informationssysteme, in Kraft seit 1. Jan. 2010 (AS 2009 6617; BBl 2008 3213).

387 Eingefügt durch Anhang Ziff. 3 des BG vom 23. Dez. 2011 über den ausserprozessualen Zeugenschutz, in Kraft seit 1. Jan. 2013 (AS 2012 6715; BBl 2011 1).

388 SR 312.2

389 SR 510.10

MG, zur Prüfung der Eignung für eine Beförderung oder Ernennung nach dem MG;

b. die Bundesbehörden, die zuständig sind für die Durchführung von Personensicherheitsprüfungen im Sinne von Artikel 2 Absatz 4 Buchstabe c des Bundesgesetzes vom 21. März 1997[390] über Massnahmen zur Wahrung der inneren Sicherheit;

c. Strafjustizbehörden zum Zwecke der Durchführung von Strafverfahren (Art. 365 Abs. 2 Bst. a);

d. kantonale Koordinationsstellen und das Bundesamt für Justiz zur Erfüllung der gesetzlichen Aufgaben im Rahmen der Registerführung;

e. Strafvollzugsbehörden für die Durchführung des Straf- und Massnahmenvollzuges (Art. 365 Abs. 2 Bst. c).[391]

[2ter] Die für das Register zuständige Stelle des Bundes meldet dem Führungsstab der Armee zu den in Artikel 365 Absatz 2 Buchstaben n–p erwähnten Zwecken unverzüglich alle:

a. Strafurteile wegen eines Verbrechens oder Vergehens;

b. freiheitsentziehenden Massnahmen;

c. Entscheide über die Nichtbewährung von Stellungspflichtigen und Angehörigen der Armee.[392]

[2quater] Gemeldet werden die Personalien der nach Absatz 2ter registrierten Schweizerinnen und Schweizer ab dem 17. Altersjahr. Stellt der Führungsstab der Armee fest, dass eine gemeldete Person stellungspflichtig oder Angehöriger der Armee ist, so meldet die für das Register zuständige Stelle auch die Strafdaten.[393]

[2quinquies] Die Meldung und die Feststellung nach Absatz 2[quater] können über eine elektronische Schnittstelle zwischen dem PISA und dem Register erfolgen.[394]

[2sexies] Das Bundesamt für Sport kann zum Zwecke der Leumundsprüfung im Hinblick auf die Erteilung oder den Entzug einer Anerken-

---

390 SR 120

391 Eingefügt durch Anhang Ziff. 1 des BG vom 3. Okt. 2008 über die militärischen Informationssysteme (AS 2009 6617; BBl 2008 3213). Fassung gemäss Anhang Ziff. 2 des BG vom 19. März 2010, in Kraft seit 1. Jan. 2013 (AS 2010 6015, 2011 487; BBl 2009 5917).

392 Eingefügt durch Anhang Ziff. 1 des BG vom 3. Okt. 2008 über die militärischen Informationssysteme (AS 2009 6617; BBl 2008 3213). Fassung gemäss Anhang Ziff. 2 des BG vom 19. März 2010, in Kraft seit 1. Jan. 2013 (AS 2010 6015, 2011 487; BBl 2009 5917).

393 Eingefügt durch Anhang Ziff. 1 des BG vom 3. Okt. 2008 über die militärischen Informationssysteme (AS 2009 6617; BBl 2008 3213). Fassung gemäss Anhang Ziff. 2 des BG vom 19. März 2010, in Kraft seit 1. Jan. 2013 (AS 2010 6015, 2011 487; BBl 2009 5917).

394 Eingefügt durch Anhang Ziff. 2 des BG vom 19. März 2010, in Kraft seit 1. Jan. 2013 (AS 2010 6015, 2011 487; BBl 2009 5917).

nung als «Jugend und Sport»-Kader auf schriftliches Gesuch Einsicht in Personendaten über Strafurteile nehmen.[395]

³ Der Bundesrat kann, wenn es die Anzahl der Auskunftsersuchen rechtfertigt, nach Anhörung des Eidgenössischen Datenschutz- und Öffentlichkeitsbeauftragten[396] bis zur Inkraftsetzung der Rechtsgrundlagen in einem formellen Gesetz die Einsichtsrechte nach Absatz 2 auf weitere Justiz- und Verwaltungsbehörden des Bundes und der Kantone ausdehnen.

⁴ Personendaten aus den registrierten Gesuchen um Strafregisterauszug im Rahmen von hängigen Strafverfahren dürfen nur durch die Behörden nach Absatz 2 Buchstaben a–e und l bearbeitet werden.[397]

⁴ᵇⁱˢ Die Behörde nach Absatz 2 Buchstabe j kann zur Erfüllung ihrer Aufgabe nach Artikel 365 Absatz 2 Buchstabe m mit Einwilligung der betroffenen Person auf schriftliches Gesuch hin in Personendaten über hängige Strafverfahren Einsicht nehmen.[398]

⁴ᵗᵉʳ Das Bundesamt für Sport kann zum Zwecke der Leumundsprüfung im Hinblick auf die Erteilung oder die Sistierung einer Anerkennung als «Jugend und Sport»-Kader auf schriftliches Gesuch Einsicht in Personendaten über hängige Strafverfahren nehmen.[399]

⁵ Jeder Kanton bestimmt für die Bearbeitung der Daten im Register eine Koordinationsstelle.

⁶ Der Bundesrat legt die Einzelheiten fest, insbesondere:

a. die Verantwortung für die Datenbearbeitung;
b. die Kategorien der zu erfassenden Daten und deren Aufbewahrungsfristen;
c. die Zusammenarbeit mit den betroffenen Behörden;
d. die Aufgaben der Koordinationsstellen;
e. das Auskunftsrecht und die übrigen Verfahrensrechte zum Schutze der betroffenen Personen;
f. die Datensicherheit;
g. die Behörden, welche Personendaten in schriftlicher Form melden, ins Register eingeben, abfragen oder denen Personendaten im Einzelfall bekannt gegeben werden können;
h. die elektronische Datenweitergabe an das Bundesamt für Statistik.

---

395 Eingefügt durch Art. 34 Ziff. 1 und 36 des Sportförderungsgesetzes vom 17. Juni 2011, in Kraft seit 1. Okt. 2012 (AS 2012 3953; BBl 2009 8189).
396 Die Bezeichnung der Verwaltungseinheit wurde in Anwendung von Art. 16 Abs. 3 der Publikationsverordnung vom 17. Nov. 2004 (SR 170.512.1) angepasst.
397 Fassung gemäss Anhang Ziff. 3 des BG vom 23. Dez. 2011 über den ausserprozessualen Zeugenschutz, in Kraft seit 1. Jan. 2013 (AS 2012 6715; BBl 2011 1).
398 Eingefügt durch Ziff. II 1 des BG vom 3. Okt. 2008, in Kraft seit 1. April 2009 (AS 2009 1093; BBl 2008 2707).
399 Eingefügt durch Art. 34 Ziff. 1 des Sportförderungsgesetzes vom 17. Juni 2011, in Kraft seit 1. Okt. 2012 (AS 2012 3953; BBl 2009 8189).

Mitteilung registrierpflichtiger Tatsachen

Art. 368 Die zuständige Bundesbehörde kann die Eintragungen im Register dem Heimatstaat des Verurteilten mitteilen.

Entfernung des Eintrags   **Art. 369** [1] Urteile, die eine Freiheitsstrafe enthalten, werden von Amtes wegen entfernt, wenn über die gerichtlich zugemessene Strafdauer hinaus folgende Fristen verstrichen sind:

a. 20 Jahre bei einer Freiheitsstrafe von mindestens fünf Jahren;

b. 15 Jahre bei einer Freiheitsstrafe von mindestens einem und weniger als fünf Jahren;

c. zehn Jahre bei Freiheitsstrafen unter einem Jahr;

d.[400] zehn Jahre bei Freiheitsentzug nach Artikel 25 JStG[401].

[2] Die Fristen nach Absatz 1 verlängern sich um die Dauer einer bereits eingetragenen Freiheitsstrafe.

[3] Urteile, die eine bedingte Freiheitsstrafe, einen bedingten Freiheitsentzug, eine Geldstrafe, gemeinnützige Arbeit oder eine Busse als Hauptstrafe enthalten, werden von Amtes wegen nach zehn Jahren entfernt.[402]

[4] Urteile, die eine stationäre Massnahme neben einer Strafe oder eine stationäre Massnahme allein enthalten, werden von Amtes wegen entfernt nach:

a. 15 Jahren bei Massnahmen nach den Artikeln 59–61 und 64;

b.[403] zehn Jahren bei geschlossener Unterbringung nach Artikel 15 Absatz 2 des JStG;

c.[404] sieben Jahren bei offener Unterbringung in einer Einrichtung oder bei Privatpersonen nach Artikel 15 Absatz 1 JStG.

[4bis] Urteile, die eine ambulante Behandlung nach Artikel 63 allein enthalten, werden von Amtes wegen nach zehn Jahren entfernt. Urteile, die eine ambulante Behandlung nach Artikel 14 JStG enthalten, werden von Amtes wegen nach fünf Jahren entfernt, sofern eine Fristberechnung nach den Absätzen 1–4 nicht möglich ist.[405]

---

400 Eingefügt durch Art. 44 Ziff. 1 des Jugendstrafgesetzes vom 20. Juni 2003, in Kraft seit 1. Jan. 2007 (AS 2006 3545; BBl 1999 1979).

401 SR 311.1

402 Fassung gemäss Anhang Ziff. 2 des BG vom 19. März 2010, in Kraft seit 1. Jan. 2013 (AS 2010 6015, 2011 487; BBl 2009 5917).

403 Fassung gemäss Ziff. I des BG vom 24. März 2006 (Korrekturen am Sanktions- und Strafregisterrecht), in Kraft seit 1. Jan. 2007 (AS 2006 3539; BBl 2005 4689).

404 Eingefügt durch Anhang Ziff. 2 des BG vom 19. März 2010, in Kraft seit 1. Jan. 2013 (AS 2010 6015, 2011 487; BBl 2009 5917).

405 Eingefügt durch Ziff. I des BG vom 24. März 2006 (Korrekturen am Sanktions- und Strafregisterrecht)(AS 2006 3539; BBl 2005 4689). Fassung gemäss Anhang Ziff. 2 des BG vom 19. März 2010, in Kraft seit 1. Jan. 2013 (AS 2010 6015, 2011 487; BBl 2009 5917).

4ter Urteile, die eine Massnahme nach den Artikeln 66–67 b oder nach den Artikeln 48, 50 und 50 a des Militärstrafgesetzes[406] in der Fassung vom 21. März 2003[407] allein enthalten, werden von Amtes wegen nach zehn Jahren entfernt.[408]

5 Die Fristen nach Absatz 4 verlängern sich um die Dauer einer Reststrafe.

6 Der Fristenlauf beginnt:

a. bei Urteilen nach den Absätzen 1, 3 und 4ter: mit dem Tag, an dem das Urteil rechtlich vollstreckbar wird;

b. bei Urteilen nach den Absätzen 4 und 4bis: mit dem Tag, an dem die Massnahme aufgehoben wird oder der Betroffene endgültig aus der Massnahme entlassen ist.[409]

7 Nach der Entfernung darf die Eintragung nicht mehr rekonstruierbar sein. Das entfernte Urteil darf dem Betroffenen nicht mehr entgegengehalten werden.

8 Die Strafregisterdaten sind nicht zu archivieren.

Einsichtsrecht

Art. 370 1 Jede Person hat das Recht, den vollständigen sie betreffenden Eintrag einzusehen.

2 Es darf keine Kopie ausgehändigt werden.

Strafregisterauszug für Privatpersonen

Art. 371 1 Jede Person kann beim schweizerischen Zentralstrafregister einen sie betreffenden schriftlichen Auszug aus dem Strafregister anfordern. In diesem erscheinen Urteile wegen Verbrechen und Vergehen; Urteile wegen Übertretungen erscheinen nur im Auszug, wenn ein Berufsverbot nach Artikel 67 verhängt wurde.[410]

2 Urteile betreffend Jugendliche erscheinen im Strafregisterauszug nur, wenn diese als Erwachsene wegen weiterer Taten verurteilt wurden, die in den Strafregisterauszug aufzunehmen sind.

3 Ein Urteil, das eine Strafe enthält, wird nicht mehr in den Strafregisterauszug aufgenommen, wenn zwei Drittel der für die Entfernung nach Artikel 369 massgebenden Dauer abgelaufen sind.

---

406 SR 321.0
407 AS 2006 3389
408 Eingefügt durch Ziff. I des BG vom 24. März 2006 (Korrekturen am Sanktions- und Strafregisterrecht), in Kraft seit 1. Jan. 2007 (AS 2006 3539; BBl 2005 4689).
409 Fassung gemäss Ziff. I des BG vom 24. März 2006 (Korrekturen am Sanktions- und Strafregisterrecht), in Kraft seit 1. Jan. 2007 (AS 2006 3539; BBl 2005 4689).
410 Fassung gemäss Ziff. I des BG vom 24. März 2006 (Korrekturen am Sanktions- und Strafregisterrecht), in Kraft seit 1. Jan. 2007 (AS 2006 3539; BBl 2005 4689).

3bis Ein Urteil, das eine bedingte oder teilbedingte Strafe enthält, erscheint nicht mehr im Strafregisterauszug, wenn der Verurteilte sich bis zum Ablauf der Probezeit bewährt hat.[411]

4 Ein Urteil, das neben einer Strafe eine Massnahme oder eine Massnahme allein enthält, wird nicht mehr in den Strafregisterauszug aufgenommen, wenn die Hälfte der für die Entfernung nach Artikel 369 massgebenden Dauer abgelaufen ist.

5 Nach Ablauf der Frist nach den Absätzen 3 und 4 bleibt das Urteil im Strafregisterauszug, wenn dieser noch ein Urteil enthält, bei dem diese Frist noch nicht abgelaufen ist.

Siebenter Titel: Straf- und Massnahmenvollzug, Bewährungshilfe, Anstalten und Einrichtungen

1. Pflicht zum Straf- und Massnahmenvollzug

Art. 372 1 Die Kantone vollziehen die von ihren Strafgerichten auf Grund dieses Gesetzes ausgefällten Urteile. Sie sind verpflichtet, die Urteile der Bundesstrafbehörden gegen Ersatz der Kosten zu vollziehen.

2 Den Urteilen sind die von Polizeibehörden und andern zuständigen Behörden erlassenen Strafentscheide und die Beschlüsse der Einstellungsbehörden gleichgestellt.

3 Die Kantone gewährleisten einen einheitlichen Vollzug strafrechtlicher Sanktionen.[412]

2. Geldstrafen, Bussen, Kosten und Einziehungen. Vollstreckung

Art. 373 Die auf Grund des Strafrechts des Bundes oder der Kantone ergangenen rechtskräftigen Entscheide sind mit Bezug auf Geldstrafen, Bussen, Kosten und Einziehungen in der ganzen Schweiz vollstreckbar.

Verfügungsrecht

Art. 374 1 Über die auf Grund dieses Gesetzes verhängten Geldstrafen, Bussen und Einziehungen verfügen die Kantone.

2 In den von der Strafkammer des Bundesstrafgerichts beurteilten Fällen verfügt darüber der Bund.

3 Die Verwendung zu Gunsten des Geschädigten nach Artikel 73 bleibt vorbehalten.

---

411 Eingefügt durch Ziff. I des BG vom 24. März 2006 (Korrekturen am Sanktions- und Strafregisterrecht), in Kraft seit 1. Jan. 2007 (AS 2006 3539; BBl 2005 4689).

412 Eingefügt durch Ziff. II 2 des BG vom 6. Okt. 2006 über die Neugestaltung des Finanzausgleichs und die Aufgabenteilung zwischen Bund und Kantonen (NFA), in Kraft seit 1. Jan. 2008 (AS 2007 5779; BBl 2005 6029).

[4] Vorbehalten sind die Bestimmungen des Bundesgesetzes vom 19. März 2004[413] über die Teilung eingezogener Vermögenswerte.[414]

3. Gemeinnützige Arbeit

Art. 375 [1] Die Kantone sind für die Durchführung der gemeinnützigen Arbeit zuständig.

[2] Die zuständige Behörde bestimmt die Art und Form der zu leistenden gemeinnützigen Arbeit.

[3] Die gesetzlich bestimmte Höchstarbeitszeit darf durch die Leistung gemeinnütziger Arbeit überschritten werden. Die Vorschriften über Arbeitssicherheit und Gesundheitsschutz bleiben anwendbar.

4. Bewährungshilfe

Art. 376 [1] Die Kantone richten die Bewährungshilfe ein. Sie können diese Aufgabe privaten Vereinigungen übertragen.

[2] Die Bewährungshilfe obliegt in der Regel dem Kanton, in dem die betreute Person Wohnsitz hat.

5. Anstalten und Einrichtungen.
Pflicht der Kantone zur Errichtung und zum Betrieb

Art. 377 [1] Die Kantone errichten und betreiben Anstalten und Anstaltsabteilungen für Gefangene im offenen und geschlossenen Vollzug sowie für Gefangene in Halbgefangenschaft und im Arbeitsexternat.

[2] Sie können ferner Abteilungen für besondere Gefangenengruppen führen, insbesondere für:

a. Frauen;
b. Gefangene bestimmter Altersgruppen;
c. Gefangene mit sehr langen oder sehr kurzen Strafen;
d. Gefangene, die intensiv betreut oder behandelt werden müssen oder eine Aus- oder Weiterbildung erhalten.

[3] Sie errichten und betreiben die in diesem Gesetz für den Massnahmenvollzug vorgesehenen Einrichtungen.

[4] Sie sorgen dafür, dass die Reglemente und der Betrieb der Anstalten und Einrichtungen diesem Gesetz entsprechen.

[5] Sie fördern die Aus- und Weiterbildung des Personals.

Zusammenarbeit zwischen den Kantonen

Art. 378 [1] Die Kantone können über die gemeinsame Errichtung und den gemeinsamen Betrieb von Anstalten und Einrichtungen Vereinbarungen treffen oder sich das Mitbenutzungsrecht an Anstalten und Einrichtungen anderer Kantone sichern.

[2] Die Kantone informieren einander über die Besonderheiten ihrer Anstalten und Einrichtungen, namentlich über die Betreuungs-,

---

413 SR 312.4
414 Eingefügt durch Anhang Ziff. 1 des BG vom 19. März 2004 über die Teilung eingezogener Vermögenswerte, in Kraft seit 1. Aug. 2004 (AS 2004 3503; BBl 2002 441).

Behandlungs- und Arbeitsangebote; sie arbeiten bei der Zuteilung der Gefangenen zusammen.

Zulassung von Privatanstalten

Art. 379 [1] Die Kantone können privat geführten Anstalten und Einrichtungen die Bewilligung erteilen, Strafen in der Form der Halbgefangenschaft und des Arbeitsexternats sowie Massnahmen nach den Artikeln 59–61 und 63 zu vollziehen.

[2] Die privat geführten Anstalten und Einrichtungen unterstehen der Aufsicht der Kantone.

Kostentragung

Art. 380 [1] Die Kosten des Straf- und Massnahmenvollzugs tragen die Kantone.

[2] Der Verurteilte wird in angemessener Weise an den Kosten des Vollzugs beteiligt:

a. durch deren Verrechnung mit seiner Arbeitsleistung im Straf- oder Massnahmenvollzug;

b. nach Massgabe seines Einkommens und Vermögens, wenn er eine ihm zugewiesene Arbeit verweigert, obwohl sie den Vorgaben der Artikel 81 oder 90 Absatz 3 genügt; oder

c. durch Abzug eines Teils des Einkommens, das er auf Grund einer Tätigkeit im Rahmen der Halbgefangenschaft, des Arbeitsexternats oder des Wohn- und Arbeitsexternats erzielt.

[3] Die Kantone erlassen nähere Vorschriften über die Kostenbeteiligung der Verurteilten.

7a. Titel:[415] Haftung bei Aufhebung der lebenslänglichen Verwahrung

Art. 380a

[1] Wird eine lebenslänglich verwahrte Person bedingt entlassen oder wird ihre Verwahrung aufgehoben und begeht diese Person erneut ein Verbrechen nach Artikel 64 Absatz 1bis, so haftet das zuständige Gemeinwesen für den daraus entstandenen Schaden.

[2] Für den Rückgriff auf den Täter und die Verjährung des Anspruchs auf Schadenersatz oder Genugtuung gelten die Bestimmungen des Obligationenrechts[416] über die unerlaubten Handlungen.

---

415 Eingefügt durch Ziff. I des BG vom 21. Dez. 2007 (Lebenslängliche Verwahrung extrem gefährlicher Straftäter), in Kraft seit 1. Aug. 2008 (AS 2008 2961; BBl 2006 889).
416 SR 220

³ Für den Rückgriff auf die Mitglieder der anordnenden Behörde ist das kantonale Recht beziehungsweise das Verantwortlichkeitsgesetz vom 14. März 1958[417] massgebend.

Achter Titel: Begnadigung, Amnestie, Wiederaufnahme des Verfahrens

1. Begnadigung.
Zuständigkeit

Art. 381 Das Recht der Begnadigung mit Bezug auf Urteile, die auf Grund dieses oder eines andern Bundesgesetzes ergangen sind, wird ausgeübt:

a. in den Fällen, in denen die Strafkammer des Bundesstrafgerichts oder eine Verwaltungsbehörde des Bundes geurteilt hat, durch die Bundesversammlung;

b. in den Fällen, in denen eine kantonale Behörde geurteilt hat, durch die Begnadigungsbehörde des Kantons.

Begnadigungsgesuch

Art. 382 ¹ Das Begnadigungsgesuch kann vom Verurteilten, von seinem gesetzlichen Vertreter und, mit Einwilligung des Verurteilten, von seinem Verteidiger oder von seinem Ehegatten, seiner eingetragenen Partnerin oder seinem eingetragenen Partner gestellt werden.[418]

² Bei politischen Verbrechen und Vergehen und bei Straftaten, die mit einem politischen Verbrechen oder Vergehen zusammenhängen, ist überdies der Bundesrat oder die Kantonsregierung zur Einleitung des Begnadigungsverfahrens befugt.

³ Die Begnadigungsbehörde kann bestimmen, dass ein abgelehntes Begnadigungsgesuch vor Ablauf eines gewissen Zeitraums nicht erneuert werden darf.

Wirkungen

Art. 383 ¹ Durch Begnadigung können alle durch rechtskräftiges Urteil auferlegten Strafen ganz oder teilweise erlassen oder die Strafen in mildere Strafarten umgewandelt werden.

² Der Gnadenerlass bestimmt den Umfang der Begnadigung.

2. Amnestie

Art. 384 ¹ Die Bundesversammlung kann in Strafsachen, auf die dieses oder ein anderes Bundesgesetz Anwendung findet, eine Amnestie gewähren.

---

417 SR 170.32
418 Fassung gemäss Anhang Ziff. 18 des Partnerschaftsgesetzes vom 18. Juni 2004, in Kraft seit 1. Jan. 2007 (AS 2005 5685; BBl 2003 1288).

2 Durch die Amnestie wird die strafrechtliche Verfolgung bestimmter Taten oder Kategorien von Tätern ausgeschlossen und der Erlass entsprechender Strafen ausgesprochen.

3. Wiederaufnahme des Verfahrens

Art. 385 Die Kantone haben gegenüber Urteilen, die auf Grund dieses oder eines andern Bundesgesetzes ergangen sind, wegen erheblicher Tatsachen oder Beweismittel, die dem Gericht zur Zeit des früheren Verfahrens nicht bekannt waren, die Wiederaufnahme des Verfahrens zu Gunsten des Verurteilten zu gestatten.

Neunter Titel: Präventionsmassnahmen, ergänzende Bestimmungen und allgemeine Übergangsbestimmungen

1. Präventionsmassnahmen

Art. 386[419] 1 Der Bund kann Aufklärungs-, Erziehungs- und weitere Massnahmen ergreifen, die darauf hinzielen, Straftaten zu verhindern und der Kriminalität vorzubeugen.

2 Er kann Projekte unterstützen, die das unter Absatz 1 erwähnte Ziel haben.

3 Er kann sich an Organisationen beteiligen, welche Massnahmen im Sinne von Absatz 1 durchführen oder derartige Organisationen schaffen und unterstützen.

4 Der Bundesrat regelt Inhalt, Ziele und Art der Präventionsmassnahmen.

2. Ergänzende Bestimmungen des Bundesrates

Art. 387 1 Der Bundesrat ist befugt, nach Anhörung der Kantone Bestimmungen zu erlassen über:

a. den Vollzug von Gesamtstrafen, Zusatzstrafen und mehreren gleichzeitig vollziehbaren Einzelstrafen und Massnahmen;

b. die Übernahme des Vollzugs von Strafen und Massnahmen durch einen anderen Kanton;

c. den Vollzug von Strafen und Massnahmen an kranken, gebrechlichen und betagten Personen;

d. den Vollzug von Strafen und Massnahmen an Frauen nach Artikel 80;

e. das Arbeitsentgelt des Gefangenen nach Artikel 83.

1bis Der Bundesrat erlässt die für die Bildung der Eidgenössischen Fachkommission zur Beurteilung der Behandelbarkeit lebenslänglich verwahrter Straftäter (Art. 64c Abs. 1) notwendigen Bestimmungen

---

419 In Kraft seit 1. Jan. 2006 gemäss V vom 2. Dez. 2005 (AS 2005 5723)

über die Wahl der Kommissionsmitglieder und deren Entschädigung, über das Verfahren und die Organisation der Kommission.[420]

2 Der Bundesrat kann über die Trennung der Anstalten des Kantons Tessin auf Antrag der zuständigen kantonalen Behörde besondere Bestimmungen aufstellen.

3 Der Bundesrat kann vorsehen, dass aus dem Strafregister entfernte Daten zum Zweck der Forschung weiterhin aufbewahrt werden können; dabei ist der Persönlichkeitsschutz zu wahren und sind die Grundsätze des Datenschutzes einzuhalten.

4 Der Bundesrat kann versuchsweise und für beschränkte Zeit:

a. neue Strafen und Massnahmen sowie neue Vollzugsformen einführen oder gestatten und den Anwendungsbereich bestehender Sanktionen und Vollzugsformen ändern;

b. einführen oder gestatten, dass der Vollzug von Freiheitsstrafen an privat geführte Anstalten, die den Anforderungen dieses Gesetzes betreffend den Vollzug der Strafen (Art. 74–85, 91 und 92) genügen, übertragen wird. Diese Anstalten unterstehen der Aufsicht der Kantone.

5 Die kantonalen Ausführungsbestimmungen für die Erprobung neuer Sanktionen und Vollzugsformen und den privat geführten Strafvollzug (Abs. 4) bedürfen zu ihrer Gültigkeit der Genehmigung des Bundes.

3. Allgemeine Übergangsbestimmungen. Vollzug früherer Urteile

Art. 388 1 Urteile, die in Anwendung des bisherigen Rechts ausgesprochen worden sind, werden nach bisherigem Recht vollzogen. Vorbehalten sind die Ausnahmen nach den Absätzen 2 und 3.

2 Bedroht das neue Recht die Tat, für welche nach bisherigem Recht eine Verurteilung erfolgt ist, nicht mit Strafe, so wird die ausgesprochene Strafe oder Massnahme nicht mehr vollzogen.

3 Die Bestimmungen des neuen Rechts über das Vollzugsregime von Strafen und Massnahmen sowie über die Rechte und Pflichten des Gefangenen sind auch auf Täter anwendbar, die nach bisherigem Recht verurteilt worden sind.

Verjährung

Art. 389 1 Bestimmt es das Gesetz nicht anders, so sind die Bestimmungen des neuen Rechts über die Verfolgungs- und die Vollstreckungsverjährung, wenn sie milder sind als das bisherige Recht, auch auf die Täter anwendbar, die vor Inkrafttreten dieses Gesetzes eine Tat verübt haben oder beurteilt wurden.

2 Der vor Inkrafttreten des neuen Rechts abgelaufene Zeitraum wird angerechnet.

---

420 Eingefügt durch Ziff. I des BG vom 21. Dez. 2007 (Lebenslängliche Verwahrung extrem gefährlicher Straftäter), in Kraft seit 1. Aug. 2008 (AS 2008 2961; BBl 2006 889).

Antragsdelikte

Art. 390 ¹ Bei Taten, die nur auf Antrag strafbar sind, berechnet sich die Frist zur Antragstellung nach dem Gesetz, das zur Zeit der Tat galt.

² Erfordert das neue Recht für eine Tat, die nach dem bisherigen Recht von Amtes wegen zu verfolgen war, einen Strafantrag, so beginnt die Frist zur Stellung des Antrags mit Inkrafttreten des neuen Rechts. War die Verfolgung bereits eingeleitet, so wird sie nur auf Antrag fortgeführt.

³ Erfordert das neue Recht für eine Tat, die nach dem bisherigen Recht nur auf Antrag strafbar war, die Verfolgung von Amtes wegen, so wird die vor Inkrafttreten des neuen Rechts begangene Tat nur auf Antrag bestraft.

4. Kantonale Einführungs-bestimmungen

Art. 391 Die Kantone teilen dem Bund die nötigen Einführungs-bestimmungen zum Schweizerischen Strafgesetzbuch mit.

5. Inkrafttreten dieses Gesetzes

Art. 392 Dieses Gesetz tritt am 1. Januar 1942 in Kraft.

Schlussbestimmungen der Änderung vom 18. März 1971[421]

Schlussbestimmungen der Änderung vom 13. Dezember 2002[422]

1. Vollzug von Strafen

¹ Artikel 46 ist auf den Widerruf des bedingten Strafvollzugs, der nach bisherigem Recht angeordnet wurde, anwendbar. Das Gericht kann an Stelle der Freiheitsstrafe eine Geldstrafe (Art. 34–36) oder gemeinnützige Arbeit (Art. 37–39) anordnen.

² Die nach bisherigem Recht ausgesprochenen Nebenstrafen Amts-unfähigkeit (alt-Art. 51[423]), Entziehung der elterlichen Gewalt und

---

421 BG vom 18. März 1971, in Kraft seit 1. Juli 1971 (AS 1971 777; BBl 1965 I 561) und für die Art. 49 Ziff. 4 Abs. 2, 82–99, 370, 372, 373, 379 Ziff. 1 Abs. 2, 385 und 391 in Kraft seit 1. Jan. 1974 (AS 1973 1840). Aufgehoben durch Ziff. IV des BG vom 13. Dez. 2002, mit Wirkung seit 1. Jan. 2007 (AS 2006 3459; BBl 1999 1979).
422 AS 2006 3459; BBl 1999 1979
423 AS 1971 777

der Vormundschaft (alt-Art. 53[424]), Landesverweisung auf Grund eines Strafurteils (alt-Art. 55[425]), Wirtshausverbot (alt-Art. 56[426]) sind mit Inkrafttreten des neuen Rechts aufgehoben.

3 Die Bestimmungen des neuen Rechts über den Vollzug von Freiheitsstrafen (Art. 74–85, 91 und 92) sowie über die Bewährungshilfe, die Weisungen und die freiwillige soziale Betreuung (Art. 93–96) sind auch auf die Täter anwendbar, die nach bisherigem Recht verurteilt worden sind.

2.[427] *Anordnung und Vollzug von Massnahmen*

1 Die Bestimmungen des neuen Rechts über die Massnahmen (Art. 56–65) und über den Massnahmenvollzug (Art. 90) sind auch auf die Täter anwendbar, die vor deren Inkrafttreten eine Tat begangen haben oder beurteilt worden sind. Jedoch gilt:

a. Die nachträgliche Anordnung der Verwahrung nach Artikel 65 Absatz 2 ist nur zulässig, wenn die Verwahrung auch gestützt auf Artikel 42 oder 43 Ziffer 1 Absatz 2 des bisherigen Rechts möglich gewesen wäre.

b. Die Einweisung junger Erwachsener in eine Arbeitserziehungsanstalt (Art. 100bis in der Fassung vom 18. März 1971[428]) und eine Massnahme für junge Erwachsene (Art. 61) dürfen nicht länger als vier Jahre dauern.

2 Bis spätestens zwölf Monate nach Inkrafttreten des neuen Rechts überprüft das Gericht, ob bei Personen, die nach den Artikeln 42 oder 43 Ziffer 1 Absatz 2 des bisherigen Rechts verwahrt sind, die Voraussetzungen für eine therapeutische Massnahme (Art. 59–61 oder 63) erfüllt sind. Trifft dies zu, so ordnet das Gericht die entsprechende Massnahme an; andernfalls wird die Verwahrung nach neuem Recht weitergeführt.

3. *Strafregister*

1 Die Bestimmungen des neuen Rechts über das Strafregister (Art. 365–371) sind auch auf Urteile anwendbar, die auf Grund des bisherigen Rechts ergangen sind.

---

424 BS 3 203
425 AS 1951 1
426 BS 3 203
427 Fassung gemäss Ziff. I des BG vom 24. März 2006 (Korrekturen am Sanktions- und Strafregisterrecht), in Kraft seit 1. Jan. 2007 (AS 2006 3539; BBl 2005 4689).
428 AS 1971 777

² Bis spätestens sechs Monate nach Inkrafttreten des neuen Rechts entfernt die zuständige Behörde von Amtes wegen Eintragungen betreffend:

a. Erziehungsmassnahmen (Art. 91 in der Fassung vom 18. März 1971[429]), ausgenommen diejenigen, die gestützt auf Artikel 91 Ziffer 2 in der Fassung vom 18. März 1971 angeordnet wurden;

b. besondere Behandlung (Art. 92 in der Fassung vom 18. März 1971);

c. die Verpflichtung zu einer Arbeitsleistung (Art. 95 in der Fassung vom 18. März 1971).[430]

³ Nach bisherigem Recht gelöschte Eintragungen erscheinen nicht mehr im Strafregisterauszug für Privatpersonen.[431]

4. Einrichtungen für den Massnahmenvollzug

Die Kantone errichten bis spätestens zehn Jahre nach Inkrafttreten dieser Änderungen Einrichtungen für den Vollzug der Massnahmen nach den Artikeln 59 Absatz 3 sowie 64 Absatz 3.

---

429 AS 1971 777

430 Fassung gemäss Ziff. I des BG vom 24. März 2006 (Korrekturen am Sanktions- und Strafregisterrecht), in Kraft seit 1. Jan. 2007 (AS 2006 3539; BBl 2005 4689).

431 Eingefügt durch Ziff. I des BG vom 24. März 2006 (Korrekturen am Sanktions- und Strafregisterrecht), in Kraft seit 1. Jan. 2007 (AS 2006 3539; BBl 2005 4689).

1a. Ehemals gültiger allgemeiner Teil und Drittes Buch
(Art. 1–110 und 333–401 aStGB)

vom 21. Dezember 1937 (Stand am 31. Dezember 2006)

Die Bundesversammlung der Schweizerischen Eidgenossenschaft,

gestützt auf Artikel 64bis der Bundesverfassung[1,2],
nach Einsicht in eine Botschaft des Bundesrates vom 23. Juli 1918[3],

beschliesst:

Erstes Buch: Allgemeine Bestimmungen
Erster Teil: Verbrechen und Vergehen
Erster Titel: Der Bereich des Strafgesetzes

1. Keine Strafe ohne Gesetz

Art. 1 Strafbar ist nur, wer eine Tat begeht, die das Gesetz ausdrücklich mit Strafe bedroht.

2. Zeitliche Geltung des Gesetzes

Art. 2 ¹ Nach diesem Gesetze wird beurteilt, wer nach dessen Inkrafttreten ein Verbrechen oder ein Vergehen verübt.

² Hat jemand ein Verbrechen oder ein Vergehen vor Inkrafttreten dieses Gesetzes verübt, erfolgt die Beurteilung aber erst nachher, so ist dieses Gesetz anzuwenden, wenn es für den Täter das mildere ist.

3. Räumliche Geltung des Gesetzes.

Verbrechen oder Vergehen im Inland

Art. 3 1. Diesem Gesetz ist unterworfen, wer in der Schweiz ein Verbrechen oder ein Vergehen verübt.

Hat der Täter im Auslande wegen der Tat eine Strafe ganz oder teilweise verbüsst, so rechnet ihm der schweizerische Richter die verbüsste Strafe an.

2. Ist ein Ausländer auf Ersuchen der schweizerischen Behörde im Auslande verfolgt worden, so wird er in der Schweiz wegen dieser Tat nicht mehr bestraft:

wenn das ausländische Gericht ihn endgültig freigesprochen hat,

---

AS 54 757, 57 1328 und BS 3 203

1   [BS 1 3]. Der genannten Bestimmung entspricht heute Art. 123 der BV vom 18. April 1999 (SR 101).

2   Fassung gemäss Ziff. I 2 des BG vom 8. Okt. 1999 über die Abschaffung der Bundesassisen, in Kraft seit 1. März 2000 (AS 2000 505 511; BBl 1999 7922).

3   BBl 1918 IV 1

wenn die Strafe, zu der er im Auslande verurteilt wurde, vollzogen, erlassen oder verjährt ist. Hat der Täter die Strafe im Auslande nicht oder nur teilweise verbüsst, so wird in der Schweiz die Strafe oder deren Rest vollzogen.

Verbrechen oder Vergehen im Auslande gegen den Staat

Art. 4[4] 1 Diesem Gesetz ist auch unterworfen, wer im Ausland ein Verbrechen oder Vergehen gegen den Staat begeht (Art. 265, 266, 266bis, 267, 268, 270, 271, 275, 275bis, 275ter), verbotenen Nachrichtendienst betreibt (Art. 272–274) oder die militärische Sicherheit stört (Art. 276 und 277).

2 Hat der Täter wegen der Tat im Ausland eine Strafe ganz oder teilweise verbüsst, so rechnet ihm der schweizerische Richter die verbüsste Strafe an.

Verbrechen oder Vergehen im Auslande gegen Schweizer

Art. 5 1 Wer im Auslande gegen einen Schweizer ein Verbrechen oder ein Vergehen verübt, ist, sofern die Tat auch am Begehungsorte strafbar ist, dem schweizerischen Gesetz unterworfen, wenn er sich in der Schweiz befindet und nicht an das Ausland ausgeliefert, oder wenn er der Eidgenossenschaft wegen dieser Tat ausgeliefert wird. Ist das Gesetz des Begehungsortes für den Täter das mildere, so ist dieses anzuwenden.

2 Der Täter wird wegen des Verbrechens oder Vergehens nicht mehr bestraft, wenn die Strafe, zu der er im Auslande verurteilt wurde, vollzogen, erlassen oder verjährt ist.

3 Hat der Täter die Strafe im Auslande nicht oder nur teilweise verbüsst, so wird in der Schweiz die Strafe oder deren Rest vollzogen.

Verbrechen oder Vergehen von Schweizern im Ausland

Art. 6 1. Der Schweizer, der im Ausland ein Verbrechen oder ein Vergehen verübt, für welches das schweizerische Recht die Auslieferung zulässt, ist, sofern die Tat auch am Begehungsorte strafbar ist, diesem Gesetz unterworfen, wenn er sich in der Schweiz befindet oder der Eidgenossenschaft wegen dieser Tat ausgeliefert wird. Ist das Gesetz des Begehungsortes für den Täter das mildere, so ist dieses anzuwenden.

2. Der Täter wird in der Schweiz nicht mehr bestraft:

wenn er im Auslande wegen des Verbrechens oder Vergehens endgültig freigesprochen wurde;

wenn die Strafe, zu der er im Auslande verurteilt wurde, vollzogen, erlassen oder verjährt ist.

Ist die Strafe im Auslande nur teilweise vollzogen, so wird der vollzogene Teil angerechnet.

---

4   Fassung gemäss Ziff. I des BG vom 5. Okt. 1950, in Kraft seit 5. Jan. 1951 (AS 1951 116; BBl 1949 I 1249).

Andere Verbrechen oder Vergehen im Ausland

Art. 6^{bis5} 1. Wer im Ausland ein Verbrechen oder Vergehen verübt, zu dessen Verfolgung sich die Schweiz durch ein internationales Übereinkommen verpflichtet hat, ist diesem Gesetz unterworfen, sofern die Tat auch am Begehungsort strafbar ist, der Täter sich in der Schweiz befindet und nicht an das Ausland ausgeliefert wird. Ist das Gesetz des Begehungsortes für den Täter das mildere, so ist dieses anzuwenden.

2. Der Täter wird in der Schweiz nicht mehr bestraft:

wenn er im Tatortstaat wegen des Verbrechens oder Vergehens endgültig freigesprochen wurde;

wenn die Strafe, zu der er im Ausland verurteilt wurde, vollzogen, erlassen oder verjährt ist.

Ist die Strafe im Ausland nur teilweise vollzogen, so wird der vollzogene Teil angerechnet.

Ort der Begehung

Art. 7 ¹ Ein Verbrechen oder ein Vergehen gilt als da verübt, wo der Täter es ausführt, und da, wo der Erfolg eingetreten ist.

² Der Versuch gilt als da begangen, wo der Täter ihn ausführt, und da, wo nach seiner Absicht der Erfolg hätte eintreten sollen.

4. Persönliche Geltung des Gesetzes

Art. 8 Dieses Gesetz ist nicht anwendbar auf Personen, die nach dem Militärstrafrecht zu beurteilen sind.

Zweiter Titel: Die Strafbarkeit

1. Verbrechen und Vergehen

Art. 9 ¹ Verbrechen sind die mit Zuchthaus bedrohten Handlungen.

² Vergehen sind die mit Gefängnis als Höchststrafe bedrohten Handlungen.

2. Zurechnungsfähigkeit Unzurechnungsfähigkeit

Art. 10⁶ Wer wegen Geisteskrankheit, Schwachsinn oder schwerer Störung des Bewusstseins zur Zeit der Tat nicht fähig war, das Unrecht seiner Tat einzusehen oder gemäss seiner Einsicht in das Unrecht der Tat zu handeln, ist nicht strafbar. Vorbehalten sind Massnahmen nach den Artikeln 43 und 44.

Verminderte Zurechnungsfähigkeit

Art. 11⁷ War der Täter zur Zeit der Tat in seiner geistigen Gesundheit oder in seinem Bewusstsein beeinträchtigt oder geistig mangelhaft entwickelt, so dass die Fähigkeit, das Unrecht seiner Tat einzusehen oder gemäss seiner Einsicht in das Unrecht der Tat zu

---

5 Eingefügt durch Ziff. I des BG vom 17. Dez. 1982, in Kraft seit 1. Juli 1983 (AS 1983 543 544; BBl 1982 II 1).

6 Fassung gemäss Ziff. I des BG vom 18. März 1971, in Kraft seit 1. Juli 1971 (AS 1971 777 807; BBl 1965 I 561).

7 Fassung gemäss Ziff. I des BG vom 18. März 1971, in Kraft seit 1. Juli 1971 (AS 1971 777 807; BBl 1965 I 561).

handeln, herabgesetzt war, so kann der Richter die Strafe nach freiem Ermessen mildern (Art. 66). Vorbehalten sind Massnahmen nach den Artikeln 42–44 und 100bis.

Ausnahme

Art. 12 Die Bestimmungen der Artikel 10 und 11 sind nicht anwendbar, wenn die schwere Störung oder die Beeinträchtigung des Bewusstseins vom Täter selbst in der Absicht herbeigeführt wurde, in diesem Zustande die strafbare Handlung zu verüben.

Zweifelhafter Geisteszustand des Beschuldigten

Art. 13[8]   1 Die Untersuchungs- oder die urteilende Behörde ordnet eine Untersuchung des Beschuldigten an, wenn sie Zweifel an dessen Zurechnungsfähigkeit hat oder wenn zum Entscheid über die Anordnung einer sichernden Massnahme Erhebungen über dessen körperlichen oder geistigen Zustand nötig sind.

2 Die Sachverständigen äussern sich über die Zurechnungsfähigkeit des Beschuldigten sowie auch darüber, ob und in welcher Form eine Massnahme nach den Artikeln 42–44 zweckmässig sei.

Art. 14–17[9]

3. Schuld.
Vorsatz und Fahrlässigkeit

Art. 18   1 Bestimmt es das Gesetz nicht ausdrücklich anders, so ist nur strafbar, wer ein Verbrechen oder ein Vergehen vorsätzlich verübt.

2 Vorsätzlich verübt ein Verbrechen oder ein Vergehen, wer die Tat mit Wissen und Willen ausführt.

3 Ist die Tat darauf zurückzuführen, dass der Täter die Folge seines Verhaltens aus pflichtwidriger Unvorsichtigkeit nicht bedacht oder darauf nicht Rücksicht genommen hat, so begeht er das Verbrechen oder Vergehen fahrlässig. Pflichtwidrig ist die Unvorsichtigkeit, wenn der Täter die Vorsicht nicht beobachtet, zu der er nach den Umständen und nach seinen persönlichen Verhältnissen verpflichtet ist.

Irrige Vorstellung über den Sachverhalt

Art. 19   1 Handelt der Täter in einer irrigen Vorstellung über den Sachverhalt, so beurteilt der Richter die Tat zugunsten des Täters nach dem Sachverhalte, den sich der Täter vorgestellt hat.

2 Hätte der Täter den Irrtum bei pflichtgemässer Vorsicht vermeiden können, so ist er wegen Fahrlässigkeit strafbar, wenn die fahrlässige Verübung der Tat mit Strafe bedroht ist.

---

8   Fassung gemäss Ziff. I des BG vom 18. März 1971, in Kraft seit 1. Juli 1971 (AS 1971 777 807; BBl 1965 I 561).
9   Aufgehoben durch Ziff. I des BG vom 18. März 1971 (AS 1971 777; BBl 1965 I 561).

Rechtsirrtum

Art. 20 Hat der Täter aus zureichenden Gründen angenommen, er sei zur Tat berechtigt, so kann der Richter die Strafe nach freiem Ermessen mildern (Art. 66) oder von einer Bestrafung Umgang nehmen.

4. Versuch.
Unvollendeter
Versuch. Rücktritt

Art. 21 [1] Führt der Täter, nachdem er mit der Ausführung eines Verbrechens oder eines Vergehens begonnen hat, die strafbare Tätigkeit nicht zu Ende, so kann er milder bestraft werden (Art. 65).

[2] Führt er aus eigenem Antriebe die strafbare Tätigkeit nicht zu Ende, so kann der Richter von einer Bestrafung wegen des Versuches Umgang nehmen.

Vollendeter Versuch.
Tätige Reue

Art. 22 [1] Wird die strafbare Tätigkeit zu Ende geführt, tritt aber der zur Vollendung des Verbrechens oder des Vergehens gehörende Erfolg nicht ein, so kann der Täter milder bestraft werden (Art. 65).

[2] Hat der Täter aus eigenem Antriebe zum Nichteintritt des Erfolges beigetragen oder den Eintritt des Erfolges verhindert, so kann der Richter die Strafe nach freiem Ermessen mildern (Art. 66).

Untauglicher Versuch

Art. 23 [1] Ist das Mittel, womit jemand ein Verbrechen oder ein Vergehen auszuführen versucht, oder der Gegenstand, woran er es auszuführen versucht, derart, dass die Tat mit einem solchen Mittel oder an einem solchen Gegenstande überhaupt nicht ausgeführt werden könnte, so kann der Richter die Strafe nach freiem Ermessen mildern (Art. 66).

[2] Handelt der Täter aus Unverstand, so kann der Richter von einer Bestrafung Umgang nehmen.

5. Teilnahme.
Anstiftung

Art. 24 [1] Wer jemanden zu dem von ihm verübten Verbrechen oder Vergehen vorsätzlich bestimmt hat, wird nach der Strafandrohung, die auf den Täter Anwendung findet, bestraft.

[2] Wer jemanden zu einem Verbrechen zu bestimmen versucht, wird wegen Versuchs dieses Verbrechens bestraft.

Gehilfenschaft

Art. 25 Wer zu einem Verbrechen oder zu einem Vergehen vorsätzlich Hilfe leistet, kann milder bestraft werden (Art. 65).

Persönliche Verhältnisse

Art. 26 Besondere persönliche Verhältnisse, Eigenschaften und Umstände, die die Strafbarkeit erhöhen, vermindern oder ausschliessen, werden bei dem Täter, dem Anstifter und dem Gehilfen berücksichtigt, bei dem sie vorliegen.

6. Strafbarkeit der Medien

Art. 27[10] ¹ Wird eine strafbare Handlung durch Veröffentlichung in einem Medium begangen und erschöpft sie sich in dieser Veröffentlichung, so ist, unter Vorbehalt der nachfolgenden Bestimmungen, der Autor allein strafbar.

² Kann der Autor nicht ermittelt oder in der Schweiz nicht vor Gericht gestellt werden, so ist der verantwortliche Redaktor nach Artikel 322bis strafbar. Fehlt ein verantwortlicher Redaktor, so ist jene Person nach Artikel 322bis strafbar, die für die Veröffentlichung verantwortlich ist.

³ Hat die Veröffentlichung ohne Wissen oder gegen den Willen des Autors stattgefunden, so ist der Redaktor oder, wenn ein solcher fehlt, die für die Veröffentlichung verantwortliche Person als Täter strafbar.

⁴ Die wahrheitsgetreue Berichterstattung über öffentliche Verhandlungen und amtliche Mitteilungen einer Behörde ist straflos.

Quellenschutz

Art. 27bis[11] ¹ Verweigern Personen, die sich beruflich mit der Veröffentlichung von Informationen im redaktionellen Teil eines periodisch erscheinenden Mediums befassen, oder ihre Hilfspersonen das Zeugnis über die Identität des Autors oder über Inhalt und Quellen ihrer Informationen, so dürfen weder Strafen noch prozessuale Zwangsmassnahmen gegen sie verhängt werden.

² Absatz 1 gilt nicht, wenn der Richter feststellt, dass:

a. das Zeugnis erforderlich ist, um eine Person aus einer unmittelbaren Gefahr für Leib und Leben zu retten; oder

b.[12] ohne das Zeugnis ein Tötungsdelikt im Sinne der Artikel 111–113 oder ein anderes Verbrechen, das mit einer Mindeststrafe von drei Jahren Zuchthaus bedroht ist, oder eine Straftat nach den Artikeln 187, 189–191, 197 Ziffer 3, 260ter, 260quinquies, 305bis, 305ter und 322ter–322septies des vorliegenden Gesetzes sowie nach Artikel 19 Ziffer 2 des Betäubungsmittelgesetzes vom 3. Oktober 1951[13] nicht aufgeklärt werden oder der einer solchen Tat Beschuldigte nicht ergriffen werden kann.

7. Strafantrag. Antragsrecht

Art. 28 ¹ Ist eine Tat nur auf Antrag strafbar, so kann jeder, der durch sie verletzt worden ist, die Bestrafung des Täters beantragen.

² Ist der Verletzte handlungsunfähig, so ist sein gesetzlicher Vertreter zum Antrage berechtigt. Ist er bevormundet, so steht das Antragsrecht auch der Vormundschaftsbehörde zu.

---

10 Fassung gemäss Ziff. I des BG vom 10. Okt. 1997, in Kraft seit 1. April 1998 (AS 1998 852 856; BBl 1996 IV 525).

11 Eingefügt durch Ziff. I des BG vom 10. Okt. 1997, in Kraft seit 1. April 1998 (AS 1998 852 856; BBl 1996 IV 525).

12 Fassung gemäss Ziff. I 1 des BG vom 21. März 2003 (Finanzierung des Terrorismus), in Kraft seit 1. Okt. 2003 (AS 2003 3043 3047; BBl 2002 5390).

13 SR 812.121

[3] Ist der Verletzte 18 Jahre alt und urteilsfähig, so ist auch er zum Antrage berechtigt.

[4] Stirbt ein Verletzter, ohne dass er den Strafantrag gestellt oder auf den Strafantrag ausdrücklich verzichtet hat, so steht das Antragsrecht jedem Angehörigen zu.

[5] Hat der Antragsberechtigte ausdrücklich auf den Antrag verzichtet, so ist der Verzicht endgültig.

Frist

Art. 29 Das Antragsrecht erlischt nach Ablauf von drei Monaten. Die Frist beginnt mit dem Tag, in welchem dem Antragsberechtigten der Täter bekannt wird.

Unteilbarkeit

Art. 30 Stellt ein Antragsberechtigter gegen einen an der Tat Beteiligten Strafantrag, so sind alle Beteiligten zu verfolgen.

Rückzug

Art. 31 [1] Der Berechtigte kann seinen Strafantrag zurückziehen, solange das Urteil erster Instanz noch nicht verkündet ist.

[2] Wer seinen Strafantrag zurückgezogen hat, kann ihn nicht nochmals stellen.

[3] Zieht der Berechtigte seinen Strafantrag gegenüber einem Beschuldigten zurück, so gilt der Rückzug für alle Beschuldigten.

[4] Erhebt ein Beschuldigter gegen den Rückzug des Strafantrages Einspruch, so gilt der Rückzug für ihn nicht.

8. Rechtmässige Handlungen.
Gesetz, Amts- oder Berufspflicht

Art. 32 Die Tat, die das Gesetz oder eine Amts- oder Berufspflicht gebietet, oder die das Gesetz für erlaubt oder straflos erklärt, ist kein Verbrechen oder Vergehen.

Notwehr

Art. 33 [1] Wird jemand ohne Recht angegriffen oder unmittelbar mit einem Angriffe bedroht, so ist der Angegriffene und jeder andere berechtigt, den Angriff in einer den Umständen angemessenen Weise abzuwehren.

[2] Überschreitet der Abwehrende die Grenzen der Notwehr, so mildert der Richter die Strafe nach freiem Ermessen (Art. 66). Überschreitet der Abwehrende die Grenzen der Notwehr in entschuldbarer Aufregung oder Bestürzung über den Angriff, so bleibt er straflos.

Notstand

Art. 34 1. Die Tat, die jemand begeht, um sein Gut, namentlich Leben, Leib, Freiheit, Ehre, Vermögen, aus einer unmittelbaren, nicht anders abwendbaren Gefahr zu erretten, ist straflos, wenn die Gefahr vom Täter nicht verschuldet ist und ihm den Umständen nach nicht zugemutet werden konnte, das gefährdete Gut preiszugeben.

Ist die Gefahr vom Täter verschuldet, oder konnte ihm den Umständen nach zugemutet werden, das gefährdete Gut preiszugeben, so mildert der Richter die Strafe nach freiem Ermessen (Art. 66).

2. Die Tat, die jemand begeht, um das Gut eines andern, namentlich Leben, Leib, Freiheit, Ehre, Vermögen, aus einer unmittelbaren, nicht anders abwendbaren Gefahr zu erretten, ist straflos. Konnte der Täter erkennen, dass dem Gefährdeten die Preisgabe des gefährdeten Gutes zuzumuten war, so mildert der Richter die Strafe nach freiem Ermessen (Art. 66).

Dritter Titel: Strafen, sichernde und andere Massnahmen

Erster Abschnitt: Die einzelnen Strafen und Massnahmen

1. Freiheitsstrafen. Zuchthausstrafe

Art. 35[14] Die Zuchthausstrafe ist die schwerste Freiheitsstrafe. Ihre kürzeste Dauer ist ein Jahr, die längste Dauer 20 Jahre. Wo das Gesetz es besonders bestimmt, ist sie lebenslänglich.

Gefängnisstrafe

Art. 36[15] Die kürzeste Dauer der Gefängnisstrafe ist drei Tage. Wo das Gesetz nicht ausdrücklich anders bestimmt, ist die längste Dauer drei Jahre.

Vollzug der Zuchthaus- und Gefängnisstrafe

Art. 37[16][17] 1. Der Vollzug der Zuchthaus- und Gefängnisstrafen soll erziehend auf den Gefangenen einwirken und ihn auf den Wiedereintritt in das bürgerliche Leben vorbereiten. Er soll zudem darauf hinwirken, dass das Unrecht, das dem Geschädigten zugefügt wurde, wiedergutgemacht wird.[18]

Der Gefangene ist zur Arbeit verpflichtet, die ihm zugewiesen wird. Er soll womöglich mit Arbeiten beschäftigt werden, die seinen Fähigkeiten entsprechen und die ihn in den Stand setzen, in der Freiheit seinen Unterhalt zu erwerben.

2. Zuchthaus- und Gefängnisstrafen können in der gleichen Anstalt vollzogen werden. Diese ist, unter Vorbehalt von Sonderbestimmungen dieses Gesetzes, von den andern im Gesetz genannten Anstalten zu trennen.

Der Verurteilte, der innerhalb der letzten fünf Jahre vor der Tat weder eine Zuchthausstrafe noch eine Gefängnisstrafe von mehr als drei

---

14 Fassung gemäss Ziff. I des BG vom 18. März 1971, in Kraft seit 1. Juli 1971 (AS 1971 777 807; BBl 1965 I 561).
15 Fassung gemäss Ziff. I des BG vom 18. März 1971, in Kraft seit 1. Juli 1971 (AS 1971 777 807; BBl 1965 I 561).
16 Fassung gemäss Ziff. I des BG vom 18. März 1971, in Kraft seit 1. Juli 1971 (AS 1971 777 807; BBl 1965 I 561).
17 Siehe jedoch die V (2) vom 6. Dez. 1982 zum Schweizerischen Strafgesetzbuch (SR 311.02).
18 Fassung gemäss Anhang Ziff. 1 des BG vom 4. Okt. 1991 über die Hilfe an Opfer von Straftaten (Opferhilfegesetz), in Kraft seit 1. Jan. 1993 (SR 312.5).

Monaten verbüsst hat und noch nie in eine Anstalt gemäss Artikel 42 oder 91 Ziffer 2 eingewiesen war, ist in eine Anstalt für Erstmalige einzuweisen. Er kann in eine andere Anstalt eingewiesen werden, wenn besondere Umstände wie Gemeingefährlichkeit, ernsthafte Fluchtgefahr oder besondere Gefahr der Verleitung anderer zu strafbaren Handlungen vorliegen.

Die zuständige Behörde kann ausnahmsweise einen Rückfälligen in eine Anstalt für Erstmalige einweisen, wenn dies notwendig ist und dem erzieherischen Zweck der Strafe entspricht.

3. Der Gefangene wird während der ersten Stufe des Vollzuges in Einzelhaft gehalten. Die Anstaltsleitung kann mit Rücksicht auf den körperlichen oder geistigen Zustand des Gefangenen davon absehen. Sie kann ihn auch später wieder in Einzelhaft zurückversetzen, wenn sein Zustand oder der Zweck des Vollzugs dies erfordert.

Gefangene, die mindestens die Hälfte der Strafzeit, bei lebenslänglicher Zuchthausstrafe mindestens zehn Jahre verbüsst und sich bewährt haben, können in freier geführte Anstalten oder Anstaltsabteilungen eingewiesen oder auch ausserhalb der Strafanstalten beschäftigt werden. Diese Erleichterungen können auch anderen Gefangenen gewährt werden, wenn ihr Zustand es erfordert.

Die Kantone regeln Voraussetzungen und Umfang der Erleichterungen, die stufenweise dem Gefangenen gewährt werden können.

Vollzug kurzer Gefängnisstrafen

Art. 37bis[19] 1. Ist für strafbare Handlungen des Verurteilten eine Gefängnisstrafe von nicht mehr als drei Monaten zu vollziehen, so sind die Bestimmungen über die Haft anwendbar.

Für gleichzeitig vollziehbare Strafen bleibt Artikel 397bis Absatz 1 Buchstabe a vorbehalten, ebenso für Gesamtstrafen und Zusatzstrafen.

2. Ist von einer längeren Gefängnisstrafe des Verurteilten infolge der Anrechnung von Untersuchungshaft oder aus andern Gründen nur eine Reststrafe von nicht mehr als drei Monaten zu vollziehen, so bestimmt die Vollzugsbehörde, ob er in eine Anstalt zum Vollzug von Haftstrafen einzuweisen sei.

Die Vollzugsgrundsätze des Artikels 37 bleiben in der Regel sinngemäss anwendbar.

3. Der Gefangene ist in jedem Fall zur Arbeit verpflichtet, die ihm zugewiesen wird.

---

19 Eingefügt durch Ziff. I des BG vom 18. März 1971, in Kraft seit 1. Juli 1971 (AS 1971 777 807; BBl 1965 I 561).

Bedingte Entlassung

Art. 38[20]   1. Hat der zu Zuchthaus oder Gefängnis Verurteilte zwei Drittel der Strafe, bei Gefängnis mindestens drei Monate, verbüsst, so kann ihn die zuständige Behörde bedingt entlassen, wenn sein Verhalten während des Strafvollzuges nicht dagegen spricht und anzunehmen ist, er werde sich in der Freiheit bewähren.

Hat ein zu lebenslänglicher Zuchthausstrafe Verurteilter 15 Jahre erstanden, so kann ihn die zuständige Behörde bedingt entlassen.

Die zuständige Behörde prüft von Amtes wegen, ob der Gefangene bedingt entlassen werden kann. Sie holt einen Bericht der Anstaltsleitung ein. Sie hört den Verurteilten an, wenn er kein Gesuch gestellt hat oder wenn auf Gesuch hin eine bedingte Entlassung nicht ohne weiteres gegeben ist.

2. Die zuständige Behörde bestimmt dem bedingt Entlassenen eine Probezeit, während der er unter Schutzaufsicht gestellt werden kann. Diese Probezeit beträgt mindestens ein und höchstens fünf Jahre. Wird ein zu lebenslänglicher Zuchthausstrafe Verurteilter bedingt entlassen, so beträgt die Probezeit fünf Jahre.

3. Die zuständige Behörde kann dem bedingt Entlassenen Weisungen über sein Verhalten während der Probezeit erteilen, insbesondere über Berufsausübung, Aufenthalt, ärztliche Betreuung, Verzicht auf alkoholische Getränke und Schadensdeckung.

4. Begeht der Entlassene während der Probezeit eine strafbare Handlung, für die er zu einer drei Monate übersteigenden und unbedingt zu vollziehenden Freiheitsstrafe verurteilt wird, so ordnet die zuständige Behörde die Rückversetzung an. Wird der Entlassene zu einer milderen oder zu einer bedingt zu vollziehenden Strafe verurteilt, so kann die zuständige Behörde von der Rückversetzung Umgang nehmen.

Handelt der Entlassene trotz förmlicher Mahnung der zuständigen Behörde einer ihm erteilten Weisung zuwider, entzieht er sich beharrlich der Schutzaufsicht oder täuscht er in anderer Weise das auf ihn gesetzte Vertrauen, so ordnet die zuständige Behörde die Rückversetzung an. In leichten Fällen kann sie davon Umgang nehmen.

Die Haft während des Rückversetzungsverfahrens ist auf den noch zu verbüssenden Strafrest anzurechnen.

Wird von der Rückversetzung Umgang genommen, so kann die zuständige Behörde den Entlassenen verwarnen, ihm weitere Weisungen erteilen und die Probezeit höchstens um die Hälfte der ursprünglich festgesetzten Dauer verlängern.

---

20   Fassung gemäss Ziff. I des BG vom 18. März 1971, in Kraft seit 1. Juli 1971 (AS 1971 777 807; BBl 1965 I 561).

Trifft eine durch den Entscheid über die Rückversetzung vollziehbar gewordene Reststrafe mit dem Vollzug einer Massnahme nach Artikel 43, 44 oder 100bis zusammen, so ist der Vollzug aufzuschieben.

Der Vollzug der Reststrafe kann nicht mehr angeordnet werden, wenn seit Ablauf der Probezeit fünf Jahre verstrichen sind.

5. Bewährt sich der Entlassene bis zum Ablauf der Probezeit, so ist er endgültig entlassen.

Haftstrafe

Art. 39[21][22] 1. Die Haftstrafe ist die leichteste Freiheitsstrafe. Ihre kürzeste Dauer ist ein Tag, die längste Dauer drei Monate.

Ist im Gesetz neben der Gefängnisstrafe wahlweise Busse angedroht, so kann der Richter statt auf Gefängnis auf Haft erkennen.

2. Die Haftstrafe wird in einer besondern Anstalt vollzogen, jedenfalls aber in Räumen, die nicht dem Vollzug anderer Freiheitsstrafen oder von Massnahmen dienen.

3. Der Haftgefangene wird zur Arbeit angehalten. Es ist ihm gestattet, sich angemessene Arbeit selbst zu beschaffen. Macht er von dieser Befugnis keinen Gebrauch, so ist er zur Leistung der ihm zugewiesenen Arbeit verpflichtet.

Wenn es die Umstände rechtfertigen, kann er ausserhalb der Anstalt mit Arbeit beschäftigt werden, die ihm zugewiesen wird.

Unterbrechung des Vollzuges[24]

Art. 40[23] ¹ Der Vollzug einer Freiheitsstrafe darf nur aus wichtigen Gründen unterbrochen werden.

² Muss der Verurteilte während des Strafvollzuges in eine Heil- oder Pflegeanstalt verbracht werden, so wird ihm der Aufenthalt in dieser Anstalt auf die Strafe angerechnet. Die zuständige Behörde kann die Anrechnung ganz oder teilweise ausschliessen, wenn die Verbringung in die Heil- oder Pflegeanstalt wegen Krankheiten oder anderer Ursachen erforderlich wurde, die offenkundig schon vor dem Strafantritt bestanden haben. Die Anrechnung unterbleibt, wenn der Verurteilte die Verbringung arglistig veranlasst oder soweit er die Verlängerung des Aufenthalts in der Anstalt arglistig herbeigeführt hat.

Bedingter Strafvollzug

Art. 41[25] 1. Der Richter kann den Vollzug einer Freiheitsstrafe von nicht mehr als 18 Monaten oder einer Nebenstrafe aufschieben, wenn Vorleben und Charakter des Verurteilten erwarten lassen, er werde dadurch von weitern Verbrechen oder Vergehen abgehalten,

---

21 Fassung gemäss Ziff. I des BG vom 18. März 1971, in Kraft seit 1. Juli 1971 (AS 1971 777 807; BBl 1965 I 561).
22 Siehe jedoch die V (2) vom 6. Dez. 1982 zum Schweizerischen Strafgesetzbuch (SR 311.02).
23 Fassung gemäss Ziff. I des BG vom 5. Okt. 1950, in Kraft seit 5. Jan. 1951 (AS 1951 I 16; BBl 1949 I 1249).
24 Fassung gemäss Ziff. I des BG vom 18. März 1971, in Kraft seit 1. Juli 1971 (AS 1971 777 807; BBl 1965 I 561).
25 Fassung gemäss Ziff. I des BG vom 18. März 1971, in Kraft seit 1. Juli 1971 (AS 1971 777 807; BBl 1965 I 561).

und wenn er den gerichtlich oder durch Vergleich festgestellten Schaden, soweit es ihm zuzumuten war, ersetzt hat.

Der Aufschub ist nicht zulässig, wenn der Verurteilte innerhalb der letzten fünf Jahre vor der Tat wegen eines vorsätzlich begangenen Verbrechens oder Vergehens eine Zuchthaus- oder eine Gefängnisstrafe von mehr als drei Monaten verbüsst hat. Ausländische Urteile sind den schweizerischen gleichgestellt, wenn sie den Grundsätzen des schweizerischen Rechts nicht widersprechen.

Schiebt der Richter den Strafvollzug auf, so bestimmt er dem Verurteilten eine Probezeit von zwei bis zu fünf Jahren.

Beim Zusammentreffen mehrerer Strafen kann der Richter den bedingten Vollzug auf einzelne derselben beschränken.

2. Der Richter kann den Verurteilten unter Schutzaufsicht stellen. Er kann ihm für sein Verhalten während der Probezeit bestimmte Weisungen erteilen, insbesondere über Berufsausübung, Aufenthalt, ärztliche Betreuung, Verzicht auf alkoholische Getränke und Schadensdeckung innerhalb einer bestimmten Frist.

Die Umstände, die den bedingten Strafvollzug rechtfertigen oder ausschliessen, sowie die Weisungen des Richters sind im Urteil festzuhalten. Der Richter kann die Weisungen nachträglich ändern.

3. Begeht der Verurteilte während der Probezeit ein Verbrechen oder Vergehen, handelt er trotz förmlicher Mahnung des Richters einer ihm erteilten Weisung zuwider, entzieht er sich beharrlich der Schutzaufsicht oder täuscht er in anderer Weise das auf ihn gesetzte Vertrauen, so lässt der Richter die Strafe vollziehen.

Wenn begründete Aussicht auf Bewährung besteht, kann der Richter in leichten Fällen statt dessen, je nach den Umständen, den Verurteilten verwarnen, zusätzliche Massnahmen nach Ziffer 2 anordnen und die im Urteil bestimmte Probezeit um höchstens die Hälfte verlängern.

Bei Verbrechen oder Vergehen während der Probezeit entscheidet der dafür zuständige Richter auch über den Vollzug der bedingt aufgeschobenen Strafe oder deren Ersatz durch die vorgesehenen Massnahmen. In den übrigen Fällen ist der Richter zuständig, der den bedingten Strafvollzug angeordnet hat.

Trifft eine durch den Widerruf vollziehbar erklärte Strafe mit dem Vollzug einer Massnahme nach Artikel 43, 44 oder 100bis zusammen, so ist der Strafvollzug aufzuschieben.

Der Vollzug der aufgeschobenen Strafe kann nicht mehr angeordnet werden, wenn seit Ablauf der Probezeit fünf Jahre verstrichen sind.

4. Bewährt sich der Verurteilte bis zum Ablauf der Probezeit und sind die Bussen und die unbedingt ausgesprochenen Nebenstrafen vollzogen, so verfügt die zuständige Behörde des Urteilskantons die Löschung des Urteils im Strafregister.

2. Sichernde Massnahmen.

Verwahrung von Gewohnheitsverbrechern

Art. 42[26][27] 1. Hat der Täter schon zahlreiche Verbrechen oder Vergehen vorsätzlich verübt und wurde ihm deswegen durch Zuchthaus- oder Gefängnisstrafen oder eine Arbeitserziehungsmassnahme die Freiheit während insgesamt mindestens zwei Jahren entzogen, oder war er an Stelle des Vollzugs von Freiheitsstrafen bereits als Gewohnheitsverbrecher verwahrt, und begeht er innert fünf Jahren seit der endgültigen Entlassung ein neues vorsätzliches Verbrechen oder Vergehen, das seinen Hang zu Verbrechen oder Vergehen bekundet, so kann der Richter an Stelle des Vollzuges einer Zuchthaus- oder Gefängnisstrafe Verwahrung anordnen.

Der Richter lässt den geistigen Zustand des Täters soweit erforderlich untersuchen.

2. Die Verwahrung ist in einer offenen oder geschlossenen Anstalt zu vollziehen, jedoch in keinem Falle in einer Anstalt für Erstmalige, in einer Haftanstalt, in einer Arbeitserziehungsanstalt oder in einer Trinkerheilanstalt.

3. Der Verwahrte ist zur Arbeit verpflichtet, die ihm zugewiesen wird.

Verwahrte, die mindestens die Hälfte der Strafzeit und wenigstens zwei Jahre in der Anstalt verbracht und sich dort bewährt haben, können ausserhalb der Anstalt beschäftigt werden. Diese Erleichterung kann ausnahmsweise auch andern Verwahrten gewährt werden, wenn es ihr Zustand erfordert.

4. Der Verwahrte bleibt mindestens bis zum Ablauf von zwei Dritteln der Strafdauer und wenigstens drei Jahre in der Anstalt. Die vom Richter nach Artikel 69 auf die Strafe angerechnete Untersuchungshaft ist dabei zu berücksichtigen.

Die zuständige Behörde verfügt auf das Ende der Mindestdauer die bedingte Entlassung für drei Jahre, wenn sie annimmt, die Verwahrung sei nicht mehr nötig, und stellt den Entlassenen unter Schutzaufsicht.

Im Falle der Rückversetzung beträgt die Mindestdauer der neuen Verwahrung in der Regel fünf Jahre.

---

26   Fassung gemäss Ziff. I des BG vom 18. März 1971, in Kraft seit 1. Juli 1971 (AS 1971 777 807; BBl 1965 I 561).
27   Siehe jedoch die V (2) vom 6. Dez. 1982 zum Schweizerischen Strafgesetzbuch (SR 311.02).

5. Die Verwahrung kann auf Antrag der zuständigen Behörde vom Richter ausnahmsweise schon vor Ende der Mindestdauer von drei Jahren aufgehoben werden, wenn kein Grund zur Verwahrung mehr besteht und zwei Drittel der Strafdauer abgelaufen sind.

Massnahmen an geistig Abnormen

Art. 43[28] 1. Erfordert der Geisteszustand des Täters, der eine vom Gesetz mit Zuchthaus oder Gefängnis bedrohte Tat begangen hat, die damit im Zusammenhang steht, ärztliche Behandlung oder besondere Pflege und ist anzunehmen, dadurch lasse sich die Gefahr weiterer mit Strafe bedrohter Taten verhindern oder vermindern, so kann der Richter Einweisung in eine Heil- oder Pflegeanstalt anordnen. Er kann ambulante Behandlung anordnen, sofern der Täter für Dritte nicht gefährlich ist.

Gefährdet der Täter infolge seines Geisteszustandes die öffentliche Sicherheit in schwerwiegender Weise, so wird vom Richter seine Verwahrung angeordnet, wenn diese Massnahme notwendig ist, um ihn vor weiterer Gefährdung anderer abzuhalten. Die Verwahrung wird in einer geeigneten Anstalt vollzogen.

Der Richter trifft seinen Entscheid auf Grund von Gutachten über den körperlichen und geistigen Zustand des Täters und über die Verwahrungs-, Behandlungs- oder Pflegebedürftigkeit.

2. Wird vom Richter Einweisung in eine Heil- oder Pflegeanstalt oder Verwahrung angeordnet, so schiebt er im Falle einer Freiheitsstrafe deren Vollzug auf.

Zwecks ambulanter Behandlung kann der Richter den Vollzug der Strafe aufschieben, um der Art der Behandlung Rechnung zu tragen. Er kann in diesem Falle entsprechend Artikel 41 Ziffer 2 Weisungen erteilen und wenn nötig eine Schutzaufsicht anordnen.

3. Wird die Behandlung in der Anstalt als erfolglos eingestellt, so entscheidet der Richter, ob und wieweit aufgeschobene Strafen noch vollstreckt werden sollen.

Erweist sich die ambulante Behandlung als unzweckmässig oder für andere gefährlich, erfordert jedoch der Geisteszustand des Täters eine ärztliche Behandlung oder besondere Pflege, so wird vom Richter Einweisung in eine Heil- oder Pflegeanstalt angeordnet. Ist Behandlung in einer solchen Anstalt unnötig, so entscheidet der Richter, ob und wieweit aufgeschobene Strafen noch vollstreckt werden sollen.

An Stelle des Strafvollzugs kann der Richter eine andere sichernde Massnahme anordnen, wenn deren Voraussetzungen erfüllt sind.

---

28 Fassung gemäss Ziff. I des BG vom 18. März 1971, in Kraft seit 1. Juli 1971 (AS 1971 777 807; BBl 1965 I 561).

4. Die zuständige Behörde beschliesst die Aufhebung der Massnahme, wenn ihr Grund weggefallen ist.

Ist der Grund der Massnahme nicht vollständig weggefallen, so kann die zuständige Behörde eine probeweise Entlassung aus der Anstalt oder der Behandlung anordnen. Sie kann den Entlassenen unter Schutzaufsicht stellen. Probezeit und Schutzaufsicht werden von ihr aufgehoben, wenn sie nicht mehr nötig sind.

Die zuständige Behörde hat ihren Beschluss dem Richter vor der Entlassung mitzuteilen.

5. Der Richter entscheidet nach Anhören des Arztes, ob und wieweit aufgeschobene Strafen im Zeitpunkt der Entlassung aus der Anstalt oder nach Beendigung der Behandlung noch vollstreckt werden sollen. Er kann insbesondere vom Strafvollzug ganz absehen, wenn zu befürchten ist, dass dieser den Erfolg der Massnahme erheblich gefährdet.

Die Dauer des Freiheitsentzugs durch Vollzug der Massnahme in einer Anstalt ist auf die Dauer einer bei ihrer Anordnung aufgeschobenen Strafe anzurechnen.

Die zuständige Behörde äussert sich bei der Mitteilung ihres Beschlusses zur Frage, ob sie der Ansicht ist, der Vollzug von Strafen sei für den Entlassenen nachteilig.

Behandlung von Trunk- und Rauschgiftsüchtigen

Art. 44[29] 1. Ist der Täter trunksüchtig und steht die von ihm begangene Tat damit im Zusammenhang, so kann der Richter seine Einweisung in eine Trinkerheilanstalt oder, wenn nötig, in eine andere Heilanstalt anordnen, um die Gefahr künftiger Verbrechen oder Vergehen zu verhüten. Der Richter kann auch ambulante Behandlung anordnen. Artikel 43 Ziffer 2 ist entsprechend anwendbar.

Der Richter holt, soweit erforderlich, ein Gutachten über den körperlichen und geistigen Zustand des Täters sowie über die Zweckmässigkeit der Behandlung ein.

2. Die Trinkerheilanstalt ist von den übrigen Anstalten dieses Gesetzes getrennt zu führen.

3. Zeigt sich, dass der Eingewiesene nicht geheilt werden kann oder sind die Voraussetzungen der bedingten Entlassung nach zwei Jahren Aufenthalt in der Anstalt noch nicht eingetreten, so entscheidet nach Einholung eines Berichts der Anstaltsleitung der Richter, ob und wieweit aufgeschobene Strafen noch vollstreckt werden sollen.

An Stelle des Strafvollzuges kann der Richter eine andere sichernde Massnahme anordnen, wenn deren Voraussetzungen erfüllt sind.

---

29 Fassung gemäss Ziff. I des BG vom 18. März 1971, in Kraft seit 1. Juli 1971 (AS 1971 777 807; BBl 1965 I 561).

4. Hält die zuständige Behörde den Eingewiesenen für geheilt, so beschliesst sie dessen Entlassung aus der Anstalt.

Die zuständige Behörde kann ihn für ein bis drei Jahre bedingt entlassen und ihn für diese Zeit unter Schutzaufsicht stellen.

Die zuständige Behörde hat ihren Beschluss dem Richter vor der Entlassung mitzuteilen.

5. Der Richter entscheidet, ob und wieweit aufgeschobene Strafen im Zeitpunkt der Entlassung aus der Anstalt oder der Behandlung noch vollstreckt werden sollen. Die zuständige Behörde äussert sich hierüber bei der Mitteilung ihres Beschlusses. Die Dauer des Freiheitsentzuges durch den Vollzug der Massnahme in einer Anstalt ist auf die Dauer der bei ihrer Anordnung aufgeschobenen Strafe anzurechnen.

6. Dieser Artikel ist sinngemäss auf Rauschgiftsüchtige anwendbar. Erweist sich ein zu einer Strafe verurteilter Rauschgiftsüchtiger nachträglich als behandlungsbedürftig, behandlungsfähig und behandlungswillig, so kann ihn der Richter auf sein Gesuch hin in eine Anstalt für Rauschgiftsüchtige einweisen und den Vollzug der noch nicht verbüssten Strafe aufschieben.[30]

Bedingte und probeweise Entlassung

Art. 45[31] 1. Die zuständige Behörde prüft von Amtes wegen, ob und wann die bedingte oder probeweise Entlassung anzuordnen ist.

In Bezug auf die bedingte oder probeweise Entlassung aus einer Anstalt nach Artikel 42 oder 43 hat die zuständige Behörde mindestens einmal jährlich Beschluss zu fassen, bei Verwahrung nach Artikel 42 erstmals auf das Ende der gesetzlichen Mindestdauer.

In allen Fällen hat sie vor dem Entscheid den zu Entlassenden oder seinen Vertreter anzuhören und von der Anstaltsleitung einen Bericht einzuholen.

2. Die zuständige Behörde kann dem Entlassenen Weisungen über sein Verhalten während der Probezeit erteilen, insbesondere über Berufsausübung, Aufenthalt, ärztliche Betreuung, Verzicht auf alkoholische Getränke und Schadensdeckung.

3. Begeht der Entlassene während der Probezeit ein Verbrechen oder Vergehen, für das er zu einer drei Monate übersteigenden und unbedingt zu vollziehenden Freiheitsstrafe verurteilt wird, so beantragt die zuständige Behörde dem Richter den Vollzug aufgeschobener Strafen oder ordnet die Rückversetzung an.

---

30   Fassung gemäss Ziff. I des BG vom 21. Juni 1991, in Kraft seit 1. Jan. 1992 (AS 1991 2512 2513; BBl 1985 II 1009).

31   Fassung gemäss Ziff. I des BG vom 18. März 1971, in Kraft seit 1. Juli 1971 (AS 1971 777 807; BBl 1965 I 561).

Wird der Entlassene zu einer milderen oder zu einer bedingt zu vollziehenden Strafe verurteilt, so kann die zuständige Behörde von einem Antrag an den Richter auf Vollzug aufgeschobener Strafen absehen und von der Rückversetzung Umgang nehmen.

Handelt der Entlassene trotz förmlicher Mahnung der zuständigen Behörde einer ihm erteilten Weisung zuwider, entzieht er sich beharrlich der Schutzaufsicht oder täuscht er in anderer Weise das auf ihn gesetzte Vertrauen, so beantragt die zuständige Behörde dem Richter den Vollzug aufgeschobener Strafen oder ordnet die Rückversetzung an. In leichten Fällen kann die zuständige Behörde von einem Antrag auf Vollzug aufgeschobener Strafen absehen und von der Rückversetzung Umgang nehmen.

Wird von der Rückversetzung Umgang genommen, so kann die zuständige Behörde den Entlassenen verwarnen, ihm weitere Weisungen erteilen und die Probezeit höchstens um die Hälfte der ursprünglich festgesetzten Dauer verlängern.

Die zuständige Behörde kann die Rückversetzung auch anordnen, wenn es sich herausstellt, dass der Zustand des Täters dies erfordert.

Bei Rückversetzung in den Vollzug der Massnahme des Artikels 44 beträgt die neue Höchstdauer zwei Jahre. Die Gesamtdauer der Massnahme bei mehrfacher Rückversetzung darf jedoch sechs Jahre nicht überschreiten.

Diese Ziffer gilt sinngemäss, wenn eine ambulante Behandlung unter Aufschub der Strafe gemäss Artikel 43 oder 44 angeordnet wurde.

4. Bewährt sich der Entlassene bis zum Ablauf der Probezeit, so ist er endgültig entlassen.

5. Artikel 40 über Unterbrechung des Vollzugs ist anwendbar, soweit der Zweck der Massnahme dies zulässt.

6. Sind seit der Verurteilung, dem Rückversetzungsbeschluss oder der Unterbrechung der Massnahme mehr als fünf Jahre verstrichen, ohne dass deren Vollzug begonnen oder fortgesetzt werden konnte, so entscheidet der Richter, ob und wieweit die nicht vollzogenen Strafen noch vollstreckt werden sollen, wenn die Massnahme nicht mehr nötig ist. Für die Verwahrung ist die Frist zehn Jahre; im Fall der Strafverjährung ist auch die Verwahrung nicht mehr zu vollziehen.

3. Gemeinsame Bestimmungen für Freiheitsstrafen und sichernde Massnahmen

Art. 46[32] 1. In allen Anstalten werden Männer und Frauen getrennt.

---

32 Fassung gemäss Ziff. I des BG vom 18. März 1971, in Kraft seit 1. Juli 1971 (AS 1971 777 807; BBl 1965 I 561).

2. In der Anstalt sind die dem seelischen, geistigen und körperlichen Wohl der Eingewiesenen dienenden geeigneten Massnahmen zu treffen und die entsprechenden Einrichtungen bereitzustellen.

3. Dem Rechtsanwalt und dem nach kantonalem Recht anerkannten Rechtsbeistand stehen in einem gerichtlichen oder administrativen Verfahren innerhalb der allgemeinen Anstaltsordnung das Recht zum freien Verkehr mit dem Eingewiesenen zu, soweit nicht eidgenössische oder kantonale Verfahrensgesetze entgegenstehen. Bei Missbrauch kann die Anstaltsleitung mit Zustimmung der zuständigen Behörde den freien Verkehr untersagen.

Der Briefverkehr mit Aufsichtsbehörden ist gewährleistet.

Schutzaufsicht

Art. 47[33] 1 Die Schutzaufsicht sucht den ihr Anvertrauten zu einem ehrlichen Fortkommen zu verhelfen, indem sie ihnen mit Rat und Tat beisteht, namentlich bei der Beschaffung von Unterkunft und Arbeit.

2 Sie beaufsichtigt die ihr Anvertrauten unauffällig, so dass ihr Fortkommen nicht erschwert wird.

3 Sie hat darauf zu achten, dass trunksüchtige, rauschgiftsüchtige oder wegen ihres geistigen oder körperlichen Zustandes zu Rückfällen neigende Schützlinge in einer geeigneten Umgebung untergebracht und, wenn nötig, ärztlich betreut werden.

4. Busse.
Betrag

Art. 48 1. Bestimmt es das Gesetz nicht ausdrücklich anders, so ist der Höchstbetrag der Busse 40 000 Franken.[34]

Handelt der Täter aus Gewinnsucht, so ist der Richter an diesen Höchstbetrag nicht gebunden.

2. Der Richter bestimmt den Betrag der Busse je nach den Verhältnissen des Täters so, dass dieser durch die Einbusse die Strafe erleidet, die seinem Verschulden angemessen ist.

Für die Verhältnisse des Täters sind namentlich von Bedeutung sein Einkommen und sein Vermögen, sein Familienstand und seine Familienpflichten, sein Beruf und Erwerb, sein Alter und seine Gesundheit.

3. Stirbt der Verurteilte, so fällt die Busse weg.

Vollzug

Art. 49 1. Die zuständige Behörde bestimmt dem Verurteilten eine Frist von einem bis zu drei Monaten zur Zahlung. Hat der Verurteilte in der Schweiz keinen festen Wohnsitz, so ist er anzuhalten, die Busse sofort zu bezahlen oder Sicherheit dafür zu leisten.

---

33 Fassung gemäss Ziff. I des BG vom 18. März 1971, in Kraft seit 1. Juli 1971 (AS 1971 777 807; BBl 1965 I 561).
34 Fassung gemäss Ziff. I des BG vom 18. März 1971, in Kraft seit 1. Juli 1971 (AS 1971 777 807; BBl 1965 I 561).

Die zuständige Behörde kann dem Verurteilten gestatten, die Busse in Teilzahlungen zu entrichten, deren Betrag und Fälligkeit sie nach seinen Verhältnissen bestimmt. Sie kann ihm auch gestatten, die Busse durch freie Arbeit, namentlich für den Staat oder eine Gemeinde abzuverdienen. Die zuständige Behörde kann in diesen Fällen die gewährte Frist verlängern.

2. Bezahlt der Verurteilte die Busse in der ihm bestimmten Zeit nicht und verdient er sie auch nicht ab, so ordnet die zuständige Behörde die Betreibung gegen ihn an, wenn ein Ergebnis davon zu erwarten ist.

3. Bezahlt der Verurteilte die Busse nicht und verdient er sie auch nicht ab, so wird sie durch den Richter in Haft umgewandelt.

Der Richter kann im Urteile selbst oder durch nachträglichen Beschluss die Umwandlung ausschliessen, wenn ihm der Verurteilte nachweist, dass er schuldlos ausserstande ist, die Busse zu bezahlen. Bei nachträglicher Ausschliessung der Umwandlung ist das Verfahren unentgeltlich.

Im Falle der Umwandlung werden 30 Franken Busse einem Tag Haft gleichgesetzt, doch darf die Umwandlungsstrafe die Dauer von drei Monaten nicht übersteigen. Die Bestimmungen über den bedingten Strafvollzug sind auf die Umwandlungsstrafe anwendbar.[35]

4.[36] Sind die Voraussetzungen von Artikel 41 Ziffer 1 gegeben, so kann der Richter im Urteil anordnen, dass der Eintrag der Verurteilung zu einer Busse im Strafregister zu löschen sei, wenn der Verurteilte bis zum Ablauf einer vom Richter anzusetzenden Probezeit von einem bis zu zwei Jahren nicht wegen einer während dieser Zeit begangenen strafbaren Handlung verurteilt wird und wenn die Busse bezahlt, abverdient oder erlassen ist. Artikel 41 Ziffern 2 und 3 sind sinngemäss anwendbar.

Die Löschung ist von der zuständigen Behörde des mit dem Vollzug betrauten Kantons von Amtes wegen vorzunehmen.[37]

Verbindung mit Freiheitsstrafe

Art. 50 [1] Handelt der Täter aus Gewinnsucht, so kann ihn der Richter neben der Freiheitsstrafe zu Busse verurteilen.

[2] Ist im Gesetz wahlweise Freiheitsstrafe oder Busse angedroht, so kann der Richter in jedem Falle die beiden Strafen verbinden.

---

35 Fassung gemäss Ziff. I des BG vom 18. März 1971, in Kraft seit 1. Juli 1971 (AS 1971 777 807; BBl 1965 I 561).
36 Eingefügt durch Ziff. I des BG vom 5. Okt. 1950 (AS 1951 1; BBl 1949 I 1249). Fassung gemäss Ziff. I des BG vom 18. März 1971, in Kraft seit 1. Juli 1971 (AS 1971 777 807; BBl 1965 I 561).
37 Letzter Absatz eingefügt durch Ziff. I des BG vom 18. März 1971, in Kraft seit 1. Jan. 1974 (AS 1971 777 807, 1973 1840; BBl 1965 I 561).

5. Nebenstrafen.
Amtsunfähigkeit

Art. 51[38]   1. Wer als Behördemitglied oder Beamter durch ein Verbrechen oder Vergehen sich des Vertrauens unwürdig erwiesen hat, ist vom Richter auf zwei bis zehn Jahre unfähig zu erklären, Mitglied einer Behörde oder Beamter zu sein.

2. Wer zu Zuchthaus oder Gefängnis verurteilt wird, kann vom Richter auf zwei bis zehn Jahre von der Wählbarkeit als Behördemitglied oder Beamter ausgeschlossen werden, wenn er sich durch seine Tat des Vertrauens unwürdig erwiesen hat.

Wer als Gewohnheitsverbrecher nach Artikel 42 in eine Verwahrungsanstalt eingewiesen wird, bleibt zehn Jahre lang nicht wählbar.

3. Die Folgen der Amtsunfähigkeit treten mit der Rechtskraft des Urteils ein.

Die Dauer wird vom Tage an gerechnet, an welchem die Freiheitsstrafe verbüsst oder erlassen ist, bei bedingter Entlassung für den in der Probezeit sich bewährenden Täter beginnend mit dem Tage, an dem er bedingt entlassen wurde, bei der Verwahrung mit dem Tag der endgültigen Entlassung.

Art. 52[39]

Entziehung der elterlichen Gewalt und der Vormundschaft

Art. 53   [1] Hat jemand seine elterlichen oder die ihm als Vormund oder Beistand obliegenden Pflichten durch ein Verbrechen oder Vergehen verletzt, für das er zu einer Freiheitsstrafe verurteilt wird, so kann ihm der Richter die elterliche Gewalt oder das Amt des Vormundes oder Beistandes entziehen und ihn unfähig erklären, die elterliche Gewalt auszuüben oder Vormund oder Beistand zu sein.

[2] In andern Fällen, in welchen der Richter den Verurteilten infolge der Begehung des Verbrechens oder des Vergehens für unwürdig hält, die elterliche Gewalt oder das Amt des Vormundes oder Beistandes auszuüben, macht er der Vormundschaftsbehörde davon Mitteilung.

Verbot, einen Beruf, ein Gewerbe oder ein Handelsgeschäft auszuüben

Art. 54[40]   [1] Hat jemand in der von einer behördlichen Bewilligung abhängigen Ausübung eines Berufes, Gewerbes oder Handelsgeschäftes ein Verbrechen oder ein Vergehen begangen, für das er zu einer drei Monate übersteigenden Freiheitsstrafe verurteilt worden ist, und besteht die Gefahr weitern Missbrauches, so kann ihm der Richter die Ausübung des Berufes, des Gewerbes oder des Handelsgeschäftes für sechs Monate bis zu fünf Jahren untersagen.

---

38   Fassung gemäss Ziff. I des BG vom 18. März 1971, in Kraft seit 1. Juli 1971 (AS 1971 777 807; BBl 1965 I 561).
39   Aufgehoben durch Ziff. I des BG vom 18. März 1971 (AS 1971 777; BBl 1965 I 561).
40   Fassung gemäss Ziff. I des BG vom 5. Okt. 1950, in Kraft seit 5. Jan. 1951 (AS 1951 1 16; BBl 1949 I 1249).

² Das Verbot wird mit der Rechtskraft des Urteils wirksam. Wird der Verurteilte bedingt entlassen, so entscheidet die zuständige Behörde, ob und unter welchen Bedingungen der Beruf, das Gewerbe oder das Handelsgeschäft probeweise ausgeübt werden darf.

³ War dem bedingt Entlassenen die Weiterführung des Berufes, Gewerbes oder Handelsgeschäftes probeweise gestattet und bewährt er sich bis zum Ablauf der Probezeit, so wird die Nebenstrafe nicht mehr vollzogen. Wurde die Weiterführung nicht gestattet, so berechnet sich die Dauer des Verbotes vom Tage der bedingten Entlassung an.

⁴ Wurde eine bedingte Entlassung nicht gewährt oder hat der bedingt Entlassene die Probezeit nicht bestanden, so wird die Dauer des Verbots von dem Tage an gerechnet, an dem die Freiheitsstrafe oder deren Rest verbüsst oder erlassen ist.

Landesverweisung

Art. 55⁴¹ ¹ Der Richter kann den Ausländer, der zu Zuchthaus oder Gefängnis verurteilt wird, für 3 bis 15 Jahre aus dem Gebiete der Schweiz verweisen. Bei Rückfall kann Verweisung auf Lebenszeit ausgesprochen werden.

² Wird der Verurteilte bedingt entlassen, so entscheidet die zuständige Behörde, ob und unter welchen Bedingungen der Vollzug der Landesverweisung probeweise aufgeschoben werden soll.

³ Hat sich ein bedingt Entlassener bis zum Ablauf der Probezeit bewährt, so wird die aufgeschobene Landesverweisung nicht mehr vollzogen. Wurde der Aufschub nicht gewährt, so wird die Dauer der Landesverweisung von dem Tag hinweg berechnet, an welchem der bedingt Entlassene die Schweiz verlassen hat.

⁴ Wurde eine bedingte Entlassung nicht gewährt oder hat der bedingt Entlassene die Probezeit nicht bestanden, so wird die Verweisung an dem Tage wirksam, an dem die Freiheitsstrafe oder deren Rest verbüsst oder erlassen ist.

Wirtshausverbot

Art. 56 ¹ Ist ein Verbrechen oder ein Vergehen auf übermässigen Genuss geistiger Getränke zurückzuführen, so kann der Richter dem Schuldigen, neben der Strafe, den Besuch von Wirtschaftsräumen, in denen alkoholhaltige Getränke verabreicht werden, für sechs Monate bis zu zwei Jahren verbieten. Bei besondern Verhältnissen kann die Wirksamkeit des Verbotes auf ein bestimmt umschriebenes Gebiet beschränkt werden.

² Die Kantone treffen die Anordnungen über die Bekanntgabe des Wirtshausverbotes.

---

41 Fassung gemäss Ziff. I des BG vom 5. Okt. 1950, in Kraft seit 5. Jan. 1951 (AS 1951 I 16; BBl 1949 I 1249).

³ Das Verbot wird mit der Rechtskraft des Urteils wirksam. Lautet das Urteil auf Freiheitsstrafe, so wird die Dauer des Verbotes von dem Tag an gerechnet, an dem die Freiheitsstrafe verbüsst oder erlassen ist. Hat sich ein bedingt Entlassener während der Probezeit bewährt, so wird die Dauer des Verbots vom Tage der bedingten Entlassung an gerechnet. Der Richter kann nach bestandener Probezeit das Wirtshausverbot aufheben.

6. Andere Massnahmen. Friedensbürgschaft

Art. 57 1. Besteht die Gefahr, dass jemand ein Verbrechen oder ein Vergehen, mit dem er gedroht hat, ausführen werde, oder legt jemand, der wegen eines Verbrechens oder eines Vergehens verurteilt wird, die bestimmte Absicht an den Tag, die Tat zu wiederholen, so kann ihm der Richter auf Antrag des Bedrohten das Versprechen abnehmen, die Tat nicht auszuführen, und ihn anhalten, angemessene Sicherheit dafür zu leisten.

2. Verweigert er das Versprechen, oder leistet er böswillig die Sicherheit nicht innerhalb der bestimmten Frist, so kann ihn der Richter durch Sicherheitshaft dazu anhalten.

Die Sicherheitshaft darf nicht länger als zwei Monate dauern und wird wie die Haft vollzogen.

3. Begeht er das Verbrechen oder das Vergehen innerhalb von zwei Jahren, nachdem er die Sicherheit geleistet hat, so verfällt die Sicherheit dem Staate. Andernfalls wird sie zurückgegeben.

Einziehung a. Sicherungseinziehung

Art. 58[42] ¹ Der Richter verfügt ohne Rücksicht auf die Strafbarkeit einer bestimmten Person die Einziehung von Gegenständen, die zur Begehung einer strafbaren Handlung gedient haben oder bestimmt waren, oder die durch eine strafbare Handlung hervorgebracht worden sind, wenn diese Gegenstände die Sicherheit von Menschen, die Sittlichkeit oder die öffentliche Ordnung gefährden.

² Der Richter kann anordnen, dass die eingezogenen Gegenstände unbrauchbar gemacht oder vernichtet werden.

b. Einziehung von Vermögenswerten

Art. 59[43] 1. Der Richter verfügt die Einziehung von Vermögenswerten, die durch eine strafbare Handlung erlangt worden sind oder dazu bestimmt waren, eine strafbare Handlung zu veranlassen oder zu belohnen, sofern sie nicht dem Verletzten zur Wiederherstellung des rechtmässigen Zustandes ausgehändigt werden.

---

42 Fassung gemäss Ziff. I des BG vom 18. März 1994, in Kraft seit 1. Aug. 1994 (AS 1994 1614 1618; BBl 1993 III 277).
43 Fassung gemäss Ziff. I des BG vom 18. März 1994, in Kraft seit 1. Aug. 1994 (AS 1994 1614 1618; BBl 1993 III 277).

Die Einziehung ist ausgeschlossen, wenn ein Dritter die Vermögenswerte in Unkenntnis der Einziehungsgründe erworben hat und soweit er für sie eine gleichwertige Gegenleistung erbracht hat oder die Einziehung ihm gegenüber sonst eine unverhältnismässige Härte darstellen würde.

Das Recht zur Einziehung verjährt nach sieben Jahren; ist jedoch die Verfolgung der strafbaren Handlung einer längeren Verjährungsfrist unterworfen, so findet diese Frist auch auf die Einziehung Anwendung.[44]

Die Einziehung ist amtlich bekannt zu machen. Die Ansprüche Verletzter oder Dritter erlöschen fünf Jahre nach der amtlichen Bekanntmachung.

2. Sind die der Einziehung unterliegenden Vermögenswerte nicht mehr vorhanden, so erkennt der Richter auf eine Ersatzforderung des Staates in gleicher Höhe, gegenüber einem Dritten jedoch nur, soweit dies nicht nach Ziffer 1 Absatz 2 ausgeschlossen ist.

Der Richter kann von einer Ersatzforderung ganz oder teilweise absehen, wenn diese voraussichtlich uneinbringlich wäre oder die Wiedereingliederung des Betroffenen ernstlich behindern würde.

Die Untersuchungsbehörde kann im Hinblick auf die Durchsetzung der Ersatzforderung Vermögenswerte des Betroffenen mit Beschlag belegen. Die Beschlagnahme begründet bei der Zwangsvollstreckung der Ersatzforderung kein Vorzugsrecht zugunsten des Staates.

3. Der Richter verfügt die Einziehung aller Vermögenswerte, welche der Verfügungsmacht einer kriminellen Organisation unterliegen. Bei Vermögenswerten einer Person, die sich an einer kriminellen Organisation beteiligt oder sie unterstützt hat (Art. 260ter), wird die Verfügungsmacht der Organisation bis zum Beweis des Gegenteils vermutet.

4. Lässt sich der Umfang der einzuziehenden Vermögenswerte nicht oder nur mit unverhältnismässigem Aufwand ermitteln, so kann der Richter ihn schätzen.

Verwendungen zugunsten des Geschädigten

Art. 60[45] [1] Erleidet jemand durch ein Verbrechen oder ein Vergehen einen Schaden, der nicht durch eine Versicherung gedeckt ist, und ist anzunehmen, dass der Schädiger den Schaden nicht ersetzen wird, so spricht der Richter dem Geschädigten auf dessen Verlangen bis zur Höhe des gerichtlich oder durch Vergleich festgesetzten Schadenersatzes zu:

---

44 Fassung gemäss Ziff. I des BG vom 22. März 2002 (Verjährung der Strafverfolgung), in Kraft seit 1. Okt. 2002 (AS 2002 2986 2988; BBl 2002 2673 1649).

45 Fassung gemäss Anhang Ziff. 1 des Opferhilfegesetzes vom 4. Okt. 1991, in Kraft seit 1. Jan. 1993 (SR 312.5).

a. die vom Verurteilten bezahlte Busse;

b.[46] eingezogene Gegenstände und Vermögenswerte oder deren Verwertungserlös unter Abzug der Verwertungskosten;

c. Ersatzforderungen;

d. den Betrag der Friedensbürgschaft.

2 Der Richter kann dies jedoch nur anordnen, wenn der Geschädigte den entsprechenden Teil seiner Forderung an den Staat abtritt.

3 Die Kantone sehen für den Fall, dass die Zusprechung nicht schon im Strafurteil möglich ist, ein einfaches und rasches Verfahren vor.

Veröffentlichung des Urteils

Art. 61 1 Ist die Veröffentlichung eines Strafurteils im öffentlichen Interesse oder im Interesse des Verletzten oder Antragsberechtigten geboten, so ordnet sie der Richter auf Kosten des Verurteilten an.

2 Ist die Veröffentlichung eines freisprechenden Urteils im öffentlichen Interesse oder im Interesse des Freigesprochenen geboten, so ordnet sie der Richter auf Staatskosten oder auf Kosten des Anzeigers an.

3 Die Veröffentlichung im Interesse des Verletzten, Antragsberechtigten oder Freigesprochenen erfolgt nur auf deren Antrag.

4 Der Richter bestimmt Art und Umfang der Veröffentlichung.

Strafregister

Art. 62 Über die Strafurteile und die Anordnung sichernder Massnahmen werden Register geführt (Art. 359–364).

Zweiter Abschnitt: Die Strafzumessung

1. Allgemeine Regel

Art. 63 Der Richter misst die Strafe nach dem Verschulden des Täters zu; er berücksichtigt die Beweggründe, das Vorleben und die persönlichen Verhältnisse des Schuldigen.

2. Strafmilderung. Mildernde Umstände

Art. 64 Der Richter kann die Strafe mildern:

wenn der Täter gehandelt hat

aus achtungswerten Beweggründen,

in schwerer Bedrängnis,

unter dem Eindruck einer schweren Drohung,

auf Veranlassung einer Person, der er Gehorsam schuldig oder von der er abhängig ist;

wenn der Täter durch das Verhalten des Verletzten ernstlich in Versuchung geführt wurde;

---

46 Fassung gemäss Ziff. I des BG vom 18. März 1994, in Kraft seit 1. Aug. 1994 (AS 1994 1614 1618; BBl 1993 III 277).

wenn Zorn oder grosser Schmerz über eine ungerechte Reizung oder Kränkung ihn hingerissen hat;

wenn er aufrichtige Reue betätigt, namentlich den Schaden, soweit es ihm zuzumuten war, ersetzt hat;

wenn seit der Tat verhältnismässig lange Zeit verstrichen ist und der Täter sich während dieser Zeit wohl verhalten hat;

wenn der Täter im Alter von 18 bis 20 Jahren noch nicht die volle Einsicht in das Unrecht seiner Tat besass.[47]

Strafsätze

Art. 65 Findet der Richter, die Strafe sei zu mildern, so erkennt er:

statt auf lebenslängliches Zuchthaus: auf Zuchthaus von mindestens zehn Jahren;

statt auf Zuchthaus mit besonders bestimmter Mindestdauer: auf Zuchthaus;

statt auf Zuchthaus: auf Gefängnis von sechs Monaten bis zu fünf Jahren;

statt auf Gefängnis mit besonders bestimmter Mindestdauer: auf Gefängnis;

statt auf Gefängnis: auf Haft oder Busse.

Strafmilderung nach freiem Ermessen

Art. 66 ¹ Wo das Gesetz eine Strafmilderung nach freiem Ermessen vorsieht, ist der Richter an die Strafart und das Strafmass, die für Verbrechen oder Vergehen angedroht sind, nicht gebunden.

² Der Richter ist aber an das gesetzliche Mindestmass der Strafart gebunden.

2a Verzicht auf Weiterverfolgung und Strafbefreiung. Betroffenheit des Täters durch seine Tat[49]

Art. 66bis[48] ¹ Ist der Täter durch die unmittelbaren Folgen seiner Tat so schwer betroffen worden, dass eine Strafe unangemessen wäre, so sieht die zuständige Behörde von der Strafverfolgung, der Überweisung an das Gericht oder der Bestrafung ab.

² Unter der gleichen Voraussetzung ist vom Widerruf des bedingten Strafvollzuges oder der bedingten Entlassung abzusehen.

³ Als zuständige Behörden bezeichnen die Kantone Organe der Strafrechtspflege.

---

47 Letzter Satzteil eingefügt durch Ziff. I des BG vom 18. März 1971, in Kraft seit 1. Juli 1971 (AS 1971 777 807; BBl 1965 I 561).

48 Eingefügt durch Ziff. I des BG vom 23. Juni 1989, in Kraft seit 1. Jan. 1990 (AS 1989 2449 2456: BBl 1985 II 1009).

49 Fassung gemäss Ziff. I des BG vom 3. Okt. 2003 (Strafverfolgung in der Ehe und in der Partnerschaft), in Kraft seit 1. April 2004 (AS 2004 1403 1407; BBl 2003 1909 1937).

Ehegatte oder Lebens-partner als Opfer

Art. 66ter[50] [1] Bei einfacher Körperverletzung (Art. 123 Ziff. 2 Abs. 3 und 4), wiederholten Tätlichkeiten (Art. 126 Abs. 2 Bst. b und c), Drohung (Art. 180 Abs. 2) und Nötigung (Art. 181) kann die zuständige Behörde der Strafrechtspflege das Verfahren provisorisch einstellen, wenn:

a. das Opfer der Ehegatte, beziehungsweise der noch nicht ein Jahr geschiedene Ehegatte oder der hetero- oder homosexuelle Lebenspartner, beziehungsweise der noch nicht ein Jahr getrennt lebende Ex-Lebenspartner des Täters ist; und

b. das Opfer oder, falls dieses nicht handlungsfähig ist, sein gesetzlicher Vertreter darum ersucht oder einem entsprechenden Antrag der zuständigen Behörde zustimmt.

[2] Das Verfahren wird wieder aufgenommen, wenn das Opfer oder, falls dieses nicht handlungsfähig ist, sein gesetzlicher Vertreter seine Zustimmung innerhalb von sechs Monaten seit der provisorischen Einstellung des Verfahrens schriftlich oder mündlich widerruft.

[3] Wird die Zustimmung nicht widerrufen, verfügt die zuständige Behörde der Strafrechtspflege die definitive Einstellung.

[4] Der definitive Einstellungsentscheid der letzten kantonalen Instanz unterliegt der Nichtigkeitsbeschwerde an den Kassationshof des Bundesgerichts. Beschwerdeberechtigt sind der Beschuldigte, der öffentliche Ankläger und das Opfer.

3. Strafschärfung. Rückfall

Art. 67[51] 1. Wird der Täter zu Zuchthaus oder Gefängnis verurteilt und sind zur Zeit der Tat noch nicht fünf Jahre vergangen, seit er eine Zuchthaus- oder Gefängnisstrafe ganz oder teilweise verbüsst hat, so erhöht der Richter die Dauer der Strafe, darf aber das Höchstmass der Strafart nicht überschreiten.

Dem Vollzug der Vorstrafe sind gleichgestellt der Vollzug einer sichernden Massnahme in einer Anstalt nach Artikel 42, 43, 44 oder einer Massnahme nach Artikel 100bis sowie der Erlass durch Begnadigung.

2. Der Vollzug entsprechender Vorstrafen oder Massnahmen im Ausland ist dem Vollzug in der Schweiz gleichgestellt, wenn das Urteil den Grundsätzen des schweizerischen Rechts nicht widerspricht.

Zusammentreffen von strafbaren Handlungen oder Strafbestimmungen

Art. 68 1. Hat jemand durch eine oder mehrere Handlungen mehrere Freiheitsstrafen verwirkt, so verurteilt ihn der Richter zu der Strafe der schwersten Tat und erhöht deren Dauer angemessen. Er

---

50 Eingefügt durch Ziff. I des BG vom 3. Okt. 2003 (Strafverfolgung in der Ehe und in der Partnerschaft), in Kraft seit 1. April 2004 (AS 2004 1403 1407; BBl 2003 1909 1937).

51 Fassung gemäss Ziff. I des BG vom 18. März 1971, in Kraft seit 1. Juli 1971 (AS 1971 777 807; BBl 1965 I 561).

kann jedoch das höchste Mass der angedrohten Strafe nicht um mehr als die Hälfte erhöhen. Dabei ist er an das gesetzliche Höchstmass der Strafart gebunden.

Hat der Täter mehrere Bussen verwirkt, so verurteilt ihn der Richter zu der Busse, die seinem Verschulden angemessen ist.

Nebenstrafen und Massnahmen können verhängt werden, auch wenn sie nur für eine der mehreren strafbaren Handlungen oder nur in einer der mehreren Strafbestimmungen angedroht sind.

2. Hat der Richter eine mit Freiheitsstrafe bedrohte Tat zu beurteilen, die der Täter begangen hat, bevor er wegen einer andern Tat zu Freiheitsstrafe verurteilt worden ist, so bestimmt der Richter die Strafe so, dass der Täter nicht schwerer bestraft wird, als wenn die mehreren strafbaren Handlungen gleichzeitig beurteilt worden wären.

4. Anrechnung der Untersuchungshaft

Art. 69　Der Richter rechnet dem Verurteilten die Untersuchungshaft auf die Freiheitsstrafe an, soweit der Täter die Untersuchungshaft nicht durch sein Verhalten nach der Tat herbeigeführt oder verlängert hat. Lautet das Urteil nur auf Busse, so kann er die Dauer der Untersuchungshaft in angemessener Weise berücksichtigen.

Dritter Abschnitt: Die Verjährung

1. Verfolgungs-verjährung. Fristen

Art. 70[52]　[1] Die Strafverfolgung verjährt in:

a. 30 Jahren, wenn die Tat mit lebenslänglichem Zuchthaus bedroht ist;

b. 15 Jahren, wenn die Tat mit Gefängnis von mehr als drei Jahren oder mit Zuchthaus bedroht ist;

c. sieben Jahren, wenn die Tat mit einer anderen Strafe bedroht ist.

[2] Bei sexuellen Handlungen mit Kindern (Art. 187) und unmündigen Abhängigen (Art. 188) sowie bei Straftaten nach den Artikeln 111, 113, 122, 189–191, 195 und 196, die sich gegen ein Kind unter 16 Jahren richten, dauert die Verfolgungsverjährung in jedem Fall mindestens bis zum vollendeten 25. Lebensjahr des Opfers.

[3] Ist vor Ablauf der Verjährungsfrist ein erstinstanzliches Urteil ergangen, so tritt die Verjährung nicht mehr ein.

[4] Die Verjährung der Strafverfolgung von sexuellen Handlungen mit Kindern (Art. 187) und unmündigen Abhängigen (Art. 188) sowie von Straftaten nach den Artikeln 111–113, 122, 189–191, 195 und 196, die sich gegen ein Kind unter 16 Jahren richten, bemisst sich

---

52　Fassung gemäss Ziff. I des BG vom 5. Okt. 2001 (Verjährung der Strafverfolgung im allgemeinen und bei Sexualdelikten an Kindern), in Kraft seit 1. Okt. 2002 (AS 2002 2993 2996 3146; BBl 2000 2943).

nach den Absätzen 1–3, wenn die Straftat vor dem Inkrafttreten der Änderung vom 5. Oktober 2001[53] begangen worden ist und die Verfolgungsverjährung zu diesem Zeitpunkt noch nicht eingetreten ist.

Beginn

Art. 71[54] Die Verjährung beginnt:

a. mit dem Tag, an dem der Täter die strafbare Handlung ausführt;
b. wenn der Täter die strafbare Tätigkeit zu verschiedenen Zeiten ausführt, mit dem Tag, an dem er die letzte Tätigkeit ausführt;
c. wenn das strafbare Verhalten dauert, mit dem Tag, an dem dieses Verhalten aufhört.

Art. 72[55]

2. Vollstreckungs-verjährung.
Fristen

Art. 73 1. Die Strafen verjähren:

lebenslängliche Zuchthausstrafe in 30 Jahren;

Zuchthausstrafe von zehn oder mehr Jahren in 25 Jahren;

Zuchthausstrafe von fünf bis zu zehn Jahren in 20 Jahren;

Zuchthausstrafe von weniger als fünf Jahren in 15 Jahren;

Gefängnis von mehr als einem Jahr in zehn Jahren;

jede andere Strafe in fünf Jahren.

2. Die Verjährung der Hauptstrafe zieht die Verjährung der Nebenstrafen nach sich.

Beginn

Art. 74[56] Die Verjährung beginnt mit dem Tag, an dem das Urteil rechtlich vollstreckbar wird, beim bedingten Strafvollzug oder beim Vollzug einer Massnahme mit dem Tag, an dem der Vollzug der Strafe angeordnet wird.

Ruhen und Unterbrechung

Art. 75[57] 1. Die Verjährung einer Freiheitsstrafe ruht während des ununterbrochenen Vollzugs dieser oder einer andern Freiheitsstrafe oder sichernden Massnahme, die unmittelbar vorausgehend vollzogen wird, und während der Probezeit bei bedingter Entlassung.

2. Die Verjährung wird unterbrochen durch den Vollzug und durch jede auf Vollstreckung der Strafe gerichtete Handlung der Behörde, der die Vollstreckung obliegt.

---

53 AS 2002 2993
54 Fassung gemäss Ziff. I des BG vom 5. Okt. 2001 (Verjährung der Strafverfolgung im allgemeinen und bei Sexualdelikten an Kindern), in Kraft seit 1. Okt. 2002 (AS 2002 2993 2996 3146; BBl 2000 2943).
55 Aufgehoben durch Ziff. I des BG vom 5. Okt. 2001 (Verjährung der Strafverfolgung im allgemeinen und bei Sexualdelikten an Kindern) (AS 2002 2993; BBl 2000 2943).
56 Fassung gemäss Ziff. I des BG vom 18. März 1971, in Kraft seit 1. Juli 1971 (AS 1971 777 807: BBl 1965 I 561).
57 Fassung gemäss Ziff. I des BG vom 18. März 1971, in Kraft seit 1. Juli 1971 (AS 1971 777 807: BBl 1965 I 561).

Mit jeder Unterbrechung beginnt die Verjährungsfrist neu zu laufen. Jedoch ist die Strafe in jedem Falle verjährt, wenn die ordentliche Verjährungsfrist um die Hälfte überschritten ist.

3. Unverjährbarkeit

Art. 75bis58 1 Keine Verjährung tritt ein für Verbrechen, die

1. auf die Ausrottung oder Unterdrückung einer Bevölkerungsgruppe aus Gründen ihrer Staatsangehörigkeit, Rasse, Religion oder ihrer ethnischen, sozialen oder politischen Zugehörigkeit gerichtet waren oder

2. in den Genfer Übereinkommen vom 12. August 1949[59] und den andern von der Schweiz ratifizierten internationalen Vereinbarungen über den Schutz der Kriegsopfer als schwer bezeichnet werden, sofern die Tat nach Art ihrer Begehung besonders schwer war oder

3. als Mittel zu Erpressung oder Nötigung Leib und Leben von Menschen in Gefahr brachten oder zu bringen drohten, namentlich unter Verwendung von Massenvernichtungsmitteln, Auslösen von Katastrophen oder in Verbindung mit Geiselnahmen.

2 Wäre die Strafverfolgung bei Anwendung der Artikel 70 und 71 verjährt, so kann der Richter die Strafe nach freiem Ermessen mildern.[60]

Vierter Abschnitt: Die Rehabilitation

Art. 76[61]

Wiedereinsetzung in die Amtsfähigkeit

Art. 77[62] Ist der Täter unfähig erklärt worden, Mitglied einer Behörde oder Beamter zu sein, und ist das Urteil seit mindestens zwei Jahren vollzogen, so kann ihn der Richter auf sein Gesuch wieder wählbar erklären, wenn sein Verhalten dies rechtfertigt und wenn er den gerichtlich oder durch Vergleich festgestellten Schaden ersetzt hat.

Wiedereinsetzung in die elterliche Gewalt und in die Fähigkeit, Vormund zu sein

Art. 78 Ist der Täter für unfähig erklärt worden, die elterliche Gewalt auszuüben oder Vormund oder Beistand zu werden, und ist das Urteil seit mindestens zwei Jahren vollzogen, so kann der Richter ihn auf sein Gesuch, nach Anhörung der Vormundschaftsbehörde, in diese Fähigkeiten wieder einsetzen, wenn sein Verhalten dies recht-

---

58 Eingefügt durch Art. 109 Abs. 2 Bst. a des Rechtshilfegesetzes, in Kraft seit 1. Jan. 1983 (SR 351.1). Artikel 75bis gilt, wenn die Strafverfolgung oder die Strafe nach bisherigem Recht am 1. Jan. 1983 noch nicht verjährt war.
59 SR 0.518.12, 0.518.23, 0.518.42, 0.518.51
60 Fassung gemäss Ziff. I des BG vom 22. März 2002 (Verjährung der Strafverfolgung), in Kraft seit 1. Okt. 2002 (AS 2002 2986 2988; BBl 2002 2673 1649).
61 Aufgehoben durch Ziff. I des BG vom 18. März 1971 (AS 1971 777; BBl 1965 I 561).
62 Fassung gemäss Ziff. I des BG vom 18. März 1971, in Kraft seit 1. Juli 1971 (AS 1971 777 807; BBl 1965 I 561).

fertigt, und wenn er, soweit es ihm zuzumuten war, den gerichtlich oder durch Vergleich festgestellten Schaden ersetzt hat.

Aufhebung des Verbotes, einen Beruf, ein Gewerbe oder ein Handelsgeschäft auszuüben

Art. 79 Hat der Richter dem Täter die Ausübung eines Berufes, eines Gewerbes oder eines Handelsgeschäftes untersagt, und ist das Urteil seit mindestens zwei Jahren vollzogen, so kann der Richter ihn auf sein Gesuch zu der Ausübung des Berufes, des Gewerbes oder des Handelsgeschäftes wieder zulassen, wenn ein weiterer Missbrauch nicht zu befürchten ist, und wenn der Verurteilte den gerichtlich oder durch Vergleich festgestellten Schaden, soweit es ihm zuzumuten war, ersetzt hat.

Löschung des Eintrags im Strafregister

Art. 80[63] 1. Der Strafregisterführer löscht den Eintrag von Amtes wegen, wenn seit dem Urteil über die richterlich zugemessene Dauer der Freiheitsstrafe hinaus folgende Fristen verstrichen sind:

bei Zuchthaus und Verwahrung nach Artikel 42: 20 Jahre,

bei Gefängnis, den übrigen sichernden Massnahmen und der Massnahme nach Artikel 100bis: 15 Jahre,

bei Haft und den nach Artikel 37bis Ziffer 1 vollziehbaren Gefängnisstrafen von nicht mehr als drei Monaten: zehn Jahre.

Bei Busse als Hauptstrafe wird der Eintrag zehn Jahre nach dem Urteil gelöscht.

2. Der Richter kann auf Gesuch des Verurteilten die Löschung verfügen, wenn das Verhalten des Verurteilten dies rechtfertigt und der Verurteilte den gerichtlich oder durch Vergleich festgestellten Schaden, soweit es ihm zuzumuten war ersetzt hat, die Busse bezahlt, abverdient oder erlassen und das Urteil bezüglich der Nebenstrafen vollzogen ist.

In diesen Fällen betragen die Fristen für die Löschung seit Vollzug des Urteils:

bei Zuchthaus und Verwahrung nach Artikel 42: zehn Jahre,

bei Gefängnis, den übrigen sichernden Massnahmen und den Massnahmen nach Artikel 100bis: fünf Jahre,

bei Haft, den nach Artikel 37bis Ziffer 1 vollziehbaren Gefängnisstrafen von nicht mehr als drei Monaten und der Busse als Hauptstrafe: zwei Jahre.

Die Löschung kann schon früher verfügt werden, wenn ein besonders verdienstliches Verhalten des Verurteilten dies rechtfertigt.

---

63   Fassung gemäss Ziff. I des BG vom 18. März 1971, in Kraft seit 1. Juli 1971 (AS 1971 777 807; BBl 1965 I 561).

Der für die Löschung des zuletzt eingetragenen Urteils zuständige Richter ist befugt, auch die gleichzeitige Löschung der andern Eintragungen zu verfügen, wenn die Voraussetzungen erfüllt sind.

Gemeinsame Bestimmungen

Art. 81[64] [1] Der Verbüssung der Strafe wird der Erlass durch Begnadigung gleichgestellt, bei der Busse auch der Ausschluss ihrer Umwandlung.[65]

[2] Wenn sich ein bedingt Entlassener bewährt hat, so laufen die Fristen zur Stellung des Rehabilitationsgesuches vom Tag der bedingten Entlassung an. War der Verurteilte nach Artikel 42 verwahrt, so ist eine Rehabilitation nicht früher als fünf Jahre nach seiner endgültigen Entlassung zulässig.[66]

[3] Weist der Richter ein Gesuch um Rehabilitation ab, so kann er verfügen, dass das Gesuch binnen einer Frist, die zwei Jahre nicht übersteigen soll, nicht erneuert werden darf.

Vierter Titel: Kinder und Jugendliche[67]

Erster Abschnitt: Kinder

Altersgrenzen

Art. 82[68] [1] Kinder, die das 7. Altersjahr noch nicht zurückgelegt haben, fallen nicht unter dieses Gesetz.

[2] Begeht ein Kind, welches das 7., aber nicht das 15. Altersjahr zurückgelegt hat, eine vom Gesetz mit Strafe bedrohte Tat, so gelten die nachstehenden Bestimmungen.

Untersuchung

Art. 83 Die zuständige Behörde stellt den Sachverhalt fest. Soweit die Beurteilung des Kindes es erfordert, macht sie Erhebungen über das Verhalten, die Erziehung und die Lebensverhältnisse des Kindes und zieht Berichte und Gutachten über dessen körperlichen und geistigen Zustand ein. Sie kann auch die Beobachtung des Kindes während einer gewissen Zeit anordnen.

Erziehungsmassnahmen

Art. 84[69] [1] Bedarf das Kind einer besondern erzieherischen Betreuung, namentlich wenn es schwererziehbar, verwahrlost oder erheblich gefährdet ist, so wird von der urteilenden Behörde die Erzie-

---

64 Fassung gemäss Ziff. I des BG vom 5. Okt. 1950, in Kraft seit 5. Jan. 1951 (AS 1951 1 16; BBl 1949 I 1249).
65 Fassung gemäss Ziff. I des BG vom 18. März 1971, in Kraft seit 1. Juli 1971 (AS 1971 777 807; BBl 1965 I 561).
66 Fassung gemäss Ziff. I des BG vom 18. März 1971, in Kraft seit 1. Juli 1971 (AS 1971 777 807; BBl 1965 I 561).
67 Fassung gemäss Ziff. I des BG vom 18. März 1971, in Kraft seit 1. Juli 1971 (AS 1971 777 807; BBl 1965 I 561).
68 Fassung gemäss Ziff. I des BG vom 18. März 1971, in Kraft seit 1. Jan. 1974 (AS 1971 777 807, 1973 1840; BBl 1965 I 561).
69 Fassung gemäss Ziff. I des BG vom 18. März 1971, in Kraft seit 1. Jan. 1974 (AS 1971 777 807, 1973 1840; BBl 1965 I 561).

hungshilfe, die Unterbringung in einer geeigneten Familie oder in einem Erziehungsheim angeordnet.

² Durch die Erziehungshilfe ist dafür zu sorgen, dass das Kind angemessen gepflegt, erzogen und unterrichtet wird.

Besondere Behandlung

Art. 85[70] ¹ Erfordert der Zustand des Kindes eine besondere Behandlung, namentlich wenn das Kind geisteskrank, schwachsinnig, blind, erheblich gehör- oder sprachbehindert, epileptisch oder in seiner geistigen oder sittlichen Entwicklung erheblich gestört oder ungewöhnlich zurückgeblieben ist, so ordnet die urteilende Behörde die notwendige Behandlung an.

² Diese Behandlung kann jederzeit auch neben den Massnahmen des Artikels 84 angeordnet werden.

Änderung der Massnahmen

Art. 86[71] ¹ Die urteilende Behörde kann die getroffene Massnahme durch eine andere Massnahme ersetzen.

² Vorgängig kann die Beobachtung des Kindes während einer gewissen Zeit angeordnet werden.

Vollzug und Aufhebung der Massnahmen

Art. 86bis[72] ¹ Die vollziehende Behörde überwacht in allen Fällen die Erziehung und die besondere Behandlung des Kindes.

² Wenn das Kind das 15. Altersjahr zurückgelegt hat, können auf Anordnung der vollziehenden Behörde die Massnahmen nach den Artikeln 91–94 vollzogen werden.

³ Die vollziehende Behörde hebt die getroffenen Massnahmen auf, wenn sie ihren Zweck erreicht haben, spätestens jedoch mit dem zurückgelegten 20. Altersjahr. Bei Heimversorgung ist die Heimleitung anzuhören.

Disziplinarstrafen

Art. 87[73] ¹ Bedarf das Kind weder einer Erziehungsmassnahme noch besonderer Behandlung, so erteilt ihm die urteilende Behörde einen Verweis oder verpflichtet es zu einer Arbeitsleistung oder verhängt Schularrest von einem bis zu sechs Halbtagen.

² In geringfügigen Fällen kann die urteilende Behörde auch von diesen Disziplinarstrafen absehen und die Ahndung dem Inhaber der elterlichen Gewalt überlassen.

---

70 Fassung gemäss Ziff. I des BG vom 18. März 1971, in Kraft seit 1. Jan. 1974 (AS 1971 777 807, 1973 1840; BBl 1965 I 561).

71 Fassung gemäss Ziff. I des BG vom 18. März 1971, in Kraft seit 1. Jan. 1974 (AS 1971 777 807, 1973 1840; BBl 1965 I 561).

72 Eingefügt durch Ziff. I des BG vom 18. März 1971, in Kraft seit 1. Jan. 1974 (AS 1971 777 807, 1973 1840; BBl 1965 I 561).

73 Fassung gemäss Ziff. I des BG vom 18. März 1971, in Kraft seit 1. Jan. 1974 (AS 1971 777 807, 1973 1840; BBl 1965 I 561).

Absehen von Massnahmen und Disziplinarstrafen

Art. 88[74] Die urteilende Behörde kann von jeder Massnahme oder Disziplinarstrafe absehen,

wenn bereits eine geeignete Massnahme getroffen oder das Kind bestraft worden ist,

wenn das Kind aufrichtige Reue betätigt, insbesondere den Schaden durch eigene Leistung, soweit möglich, wiedergutgemacht hat,

oder wenn seit der Tat drei Monate verstrichen sind.

Zweiter Abschnitt: Jugendliche

Altersgrenzen

Art. 89[75] Begeht ein Jugendlicher, der das 15., aber nicht das 18. Altersjahr zurückgelegt hat, eine vom Gesetz mit Strafe bedrohte Tat, so gelten die nachstehenden Bestimmungen.

Untersuchung

Art. 90 Die zuständige Behörde stellt den Sachverhalt fest. Soweit die Beurteilung des Jugendlichen es erfordert, macht sie Erhebungen über das Verhalten, die Erziehung und die Lebensverhältnisse des Jugendlichen und zieht Berichte und Gutachten über dessen körperlichen und geistigen Zustand ein. Sie kann auch die Beobachtung des Jugendlichen während einer gewissen Zeit anordnen.

Erziehungsmassnahmen

Art. 91[76] 1. Bedarf der Jugendliche einer besondern erzieherischen Betreuung, namentlich wenn er schwererziehbar, verwahrlost oder erheblich gefährdet ist, so wird von der urteilenden Behörde die Erziehungshilfe, die Unterbringung in einer geeigneten Familie oder in einem Erziehungsheim angeordnet.

Mit der Erziehungshilfe kann Einschliessung bis zu 14 Tagen oder Busse verbunden werden.

Dem Jugendlichen können jederzeit bestimmte Weisungen erteilt werden, insbesondere über Erlernung eines Berufes, Aufenthalt, Verzicht auf alkoholische Getränke und Ersatz des Schadens innert bestimmter Frist.

Durch die Erziehungshilfe ist dafür zu sorgen, dass der Jugendliche angemessen gepflegt, erzogen, unterrichtet und beruflich ausgebildet wird, dass er regelmässig arbeitet und seine Freizeit und seinen Verdienst angemessen verwendet.

---

74 Fassung gemäss Ziff. I des BG vom 18. März 1971, in Kraft seit 1. Jan. 1974 (AS 1971 777 807, 1973 1840; BBl 1965 I 561).

75 Fassung gemäss Ziff. I des BG vom 18. März 1971, in Kraft seit 1. Jan. 1974 (AS 1971 777 807, 1973 1840; BBl 1965 I 561).

76 Fassung gemäss Ziff. I des BG vom 18. März 1971, in Kraft seit 1. Jan. 1974 (AS 1971 777 807, 1973 1840; BBl 1965 I 561).

2. Ist der Jugendliche besonders verdorben oder hat er ein Verbrechen oder ein schweres Vergehen verübt, das einen hohen Grad der Gefährlichkeit oder Schwererziehbarkeit bekundet, so wird von der urteilenden Behörde seine Einweisung in ein Erziehungsheim für eine Mindestdauer von zwei Jahren angeordnet.

Besondere Behandlung   **Art. 92**[77] 1 Erfordert der Zustand des Jugendlichen eine besondere Behandlung, namentlich wenn der Jugendliche geisteskrank, schwachsinnig, blind, erheblich gehör- oder sprachbehindert, epileptisch, trunksüchtig, rauschgiftsüchtig oder in seiner geistigen oder sittlichen Entwicklung erheblich gestört oder ungewöhnlich zurückgeblieben ist, so ordnet die urteilende Behörde die notwendige Behandlung an.

2 Diese Behandlung kann jederzeit auch neben den Massnahmen des Artikels 91 angeordnet werden.

Änderung der Massnahmen   **Art. 93**[78] 1 Die urteilende Behörde kann die getroffene Massnahme durch eine andere Massnahme ersetzen.

2 Vorgängig kann die Beobachtung des Jugendlichen während einer gewissen Zeit angeordnet werden.

Vollzug und Versetzung in eine Arbeitserziehungsanstalt   **Art. 93**[bis][79] 1 Die vollziehende Behörde überwacht in allen Fällen die Erziehung und die besondere Behandlung des Jugendlichen

2 Ist ein Jugendlicher in ein Erziehungsheim eingewiesen worden, so kann die vollziehende Behörde die Massnahme in einer Arbeitserziehungsanstalt durchführen lassen, wenn er das 17. Altersjahr zurückgelegt hat.

Einweisung in ein Erziehungsheim für besonders schwierige Jugendliche   **Art. 93**[ter][80] 1 Erweist sich der nach Artikel 91 in ein Erziehungsheim oder nach Artikel 93bis in eine Arbeitserziehungsanstalt Eingewiesene als ausserordentlich schwer erziehbar, so kann ihn die vollziehende Behörde, wenn nötig nach Einholung eines Gutachtens, in ein Therapieheim einweisen.

2 Erweist sich der Jugendliche in einem Erziehungsheim als untragbar und gehört er nicht in ein Therapieheim, so kann ihn die voll-

---

77 Fassung gemäss Ziff. I des BG vom 18. März 1971, in Kraft seit 1. Jan. 1974 (AS 1971 777 807, 1973 1840; BBl 1965 I 561).

78 Fassung gemäss Ziff. I des BG vom 18. März 1971, in Kraft seit 1. Jan. 1974 (AS 1971 777 807, 1973 1840; BBl 1965 I 561).

79 Eingefügt durch Ziff. I des BG vom 18. März 1971, in Kraft seit 1. Jan. 1974 (AS 1971 777 807, 1973 1840; BBl 1965 I 561). Siehe auch Ziff. II der SchlB am Schluss dieses BG.

80 Eingefügt durch Ziff. I des BG vom 18. März 1971, in Kraft seit 1. Jan. 1974 (AS 1971 777 807, 1973 1840; BBl 1965 I 561). Siehe auch Ziff. II der SchlB am Schluss dieses BG.

ziehende Behörde in eine Anstalt für Nacherziehung[81] einweisen. Eine vorübergehende Versetzung kann auch aus disziplinarischen Gründen erfolgen.

Bedingte Entlassung und Aufhebung der Massnahme

Art. 94[82] 1. Hat der Jugendliche mindestens ein Jahr in einer oder mehreren Anstalten nach Artikel 91 Ziffer 1, 93bis Absatz 2 oder 93ter zugebracht, im Falle der Einweisung nach Artikel 91 Ziffer 2 mindestens zwei Jahre, und ist anzunehmen, der Zweck der Massnahme sei erreicht, so kann ihn die vollziehende Behörde nach Anhören der Anstaltsleitung bedingt entlassen. Sie bestimmt eine Probezeit von sechs Monaten bis zu drei Jahren. Sie stellt den Entlassenen unter Schutzaufsicht. Damit können Weisungen nach Artikel 91 Ziffer 1 Absatz 3 verbunden werden.

2. Handelt der Entlassene während der Probezeit trotz förmlicher Mahnung der zuständigen Behörde einer ihm erteilten Weisung zuwider oder missbraucht er in anderer Weise die Freiheit, so kann ihn die vollziehende Behörde verwarnen, ihm bestimmte Weisungen erteilen, ihn in eine Anstalt zurückversetzen oder der urteilenden Behörde die Anordnung einer andern Massnahme beantragen. Nötigenfalls kann die vollziehende Behörde die Probezeit höchstens bis auf drei Jahre, aber nicht über das 22. Altersjahr hinaus verlängern. Wurde der bedingt zu Entlassende nach Artikel 91 Ziffer 2 in ein Erziehungsheim eingewiesen, kann die Probezeit bis auf fünf Jahre verlängert werden, aber nicht über das 25. Altersjahr hinaus.

3. Bewährt sich der Entlassene bis zum Ablauf der Probezeit, so ist er endgültig entlassen. Die vollziehende Behörde verfügt die Löschung des Eintrags im Strafregister.

4. Die vollziehende Behörde hebt die übrigen Massnahmen nach Artikel 91 Ziffer 1 auf, sobald sie ihren Zweck erreicht haben.

Haben sie ihren Zweck nicht vollständig erreicht, so kann die vollziehende Behörde den Jugendlichen bedingt entlassen. Es können damit Weisungen nach Artikel 91 Ziffer 1 Absatz 3 und Schutzaufsicht verbunden werden. Ziffer 2 Absatz 1 ist sinngemäss anwendbar. Weisungen und Schutzaufsicht werden aufgehoben, wenn sie nicht mehr nötig sind.

5. Die vollziehende Behörde hebt die Einweisung in ein Erziehungsheim nach Artikel 91 Ziffer 2 spätestens mit dem zurückgelegten

---

81 Bis zur Schaffung einer solchen Anstalt kann die zuständige Behörde einen Jugendlichen, der sich in einem Erziehungsheim als untragbar erweist und nicht in ein Therapieheim gehört, in eine Anstalt gemäss Art. 37, 39 oder 100bis dieses Gesetzes einweisen (Art. 7 der V (1) vom 13. Nov. 1973 zum Schweizerischen Strafgesetzbuch – SR 311.01).

82 Fassung gemäss Ziff. I des BG vom 18. März 1971, in Kraft seit 1. Jan. 1974 (AS 1971 777 807, 1973 1840; BBl 1965 I 561).

25. Altersjahr des Jugendlichen auf, die übrigen Massnahmen mit dem zurückgelegten 22. Altersjahr.

Entlassung aus der besondern Behandlung

Art. 94[bis][83] Die vollziehende Behörde verfügt die Entlassung aus einer Anstalt nach Artikel 92, sobald der Grund der Massnahme weggefallen ist. Ist der Grund nicht vollständig weggefallen, so kann die vollziehende Behörde eine probeweise Entlassung aus der Anstalt verfügen. Artikel 94 Ziffern 1–3 sind sinngemäss anwendbar. Die vollziehende Behörde kann die Rückversetzung auch anordnen, wenn es sich herausstellt, dass der Zustand des Zöglings dies erfordert.

Bestrafung

Art. 95[84] 1. Bedarf der Jugendliche weder einer Erziehungsmassnahme noch besonderer Behandlung, so erteilt ihn die urteilende Behörde einen Verweis oder verpflichtet ihn zu einer Arbeitsleistung oder bestraft ihn mit Busse oder mit Einschliessung von einem Tag bis zu einem Jahr. Einschliessung und Busse können verbunden werden.

Begeht ein Jugendlicher, für den schon eine Massnahme angeordnet ist, eine neue strafbare Tat und genügt die Weiterführung der Massnahme oder ihre Änderung allein nicht, so kann er mit Busse oder mit Einschliessung bestraft werden. Ist er in einer Anstalt versorgt, so ist deren Leiter anzuhören. Einschliessung und Busse können verbunden werden.

2. Wird der Jugendliche mit Busse bestraft, so sind die Artikel 48–50 dieses Gesetzes anzuwenden. Doch tritt im Falle der Umwandlung an Stelle der Haft die Einschliessung.

3. Die Einschliessung wird in einem für Jugendliche geeigneten Raum vollzogen, jedoch nicht in einer Straf- oder Verwahrungsanstalt. Einschliessung von mehr als einem Monat ist durch Einweisung in ein Erziehungsheim zu vollziehen. Nach vollendetem 18. Altersjahr kann die Einschliessung in einem Haftlokal vollzogen werden, bei Einschliessung von mehr als einem Monat durch Einweisung in eine Arbeitserziehungsanstalt.

Der Jugendliche wird angemessen beschäftigt und erzieherisch betreut.

Wird die Einschliessung binnen drei Jahren nicht vollzogen, so fällt sie dahin.

4. Sind zwei Drittel der Einschliessung verbüsst worden, mindestens aber ein Monat, so kann die vollziehende Behörde von sich aus oder

---

83 Eingefügt durch Ziff. I des BG vom 18. März 1971, in Kraft seit 1. Jan. 1974 (AS 1971 777 807, 1973 1840; BBl 1965 I 561).

84 Fassung gemäss Ziff. I des BG vom 18. März 1971, in Kraft seit 1. Jan. 1974 (AS 1971 777 807, 1973 1840; BBl 1965 I 561).

auf Antrag, nach Anhören des Anstaltsleiters, die bedingte Entlassung gewähren. Die vollziehende Behörde bestimmt eine Probezeit von sechs Monaten bis zu drei Jahren. Sie stellt den Entlassenen unter Schutzaufsicht. Damit können Weisungen nach Artikel 91 Ziffer 1 Absatz 3 verbunden werden.

5. Handelt der Entlassene während der Probezeit trotz förmlicher Mahnung der zuständigen Behörde einer ihm erteilten Weisung zuwider, oder täuscht er in anderer Weise das auf ihn gesetzte Vertrauen, so verfügt die vollziehende Behörde die Rückversetzung. In leichten Fällen kann sie stattdessen den Jugendlichen verwarnen, ihm weitere Weisungen erteilen und die Probezeit höchstens um die Hälfte der ursprünglich festgesetzten Dauer verlängern.

Bewährt sich der Entlassene bis zum Ablauf der Probezeit, so ist er endgültig entlassen. Die vollziehende Behörde verfügt die Löschung des Eintrags im Strafregister.

Bedingter Strafvollzug   **Art. 96**[85] 1. Die urteilende Behörde kann die Einschliessung und den Vollzug der Busse aufschieben und eine Probezeit von sechs Monaten bis zu drei Jahren bestimmen, wenn nach Verhalten und Charakter des Jugendlichen zu erwarten ist, dass er keine weiteren strafbaren Handlungen begehen werde, insbesondere wenn er vorher noch keine oder nur geringfügige strafbare Handlungen begangen hat.

2. Der Jugendliche wird unter Schutzaufsicht gestellt, wenn nicht besondere Umstände eine Ausnahme begründen. Dem Jugendlichen können Weisungen gemäss Artikel 91 Ziffer 1 Absatz 3 erteilt werden.

3. Handelt der Jugendliche während der Probezeit trotz förmlicher Mahnung der zuständigen Behörde einer ihm erteilten Weisung zuwider, oder täuscht er in anderer Weise das auf ihn gesetzte Vertrauen, so verfügt die urteilende Behörde den Vollzug der Strafe.

Statt den Strafvollzug anzuordnen, kann die urteilende Behörde in leichten Fällen den Jugendlichen verwarnen, ihm weitere Weisungen erteilen und die Probezeit höchstens um die Hälfte der ursprünglich festgesetzten Dauer verlängern.

4. Bewährt sich der Jugendliche bis zum Ablauf der Probezeit, so verfügt die urteilende Behörde die Löschung des Eintrags im Strafregister.

---

85 Fassung gemäss Ziff. I des BG vom 18. März 1971, in Kraft seit 1. Jan. 1974 (AS 1971 777 807, 1973 1840; BBl 1965 I 561).

Aufschub der Anordnung einer Strafe oder Massnahme

Art. 97[86] ¹ Kann nicht mit Sicherheit beurteilt werden, ob der Jugendliche einer der vorgesehenen Massnahmen bedarf oder ob er zu bestrafen ist, so kann die urteilende Behörde den Entscheid hierüber aufschieben. Sie setzt eine Probezeit von sechs Monaten bis zu drei Jahren fest und kann ihm Weisungen nach Artikel 91 Ziffer 1 Absatz 3 erteilen. Die weitere Entwicklung des Jugendlichen wird überwacht.

² Bewährt sich der Jugendliche während der Probezeit nicht, so verhängt die urteilende Behörde Einschliessung oder Busse oder eine der vorgesehenen Massnahmen.

³ Bewährt sich der Jugendliche bis zum Ablauf der Probezeit, so beschliesst die urteilende Behörde, von jeder Massnahme oder Strafe abzusehen.

Absehen von Massnahmen oder Strafen

Art. 98[87] Die urteilende Behörde kann von jeder Massnahme oder Strafe absehen,

wenn bereits eine geeignete Massnahme getroffen oder der Jugendliche bestraft worden ist,

wenn der Jugendliche aufrichtige Reue betätigt, insbesondere den Schaden durch eigene Leistung, soweit möglich, wiedergutgemacht hat,

oder wenn seit der Tat ein Jahr verstrichen ist.

Löschung des Eintrags im Strafregister

Art. 99[88] 1. Der Strafregisterführer löscht den Eintrag von Amtes wegen, wenn seit dem Urteil fünf Jahre, bei Einweisung in eine Anstalt nach Artikel 91 Ziffer 2 zehn Jahre verstrichen sind.

2. Die urteilende Behörde kann auf Gesuch die Löschung schon nach zwei Jahren seit Vollzug des Urteils verfügen, wenn das Verhalten des Gesuchstellers dies rechtfertigt, und wenn er den behördlich oder durch Vergleich festgestellten Schaden, soweit es ihm zuzumuten war, ersetzt hat.

Hat der Gesuchsteller bei Beendigung der Erziehungsmassnahme das 20. Altersjahr überschritten, so kann die urteilende Behörde die Löschungsfrist verkürzen.

3. Die urteilende Behörde kann im Urteil verfügen, dass es nicht im Strafregister einzutragen ist, wenn besondere Umstände dies rechtfertigen und der Täter nur eine leichte strafbare Handlung begangen hat.

---

86 Fassung gemäss Ziff. I des BG vom 18. März 1971, in Kraft seit 1. Jan. 1974 (AS 1971 777 807, 1973 1840; BBl 1965 I 561).

87 Fassung gemäss Ziff. I des BG vom 18. März 1971, in Kraft seit 1. Jan. 1974 (AS 1971 777 807, 1973 1840; BBl 1965 I 561).

88 Fassung gemäss Ziff. I des BG vom 18. März 1971, in Kraft seit 1. Juli 1971 (AS 1971 777 807; BBl 1965 I 561).

4. Die für die Löschung des zuletzt eingetragenen Urteils zuständige urteilende Behörde ist befugt, auch die gleichzeitige Löschung der andern Eintragungen zu verfügen, wenn die Voraussetzungen erfüllt sind.

Fünfter Titel: Junge Erwachsene[89]

Altersgrenzen. Erhebungen

Art. 100[90] ¹ Hat der Täter zur Zeit der Tat das 18., aber nicht das 25. Altersjahr zurückgelegt, so gelten unter Vorbehalt der Artikel 100bis und 100ter die allgemeinen Bestimmungen des Gesetzes.

² Soweit erforderlich, macht der Richter Erhebungen über das Verhalten des Täters, seine Erziehung und seine Lebensverhältnisse und zieht Berichte und Gutachten über dessen körperlichen und geistigen Zustand sowie die Erziehbarkeit zur Arbeit ein.

Einweisung in eine Arbeitserziehungsanstalt

Art. 100bis[91][92] 1. Ist der Täter in seiner charakterlichen Entwicklung erheblich gestört oder gefährdet, oder ist er verwahrlost, liederlich oder arbeitsscheu, und steht seine Tat damit im Zusammenhang, so kann der Richter an Stelle einer Strafe seine Einweisung in eine Arbeitserziehungsanstalt anordnen, wenn anzunehmen ist, durch diese Massnahme lasse sich die Gefahr künftiger Verbrechen oder Vergehen verhüten.

2. Die Arbeitserziehungsanstalt ist von den übrigen Anstalten dieses Gesetzes getrennt zu führen.

3. Der Eingewiesene wird zur Arbeit erzogen. Dabei ist auf seine Fähigkeiten Rücksicht zu nehmen; er soll in Stand gesetzt werden, in der Freiheit seinen Unterhalt zu erwerben. Seine charakterliche Festigung, seine geistige und körperliche Entwicklung sowie seine beruflichen Kenntnisse sind nach Möglichkeit zu fördern.

Dem Eingewiesenen kann eine berufliche Ausbildung oder Tätigkeit ausserhalb der Anstalt ermöglicht werden.

4.[93] Widersetzt sich der Eingewiesene beharrlich der Anstaltsdisziplin oder erweist er sich gegenüber den Erziehungsmethoden der Arbeitserziehungsanstalt als unzugänglich, so kann die zuständige Behörde die Massnahme in einer Strafanstalt vollziehen lassen. Fällt

---

89 Tit. eingefügt durch Ziff. I des BG vom 18. März 1971, in Kraft seit 1. Juli 1971 (AS 1971 777 807; BBl 1965 I 561).
90 Fassung gemäss Ziff. I des BG vom 18. März 1971, in Kraft seit 1. Juli 1971 (AS 1971 777 807; BBl 1965 I 561).
91 Eingefügt durch Ziff. I des BG vom 18. März 1971, in Kraft seit 1. Juli 1971 (AS 1971 777 807; BBl 1965 I 561).
92 Siehe jedoch die V (2) vom 6. Dez. 1982 zum Schweizerischen Strafgesetzbuch (SR 311.02).
93 Gilt nur bis zur Schaffung einer geschlossenen Arbeitserziehungsanstalt (Ziff. III 2 SchlB Änd. vom 18. März 1971, am Schluss des StGB).

der Grund der Versetzung dahin, so hat die zuständige Behörde den Eingewiesenen in die Arbeitserziehungsanstalt zurückzuversetzen.

Bedingte Entlassung und Aufhebung der Massnahme

Art. 100ter[94] 1. Nach einer Mindestdauer der Massnahme von einem Jahr wird der Eingewiesene von der zuständigen Behörde für eine Probezeit von einem bis drei Jahren bedingt entlassen, wenn anzunehmen ist, er sei zur Arbeit tüchtig und willig und er werde sich in der Freiheit bewähren. Sie stellt den bedingt Entlassenen unter Schutzaufsicht.

Begeht der Entlassene während der Probezeit ein Verbrechen oder Vergehen, handelt er trotz förmlicher Mahnung der zuständigen Behörde einer ihm erteilten Weisung zuwider, entzieht er sich beharrlich der Schutzaufsicht oder täuscht er in anderer Weise das auf ihn gesetzte Vertrauen, so ordnet die zuständige Behörde die Rückversetzung an. In leichten Fällen kann von der Rückversetzung Umgang genommen werden.

Wird er wegen der strafbaren Handlung verurteilt, so kann von der Rückversetzung Umgang genommen werden.

Die Rückversetzung dauert höchstens zwei Jahre. Die Gesamtdauer der Massnahme darf in keinem Fall vier Jahre überschreiten und ist von der zuständigen Behörde spätestens mit dem zurückgelegten 30. Altersjahr des Eingewiesenen aufzuheben.

Wird von der Rückversetzung Umgang genommen, so kann die zuständige Behörde statt dessen den Entlassenen verwarnen, ihm weitere Weisungen erteilen und die Probezeit höchstens um die Hälfte der ursprünglich festgesetzten Dauer verlängern.

2. Sind die Voraussetzungen der bedingten Entlassung nach drei Jahren Aufenthalt in der Anstalt noch nicht eingetreten, so hat die zuständige Behörde zu entscheiden, ob die Massnahme aufzuheben oder höchstens um ein Jahr zu verlängern sei.

Spätestens mit dem zurückgelegten 30. Altersjahr des Eingewiesenen wird die Massnahme von der zuständigen Behörde aufgehoben.

3. Der Richter entscheidet, ob und wieweit im Zeitpunkt der Entlassung aus dem Massnahmevollzug oder im Fall seiner vorzeitigen Aufhebung allfällig aufgeschobene Strafen noch vollstreckt werden sollen. Hierüber äussert sich die zuständige Behörde bei der Mitteilung ihres Beschlusses.

4. Sind seit der Verurteilung, dem Rückversetzungsbeschluss oder der Unterbrechung der Massnahme mehr als drei Jahre verstrichen, ohne dass deren Vollzug begonnen oder fortgesetzt werden konnte,

---

94 Eingefügt durch Ziff. I des BG vom 18. März 1971, in Kraft seit 1. Juli 1971 (AS 1971 777 807; BBl 1965 I 561).

so entscheidet der Richter, ob die Massnahme noch nötig ist. Er kann auch nachträglich eine Strafe aussprechen oder eine andere Massnahme anordnen, wenn deren Voraussetzungen erfüllt sind.

Im gleichen Sinne entscheidet der Richter, wenn die Massnahme aus irgendeinem Grunde schon vor Ablauf von drei Jahren aufgehoben werden muss, ohne dass die Voraussetzungen für die bedingte Entlassung erfüllt sind.

5. Artikel 45 Ziffern 1, 2, 4 und 5 sind anwendbar.

Sechster Titel:[95] Verantwortlichkeit des Unternehmens

Strafbarkeit

Art. 100^{quater} ¹ Wird in einem Unternehmen in Ausübung geschäftlicher Verrichtung im Rahmen des Unternehmenszwecks ein Verbrechen oder Vergehen begangen und kann diese Tat wegen mangelhafter Organisation des Unternehmens keiner bestimmten natürlichen Person zugerechnet werden, so wird das Verbrechen oder Vergehen dem Unternehmen zugerechnet. In diesem Fall wird das Unternehmen mit Busse bis zu 5 Millionen Franken bestraft.

² Handelt es sich dabei um eine Straftat nach den Artikeln 260ter, 260^{quinquies}, 305bis, 322ter, 322^{quinquies} oder 322^{septies} Absatz 1 oder um eine Straftat nach Artikel 4a Absatz 1 Buchstabe a des Bundesgesetzes vom 19. Dezember 1986[96] gegen den unlauteren Wettbewerb, so wird das Unternehmen unabhängig von der Strafbarkeit natürlicher Personen bestraft, wenn dem Unternehmen vorzuwerfen ist, dass es nicht alle erforderlichen und zumutbaren organisatorischen Vorkehren getroffen hat, um eine solche Straftat zu verhindern.[97]

³ Das Gericht bemisst die Busse insbesondere nach der Schwere der Tat und der Schwere des Organisationsmangels und des angerichteten Schadens sowie nach der wirtschaftlichen Leistungsfähigkeit des Unternehmens.

⁴ Als Unternehmen im Sinne dieses Artikels gelten:

a. juristische Personen des Privatrechts;
b. juristische Personen des öffentlichen Rechts mit Ausnahme der Gebietskörperschaften;
c. Gesellschaften;
d. Einzelfirmen.

---

95 Eingefügt durch Ziff. I 1 des BG vom 21. März 2003 (Finanzierung des Terrorismus), in Kraft seit 1. Okt. 2003 (AS 2003 3043 3047; BBl 2002 5390).
96 SR 241
97 Fassung gemäss Art. 2 Ziff. 2 des BB vom 7. Okt. 2005 über die Genehmigung und die Umsetzung des Strafrechtsübereink. und des Zusatzprot. des Europarates über Korruption, in Kraft seit 1. Juli 2006 (AS 2006 2371 2374; BBl 2004 6983).

Strafverfahren

Art. 100^{quinquies} 1 In einem Strafverfahren gegen das Unternehmen wird dieses von einer einzigen Person vertreten, die uneingeschränkt zur Vertretung des Unternehmens in zivilrechtlichen Angelegenheiten befugt ist. Bestellt das Unternehmen nicht innert angemessener Frist einen derartigen Vertreter, so bestimmt die Untersuchungsbehörde oder das Gericht, wer von den zur zivilrechtlichen Vertretung befugten Personen das Unternehmen im Strafverfahren vertritt.

2 Der Person, die das Unternehmen im Strafverfahren vertritt, kommen die gleichen Rechte und Pflichten wie einem Beschuldigten zu. Die andern Personen nach Absatz 1 sind im Strafverfahren gegen das Unternehmen nicht zur Aussage verpflichtet.

3 Wird gegen die Person, die das Unternehmen im Strafverfahren vertritt, wegen des gleichen oder eines damit zusammenhängenden Sachverhalts eine Strafuntersuchung eröffnet, so ist vom Unternehmen ein anderer Vertreter zu bezeichnen. Nötigenfalls bestimmt die Untersuchungsbehörde oder das Gericht zur Vertretung eine andere Person nach Absatz 1 oder, sofern eine solche nicht zur Verfügung steht, eine geeignete Drittperson.

Zweiter Teil: Übertretungen

Die Übertretung

Art. 101 Übertretungen sind die mit Haft oder Busse oder mit Busse allein bedrohten Handlungen.

Anwendung der allgemeinen Bestimmungen des Ersten Teils Ausschluss der Anwendbarkeit

Art. 102 Die Bestimmungen des Ersten Teils gelten mit den nachfolgenden Änderungen auch für die Übertretungen.

Art. 103⁹⁸ Die Bestimmungen über die Verwahrung von Gewohnheitsverbrechern sind nicht anwendbar.

Bedingte Anwendbarkeit

Art. 104 1 Versuch und Gehilfenschaft werden nur in den vom Gesetz ausdrücklich bestimmten Fällen bestraft.

2 Die Einweisung in eine der in den Artikeln 43, 44 und 100bis genannten Anstalten, die Entziehung der elterlichen Gewalt und eines Amtes der Vormundschaft, das Verbot, einen Beruf, ein Gewerbe oder ein Handelsgeschäft zu betreiben, die Landesverweisung und die öffentliche Bekanntmachung des Urteils sind nur in den vom Gesetz ausdrücklich bestimmten Fällen zulässig.⁹⁹

Bedingter Strafvollzug

Art. 105 Bei bedingtem Strafvollzuge beträgt die Probezeit ein Jahr.

---

98 Fassung gemäss Ziff. I des BG vom 18. März 1971, in Kraft seit 1. Juli 1971 (AS 1971 777 807; BBl 1965 I 561).
99 Fassung gemäss Ziff. I des BG vom 18. März 1971, in Kraft seit 1. Juli 1971 (AS 1971 777 807; BBl 1965 I 561).

Busse

Art. 106[100] [1] Bestimmt es das Gesetz nicht ausdrücklich anders, so ist der Höchstbetrag der Busse 5000 Franken.

[2] Handelt der Täter aus Gewinnsucht, so ist der Richter an diesen Höchstbetrag nicht gebunden.

[3] Die Probezeit für die Löschung des Eintrags im Strafregister nach Artikel 49 Ziffer 4 beträgt ein Jahr.

Strafmilderung

Art. 107 Bei mildernden Umständen tritt Busse an Stelle der Haft.

Rückfall

Art. 108[101] Der Rückfall wird nicht berücksichtigt, wenn zur Zeit der Tat wenigstens ein Jahr vergangen ist, seit der Täter eine Freiheitsstrafe verbüsst hat oder aus einer der in den Artikeln 42–44 und 100bis genannten Anstalten entlassen worden ist.

Verjährung

Art. 109[102] Die Strafverfolgung von Übertretungen verjährt in drei Jahren, die Strafe einer Übertretung in zwei Jahren.

Erklärung gesetzlicher Ausdrücke

Art. 110 Für den Sprachgebrauch dieses Gesetzes gilt folgendes:

1. ... [103]
2. *Angehörige* einer Person sind ihr Ehegatte, ihre Verwandten gerader Linie, ihre vollbürtigen und halbbürtigen Geschwister, ihre Adoptiveltern und Adoptivkinder.
3. *Familiengenossen* sind Personen, die in gemeinsamem Haushalte leben.
4. Unter *Beamten* sind verstanden die Beamten und Angestellten einer öffentlichen Verwaltung und der Rechtspflege. Als Beamte gelten auch Personen, die provisorisch ein Amt bekleiden oder angestellt sind, oder die vorübergehend amtliche Funktionen ausüben.

4bis.[104] Stellt eine Bestimmung auf den Begriff der Sache ab, so findet sie entsprechende Anwendung auf Tiere.

5. *Urkunden* sind Schriften, die bestimmt und geeignet sind, oder Zeichen, die bestimmt sind, eine Tatsache von rechtlicher Bedeutung zu beweisen. Die Aufzeichnung auf Bild- und Datenträgern steht der Schriftform gleich, sofern sie demselben Zweck dient.[105]

---

100 Fassung gemäss Ziff. I des BG vom 18. März 1971, in Kraft seit 1. Juli 1971 (AS 1971 777 807; BBl 1965 I 561).

101 Fassung gemäss Ziff. I des BG vom 18. März 1971, in Kraft seit 1. Juli 1971 (AS 1971 777 807; BBl 1965 I 561).

102 Fassung gemäss Ziff. I des BG vom 22. März 2002 (Verjährung der Strafverfolgung), in Kraft seit 1. Okt. 2002 (AS 2002 2986 2988; BBl 2002 2673 1649).

103 Aufgehoben durch Ziff. I des BG vom 21. Juni 1991 (AS 1992 1670; BBl 1985 II 1009).

104 Eingefügt durch Ziff. III des BG vom 4. Okt. 2002 (Grundsatzartikel Tiere), in Kraft seit 1. April 2003 (AS 2003 463 466; BBl 2002 4164 5806).

105 Fassung gemäss Ziff. I des BG vom 17. Juni 1994, in Kraft seit 1. Jan. 1995 (AS 1994 2290 2307; BBl 1991 II 969).

Öffentliche Urkunden sind die von einer Behörde, die von einem Beamten kraft seines Amtes und die von einer Person öffentlichen Glaubens in dieser Eigenschaft ausgestellten Urkunden. Nicht als öffentliche Urkunden gelten Schriftstücke, die von der Verwaltung der wirtschaftlichen Unternehmungen und Monopolbetriebe des Staates oder anderer öffentlich-rechtlicher Körperschaften und Anstalten in zivilrechtlichen Geschäften ausgestellt werden.

6. *Tag, Monat, Jahr.* Der Tag hat 24 aufeinander folgende Stunden. Der Monat und das Jahr werden nach der Kalenderzeit berechnet.

7. Als *Untersuchungshaft* gilt jede in einem Strafverfahren verhängte Haft, Untersuchungs- und Sicherheitshaft.

(…)

Drittes Buch: Einführung und Anwendung des Gesetzes

Erster Titel: Verhältnis dieses Gesetzes zu andern Gesetzen des Bundes und zu den Gesetzen der Kantone

1. Bundesgesetze.

Anwendung des allgemeinen Teils auf andere Bundesgesetze

Art. 333 [1] Die allgemeinen Bestimmungen dieses Gesetzes finden auf Taten, die in andern Bundesgesetzen mit Strafe bedroht sind, insoweit Anwendung, als diese Bundesgesetze nicht selbst Bestimmungen aufstellen.

[2] Ist in einem andern Bundesgesetze die Tat mit Freiheitsstrafe von mehr als drei Monaten bedroht, so finden die allgemeinen Bestimmungen über die Verbrechen und die Vergehen Anwendung, andernfalls die allgemeinen Bestimmungen über die Übertretungen, wobei, statt auf Gefängnis, auf Haft zu erkennen ist.

[3] Die in andern Bundesgesetzen unter Strafe gestellten Übertretungen sind strafbar, auch wenn sie fahrlässig begangen werden, sofern nicht nach dem Sinne der Vorschrift nur die vorsätzliche Begehung mit Strafe bedroht ist.

[4] Die Begnadigung richtet sich stets nach den Vorschriften dieses Gesetzes.

[5] Bis zu ihrer Anpassung gilt in anderen Bundesgesetzen:

a. Die Verfolgungsverjährungsfristen für Verbrechen und Vergehen werden um die Hälfte und die Verfolgungsverjährungsfristen für Übertretungen um das Doppelte der ordentlichen Dauer erhöht.

b. Die Verfolgungsverjährungsfristen für Übertretungen, die über ein Jahr betragen, werden um die ordentliche Dauer verlängert.

c. Die Regeln über die Unterbrechung und das Ruhen der Verfolgungsverjährung werden aufgehoben. Vorbehalten bleibt Artikel 11 Absatz 3 des Bundesgesetzes vom 22. März 1974[106] über das Verwaltungsstrafrecht.

d. Die Verfolgungsverjährung tritt nicht mehr ein, wenn vor Ablauf der Verjährungsfrist ein erstinstanzliches Urteil ergangen ist.[107]

Verweisungen auf aufgehobene Bestimmungen

Art. 334 Wird in Bundesvorschriften auf Bestimmungen verwiesen, die durch dieses Gesetz aufgehoben werden, so sind diese Verweisungen auf die entsprechenden Bestimmungen dieses Gesetzes zu beziehen.

2. Gesetze der Kantone. Polizei- und Verwaltungsstrafrecht. Steuerstrafrecht

Art. 335 1. Den Kantonen bleibt die Gesetzgebung über das Übertretungsstrafrecht insoweit vorbehalten, als es nicht Gegenstand der Bundesgesetzgebung ist.

Sie sind befugt, die Übertretung kantonaler Verwaltungs- und Prozessvorschriften mit Strafe zu bedrohen.

2. Die Kantone sind befugt, Strafbestimmungen zum Schutze des kantonalen Steuerrechts aufzustellen.

Zweiter Titel: Verhältnis dieses Gesetzes zum bisherigen Recht

Vollziehung früherer Strafurteile

Art. 336 Die Vollziehung von Strafurteilen, die auf Grund der bisherigen Strafgesetze ergangen sind, unterliegt folgenden Beschränkungen:

a. Wenn dieses Gesetz die Tat, für welche die Verurteilung erfolgt ist, nicht mit Strafe bedroht, so darf die Strafe nicht mehr vollzogen werden.

b. Ein Todesurteil darf nach dem Inkrafttreten dieses Gesetzes nicht mehr vollstreckt werden; die Todesstrafe ist in einem solchen Falle von Rechtes wegen in lebenslängliche Zuchthausstrafe umgewandelt.

c. Wenn ein Gefangener vor dem Inkrafttreten dieses Gesetzes in mehreren Kantonen oder von mehreren Gerichten desselben Kantons zu Freiheitsstrafen verurteilt worden ist und beim Inkrafttreten dieses Gesetzes von den verhängten Freiheitsstrafen noch mehr als fünf Jahre zu verbüssen hätte, so setzt das Bundesgericht auf sein Gesuch eine Gesamtstrafe gemäss Artikel 68 fest. Das Bundesgericht überträgt die Vollziehung dieser Gesamtstrafe einem Kanton und legt den dadurch entlasteten Kantonen nach freiem Ermessen einen Kostenbeitrag auf.

---

106 SR 313.0
107 Eingefügt durch Ziff. I des BG vom 22. März 2002 (Verjährung der Strafverfolgung), in Kraft seit 1. Okt. 2002 (AS 2002 2986 2988; BBl 2002 2673 1649).

d. Wenn ein Gefangener zur Zeit des Inkrafttretens dieses Gesetzes seine Strafe verbüsst und eines andern, vor diesem Zeitpunkte verübten, mit Freiheitsstrafe bedrohten Verbrechens oder Vergehens schuldig erklärt wird, so spricht der Richter, der das Urteil fällt, eine Gesamtstrafe aus und rechnet dem Verurteilten die auf Grund des ersten Urteils verbüsste Strafzeit an.

e. Die Bestimmungen dieses Gesetzes über die bedingte Entlassung finden auch auf Verurteilte Anwendung, die vor dem Inkrafttreten dieses Gesetzes bestraft worden sind.

Verjährung

Art. 337 ¹ Die Bestimmungen dieses Gesetzes über die Verfolgungs- und die Vollstreckungsverjährung finden auch Anwendung, wenn eine Tat vor Inkrafttreten dieses Gesetzes verübt oder beurteilt worden ist und dieses Gesetz für den Täter das mildere ist.

² Der vor Inkrafttreten dieses Gesetzes abgelaufene Zeitraum wird angerechnet.

Rehabilitation

Art. 338 ¹ Die Rehabilitation richtet sich nach den Bestimmungen dieses Gesetzes auch bei Urteilen, die auf Grund der bisherigen Strafgesetze ausgefällt worden sind.

² Ebenso richtet sich die Löschung der Eintragung eines vor Inkrafttreten dieses Gesetzes ergangenen Urteils im Strafregister nach den Bestimmungen dieses Gesetzes.

Auf Antrag strafbare Handlungen

Art. 339 1. Bei Handlungen, die nur auf Antrag strafbar sind, berechnet sich die Frist zur Antragstellung nach dem Gesetz, unter dessen Herrschaft die Tat verübt worden ist.

2. Wenn für eine strafbare Handlung, die nach dem früheren Gesetze von Amtes wegen zu verfolgen war, dieses Gesetz einen Strafantrag erfordert, so läuft die Frist zur Stellung des Antrages vom Inkrafttreten dieses Gesetzes an.

War die Verfolgung bereits eingeleitet, so wird sie nur auf Antrag fortgeführt.

3. Wenn für eine Handlung, die nach dem frühern Gesetze nur auf Antrag strafbar war, dieses Gesetz die Verfolgung von Amtes wegen verlangt, so bleibt das Erfordernis des Strafantrages für strafbare Handlungen, die unter der Herrschaft des alten Gesetzes begangen wurden, bestehen.

Dritter Titel: Bundesgerichtsbarkeit und kantonale Gerichtsbarkeit

**1. Bundes-
gerichtsbarkeit.**

Umfang

Art. 340 1.[108] Der Bundesgerichtsbarkeit unterstehen:

die strafbaren Handlungen des ersten und vierten Titels sowie der Artikel 140, 156, 189 und 190, sofern sie gegen völkerrechtlich geschützte Personen, gegen Magistratspersonen des Bundes, gegen Mitglieder der Bundesversammlung, gegen den Bundesanwalt sowie dessen Stellvertreter gerichtet sind;[109]

die strafbaren Handlungen der Artikel 137–141, 144, 160 und 172ter, sofern sie Räumlichkeiten, Archive und Schriftstücke diplomatischer Missionen und konsularischer Posten betreffen;[110]

die Geiselnahme nach Artikel 185 zur Nötigung von Behörden des Bundes oder des Auslandes;

die Verbrechen und Vergehen der Artikel 224–226ter;[111]

die Verbrechen und Vergehen des zehnten Titels betreffend Metallgeld, Papiergeld und Banknoten, amtliche Wertzeichen und sonstige Zeichen des Bundes, Mass und Gewicht;

die Verbrechen und Vergehen des elften Titels, sofern Urkunden des Bundes in Betracht kommen;

die strafbaren Handlungen des Artikels 260bis sowie des dreizehnten bis fünfzehnten und des siebzehnten Titels, sofern sie gegen den Bund, die Behörden des Bundes, gegen den Volkswillen bei eidgenössischen Wahlen, Abstimmungen, Referendums- oder Initiativbegehren, gegen die Bundesgewalt oder gegen die Bundesrechtspflege gerichtet sind; ferner die Verbrechen und Vergehen des sechzehnten Titels und die von einem Behördemitglied oder Beamten des Bundes oder gegen den Bund verübten strafbaren Handlungen des achtzehnten und neunzehnten Titels und die Übertretungen der Artikel 329–331;[112]

die politischen Verbrechen und Vergehen, die Ursache oder Folge von Unruhen sind, durch die eine bewaffnete eidgenössische Intervention veranlasst wird.

---

108 Fassung gemäss Ziff. I des BG vom 9. Okt. 1981, in Kraft seit 1. Okt. 1982 (AS 1982 1530 1534; BBl 1980 I 1241).

109 Fassung gemäss Anhang Ziff. II 5 des Parlamentsgesetzes vom 13. Dez. 2002, in Kraft seit 1. Dez. 2003 (SR 171.10).

110 Fassung gemäss Ziff. I des BG vom 24. März 2000, in Kraft seit 15. Dez. 2000 (AS 2000 2725 2729; BBl 1999 5327).

111 Fassung gemäss Anhang Ziff. II 2 des Kernenergiegesetzes vom 21. März 2003, in Kraft seit 1. Febr. 2005 (SR 732.1).

112 Fassung gemäss Ziff. I 1 des BG vom 22. Dez. 1999 (Revision des Korruptionsstrafrechts), in Kraft seit 1. Mai 2000 (AS 2000 1121 1126; BBl 1999 5497).

2.[113] Der Bundesgerichtsbarkeit unterstehen ferner die strafbaren Handlungen des zwölften Titels[bis].

3.[114] Die in besonderen Bundesgesetzen enthaltenen Vorschriften über die Zuständigkeit des Bundesstrafgerichts bleiben vorbehalten.

Bei organisiertem Verbrechen, Finanzierung des Terrorismus und Wirtschaftskriminalität[116]

Art. 340[bis][115] [1] Der Bundesgerichtsbarkeit unterstehen zudem die strafbaren Handlungen nach den Artikeln 260ter, 260^{quinquies}, 305bis, 305ter und 322ter–322^{septies} sowie die Verbrechen, die von einer kriminellen Organisation im Sinne von Artikel 260ter ausgehen, wenn die strafbaren Handlungen begangen wurden:[117]

a. zu einem wesentlichen Teil im Ausland; oder

b. in mehreren Kantonen und dabei kein eindeutiger Schwerpunkt in einem Kanton besteht.

[2] Bei Verbrechen des zweiten und des elften Titels kann die Bundesanwaltschaft ein Ermittlungsverfahren eröffnen, wenn:

a. die Voraussetzungen von Absatz 1 vorliegen; und

b. keine kantonale Strafverfolgungsbehörde mit der Sache befasst ist oder die zuständige kantonale Strafverfolgungsbehörde die Bundesanwaltschaft um Übernahme des Verfahrens ersucht.

[3] Die Eröffnung des Ermittlungsverfahrens gemäss Absatz 2 begründet Bundesgerichtsbarkeit.

Art. 341–342[118]

2. Kantonale Gerichtsbarkeit

Art. 343 Die kantonalen Behörden verfolgen und beurteilen nach den Verfahrensbestimmungen der kantonalen Gesetze die unter dieses Gesetz fallenden strafbaren Handlungen, soweit sie nicht der Bundesgerichtsbarkeit unterstehen.

Art. 344 1. ...[119]

---

113 Fassung gemäss Ziff. I des BG vom 24. März 2000, in Kraft seit 15. Dez. 2000 (AS 2000 2725 2729; BBl 1999 5327).

114 Eingefügt durch Ziff. I des BG vom 24. März 2000 (AS 2000 2725; BBl 1999 5327). Fassung gemäss Anhang Ziff. 8 des Strafgerichtsgesetzes vom 4. Okt. 2002, in Kraft seit 1. April 2004 (SR 173.71).

115 Eingefügt durch Ziff. I des BG vom 22. Dez. 1999 (Schaffung neuer Verfahrenskompetenzen des Bundes in den Bereichen organisiertes Verbrechen und Wirtschaftskriminalität), in Kraft seit 1. Jan. 2002 (AS 2001 3071 3076; BBl 1998 1529).

116 Fassung gemäss Ziff. I 1 des BG vom 21. März 2003 (Finanzierung des Terrorismus), in Kraft seit 1. Okt. 2003 (AS 2003 3043 3047; BBl 2002 5390).

117 Fassung gemäss Ziff. I 1 des BG vom 21. März 2003 (Finanzierung des Terrorismus), in Kraft seit 1. Okt. 2003 (AS 2003 3043 3047; BBl 2002 5390).

118 Aufgehoben durch Ziff. I 2 des BG vom 8. Okt. 1999 über die Abschaffung der Bundesassisen (AS 2000 505; BBl 1999 7922).

119 Aufgehoben durch Ziff. I des BG vom 22. Dez. 1999 (Schaffung neuer Verfahrenskompetenzen des Bundes in den Bereichen organisiertes Verbrechen und Wirtschaftskriminalität) (AS 2001 3071; BBl 1998 1529).

2. ...[120]

Vierter Titel: Die kantonalen Behörden. Ihre sachliche und örtliche Zuständigkeit. Rechtshilfe

1. Sachliche Zuständigkeit

Art. 345 1. Die Kantone bestimmen die Behörden, denen die Verfolgung und Beurteilung der in diesem Gesetze vorgesehenen, der kantonalen Gerichtsbarkeit unterstellten strafbaren Handlungen obliegt.

Die Beurteilung von Übertretungen kann auch einer Verwaltungsbehörde übertragen werden.

2. Die Kantone bestimmen die Behörden, die den Beschluss des Richters auf Verwahrung, Behandlung oder Versorgung von Unzurechnungsfähigen oder vermindert Zurechnungsfähigen zu vollziehen oder diese Massnahmen aufzuheben haben.

2. Örtliche Zuständigkeit. Gerichtsstand des Ortes der Begehung

Art. 346 [1] Für die Verfolgung und Beurteilung einer strafbaren Handlung sind die Behörden des Ortes zuständig, wo die strafbare Handlung ausgeführt wurde.[121] Liegt nur der Ort, wo der Erfolg eingetreten ist oder eintreten sollte, in der Schweiz, so sind die Behörden dieses Ortes zuständig.

[2] Ist die strafbare Handlung an mehreren Orten ausgeführt worden, oder ist der Erfolg an mehreren Orten eingetreten, so sind die Behörden des Ortes zuständig, wo die Untersuchung zuerst angehoben wurde.

Gerichtsstand bei Delikten durch Medien

Art. 347[122] [1] Bei einer strafbaren Handlung im Inland nach Artikel 27 sind die Behörden des Ortes zuständig, an dem das Medienunternehmen seinen Sitz hat. Ist der Autor bekannt und hat er seinen Wohnort in der Schweiz, so sind auch die Behörden seines Wohnortes zuständig. In diesem Falle wird das Verfahren dort durchgeführt, wo die Untersuchung zuerst angehoben wurde. Bei Antragsdelikten kann der Antragsberechtigte zwischen den beiden Gerichtsständen wählen.

[2] Besteht kein Gerichtsstand nach Absatz 1, so sind die Behörden des Ortes zuständig, an dem das Medienerzeugnis verbreitet wurde. Erfolgt die Verbreitung an mehreren Orten, so sind die Behörden des Ortes zuständig, an dem die Untersuchung zuerst angehoben wurde.

---

120 Aufgehoben durch Ziff. I 2 des BG vom 8. Okt. 1999 über die Abschaffung der Bundesassisen (AS 2000 505; BBl 1999 7922).

121 AS 57 1328

122 Fassung gemäss Ziff. I des BG vom 10. Okt. 1997, in Kraft seit 1. April 1998 (AS 1998 852 856; BBl 1996 IV 525).

³ Kann der Täter an keinem dieser Orte vor Gericht gestellt werden, weil sein Wohnortskanton die Zuführung verweigert, so sind die Behörden seines Wohnortes zuständig.

Gerichtsstand bei strafbaren Handlungen im Auslande

Art. 348 ¹ Ist die strafbare Handlung im Auslande verübt worden, oder ist der Ort der Begehung der Tat nicht zu ermitteln, so sind die Behörden des Ortes zuständig, wo der Täter wohnt. Hat der Täter keinen Wohnort in der Schweiz, so sind die Behörden des Heimatortes zuständig. Hat der Täter in der Schweiz weder Wohnort noch Heimatort, so ist der Gerichtsstand an dem Orte, wo der Täter betreten wird, begründet.

² Ist keiner dieser Gerichtsstände begründet, so sind die Behörden des Kantons zuständig, der die Auslieferung veranlasst hat. Die kantonale Regierung bestimmt in diesem Falle die örtlich zuständige Behörde.

Gerichtsstand der Teilnehmer

Art. 349 ¹ Zur Verfolgung und Beurteilung der Anstifter und Gehilfen sind die Behörden zuständig, denen die Verfolgung und Beurteilung des Täters obliegt.

² Sind an der Tat mehrere als Mittäter beteiligt, so sind die Behörden des Ortes zuständig, wo die Untersuchung zuerst angehoben wurde.

Gerichtsstand bei Zusammentreffen mehrerer strafbarer Handlungen

Art. 350 1. Wird jemand wegen mehrerer, an verschiedenen Orten verübter strafbarer Handlungen verfolgt, so sind die Behörden des Ortes, wo die mit der schwersten Strafe bedrohte Tat verübt worden ist, auch für die Verfolgung und die Beurteilung der andern Taten zuständig.

Sind diese strafbaren Handlungen mit der gleichen Strafe bedroht, so sind die Behörden des Ortes zuständig, wo die Untersuchung zuerst angehoben wird.

2. Ist jemand entgegen der Vorschrift über das Zusammentreffen mehrerer strafbarer Handlungen (Art. 68) von mehreren Gerichten zu mehreren Freiheitsstrafen verurteilt worden, so setzt das Gericht, das die schwerste Strafe ausgesprochen hat, auf Gesuch des Verurteilten eine Gesamtstrafe fest.

Gerichtsstand bei selbständiger Einziehung

Art. 350^{bis}¹²³ ¹ Selbständige Einziehungen sind am Ort durchzuführen, an dem sich die einzuziehenden Gegenstände oder Vermögenswerte befinden.

² Befinden sich die einzuziehenden Gegenstände oder Vermögenswerte in mehreren Kantonen und hängen sie auf Grund der gleichen strafbaren Handlung oder der gleichen Täterschaft zusammen, so sind

---

123 Eingefügt durch Anhang Ziff. 1 des BG vom 19. März 2004 über die Teilung eingezogener Vermögenswerte, in Kraft seit 1. Aug. 2004 (SR 312.4).

die Behörden des Ortes zuständig, an dem das Einziehungsverfahren zuerst angehoben wurde.

Streitiger Gerichtsstand

Art. 351[124] Ist der Gerichtsstand unter den Behörden mehrerer Kantone streitig, so bezeichnet das Bundesstrafgericht den Kanton, der zur Verfolgung und Beurteilung berechtigt und verpflichtet ist.[125]

2a Amtshilfe im Bereich der Polizei
a. Automatisiertes Fahndungssystem (RIPOL)

Art. 351[bis][126] [1] Der Bund führt zusammen mit den Kantonen ein automatisiertes Personen- und Sachfahndungssystem (RIPOL) zur Unterstützung von Behörden des Bundes und der Kantone bei der Erfüllung folgender gesetzlicher Aufgaben:

a. Verhaftung von Personen oder Ermittlung ihres Aufenthaltes zu Zwecken der Strafuntersuchung oder des Straf- und Massnahmenvollzugs;

b. Anhaltung bei vormundschaftlichen Massnahmen oder fürsorgerischer Freiheitsentzug;

c. Ermittlung des Aufenthaltes vermisster Personen;

d. Kontrolle von Fernhaltemassnahmen gegenüber Ausländern nach dem Bundesgesetz vom 26. März 1931[127] über Aufenthalt und Niederlassung der Ausländer;

e. Bekanntgabe von Aberkennungen ausländischer Führerausweise;

f. Ermittlung des Aufenthaltes von Führern von Motorfahrzeugen ohne Versicherungsschutz;

g. Fahndung nach abhandengekommenen Fahrzeugen und Gegenständen;

[2] Folgende Behörden können im Rahmen von Absatz 1 über das RIPOL Ausschreibungen verbreiten:

a. das Bundesamt für Polizei[128];

b. die Bundesanwaltschaft;

c. die Zentralbehörde zur Behandlung internationaler Kindsentführungen;

d.[129] das Bundesamt für Migration;

e. ...[130];

f. die Oberzolldirektion;

---

124 Fassung gemäss Anhang Ziff. 8 des Strafgerichtsgesetzes vom 4. Okt. 2002, in Kraft seit 1. April 2004 (SR 173.71).

125 Siehe auch Art. 264 des BG vom 15. Juni 1934 über die Bundesstrafrechtspflege (SR 312.0)

126 Eingefügt durch Ziff. I des BG vom 19. Juni 1992, in Kraft seit 1. Juli 1993 (AS 1993 1988 1992; BBl 1990 III 1221).

127 SR 142.20

128 Die Bezeichnung der Verwaltungseinheit wurde in Anwendung von Art. 16 Abs. 3 der Publikationsverordnung vom 17. Nov. 2004 (SR 170.512.1) angepasst. Die Anpassung wurde im ganzen Text vorgenommen.

129 Fassung gemäss Ziff. I 3 der V vom 3. Nov. 2004 über die Anpassung gesetzlicher Bestimmungen infolge der Zusammenlegung der Bundesämter IMES und BFF, in Kraft seit 1. Jan. 2005 (AS 2004 4655).

130 Aufgehoben durch Ziff. I 3 der V vom 3. Nov. 2004 über die Anpassung gesetzlicher Bestimmungen infolge der Zusammenlegung der Bundesämter IMES und BFF, mit Wirkung seit 1. Jan. 2005 (AS 2004 4655).

g. die Militärjustizbehörden;

h. die Zivil- und Polizeibehörden der Kantone.

³ Personendaten aus dem RIPOL können für die Erfüllung der Aufgaben nach Absatz 1 folgenden Behörden bekannt gegeben werden:

a. den Behörden nach Absatz 2;

b. den Grenzstellen;

c. dem Beschwerdedienst des Eidgenössischen Justiz- und Polizeidepartements;

d. den schweizerischen Vertretungen im Ausland;

e. den Interpolstellen;

f. den Strassenverkehrsämtern;

g. den kantonalen Fremdenpolizeibehörden;

h. weiteren Justiz- und Verwaltungsbehörden.

⁴ Der Bundesrat:

a. regelt die Einzelheiten, insbesondere die Verantwortung für die Datenbearbeitung, die Kategorien der zu erfassenden Daten, die Aufbewahrungsdauer der Daten und die Zusammenarbeit mit den Kantonen;

b. bestimmt die Behörden, welche Personendaten direkt ins RIPOL eingeben, solche direkt abfragen oder denen Personendaten im Einzelfall bekannt gegeben werden können;

c. regelt die Verfahrensrechte der betroffenen Personen, insbesondere die Einsicht in ihre Daten sowie deren Berichtigung, Archivierung und Vernichtung.

b. Zusammenarbeit mit INTERPOL

Zuständigkeit

Art. 351^{ter131} ¹ Das Bundesamt für Polizei^{132} nimmt die Aufgaben eines Nationalen Zentralbüros im Sinne der Statuten der Internationalen Kriminalpolizeilichen Organisation (INTERPOL) wahr.

² Es ist zuständig für die Informationsvermittlung zwischen den Strafverfolgungsbehörden von Bund und Kantonen einerseits sowie den Nationalen Zentralbüros anderer Staaten und dem Generalsekretariat von INTERPOL andererseits.

Aufgaben

Art. 351^{quater133} ¹ Das Bundesamt für Polizei^{134} vermittelt kriminalpolizeiliche Informationen zur Verfolgung von Straftaten und zur Vollstreckung von Strafen und Massnahmen.

---

131 Eingefügt durch Ziff. I des BG vom 19. Juni 1992, in Kraft seit 1. Juli 1993 (AS 1993 1988 1992; BBl 1990 III 1221).

132 Berichtigt von der Redaktionskommission der BVers [Art. 33 GVG – AS 1974 1051].

133 Eingefügt durch Ziff. I des BG vom 19. Juni 1992, in Kraft seit 1. Juli 1993 (AS 1993 1988 1992; BBl 1990 III 1221).

134 Berichtigt von der Redaktionskommission der BVers [Art. 33 GVG – AS 1974 1051].

2 Es kann kriminalpolizeiliche Informationen zur Verhütung von Straftaten übermitteln, wenn aufgrund konkreter Umstände mit der grossen Wahrscheinlichkeit eines Verbrechens oder Vergehens zu rechnen ist.

3 Es kann Informationen zur Suche nach Vermissten und zur Identifizierung von Unbekannten vermitteln.

4 Zur Verhinderung und Aufklärung von Straftaten kann das Bundesamt für Polizei[135] von Privaten Informationen entgegennehmen und Private orientieren, wenn dies im Interesse der betroffenen Person ist und deren Zustimmung vorliegt oder nach den Umständen vorausgesetzt werden kann.

Datenschutz

Art. 351[quinquies][136] 1 Der Austausch kriminalpolizeilicher Informationen richtet sich nach den Grundsätzen des Rechtshilfegesetzes vom 20. März 1981[137] sowie nach den vom Bundesrat als anwendbar erklärten Statuten und Reglementen von INTERPOL.

2 Für den Austausch von Informationen zur Suche nach Vermissten, zur Identifizierung von Unbekannten und zu administrativen Zwecken gilt das Bundesgesetz vom 19. Juni 1992[138] über den Datenschutz.

3 Das Bundesamt für Polizei[139] kann den Zentralbüros anderer Staaten Informationen direkt vermitteln, wenn der Empfängerstaat den datenschutzrechtlichen Vorschriften von INTERPOL untersteht.

Finanzhilfen und Abgeltungen

Art. 351[sexies][140] Der Bund kann Finanzhilfen und Abgeltungen an INTERPOL ausrichten.

c. Zusammenarbeit bei der Identifizierung von Personen

Art. 351[septies][141] 1 Das Bundesamt für Polizei[142] registriert und speichert erkennungsdienstliche Daten, die von Behörden der Kantone, des Bundes und des Auslandes bei Strafverfolgungen oder bei der Erfüllung anderer gesetzlicher Aufgaben erhoben und ihm übermittelt worden sind. Es vergleicht diese Daten untereinander, um eine gesuchte oder unbekannte Personen zu identifizieren.

---

135 Berichtigt von der Redaktionskommission der BVers [Art. 33 GVG – AS 1974 1051].

136 Eingefügt durch Ziff. I des BG vom 19. Juni 1992, in Kraft seit 1. Juli 1993 (AS 1993 1988 1992; BBl 1990 III 1221).

137 SR 351.1

138 SR 235.1

139 Berichtigt von der Redaktionskommission der BVers [Art. 33 GVG – AS 1974 1051].

140 Eingefügt durch Ziff. I des BG vom 19. Juni 1992, in Kraft seit 1. Juli 1993 (AS 1993 1988 1992; BBl 1990 III 1221).

141 Eingefügt durch Ziff. I des BG vom 19. Juni 1992 (Informatisiertes Personennachweis-, Aktennachweis- und Verwaltungssystem im Bundesamt für Polizeiwesen), in Kraft seit 1. Juli 1993 (AS 1993 1988 1992; BBl 1990 III 1221).

142 Die Bezeichnung der Verwaltungseinheit wurde in Anwendung von Art. 16 Abs. 3 der Publikationsverordnung vom 17. Nov. 2004 (SR 170.512.1) angepasst.

² Es teilt das Ergebnis seiner Abklärung der anfragenden Behörde, den Strafverfolgungsbehörden, welche gegen die gleiche Person eine Untersuchung führen, sowie anderen Behörden mit, welche zur Erfüllung ihrer gesetzlichen Aufgabe die Identität dieser Person kennen müssen.

³ Der Bundesrat:

a. regelt die Einzelheiten, insbesondere die Verantwortung für die Datenbearbeitung, die zu erfassenden Personen und ihre Verfahrensrechte, die Aufbewahrung der Daten und die Zusammenarbeit mit den Kantonen;

b. bezeichnet die Behörden, die für die Einsicht in die Daten sowie deren Berichtigung und Vernichtung zuständig sind.

d. Informatisiertes Personennachweis-, Aktennachweis- und Verwaltungssystem im Bundesamt für Polizei

Art. 351^octies143 ¹ Das Bundesamt für Polizei betreibt ein informatisiertes Personennachweis-, Aktennachweis- und Verwaltungssystem (IPAS). Dieses kann besonders schützenswerte Personendaten und Persönlichkeitsprofile enthalten. Die Daten im IPAS dürfen nur bearbeitet werden, um:

a. festzustellen, ob im Bundesamt über eine bestimmte Person Daten bearbeitet werden;

b. Daten über die Geschäfte des Bundesamtes zu bearbeiten;

c. die Arbeitsabläufe rationell und effizient zu gestalten;

d. eine Geschäftskontrolle zu führen;

e. Statistiken zu erstellen.

² Zur Erfüllung der in Absatz 1 Buchstaben a, c und d genannten Bearbeitungszwecke enthält das System:

a. die Personalien der Personen, über welche das Bundesamt Daten bearbeitet;

b. die Bezeichnung der Dienststellen des Bundesamtes, in welchen über eine bestimmte Person Daten bearbeitet werden;

c. die Bezeichnung der Informationssysteme des Bundesamtes, in welchen eine bestimmte Person verzeichnet ist, mit Ausnahme von Systemen nach Artikel 11 des Bundesgesetzes vom 7. Oktober 1994144 über kriminalpolizeiliche Zentralstellen des Bundes;

d. Daten, welche für die Lokalisierung und die ordnungsgemässe Verwaltung der Dossiers oder der elektronischen Einträge sowie für die Kontrolle der Geschäfte erforderlich sind.

---

143 Eingefügt durch Ziff. I des BG vom 18. Juni 1999, in Kraft seit 1. Juli 2000 (AS 2000 1855 1857; BBl 1997 IV 1293).
144 SR 360

³ Zur Erfüllung des in Absatz 1 Buchstabe b genannten Bearbeitungszweckes enthält das System, getrennt von den in Absatz 2 genannten Daten, ausserdem Falldaten aus den Bereichen:

a. der internationalen Rechtshilfe;

b. der Auslieferung;

c. des Erkennungsdienstes;

d. der Verwaltungspolizei im Zuständigkeitsbereich des Bundesamtes;

e. der Interpol.

⁴ Das System enthält ferner personenbezogene Dokumente in Papierform oder als Bild elektronisch gespeichert sowie elektronische Einträge unter Ausschluss von Dokumenten und fallbezogenen Einträgen der kriminalpolizeilichen Zentralstellen.

⁵ Neben dem Bundesamt darf die für die Bearbeitung von erkennungsdienstlichen Daten zuständige Bundesbehörde die im IPAS enthaltenen Daten bearbeiten.

⁶ Folgende Behörden dürfen in die unter Absatz 2 Buchstaben a, b und c genannten Daten aus dem IPAS durch ein Abrufverfahren Einsicht nehmen:

a. die Bundesanwaltschaft zur Durchführung von gerichtspolizeilichen Ermittlungen;

b. die Bundesbehörde, die Aufgaben nach Artikel 2 Absatz 3 des Bundesgesetzes vom 21. März 1997[145] über Massnahmen zur Wahrung der inneren Sicherheit wahrnimmt;

c. die Bundesbehörde, die nach Artikel 2 Absatz 4 Buchstabe c des Bundesgesetzes vom 21. März 1997 über Massnahmen zur Wahrung der inneren Sicherheit Personensicherheitsüberprüfungen durchführt.

⁷ Die Bundesbehörden, die zoll- und grenzpolizeiliche Aufgaben wahrnehmen, dürfen in einem Abrufverfahren abfragen, ob eine Person bei den Zentralstellendiensten oder beim Interpol-Dienst des Bundesamtes registriert ist.

⁸ Der Bundesrat legt die Einzelheiten fest, insbesondere:

a. die Verantwortung für die Datenbearbeitung, die Kategorien der zu erfassenden Daten und die Aufbewahrungsdauer der Daten;

b. welche Dienststellen des Bundesamtes Personendaten direkt ins System eingeben und abfragen dürfen, und welchen Behörden Personendaten im Einzelfall bekannt gegeben werden können;

c. die Zugriffsberechtigung, namentlich auf die Daten nach den Absätzen 2 Buchstaben b und c, 3 und 4;

---

145 SR 120

d. die Rechte der betroffenen Personen, insbesondere auf Auskunft, auf Berichtigung ihrer Daten sowie auf deren Archivierung und Vernichtung.

[9] Betreffend das Auskunftsrecht bleibt die Anwendung von Artikel 14 des Bundesgesetzes vom 7. Oktober 1994 über kriminalpolizeiliche Zentralstellen des Bundes vorbehalten.

e. Zusammenarbeit mit Europol

Datenaustausch

Art. 351^novies[146]   [1] Das Bundesamt für Polizei kann dem Europäischen Polizeiamt (Europol) Personendaten, einschliesslich besonders schützenswerter Personendaten und Persönlichkeitsprofile, weitergeben.

[2] Für die Weitergabe dieser Daten gelten insbesondere die Voraussetzungen nach den Artikeln 3 und 10–13 des Abkommens vom 24. September 2004[147] zwischen der Schweizerischen Eidgenossenschaft und dem Europäischen Polizeiamt.

[3] Gleichzeitig mit der Weitergabe von Daten unterrichtet das Bundesamt für Polizei Europol über die Zweckbestimmung der Daten sowie über alle Beschränkungen hinsichtlich ihrer Bearbeitung, die ihm selbst nach Massgabe der eidgenössischen oder der kantonalen Gesetzgebung auferlegt sind.

Mandatserweiterung

Art. 351^decies[148]   Der Bundesrat wird ermächtigt, mit Europol im Rahmen von Artikel 3 Absatz 3 des Abkommens vom 24. September 2004[149] zwischen der Schweizerischen Eidgenossenschaft und dem Europäischen Polizeiamt Änderungen des Mandatsbereichs zu vereinbaren.

3. Rechtshilfe.

Verpflichtung gegenüber dem Bund und unter den Kantonen

Art. 352   [1] In Strafsachen, auf die dieses Gesetz oder ein anderes Bundesgesetz Anwendung findet, sind der Bund und die Kantone gegenseitig und die Kantone unter sich zur Rechtshilfe verpflichtet. Insbesondere sind Haft- und Zuführungsbefehle in solchen Strafsachen in der ganzen Schweiz zu vollziehen.

[2] Ein Kanton darf einem anderen Kanton die Zuführung des Beschuldigten oder Verurteilten nur bei politischen oder durch eine Veröffentlichung in einem Medium begangenen Verbrechen oder Vergehen verweigern. Im Falle der Verweigerung ist der Kanton verpflichtet, die Beurteilung des Beschuldigten selbst zu übernehmen.[150]

---

146 Eingefügt durch Art. 2 des BB vom 7. Okt. 2005 über die Genehmigung und die Umsetzung des Abk. zwischen der Schweiz und dem Europol, in Kraft seit 1. April 2006 (AS 2006 1017 1018; BBl 2005 983).

147 SR 0.360.268.2

148 Eingefügt durch Art. 2 des BB vom 7. Okt. 2005 über die Genehmigung und die Umsetzung des Abk. zwischen der Schweiz und dem Europol, in Kraft seit 1. April 2006 (AS 2006 1017 1018; BBl 2005 983).

149 SR 0.360.268.2

150 Fassung gemäss Ziff. I des BG vom 10. Okt. 1997, in Kraft seit 1. April 1998 (AS 1998 852 856; BBl 1996 IV 525).

³ Der Zugeführte darf vom ersuchenden Kanton weder wegen eines politischen noch wegen eines durch eine Veröffentlichung in einem Medium begangenen Verbrechens oder Vergehens, noch wegen einer Übertretung kantonalen Rechts verfolgt werden, es sei denn, dass die Zuführung wegen einer solchen Straftat bewilligt worden ist.[151]

Verfahren

Art. 353 ¹ Der Verkehr in Rechtshilfesachen findet unmittelbar von Behörde zu Behörde statt.

² Telegraphisch oder telephonisch übermittelte Haftbefehle sind sofort schriftlich zu bestätigen.

³ Die Beamten der Polizei haben auch unaufgefordert Rechtshilfe zu leisten.

⁴ Ein Beschuldigter oder Verurteilter ist vor der Zuführung an den ersuchenden Kanton von der zuständigen Behörde zu Protokoll anzuhören.

Unentgeltlichkeit

Art. 354 ¹ Die Rechtshilfe wird unentgeltlich geleistet. Immerhin sind Auslagen für wissenschaftliche oder technische Gutachten durch die ersuchende Behörde zu ersetzen.

² Artikel 27 Absatz 1 des Bundesgesetzes vom 15. Juni 1934[152] über die Bundesstrafrechtspflege bleibt vorbehalten.

³ Werden einer Partei Kosten auferlegt, so sind ihr im gleichen Masse die bei Leistung der Rechtshilfe entstandenen Kosten zu überbinden, auch wenn die ersuchende Behörde zum Ersatz nicht verpflichtet ist.

Amtshandlungen in andern Kantonen

Art. 355 ¹ Eine Strafverfolgungsbehörde oder ein Gericht darf eine Amtshandlung auf dem Gebiete eines andern Kantons nur mit Zustimmung der zuständigen Behörde dieses Kantons vornehmen. In dringenden Fällen darf die Amtshandlung auch ohne Zustimmung der zuständigen Behörde vorgenommen werden, indessen ist diese unverzüglich unter Darlegung des Sachverhaltes davon in Kenntnis zu setzen.

² Anwendbar ist das Prozessrecht des Kantons, in dem die Handlung vorgenommen wird.

³ Die in einem andern Kanton wohnenden Personen können durch die Post vorgeladen werden. Zeugen dürfen einen angemessenen Vorschuss der Reisekosten verlangen.

⁴ Zeugen und Sachverständige sind verpflichtet, der Vorladung in einen andern Kanton Folge zu leisten.

---

151 Fassung gemäss Ziff. I des BG vom 10. Okt. 1997, in Kraft seit 1. April 1998 (AS 1998 852 856; BBl 1996 IV 525).
152 SR 312.0. Heute: Art. 27bis Abs. 1.

[5] An Personen, die in einem andern Kanton wohnen, können Entscheide und Urteile sowie Strafbefehle und Strafmandate nach den für Gerichtsurkunden aufgestellten Vorschriften des Postverkehrsgesetzes vom 2. Oktober 1924[153] zugestellt werden, auch wenn eine ausdrückliche Annahmeerklärung des Angeschuldigten nötig ist, um das Strafverfahren ohne dessen Einvernahme oder ohne gerichtliche Beurteilung abzuschliessen. Die Unterzeichnung der an den Absender zurückgehenden Empfangsbestätigung gilt nicht als Annahmeerklärung des Angeschuldigten.[154]

Nacheile

Art. 356 [1] Die Beamten der Polizei sind berechtigt, in dringenden Fällen einen Beschuldigten oder einen Verurteilten auf das Gebiet eines andern Kantons zu verfolgen und dort festzunehmen.

[2] Der Festgenommene ist sofort dem nächsten zur Ausstellung eines Haftbefehls ermächtigten Beamten des Kantons der Festnahme zuzuführen. Dieser hört den Festgenommenen zu Protokoll an und trifft die erforderlichen weitern Verfügungen.

Anstände zwischen Kantonen

Art. 357[155] Anstände in der Rechtshilfe zwischen Bund und Kantonen oder zwischen Kantonen entscheidet das Bundesstrafgericht. Bis dieser Entscheid erfolgt, sind angeordnete Sicherheitsmassregeln aufrechtzuerhalten.

Mitteilung bei Pornographie

Art. 358[156] Stellt eine Untersuchungsbehörde fest, dass pornographische Gegenstände (Art. 197 Ziff. 3) in einem fremden Staat hergestellt oder von dort aus eingeführt worden sind, so informiert sie sofort die zur Bekämpfung der Pornographie eingesetzte Zentralstelle des Bundesamtes für Polizei[157].

---

153 [BS 7 754; AS 1949 827, 1967 1485, 1969 1117 Ziff. II 1232, 1972 2667, 1974 1857 Anhang Ziff. 17, 1975 2027, 1977 2117 Ziff. II, 1979 1170 Ziff. VI, 1987 1974 Art. 54 Ziff. 4, 1993 901 Anhang Ziff. 17 3128 Art. 22, 1995 5489. AS 1997 2452 Anhang Ziff. 1]

154 Eingefügt durch Ziff. I des BG vom 18. März 1971, in Kraft seit 1. Juli 1971 (AS 1971 777 807; BBl 1965 I 561).

155 Fassung gemäss Anhang Ziff. 8 des Strafgerichtsgesetzes vom 4. Okt. 2002, in Kraft seit 1. April 2004 (SR 173.71).

156 Fassung gemäss Ziff. 1 des BG vom 21. Juni 1991, in Kraft seit 1. Okt. 1992 (AS 1992 1670 1678; BBl 1985 II 1009).

157 Die Bezeichnung der Verwaltungseinheit wurde in Anwendung von Art. 16 Abs. 3 der Publikationsverordnung vom 17. Nov. 2004 (SR 170.512.1) angepasst.

Vierter Titel[bis]:[158] Mitteilung bei strafbaren Handlungen gegenüber Unmündigen

Mitteilungspflicht

Art. 358bis Stellt die zuständige Behörde bei der Verfolgung von strafbaren Handlungen gegenüber Unmündigen fest, dass weitere Massnahmen erforderlich sind, so informiert sie sofort die vormundschaftlichen Behörden.

Mitteilungsrecht

Art. 358ter Ist an einem Unmündigen eine strafbare Handlung begangen worden, so sind die zur Wahrung des Amts- und Berufsgeheimnisses (Art. 320 und 321) verpflichteten Personen berechtigt, dies in seinem Interesse den vormundschaftlichen Behörden zu melden.

Fünfter Titel: Strafregister

Zweck

Art. 359[159] ¹ Das Bundesamt für Justiz[160] führt unter Mitwirkung anderer Bundesbehörden und der Kantone (Art. 360bis Abs. 1) ein automatisiertes Strafregister über Verurteilungen und Gesuche um Strafregisterauszug im Rahmen von hängigen Strafverfahren, welches besonders schützenswerte Personendaten und Persönlichkeitsprofile enthält. Die Daten über Verurteilungen und jene über Gesuche um Strafregisterauszug im Rahmen von hängigen Strafverfahren werden im automatisierten Register getrennt bearbeitet.

² Das Register dient der Unterstützung von Behörden des Bundes und der Kantone bei der Erfüllung folgender Aufgaben:

a. Durchführung von Strafverfahren;

b. internationale Rechtshilfe- und Auslieferungsverfahren;

c. Straf- und Massnahmenvollzug;

d. zivile und militärische Sicherheitsprüfungen;

e. Verhängung und Aufhebung von Fernhaltemassnahmen gegenüber Ausländern nach dem Bundesgesetz vom 26. März 1931[161] über Aufenthalt und Niederlassung der Ausländer sowie der übrigen Ausweisungen und Landesverweisungen;

---

158 Eingefügt durch Ziff. I des BG vom 23. Juni 1989, in Kraft seit 1. Jan. 1990 (AS 1989 2449 2456; BBl 1985 II 1009).

159 Fassung gemäss Ziff. I des BG vom 18. Juni 1999, in Kraft seit 1. Jan. 2000 (AS 1999 3505 3508; BBl 1997 IV 1293).

160 Die Bezeichnung der Verwaltungseinheit wurde in Anwendung von Art. 16 Abs. 3 der Publikationsverordnung vom 17. Nov. 2004 (SR 170.512.1) angepasst. Die Anpassung wurde im ganzen Text vorgenommen.

161 SR 142.20

f. Prüfung der Asylwürdigkeit nach dem Asylgesetz vom 5. Oktober 1979[162];

g. Einbürgerungsverfahren;

h. Erteilung und Entzug von Führer- oder Lernfahrausweisen nach dem Strassenverkehrsgesetz vom 19. Dezember 1958[163];

i. Durchführung des konsularischen Schutzes;

j. statistische Bearbeitung nach dem Bundesstatistikgesetz vom 9. Oktober 1992[164];

k. Verhängung oder Aufhebung vormundschaftlicher Massnahmen oder von Massnahmen des fürsorgerischen Freiheitsentzuges.

Inhalt   **Art. 360**[165]   1 Im Register sind nur Personen aufgeführt, die im Gebiete der Eidgenossenschaft verurteilt worden sind, sowie im Ausland verurteilte Schweizer.

2 Ins Register sind aufzunehmen:

a. die Verurteilungen wegen Verbrechen und Vergehen;

b. die Verurteilungen wegen der durch Verordnung des Bundesrates zu bezeichnenden Übertretungen dieses oder eines anderen Bundesgesetzes;

c. die aus dem Ausland eingehenden Mitteilungen über dort erfolgte, nach diesem Gesetz eintragungspflichtige Verurteilungen;

d. die Tatsache, dass eine Verurteilung mit bedingtem Strafvollzug erfolgt ist;

e. die Tatsachen, die eine Änderung erfolgter Eintragungen herbeiführen;

f. während zwei Jahren Gesuche von Strafjustizbehörden um Strafregisterauszug im Rahmen eines in der Schweiz hängigen Strafverfahrens wegen Verbrechen und Vergehen.

Bearbeitung der Daten und Einsicht   **Art. 360**[bis][166]   1 Folgende Behörden bearbeiten im Register Personendaten über Verurteilungen (Art. 360 Abs. 2):

a. das Bundesamt für Justiz;

b. die Strafjustizbehörden;

c. die Militärjustizbehörden;

d. die Strafvollzugsbehörden;

e. die Koordinationsstellen der Kantone.

---

162 [AS 1980 1718, 1986 2062, 1987 1674, 1990 938 1587 Art. 3 Abs. 1, 1994 1634 Ziff. I 8.1 2876, 1995 146 Ziff. II 1126 Ziff. II 1 4356, 1997 2372 2394, 1998 1582. AS 1999 2262 Art. 120 Bst. a]. Siehe heute das Asylgesetz vom 26. Juni 1998 (SR 142.31).

163 SR 741.01

164 SR 431.01

165 Fassung gemäss Ziff. I des BG vom 18. Juni 1999, in Kraft seit 1. Jan. 2000 (AS 1999 3505 3508; BBl 1997 IV 1293).

166 Eingefügt durch Ziff. I des BG vom 18. Juni 1999, in Kraft seit 1. Jan. 2000 (AS 1999 3505 3508; BBl 1997 IV 1293).

² Folgende Behörden dürfen durch ein Abrufverfahren Einsicht in die Personendaten über Verurteilungen (Art. 360 Abs. 2) nehmen:

a. die Behörden nach Absatz 1;

b. die Bundesanwaltschaft;

c. das Bundesamt für Polizei[167] im Rahmen von gerichtspolizeilichen Ermittlungsverfahren;

d. die Untergruppe Personelles der Armee;

e.[168] das Bundesamt für Migration;

f. …[169];

g. die kantonalen Fremdenpolizeibehörden;

h. die für den Strassenverkehr zuständigen Behörden der Kantone;

i. die Bundesbehörden, die zuständig sind für die Durchführung von Personensicherheitsüberprüfungen im Sinne von Artikel 2 Absatz 4 Buchstabe c des Bundesgesetzes vom 21. März 1997[170] über Massnahmen zur Wahrung der inneren Sicherheit;

j.[171] die Vollzugsstelle für den Zivildienst.

³ Der Bundesrat kann, wenn es die Anzahl der Auskunftsersuchen rechtfertigt, nach Anhörung des Eidgenössischen Datenschutz- und Öffentlichkeitsbeauftragten[172] bis zur Inkraftsetzung der Rechtsgrundlagen in einem formellen Gesetz die Einsichtsrechte nach Absatz 2 auf weitere Justiz- und Verwaltungsbehörden des Bundes und der Kantone ausdehnen.

⁴ Personendaten aus den registrierten Gesuchen um Strafregisterauszug im Rahmen von hängigen Strafverfahren dürfen nur durch die Behörden nach Absatz 2 Buchstaben a–e bearbeitet werden.

⁵ Jeder Kanton bestimmt für die Bearbeitung der Daten im Register eine Koordinationsstelle.

⁶ Der Bundesrat legt die Einzelheiten fest, insbesondere:

a. die Verantwortung für die Datenbearbeitung;

b. die Kategorien der zu erfassenden Daten und deren Aufbewahrungsfristen;

c. die Zusammenarbeit mit den betroffenen Behörden;

d. die Aufgaben der Koordinationsstellen;

---

167 Die Bezeichnung der Verwaltungseinheit wurde in Anwendung von Art. 16 Abs. 3 der Publikationsverordnung vom 17. Nov. 2004 (SR 170.512.1) angepasst.

168 Fassung gemäss Ziff. I 3 der V vom 3. Nov. 2004 über die Anpassung gesetzlicher Bestimmungen infolge der Zusammenlegung der Bundesämter IMES und BFF, in Kraft seit 1. Jan. 2005 (AS 2004 4655).

169 Aufgehoben durch Ziff. I 3 der V vom 3. Nov. 2004 über die Anpassung gesetzlicher Bestimmungen infolge der Zusammenlegung der Bundesämter IMES und BFF, mit Wirkung seit 1. Jan. 2005 (AS 2004 4655).

170 SR 120

171 Eingefügt durch Ziff. II des BG vom 21. März 2003, in Kraft seit 1. Jan. 2004 (AS 2003 4843 4854; BBl 2001 6127).

172 Die Bezeichnung der Verwaltungseinheit wurde in Anwendung von Art. 16 Abs. 3 der Publikationsverordnung vom 17. Nov. 2004 (SR 170.512.1) angepasst.

    e. das Auskunftsrecht und die übrigen Verfahrensrechte zum Schutze der betroffenen Personen;

    f. die Datensicherheit;

    g. die Behörden, welche Personendaten in schriftlicher Form melden, ins Register eingeben, abfragen oder denen Personendaten im Einzelfall bekannt gegeben werden können;

    h. die elektronische Datenweitergabe an das Bundesamt für Statistik.

Massnahmen und Strafen betreffend Jugendliche

Art. 361[173] In das Strafregister sind auch aufzunehmen die gegenüber Jugendlichen wegen eines Verbrechens oder Vergehens verhängten Massnahmen und Strafen, mit Ausnahme des Verweises und der Busse. Die wegen eines Vergehens erfolgten Eintragungen sind von vorneherein als gelöscht zu behandeln.

Art. 362[174]

Mitteilung der Eintragungen

Art. 363[175] ¹ Die zuständige Bundesbehörde kann die Eintragungen im Register dem Heimatstaat des Verurteilten mitteilen.[176]

² An Privatpersonen dürfen keine Auszüge aus dem Strafregister abgegeben werden. Jedermann hat jedoch das Recht, Registerauszüge, die seine Person betreffen, zu verlangen. Diese Registerauszüge enthalten weder Angaben zu gelöschten Einträgen noch zu Gesuchen um Strafregisterauszug im Rahmen von hängigen Strafverfahren.[177]

³ Der Bundesrat ist befugt, für Registerauszüge, die zu besondern Zwecken ausgestellt werden, einschränkende Bestimmungen aufzustellen.

⁴ Ein gelöschter Eintrag darf nur Untersuchungsämtern, Strafgerichten, Strafvollzugsbehörden und den für die Rehabilitation und die Löschung zuständigen Gerichten mitgeteilt werden, unter Hinweis auf die Löschung, und nur wenn die Person, über die Auskunft verlangt wird, in dem Strafverfahren Beschuldigter oder dem Strafvollzug Unterworfener ist oder wenn ein Verfahren zur Rehabilitation oder Löschung hängig ist. Ein gelöschter Eintrag ist auch den Verwaltungsbehörden bekannt zu geben, die für die Erteilung und den Entzug

---

173 Fassung gemäss Ziff. I des BG vom 18. März 1971, in Kraft seit 1. Juli 1971 (AS 1971 777 807; BBl 1965 I 561).

174 Aufgehoben durch Ziff. I des BG vom 18. Juni 1999 (AS 1999 3505; BBl 1997 IV 1293).

175 Fassung gemäss Ziff. I des BG vom 5. Okt. 1950, in Kraft seit 5. Jan. 1951 (AS 1951 1 16; BBl 1949 1 1249).

176 Fassung gemäss Ziff. I des BG vom 18. Juni 1999, in Kraft seit 1. Jan. 2000 (AS 1999 3505 3508; BBl 1997 IV 1293).

177 Dritter Satz eingefügt durch Ziff. I des BG vom 18. Juni 1999, in Kraft seit 1. Jan. 2000 (AS 1999 3505 3508; BBl 1997 IV 1293).

von Führerausweisen gemäss den Artikeln 14 und 16 des Strassen-verkehrsgesetzes vom 19. Dezember 1958[178] zuständig sind.[179]

Art. 364[180]

Sechster Titel: Verfahren

Verfahren der kantonalen Strafbehörden

Art. 365 [1] Die Kantone bestimmen das Verfahren vor den kantonalen Behörden.

[2] Vorbehalten sind die Vorschriften dieses Gesetzes und die Bestimmungen des Bundesgesetzes vom 15. Juni 1934[181] über die Bundesstrafrechtspflege betreffend das kantonale gerichtliche Verfahren und die Nichtigkeitsbeschwerde bei Anwendung eidgenössischer Strafgesetze.

Parlamentarische Immunität. Strafverfolgung gegen Mitglieder der obersten Behörden

Art. 366 [1] Die Bestimmungen des Bundesgesetzes vom 9. Dezember 1850[182] über die Verantwortlichkeit der eidgenössischen Behörden und Beamten und des Bundesgesetzes vom 26. März 1934[183] über die politischen und polizeilichen Garantien zugunsten der Eidgenossenschaft bleiben in Kraft.

[2] Die Kantone bleiben berechtigt, Bestimmungen zu erlassen, wonach:

a. die strafrechtliche Verantwortlichkeit der Mitglieder ihrer gesetzgebenden Behörden wegen Äusserungen in den Verhandlungen dieser Behörden aufgehoben oder beschränkt wird;

b. die Strafverfolgung der Mitglieder ihrer obersten Vollziehungs- und Gerichtsbehörden wegen Verbrechen oder Vergehen im Amte vom Vorentscheid einer nicht richterlichen Behörde abhängig gemacht und die Beurteilung in solchen Fällen einer besondern Behörde übertragen wird.

Verfahren bei Übertretungen

Art. 367 Die in diesem oder in andern Bundesgesetzen vorgesehenen Übertretungen sind, soweit sie der kantonalen Gerichtsbarkeit unterliegen, nach dem Verfahren zu behandeln, das der Kanton für Übertretungen vorschreibt.

---

178 SR 741.01
179 Fassung gemäss Ziff. I des BG vom 18. März 1971, in Kraft seit 1. Juli 1971 (AS 1971 777 807; BBl 1965 I 561).
180 Aufgehoben durch Ziff. I des BG vom 18. Juni 1999 (AS 1999 3505; BBl 1997 IV 1293).
181 SR 312.0
182 [BS 1 462. SR 170.32 Art. 27 Bst. a.] Heute: die Bestimmungen des Verantwortlichkeitsgesetzes vom 14. März 1958 (SR 170.32).
183 [BS I 152, AS 1962 773 Art. 60 Abs. 2, 1977 2249 I 121, 1987 226, 2000 273 Anhang Ziff. 1 414, 2003 2133 Anhang Ziff. 3. AS 2003 3543 Anhang Ziff. I 1]

Kostentragung

Art. 368[184] Die Kantone bestimmen, unter Vorbehalt der Unterstützungspflicht der Verwandten (Art. 328 ZGB[185]), wer die Kosten des Vollzuges von Strafen und Massnahmen zu tragen hat, wenn weder der Betroffene selbst noch, falls er unmündig ist, die Eltern die Kosten bestreiten können.

Siebenter Titel: Verfahren gegen Kinder und gegen Jugendliche

Zuständige Behörden

Art. 369 Die Kantone bezeichnen die für die Behandlung der Kinder und der Jugendlichen zuständigen Behörden.

Freiwillige Mitwirkung

Art. 370[186] Zur Durchführung der Erziehungshilfe und der Schutzaufsicht können geeignete freiwillige Vereinigungen und Privatpersonen herangezogen werden.

Verfahren

Art. 371 ¹ Die Kantone ordnen das Verfahren gegen Kinder und gegen Jugendliche.

² ...[187]

Zuständigkeit der Behörden

Art. 372[188] 1. Für das Verfahren gegen Kinder und gegen Jugendliche sind die Behörden des Wohnsitzes oder, wenn das Kind oder der Jugendliche sich dauernd an einem andern Ort aufhält, die Behörden des Aufenthaltsortes zuständig. Übertretungen werden am Begehungsort verfolgt.

In Ermangelung eines Wohnsitzes oder eines dauernden Aufenthaltes finden die allgemeinen Bestimmungen über den Gerichtsstand Anwendung.

Bestehen zwischen Kantonen Anstände über die Zuständigkeit, so entscheidet das Bundesstrafgericht.[189]

2. Die schweizerische Behörde kann von einer Strafverfolgung absehen, wenn die zuständige Behörde des Staates, in dem sich der Täter dauernd aufhält, ein Verfahren wegen dieser Tat eingeleitet hat oder einzuleiten sich bereit erklärt.

---

184 Fassung gemäss Ziff. I des BG vom 18. März 1971, in Kraft seit 1. Juli 1971 (AS 1971 777 807; BBl 1965 I 561).
185 SR 210
186 Fassung gemäss Ziff. I des BG vom 18. März 1971, in Kraft seit 1. Jan. 1974 (AS 1971 777 807, 1973 1840; BBl 1965 I 561).
187 Aufgehoben durch Ziff. I des BG vom 18. März 1971 (AS 1971 777 807, 1973 1840; BBl 1965 I 561).
188 Fassung gemäss Ziff. I des BG vom 18. März 1971, in Kraft seit 1. Jan. 1974 (AS 1971 777 807, 1973 1840; BBl 1965 I 561).
189 Fassung des Lemma gemäss Anhang Ziff. 8 des Strafgerichtsgesetzes vom 4. Okt. 2002, in Kraft seit 1. April 2004 (SR 173.71).

Die nach Ziffer 1 zuständige schweizerische Behörde kann auf Ersuchen der ausländischen Behörde auch die Beurteilung von Kindern und Jugendlichen übernehmen, die eine strafbare Handlung im Ausland begangen haben, sofern sie Schweizer sind oder in der Schweiz Wohnsitz haben oder sich dauernd in der Schweiz aufhalten. Die schweizerische Behörde wendet ausschliesslich schweizerisches Recht an.

Kostentragung

Art. 373[190] Die Kantone bestimmen, unter Vorbehalt der Unterstützungspflicht der Verwandten, wer die Kosten der gegen Kinder und Jugendliche angeordneten Massnahmen und Strafen zu tragen hat, wenn weder der Versorgte noch die Eltern die Kosten bestreiten können (Art. 284 ZGB[191]).

Achter Titel: Strafvollzug. Schutzaufsicht

1. Im Allgemeinen. Pflicht zum Strafvollzuge

Art. 374 [1] Die Kantone vollziehen die von ihren Strafgerichten auf Grund dieses Gesetzes ausgefällten Urteile. Sie sind verpflichtet, die Urteile der Bundesstrafbehörden gegen Ersatz der Kosten zu vollziehen.

[2] Den Urteilen sind die von Polizeibehörden und andern zuständigen Behörden erlassenen Strafentscheide und die Beschlüsse der Einstellungsbehörden gleichgestellt.

Anrechnung der Sicherheitshaft

Art. 375 [1] Auf die zu vollziehende Freiheitsstrafe ist unverkürzt die Haft anzurechnen, die der Verurteilte zwischen der Fällung des letzten Urteils und dem Beginne der Vollziehung der Freiheitsstrafe erlitten hat.

[2] Hat der Angeklagte trölerisch ein Rechtsmittel ergriffen, so wird die Dauer der dadurch verlängerten Sicherheitshaft nicht angerechnet.[192]

2. Verdienstanteil. Grundsatz

Art. 376[193] Personen, die nach diesem Gesetz in eine Anstalt eingewiesen werden, soll für die ihnen zugewiesene Arbeit bei gutem Verhalten und befriedigender Arbeitsleistung ein Verdienstanteil zukommen, dessen Höhe von den Kantonen bestimmt wird.

---

190 Fassung gemäss Ziff. I des BG vom 18. März 1971, in Kraft seit 1. Jan. 1974 (AS 1971 777 807, 1973 1840; BBl 1965 I 561).
191 SR 210. Heute: Art. 293.
192 Fassung gemäss Ziff. I des BG vom 18. März 1971, in Kraft seit 1. Juli 1971 (AS 1971 777 807; BBl 1965 I 561).
193 Fassung gemäss Ziff. I des BG vom 18. März 1971, in Kraft seit 1. Juli 1971 (AS 1971 777 807; BBl 1965 I 561).

Verwendung während des Freiheitsentzuges[194]

Art. 377 [1] Der Verdienstanteil wird den Insassen der Anstalt während der Dauer der Freiheitsentziehung gutgeschrieben.

[2] Das Anstaltsreglement bestimmt darüber, ob und wie weit während der Dauer der Freiheitsentziehung aus diesem Verdienstanteil Ausgaben zugunsten des Insassen oder dessen Familie gemacht werden dürfen.

Verwendung nach der Entlassung

Art. 378 [1] Bei der Entlassung aus der Anstalt verfügt die Anstaltsleitung nach freiem Ermessen, ob der Betrag ganz oder teilweise dem Entlassenen, den Organen der Schutzaufsicht, der Vormundschaftsbehörde oder der Armenbehörde zu sachgemässer Verwendung für den Entlassenen auszubezahlen sei.

[2] Das Guthaben aus Verdienstanteil sowie die auf Rechnung des Guthabens ausbezahlten Beträge dürfen weder gepfändet noch mit Arrest belegt noch in eine Konkursmasse einbezogen werden. Jede Abtretung oder Verpfändung des Guthabens aus Verdienstanteil ist nichtig.

3. Schutzaufsicht

Art. 379[195] 1. Die Kantone haben die Schutzaufsicht für die gesetzlich vorgesehenen Fälle einzurichten. Sie können sie auch geeigneten freiwilligen Vereinigungen übertragen.

Für jeden Schützling wird ein Fürsorger bezeichnet.[196]

2. Die Schutzaufsicht ist von dem Kanton auszuüben, der sie verfügt hat. Vorbehalten bleiben die Möglichkeit der Abtretung des Strafvollzuges oder der Schutzaufsicht an einen andern Kanton und die Regelung des Vollzuges bei Zusammentreffen mehrerer Strafen und Massnahmen.

Übersiedelt der Schützling in einen andern Kanton, so hat dessen Schutzaufsichtsamt auf Ersuchen des Kantons, der die Schutzaufsicht verfügt hat, bei der Bestellung des Fürsorgers mitzuhelfen.

Ist der Schützling aus dem Vollzugskanton ausgewiesen, so bleibt die Ausweisung für die Dauer der Schutzaufsicht aufgeschoben.

4. Bussen, Kosten, Einziehung, Verfall von Geschenken, Schadenersatz.

Vollstreckung

Art. 380 [1] Die auf Grund dieses oder eines andern Bundesgesetzes oder des kantonalen Übertretungsrechtes ergangenen rechtskräftigen Urteile sind mit Bezug auf Bussen, Kosten, Einziehung von Gegenständen, Verfall von Geschenken und andern Zuwendungen und Schadenersatz in der ganzen Schweiz vollstreckbar.

---

194 Fassung gemäss Ziff. I des BG vom 18. März 1971, in Kraft seit 1. Juli 1971 (AS 1971 777 807; BBl 1965 I 561).
195 Fassung gemäss Ziff. I des BG vom 18. März 1971, in Kraft seit 1. Juli 1971 (AS 1971 777 807; BBl 1965 I 561).
196 Abs. 2 eingefügt durch Ziff. I des BG vom 18. März 1971, in Kraft seit 1. Jan. 1974 (AS 1971 777 807, 1973 1840; BBl 1965 I 561).

² Den Urteilen sind die von Polizeibehörden und andern zuständigen Behörden erlassenen Strafentscheide und die Beschlüsse der Einstellungsbehörden gleichgestellt.

Verfügungsrecht

Art. 381 ¹ Über die auf Grund dieses Gesetzes verhängten Bussen, Einziehungen und verfallen erklärten Geschenke und andern Zuwendungen verfügen die Kantone.

² In den von der Strafkammer des Bundesstrafgerichts beurteilten Fällen verfügt darüber der Bund.[197]

³ Vorbehalten sind die Bestimmungen des Bundesgesetzes vom 19. März 2004[198] über die Teilung eingezogener Vermögenswerte.[199]

Neunter Titel: Anstalten

**1. Anstalten.
Pflicht der Kantone
zur Errichtung**

Art. 382[200] ¹ Die Kantone sorgen dafür, dass die den Vorschriften dieses Gesetzes entsprechenden Anstalten zur Verfügung stehen.

² Die Kantone können über die gemeinsame Errichtung von Anstalten Vereinbarungen treffen.

**Pflicht der Kantone
zum Betriebe**

Art. 383 ¹ Die Kantone sorgen dafür, dass die Anstaltsreglemente und der Betrieb der Anstalten diesem Gesetz entsprechen. Sie sorgen dafür, dass den in Erziehungsanstalten eingewiesenen Jugendlichen eine Berufslehre ermöglicht wird.

² Die Kantone können über den gemeinsamen Betrieb von Anstalten Vereinbarungen treffen oder sich das Mitbenützungsrecht an Anstalten anderer Kantone sichern.

**Zulassung von
Privatanstalten**

Art. 384[201] Die Kantone können mit Privatanstalten, die den Anforderungen dieses Gesetzes entsprechen, Vereinbarungen treffen über die Einweisung in Trinkerheilanstalten, andere Heilanstalten und Pflegeanstalten, offene Anstalten für Verwahrte, Heime für die zeitweilige Unterbringung bedingt Entlassener oder Entlassungsanwärter, Erziehungsheime für Kinder und Jugendliche, Beobachtungsanstalten, Erziehungsheime für besonders schwierige Jugendliche sowie Arbeitserziehungsanstalten für Frauen.

---

197 Fassung gemäss Anhang Ziff. 8 des Strafgerichtsgesetzes vom 4. Okt. 2002, in Kraft seit 1. April 2004 (SR 173.71).
198 SR 312.4
199 Eingefügt durch Anhang Ziff. 1 des BG vom 19. März 2004 über die Teilung eingezogener Vermögenswerte, in Kraft seit 1. Aug. 2004 (SR 312.4).
200 Fassung gemäss Ziff. I des BG vom 18. März 1971, in Kraft seit 1. Juli 1971 (AS 1971 777 807; BBl 1965 I 561).
201 Fassung gemäss Ziff. I des BG vom 18. März 1971, in Kraft seit 1. Juli 1971 (AS 1971 777 807; BBl 1965 I 561).

2. Räume und Anstalten für die Einschliessung Jugendlicher

Art. 385[202] Die Kantone sorgen dafür, dass für die Einschliessung Jugendlicher (Art. 95) geeignete Räume oder Anstalten zur Verfügung stehen.

3.–4. ...

Art. 386–390[203]

5. Aufsicht der Kantone

Art. 391[204] Die Kantone unterstellen die für den Vollzug von erzieherischen und sichernden Massnahmen bestimmten Privatanstalten sowie die Erziehungshilfe und die Unterbringung in einer Familie (Art. 84 und 91) einer sachgemässen, insbesondere auch ärztlichen Aufsicht.

6. Oberaufsicht des Bundes

Art. 392 Der Bundesrat hat über die Beobachtung dieses Gesetzes und der dazu gehörigen Ausführungsbestimmungen zu wachen (Art. 102 Ziff. 2 BV[205]).

Art. 393[206]

Zehnter Titel: Begnadigung. Wiederaufnahme des Verfahrens

1. Begnadigung. Zuständigkeit

Art. 394 Das Recht der Begnadigung mit Bezug auf Urteile, die auf Grund dieses oder eines andern Bundesgesetzes ergangen sind, wird ausgeübt:

a.[207] in den Fällen, in denen die Strafkammer des Bundesstrafgerichts oder eine Verwaltungsbehörde des Bundes geurteilt hat, durch die Bundesversammlung;

b. in den Fällen, in denen eine kantonale Behörde geurteilt hat, durch die Begnadigungsbehörde des Kantons.

Begnadigungsgesuch

Art. 395 [1] Das Begnadigungsgesuch kann vom Verurteilten, von seinem gesetzlichen Vertreter und, mit Einwilligung des Verurteilten, von seinem Verteidiger oder von seinem Ehegatten gestellt werden.

---

202 Fassung gemäss Ziff. I des BG vom 18. März 1971, in Kraft seit 1. Jan. 1974 (AS 1971 777 807, 1973 1840; BBl 1965 I 561).

203 Aufgehoben durch Art. 7 Abs. 2 des BG vom 6. Okt. 1966 über Bundesbeiträge an Strafvollzugs- und Erziehungsanstalten [AS 1967 29]. Siehe jedoch Art. 386 in der Fassung der Änd. vom 13. Dez. 2002 (Allg. Teil StGB) am Schluss dieses Textes. Diese Bestimmung lässt sich – bedingt durch die vorzeitige Inkraftsetzung – nicht korrekt in die Systematik des geltenden StGB integrieren.

204 Fassung gemäss Ziff. I des BG vom 18. März 1971, in Kraft seit 1. Jan. 1974 (AS 1971 777 807, 1973 1840; BBl 1965 I 561).

205 [BS 1 3]. Den genannten Bestimmungen entsprechen heute die Art. 49 und 186 der BV vom 18. April 1999 (SR 101).

206 Aufgehoben durch Ziff. I des BG vom 18. März 1971 (AS 1971 777; BBl 1965 I 561).

207 Fassung gemäss Anhang Ziff. 8 des Strafgerichtsgesetzes vom 4. Okt. 2002, in Kraft seit 1. April 2004 (SR 173.71).

² Bei politischen Verbrechen und Vergehen und bei Straftaten, die mit einem politischen Verbrechen oder Vergehen zusammenhängen, ist überdies der Bundesrat oder die Kantonsregierung zur Einleitung des Begnadigungsverfahrens befugt.

³ Die Begnadigungsbehörde kann bestimmen, dass ein abgelehntes Begnadigungsgesuch vor Ablauf eines gewissen Zeitraums nicht erneuert werden darf.

Wirkungen

Art. 396 ¹ Durch Begnadigung können alle durch rechtskräftiges Urteil auferlegten Strafen ganz oder teilweise erlassen oder die Strafen in mildere Strafarten umgewandelt werden.

² Der Gnadenerlass bestimmt den Umfang der Begnadigung.

2. Wiederaufnahme des Verfahrens

Art. 397 Die Kantone haben gegenüber Urteilen, die auf Grund dieses oder eines andern Bundesgesetzes ergangen sind, wegen erheblicher Tatsachen oder Beweismittel, die dem Gerichte zur Zeit des frühern Verfahrens nicht bekannt waren, die Wiederaufnahme des Verfahrens zugunsten des Verurteilten zu gestatten.

Elfter Titel: Ergänzende und Schlussbestimmungen[208]

Befugnis des Bundesrates zum Erlass von ergänzenden Bestimmungen

Art. 397bis[209] ¹ Der Bundesrat ist befugt, nach Anhören der Kantone, ergänzende Bestimmungen aufzustellen über

a. den Vollzug von Gesamtstrafen, Zusatzstrafen und mehreren gleichzeitig vollziehbaren Einzelstrafen und Massnahmen,

b. die Übernahme des Vollzuges von Strafen und Massnahmen durch einen andern Kanton,

c. die Beteiligung des Heimat- und Wohnkantons an den Kosten des Vollzuges von Strafen und Massnahmen,

d. das Vorgehen, wenn ein Täter zwischen der Begehung der Tat und der Beurteilung oder während des Vollzuges einer Strafe oder Massnahme von einer Altersstufe in eine andere übertritt, sowie wenn die strafbaren Handlungen in verschiedenen Altersstufen verübt wurden,

e. den tageweisen Vollzug von Haftstrafen und Einschliessungsstrafen von nicht mehr als zwei Wochen, sowie den Vollzug von Einschliessungsstrafen in besondern Lagern und ähnlichen Einrichtungen,

---

208 Fassung gemäss Ziff. I des BG vom 18. März 1971, in Kraft seit 1. Juli 1971 (AS 1971 777 807; BBl 1965 I 561).
209 Eingefügt durch Ziff. I des BG vom 18. März 1971, in Kraft seit 1. Juli 1971 (AS 1971 777 807; BBl 1965 I 561).

f. den Vollzug der Haftstrafen und Einschliessungsstrafen in der Form, dass der Verurteilte nur die Freizeit und die Nacht in der Anstalt zu verbringen hat,

g. den Vollzug von Strafen und Massnahmen an kranken gebrechlichen und betagten Personen,

h. die gänzliche Entfernung des Strafregistereintrags,

i. die Arbeit in den Anstalten und die Nachtruhe,

k. die Anstaltskleidung und die Anstaltskost,

l. den Empfang von Besuchen und den Briefverkehr,

m. die Entlöhnung der Arbeit und der Freizeitbeschäftigung.

² Der Bundesrat kann über die Trennung der Anstalten für Frauen auf Antrag der zuständigen kantonalen Behörde besondere Bestimmungen aufstellen.

³ Der Bundesrat kann über die Trennung der Anstalten des Kantons Tessin auf Antrag der zuständigen kantonalen Behörde besondere Bestimmungen aufstellen.

⁴ Der Bundesrat ist befugt, zwecks Weiterentwicklung der Methoden des Straf- und Massnahmenvollzugs versuchsweise für beschränkte Zeit vom Gesetz abweichende Vollzugsformen zu gestatten.

Aufhebung von Bundesrecht

Art. 398 ¹ Mit dem Inkrafttreten dieses Gesetzes sind die damit in Widerspruch stehenden strafrechtlichen Bestimmungen des Bundes aufgehoben.

² Insbesondere sind aufgehoben:

a. das Bundesgesetz vom 4. Februar 1853[210] über das Bundesstrafrecht der schweizerischen Eidgenossenschaft; das Bundesgesetz vom 30. Juli 1859[211] betreffend die Werbung und den Eintritt in den fremden Kriegsdienst; der Bundesbeschluss vom 5. Juni 1902[212] betreffend Revision von Artikel 67 des Bundesgesetzes vom 4. Februar 1853 über das Bundesstrafrecht; das Bundesgesetz vom 30. März 1906[213] betreffend Ergänzung des Bundesstrafrechts vom 4. Februar 1853 in Bezug auf die anarchistischen Verbrechen; das Bundesgesetz vom 8. Oktober 1936[214] betreffend Angriffe auf die Unabhängigkeit der Eidgenossenschaft;

b. das Bundesgesetz vom 24. Juli 1852[215] über die Auslieferung von Verbrechern oder Angeschuldigten; das Bundesgesetz vom 2. Feb-

---

210 [BS 3 303 Art. 342 Abs. 2 Ziff. 3, 4 766 Art. 61, 7 754 Art. 69 Ziff. 4 867 Art. 48; AS III 404, VI 312 Art. 5, 19 253, 28 129 Art. 227 Abs. 1 Ziff. 6]

211 [AS VI 312]

212 [AS 19 253]

213 [AS 22 418]

214 [AS 53 37]

215 [AS III 161, IX 86]

ruar 1872[216] betreffend Ergänzung des Auslieferungsgesetzes; das Konkordat vom 8. Juni 1809 und 8. Juli 1818 betreffend die Ausschreibung, Verfolgung, Festsetzung und Auslieferung von Verbrechern oder Beschuldigten, die diesfälligen Kosten, die Verhöre und Evokation von Zeugen in Kriminalfällen und die Restitution gestohlener Effekte

c. Artikel 25 Ziffer 3 des Schuldbetreibungs- und Konkursgesetzes[217];

d. das Bundesgesetz vom 1. Juli 1922[218] betreffend Umwandlung der Geldbusse in Gefängnis und die in andern Bundesgesetzen enthaltenen Bestimmungen über die Umwandlung der Bussen;

e. Artikel 55–59 des Bundesgesetzes vom 24. Juni 1902[219] betreffend die elektrischen Schwach- und Starkstromanlagen;

f. Artikel 36, 37, 42, 43, 44, 47, 49–52 und 53 Absatz 2 des Lebensmittelgesetzes[220];

g. Artikel 30 und 32 des Bundesgesetzes vom 24. Juni 1909[221] über Mass und Gewicht;

h. Artikel 66–71 des Bundesgesetzes vom 7. April 1921[222] über die Schweizerische Nationalbank;

i. in Artikel 38 Absatz 3 des Bundesgesetzes vom 14. Oktober 1922[223] betreffend den Telegrafen- und Telefonverkehr, die Worte: «und der Kantone»;

k. vom Bundesgesetz vom 2. Oktober 1924[224] betreffend den Postverkehr, Artikel 56 Absatz 1; Artikel 58, soweit er Postwertzeichen betrifft; Artikel 62 Ziffer 1 Absatz 4; in Artikel 63 die Worte: «und der Kantone»;

l. das Bundesgesetz vom 19. Dezember 1924[225] betreffend den verbrecherischen Gebrauch von Sprengstoffen und giftigen Gasen;

m. das Bundesgesetz vom 30. September 1925[226] betreffend Bestrafung des Frauen- und Kinderhandels sowie der Verbreitung und des Vertriebes von unzüchtigen Veröffentlichungen;

---

216 [AS X 672]
217 SR 281.1
218 [AS 38 523]
219 SR 734.0. Die Art. 55–57 haben heute eine neue Fassung.
220 [BS 4 459; AS 1979 1758, 1985 1992 Ziff. I 1, 1991 362 Ziff. II 404. AS 1995 1469 Art. 58 Bst. a]
221 [BS 10 3; AS 1949 II 1531, 1958 587. AS 1977 2394 Art. 28]
222 [BS 6 74. AS 1954 599 Art. 70]
223 [BS 7 867; AS 1970 706 Ziff. II 2, 1974 1857 Anhang Ziff. 18, 1979 1170 Ziff. V, 1992 601 Art. 75 Ziff. 1 Bst. a und 2. AS 1992 581 Art. 62 Ziff. 1]
224 [BS 7 754; AS 1949 827, 1967 1485, 1969 1117 Ziff. II 1232, 1972 2667, 1974 1857 Anhang Ziff. 17, 1975 2027, 1977 2117 Ziff. II, 1979 1170 Ziff. VI, 1987 1974 Art. 54 Ziff. 4, 1993 901 Anhang Ziff. 17 3128 Art. 22, 1995 5489. AS 1997 2452 Anhang Ziff. 1]
225 [AS 41 230]
226 [AS 42 9]

n. Artikel 13–18, 23–25 und 27 des Bundesgesetzes vom 3. Juni 1931[227] über das Münzwesen;

o. Artikel 9, 10 Ziffern 1 und 4, Artikel 19–21, 27 Absatz 2[228], Artikel 71, 72, 260, 261, 262 Absätze 1 und 2, Artikel 263 Absätze 1, 2 und 4, Artikel 327–330, 335–338 des Bundesstrafrechtspflegegesetzes[229];

p. Artikel 1–7 des Bundesbeschlusses vom 21. Juni 1935[230] betreffend den Schutz der Sicherheit der Eidgenossenschaft.

Abänderung von Bundesrecht

Art. 399 Mit dem Inkrafttreten dieses Gesetzes werden die nachstehenden Bestimmungen des Bundesrechts wie folgt abgeändert:

a. Artikel 3 Ziffer 15 des Bundesgesetzes vom 22. Januar 1892[231] betreffend die Auslieferung gegenüber dem Auslande erhält folgenden Wortlaut:

...

b. in den Artikeln 39, 40 und 41 des Lebensmittelgesetzes[232] ist die Freiheitsstrafe Haft;

c. Artikel 11 letzter Absatz des Bundesgesetzes vom 2. Oktober 1924[233] betreffend Betäubungsmittel erhält folgenden Wortlaut:

...

d. Artikel 262 Absatz 3 des Bundesgesetzes vom 15. Juni 1934[234] über die Bundesstrafrechtspflege erhält folgenden Wortlaut:

...

e. Artikel 263 Absatz 3 des Bundesgesetzes vom 15. Juni 1934 über die Bundesstrafrechtspflege erhält folgenden Wortlaut:

...[235]

Aufhebung kantonalen Rechts

Art. 400 [1] Mit dem Inkrafttreten dieses Gesetzes sind die strafrechtlichen Bestimmungen der Kantone aufgehoben.

[2] Vorbehalten bleiben die strafrechtlichen Bestimmungen der Kantone über Gegenstände, die dieses Gesetz der kantonalen Gesetzgebung ausdrücklich überlassen hat.

---

227 [BS 6 51. AS 1953 209 Art. 19]

228 Heute: Art. 27bis Abs. 2.

229 SR 312.0. Die Art. 71 und 72 haben heute eine neue Fassung.

230 [AS 51 482. BS 3 531 Art. 169]

231 [BS 3 509. AS 1982 846 Art. 109 Abs. 1]

232 [BS 4 459; AS 1979 1758, 1985 1992 Ziff. I 1, 1991 362 Ziff. II 404. AS 1995 1469 Art. 58 Bst. a]

233 [BS 4 434. AS 1952 241 Art. 37 Abs. 2]

234 SR 312.0. Die hiernach aufgeführte Änd. ist eingefügt im genannten BG.

235 Text siehe im genannten BG.

Art. 400^{bis236}

Inkrafttreten dieses Gesetzes

Art. 401 [1] Dieses Gesetz tritt mit dem 1. Januar 1942 in Kraft.

[2] Die Kantone haben die nötigen Einführungsbestimmungen bis zum 31. Dezember 1940 dem Bundesrat zur Genehmigung vorzulegen. Versäumt ein Kanton diese Frist, so erlässt der Bundesrat vorläufig, unter Anzeige an die Bundesversammlung, die erforderlichen Verordnungen an Stelle des Kantons.

---

236 Eingefügt durch Ziff. VII des BG vom 23. März 1979 über den Schutz der persönlichen Geheimsphäre (AS 1979 1170; BBl 1976 I 529 II 1569). Aufgehoben durch Anhang Ziff. 1 des BG vom 6. Okt. 2000 betreffend die Überwachung des Post- und Fernmeldeverkehrs (SR 780.1).

2. Verordnung zum Strafgesetzbuch und zum Militärstrafgesetz (V-StGB-MStG)

vom 19. September 2006

Der Schweizerische Bundesrat,

gestützt auf Artikel 387 Absatz 1 Buchstaben a, b und e des Strafgesetzbuches (StGB)[1]
und auf die Artikel 34b Absatz 1 und 47 des Militärstrafgesetzes vom
13. Juni 1927[2] (MStG),

verordnet:

1. Abschnitt: Gegenstand

Art. 1

Diese Verordnung regelt:
a. die Zuständigkeit zum Vollzug und die Kostentragung bei Gesamtstrafen, bei Widerruf bedingter Strafen und bei Rückversetzung;
b. das Zusammentreffen mehrerer Sanktionen nach dem StGB;
c. das Zusammentreffen von Sanktionen aus verschiedenen Kantonen im Vollzug;
d. Massnahmen bei Anordnung von Fahrverboten sowie Höhe und Verwendung des Arbeitsentgelts Gefangener;
e. die sinngemässe Anwendung der Bestimmungen dieser Verordnung auf den Vollzug von Urteilen der Militärgerichte oder des Bundesstrafgerichtes.

2. Abschnitt: Gesamtstrafen, Widerruf bedingter Strafen und Rückversetzung: Zuständigkeit zum Vollzug und Kostentragung

Art. 2 Gesamtstrafen

[1] Gesamtstrafen nach den Artikeln 46 Absatz 1, 62a Absatz 2 und 89 Absatz 6 StGB werden vom Kanton vollzogen, dessen Gericht die Gesamtstrafe angeordnet hat.

SR 311.01. AS 2006 4495
1   SR 311.0
2   SR 321.0

[2] Der für den Vollzug zuständige Kanton trägt die Vollzugskosten. Die Mittel aus den Geldstrafen fallen ihm zu.

Art. 3 Widerruf bedingter Strafen und Rückversetzung

[1] Wird der bedingte Vollzug einer Strafe (Geldstrafe, gemeinnützige Arbeit oder Freiheitsstrafe) widerrufen, ohne dass eine Gesamtstrafe nach Artikel 46 Absatz 1 StGB gebildet wird, so ist der Kanton für den Vollzug der Strafe zuständig, dessen Gericht diese Strafe angeordnet hat.

[2] Wird die Rückversetzung einer bedingt entlassenen Person in den Strafvollzug angeordnet, ohne dass eine Gesamtstrafe nach Artikel 89 Absatz 6 StGB gebildet wird, so ist der Kanton für den Vollzug der Reststrafe zuständig, der die Freiheitsstrafe bis zur bedingten Entlassung vollzogen hat.

[3] Wird der Vollzug einer Freiheitsstrafe angeordnet, die zugunsten einer Massnahme aufgeschoben wurde, ohne dass eine Gesamtstrafe nach Artikel 62a Absatz 2 StGB gebildet wird, so ist der Kanton für den Vollzug der Reststrafe zuständig, dessen Gericht die Freiheitsstrafe verhängt hat.

[4] Die Vollzugskosten werden anteilsmässig auf die beteiligten Kantone verteilt.

3. Abschnitt: Zusammentreffen mehrerer Sanktionen im Vollzug

Art. 4 Gleichzeitig vollziehbare Freiheitsstrafen

Treffen Freiheitsstrafen im Vollzug zusammen, so sind sie gemeinsam entsprechend ihrer Gesamtdauer nach den Artikeln 76–79 StGB zu vollziehen.

Art. 5 Bedingte Entlassung bei gleichzeitig vollziehbaren Freiheitsstrafen

[1] Bei gleichzeitig vollziehbaren zeitlich beschränkten Freiheitsstrafen berechnet sich der früheste Zeitpunkt der bedingten Entlassung auf Grund der Gesamtdauer der Freiheitsstrafen.

[2] Trifft eine lebenslängliche Freiheitsstrafe mit zeitlich beschränkten Freiheitsstrafen im Vollzug zusammen, so sind zur Berechnung des frühesten Zeitpunktes der bedingten Entlassung im Sinne von Artikel 86 Absatz 5 StGB 15 beziehungsweise 10 Jahre zu den zwei Dritteln beziehungsweise zur Hälfte der Gesamtdauer der gemeinsam zu vollziehenden zeitlich beschränkten Freiheitsstrafen hinzuzuzählen.

[3] Bei der Berechnung nach den Absätzen 1 und 2 werden Reststrafen wegen Widerrufs der bedingten Entlassung mitgerechnet. Nicht mitgerechnet werden die unbedingt zu vollziehenden Teile von teilbedingten Freiheitsstrafen.

Art. 6 Gleichzeitig vollziehbare therapeutische Massnahmen

[1] Treffen gleiche therapeutische Massnahmen nach den Artikeln 59–61 und 63 StGB im Vollzug zusammen, so gehen sie ineinander auf und werden wie eine einzige Massnahme vollzogen.

[2] Treffen ungleiche therapeutische Massnahmen nach den Artikeln 59–61 und 63 StGB im Vollzug zusammen, so vollzieht die zuständige Behörde die dringlichste oder zweckmässigste Massnahme und schiebt den Vollzug der andern auf; sind mehrere der zusammentreffenden Massnahmen in gleicher Weise dringlich oder zweckmässig, so ordnet die zuständige Behörde den gleichzeitigen Vollzug an, wenn dafür eine geeignete Einrichtung zur Verfügung steht.

[3] Erscheinen aufgeschobene Massnahmen im Verlaufe des Vollzuges nach Absatz 2 als ebenso dringlich oder zweckmässig oder als dringlicher oder zweckmässiger, so ordnet die zuständige Behörde deren Vollzug neben oder an Stelle der bisher vollzogenen Massnahmen an.

[4] Für die Beendigung der vollzogenen und den Vollzug der aufgeschobenen Massnahmen sind die Artikel 62–62*d*, 63*a* und 63*b* StGB sinngemäss anwendbar. Bei Anwendung von Artikel 62*c* Absätze 3, 4 und 6 und Artikel 63*b* Absätze 4 und 5 StGB entscheidet das Gericht, das die vollzogene Massnahme angeordnet hat.

Art. 7 Gleichzeitig vollziehbare therapeutische Massnahmen und Verwahrung nach Artikel 64 Absatz 1 StGB

[1] Treffen therapeutische Massnahmen nach den Artikeln 59–61 und 63 StGB mit einer Verwahrung nach Artikel 64 Absatz 1 StGB im Vollzug zusammen, so vollzieht die zuständige Behörde die Verwahrung und schiebt den Vollzug der andern Massnahmen auf. Der Vollzug der Verwahrung richtet sich nach den Artikeln 64–65 StGB.

[2] Ob und wie weit die aufgeschobenen therapeutischen Massnahmen später noch vollzogen werden, entscheidet im Sinne von Artikel 65 Absatz 1 StGB das Gericht, das die Verwahrung angeordnet hat.

[3] Mit der Aufhebung der Verwahrung wegen Bewährung nach Artikel 64*a* Absatz 5 StGB werden gleichzeitig die nach Absatz 1 aufgeschobenen therapeutischen Massnahmen aufgehoben.

Art. 8 Gleichzeitig vollziehbare Verwahrungen nach Artikel 64 Absatz 1 StGB

[1] Treffen mehrere Verwahrungen nach Artikel 64 Absatz 1 StGB im Vollzug zusammen, so gehen sie ineinander auf und werden wie eine einzige Verwahrung vollzogen.

2 Der Verwahrung voraus geht der Vollzug der gleichzeitig mit den Verwahrungen ausgesprochenen Freiheitsstrafen.

3 Artikel 64 Absätze 2 und 3 StGB ist sinngemäss anwendbar. Der früheste Zeitpunkt der bedingten Entlassung nach Artikel 64 Absatz 3 StGB berechnet sich auf Grund der Gesamtdauer aller Freiheitsstrafen.

Art. 9 Gleichzeitig vollziehbare stationäre Massnahmen und Freiheitsstrafen

1 Treffen stationäre therapeutische Massnahmen nach den Artikeln 59–61 StGB mit Freiheitsstrafen im Vollzug zusammen, so geht der Vollzug der Massnahmen dem Vollzug der Freiheitsstrafen voraus. Die zuständige Behörde schiebt sowohl die gleichzeitig mit den Massnahmen ausgesprochenen als auch die mit den Massnahmen zusammentreffenden Freiheitsstrafen auf. Für die Beendigung der Massnahmen und den Vollzug der aufgeschobenen Freiheitsstrafen sind die Artikel 62–62 d StGB sinngemäss anwendbar. Bei Anwendung von Artikel 62 c Absätze 3, 4 und 6 StGB entscheidet das Gericht, das die vollzogene Massnahme angeordnet hat.

2 Trifft eine Verwahrung nach Artikel 64 Absatz 1 StGB mit Freiheitsstrafen im Vollzug zusammen, so geht der Vollzug der Freiheitsstrafen der Verwahrung voraus.

Art. 10 Gleichzeitig vollziehbare ambulante Massnahmen und Freiheitsstrafen

1 Treffen ambulante Massnahmen nach Artikel 63 StGB mit Freiheitsstrafen im Vollzug zusammen, so vollzieht die zuständige Behörde:
a. die ambulanten Massnahmen und Freiheitsstrafen gleichzeitig; oder
b. die dringlichste oder zweckmässigste Massnahme oder Freiheitsstrafe und schiebt den Vollzug der andern Sanktionen auf.

2 Ob und wie weit die nach Absatz 1 Buchstabe b aufgeschobenen Massnahmen oder Freiheitsstrafen später noch vollstreckt werden sollen, entscheidet das Gericht, das die vollzogene Massnahme oder Freiheitsstrafe angeordnet hat.

Art. 11 Gleichzeitig vollziehbare gemeinnützige Arbeiten

1 Treffen gemeinnützige Arbeiten im Vollzug zusammen, so sind sie gemeinsam zu vollziehen. Die Vollzugsbehörde kann die Fristen nach Artikel 38 oder 107 Absatz 2 StGB angemessen verlängern, wenn insgesamt mehr als 720 beziehungsweise 360 Stunden gemeinnützige Arbeit zu leisten sind.

2 Über die nachträgliche Umwandlung der gemeinnützigen Arbeit in Geld- oder Freiheitsstrafe nach Artikel 39 StGB oder die Vollstreckung der Busse nach Artikel 107 Absatz 3 StGB entscheidet das Gericht, das die zuerst rechtskräftig gewordene gemeinnützige Arbeit angeordnet hat.

Art. 12 Gleichzeitig vollziehbare gemeinnützige Arbeit und freiheits-
entziehende Sanktionen

[1] Treffen gemeinnützige Arbeiten mit Freiheitsstrafen im Vollzug zusammen, so vollzieht die zuständige Behörde zuerst die dringlichste oder zweckmässigste Strafe.

[2] Treffen gemeinnützige Arbeiten mit stationären Massnahmen nach den Artikeln 59–61 StGB allein oder mit solchen Massnahmen und Freiheitsstrafen im Vollzug zusammen, so geht der Vollzug der Massnahmen dem Vollzug der Strafen voraus. Artikel 9 Absatz 1 ist sinngemäss anwendbar.

4. Abschnitt: Zusammentreffen von Sanktionen aus verschiedenen Kantonen im Vollzug

Art. 13 Verständigung der beteiligten Kantone

Wurden die im Vollzug zusammentreffenden Sanktionen durch Urteile verschiedener Kantone angeordnet, so verständigen sich die zuständigen Behörden der Urteilskantone, wenn zu entscheiden ist über:

a. den Vollzug der dringlichsten oder zweckmässigsten Sanktionen;

b. den gleichzeitigen Vollzug von Sanktionen.

Art. 14 Zuständigkeit

Vereinbaren die beteiligten Kantone betreffend die Zuständigkeit für den Vollzug nichts anderes, so ist zuständig:

a. für den gemeinsamen Vollzug zusammentreffender Freiheitsstrafen (Art. 4): der Kanton, dessen Gericht die längste Einzelstrafe oder Gesamtstrafe (Art. 46 Abs. 1, 62a Abs. 2 und 89 Abs. 6 StGB) verhängt hat;

b. für den Vollzug von gleichen Massnahmen (Art. 6 Abs. 1 und Art. 8), den gleichzeitigen Vollzug von ungleichen therapeutischen Massnahmen (Art. 6 Abs. 2) oder von ambulanten Massnahmen und Freiheitsstrafen (Art. 10 Abs. 1 Bst. a) oder den gemeinsamen Vollzug von gemeinnützigen Arbeiten (Art. 11): der Kanton, in welchem das zuerst rechtskräftig gewordene Urteil gefällt wurde;

c. beim Zusammentreffen von gemeinnützigen Arbeiten mit Freiheitsstrafen (Art. 12 Abs. 1): der Kanton, dessen Gericht die als erste zum Vollzug gelangende Sanktion verhängt hat;

d. in den Fällen von Artikel 6 Absatz 3: der Kanton, der für den Vollzug nach Artikel 6 Absatz 2 zuständig ist;

e. in den übrigen Fällen (Art. 6 Abs. 2, Art. 7, 9, 10 Abs. 1 Bst. b): der Kanton, dessen Gericht die zum Vollzug gelangenden Sanktionen verhängt hat.

Art. 15 Verfügungskompetenzen des zuständigen Kantons

Dem Kanton, der den gemeinsamen Vollzug von Sanktionen übernommen hat, stehen die den Vollzug betreffenden Verfügungskompetenzen auch in Bezug auf die Sanktionen aus den andern Kantonen zu.

Art. 16 Kostentragung

[1] Die Kosten des Vollzuges von Massnahmen trägt der Kanton, der auf Grund dieser Verordnung oder einer Vereinbarung für den Vollzug zuständig ist.

[2] Die Kosten des Vollzuges von Strafen werden anteilsmässig auf die beteiligten Kantone verteilt.

[3] Die Kosten des gemeinsamen Verwahrungsvollzuges tragen die beteiligten Kantone zu gleichen Teilen.

Art. 17 Einnahmen aus Geldstrafen und Bussen

Kommt beim gemeinsamen Vollzug gemeinnütziger Arbeiten Artikel 11 Absatz 2 zur Anwendung, so werden die Einnahmen aus den Geldstrafen oder Bussen anteilsmässig auf die beteiligten Kantone verteilt.

5. Abschnitt: Fahrverbot und Arbeitsentgelt

Art. 18 Fahrverbot

[1] Das Gericht meldet das von ihm nach Artikel 67 *b* StGB angeordnete Fahrverbot nach dem Eintritt der Rechtskraft des Urteils umgehend der nach Artikel 4 Absatz 1 der Verordnung vom 23. August 2000[3] über das Fahrberechtigungsregister zuständigen Behörde.

[2] Die zuständige Behörde:

a. bestimmt das Datum, an welchem das Fahrverbot wirksam wird;

b. teilt es der verurteilten Person mit und fordert sie auf, ihren Lernfahr- oder ihren Führerausweis einzureichen;

c. trägt das Fahrverbot in das Fahrberechtigungsregister ein.

Art. 19 Arbeitsentgelt

Die Höhe des Arbeitsentgelts nach Artikel 83 StGB und dessen Verwendung durch die gefangene Person werden von den Kantonen festgelegt.

---

3 SR 741.53

6. Abschnitt: Vollzug von Urteilen der Militärgerichte und des Bundesstrafgerichts

Art. 20

[1] Diese Verordnung ist sinngemäss anwendbar auf den Vollzug von Sanktionen, die angeordnet werden durch Urteile:

a. der Militärgerichte;

b. des Bundesstrafgerichtes.

[2] Kommen Bestimmungen des 2. oder des 4. Abschnitts zur Anwendung, so gelten die vom Militärgericht oder vom Bundesstrafgericht angeordneten Sanktionen als vom Gericht des Kantons angeordnet, der nach Artikel 212 des Militärstrafprozesses vom 23. März 1979[4] beziehungsweise nach Artikel 241 des Bundesgesetzes vom 15. Juni 1934[5] über die Bundesstrafrechtspflege für ihren Vollzug zuständig ist. Die Militärgerichte beziehungsweise das Bundesstrafgericht bleiben jedoch zuständig für Entscheide nach den Artikeln 6 Absatz 4 zweiter Satz, 7 Absatz 2, 9 Absatz 1 letzter Satz, 10 Absatz 2 und 11 Absatz 2.

[3] Besondere Regelungen in andern Bundeserlassen über die Entschädigung der Kantone für diesen Vollzug bleiben vorbehalten.

7. Abschnitt: Schlussbestimmungen

Art. 21   Aufhebung bisherigen Rechts

Folgende Verordnungen werden aufgehoben:

1. Verordnung (1) vom 13. November 1973[6] zum Schweizerischen Strafgesetzbuch;
2. Verordnung (2) vom 6. Dezember 1982[7] zum Schweizerischen Strafgesetzbuch;
3. Verordnung (3) vom 16. Dezember 1985[8] zum Schweizerischen Strafgesetzbuch.

Art. 22   Inkrafttreten

Diese Verordnung tritt am 1. Januar 2007 in Kraft.

---

4   SR 322.1
5   SR 312.0
6   [AS 1973 1841, 1983 1616, 1990 518]
7   [AS 1982 2237]
8   [AS 1985 1941, 1990 519, 1995 5273, 1998 882, 2001 3307]

3. Bundesgesetz über das Jugendstrafrecht
(Jugendstrafgesetz, JStG)

vom 20. Juni 2003

Die Bundesversammlung der Schweizerischen Eidgenossenschaft,
gestützt auf Artikel 123 der Bundesverfassung[1],
nach Einsicht in die Botschaft des Bundesrates vom 21. September 1998[2],
beschliesst:

1. Kapitel: Grundsätze und Geltungsbereich

Art. 1 Gegenstand und Verhältnis zum Strafgesetzbuch

[1] Dieses Gesetz:

a. regelt die Sanktionen, welche gegenüber Personen zur Anwendung kommen, die vor Vollendung des 18. Altersjahres eine nach dem Strafgesetzbuch (StGB)[3] oder einem andern Bundesgesetz mit Strafe bedrohte Tat begangen haben;

b. ...[4]

[2] Ergänzend zu diesem Gesetz sind die folgenden Bestimmungen des StGB sinngemäss anwendbar:

a. die Artikel 1–33 (Geltungsbereich und Strafbarkeit), mit Ausnahme von Artikel 20 (zweifelhafte Schuldfähigkeit);

b. die Artikel 47, 48 und 51 (Strafzumessung);

c. Artikel 56 Absätze 2, 5 und 6 sowie Artikel 56*a* (Grundsätze bei Massnahmen);

d. die Artikel 69–73 (Einziehung und Verwendung zu Gunsten des Geschädigten);

e. Artikel 74 (Vollzugsgrundsätze);

f. Artikel 83 (Arbeitsentgelt);

g. Artikel 84 (Beziehungen zur Aussenwelt);

h. Artikel 85 (Kontrollen und Untersuchungen);

SR 311.1. AS 2006 3545

1 SR 101
2 BBl 1999 1979
3 SR 311.0
4 Aufgehoben durch Anhang Ziff. 1 der Jugendstrafprozessordnung vom 20. März 2009, mit Wirkung seit 1. Jan. 2011 (AS 2010 1573; BBl 2006 1085, 2008 3121).

i. Artikel 92 (Unterbrechung des Vollzuges);
j.[5] die Artikel 98, 99 Absatz 2, 100 sowie 101 Absätze 1 Buchstaben a–d, 2 und 3 (Verjährung);
k.[6] die Artikel 103, 104 und 105 Absatz 2 (Übertretungen);
l. Artikel 110 (Begriffe);
m. die Artikel 111–332 (Zweites Buch: Besondere Bestimmungen);
n.[7] die Artikel 333–392 (Drittes Buch: Einführung und Anwendung des Gesetzes), mit Ausnahme der Artikel 380 (Kostentragung), 387 Absatz 1 Buchstabe d und 2 (Ergänzende Bestimmungen des Bundesrates) und 388 Absatz 3 (Vollzug früherer Urteile);
o. Ziffer 3 der Übergangsbestimmungen der Änderung vom 13. Dezember 2002[8] (Strafregister).

[3] Bei der Anwendung dieser Bestimmungen des StGB müssen die Grundsätze nach Artikel 2 beachtet sowie Alter und Entwicklungsstand des Jugendlichen zu seinen Gunsten berücksichtigt werden.

Art. 2 Grundsätze

[1] Wegleitend für die Anwendung dieses Gesetzes sind der Schutz und die Erziehung des Jugendlichen.

[2] Den Lebens- und Familienverhältnissen des Jugendlichen sowie der Entwicklung seiner Persönlichkeit ist besondere Beachtung zu schenken.

Art. 3 Persönlicher Geltungsbereich

[1] Dieses Gesetz gilt für Personen, die zwischen dem vollendeten 10. und dem vollendeten 18. Altersjahr eine mit Strafe bedrohte Tat begangen haben.

[2] Sind gleichzeitig eine vor und eine nach Vollendung des 18. Altersjahres begangene Tat zu beurteilen, so ist hinsichtlich der Strafen nur das StGB[9] anwendbar. Dies gilt auch für die Zusatzstrafe (Art. 49 Abs. 2 StGB), die für eine Tat auszusprechen ist, welche vor Vollendung des 18. Altersjahres begangen wurde. Bedarf der Täter einer Massnahme, so ist diejenige Massnahme nach dem StGB oder nach diesem Gesetz anzuordnen, die nach den Umständen erforderlich ist. Wurde ein Verfahren gegen Jugendliche eingeleitet, bevor die nach Vollendung des 18. Altersjahres begangene Tat bekannt wurde, so bleibt dieses Verfahren anwendbar. Andernfalls ist das Verfahren gegen Erwachsene anwendbar.

---

5 Fassung gemäss Ziff. I 2 des BG vom 15. Juni 2012 (Unverjährbarkeit sexueller und pornografischer Straftaten an Kindern vor der Pubertät), in Kraft seit 1. Jan. 2013 (AS 2012 5951; BBl 2011 5977).
6 AS 2009 6103
7 Fassung gemäss Anhang Ziff. 1 der Jugendstrafprozessordnung vom 20. März 2009, in Kraft seit 1. Jan. 2011 (AS 2010 1573; BBl 2006 1085, 2008 3121).
8 SR 311.0 in fine
9 SR 311.0

Art. 4 Taten vor dem 10. Altersjahr

Stellt die zuständige Behörde im Laufe eines Verfahrens fest, dass eine Tat von einem Kind unter zehn Jahren begangen worden ist, so benachrichtigt sie die gesetzlichen Vertreter des Kindes. Liegen Anzeichen dafür vor, dass das Kind besondere Hilfe benötigt, so ist auch die Vormundschaftsbehörde oder die durch das kantonale Recht bezeichnete Fachstelle für Jugendhilfe zu benachrichtigen.

2. Kapitel: Untersuchung

Art. 5 Vorsorgliche Anordnung von Schutzmassnahmen

Während der Untersuchung kann die zuständige Behörde vorsorglich die Schutzmassnahmen nach den Artikeln 12–15 anordnen.

Art. 6–8[10]

Art. 9 Abklärung der persönlichen Verhältnisse, Beobachtung und Begutachtung

[1] Soweit dies für den Entscheid über die Anordnung einer Schutzmassnahme oder Strafe erforderlich ist, klärt die zuständige Behörde die persönlichen Verhältnisse des Jugendlichen ab, namentlich in Bezug auf Familie, Erziehung, Schule und Beruf. Zu diesem Zweck kann sie auch eine ambulante oder stationäre Beobachtung anordnen.

[2] Mit der Abklärung kann eine Person oder Stelle beauftragt werden, die eine fachgerechte Durchführung gewährleistet.

[3] Besteht ernsthafter Anlass, an der physischen oder psychischen Gesundheit des Jugendlichen zu zweifeln, oder erscheint die Unterbringung zur Behandlung einer psychischen Störung in einer offenen Einrichtung oder die Unterbringung in einer geschlossenen Einrichtung angezeigt, so ordnet die zuständige Behörde eine medizinische oder psychologische Begutachtung an.

3. Kapitel: Schutzmassnahmen und Strafen

1. Abschnitt: Allgemeine Voraussetzungen

Art. 10 Anordnung der Schutzmassnahmen

[1] Hat der Jugendliche eine mit Strafe bedrohte Tat begangen und ergibt die Abklärung, dass er einer besonderen erzieherischen Betreuung oder thera-

---

10 Aufgehoben durch Anhang Ziff. 1 der Jugendstrafprozessordnung vom 20. März 2009, mit Wirkung seit 1. Jan. 2011 (AS 2010 1573; BBl 2006 1085, 2008 3121).

peutischen Behandlung bedarf, so ordnet die urteilende Behörde die nach den Umständen erforderlichen Schutzmassnahmen an, unabhängig davon, ob er schuldhaft gehandelt hat.

[2] Hat der Jugendliche keinen gewöhnlichen Aufenthalt in der Schweiz, so kann die urteilende Behörde von der Anordnung einer Schutzmassnahme absehen.

Art. 11 Anordnung der Strafen

[1] Hat der Jugendliche schuldhaft gehandelt, so verhängt die urteilende Behörde zusätzlich zu einer Schutzmassnahme oder als einzige Rechtsfolge eine Strafe. Artikel 21 über die Strafbefreiung bleibt vorbehalten.

[2] Schuldhaft handeln kann nur der Jugendliche, der fähig ist, das Unrecht seiner Tat einzusehen und nach dieser Einsicht zu handeln.

2. Abschnitt: Schutzmassnahmen

Art. 12 Aufsicht

[1] Besteht Aussicht darauf, dass die Inhaber der elterlichen Sorge oder die Pflegeeltern die erforderlichen Vorkehrungen treffen, um eine geeignete erzieherische Betreuung oder therapeutische Behandlung des Jugendlichen sicherzustellen, so bestimmt die urteilende Behörde eine geeignete Person oder Stelle, der Einblick und Auskunft zu geben ist. Die urteilende Behörde kann den Eltern Weisungen erteilen.

[2] Ist der Jugendliche bevormundet, so darf keine Aufsicht angeordnet werden.

[3] Die Aufsicht kann nach Erreichen des Mündigkeitsalters nur mit Einverständnis des Betroffenen angeordnet werden.

Art. 13 Persönliche Betreuung

[1] Genügt eine Aufsicht nach Artikel 12 nicht, so bestimmt die urteilende Behörde eine geeignete Person, welche die Eltern in ihrer Erziehungsaufgabe unterstützt und den Jugendlichen persönlich betreut.

[2] Die urteilende Behörde kann der mit der Betreuung betrauten Person bestimmte Befugnisse bezüglich der Erziehung, Behandlung und Ausbildung des Jugendlichen übertragen und die elterliche Sorge entsprechend beschränken. Sie kann sie in Abweichung von Artikel 323 Absatz 1 des Zivilgesetzbuches (ZGB)[11] auch mit der Verwaltung des Erwerbseinkommens des Jugendlichen beauftragen.

[3] Ist der Jugendliche bevormundet, so darf keine persönliche Betreuung angeordnet werden.

---

11 SR 210

4 Die persönliche Betreuung kann nach Erreichen des Mündigkeitsalters nur mit Einverständnis des Betroffenen angeordnet werden.

Art. 14 Ambulante Behandlung

1 Leidet der Jugendliche unter psychischen Störungen, ist er in seiner Persönlichkeitsentwicklung beeinträchtigt oder ist er von Suchtstoffen oder in anderer Weise abhängig, so kann die urteilende Behörde anordnen, dass er ambulant behandelt wird.

2 Die ambulante Behandlung kann mit der Aufsicht (Art. 12) oder der persönlichen Betreuung (Art. 13) oder der Unterbringung in einer Erziehungseinrichtung (Art. 15 Abs. 1) verbunden werden.

Art. 15 Unterbringung
a. Inhalt und Voraussetzungen

1 Kann die notwendige Erziehung und Behandlung des Jugendlichen nicht anders sichergestellt werden, so ordnet die urteilende Behörde die Unterbringung an. Diese erfolgt namentlich bei Privatpersonen oder in Erziehungs- oder Behandlungseinrichtungen, die in der Lage sind, die erforderliche erzieherische oder therapeutische Hilfe zu leisten.

2 Die urteilende Behörde darf die Unterbringung in einer geschlossenen Einrichtung nur anordnen, wenn sie:

a. für den persönlichen Schutz oder für die Behandlung der psychischen Störung des Jugendlichen unumgänglich ist; oder

b. für den Schutz Dritter vor schwer wiegender Gefährdung durch den Jugendlichen notwendig ist.

3 Vor der Unterbringung zur Behandlung einer psychischen Störung in einer offenen Einrichtung oder vor der Unterbringung in einer geschlossenen Einrichtung ordnet die urteilende Behörde eine medizinische oder psychologische Begutachtung an, falls diese nicht bereits auf Grund von Artikel 9 Absatz 3 erstellt wurde.

4 Ist der Jugendliche bevormundet, so teilt die urteilende Behörde der Vormundschaftsbehörde die Anordnung der Unterbringung mit.

Art. 16 b. Vollzug

1 Die Vollzugsbehörde regelt für die Dauer der Unterbringung die Ausübung des Rechts der Eltern oder Dritter auf persönlichen Verkehr mit dem Jugendlichen nach den Artikeln 273 ff. ZGB[12].

2 Im Vollzug einer disziplinarischen Massnahme darf der Jugendliche ausnahmsweise und nicht länger als sieben Tage ununterbrochen von den andern Jugendlichen getrennt werden.

[3] Hat der Jugendliche das 17. Altersjahr vollendet, so kann die Massnahme in einer Einrichtung für junge Erwachsene (Art. 61 StGB[13]) vollzogen oder weitergeführt werden.

[4] Für den Vollzug von Massnahmen können private Einrichtungen beigezogen werden.[14]

Art. 17 Gemeinsame Bestimmungen zum Vollzug der Massnahmen

[1] Die Vollzugsbehörde bestimmt, wer mit dem Vollzug der ambulanten Behandlung und der Unterbringung betraut wird.

[2] Sie überwacht die Durchführung aller Massnahmen. Sie erlässt die nötigen Weisungen und legt fest, wie häufig ihr Bericht zu erstatten ist.

[3] Beim Vollzug der Massnahmen ist dafür zu sorgen, dass der Jugendliche angemessen unterrichtet und ausgebildet wird.

Art. 18 Änderung der Massnahmen

[1] Haben sich die Verhältnisse geändert, so kann eine Massnahme durch eine andere ersetzt werden. Ist die neue Massnahme härter, so ist für die Änderung die urteilende Behörde zuständig.

[2] Die Änderung der Massnahmen kann vom Jugendlichen oder seinen gesetzlichen Vertretern beantragt werden.

Art. 19 Beendigung der Massnahmen

[1] Die Vollzugsbehörde prüft jährlich, ob und wann die Massnahme aufgehoben werden kann. Sie hebt sie auf, wenn ihr Zweck erreicht ist oder feststeht, dass sie keine erzieherischen oder therapeutischen Wirkungen mehr entfaltet.

[2] Alle Massnahmen enden mit Vollendung des 22. Altersjahres.

[3] Ist der Wegfall einer Schutzmassnahme für den Betroffenen selber oder für die Sicherheit Dritter mit schwer wiegenden Nachteilen verbunden und kann diesen nicht auf andere Weise begegnet werden, so beantragt die Vollzugsbehörde rechtzeitig die Anordnung geeigneter vormundschaftlicher Massnahmen.

Art. 20 Zusammenarbeit zwischen Behörden des Zivilrechts und des Jugendstrafrechts

[1] Die Jugendstrafbehörde kann:

a. die Anordnung, Änderung oder Aufhebung von Massnahmen, für die sie nicht zuständig ist, bei der Behörde des Zivilrechts beantragen;

b. Vorschläge für die Wahl eines Vormundes unterbreiten oder die Ersetzung des gesetzlichen Vertreters beantragen.

---

13 SR 311.0
14 Eingefügt durch Anhang Ziff. 1 der Jugendstrafprozessordnung vom 20. März 2009, in Kraft seit 1. Jan. 2011 (AS 2010 1573; BBl 2006 1085, 2008 3121).

² Die Jugendstrafbehörde kann die Anordnung von Schutzmassnahmen der Behörde des Zivilrechts übertragen, wenn dafür wichtige Gründe bestehen, namentlich wenn:

a. auch für Geschwister, die keine Straftat begangen haben, Massnahmen zu ergreifen sind;

b. es notwendig erscheint, früher angeordnete zivilrechtliche Massnahmen fortzusetzen;

c. ein Verfahren auf Entziehung der elterlichen Sorge eingeleitet ist.

³ Verzichtet die Behörde des Zivilrechts im Interesse eines einheitlichen Vorgehens darauf, selber Massnahmen anzuordnen, so kann sie bei der Jugendstrafbehörde den Erlass, die Änderung oder die Aufhebung von Schutzmassnahmen nach den Artikeln 10 und 12–19 beantragen.

⁴ Die Behörde des Zivilrechts und die Jugendstrafbehörde teilen einander ihre Entscheide mit.

3. Abschnitt: Strafen

Art. 21 Strafbefreiung

¹ Die urteilende Behörde sieht von einer Bestrafung ab, wenn:

a. die Bestrafung das Ziel einer früher angeordneten oder im laufenden Verfahren anzuordnenden Schutzmassnahme gefährden würde;

b. die Schuld des Jugendlichen und die Tatfolgen gering sind;

c. der Jugendliche den Schaden so weit als möglich durch eigene Leistung wieder gutgemacht oder eine besondere Anstrengung unternommen hat, um das von ihm begangene Unrecht auszugleichen, als Strafe nur ein Verweis nach Artikel 22 in Betracht kommt und die Strafverfolgung für die Öffentlichkeit und den Geschädigten nur von geringem Interesse ist;

d. der Jugendliche durch die unmittelbaren Folgen seiner Tat so schwer betroffen ist, dass eine Strafe unangemessen wäre;

e. der Jugendliche wegen seiner Tat von den Eltern, andern erziehungsberechtigten Personen oder Dritten schon genug bestraft worden ist; oder

f. seit der Tat verhältnismässig lange Zeit verstrichen ist, der Jugendliche sich wohlverhalten hat und das Interesse der Öffentlichkeit und des Geschädigten an der Strafverfolgung gering sind.

² Von einer Bestrafung kann ferner abgesehen werden, wenn der ausländische Staat, in dem der Jugendliche seinen gewöhnlichen Aufenthalt hat, wegen der Tat des Jugendlichen bereits ein Verfahren eingeleitet oder sich bereit erklärt hat, ein solches einzuleiten.

³ ...¹⁵

---

15 Aufgehoben durch Anhang Ziff. 1 der Jugendstrafprozessordnung vom 20. März 2009, mit Wirkung seit 1. Jan. 2011 (AS 2010 1573; BBl 2006 1085, 2008 3121).

Art. 22   Verweis

[1] Die urteilende Behörde spricht den Jugendlichen schuldig und erteilt ihm einen Verweis, wenn dies voraussichtlich genügt, um den Jugendlichen von weiteren Straftaten abzuhalten. Der Verweis besteht in einer förmlichen Missbilligung der Tat.

[2] Die urteilende Behörde kann dem Jugendlichen zusätzlich eine Probezeit von sechs Monaten bis zu zwei Jahren und damit verbundene Weisungen auferlegen. Begeht der Jugendliche während der Probezeit schuldhaft eine mit Strafe bedrohte Tat oder missachtet er die Weisungen, so kann die urteilende Behörde eine andere Strafe als einen Verweis verhängen.

Art. 23   Persönliche Leistung

[1] Der Jugendliche kann zu einer persönlichen Leistung zu Gunsten von sozialen Einrichtungen, von Werken im öffentlichen Interesse, von hilfsbedürftigen Personen oder des Geschädigten mit deren Zustimmung verpflichtet werden. Die Leistung hat dem Alter und den Fähigkeiten des Jugendlichen zu entsprechen. Sie wird nicht entschädigt.

[2] Als persönliche Leistung kann auch die Teilnahme an Kursen oder ähnlichen Veranstaltungen angeordnet werden.

[3] Die persönliche Leistung dauert höchstens zehn Tage. Für Jugendliche, die zur Zeit der Tat das 15. Altersjahr vollendet und ein Verbrechen oder ein Vergehen begangen haben, kann die persönliche Leistung bis zu einer Dauer von drei Monaten angeordnet und mit der Verpflichtung verbunden werden, sich an einem bestimmten Ort aufzuhalten.

[4] Wird die Leistung nicht fristgemäss oder mangelhaft erbracht, so ermahnt die vollziehende Behörde den Jugendlichen unter Ansetzung einer letzten Frist.

[5] Bleibt die Mahnung ohne Erfolg und hat der Jugendliche zur Zeit der Tat das 15. Altersjahr nicht vollendet, so kann er verpflichtet werden, die Leistung unter unmittelbarer Aufsicht der vollziehenden Behörde oder einer von ihr bestimmten Person zu erbringen.

[6] Bleibt die Mahnung ohne Erfolg und hat der Jugendliche zur Zeit der Tat das 15. Altersjahr vollendet, so erkennt die urteilende Behörde:

a. an Stelle einer Leistung bis zu zehn Tagen auf Busse;

b. an Stelle einer Leistung über zehn Tagen auf Busse oder Freiheitsentzug; der Freiheitsentzug darf die Dauer der umgewandelten Leistung nicht übersteigen.

Art. 24   Busse

[1] Der Jugendliche, der zur Zeit der Tat das 15. Altersjahr vollendet hat, kann mit Busse bestraft werden. Diese beträgt höchstens 2000 Franken. Sie ist unter Berücksichtigung der persönlichen Verhältnisse des Jugendlichen festzusetzen.

² Die Vollzugsbehörde bestimmt die Zahlungsfrist; sie kann Erstreckungen und Teilzahlungen gewähren.

³ Auf Gesuch des Jugendlichen kann die Vollzugsbehörde die Busse ganz oder teilweise in eine persönliche Leistung umwandeln, ausser wenn die Busse an Stelle einer nicht erbrachten persönlichen Leistung ausgesprochen wurde.

⁴ Haben sich die für die Bemessung der Busse massgebenden Verhältnisse seit dem Urteil ohne Verschulden des Jugendlichen verschlechtert, so kann die urteilende Behörde die Busse herabsetzen.

⁵ Bezahlt der Jugendliche die Busse nicht innert der gesetzten Frist, so wandelt sie die urteilende Behörde in Freiheitsentzug bis zu 30 Tagen um. Die Umwandlung ist ausgeschlossen, wenn der Jugendliche ohne sein Verschulden zahlungsunfähig ist.

Art. 25 Freiheitsentzug
a. Inhalt und Voraussetzungen

¹ Der Jugendliche, der nach Vollendung des 15. Altersjahres ein Verbrechen oder ein Vergehen begangen hat, kann mit Freiheitsentzug von einem Tag bis zu einem Jahr bestraft werden.

² Der Jugendliche, der zur Zeit der Tat das 16. Altersjahr vollendet hat, wird mit Freiheitsentzug bis zu vier Jahren bestraft, wenn er:

a. ein Verbrechen begangen hat, das nach dem für Erwachsene anwendbaren Recht mit Freiheitsstrafe nicht unter drei Jahren bedroht ist;

b. eine Tat nach den Artikeln 122, 140 Ziffer 3 oder Artikel 184 StGB[16] begangen und dabei besonders skrupellos gehandelt hat, namentlich wenn der Beweggrund des Jugendlichen, der Zweck der Tat oder die Art ihrer Ausführung eine besonders verwerfliche Gesinnung offenbaren.

Art. 26 b. Umwandlung in persönliche Leistung

Auf Gesuch des Jugendlichen kann die urteilende Behörde einen Freiheitsentzug bis zu drei Monaten in eine persönliche Leistung von gleicher Dauer umwandeln, ausser wenn der Freiheitsentzug an Stelle nicht erbrachter persönlicher Leistungen ausgesprochen wurde. Die Umwandlung kann sofort für die ganze Dauer oder nachträglich für den Rest des Freiheitsentzuges angeordnet werden.

Art. 27 c. Vollzug

¹ Der Freiheitsentzug bis zu einem Jahr kann in Form der Halbgefangenschaft (Art. 77 b StGB[17]) vollzogen werden. Der Freiheitsentzug bis zu einem Monat kann entweder tageweise (Art. 79 Abs. 2 StGB) oder in Form der Halbgefangenschaft vollzogen werden.

---

16 SR 311.0
17 SR 311.0

2 Der Freiheitsentzug ist in einer Einrichtung für Jugendliche zu vollziehen, in der jeder Jugendliche entsprechend seiner Persönlichkeit erzieherisch betreut und insbesondere auf die soziale Eingliederung nach der Entlassung vorbereitet wird.

3 Die Einrichtung muss geeignet sein, die Persönlichkeitsentwicklung des Jugendlichen zu fördern. Ist ein Schulbesuch, eine Lehre oder eine Erwerbstätigkeit ausserhalb der Einrichtung nicht möglich, so ist dem Jugendlichen in der Einrichtung selbst der Beginn, die Fortsetzung und der Abschluss einer Ausbildung oder eine Erwerbstätigkeit zu ermöglichen.

4 Eine therapeutische Behandlung ist sicherzustellen, sofern der Jugendliche ihrer bedarf und für sie zugänglich ist.

5 Dauert der Freiheitsentzug länger als ein Monat, so begleitet eine geeignete, von der Einrichtung unabhängige Person den Jugendlichen und hilft ihm, seine Interessen wahrzunehmen.

6 Für den Vollzug von Strafen können private Einrichtungen beigezogen werden.[18]

Art. 28 Bedingte Entlassung aus dem Freiheitsentzug
a. Gewährung

1 Hat der Jugendliche die Hälfte, mindestens aber zwei Wochen des Freiheitsentzugs verbüsst, so kann ihn die Vollzugsbehörde bedingt entlassen, wenn nicht anzunehmen ist, er werde weitere Verbrechen oder Vergehen begehen.

2 Die Vollzugsbehörde prüft von Amtes wegen, ob der Jugendliche bedingt entlassen werden kann. Sie holt je einen Bericht der Leitung der Einrichtung sowie der Person ein, welche den Jugendlichen begleitet. Der Jugendliche ist anzuhören, wenn die Vollzugsbehörde beabsichtigt, die bedingte Entlassung zu verweigern.

3 Ist der Freiheitsentzug nach Artikel 25 Absatz 2 verhängt worden, so entscheidet die Vollzugsbehörde nach Anhörung einer Kommission nach Artikel 62 d Absatz 2 StGB[19].

4 Wird die bedingte Entlassung verweigert, so hat die zuständige Behörde mindestens einmal halbjährlich neu zu prüfen, ob sie gewährt werden kann.

Art. 29 b. Probezeit

1 Die Vollzugsbehörde auferlegt dem bedingt entlassenen Jugendlichen eine Probezeit, deren Dauer dem Strafrest entspricht, jedoch mindestens sechs Monate und höchstens zwei Jahre beträgt.

---

18 Eingefügt durch Anhang Ziff. 1 der Jugendstrafprozessordnung vom 20. März 2009, in Kraft seit 1. Jan. 2011 (AS 2010 1573; BBl 2006 1085, 2008 3121).
19 SR 311.0

[2] Die Vollzugsbehörde kann dem bedingt entlassenen Jugendlichen Weisungen erteilen. Diese betreffen insbesondere die Teilnahme an Freizeitveranstaltungen, die Wiedergutmachung des Schadens, den Besuch von Lokalen, das Führen eines Motorfahrzeuges oder die Abstinenz von Stoffen, die das Bewusstsein beeinträchtigen.

[3] Die Vollzugsbehörde bestimmt eine geeignete Person, die den Jugendlichen während der Probezeit begleitet und ihr Bericht erstattet.

Art. 30   c. Bewährung

Hat sich der bedingt entlassene Jugendliche bis zum Ablauf der Probezeit bewährt, so ist er endgültig entlassen.

Art. 31   d. Nichtbewährung

[1] Begeht der bedingt entlassene Jugendliche während der Probezeit ein Verbrechen oder Vergehen oder handelt er trotz förmlicher Mahnung den ihm erteilten Weisungen zuwider und ist deswegen zu erwarten, dass er weitere Straftaten verüben wird, so verfügt die über die neue Tat urteilende Behörde oder, bei Verstoss gegen die Weisungen, die Vollzugsbehörde den Vollzug eines Teils oder der ganzen Reststrafe (Rückversetzung). Der Teilvollzug kann nur einmal gewährt werden.

[2] Sind auf Grund der neuen Straftat die Voraussetzungen für einen unbedingten Freiheitsentzug erfüllt und trifft dieser mit der durch den Widerruf vollziehbar gewordenen Reststrafe zusammen, so bildet die urteilende Behörde aus dem früher verhängten und dem neuen Freiheitsentzug eine Gesamtstrafe im Sinne von Artikel 34. Auf diese sind die Regeln der bedingten Entlassung erneut anwendbar.

[3] Ist trotz der Nichtbewährung zu erwarten, dass der Jugendliche keine weiteren Straftaten verüben wird, so verzichtet die urteilende Behörde oder, bei Verstoss gegen die Weisungen, die Vollzugsbehörde auf eine Rückversetzung. Sie kann den Jugendlichen verwarnen und die Probezeit um höchstens ein Jahr verlängern. Erfolgt die Verlängerung erst nach Ablauf der Probezeit, so beginnt sie am Tag der Anordnung.

[4] Die Rückversetzung darf nicht mehr angeordnet werden, wenn seit dem Ablauf der Probezeit zwei Jahre vergangen sind.

[5] Ist für die Beurteilung der neuen Tat das StGB[20] anwendbar, so wendet die urteilende Behörde bezüglich des Widerrufs Artikel 89 StGB an.

---

20   SR 311.0

Art. 32 Zusammentreffen von Schutzmassnahmen und Freiheitsentzug

[1] Die Unterbringung geht dem Vollzug eines gleichzeitig ausgesprochenen oder eines wegen Widerruf oder Rückversetzung vollziehbaren Freiheitsentzuges voraus.

[2] Wird die Unterbringung aufgehoben, weil sie ihren Zweck erreicht hat, so wird der Freiheitsentzug nicht mehr vollzogen.

[3] Wird die Unterbringung aus einem anderen Grund aufgehoben, so entscheidet die urteilende Behörde, ob und wieweit der Freiheitsentzug noch zu vollziehen ist. Dabei ist die mit der Unterbringung verbundene Freiheitsbeschränkung anzurechnen.

[4] Die urteilende Behörde kann den Vollzug eines gleichzeitig ausgesprochenen und eines wegen Widerrufs oder Rückversetzung vollziehbaren Freiheitsentzugs zu Gunsten der ambulanten Behandlung, der persönlichen Betreuung oder der Aufsicht aufschieben. Im Falle der Aufhebung dieser Schutzmassnahmen gelten die Absätze 2 und 3 sinngemäss.

Art. 33 Verbindung von Strafen

Persönliche Leistung nach Artikel 23 Absatz 2 und Freiheitsentzug können mit Busse verbunden werden.

Art. 34 Gesamtstrafe

[1] Hat die urteilende Behörde gleichzeitig mehrere Straftaten des Jugendlichen zu beurteilen, so kann sie entweder die Strafen nach Artikel 33 verbinden oder, wenn die Voraussetzungen für mehrere gleichartige Strafen erfüllt sind, eine Gesamtstrafe bilden, indem sie die Strafe der schwersten Tat angemessen erhöht.

[2] Die einzelnen Taten dürfen bei der Bildung der Gesamtstrafe nicht stärker ins Gewicht fallen, als wenn sie für sich allein beurteilt worden wären. Die Gesamtstrafe darf das gesetzliche Höchstmass einer Strafart nicht überschreiten.

[3] Die Absätze 1 und 2 gelten auch, wenn der Jugendliche die Straftaten teils vor und teils nach der Altersgrenze begangen hat, die für die Verhängung einer persönlichen Leistung bis zu drei Monaten (Art. 23 Abs. 3), einer Busse (Art. 24 Abs. 1) oder eines Freiheitsentzugs (Art. 25 Abs. 1 und 2) massgebend ist.

Art. 35 Bedingter Vollzug von Strafen

[1] Die urteilende Behörde schiebt den Vollzug einer Busse, einer persönlichen Leistung oder eines Freiheitsentzuges von höchstens 30 Monaten ganz oder teilweise auf, soweit eine unbedingte Strafe nicht notwendig erscheint, um den Jugendlichen von der Begehung weiterer Verbrechen oder Vergehen abzuhalten.

² Die Artikel 29–31 gelten für aufgeschobene Strafen sinngemäss. Wird ein Freiheitsentzug nur teilweise aufgeschoben, so sind die Artikel 28–31 auf den vollziehbaren Teil nicht anwendbar.

4. Kapitel: Verjährung

Art. 36 Verfolgungsverjährung

¹ Die Strafverfolgung verjährt in:

a. fünf Jahren, wenn die Tat nach dem für Erwachsene anwendbaren Recht mit einer Freiheitsstrafe von über drei Jahren bedroht ist;

b. drei Jahren, wenn die Tat nach dem für Erwachsene anwendbaren Recht mit einer Freiheitsstrafe bis zu drei Jahren bedroht ist;

c. einem Jahr, wenn die Tat nach dem für Erwachsene anwendbaren Recht mit einer andern Strafe bedroht ist.

² Bei Straftaten nach den Artikeln 111–113, 122, 189–191, 195 und 196 StGB²¹, die sich gegen ein Kind unter 16 Jahren richten, dauert die Verfolgungsverjährung in jedem Fall mindestens bis zum vollendeten 25. Lebensjahr des Opfers. Dies gilt auch, wenn solche Straftaten vor dem Inkrafttreten dieses Gesetzes begangen worden sind und die Verfolgungsverjährung zu diesem Zeitpunkt noch nicht eingetreten ist.

Art. 37 Vollstreckungsverjährung

¹ Die Strafen verjähren in:

a. vier Jahren, wenn ein Freiheitsentzug von mehr als sechs Monaten ausgesprochen wurde;

b. zwei Jahren, wenn eine andere Strafe ausgesprochen wurde.

² Der Vollzug jeder nach diesem Gesetz ausgesprochenen Strafe endet spätestens, wenn der verurteilte Jugendliche das 25. Altersjahr vollendet.

5. Kapitel:

Art. 38–43²²

---

21 SR 311.0. Heute: nach den Art. 111–113, 122, 182, 189–191 und 195.
22 Aufgehoben durch Anhang Ziff. 1 der Jugendstrafprozessordnung vom 20. März 2009, mit Wirkung seit 1. Jan. 2011 (AS 2010 1573; BBl 2006 1085, 2008 3121).

6. Kapitel: Schlussbestimmungen

1. Abschnitt: Änderung bisherigen Rechts

Art. 44

...[23]

2. Abschnitt: Übergangsbestimmungen

Art. 45 Kinder im Alter zwischen sieben und zehn Jahren

[1] Erziehungsmassnahmen, besondere Behandlungen und Disziplinarstrafen, die nach den bisherigen Artikeln 84, 85 oder 87 StGB[24] gegenüber Kindern, die zur Tatzeit das 10. Altersjahr noch nicht vollendet hatten, angeordnet und nicht oder nur teilweise vollzogen wurden, werden nach dem Inkrafttreten dieses Gesetzes nicht mehr vollzogen.

[2] Liegen Anzeichen dafür vor, dass das Kind besondere Hilfe benötigt, so benachrichtigt die vollziehende Behörde die Vormundschaftsbehörde oder die durch das kantonale Recht bezeichnete Fachstelle für Jugendhilfe.

Art. 46 Vollzug des Freiheitsentzugs

[1] Auf Jugendliche, die nach dem bisherigen Artikel 95 Ziffer 1 Absatz 1 StGB[25] zu einer Einschliessung verurteilt wurden, sind die folgenden Bestimmungen dieses Gesetzes anwendbar:

a. Artikel 26 über den Vollzug des Freiheitsentzugs in Form der persönlichen Leistung;

b. Artikel 27 Absatz 1 über den Vollzug des Freiheitsentzugs in Form des tageweisen Vollzugs oder der Halbgefangenschaft;

c. Artikel 27 Absatz 5 über die Ernennung einer geeigneten Begleitperson;

d. die Artikel 28–31 über die bedingte Entlassung.

[2] Bis die Kantone die notwendigen Einrichtungen zum Vollzug des Freiheitsentzuges nach Artikel 27 dieses Gesetzes errichtet haben (Art. 48), bleibt der bisherige Artikel 95 Ziffer 3 Absatz 1 StGB[26] anwendbar. Der Freiheitsentzug ist soweit als möglich nach Artikel 27 Absätze 2–4 dieses Gesetzes durchzuführen.

---

23 Die Änderungen können unter AS 2006 3545 konsultiert werden.
24 AS 1971 777
25 AS 1971 777
26 AS 1971 777

Art. 47 Anordnung und Vollzug von Schutzmassnahmen

[1] Die Bestimmungen über die Schutzmassnahmen (Art. 10 und 12–20) finden auch Anwendung, wenn eine Tat vor Inkrafttreten dieses Gesetzes begangen oder beurteilt wurde. Schutzmassnahmen enden spätestens mit Vollendung des 20. Altersjahres des Jugendlichen, wenn sie wegen Taten angeordnet wurden, die der Jugendliche vor Vollendung seines 15. Altersjahres und vor Inkrafttreten dieses Gesetzes begangen hat.

[2] Besondere Behandlungen im Sinne der bisherigen Artikel 85 und 92 StGB[27] werden als ambulante Behandlung (Art. 14) oder als Unterbringung (Art. 15) fortgesetzt. Sind die Voraussetzungen für diese Schutzmassnahmen nicht erfüllt, so benachrichtigt die Vollzugsbehörde die zuständige zivilrechtliche Behörde des Kantons.

Art. 48 Einrichtungen für den Vollzug der Unterbringung und des Freiheitsentzuges

Die Kantone errichten bis spätestens zehn Jahre nach Inkrafttreten dieses Gesetzes die notwendigen Einrichtungen für den Vollzug der Unterbringung (Art. 15) und des Freiheitsentzugs (Art. 27).

3. Abschnitt: Referendum und Inkrafttreten

Art. 49

[1] Dieses Gesetz untersteht dem fakultativen Referendum.

[2] Es tritt gleichzeitig mit den Änderungen vom 13. Dezember 2002[28] des Strafgesetzbuches und denjenigen vom 21. März 2003[29] des Militärstrafgesetzes in Kraft.

[3] Der Bundesrat bestimmt das Inkrafttreten.

Datum des Inkrafttretens: 1. Januar 2007[30]

---

27 AS 1971 777
28 AS 2006 3459
29 AS 2006 3389
30 BRB vom 5. Juli 2006

4. Militärstrafgesetz

(MStG)

vom 13. Juni 1927

(Auszug)

Die Bundesversammlung der Schweizerischen Eidgenossenschaft,

gestützt auf die Artikel 20 und 64bis der Bundesverfassung[1,2] nach Einsicht in die Botschaft des Bundesrates vom 26. November 1918[3],

beschliesst:

Erstes Buch: Militärstrafrecht

Erster Teil:[4] Allgemeine Bestimmungen

Erster Titel: Geltungsbereich

1. Keine Sanktion ohne Gesetz

Art. 1 Eine Strafe oder Massnahme darf nur wegen einer Tat verhängt werden, die das Gesetz ausdrücklich unter Strafe stellt.

2. Zeitlicher Geltungsbereich

Art. 2 [1] Nach diesem Gesetze wird beurteilt, wer nach dessen Inkrafttreten ein Verbrechen oder Vergehen begeht.

[2] Hat der Täter ein Verbrechen oder Vergehen vor Inkrafttreten dieses Gesetzes begangen, erfolgt die Beurteilung aber erst nachher, so ist dasjenige Gesetz anzuwenden, das für ihn das mildere ist.

3. Persönlicher Geltungsbereich

Art. 3[5] [1] Dem Militärstrafrecht unterstehen:

1.[6] Dienstpflichtige während ihres Militärdienstes, ausgenommen Urlauber für strafbare Handlungen nach den Artikeln 115–137*b* und 145–179, die keinen Zusammenhang mit dem Dienst der Truppe haben;

SR 321.0. AS 43 359 und BS 3 391

1 [BS 1 3]. Den genannten Bestimmungen entsprechen heute die Art. 60 und 123 der BV vom 18. April 1999 (SR 101).

2 Fassung gemäss Ziff. I 4 des BG vom 8. Okt. 1999 über die Abschaffung der Bundesassisen, in Kraft seit 1. März 2000 (AS 2000 505; BBl 1999 7922).

3 BBl 1918 V 337

4 Fassung gemäss Ziff. I des BG vom 21. März 2003, in Kraft seit 1. Jan. 2007 (AS 2006 3389; BBl 1999 1979).

5 Fassung gemäss Ziff. IV Bst. a des BG vom 3. Okt. 2003 (Revision der Disziplinarstrafordnung), in Kraft seit 1. März 2004 (AS 2004 921; BBl 2002 7859).

6 Fassung gemäss Ziff. I des BG vom 3. Okt. 2008 (Korrekturen infolge der Revision des AT MStG und weitere Anpassungen), in Kraft seit 1. März 2009 (AS 2009 701; BBl 2007 8353).

2. die Beamten, Angestellten und Arbeiter der Militärverwaltung des Bundes und der Kantone für Handlungen, die die Landesverteidigung betreffen, ebenso wenn sie in Uniform auftreten;

3. Dienstpflichtige, die ausserhalb des Dienstes in Uniform auftreten, für strafbare Handlungen nach den Artikeln 61–114 und 138–144;

4. Dienstpflichtige ausserhalb des Dienstes in Bezug auf ihre militärische Stellung und ihre dienstlichen Pflichten sowie ehemalige Dienstpflichtige, soweit ihre dienstlichen Pflichten nicht erfüllt sind.

5. Stellungspflichtige mit Bezug auf ihre Stellungspflicht sowie während des Orientierungstags und während der Dauer der Rekrutierungstage;

6. Berufs- und Zeitmilitärs, die Angehörigen des Grenzwachtkorps sowie Personen, die nach Artikel 66 des Militärgesetzes vom 3. Februar 1995[7] Friedensförderungsdienst leisten, während der Ausübung des Dienstes, ausserhalb des Dienstes mit Bezug auf ihre dienstlichen Pflichten und ihre dienstliche Stellung oder wenn sie die Uniform tragen;

7. Zivilpersonen oder ausländische Militärpersonen, die sich schuldig machen der landesverräterischen Verletzung militärischer Geheimnisse (Art. 86), der Sabotage (Art. 86a), der Schwächung der Wehrkraft (Art. 94–96), der Verletzung militärischer Geheimnisse (Art. 106) oder des Ungehorsams gegen militärische und behördliche Massnahmen, die der Vorbereitung oder Durchführung der Mobilmachung der Armee oder der Wahrung des militärischen Geheimnisses dienen (Art. 107);

8.[8] Zivilpersonen oder ausländische Militärpersonen für Taten nach den Artikeln 115–179, die sie als Angestellte oder Beauftragte der Armee oder der Militärverwaltung im Zusammenwirken mit der Truppe begehen;

9.[9] Zivilpersonen und ausländische Militärpersonen, die im Ausland gegen einen Angehörigen der Schweizer Armee eine Tat nach dem sechsten Abschnitt (Art. 108 und 109) oder dem sechsten Abschnitt[bis] (Art. 110–114) des zweiten Teils oder nach Artikel 114a begehen.

---

7 SR 510.10

8 Fassung gemäss Ziff. I des BG vom 3. Okt. 2008 (Korrekturen infolge der Revision des AT MStG und weitere Anpassungen), in Kraft seit 1. März 2009 (AS 2009 701; BBl 2007 8353).

9 Fassung gemäss Ziff. I 2 des BG vom 18. Juni 2010 über die Änderung von Bundesgesetzen zur Umsetzung des Römer Statuts des Internationalen Strafgerichtshofs, in Kraft seit 1. Jan. 2011 (AS 2010 4963; BBl 2008 3863).

[2] Die Personen nach Absatz 1 Ziffern 1, 2, 6 und 8 unterstehen für die ganze Dauer ihres Auslandeinsatzes dem Militärstrafrecht, wenn sie im Ausland eine nach diesem Gesetz strafbare Handlung begehen.

Erweiterte Geltung im Fall aktiven Dienstes   **Art. 4** Im Falle aktiven Dienstes unterstehen dem Militärstrafrecht überdies, wenn und soweit der Bundesrat die Unterstellung beschliesst:

1. Zivilpersonen, die sich schuldig machen:
   eines Verbrechens oder Vergehens gegen eine Wache (Art. 65),
   der Befehlsanmassung (Art. 69),
   des militärischen Landesverrats (Art. 87) oder der landesverräterischen Nachrichtenverbreitung (Art. 89),
   einer feindlichen Unternehmung gegen einen Kriegführenden oder gegen fremde Truppen (Art. 92),
   der Verletzung von vertraglichen Leistungspflichten (Art. 97),
   einer Störung der militärischen Sicherheit (Art. 98–105, 107),
   der Bestechung (Art. 141),
   der ungetreuen Geschäftsführung (Art. 144),
   der Befreiung von Gefangenen (Art. 177);
2. Zivilpersonen, die sich der in den Artikeln 73, 78, 115–118, 121–123, 128, 129–131, 134–136, 149–151 c, 160, 161–165 und 167–169 genannten Handlungen schuldig machen, wenn sich diese gegen Angehörige der Armee[10] und militärische Stellen richten oder der Armee dienende Sachen zum Gegenstand haben;
3. Zivilpersonen, die vorsätzlich die in den Artikeln 166, 169 a, 170 und 171 genannten Handlungen begehen;
4. internierte Angehörige der Armee aus kriegführenden Staaten, die ihren bewaffneten Streitkräften, ihren Milizen und Freiwilligenkorps einschliesslich organisierter Widerstandsbewegungen angehören, internierte Zivilpersonen sowie militärisch betreute Flüchtlinge;
5. die Beamten, Angestellten oder Arbeiter:
   der Militärverwaltung des Bundes und der Kantone mit Einschluss der Militäranstalten und Militärwerkstätten,
   von lebenswichtigen Einrichtungen und Betrieben, insbesondere von Wasserversorgungen, Wasserwerken, Elektrizitätswerken, Gaswerken und Spitälern.

---

10 Ausdruck gemäss Ziff. I des BG vom 3. Okt. 2003, in Kraft seit 1. März 2004 (AS 2004 921; BBl 2002 7859). Diese Änd. ist im ganzen Erlass berücksichtigt.

**Erweiterte Geltung
in Kriegszeiten**

Art. 5 [1] In Kriegszeiten unterstehen dem Militärstrafrecht ausser den in den Artikeln 3 und 4 genannten Personen:

1.[11] Zivilpersonen, die sich schuldig machen:
   a. der Verräterei nach den Artikeln 88, 90 und 91,
   b. des Nachrichtendienstes gegen fremde Staaten (Art. 93),
   c. der Brandstiftung, der Verursachung einer Explosion, der Gefährdung durch Sprengstoffe, der Verursachung einer Überschwemmung oder eines Einsturzes, sofern der Täter dabei der Armee dienende Sachen zerstört (Art. 160 Abs. 2, 160a, 161 Ziff. 1 Abs. 3 und Ziff. 2, 162 Abs. 3, 165 Ziff. 1 Abs. 3 und Ziff. 2),
   d. des Völkermords oder eines Verbrechens gegen die Menschlichkeit (sechster Abschnitt des zweiten Teils), eines Kriegsverbrechens (sechster Abschnitt[bis] des zweiten Teils sowie Art. 139);
2. Kriegsgefangene, auch für solche strafbare Handlungen, die sie im In- oder Auslande während des Krieges und vor ihrer Gefangennahme gegenüber dem schweizerischen Staat, der schweizerischen Armee oder Angehörigen der schweizerischen Armee begangen haben;
3. feindliche Parlamentäre und ihre Begleiter, die ihre Stellung zur Begehung einer strafbaren Handlung missbrauchen;
4. in Kriegsgebieten oder in besetzten Gebieten internierte Zivilpersonen.
5.[12] ausländische Militärpersonen, die sich des Völkermords, eines Verbrechens gegen die Menschlichkeit (sechster Abschnitt des zweiten Teils) oder eines Kriegsverbrechens (sechster Abschnitt[bis] des zweiten Teils sowie Art. 139) schuldig machen.

[2] Auf die Bestimmungen nach Absatz 1 Ziffer 1 Buchstabe d sowie Ziffer 5 sind die Bestimmungen über die Strafbarkeit des Vorgesetzten (Art. 114a) anwendbar.[13]

Kriegszeiten

Art. 6 [1] Die für Kriegszeiten vorgesehenen Bestimmungen gelten nicht nur, wenn die Schweiz sich im Kriege befindet, sondern auch, wenn der Bundesrat bei unmittelbar drohender Kriegsgefahr ihre Anwendung beschliesst.

---

11 Fassung gemäss Ziff. I 2 des BG vom 18. Juni 2010 über die Änderung von Bundesgesetzen zur Umsetzung des Römer Statuts des Internationalen Strafgerichtshofs, in Kraft seit 1. Jan. 2011 (AS 2010 4963; BBl 2008 3863).
12 Eingefügt durch Ziff. I 2 des BG vom 18. Juni 2010 über die Änderung von Bundesgesetzen zur Umsetzung des Römer Statuts des Internationalen Strafgerichtshofs, in Kraft seit 1. Jan. 2011 (AS 2010 4963; BBl 2008 3863).
13 Eingefügt durch Ziff. I 2 des BG vom 18. Juni 2010 über die Änderung von Bundesgesetzen zur Umsetzung des Römer Statuts des Internationalen Strafgerichtshofs, in Kraft seit 1. Jan. 2011 (AS 2010 4963; BBl 2008 3863).

[2] Der Bundesratsbeschluss ist sofort vollziehbar. Er ist sobald als möglich der Bundesversammlung vorzulegen; sie entscheidet über die Aufrechterhaltung.

Beteiligung von Zivilpersonen

Art. 7[14]   [1] Sind an einem rein militärischen Verbrechen oder Vergehen (Art. 61–85) oder an einem Verbrechen oder Vergehen gegen die Landesverteidigung oder gegen die Wehrkraft des Landes (Art. 86–107) neben Personen, die dem Militärstrafrecht unterstehen, andere Personen beteiligt, so sind sie gleichfalls nach diesem Gesetz strafbar.

[2] Sind an einem gemeinen Verbrechen oder Vergehen (Art. 115–179), an Völkermord, Verbrechen gegen die Menschlichkeit (Art. 108, 109 und 114*a*) oder an Kriegsverbrechen (Art. 110–114*a* und 139) neben Personen, die dem Militärstrafrecht unterstehen, andere Personen beteiligt, so bleiben diese dem zivilen Strafrecht unterworfen. Vorbehalten bleibt Artikel 221*a*.

Geltung des bürgerlichen Strafrechts

Art. 8   Die dem Militärstrafrecht unterstehenden Personen bleiben für strafbare Handlungen, die in diesem Gesetz nicht vorgesehen sind, dem zivilen Strafrecht unterworfen.

(...)

Inkrafttreten

Art. 237   Dieses Gesetz tritt mit dem 1. Januar 1928 im Kraft.

---

14   Fassung gemäss Ziff. I 2 des BG vom 18. Juni 2010 über die Änderung von Bundesgesetzen zur Umsetzung des Römer Statuts des Internationalen Strafgerichtshofs, in Kraft seit 1. Jan. 2011 (AS 2010 4963; BBl 2008 3863).

5. Bundesverfassung der Schweizerischen Eidgenossenschaft

vom 18. April 1999

(Auszug)

Präambel

Im Namen Gottes des Allmächtigen!

Das Schweizervolk und die Kantone,

[...]

geben sich folgende Verfassung[1]:

3. Titel: Bund, Kantone und Gemeinden

2. Kapitel: Zuständigkeiten

10. Abschnitt: Zivilrecht, Strafrecht, Messwesen

(...)

Art. 123[64] Strafrecht

[1] Die Gesetzgebung auf dem Gebiet des Strafrechts und des Strafprozessrechts ist Sache des Bundes.

[2] Für die Organisation der Gerichte, die Rechtsprechung in Strafsachen sowie den Straf- und Massnahmenvollzug sind die Kantone zuständig, soweit das Gesetz nichts anderes vorsieht.

[3] Der Bund kann Vorschriften zum Straf- und Massnahmenvollzug erlassen. Er kann den Kantonen Beiträge gewähren:

a. für die Errichtung von Anstalten;

b. für Verbesserungen im Straf- und Massnahmenvollzug;

SR 101. AS 1999 2556

1 Angenommen in der Volksabstimmung vom 18. April 1999 (BB vom 18. Dez. 1998, BRB vom 11. Aug. 1999 – AS 1999 2556; BBl 1997 I 1, 1999 162 5986).

64 Angenommen in der Volksabstimmung vom 12. März 2000, in Kraft seit 1. April 2003 (BB vom 8. Okt. 1999, BRB vom 17. Mai 2000, BB vom 24. Sept. 2002 – AS 2002 3147; BBl 1997 I 1, 1999 8633, 2000 2990, 2001 4202)

c. an Einrichtungen, die erzieherische Massnahmen an Kindern, Jugendlichen und jungen Erwachsenen vollziehen.[65]

Art. 123a[66]

[1] Wird ein Sexual- oder Gewaltstraftäter in den Gutachten, die für das Gerichtsurteil nötig sind, als extrem gefährlich erachtet und nicht therapierbar eingestuft, ist er wegen des hohen Rückfallrisikos bis an sein Lebensende zu verwahren. Frühzeitige Entlassung und Hafturlaub sind ausgeschlossen.

[2] Nur wenn durch neue, wissenschaftliche Erkenntnisse erwiesen wird, dass der Täter geheilt werden kann und somit keine Gefahr mehr für die Öffentlichkeit darstellt, können neue Gutachten erstellt werden. Sollte auf Grund dieser neuen Gutachten die Verwahrung aufgehoben werden, so muss die Haftung für einen Rückfall des Täters von der Behörde übernommen werden, die die Verwahrung aufgehoben hat.

[3] Alle Gutachten zur Beurteilung der Sexual- und Gewaltstraftäter sind von mindestens zwei voneinander unabhängigen, erfahrenen Fachleuten unter Berücksichtigung aller für die Beurteilung wichtigen Grundlagen zu erstellen.

Art. 123b[67] Unverjährbarkeit der Strafverfolgung und der Strafe bei sexuellen und bei pornografischen Straftaten an Kindern vor der Pubertät

Die Verfolgung sexueller oder pornografischer Straftaten an Kindern vor der Pubertät und die Strafe für solche Taten sind unverjährbar.

Art. 124 Opferhilfe

Bund und Kantone sorgen dafür, dass Personen, die durch eine Straftat in ihrer körperlichen, psychischen oder sexuellen Unversehrtheit beeinträchtigt worden sind, Hilfe erhalten und angemessen entschädigt werden, wenn sie durch die Straftat in wirtschaftliche Schwierigkeiten geraten.

(...)

Datum des Inkrafttretens: 1. Januar 2000[130]

---

65 Angenommen in der Volksabstimmung vom 28. Nov. 2004, in Kraft seit 1. Jan. 2008 (BB vom 3. Okt. 2003, BRB vom 26. Jan. 2005, BRB vom 7. Nov. 2007 – AS 2007 5765; BBl 2002 2291, 2003 6591, 2005 951).

66 Angenommen in der Volksabstimmung vom 8. Febr. 2004 (BB vom 20. Juni 2003, BRB vom 21. April 2004 – AS 2004 2341; BBl 2000 3336, 2001 3433, 2003 4434, 2004 2199).

67 Angenommen in der Volksabstimmung vom 30. Nov. 2008, in Kraft seit 30. Nov. 2008 (BB vom 13. Juni 2008, BRB vom 23. Jan. 2009 – AS 2009 471; BBl 2006 3657, 2007 5369, 2008 5245, 2009 605).

130 BB vom 28. Sept. 1999 (AS 1999 2555; BBl 1999 7922)

6. Bundesgesetz
über die Ausländerinnen und Ausländer
(Ausländergesetz, AuG)[1]

vom 16. Dezember 2005

(Auszug)

Die Bundesversammlung der Schweizerischen Eidgenossenschaft,
gestützt auf Artikel 121 Absatz 1 der Bundesverfassung[2],
nach Einsicht in die Botschaft des Bundesrates vom 8. März 2002[3],
beschliesst:

(...)

16. Kapitel: Strafbestimmungen und administrative Sanktionen

Art. 115 **Rechtswidrige Ein- oder Ausreise, rechtswidriger Aufenthalt und Erwerbstätigkeit ohne Bewilligung**

[1] Mit Freiheitsstrafe bis zu einem Jahr oder Geldstrafe wird bestraft, wer:

a. Einreisevorschriften nach Artikel 5 verletzt;

b. sich rechtswidrig, namentlich nach Ablauf des bewilligungsfreien oder des bewilligten Aufenthalts, in der Schweiz aufhält;

c. eine nicht bewilligte Erwerbstätigkeit ausübt;

d. nicht über eine vorgeschriebene Grenzübergangsstelle ein- oder ausreist (Art. 7).

[2] Die gleiche Strafdrohung gilt, wenn die Ausländerin oder der Ausländer nach der Ausreise aus der Schweiz oder aus dem Transitraum eines schweizerischen Flughafens in das Hoheitsgebiet eines anderen Staates unter Verletzung der dort geltenden Einreisebestimmungen einreist oder dazu Vorbereitungen trifft.

[3] Wird die Tat fahrlässig begangen, so ist die Strafe Busse.

SR 142.20. AS 2007 5437

1 Fassung gemäss Ziff. I des BG vom 18. Juni 2010 (Erleichterte Zulassung von Ausländerinnen und Ausländern mit Schweizer Hochschulabschluss), in Kraft seit 1. Jan. 2011 (AS 2010 5957; BBl 2010 427 445).
2 SR 101
3 BBl 2002 3709

4 Von der Strafverfolgung, der Überweisung an das Gericht oder der Bestrafung kann bei rechtswidrig ein- oder ausgereisten Ausländerinnen und Ausländern abgesehen werden, sofern sie sofort ausgeschafft werden.

Art. 116 Förderung der rechtswidrigen Ein- und Ausreise sowie des rechtswidrigen Aufenthalts

1 Mit Freiheitsstrafe bis zu einem Jahr oder Geldstrafe wird bestraft, wer:

a. im In- oder Ausland einer Ausländerin oder einem Ausländer die rechtswidrige Ein- oder Ausreise oder den rechtswidrigen Aufenthalt in der Schweiz erleichtert oder vorbereiten hilft;

a^bis.[168] vom Inland aus einer Ausländerin oder einem Ausländer die rechtswidrige Ein-, Durch- oder Ausreise oder den rechtswidrigen Aufenthalt in einem Schengen-Staat erleichtert oder vorbereiten hilft.

b. Ausländerinnen oder Ausländern eine Erwerbstätigkeit in der Schweiz ohne die dazu erforderliche Bewilligung verschafft;

c. einer Ausländerin oder einem Ausländer nach der Ausreise aus der Schweiz oder aus dem Transitraum eines schweizerischen Flughafens die Einreise in das Hoheitsgebiet eines anderen Staates unter Verletzung der dort geltenden Einreisebestimmungen erleichtert oder vorbereiten hilft.

2 In leichten Fällen kann auch nur auf Busse erkannt werden.

3 Die Strafe ist Freiheitsstrafe bis zu fünf Jahren oder Geldstrafe und mit der Freiheitsstrafe ist eine Geldstrafe zu verbinden, wenn die Täterin oder der Täter:

a. mit der Absicht handelt, sich oder einen andern unrechtmässig zu bereichern, oder;

b. für eine Vereinigung oder Gruppe handelt, die sich zur fortgesetzten Begehung dieser Tat zusammengefunden hat.

Art. 117 Beschäftigung von Ausländerinnen und Ausländern ohne Bewilligung

1 Wer als Arbeitgeberin oder Arbeitgeber vorsätzlich Ausländerinnen und Ausländer beschäftigt, die in der Schweiz nicht zur Ausübung einer Erwerbstätigkeit berechtigt sind, oder wer eine grenzüberschreitende Dienstleistung in der Schweiz in Anspruch nimmt, für welche der Dienstleistungserbringer keine Bewilligung besitzt, wird mit Freiheitsstrafe bis zu einem Jahr oder Geldstrafe bestraft. In schweren Fällen ist die Strafe Freiheitsstrafe bis zu drei Jahren oder Geldstrafe. Mit der Freiheitsstrafe ist eine Geldstrafe zu verbinden.

2 Wer nach Absatz 1 rechtskräftig verurteilt wurde und innert fünf Jahren erneut Straftaten nach Absatz 1 begeht, wird mit Freiheitsstrafe bis zu drei Jahren oder Geldstrafe bestraft. Mit der Freiheitsstrafe ist eine Geldstrafe zu verbinden.

---

168 Eingefügt durch Ziff. I des BG vom 18. Juni 2010 (Automatisierte Grenzkontrolle, Dokumentenberaterinnen und Dokumentenberater, Informationssystem MIDES), in Kraft seit 1. Jan. 2011 (AS 2010 5755; BBl 2009 8881).

Art. 118 Täuschung der Behörden

[1] Wer die mit dem Vollzug dieses Gesetzes betrauten Behörden durch falsche Angaben oder Verschweigen wesentlicher Tatsachen täuscht und dadurch die Erteilung einer Bewilligung für sich oder andere erschleicht oder bewirkt, dass der Entzug einer Bewilligung unterbleibt, wird mit Freiheitsstrafe bis zu drei Jahren oder Geldstrafe bestraft.

[2] Wer in der Absicht, die Vorschriften über die Zulassung und den Aufenthalt von Ausländerinnen und Ausländern zu umgehen, eine Ehe mit einer Ausländerin oder einem Ausländer eingeht oder den Abschluss einer solchen Ehe vermittelt, fördert oder ermöglicht, wird mit Freiheitsstrafe bis zu drei Jahren oder Geldstrafe bestraft.

[3] Die Strafe ist Freiheitsstrafe bis zu fünf Jahren oder Geldstrafe und mit der Freiheitsstrafe ist eine Geldstrafe zu verbinden, wenn die Täterin oder der Täter:

a. mit der Absicht handelt, sich oder einen andern unrechtmässig zu bereichern, oder;

b. für eine Vereinigung oder Gruppe handelt, die sich zur fortgesetzten Begehung dieser Tat zusammengefunden hat.

Art. 119 Missachtung der Ein- oder Ausgrenzung

[1] Wer eine Ein- oder Ausgrenzung (Art. 74) nicht befolgt, wird mit Freiheitsstrafe bis zu drei Jahren oder Geldstrafe bestraft.

[2] Von der Strafverfolgung, der Überweisung an das Gericht oder der Bestrafung kann abgesehen werden, wenn die betroffene Person:

a. sofort ausgeschafft werden kann;

b. sich in Vorbereitungs- oder Ausschaffungshaft befindet.

Art. 120 Weitere Widerhandlungen

[1] Mit Busse wird bestraft, wer vorsätzlich oder fahrlässig:

a. die An- oder Abmeldepflichten verletzt (Art. 10–16);

b. ohne erforderliche Bewilligung die Stelle wechselt oder von einer unselbständigen zu einer selbständigen Erwerbstätigkeit übergeht (Art. 38);

c. ohne erforderliche Bewilligung den Wohnort in einen anderen Kanton verlegt (Art. 37);

d. mit der Bewilligung verbundene Bedingungen nicht einhält (Art. 32, 33 und 35);

e. der Mitwirkungspflicht bei der Beschaffung der Ausweispapiere (Art. 90 Bst. c) nicht nachkommt.

[2] Bei Widerhandlungen gegen die Ausführungsbestimmungen zu diesem Gesetz kann der Bundesrat Bussen bis zu 5000 Franken vorsehen.

Art. 120a[169] Sorgfaltspflichtsverletzung der Transportunternehmen

1 Luftverkehrs-, Strassentransport- und Schifffahrtsunternehmen (Transportunternehmen), die ihre Sorgfaltspflicht nach Artikel 92 Absatz 1 verletzen, werden mit Busse bis zu einer Million Franken bestraft.

2 Von einer Busse wird abgesehen, wenn:

a. der beförderten Person die Einreise oder Weiterreise bewilligt wurde;

b. dem Transportunternehmen das Aufdecken einer Fälschung oder Verfälschung der Reisedokumente nicht zumutbar war;

c. das Transportunternehmen zur Beförderung einer Person genötigt wurde;

d. die Einreise der beförderten Person in die Schweiz nach Artikel 22 AsylG[170] bewilligt wurde;

e. der Bundesrat weitere Ausnahmen vorgesehen hat, insbesondere bei Krieg oder Naturkatastrophen.

3 In leichten Fällen kann von einer Busse abgesehen werden.[171]

4 Besteht eine Vereinbarung über die Zusammenarbeit nach Artikel 92 Absatz 3, so wird dies bei der Festlegung der Busse berücksichtigt.

Art. 120b[172] Verletzung der Meldepflicht der Luftverkehrsunternehmen

1 Luftverkehrsunternehmen, die ihre Meldepflicht nach Artikel 104 schuldhaft verletzen, werden mit Busse bis zu einer Million Franken bestraft.

2 Die Meldepflicht wird verletzt, wenn die Passagierdaten nach Artikel 104 Absatz 2 nicht rechtzeitig, unvollständig oder falsch übermittelt werden.

3 Das Luftverkehrsunternehmen handelt schuldhaft, wenn es nicht alle erforderlichen und zumutbaren organisatorischen Vorkehren getroffen hat, um eine Verletzung der Meldepflicht zu verhindern.

4 Besteht eine Vereinbarung über die Zusammenarbeit nach Artikel 92 Absatz 3, so wird dies bei der Festlegung der Busse berücksichtigt.

Art. 120c[173] Gemeinsame Bestimmungen für die Bestrafung der Transportunternehmen

1 Die Verletzung der Sorgfaltspflicht (Art. 120a) oder der Meldepflicht (Art. 120b) wird auch verfolgt, wenn sie im Ausland begangen wurde. Artikel 6 Absätze 3 und 4 des Strafgesetzbuches[174] ist sinngemäss anwendbar.

---

169 Eingefügt durch Ziff. I des BG vom 13. Juni 2008 (Ergänzungen im Rahmen der Umsetzung der Schengen- und Dublin-Assoziierungsabkommen), in Kraft seit 12. Dez. 2008 (AS 2008 5407 5405 Art. 2 Bst. c; BBl 2007 7937).

170 SR 142.31

171 Fassung gemäss Ziff. I 1 des BG vom 18. Juni 2010 über die Anpassung von Bestimmungen betreffend die Erfassung von Daten im Bereich der Migration, in Kraft seit 24. Jan. 2011 (AS 2011 95; BBl 2010 51).

172 Eingefügt durch Ziff. I des BG vom 13. Juni 2008 (Ergänzungen im Rahmen der Umsetzung der Schengen- und Dublin-Assoziierungsabkommen), in Kraft seit 12. Dez. 2008 (AS 2008 5407 5405 Art. 2 Bst. c; BBl 2007 7937).

173 Eingefügt durch Ziff. I des BG vom 13. Juni 2008 (Ergänzungen im Rahmen der Umsetzung der Schengen- und Dublin-Assoziierungsabkommen), in Kraft seit 12. Dez. 2008 (AS 2008 5407 5405 Art. 2 Bst. c; BBl 2007 7937).

174 SR 311.0

² Die Vertretung des Transportunternehmens richtet sich nach Artikel 102*a* des Strafgesetzbuches.

³ Die Strafverfolgung verjährt in sieben und die Strafe in fünf Jahren.

Art. 120d[175] Zweckwidriges Bearbeiten von Personendaten im C-VIS

Wer Personendaten des C-VIS für andere als die in Artikel 109*a* vorgesehenen Zwecke bearbeitet, wird mit Busse bestraft.

Art. 120e[176] Strafverfolgung

¹ Die Verfolgung und Beurteilung der Widerhandlungen nach den Artikeln 115–120 und 120*d* obliegt den Kantonen. Ist eine Widerhandlung in mehreren Kantonen begangen worden, so ist zur Verfolgung derjenige Kanton zuständig, der diese zuerst aufnimmt.

² Zuständig für die Verfolgung und Beurteilung der Widerhandlungen nach den Artikeln 120*a* und 120*b* ist in erster Instanz das BFM. Das Bundesgesetz vom 22. März 1974[177] über das Verwaltungsstrafrecht ist anwendbar, soweit das vorliegende Gesetz keine abweichenden Bestimmungen enthält.

Art. 121 Einziehung und Sicherstellung von Reisedokumenten

Verfälschte und gefälschte Reisedokumente sowie echte Reisedokumente, die missbräuchlich verwendet wurden, können auf Weisung des BFM von den schweizerischen Auslandvertretungen, den Grenzposten sowie den zuständigen kantonalen Behörden eingezogen oder zur Weitergabe an den Berechtigten sichergestellt werden.

Art. 122 Administrative Sanktionen und Kostenübernahme

¹ Hat ein Arbeitgeber wiederholt gegen Vorschriften dieses Gesetzes verstossen, so kann die zuständige Behörde dessen Gesuche um Zulassung ausländischer Arbeitnehmerinnen und Arbeitnehmer, die keinen Anspruch auf Erteilung einer Bewilligung haben, abweisen oder nur teilweise bewilligen.

² Die zuständige Behörde kann die Sanktion auch androhen.

³ Der Arbeitgeber, der ausländische Arbeitnehmerinnen und Arbeitnehmer beschäftigt hat oder beschäftigen wollte, die nicht zur Ausübung einer Erwerbstätigkeit berechtigt sind, trägt die Kosten, die dem Gemeinwesen

---

175 Eingefügt durch Ziff. I des BG vom 13. Juni 2008 (Ergänzungen im Rahmen der Umsetzung der Schengen- und Dublin-Assoziierungsabkommen (AS 2008 5407 5405 Art. 2 Bst. c; BBl 2007 7937). Fassung gemäss Art. 2 Ziff. 1 des BB vom 11. Dez. 2009 über die Genehmigung und die Umsetzung der Notenaustausche zwischen der Schweiz und der EU betreffend die Übernahme der Verordnung und des Beschlusses über das Visa-Informationssystem (VIS), in Kraft seit 11. Okt. 2011 (AS 2010 2063, 2011 4449; BBl 2009 4245).

176 Eingefügt durch Art. 2 Ziff. 1 des BB vom 11. Dez. 2009 über die Genehmigung und die Umsetzung der Notenaustausche zwischen der Schweiz und der EU betreffend die Übernahme der Verordnung und des Beschlusses über das Visa-Informationssystem (VIS), in Kraft seit 11. Okt. 2011 (AS 2010 2063, 2011 4449; BBl 2009 4245)

177 SR 313.0

durch den Lebensunterhalt, bei Unfall und Krankheit und für die Rückreise der betreffenden Personen entstehen und nicht gedeckt sind.

(...)

Datum des Inkrafttretens: 1. Januar 2008[186]
Artikel 92–95 sowie 127: 12. Dezember 2008[187]

---

186 BRB vom 24. Okt. 2007
187 Art. 2 Bst. a der V vom 26. Nov. 2008 (AS 2008 5404 Art. 2 Bst. a).

7. Bundesgesetz gegen den unlauteren Wettbewerb (UWG)

vom 19. Dezember 1986

(Auszug)

Die Bundesversammlung der Schweizerischen Eidgenossenschaft,

gestützt auf die Artikel 95 Absatz 1, 96, 97 Absätze 1 und 2 und 122 Absatz 1 der Bundesverfassung[1],[2]
nach Einsicht in eine Botschaft des Bundesrates vom 18. Mai 1983[3],
beschliesst:

1. Kapitel: Zweck

Art. 1

Dieses Gesetz bezweckt, den lauteren und unverfälschten Wettbewerb im Interesse aller Beteiligten zu gewährleisten.

2. Kapitel: Zivil- und prozessrechtliche Bestimmungen

1. Abschnitt: Widerrechtlichkeit des unlauteren Wettbewerbs

Art. 2 Grundsatz

Unlauter und widerrechtlich ist jedes täuschende oder in anderer Weise gegen den Grundsatz von Treu und Glauben verstossende Verhalten oder Geschäftsgebaren, welches das Verhältnis zwischen Mitbewerbern oder zwischen Anbietern und Abnehmern beeinflusst.

SR 241. AS 1988 223

1   SR 101
2   Fassung gemäss Ziff. I des BG vom 17. Juni 2011, in Kraft seit 1. April 2012 (AS 2011 4909; BBl 2009 6151).
3   BBl 1983 II 1009

Art. 3 Unlautere Werbe- und Verkaufsmethoden und anderes widerrechtliches Verhalten

[1] Unlauter handelt insbesondere, wer:

a. andere, ihre Waren, Werke, Leistungen, deren Preise oder ihre Geschäftsverhältnisse durch unrichtige, irreführende oder unnötig verletzende Äusserungen herabsetzt;

b.[4] über sich, seine Firma, seine Geschäftsbezeichnung, seine Waren, Werke oder Leistungen, deren Preise, die vorrätige Menge, die Art der Verkaufsveranstaltung oder über seine Geschäftsverhältnisse unrichtige oder irreführende Angaben macht oder in entsprechender Weise Dritte im Wettbewerb begünstigt;

c. unzutreffende Titel oder Berufsbezeichnungen verwendet, die geeignet sind, den Anschein besonderer Auszeichnungen oder Fähigkeiten zu erwecken;

d. Massnahmen trifft, die geeignet sind, Verwechslungen mit den Waren, Werken, Leistungen oder dem Geschäftsbetrieb eines anderen herbeizuführen;

e. sich, seine Waren, Werke, Leistungen oder deren Preise in unrichtiger, irreführender, unnötig herabsetzender oder anlehnender Weise mit anderen, ihren Waren, Werken, Leistungen oder deren Preisen vergleicht oder in entsprechender Weise Dritte im Wettbewerb begünstigt;

f. ausgewählte Waren, Werke oder Leistungen wiederholt unter Einstandspreisen anbietet, diese Angebote in der Werbung besonders hervorhebt und damit den Kunden über die eigene oder die Leistungsfähigkeit von Mitbewerbern täuscht; Täuschung wird vermutet, wenn der Verkaufspreis unter dem Einstandspreis vergleichbarer Bezüge gleichartiger Waren, Werke oder Leistungen liegt; weist der Beklagte den tatsächlichen Einstandspreis nach, so ist dieser für die Beurteilung massgebend;

g. den Kunden durch Zugaben über den tatsächlichen Wert des Angebots täuscht;

h. den Kunden durch besonders aggressive Verkaufsmethoden in seiner Entscheidungsfreiheit beeinträchtigt;

i. die Beschaffenheit, die Menge, den Verwendungszweck, den Nutzen oder die Gefährlichkeit von Waren, Werken oder Leistungen verschleiert und dadurch den Kunden täuscht;

k.[5] es bei öffentlichen Auskündigungen über einen Konsumkredit unterlässt, seine Firma eindeutig zu bezeichnen oder den Nettobetrag des Kredits, die Gesamtkosten des Kredits und den effektiven Jahreszins deutlich anzugeben;

---

4 Fassung gemäss Ziff. I des BG vom 24. März 1995, in Kraft seit 1. Nov. 1995 (AS 1995 4086; BBl 1994 III 442).
5 Fassung gemäss Anhang 2 Ziff. II 2 des BG vom 23. März 2001 über den Konsumkredit, in Kraft seit 1. Jan. 2003 (AS 2002 3846; BBl 1999 3155).

l.[6] es bei öffentlichen Auskündigungen über einen Konsumkredit zur Finanzierung von Waren oder Dienstleistungen unterlässt, seine Firma eindeutig zu bezeichnen oder den Barzahlungspreis, den Preis, der im Rahmen des Kreditvertrags zu bezahlen ist, und den effektiven Jahreszins deutlich anzugeben;

m.[7] im Rahmen einer geschäftlichen Tätigkeit einen Konsumkreditvertrag oder einen Vorauszahlungskauf anbietet oder abschliesst und dabei Vertragsformulare verwendet, die unvollständige oder unrichtige Angaben über den Gegenstand des Vertrags, den Preis, die Zahlungsbedingungen, die Vertragsdauer, das Widerrufs- oder Kündigungsrecht des Kunden oder über sein Recht zu vorzeitiger Bezahlung der Restschuld enthalten;

n.[8] es bei öffentlichen Auskündigungen über einen Konsumkredit (Bst. k) oder über einen Konsumkredit zur Finanzierung von Waren oder Dienstleistungen (Bst. l) unterlässt, darauf hinzuweisen, dass die Kreditvergabe verboten ist, falls sie zur Überschuldung der Konsumentin oder des Konsumenten führt;

o.[9] Massenwerbung ohne direkten Zusammenhang mit einem angeforderten Inhalt fernmeldetechnisch sendet oder solche Sendungen veranlasst und es dabei unterlässt, vorher die Einwilligung der Kunden einzuholen, den korrekten Absender anzugeben oder auf eine problemlose und kostenlose Ablehnungsmöglichkeit hinzuweisen; wer beim Verkauf von Waren, Werken oder Leistungen Kontaktinformationen von Kunden erhält und dabei auf die Ablehnungsmöglichkeit hinweist, handelt nicht unlauter, wenn er diesen Kunden ohne deren Einwilligung Massenwerbung für eigene ähnliche Waren, Werke oder Leistungen sendet;

p.[10] mittels Offertformularen, Korrekturangeboten oder Ähnlichem für Eintragungen in Verzeichnisse jeglicher Art oder für Anzeigenaufträge wirbt oder solche Eintragungen oder Anzeigenaufträge unmittelbar anbietet, ohne in grosser Schrift, an gut sichtbarer Stelle und in verständlicher Sprache auf Folgendes hinzuweisen:

1. die Entgeltlichkeit und den privaten Charakter des Angebots,

2. die Laufzeit des Vertrags,

3. den Gesamtpreis entsprechend der Laufzeit, und

4. die geografische Verbreitung, die Form, die Mindestauflage und den spätesten Zeitpunkt der Publikation;

---

6   Fassung gemäss Anhang 2 Ziff. II 2 des BG vom 23. März 2001 über den Konsumkredit, in Kraft seit 1. Jan. 2003 (AS 2002 3846; BBl 1999 3155).

7   Fassung gemäss Anhang 2 Ziff. II 2 des BG vom 23. März 2001 über den Konsumkredit, in Kraft seit 1. Jan. 2003 (AS 2002 3846; BBl 1999 3155).

8   Eingefügt durch Anhang 2 Ziff. II 2 des BG vom 23. März 2001 über den Konsumkredit, in Kraft seit 1. Jan. 2003 (AS 2002 3846; BBl 1999 3155).

9   Eingefügt durch Anhang Ziff. 1 des BG vom 24. März 2006, in Kraft seit 1. April 2007 (AS 2007 921; BBl 2003 7951).

10   Eingefügt durch Ziff. I des BG vom 17. Juni 2011, in Kraft seit 1. April 2012 (AS 2011 4909; BBl 2009 6151).

q.[11] für Eintragungen in Verzeichnisse jeglicher Art oder für Anzeigenaufträge Rechnungen verschickt, ohne vorgängig einen entsprechenden Auftrag erhalten zu haben;

r.[12] jemandem die Lieferung von Waren, die Ausrichtung von Prämien oder andere Leistungen zu Bedingungen in Aussicht stellt, die für diesen hauptsächlich durch die Anwerbung weiterer Personen einen Vorteil bedeuten und weniger durch den Verkauf oder Verbrauch von Waren oder Leistungen (Schneeball-, Lawinen- oder Pyramidensystem);

s.[13] Waren, Werke oder Leistungen im elektronischen Geschäftsverkehr anbietet und es dabei unterlässt:

1. klare und vollständige Angaben über seine Identität und seine Kontaktadresse einschliesslich derjenigen der elektronischen Post zu machen,
2. auf die einzelnen technischen Schritte, die zu einem Vertragsabschluss führen, hinzuweisen,
3. angemessene technische Mittel zur Verfügung zu stellen, mit denen Eingabefehler vor Abgabe der Bestellung erkannt und korrigiert werden können,
4. die Bestellung des Kunden unverzüglich auf elektronischem Wege zu bestätigen;

t.[14] im Rahmen eines Wettbewerbs oder einer Verlosung einen Gewinn verspricht, dessen Einlösung an die Inanspruchnahme einer kostenpflichtigen Mehrwertdienstnummer, die Leistung einer Aufwandsentschädigung, den Kauf einer Ware oder Dienstleistung oder an die Teilnahme an einer Verkaufsveranstaltung, Werbefahrt oder einer weiteren Verlosung gebunden ist;

u.[15] den Vermerk im Telefonbuch nicht beachtet, dass ein Kunde keine Werbemitteilungen von Dritten erhalten möchte und dass seine Daten zu Zwecken der Direktwerbung nicht weitergegeben werden dürfen.

2 Absatz 1 Buchstabe s findet keine Anwendung auf die Sprachtelefonie und auf Verträge, die ausschliesslich durch den Austausch von elektronischer Post oder durch vergleichbare individuelle Kommunikation geschlossen werden.[16]

Art. 4   Verleitung zu Vertragsverletzung oder -auflösung

Unlauter handelt insbesondere, wer:

a. Abnehmer zum Vertragsbruch verleitet, um selber mit ihnen einen Vertrag abschliessen zu können;

---

11 Eingefügt durch Ziff. I des BG vom 17. Juni 2011, in Kraft seit 1. April 2012 (AS 2011 4909; BBl 2009 6151).
12 Eingefügt durch Ziff. I des BG vom 17. Juni 2011, in Kraft seit 1. April 2012 (AS 2011 4909; BBl 2009 6151).
13 Eingefügt durch Ziff. I des BG vom 17. Juni 2011, in Kraft seit 1. April 2012 (AS 2011 4909; BBl 2009 6151).
14 Eingefügt durch Ziff. I des BG vom 17. Juni 2011, in Kraft seit 1. April 2012 (AS 2011 4909; BBl 2009 6151).
15 Eingefügt durch Ziff. I des BG vom 17. Juni 2011, in Kraft seit 1. April 2012 (AS 2011 4909; BBl 2009 6151).
16 Eingefügt durch Ziff. I des BG vom 17. Juni 2011, in Kraft seit 1. April 2012 (AS 2011 4909; BBl 2009 6151).

b. ...[17]

c. Arbeitnehmer, Beauftragte oder andere Hilfspersonen zum Verrat oder zur Auskundschaftung von Fabrikations- oder Geschäftsgeheimnissen ihres Arbeitgebers oder Auftraggebers verleitet;

d.[18] einen Käufer oder Kreditnehmer, der einen Vorauszahlungskauf oder einen Konsumkreditvertrag abgeschlossen hat, veranlasst, den Vertrag zu widerrufen, oder wer einen Käufer, der einen Vorauszahlungskauf abgeschlossen hat, veranlasst, diesen zu kündigen, um selber mit ihm einen solchen Vertrag abzuschliessen.

Art. 4a[19] Bestechen und sich bestechen lassen

[1] Unlauter handelt, wer:

a. einem Arbeitnehmer, einem Gesellschafter, einem Beauftragten oder einer anderen Hilfsperson eines Dritten im privaten Sektor im Zusammenhang mit dessen dienstlicher oder geschäftlicher Tätigkeit für eine pflichtwidrige oder eine im Ermessen stehende Handlung oder Unterlassung zu dessen Gunsten oder zu Gunsten eines Dritten einen nicht gebührenden Vorteil anbietet, verspricht oder gewährt;

b. als Arbeitnehmer, als Gesellschafter, als Beauftragter oder als andere Hilfsperson eines Dritten im privaten Sektor im Zusammenhang mit seiner dienstlichen oder geschäftlichen Tätigkeit für eine pflichtwidrige oder eine im Ermessen stehende Handlung oder Unterlassung für sich oder einen Dritten einen nicht gebührenden Vorteil fordert, sich versprechen lässt oder annimmt.

[2] Keine nicht gebührenden Vorteile sind vertraglich vom Dritten genehmigte sowie geringfügige, sozial übliche Vorteile.

Art. 5 Verwertung fremder Leistung

Unlauter handelt insbesondere, wer:

a. ein ihm anvertrautes Arbeitsergebnis wie Offerten, Berechnungen oder Pläne unbefugt verwertet;

b. ein Arbeitsergebnis eines Dritten wie Offerten, Berechnungen oder Pläne verwertet, obwohl er wissen muss, dass es ihm unbefugterweise überlassen oder zugänglich gemacht worden ist;

---

17 Aufgehoben durch Art. 2 Ziff. 1 des BB vom 7. Okt. 2005 über die Genehmigung und die Umsetzung des Strafrechtsübereink. und des Zusatzprot. des Europarates über Korruption, mit Wirkung seit 1. Juli 2006 (AS 2006 2371; BBl 2004 6983).

18 Fassung gemäss Anhang 2 Ziff. II 2 des BG 23. März 2001 über den Konsumkredit, in Kraft seit 1. Jan. 2003 (AS 2002 3846; BBl 1999 3155).

19 Eingefügt durch Art. 2 Ziff. 1 des BB vom 7. Okt. 2005 über die Genehmigung und die Umsetzung des Strafrechtsübereink. und des Zusatzprot. des Europarates über Korruption, in Kraft seit 1. Juli 2006 (AS 2006 2371; BBl 2004 6983).

c. das marktreife Arbeitsergebnis eines andern ohne angemessenen eigenen Aufwand durch technische Reproduktionsverfahren als solches übernimmt und verwertet.

Art. 6   Verletzung von Fabrikations- und Geschäftsgeheimnissen

Unlauter handelt insbesondere, wer Fabrikations- oder Geschäftsgeheimnisse, die er ausgekundschaftet oder sonst wie unrechtmässig erfahren hat, verwertet oder andern mitteilt.

Art. 7   Nichteinhaltung von Arbeitsbedingungen

Unlauter handelt insbesondere, wer Arbeitsbedingungen nicht einhält, die durch Rechtssatz oder Vertrag auch dem Mitbewerber auferlegt, oder berufs- oder ortsüblich sind.

Art. 8[20]   Verwendung missbräuchlicher Geschäftsbedingungen

Unlauter handelt insbesondere, wer allgemeine Geschäftsbedingungen verwendet, die in Treu und Glauben verletzender Weise zum Nachteil der Konsumentinnen und Konsumenten ein erhebliches und ungerechtfertigtes Missverhältnis zwischen den vertraglichen Rechten und den vertraglichen Pflichten vorsehen.

(...)

4. Kapitel: Strafbestimmungen

Art. 23[42]   Unlauterer Wettbewerb

[1] Wer vorsätzlich unlauteren Wettbewerb nach Artikel 3, 4, 4a, 5 oder 6 begeht, wird auf Antrag mit Freiheitsstrafe bis zu drei Jahren oder Geldstrafe bestraft.[43]

[2] Strafantrag stellen kann, wer nach den Artikeln 9 und 10 zur Zivilklage berechtigt ist.

[3] Der Bund hat im Verfahren die Rechte eines Privatklägers.[44]

---

20   Fassung gemäss Ziff. I des BG vom 17. Juni 2011, in Kraft seit 1. Juli 2012 (AS 2011 4909; BBl 2009 6151).

42   Fassung gemäss Art. 2 Ziff. 1 des BB vom 7. Okt. 2005 über die Genehmigung und die Umsetzung des Strafrechtsübereink. und des Zusatzprot. des Europarates über Korruption, in Kraft seit 1. Juli 2006 (AS 2006 2371; BBl 2004 6983).

43   Fassung gemäss Art. 333 des Strafgesetzbuches in der Fassung des BG vom 13. Dez. 2002, in Kraft seit 1. Jan. 2007 (AS 2006 3459).

44   Eingefügt durch Ziff. I des BG vom 17. Juni 2011, in Kraft seit 1. April 2012 (AS 2011 4909; BBl 2009 6151).

Art. 24　Verletzung der Pflicht zur Preisbekanntgabe an Konsumenten

[1] Wer vorsätzlich:

a.[45] die Pflicht zur Preisbekanntgabe (Art. 16) oder zur Grundpreisbekanntgabe (Art. 16a) verletzt;

b. den Vorschriften über die Preisbekanntgabe in der Werbung (Art. 17) zuwiderhandelt;

c. in irreführender Weise Preise bekannt gibt (Art. 18);

d. die Auskunftspflicht im Zusammenhang mit der Preisbekanntgabe (Art. 19) verletzt;

e.[46] den Ausführungsvorschriften des Bundesrates über die Preisbekanntgabe oder die Grundpreisbekanntgabe (Art. 16, 16a und 20) zuwiderhandelt,

wird mit Busse bis zu 20 000 Franken bestraft.[47]

[2] Handelt der Täter fahrlässig, so ist die Strafe Busse.

Art. 25[48]

Art. 26　Widerhandlungen in Geschäftsbetrieben

Für Widerhandlungen in Geschäftsbetrieben, durch Beauftragte und dergleichen sind die Artikel 6 und 7 des Verwaltungsstrafrechtsgesetzes vom 22. März 1974[49] anwendbar.

Art. 27　Strafverfolgung

[1] Die Strafverfolgung ist Sache der Kantone.

[2] Die kantonalen Behörden teilen sämtliche Urteile, Strafbescheide und Einstellungsbeschlüsse unverzüglich und unentgeltlich in vollständiger Ausführung der Bundesanwaltschaft und dem Eidgenössischen Departement für Wirtschaft, Bildung und Forschung[50] mit.[51]

(...)

Datum des Inkrafttretens: 1. März 1988[53]

45　Fassung gemäss Art. 26 des Messgesetzes vom 17. Juni 2011, in Kraft seit 1. Jan. 2013 (AS 2012 6235; BBl 2010 8013).

46　Fassung gemäss Art. 26 des Messgesetzes vom 17. Juni 2011, in Kraft seit 1. Jan. 2013 (AS 2012 6235; BBl 2010 8013).

47　Fassung gemäss Art. 333 des Strafgesetzbuches in der Fassung des BG vom 13. Dez. 2002, in Kraft seit 1. Jan. 2007 (AS 2006 3459).

48　Aufgehoben durch Ziff. I des BG vom 24. März 1995 (AS 1995 4086; BBl 1994 III 442).

49　SR 313.0

50　Ausdruck gemäss Ziff. I 5 der V vom 15. Juni 2012 (Neugliederung der Departemente), in Kraft seit 1. Jan. 2013 (AS 2012 3655).

51　Fassung gemäss Ziff. I des BG vom 17. Juni 2011, in Kraft seit 1. April 2012 (AS 2011 4909; BBl 2009 6151).

53　BRB vom 14. Dez. 1987

8. Bundesgesetz über Kartelle und andere Wettbewerbsbeschränkungen

(Kartellgesetz, KG)

(Auszug)

vom 6. Oktober 1995

Die Bundesversammlung der Schweizerischen Eidgenossenschaft,

gestützt auf die Artikel 27 Absatz 1, 96[1], 97 Absatz 2 und 122[2]
der Bundesverfassung[3],[4]
in Ausführung der wettbewerbsrechtlichen Bestimmungen internationaler Abkommen,
nach Einsicht in die Botschaft des Bundesrates vom 23. November 1994[5],

beschliesst:

1. Kapitel: Allgemeine Bestimmungen

Art. 1 Zweck

Dieses Gesetz bezweckt, volkswirtschaftlich oder sozial schädliche Auswirkungen von Kartellen und anderen Wettbewerbsbeschränkungen zu verhindern und damit den Wettbewerb im Interesse einer freiheitlichen marktwirtschaftlichen Ordnung zu fördern.

Art. 2 Geltungsbereich

[1] Das Gesetz gilt für Unternehmen des privaten und des öffentlichen Rechts, die Kartell- oder andere Wettbewerbsabreden treffen, Marktmacht ausüben oder sich an Unternehmenszusammenschlüssen beteiligen.

[1bis] Als Unternehmen gelten sämtliche Nachfrager oder Anbieter von Gütern und Dienstleistungen im Wirtschaftsprozess, unabhängig von ihrer Rechtsoder Organisationsform.[6]

SR 251. AS 1996 546
1   Dieser Bestimmung entspricht Art. 31bis der BV vom 29. Mai 1874 [BS 1 3].
2   Dieser Bestimmung entspricht Art. 64 der BV vom 29. Mai 1874 [BS 1 3].
3   SR 101
4   Fassung gemäss Ziff. I des BG vom 20. Juni 2003, in Kraft seit 1. April 2004 (AS 2004 1385; BBl 2002 2022 5506).
5   BBl 1995 I 468
6   Eingefügt durch Ziff. I des BG vom 20. Juni 2003, in Kraft seit 1. April 2004 (AS 2004 1385; BBl 2002 2022 5506).

[2] Das Gesetz ist auf Sachverhalte anwendbar, die sich in der Schweiz auswirken, auch wenn sie im Ausland veranlasst werden.

Art. 3 Verhältnis zu anderen Rechtsvorschriften

[1] Vorbehalten sind Vorschriften, soweit sie auf einem Markt für bestimmte Waren oder Leistungen Wettbewerb nicht zulassen, insbesondere Vorschriften:
a. die eine staatliche Markt- oder Preisordnung begründen;
b. die einzelne Unternehmen zur Erfüllung öffentlicher Aufgaben mit besonderen Rechten ausstatten.

[2] Nicht unter das Gesetz fallen Wettbewerbswirkungen, die sich ausschliesslich aus der Gesetzgebung über das geistige Eigentum ergeben. Hingegen unterliegen Einfuhrbeschränkungen, die sich auf Rechte des geistigen Eigentums stützen, der Beurteilung nach diesem Gesetz.[7]

[3] Verfahren zur Beurteilung von Wettbewerbsbeschränkungen nach diesem Gesetz gehen Verfahren nach dem Preisüberwachungsgesetz vom 20. Dezember 1985[8] vor, es sei denn die Wettbewerbskommission und der Preisüberwacher treffen gemeinsam eine gegenteilige Regelung.

Art. 4 Begriffe

[1] Als Wettbewerbsabreden gelten rechtlich erzwingbare oder nicht erzwingbare Vereinbarungen sowie aufeinander abgestimmte Verhaltensweisen von Unternehmen gleicher oder verschiedener Marktstufen, die eine Wettbewerbsbeschränkung bezwecken oder bewirken.

[2] Als marktbeherrschende Unternehmen gelten einzelne oder mehrere Unternehmen, die auf einem Markt als Anbieter oder Nachfrager in der Lage sind, sich von andern Marktteilnehmern (Mitbewerbern, Anbietern oder Nachfragern) in wesentlichem Umfang unabhängig zu verhalten.[9]

[3] Als Unternehmenszusammenschluss gilt:
a. die Fusion von zwei oder mehr bisher voneinander unabhängigen Unternehmen;
b. jeder Vorgang, wie namentlich der Erwerb einer Beteiligung oder der Abschluss eines Vertrages, durch den ein oder mehrere Unternehmen unmittelbar oder mittelbar die Kontrolle über ein oder mehrere bisher unabhängige Unternehmen oder Teile von solchen erlangen.

---

7 Satz eingefügt durch Ziff. I des BG vom 20. Juni 2003, in Kraft seit 1. April 2004 (AS 2004 1385; BBl 2002 2022 5506).
8 SR 942.20
9 Fassung gemäss Ziff. I des BG vom 20. Juni 2003, in Kraft seit 1. April 2004 (AS 2004 1385; BBl 2002 2022 5506).

2. Kapitel: Materiellrechtliche Bestimmungen

1. Abschnitt: Unzulässige Wettbewerbsbeschränkungen

Art. 5 Unzulässige Wettbewerbsabreden

[1] Abreden, die den Wettbewerb auf einem Markt für bestimmte Waren oder Leistungen erheblich beeinträchtigen und sich nicht durch Gründe der wirtschaftlichen Effizienz rechtfertigen lassen, sowie Abreden, die zur Beseitigung wirksamen Wettbewerbs führen, sind unzulässig.

[2] Wettbewerbsabreden sind durch Gründe der wirtschaftlichen Effizienz gerechtfertigt, wenn sie:

a. notwendig sind, um die Herstellungs- oder Vertriebskosten zu senken, Produkte oder Produktionsverfahren zu verbessern, die Forschung oder die Verbreitung von technischem oder beruflichem Wissen zu fördern oder um Ressourcen rationeller zu nutzen; und

b. den beteiligten Unternehmen in keinem Fall Möglichkeiten eröffnen, wirksamen Wettbewerb zu beseitigen.

[3] Die Beseitigung wirksamen Wettbewerbs wird bei folgenden Abreden vermutet, sofern sie zwischen Unternehmen getroffen werden, die tatsächlich oder der Möglichkeit nach miteinander im Wettbewerb stehen:

a. Abreden über die direkte oder indirekte Festsetzung von Preisen;

b. Abreden über die Einschränkung von Produktions-, Bezugs- oder Liefermengen;

c. Abreden über die Aufteilung von Märkten nach Gebieten oder Geschäftspartnern.

[4] Die Beseitigung wirksamen Wettbewerbs wird auch vermutet bei Abreden zwischen Unternehmen verschiedener Marktstufen über Mindest- oder Festpreise sowie bei Abreden in Vertriebsverträgen über die Zuweisung von Gebieten, soweit Verkäufe in diese durch gebietsfremde Vertriebspartner ausgeschlossen werden.[10]

Art. 6 Gerechtfertigte Arten von Wettbewerbsabreden

[1] In Verordnungen oder allgemeinen Bekanntmachungen können die Voraussetzungen umschrieben werden, unter denen einzelne Arten von Wettbewerbsabreden aus Gründen der wirtschaftlichen Effizienz in der Regel als gerechtfertigt gelten. Dabei werden insbesondere die folgenden Abreden in Betracht gezogen:

a. Abreden über die Zusammenarbeit bei der Forschung und Entwicklung;

b. Abreden über die Spezialisierung und Rationalisierung, einschliesslich diesbezügliche Abreden über den Gebrauch von Kalkulationshilfen;

---

10 Eingefügt durch Ziff. I des BG vom 20. Juni 2003, in Kraft seit 1. April 2004 (AS 2004 1385; BBl 2002 2022 5506).

c. Abreden über den ausschliesslichen Bezug oder Absatz bestimmter Waren oder Leistungen;

d. Abreden über die ausschliessliche Lizenzierung von Rechten des geistigen Eigentums;

e.[11] Abreden mit dem Zweck, die Wettbewerbsfähigkeit kleiner und mittlerer Unternehmen zu verbessern, sofern sie nur eine beschränkte Marktwirkung aufweisen.

[2] Verordnungen und allgemeine Bekanntmachungen können auch besondere Kooperationsformen in einzelnen Wirtschaftszweigen, namentlich Abreden über die rationelle Umsetzung von öffentlich-rechtlichen Vorschriften zum Schutze von Kunden oder Anlegern im Bereich der Finanzdienstleistungen, als in der Regel gerechtfertigte Wettbewerbsabreden bezeichnen.

[3] Allgemeine Bekanntmachungen werden von der Wettbewerbskommission im Bundesblatt veröffentlicht. Verordnungen im Sinne der Absätze 1 und 2 werden vom Bundesrat erlassen.

Art. 7 Unzulässige Verhaltensweisen marktbeherrschender Unternehmen

[1] Marktbeherrschende Unternehmen verhalten sich unzulässig, wenn sie durch den Missbrauch ihrer Stellung auf dem Markt andere Unternehmen in der Aufnahme oder Ausübung des Wettbewerbs behindern oder die Marktgegenseite benachteiligen.

[2] Als solche Verhaltensweisen fallen insbesondere in Betracht:

a. die Verweigerung von Geschäftsbeziehungen (z. B. die Liefer- oder Bezugssperre);

b. die Diskriminierung von Handelspartnern bei Preisen oder sonstigen Geschäftsbedingungen;

c. die Erzwingung unangemessener Preise oder sonstiger unangemessener Geschäftsbedingungen;

d. die gegen bestimmte Wettbewerber gerichtete Unterbietung von Preisen oder sonstigen Geschäftsbedingungen;

e. die Einschränkung der Erzeugung, des Absatzes oder der technischen Entwicklung;

f. die an den Abschluss von Verträgen gekoppelte Bedingung, dass die Vertragspartner zusätzliche Leistungen annehmen oder erbringen.

Art. 8 Ausnahmsweise Zulassung aus überwiegenden öffentlichen Interessen

Wettbewerbsabreden und Verhaltensweisen marktbeherrschender Unternehmen, die von der zuständigen Behörde für unzulässig erklärt wurden, können vom Bundesrat auf Antrag der Beteiligten zugelassen werden, wenn sie in

---

11 Eingefügt durch Ziff. I des BG vom 20. Juni 2003, in Kraft seit 1. April 2004 (AS 2004 1385; BBl 2002 2022 5506).

Ausnahmefällen notwendig sind, um überwiegende öffentliche Interessen zu verwirklichen.

(...)

6. Abschnitt: Verwaltungssanktionen[40]

Art. 49a[41]   Sanktion bei unzulässigen Wettbewerbsbeschränkungen

[1] Ein Unternehmen, das an einer unzulässigen Abrede nach Artikel 5 Absätze 3 und 4 beteiligt ist oder sich nach Artikel 7 unzulässig verhält, wird mit einem Betrag bis zu 10 Prozent des in den letzten drei Geschäftsjahren in der Schweiz erzielten Umsatzes belastet. Artikel 9 Absatz 3 ist sinngemäss anwendbar. Der Betrag bemisst sich nach der Dauer und der Schwere des unzulässigen Verhaltens. Der mutmassliche Gewinn, den das Unternehmen dadurch erzielt hat, ist angemessen zu berücksichtigen.

[2] Wenn das Unternehmen an der Aufdeckung und der Beseitigung der Wettbewerbsbeschränkung mitwirkt, kann auf eine Belastung ganz oder teilweise verzichtet werden.

[3] Die Belastung entfällt, wenn:

a. das Unternehmen die Wettbewerbsbeschränkung meldet, bevor diese Wirkung entfaltet. Wird dem Unternehmen innert fünf Monaten nach der Meldung die Eröffnung eines Verfahrens nach den Artikeln 26–30 mitgeteilt und hält es danach an der Wettbewerbsbeschränkung fest, entfällt die Belastung nicht;

b. die Wettbewerbsbeschränkung bei Eröffnung der Untersuchung länger als fünf Jahre nicht mehr ausgeübt worden ist;

c. der Bundesrat eine Wettbewerbsbeschränkung nach Artikel 8 zugelassen hat.

Art. 50[42]   Verstösse gegen einvernehmliche Regelungen und behördliche Anordnungen

Verstösst ein Unternehmen zu seinem Vorteil gegen eine einvernehmliche Regelung, eine rechtskräftige Verfügung der Wettbewerbsbehörden oder einen Entscheid der Rechtsmittelinstanzen, so wird es mit einem Betrag bis zu 10 Prozent des in den letzten drei Geschäftsjahren in der Schweiz erzielten Umsatzes belastet. Artikel 9 Absatz 3 ist sinngemäss anwendbar. Bei der Bemessung des Betrages ist der mutmassliche Gewinn, den das Unternehmen durch das unzulässige Verhalten erzielt hat, angemessen zu berücksichtigen.

---

40 Ursprünglich vor Art. 50.
41 Eingefügt durch Ziff. I des BG vom 20. Juni 2003, in Kraft seit 1. April 2004 (AS 2004 1385; BBl 2002 2022 5506). Siehe auch die SchlB am Ende dieses Erlasses.
42 Fassung gemäss Ziff. I des BG vom 20. Juni 2003, in Kraft seit 1. April 2004 (AS 2004 1385; BBl 2002 2022 5506).

Art. 51 Verstösse im Zusammenhang mit Unternehmenszusammenschlüssen

[1] Ein Unternehmen, das einen meldepflichtigen Zusammenschluss ohne Meldung vollzieht oder das vorläufige Vollzugsverbot missachtet, gegen eine mit der Zulassung erteilte Auflage verstösst, einen untersagten Zusammenschluss vollzieht oder eine Massnahme zur Wiederherstellung wirksamen Wettbewerbs nicht durchführt, wird mit einem Betrag bis zu einer Million Franken belastet.

[2] Bei wiederholtem Verstoss gegen eine mit der Zulassung erteilte Auflage wird das Unternehmen mit einem Betrag bis zu 10 Prozent des auf die Schweiz entfallenden Gesamtumsatzes der beteiligten Unternehmen belastet. Artikel 9 Absatz 3 ist sinngemäss anwendbar.

Art. 52 Andere Verstösse

Ein Unternehmen, das die Auskunftspflicht oder die Pflichten zur Vorlage von Urkunden nicht oder nicht richtig erfüllt, wird mit einem Betrag bis zu 100 000 Franken belastet.

Art. 53 Verfahren[43]

[1] Verstösse werden vom Sekretariat im Einvernehmen mit einem Mitglied des Präsidiums untersucht. Sie werden von der Wettbewerbskommission beurteilt.

[2] ...[44]

7. Abschnitt:[45] Gebühren

Art. 53a

[1] Die Wettbewerbsbehörden erheben Gebühren für:
a. Verfügungen über die Untersuchung von Wettbewerbsbeschränkungen nach den Artikeln 26–31;
b. die Prüfung von Unternehmenszusammenschlüssen nach den Artikeln 32–38;
c. Gutachten und sonstige Dienstleistungen.

[2] Die Gebühr bemisst sich nach dem Zeitaufwand.

[3] Der Bundesrat legt die Gebührensätze fest und regelt die Gebührenerhebung. Er kann vorsehen, dass für bestimmte Verfahren oder Dienstleistun-

---

43 Fassung gemäss Anhang Ziff. 27 des Verwaltungsgerichtsgesetzes vom 17. Juni 2005, in Kraft seit 1. Jan. 2007 (AS 2006 2197; BBl 2001 4202).
44 Aufgehoben durch Anhang Ziff. 27 des Verwaltungsgerichtsgesetzes vom 17. Juni 2005, mit Wirkung seit 1. Jan. 2007 (AS 2006 2197; BBl 2001 4202).
45 Eingefügt durch Ziff. I des BG vom 20. Juni 2003, in Kraft seit 1. April 2004 (AS 2004 1385; BBl 2002 2022 5506).

gen, namentlich bei der Einstellung der Verfahren, keine Gebühren erhoben werden.

5. Kapitel: Strafsanktionen

Art. 54 Widerhandlungen gegen einvernehmliche Regelungen und behördliche Anordnungen

Wer vorsätzlich einer einvernehmlichen Regelung, einer rechtskräftigen Verfügung der Wettbewerbsbehörden oder einem Entscheid der Rechtsmittelinstanzen zuwiderhandelt, wird mit Busse bis zu 100 000 Franken bestraft.

Art. 55 Andere Widerhandlungen

Wer vorsätzlich Verfügungen der Wettbewerbsbehörden betreffend die Auskunftspflicht (Art. 40) nicht oder nicht richtig befolgt, einen meldepflichtigen Zusammenschluss ohne Meldung vollzieht oder Verfügungen im Zusammenhang mit Unternehmenszusammenschlüssen zuwiderhandelt, wird mit Busse bis zu 20 000 Franken bestraft.

Art. 56 Verjährung

[1] Die Strafverfolgung für Widerhandlungen gegen einvernehmliche Regelungen und behördliche Anordnungen (Art. 54) verjährt nach fünf Jahren. Die Verjährungsfrist kann durch Unterbrechung um nicht mehr als die Hälfte hinausgeschoben werden.

[2] Die Strafverfolgung für andere Widerhandlungen (Art. 55) verjährt nach zwei Jahren.

Art. 57 Verfahren und Rechtsmittel

[1] Für die Verfolgung und die Beurteilung der strafbaren Handlung gilt das Bundesgesetz über das Verwaltungsstrafrecht vom 22. März 1974[46].

[2] Verfolgende Behörde ist das Sekretariat im Einvernehmen mit einem Mitglied des Präsidiums. Urteilende Behörde ist die Wettbewerbskommission.

6. Kapitel: Ausführung internationaler Abkommen

Art. 58 Feststellung des Sachverhalts

[1] Macht eine Vertragspartei eines internationalen Abkommens geltend, eine Wettbewerbsbeschränkung sei mit dem Abkommen unvereinbar, so kann das WBF das Sekretariat mit einer entsprechenden Vorabklärung beauftragen.

---

46 SR 313.0

² Das WBF entscheidet auf Antrag des Sekretariats über das weitere Vorgehen. Es hört zuvor die Beteiligten an.

Art. 59   Beseitigung von Unvereinbarkeiten

¹ Wird bei der Ausführung eines internationalen Abkommens festgestellt, dass eine Wettbewerbsbeschränkung mit dem Abkommen unvereinbar ist, so kann das WBF im Einvernehmen mit dem Eidgenössischen Departement für auswärtige Angelegenheiten den Beteiligten eine einvernehmliche Regelung über die Beseitigung der Unvereinbarkeit vorschlagen.

² Kommt eine einvernehmliche Regelung nicht rechtzeitig zustande und drohen der Schweiz von der Vertragspartei Schutzmassnahmen, so kann das WBF im Einvernehmen mit dem Eidgenössischen Departement für auswärtige Angelegenheiten die Massnahmen verfügen, die zur Beseitigung der Wettbewerbsbeschränkung erforderlich sind.

6a. Kapitel:[47] Evaluation

Art. 59a

¹ Der Bundesrat sorgt für die Evaluation der Wirksamkeit der Massnahmen und des Vollzugs dieses Gesetzes.

² Der Bundesrat erstattet nach Abschluss der Evaluation, spätestens aber fünf Jahre nach Inkrafttreten dieser Bestimmung, dem Parlament Bericht und unterbreitet Vorschläge für das weitere Vorgehen.

7. Kapitel: Schlussbestimmungen

Art. 60   Ausführungsbestimmungen

Der Bundesrat erlässt die Ausführungsbestimmungen.

Art. 61   Aufhebung bisherigen Rechts

Das Kartellgesetz vom 20. Dezember 1985[48] wird aufgehoben.

Art. 62   Übergangsbestimmungen

¹ Laufende Verfahren der Kartellkommission über Wettbewerbsabreden werden mit Inkrafttreten dieses Gesetzes sistiert; nötigenfalls werden sie nach Ablauf von sechs Monaten nach neuem Recht weitergeführt.

---

47 Eingefügt durch Ziff. I des BG vom 20. Juni 2003, in Kraft seit 1. April 2004 (AS 2004 1385; BBl 2002 2022 5506).
48 [AS 1986 874, 1992 288 Anhang Ziff. 12]

² Neue Verfahren der Wettbewerbskommission über Wettbewerbsabreden können frühestens sechs Monate nach Inkrafttreten des Gesetzes eingeleitet werden, es sei denn, mögliche Verfügungsadressaten verlangten eine frühere Untersuchung. Vorabklärungen sind jederzeit möglich.

³ Rechtskräftige Verfügungen und angenommene Empfehlungen nach dem Kartellgesetz vom 20. Dezember 1985[49] unterstehen auch bezüglich der Sanktionen dem bisherigen Recht.

Art. 63 Referendum und Inkrafttreten

¹ Dieses Gesetz untersteht dem fakultativen Referendum.

² Der Bundesrat bestimmt das Inkrafttreten.

Schlussbestimmung zur Änderung vom 20. Juni 2003[50]

Wird eine bestehende Wettbewerbsbeschränkung innert eines Jahres nach Inkrafttreten von Artikel 49*a* gemeldet oder aufgelöst, so entfällt eine Belastung nach dieser Bestimmung.

Datum des Inkrafttretens:
Artikel 18–25 am 1. Februar 1996[51]
alle übrigen Bestimmungen am 1. Juli 1996[52]

Anhang

Änderung von Bundesgesetzen

...[53]

---

49 [AS 1986 874, 1992 288 Anhang Ziff. 12]
50 AS 2004 1385; BBl 2002 2022 5506
51 BRB vom 24. Jan. 1996
52 V vom 17. Juni 1996 (AS 1996 1805)
53 Die Änderungen können unter AS 1996 546 konsultiert werden.

9. Verordnung über die Mitteilung kantonaler Strafentscheide[1]
(Mitteilungsverordnung, MTV)*

vom 10. November 2004

Der Schweizerische Bundesrat,

gestützt auf Artikel 445 der Strafprozessordnung[2] (StPO),[3]

verordnet:

Art. 1 Bestimmungen des Strafgesetzbuches

Die kantonalen Behörden teilen sämtliche Urteile, Strafbescheide der Verwaltungsbehörden und Einstellungsbeschlüsse mit, die nach den folgenden Bestimmungen des Strafgesetzbuches (StGB)[4] ergangen sind:

1. Artikel 111 ff. (strafbare Handlungen gegen Leib und Leben, sofern sie mit dem Betrieb öffentlicher Verkehrsmittel im Zusammenhang stehen): Einsendung an das Bundesamt für Verkehr;
2. Artikel 156 (Erpressung, sofern zum Nachteil des Bundes begangen): Einsendung an die Bundesanwaltschaft;
3. Artikel 195, 196[5] und 197 (Förderung der Prostitution, Menschenhandel, Pornographie): Einsendung an das Bundesamt für Polizei;
4. Artikel 231 und 234 (Verbreiten menschlicher Krankheiten, Verunreinigung von Trinkwasser): Einsendung an das Bundesamt für Gesundheit;
5. Artikel 237 (nur Störungen des öffentlichen Luftverkehrs): Einsendung an das Bundesamt für Zivilluftfahrt;
6. Artikel 238 (Störung des Eisenbahnverkehrs): Einsendung an das Bundesamt für Verkehr und an die Unfalluntersuchungsstelle nach Artikel 15 des Eisenbahngesetzes vom 20. Dezember 1957 (SR *742.101*);
7. Artikel 239 (Störung von Betrieben, die der Allgemeinheit dienen, sofern die Störung mit Transportbetrieben im Zusammenhang steht): Einsen-

---

SR 312.3. AS 2004 4865

* Kurztitel und Abkürzung nicht amtlich.

1 Kurztitel aufgehoben durch Ziff. II 1 der V vom 3. Dez. 2010 über die Anpassung des Verordnungsrechts im Hinblick auf das Inkrafttreten der Strafprozessordnung, mit Wirkung seit 1. Jan. 2011 (AS 2010 5999).

2 SR 312.0

3 Fassung gemäss Ziff. II 1 der V vom 3. Dez. 2010 über die Anpassung des Verordnungsrechts im Hinblick auf das Inkrafttreten der Strafprozessordnung, in Kraft seit 1. Jan. 2011 (AS 2010 5999).

4 SR 311.0

5 Heute: Art. 182.

dung an das Bundesamt für Verkehr und an die Unfalluntersuchungsstelle nach Artikel 15 des Eisenbahngesetzes vom 20. Dezember 1957;

8. Artikel 240, 241, 242, 243, 244 und 247 (Geldfälschung, Geldverfälschung, in Umlaufsetzen falschen Geldes, Nachmachen von Banknoten, Münzen oder amtlichen Wertzeichen ohne Fälschungsabsicht, Einführen, Erwerben, Lagern falschen Geldes, Fälschungsgeräte; unrechtmässiger Gebrauch von Geräten): Einsendung an das Bundesamt für Polizei;

9.[6] Artikel 259, 260, 261, 261bis und 285 (öffentliche Aufforderung zu Verbrechen oder zur Gewalttätigkeit, Landfriedensbruch, Störung der Glaubens- und Kultusfreiheit, Rassendiskriminierung, Gewalt und Drohung gegen Behörden und Beamte): Einsendung an das Bundesamt für Polizei und an den Nachrichtendienst des Bundes;

10. Artikel 322ter–322[septies] (Bestechen, sich bestechen lassen, Vorteilsgewährung, Vorteilsannahme, Bestechung fremder Amtsträger): Einsendung an das Bundesamt für Polizei.

Art. 2 Ermächtigungsbedürftige Strafverfahren

Die kantonalen Behörden teilen sämtliche Urteile, Strafbescheide der Verwaltungsbehörden und Einstellungsbeschlüsse über strafbare Handlungen von Vertretern des Bundes nach Artikel 17 des Parlamentsgesetzes vom 13. Dezember 2002[7] und nach den Artikeln 14 und 15 des Verantwortlichkeitsgesetzes vom 14. März 1958[8] der Bundesanwaltschaft mit.

Art. 3 Andere Bundesgesetze

Die kantonalen Behörden teilen sämtliche Urteile, Strafbescheide der Verwaltungsbehörden und Einstellungsbeschlüsse mit, die nach den folgenden Bundesgesetzen ergangen sind:

1. Bundesgesetz vom 26. März 1931 über Aufenthalt und Niederlassung der Ausländer [BS *1* 121][9]: Einsendung an das Bundesamt für Migration;

2. Asylgesetz vom 26. Juni 1998 (SR *142.31*): Einsendung an das Bundesamt für Migration;

3. Urheberrechtsgesetz vom 9. Oktober 1992 (SR *231.1*): Einsendung an das Eidgenössische Institut für Geistiges Eigentum;

4. Topographiengesetz vom 9. Oktober 1992 (SR *231.2*): Einsendung an das Eidgenössische Institut für Geistiges Eigentum;

5. Markenschutzgesetz vom 28. August 1992 (SR *232.11*): Einsendung an das Eidgenössische Institut für Geistiges Eigentum;

---

6 Fassung gemäss Anhang 4 Ziff. II 12 der V vom 4. Dez. 2009 über den Nachrichtendienst des Bundes, in Kraft seit 1. Jan. 2010 (AS 2009 6937).

7 SR 171.10

8 SR 170.32

9 Heute: das BG vom 16. Dez. 2005 über die Ausländerinnen und Ausländer (SR 142.20).

6. Designgesetz vom 5. Oktober 2001 (SR *232.12*): Einsendung an das Eidgenössische Institut für Geistiges Eigentum;

7. Bundesgesetz vom 5. Juni 1931 zum Schutz öffentlicher Wappen und anderer öffentlicher Zeichen (SR *232.21*): Einsendung an das Eidgenössische Institut für Geistiges Eigentum;

8. Bundesgesetz vom 19. Dezember 1986 gegen den unlauteren Wettbewerb (SR *241*): Einsendung an das Staatssekretariat für Wirtschaft;

9. Bundesgesetz vom 17. März 1972 über die Förderung von Turnen und Sport (SR *415.0*): Einsendung an das Bundesamt für Sport;

10. Kulturgütertransfergesetz vom 20. Juni 2003 (SR *444.1*): Einsendung an das Bundesamt für Kultur;

11. Bundesgesetz vom 1. Juli 1966 über den Natur- und Heimatschutz (SR *451*): Einsendung an das Bundesamt für Umwelt[10];

12. Tierschutzgesetz vom 9. März 1978 [AS *1981* 562][11]: Einsendung an das Bundesamt für Veterinärwesen;

13. Waffengesetz vom 20. Juni 1997 (SR *514.54*): Einsendung an das Bundesamt für Polizei;

14. Alkoholgesetz vom 21. Juni 1932 (SR *680*), soweit es sich um Handelsverbote gemäss Artikel 41 handelt: Einsendung an die Eidgenössische Alkoholverwaltung;

15. Heilmittelgesetz vom 15. Dezember 2000 (SR *812.21*): Einsendung an das Schweizerische Heilmittelinstitut;

16. Umweltschutzgesetz vom 7. Oktober 1983 (SR *814.01*): Einsendung an das Bundesamt für Umwelt;

17. Gewässerschutzgesetz vom 24. Januar 1991 (SR *814.20*): Einsendung an das Bundesamt für Umwelt;

18. Gentechnikgesetz vom 21. März 2003 (SR *814.91*): Einsendung an das Bundesamt für Umwelt;

19. Lebensmittelgesetz vom 9. Oktober 1992 (SR *817.0*): Einsendung an das Bundesamt für Gesundheit;

20. Epidemiengesetz vom 18. Dezember 1970 (SR *818.101*): Einsendung an das Bundesamt für Gesundheit;

21. Arbeitsgesetz vom 13. März 1964 (SR *822.11*): Einsendung an das Staatssekretariat für Wirtschaft;

22. Bundesgesetz vom 25. Juni 1982 über die berufliche Alters-, Hinterlassenen- und Invalidenvorsorge (SR *831.40*): Einsendung an das Bundesamt für Sozialversicherungen[12];

---

10 Die Bezeichnung der Verwaltungseinheit wurde in Anwendung von Art. 16 Abs. 3 der Publikationsverordnung vom 17. Nov. 2004 (SR 170.512.1) angepasst. Die Anpassung wurde im ganzen Text vorgenommen.

11 Heute: das BG vom 16. Dez. 2005 (SR 455).

12 Die Bezeichnung der Verwaltungseinheit wurde in Anwendung von Art. 16 Abs. 3 der Publikationsverordnung vom 17. Nov. 2004 (SR 170.512.1) angepasst.

23. Waldgesetz vom 4. Oktober 1991 (SR 921.0): Einsendung an das Bundesamt für Umwelt;
24. Jagdgesetz vom 20. Juni 1986 (SR *922.0*): Einsendung an das Bundesamt für Umwelt;
25. Bundesgesetz vom 21. Juni 1991 über die Fischerei (SR *923.0*): Einsendung an das Bundesamt für Umwelt;
25bis.[13] Revisionsaufsichtsgesetz vom 16. Dezember 2005 (SR *221.302*): Einsendung an die Eidgenössische Revisionsaufsichtsbehörde;
26. Bundesgesetz vom 9. Juni 1977 über das Messwesen [AS *1977* 2394][14]: Einsendung an das Eidgenössische Institut für Metrologie (METAS)[15];
27. Edelmetallkontrollgesetz vom 20. Juni 1933 (SR *941.31*): Einsendung an die Eidgenössische Zollverwaltung;
28. Sprengstoffgesetz vom 25. März 1977 (SR *941.41*): Einsendung an das Bundesamt für Polizei;
28bis.[16] Bundesgesetz vom 6. Oktober 1995 über die technischen Handelshemmnisse (SR 946.51): Einsendung an das Staatssekretariat für Wirtschaft.
29. Bankengesetz vom 8. November 1934 (SR *952.0*): Einsendung an die Eidgenössische Finanzmarktaufsicht[17];
30. Börsengesetz vom 24. März 1995 (SR *954.1*): Einsendung an die Eidgenössische Finanzmarktaufsicht.

Art. 4 Mitteilung der Entscheide

Die Strafentscheide sind nach ihrem Erlass ohne Verzug in vollständiger Ausfertigung und unentgeltlich jener Stelle der Bundesverwaltung mitzuteilen, deren Geschäftskreis sie betreffen.

Art. 5 Inkrafttreten

Diese Verordnung tritt am 1. Januar 2005 in Kraft.

---

13 Eingefügt durch Anhang Ziff. II 4 der Revisionsaufsichtsverordnung vom 22. Aug. 2007, in Kraft seit 1. Sept. 2007 (AS 2007 3989).
14 Heute: das BG vom 17. Juni 2011 (SR 941.20).
15 Die Bezeichnung der Verwaltungseinheit wurde in Anwendung von Art. 16 Abs. 3 der Publikationsverordnung vom 17. Nov. 2004 (SR 170.512.1) auf den 1. Jan. 2013 angepasst.
16 Eingefügt durch Anhang Ziff. 1 der V vom 19. Mai 2010 über das Inverkehrbringen von Produkten nach ausländischen Vorschriften, in Kraft seit 1. Juli 2010 (AS 2010 2631).
17 Die Bezeichnung der Verwaltungseinheit wurde in Anwendung von Art. 16 Abs. 3 der Publikationsverordnung vom 17. Nov. 2004 (SR 170.512.1) angepasst. Die Anpassung wurde im ganzen Text vorgenommen.

Anhang[18]

Übersicht über die Bestimmungen des Bundesrechts, welche die Mitteilungspflicht selbst begründen

1. Bundesgesetz vom 16. Dezember 1983 über den Erwerb von Grundstücken durch Personen im Ausland, Artikel 35 (SR *211.412.41*);
2. Patentgesetz vom 25. Juni 1954, Artikel 85 Absatz 2 (SR *232.14*);
3. Bundesgesetz vom 25. März 1954 betreffend den Schutz des Zeichens und des Namens des Roten Kreuzes, Artikel 10 Absatz 2 (SR *232.22*);
4. Bundesgesetz vom 15. Dezember 1961 zum Schutz von Namen und Zeichen der Organisation der Vereinten Nationen und anderer zwischenstaatlicher Organisationen, Artikel 9 Absatz 2 (SR *232.23*);
5. Bundesgesetz vom 19. Dezember 1986 gegen den unlauteren Wettbewerb, Artikel 27 Absatz 2 (SR *241*);
6. Bundesgesetz vom 15. Juni 1934 über die Bundesstrafrechtspflege, Artikel 255 (BStP; SR *312.0*), betreffend Strafsachen, die gestützt auf die Artikel 18 und 18bis BStP an die Kantone übertragen worden sind;
7. Bundesgesetz vom 19. März 2004 über die Teilung eingezogener Vermögenswerte, Artikel 6 Absatz 1 (SR *312.4*);
8. Bundesgesetz vom 22. März 1974 über das Verwaltungsstrafrecht, Artikel 79 Absatz 2 in Verbindung mit Artikel 74 Absatz 1, betreffend Strafsachen, die gestützt auf Artikel 73 Absatz 1 an die Kantone übertragen worden sind (SR *313.0*);
9. Bevölkerungs- und Zivilschutzgesetz vom 4. Oktober 2002, Artikel 70 Absatz 2 (SR *520.1*);
10. Landesversorgungsgesetz vom 8. Oktober 1982, Artikel 50 Absatz 3 (SR *531*);
11. Eisenbahngesetz vom 20. Dezember 1957, Artikel 88 Absatz 4 (SR *742.101*);
12. Seeschifffahrtsgesetz vom 23. September 1953, Artikel 15 Absatz 3 (SR *747.30*);
13. Betäubungsmittelgesetz vom 3. Oktober 1951, Artikel 28 Absatz 2 (SR *812.121*);[19]
14.–18. ...
19. Landwirtschaftsgesetz vom 29. April 1998, Artikel 166 Absatz 4 (SR *910.1*);
20. Jagdgesetz vom 20. Juni 1986, Artikel 22 Absatz 1 (SR *922.0*);
21. Bundesgesetz vom 8. Juni 1923 betreffend die Lotterien und die gewerbsmässigen Wetten, Artikel 52 Absatz 1 (SR *935.51*);

---

18 Bereinigt gemäss Anhang Ziff. II 4 der Revisionsaufsichtsverordnung vom 22. Aug. 2007 (AS 2007 3989) und Anhang Ziff. 4 der V vom 19. Okt. 2011, in Kraft seit 1. Jan. 2012 (AS 2011 4759).

19 Heute: Art. 28 Abs. 3.

21bis. Revisionsaufsichtsgesetz vom 16. Dezember 2005, Artikel 24 (SR *221.302*);

22. Bundesgesetz vom 26. September 1958 über die Exportrisikogarantie, Artikel 16 Absatz 5 [AS *1959* 391][20];

23. Geldwäschereigesetz vom 10. Oktober 1997, Artikel 29 Absatz 2[21] (SR *955.0*).

---

20 Heute: Art. 36 Abs. 4 des BG vom 16. Dez. 2005 über die Schweizerische Exportrisikoversicherung (SR 946.10).
21 Heute: Art. 29a Abs. 1 und 2.

10. Bundesgesetz über die Teilung eingezogener Vermögenswerte (TEVG)

vom 19. März 2004

Die Bundesversammlung der Schweizerischen Eidgenossenschaft,
gestützt auf die Artikel 54 Absatz 1 und 123 Absatz 1 der Bundesverfassung[1],
nach Einsicht in die Botschaft des Bundesrates vom 24. Oktober 2001[2],
beschliesst:

1. Kapitel: Allgemeine Bestimmungen

Art. 1 Gegenstand

Dieses Gesetz regelt die Teilung eingezogener Gegenstände und Vermögenswerte einschliesslich Ersatzforderungen (eingezogene Vermögenswerte) unter Kantonen, Bund und ausländischen Staaten.

Art. 2 Geltungsbereich

[1] Dieses Gesetz gilt für Teilungen zwischen Kantonen und dem Bund von Vermögenswerten, welche in Anwendung von Bundesstrafrecht eingezogen werden; es ist nicht anwendbar, wenn die Vermögenswerte gestützt auf das Militärstrafgesetz vom 13. Juni 1927[3] oder das Kulturgütertransfergesetz vom 20. Juni 2003[4] eingezogen werden.

[2] Es gilt auch für die Teilung von Vermögenswerten zwischen der Schweiz und ausländischen Staaten, wenn die Vermögenswerte gestützt auf schweizerisches Recht im Rahmen eines internationalen Rechtshilfeverfahrens in Strafsachen eingezogen werden oder gestützt auf ausländisches Recht einer Einziehung oder einer vergleichbaren Massnahme unterliegen.

SR 312.4. AS 2004 3503
1   SR 101
2   BBl 2002 441
3   SR 321.0
4   SR 444.1

2. Kapitel: Teilung zwischen Kantonen und Bund

1. Abschnitt: Festsetzung der Anteile

Art. 3   Mindestbetrag

Ein Teilungsverfahren nach den Artikeln 4–10 wird eingeleitet, sofern die eingezogenen Vermögenswerte brutto mindestens 100 000 Franken betragen.

Art. 4   Nettobetrag

[1] Vor der Aufteilung sind vom Bruttobetrag der eingezogenen Vermögenswerte folgende Kosten abzuziehen, sofern sie voraussichtlich nicht einzubringen sind:

a. die Barauslagen, namentlich Kosten für Übersetzung, Vorführung, Gutachten, Ausführung von Rechtshilfeersuchen, Telefonüberwachungen sowie Entschädigungen für die amtliche Verteidigung und andere Aufwendungen im Rahmen der Beweiserhebung;

b. die Kosten für die Untersuchungshaft;

c. zwei Drittel der voraussichtlichen Kosten für den Vollzug von unbedingten Freiheitsstrafen;

d. die Kosten für die Verwaltung der eingezogenen Vermögenswerte;

e. die Kosten für die Verwertung der eingezogenen Vermögenswerte und die Eintreibung von Ersatzforderungen.

[2] Abziehbar sind ferner Vermögenswerte, welche Geschädigten in Anwendung von Artikel 60 Absatz 1 Buchstaben b und c des Strafgesetzbuches[5] zugesprochen werden.

Art. 5   Teilungsschlüssel

[1] Der Nettobetrag der eingezogenen Vermögenswerte ist wie folgt aufzuteilen:

a. 5/10 für das Gemeinwesen, welches die Einziehung verfügt hat;

b. 3/10 für den Bund;

c. 2/10 für die Kantone, in denen die eingezogenen Vermögenswerte liegen, aufgeteilt im Verhältnis der in den jeweiligen Kantonen gelegenen Werte.

[2] Wird das Strafverfahren vom Bund und einem Kanton je zu einem Teil geleitet, so wird der Teilbetrag von 5/10 nach Absatz 1 Buchstabe a zu gleichen Teilen zwischen ihnen aufgeteilt.

[3] Der Kanton, in dem Vermögenswerte im Hinblick auf die Durchsetzung einer Ersatzforderung beschlagnahmt werden (Art. 59 Ziff. 2 Abs. 3 Strafgesetzbuch[6]), ist dem Kanton, in dem die eingezogenen Vermögenswerte liegen, insoweit gleichgestellt, als deren Verwertungserlös zur Deckung der

---

5   SR 311.0; mit Inkrafttreten der Änd. vom 13. Dez. 2002 des Allgemeinen Teils des Strafgesetzbuches (BBl 2002 8240) wird Art. 60 zu Art. 73.

6   SR 311.0; mit Inkrafttreten der Änd. vom 13. Dez. 2002 des Allgemeinen Teils des Strafgesetzbuches (BBl 2002 8240) wird Art. 59 Ziff. 2 Abs. 3 zu Art. 71 Abs. 3.

Ersatzforderung dient. Die ²⁄₁₀ der Ersatzforderung, deren Inkasso nicht über die beschlagnahmten Vermögenswerte bewerkstelligt wurde, werden unter den anderen beteiligten Gemeinwesen im Verhältnis der ihnen bereits zustehenden Anteile aufgeteilt.

⁴ Die beteiligten Kantone und der Bund können über ihre Anteile Vereinbarungen treffen, die von den Absätzen 1–3 abweichen.

2. Abschnitt: Teilungsverfahren, Rechtsschutz und Vollstreckung⁷

Art. 6 Teilungsverfahren

¹ Die kantonalen oder eidgenössischen Behörden teilen dem Bundesamt für Justiz (Bundesamt) rechtskräftige Entscheide über die Einziehung von Vermögenswerten innerhalb von zehn Tagen mit, wenn der Bruttobetrag nicht offensichtlich weniger als 100 000 Franken beträgt (Art. 3).

² Das Bundesamt setzt ihnen eine Frist, innert welcher sie ihm die für den Teilungsentscheid notwendigen Unterlagen einzureichen haben, namentlich Listen der Kosten und Verwendungen zu Gunsten Geschädigter (Art. 4) sowie der Gemeinwesen, die voraussichtlich am Teilungsverfahren beteiligt sind (Art. 5).

³ Das Bundesamt weist sie an, wie ihm die eingezogenen Werte zur Verfügung zu stellen sind.

⁴ Es setzt den Behörden der Kantone, sowie, in Angelegenheiten, welche in die Zuständigkeit von Bundesbehörden fallen, der Bundesanwaltschaft oder der zuständigen Verwaltungsbehörde des Bundes, eine Frist zur Stellungnahme.

⁵ Übersteigt der Bruttobetrag der eingezogenen Vermögenswerte 10 Millionen Franken, so holt das Bundesamt die Stellungnahme der Eidgenössischen Finanzverwaltung ein.

⁶ Das Bundesamt erlässt eine Verfügung über die Beträge, die den beteiligten Kantonen und dem Bund zustehen.

⁷ Das Verfahren richtet sich nach dem Bundesgesetz vom 20. Dezember 1968⁸ über das Verwaltungsverfahren.

---

7 Fassung gemäss Anhang Ziff. 28 des Verwaltungsgerichtsgesetzes vom 17. Juni 2005, in Kraft seit 1. Jan. 2007 (SR 173.32).
8 SR 172.021

Art. 7 Rechtsschutz[9]

[1] Der Rechtsschutz richtet sich nach den allgemeinen Bestimmungen über die Bundesrechtspflege.[10]

[2] Beschwerdeberechtigt sind die von der Verfügung betroffenen Kantone.

Art. 8 Vollstreckung des Teilungsentscheides

Nach Eintritt der Rechtskraft des Teilungsentscheides überweist das Bundesamt die Beträge den beteiligten Kantonen und dem Bund.

3. Abschnitt: Besondere Bestimmungen

Art. 9 Änderung der Einziehungsverfügung

Wird die Einziehungsverfügung nach der Teilung geändert und dabei die ganze oder teilweise Rückerstattung der eingezogenen Vermögenswerte verfügt, so können der Urteilskanton oder, in Angelegenheiten, welche durch eine Bundesbehörde beurteilt werden, der Bund von den an der Teilung beteiligten Gemeinwesen im Verhältnis der ihnen überwiesenen Beträge die Rückerstattung dieser Werte fordern.

Art. 10 Spätere Teilung abgezogener Beträge

[1] Werden den kantonalen oder eidgenössischen Behörden abgezogene Kosten oder Verwendungen zu Gunsten Geschädigter nachträglich erstattet (Art. 4) oder ergibt sich beim Strafvollzug eine Einsparung von Kosten (Art. 4 Abs. 1 Bst. c), so ist dieser Betrag dem Bundesamt zur Verfügung zu stellen, wenn er 10 000 Franken übersteigt.

[2] Das Bundesamt führt die Teilung dieses Betrages entsprechend dem nach Artikel 6 Absatz 6 ergangenen Entscheid durch.

3. Kapitel: Teilung zwischen Staaten

Art. 11 Grundsätze

[1] Der Bund kann Vereinbarungen über die Teilung von Vermögenswerten abschliessen, welche eingezogen werden:

a. von schweizerischen Behörden gestützt auf schweizerisches Recht in Zusammenarbeit mit dem Ausland;

---

9 Fassung gemäss Anhang Ziff. 28 des Verwaltungsgerichtsgesetzes vom 17. Juni 2005, in Kraft seit 1. Jan. 2007 (SR 173.32).

10 Fassung gemäss Anhang Ziff. 28 des Verwaltungsgerichtsgesetzes vom 17. Juni 2005, in Kraft seit 1. Jan. 2007 (SR 173.32).

b. von ausländischen Behörden gestützt auf ausländisches Recht in Zusammenarbeit mit schweizerischen Behörden.

[2] Werden in der Schweiz im Rahmen einer zwischenstaatlichen Zusammenarbeit in Strafsachen Vermögenswerte eingezogen, so können diese mit dem ausländischen Staat in der Regel nur geteilt werden, wenn dieser Gegenrecht gewährt.

[3] Dieses Gesetz gewährt ausländischen Staaten keinen Rechtsanspruch auf einen Anteil an eingezogenen Vermögenswerten.

Art. 12   Verhandlungen

[1] Kommt infolge oder im Hinblick auf eine Einziehung eine Teilung mit einem ausländischen Staat in Betracht, so informieren die Behörden der Kantone oder des Bundes das Bundesamt.

[2] Das Bundesamt führt mit den ausländischen Behörden die Verhandlungen über den Abschluss einer Teilungsvereinbarung. Es hört vorgängig die zuständigen Behörden der Kantone sowie, in Angelegenheiten, welche in die Zuständigkeit von Bundesbehörden fallen, die Bundesanwaltschaft oder die zuständige Verwaltungsbehörde des Bundes an und informiert die zuständige Direktion des Eidgenössischen Departements für auswärtige Angelegenheiten.

[3] Die Teilungsvereinbarung muss die Teilungsmodalitäten und den Teilungsschlüssel enthalten. In der Regel sind die eingezogenen Vermögenswerte gleichmässig zwischen der Schweiz und dem ausländischen Staat aufzuteilen. Von dieser Regel kann in begründeten Fällen abgewichen werden und dabei auch eine Rückerstattung an den ausländischen Staat vorgenommen werden, namentlich in Anbetracht der Natur des Anlassdeliktes, des Ortes, wo sich die Vermögenswerte befinden, der Bedeutung der von den beteiligten Staaten geleisteten Beiträge an die Untersuchung, der zwischen der Schweiz und dem ausländischen Staat herrschenden Gepflogenheiten oder Zusicherungen des Gegenrechts sowie wegen des internationalen Kontextes und der Bedeutung der verletzten Interessen des ausländischen Staates.

Art. 13   Abschluss der Teilungsvereinbarung

[1] Das Bundesamt schliesst die Teilungsvereinbarung ab. Übersteigt der Bruttobetrag der eingezogenen oder einzuziehenden Vermögenswerte 10 Millionen Franken, so holt es die Genehmigung des Eidgenössischen Justiz- und Polizeidepartements ein; dieses hört vorgängig das Eidgenössische Finanzdepartement an.

[2] In Fällen von politischer Bedeutung holt das Bundesamt vor Abschluss der Teilungsvereinbarung die Stellungnahme der zuständigen Direktion des Eidgenössischen Departements für auswärtige Angelegenheiten ein.

[3] Sind schweizerische Behörden zur Einziehung der Vermögenswerte zuständig, so holt das Bundesamt die Zustimmung der zuständigen Behörden der

betroffenen Kantone und des Bundes ein. Im Fall von Meinungsverschieden-heiten entscheidet der Bundesrat endgültig.

Art. 14 Vollstreckung der Teilungsvereinbarung

1 In der Schweiz befindliche Vermögenswerte, welche Gegenstand der Tei-lungsvereinbarung bilden, sind dem Bundesamt auszuhändigen; dieses über-weist dem ausländischen Staat den ihm zustehenden Anteil. Es kann die kan-tonalen Behörden beauftragen, dem ausländischen Staat seinen Anteil direkt zu überweisen.

2 Befinden sich die Vermögenswerte im Ausland, so ist der Anteil, der gemäss Teilungsvereinbarung der Schweiz zusteht, dem Bundesamt zu überweisen.

Art. 15 Innerstaatliche Teilung

1 Werden die Vermögenswerte von schweizerischen Behörden in der Schweiz eingezogen, ist der nach der Teilungsvereinbarung der Schweiz zustehende Anteil nach Artikel 5 aufzuteilen.

2 Wird die Einziehung von einem ausländischen Staat ausgesprochen, so ist der Teilbetrag von $^5/_{10}$ nach Artikel 5 Absatz 1 Buchstabe a zu gleichen Teilen unter den Kantonen, die im Rahmen eines Rechtshilfe- oder Auslieferungser-suchens Ermittlungen durchführten oder der ausländischen Behörde unaufge-fordert Beweismittel übermittelt haben, sowie, wenn neben dem Bundesamt noch eine andere Bundesbehörde beteiligt war, dem Bund aufzuteilen.

3 Befinden sich die Vermögenswerte im Ausland, ist der Teilbetrag von $^2/_{10}$ nach Artikel 5 Absatz 1 Buchstabe c unter den anderen beteiligten Gemein-wesen im Verhältnis der ihnen zustehenden Anteile aufzuteilen.

4 Das Bundesamt entscheidet über die Verteilung des Betrages, der gemäss Teilungsvereinbarung der Schweiz zusteht. Die Artikel 4 und 6–10 sind sinn-gemäss anwendbar.

4. Kapitel: Schlussbestimmungen

Art. 16 Änderungen des bisherigen Rechts

Die Änderung des bisherigen Rechts wird im Anhang* geregelt.

Art. 17 Übergangsbestimmungen

1 Die Bestimmungen über die innerstaatliche Teilung eingezogener Vermö-genswerte (2. Kapitel) gelten für Einziehungsverfügungen, welche nach Inkrafttreten dieses Gesetzes rechtskräftig werden.

---

*   Wird hier nicht abgedruckt.

² Die Bestimmungen über die internationale Teilung (3. Kapitel) gelten für Teilungsverfahren, bei welchen die Teilungsvereinbarung nach Inkrafttreten dieses Gesetzes unterzeichnet wird, selbst wenn der Einziehungsentscheid bereits vor Inkrafttreten dieses Gesetzes rechtskräftig wurde.

Art. 18 Referendum und Inkrafttreten

¹ Dieses Gesetz untersteht dem fakultativen Referendum.

² Der Bundesrat bestimmt das Inkrafttreten.

Datum des Inkrafttretens: 1. August 2004[11]

---

11 BRB vom 2. Juni 2004 (AS 2004 3509)

11. Bundesgesetz über die Hilfe an Opfer von Straftaten (Opferhilfegesetz, OHG)

vom 23. März 2007

Die Bundesversammlung der Schweizerischen Eidgenossenschaft,

gestützt auf die Artikel 123 und 124 der Bundesverfassung[1],
nach Einsicht in die Botschaft des Bundesrates vom 9. November 2005[2],

beschliesst:

1. Kapitel: Allgemeine Bestimmungen

Art. 1 Grundsätze

[1] Jede Person, die durch eine Straftat in ihrer körperlichen, psychischen oder sexuellen Integrität unmittelbar beeinträchtigt worden ist (Opfer), hat Anspruch auf Unterstützung nach diesem Gesetz (Opferhilfe).

[2] Anspruch auf Opferhilfe haben auch der Ehegatte oder die Ehegattin des Opfers, seine Kinder und Eltern sowie andere Personen, die ihm in ähnlicher Weise nahestehen (Angehörige).

[3] Der Anspruch besteht unabhängig davon, ob der Täter oder die Täterin:

a. ermittelt worden ist;

b. sich schuldhaft verhalten hat;

c. vorsätzlich oder fahrlässig gehandelt hat.

Art. 2 Formen der Opferhilfe

Die Opferhilfe umfasst:

a. Beratung und Soforthilfe;

b. längerfristige Hilfe der Beratungsstellen;

c. Kostenbeiträge für längerfristige Hilfe Dritter;

d. Entschädigung;

e. Genugtuung;

f. Befreiung von Verfahrenskosten;

g. ...[3]

SR 312.5. AS 2008 1607

1 SR 101
2 BBl 2005 7165
3 Aufgehoben durch Anhang 1 Ziff. II 10 der Strafprozessordnung vom 5. Okt. 2007, mit Wirkung seit 1. Jan. 2011 (AS 2010 1881; BBl 2006 1085).

Art. 3 Örtlicher Geltungsbereich

[1] Opferhilfe wird gewährt, wenn die Straftat in der Schweiz begangen worden ist.

[2] Ist die Straftat im Ausland begangen worden, so werden die Leistungen der Beratungsstellen unter den in diesem Gesetz genannten besonderen Bedingungen gewährt (Art. 17); Entschädigungen und Genugtuungen werden keine gewährt.

Art. 4 Subsidiarität der Opferhilfe

[1] Leistungen der Opferhilfe werden nur endgültig gewährt, wenn der Täter oder die Täterin oder eine andere verpflichtete Person oder Institution keine oder keine genügende Leistung erbringt.

[2] Wer Kostenbeiträge für die längerfristige Hilfe Dritter, eine Entschädigung oder eine Genugtuung beansprucht, muss glaubhaft machen, dass die Voraussetzungen nach Absatz 1 erfüllt sind, es sei denn, es sei ihm oder ihr angesichts der besonderen Umstände nicht zumutbar, sich um Leistungen Dritter zu bemühen.

Art. 5 Unentgeltliche Leistungen

Die Beratung, die Soforthilfe und die von den Beratungsstellen erbrachte längerfristige Hilfe sind für das Opfer und seine Angehörigen unentgeltlich.

Art. 6 Berücksichtigung der Einnahmen bei den übrigen Leistungen

[1] Anspruch auf Kostenbeiträge für längerfristige Hilfe Dritter und auf Entschädigung besteht nur, wenn die anrechenbaren Einnahmen des Opfers oder seiner Angehörigen das Vierfache des massgebenden Betrags für den allgemeinen Lebensbedarf nach Artikel 10 Absatz 1 Buchstabe a des Bundesgesetzes vom 6. Oktober 2006[4] über Ergänzungsleistungen zur Alters-, Hinterlassenen- und Invalidenversicherung (ELG) nicht übersteigen.[5]

[2] Die anrechenbaren Einnahmen der anspruchsberechtigten Person berechnen sich nach Artikel 11 ELG; massgeblich sind die voraussichtlichen Einnahmen nach der Straftat.[6]

[3] Die Genugtuung wird unabhängig von den Einnahmen der anspruchsberechtigten Person ausgerichtet.

Art. 7 Übergang von Ansprüchen auf den Kanton

[1] Hat ein Kanton gestützt auf dieses Gesetz Opferhilfe geleistet, so gehen die Ansprüche für Leistungen gleicher Art, die dem Opfer oder dessen Angehöri-

---

4   SR 831.30
5   Siehe Art. 49 (Koordination mit dem ELG)
6   Siehe Art. 49 (Koordination mit dem ELG)

gen auf Grund der Straftat zustehen, im Umfang der kantonalen Leistungen von der anspruchsberechtigten Person auf den Kanton über.

[2] Diese Ansprüche haben Vorrang vor den verbleibenden Ansprüchen der anspruchsberechtigten Person sowie der Rückgriffsansprüche Dritter.

[3] Der Kanton verzichtet darauf, seinen Anspruch gegenüber dem Täter oder der Täterin geltend zu machen, wenn dadurch schützenswerte Interessen des Opfers oder seiner Angehörigen oder die Wiedereingliederung des Täters oder der Täterin gefährdet würden.

Art. 8[7] Information über die Opferhilfe und Meldung

[1] Die Strafverfolgungsbehörden informieren das Opfer über die Opferhilfe und leiten unter bestimmten Voraussetzungen Name und Adresse an eine Beratungsstelle weiter. Die entsprechenden Pflichten richten sich nach der einschlägigen Verfahrensordnung.

[2] Eine in der Schweiz wohnhafte Person, die im Ausland Opfer einer Straftat geworden ist, kann sich an eine schweizerische Vertretung oder an die mit dem schweizerischen konsularischen Schutz betraute Stelle wenden. Diese Stellen informieren das Opfer über die Opferhilfe in der Schweiz. Sie melden Name und Adresse des Opfers einer Beratungsstelle, sofern dieses damit einverstanden ist.

[3] Die Absätze 1 und 2 finden auf Angehörige des Opfers sinngemäss Anwendung.

2. Kapitel: Leistungen der Beratungsstellen

1. Abschnitt: Beratungsstellen

Art. 9 Angebot

[1] Die Kantone sorgen dafür, dass fachlich selbstständige öffentliche oder private Beratungsstellen zur Verfügung stehen. Dabei tragen sie den besonderen Bedürfnissen verschiedener Opferkategorien Rechnung.

[2] Sie können gemeinsame Beratungsstellen betreiben.

Art. 10 Akteneinsicht

[1] Die Beratungsstellen können Einsicht nehmen in Akten von Strafverfolgungsbehörden und Gerichten aus Verfahren, an denen das Opfer oder seine Angehörigen teilnehmen, sofern diese ihre Zustimmung erteilt haben.

---

7 Fassung gemäss Anhang Ziff. II 8 des Strafbehördenorganisationsgesetzes vom 19. März 2010, in Kraft seit 1. Jan. 2011 (AS 2010 3267; BBl 2008 8125).

² Das Akteneinsichtsrecht darf den Beratungsstellen nur so weit verweigert werden, als dies gemäss massgebendem Prozessrecht auch gegenüber der geschädigten Person zulässig wäre.

Art. 11 Schweigepflicht

¹ Personen, die für eine Beratungsstelle arbeiten, haben über ihre Wahrnehmungen gegenüber Behörden und Privaten zu schweigen. Die Schweigepflicht gilt auch nach Beendigung dieser Mitarbeit. Vorbehalten bleiben die Zeugnispflichten nach der Strafprozessordnung vom 5. Oktober 2007[8].[9]

² Die Schweigepflicht ist aufgehoben, wenn die beratene Person damit einverstanden ist.

³ Ist die körperliche, psychische oder sexuelle Integrität eines minderjährigen Opfers oder einer anderen minderjährigen Person ernsthaft gefährdet, so kann die Beratungsstelle die Vormundschaftsbehörde informieren oder bei der Strafverfolgungsbehörde Anzeige erstatten.

⁴ Wer die Schweigepflicht verletzt, wird mit Freiheitsstrafe bis zu drei Jahren oder mit Geldstrafe bestraft.

2. Abschnitt: Hilfe der Beratungsstellen und Kostenbeiträge

Art. 12 Beratung

¹ Die Beratungsstellen beraten das Opfer und seine Angehörigen und unterstützen sie bei der Wahrnehmung ihrer Rechte.

² Erhalten die Beratungsstellen eine Meldung nach Artikel 8 Absatz 2 oder 3, so nehmen sie mit dem Opfer oder seinen Angehörigen Kontakt auf.

Art. 13 Soforthilfe und längerfristige Hilfe

¹ Die Beratungsstellen leisten dem Opfer und seinen Angehörigen sofort Hilfe für die dringendsten Bedürfnisse, die als Folge der Straftat entstehen (Soforthilfe).

² Sie leisten dem Opfer und dessen Angehörigen soweit nötig zusätzliche Hilfe, bis sich der gesundheitliche Zustand der betroffenen Person stabilisiert hat und bis die übrigen Folgen der Straftat möglichst beseitigt oder ausgeglichen sind (längerfristige Hilfe).

³ Die Beratungsstellen können die Soforthilfe und die längerfristige Hilfe durch Dritte erbringen lassen.

---

8 SR 312.0
9 Fassung zweiter und dritter Satz gemäss Anhang 1 Ziff. II 10 der Strafprozessordnung vom 5. Okt. 2007, in Kraft seit 1. Jan. 2011 (AS 2010 1881; BBl 2006 1085).

Art. 14 Umfang der Leistungen

[1] Die Leistungen umfassen die angemessene medizinische, psychologische, soziale, materielle und juristische Hilfe in der Schweiz, die als Folge der Straftat notwendig geworden ist. Die Beratungsstellen besorgen dem Opfer oder seinen Angehörigen bei Bedarf eine Notunterkunft.

[2] Eine Person mit Wohnsitz im Ausland, die in der Schweiz Opfer einer Straftat wurde, hat zudem Anspruch auf Kostenbeiträge an die Heilungskosten am Wohnsitz.

Art. 15 Zugang zu den Beratungsstellen

[1] Die Kantone sorgen dafür, dass das Opfer und seine Angehörigen innert angemessener Frist Soforthilfe erhalten können.

[2] Die Leistungen der Beratungsstellen können unabhängig vom Zeitpunkt der Begehung der Straftat in Anspruch genommen werden.

[3] Das Opfer und seine Angehörigen können sich an eine Beratungsstelle ihrer Wahl wenden.

Art. 16[10] Kostenbeiträge für längerfristige Hilfe Dritter

Die Kosten für längerfristige Hilfe Dritter werden wie folgt gedeckt:

a. ganz, wenn im Sinne von Artikel 6 Absätze 1 und 2 die anrechenbaren Einnahmen der anspruchsberechtigten Person den doppelten massgebenden Betrag für den allgemeinen Lebensbedarf nicht übersteigen;

b. anteilsmässig, wenn im Sinne von Artikel 6 Absätze 1 und 2 die anrechenbaren Einnahmen der anspruchsberechtigten Person zwischen dem doppelten und dem vierfachen massgebenden Betrag für den allgemeinen Lebensbedarf liegen.

3. Abschnitt: Straftat im Ausland

Art. 17

[1] Bei einer Straftat im Ausland haben Anspruch auf Hilfe nach diesem Kapitel:

a. das Opfer, wenn es im Zeitpunkt der Straftat und im Zeitpunkt der Gesuchstellung Wohnsitz in der Schweiz hatte;

b. die Angehörigen des Opfers, wenn sowohl sie als auch das Opfer im Zeitpunkt der Straftat und im Zeitpunkt der Gesuchstellung Wohnsitz in der Schweiz hatten.

[2] Hilfe wird nur geleistet, wenn der Staat, in dem die Straftat begangen wurde, keine oder keine genügenden Leistungen erbringt.

---

10 Siehe Art. 49 (Koordination mit dem ELG)

4. Abschnitt: Kostenverteilung zwischen den Kantonen

Art. 18

¹ Ein Kanton, der Leistungen nach diesem Kapitel zu Gunsten von Personen mit Wohnsitz in einem anderen Kanton erbringt, erhält von diesem eine Abgeltung.

² Sofern diese Abgeltungen nicht im Rahmen einer interkantonalen Regelung erfolgen, gelten folgende Grundsätze: Der Wohnsitzkanton leistet Pauschalbeiträge an den leistungserbringenden Kanton. Berechnungsbasis ist der gesamte Aufwand der Kantone für die Leistungen nach diesem Kapitel im Verhältnis zur Zahl der Personen, die diese Opferhilfeleistungen erhalten haben.

3. Kapitel: Entschädigung und Genugtuung durch den Kanton

1. Abschnitt: Entschädigung

Art. 19 Anspruch

¹ Das Opfer und seine Angehörigen haben Anspruch auf eine Entschädigung für den erlittenen Schaden infolge Beeinträchtigung oder Tod des Opfers.

² Der Schaden wird nach den Artikeln 45 (Schadenersatz bei Tötung) und 46 (Schadenersatz bei Körperverletzung) des Obligationenrechts¹¹ festgelegt. Vorbehalten bleiben die Absätze 3 und 4.

³ Nicht berücksichtigt werden Sachschaden sowie Schaden, welcher Leistungen der Soforthilfe oder der längerfristigen Hilfe nach Artikel 13 auslösen kann.

⁴ Haushaltschaden und Betreuungsschaden werden nur berücksichtigt, wenn sie zu zusätzlichen Kosten oder zur Reduktion der Erwerbstätigkeit führen.

Art. 20 Festsetzung

¹ Leistungen, welche die gesuchstellende Person von Dritten als Schadenersatz erhalten hat, werden für die Berechnung der Entschädigung auf den Schaden angerechnet.

² Die Entschädigung deckt den Schaden:

a. ganz, wenn im Sinne von Artikel 6 Absätze 1 und 2 die anrechenbaren Einnahmen der anspruchsberechtigten Person den massgebenden Betrag für den allgemeinen Lebensbedarf nicht übersteigen;

b. anteilsmässig, wenn im Sinne von Artikel 6 Absätze 1 und 2 die anrechenbaren Einnahmen der anspruchsberechtigten Person zwischen dem

---

11 SR 220

einfachen und dem vierfachen massgebenden Betrag für den allgemeinen Lebensbedarf liegen.[12]

3 Die Entschädigung beträgt höchstens 120 000 Franken; keine Entschädigung wird ausgerichtet, wenn sie weniger als 500 Franken betragen würde.

4 Die Entschädigung kann in mehreren Teilzahlungen ausgerichtet werden.

Art. 21 Vorschuss

Die zuständige kantonale Behörde gewährt einen Vorschuss, wenn:

a. die anspruchsberechtigte Person sofortige finanzielle Hilfe benötigt; und

b. die Folgen der Straftat kurzfristig nicht mit hinreichender Sicherheit festzustellen sind.

2. Abschnitt: Genugtuung

Art. 22 Anspruch

1 Das Opfer und seine Angehörigen haben Anspruch auf eine Genugtuung, wenn die Schwere der Beeinträchtigung es rechtfertigt; die Artikel 47 und 49 des Obligationenrechts[13] sind sinngemäss anwendbar.

2 Der Anspruch auf Genugtuung ist nicht vererblich.

Art. 23 Festsetzung

1 Die Genugtuung wird nach der Schwere der Beeinträchtigung bemessen.

2 Sie beträgt höchstens:

a. 70 000 Franken für das Opfer;

b. 35 000 Franken für Angehörige.

3 Genugtuungsleistungen Dritter werden abgezogen.

3. Abschnitt: Gemeinsame Bestimmungen

Art. 24 Gesuch

Wer Anspruch auf eine Entschädigung oder Genugtuung geltend machen oder einen Vorschuss auf Entschädigung erhalten will, muss bei der zuständigen kantonalen Behörde ein Gesuch stellen.

---

12 Siehe Art. 49 (Koordination mit dem ELG)
13 SR 220

Art. 25 Fristen

[1] Das Opfer und seine Angehörigen müssen das Gesuch um Entschädigung und Genugtuung innert fünf Jahren nach der Straftat oder nach Kenntnis der Straftat einreichen; andernfalls verwirken die Ansprüche.

[2] Das Opfer kann bis zum vollendeten 25. Lebensjahr ein Gesuch stellen:

a. bei Straftaten nach Artikel 97 Absatz 2 des Strafgesetzbuches[14] und Artikel 55 Absatz 2 des Militärstrafgesetzes vom 13. Juni 1927[15];

b. bei versuchtem Mord an einem Kind unter 16 Jahren.

[3] Haben das Opfer oder seine Angehörigen in einem Strafverfahren vor Ablauf der Fristen nach Absatz 1 oder 2 Zivilansprüche geltend gemacht, so können sie innert einem Jahr ab endgültigem Entscheid über die Zivilansprüche oder die Einstellung des Strafverfahrens ein Gesuch um Entschädigung und Genugtuung stellen.

Art. 26 Zuständiger Kanton

[1] Zuständig ist der Kanton, in welchem die Straftat begangen worden ist.

[2] Ist die Straftat an mehreren Orten ausgeführt worden oder ist der Erfolg an mehreren Orten eingetreten, so ist zuständig:

a. der Kanton, in dem die Strafuntersuchung zuerst angehoben wurde;

b. falls keine Strafuntersuchung angehoben wurde: der Wohnsitzkanton der anspruchsberechtigten Person;

c. falls keine Strafuntersuchung angehoben wurde und die anspruchsberechtigte Person über keinen Wohnsitz in der Schweiz verfügt: der Kanton, in dem das erste Gesuch um Entschädigung oder Genugtuung gestellt wurde.

Art. 27 Herabsetzung oder Ausschluss der Entschädigung und der Genugtuung

[1] Die Entschädigung und die Genugtuung des Opfers können herabgesetzt oder ausgeschlossen werden, wenn das Opfer zur Entstehung oder zur Verschlimmerung der Beeinträchtigung beigetragen hat.

[2] Die Entschädigung und die Genugtuung von Angehörigen des Opfers können herabgesetzt oder ausgeschlossen werden, wenn diese oder das Opfer zur Entstehung oder zur Verschlimmerung der Beeinträchtigung beigetragen haben.

[3] Die Genugtuung kann herabgesetzt werden, wenn die anspruchsberechtigte Person Wohnsitz im Ausland hat und die Höhe der Genugtuung auf Grund der Lebenshaltungskosten am Wohnsitz unverhältnismässig wäre.

---

14 SR 311.0
15 SR 321.0

Art. 28 Zinsen

Für die Entschädigung und die Genugtuung werden keine Zinsen geschuldet.

Art. 29 Verfahren

[1] Die Kantone sehen ein einfaches und rasches Verfahren vor. Ein Gesuch um Vorschuss auf Entschädigung wird auf Grund einer summarischen Prüfung des Entschädigungsgesuchs beurteilt.

[2] Die zuständige kantonale Behörde stellt den Sachverhalt von Amtes wegen fest.

[3] Die Kantone bestimmen eine einzige, von der Verwaltung unabhängige Beschwerdeinstanz; diese hat freie Überprüfungsbefugnis.

4. Kapitel: Befreiung von Verfahrenskosten

Art. 30

[1] Für ihre Verfahren betreffend die Gewährung von Beratung, Soforthilfe, längerfristiger Hilfe, Entschädigung sowie Genugtuung, erheben die Verwaltungs- und Gerichtsbehörden vom Opfer und seinen Angehörigen keine Kosten.

[2] Vorbehalten bleibt die Kostenauflage bei mutwilliger Prozessführung.

[3] Das Opfer und seine Angehörigen müssen die Kosten für einen unentgeltlichen Rechtsbeistand nicht zurückerstatten.

5. Kapitel: Finanzielle Leistungen und Aufgaben des Bundes

Art. 31 Ausbildung

[1] Der Bund gewährt Finanzhilfen zur Förderung der Fachausbildung des Personals der Beratungsstellen und der mit der Opferhilfe Betrauten.

[2] Er trägt den besonderen Bedürfnissen bestimmter Opferkategorien Rechnung, insbesondere den Bedürfnissen minderjähriger Opfer von Straftaten gegen die sexuelle Integrität.

Art. 32 Ausserordentliche Ereignisse

[1] Erwachsen einem Kanton infolge ausserordentlicher Ereignisse besonders hohe Aufwendungen, so kann der Bund ihm Abgeltungen gewähren.

[2] Im Falle ausserordentlicher Ereignisse koordiniert der Bund in Zusammenarbeit mit den Kantonen soweit nötig die Tätigkeit der Beratungsstellen und der zuständigen kantonalen Behörden.

Art. 33 Evaluation

Der Bundesrat sorgt dafür, dass Zweckmässigkeit, Wirksamkeit und Wirtschaftlichkeit der Massnahmen nach diesem Gesetz periodisch überprüft werden.

6. Kapitel: ...

Art. 34–44[16]

7. Kapitel: Schlussbestimmungen

Art. 45 Rechtsetzungsbefugnisse des Bundesrates

[1] Der Bundesrat passt die Höchst- und Mindestbeträge nach Artikel 20 Absatz 3 periodisch der Teuerung an; er kann die Höchstbeträge nach Artikel 23 Absatz 2 der Teuerung anpassen.

[2] Er erlässt Vorschriften für die Berechnung der kantonalen Pauschalbeiträge nach Artikel 18 Absatz 2 und über die dazu nötigen statistischen Erhebungen.

[3] Er kann Vorschriften zur Ausgestaltung der Kostenbeiträge für längerfristige Hilfe Dritter, der Entschädigung und der Genugtuung erlassen und insbesondere Pauschalen oder Tarife für die Genugtuung festsetzen. Er kann dabei von der Regelung im ELG[17] abweichen, um der besonderen Situation des Opfers und seiner Angehörigen Rechnung zu tragen.

Art. 46 Aufhebung bisherigen Rechts

Das Opferhilfegesetz vom 4. Oktober 1991[18] wird aufgehoben.

Art. 47 Änderung bisherigen Rechts

Die Änderung bisherigen Rechts wird im Anhang geregelt.

Art. 48 Übergangsbestimmungen

Das bisherige Recht gilt für:

a. Ansprüche auf Entschädigung oder Genugtuung für Straftaten, die vor Inkrafttreten dieses Gesetzes verübt worden sind; für Ansprüche aus Straftaten, die weniger als zwei Jahre vor dem Inkrafttreten dieses Gesetzes verübt worden sind, gelten die Fristen nach Artikel 25;

---

16 Aufgehoben durch Anhang 1 Ziff. II 10 der Strafprozessordnung vom 5. Okt. 2007, mit Wirkung seit 1. Jan. 2011 (AS 2010 1881; BBl 2006 1085).

17 SR 831.30

18 [AS 1992 2465, 1997 2952 Ziff. III, 2002 2997, 2005 5685 Anhang Ziff. 20]

b. hängige Gesuche um Kostenbeiträge, die vor dem Inkrafttreten dieses Gesetzes eingereicht wurden.

Art. 49 Koordination des vorliegenden Gesetzes (neues OHG) mit dem Bundesgesetz vom 6. Oktober 2006[19] über Ergänzungsleistungen zur Alters-, Hinterlassenen- und Invalidenversicherung (neues ELG)

Unabhängig davon, ob das neue ELG oder das neue OHG zuerst in Kraft tritt, lauten die nachstehenden Bestimmungen des neuen OHG mit Inkrafttreten des später in Kraft tretenden Gesetzes sowie bei gleichzeitigem Inkrafttreten wie folgt:[20]

Art. 6 Abs. 1 und 2

...

Art. 16

...

Art. 20 Abs. 2

...

Art. 50 Referendum und Inkrafttreten

[1] Dieses Gesetz untersteht dem fakultativen Referendum.

[2] Der Bundesrat bestimmt das Inkrafttreten.

Datum des Inkrafttretens: 1. Januar 2009[21]

Anhang (Art. 47)

Änderung bisherigen Rechts

Die nachstehenden Erlasse werden wie folgt geändert:
...[22]

---

19 SR 831.30
20 Das ELG trat am 1. Jan. 2008 in Kraft.
21 BRB vom 27. Febr. 2008.
22 Die Änderungen können unter AS 2008 1607 konsultiert werden.

12. Verordnung
über die Hilfe an Opfer von Straftaten
(Opferhilfeverordnung, OHV)

vom 27. Februar 2008

Der Schweizerische Bundesrat,

gestützt auf das Opferhilfegesetz vom 23. März 2007[1] (OHG),

verordnet:

1. Abschnitt: Massgebende Einnahmen

Art. 1 Grundsatz und Ausnahmen (Art. 6 OHG)

[1] Die anrechenbaren Einnahmen bestimmen sich nach Artikel 11 Absätze 1 und 3 des Bundesgesetzes vom 6. Oktober 2006[2] über die Ergänzungsleistungen zur Alters-, Hinterlassenen- und Invalidenversicherung (ELG) und den dazugehörenden Vorschriften des Bundes.

[2] In Abweichung von Absatz 1 gilt Folgendes:

a. Zu zwei Dritteln anzurechnen sind nach Abzug eines Freibetrags im Sinne von Artikel 11 Absatz 1 Buchstabe a ELG:
   1. die Einnahmen nach Artikel 11 Absatz 1 Buchstaben d–h ELG,
   2. die jährliche Ergänzungsleistung nach Artikel 9 Absatz 1 ELG.

b. Das Reinvermögen ist zu einem Zehntel anzurechnen, soweit es das Doppelte der massgebenden Freibeträge nach Artikel 11 Absatz 1 Buchstabe c ELG übersteigt.

c. Die Hilflosenentschädigungen der Sozialversicherungen sind nicht anrechenbar.

Art. 2 Mehrpersonenhaushalte (Art. 6 OHG)

[1] Der Betrag für den allgemeinen Lebensbedarf für Ehepaare nach Artikel 10 Absatz 1 Buchstabe a Ziffer 2 ELG[3] und die Freibeträge nach Artikel 11 Absatz 1 Buchstabe a und c ELG für Ehepaare gelten auch für eingetragene Partnerschaften und andere dauernde Lebensgemeinschaften.

SR 312.51. AS 2008 1627.
1   SR 312.5; AS 2008 1607
2   SR 831.30
3   SR 831.30

² Die anrechenbaren Einnahmen von Ehegatten beziehungsweise von eingetragenen Partnerinnen und Partnern oder von Personen, die in einer anderen dauernden Lebensgemeinschaft leben, werden zusammengerechnet.

³ Ist die anspruchsberechtigte Person minderjährig oder befindet sie sich in Ausbildung, so werden ihre anrechenbaren Einnahmen mit den anrechenbaren Einnahmen der im gleichen Haushalt wohnenden Elternteile zusammengerechnet.

⁴ Die Einnahmen des im selben Haushalt wohnenden Täters oder der im selben Haushalt wohnenden Täterin werden nicht berücksichtigt, sofern die Umstände es rechtfertigen.

2. Abschnitt: Berechnung von Kostenbeiträgen

Art. 3 (Art. 16 Bst. b OHG)

Liegen die anrechenbaren Einnahmen der anspruchsberechtigten Person zwischen dem doppelten massgebenden Betrag für den allgemeinen Lebensbedarf (2 x Betrag ELG[4]) und dem Vierfachen dieses Betrags, so wird der Kostenbeitrag an die Kosten für die längerfristige Hilfe Dritter (Kosten) wie folgt berechnet:

$$\text{Kostenbeitrag} = \text{Kosten} - \frac{(\text{anrechenbare Einnahmen} - 2 \times \text{Betrag ELG}) \times \text{Kosten}}{2 \times \text{Betrag ELG}}$$

3. Abschnitt: Pauschalbeitrag für Leistungen der Beratungsstellen bei fehlender interkantonaler Regelung

Art. 4 (Art. 18 OHG)

¹ Besteht zwischen zwei Kantonen keine Regelung, so kann der leistungserbringende Kanton vom andern Kanton einen Pauschalbeitrag für jede Person verlangen, die als Opfer oder als Angehöriger oder Angehörige:

a. eine Beratung von mindestens 30 Minuten, eine andere Hilfe oder einen Kostenbeitrag für längerfristige Hilfe Dritter erhalten hat; und

b. im Zeitpunkt der Kontaktaufnahme mit der Beratungsstelle im andern Kanton zivilrechtlichen Wohnsitz hatte.

² Der Pauschalbeitrag beträgt 825 Franken. Das Bundesamt für Justiz (BJ) legt den Beitrag alle fünf Kalenderjahre neu fest. Massgebend sind dabei:

a. die Zahl der Beratungsfälle gemäss der letzten Opferhilfestatistik; und

---

4   SR 831.30

b. der letztjährige Aufwand aller Kantone für die Betriebskosten der Beratungsstellen und für die Kosten der Soforthilfe und der längerfristigen Hilfe.

[3] Die Kantone liefern dem BJ auf Anfrage die zur Ermittlung des Aufwands nötigen Angaben.

4. Abschnitt: Entschädigung durch den Kanton

Art. 5 Anwaltskosten (Art. 19 Abs. 3 OHG)

Anwaltskosten können ausschliesslich als Soforthilfe oder längerfristige Hilfe geltend gemacht werden.

Art. 6 Berechnung der Entschädigung (Art. 20 Abs. 2 Bst. b OHG)

Liegen die anrechenbaren Einnahmen der anspruchsberechtigten Person zwischen dem massgebenden Betrag für den allgemeinen Lebensbedarf (Betrag ELG[5]) und dem Vierfachen dieses Betrags, so wird die Entschädigung wie folgt berechnet:

$$\text{Entschädigung} = \text{Schaden} - \frac{(\text{anrechenbare Einnahmen} - \text{Betrag ELG}) \times \text{Schaden}}{3 \times \text{Betrag ELG}}$$

Art. 7 Rückerstattung des Vorschusses (Art. 21 OHG)

[1] Wird das Entschädigungsgesuch abgelehnt, so muss die gesuchstellende Person den Vorschuss zurückerstatten.

[2] Ist die Entschädigung geringer als der Vorschuss, so muss die Differenz zurückerstattet werden.

[3] Der Kanton kann auf die Rückforderung verzichten, wenn diese die gesuchstellende Person in eine schwierige Lage bringen würde.

---

5 SR 831.30

5. Abschnitt: Finanzielle Leistungen und Aufgaben des Bundes

Art. 8 Ausbildung (Art. 31 OHG)

[1] Der Bund unterstützt mit Finanzhilfen gesamtschweizerische oder mindestens für eine ganze Sprachregion bestimmte Ausbildungsprogramme für:

a. das Personal der Beratungsstellen;

b. das Personal der Gerichte und der Polizei;

c. weitere mit der Hilfe an Opfer Betraute.

[2] Das BJ gewährt die Ausbildungshilfen im Rahmen der bewilligten Kredite in Form von Pauschalen; diese decken durchschnittlich höchstens zwei Drittel der Kosten des Ausbildungsprogramms.

Art. 9 Ausserordentliche Ereignisse (Art. 32 OHG)

[1] Im Falle ausserordentlicher Ereignisse sorgt das BJ für die notwendige Koordination der Opferhilfe.

[2] Über Abgeltungen im Sinne von Artikel 32 Absatz 1 OHG entscheidet die Bundesversammlung.

Art. 10 Evaluation (Art. 33 OHG)

[1] Das BJ bestimmt Zeitpunkt und Gegenstand der Evaluation sowie das Vorgehen.

[2] Die Kantone liefern dem BJ die für die Evaluation nötigen Angaben.

Art. 11 Internationale Zusammenarbeit

Das BJ wirkt als zuständige zentrale Behörde nach Artikel 12 des Europäischen Übereinkommens vom 24. November 1983[6] über die Entschädigung für Opfer von Gewalttaten.

6. Abschnitt: Schlussbestimmungen

Art. 12 Aufhebung und Änderung bisherigen Rechts

[1] Die Opferhilfeverordnung vom 18. November 1992[7] wird aufgehoben.

[2] Die Verordnung vom 24. Oktober 1979[8] über die Militärstrafrechtspflege wird wie folgt geändert:

---

6 SR 0.312.5

7 [AS 1992 2479, 1997 2824]

8 SR 322.2

Art. 42a
Aufgehoben

Art. 13 Inkrafttreten

Diese Verordnung tritt am 1. Januar 2009 in Kraft.

13. Bundesgesetz über das Verwaltungsstrafrecht (VStrR)

vom 22. März 1974

Die Bundesversammlung der Schweizerischen Eidgenossenschaft,

gestützt auf die Artikel 64bis, 106 und 114 der Bundesverfassung[1],[2]
nach Einsicht in eine Botschaft des Bundesrates vom 21. April 197[3],

beschliesst:

Erster Titel: Geltungsbereich des Gesetzes

Geltungsbereich
Art. 1 Ist die Verfolgung und Beurteilung von Widerhandlungen einer Verwaltungsbehörde des Bundes übertragen, so findet dieses Gesetz Anwendung.

Zweiter Titel: Verwaltungsstrafrecht
Erster Abschnitt: Allgemeine Bestimmungen

A. Anwendung des Schweizerischen Strafgesetzbuches
Art. 2 Die allgemeinen Bestimmungen des Strafgesetzbuches[4] gelten für Taten, die in der Verwaltungsgesetzgebung des Bundes mit Strafe bedroht sind, soweit dieses Gesetz oder das einzelne Verwaltungsgesetz nichts anderes bestimmt.

B. Ordnungswidrigkeit
Art. 3 Ordnungswidrigkeit im Sinne dieses Gesetzes ist die vom einzelnen Verwaltungsgesetz als solche bezeichnete oder die mit Ordnungsbusse bedrohte Übertretung.

SR 313.0. AS 1974 1857

1 [BS 1 3]. Den genannten Bestimmungen entsprechen heute die Art. 123, 188 und 190 (nach Inkrafttreten des BB vom 8. Okt. 1999 über die Reform der Justiz – BBl 1999 8633 – Art. 123, 188 und 189) der BV vom 18. April 1999 (SR 101).

2 Fassung gemäss Ziff. I des BG vom 22. Dez. 1999, in Kraft seit 1. Okt. 2000 (AS 2000 2141; BBl 1998 1529).

3 BBl 1971 I 993

4 SR 311.0

C. Abweichungen vom Strafgesetzbuch
I. Jugendliche

Art. 4[5] Begeht ein Jugendlicher vor Vollendung des 15. Altersjahres eine mit Strafe bedrohte Tat, so wird er nicht strafrechtlich verfolgt.

II. Teilnahme

Art. 5 Anstiftung und Gehilfenschaft zu einer Übertretung, ausgenommen zu einer Ordnungswidrigkeit, sind strafbar.

III. Widerhandlungen in Geschäftsbetrieben, durch Beauftragte u. dgl.
1. Regel

Art. 6 [1] Wird eine Widerhandlung beim Besorgen der Angelegenheiten einer juristischen Person, Kollektiv- oder Kommanditgesellschaft, Einzelfirma oder Personengesamtheit ohne Rechtspersönlichkeit oder sonst in Ausübung geschäftlicher oder dienstlicher Verrichtungen für einen andern begangen, so sind die Strafbestimmungen auf diejenigen natürlichen Personen anwendbar, welche die Tat verübt haben.

[2] Der Geschäftsherr, Arbeitgeber, Auftraggeber oder Vertretene, der es vorsätzlich oder fahrlässig in Verletzung einer Rechtspflicht unterlässt, eine Widerhandlung des Untergebenen, Beauftragten oder Vertreters abzuwenden oder in ihren Wirkungen aufzuheben, untersteht den Strafbestimmungen, die für den entsprechend handelnden Täter gelten.

[3] Ist der Geschäftsherr, Arbeitgeber, Auftraggeber oder Vertretene eine juristische Person, Kollektiv- oder Kommanditgesellschaft, Einzelfirma oder Personengesamtheit ohne Rechtspersönlichkeit, so wird Absatz 2 auf die schuldigen Organe, Organmitglieder, geschäftsführenden Gesellschafter, tatsächlich leitenden Personen oder Liquidatoren angewendet.

2. Sonderordnung bei Bussen bis zu 5000 Franken

Art. 7 [1] Fällt eine Busse von höchstens 5000 Franken in Betracht und würde die Ermittlung der nach Artikel 6 strafbaren Personen Untersuchungsmassnahmen bedingen, die im Hinblick auf die verwirkte Strafe unverhältnismässig wären, so kann von einer Verfolgung dieser Personen Umgang genommen und an ihrer Stelle die juristische Person, die Kollektiv- oder Kommanditgesellschaft oder die Einzelfirma zur Bezahlung der Busse verurteilt werden.

[2] Für Personengesamtheiten ohne Rechtspersönlichkeit gilt Absatz 1 sinngemäss.

IV. Strafzumessung
1. Bussen

Art. 8 Bussen bis zu 5000 Franken sind nach der Schwere der Widerhandlung und des Verschuldens zu bemessen; andere Strafzumessungsgründe müssen nicht berücksichtigt werden.

---

5 Fassung gemäss Art. 44 Ziff. 2 des Jugendstrafgesetzes vom 20. Juni 2003, in Kraft seit 1. Jan. 2007 (AS 2006 3545; BBl 1999 1979).

2. Zusammentreffen von strafbaren Handlungen oder von Strafbestimmungen

V. Umwandlung der Busse

Art. 9 Die Vorschriften von Artikel 68 des Strafgesetzbuches[6] über das Zusammentreffen von strafbaren Handlungen oder Strafbestimmungen gelten nicht für Bussen und Umwandlungsstrafen.

Art. 10 [1] Soweit eine Busse nicht eingebracht werden kann, wird sie vom Richter in Haft, bei Jugendlichen in Einschliessung umgewandelt. Die Busse wegen einer Ordnungswidrigkeit unterliegt der Umwandlung nicht.

[2] Der Richter kann für die Umwandlungsstrafe unter den Voraussetzungen von Artikel 41 des Strafgesetzbuches[7] den bedingten Strafvollzug gewähren oder, sofern der Verurteilte nachweist, dass er schuldlos ausserstande ist, die Busse zu bezahlen, die Umwandlung ausschliessen. Der Ausschluss der Umwandlung oder die Gewährung des bedingten Strafvollzuges sind jedoch nicht zulässig, wenn der Verurteilte die Widerhandlung begangen hat und wenn zur Zeit der Tat noch nicht fünf Jahre vergangen sind, seit er wegen einer Widerhandlung gegen das gleiche Verwaltungsgesetz, die nicht eine blosse Ordnungswidrigkeit war, verurteilt worden ist.

[3] Im Falle der Umwandlung werden 30 Franken einem Tag Haft oder Einschliessung gleichgesetzt, jedoch darf die Umwandlungsstrafe die Dauer von drei Monaten nicht übersteigen. Sind Teilzahlungen entrichtet worden, so setzt der Richter die Umwandlungsstrafe im Verhältnis dieser Teilzahlungen zum ganzen Bussenbetrag herab.

[4] Wird die Busse, nachdem sie umgewandelt worden ist, bezahlt, so fällt die Umwandlungsstrafe, soweit sie noch nicht vollzogen ist, dahin.

VI. Verjährung

Art. 11 [1] Eine Übertretung verjährt in zwei Jahren.

[2] Besteht jedoch die Übertretung in einer Hinterziehung oder Gefährdung von Abgaben oder im unrechtmässigen Erlangen einer Rückerstattung, Ermässigung oder eines Erlasses von Abgaben, so beträgt die Verjährungsfrist fünf Jahre; sie kann durch Unterbrechung nicht um mehr als die Hälfte hinausgeschoben werden.

[3] Die Verjährung ruht bei Vergehen und Übertretungen während der Dauer eines Einsprache-, Beschwerde- oder gerichtlichen Verfahrens über die Leistungs- oder Rückleistungspflicht oder über eine andere nach dem einzelnen Verwaltungsgesetz zu beurteilende Vorfrage oder solange der Täter im Ausland eine Freiheitsstrafe verbüsst.

[4] Die Strafe einer Übertretung verjährt in fünf Jahren.

---

6 SR 311.0. Heute: von Art. 49.
7 SR 311.0. Heute: von Art. 42.

D. Hinterziehung; Erschleichen eines Beitrages u. dgl.

I. Leistungs- und Rückleistungspflicht

Art. 12 [1] Ist infolge einer Widerhandlung gegen die Verwaltungsgesetzgebung des Bundes zu Unrecht

a. eine Abgabe nicht erhoben, zurückerstattet, ermässigt oder erlassen worden, oder

b. vom Bund, von einem Kanton, einer Gemeinde, einer Anstalt oder Körperschaft des öffentlichen Rechts oder von einer mit öffentlich-rechtlichen Aufgaben betrauten Organisation eine Vergütung oder ein Beitrag gewährt oder eine Forderung nicht geltend gemacht worden,

so sind die Abgabe, die Vergütung, der Beitrag oder der nicht eingeforderte Betrag und der Zins, ohne Rücksicht auf die Strafbarkeit einer bestimmten Person, nachzuentrichten oder zurückzuerstatten.

[2] Leistungs- oder rückleistungspflichtig ist, wer in den Genuss des unrechtmässigen Vorteils gelangt ist, insbesondere der zur Zahlung der Abgabe Verpflichtete oder der Empfänger der Vergütung oder des Beitrages.

[3] Wer vorsätzlich die Widerhandlung begangen oder an ihr teilgenommen hat, haftet für den nachzuentrichtenden oder zurückzuerstattenden Betrag solidarisch mit den nach Absatz 2 Zahlungspflichtigen.

[4] Leistungs- und Rückleistungspflicht verjähren nicht, solange die Strafverfolgung und Strafvollstreckung nicht verjährt sind.

II. Selbstanzeige

Art. 13 Hat der Täter die Widerhandlung, die eine Leistungs- oder Rückleistungspflicht begründet, aus eigenem Antrieb angezeigt,

hat er überdies, soweit es ihm zumutbar war, über die Grundlagen der Leistungs- oder Rückleistungspflicht vollständige und genaue Angaben gemacht, zur Abklärung des Sachverhalts beigetragen und die Pflicht, wenn sie ihm obliegt, erfüllt,

und hat er bisher noch nie wegen einer vorsätzlichen Widerhandlung der gleichen Art Selbstanzeige geübt,

so bleibt er straflos.

Zweiter Abschnitt: Besondere Bestimmungen

A. Strafbare Handlungen[8]

I. Leistungs- und Abgabebetrug

Art. 14 [1] Wer die Verwaltung, eine andere Behörde oder einen Dritten durch Vorspiegelung oder Unterdrückung von Tatsachen arglistig irreführt oder sie in einem Irrtum arglistig bestärkt und so für sich

---

8   Ab 1. Jan. 2007 sind die angedrohten Strafen und die Verjährungsfristen in Anwendung von Art. 333 Abs. 2–6 des Strafgesetzbuches (SR 311.0) in der Fassung des BG vom 13. Dez. 2002 (AS 2006 3459; BBl 1999 1792) zu interpretieren beziehungsweise umzurechnen.

oder einen andern unrechtmässig eine Konzession, eine Bewilligung oder ein Kontingent, einen Beitrag, die Rückerstattung von Abgaben, eine andere Leistung des Gemeinwesens erschleicht, oder bewirkt, dass der Entzug einer Konzession, einer Bewilligung oder eines Kontingents unterbleibt, wird mit Gefängnis oder mit Busse bestraft.[9]

2 Bewirkt der Täter durch sein arglistiges Verhalten, dass dem Gemeinwesen unrechtmässig und in einem erheblichen Betrag eine Abgabe, ein Beitrag oder eine andere Leistung vorenthalten oder dass es sonst am Vermögen geschädigt wird, so ist die Strafe Gefängnis bis zu einem Jahr oder Busse bis zu 30 000 Franken.

3 Sieht das einzelne Verwaltungsgesetz für die entsprechende nicht arglistig begangene Widerhandlung einen höheren Höchstbetrag der Busse vor, so gilt dieser auch in den Fällen der Absätze 1 und 2.

4 Zielt eine Handlung nach Absatz 1 oder 2 bei der Ein-, Aus- und Durchfuhr von Waren auf erhebliche Gewinne und handelt der Täter als Mitglied einer Bande, die sich zur fortgesetzten Verübung von Leistungs- oder Abgabebetrug (qualifizierter Abgabebetrug) zusammengefunden hat, so wird er mit Freiheitsstrafe bis zu fünf Jahren oder Geldstrafe bestraft. Mit der Freiheitsstrafe ist eine Geldstrafe zu verbinden.[10]

II. Urkundenfälschung; Erschleichen einer falschen Beurkundung

Art. 15 1. Wer in der Absicht, sich oder einem andern einen nach der Verwaltungsgesetzgebung des Bundes unrechtmässigen Vorteil zu verschaffen oder das Gemeinwesen am Vermögen oder an andern Rechten zu schädigen, eine Urkunde fälscht oder verfälscht oder die echte Unterschrift oder das echte Handzeichen eines andern zur Herstellung einer unwahren Urkunde benützt oder eine Urkunde dieser Art zur Täuschung gebraucht,

wer durch Täuschung bewirkt, dass die Verwaltung oder eine andere Behörde oder eine Person öffentlichen Glaubens eine für die Durchführung der Verwaltungsgesetzgebung des Bundes erhebliche Tatsache unrichtig beurkundet, und wer eine so erschlichene Urkunde zur Täuschung der Verwaltung oder einer anderen Behörde gebraucht,

wird mit Gefängnis oder Busse bis zu 30 000 Franken bestraft.

2. Ziffer 1 gilt auch für Urkunden des Auslandes.

III. Unterdrückung von Urkunden

Art. 16 1 Wer in der Absicht, sich oder einem andern einen nach der Verwaltungsgesetzgebung des Bundes unrechtmässigen Vorteil zu verschaffen oder das Gemeinwesen am Vermögen oder an andern

---

9   Fassung gemäss Ziff. III des BG vom 17. Juni 1994, in Kraft seit 1. Jan. 1995 (AS 1994 2290; BBl 1991 II 969).

10   Eingefügt durch Ziff. I 2 des BG vom 3. Okt. 2008 zur Umsetzung der revidierten Empfehlungen der Groupe d'action financière, in Kraft seit 1. Febr. 2009 (AS 2009 361; BBl 2007 6269).

Rechten zu schädigen, Urkunden, die er nach dieser Gesetzgebung aufzubewahren verpflichtet ist, beschädigt, vernichtet oder beiseite schafft, wird mit Gefängnis oder Busse bis zu 30 000 Franken bestraft.

[2] Offenbart der Täter die beiseite geschafften Urkunden aus eigenem Antrieb und bevor die Verwaltung die Untersuchung abgeschlossen hat, so kann von einer Bestrafung Umgang genommen werden.

[3] Die Absätze 1 und 2 gelten auch für Urkunden des Auslandes.

IV. Begünstigung	**Art. 17** 1.[11] Wer in einem Verwaltungsstrafverfahren jemanden der Strafverfolgung oder dem Strafvollzug, soweit dieser der beteiligten Verwaltung obliegt, entzieht, wer dazu beiträgt, einem Täter oder Teilnehmer die Vorteile einer Widerhandlung gegen die Verwaltungsgesetzgebung des Bundes zu sichern, wird mit Freiheitsstrafe bis zu drei Jahren oder Geldstrafe bestraft. Die auf den Täter anwendbare Strafdrohung darf dabei nicht überschritten werden. 2. Wer dazu beiträgt, den Vollzug einer verwaltungsstrafrechtlichen Massnahme widerrechtlich zu verunmöglichen, wird mit Gefängnis bis zu einem Jahr oder Busse bis zu 30 000 Franken bestraft. 3. Steht der Begünstiger in so nahen Beziehungen zum Begünstigten, dass sein Verhalten entschuldbar ist, so kann von einer Bestrafung Umgang genommen werden.
B. Gleichstellung der mit öffentlich-rechtlichen Aufgaben betrauten Organisationen	**Art. 18** Soweit mit öffentlich-rechtlichen Aufgaben betraute Organisationen und ihre Organe oder Beauftragten die Verwaltungsgesetzgebung des Bundes anzuwenden haben, stehen sie in den Artikeln 14–17 dem Gemeinwesen und seiner Verwaltung gleich.

Dritter Titel: Verwaltungsstrafverfahren
Erster Abschnitt: Behörden; allgemeine Verfahrensvorschriften

A. Behörden I. Anzeige und dringliche Massnahmen	**Art. 19** [1] Strafanzeigen wegen Widerhandlungen gegen ein Verwaltungsgesetz des Bundes sind einem Beamten der beteiligten Bundesverwaltung oder einer Polizeistelle zu erstatten. [2] Die Bundesverwaltung und die Polizei der Kantone und Gemeinden, deren Organe in ihrer dienstlichen Tätigkeit eine Widerhand-

---

11 Fassung gemäss Ziff. I 2 des BG vom 3. Okt. 2008 zur Umsetzung der revidierten Empfehlungen der Groupe d'action financière, in Kraft seit 1. Febr. 2009 (AS 2009 361; BBl 2007 6269).

lung wahrnehmen oder von einer solchen Kenntnis erhalten, sind verpflichtet, sie der beteiligten Verwaltung anzuzeigen.

[3] Die Organe der Bundesverwaltung und der Polizei, die Zeugen der Widerhandlung sind oder unmittelbar nach der Tat dazukommen, sind bei Gefahr im Verzuge berechtigt, den Täter vorläufig festzunehmen, die mit der Widerhandlung in Zusammenhang stehenden Gegenstände vorläufig zu beschlagnahmen und zu diesem Zweck den Täter oder den Inhaber des Gegenstandes in Wohnungen und andere Räume sowie in unmittelbar zu einem Hause gehörende umfriedete Liegenschaften hinein zu verfolgen.

[4] Ein vorläufig Festgenommener ist sofort dem untersuchenden Beamten der beteiligten Verwaltung zuzuführen; beschlagnahmte Gegenstände sind unverzüglich abzuliefern.

II. Untersuchung

Art. 20 [1] Für die Untersuchung ist die beteiligte Verwaltung zuständig. Mit der Durchführung von Einvernahmen, Augenscheinen und Zwangsmassnahmen sind besonders ausgebildete Beamte zu betrauen.

[2] Die Polizei der Kantone und Gemeinden unterstützt die Verwaltung in ihrer Untersuchung; insbesondere darf der untersuchende Beamte polizeiliche Hilfe in Anspruch nehmen, wenn ihm bei einer Untersuchungshandlung, die innerhalb seiner Amtsbefugnisse liegt, Widerstand geleistet wird.

[3] Sind in einer Strafsache sowohl die Zuständigkeit der beteiligten Verwaltung als auch Bundesgerichtsbarkeit oder kantonale Gerichtsbarkeit gegeben, so kann das Departement, dem die beteiligte Verwaltung angehört, die Vereinigung der Strafverfolgung in der Hand der bereits mit der Sache befassten Strafverfolgungsbehörde anordnen, sofern ein enger Sachzusammenhang besteht und die Strafverfolgungsbehörde der Vereinigung vorgängig zugestimmt hat.[12]

III. Beurteilung
1. Sachliche Zuständigkeit

Art. 21 [1] Für die Beurteilung ist die beteiligte Verwaltung zuständig; hält jedoch das übergeordnete Departement die Voraussetzungen einer Freiheitsstrafe oder einer freiheitsentziehenden Massnahme für gegeben, so ist das Gericht zuständig.

[2] Der von der Strafverfügung der Verwaltung Betroffene kann die Beurteilung durch das Gericht verlangen.

[3] Dem Bundesrat steht in allen Fällen die Überweisung der Strafsache an das Bundesstrafgericht frei.

---

12 Eingefügt durch Ziff. I des BG vom 22. Dezember 1999, in Kraft seit 1. Okt. 2000 (AS 2000 2141; BBl 1998 1529).

[4] Die zur Ausfällung der Hauptstrafe zuständige Behörde erkennt auch über Nebenstrafen, Massnahmen und Kosten.

2. Örtliche Zuständigkeit

Art. 22 [1] Der Gerichtsstand ist bei dem Gericht begründet, das nach den Artikeln 31–37 der Strafprozessordnung vom 5. Oktober 2007[13] (StPO) zuständig ist oder in dessen Bezirk der Beschuldigte wohnt.[14] Die Verwaltung wählt zwischen den beiden Gerichtsständen.

[2] Artikel 40 Absatz 2 StPO gilt sinngemäss.[15] Das Bundesstrafgericht[16] ist in seinem Entscheid nicht an die von der Verwaltung getroffene Wahl gebunden.

IV. Verfahren gegen Jugendliche

Art. 23 [1] Begeht ein Jugendlicher nach Vollendung des 15., aber vor Vollendung des 18. Altersjahres eine mit Strafe bedrohte Tat, so sind für die Untersuchung und Beurteilung die Vorschriften dieses Gesetzes massgebend. Erscheinen jedoch besondere Erhebungen für die Beurteilung des Jugendlichen oder die Anordnung jugendrechtlicher Massnahmen als geboten oder stellt die zuständige kantonale Behörde der Jugendrechtspflege ein dahinlautendes Begehren oder hat der von der Strafverfügung der Verwaltung betroffene Jugendliche die gerichtliche Beurteilung verlangt, so hat die Verwaltung die Weiterführung des Verfahrens der zuständigen kantonalen Behörde der Jugendrechtspflege zu übertragen, gegebenenfalls unter Trennung des Verfahrens von demjenigen gegen andere Beschuldigte; die Artikel 73–83 dieses Gesetzes gelten sinngemäss.[17]

[2] In Abweichung von Artikel 22 bestimmt sich der Gerichtsstand nach Artikel 10 der Jugendstrafprozessordnung vom 20. März 2009[18].[19]

[3] Der urteilsfähige Minderjährige kann neben dem Inhaber der elterlichen Sorge, dem Vormund oder dem Beistand selbständig die Rechtsmittel ergreifen.[20]

---

13 SR 312.0

14 Fassung gemäss Anhang 1 Ziff. II 11 der Strafprozessordnung vom 5. Okt. 2007, in Kraft seit 1. Jan. 2011 (AS 2010 1881; BBl 2006 1085).

15 Fassung gemäss Anhang 1 Ziff. II 11 der Strafprozessordnung vom 5. Okt. 2007, in Kraft seit 1. Jan. 2011 (AS 2010 1881; BBl 2006 1085).

16 Ausdruck gemäss Anhang Ziff. 10 des Strafgerichtsgesetzes vom 4. Okt. 2002, in Kraft seit 1. April 2004 (AS 2003 2133 2131; BBl 2001 4202).

17 Fassung gemäss Art. 44 Ziff. 2 des Jugendstrafgesetzes vom 20. Juni 2003, in Kraft seit 1. Jan. 2007 (AS 2006 3545; BBl 1999 1979).

18 SR 312.1

19 Fassung gemäss Anhang Ziff. 2 der Jugendstrafprozessordnung vom 20. März 2009, in Kraft seit 1. Jan. 2011 (AS 2010 1573; BBl 2006 1085, 2008 3121).

20 Fassung gemäss Anhang Ziff. 15 des BG vom 19. Dez. 2008 (Erwachsenenschutz, Personenrecht und Kindesrecht), in Kraft seit 1. Jan. 2013 (AS 2011 725; BBl 2006 7001).

V. Staatsanwalt-
schaft des Bundes

Art. 24[21] Die Staatsanwaltschaft des Bundes kann in jedem gerichtlichen Verfahren auftreten.

VI. Beschwerde-
kammer[21]

Art. 25 [1] Die Beschwerdekammer des Bundesstrafgerichts[23] entscheidet über die ihr nach diesem Gesetz zugewiesenen Beschwerden und Anstände.

[2] Wenn es für ihren Entscheid erforderlich ist, ordnet die Beschwerdekammer eine Beweisaufnahme an; sie kann dabei die Dienste der
beteiligten Verwaltung und des für das betreffende Sprachgebiet
gewählten eidgenössischen Untersuchungsrichters in Anspruch nehmen.

[3] Wo es zur Wahrung wesentlicher öffentlicher oder privater Interessen nötig ist, hat die Beschwerdekammer von einem Beweismittel
unter Ausschluss des Beschwerdeführers oder Antragstellers Kenntnis
zu nehmen.

[4] Die Kostenpflicht im Beschwerdeverfahren vor der Beschwerdekammer bestimmt sich nach Artikel 73 des Strafbehördenorganisationsgesetzes vom 19. März 2010[24].[25]

B. Beschwerde gegen
Untersuchungs-
handlungen
I. Bei Zwangs-
massnahmen

Art. 26 [1] Gegen Zwangsmassnahmen (Art. 45 ff.) und damit zusammenhängende Amtshandlungen und Säumnis kann bei der Beschwerdekammer des Bundesstrafgerichts Beschwerde geführt werden.

[2] Die Beschwerde ist einzureichen:

a. wenn sie gegen eine kantonale Gerichtsbehörde oder gegen den
   Direktor oder Chef der beteiligten Verwaltung gerichtet ist: bei der
   Beschwerdekammer;

b. in den übrigen Fällen: beim Direktor oder Chef der beteiligten
   Verwaltung.

[3] Berichtigt der Direktor oder Chef der beteiligten Verwaltung in den
Fällen von Absatz 2 Buchstabe *b* die Amtshandlung oder Säumnis im
Sinne der gestellten Anträge, so fällt die Beschwerde dahin; andernfalls hat er sie mit seiner Äusserung spätestens am dritten Werktag
nach ihrem Eingang an die Beschwerdekammer weiterzuleiten.

---

21 Fassung gemäss Anhang 1 Ziff. II 11 der Strafprozessordnung vom 5. Okt. 2007, in Kraft seit 1. Jan. 2011 (AS 2010
    1881; BBl 2006 1085).

22 Ausdruck gemäss Anhang Ziff. 10 des Strafgerichtsgesetzes vom 4. Okt. 2002, in Kraft seit 1. April 2004
    (SR 173.71). Diese Änd. ist im ganzen Erlass berücksichtigt.

23 Ausdruck gemäss Anhang Ziff. 10 des Strafgerichtsgesetzes vom 4. Okt. 2002, in Kraft seit 1. April 2004
    (SR 173.71). Diese Änd. ist im ganzen Erlass berücksichtigt.

24 SR 173.71

25 Fassung gemäss Anhang Ziff. II 9 des Strafbehördenorganisationsgesetzes vom 19. März 2010, in Kraft seit 1. Jan.
    2011 (AS 2010 3267; BBl 2008 8125).

II. Bei sonstigen Untersuchungshandlungen

Art. 27 [1] Soweit nicht die Beschwerde nach Artikel 26 gegeben ist, kann gegen Amtshandlungen sowie gegen Säumnis des untersuchenden Beamten beim Direktor oder Chef der beteiligten Verwaltung Beschwerde geführt werden.

[2] Der Beschwerdeentscheid ist dem Beschwerdeführer schriftlich mitzuteilen und hat eine Rechtsmittelbelehrung zu enthalten.

[3] Gegen den Beschwerdeentscheid kann bei der Beschwerdekammer des Bundesstrafgerichts Beschwerde geführt werden, jedoch nur wegen Verletzung von Bundesrecht, einschliesslich Überschreitung oder Missbrauch des Ermessens.

[4] Für Beschwerden wegen Untersuchungshandlungen und Säumnis von Organen der mit öffentlich-rechtlichen Aufgaben des Bundes betrauten Organisationen gelten die Absätze 1–3 sinngemäss; erste Beschwerdeinstanz ist jedoch das übergeordnete Departement.

III. Gemeinsame Bestimmungen

Art. 28 [1] Zur Beschwerde ist berechtigt, wer durch die angefochtene Amtshandlung, die gerügte Säumnis oder den Beschwerdeentscheid (Art. 27 Abs. 2) berührt ist und ein schutzwürdiges Interesse an der Aufhebung oder Änderung hat; zur Beschwerde gegen die Freilassung eines vorläufig Festgenommenen oder Verhafteten durch die kantonale Gerichtsbehörde (Art. 51 Abs. 5, 59 Abs. 3) ist auch der Direktor oder Chef der beteiligten Verwaltung befugt.

[2] Mit der Beschwerde kann die Verletzung von Bundesrecht, die unrichtige oder unvollständige Feststellung des rechtserheblichen Sachverhalts oder die Unangemessenheit gerügt werden; vorbehalten bleibt Artikel 27 Absatz 3.

[3] Die Beschwerde gegen eine Amtshandlung oder gegen einen Beschwerdeentscheid ist innert drei Tagen, nachdem der Beschwerdeführer von der Amtshandlung Kenntnis erhalten hat oder ihm der Beschwerdeentscheid eröffnet worden ist, bei der zuständigen Behörde schriftlich mit Antrag und kurzer Begründung einzureichen; befindet sich der Beschwerdeführer in Haft, so genügt die Aushändigung der Beschwerde an die Gefängnisleitung, die zur sofortigen Weiterleitung verpflichtet ist.

[4] Die bei der unzuständigen Behörde eingereichte Beschwerde ist unverzüglich der zuständigen Behörde zu überweisen; rechtzeitige Einreichung der Beschwerde bei der unzuständigen Behörde wahrt die Beschwerdefrist.

[5] Die Beschwerde hat, wenn es das Gesetz nicht anders bestimmt, keine aufschiebende Wirkung, soweit sie ihr nicht durch vorsorgliche Verfügung der Beschwerdeinstanz oder ihres Präsidenten verliehen wird.

C. Allgemeine Verfahrensbestimmungen

I. Ausstand

Art. 29 [1] Beamte, die eine Untersuchung zu führen, einen Entscheid zu treffen oder diesen vorzubereiten haben, sowie Sachverständige, Übersetzer und Dolmetscher treten in Ausstand, wenn sie

a. in der Sache ein persönliches Interesse haben;

b.[26] mit dem Beschuldigten durch Ehe oder eingetragene Partnerschaft verbunden sind oder mit ihm eine faktische Lebensgemeinschaft führen;

b[bis].[27] mit dem Beschuldigten in gerader Linie oder bis zum dritten Grade in der Seitenlinie verwandt oder verschwägert sind;

c. aus anderen Gründen in der Sache befangen sein könnten.

[2] Ist der Ausstand streitig, so entscheidet darüber, unter Vorbehalt der Beschwerde an die Beschwerdekammer des Bundesstrafgerichts (Art. 27 Abs. 3), der Vorgesetzte des betreffenden Beamten oder desjenigen, der den Sachverständigen, Übersetzer oder Dolmetscher beigezogen hat.

[3] Der Ausstand im gerichtlichen Verfahren sowie von kantonalen Beamten und Angestellten richtet sich nach dem einschlägigen eidgenössischen oder kantonalen Recht.

II. Rechtshilfe

Art. 30 [1] Die Verwaltungsbehörden des Bundes, der Kantone und der Gemeinden haben den mit der Verfolgung und Beurteilung von Verwaltungsstrafsachen betrauten Behörden in der Erfüllung ihrer Aufgabe Rechtshilfe zu leisten; sie haben ihnen insbesondere die benötigten Auskünfte zu erteilen und Einsicht zu gewähren in amtliche Akten, die für die Strafverfolgung von Bedeutung sein können.

[2] Die Rechtshilfe darf nur verweigert werden, soweit ihr wesentliche öffentliche Interessen, insbesondere die innere oder äussere Sicherheit des Bundes oder der Kantone, entgegenstehen oder wenn die Rechtshilfe die angegangene Behörde in der Durchführung ihrer Aufgabe wesentlich beeinträchtigen würde. Berufsgeheimnisse im Sinne der Artikel 171–173 StPO[28] sind zu wahren.[29]

[3] Im Übrigen sind für die Rechtshilfe die Artikel 43–48 StPO anwendbar.[30]

---

26   Fassung gemäss Anhang Ziff. 21 des Partnerschaftsgesetzes vom 18. Juni 2004, in Kraft seit 1. Jan. 2007 (AS 2005 5685; BBl 2003 1288).

27   Eingefügt durch Anhang Ziff. 21 des Partnerschaftsgesetzes vom 18. Juni 2004, in Kraft seit 1. Jan. 2007 (AS 2005 5685; BBl 2003 1288).

28   SR 312.0

29   Fassung zweiter Satz gemäss Anhang 1 Ziff. II 11 der Strafprozessordnung vom 5. Okt. 2007, in Kraft seit 1. Jan. 2011 (AS 2010 1881; BBl 2006 1085).

30   Fassung gemäss Anhang 1 Ziff. II 11 der Strafprozessordnung vom 5. Okt. 2007, in Kraft seit 1. Jan. 2011 (AS 2010 1881; BBl 2006 1085).

⁴ Die mit öffentlich-rechtlichen Aufgaben betrauten Organisationen sind im Rahmen dieser Aufgaben gleich den Behörden zur Rechtshilfe verpflichtet.

⁵ Anstände unter Bundesbehörden entscheidet der Bundesrat, Anstände zwischen Bund und Kantonen oder zwischen Kantonen die Beschwerdekammer des Bundesstrafgerichts. Bis der Entscheid erfolgt, sind angeordnete Sicherheitsmassregeln aufrechtzuerhalten.

III. Fristen

Art. 31 ¹ Für die Berechnung der Fristen, die Fristverlängerung und die Wiederherstellung gegen die Folgen der Fristversäumnis gelten die Artikel 20–24 des Verwaltungsverfahrensgesetzes vom 20. Dezember 1968[31] sinngemäss.

² Die Fristen im gerichtlichen Verfahren richten sich nach der StPO[32].[33]

Zweiter Abschnitt: Untersuchung und Strafverfügung der Verwaltung

Erster Unterabschnitt: Allgemeine Bestimmungen

A. Verteidiger
I. Bestellung

Art. 32 ¹ Der Beschuldigte kann in jeder Lage des Verfahrens einen Verteidiger bestellen.

² Als berufsmässige Verteidiger im Verfahren der Verwaltung werden zugelassen:

a. die ihren Beruf in einem Kanton ausübenden patentierten Rechtsanwälte;

b. Angehörige von Berufen, die der Bundesrat unter bestimmten Bedingungen zur Verteidigung in Verwaltungsstrafsachen ermächtigt hat.

³ Ausnahmsweise und unter Vorbehalt des Gegenrechts kann die beteiligte Verwaltung auch einen ausländischen Verteidiger zulassen.

⁴ Die Behörde kann den Verteidiger auffordern, sich durch schriftliche Vollmacht auszuweisen.

II. Amtlicher Verteidiger

Art. 33 ¹ Sofern der Beschuldigte nicht anderweitig verbeiständet ist, bestellt ihm die beteiligte Verwaltung von Amtes wegen aus dem Kreis der in Artikel 32 Absatz 2 Buchstabe *a* genannten Personen unter tunlicher Berücksichtigung seiner Wünsche einen amtlichen Verteidiger:

---

31   SR 172.021
32   SR 312.0
33   Fassung gemäss Anhang 1 Ziff. II 11 der Strafprozessordnung vom 5. Okt. 2007, in Kraft seit 1. Jan. 2011 (AS 2010 1881; BBl 2006 1085).

a. wenn der Beschuldigte offensichtlich nicht imstande ist, sich zu verteidigen;

b. für die Dauer der Untersuchungshaft, wenn diese nach Ablauf von drei Tagen aufrechterhalten wird.

[2] Kann der Beschuldigte wegen Bedürftigkeit keinen Verteidiger beiziehen, so wird auf sein Verlangen ebenfalls ein amtlicher Verteidiger bestellt. Ausgenommen sind Fälle, bei denen nur eine Busse unter 2000 Franken in Betracht fällt.

[3] Die Entschädigung des amtlichen Verteidigers wird auf Grund eines vom Bundesrat aufzustellenden Tarifs, unter Vorbehalt der Beschwerde an die Beschwerdekammer des Bundesstrafgerichts (Art. 25 Abs. 1), durch die beteiligte Verwaltung festgesetzt und gehört zu den Verfahrenskosten; der Beschuldigte, dem Kosten auferlegt werden, hat dem Bund diese Entschädigung in den Fällen von Absatz 1 zurückzuerstatten, wenn ihm nach seinem Einkommen oder Vermögen der Beizug eines Verteidigers zumutbar gewesen wäre.

B. Zustellungsdomizil

Art. 34 [1] Der Beschuldigte, der nicht in der Schweiz wohnt, kann hier ein Zustellungsdomizil bezeichnen.

[2] Hat der landesabwesende Beschuldigte in einem Staate, dessen Rechtshilfe nicht in Anspruch genommen werden kann, ein bekanntes Domizil, so ist ihm, wenn nicht besondere Gründe entgegenstehen, die Eröffnung des Strafverfahrens durch eingeschriebenen Brief bekannt zu geben und gleichzeitig mitzuteilen, dass er, sofern er im Verfahren Parteirechte ausüben will, in der Schweiz ein Zustellungsdomizil zu verzeigen habe. Wird dieser Einladung innert 30 Tagen nicht entsprochen, so ist das Verfahren in gleicher Weise durchzuführen wie gegen einen Beschuldigten mit unbekanntem Aufenthalt.

[3] Für den von der Einziehung Betroffenen gelten diese Vorschriften sinngemäss.

C. Teilnahme an Beweisaufnahmen

Art. 35 [1] Der untersuchende Beamte gestattet dem Beschuldigten und seinem Verteidiger, an Beweisaufnahmen teilzunehmen, wenn das Gesetz die Teilnahme nicht ausschliesst und keine wesentlichen öffentlichen oder privaten Interessen entgegenstehen.

[2] Der untersuchende Beamte darf die Teilnahme des Beschuldigten und des Verteidigers an einer Beweisaufnahme ausschliessen, wenn ihre Anwesenheit die Untersuchung beeinträchtigt.

D. Akteneinsicht

Art. 36 Die Artikel 26–28 des Verwaltungsverfahrensgesetzes vom 20. Dezember 1968[34] gelten sinngemäss.

---

34 SR 172.021

Zweiter Unterabschnitt: Untersuchung

A. Umfang

Art. 37 [1] Der untersuchende Beamte der beteiligten Verwaltung erforscht den Sachverhalt und sichert den Beweis.

[2] Der Beschuldigte kann jederzeit die Vornahme bestimmter Untersuchungshandlungen beantragen.

[3] Sind besondere Untersuchungshandlungen nicht nötig, so wird sogleich nach Artikel 61 das Schlussprotokoll aufgenommen.

[4] Vorbehalten bleiben die Vorschriften von Artikel 65 über den Strafbescheid im abgekürzten Verfahren.

B. Protokollierung

Art. 38 [1] Die Eröffnung der Untersuchung, ihr Verlauf und die dabei gewonnenen wesentlichen Feststellungen sollen aus den amtlichen Akten ersichtlich sein.

[2] Das Protokoll über eine Einvernahme wird während der Verhandlung niedergeschrieben und ist unmittelbar nach Schluss der Einvernahme vom Einvernommenen, nachdem es ihm zur Kenntnis gebracht worden ist, und vom untersuchenden Beamten durch Unterschrift als richtig zu bestätigen; fehlt die Unterschrift des Einvernommenen, so ist der Grund anzugeben.

[3] Das Protokoll über eine andere Untersuchungshandlung ist sobald als möglich, spätestens am folgenden Werktag aufzunehmen; seine Richtigkeit ist vom untersuchenden Beamten durch Unterschrift zu bestätigen.

[4] In jedem Protokoll sind Ort und Zeit der Untersuchungshandlung und die Namen der Beteiligten anzugeben. Ferner ist kenntlich zu machen, was auf eigener Wahrnehmung des untersuchenden Beamten und was auf Mitteilung Dritter beruht.

C. Einvernahmen, Auskünfte

I. Beschuldigter

Art. 39 [1] Der Beschuldigte wird vorerst über Name, Alter, Beruf, Heimat und Wohnort befragt.

[2] Der untersuchende Beamte teilt dem Beschuldigten mit, welcher Tat er beschuldigt wird. Er fordert ihn auf, sich über die Beschuldigung auszusprechen und Tatsachen und Beweismittel zu seiner Verteidigung anzuführen.

[3] Der Beschuldigte kann, sofern es sich nicht um seine erste Vernehmung handelt, verlangen, dass der Verteidiger zugegen sei; dieser hat das Recht, über den untersuchenden Beamten Ergänzungsfragen zu stellen.

[4] Weigert sich der Beschuldigte auszusagen, so ist das aktenkundig zu machen.

⁵ Zwang, Drohung, Versprechungen, unwahre Angaben und verfängliche Fragen oder ähnliche Mittel sind dem untersuchenden Beamten untersagt.

II. Auskünfte

Art. 40 Der untersuchende Beamte kann mündliche oder schriftliche Auskünfte einholen oder Auskunftspersonen einvernehmen; wer auf Grund des Zeugnisverweigerungsrechts die Aussage verweigern kann, ist vorher darauf aufmerksam zu machen.

III. Zeugen

Art. 41 ¹ Lässt sich der Sachverhalt auf andere Weise nicht hinreichend abklären, so können Zeugen einvernommen werden.

² Auf die Vernehmung und die Entschädigung der Zeugen sind die Artikel 163–166 und 168–176 StPO[35] und Artikel 48 des Bundesgesetzes vom 4. Dezember 1947[36] über den Bundeszivilprozess sinngemäss anwendbar; verweigert ein Zeuge ohne gesetzlichen Grund die Aussage, zu der er unter Hinweis auf Artikel 292 des Strafgesetzbuches[37] und dessen Strafdrohung aufgefordert worden ist, so ist er wegen Ungehorsams gegen diese Verfügung an den Strafrichter zu überweisen.[38]

³ Der Beschuldigte und sein Verteidiger haben Anspruch darauf, den Zeugeneinvernahmen beizuwohnen und über den untersuchenden Beamten Ergänzungsfragen zu stellen.

IV. Vorladung und Vorführung

Art. 42 ¹ Beschuldigte und Zeugen werden in der Regel schriftlich vorgeladen. Sie sind auf die gesetzlichen Folgen des Ausbleibens hinzuweisen.

² Bleibt der gehörig Vorgeladene ohne genügende Entschuldigung aus, so kann er polizeilich vorgeführt werden. Der Vorführungsbefehl wird vom untersuchenden Beamten schriftlich erteilt.

³ Dem unentschuldigt Ausgebliebenen können die Kosten auferlegt werden, die durch sein Ausbleiben entstanden sind.

D. Sachverständige

Art. 43 ¹ Setzt die Feststellung oder Beurteilung von Tatsachen besondere Fachkenntnisse voraus, so können Sachverständige beigezogen werden.

² Dem Beschuldigten ist Gelegenheit zu geben, sich zur Wahl und zu den vorzulegenden Fragen zu äussern.[39] Im Übrigen gelten für die

---

35 SR 312.0
36 SR 273
37 SR 311.0
38 Fassung gemäss Anhang 1 Ziff. II 11 der Strafprozessordnung vom 5. Okt. 2007, in Kraft seit 1. Jan. 2011 (AS 2010 1881; BBl 2006 1085).
39 Fassung gemäss Anhang Ziff. 10 des Strafgerichtsgesetzes vom 4. Okt. 2002, in Kraft seit 1. April 2004 (AS 2003 2133 2131; BBl 2001 4202).

Ernennung der Sachverständigen sowie für ihre Rechte und Pflichten die Artikel 183–185, 187, 189 sowie 191 StPO[40] und Artikel 61 des Bundesgesetzes vom 4. Dezember 1947[41] über den Bundeszivilprozess sinngemäss.[42]

E. Augenschein

Art. 44 [1] Der untersuchende Beamte ordnet einen Augenschein an, wenn dies zur Aufklärung des Sachverhaltes beitragen kann. Der Beschuldigte und sein Verteidiger haben Anspruch darauf, dem Augenschein beizuwohnen.

[2] Werden Geschäfts- und Betriebseinrichtungen einem Augenschein unterzogen, so ist auf die berechtigten Interessen des Inhabers Rücksicht zu nehmen.

F. Zwangsmassnahmen
I. Allgemeine Bestimmungen

Art. 45 [1] Bei einer Beschlagnahme, Durchsuchung, vorläufigen Festnahme oder Verhaftung ist mit der dem Betroffenen und seinem Eigentum gebührenden Schonung zu verfahren.

[2] Im Falle einer Ordnungswidrigkeit sind Zwangsmassnahmen nicht zulässig.

II. Beschlagnahme
1. Gegenstand

Art. 46 [1] Vom untersuchenden Beamten sind mit Beschlag zu belegen:
a. Gegenstände, die als Beweismittel von Bedeutung sein können;
b. Gegenstände und andere Vermögenswerte, die voraussichtlich der Einziehung unterliegen;
c. die dem Staate verfallenden Geschenke und anderen Zuwendungen.

[2] Andere Gegenstände und Vermögenswerte, die zur Begehung der Widerhandlung gedient haben oder durch die Widerhandlung hervorgebracht worden sind, können beschlagnahmt werden, wenn es zur Verhinderung neuer Widerhandlungen oder zur Sicherung eines gesetzlichen Pfandrechtes als erforderlich erscheint.

[3] Gegenstände und Unterlagen aus dem Verkehr einer Person mit ihrem Anwalt dürfen nicht beschlagnahmt werden, sofern dieser nach dem Anwaltsgesetz vom 23. Juni 2000[43] zur Vertretung vor schweizerischen Gerichten berechtigt ist und im gleichen Sachzusammenhang nicht selber beschuldigt ist.[44]

---

40 SR 312.0
41 SR 273
42 Fassung zweiter Satz gemäss Anhang 1 Ziff. II 11 der Strafprozessordnung vom 5. Okt. 2007, in Kraft seit 1. Jan. 2011 (AS 2010 1881; BBl 2006 1085).
43 SR 935.61
44 Eingefügt durch Ziff. I 7 des BG vom 28. Sept. 2012 über die Anpassung von verfahrensrechtlichen Bestimmungen zum anwaltlichen Berufsgeheimnis, in Kraft seit 1. Mai 2013 (AS 2013 847; BBl 2011 8181).

2. Verfahren

Art. 47 [1] Der Inhaber eines beschlagnahmten Gegenstandes oder Vermögenswertes ist verpflichtet, ihn dem untersuchenden Beamten gegen Empfangsbescheinigung oder ein Doppel des Beschlagnahmeprotokolls herauszugeben.

[2] Die beschlagnahmten Gegenstände und Vermögenswerte werden im Beschlagnahmeprotokoll verzeichnet und sind zu verwahren.

[3] Gegenstände, die schneller Wertverminderung ausgesetzt sind oder einen kostspieligen Unterhalt erfordern, kann die Verwaltung öffentlich versteigern lassen und in dringenden Fällen freihändig verkaufen.

III. Durchsuchung von Wohnungen und Personen
1. Gründe, Zuständigkeit

Art. 48 [1] Wohnungen und andere Räume sowie unmittelbar zu einem Hause gehörende umfriedete Liegenschaften dürfen nur durchsucht werden, wenn es wahrscheinlich ist, dass sich der Beschuldigte darin verborgen hält oder dass sich Gegenstände oder Vermögenswerte, die der Beschlagnahme unterliegen, oder Spuren der Widerhandlung darin befinden.

[2] Der Beschuldigte darf nötigenfalls durchsucht werden. Die Durchsuchung ist von einer Person des gleichen Geschlechts oder von einem Arzt vorzunehmen.

[3] Die Durchsuchung erfolgt auf Grund eines schriftlichen Befehls des Direktors oder Chefs der beteiligten Verwaltung oder, soweit die Untersuchung zu einem Dienstbereich gehört, des Zollkreisdirektors.[45]

[4] Ist Gefahr im Verzuge und kann ein Durchsuchungsbefehl nicht rechtzeitig eingeholt werden, so darf der untersuchende Beamte von sich aus eine Durchsuchung anordnen oder vornehmen. Die Massnahme ist in den Akten zu begründen.

2. Durchführung

Art. 49 [1] Vor Beginn der Durchsuchung hat sich der untersuchende Beamte auszuweisen.

[2] Der anwesende Inhaber der Räume ist über den Grund ihrer Durchsuchung zu unterrichten und zu dieser beizuziehen; anstelle des abwesenden Inhabers ist ein Verwandter oder Hausgenosse beizuziehen. Im weitern ist die von der zuständigen kantonalen Behörde bezeichnete Amtsperson oder, falls der untersuchende Beamte von sich aus durchsucht, ein Mitglied der Gemeindebehörde oder ein Kantons-, Bezirks- oder Gemeindebeamter beizuziehen, der darüber wacht, dass sich die Massnahme nicht von ihrem Zweck entfernt. Ist Gefahr im Verzuge oder stimmt der Inhaber der Räume zu, so

---

45 Fassung gemäss Anhang Ziff. 8 des Postorganisationsgesetzes vom 30. April 1997, in Kraft seit 1. Jan. 1998 (AS 1997 2465; BBl 1996 III 1306).

kann der Beizug von Amtspersonen, Hausgenossen oder Verwandten unterbleiben.

[3] An Sonn- und allgemeinen Feiertagen und zur Nachtzeit darf im Allgemeinen nur in wichtigen Fällen und bei dringender Gefahr eine Durchsuchung stattfinden.

[4] Das Protokoll über die Durchsuchung wird im Beisein der Beteiligten sofort aufgenommen; auf Verlangen ist den Beteiligten ein Doppel des Durchsuchungsbefehls und des Protokolls auszuhändigen.

IV. Durchsuchung von Papieren	**Art. 50** [1] Papiere sind mit grösster Schonung der Privatgeheimnisse zu durchsuchen; insbesondere sollen Papiere nur dann durchsucht werden, wenn anzunehmen ist, dass sich Schriften darunter befinden, die für die Untersuchung von Bedeutung sind.

[2] Bei der Durchsuchung sind das Amtsgeheimnis sowie Geheimnisse, die Geistlichen, Rechtsanwälten, Notaren, Ärzten, Apothekern, Hebammen und ihren beruflichen Gehilfen in ihrem Amte oder Beruf anvertraut wurden, zu wahren.

[3] Dem Inhaber der Papiere ist wenn immer möglich Gelegenheit zu geben, sich vor der Durchsuchung über ihren Inhalt auszusprechen. Erhebt er gegen die Durchsuchung Einsprache, so werden die Papiere versiegelt und verwahrt, und es entscheidet die Beschwerdekammer des Bundesstrafgerichts über die Zulässigkeit der Durchsuchung (Art. 25 Abs. 1).

V. Vorläufige Festnahme und Vorführung vor den Richter	**Art. 51** [1] Der untersuchende Beamte kann den einer Widerhandlung dringend Verdächtigen vorläufig festnehmen, wenn ein Haftgrund nach Artikel 52 angenommen werden muss und Gefahr im Verzuge ist.

[2] Der Festgenommene oder der nach Artikel 19 Absatz 4 Zugeführte ist unverzüglich einzuvernehmen; dabei ist ihm Gelegenheit zu geben, den bestehenden Verdacht und die Gründe der Festnahme zu entkräften.

[3] Muss nach wie vor ein Haftgrund angenommen werden, so ist der Festgenommene unverzüglich der zur Ausstellung von Haftbefehlen ermächtigten kantonalen Gerichtsbehörde zuzuführen. Ist die Festnahme in abgelegenem oder unwegsamem Gebiet erfolgt oder ist die zuständige kantonale Gerichtsbehörde nicht sogleich erreichbar, so hat die Zuführung innert 48 Stunden zu erfolgen.

[4] Die Gerichtsbehörde prüft, ob ein Haftgrund bestehe; der untersuchende Beamte und der Festgenommene sind dazu anzuhören.

⁵ Hierauf verfügt die Gerichtsbehörde die Verhaftung oder die Freilassung, gegebenenfalls gegen Sicherheitsleistung. Der Entscheid kann mit Beschwerde angefochten werden (Art. 26).

⁶ Meldet der untersuchende Beamte gegen eine Freilassung sogleich die Beschwerde an, so wird die Festnahme vorläufig aufrecht erhalten. Der Direktor oder Chef der beteiligten Verwaltung hat der Gerichtsbehörde innert 24 Stunden mitzuteilen, ob er die Beschwerde aufrechterhalte. Hält er sie aufrecht, so bleibt die Festnahme bis zum Entscheid der Beschwerdekammer bestehen; vorbehalten bleibt die gegenteilige Anordnung der Beschwerdekammer oder ihres Präsidenten.

VI. Verhaftung
1. Zulässigkeit

Art. 52 ¹ Ist der Beschuldigte einer Widerhandlung dringend verdächtigt, so darf gegen ihn ein Haftbefehl erlassen werden, wenn bestimmte Umstände den Verdacht begründen, dass

a. er sich der Strafverfolgung oder dem Strafvollzug entziehen werde oder dass

b. er Spuren der Tat verwischen, Beweisgegenstände beseitigen, Zeugen oder Mitbeschuldigte zu falschen Aussagen verleiten oder auf ähnliche Weise den Zweck der Untersuchung gefährden werde.

² Ein Haftbefehl darf nicht erlassen werden, wenn dies zu der Bedeutung der Sache in einem Missverhältnis stehen würde.

2. Haftbefehl
a. Zuständigkeit; Form

Art. 53 ¹ Der untersuchende Beamte kann einen Haftbefehl beantragen.

² Zum Erlass des Haftbefehls sind zuständig:

a. wenn der Beschuldigte vorläufig festgenommen ist: die am Orte der Festnahme zuständige kantonale Gerichtsbehörde;

b. in allen andern Fällen: die nach Artikel 22 zuständige kantonale Gerichtsbehörde.

³ Der Haftbefehl ist schriftlich zu erlassen und hat anzugeben: die Personalien des Beschuldigten und die Tat, deren er beschuldigt wird; die Strafbestimmungen; den Haftgrund; das Untersuchungsgefängnis, in das der Verhaftete einzuliefern ist; eine Belehrung über die Rechtsmittel, die Parteirechte, die Freilassung gegen Sicherheitsleistung und über das Recht zur Benachrichtigung der Angehörigen.

b. Vollzug; Fahndung

Art. 54 ¹ Dem Beschuldigten ist bei der Verhaftung ein Doppel des Haftbefehls auszuhändigen.

² Der Verhaftete ist der zuständigen kantonalen Behörde unter gleichzeitiger Aushändigung eines Doppels des Haftbefehls zu übergeben.

³ Kann der Haftbefehl nicht vollzogen werden, so ist die Fahndung anzuordnen. Der Haftbefehl kann öffentlich bekannt gemacht werden.

c. Einvernahme des Verhafteten

Art. 55 ¹ Die Behörde, die den Haftbefehl erliess, hat den Beschuldigten, sofern dieser nicht bereits einvernommen wurde (Art. 51 Abs. 4), spätestens am ersten Werktag nach der Verhaftung einzuvernehmen, um abzuklären, ob ein Haftgrund weiter bestehe; der untersuchende Beamte ist dazu anzuhören.

² Wird die Haft aufrechterhalten, so sind dem Beschuldigten die Gründe zu eröffnen; wird der Beschuldigte freigelassen, so gilt Artikel 51 Absatz 6 sinngemäss.

3. Mitteilung an die Angehörigen

Art. 56 Der Verhaftete hat das Recht, wenn es der Zweck der Untersuchung nicht verbietet, seinen nächsten Angehörigen die Verhaftung durch den untersuchenden Beamten sogleich mitteilen zu lassen.

4. Dauer der Haft

Art. 57 ¹ Wird die Haft aufrechterhalten, so ist die Untersuchung möglichst zu beschleunigen. Die Haft darf in jedem Falle die voraussichtliche Dauer einer Freiheits- oder Umwandlungsstrafe nicht übersteigen.

² Eine nach Artikel 52 Absatz 1 Buchstabe *b* verfügte Untersuchungshaft darf nur mit besonderer Bewilligung der Behörde, die den Haftbefehl ausstellte, länger als 14 Tage aufrecht erhalten werden.

5. Durchführung der Haft

Art. 58 ¹ Die kantonale Behörde hat für den richtigen Vollzug der Haft zu sorgen. Der Verhaftete darf in seiner Freiheit nicht weiter beschränkt werden, als es der Zweck der Haft und die Ordnung im Untersuchungsgefängnis erfordern.

² Der mündliche oder schriftliche Verkehr des Verhafteten mit seinem Verteidiger bedarf der Bewilligung des untersuchenden Beamten, der ihn nur beschränken oder ausschliessen kann, wenn es der Zweck der Untersuchung erfordert. Eine Beschränkung oder ein Ausschluss dieses Verkehrs für mehr als drei Tage bedarf der Zustimmung der Behörde, die den Haftbefehl ausstellte; diese Zustimmung darf jeweils höchstens für zehn Tage erteilt werden.

³ Der Vollzug der Haft richtet sich im Übrigen nach den Artikeln 234–236 StPO⁴⁶.⁴⁷

---

46 SR 312.0
47 Eingefügt durch Anhang 1 Ziff. II 11 der Strafprozessordnung vom 5. Okt. 2007, in Kraft seit 1. Jan. 2011 (AS 2010 1881; BBl 2006 1085).

6. Haftentlassung

Art. 59 [1] Der untersuchende Beamte hat den Verhafteten freizulassen, sobald kein Haftgrund mehr besteht.

[2] Der Verhaftete kann jederzeit ein Haftentlassungsgesuch einreichen.

[3] Solange die Akten nicht zur gerichtlichen Beurteilung überwiesen sind, entscheidet über das Gesuch die Behörde, die den Haftbefehl erliess. Sie hat den untersuchenden Beamten oder die Amtsstelle, bei der die Sache hängig ist, zum Gesuch anzuhören; die Vorschriften von Artikel 51 Absätze 5 und 6 gelten sinngemäss.

7. Freilassung gegen Sicherheitsleistung

Art. 60 [1] Der Beschuldigte, der auf Grund von Artikel 52 Absatz 1 Buchstabe *a* zu verhaften wäre oder verhaftet ist, kann auf sein Verlangen gegen Sicherheitsleistung in Freiheit gelassen werden.

[2] Für die Freilassung gegen Sicherheitsleistung gelten die Artikel 238–240 StPO[48] sinngemäss.[49] Die Sicherheit ist jedoch beim Eidgenössischen Finanzdepartement[50] zu leisten; sie verfällt auch, wenn sich der Beschuldigte der Vollstreckung der ausgesprochenen Busse entzieht, wobei der Überschuss bei Verwendung der verfallenen Sicherheit dem Bunde zufällt.

G. Schlussprotokoll

Art. 61 [1] Erachtet der untersuchende Beamte die Untersuchung als vollständig und liegt nach seiner Ansicht eine Widerhandlung vor, so nimmt er ein Schlussprotokoll auf; dieses enthält die Personalien des Beschuldigten und umschreibt den Tatbestand der Widerhandlung.

[2] Der untersuchende Beamte eröffnet das Schlussprotokoll dem Beschuldigten und gibt ihm Gelegenheit, sich sogleich dazu auszusprechen, die Akten einzusehen und eine Ergänzung der Untersuchung zu beantragen.

[3] Ist der Beschuldigte bei Aufnahme des Schlussprotokolls nicht zugegen oder stellt der anwesende Beschuldigte ein entsprechendes Begehren oder lassen es die Umstände, insbesondere die Schwere des Falles, sonst als geboten erscheinen, so sind das Schlussprotokoll und die nach Absatz 2 erforderlichen Mitteilungen schriftlich zu eröffnen unter Bekanntgabe des Ortes, wo die Akten eingesehen werden können. Die Frist, sich zu äussern und Anträge zu stellen, endigt in diesem Falle zehn Tage nach Zustellung des Schlussprotokolls; sie kann erstreckt werden, wenn zureichende Gründe vorliegen und das Erstreckungsgesuch innert der Frist gestellt wird.

---

48 SR 312.0
49 Fassung gemäss Anhang 1 Ziff. II 11 der Strafprozessordnung vom 5. Okt. 2007, in Kraft seit 1. Jan. 2011 (AS 2010 1881; BBl 2006 1085).
50 Bezeichnung gemäss nicht veröffentlichtem BRB vom 19. Dez. 1997.

4 Gegen die Eröffnung des Schlussprotokolls und seinen Inhalt ist keine Beschwerde zulässig. Die Ablehnung eines Antrages auf Ergänzung der Untersuchung kann nur in Verbindung mit dem Strafbescheid angefochten werden.

5 Einem Beschuldigten, der, ohne in der Schweiz einen Vertreter oder ein Zustellungsdomizil zu haben, unbekannten Aufenthaltes ist oder im Ausland Wohnsitz oder Aufenthalt hat, müssen das Schlussprotokoll und die nach Absatz 2 gebotenen Mitteilungen nicht eröffnet werden.

Dritter Unterabschnitt: Entscheid der Verwaltung

A. Art des Entscheids
I. Im Strafverfahren

Art. 62 1 Die Verwaltung erlässt einen Strafbescheid oder stellt das Verfahren ein; vorbehalten bleibt die Überweisung zur gerichtlichen Beurteilung (Art. 21 Abs. 1 und 3).

2 Die Einstellung des Verfahrens ist allen Personen mitzuteilen, die als Beschuldigte am bisherigen Verfahren teilgenommen haben. Eine mündlich mitgeteilte Einstellung ist auf Verlangen schriftlich zu bestätigen.

II. Über die Leistungs- oder Rückleistungspflicht

Art. 63 1 Die nachzuentrichtenden oder zurückzuerstattenden Abgaben, Vergütungen, Beiträge, Forderungsbeträge und Zinsen werden gemäss den Zuständigkeits- und Verfahrensvorschriften des betreffenden Verwaltungsgesetzes geltend gemacht.

2 Ist die Verwaltung befugt, über die Leistungs- und Rückleistungspflicht zu entscheiden, so kann sie ihren Entscheid mit dem Strafbescheid verbinden; der Entscheid unterliegt aber in jedem Falle der Überprüfung nur in dem Verfahren, welches das betreffende Verwaltungsgesetz für seine Anfechtung vorsieht, und hat die entsprechende Rechtsmittelbelehrung zu enthalten.

3 Fusst ein Strafbescheid auf einem Entscheid über die Leistungs- oder Rückleistungspflicht und wird lediglich dieser nach Absatz 2 angefochten und in der Folge geändert oder aufgehoben, so entscheidet die Verwaltung neu gemäss Artikel 62.

B. Strafbescheid
I. Im ordentlichen Verfahren

Art. 64 1 Der Strafbescheid ist schriftlich zu erlassen und stellt fest:
- den Beschuldigten;
- die Tat;
- die gesetzlichen Bestimmungen, die angewendet werden;
- die Strafe, die Mithaftung nach Artikel 12 Absatz 3 und die besonderen Massnahmen;
- die Kosten;

– die Verfügung über beschlagnahmte Gegenstände;

– das Rechtsmittel.

[2] Weicht der Strafbescheid zum Nachteil des Beschuldigten wesentlich vom Schlussprotokoll ab, so sind diese Abweichungen anzugeben und kurz zu begründen.

[3] Der Strafbescheid ist dem Beschuldigten durch eingeschriebenen Brief zu eröffnen oder gegen Empfangsbescheinigung auszuhändigen; er kann durch Publikation im Bundesblatt eröffnet werden, wenn der Beschuldigte, ohne in der Schweiz einen Vertreter oder ein Zustellungsdomizil zu haben, unbekannten Aufenthaltes ist. Artikel 34 Absatz 2 ist anwendbar.

II. Im abgekürzten Verfahren

Art. 65 [1] Ist die Widerhandlung offenkundig, beträgt die Busse nicht mehr als 2000 Franken und verzichtet der Beschuldigte nach Bekanntgabe der Höhe der Busse und der Leistungs- oder Rückleistungspflicht ausdrücklich auf jedes Rechtsmittel, so kann der Strafbescheid ohne vorherige Aufnahme eines Schlussprotokolls erlassen werden.[51]

[2] Der vom Beschuldigten und dem untersuchenden Beamten unterzeichnete Strafbescheid im abgekürzten Verfahren steht einem rechtskräftigen Urteil gleich; verweigert der Beschuldigte die Unterzeichnung, so fällt der gemäss Absatz 1 erlassene Strafbescheid dahin.

III. Selbständige Einziehung

Art. 66 [1] Führt das Strafverfahren nicht zu einem Strafbescheid oder zur Überweisung des Beschuldigten an das Strafgericht, sind aber nach Gesetz Gegenstände oder Vermögenswerte einzuziehen, Geschenke oder andere Zuwendungen verfallen zu erklären oder ist an Stelle einer solchen Massnahme auf eine Ersatzforderung zu erkennen, so wird ein selbständiger Einziehungsbescheid erlassen.

[2] Ein solcher Bescheid wird auch dann erlassen, wenn die Massnahme andere Personen als den Beschuldigten beschwert.

[3] Artikel 64 gilt sinngemäss. Der Einziehungsbescheid ist den unmittelbar Betroffenen zu eröffnen.

C. Einsprache
I. Einreichung

Art. 67 [1] Gegen den Straf- oder Einziehungsbescheid kann der Betroffene innert 30 Tagen seit der Eröffnung Einsprache erheben.

[2] Wird innert der gesetzlichen Frist nicht Einsprache erhoben, so steht der Straf- oder Einziehungsbescheid einem rechtskräftigen Urteil gleich.

---

51 Fassung gemäss Anhang Ziff. 3 des Zollgesetzes vom 18. März 2005, in Kraft seit 1. Mai 2007 (AS 2007 1411; BBl 2004 567).

**II. Einreiche-
stelle und Form**

Art. 68 [1] Die Einsprache ist schriftlich bei der Verwaltung einzureichen, die den angefochtenen Bescheid erlassen hat.

[2] Die Einsprache hat einen bestimmten Antrag zu enthalten und die zur Begründung dienenden Tatsachen anzugeben; die Beweismittel sollen bezeichnet und, soweit möglich, beigelegt werden.

[3] Genügt die Einsprache den in Absatz 2 umschriebenen Anforderungen nicht, oder lassen die Begehren des Einsprechers oder deren Begründung die nötige Klarheit vermissen und stellt sich die Einsprache nicht als offensichtlich unzulässig heraus, so wird dem Einsprecher eine kurze Nachfrist zur Verbesserung eingeräumt.

[4] Die Verwaltung verbindet diese Nachfrist mit der Androhung, nach unbenutztem Fristablauf auf Grund der Akten zu entscheiden oder, wenn Begehren, Begründung oder Unterschrift fehlen, auf die Einsprache nicht einzutreten.

III. Verfahren

Art. 69 [1] Ist Einsprache erhoben, so hat die Verwaltung den angefochtenen Bescheid mit Wirkung für alle durch ihn Betroffenen zu überprüfen; sie kann eine mündliche Verhandlung anordnen und die Untersuchung ergänzen.

[2] Fusst der angefochtene Bescheid auf einem Entscheid über die Leistungs- oder Rückleistungspflicht und ist dieser angefochten worden, so wird, bis darüber rechtskräftig entschieden ist, das Einspracheverfahren ausgesetzt.

IV. Strafverfügung

Art. 70 [1] Auf Grund der Ergebnisse ihrer neuen Prüfung trifft die Verwaltung eine Einstellungs-, Straf- oder Einziehungsverfügung. Sie ist dabei nicht an die gestellten Anträge gebunden, darf jedoch die Strafe gegenüber dem Strafbescheid nur dann verschärfen, wenn im Verfahren nach Artikel 63 Absatz 2 auf eine höhere Leistungs- oder Rückleistungspflicht erkannt worden ist. In diesem Fall ist ein Rückzug der Einsprache unbeachtlich.

[2] Die Verfügung ist zu begründen; im Übrigen gelten die Vorschriften von Artikel 64 über Inhalt und Eröffnung des Strafbescheides sinngemäss.

**V. Überspringen des
Einspracheverfahrens**

Art. 71 Auf Antrag oder mit Zustimmung des Einsprechers kann die Verwaltung eine Einsprache als Begehren um Beurteilung durch das Strafgericht behandeln.

**D. Begehren um
gerichtliche Beurteilung**

Art. 72 [1] Der von der Straf- oder Einziehungsverfügung Betroffene kann innert zehn Tagen seit der Eröffnung die Beurteilung durch das Strafgericht verlangen.

² Das Begehren um gerichtliche Beurteilung ist schriftlich bei der Verwaltung einzureichen, welche die Straf- oder Einziehungsverfügung getroffen hat.

³ Wird innert der gesetzlichen Frist die Beurteilung durch das Strafgericht nicht verlangt, so steht die Straf- oder Einziehungsverfügung einem rechtskräftigen Urteil gleich.

Dritter Abschnitt: Gerichtliches Verfahren

A. Verfahren vor den kantonalen Gerichten

I. Einleitung

Art. 73 ¹ Ist die gerichtliche Beurteilung verlangt worden oder hält das übergeordnete Departement die Voraussetzungen einer Freiheitsstrafe oder einer freiheitsentziehenden Massnahme für gegeben, so überweist die beteiligte Verwaltung die Akten der kantonalen Staatsanwaltschaft zuhanden des zuständigen Strafgerichtes. Solange über die Leistungs- oder Rückleistungspflicht, die dem Strafverfahren zugrunde liegt, nicht rechtskräftig entschieden oder sie nicht durch vorbehaltlose Zahlung anerkannt ist, unterbleibt die Überweisung.

² Die Überweisung gilt als Anklage. Sie hat den Sachverhalt und die anwendbaren Strafbestimmungen zu enthalten oder auf die Strafverfügung zu verweisen.

³ Eine Untersuchung gemäss StPO⁵² findet nicht statt; vorbehalten bleibt die Ergänzung der Akten gemäss Artikel 75 Absatz 2.⁵³

II. Parteien

Art. 74 ¹ Parteien im gerichtlichen Verfahren sind der Beschuldigte, die Staatsanwaltschaft des betreffenden Kantons oder des Bundes und die beteiligte Verwaltung.⁵⁴

² Dem von der Einziehung Betroffenen stehen die gleichen Parteirechte und Rechtsmittel zu wie einem Beschuldigten.

III. Vorbereitung der Hauptverhandlung

Art. 75 ¹ Das Gericht gibt den Parteien vom Eingang der Akten Kenntnis. Es prüft, ob ein rechtzeitig eingereichtes Begehren um gerichtliche Beurteilung vorliegt.

² Das Gericht kann von sich aus oder auf Antrag einer Partei die Akten vor der Hauptverhandlung ergänzen oder ergänzen lassen.

³ Die Parteien sind rechtzeitig von der Hauptverhandlung zu benachrichtigen.

---

52 SR 312.0
53 Fassung gemäss Anhang 1 Ziff. II 11 der Strafprozessordnung vom 5. Okt. 2007, in Kraft seit 1. Jan. 2011 (AS 2010 1881; BBl 2006 1085).
54 Fassung gemäss Anhang 1 Ziff. II 11 der Strafprozessordnung vom 5. Okt. 2007, in Kraft seit 1. Jan. 2011 (AS 2010 1881; BBl 2006 1085).

⁴ Parteien im gerichtlichen Verfahren sind der Beschuldigte, die Staatsanwaltschaft des betreffenden Kantons oder des Bundes und die beteiligte Verwaltung.[55]

⁵ Der Beschuldigte kann auf sein Ersuchen vom Erscheinen befreit werden.

IV. Säumnisurteil

Art. 76 ¹ Die Hauptverhandlung kann auch stattfinden, wenn der Beschuldigte trotz ordnungsgemässer Vorladung ohne genügende Entschuldigung nicht erschienen ist. Ein Verteidiger ist zuzulassen.

² Der in Abwesenheit Verurteilte kann innert zehn Tagen, seitdem ihm das Urteil zur Kenntnis gelangt ist, die Wiedereinsetzung anbegehren, wenn er durch ein unverschuldetes Hindernis abgehalten worden ist, zur Hauptverhandlung zu erscheinen. Wird das Gesuch bewilligt, so findet eine neue Hauptverhandlung statt.

³ Das Gesuch um Wiedereinsetzung hemmt den Vollzug des Urteils nur, wenn das Gericht oder sein Präsident es verfügt.

⁴ Für den von der Einziehung Betroffenen gelten diese Vorschriften sinngemäss.

V. Hauptverhandlung

Art. 77 ¹ Die Akten der Verwaltung über die von ihr erhobenen Beweise dienen auch dem Gericht als Beweismittel; dieses kann von sich aus oder auf Antrag einer Partei weitere zur Aufklärung des Sachverhalts erforderliche Beweise aufnehmen oder Beweisaufnahmen der Verwaltung wiederholen.

² Wo es zur Wahrung wesentlicher öffentlicher oder privater Interessen, insbesondere von Amts-, Berufs- oder Geschäftsgeheimnissen einer Partei oder eines Dritten nötig ist, hat das Gericht die Öffentlichkeit der Verhandlungen und Beratungen ganz oder teilweise auszuschliessen.

³ Das Gericht würdigt die Beweise frei.

⁴ Der rechtskräftige Entscheid über die Leistungs- oder Rückleistungspflicht ist für das Gericht verbindlich; handelt es sich um einen Entscheid der Verwaltung und findet das Gericht, er beruhe auf offensichtlicher Gesetzesverletzung oder auf einem Ermessensmissbrauch, so setzt es die Hauptverhandlung aus und weist die Akten zum neuen Entscheid an die beteiligte Verwaltung zurück. Artikel 63 Absatz 3 gilt sinngemäss.

---

55 Fassung gemäss Anhang 1 Ziff. II 11 der Strafprozessordnung vom 5. Okt. 2007, in Kraft seit 1. Jan. 2011 (AS 2010 1881; BBl 2006 1085).

VI. Rückzug der Strafverfügung oder des Begehrens um gerichtliche Beurteilung

Art. 78 ¹ Die Verwaltung kann die Straf- oder Einziehungsverfügung mit Zustimmung der Staatsanwaltschaft des Bundes zurückziehen, solange das Urteil erster Instanz nicht eröffnet ist.[56]

² Bis zu diesem Zeitpunkte kann auch der Beschuldigte das Begehren um gerichtliche Beurteilung zurückziehen.

³ In diesen Fällen wird das gerichtliche Verfahren eingestellt.

⁴ Die Kosten des gerichtlichen Verfahrens trägt die Partei, die den Rückzug erklärt.

VII. Inhalt des Urteils

Art. 79 ¹ Das Urteil stellt fest:
- den Beschuldigten;
- die Tat;
- die gesetzlichen Bestimmungen, die angewendet werden;
- die Strafe, die Mithaftung nach Artikel 12 Absatz 3 und die besonderen Massnahmen;
- die Kosten des gerichtlichen und des Verwaltungsverfahrens;
- den Entschädigungsanspruch (Art. 99 und 101);
- die Verfügung über beschlagnahmte Gegenstände.

² Das Urteil ist mit den wesentlichen Entscheidungsgründen den Parteien schriftlich zu eröffnen, unter Angabe der Fristen für die Rechtsmittel und der Behörden, an die es weitergezogen werden kann.

VIII. Rechtsmittel

Art. 80[57] ¹ Gegen Entscheide der kantonalen Gerichte können die Rechtsmittel der StPO[58] ergriffen werden.

² Auch die Staatsanwaltschaft des Bundes und die beteiligte Verwaltung können diese Rechtsmittel je selbstständig ergreifen.

B. Verfahren vor dem Bundesstrafgericht

Art. 81 Die Bestimmungen über das gerichtliche Verfahren gelten sinngemäss auch für das Verfahren vor dem Bundesstrafgericht.

C. Ergänzende Vorschriften

Art. 82[59] Soweit die Artikel 73–81 nichts anderes bestimmen, gelten für das Verfahren vor den kantonalen Gerichten und das Verfahren vor dem Bundesstrafgericht die entsprechenden Vorschriften der StPO[60].

---

56 Fassung gemäss Anhang 1 Ziff. II 11 der Strafprozessordnung vom 5. Okt. 2007, in Kraft seit 1. Jan. 2011 (AS 2010 1881; BBl 2006 1085).

57 Fassung gemäss Anhang 1 Ziff. II 11 der Strafprozessordnung vom 5. Okt. 2007, in Kraft seit 1. Jan. 2011 (AS 2010 1881; BBl 2006 1085).

58 SR 312.0

59 Fassung gemäss Anhang 1 Ziff. II 11 der Strafprozessordnung vom 5. Okt. 2007, in Kraft seit 1. Jan. 2011 (AS 2010 1881; BBl 2006 1085).

60 SR 312.0

Art. 83[61]

Vierter Abschnitt: Revision

A. Entscheide der
Verwaltung

I. Revisionsgründe

Art. 84 [1] Ein durch Strafbescheid, Strafverfügung oder Einstellungsverfügung der Verwaltung rechtskräftig abgeschlossenes Strafverfahren kann auf Antrag oder von Amtes wegen wieder aufgenommen werden:

a. auf Grund erheblicher Tatsachen oder Beweismittel, die der Verwaltung zur Zeit des früheren Verfahrens nicht bekannt waren;

b. wenn nachträglich gegen einen Teilnehmer ein Strafurteil ausgefällt wurde, das mit dem Strafbescheid oder der Strafverfügung in unvereinbarem Widerspruch steht;

c. wenn durch eine strafbare Handlung auf den Entscheid der Verwaltung eingewirkt worden ist.

[2] Die Revision zugunsten des Beschuldigten ist jederzeit zulässig. Einer neuen Verurteilung steht die nach der Rechtskraft des beanstandeten Entscheids eingetretene Verfolgungsverjährung nicht entgegen.

[3] Die Revision zu Ungunsten des Beschuldigten ist nur zulässig auf Grund von Absatz 1 Buchstaben *a* und *c* und solange die Verfolgung der Widerhandlung nicht verjährt ist. Die Verjährung beginnt mit der Widerhandlung zu laufen; der frühere Entscheid ist kein Unterbrechungsgrund.

[4] Für den Einziehungsbescheid und die Einziehungsverfügung gelten die Vorschriften der Artikel 84–88 sinngemäss.

II. Einleitung
des Verfahrens

1. Auf Antrag

Art. 85 [1] Die Revision können nachsuchen der Beschuldigte und, wenn er verstorben ist, sein Ehegatte, seine eingetragene Partnerin oder sein eingetragener Partner, seine Verwandten in gerader Linie und seine Geschwister.[62]

[2] Das Revisionsgesuch ist schriftlich und unter Angabe der Gründe und Beweismittel bei der Verwaltung einzureichen, die den beanstandeten Entscheid getroffen hat.

[3] Das Gesuch hemmt den Vollzug des beanstandeten Entscheides nur, wenn die Verwaltung es verfügt; sie kann den Vollzug gegen Sicherheitsleistung aufschieben oder andere vorsorgliche Verfügungen treffen.

---

61 Aufgehoben durch Anhang 1 Ziff. II 11 der Strafprozessordnung vom 5. Okt. 2007, mit Wirkung seit 1. Jan. 2011 (AS 2010 1881; BBl 2006 1085).

62 Fassung gemäss Anhang Ziff. 21 des Partnerschaftsgesetzes vom 18. Juni 2004, in Kraft seit 1. Jan. 2007 (AS 2005 5685; BBl 2003 1288).

4 Die Verwaltung kann die Untersuchung ergänzen und eine mündliche Verhandlung anordnen.

2. Von Amtes wegen

Art. 86   Leitet die Verwaltung die Revision von Amtes wegen ein, so kann sie die Untersuchung wieder eröffnen; den Betroffenen ist Gelegenheit zu geben, sich zum Revisionsgrund und zu der in Aussicht genommenen Änderung des Entscheides zu äussern.

III. Entscheid
1. Aufhebung des früheren Entscheides

Art. 87   1 Liegt ein Revisionsgrund vor, so hebt die Verwaltung den früheren Entscheid auf und trifft eine Einstellungs-, Straf- oder Einziehungsverfügung; sie entscheidet gleichzeitig über die Rückleistung von Bussen, Kosten und eingezogenen Vermögenswerten. Vorbehalten bleibt die Überweisung zur gerichtlichen Beurteilung (Art. 21 Abs. 1 und 3).

2 Die Verfügung ist zu begründen; im Übrigen gilt Artikel 64 über Inhalt und Eröffnung des Strafbescheides sinngemäss.

3 Gegen die Straf- oder Einziehungsverfügung kann gemäss Artikel 72 die gerichtliche Beurteilung verlangt werden.

4 Der richterlichen Überprüfung unterliegt auch das Vorliegen eines Revisionsgrundes im Sinne von Artikel 84.

2. Verneinung des Revisionsgrundes

Art. 88   1 Liegt kein Revisionsgrund vor, so trifft die Verwaltung einen entsprechenden Entscheid.

2 Bei Abweisung eines Revisionsgesuches können die Verfahrenskosten dem Gesuchsteller auferlegt werden.

3 Der Entscheid ist zu begründen und den am Revisionsverfahren Beteiligten durch eingeschriebenen Brief zu eröffnen.

4 Der Gesuchsteller kann gegen den abweisenden Entscheid innert 30 Tagen seit der Eröffnung bei der Beschwerdekammer des Bundesstrafgerichts Beschwerde führen (Art. 25 Abs. 1); die Verfahrensvorschriften von Artikel 28 Absätze 2–5 gelten sinngemäss.

B. Urteile der Strafgerichte

Art. 89[63]   1 Für die Revision rechtskräftiger Urteile kantonaler Gerichte oder des Bundesstrafgerichts gelten die Artikel 379–392 sowie die Artikel 410– 415 StPO[64].

---

63   Fassung gemäss Anhang 1 Ziff. II 11 der Strafprozessordnung vom 5. Okt. 2007, in Kraft seit 1. Jan. 2011 (AS 2010 1881; BBl 2006 1085).
64   SR 312.0

Fünfter Abschnitt: Vollzug

A. Zuständigkeit

Art. 90 [1] Die Bescheide und Verfügungen der Verwaltung und die Urteile der Strafgerichte, soweit diese nicht auf Freiheitsstrafen oder freiheitsentziehende Massnahmen lauten, werden von der beteiligten Verwaltung vollstreckt.

[2] Die Kantone vollziehen die Freiheitsstrafen und die freiheitsentziehenden Massnahmen. Der Bund hat die Oberaufsicht über den Vollzug.

B. Vollstreckung von Bussen

Art. 91 [1] Soweit die Busse nicht eingebracht werden kann, wird sie auf Antrag der Verwaltung nach Artikel 10 in Haft oder Einschliessung umgewandelt.

[2] Zuständig zur Umwandlung ist der Richter, der die Widerhandlung beurteilt hat oder zur Beurteilung zuständig gewesen wäre (Art. 22 und 23 Abs. 2).

C. Rückgabe beschlagnahmter Gegenstände; Verwertung

Art. 92 [1] Mit Beschlag belegte Gegenstände und Vermögenswerte, die weder eingezogen noch dem Staate verfallen sind und an denen nicht ein gesetzliches Pfandrecht besteht, sind dem Berechtigten zurückzugeben. Wenn dieser nicht bekannt ist und der Wert der Gegenstände es rechtfertigt, erfolgt eine öffentliche Ausschreibung.

[2] Meldet sich innert 30 Tagen kein Berechtigter, so kann die Verwaltung die Gegenstände öffentlich versteigern lassen. Meldet sich der Berechtigte nach der Verwertung, so wird ihm der Verwertungserlös unter Abzug der Verwertungskosten ausgehändigt.

[3] Der Anspruch auf Rückgabe der Gegenstände oder Aushändigung des Erlöses erlischt fünf Jahre nach der öffentlichen Ausschreibung.

[4] Ist streitig, welchem von mehreren Ansprechern die Sache zurückzugeben oder der Erlös auszuhändigen sei, so kann sich die Verwaltung durch gerichtliche Hinterlegung befreien.

D. Verwendung der Bussen, eingezogenen Vermögenswerte usw.

Art. 93 [1] Wenn die Gesetzgebung nichts anderes bestimmt, fallen Bussen, eingezogene Gegenstände, Vermögenswerte, Geschenke und andere Zuwendungen, als Massnahme auferlegte Geldzahlungen sowie der Erlös aus den eingezogenen oder nach Artikel 92 verwerteten Gegenständen dem Bunde zu.

[2] Lehnt die beteiligte Verwaltung einen nach Artikel 59 Ziffer 1 Absatz 2 des Strafgesetzbuches[65] beanspruchten Anteil am Verwertungserlös eines eingezogenen Gegenstandes oder Vermögens-

---

65 SR 311.0. Heute: nach Art. 70 Abs. 1.

wertes ab, so erlässt sie eine Verfügung nach dem Bundesgesetz vom 20. Dezember 1968[66] über das Verwaltungsverfahren.[67]

Sechster Abschnitt: Kosten, Entschädigung und Rückgriff

A. Kosten
I. Im Verfahren der Verwaltung
1. Arten

Art. 94 [1] Die Kosten des Verfahrens der Verwaltung bestehen in den Barauslagen, mit Einschluss der Kosten der Untersuchungshaft und der amtlichen Verteidigung, in einer Spruchgebühr und in den Schreibgebühren.

[2] Die Höhe der Spruch- und der Schreibgebühr bestimmt sich nach einem vom Bundesrat aufzustellenden Tarif.

2. Auferlegung

Art. 95 [1] Im Entscheid der Verwaltung werden die Kosten in der Regel dem Verurteilten auferlegt; aus Gründen der Billigkeit kann er von ihnen ganz oder teilweise befreit werden.

[2] Wird das Verfahren eingestellt, so können dem Beschuldigten Kosten ganz oder teilweise auferlegt werden, wenn er die Untersuchung schuldhaft verursacht oder das Verfahren mutwillig wesentlich erschwert oder verlängert hat.

[3] Mehrere Beschuldigte haften solidarisch für die Kosten, wenn der Strafbescheid oder die Strafverfügung nichts anderes bestimmt.

3. Beschwerde gegen Kostenerkenntnis

Art. 96 [1] Der mit Kosten beschwerte Beschuldigte kann, wenn das Verfahren eingestellt wurde oder wenn er die gerichtliche Beurteilung nicht verlangt, gegen das Kostenerkenntnis innert 30 Tagen seit Eröffnung des Entscheides bei der Beschwerdekammer des Bundesstrafgerichts Beschwerde führen (Art. 25 Abs. 1); die Verfahrensvorschriften von Artikel 28 Absätze 2–5 gelten sinngemäss.

[2] Wird innert der gesetzlichen Frist keine Beschwerde eingereicht oder eine Beschwerde abgewiesen, so steht das Kostenerkenntnis einem gerichtlichen Urteil gleich.

II. Im gerichtlichen Verfahren

Art. 97 [1] Die Kosten des gerichtlichen Verfahrens und deren Verlegung bestimmen sich, vorbehältlich Artikel 78 Absatz 4, nach den Artikeln 417–428 StPO[68].[69]

---

66 SR 172.021
67 Fassung gemäss Anhang Ziff. 10 des Strafgerichtsgesetzes vom 4. Okt. 2002, in Kraft seit 1. April 2004 (AS 2003 2133 2131; BBl 2001 4202).
68 SR 312.0
69 Fassung gemäss Anhang 1 Ziff. II 11 der Strafprozessordnung vom 5. Okt. 2007, in Kraft seit 1. Jan. 2011 (AS 2010 1881; BBl 2006 1085).

² Im Urteil können die Kosten des Verfahrens der Verwaltung gleich wie die Kosten des gerichtlichen Verfahrens verlegt werden.

III. Kostenvergütung an den Kanton

Art. 98 ¹ Der Kanton kann vom Bund die Erstattung der Prozess- und Vollzugskosten fordern, zu denen der Beschuldigte nicht verurteilt worden ist oder die der Verurteilte nicht bezahlen kann. Besoldungen und Taggelder von Beamten sowie Gebühren und Stempel sind ausgenommen.

¹ᵇⁱˢ Sind durch die Übertragung von Verfahren nach Artikel 20 Absatz 3 ausserordentliche Kosten entstanden, so kann der Bund sie den Kantonen auf Gesuch hin ganz oder teilweise vergüten.[70]

² Anstände zwischen dem Bund und einem Kanton über die Vergütung der Kosten entscheidet die Beschwerdekammer des Bundesstrafgerichts (Art. 25 Abs. 1).

B. Entschädigung
I. Im Verfahren der Verwaltung
1. Anspruch

Art. 99 ¹ Dem Beschuldigten, gegen den das Verfahren eingestellt oder der nur wegen Ordnungswidrigkeit bestraft wird, ist auf Begehren eine Entschädigung für die Untersuchungshaft und für andere Nachteile, die er erlitten hat, auszurichten; sie kann jedoch ganz oder teilweise verweigert werden, wenn er die Untersuchung schuldhaft verursacht oder das Verfahren mutwillig erschwert oder verlängert hat.

² Dem Inhaber eines beschlagnahmten Gegenstandes oder einer durchsuchten Wohnung, der nicht als Beschuldigter ins Verfahren einbezogen worden ist, steht ein Anspruch auf Entschädigung zu, insoweit er unverschuldet einen Nachteil erlitten hat.

³ Die Entschädigung geht zu Lasten des Bundes.

2. Geltendmachung

Art. 100 ¹ Der Entschädigungsanspruch des Beschuldigten erlischt, wenn er nicht innert eines Jahres nach Eröffnung der Einstellung oder nach Eintritt der Rechtskraft des Entscheides geltend gemacht wird.

² Der Entschädigungsanspruch nach Artikel 99 Absatz 2 erlischt, wenn er nicht innert eines Jahres seit der Durchsuchung oder, im Falle einer Beschlagnahme, seit der Rückgabe des beschlagnahmten Gegenstandes oder der Aushändigung des Verwertungserlöses geltend gemacht wird.

³ Das Entschädigungsbegehren ist der beteiligten Verwaltung schriftlich einzureichen und hat einen bestimmten Antrag sowie dessen Begründung zu enthalten.

⁴ Über das Begehren trifft die Verwaltung spätestens innert drei Monaten einen Entscheid. Gegen den Entscheid kann innert 30 Tagen seit

---

70 Eingefügt durch Ziff. I des BG vom 22. Dez. 1999, in Kraft seit 1. Okt. 2000 (AS 2000 2141; BBl 1998 1529).

der Eröffnung bei der Beschwerdekammer des Bundesstrafgerichts Beschwerde geführt werden (Art. 25 Abs. 1); die Verfahrensvorschriften von Artikel 28 Absätze 2–5 gelten sinngemäss.

II. Im gerichtlichen Verfahren

Art. 101 [1] Im gerichtlichen Verfahren gilt Artikel 99 sinngemäss. Das Gericht entscheidet auch über die Entschädigung für Nachteile im Verfahren vor der Verwaltung.

[2] Bevor das Gericht eine Entschädigung festsetzt, hat es der beteiligten Verwaltung Gelegenheit zu geben, sich zum Anspruch und seiner Höhe zu äussern und Anträge zu stellen.

III. Rückgriffsanspruch

Art. 102 [1] Wer das Verfahren durch Arglist veranlasst hat, kann verpflichtet werden, dem Bunde die nach Artikel 99 oder 101 auszurichtenden Entschädigungen ganz oder teilweise zu ersetzen.

[2] Über den Rückgriffsanspruch entscheidet die beteiligte Verwaltung.

[3] Gegen den Entscheid kann innert 30 Tagen seit der Eröffnung bei der Beschwerdekammer des Bundesstrafgerichts Beschwerde geführt werden (Art. 25 Abs. 1); die Verfahrensvorschriften von Artikel 28 Absätze 2–5 gelten sinngemäss. Wird innert der gesetzlichen Frist nicht Beschwerde erhoben, so steht der Entscheid einem rechtskräftigen Urteil gleich.

[4] Der Rückgriffsanspruch erlischt, wenn er nicht innert drei Monaten seit Rechtskraft des Entscheids oder Urteils über den Entschädigungsanspruch geltend gemacht wird.

Siebenter Abschnitt: Abwesenheitsverfahren

Art. 103 [1] Ist der Beschuldigte, ohne in der Schweiz ein Zustellungsdomizil zu haben, unbekannten Aufenthaltes, so kann das Verfahren von der Verwaltung und den Gerichten in seiner Abwesenheit durchgeführt werden. Artikel 34 Absatz 2 ist anwendbar.

[2] Wenn der Beschuldigte sich stellt oder ergriffen wird, so kann er innert 30 Tagen, seitdem er vom Strafbescheid, von der Strafverfügung oder vom Urteil Kenntnis erhalten hat, bei der Behörde, die zuletzt gesprochen hat, die Wiedereinsetzung verlangen.

[3] Wird das Gesuch rechtzeitig gestellt, so ist das ordentliche Verfahren durchzuführen.

[4] Bei Einziehung und Umwandlung der Busse in Freiheitsstrafe gelten die Absätze 1–3 sinngemäss.

Vierter Titel: Schlussbestimmungen

A. Änderung von Bundeserlassen

Art. 104 [1] Änderungen des geltenden Bundesrechts finden sich im Anhang, der Bestandteil dieses Gesetzes ist.

[2] Der Bundesrat wird ermächtigt, die Vollziehungsverordnung vom 27. November 1934[71] zum Bundesratsbeschluss vom 4. August 1934 über die eidgenössische Getränkesteuer diesem Gesetz anzupassen.

B. Neue Zuständigkeiten

Art. 105 Wo nach bisherigem Recht Strafverfügungen vom Bundesrat auszugehen hatten, wird diese Zuständigkeit den Departementen zugewiesen; der Bundesrat kann sie auf die den Departementen unmittelbar nachgeordneten Amtsstellen übertragen.

C. Übergangsbestimmungen

Art. 106 [1] Strafverfahren, in denen die Strafverfügung der Verwaltung nach Artikel 293 oder 324 des Bundesstrafrechtspflegegesetzes vom 15. Juni 1934[72] vor dem Inkrafttreten der neuen Vorschriften getroffen worden ist, werden nach bisherigem Recht fortgesetzt.

[2] Strafbarkeit und Mithaftung des Vertretenen, Auftraggebers oder Geschäftsherrn wegen Widerhandlungen, die vor Inkrafttreten dieses Gesetzes begangen worden sind, richten sich ausschliesslich nach dem alten Recht.

D. Ausführung. Inkrafttreten

Art. 107 [1] Der Bundesrat erlässt die erforderlichen Ausführungsbestimmungen.

[2] Er bestimmt das Inkrafttreten dieses Gesetzes.

Datum des Inkrafttretens: 1. Januar 1975[73]

Anhang

Änderung von Bundeserlassen

　　...[74]

71　[BS 6 283; AS 1974 1955, 2007 1469 Anhang 4 Ziff. 27. AS 2007 2909 Art. 23 Ziff. 1]. Siehe heute: die Biersteuerverordnung vom 15. Juni 2007 (SR 641.411.1).

72　[BS 3 303; AS 1971 777 Ziff. III 4, 1974 1857 Anhang Ziff. 2, 1978 688 Art. 88 Ziff. 4, 1979 1170, 1992 288 Anhang Ziff. 15 2465 Anhang Ziff. 2, 1993 1993, 1997 2465 Anhang Ziff. 7, 2000 505 Ziff. I 3 2719 Ziff. II 3 2725 Ziff. II, 2001 118 Ziff. I 3 3071 Ziff. II 1 3096 Anhang Ziff. 2 3308, 2003 2133 Anhang Ziff. 9, 2004 1633 Ziff. I 4, 2005 5685 Anhang Ziff. 19, 2006 1205 Anhang Ziff. 10, 2007 6087, 2008 1607 Anhang Ziff. 1 4989 Anhang 1 Ziff. 6 5463 Anhang Ziff. 3, 2009 6605 Anhang Ziff. II 3. AS 2010 1881 Anhang 1 Ziff. I 1]

73　BRB vom 25. Nov. 1974

74　Die Änderungen können unter AS 1974 1857 konsultiert werden.

14. Verordnung über das Strafregister (VOSTRA-Verordnung)

vom 29. September 2006

(ohne Anhänge 2 und 3)

Der Schweizerische Bundesrat,

gestützt auf Artikel 367 Absätze 3 und 6 des Strafgesetzbuches[1] (StGB)
und auf Artikel 46a des Regierungs- und Verwaltungsorganisationsgesetzes
vom 21. März 1997[2],

verordnet:

1. Abschnitt: Gegenstand

Art. 1

Diese Verordnung regelt für das Strafregister-Informationssystem VOSTRA
nach den Artikeln 365–371 StGB insbesondere:

a. die verantwortliche Behörde;
b. die zu erfassenden Daten, die Datenbearbeitungsrechte und den Zeitpunkt der Eintragung;
c. die Entfernung von Daten;
d. die beteiligten Behörden und ihre Eintragungs-, Melde- und Mitwirkungspflichten;
e. die Bekanntgabe von Daten;
f. das Auskunftsrecht der betroffenen Personen;
g. die Datensicherheit und die technischen Anforderungen;
h. die Gebühren und die Aufteilung der Kosten;
i. die Verwendung von VOSTRA-Daten zu Forschungs-, Planungs- und Statistikzwecken.

2. Abschnitt: Verantwortliche Behörde

Art. 2

[1] Das Bundesamt für Justiz (BJ) trägt die Verantwortung für VOSTRA.

SR 331. AS 2006 4503
1   SR 311.0
2   SR 172.010

[2] Es koordiniert die Tätigkeiten der an VOSTRA angeschlossenen Behörden und Stellen und achtet darauf, dass diese ihre Aufgaben vorschriftsgemäss erfüllen.

[3] Es unterstützt die an VOSTRA angeschlossenen Behörden und Stellen bei der Lösung von Anwendungsproblemen und führt Grund- und Weiterbildungskurse für die Bearbeitung von Strafregisterdaten durch.

[4] Es kontrolliert, ob die Daten vorschriftsgemäss bearbeitet werden und ob sie vollständig, richtig und nachgeführt sind. Zu diesem Zweck ist es berechtigt, auf die Protokolle zuzugreifen. Darüber hinaus kann es Einblick in Dokumente nehmen, die Grundlage für die Eintragung oder Bekanntgabe waren, soweit dies zur Durchführung der Kontrollen nötig ist. Es kann fehlerhafte Eintragungen in VOSTRA selbständig berichtigen oder die für die Eintragung zuständigen Stellen zur Berichtigung auffordern.

[5] Es erteilt und entzieht die individuellen Bearbeitungsrechte.

[6] Es erlässt Weisungen für die Führung und die Benutzung von VOSTRA, namentlich das Bearbeitungsreglement.

3. Abschnitt: Zu erfassende Daten, Datenbearbeitungsrechte und Zeitpunkt der Eintragung

Art. 3 Urteile

[1] In VOSTRA werden eingetragen:

a. die Verurteilungen durch zivile und militärische Strafbehörden wegen Verbrechen oder Vergehen des StGB, des Militärstrafgesetzes vom 13. Juni 1927[3] (MStG) oder anderer Bundesgesetze, mit Ausnahme der in Artikel 9 Buchstabe b erwähnten Fälle;

b. freisprechende Urteile durch zivile und militärische Strafbehörden wegen Verbrechen und Vergehen des StGB, des MStG und anderer Bundesgesetze, sofern eine Massnahme angeordnet worden ist, mit Ausnahme der in Artikel 9 Buchstabe c erwähnten Fälle;

c. die Verurteilungen wegen Übertretungen des StGB, des MStG oder anderer Bundesgesetze, wenn:

1. eine Busse von mehr als 5000 Franken oder gemeinnützige Arbeit von mehr als 180 Stunden verhängt wird, oder

2. die urteilende Behörde im entsprechenden Bundesgesetz ausdrücklich ermächtigt oder verpflichtet wird, bei einer erneuten Widerhandlung eine Busse mit einer bestimmten Mindestgrenze oder neben einer Busse eine Geldstrafe oder eine Freiheitsstrafe auszusprechen;

---

3 SR 321.0

d. die Verurteilungen wegen Übertretungen, die nach Buchstabe c nicht einzutragen sind, wenn sie Teil eines Urteils bilden, das einzutragen ist;

e. die Urteile, die gegen Schweizerinnen und Schweizer im Ausland ergangen sind und die dem BJ gemäss dem Europäischen Übereinkommen vom 20. April 1959[4] über die Rechtshilfe in Strafsachen und den bestehenden Staatsverträgen gemeldet werden, sofern die Eintragungsvoraussetzungen erfüllt sind, die nach dem StGB (Art. 366 Abs. 1 und 2 Bst. c) und dieser Verordnung für vergleichbare schweizerische Urteile gelten.

[2] Die Eintragung von Urteilen gegen Jugendliche richtet sich nach Artikel 366 Absatz 3 StGB.

[3] Verurteilungen mit bedingtem oder teilbedingtem Strafvollzug werden mit dem entsprechenden Hinweis eingetragen (Art. 42 und 43 StGB, Art. 36 und 37 MStG und Art. 35 des Jugendstrafgesetzes vom 20. Juni 2003[5] [JStG]).

Art. 4 Sanktionen

[1] Bei der Eintragung von Urteilen werden in VOSTRA als Sanktionen eingetragen:

a. die Hauptstrafen;

b. die Nebenstrafen;

c. die im Grundurteil durch das Gericht verhängte Ersatzfreiheitsstrafe (Art. 106 Abs. 2 StGB und Art. 60c Abs. 2 MStG[6]);

d. die therapeutischen Massnahmen und die Verwahrung (Art. 59–61, 63 und 64 StGB);

e. die Friedensbürgschaft (Art. 66 StGB);

f. das Berufsverbot (Art. 67 StGB und Art. 50 MStG);

g. das Fahrverbot (Art. 67b StGB und Art. 50$a$bis MStG);

h. die Degradation (Art. 35 MStG);

i. der Ausschluss aus der Armee (Art. 48 und 49 MStG).

[2] Die Eintragung von Sanktionen bei Jugendlichen richtet sich nach Artikel 366 Absatz 3 StGB.

Art. 5 Nachträgliche Entscheide

In VOSTRA werden folgende nachträglichen Entscheide eingetragen, die eine Änderung vorhandener Eintragungen herbeiführen:

a. der Widerruf oder Nichtwiderruf des bedingten oder teilbedingten Strafvollzugs; einzutragen sind auch die Folgen eines Widerrufs oder Nichtwiderrufs: die Gesamtstrafe, die Verwarnung, die Verlängerung der Probezeit, die Anordnung von Bewährungshilfe und die Erteilung von Wei-

---

4   SR 0.351.1
5   SR 311.1
6   SR 321.0

sungen (Art. 46 und 95 StGB, Art. 40 MStG[7] und Art. 35 Abs. 2 JStG[8] in Verbindung mit Art. 31 JStG);

b. der durch ein Gericht angeordnete Ersatz einer Sanktion durch eine andere Sanktion im Sinne der Artikel 62*c* Absätze 3, 4 und 6, 63*b* Absatz 5, 65 Absätze 1 und 2 StGB sowie Artikel 32 Absatz 4 JStG;

c. die inhaltliche oder die zeitliche Einschränkung sowie die Aufhebung des Berufsverbotes (Art. 67*a* StGB und Art. 50*a* MStG).

Art. 6 Vollzugsentscheide

In VOSTRA werden folgende Entscheide eingetragen, die den Vollzug der Strafen oder Massnahmen betreffen:

a. die Entscheide der zuständigen Behörde oder des Gerichts nach den folgenden Bestimmungen:

1. StGB: Artikel 62 Absätze 1–4, 62*a* Absätze 1–3 und 5, 62*c* Absätze 1–4, 63*a* Absatz 2, 63*b* Absätze 2, 4 und 5, 64*a* Absätze 1–3, 95 Absätze 4 und 5, 86 (einschliesslich der bedingten Entlassung aus einer Umwandlungsfeiheitsstrafe), 87 und 89 Absatz 2,

2. JStG[9]: Artikel 18, 19, 28 Absatz 1, 29 Absätze 1–3 und 31 Absätze 1–3;

b. die Begnadigung und die Amnestie.

Art. 7 Hängige Strafverfahren

In VOSTRA werden eingetragen:

a. Personen, gegen die in der Schweiz ein Strafverfahren wegen Verbrechen oder Vergehen nach Bundesrecht hängig ist; angegeben werden:

1. der Personaliendatensatz der beschuldigten Person,

2. das Datum, an dem das Strafverfahren eröffnet wurde,

3. die zuständige Verfahrensleitung (inkl. Referenzzeichen),

4. die der beschuldigten Person vorgeworfenen Straftaten;

b. erhebliche Änderungen in den Tatsachen nach Buchstabe a, insbesondere die Abtretung des Verfahrens sowie die Änderung der Beschuldigung.

Art. 8 Ersuchen um Auszug aus einem ausländischen Strafregister

[1] In VOSTRA werden Ersuchen schweizerischer Behörden um Auszug aus einem ausländischen Strafregister eingetragen.

[2] Diese Daten sind nur für das registerführende BJ und die gesuchstellenden Behörden einsehbar.

[3] Die Berechtigung, solche Ersuchen auf elektronischem Weg zu stellen, ist in den Anhängen 2 und 3 geregelt.

---

7   SR 321.0
8   SR 311.1
9   SR 311.1

Art. 9   Ausgeschlossene Eintragungen

Nicht eingetragen werden:

a. die Urteile wegen Verstössen gegen Strafbestimmungen des kantonalen Rechts;

b. die Verurteilungen, bei denen von der Bestrafung abgesehen wird;

c. die freisprechenden Urteile, welche einzig eine Veröffentlichung des Urteils (Art. 68 StGB und Art. 50*b* MStG[10]), eine Einziehung (Art. 69–72 StGB und Art. 51–52 MStG) oder eine Verwendung zu Gunsten des Geschädigten (Art. 73 StGB und Art. 53 MStG) enthalten;

d. die Übertretungen mit Ausnahme derjenigen nach Artikel 3 Absatz 1 Buchstaben c und d;

e. die Entscheide, welche:

    1. Geldstrafe oder Busse in gemeinnützige Arbeit oder Freiheitsstrafe umwandeln,

    2. gemeinnützige Arbeit in Geldstrafe, Busse oder Freiheitsstrafe umwandeln;

    3.[11] persönliche Leistung in Busse oder Freiheitsentzug umwandeln,

    4.[12] Busse in persönliche Leistung oder Freiheitsentzug umwandeln,

    5.[13] Freiheitsentzug in persönliche Leistung umwandeln;

f. die Ordnungs- und Disziplinarstrafen;

g. die Kostenfolgen eines Urteils.

Art. 10   Datensätze und Datenbearbeitungsrechte

[1] Die Datensätze und die dazugehörigen Datenfelder sind in Anhang 1 geregelt.

[2] Die Berechtigungen der Bundesbehörden und der kantonalen Behörden zur Bearbeitung dieser Daten sind in den Anhängen 2 beziehungsweise 3 tabellarisch dargestellt.

Art. 11   Zeitpunkt der Eintragung

[1] Urteile, nachträgliche Entscheide sowie Vollzugsentscheide sind spätestens zwei Wochen nach Eintritt der vollen Rechtskraft einzutragen.

[2] Entscheide, die bloss teilweise in Rechtskraft erwachsen sind, werden als Bestandteil des rechtskräftigen höherinstanzlichen Urteils oder nachträglichen Entscheides in VOSTRA eingetragen.

[3] Bei hängigen Strafverfahren sind die Daten innert zwei Wochen seit Eröffnung des Strafverfahrens beziehungsweise seit Eintritt der Änderung in VOSTRA einzutragen.

---

10   SR 321.0

11   Eingefügt durch Ziff. I 2 der V vom 3. Dez. 2010, in Kraft seit 1. Jan. 2013 (AS 2010 5971).

12   Eingefügt durch Ziff. I 2 der V vom 3. Dez. 2010, in Kraft seit 1. Jan. 2013 (AS 2010 5971).

13   Eingefügt durch Ziff. I 2 der V vom 3. Dez. 2010, in Kraft seit 1. Jan. 2013 (AS 2010 5971).

⁴ Die Eintragung eines hängigen Strafverfahrens kann zurückgestellt werden, solange die Eintragung den Zweck des Strafverfahrens in Frage stellt.

4. Abschnitt: Entfernung von Daten

Art. 12

¹ Aus VOSTRA werden unverzüglich entfernt:

a. Eintragungen in den Fällen nach Artikel 369 StGB;

b. Eintragungen über Personen, deren Tod von einer Behörde gemeldet wird;

c. Urteile, die aufgehoben wurden;

d. hängige Strafverfahren, die eingestellt oder mit einem Urteil abgeschlossen wurden;

e. Ersuchen um Auszug aus einem ausländischen Strafregister, sobald die Anfrage vom Ausland beantwortet worden ist.

² Die Entfernung von Eintragungen über teilbedingte Freiheitsstrafen richtet sich nach den Regeln für die Entfernung bedingter Strafen (Art. 369 Abs. 3 StGB).

5. Abschnitt: Beteiligte Behörden und ihre Eintragungs-, Melde- und Mitwirkungspflichten

Art. 13 Bundesamt für Justiz (BJ)

¹ Das BJ trägt folgende Daten in VOSTRA ein:

a. Daten, die von nicht angeschlossenen Bundesbehörden gemeldet werden;

b. ausländische Urteile gemäss Artikel 3 Absatz 1 Buchstabe e.

² Es bearbeitet folgende Gesuche um Auszug aus VOSTRA:

a. Gesuche von Privaten;

b. Gesuche nicht angeschlossener Bundesbehörden;

c. Gesuche ausländischer Behörden.

³ Es bearbeitet Ersuchen angeschlossener schweizerischer Behörden um Auszug aus einem ausländischen Strafregister.

⁴ Es teilt Verurteilungen und nachträgliche Entscheide gegen ausländische Staatsangehörige gestützt auf das Europäische Übereinkommen vom 20. April 1959¹⁴ über die Rechtshilfe in Strafsachen und auf die bestehenden Staatsverträge dem Heimatstaat mit, sofern dieser bekannt ist. Das Eidgenössische Justiz- und Polizeidepartement (EJPD) kann Weisungen über die Mitteilungen an Behörden des Auslandes erlassen.

---

14 SR 0.351.1

Art. 14   Kantonale Koordinationsstellen

[1] Die kantonalen Koordinationsstellen haben folgende Aufgaben:

a. Sie tragen die hängigen Strafverfahren, die Urteile, die nachträglichen Entscheide und die Vollzugsentscheide der nicht an VOSTRA angeschlossenen kantonalen Behörden in VOSTRA ein.

b. Sie erstellen für nicht angeschlossene kantonale Behörden Auszüge aus VOSTRA.

c. Sie sind für das BJ die kantonalen Ansprechstellen bezüglich der Einhaltung der Strafregisterbestimmungen des StGB, dieser Verordnung und der gestützt darauf erlassenen Weisungen.

d. Sie unterstützen das BJ bei seiner Kontrolle der Datenbearbeitung.

[2] Die Kantone können ihrer Koordinationsstelle weitere Aufgaben im Zusammenhang mit VOSTRA übertragen, insbesondere die Erfassung der Urteile und nachträglichen Entscheide weiterer oder aller kantonalen Behörden und das Erstellen der Auszüge aus VOSTRA für diese Behörden.

Art. 15   Koordinationsstelle der Militärjustiz

Die Koordinationsstelle der Militärjustiz hat folgende Aufgaben:

a. Sie trägt die hängigen Strafverfahren, die Urteile, die nachträglichen Entscheide und die Vollzugsentscheide der nicht an VOSTRA angeschlossenen Militärjustizbehörden in VOSTRA ein.

b. Sie erstellt für nicht angeschlossene Militärjustizbehörden Auszüge aus VOSTRA.

c. Sie ist für das BJ die Ansprechstelle der Militärjustiz bezüglich der Einhaltung der Strafregisterbestimmungen des StGB, dieser Verordnung und der gestützt darauf erlassenen Weisungen.

d. Sie unterstützt das BJ bei seiner Kontrolle der Datenbearbeitung.

Art. 16   Weitere angeschlossene Behörden, die zur Online-Eintragung berechtigt sind

Die folgenden Behörden tragen ihre Daten in VOSTRA ein, sofern sie an VOSTRA angeschlossen sind:

a. die Strafjustizbehörden, einschliesslich die Verwaltungsbehörden des Bundes und der Kantone, die Strafentscheide gestützt auf Bundesrecht fällen;

b. die Militärjustizbehörden;

c. die Strafvollzugsbehörden.

Art. 17   Nicht angeschlossene Behörden, die Daten zur Eintragung melden

[1] Kantonale Strafjustiz- und Strafvollzugsbehörden, die nicht an VOSTRA angeschlossen sind, melden die Daten zur Eintragung in VOSTRA der zuständigen kantonalen Koordinationsstelle.

² Die Militärjustizbehörden, die nicht an VOSTRA angeschlossen sind, melden ihre Daten zur Eintragung in VOSTRA der Koordinationsstelle der Militärjustiz. Das Oberauditorat regelt die Einzelheiten.

³ Die Strafjustizbehörden des Bundes, die nicht an VOSTRA angeschlossen sind, sowie die Verwaltungsbehörden des Bundes und der Kantone, die Strafentscheide gestützt auf Bundesrecht fällen und nicht an VOSTRA angeschlossen sind, melden die Daten zur Eintragung in VOSTRA dem BJ.

⁴ Die für die Begnadigung oder die Amnestie zuständigen Behörden des Bundes melden die Begnadigung oder die Amnestie zur Eintragung in VOSTRA dem BJ.

⁵ Die kantonalen Begnadigungs- oder Amnestiebehörden melden die Begnadigung oder die Amnestie zur Eintragung in VOSTRA der zuständigen kantonalen Koordinationsstelle.

Art. 18   Sorgfaltspflichten und Datenbearbeitungsgrundsätze

¹ Alle beteiligten Behörden sorgen in ihrem Bereich dafür, dass die Daten vorschriftsgemäss bearbeitet werden.

² Sie vergewissern sich, dass die Daten, die sie in VOSTRA eintragen oder der zuständigen Stelle melden, vollständig, richtig und nachgeführt sind.

³ Ergeben sich der eintragenden Behörde Zweifel über die Richtigkeit der Angaben oder sind diese unvollständig, so sendet sie die Meldung an die meldende Behörde zur Nachprüfung zurück oder beschafft sich durch Nachfragen die nötigen Ergänzungen. Sie kann für die Überprüfung einer Eintragung den Strafregisterauszug einer Person ausdrucken; dieser Ausdruck ist nach der Überprüfung der eingetragenen Daten zu vernichten.

⁴ Die Behörden, die über ein Datenbearbeitungsrecht verfügen, sind nur insoweit zur Datenbearbeitung berechtigt, als sie diese Daten zur Erfüllung ihrer gesetzlichen Aufgaben benötigen.

⁵ Die Strafregisterdaten nach Artikel 366 Absätze 2–4 StGB dürfen nicht isoliert in einer neuen Datensammlung gespeichert oder aufbewahrt werden, es sei denn, dies sei zur Begründung eines getroffenen Entscheides, einer erlassenen Verfügung oder eines eingeleiteten Verfahrensschritts notwendig.

⁶ Behörden dürfen Strafregisterdaten nur weitergeben, wenn sie für die Weitergabe über eine ausdrückliche formell-gesetzliche Grundlage verfügen und die Weitergabe zu denselben Zwecken erfolgt, zu denen sie diese Daten erhalten haben.

Art. 19   Auskunftspflicht der Zivilstandsämter und Einwohnerkontrollen

Die Zivilstandsämter und Einwohnerkontrollen sind verpflichtet, den eintragungsberechtigten Behörden zur Abklärung der zu bearbeitenden Personalien kostenlos Auskunft zu geben.

Art. 20   Meldung über die Nichtbewährung

[1] Stellt die eintragende Behörde bei der Urteilseintragung fest, dass eine bedingt ausgefällte Strafe widerrufen wurde, ohne dass eine Gesamtstrafe im Sinne von Artikel 46 Absatz 1 StGB, Artikel 40 Absatz 1 MStG[15] oder Artikel 31 Absatz 2 JStG[16] gebildet wurde, so meldet sie den Widerruf der Behörde, die für den Vollzug des widerrufenen Urteils zuständig ist.

[2] Stellt das BJ bei der Eintragung eines Auslandurteils fest, dass die im Ausland beurteilte Tat in die Probezeit einer bereits eingetragenen bedingt oder teilbedingt vollziehbaren Strafe fällt, so meldet es die Nichtbewährung dem schweizerischen Gericht, das den bedingten oder teilbedingten Strafvollzug angeordnet hat. Fällt ein Auslandurteil in die Probezeit einer bedingten Entlassung, so meldet das BJ die Nichtbewährung der Vollzugsbehörde.

[3] Stellt die eintragende Behörde bei der Urteilseintragung fest, dass eine bedingte Entlassung aus dem Straf- oder Massnahmenvollzug widerrufen wurde, ohne dass eine Gesamtstrafe im Sinne von Artikel 62a Absatz 2 oder 89 Absatz 6 StGB oder von Artikel 31 Absatz 2 JStG gebildet wurde, so meldet sie den Widerruf der Behörde, die für den Vollzug der durch den Widerruf vollziehbar gewordenen Reststrafe zuständig ist.

[4] Wurde eine Person bedingt begnadigt, so meldet die eintragende Behörde der zuständigen Begnadigungsbehörde, wenn diese Person wegen einer während der Probezeit begangenen strafbaren Handlung verurteilt wird.

6. Abschnitt: Bekanntgabe von Daten

Art. 21   Einsichtnahme durch Abrufverfahren

[1] Die Einsichtnahme durch ein Abrufverfahren richtet sich nach Artikel 367 Absätze 2, 2bis und 4 StGB.[17]

[2] Überdies kann das Bundesamt für Polizei durch ein Abrufverfahren Einsicht nehmen in Daten über Urteile nach Artikel 366 Absätze 1, 2 und 3 Buchstaben a und b StGB sowie hängige Strafverfahren, sofern dies zur Erfüllung folgender Aufgaben nötig ist (Art. 367 Abs. 3 StGB):[18]

a.[19] Verhütung von Straftaten nach Artikel 2 Absätze 1 und 2 des Bundesgesetzes vom 21. März 1997[20] über Massnahmen zur Wahrung der inneren Sicherheit (BWIS), soweit sie in seinen Zuständigkeitsbereich fällt;

---

15   SR 321.0
16   SR 311.1
17   Fassung gemäss Ziff. I 2 der V vom 3. Dez. 2010, in Kraft seit 1. Jan. 2013 (AS 2010 5971).
18   Fassung gemäss Ziff. I 2 der V vom 3. Dez. 2010, in Kraft seit 1. Jan. 2013 (AS 2010 5971).
19   Fassung gemäss Anhang Ziff. 13 der V vom 12. Dez. 2008, in Kraft seit 1. Jan. 2009 (AS 2008 6305).
20   SR 120

b. Vorermittlungen im Zusammenhang mit Straftaten im Sinne der Artikel 336 und 337 StGB;

c. Durchführung von Strafverfahren (gerichtspolizeiliche Ermittlungen) im Zusammenhang mit Straftaten im Sinne der Artikel 336 und 337 StGB;

d. Informationsvermittlung an Interpol:

1. im Rahmen von eröffneten Strafverfahren,

2. im Rahmen von Vorermittlungen im Zusammenhang mit Straftaten im Sinne der Artikel 336 und 337 StGB,

3. zur Verhütung von Straftaten im Sinne von Artikel 2 Absätze 1 und 2 BWIS;

e. gesetzlich vorgesehene Kontrolle des Informationssystems der Bundeskriminalpolizei (Janus);

f. Führung der Meldestelle Geldwäscherei;

g. Verhängung und Aufhebung von Fernhaltemassnahmen gegenüber Ausländerinnen und Ausländern nach dem Bundesgesetz vom 26. März 1931[21] über Aufenthalt und Niederlassung der Ausländer sowie Vorbereitung von Ausweisungsentscheiden gemäss Artikel 121 Absatz 2 der Bundesverfassung[22];

h. Informationsvermittlung an das Europäische Polizeiamt Europol im Sinne von Artikel 355a StGB, sofern diese Daten von Europol für Zwecke gemäss den Buchstaben a und b benötigt werden;

i.[23] ...

[3] Ferner können die für die Einbürgerung auf Stufe Kanton zuständigen kantonalen Behörden durch ein Abrufverfahren Einsicht nehmen in Daten über Urteile nach Artikel 366 Absätze 1, 2 und 3 Buchstaben a und b StGB sowie hängige Strafverfahren, soweit dies für die Durchführung von Einbürgerungsverfahren nötig ist (Art. 367 Abs. 3 StGB).[24]

[4] Ausserdem kann der Nachrichtendienst des Bundes durch ein Abrufverfahren Einsicht in Daten über Urteile nach Artikel 366 Absätze 1, 2 und 3 Buchstaben a und b StGB sowie hängige Strafverfahren nehmen, sofern dies zur Erfüllung folgender Aufgaben nötig ist (Art. 367 Abs. 3 StGB):[25]

a. Verhütung von Straftaten nach Artikel 2 Absätze 1 und 2 BWIS, soweit sie in seinen Zuständigkeitsbereich fällt;

---

21 [BS 1 121; AS 1949 221, 1987 1665, 1988 332, 1990 1587 Art. 3 Abs. 2, 1991 362 Ziff. II 11 1034 Ziff. III, 1995 146, 1999 1111 2262 Anhang Ziff. 1, 2000 1891 Ziff. IV 2, 2002 685 Ziff. I 1 701 Ziff. I 1 3988 Anhang Ziff. 3, 2003 4557 Anhang Ziff. II 2, 2004 1633 Ziff. I 1 4655 Ziff. I 1, 2005 5685 Anhang Ziff. 2, 2006 979 Art. 2 Ziff. 1 1931 Art. 18 Ziff. 1 2197 Anhang Ziff. 3 3459 Anhang Ziff. 1 4745 Anhang Ziff. 1, 2007 359 Anhang Ziff. 1. AS 2007 5437 Anhang Ziff. I]. Siehe heute: das BG vom 16. Dez. 2005 über die Ausländerinnen und Ausländer (SR 142.20).

22 SR 101

23 Aufgehoben durch Anhang Ziff. 13 der V vom 12. Dez. 2008, mit Wirkung seit 1. Jan. 2009 (AS 2008 6305).

24 Eingefügt durch Ziff. I der V vom 14. Dez. 2007 (AS 2008 51). Fassung gemäss Ziff. I 2 der V vom 3. Dez. 2010, in Kraft seit 1. Jan. 2013 (AS 2010 5971).

25 Fassung gemäss Ziff. I 2 der V vom 3. Dez. 2010, in Kraft seit 1. Jan. 2013 (AS 2010 5971).

b. Informationsvermittlung an das Europäische Polizeiamt (Europol) im Sinne von Artikel 355*a* StGB, sofern diese Daten von Europol für Zwecke nach Buchstabe a benötigt werden;

c. Prüfung von Fernhaltemassnahmen gegenüber Ausländerinnen und Ausländern nach dem Bundesgesetz vom 16. Dezember 2005 über die Ausländerinnen und Ausländer sowie Vorbereitung von Ausweisungsentscheiden nach Artikel 121 Absatz 2 der Bundesverfassung;

d. Informationsvermittlung an ausländische Sicherheitsbehörden im Rahmen von Unbedenklichkeitsanfragen (Clearing-Anfragen); Daten, deren Weitergabe nicht im Interesse der betroffenen Person ist, können nur mit deren ausdrücklicher Zustimmung weitergegeben werden.[26]

Art. 22 **Auszüge für Schweizer Behörden auf schriftliches Gesuch hin**

[1] Folgende an VOSTRA nicht angeschlossene Behörden können die zur Erfüllung der nachstehend genannten Aufgaben nötigen Daten über Urteile nach Artikel 366 Absätze 1, 2 und 3 Buchstaben a und b StGB als Auszug aus VOSTRA einholen:[27]

a. die Behörden nach Artikel 367 Absatz 2 StGB:	zur Erfüllung ihrer gesetzlichen Aufgaben nach Artikel 365 Absatz 2 StGB;
b. die Verwaltungsbehörden des Bundes und der Kantone, die Strafentscheide gestützt auf Bundesrecht fällen:	für die Durchführung von Strafverfahren;
c. die für die internationale Rechtshilfe zuständige Stelle des BJ:	für internationale Rechtshilfe- und Auslieferungsverfahren;
d. die kantonalen und kommunalen Vormundschaftsbehörden:	für die Verhängung und Aufhebung vormundschaftlicher Massnahmen;
e. die für den fürsorgerischen Freiheitsentzug zuständigen kantonalen Behörden:	für die Verhängung und Aufhebung des fürsorgerischen Freiheitsentzuges;
f. die für die Durchführung von Personensicherheitsprüfungen zuständigen kantonalen Behörden:	für zivile und militärische Sicherheitsprüfungen im Sinne von Artikel 2 Absatz 4 Buchstabe c BWIS[28];
g. die für die Begnadigung zuständigen Behörden des Bundes und der Kantone:	für die Durchführung von Begnadigungsverfahren;

---

26 Eingefügt durch Anhang Ziff. 13 der V vom 12. Dez. 2008, in Kraft seit 1. Jan. 2009 (AS 2008 6305).
27 Fassung gemäss Ziff. I 2 der V vom 3. Dez. 2010, in Kraft seit 1. Jan. 2013 (AS 2010 5971).
28 SR 120

h. ...[29]

i. die gemäss Artikel 22 Absatz 1 BWIS für den Personenschutz zuständige Stelle des Bundes:	für die Risikobeurteilung von Personen, bei denen Anhaltspunkte bestehen, dass sie eine Gefahr für schützenswerte Personen im Sinne von Artikel 22 Absatz 1 BWIS darstellen könnten.
j.[30] die Eidgenössische Revisionsaufsichtsbehörde:	für die Erteilung oder den Entzug von Zulassungen von Revisoren und Revisionsexperten sowie die Verhängung von Massnahmen gegenüber natürlichen Personen, die für staatlich beaufsichtigte Revisionsunternehmen tätig sind.

[1bis] Die kantonale Behörde nach Artikel 316 Absatz 1bis des Zivilgesetzbuches[31] kann zur Prüfung der Eignung künftiger Adoptiveltern nach Artikel 5 Absatz 6 der Adoptionsverordnung vom 29. Juni 2011[32] Daten über Urteile nach Artikel 366 Absätze 1, 2 und 3 Buchstaben a und b und hängige Strafverfahren als Auszug aus VOSTRA einholen.[33]

[1ter] Die nicht an VOSTRA angeschlossenen Behörden können zur Erfüllung der in Artikel 367 Absatz 2bis StGB genannten Aufgaben einen Auszug über Urteile nach Artikel 366 Absätze 1, 2 und 3 StGB einholen.[34]

[2] Die Behörden reichen dazu ein schriftliches Gesuch beim BJ oder bei der kantonalen Koordinationsstelle ein.[35]

Art. 23 Auszüge für ausländische Behörden

[1] Das BJ gibt den ausländischen Behörden auf deren Ersuchen Registerauszüge ab, sofern ein internationales Übereinkommen, ein Staatsvertrag oder ein formelles Gesetz dies vorsieht oder der ersuchende Staat Gegenrecht hält.

[2] Das EJPD kann Weisungen über die Abgabe von Auszügen an ausländische Behörden erlassen.

---

29 Aufgehoben durch Ziff. I der V vom 14. Dez. 2007, mit Wirkung seit 15. Febr. 2008 (AS 2008 51).
30 Eingefügt durch Ziff. II der V vom 14. Nov. 2012, in Kraft seit 1. Dez. 2012 (AS 2012 6071).
31 SR 210
32 SR 211.221.36
33 Eingefügt durch Anhang Ziff. 2 der Adoptionsverordnung vom 29. Juni 2011, in Kraft seit 1. Jan. 2012 (AS 2011 3637).
34 Eingefügt durch Ziff. I 2 der V vom 3. Dez. 2010, in Kraft seit 1. Jan. 2013 (AS 2010 5971, 2011 5195).
35 Fassung gemäss Anhang Ziff. 2 der Adoptionsverordnung vom 29. Juni 2011, in Kraft seit 1. Jan. 2012 (AS 2011 3637).

Art. 24 Auszüge für Privatpersonen

¹ Die Abgabe von Auszügen an Privatpersonen erfolgt ausschliesslich durch das BJ.

² Die Privatperson hat sich über ihre Identität auszuweisen.

³ Auszüge über Dritte dürfen nur mit deren schriftlicher Einwilligung an Privatpersonen abgegeben werden.

Art. 25 Inhalt der Auszüge für Privatpersonen

¹ Der Auszug für Privatpersonen enthält in jedem Fall folgende Daten aus dem Datensatz über Personen (Anhang 1 Ziff. 1):

1. Nachname, Geburtsname, Vorname (Ziff. 1.2);
2. Geburtsdatum (Ziff. 1.4);
3. Heimatort, Staatsangehörigkeit (Ziff. 1.6);
4. Adresse (Ziff. 1.10).

² Enthält das Strafregister ein Urteil, das gemäss Artikel 371 StGB im Privatauszug erscheint, so werden folgende Daten aus dem Datensatz über Urteile (Anhang 1 Ziff. 4) und oder dem Datensatz über nachträgliche Entscheide und Vollzugsentscheide (Anhang 1 Ziff. 5) aufgeführt:

1. Urteils-, Eröffnungs- und Rechtskraftdatum sowie verurteilende Behörde (Ziff. 4.2);
2. Datum des vorinstanzlichen Urteils und vorinstanzliche Behörde (Ziff. 4.3);
3. Einsatz-, Zusatz-, Teilzusatzurteil, Gesamtstrafe (Ziff. 4.7);
4. Tatbestand und Begehungsform (Ziff. 4.8);
5. Art und Höhe der Hauptstrafe sowie Vollzugsform: unbedingt, teilbedingt, bedingt (Ziff. 4.11);
6. Bei Geldstrafe: Anzahl Tagessätze sowie Betrag und Währung des einzelnen Tagessatzes (Ziff. 4.12);
7. Bei teilbedingter Strafe: die Gesamthöhe sowie die Höhe des bedingten Teils der Strafe (Ziff. 4.13);
8. Bussenbetrag, -währung, Ersatzfreiheitsstrafe (Ziff. 4.14);
9. Dauer der Probezeit (Ziff. 4.15);
10. Art der Massnahme (Ziff. 4.16);
11. bei Berufsverbot: Dauer, Art der verbotenen Tätigkeit sowie das Ausmass des Verbots (vollständiges Verbot, der Tätigkeit oder Verbot, die Tätigkeit selbständig auszuüben) (Ziff. 4.17);
12. Angabe, ob Weisung oder Bewährungshilfe (Ziff. 4.19);
13. Nebenstrafen (Ziff. 4.20);
14. Entscheiddatum (Ziff. 5.2);
15. Entscheidbehörde (Ziff. 5.3);
16. Entscheidtyp (Ziff. 5.4);
17. Entlassungsdatum (Ziff. 5.5);

18. Strafe vollzogen, nicht vollzogen (Ziff. 5.6);
19. Massnahme (Aufhebung, Änderung oder neue Massnahme) (Ziff. 5.7);
20. Dauer der verlängerten Probezeit (Ziff. 5.8);
21. Angabe, ob Weisung oder Bewährungshilfe (Ziff. 5.9);
22. Verwarnung (Ziff. 5.10);
23. Angabe, ob Widerruf oder kein Widerruf (Ziff. 5.11);
24. Angabe, ob Rückversetzung oder keine Rückversetzung (Ziff. 5.12);
25. Reststrafe (Ziff. 5.13);
26. nachträglich bedingter Strafvollzug (Ziff. 5.14);
27. Begnadigung und Amnestie (Ziff. 5.15).

[3] Enthält das Strafregister kein Urteil oder keines, das gemäss Artikel 371 StGB im Privatauszug erscheinen müsste, so enthält der Auszug die Aussage: «Ist im Strafregister nicht verzeichnet».

7. Abschnitt: Auskunftsrecht der betroffenen Personen

Art. 26

[1] Jede Person kann beim BJ Auskunft darüber verlangen, ob in VOSTRA über sie ein Eintrag besteht. Gegebenenfalls kann sie den vollständigen sie betreffenden Eintrag einsehen; vorbehalten bleiben die Einschränkungen des Auskunftsrechts nach Artikel 9 des Bundesgesetzes vom 19. Juni 1992[36] über den Datenschutz (DSG).

[2] Wer sein Auskunftsrecht geltend machen will, hat sich über seine Identität auszuweisen und ein schriftliches Gesuch einzureichen.

[3] Die Auskunft wird mündlich am Schalter erteilt. Es wird kein direkter Einblick via den Computerbildschirm oder in einzelne Programmteile von VOSTRA gewährt. Ist die betreffende Person verzeichnet, so kann sie am Schalter einen Vollauszug mit allen Einträgen einsehen. Dieses Schriftstück darf nicht ausgehändigt werden.

[4] Stellt die betroffene Person fest, dass der Vollauszug unrichtige Daten enthält, so kann sie ihre Ansprüche nach Artikel 25 DSG geltend machen.

---

36   SR 235.1

8. Abschnitt: Datensicherheit und technische Anforderungen

Art. 27　Datensicherheit

[1] Für die Gewährleistung der Datensicherheit gelten namentlich:
a.　die Bundesinformatikverordnung vom 26. September 2003[37];
b.　die Verordnung vom 14. Juni 1993[38] zum Bundesgesetz über den Datenschutz.

[2] Die angeschlossenen Behörden treffen in ihrem Bereich die daraus resultierenden organisatorischen und technischen Massnahmen.

[3] Das BJ sorgt dafür, dass die Einhaltung der Informatiksicherheitsmassnahmen bei den angeschlossenen Behörden kontrolliert wird.

Art. 28　Protokollierung

Jede Datenbearbeitung in VOSTRA wird protokolliert.

Art. 29　Technische Anforderungen

[1] Die Informatikinfrastruktur der Kantone muss den technischen Anforderungen genügen, die für die Informations- und Kommunikationstechnik des Bundes gelten.

[2] Das EJPD erlässt Weisungen über die Einzelheiten.

9. Abschnitt: Gebühren und Aufteilung der Kosten

Art. 30　Gebühren für Auszüge an Privatpersonen

[1] Das BJ erhebt für die Ausstellung eines Strafregisterauszuges an eine Privatperson eine Gebühr von 20 Franken.

[2] Werden über die gleiche Person mehrere Auszüge verlangt, so wird für jeden Auszug eine Gebühr von 20 Franken erhoben.

[3] Entrichtete Gebühren werden nicht zurückerstattet.

[4] In der Gebühr sind die Auslagen eingeschlossen, namentlich die Kosten für beigezogene Dritte, die Leistungen im Zahlungsverkehr, beim Inkasso sowie im Bereich der Übermittlung, der Kommunikation und der Abwicklung des Bestellwesens erbringen.

[5] Im Übrigen gelten die Bestimmungen der Allgemeinen Gebührenverordnung vom 8. September 2004[39].

37　SR 172.010.58
38　SR 235.11
39　SR 172.041.1

Art. 31 Aufteilung der Kosten zwischen Bund und Kantonen

[1] Die Kosten für die Installation und den Betrieb der Datenleitungen zu einem zentralen Anschlusspunkt (Hauptverteiler) am Kantonshauptort trägt der Bund.

[2] Die Installations- und Betriebskosten für die Feinverteilung innerhalb der Kantone tragen die Kantone.

[3] Die Anschaffungs- und Betriebskosten der Bedienungsgeräte tragen die angeschlossenen Behörden.

10. Abschnitt: Forschung, Planung und Statistik

Art. 32 Anwendbares Recht

Die Bearbeitung von Personendaten aus VOSTRA zu Zwecken der Forschung, Planung und Statistik richtet sich nach Artikel 22 DSG[40].

Art. 33 Datenbekanntgabe

[1] Zuständig für die Bekanntgabe von Personendaten aus VOSTRA zu Zwecken der Forschung, Planung und Statistik ist das BJ.

[2] Das BJ stellt dem Bundesamt für Statistik die für dessen Aufgabenerfüllung erforderlichen Daten aus VOSTRA periodisch in elektronischer Form zur Verfügung.

11. Abschnitt: Schlussbestimmungen

Art. 34 Aufhebung bisherigen Rechts

Die Verordnung vom 1. Dezember 1999[41] über das automatisierte Strafregister wird aufgehoben.

Art. 35 Inkrafttreten

Diese Verordnung tritt am 1. Januar 2007 in Kraft.

---

40 SR 235.1
41 [AS 1999 3509, 2000 2964, 2003 5267 Anhang Ziff. 1, 2004 4813 Anhang Ziff. 9, 2006 939]

Anhang 1 (Art. 10 Abs. 1)

Datensätze und Datenfelder

1.	Datensatz über Personen
1.1	Nummer des Datensatzes über Personen (fortlaufende Systemnummer)
1.2	Nachname, Geburtsname, Vorname
1.3	Ehemalige Namen
1.4	Geburtsdatum, -ort, -staat
1.5	Geschlecht
1.6	Heimatort, Staatsangehörigkeit
1.7	Eltern
1.8	Zivilstand
1.9	Ehepartner oder Ehepartnerin
1.10	Adresse, Wohnort unbekannt, ohne festen Wohnsitz
1.11	Bearbeitungsvermerk (Zusatzinformationen zur Identifikation von Personen)
1.12	Aufenthaltsstatus ausländischer Staatsangehöriger
1.13	Angabe, ob Urteil
1.14	Angabe, ob hängiges Strafverfahren
1.15	Angabe, ob pendente Anfrage an ausländisches Strafregister
1.16	Datum der Ersterfassung und der letzten Mutation
2.	Datensatz über Falschpersonalien
2.1	Name, Vorname
2.2	Geburtsdatum
3.	Datensatz über hängige Strafverfahren
3.1	Nummer des Datensatzes über Personen gemäss Ziffer 1.1
3.2	Datum der Eröffnung des Verfahrens
3.3	Zuständige Verfahrensleitung
3.4	Das von der zuständigen Verfahrensleitung verwendete Referenzzeichen
3.5	Beschuldigungen
4.	Datensatz über Urteile
4.1	Nummer des Urteils (fortlaufende Systemnummer)

4.2 Urteils-, Eröffnungs- und Rechtskraftdatum sowie verurteilende Behörde

4.3 Datum des vorinstanzlichen Urteils und vorinstanzliche Behörde

4.4 Das von der urteilenden Behörde verwendete Referenzzeichen

4.5 Vollzugskanton (Militärurteile)

4.6 In Anwesenheit, *in contumaciam*, Strafmandat

4.7 Einsatz-, Zusatz-, Teilzusatzurteil, Gesamtstrafe

4.8 Tatbestand und Begehungsform

4.9 Alkoholgewichtspromille

4.10 Begehungsdatum (Datum oder Zeitraum)

4.11 Art und Höhe der Hauptstrafe sowie Vollzugsform (unbedingt, teilbedingt, bedingt)

4.12 Bei Geldstrafe: Anzahl Tagessätze sowie Betrag und Währung des einzelnen Tagessatzes

4.13 Bei teilbedingter Strafe: die Gesamthöhe sowie die Höhe des bedingten Teils der Strafe

4.14 Bussenbetrag, -währung, Ersatzfreiheitsstrafe

4.15 Dauer der Probezeit

4.16 Art der Massnahme

4.17 Bei Berufsverbot: Dauer, Art der verbotenen Tätigkeit sowie Ausmass des Verbots (vollständiges Verbot der Tätigkeit oder Verbot, die Tätigkeit selbständig auszuüben)

4.18 Dauer der angerechneten Untersuchungshaft in Tagen

4.19 Angabe, ob Weisung oder Bewährungshilfe

4.20 Nebenstrafen

4.21 Strafzumessungsregeln

5. Datensatz über nachträgliche Entscheide und Vollzugsentscheide

5.1 Nummer des Entscheids (fortlaufende Systemnummer)

5.2 Entscheid-, Eröffnungs- und Rechtskraftdatum

5.3 Entscheidbehörde

5.4 Entscheidtyp

5.5 Entlassungsdatum

5.6 Strafe vollzogen, nicht vollzogen

5.7 Massnahme (Aufhebung, Änderung oder neue Massnahme)

5.8 Dauer der verlängerten Probezeit

5.9 Angabe, ob Weisung oder Bewährungshilfe

5.10   Verwarnung

5.11   Angabe, ob Widerruf oder kein Widerruf

5.12   Angabe, ob Rückversetzung oder keine Rückversetzung

5.13   Reststrafe

5.14   Nachträglich bedingter Strafvollzug

5.15   Begnadigung und Amnestie

6.   Datensatz über Ersuchen an ausländische Strafregister

6.1   Datensatz über Personen gemäss Ziffer 1

6.2   Grund des Ersuchens

6.3   Angabe, ob Haftsache

6.4   Ersuchende Behörde und Datum des Ersuchens

6.5   Ersuchte ausländische Behörde

(...)

15. Strassenverkehrsgesetz
(SVG)[1]

vom 19. Dezember 1958

(Auszug)

Die Bundesversammlung der Schweizerischen Eidgenossenschaft,

gestützt auf die Artikel 82 Absätze 1 und 2, 110 Absatz 1 Buchstabe a, 122 Absatz 1 und 123 Absatz 1 der Bundesverfassung[2],[3]

nach Einsicht in eine Botschaft des Bundesrates vom 24. Juni 1955[4],

beschliesst:

I. Titel: Allgemeine Bestimmungen

Geltungsbereich

Art. 1 [1] Dieses Gesetz ordnet den Verkehr auf den öffentlichen Strassen sowie die Haftung und die Versicherung für Schäden, die durch Motorfahrzeuge, Fahrräder oder fahrzeugähnliche Geräte verursacht werden.[5]

[2] Die Verkehrsregeln (Art. 26–57a) gelten für die Führer von Motorfahrzeugen und die Radfahrer auf allen dem öffentlichen Verkehr dienenden Strassen; für die übrigen Strassenbenützer nur auf den für Motorfahrzeuge oder Fahrräder ganz oder beschränkt offenen Strassen.[6]

[3] Für das Inverkehrbringen von Motorfahrzeugen, Fahrrädern und Anhängern sowie von deren Bestandteilen gilt, soweit dieses Gesetz nichts anderes vorsieht, das Bundesgesetz vom 12. Juni 2009[7] über die Produktesicherheit.[8]

(…)

SR 741.01. AS 1959 679
1 Tit. gemäss Ziff. I des BG vom 6. Okt. 1989, in Kraft seit 1. Febr. 1991 (AS 1991 71; BBl 1986 III 209).
2 SR 101
3 Fassung gemäss Ziff. I des BG vom 15. Juni 2012, in Kraft seit 1. Jan. 2013 (AS 2012 6291; BBl 2010 8447).
4 BBl 1955 II 1
5 Fassung gemäss Ziff. I des BG vom 1. Okt. 2010, in Kraft seit 1. Jan. 2012 (AS 2011 4925; BBl 2010 4137 4149).
6 Fassung gemäss Ziff. I des BG vom 15. Juni 2012, in Kraft seit 1. Jan. 2013 (AS 2012 6291; BBl 2010 8447).
7 SR 930.11
8 Eingefügt durch Art. 20 Abs. 2 Ziff. 2 des BG vom 12. Juni 2009 über die Produktesicherheit (AS 2010 2573; BBl 2008 7407). Fassung gemäss Ziff. I des BG vom 15. Juni 2012, in Kraft seit 1. Jan. 2013 (AS 2012 6291; BBl 2010 8447).

III. Titel: Verkehrsregeln

Grundregel

Art. 26 [1] Jedermann muss sich im Verkehr so verhalten, dass er andere in der ordnungsgemässen Benützung der Strasse weder behindert noch gefährdet.

[2] Besondere Vorsicht ist geboten gegenüber Kindern, Gebrechlichen und alten Leuten, ebenso wenn Anzeichen dafür bestehen, dass sich ein Strassenbenützer nicht richtig verhalten wird.

1. Abschnitt: Regeln für alle Strassenbenützer

Beachten der Signale, Markierungen und Weisungen

Art. 27 [1] Signale und Markierungen sowie die Weisungen der Polizei sind zu befolgen. Die Signale und Markierungen gehen den allgemeinen Regeln, die Weisungen der Polizei den allgemeinen Regeln, Signalen und Markierungen vor.

[2] Den Feuerwehr-, Sanitäts-, Polizei- und Zollfahrzeugen ist beim Wahrnehmen der besonderen Warnsignale die Strasse sofort freizugeben. Fahrzeuge sind nötigenfalls anzuhalten.[83]

Verhalten vor Bahnübergängen

Art. 28 Vor Bahnübergängen ist anzuhalten, wenn Schranken sich schliessen oder Signale Halt gebieten, und, wo solche fehlen, wenn Eisenbahnfahrzeuge herannahen.

2. Abschnitt: Regeln für den Fahrverkehr

I. Allgemeine Fahrregeln

Betriebssicherheit

Art. 29 Fahrzeuge dürfen nur in betriebssicherem und vorschriftsgemässem Zustand verkehren. Sie müssen so beschaffen und unterhalten sein, dass die Verkehrsregeln befolgt werden können und dass Führer, Mitfahrende und andere Strassenbenützer nicht gefährdet und die Strassen nicht beschädigt werden.

Mitfahrende, Ladung, Anhänger

Art. 30 [1] Der Führer darf auf Motorfahrzeugen und Fahrrädern Personen nur auf den dafür eingerichteten Plätzen mitführen. Der Bundesrat kann Ausnahmen vorsehen; er erlässt Vorschriften über die Personenbeförderung mit Anhängern.[84]

---

83 Fassung gemäss Anhang Ziff. 14 des Zollgesetzes vom 18. März 2005, in Kraft seit 1. Mai 2007 (AS 2007 1411; BBl 2004 567).

84 Fassung gemäss Ziff. I des BG vom 20. März 1975, in Kraft seit 1. Aug. 1975 (AS 1975 1257 1268 Art. 1; BBl 1973 II 1173).

² Fahrzeuge dürfen nicht überladen werden. Die Ladung ist so anzubringen, dass sie niemanden gefährdet oder belästigt und nicht herunterfallen kann. Überhängende Ladungen sind bei Tag und Nacht auffällig zu kennzeichnen.

³ Zum Ziehen von Anhängern und zum Abschleppen von, Fahrzeugen dürfen Motorfahrzeuge nur verwendet werden, wenn Zugkraft und Bremsen ausreichen und die Anhängevorrichtung betriebssicher ist.

⁴ Der Bundesrat erlässt im Rahmen der dem Bund zustehenden Befugnisse Vorschriften über die Beförderung von Tieren sowie von gefährlichen, gesundheitsschädlichen oder ekelerregenden Stoffen und Gegenständen. Er kann die Genehmigung, die Zulassung oder die Prüfung von Gefahrgutumschliessungen dafür geeigneten Betrieben oder Organisationen übertragen oder diese Kompetenz dem Eidgenössischen Departement für Umwelt, Verkehr, Energie und Kommunikation einräumen.[85]

Beherrschen des Fahrzeuges

Art. 31 ¹ Der Führer muss das Fahrzeug ständig so beherrschen, dass er seinen Vorsichtspflichten nachkommen kann.

² Wer wegen Alkohol-, Betäubungsmittel- oder Arzneimitteleinfluss oder aus anderen Gründen nicht über die erforderliche körperliche und geistige Leistungsfähigkeit verfügt, gilt während dieser Zeit als fahrunfähig und darf kein Fahrzeug führen.[86]

³ Der Führer hat dafür zu sorgen, dass er weder durch die Ladung noch auf andere Weise behindert wird. Mitfahrende dürfen ihn nicht behindern oder stören.

Geschwindigkeit

Art. 32 ¹ Die Geschwindigkeit ist stets den Umständen anzupassen, namentlich den Besonderheiten von Fahrzeug und Ladung, sowie den Strassen, Verkehrs- und Sichtverhältnissen. Wo das Fahrzeug den Verkehr stören könnte, ist langsam zu fahren und nötigenfalls anzuhalten, namentlich vor unübersichtlichen Stellen, vor nicht frei überblickbaren Strassenverzweigungen sowie vor Bahnübergängen.

² Der Bundesrat beschränkt die Geschwindigkeit der Motorfahrzeuge auf allen Strassen.[87]

³ Die vom Bundesrat festgesetzte Höchstgeschwindigkeit kann für bestimmte Strassenstrecken von der zuständigen Behörde nur auf

---

85 Fassung gemäss Ziff. II 12 des BG vom 20. März 2009 über die Bahnreform 2, in Kraft seit 1. Jan. 2010 (AS 2009 5597; BBl 2005 2415, 2007 2681).

86 Fassung gemäss Ziff. I des BG vom 14. Dez. 2001, in Kraft seit 1. Jan. 2005 (AS 2002 2767, 2004 2849; BBl 1999 4462).

87 Fassung gemäss Ziff. I des BG vom 20. März 1975, in Kraft seit 1. Jan. 1977 (AS 1975 1257, 1976 2810 Ziff. II Abs. 2; BBl 1973 II 1173).

Grund eines Gutachtens herab- oder heraufgesetzt werden. Der Bundesrat kann Ausnahmen vorsehen.[88]

4 ...[89]

5 ...[90]

Pflichten gegenüber Fussgängern

Art. 33 [1] Den Fussgängern ist das Überqueren der Fahrbahn in angemessener Weise zu ermöglichen.[91]

[2] Vor Fussgängerstreifen hat der Fahrzeugführer besonders vorsichtig zu fahren und nötigenfalls anzuhalten, um den Fussgängern den Vortritt zu lassen, die sich schon auf dem Streifen befinden oder im Begriffe sind, ihn zu betreten.[92]

[3] An den Haltestellen öffentlicher Verkehrsmittel ist auf ein- und aussteigende Personen Rücksicht zu nehmen.

II. Einzelne Verkehrsvorgänge

Rechtsfahren

Art. 34 [1] Fahrzeuge müssen rechts, auf breiten Strassen innerhalb der rechten Fahrbahnhälfte fahren. Sie haben sich möglichst an den rechten Strassenrand zu halten, namentlich bei langsamer Fahrt und auf unübersichtlichen Strecken.

[2] Auf Strassen mit Sicherheitslinien ist immer rechts dieser Linien zu fahren.

[3] Der Führer, der seine Fahrrichtung ändern will, wie zum Abbiegen, Überholen, Einspuren und Wechseln des Fahrstreifens, hat auf den Gegenverkehr und auf die ihm nachfolgenden Fahrzeuge Rücksicht zu nehmen.

[4] Gegenüber allen Strassenbenützern ist ausreichender Abstand zu wahren, namentlich beim Kreuzen und Überholen sowie beim Neben- und Hintereinander fahren.

Kreuzen, Überholen

Art. 35 [1] Es ist rechts zu kreuzen, links zu überholen.

[2] Überholen und Vorbeifahren an Hindernissen ist nur gestattet, wenn der nötige Raum übersichtlich und frei ist und der Gegenverkehr nicht behindert wird. Im Kolonnenverkehr darf nur überholen,

---

88 Fassung gemäss Ziff. I des BG vom 14. Dez. 2001, in Kraft seit 1. Jan. 2003 (AS 2002 2767; BBl 1999 4462).
89 Aufgehoben durch Ziff. I des BG vom 14. Dez. 2001 (AS 2002 2767; BBl 1999 4462).
90 Aufgehoben durch Ziff. I des BG vom 20. März 1975 (AS 1975 1257, 1976 2810 Ziff. II Abs. 2; BBl 1973 II 1173).
91 Fassung gemäss Ziff. I des BG vom 23. Juni 1961, in Kraft seit 1. Jan. 1963 (AS 1962 1362 1364 Art. 99 Abs. 2; BBl 1961 I 405).
92 Fassung gemäss Ziff. I des BG vom 23. Juni 1961, in Kraft seit 1. Jan. 1963 (AS 1962 1362 1364 Art. 99 Abs. 2; BBl 1961 I 405).

wer die Gewissheit hat, rechtzeitig und ohne Behinderung anderer Fahrzeuge wieder einbiegen zu können.

[3] Wer überholt, muss auf die übrigen Strassenbenützer, namentlich auf jene, die er überholen will, besonders Rücksicht nehmen.

[4] In unübersichtlichen Kurven, auf und unmittelbar vor Bahnübergängen ohne Schranken sowie vor Kuppen darf nicht überholt werden, auf Strassenverzweigungen nur, wenn sie übersichtlich sind und das Vortrittsrecht anderer nicht beeinträchtigt wird.

[5] Fahrzeuge dürfen nicht überholt werden, wenn der Führer die Absicht anzeigt, nach links abzubiegen, oder wenn er vor einem Fussgängerstreifen anhält, um Fussgängern das Überqueren der Strasse zu ermöglichen.

[6] Fahrzeuge, die zum Abbiegen nach links eingespurt haben, dürfen nur rechts überholt werden.

[7] Dem sich ankündigenden, schneller fahrenden Fahrzeug ist die Strasse zum Überholen freizugeben. Wer überholt wird, darf die Geschwindigkeit nicht erhöhen.

Einspuren, Vortritt

Art. 36 [1] Wer nach rechts abbiegen will, hat sich an den rechten Strassenrand, wer nach links abbiegen will, gegen die Strassenmitte zu halten.

[2] Auf Strassenverzweigungen hat das von rechts kommende Fahrzeug den Vortritt. Fahrzeuge auf gekennzeichneten Hauptstrassen haben den Vortritt, auch wenn sie von links kommen. Vorbehalten bleibt die Regelung durch Signale oder durch die Polizei.

[3] Vor dem Abbiegen nach links ist den entgegenkommenden Fahrzeugen der Vortritt zu lassen.

[4] Der Führer, der sein Fahrzeug in den Verkehr einfügen, wenden oder rückwärts fahren will, darf andere Strassenbenützer nicht behindern; diese haben den Vortritt.

Anhalten, Parkieren

Art. 37 [1] Der Führer, der anhalten will, hat nach Möglichkeit auf die nachfolgenden Fahrzeuge Rücksicht zu nehmen.

[2] Fahrzeuge dürfen dort nicht angehalten oder aufgestellt werden, wo sie den Verkehr behindern oder gefährden könnten. Wo möglich sind sie auf Parkplätzen aufzustellen.

[3] Der Führer muss das Fahrzeug vor dem Verlassen angemessen sichern.

Verhalten gegenüber der Strassenbahn

Art. 38 [1] Der Strassenbahn ist das Geleise freizugeben und der Vortritt zu lassen.

2 Die fahrende Strassenbahn wird rechts überholt. Wenn dies nicht möglich ist, darf sie links überholt werden.

3 Die haltende Strassenbahn darf nur in langsamer Fahrt gekreuzt und überholt werden. Sie wird, wo eine Schutzinsel vorhanden ist, rechts überholt, sonst nur links.

4 Der Fahrzeugführer hat nötigenfalls nach links auszuweichen, wenn ihm am rechten Strassenrand eine Strassenbahn entgegenkommt.

III. Sicherungsvorkehren

Zeichengebung

Art. 39 1 Jede Richtungsänderung ist mit dem Richtungsanzeiger oder durch deutliche Handzeichen rechtzeitig bekannt zu geben. Dies gilt namentlich für:

a. das Einspuren, Wechseln des Fahrstreifens und Abbiegen;
b. das Überholen und das Wenden;
c. das Einfügen eines Fahrzeuges in den Verkehr und das Anhalten am Strassenrand.

2 Die Zeichengebung entbindet den Fahrzeugführer nicht von der gebotenen Vorsicht.

Warnsignale

Art. 40 Wo die Sicherheit des Verkehrs es erfordert, hat der Fahrzeugführer die übrigen Strassenbenützer zu warnen. Unnötige und übermässige Warnsignale sind zu unterlassen. Rufzeichen mit der Warnvorrichtung sind untersagt.

Fahrzeugbeleuchtung

Art. 41 1 Vom Beginn der Abenddämmerung an bis zur Tageshelle und wenn die Witterung es erfordert, müssen die Fahrzeuge beleuchtet sein. Der Bundesrat kann für bestimmte Fälle Rückstrahler an Stelle von Lichtern gestatten.

2 Fahrzeuge, die auf Parkplätzen oder im Bereich genügender Strassenbeleuchtung stehen, müssen nicht beleuchtet sein.

3 Die Fahrzeuge dürfen nach vorn keine roten und nach hinten keine weissen Lichter oder Rückstrahler tragen. Der Bundesrat kann Ausnahmen gestatten.

4 Die Beleuchtung ist so zu handhaben, dass niemand unnötig geblendet wird.

Vermeiden von Belästigungen

Art. 42 1 Der Fahrzeugführer hat jede vermeidbare Belästigung von Strassenbenützern und Anwohnern, namentlich durch Lärm, Staub, Rauch und Geruch, zu unterlassen und das Erschrecken von Tieren möglichst zu vermeiden.

² Der Betrieb von Lautsprechern an Motorfahrzeugen ist untersagt, ausgenommen für Mitteilungen an Mitfahrende. Die nach kantonalem Recht zuständige Behörde kann in Einzelfällen Ausnahmen gestatten.

IV. Regeln für besondere Strassenverhältnisse

Verkehrstrennung

Art. 43 ¹ Wege, die sich für den Verkehr mit Motorfahrzeugen oder Fahrrädern nicht eignen oder offensichtlich nicht dafür bestimmt sind, wie Fuss- und Wanderwege, dürfen mit solchen Fahrzeugen nicht befahren werden.

² Das Trottoir ist den Fussgängern, der Radweg den Radfahrern vorbehalten. Der Bundesrat kann Ausnahmen vorsehen.

³ Auf Strassen, die den Motorfahrzeugen vorbehalten sind, dürfen nur die vom Bundesrat bezeichneten Arten von Motorfahrzeugen verkehren. Der Zutritt ist untersagt, die Zufahrt ausschliesslich an den dafür vorgesehenen Stellen gestattet. Der Bundesrat kann Benützungsvorschriften und besondere Verkehrsregeln erlassen.

Fahrstreifen, Kolonnenverkehr

Art. 44 ¹ Auf Strassen, die für den Verkehr in gleicher Richtung in mehrere Fahrstreifen unterteilt sind, darf der Führer seinen Streifen nur verlassen, wenn er dadurch den übrigen Verkehr nicht gefährdet.

² Das gleiche gilt sinngemäss, wenn auf breiten Strassen ohne Fahrstreifen Fahrzeugkolonnen in gleicher Richtung nebeneinander fahren.

Steile Strassen, Bergstrassen

Art. 45 ¹ Auf Strassen mit starkem Gefälle und auf Bergstrassen ist so zu fahren, dass die Bremsen nicht übermässig beansprucht werden. Wo das Kreuzen schwierig ist, hat in erster Linie das abwärtsfahrende Fahrzeug rechtzeitig anzuhalten. Ist das Kreuzen nicht möglich, so muss das abwärtsfahrende Fahrzeug zurückfahren, sofern das andere sich nicht offensichtlich näher bei einer Ausweichstelle befindet.

² Der Bundesrat kann für Bergstrassen weitere Vorschriften erlassen und Ausnahmen von den Verkehrsregeln vorsehen.

V. Besondere Fahrzeugarten

Regeln für Radfahrer

Art. 46 ¹ Radfahrer müssen die Radwege und -streifen benützen.

² Radfahrer dürfen nicht nebeneinander fahren. Der Bundesrat kann Ausnahmen vorsehen.[93]

³ ...[94]

⁴ Radfahrer dürfen sich nicht durch Fahrzeuge oder Tiere ziehen lassen.

Regeln für Motorradfahrer

Art. 47 ¹ Motorradfahrer dürfen nicht nebeneinander fahren, soweit es nicht beim Fahren innerhalb einer Kolonne von Motorwagen geboten erscheint.

² Wenn der Verkehr angehalten wird, haben die Motorradfahrer ihren Platz in der Fahrzeugkolonne beizubehalten.

Regeln für Strassenbahnen

Art. 48 Die Verkehrsregeln dieses Gesetzes gelten auch für Eisenbahnfahrzeuge auf Strassen, soweit dies mit Rücksicht auf die Besonderheiten dieser Fahrzeuge, ihres Betriebes und der Bahnanlagen möglich ist.

3. Abschnitt: Regeln für den übrigen Verkehr

Fussgänger

Art. 49 ¹ Fussgänger müssen die Trottoirs benützen. Wo solche fehlen, haben sie am Strassenrand und, wenn besondere Gefahren es erfordern, hintereinander zu gehen. Wenn nicht besondere Umstände entgegenstehen, haben sie sich an den linken Strassenrand zu halten, namentlich ausserorts in der Nacht.

² Die Fussgänger haben die Fahrbahn vorsichtig und auf dem kürzesten Weg zu überschreiten, nach Möglichkeit auf einem Fussgängerstreifen. Sie haben den Vortritt auf diesem Streifen, dürfen ihn aber nicht überraschend betreten.[95]

Reiter, Tiere

Art. 50 ¹ Reiter haben sich an den rechten Strassenrand zu halten.

² Vieh darf nicht unbewacht auf die Strasse gelassen werden ausser in signalisierten Weidegebieten.

³ Viehherden müssen von den nötigen Treibern begleitet sein; die linke Strassenseite ist nach Möglichkeit für den übrigen Verkehr freizuhalten. Einzelne Tiere sind am rechten Strassenrand zu führen.

---

93 Fassung gemäss Ziff. I des BG vom 20. März 1975, in Kraft seit 1. Jan. 1977 (AS 1975 1257, 1976 2810 Ziff. II Abs. 2; BBl 1973 II 1173).

94 Aufgehoben durch Ziff. I des BG vom 20. März 1975 (AS 1975 1257, 1976 2810 Ziff. II Abs. 2; BBl 1973 II 1173).

95 Fassung gemäss Ziff. I des BG vom 23. Juni 1961, in Kraft seit 1. Jan. 1963 (AS 1962 1362 1364 Art. 99 Abs. 2; BBl 1961 I 405).

⁴ Für ihr Verhalten im Verkehr haben die Reiter und Führer von Tieren die Regeln des Fahrverkehrs (Einspuren, Vortritt, Zeichengebung usw.) sinngemäss zu beachten.

4. Abschnitt: Verhalten bei Unfällen

Art. 51 ¹ Ereignet sich ein Unfall, an dem ein Motorfahrzeug oder Fahrrad beteiligt ist, so müssen alle Beteiligten sofort anhalten. Sie haben nach Möglichkeit für die Sicherung des Verkehrs zu sorgen.

² Sind Personen verletzt, so haben alle Beteiligten für Hilfe zu sorgen, Unbeteiligte, soweit es ihnen zumutbar ist. Die Beteiligten, in erster Linie die Fahrzeugführer, haben die Polizei zu benachrichtigen. Alle Beteiligten, namentlich auch Mitfahrende, haben bei der Feststellung des Tatbestandes mitzuwirken. Ohne Zustimmung der Polizei dürfen sie die Unfallstelle nur verlassen, soweit sie selbst Hilfe benötigen, oder um Hilfe oder die Polizei herbeizurufen.

³ Ist nur Sachschaden entstanden, so hat der Schädiger sofort den Geschädigten zu benachrichtigen und Namen und Adresse anzugeben. Wenn dies nicht möglich ist, hat er unverzüglich die Polizei zu verständigen.

⁴ Bei Unfällen auf Bahnübergängen haben die Beteiligten die Bahnverwaltung unverzüglich zu benachrichtigen.

5. Abschnitt: Sportliche Veranstaltungen, Versuchsfahrten

Sportliche Veranstaltungen

Art. 52 ¹ Öffentliche Rundstreckenrennen mit Motorfahrzeugen sind verboten. Der Bundesrat kann einzelne Ausnahmen gestatten oder das Verbot auf andere Arten von Motorfahrzeugrennen ausdehnen; er berücksichtigt bei seinem Entscheid vor allem die Erfordernisse der Verkehrssicherheit und der Verkehrserziehung.

² Andere motor- und radsportliche Veranstaltungen auf öffentlichen Strassen, ausgenommen Ausflugsfahrten, bedürfen der Bewilligung der Kantone, deren Gebiet befahren wird.

³ Die Bewilligung darf nur erteilt werden, wenn:
a. die Veranstalter Gewähr bieten für einwandfreie Durchführung;
b. die Rücksicht auf den Verkehr es gestattet;
c. die nötigen Sicherheitsmassnahmen getroffen werden;
d. die vorgeschriebene Haftpflichtversicherung abgeschlossen ist.

⁴ Die kantonale Behörde kann Ausnahmen von den Verkehrsvorschriften gestatten, wenn genügende Sicherheitsmassnahmen getroffen sind.

Versuchsfahrten

Art. 53 Für Versuchsfahrten, auf denen die Verkehrsregeln oder die Vorschriften über die Fahrzeuge nicht eingehalten werden können, ist die Bewilligung der Kantone erforderlich, deren Gebiet befahren wird; diese ordnen die nötigen Sicherheitsmassnahmen an.

6. Abschnitt: Durchführungsbestimmungen

Schwerverkehrs-kontrollen

Art. 53a[96] Zur Durchsetzung der Vorschriften des Strassenverkehrsrechts und zur Erreichung der Ziele des Verkehrsverlagerungsgesetzes vom 8. Oktober 1999[97] nehmen die Kantone der erhöhten Gefährdung angepasste Schwerverkehrskontrollen auf der Strasse vor.

Besondere Befugnisse der Polizei

Art. 54[98] ¹ Stellt die Polizei Fahrzeuge im Verkehr fest, die nicht zugelassen sind, deren Zustand oder Ladung den Verkehr gefährden oder die vermeidbaren Lärm erzeugen, so verhindert sie die Weiterfahrt. Sie kann den Fahrzeugausweis abnehmen und nötigenfalls das Fahrzeug sicherstellen.

² Die Polizei kann schwere Motorwagen zum Gütertransport, welche die vorgeschriebene Mindestgeschwindigkeit nicht erreichen können, anhalten und zur Umkehr verpflichten.

³ Befindet sich ein Fahrzeugführer in einem Zustand, der die sichere Führung des Fahrzeugs ausschliesst, oder darf er aus einem andern gesetzlichen Grund nicht fahren, so verhindert die Polizei die Weiterfahrt und nimmt den Führerausweis ab.

⁴ Hat sich ein Motorfahrzeugführer durch grobe Verletzung wichtiger Verkehrsregeln als besonders gefährlich erwiesen, so kann ihm die Polizei auf der Stelle den Führerausweis abnehmen.

⁵ Von der Polizei abgenommene Ausweise sind sofort der Entzugsbehörde zu übermitteln; diese entscheidet unverzüglich über den Entzug. Bis zu ihrem Entscheid hat die Abnahme eines Ausweises durch die Polizei die Wirkung des Entzugs.

⁶ Stellt die Polizei Fahrzeuge im Verkehr fest, die nicht den Bestimmungen über die Personenbeförderung oder die Zulassung als Stras-

---

96 Eingefügt durch Art. 6 Ziff. 2 des Verkehrsverlagerungsgesetzes vom 8. Okt. 1999 (AS 2000 2864; BBl 1999 6128). Fassung gemäss Ziff. II 18 des BG vom 6. Okt. 2006 zur Neugestaltung des Finanzausgleichs und der Aufgabenteilung zwischen Bund und Kantonen (NFA), in Kraft seit 1. Jan. 2008 (AS 2007 5779; BBl 2005 6029).
97 SR 740.1
98 Fassung gemäss Ziff. I des BG vom 15. Juni 2012, in Kraft seit 1. Jan. 2013 (AS 2012 6291; BBl 2010 8447).

sentransportunternehmen entsprechen, so kann sie die Weiterfahrt verhindern, den Fahrzeugausweis abnehmen und nötigenfalls das Fahrzeug sicherstellen.

Feststellung der Fahrunfähigkeit

Art. 55[99] [1] Fahrzeugführer sowie an Unfällen beteiligte Strassenbenützer können einer Atemalkoholprobe unterzogen werden.

[2] Weist die betroffene Person Anzeichen von Fahrunfähigkeit auf und sind diese nicht oder nicht allein auf Alkoholeinfluss zurückzuführen, so kann sie weiteren Voruntersuchungen, namentlich Urin- und Speichelproben unterzogen werden.

[3] Eine Blutprobe ist anzuordnen, wenn:

a. Anzeichen von Fahrunfähigkeit vorliegen; oder

b. die betroffene Person sich der Durchführung der Atemalkoholprobe widersetzt oder entzieht oder den Zweck dieser Massnahme vereitelt.

[4] Die Blutprobe kann aus wichtigen Gründen auch gegen den Willen der verdächtigten Person abgenommen werden. Andere Beweismittel für die Feststellung der Fahrunfähigkeit bleiben vorbehalten.

[5] ...[100]

[6] Die Bundesversammlung legt in einer Verordnung fest, bei welcher Blutalkoholkonzentration unabhängig von weiteren Beweisen und individueller Alkoholverträglichkeit Fahrunfähigkeit im Sinne dieses Gesetzes angenommen wird (Angetrunkenheit) und welche Blutalkoholkonzentration als qualifiziert gilt.

[6bis] Der Bundesrat kann für Personen, die den konzessionierten oder grenzüberschreitenden Personenverkehr auf der Strasse durchführen (Art. 6 und 8 des Personenbeförderungsgesetzes vom 20. März 2009[101]), Blutalkoholkonzentrationen festlegen, die unter den in der Verordnung nach Absatz 6 festgelegten Werten liegen.[102]

[7] Der Bundesrat:

a. kann für andere die Fahrfähigkeit herabsetzende Substanzen festlegen, bei welchen Konzentrationen im Blut unabhängig von weiteren Beweisen und individueller Verträglichkeit Fahrunfähigkeit im Sinne dieses Gesetzes angenommen wird;

b. erlässt Vorschriften über die Voruntersuchungen (Abs. 2), das Vorgehen bei der Atemalkohol- und der Blutprobe, die Auswertung

---

99　Fassung gemäss Ziff. I des BG vom 14. Dez. 2001, in Kraft seit 1. Jan. 2005 (AS 2002 2767, 2004 2849; BBl 1999 4462).

100　Aufgehoben durch Anhang 1 Ziff. II 21 der Strafprozessordnung vom 5. Okt. 2007, mit Wirkung seit 1. Jan. 2011 (AS 2010 1881; BBl 2006 1085).

101　SR 745.1

102　Eingefügt durch Ziff. II 12 des BG vom 20. März 2009 über die Bahnreform 2, in Kraft seit 1. Jan. 2010 (AS 2009 5597; BBl 2005 2415, 2007 2681).

dieser Proben und die zusätzliche ärztliche Untersuchung der der Fahrunfähigkeit verdächtigten Person;

c. kann vorschreiben, dass zur Feststellung einer Sucht, welche die Fahreignung einer Person herabsetzt, nach diesem Artikel gewonnene Proben, namentlich Blut-, Haar- und Nagelproben, ausgewertet werden.

Arbeits- und Ruhezeit der berufsmässigen Motorfahrzeugführer

Art. 56[103] 1 Der Bundesrat ordnet die Arbeits- und Präsenzzeit der berufsmässigen Motorfahrzeugführer. Er sichert ihnen eine ausreichende tägliche Ruhezeit sowie Ruhetage, so dass ihre Beanspruchung nicht grösser ist als nach den gesetzlichen Regelungen für vergleichbare Tätigkeiten. Er sorgt für eine wirksame Kontrolle der Einhaltung dieser Bestimmungen.

2 Der Bundesrat regelt die Anwendung der Bestimmungen über die Arbeits- und Ruhezeit:

a. auf berufsmässige Führer, die mit schweizerisch immatrikulierten Motorwagen Fahrten im Ausland durchführen;

b. auf berufsmässige Führer, die mit ausländisch immatrikulierten Motorwagen Fahrten in der Schweiz ausführen.

3 Der Bundesrat kann verbieten, dass der Lohn berufsmässiger Motorfahrzeugführer nach der zurückgelegten Fahrstrecke, der beförderten Gütermenge oder ähnlichen Leistungen berechnet wird.[104]

Ergänzung der Verkehrsregeln

Art. 57 1 Der Bundesrat kann ergänzende Verkehrsvorschriften erlassen und für besondere Verhältnisse Ausnahmen von den Verkehrsregeln vorsehen, namentlich für das Militär und den Zivilschutz. Er kann solche Vorschriften auch für Einbahnstrassen erlassen.[105]

2 Er bezeichnet nach Anhören der Kantone die Hauptstrassen mit Vortrittsrecht.

3 Er erlässt Bestimmungen über:

a. die Zeichengebung durch die Polizei und, im Einvernehmen mit den Kantonen, die Kennzeichnung der Verkehrspolizei;

b. die Kontrolle der Fahrzeuge und ihrer Führer an der Landesgrenze;

c. die Kontrolle der Fahrzeuge des Bundes und ihrer Führer;

d. die Verkehrsregelung durch das Militär;

e. die Tatbestandsaufnahme bei Unfällen, an denen Militärmotorfahrzeuge beteiligt sind.

---

103 Fassung gemäss Ziff. I des BG vom 20. März 1975, in Kraft seit 1. Aug. 1975 (AS 1975 1257 1268 Art. 1; BBl 1973 II 1173).

104 Eingefügt durch Ziff. I des BG vom 6. Okt. 1989, in Kraft seit 1. Febr. 1991 (AS 1991 71; BBl 1986 III 209).

105 Fassung gemäss Ziff. I des BG vom 6. Okt. 1989, in Kraft seit 1. Febr. 1991 (AS 1991 71; BBl 1986 III 209).

4 ...[106]

5 Der Bundesrat kann vorschreiben, dass

a. Insassen von Motorwagen Rückhaltevorrichtungen (Sicherheits-gurten u. dgl.) benützen;

b.[107] Führer und Mitfahrer von motorisierten Zweirädern sowie von Leicht-, Klein- und dreirädrigen Motorfahrzeugen Schutzhelme tragen.[108]

Polizei auf Autobahnen

Art. 57a[109] 1 Auf den für Motorfahrzeuge vorbehaltenen Strassen (Autobahnen und Autostrassen) bilden die Kantone im Hinblick auf eine effiziente Erfüllung der Aufgaben für den Polizeidienst Zustän-digkeitsabschnitte.[110]

2 Die zuständige Autobahnpolizei besorgt auf ihrem Abschnitt unab-hängig von den Kantonsgrenzen den Ordnungs- und Sicherheits-dienst und die polizeiliche Fahndung sowie bei Straftaten jeder Natur die unaufschiebbaren Massnahmen, die auf Autobahngebiet vor-zunehmen sind. Sie veranlasst bei Straffällen unverzüglich die Organe des Gebietskantons zu den weiteren Massnahmen.

3 Die Gerichtsbarkeit des Gebietskantons und die Anwendung seines Rechts bleiben vorbehalten.

4 Die Regierungen der beteiligten Kantone regeln die gegenseitigen Rechte und Pflichten aus der Polizeitätigkeit im Gebiet des Nach-barkantons. Ist der Polizeidienst wegen fehlender Einigung nicht gewährleistet, so trifft der Bundesrat vorsorgliche Verfügungen.

Art. 57b[111]

---

106 Eingefügt durch Ziff. I des BG vom 20. März 1975 (AS 1975 1257 1268 Art. 1; BBl 1973 II 1173). Aufgehoben durch Ziff. I des BG vom 6. Okt. 1989, mit Wirkung seit 1. Febr. 1991 (AS 1991 71; BBl 1986 III 209).

107 Fassung gemäss Ziff. I des BG vom 15. Juni 2012, in Kraft seit 1. Jan. 2013 (AS 2012 6291; BBl 2010 8447).

108 Eingefügt durch Ziff. I des BG vom 21. März 1980, in Kraft seit 1. Juli 1981 (AS 1981 505; BBl 1979 I 229).

109 Ursprünglich Art. 57bis. Eingefügt durch Ziff. I des BG vom 16. März 1967, in Kraft seit 1. Sept. 1967 (AS 1967 1114; BBl 1966 II 332).

110 Fassung gemäss Ziff. II 18 des BG vom 6. Okt. 2006 zur Neugestaltung des Finanzausgleichs und der Aufgaben-teilung zwischen Bund und Kantonen (NFA), in Kraft seit 1. Jan. 2008 (AS 2007 5779; BBl 2005 6029).

111 Eingefügt durch Ziff. I des BG vom 6. Okt. 1989 (AS 1991 71; BBl 1986 III 209). Aufgehoben durch Ziff. I des BG vom 15. Juni 2012, mit Wirkung seit 1. Jan. 2013 (AS 2012 6291; BBl 2010 8447).

IIIa. Titel:[112] Verkehrsmanagement[113]

Art. 57c[114]   [1] Der Bund ist zuständig für das Verkehrsmanagement auf den Nationalstrassen. Er kann diese Aufgaben ganz oder teilweise Kantonen, von diesen gebildeten Trägerschaften oder Dritten übertragen.

[2] Er kann:

a. auf den Nationalstrassen Massnahmen zur Lenkung des motorisierten Verkehrs anordnen, die geeignet und nötig sind, um schwere Störungen des Verkehrs zu verhindern oder zu beseitigen;

b. auf den Nationalstrassen andere Massnahmen zur Verkehrsleitung und -steuerung anordnen, die geeignet und nötig sind, um einen sicheren und flüssigen motorisierten Verkehr zu gewährleisten; Artikel 3 Absatz 6 bleibt vorbehalten;

c. im Hinblick auf einen sicheren und flüssigen Verkehr sowie zur Erreichung der Ziele des Verkehrsverlagerungsgesetzes vom 8. Oktober 1999[115] Empfehlungen zur Lenkung des motorisierten Verkehrs abgeben.

[3] Die Kantone sind zu den Verkehrsmanagementplänen des Bundes anzuhören.

[4] Der Bund informiert die Strassenbenützer, die Kantone und die Betreiber anderer Verkehrsträger über Verkehrslagen, Verkehrsbeschränkungen und Strassenverhältnisse auf den Nationalstrassen.

[5] Er sorgt für die Errichtung und den Betrieb eines Verkehrsdatenverbundes sowie einer Verkehrsmanagementzentrale für die Nationalstrassen.

[6] Die Kantone melden dem Bund die Verkehrsdaten, die für die Erfüllung dieser Aufgaben erforderlich sind.

[7] Die Daten des Verkehrsdatenverbundes nach Absatz 5 stehen den Kantonen zur Erfüllung ihrer Aufgaben unentgeltlich zur Verfügung. Gegen Entgelt ermöglicht der Bund Kantonen und Dritten, den Verkehrsdatenverbund zu erweitern und für zusätzliche Zwecke zu nutzen.

[8] Gegen Entgelt kann der Bund die Bereitstellung und die Verbreitung der Verkehrsinformationen für die Kantone übernehmen.

---

112 Eingefügt durch Ziff. I des BG vom 14. Dez. 2001, in Kraft seit 1. Jan. 2003 (AS 2002 2767; BBl 1999 4462).

113 Fassung gemäss Ziff. I des BG vom 15. Juni 2012, in Kraft seit 1. Jan. 2013 (AS 2012 6291; BBl 2010 8447).

114 Fassung gemäss Ziff. II 18 des BG vom 6. Okt. 2006 zur Neugestaltung des Finanzausgleichs und der Aufgabenteilung zwischen Bund und Kantonen (NFA), in Kraft seit 1. Jan. 2008 (AS 2007 5779; BBl 2005 6029).

115 SR 740.1

Verkehrsmanagement durch die Kantone

Art. 57d[116] [1] Die Kantone erstellen Verkehrsmanagementpläne für vom Bundesrat bezeichnete Strassen, die für das Verkehrsmanagement der Nationalstrassen von Bedeutung sind. Diese Pläne sind vom Bund zu genehmigen.

[2] Die Kantone informieren die Strassenbenützer über Verkehrslagen, Verkehrsbeschränkungen und Strassenverhältnisse auf den anderen Strassen auf ihrem Kantonsgebiet. Sie orientieren den Bund, andere Kantone und die Nachbarstaaten, soweit es die Sachlage erfordert.

[3] Die Kantone können die Informationsaufgabe der Verkehrsmanagementzentrale oder Dritten übertragen.

[4] Der Bund unterstützt die Kantone durch fachliche Beratung und bei der Koordinierung von Verkehrsinformationen, die über die kantonalen oder nationalen Grenzen hinaus von Interesse sind.

(...)

V. Titel: Strafbestimmungen

Verletzung der Verkehrsregeln

Art. 90[178] [1] Mit Busse wird bestraft, wer Verkehrsregeln dieses Gesetzes oder der Vollziehungsvorschriften des Bundesrates verletzt.

[2] Mit Freiheitsstrafe bis zu drei Jahren oder Geldstrafe wird bestraft, wer durch grobe Verletzung der Verkehrsregeln eine ernstliche Gefahr für die Sicherheit anderer hervorruft oder in Kauf nimmt.

[3] Mit Freiheitsstrafe von einem bis zu vier Jahren wird bestraft, wer durch vorsätzliche Verletzung elementarer Verkehrsregeln das hohe Risiko eines Unfalls mit Schwerverletzten oder Todesopfern eingeht, namentlich durch besonders krasse Missachtung der zulässigen Höchstgeschwindigkeit, waghalsiges Überholen oder Teilnahme an einem nicht bewilligten Rennen mit Motorfahrzeugen.

[4] Absatz 3 ist in jedem Fall erfüllt, wenn die zulässige Höchstgeschwindigkeit überschritten wird um:

a. mindestens 40 km/h, wo die Höchstgeschwindigkeit höchstens 30 km/h beträgt;

b. mindestens 50 km/h, wo die Höchstgeschwindigkeit höchstens 50 km/h beträgt;

c. mindestens 60 km/h, wo die Höchstgeschwindigkeit höchstens 80 km/h beträgt;

---

116 Eingefügt durch Ziff. II 18 des BG vom 6. Okt. 2006 zur Neugestaltung des Finanzausgleichs und der Aufgabenteilung zwischen Bund und Kantonen (NFA), in Kraft seit 1. Jan. 2008 (AS 2007 5779; BBl 2005 6029).
178 Fassung gemäss Ziff. I des BG vom 15. Juni 2012, in Kraft seit 1. Jan. 2013 (AS 2012 6291; BBl 2010 8447).

d. mindestens 80 km/h, wo die Höchstgeschwindigkeit mehr als 80 km/h beträgt.

[5] Artikel 237 Ziffer 2 des Strafgesetzbuches[179] findet in diesen Fällen keine Anwendung.

Einziehung und Verwertung von Motorfahrzeugen

Art. 90a[180] [1] Das Gericht kann die Einziehung eines Motorfahrzeugs anordnen, wenn:

a. damit eine grobe Verkehrsregelverletzung in skrupelloser Weise begangen wurde; und

b. der Täter durch die Einziehung von weiteren groben Verkehrsregelverletzungen abgehalten werden kann.

[2] Das Gericht kann die Verwertung des Motorfahrzeugs anordnen und die Verwendung des Erlöses, unter Abzug der Verwertungs- und Verfahrenskosten, festlegen

Fahren in fahrunfähigem Zustand

Art. 91[181] [1] Wer in angetrunkenem Zustand ein Motorfahrzeug führt, wird mit Busse bestraft. Die Strafe ist Freiheitsstrafe bis zu drei Jahren oder Geldstrafe, wenn eine qualifizierte Blutalkoholkonzentration (Art. 55 Abs. 6) vorliegt.

[2] Wer aus anderen Gründen fahrunfähig ist und ein Motorfahrzeug führt, wird mit Freiheitsstrafe bis zu drei Jahren oder Geldstrafe bestraft.

[3] Wer in fahrunfähigem Zustand ein motorloses Fahrzeug führt, wird mit Busse bestraft.

Vereitelung von Massnahmen zur Feststellung der Fahrunfähigkeit

Art. 91a[182] [1] Mit Freiheitsstrafe bis zu drei Jahren oder Geldstrafe wird bestraft, wer sich als Motorfahrzeugführer vorsätzlich einer Blutprobe, einer Atemalkoholprobe oder einer anderen vom Bundesrat geregelten Voruntersuchung, die angeordnet wurde oder mit deren Anordnung gerechnet werden musste, oder einer zusätzlichen ärztlichen Untersuchung widersetzt oder entzogen hat oder den Zweck dieser Massnahmen vereitelt hat.

[2] Hat der Täter ein motorloses Fahrzeug geführt oder war er als Strassenbenützer an einem Unfall beteiligt, so ist die Strafe Busse.

Pflichtwidriges Verhalten bei Unfall

Art. 92[183] [1] Mit Busse wird bestraft, wer bei einem Unfall die Pflichten verletzt, die ihm dieses Gesetz auferlegt.

---

179 SR 311.0
180 Eingefügt durch Ziff. I des BG vom 15. Juni 2012, in Kraft seit 1. Jan. 2013 (AS 2012 6291; BBl 2010 8447).
181 Fassung gemäss Ziff. I des BG vom 14. Dez. 2001, in Kraft seit 1. Jan. 2005 (AS 2002 2767, 2004 2849; BBl 1999 4462).
182 Eingefügt durch Ziff. I des BG vom 14. Dez. 2001 (AS 2002 2767, 2004 2849; BBl 1999 4462). Fassung gemäss Ziff. I des BG vom 15. Juni 2012, in Kraft seit 1. Jan. 2013 (AS 2012 6291; BBl 2010 8447).
183 Fassung gemäss Ziff. I des BG vom 15. Juni 2012, in Kraft seit 1. Jan. 2013 (AS 2012 6291; BBl 2010 8447).

² Mit Freiheitsstrafe bis zu drei Jahren oder Geldstrafe wird bestraft, wer als Fahrzeugführer bei einem Verkehrsunfall einen Menschen getötet oder verletzt hat und die Flucht ergreift.

Nicht betriebssichere Fahrzeuge

Art. 93[184] ¹ Mit Freiheitsstrafe bis zu drei Jahren oder Geldstrafe wird bestraft, wer vorsätzlich die Betriebssicherheit eines Fahrzeugs beeinträchtigt, sodass die Gefahr eines Unfalls entsteht. Handelt der Täter fahrlässig, so ist die Strafe Busse.

² Mit Busse wird bestraft, wer:

a. ein Fahrzeug führt, von dem er weiss oder bei pflichtgemässer Aufmerksamkeit wissen kann, dass es den Vorschriften nicht entspricht;

b. als Halter oder wie ein Halter für die Betriebssicherheit eines Fahrzeugs verantwortlich ist und wissentlich oder aus Sorglosigkeit den Gebrauch des nicht den Vorschriften entsprechenden Fahrzeugs duldet.

Entwendung eines Fahrzeugs zum Gebrauch

Art. 94[185] ¹ Mit Freiheitsstrafe bis zu drei Jahren oder Geldstrafe wird bestraft, wer:

a. ein Motorfahrzeug zum Gebrauch entwendet;

b. ein solches Fahrzeug führt oder darin mitfährt, obwohl er bei Antritt der Fahrt von der Entwendung Kenntnis hatte.

² Ist einer der Täter ein Angehöriger oder Familiengenosse des Halters und hatte der Führer den erforderlichen Führerausweis, so erfolgt die Bestrafung nur auf Antrag; die Strafe ist Busse.

³ Mit Busse wird auf Antrag bestraft, wer ein ihm anvertrautes Motorfahrzeug zu Fahrten verwendet, zu denen er offensichtlich nicht ermächtigt ist.

⁴ Mit Busse wird bestraft, wer ein Fahrrad unberechtigt verwendet. Ist der Täter ein Angehöriger oder Familiengenosse des Besitzers, so erfolgt die Bestrafung nur auf Antrag

⁵ Artikel 141 des Strafgesetzbuches[186] findet in diesen Fällen keine Anwendung.

Fahren ohne Berechtigung

Art. 95[187] ¹ Mit Freiheitsstrafe bis zu drei Jahren oder Geldstrafe wird bestraft, wer:

a. ohne den erforderlichen Führerausweis ein Motorfahrzeug führt;

---

184 Fassung gemäss Ziff. I des BG vom 15. Juni 2012, in Kraft seit 1. Jan. 2013 (AS 2012 6291; BBl 2010 8447).
185 Fassung gemäss Ziff. I des BG vom 15. Juni 2012, in Kraft seit 1. Jan. 2013 (AS 2012 6291; BBl 2010 8447).
186 SR 311.0
187 Fassung gemäss Ziff. I des BG vom 17. Dez. 2010, in Kraft seit 1. Jan. 2012 (AS 2011 3267; BBl 2010 3917 3927).

b. ein Motorfahrzeug führt, obwohl ihm der Lernfahr- oder Führerausweis verweigert, entzogen oder aberkannt wurde;

c. ein Motorfahrzeug führt, obwohl der Führerausweis auf Probe verfallen ist;

d. ohne Lernfahrausweis oder ohne die vorgeschriebene Begleitung Lernfahrten ausführt;

e. ein Motorfahrzeug einem Führer überlässt, von dem er weiss oder bei pflichtgemässer Aufmerksamkeit wissen kann, dass er den erforderlichen Ausweis nicht hat.

² Mit Geldstrafe bis zu 180 Tagessätzen wird bestraft, wer ein Motorfahrzeug führt, obwohl die Gültigkeitsdauer des Führerausweises auf Probe abgelaufen ist.

³ Mit Busse wird bestraft, wer:

a. die mit dem Führerausweis im Einzelfall verbundenen Beschränkungen oder Auflagen missachtet;

b. bei einer Lernfahrt die Aufgabe des Begleiters übernimmt, ohne die Voraussetzungen zu erfüllen;

c. ohne Fahrlehrerausweis berufsmässig Fahrunterricht erteilt.

⁴ Mit Busse wird bestraft, wer:

a. ein Fahrrad führt, obwohl ihm das Radfahren untersagt wurde;

b. ein Fuhrwerk führt, obwohl ihm das Führen eines Tierfuhrwerks untersagt wurde.

Fahren ohne Fahrzeugausweis, Bewilligung oder Haftpflichtversicherung

Art. 96[188] ¹ Mit Busse wird bestraft, wer:

a. ohne den erforderlichen Fahrzeugausweis oder die Kontrollschilder ein Motorfahrzeug führt oder einen Anhänger mitführt;

b. ohne Bewilligung Fahrten durchführt, die nach diesem Gesetz einer Bewilligung bedürfen;

c. die mit dem Fahrzeugausweis oder der Bewilligung von Gesetzes wegen oder im Einzelfall verbundenen Beschränkungen oder Auflagen, namentlich über das zulässige Gesamtgewicht, missachtet.

² Mit Freiheitsstrafe bis zu drei Jahren oder Geldstrafe wird bestraft, wer ein Motorfahrzeug führt, obwohl er weiss oder bei pflichtgemässer Aufmerksamkeit wissen kann, dass die vorgeschriebene Haftpflichtversicherung nicht besteht. Mit der Freiheitsstrafe ist eine Geldstrafe zu verbinden. In leichten Fällen ist die Strafe Geldstrafe.

³ Den gleichen Strafandrohungen untersteht der Halter oder die Person, die an seiner Stelle über das Fahrzeug verfügt, wenn er oder sie von der Widerhandlung Kenntnis hatte oder bei pflichtgemässer Aufmerksamkeit haben konnte.

---

188 Fassung gemäss Ziff. I des BG vom 15. Juni 2012, in Kraft seit 1. Jan. 2013 (AS 2012 6291; BBl 2010 8447).

Missbrauch von Ausweisen und Schildern

Art. 97[189] [1] Mit Freiheitsstrafe bis zu drei Jahren oder Geldstrafe wird bestraft, wer:

a. Ausweise und Kontrollschilder verwendet, die nicht für ihn oder sein Fahrzeug bestimmt sind;

b. ungültige oder entzogene Ausweise oder Kontrollschilder trotz behördlicher Aufforderung nicht abgibt;

c. andern Ausweise oder Kontrollschilder zur Verwendung überlässt, die nicht für sie oder ihre Fahrzeuge bestimmt sind;

d. vorsätzlich durch unrichtige Angaben, Verschweigen erheblicher Tatsachen oder Vorlage von falschen Bescheinigungen einen Ausweis oder eine Bewilligung erschleicht;

e. Kontrollschilder verfälscht oder falsche zur Verwendung herstellt;

f. falsche oder verfälschte Kontrollschilder verwendet;

g. sich vorsätzlich Kontrollschilder widerrechtlich aneignet, um sie zu verwenden oder andern zum Gebrauch zu überlassen.

[2] Die besonderen Bestimmungen des Strafgesetzbuches[171] finden in diesen Fällen keine Anwendung.

Signale und Markierungen

Art. 98[191] Mit Busse wird bestraft, wer:

a. vorsätzlich ein Signal versetzt oder beschädigt;

b. vorsätzlich ein Signal oder eine Markierung entfernt, unleserlich macht oder verändert;

c. eine von ihm unabsichtlich verursachte Beschädigung eines Signals nicht der Polizei meldet;

d. ohne behördliche Ermächtigung ein Signal oder eine Markierung anbringt.

Warnungen vor Verkehrskontrollen

Art. 98a[192] [1] Mit Busse wird bestraft, wer:

a. Geräte oder Vorrichtungen, die dazu bestimmt sind, die behördliche Kontrolle des Strassenverkehrs zu erschweren, zu stören oder unwirksam zu machen, einführt, anpreist, weitergibt, verkauft, sonst wie abgibt oder überlässt, in Fahrzeuge einbaut, darin mitführt, an ihnen befestigt oder in irgendeiner Form verwendet;

b. bei den Tatbeständen nach Buchstabe a Hilfe leistet (Art. 25 des Strafgesetzbuches[193]).

[2] Die Kontrollorgane stellen solche Geräte oder Vorrichtungen sicher. Das Gericht verfügt die Einziehung und Vernichtung.

---

189 Fassung gemäss Ziff. I des BG vom 1. Okt. 2010, in Kraft seit 1. Jan. 2012 (AS 2011 4925; BBl 2010 4137 4149).
190 SR 311.0
191 Fassung gemäss Ziff. I des BG vom 15. Juni 2012, in Kraft seit 1. Jan. 2013 (AS 2012 6291; BBl 2010 8447).
192 Eingefügt durch Ziff. I des BG vom 15. Juni 2012, in Kraft seit 1. Jan. 2013 (AS 2012 6291; BBl 2010 8447).
193 SR 311.0

3 Mit Busse wird bestraft, wer:

a. öffentlich vor behördlichen Kontrollen im Strassenverkehr warnt;

b. eine entgeltliche Dienstleistung anbietet, mit der vor solchen Kontrollen gewarnt wird;

c. Geräte oder Vorrichtungen, die nicht primär zur Warnung vor behördlichen Kontrollen des Strassenverkehrs bestimmt sind, zu solchen Zwecken verwendet.

4 In schweren Fällen ist die Strafe Geldstrafe bis zu 180 Tagessätzen.

Weitere Widerhandlungen

Art. 99 1. Wer Fahrzeuge, Bestandteile oder Ausrüstungsgegenstände, die der Typenprüfung unterliegen, in nicht genehmigter Ausführung in den Handel bringt, wird mit Busse bestraft.

2. Der Halter, der nach Übernahme eines Motorfahrzeuges oder Motorfahrzeuganhängers von einem andern Halter oder nach Verlegung des Standortes in einen andern Kanton nicht fristgemäss einen neuen Fahrzeugausweis einholt, wird mit Busse bis zu 100 Franken bestraft.

3. Der Fahrzeugführer, der die erforderlichen Ausweise oder Bewilligungen nicht mit sich führt, wird mit Busse bestraft.[194]

3.bis Wer sich weigert, den Kontrollorganen auf Verlangen die erforderlichen Ausweise oder Bewilligungen vorzuweisen, wird mit Busse bestraft.[195]

4. ...[196]

5. Wer die besonderen Warnsignale der Feuerwehr, der Sanität, der Polizei, des Zolls oder der Bergpost nachahmt,

wer sich die Verwendung von Kennzeichen der Verkehrspolizei anmasst,

wird mit Busse bestraft.[197]

6. Wer unerlaubterweise an Motorfahrzeugen Lautsprecher verwendet, wird mit Busse bestraft.

7. Wer unerlaubterweise motor- oder radsportliche Veranstaltungen oder Versuchsfahrten durchführt oder bei bewilligten Veranstaltungen dieser Art die verlangten Sicherheitsmassnahmen nicht trifft, wird mit Busse bestraft.

---

194 Fassung gemäss Ziff. II des BG vom 6. Okt. 1995, in Kraft seit 1. Sept. 1996 (AS 1996 1075; BBl 1993 III 769).

195 Eingefügt durch Ziff. I des BG vom 20. März 1975, in Kraft seit 1. Aug. 1975 (AS 1975 1257 1268 Art. 1; BBl 1973 II 1173).

196 Aufgehoben durch Ziff. I des BG vom 1. Okt. 2010, mit Wirkung seit 1. Jan. 2012 (AS 2011 4925; BBl 2010 4137 4149).

197 Fassung gemäss Anhang Ziff. 14 des Zollgesetzes vom 18. März 2005, in Kraft seit 1. Mai 2007 (AS 2007 1411; BBl 2004 567).

8. Wer Geräte oder Vorrichtungen, welche die behördliche Kontrolle des Strassenverkehrs erschweren, stören oder unwirksam machen können, in Verkehr bringt, erwirbt, in Fahrzeuge einbaut, darin mitführt, an ihnen befestigt oder in irgendeiner Form verwendet,

wer beim Anpreisen von solchen Geräten oder Vorrichtungen mitwirkt,

wird mit Busse bestraft.[198]

Strafbarkeit

Art. 100 1. Bestimmt es dieses Gesetz nicht ausdrücklich anders, so ist auch die fahrlässige Handlung strafbar.

In besonders leichten Fällen wird von der Strafe Umgang genommen.[199]

2. Der Arbeitgeber oder Vorgesetzte, der eine nach diesem Gesetz strafbare Handlung des Motorfahrzeugführers veranlasst oder nicht nach seinen Möglichkeiten verhindert hat, untersteht der gleichen Strafandrohung wie der Führer.[200]

Ist für die Tat nur Busse angedroht, so kann der Richter den Führer milder bestrafen oder von seiner Bestrafung Umgang nehmen, wenn die Umstände es rechtfertigen.

3. Für strafbare Handlungen auf Lernfahrten ist der Begleiter verantwortlich, wenn er die Pflichten verletzt hat, die ihm als Folge der Übernahme der Begleitung oblagen.

Der Fahrschüler ist verantwortlich, soweit er eine Widerhandlung nach dem Stand seiner Ausbildung hätte vermeiden können.

4.[201] Der Führer eines Feuerwehr-, Sanitäts-, Polizei- oder Zollfahrzeuges ist auf einer dringlichen Dienstfahrt wegen Missachtung der Verkehrsregeln und der besonderen Anordnungen für den Verkehr nicht strafbar, sofern er die erforderlichen Warnsignale gab und alle Sorgfalt beobachtete, die nach den besonderen Verhältnissen erforderlich war.

Widerhandlungen im Ausland

Art. 101 [1] Wer im Ausland eine Verletzung von Verkehrsregeln oder eine andere bundesrechtlich mit Freiheitsstrafe bedrohte Widerhandlung im Strassenverkehr begeht und am Tatort strafbar ist, wird auf Ersuchen der zuständigen ausländischen Behörde in der Schweiz ver-

---

198 Eingefügt durch Ziff. I des BG vom 6. Okt. 1989, in Kraft seit 1. Febr. 1991 (AS 1991 71; BBl 1986 III 209).
199 Fassung des zweiten Satzes durch Ziff. I des BG vom 14. Dez. 2001, in Kraft seit 1. Jan. 2005 (AS 2002 2767, 2004 2849; BBl 1999 4462).
200 Fassung gemäss Ziff. I des BG vom 20. März 1975, in Kraft seit 1. Aug. 1975 (AS 1975 1257 1268 Art. I; BBl 1973 II 1173).
201 Fassung gemäss Anhang Ziff. 14 des Zollgesetzes vom 18. März 2005, in Kraft seit 1. Mai 2007 (AS 2007 1411; BBl 2004 567).

folgt, sofern er in der Schweiz wohnt und sich hier aufhält und sich der ausländischen Strafgewalt nicht unterzieht.

2 Der Richter wendet die schweizerischen Strafbestimmungen an, verhängt jedoch keine Freiheitsstrafe, wenn das Recht des Begehungsortes keine solche androht.

Verhältnis zu andern Strafgesetzen

Art. 102[202] 1 Die allgemeinen Bestimmungen des Strafgesetzbuches[203] sind anwendbar, soweit dieses Gesetz keine abweichenden Vorschriften enthält.

2 Die besonderen Bestimmungen des Strafgesetzbuches bleiben vorbehalten, ebenso die Gesetzgebung über die Bahnpolizei.

Ergänzende Strafbestimmungen, Strafverfolgung, Strafkontrolle

Art. 103 1 Der Bundesrat kann für Übertretungen seiner Ausführungsvorschriften zu diesem Gesetz Busse androhen.

2 Die Strafverfolgung obliegt den Kantonen.

3 Der Bundesrat kann Vorschriften erlassen über die Strafkontrolle für Entscheide, die nicht in das eidgenössische Strafregister eingetragen werden.

(…)

Datum des Inkrafttretens:

Art. 10 Abs. 3, 104–107: 1. Oktober 1959[238]

Art. 58–75, 77-89, 96, 97, 99 Ziff. 4: 1. Januar 1960[239]

Art. 8, 9, 93. 100, 101, 103: 1. November 1960[240]

Art. 10 Abs. 1, 2, 4, Art. 95, 99 Ziff. 3: 1. Dezember 1960[241]

Alle übrigen Bestimmungen ohne Art. 12: 1. Januar 1963[242]

Art. 12: 1. März 1967[243]

---

202 Fassung gemäss Ziff. I des BG vom 20. März 1975, in Kraft seit 1. Aug. 1975 (AS 1975 1257 1268 Art. 1; BBl 1973 II 1173).

203 SR 311.0

238 Ziff. 4 des BRB vom 25. Aug. 1959 (AS 1959 715).

239 Art. 61 Abs. 1 der V vom 20. Nov. 1959 (SR 741.31). Siehe jedoch die Art. 71 Abs. 1 und 73 Abs. 1 dieser Verordnung.

240 Art. 29 Abs. 1 Bst. a und Art. 30 des BRB vom 21. Okt. 1960 (AS 1960 1157).

241 Art. 4 Abs. 1 des BRB vom 8. Nov. 1960 (AS 1960 1308).

242 Art. 99 Abs. 2 der V vom 13. Nov. 1962 (SR 741.11).

243 Art. 14 Abs. 1 des BRB vom 22. Nov. 1966 (AS 1966 1493).

16. Bundesgesetz über die Betäubungsmittel und die psychotropen Stoffe
(Betäubungsmittelgesetz, BetmG)[1]

vom 3. Oktober 1951

Die Bundesversammlung der Schweizerischen Eidgenossenschaft,

gestützt auf die Artikel 118 und 123 der Bundesverfassung[2],[3]
nach Einsicht in eine Botschaft des Bundesrates vom 9. April 1951[4],

beschliesst:

1. Kapitel[5]: Allgemeine Bestimmungen

Art. 1[6] Zweck

Dieses Gesetz soll:

a. dem unbefugten Konsum von Betäubungsmitteln und psychotropen Stoffen vorbeugen, namentlich durch Förderung der Abstinenz;

b. die Verfügbarkeit von Betäubungsmitteln und psychotropen Stoffen zu medizinischen und wissenschaftlichen Zwecken regeln;

c. Personen vor den negativen gesundheitlichen und sozialen Folgen suchtbedingter Störungen der Psyche und des Verhaltens schützen;

d. die öffentliche Ordnung und Sicherheit vor den Gefahren schützen, die von Betäubungsmitteln und psychotropen Stoffen ausgehen;

e. kriminelle Handlungen bekämpfen, die in engem Zusammenhang mit Betäubungsmitteln und psychotropen Stoffen stehen.

SR 812.121 AS 1952 241

1   Fassung des Tit. gemäss Ziff. I des BG vom 24. März 1995, in Kraft seit 1. Juli 1996 (AS 1996 1677; BBl 1994 III 1273).

2   SR 101

3   Fassung gemäss Ziff. 7 des BG vom 19. März 2010 über die Umsetzung des Rahmenbeschlusses 2008/977/JI über den Schutz von Personendaten im Rahmen der polizeilichen und justiziellen Zusammenarbeit in Strafsachen, in Kraft seit 1. Dez. 2010 (AS 2010 3387 3418; BBl 2009 6749).

4   BBl 1951 I 829

5   Erlassgliederung sowie Nummerierung der Einschaltartikel und -abschnitte gemäss Ziff. I des BG vom 20. März 1975 (AS 1975 1220; BBl 1973 I 1348).

6   Fassung gemäss Ziff. I des BG vom 20. März 2008, in Kraft seit 1. Juli 2011 (AS 2009 2623, 2011 2559; BBl 2006 8573 8645).

Art. 1a[7] Vier-Säulen-Prinzip

[1] Bund und Kantone sehen in folgenden vier Bereichen Massnahmen vor (Vier-Säulen-Prinzip):

a. Prävention;
b. Therapie und Wiedereingliederung;
c. Schadenminderung und Überlebenshilfe;
d. Kontrolle und Repression.

[2] Bund und Kantone berücksichtigen dabei die Anliegen des allgemeinen Gesundheits- und Jugendschutzes.

Art. 1b[8] Verhältnis zum Heilmittelgesetz

Für Betäubungsmittel, die als Heilmittel verwendet werden, gelten die Bestimmungen des Heilmittelgesetzes vom 15. Dezember 2000[9]. Die Bestimmungen des vorliegenden Gesetzes sind anwendbar, soweit das Heilmittelgesetz keine oder eine weniger weit gehende Regelung trifft.

Art. 2[10] Begriffe

Nach diesem Gesetz gelten als:

a. *Betäubungsmittel:* abhängigkeitserzeugende Stoffe und Präparate der Wirkungstypen Morphin, Kokain oder Cannabis, sowie Stoffe und Präparate, die auf deren Grundlage hergestellt werden oder eine ähnliche Wirkung wie diese haben;

b. *psychotrope Stoffe:* abhängigkeitserzeugende Stoffe und Präparate, welche Amphetamine, Barbiturate, Benzodiazepine oder Halluzinogene wie Lysergid oder Mescalin enthalten oder eine ähnliche Wirkung wie diese haben;

c. *Stoffe:* Rohmaterialien wie Pflanzen und Pilze oder Teile davon sowie chemisch hergestellte Verbindungen;

d. *Präparate:* verwendungsfertige Betäubungsmittel und psychotrope Stoffe;

e. *Vorläuferstoffe:* Stoffe, die keine Abhängigkeit erzeugen, die aber in Betäubungsmittel oder psychotrope Stoffe überführt werden können;

f. *Hilfschemikalien:* Stoffe, die der Herstellung von Betäubungsmitteln und psychotropen Stoffen dienen.

---

7 Eingefügt durch Ziff. I des BG vom 20. März 2008, in Kraft seit 1. Juli 2011 (AS 2009 2623, 2011 2559; BBl 2006 8573 8645).
8 Eingefügt durch Ziff. I des BG vom 20. März 2008, in Kraft seit 1. Juli 2011 (AS 2009 2623, 2011 2559; BBl 2006 8573 8645).
9 SR 812.21
10 Fassung gemäss Ziff. I des BG vom 20. März 2008, in Kraft seit 1. Juli 2011 (AS 2009 2623, 2011 2559; BBl 2006 8573 8645).

Art. 2a[11] Verzeichnis

Das Eidgenössische Departement des Innern führt ein Verzeichnis der Betäubungsmittel, der psychotropen Stoffe sowie der Vorläuferstoffe und der Hilfschemikalien. Es stützt sich hierbei in der Regel auf die Empfehlungen der zuständigen internationalen Organisationen.

Art. 2b[12] Regelung für psychotrope Stoffe

Soweit das Gesetz nichts anderes vorsieht, gelten die Bestimmungen zu den Betäubungsmitteln auch für die psychotropen Stoffe.

Art. 3 Erleichterte Kontrollmassnahmen[13]

[1] Der Bundesrat kann Vorläuferstoffe und Hilfschemikalien der Betäubungsmittelkontrolle nach den Bestimmungen des 2. und 3. Kapitels unterstellen. Er kann eine Bewilligungspflicht oder andere weniger weitgehende Überwachungsmassnahmen vorsehen, wie die Identifizierung des Kunden, Buchführungspflichten und Auskunftspflichten. Er befolgt dabei in der Regel die Empfehlungen der zuständigen internationalen Organisationen.[14]

[2] Der Bundesrat kann Betäubungsmittel von den Kontrollmassnahmen teilweise und – in bestimmter Konzentration oder Menge – ganz ausnehmen, wenn die zuständigen internationalen Organisationen (Vereinte Nationen, Weltgesundheitsorganisation) die Befreiung aufgrund eines auch von der Schweiz ratifizierten Abkommens beschliessen oder empfehlen.[15]

[3] ...[16]

[4] Für den Vollzug von Absatz 1, insbesondere für Informations- und Beratungsaufgaben, kann der Bundesrat private Organisationen beiziehen.[17]

Art. 3a[18]

---

11 Eingefügt durch Ziff. I des BG vom 20. März 2008, in Kraft seit 1. Juli 2011 (AS 2009 2623, 2011 2559; BBl 2006 8573 8645).

12 Eingefügt durch Ziff. I des BG vom 20. März 2008, in Kraft seit 1. Juli 2011 (AS 2009 2623, 2011 2559; BBl 2006 8573 8645).

13 Eingefügt durch Ziff. I des BG vom 20. März 2008, in Kraft seit 1. Juli 2011 (AS 2009 2623, 2011 2559; BBl 2006 8573 8645).

14 Fassung gemäss Ziff. I des BG vom 20. März 2008, in Kraft seit 1. Juli 2011 (AS 2009 2623, 2011 2559; BBl 2006 8573 8645).

15 Fassung gemäss Ziff. I des BG vom 20. März 1975, in Kraft seit 1. Aug. 1975 (AS 1975 1220; BBl 1973 I 1348).

16 Eingefügt durch Ziff. I des BG vom 18. Dez. 1968 (AS 1970 9; BBl 1968 I 737). Aufgehoben durch Ziff. I des BG vom 20. März 2008, mit Wirkung seit 1. Juli 2011 (AS 2009 2623, 2011 2559; BBl 2006 8573 8645).

17 Eingefügt durch Ziff. I des BG vom 24. März 1995, in Kraft seit 1. Juli 1996 (AS 1996 1677; BBl 1994 III 1273).

18 Eingefügt durch Ziff. I des BG vom 24. März 1995 (AS 1996 1677; BBl 1994 III 1273). Aufgehoben durch Ziff. I des BG vom 20. März 2008, mit Wirkung seit 1. Juli 2011 (AS 2009 2623, 2011 2559; BBl 2006 8573 8645).

1a. Kapitel:[19] Prävention, Therapie und Schadenminderung

1. Abschnitt: Prävention

Art. 3b Aufgabenteilung zwischen Bund und Kantonen

[1] Die Kantone fördern die Aufklärung und Beratung zur Verhütung von sucht-bedingten Störungen und deren negativen gesundheitlichen und sozialen Folgen. Dabei gilt ihre besondere Aufmerksamkeit dem Schutz von Kindern und Jugendlichen. Sie sorgen für adäquate Rahmenbedingungen und schaffen die dazu notwendigen Einrichtungen oder unterstützen private Institutionen, die den Qualitätsanforderungen entsprechen.

[2] Der Bund führt nationale Programme zur Prävention durch und fördert ins-besondere die Früherfassung suchtbedingter Störungen; dabei stellt er die Anliegen des Kinder- und Jugendschutzes in den Vordergrund. Er sensibilisiert die Öffentlichkeit für die Suchtproblematik.

Art. 3c Meldebefugnis

[1] Amtsstellen und Fachleute im Erziehungs-, Sozial-, Gesundheits-, Justiz- und Polizeiwesen können den zuständigen Behandlungs- oder Sozialhilfe-stellen Fälle von vorliegenden oder drohenden suchtbedingten Störungen, namentlich bei Kindern und Jugendlichen, melden, wenn:

a. sie diese in ihrer amtlichen oder beruflichen Tätigkeit festgestellt haben;

b. eine erhebliche Gefährdung der Betroffenen, ihrer Angehörigen oder der Allgemeinheit vorliegt; und

c. sie eine Betreuungsmassnahme als angezeigt erachten.

[2] Betrifft eine Meldung ein Kind oder einen Jugendlichen unter 18 Jahren, so muss auch der gesetzliche Vertreter informiert werden, sofern nicht wichtige Gründe dagegen sprechen.

[3] Die Kantone bezeichnen fachlich qualifizierte öffentliche oder private Behandlungs- oder Sozialhilfestellen, die für die Betreuung gemeldeter Per-sonen, namentlich gefährdeter Kinder oder Jugendlicher, zuständig sind.

[4] Das Personal der zuständigen Behandlungs- oder Sozialhilfestellen unter-steht dem Amts- und Berufsgeheimnis nach den Artikeln 320 und 321 des Strafgesetzbuches[20].[21]

[5] Amtsstellen und Fachleute nach Absatz 1, die erfahren, dass eine ihnen anvertraute Person gegen Artikel 19a verstossen hat, sind nicht zur Anzeige verpflichtet.

---

19 Eingefügt durch Ziff. I des BG vom 20. März 2008, in Kraft seit 1. Juli 2011 (AS 2009 2623, 2011 2559; BBl 2006 8573 8645).

20 SR 311.0

21 Bereinigt von der Redaktionskommission am 20. Febr. 2013, veröffentlicht am 4. April 2013 (AS 2013 973).

2. Abschnitt: Therapie und Wiedereingliederung

Art. 3d Betreuung und Behandlung

[1] Die Kantone sorgen für die Betreuung von Personen mit suchtbedingten Störungen, die ärztliche oder psychosoziale Behandlung oder fürsorgerische Massnahmen benötigen.

[2] Diese Behandlungen erfolgen mit dem Ziel, die therapeutische und soziale Integration von Personen mit suchtbedingten Störungen zu gewährleisten, deren körperliche und psychische Gesundheit zu verbessern sowie Bedingungen zu schaffen, die ein drogenfreies Leben ermöglichen.

[3] Die Kantone fördern zudem die berufliche und soziale Wiedereingliederung solcher Personen.

[4] Sie schaffen die für die Behandlung und die Wiedereingliederung notwendigen Einrichtungen oder unterstützen private Institutionen, die den Qualitätsanforderungen entsprechen.

[5] Der Bundesrat erlässt Empfehlungen über die Grundsätze zur Finanzierung von Suchttherapien und Wiedereingliederungsmassnahmen.

Art. 3e[22] Betäubungsmittelgestützte Behandlung

[1] Für die Verschreibung, die Abgabe und die Verabreichung von Betäubungsmitteln zur Behandlung von betäubungsmittelabhängigen Personen braucht es eine Bewilligung. Die Bewilligung wird von den Kantonen erteilt.

[2] Der Bundesrat kann Rahmenbedingungen festlegen.

[3] Für die heroingestützte Behandlung braucht es eine Bewilligung des Bundes. Der Bundesrat erlässt besondere Bestimmungen. Er sorgt insbesondere dafür, dass:

a. Heroin nur betäubungsmittelabhängigen Personen verschrieben wird, bei denen andere Behandlungsformen versagt haben oder deren Gesundheitszustand andere Behandlungsformen nicht zulässt;

b. Heroin nur von spezialisierten Ärzten in hierfür geeigneten Einrichtungen verschrieben wird;

c. Durchführung und Verlauf der heroingestützten Behandlungen periodisch überprüft werden.

Art. 3f[23] Datenbearbeitung

[1] Die für den Vollzug dieses Gesetzes zuständigen Behörden und Institutionen sind berechtigt, Personendaten, besonders schützenswerte Personendaten und Persönlichkeitsprofile zur Überprüfung der Voraussetzungen und des

---

22 In Kraft seit 1. Jan. 2010
23 In Kraft seit 1. Jan. 2010

Verlaufs der Behandlung von betäubungsmittelabhängigen Personen zu bearbeiten.

2 Sie gewährleisten durch technische und organisatorische Massnahmen den Schutz der Daten nach Absatz 1.

3 Der Bundesrat legt die Einzelheiten fest, insbesondere:

a. die für die Datenbearbeitung zuständigen Behörden und Institutionen;

b. die zu bearbeitenden Daten;

c. die Datenflüsse;

d. die Zugriffsberechtigungen.

3. Abschnitt: Schadenminderung und Überlebenshilfe

Art. 3g Aufgaben der Kantone

Zur Verhinderung oder Verminderung von gesundheitlichen und sozialen Schäden bei Personen mit suchtbedingten Störungen treffen die Kantone Massnahmen zur Schadenminderung und Überlebenshilfe. Sie schaffen die dazu notwendigen Einrichtungen oder unterstützen private Institutionen, die den Qualitätsanforderungen entsprechen.

Art. 3h Gefährdung des Verkehrs

Befürchtet eine Amtsstelle, dass eine Person aufgrund suchtbedingter Störungen den Strassen-, Schiffs- oder Luftverkehr gefährdet, so hat sie die zuständige Behörde zu benachrichtigen.

4. Abschnitt: Koordination, Forschung, Ausbildung und Qualitätssicherung

Art. 3i Dienstleistungen des Bundes

1 Der Bund unterstützt Kantone und private Organisationen in den Bereichen der Prävention, der Therapie und der Schadenminderung mit Dienstleistungen; er unterstützt sie namentlich:

a. bei der Koordination, einschliesslich Angebotsplanung und -steuerung;

b. bei der Umsetzung von Qualitätsmassnahmen und bewährten Interventionsmodellen.

2 Er informiert sie über neue wissenschaftliche Erkenntnisse.

3 Er kann selbst ergänzende Massnahmen zur Verminderung der Suchtprobleme treffen oder private Organisationen mit deren Verwirklichung betrauen.

Art. 3j Forschungsförderung

Der Bund kann im Rahmen des Forschungsgesetzes vom 7. Oktober 1983[24] wissenschaftliche Forschung namentlich in folgenden Bereichen fördern:

a. Wirkungsweise abhängigkeitserzeugender Stoffe;

b. Ursachen und Auswirkungen suchtbedingter Störungen;

c. präventive und therapeutische Massnahmen;

d. Verhinderung oder Verminderung suchtbedingter Störungen;

e. Wirksamkeit von Wiedereingliederungsmassnahmen.

Art. 3k Aus- und Weiterbildung

Der Bund fördert die Aus- und Weiterbildung in den Bereichen der Prävention, Therapie und Wiedereingliederung sowie Schadenminderung und Überlebenshilfe.

Art. 3l Empfehlungen zur Qualitätssicherung

Der Bund entwickelt in Zusammenarbeit mit den Kantonen Empfehlungen zur Qualitätssicherung in den Bereichen der Prävention, Therapie und Wiedereingliederung sowie Schadenminderung und Überlebenshilfe.

2. Kapitel: Herstellung, Abgabe, Bezug und Verwendung von Betäubungsmitteln

1. Abschnitt: Fabrikations- und Handelsfirmen

Art. 4 Bewilligung für Produktion und Handel[25]

[1] Firmen und Personen, die Betäubungsmittel anbauen, herstellen, verarbeiten oder damit Handel treiben, bedürfen einer Bewilligung des Schweizerischen Heilmittelinstitutes (Institut). Vorbehalten bleibt Artikel 8.[26]

[2] Die Voraussetzungen für die Erteilung, das Erlöschen oder den Entzug der Bewilligung, ebenso deren Form, Inhalt und Gültigkeitsdauer regelt der Bundesrat.

---

24 SR 420.1

25 Eingefügt durch Ziff. I des BG vom 20. März 2008, in Kraft seit 1. Juli 2011 (AS 2009 2623, 2011 2559; BBl 2006 8573 8645).

26 Fassung gemäss Ziff. I des BG vom 20. März 2008, in Kraft seit 1. Juli 2011 (AS 2009 2623, 2011 2559; BBl 2006 8573 8645).

Art. 5 Ein-, Aus- und Durchfuhr[27]

[1] Jede Ein- und Ausfuhr von Betäubungsmitteln, die der Kontrolle unterliegen, bedarf einer Bewilligung des Instituts.[28] Diese wird nach den internationalen Abkommen erteilt. Eine Ausfuhrbewilligung kann auch erteilt werden, wenn sie nach diesem Gesetz und den internationalen Abkommen nicht erforderlich ist, aber vom Bestimmungsland verlangt wird.[29]

[1bis] Der Bundesrat kann für die Ein- und Ausfuhr von Betäubungsmitteln durch kranke Reisende besondere Bestimmungen vorsehen. Das Institut kann besonders schützenswerte Personendaten im Zusammenhang mit der Ein- und Ausfuhr von Betäubungsmitteln durch kranke Reisende bearbeiten, soweit dies auf Grund internationaler Abkommen notwendig ist.[30]

[2] Die Aufsicht über die Durchfuhr von Betäubungsmitteln wird von der Zollverwaltung in Verbindung mit dem Institut ausgeübt.

Art. 6 Einschränkungen aufgrund internationaler Abkommen[31]

[1] Der Bundesrat kann aufgrund internationaler Abkommen den Bewilligungsinhabern Anbau, Herstellung, Ein- und Ausfuhr und Vorratshaltung von Betäubungsmitteln untersagen.[32]

[2] Er kann die Befugnis zu derartigen Verfügungen unter Wahrung seiner Oberaufsicht dem Eidgenössischen Departement des Innern übertragen.

Art. 7[33] Rohmaterialien und Erzeugnisse mit betäubungsmittelähnlicher Wirkung

[1] Rohmaterialien und Erzeugnisse, von denen vermutet werden muss, dass sie ähnlich wirken wie die Stoffe und Präparate nach Artikel 2, dürfen nur mit der Bewilligung des Eidgenössischen Departements des Innern und nach dessen Bedingungen angebaut, hergestellt, ein- und ausgeführt, gelagert, verwendet oder in Verkehr gebracht werden.

---

27 Eingefügt durch Ziff. I des BG vom 20. März 2008, in Kraft seit 1. Juli 2011 (AS 2009 2623, 2011 2559; BBl 2006 8573 8645).

28 Fassung gemäss Ziff. I des BG vom 20. März 2008, in Kraft seit 1. Juli 2011 (AS 2009 2623, 2011 2559; BBl 2006 8573 8645).

29 Fassung gemäss Ziff. I des BG vom 20. März 1975, in Kraft seit 1. Aug. 1975 (AS 1975 1220; BBl 1973 I 1348).

30 Eingefügt durch Art. 3 Ziff. 9 des BB vom 17. Dez. 2004 über die Genehmigung und die Umsetzung der bilateralen Abkommen zwischen der Schweiz und der EU über die Assoziierung an Schengen und an Dublin, in Kraft seit 12. Dez. 2008 (AS 2008 447 5405 Art. 1 Bst. f; BBl 2004 5965).

31 Eingefügt durch Ziff. I des BG vom 20. März 2008, in Kraft seit 1. Juli 2011 (AS 2009 2623, 2011 2559; BBl 2006 8573 8645).

32 Fassung gemäss Ziff. I des BG vom 20. März 2008, in Kraft seit 1. Juli 2011 (AS 2009 2623, 2011 2559; BBl 2006 8573 8645).

33 Fassung gemäss Ziff. I des BG vom 20. März 2008, in Kraft seit 1. Juli 2011 (AS 2009 2623, 2011 2559; BBl 2006 8573 8645).

² Das Institut prüft, ob es sich bei den Rohmaterialien und Erzeugnissen um einen Stoff oder ein Präparat nach Artikel 2 handelt. Trifft dies zu, so sind Bewilligungen nach den Artikeln 4 und 5 erforderlich.

³ Das Eidgenössische Departement des Innern führt ein Verzeichnis dieser Stoffe und Präparate.

Art. 8 Verbotene Betäubungsmittel[34]

¹ Die folgenden Betäubungsmittel dürfen weder angebaut, eingeführt, hergestellt noch in Verkehr gebracht werden:[35]

a. Rauchopium und die bei seiner Herstellung oder seinem Gebrauch entstehenden Rückstände;

b. Diacetylmorphin und seine Salze;

c. Halluzinogene wie Lysergid (LSD 25);

d.[36] Betäubungsmittel des Wirkungstyps Cannabis.[37]

² ...[38]

³ Der Bundesrat kann die Einfuhr, die Herstellung und das Inverkehrbringen weiterer Betäubungsmittel untersagen, wenn internationale Abkommen ihre Herstellung verbieten oder die wichtigsten Fabrikationsländer auf die Herstellung verzichten.[39]

⁴ Allfällige Vorräte verbotener Betäubungsmittel sind unter Aufsicht der zuständigen kantonalen Behörde in einen vom Gesetz erlaubten Stoff überzuführen oder in Ermangelung dieser Möglichkeit zu vernichten.

⁵ Das Bundesamt für Gesundheit kann für die Betäubungsmittel nach den Absätzen 1 und 3 Ausnahmebewilligungen für den Anbau, die Einfuhr, die Herstellung und das Inverkehrbringen erteilen, wenn kein internationales Abkommen entgegensteht und diese Betäubungsmittel der wissenschaftlichen Forschung, der Arzneimittelentwicklung oder der beschränkten medizinischen Anwendung dienen.[40]

---

34 Eingefügt durch Ziff. I des BG vom 20. März 2008, in Kraft seit 1. Juli 2011 (AS 2009 2623, 2011 2559; BBl 2006 8573 8645).

35 Fassung gemäss Ziff. I des BG vom 20. März 2008, in Kraft seit 1. Juli 2011 (AS 2009 2623, 2011 2559; BBl 2006 8573 8645).

36 Fassung gemäss Ziff. I des BG vom 20. März 2008, in Kraft seit 1. Juli 2011 (AS 2009 2623, 2011 2559; BBl 2006 8573 8645).

37 Fassung gemäss Ziff. I des BG vom 20. März 1975, in Kraft seit 1. Aug. 1975 (AS 1975 1220; BBl 1973 I 1348).

38 Aufgehoben durch Ziff. I des BG vom 20. März 1975 (AS 1975 1220; BBl 1973 I 1348).

39 Fassung gemäss Ziff. I des BG vom 20. März 2008, in Kraft seit 1. Juli 2011 (AS 2009 2623, 2011 2559; BBl 2006 8573 8645).

40 Fassung gemäss Ziff. I des BG vom 20. März 2008, in Kraft seit 1. Juli 2011 (AS 2009 2623, 2011 2559; BBl 2006 8573 8645).

⁶ Für den Anbau von Betäubungsmitteln nach den Absätzen 1 und 3, die als Wirkstoff eines zugelassenen Arzneimittels dienen, braucht es eine Ausnahmebewilligung des Bundesamtes für Gesundheit.⁴¹

⁷ Für die Einfuhr, die Herstellung und das Inverkehrbringen eines Betäubungsmittels nach den Absätzen 1 und 3, das als Wirkstoff eines zugelassenen Arzneimittels dient, braucht es eine Bewilligung des Instituts gemäss Artikel 4.⁴²

⁸ Das Bundesamt für Gesundheit kann Ausnahmebewilligungen erteilen, soweit die Stoffe nach den Absätzen 1 und 3 Bekämpfungsmassnahmen dienen.⁴³

Art. 8a⁴⁴

2. Abschnitt: Medizinalpersonen

Art. 9

¹ Medizinalpersonen im Sinne der Heilmittelgesetzgebung⁴⁵, die ihren Beruf gemäss dem Medizinalberufegesetz vom 23. Juni 2006⁴⁶ selbstständig ausüben, sowie verantwortliche Leiter von öffentlichen oder Spitalapotheken können Betäubungsmittel ohne Bewilligung beziehen, lagern, verwenden und abgeben. Kantonale Bestimmungen über die Selbstdispensation bei Ärzten und Tierärzten bleiben vorbehalten.⁴⁷

² Die Befugnis nach Absatz 1 steht auch Medizinalpersonen und Studierenden von universitären Medizinalberufen zu, die mit Bewilligung der zuständigen kantonalen Behörde eine Medizinalperson in einem universitären Medizinalberuf vertreten.⁴⁸

---

41 Eingefügt durch Ziff. I des BB über die ärztliche Verschreibung von Heroin vom 9. Okt. 1998 (AS 1998 2293; BBl 1998 1607). Fassung gemäss Ziff. I des BG vom 20. März 2008, in Kraft seit 1. Juli 2011 (AS 2009 2623, 2011 2559; BBl 2006 8573 8645).

42 Eingefügt durch Ziff. I des BB über die ärztliche Verschreibung von Heroin vom 9. Okt. 1998 (AS 1998 2293; BBl 1998 1607). Fassung gemäss Ziff. I des BG vom 20. März 2008, in Kraft seit 1. Juli 2011 (AS 2009 2623, 2011 2559; BBl 2006 8573 8645).

43 Eingefügt durch Ziff. I des BB über die ärztliche Verschreibung von Heroin vom 9. Okt. 1998 (AS 1998 2293; BBl 1998 1607). Fassung gemäss Ziff. I des BG vom 20. März 2008, in Kraft seit 1. Juli 2011 (AS 2009 2623, 2011 2559; BBl 2006 8573 8645).

44 Eingefügt durch Ziff. I des BB über die ärztliche Verschreibung von Heroin vom 9. Okt. 1998 (AS 1998 2293; BBl 1998 1607). Aufgehoben durch Ziff. I des BG vom 20. März 2008, mit Wirkung seit 1. Juli 2011 (AS 2009 2623, 2011 2559; BBl 2006 8573 8645).

45 Arzneimittel-Bewilligungsverordnung vom 17. Okt. 2001 (SR 812.212.1)

46 SR 811.11

47 Fassung gemäss Ziff. I des BG vom 20. März 2008, in Kraft seit 1. Juli 2011 (AS 2009 2623, 2011 2559; BBl 2006 8573 8645).

48 Fassung gemäss Ziff. I des BG vom 20. März 2008, in Kraft seit 1. Juli 2011 (AS 2009 2623, 2011 2559; BBl 2006 8573 8645).

2a ...[49]

[3] Der Bundesrat regelt die Befugnis der Medizinalpersonen, die den Beruf nicht selbstständig ausüben.[50]

[4] Die Kantone können die Befugnis der Zahnärzte auf bestimmte Betäubungsmittel beschränken.

[5] Die für ausländische Heilstätten in der Schweiz massgebenden Verhältnisse regeln die Kantone im Einvernehmen mit dem Institut.

Art. 10

[1] Selbstständige Ärzte und Tierärzte im Sinne des Medizinalberufegesetzes vom 23. Juni 2006[51] sind zum Verordnen von Betäubungsmitteln befugt.[52]

[2] Die auf Grund internationaler Abkommen zur Berufsausübung in den schweizerischen Grenzgebieten berechtigten ausländischen Ärzte und Tierärzte können die dabei benötigten Betäubungsmittel verwenden und verordnen; entsprechende Rezepte sind von einer Apotheke des betreffenden Grenzgebietes auszuführen.

[3] Die weiteren Voraussetzungen, unter denen ein von einem ausländischen Arzt oder Tierarzt ausgestelltes Rezept über Betäubungsmittel in der Schweiz ausgeführt werden kann, bestimmt der Bundesrat.

Art. 11

[1] Die Ärzte und Tierärzte sind verpflichtet, Betäubungsmittel nur in dem Umfange zu verwenden, abzugeben und zu verordnen, wie dies nach den anerkannten Regeln der medizinischen Wissenschaften notwendig ist.

[1bis] Ärzte und Tierärzte, die als Arzneimittel zugelassene Betäubungsmittel für eine andere als die zugelassenen Indikationen abgeben oder verordnen, müssen dies innerhalb von 30 Tagen den zuständigen kantonalen Behörden melden. Sie haben auf Verlangen der zuständigen kantonalen Behörden alle notwendigen Angaben über Art und Zweck der Behandlung zu machen.[53]

[2] Die Absätze 1 und 1bis gelten auch für die Verwendung und Abgabe von Betäubungsmitteln durch Zahnärzte.[54]

49　Eingefügt durch Ziff. I des BG vom 18. Dez. 1968 (AS 1970 9 13; BBl 1968 I 737). Aufgehoben durch Ziff. I des BG vom 20. März 2008, mit Wirkung seit 1. Juli 2011 (AS 2009 2623, 2011 2559; BBl 2006 8573 8645).

50　Fassung gemäss Ziff. I des BG vom 20. März 2008, in Kraft seit 1. Juli 2011 (AS 2009 2623, 2011 2559; BBl 2006 8573 8645).

51　SR 811.11

52　Fassung gemäss Ziff. I des BG vom 20. März 2008, in Kraft seit 1. Juli 2011 (AS 2009 2623, 2011 2559; BBl 2006 8573 8645).

53　Eingefügt durch Ziff. I des BG vom 20. März 2008, in Kraft seit 1. Juli 2011 (AS 2009 2623, 2011 2559; BBl 2006 8573 8645).

54　Fassung gemäss Ziff. I des BG vom 20. März 2008, in Kraft seit 1. Juli 2011 (AS 2009 2623, 2011 2559; BBl 2006 8573 8645).

Art. 12

[1] Die Kantone können die Befugnisse nach Artikel 9 für bestimmte Zeit oder dauernd entziehen, wenn die ermächtigte Medizinalperson[55] betäubungsmittelabhängig ist oder eine Widerhandlung nach den Artikeln 19–22 begangen hat.[56]

[2] Derartige Verfügungen gelten für das ganze Gebiet der Eidgenossenschaft.

[3] Artikel 54 des Strafgesetzbuches[57] bleibt vorbehalten.

Art. 13

In den Apotheken darf die Abgabe von Betäubungsmitteln an das Publikum nur auf ärztliche oder tierärztliche Verordnung hin erfolgen.

3. Abschnitt: Krankenanstalten und Institute

Art. 14

[1] Krankenanstalten können von der zuständigen kantonalen Behörde die Bewilligung erhalten, Betäubungsmittel nach Massgabe des Bedarfs ihres Betriebes zu beziehen, zu lagern und zu verwenden, sofern für die Lagerung und die Verwendung eine der in Artikel 9 genannten Personen verantwortlich ist.

[2] Institute, die der wissenschaftlichen Forschung dienen, können von der zuständigen kantonalen Behörde die Bewilligung erhalten, nach Massgabe des Eigenbedarfs Betäubungsmittel anzubauen, zu beziehen, zu lagern und zu verwenden.[58]

[3] Vorbehalten bleibt Artikel 8.[59]

Abschnitt 3a:[60] Organisationen und Behörden

Art. 14a

[1] Der Bundesrat kann nationalen oder internationalen Organisationen wie jenen des Roten Kreuzes, der Vereinten Nationen, ihren Spezialorganisationen sowie nationalen Institutionen und Behörden wie den Zoll- und Grenzwacht-

---

55 Begriff: Arzneimittel-Bewilligungsverordnung vom 17. Okt. 2001 (SR 812.212.1)

56 Fassung gemäss Ziff. I des BG vom 20. März 2008, in Kraft seit 1. Juli 2011 (AS 2009 2623, 2011 2559; BBl 2006 8573 8645).

57 SR 311.0

58 Fassung gemäss Ziff. I des BG vom 20. März 2008, in Kraft seit 1. Juli 2011 (AS 2009 2623, 2011 2559; BBl 2006 8573 8645).

59 Eingefügt durch Ziff. I des BG vom 20. März 1975, in Kraft seit 1. Aug. 1975 (AS 1975 1220; BBl 1973 I 1348).

60 Eingefügt durch Ziff. I des BG vom 18. Dez. 1968 (AS 1970 9; BBl 1968 I 737). Fassung gemäss Ziff. I des BG vom 20. März 2008, in Kraft seit 1. Juli 2011 (AS 2009 2623, 2011 2559; BBl 2006 8573 8645).

organen bewilligen, Betäubungsmittel im Rahmen ihrer Tätigkeit zu beziehen, einzuführen, aufzubewahren, zu verwenden, zu verordnen, abzugeben oder auszuführen.

[1bis] Die Kantone können kantonalen Behörden und Gemeindebehörden, namentlich der Polizei, Bewilligungen nach Absatz 1 erteilen.

[2] Der Bundesrat und die Kantone können die von ihnen erteilten Bewilligungen für bestimmte Zeit oder dauernd entziehen, sofern besondere Umstände es erfordern.

4. Abschnitt: ...[61]

Art. 15[62]

Art. 15a–c[63]

3. Kapitel: Kontrolle

Art. 16[64]

Für jede Lieferung von Betäubungsmitteln ist ein Lieferschein zu erstellen und dem Empfänger mit der Ware zu übergeben. Die Lieferung ist dem Institut mit separater Meldung mitzuteilen. Ausgenommen ist die Abgabe durch die dazu befugten Medizinalpersonen[65] zur Behandlung von Personen und Tieren sowie an die nicht selbst dispensierenden Ärzte im eigenen Kantonsgebiet.

Art. 17

[1] Die im Besitze einer Bewilligung gemäss den Artikeln 4 und 14 Absatz 2 befindlichen Firmen, Personen und Institute sind verpflichtet, über ihren gesamten Verkehr mit Betäubungsmitteln laufend Buch zu führen.[66]

---

61 Aufgehoben durch Ziff. I des BG vom 20. März 2008, mit Wirkung seit 1. Juli 2011 (AS 2009 2623, 2011 2559; BBl 2006 8573 8645).
62 Aufgehoben durch Ziff. I des BG vom 20. März 2008, mit Wirkung seit 1. Juli 2011 (AS 2009 2623, 2011 2559; BBl 2006 8573 8645).
63 Eingefügt durch Ziff. I des BG vom 20. März 1975 (AS 1975 1220; BBl 1973 I 1348). Aufgehoben durch Ziff. I des BG vom 20. März 2008, mit Wirkung seit 1. Juli 2011 (AS 2009 2623, 2011 2559; BBl 2006 8573 8645).
64 Fassung gemäss Ziff. I des BG vom 20. März 2008, in Kraft seit 1. Juli 2011 (AS 2009 2623, 2011 2559; BBl 2006 8573 8645).
65 Begriff: Arzneimittel-Bewilligungsverordnung vom 17. Okt. 2001 (SR 812.212.1)
66 Fassung gemäss Ziff. I des BG vom 18. Dez. 1968, in Kraft seit 1. Jan. 1970 (AS 1970 9 13; BBl 1968 I 737).

² Die in Artikel 4 erwähnten Firmen und Personen haben dem Institut[67] jeweils auf Jahresende über ihren Verkehr mit Betäubungsmitteln und die Vorräte zu berichten.[68]

³ Firmen und Personen, welche die Bewilligung zum Anbau, zur Herstellung und zur Verarbeitung von Betäubungsmitteln besitzen, haben ferner dem Institut jährlich über den Umfang der Anbaufläche und die Art und Mengen der gewonnenen, hergestellten und verarbeiteten Betäubungsmittel zu berichten.[69]

⁴ Die gemäss Artikel 9 zum Bezug, zur Verwendung und zur Abgabe von Betäubungsmitteln berechtigten oder gemäss Artikel 14 Absatz 1 dafür verantwortlichen Personen haben sich über die Verwendung der bezogenen Betäubungsmittel auszuweisen.

⁵ Der Bundesrat erlässt Bestimmungen über die Aufbewahrung, Bezeichnung und Anpreisung der Betäubungsmittel sowie über die Angaben in Packungsprospekten.[70]

Art. 18

¹ Die der behördlichen Kontrolle unterstehenden Firmen, Personen, Anstalten und Institute haben den Kontrollorganen die Anbauflächen, Fabrikations-, Verkaufs- und Lagerräume zugänglich zu machen, die Bestände an Betäubungsmitteln und alle dazugehörenden Belege vorzuweisen. Sie sind gehalten, jederzeit die von den Behörden verlangten Auskünfte zu erteilen.[71]

² Die Beamten des Bundes und der Kantone, denen die Kontrolle des Verkehrs mit Betäubungsmitteln übertragen ist, sind zur Geheimhaltung der dabei gewonnenen Kenntnisse verpflichtet. Die Geheimhaltungspflicht im Sinne von Artikel 320 des Strafgesetzbuches[72] ist zeitlich unbeschränkt.

---

67 Berichtigt von der Redaktionskommission der BVers [Art. 33 GVG – AS 1974 1051].
68 Fassung gemäss Anhang Ziff. II 3 des Heilmittelgesetzes vom 15. Dez. 2000, in Kraft seit 1. Jan. 2002 (AS 2001 2790; BBl 1999 3453).
69 Fassung gemäss Ziff. I des BG vom 20. März 2008, in Kraft seit 1. Juli 2011 (AS 2009 2623, 2011 2559; BBl 2006 8573 8645).
70 Eingefügt durch Ziff. I des BG vom 18. Dez. 1968, in Kraft seit 1. Jan. 1970 (AS 1970 9 13; BBl 1968 I 737).
71 Fassung gemäss Ziff. I des BG vom 18. Dez. 1968, in Kraft seit 1. Jan. 1970 (AS 1970 9 13; BBl 1968 I 737).
72 SR 311.0

3a. Kapitel:[73] Datenschutz im Rahmen der Schengen-Assoziierungsabkommen

Art. 18a Bekanntgabe von Personendaten an einen Staat, der durch eines der Schengen-Assoziierungsabkommen gebunden ist

Die Bekanntgabe von Personendaten an die zuständigen Behörden von Staaten, die durch eines der Schengen-Assoziierungsabkommen[74] gebunden sind, wird der Bekanntgabe von Personendaten zwischen Bundesorganen gleichgestellt.

Art. 18b[75]

Art. 18c Auskunftsrecht

Das Auskunftsrecht richtet sich nach den Datenschutzbestimmungen des Bundes oder der Kantone.[76] Der Inhaber der Datensammlung erteilt auch Auskunft über die verfügbaren Angaben zur Herkunft der Daten.

Art. 18d und 18e[77]

---

73 Eingefügt durch Art. 3 Ziff. 9 des BB vom 17. Dez. 2004 über die Genehmigung und die Umsetzung der bilateralen Abkommen zwischen der Schweiz und der EU über die Assoziierung an Schengen und an Dublin, in Kraft seit 12. Dez. 2008 (AS 2008 447 5405 Art. 1 Bst. f; BBl 2004 5965).

74 Abk. vom 26. Okt. 2004 zwischen der Schweizerischen Eidgenossenschaft, der Europäischen Union und der Europäischen Gemeinschaft über die Assoziierung dieses Staates bei der Umsetzung, Anwendung und Entwicklung des Schengen-Besitzstands (SR 0.362.31); Abk. vom 28. April 2005 zwischen der Schweizerischen Eidgenossenschaft und dem Königreich Dänemark über die Begründung von Rechten und Pflichten zwischen diesen beiden Staaten hinsichtlich der Schengener Zusammenarbeit (SR 0.362.33); Übereink. vom 17. Dez. 2004 zwischen der Schweizerischen Eidgenossenschaft, der Republik Island und dem Königreich Norwegen über die Umsetzung, Anwendung und Entwicklung des Schengen-Besitzstands und über die Kriterien und Verfahren zur Bestimmung des zuständigen Staates für die Prüfung eines in der Schweiz, in Island oder in Norwegen gestellten Asylantrags (SR 0.362.32); Prot. vom 28. Febr. 2008 zwischen der Schweizerischen Eidgenossenschaft, der Europäischen Union, der Europäischen Gemeinschaft und dem Fürstentum Liechtenstein über den Beitritt des Fürstentums Liechtenstein zum Abkommen zwischen der Schweizerischen Eidgenossenschaft, der Europäischen Union und der Europäischen Gemeinschaft über die Assoziierung der Schweizerischen Eidgenossenschaft bei der Umsetzung, Anwendung und Entwicklung des Schengen-Besitzstands (SR 0.362.311).

75 Aufgehoben durch Ziff. 7 des BG vom 19. März 2010 über die Umsetzung des Rahmenbeschlusses 2008/977/JI über den Schutz von Personendaten im Rahmen der polizeilichen und justiziellen Zusammenarbeit in Strafsachen, mit Wirkung seit 1. Dez. 2010 (AS 2010 3387 3418; BBl 2009 6749).

76 Fassung gemäss Ziff. 7 des BG vom 19. März 2010 über die Umsetzung des Rahmenbeschlusses 2008/977/JI über den Schutz von Personendaten im Rahmen der polizeilichen und justiziellen Zusammenarbeit in Strafsachen, in Kraft seit 1. Dez. 2010 (AS 2010 3387 3418; BBl 2009 6749).

77 Aufgehoben durch Ziff. 7 des BG vom 19. März 2010 über die Umsetzung des Rahmenbeschlusses 2008/977/JI über den Schutz von Personendaten im Rahmen der polizeilichen und justiziellen Zusammenarbeit in Strafsachen, mit Wirkung seit 1. Dez. 2010 (AS 2010 3387 3418; BBl 2009 6749).

4. Kapitel: Strafbestimmungen[*]

Art. 19[78]

¹ Mit Freiheitsstrafe bis zu drei Jahren oder Geldstrafe wird bestraft, wer:

a. Betäubungsmittel unbefugt anbaut, herstellt oder auf andere Weise erzeugt;

b. Betäubungsmittel unbefugt lagert, versendet, befördert, einführt, ausführt oder durchführt;

c. Betäubungsmittel unbefugt veräussert, verordnet, auf andere Weise einem andern verschafft oder in Verkehr bringt;

d. Betäubungsmittel unbefugt besitzt, aufbewahrt, erwirbt oder auf andere Weise erlangt;

e. den unerlaubten Handel mit Betäubungsmitteln finanziert oder seine Finanzierung vermittelt;

f. öffentlich zum Betäubungsmittelkonsum auffordert oder öffentlich eine Gelegenheit zum Erwerb oder Konsum von Betäubungsmitteln bekannt gibt;

g. zu einer Widerhandlung nach den Buchstaben a–f Anstalten trifft.

² Der Täter wird mit einer Freiheitsstrafe nicht unter einem Jahr, womit eine Geldstrafe verbunden werden kann, bestraft, wenn er:

a. weiss oder annehmen muss, dass die Widerhandlung mittelbar oder unmittelbar die Gesundheit vieler Menschen in Gefahr bringen kann;

b. als Mitglied einer Bande handelt, die sich zur fortgesetzten Ausübung des unerlaubten Betäubungsmittelhandels zusammengefunden hat;

c. durch gewerbsmässigen Handel einen grossen Umsatz oder einen erheblichen Gewinn erzielt;

d. in Ausbildungsstätten vorwiegend für Jugendliche oder in ihrer unmittelbaren Umgebung gewerbsmässig Betäubungsmittel anbietet, abgibt oder auf andere Weise zugänglich macht.

³ Das Gericht kann in folgenden Fällen die Strafe nach freiem Ermessen mildern:

a. bei einer Widerhandlung nach Absatz 1 Buchstabe g;

b. bei einer Widerhandlung nach Absatz 2, wenn der Täter von Betäubungsmitteln abhängig ist und diese Widerhandlung zur Finanzierung des eigenen Betäubungsmittelkonsums hätte dienen sollen.

⁴ Nach den Bestimmungen der Absätze 1 und 2 ist auch strafbar, wer die Tat im Ausland begangen hat, sich in der Schweiz befindet und nicht ausgeliefert wird, sofern die Tat auch am Begehungsort strafbar ist. Ist das Gesetz des

---

78 Fassung gemäss Ziff. I des BG vom 20. März 2008, in Kraft seit 1. Juli 2011 (AS 2009 2623, 2011 2559; BBl 2006 8573 8645).

* Neuer Gliederungstitel gemäss der Revision des Betäubungsmittelgesetzes vom 28. September 2012, in Kraft am 1. Oktober 2013, AS 2013 1451; Erlass Nr. 16b in diesem Band.

Begehungsortes für den Täter das mildere, so ist dieses anzuwenden. Artikel 6 des Strafgesetzbuches[79] ist anwendbar.

Art. 19bis[80]

Mit Freiheitsstrafe bis zu drei Jahren oder Geldstrafe wird bestraft, wer einer Person unter 18 Jahren ohne medizinische Indikation Betäubungsmittel anbietet, abgibt oder auf andere Weise zugänglich macht.

Art. 19a[81]

1. Wer unbefugt Betäubungsmittel vorsätzlich konsumiert oder wer zum eigenen Konsum eine Widerhandlung im Sinne von Artikel 19 begeht, wird mit Busse[82] bestraft.

2. In leichten Fällen kann das Verfahren eingestellt oder von einer Strafe abgesehen werden. Es kann eine Verwarnung ausgesprochen werden.

3. Untersteht oder unterzieht sich der Täter wegen Konsums von Betäubungsmitteln einer ärztlich beaufsichtigten Betreuung, so kann von einer Strafverfolgung abgesehen werden. Das Strafverfahren wird durchgeführt, wenn sich der Täter der Betreuung oder der Behandlung entzieht.

4. Ist der Täter von Betäubungsmitteln abhängig, so kann ihn der Richter in eine Heilanstalt einweisen. Artikel 44 des Strafgesetzbuches[83] gilt sinngemäss.

Art. 19b[84],*

Wer nur eine geringfügige Menge eines Betäubungsmittels für den eigenen Konsum vorbereitet oder zur Ermöglichung des gleichzeitigen und gemeinsamen Konsums einer Person von mehr als 18 Jahren unentgeltlich abgibt, ist nicht strafbar.

Art. 19c[85]

Wer jemanden zum unbefugten Betäubungsmittelkonsum vorsätzlich anstiftet oder anzustiften versucht, wird mit Busse bestraft.

---

79 SR 311.0
80 Eingefügt durch Ziff. I des BG vom 20. März 2008, in Kraft seit 1. Juli 2011 (AS 2009 2623, 2011 2559; BBl 2006 8573 8645).
81 Eingefügt durch Ziff. I des BG vom 20. März 1975, in Kraft seit 1. Aug. 1975 (AS 1975 1220; BBl 1973 I 1348).
82 Ausdruck gemäss Anhang Ziff. 3 des BG vom 13. Dez. 2002, in Kraft seit 1. Jan. 2007 (AS 2006 3459; BBl 1999 1979). Diese Änd. ist im ganzen Erlass berücksichtigt.
83 SR 311.0. Heute Art. 60 und 63.
84 Eingefügt durch Ziff. I des BG vom 20. März 1975 (AS 1975 1220; BBl 1973 I 1348). Fassung gemäss Ziff. I des BG vom 20. März 2008, in Kraft seit 1. Juli 2011 (AS 2009 2623, 2011 2559; BBl 2006 8573 8645).
85 Eingefügt durch Ziff. I des BG vom 20. März 1975, in Kraft seit 1. Aug. 1975 (AS 1975 1220; BBl 1973 I 1348).
 * Neuer Art. 19b Abs. 2 gemäss der Revision des Betäubungsmittelgesetzes vom 28. September 2012, in Kraft am 1. Oktober 2013, AS 2013 1451; Erlass Nr. 16b in diesem Band.

Art. 20[86]

¹ Mit Freiheitsstrafe bis zu drei Jahren oder Geldstrafe wird bestraft, wer:

a. ein Gesuch mit unwahren Angaben stellt, um sich oder einem andern eine Einfuhr-, Durchfuhr- oder Ausfuhrbewilligung zu verschaffen;

b. ohne Bewilligung Betäubungsmittel oder Stoffe nach Artikel 3 Absatz 1, für die er eine schweizerische Ausfuhrbewilligung besitzt, im In- oder Ausland nach einem anderen Bestimmungsort umleitet;

c. Stoffe und Präparate nach Artikel 7 ohne Bewilligung anbaut, herstellt, ein- oder ausführt, lagert, verwendet oder in Verkehr bringt;

d. als Medizinalperson[87] Betäubungsmittel anders als nach Artikel 11 oder 13 verwendet oder abgibt;

e. wer als Arzt oder Tierarzt Betäubungsmittel anders als nach Artikel 11 verschreibt.

² Der Täter wird mit einer Freiheitsstrafe nicht unter einem Jahr bestraft, wenn er durch gewerbsmässigen Handel einen grossen Umsatz oder einen erheblichen Gewinn erzielt. Die Freiheitsstrafe kann mit einer Geldstrafe verbunden werden.

Art. 21[88]

¹ Mit Freiheitsstrafe bis zu drei Jahren oder Geldstrafe wird bestraft, wer vorsätzlich:

a. die Meldungen nach den Artikeln 11 Absatz 1bis, 16 und 17 Absatz 1 nicht macht, die vorgeschriebenen Lieferscheine und Betäubungsmittelkontrollen nicht erstellt oder darin falsche Angaben macht oder Angaben, die er hätte machen sollen, einzutragen unterlässt;

b. von Lieferscheinen oder Betäubungsmittelkontrollen Gebrauch macht, die falsche oder unvollständige Angaben enthalten.

² Der Täter wird mit Busse bestraft, wenn er fahrlässig handelt.

Art. 22[89]

Mit Busse wird bestraft, wer vorsätzlich oder fahrlässig:

a. seine Sorgfaltspflichten als zum Verkehr mit Betäubungsmitteln berechtigte Person nicht erfüllt;

b. gegen die Bestimmungen zur Werbung und Information für Betäubungsmittel verstösst;

c. Lagerungs- und Aufbewahrungspflichten verletzt;

---

86 Fassung gemäss Ziff. I des BG vom 20. März 2008, in Kraft seit 1. Juli 2011 (AS 2009 2623, 2011 2559; BBl 2006 8573 8645).

87 Begriff: Arzneimittel-Bewilligungsverordnung vom 17. Okt. 2001 (SR 812.212.1)

88 Fassung gemäss Ziff. I des BG vom 20. März 2008, in Kraft seit 1. Juli 2011 (AS 2009 2623, 2011 2559; BBl 2006 8573 8645).

89 Fassung gemäss Ziff. I des BG vom 20. März 2008, in Kraft seit 1. Juli 2011 (AS 2009 2623, 2011 2559; BBl 2006 8573 8645).

d. gegen eine Ausführungsvorschrift des Bundesrates oder des zuständigen Departementes, deren Übertretung für strafbar erklärt wird, oder gegen eine unter Hinweis auf die Strafdrohung dieses Artikels an ihn gerichtete Verfügung verstösst.

Art. 23[90]

[1] Begeht ein mit dem Vollzug dieses Gesetzes beauftragter Beamter vorsätzlich eine Widerhandlung nach den Artikeln 19–22, so wird die Strafe angemessen erhöht.

[2] Der Beamte, der mit der Bekämpfung des unerlaubten Betäubungsmittelverkehrs beauftragt ist und zu Ermittlungszwecken selber ein Angebot von Betäubungsmitteln annimmt, bleibt straflos, auch wenn er seine Identität und Funktion nicht bekannt gibt.[91]

Art. 24[92]

[1] In der Schweiz liegende unrechtmässige Vermögensvorteile verfallen dem Staat auch dann, wenn die Tat im Ausland begangen worden ist. Besteht kein Gerichtsstand nach Artikel 32 der Strafprozessordnung vom 5. Oktober 2007[93] (StPO), so ist zur Einziehung der Kanton zuständig, in dem die Vermögenswerte liegen.[94]

[2] Die zuständigen Behörden verwahren die ihnen bei der Ausführung des Gesetzes zugehenden Betäubungsmittel und sorgen für deren Verwertung oder Vernichtung.[95]

Art. 25[96]

Art. 26

Die allgemeinen Bestimmungen des Strafgesetzbuches[97] finden insoweit Anwendung, als dieses Gesetz nicht selbst Bestimmungen aufstellt.

---

90 Fassung gemäss Ziff. I des BG vom 20. März 1975, in Kraft seit 1. Aug. 1975 (AS 1975 1220; BBl 1973 I 1348).
91 Fassung gemäss Art. 24 Ziff. 2 des BG vom 20. Juni 2003 über die verdeckte Ermittlung, in Kraft seit 1. Jan. 2005 (AS 2004 1409; BBl 1998 4241).
92 Fassung gemäss Ziff. I des BG vom 20. März 1975, in Kraft seit 1. Aug. 1975 (AS 1975 1220; BBl 1973 I 1348).
93 SR 312.0
94 Fassung zweiter Satz gemäss Anhang 1 Ziff. II 27 der Strafprozessordnung vom 5. Okt. 2007, in Kraft seit 1. Jan. 2011 (AS 2010 1881; BBl 2006 1085).
95 Eingefügt durch Ziff. I des BG vom 20. März 2008, in Kraft seit 1. Juli 2011 (AS 2009 2623, 2011 2559; BBl 2006 8573 8645).
96 Aufgehoben durch Ziff. I des BG vom 20. März 1975 (AS 1975 1220; BBl 1973 1348).
97 SR 311.0

Art. 27[98]

[1] Die besonderen Bestimmungen des Strafgesetzbuches[99] und die Bestimmungen des Lebensmittelgesetzes vom 9. Oktober 1992[100] bleiben vorbehalten.

[2] Bei unbefugter Einfuhr, Ausfuhr oder Durchfuhr von Betäubungsmitteln nach Artikel 19 finden die Strafbestimmungen des Zollgesetzes vom 18. März 2005[101] und der Verordnung vom 29. März 2000[102] zum Bundesgesetz über die Mehrwertsteuer keine Anwendung.

Art. 28[103],*

[1] Die Strafverfolgung ist Sache der Kantone.

[2] Die Artikel 6 und 7 des Bundesgesetzes vom 22. März 1974[104] über das Verwaltungsstrafrecht gelten auch bei der Strafverfolgung durch kantonale Behörden.

[3] Urteile, Strafbescheide und Einstellungsbeschlüsse in Fällen nach Artikel 19 Absatz 2 sind sofort nach ihrem Erlass in vollständiger Ausfertigung dem Bundesamt für Polizei mitzuteilen, sofern die Anklage eine unbedingte Freiheitsstrafe beantragt hat.

Art. 28a[105]

Widerhandlungen nach den Artikeln 20–22, welche im Vollzugsbereich des Bundes von der zuständigen Bundesbehörde festgestellt werden, werden von dieser verfolgt und beurteilt. Für das Verfahren gilt das Bundesgesetz vom 22. März 1974[106] über das Verwaltungsstrafrecht.

**

---

98 Fassung gemäss Ziff. I des BG vom 20. März 2008, in Kraft seit 1. Juli 2011 (AS 2009 2623, 2011 2559; BBl 2006 8573 8645).

99 SR 311.0

100 SR 817.0

101 SR 631.0

102 SR 641.201

103 Fassung gemäss Ziff. I des BG vom 20. März 2008, in Kraft seit 1. Juli 2011 (AS 2009 2623, 2011 2559; BBl 2006 8573 8645).

104 SR 313.0

105 Eingefügt durch Ziff. I des BG vom 20. März 2008, in Kraft seit 1. Juli 2011 (AS 2009 2623, 2011 2559; BBl 2006 8573 8645).

106 SR 313.0

* Neuer Gliederungstitel vor Art. 28 gemäss der Revision des Betäubungsmittelgesetzes vom 28. September 2012, in Kraft am 1. Oktober 2013, AS 2013 1451; Erlass Nr. 16b in diesem Band.

** Art. 28b–28l neu gemäss der Revision des Betäubungsmittelgesetzes vom 28. September 2012, in Kraft am 1. Oktober 2013, AS 2013 1451; Erlass Nr. 16b in diesem Band.

5. Kapitel:[107] Aufgaben der Kantone und des Bundes

1. Abschnitt: Aufgaben des Bundes

Art. 29

[1] Der Bund übt die Oberaufsicht über den Vollzug des Gesetzes aus.

[2] Er übt die Kontrolle an der Grenze (Ein-, Durch- und Ausfuhr) sowie in den Zolllagern und Zollfreilagern aus.

[3] Bund und Kantone arbeiten zur Erfüllung ihrer Aufgaben nach diesem Gesetz zusammen und stimmen ihre Massnahmen aufeinander ab. Sie können weitere betroffene Organisationen einbeziehen.

[4] Der Bundesrat ernennt eine Expertenkommission, welche ihn in Fragen der Suchtproblematik berät.

Art. 29a

[1] Das Bundesamt für Gesundheit sorgt für die wissenschaftliche Evaluation der Massnahmen nach diesem Gesetz. Es kann die nach Artikel 3f beschafften Daten in anonymisierter Form dem Bundesamt für Statistik zur Auswertung und Veröffentlichung übermitteln.

[2] Das Eidgenössische Departement des Innern erstattet nach Abschluss wichtiger Evaluationen dem Bundesrat und den zuständigen Kommissionen der Bundesversammlung Bericht über die Resultate und unterbreitet Vorschläge für das weitere Vorgehen.

[3] Das Bundesamt für Gesundheit unterhält eine Dokumentations-, Informations- und Koordinationsstelle.

[4] Das Institut erstattet Bericht nach den internationalen Abkommen.

Art. 29b

[1] Im Bereich der Bekämpfung des unerlaubten Betäubungsmittelverkehrs erfüllt das Bundesamt für Polizei die Aufgaben eines nationalen Analyse-, Koordinations- und Ermittlungszentrums nach dem Bundesgesetz vom 7. Oktober 1994[108] über kriminalpolizeiliche Zentralstellen des Bundes.

[2] Es hat folgende Aufgaben:

a. Es wirkt bei der Bekämpfung des unerlaubten Betäubungsmittelverkehrs durch Behörden anderer Staaten im Rahmen der bestehenden Rechtshilfevorschriften und der Rechtsübung mit.

b. Es sammelt die Unterlagen, die geeignet sind, Widerhandlungen gegen dieses Gesetz zu verhindern und die Verfolgung Fehlbarer zu erleichtern.

---

107 Fassung gemäss Ziff. I des BG vom 20. März 2008, in Kraft seit 1. Juli 2011 (AS 2009 2623, 2011 2559; BBl 2006 8573 8645).
108 SR 360

c. Es sorgt für die Verbindung mit:

1. den entsprechenden Dienstzweigen der Bundesverwaltung (Bundesamt für Gesundheit, Oberzolldirektion);
2.[109] der Schweizerischen Post;
3. dem Dienst für Besondere Aufgaben (EJPD);
4. den Polizeibehörden der Kantone;
5. den Zentralstellen der anderen Länder;
6. der Internationalen kriminalpolizeilichen Organisation Interpol.

[3] Zoll- und Grenzwachtorgane melden dem Bundesamt für Polizei Widerhandlungen gegen dieses Gesetz zwecks Weiterleitung an die ausländischen und internationalen Behörden; sie informieren auch die Kantone.

[4] Für die Beweiserhebung im Zusammenhang mit der internationalen Rechtshilfe in Betäubungsmittelstrafsachen sind die entsprechenden Bestimmungen der Strafprozessordnung vom 5. Oktober 2007[110] anwendbar.

Art. 29c

[1] Der Bundesrat bezeichnet ein nationales Referenzlabor; dieses forscht, informiert und koordiniert im analytischen, pharmazeutischen und klinisch-pharmakologischen Bereich der Betäubungsmittel und der Stoffe nach den Artikeln 2, 3 Absatz 1 und 7 Absatz 3.

[2] Der Bundesrat bezeichnet eine nationale Beobachtungsstelle zur Überwachung der Suchtproblematik. Diese sammelt, analysiert und interpretiert statistische Daten. Sie arbeitet mit den Kantonen und den internationalen Organisationen zusammen.

[3] Der Bund kann Dritte mit einzelnen Aufgaben zur Erforschung, Information und Koordination und zur Überwachung der Suchtproblematik nach den Absätzen 1 und 2 betrauen.

2. Abschnitt: Aufgaben der Kantone

Art. 29d

[1] Die Kantone erlassen die erforderlichen Vorschriften zur Ausführung des Bundesrechts und bezeichnen die zuständigen Behörden und Ämter für:

a. die Aufgaben und Befugnisse aus den Bereichen der Prävention, Therapie und Wiedereingliederung sowie Schadenminderung und Überlebenshilfe (Kap. 1*a*), namentlich für die Entgegennahme der Meldungen über Personen mit vorliegenden oder drohenden suchtbedingten Störungen (Art. 3*c*);
b. die Erteilung von Bewilligungen (Art. 3*e*, 14 und 14*a* Abs. 1bis);

---

109 Fassung gemäss Anhang Ziff. II 5 des Postgesetzes vom 17. Dez. 2010, in Kraft seit 1. Okt. 2012 (AS 2012 4993; BBl 2009 5181).
110 SR 312.0

c. die Entgegennahme der Meldungen über Abgaben und Verordnungen von Betäubungsmitteln zu anderen als den zugelassenen Indikationen (Art. 11 Abs. 1bis);

d. die Kontrolle (Art. 16–18);

e. die Strafverfolgung (Art. 28) und den Entzug der Berechtigung zum Verkehr mit Betäubungsmitteln (Art. 12);

f. die Aufsicht über die unter den Buchstaben a–e erwähnten Behörden und Organe sowie über die zugelassenen Behandlungs- und Sozialhilfestellen.

[2] Die Kantone sind befugt, für die von ihnen zu erteilenden Bewilligungen (Art. 3e, 14 und 14a Abs. 1bis) und für besondere Verfügungen und Kontrollen Gebühren zu erheben.

[3] Die Kantone bringen die Ausführungsvorschriften dem Eidgenössischen Departement des Innern zur Kenntnis.

Art. 29e

[1] Die Kantonsregierungen berichten dem Bundesrat regelmässig über die Ausführung des Gesetzes und die dabei gemachten Beobachtungen und stellen die benötigten Daten (Art. 29c Abs. 2) zur Verfügung.

[2] Die Kantone haben dem Bundesamt für Polizei gemäss den Bestimmungen des Bundesgesetzes vom 7. Oktober 1994[111] über kriminalpolizeiliche Zentralstellen des Bundes über jede wegen Widerhandlung gegen dieses Gesetz eingeleitete Strafverfolgung rechtzeitig Mitteilung zu machen. Die entsprechenden Informationen werden grundsätzlich auf dem elektronischen Weg übermittelt oder direkt in die Datenverarbeitungssysteme des Bundesamtes für Polizei eingegeben. Der Bundesrat regelt die Einzelheiten.

6. Kapitel: Schlussbestimmungen

Art. 30[112]

[1] Der Bundesrat erlässt die zum Vollzug erforderlichen Ausführungsbestimmungen.

[2] Er legt die Gebühren fest, welche das Institut für Bewilligungen, Kontrollen und Dienstleistungen erhebt. Er kann ihm diese Befugnis übertragen.

[3] Er legt bei der Erteilung von Bewilligungen an Organisationen, Institutionen und Behörden im Sinne von Artikel 14a im Einzelfall die Befugnisse, die näheren Voraussetzungen ihrer Ausübung sowie die Art und Weise der

---

111 SR 360
112 Fassung gemäss Ziff. I des BG vom 20. März 2008, in Kraft seit 1. Juli 2011 (AS 2009 2623, 2011 2559; BBl 2006 8573 8645).

durchzuführenden Kontrolle fest. Er kann bei der Regelung der Kontrolle nötigenfalls vom Gesetz abweichende Vorschriften erlassen.

Art. 31–34[113]

Art. 35[114]

Art. 36[115]

Art. 37

[1] Der Bundesrat bestimmt den Beginn der Wirksamkeit dieses Gesetzes.

[2] Auf diesen Zeitpunkt werden das Bundesgesetz vom 2. Oktober 1924[116] betreffend Betäubungsmittel sowie die mit dem vorliegenden Gesetz in Widerspruch stehenden Bestimmungen eidgenössischer und kantonaler Gesetze und Verordnungen aufgehoben.

Datum des Inkrafttretens: 1. Juni 1952[117]

---

113 Aufgehoben durch Ziff. I des BG vom 20. März 2008, mit Wirkung seit 1. Juli 2011 (AS 2009 2623, 2011 2559; BBl 2006 8573 8645).

114 Aufgehoben durch Ziff. I des BG vom 20. März 1975 (AS 1975 1220; BBl 1973 I 1348).

115 Aufgehoben durch Ziff. I des BG vom 20. März 2008, mit Wirkung seit 1. Juli 2011 (AS 2009 2623, 2011 2559; BBl 2006 8573 8645).

116 [BS 4 434]

117 BRB vom 4. März 1952

16a. Bundesgesetz über die Betäubungsmittel und die psychotropen Stoffe (Betäubungsmittelgesetz, aBetmG)[1]

vom 3. Oktober 1951

(Auszug, Stand vor der Revision vom 1. Juli 2011)

Die Bundesversammlung der Schweizerischen Eidgenossenschaft,

gestützt auf die Artikel 118 und 123 der Bundesverfassung[2],[3]
nach Einsicht in eine Botschaft des Bundesrates vom 9. April 1951[4],

beschliesst:

1. Kapitel[5]: Allgemeine Bestimmungen

Art. 1[6] [1] Betäubungsmittel im Sinne dieses Gesetzes sind abhängigkeitserzeugende Stoffe und Präparate der Wirkungstypen Morphin, Kokain, Cannabis.

[2] Zu den Betäubungsmitteln im Sinne von Absatz 1 gehören insbesondere:
a. Rohmaterialien
   1. Opium,
   2. Mohnstroh, das zur Herstellung von Stoffen oder Präparaten dient, die unter die Gruppen *b* 1, *c* oder *d* dieses Absatzes fallen,
   3. Kokablatt,
   4. Hanfkraut;
b. Wirkstoffe
   1. die Phenantren-Alkaloide des Opiums sowie ihre Derivate und Salze, die zur Abhängigkeit (Toxikomanie) führen,
   2. Ekgonin sowie seine Derivate und Salze, die zur Abhängigkeit führen,

---

AS 1952 241

1   Fassung des Tit. gemäss Ziff. I des BG vom 24. März 1995, in Kraft seit 1. Juli 1996 (AS 1996 1677; BBl 1994 III 1273).

2   SR 101

3   Fassung gemäss Ziff. 7 des BG vom 19. März 2010 über die Umsetzung des Rahmenbeschlusses 2008/977/JI über den Schutz von Personendaten im Rahmen der polizeilichen und justiziellen Zusammenarbeit in Strafsachen, in Kraft seit 1. Dez. 2010 (AS 2010 3387; BBl 2009 6749).

4   BBl 1951 I 829

5   Erlassgliederung sowie Nummerierung der Einschaltartikel und -abschnitte gemäss Ziff. I des BG vom 20. März 1975 (AS 1975 1220; BBl 1973 I 1348).

6   Fassung gemäss Ziff. I des BG vom 20. März 1975, in Kraft seit 1. Aug. 1975 (AS 1975 1220; BBl 1973 I 1348).

3. das Harz der Drüsenhaare des Hanfkrautes;
c. Weitere Stoffe,
   die eine ähnliche Wirkung haben wie die Stoffe der Gruppen *a* oder *b* dieses Absatzes;
d. Präparate,
   die Stoffe der Gruppen *a, b* oder *c* dieses Absatzes enthalten.

³ Den Betäubungsmitteln im Sinne dieses Gesetzes sind abhängigkeitserzeugende psychotrope Stoffe gleichgestellt. Darunter fallen:
a. Halluzinogene wie Lysergid und Mescalin;
b. zentrale Stimulantien vom Wirkungstyp des Amphetamins;
c. zentral dämpfende Stoffe vom Wirkungstyp der Barbiturate oder Benzodiazepine;
d. weitere Stoffe, die eine den Stoffen der Gruppe a–c dieses Absatzes ähnliche Wirkung haben;
e. Präparate, die Stoffe der Gruppe a–d dieses Absatzes enthalten.[7]

⁴ Das Schweizerisches Heilmittelinstitut (Institut)[8] erstellt das Verzeichnis der Stoffe und Präparate im Sinne der Absätze 2 und 3.

(...)

2. Kapitel: Herstellung, Abgabe, Bezug und Verwendung von Betäubungsmitteln

1. Abschnitt: Fabrikations- und Handelsfirmen

Art. 4 ¹ Firmen und Personen, die Pflanzen zur Gewinnung von Betäubungsmitteln anbauen oder Betäubungsmittel herstellen, verarbeiten oder damit Handel treiben, bedürfen einer Bewilligung des Instituts. Vorbehalten bleibt Artikel 8.[22]

² Die Voraussetzungen für die Erteilung, das Erlöschen oder den Entzug der Bewilligung, ebenso deren Form, Inhalt und Gültigkeitsdauer regelt der Bundesrat.

(...)

---

7 Fassung gemäss Ziff. I des BG vom 24. März 1995, in Kraft seit 1. Juli 1996 (AS 1996 1677; BBl 1994 III 1273).
8 Begriff gemäss Anhang Ziff. II 3 des Heilmittelgesetzes vom 15. Dez. 2000, in Kraft seit 1. Jan. 2002 (AS 2001 2790; BBl 1999 3453). Diese Änd. ist im ganzen Erlass berücksichtigt.
22 Fassung gemäss Anhang Ziff. II 3 des Heilmittelgesetzes vom 15. Dez. 2000, in Kraft seit 1. Jan. 2002 (AS 2001 2790; BBl 1999 3453).

Art. 8 ¹ Die folgenden Betäubungsmittel dürfen nicht angebaut, eingeführt, hergestellt oder in Verkehr gebracht werden:

a. Rauchopium und die bei seiner Herstellung oder seinem Gebrauch entstehenden Rückstände;

b. Diazetylmorphin und seine Salze;

c. Halluzinogene wie Lysergid (LSD 25);

d. Hanfkraut zur Betäubungsmittelgewinnung und das Harz seiner Drüsenhaare (Haschisch).²⁷

² ...²⁸

³ Der Bundesrat kann Einfuhr, Herstellung und Inverkehrbringen weiterer Betäubungsmittel untersagen, wenn internationale Abkommen ihre Herstellung verbieten oder die wichtigsten Fabrikationsländer darauf verzichten.²⁹

⁴ Allfällige Vorräte verbotener Betäubungsmittel sind unter Aufsicht der zuständigen kantonalen Behörde in einen vom Gesetz erlaubten Stoff überzuführen oder in Ermangelung dieser Möglichkeit zu vernichten.

⁵ Das Bundesamt für Gesundheit kann, wenn kein internationales Abkommen entgegensteht, Ausnahmebewilligungen erteilen, soweit die Betäubungsmittel nach den Absätzen 1 und 3 der wissenschaftlichen Forschung oder zu Bekämpfungsmassnahmen dienen oder die Stoffe nach Absatz 1 Buchstaben *b* und *c* für eine beschränkte medizinische Anwendung benützt werden.³⁰

⁶⁻⁸ ...³¹

(...)

4. Kapitel: Strafbestimmungen

Art. 19⁶¹ 1. Wer unbefugt alkaloidhaltige Pflanzen oder Hanfkraut zur Gewinnung von Betäubungsmitteln anbaut,

wer unbefugt Betäubungsmittel herstellt, auszieht, umwandelt oder verarbeitet,

wer sie unbefugt lagert, versendet, befördert, einführt, ausführt oder durchführt,

wer sie unbefugt anbietet, verteilt, verkauft, vermittelt, verschafft, verordnet, in Verkehr bringt oder abgibt,

---

27 Fassung gemäss Ziff. I des BG vom 20. März 1975, in Kraft seit 1. Aug. 1975 (AS 1975 1220; BBl 1973 I 1348).
28 Aufgehoben durch Ziff. I des BG vom 20. März 1975 (AS 1975 1220; BBl 1973 I 1348).
29 Fassung gemäss Ziff. I des BG vom 20. März 1975, in Kraft seit 1. Aug. 1975 (AS 1975 1220; BBl 1973 I 1348).
30 Fassung gemäss Ziff. I des BG vom 20. März 1975, in Kraft seit 1. Aug. 1975 (AS 1975 1220; BBl 1973 I 1348).
31 Eingefügt durch Ziff. I des BB über die ärztliche Verschreibung von Heroin vom 9. Okt. 1998 (AS 1998 2293; BBl 1998 1607). Verlängert bis zum 31. Dez. 2009 durch Art. 1 des BG vom 20. Juni 2003 (AS 2004 4387; BBl 2002 5839). Siehe heute: die Art. 3e und 3f.
61 Fassung gemäss Ziff. I des BG vom 20. März 1975, in Kraft seit 1. Aug. 1975 (AS 1975 1220; BBl 1973 I 1348).

wer sie unbefugt besitzt, aufbewahrt, kauft oder sonst wie erlangt,

wer hiezu Anstalten trifft,

wer den unerlaubten Verkehr mit Betäubungsmitteln finanziert oder seine Finanzierung vermittelt,

wer öffentlich zum Betäubungsmittelkonsum auffordert oder öffentlich Gelegenheit zum Erwerb oder Konsum von Betäubungsmitteln bekannt gibt,

wird, wenn er die Tat vorsätzlich begeht, mit Freiheitsstrafe bis zu drei Jahren oder Geldstrafe bestraft. In schweren Fällen ist die Strafe Freiheitsstrafe nicht unter einem Jahr, womit eine Geldstrafe verbunden werden kann.[62]

2. Ein schwerer Fall liegt insbesondere vor, wenn der Täter

a. weiss oder annehmen muss, dass sich die Widerhandlung auf eine Menge von Betäubungsmitteln bezieht, welche die Gesundheit vieler Menschen in Gefahr bringen kann;

b. als Mitglied einer Bande handelt, die sich zur Ausübung des unerlaubten Betäubungsmittelverkehrs zusammengefunden hat;

c. durch gewerbsmässigen Handel einen grossen Umsatz oder einen erheblichen Gewinn erzielt.

3. Werden die Widerhandlungen nach Ziffer 1 fahrlässig begangen, so ist die Strafe Freiheitsstrafe bis zu einem Jahr oder Geldstrafe.[63]

4. Der Täter ist gemäss den Bestimmungen der Ziffern 1 und 2 auch strafbar, wenn er die Tat im Ausland begangen hat, in der Schweiz angehalten und nicht ausgeliefert wird, und wenn die Tat auch am Begehungsort strafbar ist.

Art. 19a[64] 1. Wer unbefugt Betäubungsmittel vorsätzlich konsumiert oder wer zum eigenen Konsum eine Widerhandlung im Sinne von Artikel 19 begeht, wird mit Busse[65] bestraft.

2. In leichten Fällen kann das Verfahren eingestellt oder von einer Strafe abgesehen werden. Es kann eine Verwarnung ausgesprochen werden.

3. Untersteht oder unterzieht sich der Täter wegen Konsums von Betäubungsmitteln einer ärztlich beaufsichtigten Betreuung, so kann von einer Strafverfolgung abgesehen werden. Das Strafverfahren wird durchgeführt, wenn sich der Täter der Betreuung oder der Behandlung entzieht.

4. Ist der Täter von Betäubungsmitteln abhängig, so kann ihn der Richter in eine Heilanstalt einweisen. Artikel 44 des Strafgesetzbuches[66] gilt sinngemäss.

---

62 Strafdrohung gemäss Anhang Ziff. 3 des BG vom 13. Dez. 2002, in Kraft seit 1. Jan. 2007 (AS 2006 3459; BBl 1999 1979).

63 Strafdrohung gemäss Anhang Ziff. 3 des BG vom 13. Dez. 2002, in Kraft seit 1. Jan. 2007 (AS 2006 3459; BBl 1999 1979).

64 Eingefügt durch Ziff. I des BG vom 20. März 1975, in Kraft seit 1. Aug. 1975 (AS 1975 1220; BBl 1973 I 1348).

65 Ausdruck gemäss Anhang Ziff. 3 des BG vom 13. Dez. 2002, in Kraft seit 1. Jan. 2007 (AS 2006 3459; BBl 1999 1979). Diese Änd. ist im ganzen Erlass berücksichtigt.

66 SR 311.0

Art. 19b[67] Wer nur den eigenen Konsum vorbereitet oder Betäubungsmittel zur Ermöglichung des gleichzeitigen und gemeinsamen Konsums unentgeltlich abgibt, ist nicht strafbar, wenn es sich um geringfügige Mengen handelt.

Art. 19c[68] Wer jemanden zum unbefugten Betäubungsmittelkonsum vorsätzlich anstiftet oder anzustiften versucht, wird mit Busse bestraft.

Art. 20 1.[69] Wer ein Gesuch mit unwahren Angaben stellt, um sich oder einem andern eine Einfuhr-, Durchfuhr- oder Ausfuhrerlaubnis zu verschaffen,

wer ohne Bewilligung Betäubungsmittel oder Stoffe nach Artikel 3 Absatz 1, für die er eine schweizerische Ausfuhrerlaubnis besitzt, im In- oder Ausland nach einem anderen Bestimmungsort umleitet,[70]

wer als Arzt, Zahnarzt, Tierarzt oder Apotheker Betäubungsmittel anders als nach Artikel 11 oder 13 verwendet oder abgibt und wer als Arzt oder Tierarzt Betäubungsmittel anders als nach Artikel 11 verordnet,

wird, wenn er die Tat vorsätzlich begeht, mit Freiheitsstrafe bis zu drei Jahren oder Geldstrafe bestraft. In schweren Fällen ist die Strafe Freiheitsstrafe nicht unter einem Jahr, womit eine Geldstrafe verbunden werden kann.[71]

2. Handelt der Täter fahrlässig, so ist die Strafe Busse.

Art. 21 1. Wer die in den Artikeln 16 und 17 Absatz 1 vorgeschriebenen Lieferscheine und Betäubungsmittelkontrollen nicht erstellt oder darin falsche Angaben macht oder Angaben, die er hätte machen sollen, einzutragen unterlässt, wer von Lieferscheinen oder Betäubungsmittelkontrollen, die falsche oder unvollständige Angaben enthalten, Gebrauch macht,

wird, wenn er die Tat vorsätzlich begeht, mit Freiheitsstrafe bis zu zwei Jahren oder Geldstrafe bestraft.[72]

2. Handelt der Täter fahrlässig, so ist die Strafe Busse.

Art. 22 Wer den Vorschriften dieses Gesetzes oder den gestützt darauf erlassenen Ausführungsbestimmungen zuwiderhandelt, wird, sofern nicht eine strafbare Handlung nach den Artikeln 19–21 vorliegt, mit Busse bestraft.

---

67 Eingefügt durch Ziff. I des BG vom 20. März 1975, in Kraft seit 1. Aug. 1975 (AS 1975 1220; BBl 1973 I 1348).
68 Eingefügt durch Ziff. I des BG vom 20. März 1975, in Kraft seit 1. Aug. 1975 (AS 1975 1220; BBl 1973 I 1348).
69 Fassung gemäss Ziff. I des BG vom 20. März 1975, in Kraft seit 1. Aug. 1975 (AS 1975 1220; BBl 1973 I 1348).
70 Fassung gemäss Ziff. I des BG vom 24. März 1995, in Kraft seit 1. Juli 1996 (AS 1996 1677; BBl 1994 III 1273).
71 Strafdrohung gemäss Anhang Ziff. 3 des BG vom 13. Dez. 2002, in Kraft seit 1. Jan. 2007 (AS 2006 3459; BBl 1999 1979).
72 Strafdrohung gemäss Anhang Ziff. 3 des BG vom 13. Dez. 2002, in Kraft seit 1. Jan. 2007 (AS 2006 3459; BBl 1999 1979).

Art. 23[73] [1] Begeht ein mit dem Vollzug dieses Gesetzes beauftragter Beamter vorsätzlich eine Widerhandlung nach den Artikeln 19–22, so wird die Strafe angemessen erhöht.

[2] Der Beamte, der mit der Bekämpfung des unerlaubten Betäubungsmittelverkehrs beauftragt ist und zu Ermittlungszwecken selber ein Angebot von Betäubungsmitteln annimmt, bleibt straflos, auch wenn er seine Identität und Funktion nicht bekannt gibt.[74]

Art. 24[75] In der Schweiz liegende unrechtmässige Vermögensvorteile verfallen dem Staat auch dann, wenn die Tat im Ausland begangen worden ist. Besteht kein Gerichtsstand nach Artikel 32 der Strafprozessordnung vom 5. Oktober 2007[76] (StPO), so ist zur Einziehung der Kanton zuständig, in dem die Vermögenswerte liegen.[77]

Art. 25[78]

Art. 26 Die allgemeinen Bestimmungen des Strafgesetzbuches[79] finden insoweit Anwendung, als dieses Gesetz nicht selbst Bestimmungen aufstellt.

Art. 27 [1] Die besondern Bestimmungen des Strafgesetzbuches[80] und die Bestimmungen des Bundesgesetzes vom 8. Dezember 1905[81] betreffend den Verkehr mit Lebensmitteln und Gebrauchsgegenständen bleiben vorbehalten.

[2] Bei unbefugter Einfuhr, Ausfuhr oder Durchfuhr von Betäubungsmitteln nach Artikel 19 finden die Strafbestimmungen des Zollgesetzes vom 1. Oktober 1925[82] und des Bundesratsbeschlusses vom 29. Juli 1941[83] über die Warenumsatzsteuer keine Anwendung.[84]

---

73 Fassung gemäss Ziff. I des BG vom 20. März 1975, in Kraft seit 1. Aug. 1975 (AS 1975 1220; BBl 1973 I 1348).
74 Fassung gemäss Art. 24 Ziff. 2 des BG vom 20. Juni 2003 über die verdeckte Ermittlung, in Kraft seit 1. Jan. 2005 (AS 2004 1409; BBl 1998 4241).
75 Fassung gemäss Ziff. I des BG vom 20. März 1975, in Kraft seit 1. Aug. 1975 (AS 1975 1220; BBl 1973 I 1348).
76 SR 312.0
77 Fassung zweiter Satz gemäss Anhang 1 Ziff. II 27 der Strafprozessordnung vom 5. Okt. 2007, in Kraft seit 1. Jan. 2011 (AS 2010 1881; BBl 2006 1085).
78 Aufgehoben durch Ziff. I des BG vom 20. März 1975 (AS 1975 1220; BBl 1973 1348).
79 SR 311.0
80 SR 311.0
81 [BS 4 459; AS 1979 1758, 1985 1992 Ziff. I 1, 1991 362 Ziff. II 404. AS 1995 1469 Art. 58 Bst. a]. Siehe heute das Lebensmittelgesetz vom 9. Okt. 1992 (SR 817.0).
82 [BS 6 465; AS 1956 587, 1959 1343 Art. 11 Ziff. III, 1973 644, 1974 1857 Anhang Ziff. 7, 1980 1793 Ziff. I 1, 1992 1670 Ziff. III, 9941634 Ziff. I 3, 1995 1816, 1996 3371 Anhang 2 Ziff. 3, 1997 2465 Anhang Ziff. 13, 2000 1300 Art. 92 1891 Ziff. VI 6, 2002 248 Ziff. I 1 Art. 41, 2004 4763 Anhang Ziff. II 1, 2006 2197 Anhang Ziff. 50. AS 2007 1411 Art. 131 Abs. 1]. Heute: Zollgesetz vom 18. März 2005 (SR 631.0).
83 [BS 6 173; AS 1950 1467 Art. 4, 5, 1954 1316 Art. 2, 1958 471, 1959 1343 Art. 11 Ziff. IV 1625 Ziff. I Bst. B 1699, 1971 941, 1973 644 Ziff. II 2, 1974 1857 Anhang Ziff. 28, 1982 142, 1987 2474, 1992 288 Anhang Ziff. 27. AS 1994 1464 Art. 82]. Siehe heute das Mehrwertsteuergesetz vom 2. Sept. 1999 (SR 641.20).
84 Eingefügt durch Ziff. I des BG vom 14. Dez. 1984 (AS 1985 412; BBl 1984 II 640 646 654).

Art. 28 [1] Die Strafverfolgung ist Sache der Kantone.

[2] Sämtliche Urteile, Strafbescheide und Einstellungsbeschlüsse sind sofort nach ihrem Erlass in vollständiger Ausfertigung der Bundesanwaltschaft zuhanden des Bundesrates mitzuteilen.

(...)

Datum des Inkrafttretens: 1. Juni 1952[100]

---

100 BRB vom 4. März 1952

16b. Bundesgesetz über die Betäubungsmittel und die psychotropen Stoffe (Betäubungsmittelgesetz, BetmG)

Änderung vom 28. September 2012

Die Bundesversammlung der Schweizerischen Eidgenossenschaft,

nach Einsicht in den Bericht der Kommission für soziale Sicherheit und Gesundheit des Nationalrates vom 2. September 2011[1]
und in die Stellungnahme des Bundesrates vom 26. Oktober 2011[2],

beschliesst:

I

Das Betäubungsmittelgesetz vom 3. Oktober 1951[3] wird wie folgt geändert:

Gliederungstitel vor Art. 19

4. Kapitel: Strafbestimmungen

1. Abschnitt: Strafbare Handlungen

Art. 19b Abs. 2

[2] 10 Gramm eines Betäubungsmittels des Wirkungstyps Cannabis gelten als geringfügige Menge.

Gliederungstitel vor Art. 28

2. Abschnitt: Strafverfolgung und Ordnungsbussenverfahren

Art. 28b Grundsatz

[1] Widerhandlungen nach Artikel 19a Ziffer 1, begangen durch den Konsum von Betäubungsmitteln des Wirkungstyps Cannabis, können in einem vereinfachten Verfahren mit Ordnungsbussen geahndet werden (Ordnungsbussenverfahren).

[2] Die Ordnungsbusse beträgt 100 Franken.

AS 2013 1451
1 BBl 2011 8195
2 BBl 2011 8221
3 SR 812.121

[3] Vorleben und persönliche Verhältnisse des Täters werden nicht berücksichtigt.

[4] Mit der Erhebung der Ordnungsbusse wird das cannabishaltige Produkt sichergestellt.

Art. 28c Ausnahmen

Das Ordnungsbussenverfahren ist ausgeschlossen:

a.[4] wenn der Täter neben dem Cannabiskonsum gleichzeitig andere Widerhandlungen gegen dieses oder andere Gesetze begeht;

b. bei Widerhandlungen, die nicht von einem Polizisten eines zuständigen Polizeiorgans beobachtet wurden;

c. bei Widerhandlungen von Jugendlichen.

Art. 28d Zuständige Polizeiorgane

Die Kantone bestimmen die für die Erhebung der Ordnungsbussen zuständigen Polizeiorgane.

Art. 28e Bezahlung

[1] Der Täter kann die Busse sofort oder innert 30 Tagen bezahlen.

[2] Bei sofortiger Bezahlung erhält der Täter eine Quittung.

[3] Bezahlt der Täter die Busse nicht sofort, so erhält er ein Bedenkfristformular. Der Polizist behält eine Kopie des Formulars zurück; bezahlt der Täter die Busse innert Frist, so wird die Kopie vernichtet.

[4] Das sichergestellte cannabishaltige Produkt gilt mit der Bezahlung der Busse als eingezogen.

[5] Bezahlt der Täter die Busse nicht innerhalb der Frist, so leitet das zuständige Polizeiorgan das ordentliche Verfahren ein.

Art. 28f Formulare

[1] Die Quittung für die Ordnungsbusse enthält mindestens folgende Angaben:

a. Name, Vorname und Adresse des Täters;

b. die Bezeichnung des zuständigen Polizeiorgans;

c. Datum, Zeit und Ort des Cannabiskonsums;

d. den erfüllten Straftatbestand;

e. den Bussenbetrag;

f. die Beschreibung des eingezogenen cannabishaltigen Produkts;

g. Ort und Datum der Ausstellung;

h. Name und Unterschrift des Polizisten.

[2] Das Bedenkfristformular enthält folgende Angaben:

a. Name, Vorname, Geburtsdatum, Heimatort und Wohnort des Täters;

---

4   Berichtigt von der Redaktionskommission der BVers (Art. 58 Abs. 1 ParlG – SR 171.10).

b. das Datum der Abgabe des Formulars;

c. den Hinweis, dass bei Nichtbezahlung innert dreissig Tagen das ordentliche Verfahren durchgeführt wird;

d. die Bezeichnung des zuständigen Polizeiorgans;

e. Datum, Zeit und Ort des Cannabiskonsums;

f. den erfüllten Straftatbestand;

g. den Bussenbetrag;

h. die Beschreibung des sichergestellten cannabishaltigen Produkts;

i. Ort und Datum der Ausstellung;

j. Name und Unterschrift des Polizisten.

[3] Zusammen mit dem Bedenkfristformular ist ein Einzahlungsschein abzugeben.

Art. 28g Kosten

Im Ordnungsbussenverfahren dürfen keine Kosten erhoben werden.

Art. 28h Rechtskraft

Mit der Bezahlung wird die Busse unter Vorbehalt von Artikel 28k rechtskräftig.

Art. 28i Täter ohne Wohnsitz in der Schweiz

Bezahlt ein Täter ohne Wohnsitz in der Schweiz die Busse nicht sofort, so muss er den Betrag hinterlegen oder eine andere angemessene Sicherheit leisten.[5]

Art. 28j Ablehnung des Ordnungsbussenverfahrens

[1] Die Polizeiorgane sind verpflichtet, dem Täter mitzuteilen, dass er das Ordnungsbussenverfahren ablehnen kann.

[2] Lehnt der Täter das Verfahren ab, so werden das ordentliche Strafrecht und die Verfahrensvorschriften der Strafprozessordnung[6] angewendet.

Art. 28k Ordnungsbussen und ordentliches Verfahren

Stellt das Gericht auf Hinweis des Täters fest, dass Artikel 28c missachtet wurde, so hebt es die Ordnungsbusse auf und führt das ordentliche Verfahren durch.

Art. 28l Busse im ordentlichen Verfahren

Eine Ordnungsbusse kann auch im ordentlichen Strafverfahren erhoben werden.

---

5 Berichtigt von der Redaktionskommission der BVers (Art. 58 Abs. 1 ParlG – SR 171.10).
6 SR 312.0

II

[1] Dieses Gesetz untersteht dem fakultativen Referendum.

[2] Der Bundesrat bestimmt das Inkrafttreten.

Nationalrat, 28. September 2012	Ständerat, 28. September 2012
Der Präsident: Hansjörg Walter	Der Präsident: Hans Altherr
Der Sekretär: Pierre-Hervé Freléchoz	Der Sekretär: Philippe Schwab

Ablauf der Referendumsfrist und Inkraftsetzung

[1] Die Referendumsfrist für dieses Gesetz ist am 17. Januar 2013 unbenützt abgelaufen.[7]

[2] Es wird auf den 1. Oktober 2013 in Kraft gesetzt.[8]

15. Mai 2013   Im Namen des Schweizerischen Bundesrates

Der Bundespräsident: Ueli Maurer
Die Bundeskanzlerin: Corina Casanova

---

7 BBl 2012 8153
8 Der Beschluss über das Inkrafttreten wurde am 10. Mai 2013 im vereinfachten Verfahren gefällt.

17. Bundesgesetz über Waffen, Waffenzubehör und Munition
(Waffengesetz, WG)

vom 20. Juni 1997

Die Bundesversammlung der Schweizerischen Eidgenossenschaft,

gestützt auf die Artikel 107 Absatz 1 und 118 Absatz 2 Buchstabe a
der Bundesverfassung[1],[2]
nach Einsicht in die Botschaft des Bundesrates vom 24. Januar 1996[3],

beschliesst:

1. Kapitel: Allgemeine Bestimmungen
1. Abschnitt: Gegenstand, Geltungsbereich und Begriffe

Art. 1[4] Zweck und Gegenstand

[1] Dieses Gesetz hat zum Zweck, die missbräuchliche Verwendung von Waffen, Waffenbestandteilen, Waffenzubehör, Munition und Munitionsbestandteilen zu bekämpfen.

[2] Es regelt den Erwerb, das Verbringen in das schweizerische Staatsgebiet, die Ausfuhr, das Aufbewahren, den Besitz, das Tragen, den Transport, das Vermitteln, die Herstellung von und den Handel mit:

a. Waffen, wesentlichen oder besonders konstruierten Waffenbestandteilen und Waffenzubehör;

b. Munition und Munitionsbestandteilen.

[3] Es hat zudem zum Zweck, das missbräuchliche Tragen von gefährlichen Gegenständen zu verhindern.

SR 514.54. AS 1998 2535

1 SR 101

2 Fassung gemäss Ziff. I des BG vom 22. Juni 2007, in Kraft seit 12. Dez. 2008 (AS 2008 5499 5405 Art. 2 Bst. d; BBl 2006 2713).

3 BBl 1996 I 1053

4 Fassung gemäss Ziff. I des BG vom 22. Juni 2007, in Kraft seit 12. Dez. 2008 (AS 2008 5499 5405 Art. 2 Bst. d; BBl 2006 2713).

Art. 2[5] Geltungsbereich

[1] Dieses Gesetz gilt weder für die Armee noch für den Nachrichtendienst des Bundes noch für die Zoll- und die Polizeibehörden. Es gilt mit Ausnahme der Artikel 32 a^{bis}, 32 c und 32 j auch nicht für die Militärverwaltungen.[6]

[2] Für antike Waffen gelten nur die Artikel 27 und 28 sowie die entsprechenden Strafbestimmungen dieses Gesetzes. Als antike Waffen gelten vor 1870 hergestellte Feuerwaffen sowie vor 1900 hergestellte Hieb-, Stich- und andere Waffen.

[3] Die Bestimmungen der eidgenössischen Jagd- und Militärgesetzgebung bleiben vorbehalten.

Art. 3 Recht auf Waffenerwerb, Waffenbesitz und Waffentragen

Das Recht auf Waffenerwerb, Waffenbesitz und Waffentragen ist im Rahmen dieses Gesetzes gewährleistet.

Art. 4[7] Begriffe

[1] Als Waffen gelten:
a. Geräte, mit denen durch Treibladung Geschosse abgegeben werden können und die eine einzige Person tragen und bedienen kann, oder Gegenstände, die zu solchen Geräten umgebaut werden können (Feuerwaffen);
b. Geräte, die dazu bestimmt sind, durch Versprühen oder Zerstäuben von Stoffen die Gesundheit von Menschen auf Dauer zu schädigen;
c. Messer, deren Klinge mit einem einhändig bedienbaren automatischen Mechanismus ausgefahren werden kann, Schmetterlingsmesser, Wurfmesser und Dolche mit symmetrischer Klinge;
d. Geräte, die dazu bestimmt sind, Menschen zu verletzen, namentlich Schlagringe, Schlagruten, Schlagstöcke, Wurfsterne und Schleudern;
e. Elektroschockgeräte, die die Widerstandskraft von Menschen beeinträchtigen oder die Gesundheit auf Dauer schädigen können;
f. Druckluft- und CO_2-Waffen, die eine Mündungsenergie von mindestens 7,5 Joule entwickeln oder aufgrund ihres Aussehens mit echten Feuerwaffen verwechselt werden können;
g. Imitations-, Schreckschuss- und Soft-Air-Waffen, die aufgrund ihres Aussehens mit echten Feuerwaffen verwechselt werden können.

[2] Als Waffenzubehör gelten:
a. Schalldämpfer und ihre besonders konstruierten Bestandteile;
b. Laser- und Nachtsichtzielgeräte sowie ihre besonders konstruierten Bestandteile;

---

5 Fassung gemäss Ziff. I des BG vom 22. Juni 2007, in Kraft seit 12. Dez. 2008 (AS 2008 5499 5405 Art. 2 Bst. d; BBl 2006 2713).
6 Fassung gemäss Ziff. I des BG vom 23. Dez. 2011, in Kraft seit 1. Jan. 2013 (AS 2012 4551 6775; BBl 2011 4555).
7 Fassung gemäss Ziff. I des BG vom 22. Juni 2007, in Kraft seit 12. Dez. 2008 (AS 2008 5499 5405 Art. Art. 2 Bst. d; BBl 2006 2713).

c. Granatwerfer, die als Zusatz zu einer Feuerwaffe konstruiert wurden.

2bis Als Schengen-Staat gilt ein Staat, der durch eines der Schengen-Assoziie-rungsabkommen gebunden ist. Die Schengen-Assoziierungsabkommen sind im Anhang aufgeführt.[8]

3 Der Bundesrat bestimmt, welche Gegenstände als wesentliche oder beson-ders konstruierte Bestandteile von Waffen oder Waffenzubehör von diesem Gesetz erfasst werden.

4 Er umschreibt die Druckluft-, CO_2-, Imitations-, Schreckschuss- und Soft-Air-Waffen, Messer, Dolche, Elektroschockgeräte, Geräte nach Absatz 1 Buch-stabe b und Schleudern, die als Waffen gelten.

5 Als Munition gilt Schiessmaterial mit einer Treibladung, deren Energie durch Zündung in einer Feuerwaffe auf ein Geschoss übertragen wird.

6 Als gefährliche Gegenstände gelten Gegenstände wie Werkzeuge, Haushalt-und Sportgeräte, die sich zur Bedrohung oder Verletzung von Menschen eignen. Taschenmesser, wie etwa das Schweizer Armeetaschenmesser und vergleichbare Produkte, gelten nicht als gefährliche Gegenstände.

2. Abschnitt: Allgemeine Verbote und Einschränkungen

Art. 5[9] Verbote im Zusammenhang mit Waffen, Waffenbestandteilen und Waffenzubehör

1 Verboten sind die Übertragung, der Erwerb, das Vermitteln an Empfänger und Empfängerinnen im Inland sowie das Verbringen in das schweizerische Staatsgebiet von:

a. Seriefeuerwaffen und zu halbautomatischen Feuerwaffen umgebauten Seriefeuerwaffen sowie ihren wesentlichen und besonders konstruierten Bestandteilen;

b. militärischen Abschussgeräten von Munition, Geschossen oder Flugkör-pern mit Sprengwirkung sowie von ihren wesentlichen Bestandteilen;

c. Messern und Dolchen nach Artikel 4 Absatz 1 Buchstabe c;

d. Schlag- und Wurfgeräten nach Artikel 4 Absatz 1 Buchstabe d, mit Aus-nahme der Schlagstöcke;

e. Elektroschockgeräten nach Artikel 4 Absatz 1 Buchstabe e;

f. Waffen, die einen Gebrauchsgegenstand vortäuschen, sowie ihren wesent-lichen Bestandteilen;

g. Waffenzubehör.

---

8 Eingefügt durch Ziff. I des BG vom 11. Dez. 2009 (Anpassung der Umsetzung des Schengen-Besitzstands), in Kraft seit 28. Juli 2010 (AS 2010 2823; BBl 2009 3649).

9 Fassung gemäss Ziff. I des BG vom 22. Juni 2007, in Kraft seit 12. Dez. 2008 (AS 2008 5499 5405 Art. 2 Bst. d; BBl 2006 2713).

2 Verboten ist der Besitz von:

a. Seriefeuerwaffen und Abschussgeräten nach Absatz 1 Buchstabe b sowie ihren wesentlichen und besonders konstruierten Bestandteilen;

b. Feuerwaffen, die einen Gebrauchsgegenstand vortäuschen, sowie ihren wesentlichen Bestandteilen;

c. Granatwerfern nach Artikel 4 Absatz 2 Buchstabe c.

3 Verboten ist das Schiessen mit:

a. Seriefeuerwaffen;

b. Abschussgeräten nach Absatz 1 Buchstabe b und Artikel 4 Absatz 2 Buchstabe c;

c. Feuerwaffen an öffentlich zugänglichen Orten ausserhalb der behördlich zugelassenen Schiessanlässe oder ausserhalb von Schiessplätzen; erlaubt sind jedoch das Schiessen an nicht öffentlich zugänglichen und entsprechend gesicherten Orten und das jagdliche Schiessen.

4 Die Kantone können Ausnahmen bewilligen.

5 Die Zentralstelle (Art. 31 c) kann Ausnahmen vom Verbot des Verbringens in das schweizerische Staatsgebiet bewilligen.

6 Zu halbautomatischen Feuerwaffen abgeänderte schweizerische Ordonnanz-Seriefeuerwaffen gelten nicht als Waffe im Sinne von Absatz 1 Buchstabe a.

Art. 6[10]   Verbote und Einschränkungen im Zusammenhang mit Munition

1 Der Bundesrat kann den Erwerb, den Besitz, die Herstellung und das Verbringen in das schweizerische Staatsgebiet von Munition und Munitionsbestandteilen, die ein nachweislich hohes Verletzungspotential aufweisen, verbieten oder von der Erfüllung besonderer Voraussetzungen abhängig machen.

2 Ausgenommen sind Munition und Munitionsbestandteile, die bei üblichen Schiessanlässen oder für die Jagd verwendet werden.

Art. 6a[11]   Erbgang

1 Personen, die Waffen, wesentliche und besonders konstruierte Waffenbestandteile oder Waffenzubehör, für die ein Verbot nach Artikel 5 Absatz 1 besteht, durch Erbgang erwerben, müssen innerhalb von sechs Monaten eine Ausnahmebewilligung beantragen.

2 An ausländische Staatsangehörige, die keine Niederlassungsbewilligung jedoch Wohnsitz in der Schweiz haben, darf die Ausnahmebewilligung für den Erwerb einer Waffe, eines wesentlichen oder besonders konstruierten Waffen-

---

10 Fassung gemäss Ziff. I des BG vom 22. Juni 2007, in Kraft seit 12. Dez. 2008 (AS 2008 5499 5405 Art. 2 Bst. d; BBl 2006 2713).

11 Eingefügt durch Art. 3 Ziff. 6 des BB vom 17. Dez. 2004 über die Genehmigung und die Umsetzung der bilateralen Abkommen zwischen der Schweiz und der EU über die Assoziierung an Schengen und Dublin (AS 2008 447; BBl 2004 5965). Fassung gemäss Ziff. I des BG vom 22. Juni 2007, in Kraft seit 12. Dez. 2008 (AS 2008 5499 5405 Art. 2 Bst. d; BBl 2006 2713).

bestandteils oder eines Waffenzubehörs nach Artikel 5 Absatz 1 nur erteilt werden, wenn sie eine amtliche Bestätigung des Heimatstaates vorlegen, wonach sie zum Erwerb des betreffenden Gegenstandes berechtigt sind.

Art. 6b[12] Amtliche Bestätigung

[1] An Personen mit Wohnsitz im Ausland darf die Ausnahmebewilligung für den Erwerb einer Waffe, eines wesentlichen oder besonders konstruierten Waffenbestandteils oder eines Waffenzubehörs nach Artikel 5 Absatz 1 nur erteilt werden, wenn sie eine amtliche Bestätigung des Wohnsitzstaates vorlegen, wonach sie zum Erwerb des betreffenden Gegenstandes berechtigt sind.[13]

[2] Bestehen Zweifel an der Echtheit der Bestätigung oder kann eine solche nicht beigebracht werden, so leitet der Kanton die Unterlagen an die Zentralstelle weiter. Diese überprüft die Bestätigung oder kann gegebenenfalls eine solche erteilen.

Art. 7[14] Verbot für Angehörige bestimmter Staaten

[1] Der Bundesrat kann den Erwerb, den Besitz, das Anbieten, das Vermitteln und die Übertragung von Waffen, wesentlichen oder besonders konstruierten Waffenbestandteilen, Waffenzubehör, Munition und Munitionsbestandteilen sowie das Tragen von und das Schiessen mit Waffen durch Angehörige bestimmter Staaten verbieten:

a. wenn eine erhebliche Gefahr der missbräuchlichen Verwendung besteht;

b. um Beschlüssen der internationalen Gemeinschaft oder den Grundsätzen der schweizerischen Aussenpolitik Rechnung zu tragen.

[2] Die Kantone können Personen nach Absatz 1, die an Jagd- oder Sportveranstaltungen teilnehmen oder Personen- und Objektschutzaufgaben wahrnehmen, ausnahmsweise den Erwerb, den Besitz, das Tragen oder das Schiessen bewilligen.

Art. 7a[15] Durchführung

[1] Von einem Verbot nach Artikel 7 Absatz 1 betroffene Personen müssen Waffen, wesentliche oder besonders konstruierte Waffenbestandteile, Waffenzubehör, Munition oder Munitionsbestandteile innerhalb von zwei Monaten

---

12 Eingefügt durch Art. 3 Ziff. 6 des BB vom 17. Dez. 2004 über die Genehmigung und die Umsetzung der bilateralen Abkommen zwischen der Schweiz und der EU über die Assoziierung an Schengen und Dublin, in Kraft seit 12. Dez. 2008 (AS 2008 447 5405 Art. 1 Bst. e; BBl 2004 5965).

13 Fassung gemäss Ziff. I des BG vom 22. Juni 2007, in Kraft seit 12. Dez. 2008 (AS 2008 5499 5405 Art. 2 Bst. d; BBl 2006 2713).

14 Fassung gemäss Ziff. I des BG vom 22. Juni 2007, in Kraft seit 12. Dez. 2008 (AS 2008 5499 5405 Art. 2 Bst. d; BBl 2006 2713).

15 Eingefügt durch Ziff. I des BG vom 22. Juni 2007, in Kraft seit 12. Dez. 2008 (AS 2008 5499 5405 Art. 2 Bst. d; BBl 2006 2713).

nach Inkrafttreten des Verbots bei der zuständigen Behörde ihres Wohnsitzkantons melden.

[2] Sie können innerhalb von sechs Monaten nach Inkrafttreten des Verbots ein Gesuch um die Erteilung einer Ausnahmebewilligung einreichen. Andernfalls sind die Gegenstände innerhalb dieser Frist einer berechtigten Person zu übertragen.

[3] Wird das Gesuch abgewiesen, so sind die Gegenstände innerhalb von vier Monaten nach der Abweisung einer berechtigten Person zu übertragen; andernfalls werden sie beschlagnahmt.

Art. 7b[16] Verbotene Formen des Anbietens

[1] Waffen, wesentliche oder besonders konstruierte Waffenbestandteile, Waffenzubehör, Munition oder Munitionsbestandteile dürfen nicht angeboten werden, wenn die Identifikation des Anbieters oder der Anbieterin für die zuständigen Behörden nicht möglich ist.

[2] Das Anbieten von Waffen, wesentlichen oder besonders konstruierten Waffenbestandteilen, Waffenzubehör, Munition oder Munitionsbestandteilen an öffentlich zugänglichen Ausstellungen und Märkten ist verboten. Ausgenommen sind angemeldete Anbieter und Anbieterinnen an öffentlichen Waffenbörsen, die von den zuständigen Behörden bewilligt wurden.

2. Kapitel: Erwerb und Besitz von Waffen und wesentlichen Waffenbestandteilen[17]

1. Abschnitt: Erwerb von Waffen und wesentlichen Waffenbestandteilen[18]

Art. 8 Waffenerwerbsscheinspflicht[19]

[1] Wer eine Waffe oder einen wesentlichen Waffenbestandteil erwerben will, benötigt einen Waffenerwerbsschein.[20]

---

16 Eingefügt durch Ziff. I des BG vom 22. Juni 2007, in Kraft seit 12. Dez. 2008 (AS 2008 5499 5405 Art. 2 Bst. d; BBl 2006 2713).

17 Fassung gemäss Art. 3 Ziff. 6 des BB vom 17. Dez. 2004 über die Genehmigung und die Umsetzung der bilateralen Abkommen zwischen der Schweiz und der EU über die Assoziierung an Schengen und Dublin, in Kraft seit 12. Dez. 2008 (AS 2008 447 5405 Art. 1 Bst. e; BBl 2004 5965).

18 Fassung gemäss Art. 3 Ziff. 6 des BB vom 17. Dez. 2004 über die Genehmigung und die Umsetzung der bilateralen Abkommen zwischen der Schweiz und der EU über die Assoziierung an Schengen und Dublin, in Kraft seit 12. Dez. 2008 (AS 2008 447 5405 Art. 1 Bst. e; BBl 2004 5965).

19 Fassung gemäss Art. 3 Ziff. 6 des BB vom 17. Dez. 2004 über die Genehmigung und die Umsetzung der bilateralen Abkommen zwischen der Schweiz und der EU über die Assoziierung an Schengen und Dublin, in Kraft seit 12. Dez. 2008 (AS 2008 447 5405 Art. 1 Bst. e; BBl 2004 5965).

20 Fassung gemäss Art. 3 Ziff. 6 des BB vom 17. Dez. 2004 über die Genehmigung und die Umsetzung der bilateralen Abkommen zwischen der Schweiz und der EU über die Assoziierung an Schengen und Dublin, in Kraft seit 12. Dez. 2008 (AS 2008 447 5405 Art. 1 Bst. e; BBl 2004 5965).

1bis Die Person, die den Waffenerwerbsschein für eine Feuerwaffe nicht zu Sport-, Jagd- oder Sammelzwecken beantragt, muss den Erwerbsgrund angeben.[21]

2 Keinen Waffenerwerbsschein erhalten Personen, die:

a. das 18. Altersjahr noch nicht vollendet haben;

b.[22] unter umfassender Beistandschaft stehen oder durch eine vorsorgebeauftragte Person vertreten werden;

c. zur Annahme Anlass geben, dass sie sich selbst oder Dritte mit der Waffe gefährden;

d. wegen einer Handlung, die eine gewalttätige oder gemeingefährliche Gesinnung bekundet, oder wegen wiederholt begangener Verbrechen oder Vergehen im Strafregister eingetragen sind, solange der Eintrag nicht gelöscht ist.

2bis Personen, die Feuerwaffen oder wesentliche Waffenbestandteile durch Erbgang erwerben, müssen innerhalb von sechs Monaten einen Waffenerwerbsschein beantragen, sofern die Gegenstände nicht innerhalb dieser Frist einer berechtigten Person übertragen werden.[23]

3–5 ...[24]

Art. 9[25] Zuständigkeit

1 Der Waffenerwerbsschein wird von der zuständigen Behörde des Wohnsitzkantons oder für Personen mit Wohnsitz im Ausland von der zuständigen Behörde des Kantons, in dem die Waffe erworben wird, erteilt.

2 Die Behörde holt vorgängig eine Stellungnahme der kantonalen Behörde nach Artikel 6 des Bundesgesetzes vom 21. März 1997[26] über die Massnahmen zur Wahrung der inneren Sicherheit ein.

---

21 Eingefügt durch Art. 3 Ziff. 6 des BB vom 17. Dez. 2004 über die Genehmigung und die Umsetzung der bilateralen Abkommen zwischen der Schweiz und der EU über die Assoziierung an Schengen und Dublin, in Kraft seit 12. Dez. 2008 (AS 2008 447 5405 Art. 1 Bst. e; BBl 2004 5965).

22 Fassung gemäss Anhang Ziff. 17 des BG vom 19. Dez. 2008 (Erwachsenenschutz, Personenrecht und Kindesrecht), in Kraft seit 1. Jan. 2013 (AS 2011 725; BBl 2006 7001).

23 Eingefügt durch Art. 3 Ziff. 6 des BB vom 17. Dez. 2004 über die Genehmigung und die Umsetzung der bilateralen Abkommen zwischen der Schweiz und der EU über die Assoziierung an Schengen und Dublin, in Kraft seit 12. Dez. 2008 (AS 2008 447 5405 Art. 1 Bst. e; BBl 2004 5965).

24 Aufgehoben durch Art. 3 Ziff. 6 des BB vom 17. Dez. 2004 über die Genehmigung und die Umsetzung der bilateralen Abkommen zwischen der Schweiz und der EU über die Assoziierung an Schengen und Dublin, mit Wirkung seit 12. Dez. 2008 (AS 2008 447 5405 Art. 1 Bst. e; BBl 2004 5965).

25 Fassung gemäss Ziff. I des BG vom 22. Juni 2007, in Kraft seit 12. Dez. 2008 (AS 2008 5499 5405 Art. 2 Bst. d; BBl 2006 2713).

26 SR 120

Art. 9a[27] Amtliche Bestätigung

[1] Personen mit Wohnsitz im Ausland müssen der zuständigen kantonalen Behörde eine amtliche Bestätigung ihres Wohnsitzstaates vorlegen, wonach sie zum Erwerb der Waffe oder des wesentlichen Waffenbestandteils berechtigt sind.

[1bis] Ausländische Staatsangehörige, die keine Niederlassungsbewilligung jedoch Wohnsitz in der Schweiz haben, müssen der zuständigen kantonalen Behörde eine amtliche Bestätigung ihres Heimatstaates vorlegen, wonach sie dort zum Erwerb der Waffe oder des wesentlichen Waffenbestandteils berechtigt sind.[28]

[2] Bestehen Zweifel an der Echtheit der Bestätigung oder kann eine solche nicht beigebracht werden, so leitet der Kanton die Unterlagen an die Zentralstelle weiter. Diese überprüft die Bestätigung oder kann gegebenenfalls eine solche erteilen.

Art. 9b[29] Gültigkeit des Waffenerwerbsscheins

[1] Der Waffenerwerbsschein gilt für die ganze Schweiz und ermächtigt zum Erwerb einer einzigen Waffe oder eines einzigen wesentlichen Waffenbestandteils.

[2] Der Bundesrat sieht für die Ersetzung von wesentlichen Waffenbestandteilen einer rechtlich zugelassenen Waffe sowie für den Erwerb von mehreren Waffen oder wesentlichen Waffenbestandteilen bei der gleichen Person oder für den Erwerb durch Erbgang Ausnahmen vor.

[3] Der Waffenerwerbsschein ist sechs Monate gültig. Die zuständige Behörde kann die Gültigkeit um höchstens drei Monate verlängern.

Art. 9c[30] Meldung der übertragenden Person

Wer eine Waffe oder einen wesentlichen Waffenbestandteil überträgt, muss der für die Erteilung von Waffenerwerbsscheinen nach Artikel 9 zuständigen Behörde innerhalb von 30 Tagen nach Vertragsabschluss eine Kopie des Waffenerwerbsscheins des Erwerbers oder der Erwerberin zustellen.

---

27 Eingefügt durch Art. 3 Ziff. 6 des BB vom 17. Dez. 2004 über die Genehmigung und die Umsetzung der bilateralen Abkommen zwischen der Schweiz und der EU über die Assoziierung an Schengen und Dublin, in Kraft seit 12. Dez. 2008 (AS 2008 447 5405 Art. 1 Bst. e; BBl 2004 5965).
28 Eingefügt durch Ziff. I des BG vom 22. Juni 2007, in Kraft seit 12. Dez. 2008 (AS 2008 5499 5405 Art. 2 Bst. d; BBl 2006 2713).
29 Eingefügt durch Art. 3 Ziff. 6 des BB vom 17. Dez. 2004 über die Genehmigung und die Umsetzung der bilateralen Abkommen zwischen der Schweiz und der EU über die Assoziierung an Schengen und Dublin, in Kraft seit 12. Dez. 2008 (AS 2008 447 5405 Art. 1 Bst. e; BBl 2004 5965).
30 Eingefügt durch Art. 3 Ziff. 6 des BB vom 17. Dez. 2004 über die Genehmigung und die Umsetzung der bilateralen Abkommen zwischen der Schweiz und der EU über die Assoziierung an Schengen und Dublin, in Kraft seit 12. Dez. 2008 (AS 2008 447 5405 Art. 1 Bst. e; BBl 2004 5965).

Art. 10[31] Ausnahmen von der Waffenerwerbsscheinspflicht

[1] Folgende Waffen sowie ihre wesentlichen Bestandteile dürfen ohne Waffenerwerbsschein erworben werden:

a. einschüssige und mehrläufige Jagdgewehre sowie Nachbildungen von einschüssigen Vorderladern;

b. vom Bundesrat bezeichnete Handrepetiergewehre, die im ausserdienstlichen und sportlichen Schiesswesen der nach dem Militärgesetz vom 3. Februar 1995[32] anerkannten Schiessvereine sowie für Jagdzwecke im Inland üblicherweise verwendet werden;

c. einschüssige Kaninchentöter;

d. Druckluft- und CO_2-Waffen, die eine Mündungsenergie von mindestens 7,5 Joule entwickeln oder aufgrund ihres Aussehens mit echten Feuerwaffen verwechselt werden können;

e. Imitations-, Schreckschuss- und Soft-Air-Waffen, die aufgrund ihres Aussehens mit echten Feuerwaffen verwechselt werden können.[33]

[2] Der Bundesrat kann weitere Ausnahmen festlegen oder den Geltungsbereich von Absatz 1 für ausländische Staatsangehörige ohne Niederlassungsbewilligung in der Schweiz einschränken.

Art. 10a[34] Prüfung durch die übertragende Person

[1] Die Person, die eine Waffe oder einen wesentlichen Waffenbestandteil ohne Waffenerwerbsschein (Art. 10) überträgt, muss Identität und Alter des Erwerbers oder der Erwerberin anhand eines amtlichen Ausweises überprüfen.

[2] Die Waffe oder der wesentliche Waffenbestandteil darf nur übertragen werden, wenn die übertragende Person nach den Umständen annehmen darf, dass dem Erwerb kein Hinderungsgrund nach Artikel 8 Absatz 2 entgegensteht.

[3] Artikel 9a gilt sinngemäss.

[4] Die übertragende Person kann sich bei der zuständigen Behörde des Wohnsitzkantons der erwerbenden Person danach erkundigen, ob dem Erwerb ein Hinderungsgrund entgegensteht. Voraussetzung ist das schriftliche Einverständnis der erwerbenden Person.[35]

---

31 Fassung gemäss Art. 3 Ziff. 6 des BB vom 17. Dez. 2004 über die Genehmigung und die Umsetzung der bilateralen Abkommen zwischen der Schweiz und der EU über die Assoziierung an Schengen und Dublin, in Kraft seit 12. Dez. 2008 (AS 2008 447 5405 Art. 1 Bst. e; BBl 2004 5965).

32 SR 510.10

33 Fassung gemäss Ziff. I des BG vom 22. Juni 2007, in Kraft seit 12. Dez. 2008 (AS 2008 5499 5405 Art. 2 Bst. d; BBl 2006 2713).

34 Eingefügt durch Art. 3 Ziff. 6 des BB vom 17. Dez. 2004 über die Genehmigung und die Umsetzung der bilateralen Abkommen zwischen der Schweiz und der EU über die Assoziierung an Schengen und Dublin, in Kraft seit 12. Dez. 2008 (AS 2008 447 5405 Art. 1 Bst. e; BBl 2004 5965).

35 Eingefügt durch Ziff. I des BG vom 22. Juni 2007, in Kraft seit 12. Dez. 2008 (AS 2008 5499 5405 Art. 2 Bst. d; BBl 2006 2713).

Art. 11[36] **Schriftlicher Vertrag**

[1] Für jede Übertragung einer Waffe oder eines wesentlichen Waffenbestandteils ohne Waffenerwerbsschein (Art. 10) ist ein schriftlicher Vertrag abzuschliessen. Jede Vertragspartei hat den Vertrag mindestens zehn Jahre lang aufzubewahren.

[2] Der Vertrag muss folgende Angaben enthalten:

a. Name, Vorname, Geburtsdatum, Wohnadresse und Unterschrift der Person, welche die Waffe oder den wesentlichen Waffenbestandteil überträgt;

b. Name, Vorname, Geburtsdatum, Wohnadresse und Unterschrift der Person, welche die Waffe oder den wesentlichen Waffenbestandteil erwirbt;

c.[37] Waffenart, Hersteller oder Herstellerin, Bezeichnung, Kaliber, Waffennummer sowie Datum und Ort der Übertragung;

d.[38] Art und Nummer des amtlichen Ausweises der Person, welche die Waffe oder den wesentlichen Waffenbestandteil erwirbt;

e.[39] einen Hinweis auf die Bearbeitung von Personendaten im Zusammenhang mit dem Vertrag gemäss den Datenschutzbestimmungen des Bundes oder der Kantone, sofern Feuerwaffen übertragen werden.

[3] Wer eine Feuerwaffe nach Artikel 10 Absätze 1 und 3[40] überträgt, muss der Meldestelle (Art. 31*b*) innerhalb von 30 Tagen nach Vertragsabschluss eine Kopie des Vertrags zustellen. Die Kantone können weitere geeignete Formen der Meldung vorsehen.[41]

[4] Wer eine Feuerwaffe oder einen wesentlichen Waffenbestandteil nach Artikel 10 durch Erbgang erwirbt, muss die Angaben nach Absatz 2 Buchstaben a–d innerhalb von sechs Monaten der Meldestelle übermitteln, wenn er oder sie den Gegenstand nicht innerhalb dieser Frist einer berechtigten Person überträgt.[42]

[5] Zuständig ist die Meldestelle des Wohnsitzkantons des Erwerbers oder der Erwerberin oder für Personen mit Wohnsitz im Ausland die Meldestelle des Kantons, in dem die Feuerwaffe erworben wurde.

---

36 Fassung gemäss Art. 3 Ziff. 6 des BB vom 17. Dez. 2004 über die Genehmigung und die Umsetzung der bilateralen Abkommen zwischen der Schweiz und der EU über die Assoziierung an Schengen und Dublin, in Kraft seit 12. Dez. 2008 (AS 2008 447 5405 Art. 1 Bst. e; BBl 2004 5965).

37 Fassung gemäss Ziff. I des BG vom 22. Juni 2007, in Kraft seit 12. Dez. 2008 (AS 2008 5499 5405 Art. 2 Bst. d; BBl 2006 2713).

38 Fassung gemäss Ziff. I des BG vom 22. Juni 2007, in Kraft seit 12. Dez. 2008 (AS 2008 5499 5405 Art. 2 Bst. d; BBl 2006 2713).

39 Eingefügt durch Ziff. I des BG vom 22. Juni 2007 (AS 2008 5499; BBl 2006 2713). Fassung gemäss Ziff. 6 des BG vom 19. März 2010 über die Umsetzung des Rahmenbeschlusses 2008/977/JI über den Schutz von Personendaten im Rahmen der polizeilichen und justiziellen Zusammenarbeit in Strafsachen, in Kraft seit 1. Dez. 2010 (AS 2010 3387 3417; BBl 2009 6749).

40 Heute: Art 10 Abs. 1 und 2

41 Fassung gemäss Ziff. I des BG vom 22. Juni 2007, in Kraft seit 12. Dez. 2008 (AS 2008 5499 5405 Art. 2 Bst. d; BBl 2006 2713).

42 Fassung gemäss Ziff. I des BG vom 22. Juni 2007, in Kraft seit 12. Dez. 2008 (AS 2008 5499 5405 Art. 2 Bst. d; BBl 2006 2713).

Art. 11a[43] Leihweise Abgabe von Sportwaffen an minderjährige Personen

[1] Eine minderjährige Person darf bei ihrem Schützenverein oder bei ihrer gesetzlichen Vertretung eine Sportwaffe ausleihen, wenn sie nachweisen kann, dass sie mit dieser Waffe regelmässig Schiesssport betreibt, und kein Hinderungsgrund nach Artikel 8 Absatz 2 Buchstabe b oder c vorliegt.

[2] Die gesetzliche Vertretung muss die leihweise Abgabe einer Sportwaffe innerhalb von 30 Tagen der Meldestelle des Wohnsitzkantons der minderjährigen Person melden. Die Meldung kann mit Wissen der gesetzlichen Vertretung auch durch den Verein erfolgen, der die Waffe zur Verfügung stellt.

[3] Der Bundesrat regelt die Einzelheiten.

2. Abschnitt: Besitz von Waffen und wesentlichen Waffenbestandteilen[44]

Art. 12[45] Voraussetzungen

Zum Besitz einer Waffe, eines wesentlichen oder eines besonders konstruierten Waffenbestandteils oder eines Waffenzubehörs ist berechtigt, wer den Gegenstand rechtmässig erworben hat.

Art. 13 und 14[46]

3. Kapitel: Erwerb und Besitz von Munition und Munitionsbestandteilen[47]

Art. 15[48] Erwerb von Munition und Munitionsbestandteilen

[1] Munition und Munitionsbestandteile dürfen nur von Personen erworben werden, die zum Erwerb der entsprechenden Waffe berechtigt sind.

---

43 Eingefügt durch Ziff. I des BG vom 22. Juni 2007, in Kraft seit 12. Dez. 2008 (AS 2008 5499 5405 Art. 2 Bst. d; BBl 2006 2713).

44 Fassung gemäss Art. 3 Ziff. 6 des BB vom 17. Dez. 2004 über die Genehmigung und die Umsetzung der bilateralen Abkommen zwischen der Schweiz und der EU über die Assoziierung an Schengen und Dublin, in Kraft seit 12. Dez. 2008 (AS 2008 447 5405 Art. 1 Bst. e; BBl 2004 5965).

45 Fassung gemäss Ziff. I des BG vom 22. Juni 2007, in Kraft seit 12. Dez. 2008 (AS 2008 5499 5405 Art. 2 Bst. d; BBl 2006 2713).

46 Aufgehoben durch Art. 3 Ziff. 6 des BB vom 17. Dez. 2004 über die Genehmigung und die Umsetzung der bilateralen Abkommen zwischen der Schweiz und der EU über die Assoziierung an Schengen und Dublin, mit Wirkung seit 12. Dez. 2008 (AS 2008 447 5405 Art. 1 Bst. e; BBl 2004 5965).

47 Fassung gemäss Art. 3 Ziff. 6 des BB vom 17. Dez. 2004 über die Genehmigung und die Umsetzung der bilateralen Abkommen zwischen der Schweiz und der EU über die Assoziierung an Schengen und Dublin, in Kraft seit 12. Dez. 2008 (AS 2008 447 5405 Art. 1 Bst. e; BBl 2004 5965).

48 Fassung gemäss Art. 3 Ziff. 6 des BB vom 17. Dez. 2004 über die Genehmigung und die Umsetzung der bilateralen Abkommen zwischen der Schweiz und der EU über die Assoziierung an Schengen und Dublin, in Kraft seit 12. Dez. 2008 (AS 2008 447 5405 Art. 1 Bst. e; BBl 2004 5965).

² Die übertragende Person prüft, ob die Voraussetzungen für den Erwerb erfüllt sind. Für die Prüfung gilt Artikel 10*a* sinngemäss.

Art. 16   Erwerb an Schiessanlässen

¹ Wer an Schiessveranstaltungen von Schiessvereinen teilnimmt, kann die dafür erforderliche Munition frei erwerben. Der veranstaltende Verein sorgt für eine angemessene Kontrolle der Munitionsabgabe.[49]

² Wer das 18. Altersjahr noch nicht vollendet hat, kann die Munition frei erwerben, wenn sie unverzüglich und unter Aufsicht verschossen wird.

³ Vorbehalten bleiben die Bestimmungen über das ausserdienstliche Schiesswesen.

Art. 16a[50]   Besitzberechtigung

Zum Besitz von Munition oder Munitionsbestandteilen ist berechtigt, wer die Gegenstände rechtmässig erworben hat.

4. Kapitel: Waffenhandel und Waffenherstellung

1. Abschnitt: Waffenhandel

Art. 17[51]

¹ Wer gewerbsmässig Waffen, wesentliche oder besonders konstruierte Waffenbestandteile, Waffenzubehör, Munition oder Munitionsbestandteile erwirbt, anbietet, weitergibt oder vermittelt, benötigt eine Waffenhandelsbewilligung.

² Eine Waffenhandelsbewilligung erhält eine Person:

a. für die kein Hinderungsgrund nach Artikel 8 Absatz 2 besteht;

b. die im Handelsregister eingetragen ist;

c. die sich in einer Prüfung über ausreichende Kenntnisse der Waffen- und der Munitionsarten sowie der gesetzlichen Bestimmungen ausgewiesen hat;

d. die über besondere Geschäftsräume verfügt, in denen Waffen, wesentliche und besonders konstruierte Waffenbestandteile, Waffenzubehör, Munition und Munitionsbestandteile sicher aufbewahrt werden können;

e. die Gewähr für eine ordnungsgemässe Führung der Geschäfte bietet.

---

49 Fassung gemäss Art. 3 Ziff. 6 des BB vom 17. Dez. 2004 über die Genehmigung und die Umsetzung der bilateralen Abkommen zwischen der Schweiz und der EU über die Assoziierung an Schengen und Dublin, in Kraft seit 12. Dez. 2008 (AS 2008 447 5405 Art. 1 Bst. e; BBl 2004 5965).

50 Eingefügt durch Art. 3 Ziff. 6 des BB vom 17. Dez. 2004 über die Genehmigung und die Umsetzung der bilateralen Abkommen zwischen der Schweiz und der EU über die Assoziierung an Schengen und Dublin, in Kraft seit 12. Dez. 2008 (AS 2008 447 5405 Art. 1 Bst. e; BBl 2004 5965).

51 Fassung gemäss Ziff. I des BG vom 22. Juni 2007, in Kraft seit 12. Dez. 2008 (AS 2008 5499 5405 Art. 2 Bst. d; BBl 2006 2713).

³ Juristische Personen haben ein Mitglied der Geschäftsleitung zu bezeichnen, das in ihrem Unternehmen für alle Belange nach diesem Gesetz verantwortlich ist.

⁴ Das Eidgenössische Justiz- und Polizeidepartement erlässt das Prüfungsreglement und legt die Mindestanforderungen für Geschäftsräume fest.

⁵ Die Waffenhandelsbewilligung wird von der zuständigen Behörde des Kantons erteilt, in dem sich die geschäftliche Niederlassung des Gesuchstellers oder der Gesuchstellerin befindet. Ausserkantonale Filialen benötigen eine eigene Waffenhandelsbewilligung.

⁶ Der Bundesrat regelt die Voraussetzungen für die Teilnahme von Inhabern und Inhaberinnen ausländischer Waffenhandelsbewilligungen an öffentlichen Waffenbörsen.

⁷ Findet eine Übertragung zwischen Personen statt, die eine Waffenhandelsbewilligung haben, so muss die übertragende Person der zuständigen Behörde ihres Wohnsitzkantons die Übertragung innerhalb von 30 Tagen nach Vertragsabschluss melden, insbesondere die Art und die Zahl der übertragenen Gegenstände.

2. Abschnitt: Waffenherstellung

Art. 18⁵² Gewerbsmässiges Herstellen, Reparieren und Umbauen

Eine Waffenhandelsbewilligung benötigt, wer gewerbsmässig:

a. Waffen, wesentliche oder besonders konstruierte Waffenbestandteile, Waffenzubehör, Munition oder Munitionsbestandteile herstellt;

b. Waffen an Teilen abändert, die für deren Funktion oder Wirkung wesentlich sind; oder

c. Feuerwaffen, deren wesentliche oder besonders konstruierte Waffenbestandteile, Waffenzubehör, Munition oder Munitionsbestandteile repariert oder umbaut.

Art. 18a⁵³ Markierung von Feuerwaffen

¹ Die Hersteller und Herstellerinnen von Feuerwaffen sowie von deren wesentlichen Bestandteilen oder von deren Zubehör müssen diese Gegenstände zum Zweck der Identifizierung und der Rückverfolgbarkeit einzeln und

---

52 Fassung gemäss Art. 2 des BB vom 11. Dez. 2009 über die Genehmigung und die Umsetzung des Notenaustauschs zwischen der Schweiz und der EG betreffend die Übernahme der Richtlinie 2008/51/EG zur Änderung der Waffenrichtlinie, in Kraft seit 28. Juli 2010 (AS 2010 2899; BBl 2009 3649).

53 Eingefügt durch Art. 3 Ziff. 6 des BB vom 17. Dez. 2004 über die Genehmigung und die Umsetzung der bilateralen Abkommen zwischen der Schweiz und der EU über die Assoziierung an Schengen und Dublin (AS 2008 447; BBl 2004 5965). Fassung gemäss Ziff. I des BG vom 22. Juni 2007, in Kraft seit 12. Dez. 2008 (AS 2008 5499 5405 Art. 2 Bst. d; BBl 2006 2713).

unterschiedlich markieren. Bei zusammengebauten Feuerwaffen genügt die Markierung eines wesentlichen Bestandteils.[54]

2 Feuerwaffen und deren wesentliche Bestandteile und deren Zubehör, die in das schweizerische Staatsgebiet verbracht werden, müssen einzeln und unterschiedlich markiert sein.

3 Die Markierung muss so angebracht werden, dass sie ohne mechanischen Aufwand weder entfernt noch abgeändert werden kann.

4 Der Bundesrat kann bestimmen, dass unmarkierte Feuerwaffen für höchstens ein Jahr in das schweizerische Staatsgebiet verbracht werden dürfen.

Art. 18b[55]   Markierung von Munition

1 Die Hersteller und Herstellerinnen von Munition müssen die kleinste Verpackungseinheit von Munition zum Zweck der Identifizierung und der Rückverfolgbarkeit einzeln markieren.

2 Die kleinsten Verpackungseinheiten von Munition, die in das schweizerische Staatsgebiet verbracht wird, müssen einzeln markiert sein.

Art. 19[56]   Nichtgewerbsmässiges Herstellen und Umbauen[57]

1 Die nichtgewerbsmässige Herstellung von Waffen, wesentlichen oder besonders konstruierten Waffenbestandteilen, Waffenzubehör, Munition und Munitionsbestandteilen sowie der nichtgewerbsmässige Umbau von Waffen zu solchen nach Artikel 5 Absatz 1 sind verboten.[58]

2 Die Kantone können Ausnahmen bewilligen. Der Bundesrat umschreibt die Voraussetzungen näher.

3 Das Wiederladen von Munition für den Eigenbedarf ist gestattet.

---

54 Fassung gemäss Art. 2 des BB vom 11. Dez. 2009 über die Genehmigung und die Umsetzung des Notenaustauschs zwischen der Schweiz und der EG betreffend die Übernahme der Richtlinie 2008/51/EG zur Änderung der Waffenrichtlinie, in Kraft seit 28. Juli 2010 (AS 2010 2899; BBl 2009 3649).

55 Eingefügt durch Art. 2 des BB vom 11. Dez. 2009 über die Genehmigung und die Umsetzung des Notenaustauschs zwischen der Schweiz und der EG betreffend die Übernahme der Richtlinie 2008/51/EG zur Änderung der Waffenrichtlinie, in Kraft seit 28. Juli 2010 (AS 2010 2899; BBl 2009 3649).

56 Fassung gemäss Ziff. I des BG vom 22. Juni 2007, in Kraft seit 12. Dez. 2008 (AS 2008 5499 5405 Art. 2 Bst. d; BBl 2006 2713).

57 Fassung gemäss Art. 2 des BB vom 11. Dez. 2009 über die Genehmigung und die Umsetzung des Notenaustauschs zwischen der Schweiz und der EG betreffend die Übernahme der Richtlinie 2008/51/EG zur Änderung der Waffenrichtlinie, in Kraft seit 28. Juli 2010 (AS 2010 2899; BBl 2009 3649).

58 Fassung gemäss Art. 2 des BB vom 11. Dez. 2009 über die Genehmigung und die Umsetzung des Notenaustauschs zwischen der Schweiz und der EG betreffend die Übernahme der Richtlinie 2008/51/EG zur Änderung der Waffenrichtlinie, in Kraft seit 28. Juli 2010 (AS 2010 2899; BBl 2009 3649).

Art. 20⁵⁹ Verbotene Abänderungen

¹ Der Umbau von halbautomatischen Feuerwaffen zu Seriefeuerwaffen, das Abändern oder Entfernen von Waffennummern sowie das Verkürzen von Handfeuerwaffen sind verboten.

² Die Kantone können Ausnahmen bewilligen. Der Bundesrat umschreibt die Voraussetzungen näher.

3. Abschnitt: Buchführung und Auskunftspflicht

Art. 21⁶⁰ Buchführung

¹ Die Inhaber und Inhaberinnen von Waffenhandelsbewilligungen sind verpflichtet, über Herstellung, Umbau, Beschaffung, Verkauf oder sonstigen Vertrieb von Waffen, wesentlichen oder besonders konstruierten Waffenbestandteilen, Waffenzubehör, Munition und Schiesspulver sowie über Reparaturen zur Wiederherstellung der Schiesstauglichkeit von Feuerwaffen Buch zu führen.

² Die Bücher sowie die Kopien der Waffenerwerbsscheine und der Ausnahmebewilligungen (Unterlagen) sind während zehn Jahren aufzubewahren.

³ Die Unterlagen sind der für die Führung des Informationssystems (Art. 32*a* Abs. 2) zuständigen kantonalen Behörde zu übergeben:

a. nach Ablauf der Aufbewahrungsfrist;

b. nach Aufgabe des Gewerbes; oder

c. nach Widerruf oder Entzug der Waffenhandelsbewilligung.

⁴ Die zuständige Behörde bewahrt die Unterlagen während 20 Jahren auf und gewährt den Strafverfolgungs- und Justizbehörden der Kantone und des Bundes zur Erfüllung der gesetzlichen Aufgaben auf Antrag Einsicht.

Art. 22 Auskunftspflicht

Die Inhaber oder Inhaberinnen von Waffenhandelsbewilligungen und deren Personal sind verpflichtet, den Kontrollbehörden alle Auskünfte zu erteilen, die für eine sachgemässe Kontrolle erforderlich sind.

---

59 Fassung gemäss Ziff. I des BG vom 22. Juni 2007, in Kraft seit 12. Dez. 2008 (AS 2008 5499 5405 Art. 2 Bst. d; BBl 2006 2713).

60 Fassung gemäss Art. 2 des BB vom 11. Dez. 2009 über die Genehmigung und die Umsetzung des Notenaustauschs zwischen der Schweiz und der EG betreffend die Übernahme der Richtlinie 2008/51/EG zur Änderung der Waffenrichtlinie, in Kraft seit 28. Juli 2010 (AS 2010 2899; BBl 2009 3649).

5. Kapitel: Auslandsgeschäfte[61]

Art. 22a[62]   Aus- und Durchfuhr, Vermittlung und Handel

[1] Die Aus- und die Durchfuhr, die Vermittlung an Empfänger und Empfängerinnen im Ausland und der Handel im Ausland von schweizerischem Territorium aus mit Waffen, Waffenbestandteilen, Waffenzubehör, Munition oder Munitionsbestandteilen richten sich:

a. nach der Kriegsmaterialgesetzgebung, wenn das Gut auch von dieser erfasst ist;

b. nach der Güterkontrollgesetzgebung, wenn das Gut nicht auch von der Kriegsmaterialgesetzgebung erfasst ist.

[2] Die Artikel 22b, 23, 25a und 25b bleiben vorbehalten.[63]

Art. 22b[64]   Begleitschein

[1] Wer Feuerwaffen, deren wesentliche Bestandteile oder Munition in einen Schengen-Staat ausführen will, benötigt einen Begleitschein der Zentralstelle.

[2] Keinen Begleitschein benötigt, wer gewerbsmässig Feuerwaffen, deren wesentliche Bestandteile oder Munition, die auch von der Kriegsmaterialgesetzgebung erfasst sind, in einen Schengen-Staat ausführen will.

[3] Ist der Endempfänger nach dem Recht des Bestimmungslandes nicht zum Besitz der Feuerwaffen, der wesentlichen Bestandteile oder der Munition berechtigt, so wird kein Begleitschein ausgestellt.

[4] Der Begleitschein enthält alle notwendigen Angaben über die Beförderung der Feuerwaffen, der wesentlichen Bestandteile oder der Munition, die ausgeführt werden sollen, sowie die zur Identifikation der beteiligten Personen erforderlichen Daten. Er muss diese Gegenstände bis zum Bestimmungsort begleiten.

[5] Die Zentralstelle übermittelt den zuständigen Behörden der von der Ausfuhr der Feuerwaffen, der wesentlichen Bestandteile oder der Munition betroffenen Staaten die ihr vorliegenden Informationen.

---

61 Ursprünglich vor Art. 23. Fassung gemäss Ziff. I 1 des BG vom 22. Juni 2001 über die Straffung der Bundesgesetzgebung über Waffen, Kriegsmaterial, Sprengstoff sowie zivil und militärisch verwendbare Güter, in Kraft seit 1. März 2002 (AS 2002 248).

62 Eingefügt durch Ziff. I 1 des BG vom 22. Juni 2001 über die Straffung der Bundesgesetzgebung über Waffen, Kriegsmaterial, Sprengstoff sowie zivil und militärisch verwendbare Güter, in Kraft seit 1. März 2002 (AS 2002 248 257; BBl 2000 3369).

63 Fassung gemäss Art. 3 Ziff. 6 des BB vom 17. Dez. 2004 über die Genehmigung und die Umsetzung der bilateralen Abkommen zwischen der Schweiz und der EU über die Assoziierung an Schengen und Dublin, in Kraft seit 12. Dez. 2008 (AS 2008 447 5405 Art. 1 Bst. e; BBl 2004 5965).

64 Eingefügt durch Art. 3 Ziff. 6 des BB vom 17. Dez. 2004 über die Genehmigung und die Umsetzung der bilateralen Abkommen zwischen der Schweiz und der EU über die Assoziierung an Schengen und Dublin (AS 2008 447; BBl 2004 5965). Fassung gemäss Ziff. I des BG vom 11. Dez. 2009 (Anpassung der Umsetzung des Schengen-Besitzstands), in Kraft seit 28. Juli 2010 (AS 2010 2823; BBl 2009 3649).

Art. 22c[65] Kontrolle durch die Eidgenössische Zollverwaltung

Die Eidgenössische Zollverwaltung überprüft stichprobenweise, ob die Angaben im Begleitschein mit den auszuführenden Feuerwaffen, deren wesentlichen Bestandteilen oder der Munition übereinstimmen.

Art. 23 Anmeldepflicht[66]

1 Waffen, wesentliche und besonders konstruierte Waffenbestandteile, Waffenzubehör, Munition und Munitionsbestandteile sind beim Verbringen in das schweizeri-sche Staatsgebiet nach den Bestimmungen des Zollgesetzes vom 18. März 2005[67] anzumelden.[68]

2 Der Bundesrat bestimmt die Ausnahmen.

Art. 24[69] Gewerbsmässiges Verbringen in das schweizerische Staatsgebiet

1 Wer gewerbsmässig Waffen, wesentliche Waffenbestandteile, Munition oder Munitionsbestandteile in das schweizerische Staatsgebiet verbringen will, benötigt zusätzlich zur Waffenhandelsbewilligung eine Bewilligung nach Artikel 24a, 24b oder 24c.

2 Der Bundesrat kann für das gewerbsmässige Verbringen von Messern in das schweizerische Staatsgebiet Ausnahmen von der Bewilligungspflicht vorsehen.

3 Die Zentralstelle erteilt die Bewilligung und befristet sie.

4 Die Zentralstelle informiert die zuständige kantonale Behörde am Geschäftssitz des Bewilligungsinhabers über gewerbsmässig in das schweizerische Staatsgebiet verbrachte Waffen, wesentliche und besonders konstruierte Waffenbestandteile, Munition und Munitionsbestandteile.

Art. 24a[70] Einzelbewilligung

1 Wer gewerbsmässig eine einzelne Lieferung genau bezeichneter Waffen, wesentlicher Waffenbestandteile oder von Munition oder Munitionsbestandteilen in das schweizerische Staatsgebiet verbringen will, benötigt eine Einzelbewilligung.

---

65 Eingefügt durch Art. 2 des BB vom 11. Dez. 2009 über die Genehmigung und die Umsetzung des Notenaustauschs zwischen der Schweiz und der EG betreffend die Übernahme der Richtlinie 2008/51/EG zur Änderung der Waffenrichtlinie, in Kraft seit 28. Juli 2010 (AS 2010 2899; BBl 2009 3649).

66 Fassung gemäss Anhang Ziff. 6 des Zollgesetzes vom 18. März 2005, in Kraft seit 1. Mai 2007 (AS 2007 1411; BBl 2004 567).

67 SR 631.0

68 Fassung gemäss Ziff. I des BG vom 22. Juni 2007, in Kraft seit 12. Dez. 2008 (AS 2008 5499 5405 Art. 2 Bst. d; BBl 2006 2713).

69 Fassung gemäss Ziff. I des BG vom 22. Juni 2007, in Kraft seit 12. Dez. 2008 (AS 2008 5499 5405 Art. 2 Bst. d; BBl 2006 2713).

70 Eingefügt durch Ziff. I des BG vom 22. Juni 2007, in Kraft seit 12. Dez. 2008 (AS 2008 5499 5405 Art. 2 Bst. d; BBl 2006 2713).

² Wer eine Einzelbewilligung besitzt und während eines Jahres im Zusammenhang mit dem Verbringen in das schweizerische Staatsgebiet zu keinerlei Beanstandungen Anlass gegeben hat, kann deren Umwandlung in eine Generalbewilligung nach Artikel 24b oder 24c beantragen.

Art. 24b[71] Generalbewilligung für Nichtfeuerwaffen

Wer gewerbsmässig und regelmässig Nichtfeuerwaffen oder Munition und Munitionsbestandteile in das schweizerische Staatsgebiet verbringen will, benötigt eine Generalbewilligung für Nichtfeuerwaffen.

Art. 24c[72] Generalbewilligung für Waffen, Waffenbestandteile und Munition

Wer gewerbsmässig und regelmässig Waffen, wesentliche Waffenbestandteile, Munition oder Munitionsbestandteile in das schweizerische Staatsgebiet verbringen will, benötigt eine Generalbewilligung für Waffen, Waffenbestandteile und Munition.

Art. 25[73] Nichtgewerbsmässiges Verbringen in das schweizerische Staatsgebiet

¹ Wer Waffen, wesentliche Waffenbestandteile, Munition oder Munitionsbestandteile nichtgewerbsmässig in das schweizerische Staatsgebiet verbringen will, benötigt eine Bewilligung. Diese wird erteilt, wenn die antragstellende Person zum Erwerb des betreffenden Gegenstandes berechtigt ist.

² Die Zentralstelle erteilt die befristete Bewilligung. Die Bewilligung berechtigt zum gleichzeitigen Verbringen von höchstens drei Waffen oder wesentlichen Waffenbestandteilen in das schweizerische Staatsgebiet.[74]

2bis Der Bundesrat legt fest, in welcher Form und mit welchen Beilagen das Bewilligungsgesuch einzureichen ist; er bestimmt die Gültigkeitsdauer der Bewilligung.[75]

³ Er kann für die vorübergehende Verbringung von Nichtfeuerwaffen in das schweizerische Staatsgebiet Ausnahmen von der Bewilligungspflicht vorsehen.[76]

---

71 Eingefügt durch Ziff. I des BG vom 22. Juni 2007, in Kraft seit 12. Dez. 2008 (AS 2008 5499 5405 Art. 2 Bst. d; BBl 2006 2713).

72 Eingefügt durch Ziff. I des BG vom 22. Juni 2007, in Kraft seit 12. Dez. 2008 (AS 2008 5499 5405 Art. 2 Bst. d; BBl 2006 2713).

73 Fassung gemäss Ziff. I des BG vom 22. Juni 2007, in Kraft seit 12. Dez. 2008 (AS 2008 5499 5405 Art. 2 Bst. d; BBl 2006 2713).

74 Fassung gemäss Ziff. I des BG vom 11. Dez. 2009 (Anpassung der Umsetzung des Schengen-Besitzstands), in Kraft seit 28. Juli 2010 (AS 2010 2823; BBl 2009 3649).

75 Eingefügt durch Ziff. I des BG vom 11. Dez. 2009 (Anpassung der Umsetzung des Schengen-Besitzstands), in Kraft seit 28. Juli 2010 (AS 2010 2823; BBl 2009 3649).

76 Fassung gemäss Ziff. I des BG vom 11. Dez. 2009 (Anpassung der Umsetzung des Schengen-Besitzstands), in Kraft seit 28. Juli 2010 (AS 2010 2823; BBl 2009 3649).

4 Die Zentralstelle informiert die zuständige kantonale Behörde am Wohnsitz des Bewilligungsinhabers über nichtgewerbsmässig in das schweizerische Staatsgebiet verbrachte Waffen, wesentliche und besonders konstruierte Waffenbestandteile, Munition und Munitionsbestandteile.

Art. 25a[77] Vorübergehendes Verbringen von Feuerwaffen im Reiseverkehr[78]

1 Wer im Reiseverkehr Feuerwaffen und die dazugehörige Munition vorübergehend in das schweizerische Staatsgebiet verbringen will, benötigt eine Bewilligung nach Artikel 25. Diese kann für höchstens ein Jahr sowie für eine oder mehrere Reisen erteilt werden. Sie kann jeweils um höchstens ein Jahr verlängert werden.[79]

2 Für Waffen, die aus einem Schengen-Staat mitgeführt werden, wird die Bewilligung nur erteilt, wenn sie im Europäischen Feuerwaffenpass aufgeführt sind.[80] Die Bewilligung ist im Europäischen Feuerwaffenpass einzutragen.

3 Der Bundesrat kann Ausnahmen von der Bewilligungspflicht vorsehen für:

a. Jäger und Sportschützen;

b. Ausländische Mitglieder des Personals der diplomatischen Missionen, der ständigen Missionen bei den internationalen Organisationen, der Konsularischen Posten und der Sondermissionen;

c. Mitglieder ausländischer Streitkräfte im Rahmen internationaler Einsätze oder Ausbildungen;

d. Staatlich beauftragte Sicherheitsbegleiter im Rahmen offizieller, angemeldeter Besuche;

e.[81] Mitarbeiterinnen und Mitarbeiter ausländischer Grenzschutzbehörden, die zusammen mit Mitarbeiterinnen und Mitarbeitern schweizerischer Grenzschutzbehörden bei operativen Einsätzen an den Aussengrenzen des Schengen-Raums in der Schweiz mitwirken.[82]

4 Der Europäische Feuerwaffenpass ist während des Aufenthalts in der Schweiz jederzeit mitzuführen und den Behörden auf Verlangen vorzuweisen.

---

77 Eingefügt durch Art. 3 Ziff. 6 des BB vom 17. Dez. 2004 über die Genehmigung und die Umsetzung der bilateralen Abkommen zwischen der Schweiz und der EU über die Assoziierung an Schengen und Dublin, in Kraft seit 12. Dez. 2008 (AS 2008 447 5405 Art. 1 Bst. e; BBl 2004 5965).

78 Fassung gemäss Ziff. I des BG vom 22. Juni 2007, in Kraft seit 12. Dez. 2008 (AS 2008 5499 5405 Art. 2 Bst. d; BBl 2006 2713).

79 Fassung gemäss Ziff. I des BG vom 22. Juni 2007, in Kraft seit 12. Dez. 2008 (AS 2008 5499 5405 Art. 2 Bst. d; BBl 2006 2713).

80 Fassung gemäss Ziff. I des BG vom 11. Dez. 2009 (Anpassung der Umsetzung des Schengen-Besitzstands), in Kraft seit 28. Juli 2010 (AS 2010 2823; BBl 2009 3649).

81 Eingefügt durch Ziff. I des BG vom 23. Dez. 2011, in Kraft seit 1. Jan. 2013 (AS 2012 4551 6775; BBl 2011 4555).

82 Fassung gemäss Ziff. I des BG vom 22. Juni 2007, in Kraft seit 12. Dez. 2008 (AS 2008 5499 5405 Art. 2 Bst. d; BBl 2006 2713).

Art. 25b[83] **Vorübergehende Ausfuhr von Feuerwaffen im Reiseverkehr**

[1] Wer im Reiseverkehr Feuerwaffen und die dazugehörige Munition vorübergehend in einen Schengen-Staat ausführen will, muss bei der zuständigen Behörde des Wohnsitzkantons einen Europäischen Feuerwaffenpass beantragen.[84]

[2] Der Europäische Feuerwaffenpass wird für Waffen ausgestellt, an denen der Antragsteller oder die Antragstellerin seine oder ihre Berechtigung glaubhaft machen kann. Er ist höchstens fünf Jahre gültig und kann jeweils um zwei Jahre verlängert werden.

6. Kapitel: Aufbewahren, Tragen und Transportieren von Waffen und Munition, missbräuchliches Tragen gefährlicher Gegenstände[85]

Art. 26 **Aufbewahren**

[1] Waffen, wesentliche Waffenbestandteile, Waffenzubehör, Munition und Munitionsbestandteile sind sorgfältig aufzubewahren und vor dem Zugriff unberechtigter Dritter zu schützen.

[2] Jeder Verlust einer Waffe ist sofort der Polizei zu melden.

Art. 27[86] **Waffentragen**

[1] Wer eine Waffe an öffentlich zugänglichen Orten tragen oder sie transportieren will, benötigt eine Waffentragbewilligung. Diese ist mitzuführen und auf Verlangen den Polizei- oder den Zollorganen vorzuweisen. Vorbehalten ist Artikel 28 Absatz 1.

[2] Eine Waffentragbewilligung erhält eine Person, wenn:

a. für sie kein Hinderungsgrund nach Artikel 8 Absatz 2 besteht;

b. sie glaubhaft macht, dass sie eine Waffe benötigt, um sich selbst oder andere Personen oder Sachen vor einer tatsächlichen Gefährdung zu schützen;

c. sie eine Prüfung über die Handhabung von Waffen und über die Kenntnis der rechtlichen Voraussetzungen des Waffengebrauchs bestanden hat;

---

83 Eingefügt durch Art. 3 Ziff. 6 des BB vom 17. Dez. 2004 über die Genehmigung und die Umsetzung der bilateralen Abkommen zwischen der Schweiz und der EU über die Assoziierung an Schengen und Dublin, in Kraft seit 12. Dez. 2008 (AS 2008 447 5405 Art. 1 Bst. e; BBl 2004 5965).

84 Fassung gemäss Ziff. I des BG vom 11. Dez. 2009 (Anpassung der Umsetzung des Schengen-Besitzstands), in Kraft seit 28. Juli 2010 (AS 2010 2823; BBl 2009 3649).

85 Fassung gemäss Ziff. I des BG vom 22. Juni 2007, in Kraft seit 12. Dez. 2008 (AS 2008 5499 5405 Art. 2 Bst. d; BBl 2006 2713).

86 Fassung gemäss Ziff. I des BG vom 22. Juni 2007, in Kraft seit 12. Dez. 2008 (AS 2008 5499 5405 Art. 2 Bst. d; BBl 2006 2713).

das Eidgenössische Justiz- und Polizeidepartement erlässt ein Prüfungsreglement.

3 Die Bewilligung wird von der zuständigen Behörde des Wohnsitzkantons
für eine bestimmte Waffenart und für längstens fünf Jahre erteilt. Sie gilt für
die gesamte Schweiz und kann mit Auflagen verbunden werden. Personen
mit Wohnsitz im Ausland erhalten sie von der zuständigen Behörde des Ein-
reisekantons.

4 Keine Bewilligung brauchen:

a. Inhaber und Inhaberinnen einer Jagdbewilligung, Jagdaufseher und Jagd-
aufseherinnen, Wildhüter und Wildhüterinnen für das Tragen von Waffen
in Ausübung ihrer Tätigkeit;

b. Teilnehmer und Teilnehmerinnen an Veranstaltungen, bei denen in Bezug
auf historische Ereignisse Waffen getragen werden;

c. Teilnehmer und Teilnehmerinnen an Schiessveranstaltungen mit Soft-Air-
Waffen auf einem abgesicherten Gelände für das Tragen solcher Waffen.

d. ausländische Sicherheitsbeauftragte Luftverkehr auf dem Gebiet der
schweizerischen Flughäfen, sofern die für die Sicherheit im Flugverkehr
zuständige ausländische Behörde über eine Rahmenbewilligung nach Artikel 27a verfügt;

e.[87] Mitarbeiterinnen und Mitarbeiter ausländischer Grenzschutzbehörden,
die zusammen mit Mitarbeiterinnen und Mitarbeitern schweizerischer
Grenzschutzbehörden bei operativen Einsätzen an den Aussengrenzen des
Schengen-Raums in der Schweiz mitwirken.

5 Der Bundesrat regelt die Erteilung von Tragbewilligungen im Einzelnen,
insbesondere die Erteilung an ausländische Mitglieder des Personals der
diplomatischen Missionen, der ständigen Missionen bei den internationalen
Organisationen, der konsularischen Posten und der Sondermissionen.

Art. 27a[88] Rahmenbewilligung auf dem Gebiet der schweizerischen Flughäfen

1 Zur Ausübung von Sicherheitsfunktionen auf dem Gebiet der schweizerischen Flughäfen kann eine Rahmenbewilligung an ausländische Fluggesellschaften erteilt werden.

2 Zur Abwehr von strafbaren Handlungen und zum Schutz der Fluggäste an
Bord von Luftfahrzeugen kann eine Rahmenbewilligung an die für die Sicherheit im Flugverkehr zuständige ausländische Behörde erteilt werden.

---

87 Eingefügt durch Ziff. I des BG vom 23. Dez. 2011, in Kraft seit 1. Jan. 2013 (AS 2012 4551 6775; BBl 2011 4555).
88 Eingefügt durch Ziff. I des BG vom 22. Juni 2007, in Kraft seit 12. Dez. 2008 (AS 2008 5499 5405 Art. 2 Bst. d; BBl 2006 2713).

³ Eine Rahmenbewilligung kann nur erteilt werden, wenn die zuständige ausländische Behörde oder die ausländische Fluggesellschaft für jede Person, die eine Funktion nach den Absätzen 1 und 2 ausübt, garantiert, dass die Person:

a. nach dem Recht des betroffenen ausländischen Staates berechtigt ist, eine Waffe zu tragen und;

b. angemessen ausgebildet ist.

⁴ Die Rahmenbewilligung regelt die Einsatzorte, die Art der Waffen, die Zusammenarbeit mit den lokalen Behörden und den Umfang der Sicherheitsfunktionen.

Art. 28[89]   Transport von Waffen

¹ Keine Waffentragbewilligung ist erforderlich für den Transport von Waffen, insbesondere:

a. von und zu Kursen, Übungen und Veranstaltungen von Schiess-, Jagd- oder Soft-Air-Waffen-Vereinen sowie von militärischen Vereinigungen oder Verbänden;

b. von und zu einem Zeughaus;

c. von und zu einem Inhaber oder einer Inhaberin einer Waffenhandelsbewilligung;

d. von und zu Fachveranstaltungen;

e. bei einem Wohnsitzwechsel.

² Beim Transport von Feuerwaffen müssen Waffe und Munition getrennt sein.

Art. 28a[90]   Missbräuchliches Tragen gefährlicher Gegenstände

Das Tragen gefährlicher Gegenstände an öffentlich zugänglichen Orten und das Mitführen solcher Gegenstände in Fahrzeugen ist verboten, wenn:

a. nicht glaubhaft gemacht werden kann, dass dies durch die bestimmungsgemässe Verwendung oder Wartung der Gegenstände gerechtfertigt ist; und

b. der Eindruck erweckt wird, dass die Gegenstände missbräuchlich eingesetzt werden sollen, insbesondere um damit Personen einzuschüchtern, zu bedrohen oder zu verletzen.

---

89 Fassung gemäss Ziff. I des BG vom 22. Juni 2007, in Kraft seit 12. Dez. 2008 (AS 2008 5499 5405 Art. 2 Bst. d; BBl 2006 2713).

90 Eingefügt durch Ziff. I des BG vom 22. Juni 2007, in Kraft seit 12. Dez. 2008 (AS 2008 5499 5405 Art. 2 Bst. d; BBl 2006 2713).

7. Kapitel: Ausnahmebewilligungen, Kontrolle, administrative Sanktionen[91] und Gebühren

Art. 28b[92] Ausnahmebewilligungen

Die Ausnahmebewilligungen nach diesem Gesetz können nur erteilt werden, wenn:

a. achtenswerte Gründe vorliegen, insbesondere:
   1. berufliche Erfordernisse,
   2. die Verwendung zu industriellen Zwecken,
   3. die Kompensation körperlicher Behinderungen,
   4. Sammlertätigkeit;
b. keine Hinderungsgründe nach Artikel 8 Absatz 2 vorliegen; und
c. die vom Gesetz vorgesehenen besonderen Voraussetzungen erfüllt sind.

Art. 29[93] Kontrolle

[1] Die kantonalen Vollzugsorgane sind befugt, in Anwesenheit der Person, die über eine Bewilligung nach diesem Gesetz verfügt, oder ihrer Stellvertretung:

a. die Einhaltung von Bedingungen und Auflagen zu kontrollieren, die mit der Bewilligung verknüpft sind;
b. während der üblichen Arbeitszeit die Geschäftsräume des Inhabers oder der Inhaberin einer Waffenhandelsbewilligung ohne Voranmeldung zu besichtigen und die einschlägigen Akten einzusehen.

[2] Sie stellen belastendes Material sicher.

[3] Die Kontrolle und Einsichtnahme nach Absatz 1 ist bei Inhabern und Inhaberinnen einer Waffenhandelsbewilligung regelmässig zu wiederholen.

Art. 30 Entzug von Bewilligungen

[1] Die zuständige Behörde entzieht eine Bewilligung, wenn:

a. die Voraussetzungen für deren Erteilung nicht mehr erfüllt sind;
b. die mit der Bewilligung verknüpften Auflagen nicht mehr eingehalten werden.

[2] ...[94]

---

91 Fassung gemäss Ziff. I des BG vom 22. Juni 2007, in Kraft seit 12. Dez. 2008 (AS 2008 5499 5405 Art. 2 Bst. d; BBl 2006 2713).
92 Eingefügt durch Ziff. I des BG vom 22. Juni 2007, in Kraft seit 12. Dez. 2008 (AS 2008 5499 5405 Art. 2 Bst. d; BBl 2006 2713).
93 Fassung gemäss Ziff. I des BG vom 22. Juni 2007, in Kraft seit 12. Dez. 2008 (AS 2008 5499 5405 Art. 2 Bst. d; BBl 2006 2713).
94 Aufgehoben durch Ziff. I des BG vom 22. Juni 2007, mit Wirkung seit 12. Dez. 2008 (AS 2008 5499 5405 Art. 2 Bst. d; BBl 2006 2713).

Art. 30a[95] Meldung verweigerter und entzogener Bewilligungen

[1] Die Behörde, die eine Bewilligung verweigert, meldet die Verweigerung unter Angabe der Gründe der Zentralstelle.

[2] Die Behörde, die eine Bewilligung entzieht, meldet den Entzug der Behörde, welche die Bewilligung erteilt hat, und der Zentralstelle.

Art. 30b[96] Melderecht

Die zur Wahrung eines Amts- oder Berufsgeheimnisses verpflichteten Personen sind berechtigt, den zuständigen kantonalen und eidgenössischen Polizei- und Justizbehörden Personen zu melden, die:

a. durch die Verwendung von Waffen sich selber oder Dritte gefährden;

b. mit der Verwendung von Waffen gegen sich selber oder Dritte drohen.

Art. 31[97] Beschlagnahme und Einziehung

[1] Die zuständige Behörde beschlagnahmt:

a. Waffen, die von Personen ohne Berechtigung getragen werden;

b. Waffen, wesentliche und besonders konstruierte Waffenbestandteile, Waffenzubehör, Munition und Munitionsbestandteile aus dem Besitz von Personen, für die ein Hinderungsgrund nach Artikel 8 Absatz 2 besteht oder die zum Erwerb oder Besitz nicht berechtigt sind;

c. gefährliche Gegenstände, die missbräuchlich getragen werden;

d.[98] Feuerwaffen, deren wesentliche Bestandteile oder deren Zubehör, die nicht nach Artikel 18a markiert sind;

e.[99] kleinste Verpackungseinheiten von Munition, die nicht nach Artikel 18b markiert sind.

[2] Beschlagnahmt sie Waffen, wesentliche oder besonders konstruierte Waffenbestandteile, Waffenzubehör, Munition oder Munitionsbestandteile oder gefährliche Gegenstände aus dem Besitz einer Person, die nicht eigentumsberechtigt ist, so gibt sie diese Gegenstände der eigentumsberechtigten Person zurück, wenn kein Hinderungsgrund nach Artikel 8 Absatz 2 besteht.

[3] Sie zieht die beschlagnahmten Gegenstände definitiv ein, wenn:

---

95 Eingefügt durch Ziff. I des BG vom 22. Juni 2007, in Kraft seit 12. Dez. 2008 (AS 2008 5499 5405 Art. 2 Bst. d; BBl 2006 2713).

96 Eingefügt durch Ziff. I des BG vom 22. Juni 2007, in Kraft seit 12. Dez. 2008 (AS 2008 5499 5405 Art. 2 Bst. d; BBl 2006 2713).

97 Fassung gemäss Ziff. I des BG vom 22. Juni 2007, in Kraft seit 12. Dez. 2008 (AS 2008 5499 5405 Art. 2 Bst. d; BBl 2006 2713).

98 Eingefügt durch Art. 2 des BB vom 11. Dez. 2009 über die Genehmigung und die Umsetzung des Notenaustauschs zwischen der Schweiz und der EG betreffend die Übernahme der Richtlinie 2008/51/EG zur Änderung der Waffenrichtlinie, in Kraft seit 28. Juli 2010 (AS 2010 2899; BBl 2009 3649).

99 Eingefügt durch Art. 2 des BB vom 11. Dez. 2009 über die Genehmigung und die Umsetzung des Notenaustauschs zwischen der Schweiz und der EG betreffend die Übernahme der Richtlinie 2008/51/EG zur Änderung der Waffenrichtlinie, in Kraft seit 28. Juli 2010 (AS 2010 2899; BBl 2009 3649).

a. die Gefahr missbräuchlicher Verwendung besteht, insbesondere weil mit solchen Gegenständen Personen bedroht oder verletzt wurden; oder

b. es sich um Gegenstände nach Absatz 1 Buchstabe d oder e handelt, die nach dem 28. Juli 2010 hergestellt oder ins schweizerische Staatsgebiet verbracht worden sind.[100]

4 Sie meldet die definitive Einziehung von Waffen der Zentralstelle unter genauer Bezeichnung der Waffe.

5 Der Bundesrat regelt das Verfahren für den Fall, dass die Rückgabe nicht möglich ist.

Art. 31a[101]   Entgegennahme von Waffen durch die Kantone

Die Kantone sind verpflichtet, Waffen, wesentliche und besonders konstruierte Waffenbestandteile, Waffenzubehör, Munition und Munitionsbestandteile gebührenfrei entgegenzunehmen. Sie dürfen Inhabern und Inhaberinnen einer Waffenhandelsbewilligung für die Entgegennahme eine Gebühr auferlegen.

Art. 31b[102]   Meldestelle

1 Die Kantone bezeichnen eine Meldestelle. Sie können deren Aufgaben an im Waffenbereich tätige Organisationen von nationaler Bedeutung übertragen.

2 Die Meldestelle nimmt die ihr nach den Artikeln 11 Absätze 3 und 4, $32k$ und $42a$ übertragenen Aufgaben wahr. Sie erteilt den Strafverfolgungsbehörden der Kantone und des Bundes auf Anfrage die erforderlichen Auskünfte.

Art. 31c[103]   Zentralstelle

1 Der Bundesrat bezeichnet eine Zentralstelle zur Unterstützung der Vollzugsbehörden.

2 Die Zentralstelle nimmt neben ihrem Auftrag nach den Artikeln $9a$ Absatz 2, $22b$, 24 Absätze 3 und 4, 25 Absätze 3 und 5, $31d$, $32a$, $32c$ und $32j$ Absatz 1 insbesondere die folgenden Aufgaben wahr:

a. Sie berät die Vollzugsbehörden.

b. Sie koordiniert deren Tätigkeiten.

---

100 Fassung gemäss Art. 2 des BB vom 11. Dez. 2009 über die Genehmigung und die Umsetzung des Notenaustauschs zwischen der Schweiz und der EG betreffend die Übernahme der Richtlinie 2008/51/EG zur Änderung der Waffenrichtlinie, in Kraft seit 28. Juli 2010 (AS 2010 2899; BBl 2009 3649).

101 Eingefügt durch Ziff. I des BG vom 22. Juni 2007, in Kraft seit 12. Dez. 2008 (AS 2008 5499 5405 Art. 2 Bst. d; BBl 2006 2713).

102 Eingefügt durch Ziff. I des BG vom 22. Juni 2007, in Kraft seit 12. Dez. 2008 (AS 2008 5499 5405 Art. 2 Bst. d; BBl 2006 2713).

103 Eingefügt durch Ziff. I des BG vom 22. Juni 2007, in Kraft seit 12. Dez. 2008 (AS 2008 5499 5405 Art. 2 Bst. d; BBl 2006 2713).

b^{bis}.[104] Sie bearbeitet Ersuchen schweizerischer oder ausländischer Behörden um Rückverfolgung von Feuerwaffen, deren wesentlichen Bestandteile oder deren Zubehör sowie von Munition und Munitionsbestandteilen und übermittelt ausländischen Behörden die entsprechenden Ersuchen schweizerischer Behörden; sie ist die Kontaktstelle für technische und operative Fragen im Bereich der Rückverfolgung.

c. Sie dient als zentrale Empfangs- und Meldestelle für den Informationsaustausch mit den übrigen Schengen-Staaten.

d. Sie gibt die Meldungen über Personen mit Wohnsitz in der Schweiz, die in einem Schengen-Staat eine Feuerwaffe erworben haben, an die Wohnsitzkantone weiter.

e. Sie arbeitet die Empfehlungen zur einheitlichen Anwendung der Waffengesetzgebung und zur Gewährung von Ausnahmebewilligungen aus.

f. Sie kann ausländischen Fluggesellschaften eine Rahmenbewilligung zur Ausübung von Sicherheitsfunktionen nach Artikel 27 a erteilen.

^{3} Der Bundesrat regelt die Tätigkeit der Zentralstelle im Einzelnen.

Art. 31d[105] Nationale Koordinationsstelle zur Auswertung von Schusswaffenspuren

^{1} Der Bund und die Kantone können eine nationale Koordinationsstelle zur zentralen Auswertung von Spuren von Schusswaffen nach Artikel 4 Absatz 1 Buchstaben a und f betreiben.

^{2} Sie wird durch die Zentralstelle geführt.

Art. 32[106] Gebühren

Der Bundesrat legt die Gebühren fest für:

a. die Bearbeitung von Bewilligungen, Prüfungen und Bestätigungen nach diesem Gesetz;

b. die Aufbewahrung beschlagnahmter Waffen.

---

104 Eingefügt durch Art. 2 des BB vom 23. Dez. 2011 über die Genehmigung und die Umsetzung des UNO-Feuerwaffenprotokolls, in Kraft seit 1. Jan. 2013 (AS 2013 6777; BBl 2011 4555).
105 Eingefügt durch Ziff. I des BG vom 22. Juni 2007, in Kraft seit 12. Dez. 2008 (AS 2008 5499 5405 Art. 2 Bst. d; BBl 2006 2713).
106 Fassung gemäss Ziff. I des BG vom 22. Juni 2007, in Kraft seit 12. Dez. 2008 (AS 2008 5499 5405 Art. 2 Bst. d; BBl 2006 2713).

7a. Kapitel:[107] Datenbearbeitung und Datenschutz

1. Abschnitt:[108] Datenbearbeitung

Art. 32a Informationssysteme[109]

¹ Die Zentralstelle führt folgende Datenbanken:

a. Datenbank über den Erwerb von Waffen durch ausländische Staatsangehörige ohne Niederlassungsbewilligung (DEWA);

b. Datenbank über den Erwerb von Waffen durch Personen mit Wohnsitz in einem andern Schengen-Staat (DEWS);

c. Datenbank über den Entzug und die Verweigerung von Bewilligungen und die Beschlagnahme von Waffen (DEBBWA);

d. Datenbank über die Abgabe und den Entzug von Waffen der Armee (DAWA);

e. Datenbanken über die Hauptmerkmale von Waffen (WANDA) und Munition (MUNDA);

f. Datenbanken zur Auswertung von Schusswaffenspuren an Waffen, Munition, insbesondere Tatmunition, und an Personen, die an Straftaten beteiligt oder von ihnen betroffen waren (ASWA);

g.[110] Datenbank über Markierungen zur Rückverfolgbarkeit von Feuerwaffen und deren Munition (DARUE).

² Die Kantone führen ein elektronisches Informationssystem über den Erwerb von Feuerwaffen.[111]

Art. 32a[bis 112] Verwendung der AHV-Versichertennummer

Die Zentralstelle ist gemäss Artikel 50*e* Absatz 1 des Bundesgesetzes vom 20. Dezember 1946[113] über die Alters- und Hinterlassenenversicherung berechtigt, die AHV-Versichertennummer systematisch zu verwenden. Die zuständigen Dienste der Militärverwaltung melden der Zentralstelle die AHV-Versichertennummern, die diese in der DAWA bearbeitet.

---

107 Eingefügt durch Art. 3 Ziff. 6 des BB vom 17. Dez. 2004 über die Genehmigung und die Umsetzung der bilateralen Abkommen zwischen der Schweiz und der EU über die Assoziierung an Schengen und Dublin, in Kraft seit 12. Dez. 2008 (AS 2008 447 5405 Art. 1 Bst. e; BBl 2004 5965).

108 Fassung gemäss Ziff. I des BG vom 22. Juni 2007, in Kraft seit 12. Dez. 2008 (AS 2008 5499 5405 Art. 2 Bst. d; BBl 2006 2713).

109 Fassung gemäss Art. 2 des BB vom 11. Dez. 2009 über die Genehmigung und die Umsetzung des Notenaustauschs zwischen der Schweiz und der EG betreffend die Übernahme der Richtlinie 2008/51/EG zur Änderung der Waffenrichtlinie, in Kraft seit 28. Juli 2010 (AS 2010 2899; BBl 2009 3649).

110 Eingefügt durch Art. 2 des BB vom 23. Dez. 2011 über die Genehmigung und die Umsetzung des UNO-Feuerwaffenprotokolls, in Kraft seit 1. Jan. 2013 (AS 2013 6777; BBl 2011 4555).

111 Eingefügt durch Art. 2 des BB vom 11. Dez. 2009 über die Genehmigung und die Umsetzung des Notenaustauschs zwischen der Schweiz und der EG betreffend die Übernahme der Richtlinie 2008/51/EG zur Änderung der Waffenrichtlinie, in Kraft seit 28. Juli 2010 (AS 2010 2899; BBl 2009 3649).

112 Eingefügt durch Ziff. I des BG vom 23. Dez. 2011, in Kraft seit 1. Jan. 2013 (AS 2012 4551 6775; BBl 2011 4555).

113 SR 831.10

Art. 32b Inhalte der Datenbanken[114]

¹ Die DEWA und die DEWS enthalten folgende Daten:

a. Personalien und Registernummer des Erwerbers oder der Erwerberin;

b. Waffenart, Hersteller oder Herstellerin, Bezeichnung, Kaliber, Waffennummer sowie Datum der Übertragung;

c. Datum der Erfassung in der Datenbank.

² Die DEBBWA enthält folgende Daten:

a. Personalien und Registernummer von Personen, denen Bewilligungen entzogen oder verweigert oder bei denen Waffen beschlagnahmt wurden;

b. Umstände, die zum Entzug der Bewilligung geführt haben;

c. Waffenart, -typ und -nummer sowie Datum der Übertragung;

d. Umstände, die zur Beschlagnahme Anlass gegeben haben;

e. weitere Verfügungen über beschlagnahmte Waffen;

f. Datum der Erfassung in der Datenbank.

³ Die DAWA enthält folgende Daten:

a.[115] Personalien und AHV-Versichertennummer der Personen, die beim Austritt aus der Armee eine Waffe zum Eigentum erhalten haben;

b.[116] Personalien und AHV-Versichertennummer der Personen, denen aufgrund der Militärgesetzgebung die persönliche Waffe oder die persönliche Leihwaffe entzogen wurde;

c. Waffenart, -typ und -nummer sowie Datum der Übertragung oder des Entzugs;

d. Umstände, die zum Entzug der Waffe Anlass gegeben haben;

e. weitere Verfügungen über beschlagnahmte Waffen;

f. Datum der Erfassung in der Datenbank.

⁴ Die ASWA enthält folgende Daten:

a. Waffenart, -typ und -nummer;

b. Munitionstypen;

c. Personalien von Opfern, Tätern oder Waffenbesitzern im Zusammenhang mit Straftaten;

d. Umstände, die zur Einziehung der Waffe geführt haben.

⁴ᵇⁱˢ Die DARUE enthält folgende Daten:

a. die Markierungsangaben nach den Artikeln 18*a* und 18*b*;

b. weitere Kennzeichen und Referenzen von Hersteller oder Herstellerin sowie von Importeur oder Importeurin;

---

114 Fassung gemäss Art. 2 des BB vom 11. Dez. 2009 über die Genehmigung und die Umsetzung des Notenaustauschs zwischen der Schweiz und der EG betreffend die Übernahme der Richtlinie 2008/51/EG zur Änderung der Waffenrichtlinie, in Kraft seit 28. Juli 2010 (AS 2010 2899; BBl 2009 3649).

115 Fassung gemäss Ziff. I des BG vom 23. Dez. 2011, in Kraft seit 1. Jan. 2013 (AS 2012 4551 6775; BBl 2011 4555).

116 Fassung gemäss Ziff. I des BG vom 23. Dez. 2011, in Kraft seit 1. Jan. 2013 (AS 2012 4551 6775; BBl 2011 4555).

c. Kontaktdaten des Herstellers oder der Herstellerin, des Lieferanten oder der Lieferantin sowie des Importeurs oder der Importeurin;

d. die Angaben der Einfuhrbewilligung.[117]

5 Das elektronische Informationssystem nach Artikel 32a Absatz 2 enthält die folgenden Daten:

a. Personalien und Registernummer des Erwerbers oder der Erwerberin und der übertragenden Person;

b. Waffenart, Hersteller oder Herstellerin, Bezeichnung, Kaliber, Waffennummer sowie Datum der Übertragung.[118]

Art. 32c Bekanntgabe von Daten

1 Sämtliche Daten der DEWA, der DEBBWA, der ASWA und der DARUE können folgenden Behörden zur Erfüllung ihrer gesetzlichen Aufgaben bekannt gegeben werden:[119]

a. den zuständigen Behörden des Wohnsitz- oder Heimatstaates;

b. weiteren Justiz- und Polizeibehörden des Bundes und der Kantone sowie den für den Vollzug des Waffengesetzes zuständigen Behörden;

c. den ausländischen Polizei-, Strafverfolgungs- und Sicherheitsbehörden sowie den EUROPOL- und INTERPOL-Stellen.

2 Sämtliche Daten der DEWA, der DEBBWA, der DAWA und der DARUE können den kantonalen Polizeibehörden sowie den Zollbehörden mittels eines Abrufverfahrens zugänglich gemacht werden.[120]

2bis Sämtliche Daten der DEBBWA können den zuständigen Stellen der Militärverwaltung mittels eines Abrufverfahrens zugänglich gemacht werden.[121]

3 Die Daten der DEWS müssen an die zuständigen Behörden des Wohnsitzstaates der betreffenden Person weitergegeben werden.

3bis Die Daten des elektronischen Informationssystems nach Artikel 32a Absatz 2 können den Strafverfolgungs- und den Justizbehörden der Kantone und des Bundes auf Anfrage zur Erfüllung ihrer gesetzlichen Aufgaben bekannt gegeben werden.[122]

---

117 Eingefügt durch Art. 2 des BB vom 23. Dez. 2011 über die Genehmigung und die Umsetzung des UNO-Feuerwaffenprotokolls, in Kraft seit 1. Jan. 2013 (AS 2013 6777; BBl 2011 4555).

118 Eingefügt durch Art. 2 des BB vom 11. Dez. 2009 über die Genehmigung und die Umsetzung des Notenaustauschs zwischen der Schweiz und der EG betreffend die Übernahme der Richtlinie 2008/51/EG zur Änderung der Waffenrichtlinie, in Kraft seit 28. Juli 2010 (AS 2010 2899; BBl 2009 3649).

119 Fassung gemäss Art. 2 des BB vom 23. Dez. 2011 über die Genehmigung und die Umsetzung des UNO-Feuerwaffenprotokolls, in Kraft seit 1. Jan. 2013 (AS 2013 6777; BBl 2011 4555).

120 Fassung gemäss Art. 2 des BB vom 23. Dez. 2011 über die Genehmigung und die Umsetzung des UNO-Feuerwaffenprotokolls, in Kraft seit 1. Jan. 2013 (AS 2013 6777; BBl 2011 4555).

121 Eingefügt durch Ziff. I des BG vom 23. Dez. 2011, in Kraft seit 1. Sept. 2012 (AS 2012 4551; BBl 2011 4555).

122 Eingefügt durch Art. 2 des BB vom 11. Dez. 2009 über die Genehmigung und die Umsetzung des Notenaustauschs zwischen der Schweiz und der EG betreffend die Übernahme der Richtlinie 2008/51/EG zur Änderung der Waffenrichtlinie, in Kraft seit 28. Juli 2010 (AS 2010 2899; BBl 2009 3649).

[4] Der Bundesrat regelt den Umfang der Bekanntgabe von Daten an die Behörden des Bundes und der Kantone sowie die Kontrolle, Aufbewahrung, Berichtigung und Löschung der Daten.

2. Abschnitt: Datenbearbeitung und Datenschutz im Rahmen der Schengen-Assoziierungsabkommen[123]

Art. 32d[124] Bekanntgabe von Personendaten an einen Schengen-Staat

Die Bekanntgabe von Personendaten an die zuständigen Behörden von Schengen-Staaten wird der Bekanntgabe von Personendaten zwischen Bundesorganen gleichgestellt.

Art. 32e Bekanntgabe von Personendaten an einen Staat, der durch keines der Schengen-Assoziierungsabkommen gebunden ist

[1] An Drittstaaten dürfen Personendaten nur bekannt gegeben werden, sofern diese ein angemessenes Datenschutzniveau gewährleisten.

[2] Gewährleistet ein Drittstaat kein angemessenes Datenschutzniveau, so können ihm Personendaten im Einzelfall bekannt gegeben werden, wenn:

a. die betroffene Person ohne jeden Zweifel eingewilligt hat; handelt es sich um besonders schützenswerte Personendaten oder Persönlichkeitsprofile, so muss die Einwilligung ausdrücklich sein;

b. die Bekanntgabe erforderlich ist, um das Leben oder die körperliche Integrität der betroffenen Person zu schützen; oder

c. die Bekanntgabe zur Wahrung überwiegender öffentlicher Interessen oder zur Feststellung, Ausübung oder Durchsetzung von Rechtsansprüchen vor Gericht erforderlich ist.

[3] Neben den in Absatz 2 genannten Fällen können Personendaten auch bekannt gegeben werden, wenn im Einzelfall hinreichende Garantien einen angemessenen Schutz der betroffenen Person gewährleisten.

[4] Der Bundesrat bestimmt den Umfang der zu erbringenden Garantien und die Modalitäten der Garantieerbringung.

Art. 32f[125]

---

123 Fassung gemäss Ziff. I des BG vom 22. Juni 2007, in Kraft seit 12. Dez. 2008 (AS 2008 5499 5405 Art. 2 Bst. d; BBl 2006 2713).

124 Fassung gemäss Ziff. I des BG vom 11. Dez. 2009 (Anpassung der Umsetzung des Schengen-Besitzstands), in Kraft seit 28. Juli 2010 (AS 2010 2823; BBl 2009 3649).

125 Aufgehoben durch Ziff. 6 des BG vom 19. März 2010 über die Umsetzung des Rahmenbeschlusses 2008/977/JI über den Schutz von Personendaten im Rahmen der polizeilichen und justiziellen Zusammenarbeit in Strafsachen, mit Wirkung seit 1. Dez. 2010 (AS 2010 3387 3418; BBl 2009 6749).

Art. 32g   Auskunftsrecht

Das Auskunftsrecht richtet sich nach den Datenschutzbestimmungen des Bundes oder der Kantone.[126] Der Inhaber oder die Inhaberin der Datensammlung erteilt auch Auskunft über die verfügbaren Angaben zur Herkunft der Daten.

Art. 32h und 32i[127]

3. Abschnitt:[128] Meldepflichten

Art. 32j   Meldungen im Bereich der Militärverwaltung

1 ...[129]

2 Die zuständigen Stellen der Militärverwaltung melden der Zentralstelle:

a. die Identität und die AHV-Versichertennummer von Personen, die beim Austritt aus der Armee eine Waffe zu Eigentum erhalten, sowie die Waffenart und die Waffennummer;

b. die Identität und die AHV-Versichertennummer von Personen, denen aufgrund der Militärgesetzgebung die persönliche Waffe oder die persönliche Leihwaffe entzogen wurde.[130]

Art. 32k   Meldepflicht der kantonalen Behörden und der Meldestellen

Die zuständigen kantonalen Behörden sowie die Meldestellen übermitteln der Zentralstelle die ihnen vorliegenden Informationen über:

a. die Identität von Personen ohne Niederlassungsbewilligung in der Schweiz, die im Inland eine Waffe oder einen wesentlichen oder besonders konstruierten Waffenbestandteil erworben haben;

b. die Identität von Personen mit Wohnsitz in einem anderen Schengen-Staat, die im Inland eine Feuerwaffe oder einen wesentlichen oder besonders konstruierten Waffenbestandteil erworben haben;

c. die erworbenen Waffen oder wesentlichen oder besonders konstruierten Waffenbestandteile.

---

126 Fassung gemäss Ziff. 6 des BG vom 19. März 2010 über die Umsetzung des Rahmenbeschlusses 2008/977/JI über den Schutz von Personendaten im Rahmen der polizeilichen und justiziellen Zusammenarbeit in Strafsachen, in Kraft seit 1. Dez. 2010 (AS 2010 3387 3418; BBl 2009 6749).

127 Aufgehoben durch Ziff. 6 des BG vom 19. März 2010 über die Umsetzung des Rahmenbeschlusses 2008/977/JI über den Schutz von Personendaten im Rahmen der polizeilichen und justiziellen Zusammenarbeit in Strafsachen, mit Wirkung seit 1. Dez. 2010 (AS 2010 3387 3418; BBl 2009 6749).

128 Eingefügt durch Ziff. I des BG vom 22. Juni 2007, in Kraft seit 12. Dez. 2008 (AS 2008 5499 5405 Art. 2 Bst. d; BBl 2006 2713).

129 Aufgehoben durch Ziff. I des BG vom 23. Dez. 2011, mit Wirkung seit 1. Jan. 2013 (AS 2012 4551 6775; BBl 2011 4555).

130 Fassung gemäss Ziff. I des BG vom 23. Dez. 2011, in Kraft seit 1. Jan. 2013 (AS 2012 4551 6775; BBl 2011 4555).

8. Kapitel: Strafbestimmungen

Art. 33[131]   Vergehen und Verbrechen[132]

[1] Mit Freiheitsstrafe bis zu drei Jahren oder Geldstrafe wird bestraft, wer vorsätzlich:

a.[133] ohne Berechtigung Waffen, wesentliche oder besonders konstruierte Waffenbestandteile, Waffenzubehör, Munition oder Munitionsbestandteile anbietet, überträgt, vermittelt, erwirbt, besitzt, herstellt, abändert, umbaut, trägt, in einen Schengen-Staat ausführt oder in das schweizerische Staatsgebiet verbringt;

a^bis.[134] ohne Berechtigung die nach Artikel 18a vorgeschriebene Markierung von Feuerwaffen, deren wesentliche Bestandteile oder deren Zubehör entfernt, unkenntlich macht, abändert oder ergänzt;

b. als Inhaber oder Inhaberin einer Waffenhandelsbewilligung Waffen, wesentliche oder besonders konstruierte Waffenbestandteile, Waffenzubehör, Munition oder Munitionsbestandteile in das schweizerische Staatsgebiet verbringt, ohne diese Gegenstände anzumelden oder richtig zu deklarieren;

c. eine Waffenhandelsbewilligung mit falschen oder unvollständigen Angaben erschleicht;

d. die Verpflichtungen nach Artikel 21 verletzt;

e. als Inhaber oder Inhaberin einer Waffenhandelsbewilligung Waffen, wesentliche oder besonders konstruierte Waffenbestandteile, Waffenzubehör, Munition oder Munitionsbestandteile nicht sicher aufbewahrt (Art. 17 Abs. 2 Bst. d);

f.[135] als Inhaber oder Inhaberin einer Waffenhandelsbewilligung:

1. Feuerwaffen, deren wesentliche Bestandteile, Waffenzubehör oder Munition herstellt oder in das schweizerische Staatsgebiet verbringt, ohne diese Gegenstände mit einer Markierung nach Artikel 18a oder 18b zu versehen,

---

131 Fassung gemäss Ziff. I des BG vom 22. Juni 2007, in Kraft seit 12. Dez. 2008 (AS 2008 5499 5405 Art. 2 Bst. d; BBl 2006 2713).

132 Fassung gemäss Art. 2 des BB vom 11. Dez. 2009 über die Genehmigung und die Umsetzung des Notenaustauschs zwischen der Schweiz und der EG betreffend die Übernahme der Richtlinie 2008/51/EG zur Änderung der Waffenrichtlinie, in Kraft seit 28. Juli 2010 (AS 2010 2899; BBl 2009 3649).

133 Fassung gemäss Art. 2 des BB vom 11. Dez. 2009 über die Genehmigung und die Umsetzung des Notenaustauschs zwischen der Schweiz und der EG betreffend die Übernahme der Richtlinie 2008/51/EG zur Änderung der Waffenrichtlinie, in Kraft seit 28. Juli 2010 (AS 2010 2899; BBl 2009 3649).

134 Eingefügt durch Art. 2 des BB vom 23. Dez. 2011 über die Genehmigung und die Umsetzung des UNO-Feuerwaffenprotokolls, in Kraft seit 1. Jan. 2013 (AS 2013 6777; BBl 2011 4555).

135 Fassung gemäss Art. 2 des BB vom 11. Dez. 2009 über die Genehmigung und die Umsetzung des Notenaustauschs zwischen der Schweiz und der EG betreffend die Übernahme der Richtlinie 2008/51/EG zur Änderung der Waffenrichtlinie, in Kraft seit 28. Juli 2010 (AS 2010 2899; BBl 2009 3649).

2. Feuerwaffen, deren wesentliche Bestandteile, Waffenzubehör oder Munition anbietet, erwirbt, überträgt oder vermittelt, die nicht nach Artikel 18*a* oder 18*b* markiert worden sind,

3. Feuerwaffen, deren wesentliche oder besonders konstruierte Bestandteile, Waffenzubehör oder Munition anbietet, erwirbt, überträgt oder vermittelt, die unrechtmässig ins schweizerische Staatsgebiet verbracht worden sind;

g. Personen nach Artikel 7 Absatz 1, die keine Ausnahmebewilligung nach Artikel 7 Absatz 2 vorweisen können, Waffen, wesentliche oder besonders konstruierte Waffenbestandteile, Waffenzubehör, Munition oder Munitionsbestandteile anbietet, überträgt oder vermittelt.

² Handelt der Täter oder die Täterin fahrlässig, so ist die Strafe Busse. In leichten Fällen kann von einer Bestrafung abgesehen werden.

³ Mit Freiheitsstrafe bis zu fünf Jahren oder Geldstrafe wird bestraft, wer vorsätzlich und gewerbsmässig ohne Berechtigung:

a.[136] Waffen, wesentliche oder besonders konstruierte Waffenbestandteile, Waffenzubehör, Munition oder Munitionsbestandteile anbietet, überträgt, vermittelt, herstellt, repariert, abändert, umbaut, in einen Schengen-Staat ausführt oder in das schweizerische Staatsgebiet verbringt;

b. ...[137]

c.[138] nicht gemäss Artikel 18a oder 18b markierte oder unrechtmässig ins schweizerische Staatsgebiet verbrachte Feuerwaffen, deren wesentliche oder besonders konstruierte Waffenbestandteile, Waffenzubehör oder Munition anbietet, erwirbt, überträgt oder vermittelt.

Art. 34[139]   Übertretungen

¹ Mit Busse wird bestraft, wer:

a. einen Waffenerwerbsschein oder eine Waffentragbewilligung mit falschen oder unvollständigen Angaben erschleicht oder zu erschleichen versucht oder dazu Gehilfenschaft leistet, ohne dass ein Tatbestand nach Artikel 33 Absatz 1 Buchstabe a erfüllt ist;

b. ohne Berechtigung mit einer Feuerwaffe schiesst (Art. 5 Abs. 3 und 4);

---

136 Fassung gemäss Art. 2 des BB vom 11. Dez. 2009 über die Genehmigung und die Umsetzung des Notenaustauschs zwischen der Schweiz und der EG betreffend die Übernahme der Richtlinie 2008/51/EG zur Änderung der Waffenrichtlinie, in Kraft seit 28. Juli 2010 (AS 2010 2899; BBl 2009 3649).

137 Aufgehoben durch Art. 2 des BB vom 11. Dez. 2009 über die Genehmigung und die Umsetzung des Notenaustauschs zwischen der Schweiz und der EG betreffend die Übernahme der Richtlinie 2008/51/EG zur Änderung der Waffenrichtlinie, mit Wirkung seit 28. Juli 2010 (AS 2010 2899; BBl 2009 3649).

138 Eingefügt durch Art. 2 des BB vom 11. Dez. 2009 über die Genehmigung und die Umsetzung des Notenaustauschs zwischen der Schweiz und der EG betreffend die Übernahme der Richtlinie 2008/51/EG zur Änderung der Waffenrichtlinie, in Kraft seit 28. Juli 2010 (AS 2010 2899; BBl 2009 3649).

139 Fassung gemäss Ziff. I des BG vom 22. Juni 2007, in Kraft seit 12. Dez. 2008 (AS 2008 5499 5405 Art. 2 Bst. d; BBl 2006 2713).

c. seine Sorgfaltspflichten bei der Übertragung von Waffen, wesentlichen oder besonders konstruierten Waffenbestandteilen, Munition oder Munitionsbestandteilen missachtet (Art. 10 a und 15 Abs. 2);

d. seinen Pflichten nach Artikel 11 Absätze 1 und 2 nicht nachkommt oder auf dem Vertrag falsche oder unvollständige Angaben macht;

e. als Privatperson Waffen, wesentliche oder besonders konstruierte Waffenbestandteile, Waffenzubehör, Munition oder Munitionsbestandteile nicht sorgfältig aufbewahrt (Art. 26 Abs. 1);

f. als Privatperson Waffen, wesentliche oder besonders konstruierte Waffenbestandteile, Waffenzubehör, Munition oder Munitionsbestandteile in das schweizerische Staatsgebiet verbringt, ohne diese Gegenstände anzumelden oder richtig zu deklarieren, oder bei der Durchfuhr im Reiseverkehr nicht anmeldet;

g. den Verlust von Waffen nicht sofort der Polizei meldet (Art. 26 Abs. 2);

h. die Waffentragbewilligung nicht mit sich führt (Art. 27 Abs. 1);

i. seinen Meldepflichten nach Artikel 7 a Absatz 1, 9 c, 11 Absätze 3 und 4, 11 a Absatz 2, 17 Absatz 7 oder 42 Absatz 5 nicht nachkommt;

j. als Erbe seinen Pflichten nach Artikel 6 a, 8 Absatz 2bis oder 11 Absatz 4 nicht nachkommt;

k. verbotene Formen des Anbietens anwendet (Art. 7 b);

l.[140] den Begleitschein mit falschen oder unvollständigen Angaben erschleicht;

l^bis.[141] Feuerwaffen, deren wesentliche Bestandteile oder Munition (Art. 22 b Abs. 1) in einen Schengen-Staat ausführt, ohne dass der Begleitschein der Sendung beiliegt;

m. bei der Einreise aus einem Schengen-Staat, Feuerwaffen, wesentliche oder besonders konstruierte Waffenbestandteile oder Munition ohne Europäischen Feuerwaffenpass mit sich führt (Art. 25 a Abs. 4);

n. eine Feuerwaffe transportiert, ohne Waffe und Munition zu trennen (Art. 28 Abs. 2);

o. auf andere Weise einer Bestimmung dieses Gesetzes vorsätzlich zuwiderhandelt, deren Übertretung der Bundesrat in den Ausführungsbestimmungen für strafbar erklärt.

² In leichten Fällen kann von einer Bestrafung abgesehen werden.

Art. 35 Widerhandlungen in Geschäftsbetrieben

Für Widerhandlungen in Geschäftsbetrieben gelten die Artikel 6 und 7 des Verwaltungsstrafrechtsgesetzes vom 22. März 1974[142].

---

140 Fassung gemäss Ziff. I des BG vom 11. Dez. 2009 (Anpassung der Umsetzung des Schengen-Besitzstands), in Kraft seit 28. Juli 2010 (AS 2010 2823; BBl 2009 3649).

141 Eingefügt durch Ziff. I des BG vom 11. Dez. 2009 (Anpassung der Umsetzung des Schengen-Besitzstands), in Kraft seit 28. Juli 2010 (AS 2010 2823; BBl 2009 3649).

142 SR 313.0

Art. 36   Strafverfolgung

¹ Die Kantone verfolgen und beurteilen Widerhandlungen. Der Bund unterstützt die Koordination der Strafverfolgung zwischen den Kantonen.

² Die Zollverwaltung untersucht und beurteilt Übertretungen dieses Gesetzes bei der Durchfuhr im Reiseverkehr und bei der Einfuhr von Waffen.¹⁴³

³ Stellt eine Übertretung nach Absatz 2 gleichzeitig eine Widerhandlung gegen die Zollgesetzgebung oder die Mehrwertsteuergesetzgebung dar, so wird die für die schwerere Widerhandlung vorgesehene Strafe angewendet; diese kann angemessen erhöht werden.

Art. 37¹⁴⁴

9. Kapitel: Schlussbestimmungen

Art. 38   Vollzug durch die Kantone

¹ Die Kantone vollziehen dieses Gesetz, soweit es nicht den Bund als zuständig erklärt.

² Sie erlassen die Bestimmungen für den kantonalen Vollzug und teilen sie den Bundesbehörden mit.

Art. 39¹⁴⁵

Art. 40   Vollzugsbestimmungen des Bundesrates

¹ Der Bundesrat erlässt die Vollzugsbestimmungen zu diesem Gesetz.

² Er regelt darin insbesondere Form und Inhalt der Bewilligungen.

³ Er bestimmt die Behörden, welche Daten direkt in die Datenbanken des Bundes eingeben.¹⁴⁶

⁴ Er kann Vollzugsaufgaben der Zollverwaltung übertragen.

Art. 41¹⁴⁷

---

143 Fassung gemäss Anhang Ziff. 6 des Zollgesetzes vom 18. März 2005, in Kraft seit 1. Mai 2007 (AS 2007 1411; BBl 2004 567).

144 Aufgehoben durch Ziff. I des BG vom 22. Juni 2007, mit Wirkung seit 12. Dez. 2008 (AS 2008 5499 5405 Art. 2 Bst. d; BBl 2006 2713).

145 Aufgehoben durch Ziff. I des BG vom 22. Juni 2007, mit Wirkung seit 12. Dez. 2008 (AS 2008 5499 5405 Art. 2 Bst. d; BBl 2006 2713).

146 Fassung gemäss Art. 2 des BB vom 11. Dez. 2009 über die Genehmigung und die Umsetzung des Notenaustauschs zwischen der Schweiz und der EG betreffend die Übernahme der Richtlinie 2008/51/EG zur Änderung der Waffenrichtlinie, in Kraft seit 28. Juli 2010 (AS 2010 2899; BBl 2009 3649).

147 Aufgehoben durch Ziff. I des BG vom 22. Juni 2007, mit Wirkung seit 12. Dez. 2008 (AS 2008 5499 5405 Art. 2 Bst. d; BBl 2006 2713).

Art. 42 Übergangsbestimmung

[1] Wer nach bisherigem kantonalem Recht eine Waffe tragen oder mit Waffen handeln darf und dieses Recht behalten will, muss innerhalb eines Jahres nach Inkrafttreten dieses Gesetzes ein Gesuch um die entsprechende Bewilligung stellen.

[2] Das Recht bleibt bestehen, bis über das Gesuch entschieden ist.

[3] Ein-, Aus- und Durchfuhrbewilligungen nach dem Kriegsmaterialgesetz vom 30. Juni 1972[148] und vom 13. Dezember 1996[149] behalten ihre Gültigkeit.

[4] Wer nach bisherigem Recht eine Bewilligung für die gewerbsmässige Ein-, Aus- und Durchfuhr von Waffen, wesentlichen Waffenbestandteilen, Munition und Munitionsbestandteilen hat, darf diese Gegenstände weiterhin aufgrund dieser Bewilligung in das schweizerische Staatsgebiet verbringen und ausführen.[150]

[5] Wer bereits im Besitz von Waffen, wesentlichen oder besonders konstruierten Waffenbestandteilen nach Artikel 5 Absatz 2 oder Waffenzubehör nach Artikel 5 Absatz 1 Buchstabe g ist, muss diese innerhalb von drei Monaten nach Inkrafttreten dieser Bestimmung den für die Erteilung von Ausnahmebewilligungen zuständigen kantonalen Behörden melden.[151]

[6] Innerhalb von sechs Monaten nach Inkrafttreten des Verbots nach Artikel 5 Absatz 2 kann ein Gesuch um eine Ausnahmebewilligung eingereicht werden. Ausgenommen von dieser Bestimmung ist, wer bereits eine gültige Ausnahmebewilligung zum Erwerb der Waffe hat. Wer kein Gesuch einreichen will, muss die Gegenstände innerhalb von sechs Monaten nach Inkrafttreten des Verbots einer berechtigten Person übertragen.[152]

[7] Wird das Gesuch um eine Ausnahmebewilligung abgewiesen, so sind die Gegenstände innerhalb von vier Monaten nach der Abweisung einer berechtigten Person zu übertragen.[153]

Art. 42a[154] Übergangsbestimmung zur Änderung vom 17. Dezember 2004

[1] Wer bereits im Besitz einer Feuerwaffe oder eines wesentlichen Waffenbestandteils nach Artikel 10 ist, muss den Gegenstand innerhalb eines Jahres

---

148 [AS 1973 108. AS 1998 794 Art. 44]
149 SR 514.51
150 Eingefügt durch Ziff. I des BG vom 22. Juni 2007, in Kraft seit 12. Dez. 2008 (AS 2008 5499 5405 Art. 2 Bst. d; BBl 2006 2713).
151 Eingefügt durch Ziff. I des BG vom 22. Juni 2007, in Kraft seit 12. Dez. 2008 (AS 2008 5499 5405 Art. 2 Bst. d; BBl 2006 2713).
152 Eingefügt durch Ziff. I des BG vom 22. Juni 2007, in Kraft seit 12. Dez. 2008 (AS 2008 5499 5405 Art. 2 Bst. d; BBl 2006 2713).
153 Eingefügt durch Ziff. I des BG vom 22. Juni 2007, in Kraft seit 12. Dez. 2008 (AS 2008 5499 5405 Art. 2 Bst. d; BBl 2006 2713).
154 Eingefügt durch Art. 3 Ziff. 6 des BB vom 17. Dez. 2004 über die Genehmigung und die Umsetzung der bilateralen Abkommen zwischen der Schweiz und der EU über die Assoziierung an Schengen und Dublin, in Kraft seit 12. Dez. 2008 (AS 2008 447 5405 Art. 1 Bst. e; BBl 2004 5965).

nach Inkrafttreten der Änderung vom 17. Dezember 2004 dieses Gesetzes der Meldestelle des Wohnsitzkantons anmelden.

2 Nach Absatz 1 nicht anzumelden sind:

a. Feuerwaffen oder wesentliche Waffenbestandteile, die von einem Inhaber oder einer Inhaberin einer Waffenhandelsbewilligung seinerzeit erworben wurden;

b. Ordonnanzfeuerwaffen, die von der Militärverwaltung seinerzeit zu Eigentum abgegeben wurden.

Art. 43 Referendum und Inkrafttreten

1 Dieses Gesetz untersteht dem fakultativen Referendum.

2 Der Bundesrat bestimmt das Inkrafttreten.

Datum des Inkrafttreten: 1. Januar 1999[155]

Anhang[156] (Art. 4 Abs. 2bis)

Schengen-Assoziierungsabkommen

Die Schengen-Assoziierungsabkommen umfassen:

a. Abkommen vom 26. Oktober 2004[157] zwischen der Schweizerischen Eidgenossenschaft, der Europäischen Union und der Europäischen Gemeinschaft über die Assoziierung dieses Staates bei der Umsetzung, Anwendung und Entwicklung des Schengen-Besitzstands;

b. Abkommen vom 26. Oktober 2004[158] in Form eines Briefwechsels zwischen dem Rat der Europäischen Union und der Schweizerischen Eidgenossenschaft über die Ausschüsse, die die Europäische Kommission bei der Ausübung ihrer Durchführungsbefugnisse unterstützen;

c. Übereinkommen vom 17. Dezember 2004[159] zwischen der Schweizerischen Eidgenossenschaft, der Republik Island und dem Königreich Norwegen über die Umsetzung, Anwendung und Entwicklung des Schengen-Besitzstands und über die Kriterien und Verfahren zur Bestimmung des zuständigen Staates für die Prüfung eines in der Schweiz, in Island oder in Norwegen gestellten Asylantrags;

d. Abkommen vom 28. April 2005[160] zwischen der Schweizerischen Eidgenossenschaft und dem Königreich Dänemark über die Umsetzung, Anwendung und Entwicklung derjenigen Teile des Schengen-Besitzstands, die auf

---

155 BRB vom 21. Sept. 1998

156 Eingefügt durch Ziff. II des BG vom 11. Dez. 2009 (Anpassung der Umsetzung des Schengen-Besitzstands), in Kraft seit 28. Juli 2010 (AS 2010 2823; BBl 2009 3649).

157 SR 0.362.31

158 SR 0.362.1

159 SR 0.362.32

160 SR 0.362.33

Bestimmungen des Titels IV des Vertrags zur Gründung der Europäischen Gemeinschaft basieren;

e. Protokoll vom 28. Februar 2008[161] zwischen der Schweizerischen Eidgenossenschaft, der Europäischen Union, der Europäischen Gemeinschaft und dem Fürstentum Liechtenstein über den Beitritt des Fürstentums Liechtenstein zum Abkommen zwischen der Schweizerischen Eidgenossenschaft, der Europäischen Union und der Europäischen Gemeinschaft über die Assoziierung der Schweizerischen Eidgenossenschaft bei der Umsetzung, Anwendung und Entwicklung des Schengen-Besitzstands.

---

161 SR 0.362.311

18. Bundesgesetz
über die Börsen und den Effektenhandel
(Börsengesetz, BEHG)

vom 24. März 1995

(Auszug)

Die Bundesversammlung der Schweizerischen Eidgenossenschaft,

gestützt auf die Artikel 95 Absatz 1, 98 Absatz 1 und 122 der Bundesverfassung[1],[2]
nach Einsicht in die Botschaft des Bundesrates vom 24. Februar 1993[3],

beschliesst:

1. Abschnitt: Allgemeine Bestimmungen

Art. 1 Zweck

Dieses Gesetz regelt die Voraussetzungen für die Errichtung und den Betrieb von Börsen sowie für den gewerbsmässigen Handel mit Effekten, um für den Anleger[4] Transparenz und Gleichbehandlung sicherzustellen. Es schafft den Rahmen, um die Funktionsfähigkeit der Effektenmärkte zu gewährleisten.

Art. 2 Begriffe

In diesem Gesetz gelten als:

a. Effekten: vereinheitlichte und zum massenweisen Handel geeignete Wertpapiere, nicht verurkundete Rechte mit gleicher Funktion (Wertrechte) und Derivate;

b.[5] Börsen: Einrichtungen des Effektenhandels, die den gleichzeitigen Austausch von Angeboten unter mehreren Effektenhändlern sowie den Vertragsabschluss bezwecken; als Börsen gelten auch Handelssysteme, die den Austausch von Elektrizität bezwecken;

c. Kotierung: Zulassung zum Handel an der Haupt- oder Nebenbörse;

d. Effektenhändler: natürliche und juristische Personen und Personengesellschaften, die gewerbsmässig für eigene Rechnung zum kurzfristigen Wie-

SR 954.1. AS 1997 68

1   SR 101
2   Fassung gemäss Ziff. I des BG vom 28. Sept. 2012, in Kraft seit 1. Mai 2013 (AS 2013 1103; BBl 2011 6873
3   BBl 1993 I 1369
4   Alle Personenbezeichnungen des vorliegenden Gesetzes beziehen sich auf Personen beider Geschlechter.
5   Fassung gemäss Anhang Ziff. 4 des Stromversorgungsgesetzes vom 23. März 2007, in Kraft seit 1. Jan. 2008 (AS 2007 3425; BBl 2005 1611).

derverkauf oder für Rechnung Dritter Effekten auf dem Sekundärmarkt kaufen und verkaufen, auf dem Primärmarkt öffentlich anbieten oder selbst Derivate schaffen und öffentlich anbieten;

e. öffentliche Kaufangebote: Angebote zum Kauf oder zum Tausch von Aktien, Partizipations- oder Genussscheinen oder von anderen Beteiligungspapieren (Beteiligungspapiere), die sich öffentlich an Inhaber von Aktien oder anderer Beteiligungspapiere von den schweizerischen Gesellschaften richten, deren Beteiligungspapiere mindestens teilweise an einer Börse in der Schweiz kotiert sind.

f.[6] Insiderinformation: vertrauliche Information, deren Bekanntwerden geeignet ist, den Kurs von Effekten, die an einer Börse oder einer börsenähnlichen Einrichtung in der Schweiz zum Handel zugelassen sind, erheblich zu beeinflussen.

Art. 2a[7] Handel von Elektrizität an einer Börse

[1] Der Bundesrat erlässt Bestimmungen über den Handel von Elektrizität an einer Börse.

[2] Er kann die Eidgenössische Finanzmarktaufsicht (FINMA)[8] ermächtigen, im Einvernehmen mit der Elektrizitätskommission in Belangen von beschränkter Tragweite, namentlich in vorwiegend technischen Angelegenheiten, Bestimmungen zu erlassen.

2. Abschnitt: Börsen

Art. 3 Bewilligung

[1] Wer eine Börse betreiben will, bedarf einer Bewilligung der FINMA.[9]

[2] Die Bewilligung wird erteilt, wenn:

a. die Börse durch ihre Reglemente und ihre Organisation die Erfüllung der Pflichten aus diesem Gesetz gewährleistet;

b. die Börse und ihre verantwortlichen Mitarbeiter die erforderlichen Fachkenntnisse nachweisen und Gewähr für eine einwandfreie Geschäftstätigkeit bieten;

c. die Organe den Mindestanforderungen entsprechen, die der Bundesrat festlegen kann.

---

6 Eingefügt durch Ziff. I des BG vom 28. Sept. 2012, in Kraft seit 1. Mai 2013 (AS 2013 1103; BBl 2011 6873).

7 Eingefügt durch Anhang Ziff. 4 des Stromversorgungsgesetzes vom 23. März 2007, in Kraft seit 1. Jan. 2008 (AS 2007 3425; BBl 2005 1611).

8 Ausdruck gemäss Anhang Ziff. 16 des Finanzmarktaufsichtsgesetzes vom 22. Juni 2007, in Kraft seit 1. Jan. 2009 (AS 2008 5207 5205; BBl 2006 2829). Diese Änderung wurde im ganzen Erlass berücksichtigt.

9 Fassung gemäss Anhang Ziff. 16 des Finanzmarktaufsichtsgesetzes vom 22. Juni 2007, in Kraft seit 1. Jan. 2009 (AS 2008 5207 5205; BBl 2006 2829).

[3] Der Bundesrat legt die Bewilligungsvoraussetzungen für ausländische Börsen fest, die in der Schweiz tätig werden wollen, hier aber keinen Sitz haben.

[4] Er kann börsenähnliche Einrichtungen ganz oder teilweise dem Gesetz unterstellen oder auf die Unterstellung bestimmter Börsen oder börsenähnlicher Einrichtungen verzichten, wenn der Gesetzeszweck es rechtfertigt.

[5] Verändern sich die Bewilligungsvoraussetzungen nachträglich, so ist für die Weiterführung der Geschäftstätigkeit die Genehmigung der FINMA einzuholen.

Art. 4 Selbstregulierung

[1] Die Börse gewährleistet eine eigene, ihrer Tätigkeit angemessene Betriebs-, Verwaltungs- und Überwachungsorganisation.

[2] Sie unterbreitet ihre Reglemente und deren Änderungen der FINMA zur Genehmigung.

Art. 5 Organisation des Handels

[1] Die Börse erlässt ein Reglement zur Organisation eines leistungsfähigen und transparenten Handels.

[2] Sie führt ein Journal als chronologische Aufzeichnung über sämtliche bei ihr getätigten und über die ihr gemeldeten Geschäfte. Darin erfasst sie namentlich Zeitpunkt, beteiligte Händler, Effekten, Stückzahl oder Nominalwert und Preis der gehandelten Effekten.

[3] Sie stellt sicher, dass alle Angaben, die für die Transparenz des Effektenhandels erforderlich sind, öffentlich bekannt gemacht werden. Dies gilt namentlich für Kursinformationen über die gehandelten Effekten, Angaben über den Umsatz der Effekten im börslichen und ausserbörslichen Handel, sowie die Bezeichnung der Gesellschaften, für welche die Angebotspflicht nach den Artikeln 32 und 52 nicht gilt oder der Grenzwert auf über 33⅓ Prozent angehoben wurde.

Art. 6 Überwachung des Handels

[1] Die Börse überwacht die Kursbildung, den Abschluss und die Abwicklung der getätigten Transaktionen in der Weise, dass die Ausnützung der Kenntnis einer vertraulichen Tatsache, Kursmanipulationen und andere Gesetzesverletzungen aufgedeckt werden können.

[2] Bei Verdacht auf Gesetzesverletzungen oder sonstige Missstände benachrichtigt die Börse die FINMA. Diese ordnet die notwendigen Untersuchungen an.

Art. 7 Zulassung von Effektenhändlern

Die Börse erlässt ein Reglement über die Zulassung, die Pflichten und den Ausschluss von Effektenhändlern und beachtet dabei insbesondere den Grundsatz der Gleichbehandlung.

Art. 8 Zulassung von Effekten

[1] Die Börse erlässt ein Reglement über die Zulassung von Effekten zum Handel.

[2] Das Reglement enthält Vorschriften über die Handelbarkeit der Effekten und legt fest, welche Informationen für die Beurteilung der Eigenschaften der Effekten und der Qualität des Emittenten durch die Anleger nötig sind.

[3] Es trägt international anerkannten Standards Rechnung.

3bis Es macht die Zulassung von Beteiligungspapieren und Anleihensobligationen davon abhängig, dass die Artikel 7 und 8 des Revisionsaufsichtsgesetzes vom 16. Dezember 2005[10] eingehalten werden.[11]

[4] Die Börse erteilt die Zulassung, wenn die Bedingungen des Reglements erfüllt sind.

Art. 9 Beschwerdeinstanz

[1] Die Börse bestellt eine unabhängige Beschwerdeinstanz, welche bei Verweigerung der Zulassung eines Effektenhändlers oder der Effektenzulassung sowie bei Ausschluss eines Effektenhändlers oder Widerruf der Effektenzulassung angerufen werden kann. Sie regelt deren Organisation und Verfahren.

[2] Die Organisationsstruktur, die Verfahrensvorschriften und die Ernennung der Mitglieder bedürfen der Genehmigung durch die FINMA.

[3] Vorbehalten bleibt, nach Durchführung des Beschwerdeverfahrens, die Klage beim Zivilrichter.

(...)

5a.[52] Abschnitt: Aufsichtsrechtlich unzulässiges Marktverhalten

Art. 33e Ausnützen von Insiderinformationen

[1] Unzulässig handelt, wer eine Information, von der er weiss oder wissen muss, dass es eine Insiderinformation ist:

a. dazu ausnützt, Effekten, die an einer Börse oder einer börsenähnlichen Einrichtung in der Schweiz zum Handel zugelassen sind, zu erwerben, zu veräussern oder daraus abgeleitete Finanzinstrumente einzusetzen;

b. einem anderen mitteilt;

---

10 SR 221.302
11 Eingefügt durch Anhang Ziff. 2 des Revisionsaufsichtsgesetzes vom 16. Dez. 2005, in Kraft seit 1. Sept. 2007 (AS 2007 3971; BBl 2004 3969).
52 Eingefügt durch Ziff. I des BG vom 28. Sept. 2012, in Kraft seit 1. Mai 2013 (AS 2013 1103; BBl 2011 6873).

c. dazu ausnützt, einem anderen eine Empfehlung zum Erwerb oder zur Veräusserung von Effekten, die an einer Börse oder einer börsenähnlichen Einrichtung in der Schweiz zum Handel zugelassen sind, oder zum Einsatz von daraus abgeleiteten Finanzinstrumenten abzugeben.

² Der Bundesrat erlässt Vorschriften über die zulässige Verwendung von Insiderinformationen, insbesondere im Zusammenhang mit:

a. Effektengeschäften zur Vorbereitung eines öffentlichen Kaufangebots;

b. einer besonderen Rechtsstellung des Informationsempfängers.

Art. 33f Marktmanipulation

¹ Unzulässig handelt, wer:

a. Informationen öffentlich verbreitet, von denen er weiss oder wissen muss, dass sie falsche oder irreführende Signale für das Angebot, die Nachfrage oder den Kurs von Effekten geben, die an einer Börse oder einer börsenähnlichen Einrichtung in der Schweiz zum Handel zugelassen sind;

b. Geschäfte oder Kauf- oder Verkaufsaufträge tätigt, von denen er weiss oder wissen muss, dass sie falsche oder irreführende Signale für das Angebot, die Nachfrage oder den Kurs von Effekten geben, die an einer Börse oder einer börsenähnlichen Einrichtung in der Schweiz zum Handel zugelassen sind.

² Der Bundesrat erlässt Vorschriften über zulässige Verhaltensweisen, insbesondere im Zusammenhang mit:

a. Effektengeschäften zum Zweck der Kurspflege und Preisstabilisierung;

b. Rückkaufprogrammen für eigene Effekten.

(...)

9. Abschnitt: Strafbestimmungen

Art. 40[70] Ausnützen von Insiderinformationen

¹ Mit Freiheitsstrafe bis zu drei Jahren oder Geldstrafe wird bestraft, wer als Organ oder Mitglied eines Leitungs- oder Aufsichtsorgans eines Emittenten oder einer den Emittenten beherrschenden oder von ihm beherrschten Gesellschaft oder als eine Person, die aufgrund ihrer Beteiligung oder aufgrund ihrer Tätigkeit bestimmungsgemäss Zugang zu Insiderinformationen hat, sich oder einem anderen einen Vermögensvorteil verschafft, indem er eine Insiderinformation:

a. dazu ausnützt, Effekten, die an einer Börse oder einer börsenähnlichen Einrichtung in der Schweiz zum Handel zugelassen sind, zu erwerben, zu veräussern oder daraus abgeleitete Finanzinstrumente einzusetzen;

---

70 Fassung gemäss Ziff. I des BG vom 28. Sept. 2012, in Kraft seit 1. Mai 2013(AS **2013** 1103; BBl **2011** 6873).

b. einem anderen mitteilt;

c. dazu ausnützt, einem anderen eine Empfehlung zum Erwerb oder zur Veräusserung von Effekten, die an einer Börse oder einer börsenähnlichen Einrichtung in der Schweiz zum Handel zugelassen sind, oder zum Einsatz von daraus abgeleiteten Finanzinstrumenten abzugeben.

[2] Mit Freiheitsstrafe bis zu fünf Jahren oder Geldstrafe wird bestraft, wer durch eine Handlung nach Absatz 1 einen Vermögensvorteil von mehr als einer Million Franken erzielt.

[3] Mit Freiheitsstrafe bis zu einem Jahr oder Geldstrafe wird bestraft, wer sich oder einem anderen einen Vermögensvorteil verschafft, indem er eine Insiderinformation, die ihm von einer Person nach Absatz 1 mitgeteilt wurde oder die er sich durch ein Verbrechen oder Vergehen verschafft hat, dazu ausnützt, Effekten, die an einer Börse oder einer börsenähnlichen Einrichtung in der Schweiz zum Handel zugelassen sind, zu erwerben oder zu veräussern oder daraus abgeleitete Finanzinstrumente einzusetzen.

[4] Mit Busse wird bestraft, wer nicht zu den Personen nach den Absätzen 1–3 gehört und sich oder einem anderen einen Vermögensvorteil verschafft, indem er eine Insiderinformation dazu ausnützt, Effekten, die an einer Börse oder einer börsenähnlichen Einrichtung in der Schweiz zum Handel zugelassen sind, zu erwerben, zu veräussern oder daraus abgeleitete Finanzinstrumente einzusetzen.

Art. 40a[71]   Kursmanipulation

[1] Mit Freiheitsstrafe bis zu drei Jahren oder Geldstrafe wird bestraft, wer in der Absicht, den Kurs von Effekten, die an einer Börse oder einer börsenähnlichen Einrichtung in der Schweiz zum Handel zugelassen sind, erheblich zu beeinflussen, um daraus für sich oder für einen anderen einen Vermögensvorteil zu erzielen:

a. wider besseren Wissens falsche oder irreführende Informationen verbreitet;

b. Käufe und Verkäufe von solchen Effekten tätigt, die beidseitig direkt oder indirekt auf Rechnung derselben Person oder zu diesem Zweck verbundener Personen erfolgen.

[2] Mit Freiheitsstrafe bis zu fünf Jahren oder Geldstrafe wird bestraft, wer durch eine Handlung nach Absatz 1 einen Vermögensvorteil von mehr als einer Million Franken erzielt.

Art. 41   Verletzung von Meldepflichten

[1] Mit Busse bis zu 10 Millionen Franken wird bestraft, wer vorsätzlich:

a. seine qualifizierte Beteiligung an einer kotierten Gesellschaft nicht meldet (Art. 20);

---

71 Eingefügt durch Ziff. I des BG vom 28. Sept. 2012, in Kraft seit 1. Mai 2013 (AS **2013** 1103; BBl **2011** 6873).

b. als Inhaber einer qualifizierten Beteiligung an einer Zielgesellschaft den Erwerb oder Verkauf von Beteiligungspapieren dieser Gesellschaft nicht meldet (Art. 31).[72]

2 ...[73]

3 Wer fahrlässig handelt, wird mit Busse bis zu 1 000 000 Franken bestraft.[74]

4 Im Fall einer Wiederholung innert fünf Jahren nach der rechtskräftigen Verurteilung beträgt die Busse mindestens 10 000 Franken.[75]

Art. 41a[76] Verletzung der Angebotspflicht

Mit Busse bis zu 10 Millionen Franken wird bestraft, wer vorsätzlich einer rechtskräftig festgestellten Pflicht zur Unterbreitung eines Angebots (Art. 32) keine Folge leistet.

Art. 42[77] Pflichtverletzungen durch die Zielgesellschaft

1 Mit Busse bis zu 500 000 Franken wird bestraft, wer vorsätzlich:

a. den Inhabern von Beteiligungspapieren die vorgeschriebene Stellungnahme zu einem Angebot nicht erstattet oder diese nicht veröffentlicht (Art. 29 Abs. 1);

b. in dieser Stellungnahme unwahre oder unvollständige Angaben macht (Art. 29 Abs. 1).

2 Wer fahrlässig handelt, wird mit Busse bis zu 150 000 Franken bestraft.

3 Im Fall einer Wiederholung innert fünf Jahren nach der rechtskräftigen Verurteilung beträgt die Busse mindestens 10 000 Franken.

Art. 42a[78] Pflichtverletzungen des Effektenhändlers

1 Mit Busse bis zu 500 000 Franken wird bestraft, wer vorsätzlich:

a. das Journal nach Artikel 15 nicht ordnungsgemäss führt oder Geschäftsbücher, Belege und Unterlagen nicht vorschriftsgemäss aufbewahrt;

b. die in Artikel 15 auferlegten Meldepflichten verletzt.

2 Wer fahrlässig handelt, wird mit Busse bis zu 150 000 Franken bestraft.

3 Im Fall einer Wiederholung innert fünf Jahren nach der rechtskräftigen Verurteilung beträgt die Busse mindestens 10 000 Franken.

---

72 Fassung gemäss Ziff. I des BG vom 28. Sept. 2012, in Kraft seit 1. Mai 2013 (AS **2013** 1103; BBl **2011** 6873).

73 Aufgehoben durch Ziff. I des BG vom 28. Sept. 2012, mit Wirkung seit 1. Mai 2013 (AS 2013 1103; BBl 2011 6873).

74 Fassung gemäss Anhang Ziff. 16 des Finanzmarktaufsichtsgesetzes vom 22. Juni 2007, in Kraft seit 1. Jan. 2009 (AS 2008 5207 5205; BBl 2006 2829).

75 Eingefügt durch Anhang Ziff. 16 des Finanzmarktaufsichtsgesetzes vom 22. Juni 2007, in Kraft seit 1. Jan. 2009 (AS 2008 5207 5205; BBl 2006 2829).

76 Eingefügt durch Ziff. I des BG vom 28. Sept. 2012, in Kraft seit 1. Mai 2013 (AS 2013 1103; BBl 2011 6873).

77 Fassung gemäss Anhang Ziff. 16 des Finanzmarktaufsichtsgesetzes vom 22. Juni 2007, in Kraft seit 1. Jan. 2009 (AS 2008 5207 5205; BBl 2006 2829).

78 Eingefügt durch Anhang Ziff. 16 des Finanzmarktaufsichtsgesetzes vom 22. Juni 2007, in Kraft seit 1. Jan. 2009 (AS 2008 5207 5205; BBl 2006 2829).

Art. 43[79] Verletzung des Berufsgeheimnisses

[1] Mit Freiheitsstrafe bis zu drei Jahren oder Geldstrafe wird bestraft, wer vorsätzlich:

a. ein Geheimnis offenbart, das ihm in seiner Eigenschaft als Organ, Angestellter, Beauftragter oder Liquidator einer Börse oder eines Effektenhändlers, als Organ oder Angestellter einer Prüfgesellschaft anvertraut worden ist oder das er in seiner dienstlichen Stellung wahrgenommen hat;

b. zu einer solchen Verletzung des Berufsgeheimnisses zu verleiten sucht.

[2] Wer fahrlässig handelt, wird mit Busse bis zu 250 000 Franken bestraft.

[3] Im Fall einer Wiederholung innert fünf Jahren nach der rechtskräftigen Verurteilung beträgt die Geldstrafe mindestens 45 Tagessätze.

[4] Die Verletzung des Berufsgeheimnisses ist auch nach Beendigung des amtlichen oder dienstlichen Verhältnisses oder der Berufsausübung strafbar.

[5] Vorbehalten bleiben die eidgenössischen und kantonalen Bestimmungen über die Zeugnispflicht und über die Auskunftspflicht gegenüber einer Behörde.

[6] Verfolgung und Beurteilung der Handlungen nach dieser Bestimmung obliegen den Kantonen. Die allgemeinen Bestimmungen des Strafgesetzbuches[80] kommen zur Anwendung.

Art. 44[81] Zuständigkeit

[1] Verfolgung und Beurteilung der Handlungen nach den Artikeln 40 und 40a unterstehen der Bundesgerichtsbarkeit.

[2] Eine Übertragung der Zuständigkeit auf die kantonalen Behörden ist ausgeschlossen.

(...)

Datum des Inkrafttretens: 1. Februar 1997[87]

Datum des Inkrafttretens der Art. 2 Bst. e, 20 Abs. 1–4 und 6, 21, 22, 23 Abs. 3–5, 24–27, 29 Abs. 1 und 2, 30 Abs. 1, 31 Abs. 1–4, 32 Abs. 1–5 und 7, 33, 35 Abs. 2 Bst. d und e, 41 Abs. 1 Bst. a und b sowie Abs. 2, 42 und 51–54: 1. Januar 1998[88]

---

79 Fassung gemäss Anhang Ziff. 16 des Finanzmarktaufsichtsgesetzes vom 22. Juni 2007, in Kraft seit 1. Jan. 2009 (AS 2008 5207 5205; BBl 2006 2829).

80 SR 311.0

81 Fassung gemäss Ziff. I des BG vom 28. Sept. 2012, in Kraft seit 1. Mai 2013(AS 2013 1103; BBl 2011 6873).

87 BRB vom 2. Dez. 1996

88 Art. 1 der V vom 13. Aug. 1997 (AS 1997 2044).

19. Schweizerische Strafprozessordnung
(Strafprozessordnung, StPO)

Inhaltsverzeichnis

467

19. Schweizerische Strafprozessordnung
(Strafprozessordnung, StPO)

vom 5. Oktober 2007

Die Bundesversammlung der Schweizerischen Eidgenossenschaft,

gestützt auf Artikel 123 Absatz 1 der Bundesverfassung[1],

nach Einsicht in die Botschaft des Bundesrates vom 21. Dezember 2005[2],

beschliesst:

1. Titel: Geltungsbereich und Grundsätze
1. Kapitel: Geltungsbereich und Ausübung der Strafrechtspflege

Art. 1 Geltungsbereich

[1] Dieses Gesetz regelt die Verfolgung und Beurteilung der Straftaten nach Bundesrecht durch die Strafbehörden des Bundes und der Kantone.

[2] Die Verfahrensvorschriften anderer Bundesgesetze bleiben vorbehalten.

Art. 2 Ausübung der Strafrechtspflege

[1] Die Strafrechtspflege steht einzig den vom Gesetz bestimmten Behörden zu.

[2] Strafverfahren können nur in den vom Gesetz vorgesehenen Formen durchgeführt und abgeschlossen werden.

2. Kapitel: Grundsätze des Strafverfahrensrechts

Art. 3 Achtung der Menschenwürde und Fairnessgebot

[1] Die Strafbehörden achten in allen Verfahrensstadien die Würde der vom Verfahren betroffenen Menschen.

[2] Sie beachten namentlich:

a. den Grundsatz von Treu und Glauben;

b. das Verbot des Rechtsmissbrauchs;

c. das Gebot, alle Verfahrensbeteiligten gleich und gerecht zu behandeln und ihnen rechtliches Gehör zu gewähren;

SR 312.0. AS 2010 1881

1   SR 101

2   BBl 2006 1085

d. das Verbot, bei der Beweiserhebung Methoden anzuwenden, welche die Menschenwürde verletzen.

Art. 4 Unabhängigkeit

¹ Die Strafbehörden sind in der Rechtsanwendung unabhängig und allein dem Recht verpflichtet.

² Gesetzliche Weisungsbefugnisse nach Artikel 14 gegenüber den Strafverfolgungsbehörden bleiben vorbehalten.

Art. 5 Beschleunigungsgebot

¹ Die Strafbehörden nehmen die Strafverfahren unverzüglich an die Hand und bringen sie ohne unbegründete Verzögerung zum Abschluss.

² Befindet sich eine beschuldigte Person in Haft, so wird ihr Verfahren vordringlich durchgeführt.

Art. 6 Untersuchungsgrundsatz

¹ Die Strafbehörden klären von Amtes wegen alle für die Beurteilung der Tat und der beschuldigten Person bedeutsamen Tatsachen ab.

² Sie untersuchen die belastenden und entlastenden Umstände mit gleicher Sorgfalt.

Art. 7 Verfolgungszwang

¹ Die Strafbehörden sind verpflichtet, im Rahmen ihrer Zuständigkeit ein Verfahren einzuleiten und durchzuführen, wenn ihnen Straftaten oder auf Straftaten hinweisende Verdachtsgründe bekannt werden.

² Die Kantone können vorsehen, dass:

a. die strafrechtliche Verantwortlichkeit der Mitglieder ihrer gesetzgebenden und richterlichen Behörden sowie ihrer Regierungen für Äusserungen im kantonalen Parlament ausgeschlossen oder beschränkt wird;

b. die Strafverfolgung der Mitglieder ihrer Vollziehungs- und Gerichtsbehörden wegen im Amt begangener Verbrechen oder Vergehen von der Ermächtigung einer nicht richterlichen Behörde abhängt.

Art. 8 Verzicht auf Strafverfolgung

¹ Staatsanwaltschaft und Gerichte sehen von der Strafverfolgung ab, wenn das Bundesrecht es vorsieht, namentlich unter den Voraussetzungen der Artikel 52, 53 und 54 des Strafgesetzbuches[3] (StGB).

² Sofern nicht überwiegende Interessen der Privatklägerschaft entgegenstehen, sehen sie ausserdem von einer Strafverfolgung ab, wenn:

---

3 SR 311.0

a. der Straftat neben den anderen der beschuldigten Person zur Last gelegten Taten für die Festsetzung der zu erwartenden Strafe oder Massnahme keine wesentliche Bedeutung zukommt;

b. eine voraussichtlich nicht ins Gewicht fallende Zusatzstrafe zu einer rechtskräftig ausgefällten Strafe auszusprechen wäre;

c. eine im Ausland ausgesprochene Strafe anzurechnen wäre, welche der für die verfolgte Straftat zu erwartenden Strafe entspricht.

[3] Sofern nicht überwiegende Interessen der Privatklägerschaft entgegenstehen, können Staatsanwaltschaft und Gerichte von der Strafverfolgung absehen, wenn die Straftat bereits von einer ausländischen Behörde verfolgt oder die Verfolgung an eine solche abgetreten wird.

[4] Sie verfügen in diesen Fällen, dass kein Verfahren eröffnet oder das laufende Verfahren eingestellt wird.

Art. 9 Anklagegrundsatz

[1] Eine Straftat kann nur gerichtlich beurteilt werden, wenn die Staatsanwaltschaft gegen eine bestimmte Person wegen eines genau umschriebenen Sachverhalts beim zuständigen Gericht Anklage erhoben hat.

[2] Das Strafbefehls- und das Übertretungsstrafverfahren bleiben vorbehalten.

Art. 10 Unschuldsvermutung und Beweiswürdigung

[1] Jede Person gilt bis zu ihrer rechtskräftigen Verurteilung als unschuldig.

[2] Das Gericht würdigt die Beweise frei nach seiner aus dem gesamten Verfahren gewonnenen Überzeugung.

[3] Bestehen unüberwindliche Zweifel an der Erfüllung der tatsächlichen Voraussetzungen der angeklagten Tat, so geht das Gericht von der für die beschuldigte Person günstigeren Sachlage aus.

Art. 11 Verbot der doppelten Strafverfolgung

[1] Wer in der Schweiz rechtskräftig verurteilt oder freigesprochen worden ist, darf wegen der gleichen Straftat nicht erneut verfolgt werden.

[2] Vorbehalten bleiben die Wiederaufnahme eines eingestellten oder nicht anhand genommenen Verfahrens und die Revision.

2. Titel: Strafbehörden

1. Kapitel: Befugnisse

1. Abschnitt: Allgemeine Bestimmungen

Art. 12 Strafverfolgungsbehörden

Strafverfolgungsbehörden sind:

a. die Polizei;

b. die Staatsanwaltschaft;

c. die Übertretungsstrafbehörden.

Art. 13 Gerichte

Gerichtliche Befugnisse im Strafverfahren haben:

a. das Zwangsmassnahmengericht;

b. das erstinstanzliche Gericht;

c. die Beschwerdeinstanz;

d. das Berufungsgericht.

Art. 14 Bezeichnung und Organisation der Strafbehörden

[1] Bund und Kantone bestimmen ihre Strafbehörden und deren Bezeichnungen.

[2] Sie regeln Wahl, Zusammensetzung, Organisation und Befugnisse der Strafbehörden, soweit dieses Gesetz oder andere Bundesgesetze dies nicht abschliessend regeln.

[3] Sie können Ober- oder Generalstaatsanwaltschaften vorsehen.

[4] Sie können mehrere gleichartige Strafbehörden einsetzen und bestimmen für diesen Fall den jeweiligen örtlichen und sachlichen Zuständigkeitsbereich; ausgenommen sind die Beschwerdeinstanz und das Berufungsgericht.

[5] Sie regeln die Aufsicht über ihre Strafbehörden.

2. Abschnitt: Strafverfolgungsbehörden

Art. 15 Polizei

[1] Die Tätigkeit der Polizei von Bund, Kantonen und Gemeinden im Rahmen der Strafverfolgung richtet sich nach diesem Gesetz.

[2] Die Polizei ermittelt Straftaten aus eigenem Antrieb, auf Anzeige von Privaten und Behörden sowie im Auftrag der Staatsanwaltschaft; dabei untersteht sie der Aufsicht und den Weisungen der Staatsanwaltschaft.

[3] Ist ein Straffall bei einem Gericht hängig, so kann dieses der Polizei Weisungen und Aufträge erteilen.

Art. 16 Staatsanwaltschaft

¹ Die Staatsanwaltschaft ist für die gleichmässige Durchsetzung des staatlichen Strafanspruchs verantwortlich.

² Sie leitet das Vorverfahren, verfolgt Straftaten im Rahmen der Untersuchung, erhebt gegebenenfalls Anklage und vertritt die Anklage.

Art. 17 Übertretungsstrafbehörden

¹ Bund und Kantone können die Verfolgung und Beurteilung von Übertretungen Verwaltungsbehörden übertragen.

² Übertretungen, die im Zusammenhang mit einem Verbrechen oder Vergehen verübt worden sind, werden zusammen mit diesem durch die Staatsanwaltschaft und die Gerichte verfolgt und beurteilt.

3. Abschnitt: Gerichte

Art. 18 Zwangsmassnahmengericht

¹ Das Zwangsmassnahmengericht ist zuständig für die Anordnung der Untersuchungs- und der Sicherheitshaft und, soweit in diesem Gesetz vorgesehen, für die Anordnung oder Genehmigung weiterer Zwangsmassnahmen.

² Mitglieder des Zwangsmassnahmengerichts können im gleichen Fall nicht als Sachrichterinnen oder Sachrichter tätig sein.

Art. 19 Erstinstanzliches Gericht

¹ Das erstinstanzliche Gericht beurteilt in erster Instanz alle Straftaten, die nicht in die Zuständigkeit anderer Behörden fallen.

² Bund und Kantone können als erstinstanzliches Gericht ein Einzelgericht vorsehen für die Beurteilung von:
a. Übertretungen;
b. Verbrechen und Vergehen, mit Ausnahme derer, für welche die Staatsanwaltschaft eine Freiheitsstrafe von mehr als zwei Jahren, eine Verwahrung nach Artikel 64 StGB⁴, eine Behandlung nach Artikel 59 Absatz 3 StGB oder, bei gleichzeitig zu widerrufenden bedingten Sanktionen, einen Freiheitsentzug von mehr als zwei Jahren beantragt.

Art. 20 Beschwerdeinstanz

¹ Die Beschwerdeinstanz beurteilt Beschwerden gegen Verfahrenshandlungen und gegen nicht der Berufung unterliegende Entscheide:
a. der erstinstanzlichen Gerichte;
b. der Polizei, der Staatsanwaltschaft und der Übertretungsstrafbehörden;

---

4 SR 311.0

c. des Zwangsmassnahmengerichts in den in diesem Gesetz vorgesehenen Fällen.

2 Bund und Kantone können die Befugnisse der Beschwerdeinstanz dem Berufungsgericht übertragen.

Art. 21 Berufungsgericht

1 Das Berufungsgericht entscheidet über:

a. Berufungen gegen Urteile der erstinstanzlichen Gerichte;
b. Revisionsgesuche.

2 Wer als Mitglied der Beschwerdeinstanz tätig geworden ist, kann im gleichen Fall nicht als Mitglied des Berufungsgerichts wirken.

3 Mitglieder des Berufungsgerichts können im gleichen Fall nicht als Revisionsrichterinnen und Revisionsrichter tätig sein.

2. Kapitel: Sachliche Zuständigkeit

1. Abschnitt: Abgrenzung der Zuständigkeit zwischen Bund und Kantonen

Art. 22 Kantonale Gerichtsbarkeit

Die kantonalen Strafbehörden verfolgen und beurteilen die Straftaten des Bundesrechts; vorbehalten bleiben die gesetzlichen Ausnahmen.

Art. 23 Bundesgerichtsbarkeit im Allgemeinen

1 Der Bundesgerichtsbarkeit unterstehen folgende Straftaten des StGB[5]:

a.[6] die Straftaten des ersten und vierten Titels sowie der Artikel 140, 156, 189 und 190, sofern sie gegen völkerrechtlich geschützte Personen, gegen Magistratspersonen des Bundes, gegen Mitglieder der Bundesversammlung, gegen die Bundesanwältin, den Bundesanwalt oder die Stellvertretenden Bundesanwältinnen oder Bundesanwälte gerichtet sind;
b. die Straftaten der Artikel 137–141, 144, 160 und 172ter, sofern sie Räumlichkeiten, Archive oder Schriftstücke diplomatischer Missionen und konsularischer Posten betreffen;
c. die Geiselnahme nach Artikel 185 zur Nötigung von Behörden des Bundes oder des Auslandes;
d. die Verbrechen und Vergehen der Artikel 224–226ter;
e. die Verbrechen und Vergehen des zehnten Titels betreffend Metallgeld, Papiergeld und Banknoten, amtliche Wertzeichen und sonstige Zeichen des Bundes, Mass und Gewicht;

---

5 SR 311.0
6 Fassung gemäss Anhang Ziff. II 7 des Strafbehördenorganisationsgesetzes vom 19. März 2010, in Kraft seit 1. Jan. 2011 (AS 2010 3267; BBl 2008 8125).

f. die Verbrechen und Vergehen des elften Titels, sofern es sich um Urkunden des Bundes handelt, ausgenommen Fahrausweise und Belege des Postzahlungsverkehrs;

g.[7] die Straftaten des zwölften Titels[bis] und des zwölften Titels[ter] sowie des Artikels 264k;

h. die Straftaten des Artikels 260bis sowie des dreizehnten bis fünfzehnten und des siebzehnten Titels, sofern sie gegen den Bund, die Behörden des Bundes, gegen den Volkswillen bei eidgenössischen Wahlen, Abstimmungen, Referendums- oder Initiativbegehren, gegen die Bundesgewalt oder gegen die Bundesrechtspflege gerichtet sind;

i. die Verbrechen und Vergehen des sechzehnten Titels;

j. die Straftaten des achtzehnten und neunzehnten Titels, sofern sie von einem Behördenmitglied oder Angestellten des Bundes oder gegen den Bund verübt wurden;

k. die Übertretungen der Artikel 329–331;

l. die politischen Verbrechen und Vergehen, die Ursache oder Folge von Unruhen sind, durch die eine bewaffnete eidgenössische Intervention veranlasst wird.

[2] Die in besonderen Bundesgesetzen enthaltenen Vorschriften über die Zuständigkeit des Bundesstrafgerichts bleiben vorbehalten.

Art. 24 Bundesgerichtsbarkeit bei organisiertem Verbrechen, Finanzierung des Terrorismus und Wirtschaftskriminalität

[1] Der Bundesgerichtsbarkeit unterstehen zudem die Straftaten nach den Artikeln 260ter, 260[quinquies], 305bis, 305ter und 322ter–322[septies] StGB[8] sowie die Verbrechen, die von einer kriminellen Organisation im Sinne von Artikel 260ter StGB ausgehen, wenn die Straftaten:

a. zu einem wesentlichen Teil im Ausland begangen worden sind;

b. in mehreren Kantonen begangen worden sind und dabei kein eindeutiger Schwerpunkt in einem Kanton besteht.

[2] Bei Verbrechen des zweiten und des elften Titels des StGB kann die Staatsanwaltschaft des Bundes eine Untersuchung eröffnen, wenn:

a. die Voraussetzungen von Absatz 1 erfüllt sind; und

b. keine kantonale Strafverfolgungsbehörde mit der Sache befasst ist oder die zuständige kantonale Strafverfolgungsbehörde die Staatsanwaltschaft des Bundes um Übernahme des Verfahrens ersucht.

[3] Die Eröffnung einer Untersuchung nach Absatz 2 begründet Bundesgerichtsbarkeit.

---

7 Fassung gemäss Ziff. I 3 des BG vom 18. Juni 2010 über die Änderung von Bundesgesetzen zur Umsetzung des Römer Statuts des Internationalen Strafgerichtshofes, in Kraft seit 1. Jan. 2011 (AS 2010 4963; BBl 2008 3863).
8 SR 311.0

Art. 25   Delegation an die Kantone

[1] Die Staatsanwaltschaft des Bundes kann eine Strafsache, für welche Bundesgerichtsbarkeit nach Artikel 23 gegeben ist, den kantonalen Behörden zur Untersuchung und Beurteilung, ausnahmsweise nur zur Beurteilung übertragen. Ausgenommen sind Strafsachen nach Artikel 23 Absatz 1 Buchstabe g.

[2] In einfachen Fällen kann sie auch eine Strafsache, für welche Bundesgerichtsbarkeit nach Artikel 24 gegeben ist, den kantonalen Behörden zur Untersuchung und Beurteilung übertragen.

Art. 26   Mehrfache Zuständigkeit

[1] Wurde die Straftat in mehreren Kantonen oder im Ausland begangen oder haben Täterinnen, Täter, Mittäterinnen, Mittäter, Teilnehmerinnen oder Teilnehmer ihren Wohnsitz oder ihren gewöhnlichen Aufenthaltsort in verschiedenen Kantonen, so entscheidet die Staatsanwaltschaft des Bundes, welcher Kanton die Strafsache untersucht und beurteilt.

[2] Ist in einer Strafsache sowohl Bundesgerichtsbarkeit als auch kantonale Gerichtsbarkeit gegeben, so kann die Staatsanwaltschaft des Bundes die Vereinigung der Verfahren in der Hand der Bundesbehörden oder der kantonalen Behörden anordnen.

[3] Eine nach Absatz 2 begründete Gerichtsbarkeit bleibt bestehen, auch wenn der die Zuständigkeit begründende Teil des Verfahrens eingestellt wird.

[4] Kommt eine Delegation im Sinne dieses Kapitels in Frage, so stellen die Staatsanwaltschaften des Bundes und der Kantone sich die Akten gegenseitig zur Einsichtnahme zu. Nach dem Entscheid gehen die Akten an die Behörde, welche die Sache zu untersuchen und zu beurteilen hat.

Art. 27   Zuständigkeit für erste Ermittlungen

[1] Ist in einem Fall Bundesgerichtsbarkeit gegeben, ist die Sache dringlich und sind die Strafbehörden des Bundes noch nicht tätig geworden, so können die polizeilichen Ermittlungen und die Untersuchung auch von den kantonalen Behörden durchgeführt werden, die nach den Gerichtsstandsregeln örtlich zuständig wären. Die Staatsanwaltschaft des Bundes ist unverzüglich zu orientieren; der Fall ist ihr so bald als möglich zu übergeben beziehungsweise zum Entscheid nach Artikel 25 oder 26 zu unterbreiten.

[2] Bei Straftaten, die ganz oder teilweise in mehreren Kantonen oder im Ausland begangen worden sind und bei denen die Zuständigkeit des Bundes oder eines Kantons noch nicht feststeht, können die Strafbehörden des Bundes erste Ermittlungen durchführen.

Art. 28   Konflikte

Konflikte zwischen der Staatsanwaltschaft des Bundes und kantonalen Strafbehörden entscheidet das Bundesstrafgericht.

2. Abschnitt: Zuständigkeit beim Zusammentreffen mehrerer Straftaten

Art. 29 Grundsatz der Verfahrenseinheit

[1] Straftaten werden gemeinsam verfolgt und beurteilt, wenn:

a. eine beschuldigte Person mehrere Straftaten verübt hat; oder

b. Mittäterschaft oder Teilnahme vorliegt.

[2] Handelt es sich um Straftaten, die teilweise in die Zuständigkeit des Bundes fallen oder die in verschiedenen Kantonen und von mehreren Personen begangen worden sind, so gehen die Artikel 25 und 33–38 vor.

Art. 30 Ausnahmen

Die Staatsanwaltschaft und die Gerichte können aus sachlichen Gründen Strafverfahren trennen oder vereinen.

3. Kapitel: Gerichtsstand

1. Abschnitt: Grundsätze

Art. 31 Gerichtsstand des Tatortes

[1] Für die Verfolgung und Beurteilung einer Straftat sind die Behörden des Ortes zuständig, an dem die Tat verübt worden ist. Liegt nur der Ort, an dem der Erfolg der Straftat eingetreten ist, in der Schweiz, so sind die Behörden dieses Ortes zuständig.

[2] Ist die Straftat an mehreren Orten verübt worden oder ist der Erfolg an mehreren Orten eingetreten, so sind die Behörden des Ortes zuständig, an dem zuerst Verfolgungshandlungen vorgenommen worden sind.

[3] Hat eine beschuldigte Person am selben Ort mehrere Verbrechen, Vergehen oder Übertretungen verübt, so werden die Verfahren vereint.

Art. 32 Gerichtsstand bei Straftaten im Ausland oder ungewissem Tatort

[1] Ist eine Straftat im Ausland verübt worden oder kann der Tatort nicht ermittelt werden, so sind für die Verfolgung und Beurteilung die Behörden des Ortes zuständig, an dem die beschuldigte Person ihren Wohnsitz oder ihren gewöhnlichen Aufenthalt hat.

[2] Hat die beschuldigte Person weder Wohnsitz noch gewöhnlichen Aufenthalt in der Schweiz, so sind die Behörden des Heimatortes zuständig; fehlt auch ein Heimatort, so sind die Behörden des Ortes zuständig, an dem die beschuldigte Person angetroffen worden ist.

[3] Fehlt ein Gerichtsstand nach den Absätzen 1 und 2, so sind die Behörden des Kantons zuständig, der die Auslieferung verlangt hat.

2. Abschnitt: Besondere Gerichtsstände

Art. 33 Gerichtsstand im Falle mehrerer Beteiligter

¹ Die Teilnehmerinnen und Teilnehmer einer Straftat werden von den gleichen Behörden verfolgt und beurteilt wie die Täterin oder der Täter.

² Ist eine Straftat von mehreren Mittäterinnen oder Mittätern verübt worden, so sind die Behörden des Ortes zuständig, an dem zuerst Verfolgungshandlungen vorgenommen worden sind.

Art. 34 Gerichtsstand bei mehreren an verschiedenen Orten verübten Straftaten

¹ Hat eine beschuldigte Person mehrere Straftaten an verschiedenen Orten verübt, so sind für die Verfolgung und Beurteilung sämtlicher Taten die Behörden des Ortes zuständig, an dem die mit der schwersten Strafe bedrohte Tat begangen worden ist. Bei gleicher Strafdrohung sind die Behörden des Ortes zuständig, an dem zuerst Verfolgungshandlungen vorgenommen worden sind.

² Ist in einem beteiligten Kanton im Zeitpunkt des Gerichtsstandsverfahrens nach den Artikeln 39–42 wegen einer der Straftaten schon Anklage erhoben worden, so werden die Verfahren getrennt geführt.

³ Ist eine Person von verschiedenen Gerichten zu mehreren gleichartigen Strafen verurteilt worden, so setzt das Gericht, das die schwerste Strafe ausgesprochen hat, auf Gesuch der verurteilten Person eine Gesamtstrafe fest.

Art. 35 Gerichtsstand bei Straftaten durch Medien

¹ Bei einer in der Schweiz begangenen Straftat nach Artikel 28 StGB⁹ sind die Behörden des Ortes zuständig, an dem das Medienunternehmen seinen Sitz hat.

² Ist die Autorin oder der Autor bekannt und hat sie oder er den Wohnsitz oder gewöhnlichen Aufenthalt in der Schweiz, so sind auch die Behörden des Wohnsitzes oder des gewöhnlichen Aufenthaltsortes zuständig. In diesem Falle wird das Verfahren dort durchgeführt, wo zuerst Verfolgungshandlungen vorgenommen worden sind. Bei Antragsdelikten kann die antragstellende Person zwischen den beiden Gerichtsständen wählen.

³ Besteht kein Gerichtsstand nach den Absätzen 1 und 2, so sind die Behörden des Ortes zuständig, an dem das Medienerzeugnis verbreitet worden ist. Erfolgt die Verbreitung an mehreren Orten, so sind die Behörden des Ortes zuständig, an dem zuerst Verfolgungshandlungen vorgenommen worden sind.

---

9 SR 311.0

Art. 36 Gerichtsstand bei Betreibungs- und Konkursdelikten
und bei Strafverfahren gegen Unternehmen

[1] Bei Straftaten nach den Artikeln 163–171bis StGB[10] sind die Behörden am
Wohnsitz, am gewöhnlichen Aufenthaltsort oder am Sitz der Schuldnerin oder
des Schuldners zuständig.

[2] Für Strafverfahren gegen das Unternehmen nach Artikel 102 StGB sind die
Behörden am Sitz des Unternehmens zuständig. Dies gilt ebenso, wenn sich
das Verfahren wegen des gleichen Sachverhalts auch gegen eine für das Unternehmen handelnde Person richtet.

[3] Fehlt ein Gerichtsstand nach den Absätzen 1 und 2, so bestimmt er sich nach
den Artikeln 31–35.

Art. 37 Gerichtsstand bei selbstständigen Einziehungen

[1] Selbstständige Einziehungen (Art. 376–378) sind an dem Ort durchzuführen, an dem sich die einzuziehenden Gegenstände oder Vermögenswerte
befinden.

[2] Befinden sich die einzuziehenden Gegenstände oder Vermögenswerte in
mehreren Kantonen und stehen sie aufgrund der gleichen Straftat oder der
gleichen Täterschaft in Zusammenhang, so sind die Behörden des Ortes
zuständig, an dem das Einziehungsverfahren zuerst eröffnet worden ist.

Art. 38 Bestimmung eines abweichenden Gerichtsstands

[1] Die Staatsanwaltschaften können untereinander einen anderen als den
in den Artikeln 31–37 vorgesehenen Gerichtsstand vereinbaren, wenn der
Schwerpunkt der deliktischen Tätigkeit oder die persönlichen Verhältnisse der
beschuldigten Person es erfordern oder andere triftige Gründe vorliegen.

[2] Zur Wahrung der Verfahrensrechte einer Partei kann die Beschwerdeinstanz
des Kantons auf Antrag dieser Partei oder von Amtes wegen nach Erhebung
der Anklage die Beurteilung in Abweichung der Gerichtsstandsvorschriften
dieses Kapitels einem andern sachlich zuständigen erstinstanzlichen Gericht
des Kantons zur Beurteilung überweisen.

3. Abschnitt: Gerichtsstandsverfahren

Art. 39 Prüfung der Zuständigkeit und Einigung

[1] Die Strafbehörden prüfen ihre Zuständigkeit von Amtes wegen und leiten
einen Fall wenn nötig der zuständigen Stelle weiter.

---

10 SR 311.0

² Erscheinen mehrere Strafbehörden als örtlich zuständig, so informieren sich die beteiligten Staatsanwaltschaften unverzüglich über die wesentlichen Elemente des Falles und bemühen sich um eine möglichst rasche Einigung.

Art. 40 Gerichtsstandskonflikte

¹ Ist der Gerichtsstand unter Strafbehörden des gleichen Kantons streitig, so entscheidet die Ober- oder Generalstaatsanwaltschaft oder, wenn keine solche vorgesehen ist, die Beschwerdeinstanz dieses Kantons endgültig.

² Können sich die Strafverfolgungsbehörden verschiedener Kantone über den Gerichtsstand nicht einigen, so unterbreitet die Staatsanwaltschaft des Kantons, der zuerst mit der Sache befasst war, die Frage unverzüglich, in jedem Fall vor der Anklageerhebung, dem Bundesstrafgericht zum Entscheid.

³ Die zum Entscheid über den Gerichtsstand zuständige Behörde kann einen andern als den in den Artikeln 31–37 vorgesehenen Gerichtsstand festlegen, wenn der Schwerpunkt der deliktischen Tätigkeit oder die persönlichen Verhältnisse der beschuldigten Person es erfordern oder andere triftige Gründe vorliegen.

Art. 41 Anfechtung des Gerichtsstands durch die Parteien

¹ Will eine Partei die Zuständigkeit der mit dem Strafverfahren befassten Behörde anfechten, so hat sie dieser unverzüglich die Überweisung des Falles an die zuständige Strafbehörde zu beantragen.

² Gegen die von den beteiligten Staatsanwaltschaften getroffene Entscheidung über den Gerichtsstand (Art. 39 Abs. 2) können sich die Parteien innert 10 Tagen bei der nach Artikel 40 zum Entscheid über den Gerichtsstand zuständigen Behörde beschweren. Haben die Staatsanwaltschaften einen abweichenden Gerichtsstand vereinbart (Art. 38 Abs. 1), so steht diese Beschwerdemöglichkeit nur jener Partei offen, deren Antrag nach Absatz 1 abgewiesen worden ist.

Art. 42 Gemeinsame Bestimmungen

¹ Bis zur verbindlichen Bestimmung des Gerichtsstands trifft die zuerst mit der Sache befasste Behörde die unaufschiebbaren Massnahmen. Wenn nötig bezeichnet die zum Entscheid über den Gerichtsstand zuständige Behörde jene Behörde, die sich vorläufig mit der Sache befassen muss.

² Verhaftete Personen werden den Behörden anderer Kantone erst zugeführt, wenn die Zuständigkeit verbindlich bestimmt worden ist.

³ Ein nach den Artikeln 38–41 festgelegter Gerichtsstand kann nur aus neuen wichtigen Gründen und nur vor der Anklageerhebung geändert werden.

4. Kapitel: Nationale Rechtshilfe

1. Abschnitt: Allgemeine Bestimmungen

Art. 43 Geltungsbereich und Begriff

[1] Die Bestimmungen dieses Kapitels regeln die Rechtshilfe in Strafsachen von Behörden des Bundes und der Kantone zugunsten der Staatsanwaltschaften, Übertretungsstrafbehörden und Gerichte des Bundes und der Kantone.

[2] Für die Polizei gelten sie insoweit, als diese nach Weisungen der Staatsanwaltschaften, Übertretungsstrafbehörden und Gerichte tätig ist.

[3] Die direkte Rechtshilfe zwischen den Polizeibehörden von Bund und Kantonen sowie von Kantonen unter sich ist zulässig, falls sie nicht Zwangsmassnahmen zum Gegenstand hat, über welche einzig die Staatsanwaltschaft oder das Gericht entscheiden kann.

[4] Als Rechtshilfe gilt jede Massnahme, um die eine Behörde im Rahmen ihrer Zuständigkeit in einem hängigen Strafverfahren ersucht.

Art. 44 Verpflichtung zur Rechtshilfe

Die Behörden des Bundes und der Kantone sind zur Rechtshilfe verpflichtet, wenn Straftaten nach Bundesrecht in Anwendung dieses Gesetzes verfolgt und beurteilt werden.

Art. 45 Unterstützung

[1] Die Kantone stellen den Strafbehörden des Bundes und der anderen Kantone soweit erforderlich und möglich Räume für deren Amtstätigkeit und für die Unterbringung von Untersuchungsgefangenen zur Verfügung.

[2] Die Kantone treffen auf Gesuch der Strafbehörden des Bundes die erforderlichen Massnahmen, um die Sicherheit der Amtstätigkeit dieser Behörden zu gewährleisten.

Art. 46 Direkter Geschäftsverkehr

[1] Die Behörden verkehren direkt miteinander.[11]

[2] Gesuche um Rechtshilfe können in der Sprache der ersuchenden oder der ersuchten Behörde gestellt werden.

[3] Besteht Unklarheit darüber, welche Behörde zuständig ist, so richtet die ersuchende Behörde das Rechtshilfegesuch an die oberste Staatsanwaltschaft des ersuchten Kantons oder des Bundes. Diese leitet es an die zuständige Stelle weiter.

---

11 Die örtlich zuständige schweizerische Justizbehörde für Rechtshilfeersuchen kann über folgende Internetseite ermittelt werden: www.elorge.admin.ch

Art. 47 Kosten

[1] Die Rechtshilfe wird unentgeltlich geleistet.

[2] Der Bund vergütet den Kantonen die von ihm verursachten Kosten für Unterstützung im Sinne von Artikel 45.

[3] Entstandene Kosten werden dem ersuchenden Kanton beziehungsweise Bund gemeldet, damit sie den kostenpflichtigen Parteien auferlegt werden können.

[4] Entschädigungspflichten aus Rechtshilfemassnahmen trägt der ersuchende Kanton oder Bund.

Art. 48 Konflikte

[1] Über Konflikte über die Rechtshilfe zwischen Behörden des gleichen Kantons entscheidet die Beschwerdeinstanz dieses Kantons endgültig.

[2] Über Konflikte zwischen Behörden des Bundes und der Kantone sowie zwischen Behörden verschiedener Kantone entscheidet das Bundesstrafgericht.

2. Abschnitt: Verfahrenshandlungen auf Verlangen des Bundes oder eines anderen Kantons

Art. 49 Grundsätze

[1] Die Staatsanwaltschaften und die Gerichte des Bundes und der Kantone können von den Strafbehörden anderer Kantone oder des Bundes die Durchführung von Verfahrenshandlungen verlangen. Die ersuchte Behörde prüft die Zulässigkeit und die Angemessenheit der verlangten Verfahrenshandlungen nicht.

[2] Für die Behandlung von Beschwerden gegen Rechtshilfemassnahmen sind die Behörden des ersuchenden Kantons oder Bundes zuständig. Bei den Behörden des ersuchten Kantons oder Bundes kann nur die Ausführung der Rechtshilfemassnahme angefochten werden.

Art. 50 Gesuch um Zwangsmassnahmen

[1] Die ersuchende Behörde verlangt Festnahmen mit einem schriftlichen Vorführungsbefehl (Art. 208).

[2] Die ersuchte Behörde führt festgenommene Personen wenn möglich innert 24 Stunden zu.

[3] Gesuche um andere Zwangsmassnahmen werden kurz begründet. In dringenden Fällen kann die Begründung nachgereicht werden.

Art. 51 Teilnahmerecht

[1] Die Parteien, ihre Rechtsbeistände und die ersuchende Behörde können an den verlangten Verfahrenshandlungen teilnehmen, soweit dieses Gesetz es vorsieht.

[2] Ist eine Teilnahme möglich, so gibt die ersuchte Behörde der ersuchenden Behörde, den Parteien und ihren Rechtsbeiständen Ort und Zeit der Verfahrenshandlung bekannt.

3. Abschnitt: Verfahrenshandlungen in einem anderen Kanton

Art. 52 Grundsätze

[1] Die Staatsanwaltschaften, Übertretungsstrafbehörden und Gerichte der Kantone und des Bundes sind berechtigt, alle Verfahrenshandlungen im Sinne dieses Gesetzes direkt in einem anderen Kanton anzuordnen und durchzuführen.

[2] Die Staatsanwaltschaft des Kantons, in dem die Verfahrenshandlung durchgeführt werden soll, wird vorgängig benachrichtigt. In dringenden Fällen ist eine nachträgliche Benachrichtigung möglich. Für die Einholung von Auskünften und für Gesuche um Herausgabe von Akten ist keine Benachrichtigung nötig.

[3] Die Kosten der Verfahrenshandlungen und daraus folgende Entschädigungspflichten trägt der durchführende Bund oder Kanton; er kann sie nach Massgabe der Artikel 426 und 427 den Parteien belasten.

Art. 53 Inanspruchnahme der Polizei

Benötigt die ersuchende Behörde für die Durchführung einer Verfahrenshandlung die Unterstützung der Polizei, so richtet sie ein entsprechendes Gesuch an die Staatsanwaltschaft des ersuchten Kantons; diese erteilt der örtlichen Polizei die nötigen Aufträge.

5. Kapitel: Internationale Rechtshilfe

Art. 54 Anwendbarkeit dieses Gesetzes

Die Gewährung der internationalen Rechtshilfe und das Rechtshilfeverfahren richten sich nur so weit nach diesem Gesetz, als andere Gesetze des Bundes und völkerrechtliche Verträge dafür keine Bestimmungen enthalten.

Art. 55 Zuständigkeit

[1] Ist ein Kanton mit einem Fall von internationaler Rechtshilfe befasst, so ist die Staatsanwaltschaft zuständig.

² Die Gerichte können während des Hauptverfahrens selbst Rechtshilfegesuche stellen.

³ Die Befugnisse der Strafvollzugsbehörden bleiben vorbehalten.

⁴ Weist das Bundesrecht Aufgaben der Rechtshilfe einer richterlichen Behörde zu, so ist die Beschwerdeinstanz zuständig.

⁵ Führt der Kanton, der mit einem ausländischen Rechtshilfeersuchen befasst ist, Verfahrenshandlungen in anderen Kantonen durch, so sind dafür die Bestimmungen über die nationale Rechtshilfe anwendbar.

⁶ Die Kantone regeln das weitere Verfahren.

6. Kapitel: Ausstand

Art. 56 Ausstandsgründe

Eine in einer Strafbehörde tätige Person tritt in den Ausstand, wenn sie:

a. in der Sache ein persönliches Interesse hat;

b. in einer anderen Stellung, insbesondere als Mitglied einer Behörde, als Rechtsbeistand einer Partei, als Sachverständige oder Sachverständiger, als Zeugin oder Zeuge, in der gleichen Sache tätig war;

c. mit einer Partei, ihrem Rechtsbeistand oder einer Person, die in der gleichen Sache als Mitglied der Vorinstanz tätig war, verheiratet ist, in eingetragener Partnerschaft lebt oder eine faktische Lebensgemeinschaft führt;

d. mit einer Partei in gerader Linie oder in der Seitenlinie bis und mit dem dritten Grad verwandt oder verschwägert ist;

e. mit dem Rechtsbeistand einer Partei oder einer Person, die in der gleichen Sache als Mitglied der Vorinstanz tätig war, in gerader Linie oder in der Seitenlinie bis und mit dem zweiten Grad verwandt oder verschwägert ist;

f. aus anderen Gründen, insbesondere wegen Freundschaft oder Feindschaft mit einer Partei oder deren Rechtsbeistand, befangen sein könnte.

Art. 57 Mitteilungspflicht

Liegt bei einer in einer Strafbehörde tätigen Person ein Ausstandsgrund vor, so teilt die Person dies rechtzeitig der Verfahrensleitung mit.

Art. 58 Ausstandsgesuch einer Partei

¹ Will eine Partei den Ausstand einer in einer Strafbehörde tätigen Person verlangen, so hat sie der Verfahrensleitung ohne Verzug ein entsprechendes Gesuch zu stellen, sobald sie vom Ausstandsgrund Kenntnis hat; die den Ausstand begründenden Tatsachen sind glaubhaft zu machen.

² Die betroffene Person nimmt zum Gesuch Stellung.

Art. 59 Entscheid

[1] Wird ein Ausstandsgrund nach Artikel 56 Buchstabe a oder f geltend gemacht oder widersetzt sich eine in einer Strafbehörde tätige Person einem Ausstandsgesuch einer Partei, das sich auf Artikel 56 Buchstaben b–e abstützt, so entscheidet ohne weiteres Beweisverfahren und endgültig:

a. die Staatsanwaltschaft, wenn die Polizei betroffen ist;

b. die Beschwerdeinstanz, wenn die Staatsanwaltschaft, die Übertretungsstrafbehörden oder die erstinstanzlichen Gerichte betroffen sind;

c. das Berufungsgericht, wenn die Beschwerdeinstanz oder einzelne Mitglieder des Berufungsgerichts betroffen sind;

d. das Bundesstrafgericht, wenn das gesamte Berufungsgericht betroffen ist.

[2] Der Entscheid ergeht schriftlich und ist zu begründen.

[3] Bis zum Entscheid übt die betroffene Person ihr Amt weiter aus.

[4] Wird das Gesuch gutgeheissen, so gehen die Verfahrenskosten zu Lasten des Bundes beziehungsweise des Kantons. Wird es abgewiesen oder war es offensichtlich verspätet oder mutwillig, so gehen die Kosten zu Lasten der gesuchstellenden Person.

Art. 60 Folgen der Verletzung von Ausstandsvorschriften

[1] Amtshandlungen, an denen eine zum Ausstand verpflichtete Person mitgewirkt hat, sind aufzuheben und zu wiederholen, sofern dies eine Partei innert 5 Tagen verlangt, nachdem sie vom Entscheid über den Ausstand Kenntnis erhalten hat.

[2] Beweise, die nicht wieder erhoben werden können, darf die Strafbehörde berücksichtigen.

[3] Wird der Ausstandsgrund erst nach Abschluss des Verfahrens entdeckt, so gelten die Bestimmungen über die Revision.

7. Kapitel: Verfahrensleitung[12]

Art. 61 Zuständigkeit

Das Verfahren leitet:

a. bis zur Einstellung oder Anklageerhebung: die Staatsanwaltschaft;

b. im Übertretungsstrafverfahren: die Übertretungsstrafbehörde;

c. im Gerichtsverfahren bei Kollegialgerichten: die Präsidentin oder der Präsident des betreffenden Gerichts;

d. im Gerichtsverfahren bei Einzelgerichten: die Richterin oder der Richter.

---

12 Berichtigt von der Redaktionskommission der BVers (Art. 58 Abs. 1 ParlG; SR 171.10).

Art. 62 Allgemeine Aufgaben

[1] Die Verfahrensleitung trifft die Anordnungen, die eine gesetzmässige und geordnete Durchführung des Verfahrens gewährleisten.

[2] Im Verfahren vor einem Kollegialgericht kommen ihr alle Befugnisse zu, die nicht dem Gericht vorbehalten sind.

Art. 63 Sitzungspolizeiliche Massnahmen

[1] Die Verfahrensleitung sorgt für Sicherheit, Ruhe und Ordnung während der Verhandlungen.

[2] Sie kann Personen, die den Geschäftsgang stören oder Anstandsregeln verletzen, verwarnen. Im Wiederholungsfalle kann sie ihnen das Wort entziehen, sie aus dem Verhandlungsraum weisen und nötigenfalls bis zum Schluss der Verhandlung in polizeilichen Gewahrsam setzen lassen. Sie kann den Verhandlungsraum räumen lassen.

[3] Sie kann die Unterstützung der am Orte der Verfahrenshandlung zuständigen Polizei verlangen.

[4] Wird eine Partei ausgeschlossen, so wird die Verfahrenshandlung gleichwohl fortgesetzt.

Art. 64 Disziplinarmassnahmen

[1] Die Verfahrensleitung kann Personen, die den Geschäftsgang stören, den Anstand verletzen oder verfahrensleitende Anordnungen missachten, mit Ordnungsbusse bis zu 1000 Franken bestrafen.

[2] Ordnungsbussen der Staatsanwaltschaft und der erstinstanzlichen Gerichte können innert 10 Tagen bei der Beschwerdeinstanz angefochten werden. Diese entscheidet endgültig.

Art. 65 Anfechtbarkeit verfahrensleitender Anordnungen der Gerichte

[1] Verfahrensleitende Anordnungen der Gerichte können nur mit dem Endentscheid angefochten werden.

[2] Hat die Verfahrensleitung eines Kollegialgerichts vor der Hauptverhandlung verfahrensleitende Anordnungen getroffen, so kann sie das Gericht von Amtes wegen oder auf Antrag ändern oder aufheben.

8. Kapitel: Allgemeine Verfahrensregeln

1. Abschnitt: Mündlichkeit; Sprache

Art. 66 Mündlichkeit

Die Verfahren vor den Strafbehörden sind mündlich, soweit dieses Gesetz nicht Schriftlichkeit vorsieht.

Art. 67 Verfahrenssprache

[1] Bund und Kantone bestimmen die Verfahrenssprachen ihrer Strafbehörden.

[2] Die Strafbehörden der Kantone führen alle Verfahrenshandlungen in ihren Verfahrenssprachen durch; die Verfahrensleitung kann Ausnahmen gestatten.

Art. 68 Übersetzungen

[1] Versteht eine am Verfahren beteiligte Person die Verfahrenssprache nicht oder kann sie sich darin nicht genügend ausdrücken, so zieht die Verfahrensleitung eine Übersetzerin oder einen Übersetzer bei. Sie kann in einfachen oder dringenden Fällen mit dem Einverständnis der betroffenen Person davon absehen, wenn sie und die protokollführende Person die fremde Sprache genügend beherrschen.

[2] Der beschuldigten Person wird, auch wenn sie verteidigt wird, in einer ihr verständlichen Sprache mindestens der wesentliche Inhalt der wichtigsten Verfahrenshandlungen mündlich oder schriftlich zur Kenntnis gebracht. Ein Anspruch auf vollständige Übersetzung aller Verfahrenshandlungen sowie der Akten besteht nicht.

[3] Akten, die nicht Eingaben von Parteien sind, werden soweit erforderlich schriftlich oder zuhanden des Protokolls mündlich übersetzt.

[4] Für die Übersetzung der Befragung des Opfers einer Straftat gegen die sexuelle Integrität ist eine Person gleichen Geschlechts beizuziehen, wenn das Opfer dies verlangt und wenn dies ohne ungebührliche Verzögerung des Verfahrens möglich ist.

[5] Für Übersetzerinnen und Übersetzer gelten die Bestimmungen über Sachverständige (Art. 73, 105, 182–191) sinngemäss.

2. Abschnitt: Öffentlichkeit

Art. 69 Grundsätze

[1] Die Verhandlungen vor dem erstinstanzlichen Gericht und dem Berufungsgericht sowie die mündliche Eröffnung von Urteilen und Beschlüssen dieser Gerichte sind mit Ausnahme der Beratung öffentlich.

[2] Haben die Parteien in diesen Fällen auf eine öffentliche Urteilsverkündung verzichtet oder ist ein Strafbefehl ergangen, so können interessierte Personen in die Urteile und Strafbefehle Einsicht nehmen.

[3] Nicht öffentlich sind:

a. das Vorverfahren; vorbehalten bleiben Mitteilungen der Strafbehörden an die Öffentlichkeit;

b. das Verfahren des Zwangsmassnahmengerichts;

c. das Verfahren der Beschwerdeinstanz und, soweit es schriftlich durchgeführt wird, des Berufungsgerichts;

d. das Strafbefehlsverfahren.

[4] Öffentliche Verhandlungen sind allgemein zugänglich, für Personen unter
16 Jahren jedoch nur mit Bewilligung der Verfahrensleitung.

Art. 70 Einschränkungen und Ausschluss der Öffentlichkeit

[1] Das Gericht kann die Öffentlichkeit von Gerichtsverhandlungen ganz oder
teilweise ausschliessen, wenn:

a. die öffentliche Sicherheit oder Ordnung oder schutzwürdige Interessen
einer beteiligten Person, insbesondere des Opfers, dies erfordern;

b. grosser Andrang herrscht.

[2] Ist die Öffentlichkeit ausgeschlossen, so können sich die beschuldigte Person, das Opfer und die Privatklägerschaft von höchstens drei Vertrauenspersonen begleiten lassen.

[3] Das Gericht kann Gerichtsberichterstatterinnen und Gerichtsberichterstat-
tern und weiteren Personen, die ein berechtigtes Interesse haben, unter
bestimmten Auflagen den Zutritt zu Verhandlungen gestatten, die nach
Absatz 1 nicht öffentlich sind.

[4] Wurde die Öffentlichkeit ausgeschlossen, so eröffnet das Gericht das Urteil
in einer öffentlichen Verhandlung oder orientiert die Öffentlichkeit bei Bedarf
in anderer geeigneter Weise über den Ausgang des Verfahrens.

Art. 71 Bild- und Tonaufnahmen

[1] Bild- und Tonaufnahmen innerhalb des Gerichtsgebäudes sowie Aufnahmen von Verfahrenshandlungen ausserhalb des Gerichtsgebäudes sind nicht
gestattet.

[2] Widerhandlungen können nach Artikel 64 Absatz 1 mit Ordnungsbusse
bestraft werden. Unerlaubte Aufnahmen können beschlagnahmt werden.

Art. 72 Gerichtsberichterstattung

Bund und Kantone können die Zulassung sowie die Rechte und Pflichten der
Gerichtsberichterstatterinnen und Gerichtsberichterstatter regeln.

3. Abschnitt: Geheimhaltung, Orientierung der Öffentlichkeit, Mitteilung an Behörden

Art. 73 Geheimhaltungspflicht

[1] Die Mitglieder von Strafbehörden, ihre Mitarbeiterinnen und Mitarbeiter
sowie die von Strafbehörden ernannten Sachverständigen bewahren Still-

schweigen hinsichtlich Tatsachen, die ihnen in Ausübung ihrer amtlichen Tätigkeit zur Kenntnis gelangt sind.

[2] Die Verfahrensleitung kann die Privatklägerschaft und andere Verfahrensbeteiligte und deren Rechtsbeistände unter Hinweis auf Artikel 292 StGB[13] verpflichten, über das Verfahren und die davon betroffenen Personen Stillschweigen zu bewahren, wenn der Zweck des Verfahrens oder ein privates Interesse es erfordert. Die Verpflichtung ist zu befristen.

Art. 74   Orientierung der Öffentlichkeit

[1] Die Staatsanwaltschaft und die Gerichte sowie mit deren Einverständnis die Polizei können die Öffentlichkeit über hängige Verfahren orientieren, wenn dies erforderlich ist:

a. damit die Bevölkerung bei der Aufklärung von Straftaten oder bei der Fahndung nach Verdächtigen mitwirkt;

b. zur Warnung oder Beruhigung der Bevölkerung;

c. zur Richtigstellung unzutreffender Meldungen oder Gerüchte;

d. wegen der besonderen Bedeutung eines Straffalles.

[2] Die Polizei kann ausserdem von sich aus die Öffentlichkeit über Unfälle und Straftaten ohne Nennung von Namen orientieren.

[3] Bei der Orientierung der Öffentlichkeit sind der Grundsatz der Unschuldsvermutung und die Persönlichkeitsrechte der Betroffenen zu beachten.

[4] In Fällen, in denen ein Opfer beteiligt ist, dürfen Behörden und Private ausserhalb eines öffentlichen Gerichtsverfahrens seine Identität und Informationen, die seine Identifizierung erlauben, nur veröffentlichen, wenn:

a. eine Mitwirkung der Bevölkerung bei der Aufklärung von Verbrechen oder bei der Fahndung nach Verdächtigen notwendig ist; oder

b. das Opfer beziehungsweise seine hinterbliebenen Angehörigen der Veröffentlichung zustimmen.

Art. 75*   Mitteilung an andere Behörden

[1] Befindet sich eine beschuldigte Person im Straf- oder Massnahmenvollzug, so informieren die Strafbehörden die zuständigen Vollzugsbehörden über neue Strafverfahren und die ergangenen Entscheide.

[2] Die Strafbehörden informieren die Sozial- und Vormundschaftsbehörden über eingeleitete Strafverfahren sowie über Strafentscheide, wenn dies zum Schutz einer beschuldigten oder geschädigten Person oder ihrer Angehörigen erforderlich ist.

---

13 SR 311.0

* Die Terminologie entspricht nicht dem neuen Erwachsenenschutzrecht und wird bei einer nächsten Revision angepasst.

³ Stellen sie bei der Verfolgung von Straftaten, an denen Unmündige beteiligt sind, fest, dass weitere Massnahmen erforderlich sind, so informieren sie unverzüglich die Vormundschaftsbehörden.

⁴ Bund und Kantone können die Strafbehörden zu weiteren Mitteilungen an Behörden verpflichten oder berechtigen.

4. Abschnitt: Protokolle

Art. 76 Allgemeine Bestimmungen

¹ Die Aussagen der Parteien, die mündlichen Entscheide der Behörden sowie alle anderen Verfahrenshandlungen, die nicht schriftlich durchgeführt werden, werden protokolliert.

² Die protokollführende Person, die Verfahrensleitung und die allenfalls zur Übersetzung beigezogene Person bestätigen die Richtigkeit des Protokolls.

³ Die Verfahrensleitung ist dafür verantwortlich, dass die Verfahrenshandlungen vollständig und richtig protokolliert werden.

⁴ Sie kann anordnen, dass Verfahrenshandlungen zusätzlich zur schriftlichen Protokollierung ganz oder teilweise in Ton oder Bild festgehalten werden. Sie gibt dies den anwesenden Personen vorgängig bekannt.

Art. 77 Verfahrensprotokolle

Die Verfahrensprotokolle halten alle wesentlichen Verfahrenshandlungen fest und geben namentlich Auskunft über:

a. Art, Ort, Datum und Zeit der Verfahrenshandlungen;

b. die Namen der mitwirkenden Behördenmitglieder, der Parteien, ihrer Rechtsbeistände sowie der weiteren anwesenden Personen;

c. die Anträge der Parteien;

d. die Belehrung über die Rechte und Pflichten der einvernommenen Personen;

e. die Aussagen der einvernommenen Personen;

f. den Ablauf des Verfahrens, die von der Strafbehörde getroffenen Anordnungen sowie die Beachtung der für die einzelnen Verfahrenshandlungen vorgesehenen Formvorschriften;

g. die von den Verfahrensbeteiligten eingereichten oder im Strafverfahren sonst wie beschafften Akten und anderen Beweisstücke;

h. die Entscheide und deren Begründung, soweit diese den Akten nicht in separater Ausfertigung beigelegt werden.

Art. 78 Einvernahmeprotokolle

¹ Die Aussagen der Parteien, Zeuginnen, Zeugen, Auskunftspersonen und Sachverständigen werden laufend protokolliert.

² Die Protokollierung erfolgt in der Verfahrenssprache, doch sind wesentliche Aussagen soweit möglich in der Sprache zu protokollieren, in der die einvernommene Person ausgesagt hat.

³ Entscheidende Fragen und Antworten werden wörtlich protokolliert.

⁴ Die Verfahrensleitung kann der einvernommenen Person gestatten, ihre Aussagen selbst zu diktieren.

⁵ Nach Abschluss der Einvernahme wird der einvernommenen Person das Protokoll vorgelesen oder ihr zum Lesen vorgelegt. Sie hat das Protokoll nach Kenntnisnahme zu unterzeichnen und jede Seite zu visieren. Lehnt sie es ab, das Protokoll durchzulesen oder zu unterzeichnen, so werden die Weigerung und die dafür angegebenen Gründe im Protokoll vermerkt.

⁵ᵇⁱˢ Wird die Einvernahme im Hauptverfahren mit technischen Hilfsmitteln aufgezeichnet, so kann das Gericht darauf verzichten, der einvernommenen Person das Protokoll vorzulesen oder zum Lesen vorzulegen und von dieser unterzeichnen zu lassen. Die Aufzeichnungen werden zu den Akten genommen.[14]

⁶ Bei Einvernahmen mittels Videokonferenz ersetzt die mündliche Erklärung der einvernommenen Person, sie habe das Protokoll zur Kenntnis genommen, die Unterzeichnung und Visierung. Die Erklärung wird im Protokoll vermerkt.

⁷ Sind handschriftlich erstellte Protokolle nicht gut lesbar oder wurden die Aussagen stenografisch aufgezeichnet, so werden sie unverzüglich in Reinschrift übertragen. Die Notizen werden bis zum Abschluss des Verfahrens aufbewahrt.[15]

Art. 79 Berichtigung

¹ Offenkundige Versehen berichtigt die Verfahrensleitung zusammen mit der protokollführenden Person; sie informiert darüber anschliessend die Parteien.

² Über Gesuche um Protokollberichtigung entscheidet die Verfahrensleitung.

³ Berichtigungen, Änderungen, Streichungen und Einfügungen werden von der protokollführenden Person und der Verfahrensleitung beglaubigt. Inhaltliche Änderungen werden so ausgeführt, dass die ursprüngliche Protokollierung erkennbar bleibt.

---

14 Eingefügt durch Ziff. I 2 des BG vom 28. Sept. 2012 (Protokollierungsvorschriften), in Kraft seit 1. Mai 2013 (AS 2013 851; BBl 2012 5707 5719).

15 Fassung gemäss Ziff. I 2 des BG vom 28. Sept. 2012 (Protokollierungsvorschriften), in Kraft seit 1. Mai 2013 (AS 2013 851; BBl 2012 5707 5719).

5. Abschnitt: Entscheide

Art. 80 Form

[1] Entscheide, in denen über Straf- und Zivilfragen materiell befunden wird, ergehen in Form eines Urteils. Die anderen Entscheide ergehen, wenn sie von einer Kollektivbehörde gefällt werden, in Form eines Beschlusses, wenn sie von einer Einzelperson gefällt werden, in Form einer Verfügung. Die Bestimmungen des Strafbefehlsverfahrens bleiben vorbehalten.

[2] Entscheide ergehen schriftlich und werden begründet. Sie werden von der Verfahrensleitung sowie der protokollführenden Person unterzeichnet und den Parteien zugestellt.

[3] Einfache verfahrensleitende Beschlüsse und Verfügungen brauchen weder besonders ausgefertigt noch begründet zu werden; sie werden im Protokoll vermerkt und den Parteien in geeigneter Weise eröffnet.

Art. 81 Inhalt der Endentscheide

[1] Urteile und andere verfahrenserledigende Entscheide enthalten:
a. eine Einleitung;
b. eine Begründung;
c. ein Dispositiv;
d. sofern sie anfechtbar sind: eine Rechtsmittelbelehrung.

[2] Die Einleitung enthält:
a. die Bezeichnung der Strafbehörde und ihrer am Entscheid mitwirkenden Mitglieder;
b. das Datum des Entscheids;
c. eine genügende Bezeichnung der Parteien und ihrer Rechtsbeistände;
d. bei Urteilen die Schlussanträge der Parteien.

[3] Die Begründung enthält:
a. bei Urteilen: die tatsächliche und die rechtliche Würdigung des der beschuldigten Person zur Last gelegten Verhaltens, die Begründung der Sanktionen, der Nebenfolgen sowie der Kosten- und Entschädigungsfolgen;
b. bei anderen verfahrenserledigenden Entscheiden: die Gründe für die vorgesehene Erledigung des Verfahrens.

[4] Das Dispositiv enthält:
a. die Bezeichnung der angewendeten Gesetzesbestimmungen;
b. bei Urteilen: den Entscheid über Schuld und Sanktion, Kosten- und Entschädigungsfolgen und allfällige Zivilklagen;
c. bei anderen verfahrenserledigenden Entscheiden: die Anordnung über die Erledigung des Verfahrens;
d. die nachträglichen richterlichen Entscheidungen;
e. den Entscheid über die Nebenfolgen;

f. die Bezeichnung der Personen und Behörden, die eine Kopie des Entscheides oder des Dispositivs erhalten.

Art. 82 Einschränkungen der Begründungspflicht

[1] Das erstinstanzliche Gericht verzichtet auf eine schriftliche Begründung, wenn es:

a. das Urteil mündlich begründet; und

b. nicht eine Freiheitsstrafe von mehr als zwei Jahren, eine Verwahrung nach Artikel 64 StGB[16], eine Behandlung nach Artikel 59 Absatz 3 StGB oder, bei gleichzeitig zu widerrufenden bedingten Sanktionen, einen Freiheitsentzug von mehr als zwei Jahren ausspricht.

[2] Das Gericht stellt den Parteien nachträglich ein begründetes Urteil zu, wenn:

a. eine Partei dies innert 10 Tagen nach Zustellung des Dispositivs verlangt;

b. eine Partei ein Rechtsmittel ergreift.

[3] Verlangt nur die Privatklägerschaft ein begründetes Urteil oder ergreift sie allein ein Rechtsmittel, so begründet das Gericht das Urteil nur in dem Masse, als dieses sich auf das strafbare Verhalten zum Nachteil der Privatklägerschaft und auf deren Zivilansprüche bezieht.

[4] Im Rechtsmittelverfahren kann das Gericht für die tatsächliche und die rechtliche Würdigung des angeklagten Sachverhalts auf die Begründung der Vorinstanz verweisen.

Art. 83 Erläuterung und Berichtigung von Entscheiden

[1] Ist das Dispositiv eines Entscheides unklar, widersprüchlich oder unvollständig oder steht es mit der Begründung im Widerspruch, so nimmt die Strafbehörde, die den Entscheid gefällt hat, auf Gesuch einer Partei oder von Amtes wegen eine Erläuterung oder Berichtigung des Entscheids vor.

[2] Das Gesuch ist schriftlich einzureichen; die beanstandeten Stellen beziehungsweise die gewünschten Änderungen sind anzugeben.

[3] Die Strafbehörde gibt den anderen Parteien Gelegenheit, sich zum Gesuch zu äussern.

[4] Der erläuterte oder berichtigte Entscheid wird den Parteien eröffnet.

6. Abschnitt: Eröffnung der Entscheide und Zustellung

Art. 84 Eröffnung der Entscheide

[1] Ist das Verfahren öffentlich, so eröffnet das Gericht das Urteil im Anschluss an die Urteilsberatung mündlich und begründet es kurz.

---

16 SR 311.0

2 Das Gericht händigt den Parteien am Ende der Hauptverhandlung das Urteilsdispositiv aus oder stellt es ihnen innert 5 Tagen zu.

3 Kann das Gericht das Urteil nicht sofort fällen, so holt es dies so bald als möglich nach und eröffnet das Urteil in einer neu angesetzten Hauptverhandlung. Verzichten die Parteien in diesem Falle auf eine öffentliche Urteilsverkündung, so stellt ihnen das Gericht das Dispositiv sofort nach der Urteilsfällung zu.

4 Muss das Gericht das Urteil begründen, so stellt es innert 60 Tagen, ausnahmsweise 90 Tagen, der beschuldigten Person und der Staatsanwaltschaft das vollständige begründete Urteil zu, den übrigen Parteien nur jene Teile des Urteils, in denen ihre Anträge behandelt werden.

5 Die Strafbehörde eröffnet einfache verfahrensleitende Beschlüsse oder Verfügungen den Parteien schriftlich oder mündlich.

6 Entscheide sind nach den Bestimmungen des eidgenössischen und kantonalen Rechts anderen Behörden, Rechtsmittelentscheide auch der Vorinstanz, rechtskräftige Entscheide soweit nötig den Vollzugs- und den Strafregisterbehörden mitzuteilen.

Art. 85 Form der Mitteilungen und der Zustellung

1 Die Strafbehörden bedienen sich für ihre Mitteilungen der Schriftform, soweit dieses Gesetz nichts Abweichendes bestimmt.

2 Die Zustellung erfolgt durch eingeschriebene Postsendung oder auf andere Weise gegen Empfangsbestätigung, insbesondere durch die Polizei.

3 Sie ist erfolgt, wenn die Sendung von der Adressatin oder dem Adressaten oder von einer angestellten oder im gleichen Haushalt lebenden, mindestens 16 Jahre alten Person entgegengenommen wurde. Vorbehalten bleiben Anweisungen der Strafbehörden, eine Mitteilung der Adressatin oder dem Adressaten persönlich zuzustellen.

4 Sie gilt zudem als erfolgt:
a. bei einer eingeschriebenen Postsendung, die nicht abgeholt worden ist: am siebten Tag nach dem erfolglosen Zustellungsversuch, sofern die Person mit einer Zustellung rechnen musste;
b. bei persönlicher Zustellung, wenn die Adressatin oder der Adressat die Annahme verweigert und dies von der Überbringerin oder dem Überbringer festgehalten wird: am Tag der Weigerung.

Art. 86 Elektronische Zustellung

Mit dem Einverständnis der betroffenen Person kann jede Zustellung elektronisch erfolgen.

Art. 87 Zustellungsdomizil

[1] Mitteilungen sind den Adressatinnen und Adressaten an ihren Wohnsitz, ihren gewöhnlichen Aufenthaltsort oder an ihren Sitz zuzustellen.

[2] Parteien und Rechtsbeistände mit Wohnsitz, gewöhnlichem Aufenthaltsort oder Sitz im Ausland haben in der Schweiz ein Zustellungsdomizil zu bezeichnen; vorbehalten bleiben staatsvertragliche Vereinbarungen, wonach Mitteilungen direkt zugestellt werden können.

[3] Mitteilungen an Parteien, die einen Rechtsbeistand bestellt haben, werden rechtsgültig an diesen zugestellt.

[4] Hat eine Partei persönlich zu einer Verhandlung zu erscheinen oder Verfahrenshandlungen selbst vorzunehmen, so wird ihr die Mitteilung direkt zugestellt. Dem Rechtsbeistand wird eine Kopie zugestellt.

Art. 88 Öffentliche Bekanntmachung

[1] Die Zustellung erfolgt durch Veröffentlichung in dem durch den Bund oder den Kanton bezeichneten Amtsblatt, wenn:

a. der Aufenthaltsort der Adressatin oder des Adressaten unbekannt ist und trotz zumutbarer Nachforschungen nicht ermittelt werden kann;

b. eine Zustellung unmöglich ist oder mit ausserordentlichen Umtrieben verbunden wäre;

c. eine Partei oder ihr Rechtsbeistand mit Wohnsitz, gewöhnlichem Aufenthaltsort oder Sitz im Ausland kein Zustellungsdomizil in der Schweiz bezeichnet hat.

[2] Die Zustellung gilt am Tag der Veröffentlichung als erfolgt.

[3] Von Endentscheiden wird nur das Dispositiv veröffentlicht.

[4] Einstellungsverfügungen und Strafbefehle gelten auch ohne Veröffentlichung als zugestellt.

7. Abschnitt: Fristen und Termine

Art. 89 Allgemeine Bestimmungen

[1] Gesetzliche Fristen können nicht erstreckt werden.

[2] Im Strafverfahren gibt es keine Gerichtsferien.

Art. 90 Beginn und Berechnung der Fristen

[1] Fristen, die durch eine Mitteilung oder den Eintritt eines Ereignisses ausgelöst werden, beginnen am folgenden Tag zu laufen.

[2] Fällt der letzte Tag der Frist auf einen Samstag, einen Sonntag oder einen vom Bundesrecht oder vom kantonalen Recht anerkannten Feiertag, so endet

sie am nächstfolgenden Werktag. Massgebend ist das Recht des Kantons, in dem die Partei oder ihr Rechtsbeistand den Wohnsitz oder den Sitz hat.[17]

Art. 91 Einhaltung von Fristen

[1] Die Frist ist eingehalten, wenn die Verfahrenshandlung spätestens am letzten Tag bei der zuständigen Behörde vorgenommen wird.

[2] Eingaben müssen spätestens am letzten Tag der Frist bei der Strafbehörde abgegeben oder zu deren Handen der Schweizerischen Post, einer schweizerischen diplomatischen oder konsularischen Vertretung oder, im Falle von inhaftierten Personen, der Anstaltsleitung übergeben werden.

[3] Bei elektronischer Übermittlung ist die Frist gewahrt, wenn der Empfang bei der Strafbehörde spätestens am letzten Tag der Frist durch ihr Informatiksystem bestätigt worden ist.

[4] Die Frist gilt auch dann als gewahrt, wenn die Eingabe spätestens am letzten Tag der Frist bei einer nicht zuständigen schweizerischen Behörde eingeht. Diese leitet die Eingabe unverzüglich an die zuständige Strafbehörde weiter.

[5] Die Frist für eine Zahlung an eine Strafbehörde ist gewahrt, wenn der Betrag spätestens am letzten Tag der Frist zugunsten der Strafbehörde der Schweizerischen Post übergeben oder einem Post- oder Bankkonto in der Schweiz belastet worden ist.

Art. 92 Erstreckung von Fristen und Verschiebung von Terminen

Die Behörden können von Amtes wegen oder auf Gesuch hin die von ihnen angesetzten Fristen erstrecken und Verhandlungstermine verschieben. Das Gesuch muss vor Ablauf der Frist gestellt werden und hinreichend begründet sein.

Art. 93 Säumnis

Eine Partei ist säumig, wenn sie eine Verfahrenshandlung nicht fristgerecht vornimmt oder zu einem Termin nicht erscheint.

Art. 94 Wiederherstellung

[1] Hat eine Partei eine Frist versäumt und würde ihr daraus ein erheblicher und unersetzlicher Rechtsverlust erwachsen, so kann sie die Wiederherstellung der Frist verlangen; dabei hat sie glaubhaft zu machen, dass sie an der Säumnis kein Verschulden trifft.

[2] Das Gesuch ist innert 30 Tagen nach Wegfall des Säumnisgrundes schriftlich und begründet bei der Behörde zu stellen, bei welcher die versäumte Verfahrenshandlung hätte vorgenommen werden sollen. Innert der gleichen Frist muss die versäumte Verfahrenshandlung nachgeholt werden.

---

17 Fassung gemäss Anhang Ziff. II 7 des Strafbehördenorganisationsgesetzes vom 19. März 2010, in Kraft seit 1. Jan. 2011 (AS 2010 3267; BBl 2008 8125).

[3] Das Gesuch hat nur aufschiebende Wirkung, wenn die zuständige Behörde sie erteilt.

[4] Über das Gesuch entscheidet die Strafbehörde in einem schriftlichen Verfahren.

[5] Die Absätze 1–4 gelten sinngemäss bei versäumten Terminen. Wird die Wiederherstellung bewilligt, so setzt die Verfahrensleitung einen neuen Termin fest. Die Bestimmungen über das Abwesenheitsverfahren bleiben vorbehalten.

8. Abschnitt: Datenbearbeitung

Art. 95 Beschaffung von Personendaten

[1] Personendaten sind bei der betroffenen Person oder für diese erkennbar zu beschaffen, wenn dadurch das Verfahren nicht gefährdet oder unverhältnismässig aufwendig wird.

[2] War die Beschaffung von Personendaten für die betroffene Person nicht erkennbar, so ist diese umgehend darüber zu informieren. Die Information kann zum Schutze überwiegender öffentlicher oder privater Interessen unterlassen oder aufgeschoben werden.

Art. 96 Bekanntgabe und Verwendung bei hängigem Strafverfahren

[1] Die Strafbehörde darf aus einem hängigen Verfahren Personendaten zwecks Verwendung in einem anderen hängigen Verfahren bekannt geben, wenn anzunehmen ist, dass die Daten wesentliche Aufschlüsse geben können.

[2] Vorbehalten bleiben:

a. die Artikel 11, 13, 14 und 20 des Bundesgesetzes vom 21. März 1997[18] über Massnahmen zur Wahrung der inneren Sicherheit;
b. die Vorschriften des Bundesgesetzes vom 13. Juni 2008[19] über die polizeilichen Informationssysteme des Bundes;
c. die Vorschriften des Bundesgesetzes vom 7. Oktober 1994[20] über kriminalpolizeiliche Zentralstellen des Bundes.[21]

Art. 97 Auskunftsrechte bei hängigem Verfahren

Solange ein Verfahren hängig ist, haben die Parteien und die anderen Verfahrensbeteiligten nach Massgabe des ihnen zustehenden Akteneinsichtsrechts das Recht auf Auskunft über die sie betreffenden bearbeiteten Personendaten.

---

18 SR 120
19 SR 361
20 SR 360
21 Fassung gemäss Anhang 2 Ziff. I 1 Bst. a des BG vom 13. Juni 2008 über die polizeilichen Informationssysteme, in Kraft seit 1. Jan. 2011 (AS 2008 4989; BBl 2006 5061).

Art. 98 Berichtigung von Daten

[1] Erweisen sich Personendaten als unrichtig, so berichtigen die zuständigen Strafbehörden sie unverzüglich.

[2] Sie benachrichtigen unverzüglich die Behörden, denen sie unrichtige Daten mitgeteilt haben, über die Berichtigung.

Art. 99 Bearbeitung und Aufbewahrung von Personendaten nach Abschluss des Verfahrens

[1] Nach Abschluss des Verfahrens richten sich das Bearbeiten von Personendaten, das Verfahren und der Rechtsschutz nach den Bestimmungen des Datenschutzrechts von Bund und Kantonen.

[2] Die Dauer der Aufbewahrung von Personendaten nach Abschluss eines Verfahrens bestimmt sich nach Artikel 103.

[3] Vorbehalten bleiben die Vorschriften des Bundesgesetzes vom 7. Oktober 1994[22] über kriminalpolizeiliche Zentralstellen des Bundes, des Bundesgesetzes vom 13. Juni 2008[23] über die polizeilichen Informationssysteme des Bundes sowie die Bestimmungen dieses Gesetzes über erkennungsdienstliche Unterlagen und DNA-Profile.[24]

9. Abschnitt: Aktenführung, Akteneinsicht und Aktenaufbewahrung

Art. 100 Aktenführung

[1] Für jede Strafsache wird ein Aktendossier angelegt. Dieses enthält:

a. die Verfahrens- und die Einvernahmeprotokolle;

b. die von der Strafbehörde zusammengetragenen Akten;

c. die von den Parteien eingereichten Akten.

[2] Die Verfahrensleitung sorgt für die systematische Ablage der Akten und für deren fortlaufende Erfassung in einem Verzeichnis; in einfachen Fällen kann sie von einem Verzeichnis absehen.

Art. 101 Akteneinsicht bei hängigem Verfahren

[1] Die Parteien können spätestens nach der ersten Einvernahme der beschuldigten Person und der Erhebung der übrigen wichtigsten Beweise durch die Staatsanwaltschaft die Akten des Strafverfahrens einsehen; Artikel 108 bleibt vorbehalten.

---

22 SR 360
23 SR 361
24 Fassung gemäss Anhang 2 Ziff. I 1 Bst. a des BG vom 13. Juni 2008 über die polizeilichen Informationssysteme, in Kraft seit 1. Jan. 2011 (AS 2008 4989; BBl 2006 5061).

2 Andere Behörden können die Akten einsehen, wenn sie diese für die Bearbeitung hängiger Zivil-, Straf- oder Verwaltungsverfahren benötigen und der Einsichtnahme keine überwiegenden öffentlichen oder privaten Interessen entgegenstehen.

3 Dritte können die Akten einsehen, wenn sie dafür ein wissenschaftliches oder ein anderes schützenswertes Interesse geltend machen und der Einsichtnahme keine überwiegenden öffentlichen oder privaten Interessen entgegenstehen.

Art. 102   Vorgehen bei Begehren um Akteneinsicht

1 Die Verfahrensleitung entscheidet über die Akteneinsicht. Sie trifft die erforderlichen Massnahmen, um Missbräuche und Verzögerungen zu verhindern und berechtigte Geheimhaltungsinteressen zu schützen.

2 Die Akten sind am Sitz der betreffenden Strafbehörde oder rechtshilfeweise bei einer andern Strafbehörde einzusehen. Anderen Behörden sowie den Rechtsbeiständen der Parteien werden sie in der Regel zugestellt.

3 Wer zur Einsicht berechtigt ist, kann gegen Entrichtung einer Gebühr die Anfertigung von Kopien der Akten verlangen.

Art. 103   Aktenaufbewahrung

1 Die Akten sind mindestens bis zum Ablauf der Verfolgungs- und Vollstreckungsverjährung aufzubewahren.

2 Ausgenommen sind Originaldokumente, die zu den Akten genommen wurden; sie sind den berechtigten Personen gegen Empfangsschein zurückzugeben, sobald die Strafsache rechtskräftig entschieden ist.

3. Titel: Parteien und andere Verfahrensbeteiligte

1. Kapitel: Allgemeine Bestimmungen

1. Abschnitt: Begriff und Stellung

Art. 104   Parteien

1 Parteien sind:

a. die beschuldigte Person;

b. die Privatklägerschaft;

c. im Haupt- und im Rechtsmittelverfahren: die Staatsanwaltschaft.

2 Bund und Kantone können weiteren Behörden, die öffentliche Interessen zu wahren haben, volle oder beschränkte Parteirechte einräumen.

Art. 105　Andere Verfahrensbeteiligte

[1] Andere Verfahrensbeteiligte sind:

a. die geschädigte Person;

b. die Person, die Anzeige erstattet;

c. die Zeugin oder der Zeuge;

d. die Auskunftsperson;

e. die oder der Sachverständige;

f. die oder der durch Verfahrenshandlungen beschwerte Dritte.

[2] Werden in Absatz 1 genannte Verfahrensbeteiligte in ihren Rechten unmittelbar betroffen, so stehen ihnen die zur Wahrung ihrer Interessen erforderlichen Verfahrensrechte einer Partei zu.

Art. 106　Prozessfähigkeit

[1] Die Partei kann Verfahrenshandlungen nur gültig vornehmen, wenn sie handlungsfähig ist.

[2] Eine handlungsunfähige Person wird durch ihre gesetzliche Vertretung vertreten.

[3] Eine urteilsfähige handlungsunfähige Person kann neben ihrer gesetzlichen Vertretung jene Verfahrensrechte ausüben, die höchstpersönlicher Natur sind.

Art. 107　Anspruch auf rechtliches Gehör

[1] Die Parteien haben Anspruch auf rechtliches Gehör; sie haben namentlich das Recht:

a. Akten einzusehen;

b. an Verfahrenshandlungen teilzunehmen;

c. einen Rechtsbeistand beizuziehen;

d. sich zur Sache und zum Verfahren zu äussern;

e. Beweisanträge zu stellen.

[2] Die Strafbehörden machen rechtsunkundige Parteien auf ihre Rechte aufmerksam.

Art. 108　Einschränkungen des rechtlichen Gehörs

[1] Die Strafbehörden können das rechtliche Gehör einschränken, wenn:

a. der begründete Verdacht besteht, dass eine Partei ihre Rechte missbraucht;

b. dies für die Sicherheit von Personen oder zur Wahrung öffentlicher oder privater Geheimhaltungsinteressen erforderlich ist.

[2] Einschränkungen gegenüber Rechtsbeiständen sind nur zulässig, wenn der Rechtsbeistand selbst Anlass für die Beschränkung gibt.

[3] Die Einschränkungen sind zu befristen oder auf einzelne Verfahrenshandlungen zu begrenzen.

[4] Besteht der Grund für die Einschränkung fort, so dürfen die Strafbehörden Entscheide nur so weit auf Akten, die einer Partei nicht eröffnet worden sind, stützen, als ihr von deren wesentlichem Inhalt Kenntnis gegeben wurde.

[5] Ist der Grund für die Einschränkung weggefallen, so ist das rechtliche Gehör in geeigneter Form nachträglich zu gewähren.

2. Abschnitt: Verfahrenshandlungen der Parteien

Art. 109   Eingaben

[1] Die Parteien können der Verfahrensleitung jederzeit Eingaben machen; vorbehalten bleiben besondere Bestimmungen dieses Gesetzes.

[2] Die Verfahrensleitung prüft die Eingaben und gibt den anderen Parteien Gelegenheit zur Stellungnahme.

Art. 110   Form

[1] Eingaben können schriftlich eingereicht oder mündlich zu Protokoll gegeben werden. Schriftliche Eingaben sind zu datieren und zu unterzeichnen.

[2] Bei elektronischer Übermittlung muss die Eingabe mit einer anerkannten elektronischen Signatur versehen sein. Der Bundesrat bestimmt das Format der Übermittlung. Die Strafbehörde kann verlangen, dass die Eingabe in Papierform nachgereicht wird.

[3] Im Übrigen sind Verfahrenshandlungen an keine Formvorschriften gebunden, soweit dieses Gesetz nichts Abweichendes bestimmt.

[4] Die Verfahrensleitung kann unleserliche, unverständliche, ungebührliche oder weitschweifige Eingaben zurückweisen; sie setzt eine Frist zur Überarbeitung und weist darauf hin, dass die Eingabe, falls sie nicht überarbeitet wird, unbeachtet bleibt.

2. Kapitel: Beschuldigte Person

Art. 111   Begriff

[1] Als beschuldigte Person gilt die Person, die in einer Strafanzeige, einem Strafantrag oder von einer Strafbehörde in einer Verfahrenshandlung einer Straftat verdächtigt, beschuldigt oder angeklagt wird.

[2] Die Rechte und die Pflichten einer beschuldigten Person gelten auch für Personen, deren Verfahren nach einer Einstellung oder einem Urteil im Sinne des Artikels 323 oder der Artikel 410–415 wiederaufgenommen werden soll.

Art. 112 Strafverfahren gegen Unternehmen

[1] In einem Strafverfahren gegen ein Unternehmen wird dieses von einer einzigen Person vertreten, die uneingeschränkt zur Vertretung des Unternehmens in zivilrechtlichen Angelegenheiten befugt ist.

[2] Bestellt das Unternehmen nicht innert angemessener Frist eine solche Vertretung, so bestimmt die Verfahrensleitung, wer von den zur zivilrechtlichen Vertretung befugten Personen das Unternehmen im Strafverfahren vertritt.

[3] Wird gegen die Person, die das Unternehmen im Strafverfahren vertritt, wegen des gleichen oder eines damit zusammenhängenden Sachverhalts eine Strafuntersuchung eröffnet, so hat das Unternehmen eine andere Vertreterin oder einen anderen Vertreter zu bezeichnen. Nötigenfalls bestimmt die Verfahrensleitung zur Vertretung eine andere Person nach Absatz 2 oder, sofern eine solche nicht zur Verfügung steht, eine geeignete Drittperson.

[4] Wird wegen des gleichen oder eines damit zusammenhängenden Sachverhalts sowohl ein Verfahren gegen eine natürliche Person wie auch ein Verfahren gegen ein Unternehmen geführt, so können die Verfahren vereinigt werden.

Art. 113 Stellung

[1] Die beschuldigte Person muss sich nicht selbst belasten. Sie hat namentlich das Recht, die Aussage und ihre Mitwirkung im Strafverfahren zu verweigern. Sie muss sich aber den gesetzlich vorgesehenen Zwangsmassnahmen unterziehen.

[2] Verweigert die beschuldigte Person ihre Mitwirkung, so wird das Verfahren gleichwohl fortgeführt.

Art. 114 Verhandlungsfähigkeit

[1] Verhandlungsfähig ist eine beschuldigte Person, die körperlich und geistig in der Lage ist, der Verhandlung zu folgen.

[2] Bei vorübergehender Verhandlungsunfähigkeit werden die unaufschiebbaren Verfahrenshandlungen in Anwesenheit der Verteidigung durchgeführt.

[3] Dauert die Verhandlungsunfähigkeit fort, so wird das Strafverfahren sistiert oder eingestellt. Die besonderen Bestimmungen für Verfahren gegen eine schuldunfähige beschuldigte Person bleiben vorbehalten.

3. Kapitel: Geschädigte Person, Opfer und Privatklägerschaft

1. Abschnitt: Geschädigte Person

Art. 115

[1] Als geschädigte Person gilt die Person, die durch die Straftat in ihren Rechten unmittelbar verletzt worden ist.

[2] Die zur Stellung eines Strafantrags berechtigte Person gilt in jedem Fall als geschädigte Person.

2. Abschnitt: Opfer

Art. 116 Begriffe

[1] Als Opfer gilt die geschädigte Person, die durch die Straftat in ihrer körperlichen, sexuellen oder psychischen Integrität unmittelbar beeinträchtigt worden ist.

[2] Als Angehörige des Opfers gelten seine Ehegattin oder sein Ehegatte, seine Kinder und Eltern sowie die Personen, die ihm in ähnlicher Weise nahe stehen.

Art. 117 Stellung

[1] Dem Opfer stehen besondere Rechte zu, namentlich:
a. das Recht auf Persönlichkeitsschutz (Art. 70 Abs. 1 Bst. a, 74 Abs. 4, 152 Abs. 1);
b. das Recht auf Begleitung durch eine Vertrauensperson (Art. 70 Abs. 2, 152 Abs. 2);
c. das Recht auf Schutzmassnahmen (Art. 152–154);
d. das Recht auf Aussageverweigerung (Art. 169 Abs. 4);
e. das Recht auf Information (Art. 305 und 330 Abs. 3);
f. das Recht auf eine besondere Zusammensetzung des Gerichts (Art. 335 Abs. 4).

[2] Bei Opfern unter 18 Jahren kommen darüber hinaus die besonderen Bestimmungen zum Schutz ihrer Persönlichkeit zur Anwendung, namentlich betreffend:
a. Einschränkungen bei der Gegenüberstellung mit der beschuldigten Person (Art. 154 Abs. 4);
b. besondere Schutzmassnahmen bei Einvernahmen (Art. 154 Abs. 2–4);
c. Einstellung des Verfahrens (Art. 319 Abs. 2).

[3] Machen die Angehörigen des Opfers Zivilansprüche geltend, so stehen ihnen die gleichen Rechte zu wie dem Opfer.

3. Abschnitt: Privatklägerschaft

Art. 118 Begriff und Voraussetzungen

[1] Als Privatklägerschaft gilt die geschädigte Person, die ausdrücklich erklärt, sich am Strafverfahren als Straf- oder Zivilklägerin oder -kläger zu beteiligen.

[2] Der Strafantrag ist dieser Erklärung gleichgestellt.

³ Die Erklärung ist gegenüber einer Strafverfolgungsbehörde spätestens bis zum Abschluss des Vorverfahrens abzugeben.

⁴ Hat die geschädigte Person von sich aus keine Erklärung abgegeben, so weist sie die Staatsanwaltschaft nach Eröffnung des Vorverfahrens auf diese Möglichkeit hin.

Art. 119 Form und Inhalt der Erklärung

¹ Die geschädigte Person kann die Erklärung schriftlich oder mündlich zu Protokoll abgeben.

² In der Erklärung kann die geschädigte Person kumulativ oder alternativ:

a. die Verfolgung und Bestrafung der für die Straftat verantwortlichen Person verlangen (Strafklage);

b. adhäsionsweise privatrechtliche Ansprüche geltend machen, die aus der Straftat abgeleitet werden (Zivilklage).

Art. 120 Verzicht und Rückzug

¹ Die geschädigte Person kann jederzeit schriftlich oder mündlich zu Protokoll erklären, sie verzichte auf die ihr zustehenden Rechte. Der Verzicht ist endgültig.

² Wird der Verzicht nicht ausdrücklich eingeschränkt, so umfasst er die Straf- und die Zivilklage.

Art. 121 Rechtsnachfolge

¹ Stirbt die geschädigte Person, ohne auf ihre Verfahrensrechte als Privatklägerschaft verzichtet zu haben, so gehen ihre Rechte auf die Angehörigen im Sinne von Artikel 110 Absatz 1 StGB²⁵ in der Reihenfolge der Erbberechtigung über.

² Wer von Gesetzes wegen in die Ansprüche der geschädigten Person eingetreten ist, ist nur zur Zivilklage berechtigt und hat nur jene Verfahrensrechte, die sich unmittelbar auf die Durchsetzung der Zivilklage beziehen.

4. Abschnitt: Zivilklage

Art. 122 Allgemeine Bestimmungen

¹ Die geschädigte Person kann zivilrechtliche Ansprüche aus der Straftat als Privatklägerschaft adhäsionsweise im Strafverfahren geltend machen.

² Das gleiche Recht steht auch den Angehörigen des Opfers zu, soweit sie gegenüber der beschuldigten Person eigene Zivilansprüche geltend machen.

---

25 SR 311.0

[3] Die Zivilklage wird mit der Erklärung nach Artikel 119 Absatz 2 Buchstabe b rechtshängig.

[4] Zieht die Privatklägerschaft ihre Zivilklage vor Abschluss der erstinstanzlichen Hauptverhandlung zurück, so kann sie sie auf dem Zivilweg erneut geltend machen.

Art. 123 Bezifferung und Begründung

[1] Die in der Zivilklage geltend gemachte Forderung ist nach Möglichkeit in der Erklärung nach Artikel 119 zu beziffern und, unter Angabe der angerufenen Beweismittel, kurz schriftlich zu begründen.

[2] Bezifferung und Begründung haben spätestens im Parteivortrag zu erfolgen.

Art. 124 Zuständigkeit und Verfahren

[1] Das mit der Strafsache befasste Gericht beurteilt den Zivilanspruch ungeachtet des Streitwertes.

[2] Der beschuldigten Person wird spätestens im erstinstanzlichen Hauptverfahren Gelegenheit gegeben, sich zur Zivilklage zu äussern.

[3] Anerkennt sie die Zivilklage, so wird dies im Protokoll und im verfahrenserledigenden Entscheid festgehalten.

Art. 125 Sicherheit für die Ansprüche gegenüber der Privatklägerschaft

[1] Die Privatklägerschaft, mit Ausnahme des Opfers, hat auf Antrag der beschuldigten Person für deren mutmassliche, durch die Anträge zum Zivilpunkt verursachten Aufwendungen Sicherheit zu leisten, wenn:
a. sie keinen Wohnsitz oder Sitz in der Schweiz hat;
b. sie zahlungsunfähig erscheint, namentlich wenn gegen sie der Konkurs eröffnet oder ein Nachlassverfahren im Gang ist oder Verlustscheine bestehen;
c. aus anderen Gründen eine erhebliche Gefährdung oder Vereitelung des Anspruchs der beschuldigten Person zu befürchten ist.

[2] Die Verfahrensleitung des Gerichts entscheidet über den Antrag endgültig. Sie bestimmt die Höhe der Sicherheit und setzt eine Frist zur Leistung.

[3] Die Sicherheit kann in bar oder durch Garantie einer in der Schweiz niedergelassenen Bank oder Versicherung geleistet werden.

[4] Sie kann nachträglich erhöht, herabgesetzt oder aufgehoben werden.

Art. 126 Entscheid

[1] Das Gericht entscheidet über die anhängig gemachte Zivilklage, wenn es die beschuldigte Person:
a. schuldig spricht;
b. freispricht und der Sachverhalt spruchreif ist.

[2] Die Zivilklage wird auf den Zivilweg verwiesen, wenn:

a. das Strafverfahren eingestellt oder im Strafbefehlsverfahren erledigt wird;

b. die Privatklägerschaft ihre Klage nicht hinreichend begründet oder beziffert hat;

c. die Privatklägerschaft die Sicherheit für die Ansprüche der beschuldigten Person nicht leistet;

d. die beschuldigte Person freigesprochen wird, der Sachverhalt aber nicht spruchreif ist.

[3] Wäre die vollständige Beurteilung des Zivilanspruchs unverhältnismässig aufwendig, so kann das Gericht die Zivilklage nur dem Grundsatz nach entscheiden und sie im Übrigen auf den Zivilweg verweisen. Ansprüche von geringer Höhe beurteilt das Gericht nach Möglichkeit selbst.

[4] In Fällen, in denen Opfer beteiligt sind, kann das Gericht vorerst nur den Schuld- und Strafpunkt beurteilen; anschliessend beurteilt die Verfahrensleitung als Einzelgericht nach einer weiteren Parteiverhandlung die Zivilklage, ungeachtet des Streitwerts.

4. Kapitel: Rechtsbeistand

1. Abschnitt: Grundsätze

Art. 127

[1] Die beschuldigte Person, die Privatklägerschaft und die anderen Verfahrensbeteiligten können zur Wahrung ihrer Interessen einen Rechtsbeistand bestellen.

[2] Die Parteien können zwei oder mehrere Personen als Rechtsbeistand beiziehen, soweit dadurch das Verfahren nicht ungebührlich verzögert wird. In diesem Fall haben sie eine von ihnen als Hauptvertreterin oder Hauptvertreter zu bezeichnen, die oder der zu den Vertretungshandlungen vor den Strafbehörden befugt ist und deren oder dessen Domizil als einzige Zustelladresse gilt.

[3] Der Rechtsbeistand kann in den Schranken von Gesetz und Standesregeln im gleichen Verfahren die Interessen mehrerer Verfahrensbeteiligter wahren.

[4] Die Parteien können jede handlungsfähige, gut beleumundete und vertrauenswürdige Person als Rechtsbeistand bestellen; vorbehalten bleiben die Beschränkungen des Anwaltsrechts.

[5] Die Verteidigung der beschuldigten Person ist Anwältinnen und Anwälten vorbehalten, die nach dem Anwaltsgesetz vom 23. Juni 2000[26] berechtigt sind, Parteien vor Gerichtsbehörden zu vertreten; vorbehalten bleiben abwei-

---

26 SR 935.61

chende Bestimmungen der Kantone für die Verteidigung im Übertretungsstrafverfahren.

2. Abschnitt: Verteidigung

Art. 128 Stellung

Die Verteidigung ist in den Schranken von Gesetz und Standesregeln allein
den Interessen der beschuldigten Person verpflichtet.

Art. 129 Wahlverteidigung

[1] Die beschuldigte Person ist berechtigt, in jedem Strafverfahren und auf jeder
Verfahrensstufe einen Rechtsbeistand im Sinne von Artikel 127 Absatz 5 mit
ihrer Verteidigung zu betrauen (Wahlverteidigung) oder, unter Vorbehalt von
Artikel 130, sich selber zu verteidigen.

[2] Die Ausübung der Wahlverteidigung setzt eine schriftliche Vollmacht oder
eine protokollierte Erklärung der beschuldigten Person voraus.

Art. 130 Notwendige Verteidigung

Die beschuldigte Person muss verteidigt werden, wenn:
a. die Untersuchungshaft einschliesslich einer vorläufigen Festnahme mehr
   als 10 Tage gedauert hat;
b. ihr eine Freiheitsstrafe von mehr als einem Jahr oder eine freiheitsentziehende Massnahme droht;
c. sie wegen ihres körperlichen oder geistigen Zustandes oder aus anderen
   Gründen ihre Verfahrensinteressen nicht ausreichend wahren kann und
   die gesetzliche Vertretung dazu nicht in der Lage ist;
d. die Staatsanwaltschaft vor dem erstinstanzlichen Gericht oder dem Berufungsgericht persönlich auftritt;
e. ein abgekürztes Verfahren (Art. 358–362) durchgeführt wird.

Art. 131 Sicherstellung der notwendigen Verteidigung

[1] Liegt ein Fall notwendiger Verteidigung vor, so achtet die Verfahrensleitung
darauf, dass unverzüglich eine Verteidigung bestellt wird.

[2] Sind die Voraussetzungen notwendiger Verteidigung bei Einleitung des
Vorverfahrens erfüllt, so ist die Verteidigung nach der ersten Einvernahme
durch die Staatsanwaltschaft, jedenfalls aber vor Eröffnung der Untersuchung,
sicherzustellen.

[3] Wurden in Fällen, in denen die Verteidigung erkennbar notwendig gewesen
wäre, Beweise erhoben, bevor eine Verteidigerin oder ein Verteidiger bestellt
worden ist, so ist die Beweiserhebung nur gültig, wenn die beschuldigte Person auf ihre Wiederholung verzichtet.

Art. 132 Amtliche Verteidigung

[1] Die Verfahrensleitung ordnet eine amtliche Verteidigung an, wenn:

a. bei notwendiger Verteidigung:

    1. die beschuldigte Person trotz Aufforderung der Verfahrensleitung keine Wahlverteidigung bestimmt,

    2. der Wahlverteidigung das Mandat entzogen wurde oder sie es niedergelegt hat und die beschuldigte Person nicht innert Frist eine neue Wahlverteidigung bestimmt;

b. die beschuldigte Person nicht über die erforderlichen Mittel verfügt und die Verteidigung zur Wahrung ihrer Interessen geboten ist.

[2] Zur Wahrung der Interessen der beschuldigten Person ist die Verteidigung namentlich geboten, wenn es sich nicht um einen Bagatellfall handelt und der Straffall in tatsächlicher oder rechtlicher Hinsicht Schwierigkeiten bietet, denen die beschuldigte Person allein nicht gewachsen wäre.

[3] Ein Bagatellfall liegt jedenfalls dann nicht mehr vor, wenn eine Freiheitsstrafe von mehr als 4 Monaten, eine Geldstrafe von mehr als 120 Tagessätzen oder gemeinnützige Arbeit von mehr als 480 Stunden zu erwarten ist.

Art. 133 Bestellung der amtlichen Verteidigung

[1] Die amtliche Verteidigung wird von der im jeweiligen Verfahrensstadium zuständigen Verfahrensleitung bestellt.

[2] Die Verfahrensleitung berücksichtigt bei der Bestellung der amtlichen Verteidigung nach Möglichkeit die Wünsche der beschuldigten Person.

Art. 134 Widerruf und Wechsel der amtlichen Verteidigung

[1] Fällt der Grund für die amtliche Verteidigung dahin, so widerruft die Verfahrensleitung das Mandat.

[2] Ist das Vertrauensverhältnis zwischen der beschuldigten Person und ihrer amtlichen Verteidigung erheblich gestört oder eine wirksame Verteidigung aus andern Gründen nicht mehr gewährleistet, so überträgt die Verfahrensleitung die amtliche Verteidigung einer anderen Person.

Art. 135 Entschädigung der amtlichen Verteidigung

[1] Die amtliche Verteidigung wird nach dem Anwaltstarif des Bundes oder desjenigen Kantons entschädigt, in dem das Strafverfahren geführt wurde.

[2] Die Staatsanwaltschaft oder das urteilende Gericht legen die Entschädigung am Ende des Verfahrens fest.

[3] Gegen den Entschädigungsentscheid kann die amtliche Verteidigung Beschwerde führen:

a. wenn der Entscheid von der Staatsanwaltschaft oder dem erstinstanzlichen Gericht gefällt wurde: bei der Beschwerdeinstanz;

b. wenn der Entscheid von der Beschwerdeinstanz oder dem Berufungs-gericht des Kantons gefällt wurde: beim Bundesstrafgericht.

[4] Wird die beschuldigte Person zu den Verfahrenskosten verurteilt, so ist sie, sobald es ihre wirtschaftlichen Verhältnisse erlauben, verpflichtet:

a. dem Bund oder dem Kanton die Entschädigung zurückzuzahlen;
b. der Verteidigung die Differenz zwischen der amtlichen Entschädigung und dem vollen Honorar zu erstatten.

[5] Der Anspruch des Bundes oder des Kantons verjährt in 10 Jahren nach Rechtskraft des Entscheides.

3. Abschnitt: Unentgeltliche Rechtspflege für die Privatklägerschaft

Art. 136 Voraussetzungen

[1] Die Verfahrensleitung gewährt der Privatklägerschaft für die Durchsetzung ihrer Zivilansprüche ganz oder teilweise die unentgeltliche Rechtspflege, wenn:

a. die Privatklägerschaft nicht über die erforderlichen Mittel verfügt; und
b. die Zivilklage nicht aussichtslos erscheint.

[2] Die unentgeltliche Rechtspflege umfasst:

a. die Befreiung von Vorschuss- und Sicherheitsleistungen;
b. die Befreiung von den Verfahrenskosten;
c. die Bestellung eines Rechtsbeistands, wenn dies zur Wahrung der Rechte der Privatklägerschaft notwendig ist.

Art. 137 Bestellung, Widerruf und Wechsel

Bestellung, Widerruf und Wechsel der Verbeiständung richten sich sinn-gemäss nach den Artikeln 133 und 134.

Art. 138 Entschädigung und Kostentragung

[1] Die Entschädigung des Rechtsbeistands richtet sich sinngemäss nach Arti-kel 135; der definitive Entscheid über die Tragung der Kosten des Rechtsbei-stands und jener Verfahrenshandlungen, für die der Kostenvorschuss erlassen wurde, bleibt vorbehalten.

[2] Wird der Privatklägerschaft eine Prozessentschädigung zulasten der beschul-digten Person zugesprochen, so fällt diese Entschädigung im Umfang der Auf-wendungen für die unentgeltliche Rechtspflege an den Bund beziehungsweise an den Kanton.

4. Titel: Beweismittel

1. Kapitel: Allgemeine Bestimmungen

1. Abschnitt: Beweiserhebung und Beweisverwertbarkeit

Art. 139 Grundsätze

[1] Die Strafbehörden setzen zur Wahrheitsfindung alle nach dem Stand von Wissenschaft und Erfahrung geeigneten Beweismittel ein, die rechtlich zulässig sind.

[2] Über Tatsachen, die unerheblich, offenkundig, der Strafbehörde bekannt oder bereits rechtsgenügend erwiesen sind, wird nicht Beweis geführt.

Art. 140 Verbotene Beweiserhebungsmethoden

[1] Zwangsmittel, Gewaltanwendung, Drohungen, Versprechungen, Täuschungen und Mittel, welche die Denkfähigkeit oder die Willensfreiheit einer Person beeinträchtigen können, sind bei der Beweiserhebung untersagt.

[2] Solche Methoden sind auch dann unzulässig, wenn die betroffene Person ihrer Anwendung zustimmt.

Art. 141 Verwertbarkeit rechtswidrig erlangter Beweise

[1] Beweise, die in Verletzung von Artikel 140 erhoben wurden, sind in keinem Falle verwertbar. Dasselbe gilt, wenn dieses Gesetz einen Beweis als unverwertbar bezeichnet.

[2] Beweise, die Strafbehörden in strafbarer Weise oder unter Verletzung von Gültigkeitsvorschriften erhoben haben, dürfen nicht verwertet werden, es sei denn, ihre Verwertung sei zur Aufklärung schwerer Straftaten unerlässlich.

[3] Beweise, bei deren Erhebung Ordnungsvorschriften verletzt worden sind, sind verwertbar.

[4] Ermöglichte ein Beweis, der nach Absatz 2 nicht verwertet werden darf, die Erhebung eines weiteren Beweises, so ist dieser nicht verwertbar, wenn er ohne die vorhergehende Beweiserhebung nicht möglich gewesen wäre.

[5] Die Aufzeichnungen über unverwertbare Beweise werden aus den Strafakten entfernt, bis zum rechtskräftigen Abschluss des Verfahrens unter separatem Verschluss gehalten und danach vernichtet.

2. Abschnitt: Einvernahmen

Art. 142 Einvernehmende Strafbehörde

[1] Einvernahmen werden von der Staatsanwaltschaft, den Übertretungsstrafbehörden und den Gerichten durchgeführt. Bund und Kantone bestimmen,

in welchem Masse Mitarbeiterinnen und Mitarbeiter dieser Behörden Einvernahmen durchführen können.

[2] Die Polizei kann beschuldigte Personen und Auskunftspersonen einvernehmen. Bund und Kantone können Angehörige der Polizei bestimmen, die im Auftrag der Staatsanwaltschaft Zeuginnen und Zeugen einvernehmen können.

Art. 143 Durchführung der Einvernahme

[1] Zu Beginn der Einvernahme wird die einzuvernehmende Person in einer ihr verständlichen Sprache:

a. über ihre Personalien befragt;

b. über den Gegenstand des Strafverfahrens und die Eigenschaft, in der sie einvernommen wird, informiert;

c. umfassend über ihre Rechte und Pflichten belehrt.

[2] Im Protokoll ist zu vermerken, dass die Bestimmungen nach Absatz 1 eingehalten worden sind.

[3] Die Strafbehörde kann weitere Erhebungen über die Identität der einzuvernehmenden Person durchführen.

[4] Sie fordert die einzuvernehmende Person auf, sich zum Gegenstand der Einvernahme zu äussern.

[5] Sie strebt durch klar formulierte Fragen und Vorhalte die Vollständigkeit der Aussagen und die Klärung von Widersprüchen an.

[6] Die einzuvernehmende Person macht ihre Aussagen aufgrund ihrer Erinnerung. Sie kann mit Zustimmung der Verfahrensleitung schriftliche Unterlagen verwenden; diese werden nach Abschluss der Einvernahme zu den Akten genommen.

[7] Sprech- und hörbehinderte Personen werden schriftlich oder unter Beizug einer geeigneten Person einvernommen.

Art. 144 Einvernahme mittels Videokonferenz

[1] Staatsanwaltschaft und Gerichte können eine Einvernahme mittels Videokonferenz durchführen, wenn das persönliche Erscheinen der einzuvernehmenden Person nicht oder nur mit grossem Aufwand möglich ist.

[2] Die Einvernahme wird in Ton und Bild festgehalten.

Art. 145 Schriftliche Berichte

Die Strafbehörde kann eine einzuvernehmende Person einladen, an Stelle einer Einvernahme oder zu ihrer Ergänzung einen schriftlichen Bericht abzugeben.

Art. 146 Einvernahme mehrerer Personen und Gegenüberstellungen

[1] Die einzuvernehmenden Personen werden getrennt einvernommen.

2 Die Strafbehörden können Personen, einschliesslich solcher, die ein Aussageverweigerungsrecht haben, einander gegenüberstellen. Die besonderen Rechte des Opfers bleiben vorbehalten.

3 Sie können einvernommene Personen, die nach Abschluss der Einvernahme voraussichtlich weiteren Personen gegenübergestellt werden müssen, verpflichten, bis zur Gegenüberstellung am Ort der Verfahrenshandlung zu bleiben.

4 Die Verfahrensleitung kann eine Person vorübergehend von der Verhandlung ausschliessen, wenn:
a.   eine Interessenkollision besteht; oder
b.   diese Person im Verfahren noch als Zeugin, Zeuge, Auskunftsperson oder sachverständige Person einzuvernehmen ist.

3. Abschnitt: Teilnahmerechte bei Beweiserhebungen

Art. 147   Im Allgemeinen

1 Die Parteien haben das Recht, bei Beweiserhebungen durch die Staatsanwaltschaft und die Gerichte anwesend zu sein und einvernommenen Personen Fragen zu stellen. Die Anwesenheit der Verteidigung bei polizeilichen Einvernahmen richtet sich nach Artikel 159.

2 Wer sein Teilnahmerecht geltend macht, kann daraus keinen Anspruch auf Verschiebung der Beweiserhebung ableiten.

3 Die Partei oder ihr Rechtsbeistand können die Wiederholung der Beweiserhebung verlangen, wenn der Rechtsbeistand oder die Partei ohne Rechtsbeistand aus zwingenden Gründen an der Teilnahme verhindert waren. Auf eine Wiederholung kann verzichtet werden, wenn sie mit unverhältnismässigem Aufwand verbunden wäre und dem Anspruch der Partei auf rechtliches Gehör, insbesondere dem Recht, Fragen zu stellen, auf andere Weise Rechnung getragen werden kann.

4 Beweise, die in Verletzung der Bestimmungen dieses Artikels erhoben worden sind, dürfen nicht zulasten der Partei verwertet werden, die nicht anwesend war.

Art. 148   Im Rechtshilfeverfahren

1 Werden Beweise im Rahmen eines Rechtshilfegesuchs im Ausland erhoben, so ist dem Teilnahmerecht der Parteien Genüge getan, wenn diese:
a.   zuhanden der ersuchten ausländischen Behörde Fragen formulieren können;
b.   nach Eingang des erledigten Rechtshilfegesuchs Einsicht in das Protokoll erhalten; und
c.   schriftliche Ergänzungsfragen stellen können.

[2] Artikel 147 Absatz 4 ist anwendbar.

4. Abschnitt: Schutzmassnahmen

Art. 149 Im Allgemeinen

[1] Besteht Grund zur Annahme, eine Zeugin oder ein Zeuge, eine Auskunftsperson, eine beschuldigte Person, eine sachverständige Person oder eine Übersetzerin oder ein Übersetzer könnte durch die Mitwirkung im Verfahren sich oder eine Person, die mit ihr oder ihm in einem Verhältnis nach Artikel 168 Absätze 1–3 steht, einer erheblichen Gefahr für Leib und Leben oder einem andern schweren Nachteil aussetzen, so trifft die Verfahrensleitung auf Gesuch hin oder von Amtes wegen die geeigneten Schutzmassnahmen.

[2] Die Verfahrensleitung kann dazu die Verfahrensrechte der Parteien angemessen beschränken, namentlich indem sie:

a. die Anonymität zusichert;

b. Einvernahmen unter Ausschluss der Parteien oder der Öffentlichkeit durchführt;

c. die Personalien unter Ausschluss der Parteien oder der Öffentlichkeit feststellt;

d. Aussehen oder Stimme der zu schützenden Person verändert oder diese abschirmt;

e. die Akteneinsicht einschränkt.

[3] Die Verfahrensleitung kann der zu schützenden Person gestatten, sich von einem Rechtsbeistand oder von einer Vertrauensperson begleiten zu lassen.

[4] Wird eine Person unter 18 Jahren als Zeugin, Zeuge oder Auskunftsperson einvernommen, so kann die Verfahrensleitung zudem Schutzmassnahmen nach Artikel 154 Absätze 2 und 4 anordnen.

[5] Die Verfahrensleitung sorgt bei allen Schutzmassnahmen für die Wahrung des rechtlichen Gehörs der Parteien, insbesondere der Verteidigungsrechte der beschuldigten Person.

[6] Wurde der zu schützenden Person die Wahrung ihrer Anonymität zugesichert, so trifft die Verfahrensleitung die geeigneten Massnahmen, um Verwechslungen oder Vertauschungen zu verhindern.

Art. 150 Zusicherung der Anonymität

[1] Die Verfahrensleitung kann der zu schützenden Person die Wahrung ihrer Anonymität zusichern.

[2] Die Staatsanwaltschaft unterbreitet die von ihr gemachte Zusicherung innert 30 Tagen dem Zwangsmassnahmengericht zur Genehmigung; dabei hat sie sämtliche zur Beurteilung der Rechtmässigkeit erforderlichen Einzelheiten genau anzugeben. Das Zwangsmassnahmengericht entscheidet endgültig.

³ Verweigert das Zwangsmassnahmengericht die Genehmigung, so dürfen die unter Zusicherung der Anonymität bereits erhobenen Beweise nicht verwertet werden.

⁴ Eine genehmigte oder erteilte Zusicherung der Anonymität bindet sämtliche mit dem Fall betrauten Strafbehörden.

⁵ Die zu schützende Person kann jederzeit auf die Wahrung der Anonymität verzichten.

⁶ Die Staatsanwaltschaft und die Verfahrensleitung des Gerichts widerrufen die Zusicherung, wenn das Schutzbedürfnis offensichtlich dahingefallen ist.

Art. 151 Massnahmen zum Schutz verdeckter Ermittlerinnen und Ermittler

¹ Verdeckte Ermittlerinnen und Ermittler, denen die Wahrung der Anonymität zugesichert worden ist, haben Anspruch darauf, dass:

a. ihre wahre Identität während des ganzen Verfahrens und nach dessen Abschluss gegenüber jedermann geheim gehalten wird, ausser gegenüber den Mitgliedern der mit dem Fall befassten Gerichte;

b. keine Angaben über ihre wahre Identität in die Verfahrensakten aufgenommen werden.

² Die Verfahrensleitung trifft die notwendigen Schutzmassnahmen.

Art. 152 Allgemeine Massnahmen zum Schutz von Opfern

¹ Die Strafbehörden wahren die Persönlichkeitsrechte des Opfers auf allen Stufen des Verfahrens.

² Das Opfer kann sich bei allen Verfahrenshandlungen ausser von seinem Rechtsbeistand von einer Vertrauensperson begleiten lassen.

³ Die Strafbehörden vermeiden eine Begegnung des Opfers mit der beschuldigten Person, wenn das Opfer dies verlangt. Sie tragen in diesem Fall dem Anspruch der beschuldigten Person auf rechtliches Gehör auf andere Weise Rechnung. Insbesondere können sie das Opfer in Anwendung von Schutzmassnahmen nach Artikel 149 Absatz 2 Buchstaben b und d einvernehmen.

⁴ Eine Gegenüberstellung kann angeordnet werden, wenn:

a. der Anspruch der beschuldigten Person auf rechtliches Gehör nicht auf andere Weise gewährleistet werden kann; oder

b. ein überwiegendes Interesse der Strafverfolgung sie zwingend erfordert.

Art. 153 Besondere Massnahmen zum Schutz von Opfern von Straftaten gegen die sexuelle Integrität

¹ Opfer von Straftaten gegen die sexuelle Integrität können verlangen, von einer Person gleichen Geschlechts einvernommen zu werden.

² Eine Gegenüberstellung mit der beschuldigten Person darf gegen den Willen des Opfers nur angeordnet werden, wenn der Anspruch der beschuldigten Person auf rechtliches Gehör nicht auf andere Weise gewährleistet werden kann.

Art. 154 Besondere Massnahmen zum Schutz von Kindern als Opfer

¹ Als Kind im Sinne dieses Artikels gilt das Opfer, das im Zeitpunkt der Einvernahme oder Gegenüberstellung weniger als 18 Jahre alt ist.

² Die erste Einvernahme des Kindes hat so rasch als möglich stattzufinden.

³ Die Behörde kann die Vertrauensperson vom Verfahren ausschliessen, wenn diese einen bestimmenden Einfluss auf das Kind ausüben könnte.

⁴ Ist erkennbar, dass die Einvernahme oder die Gegenüberstellung für das Kind zu einer schweren psychischen Belastung führen könnte, so gelten die folgenden Regeln:

a. Eine Gegenüberstellung mit der beschuldigten Person darf nur angeordnet werden, wenn das Kind die Gegenüberstellung ausdrücklich verlangt oder der Anspruch der beschuldigten Person auf rechtliches Gehör auf andere Weise nicht gewährleistet werden kann.

b. Das Kind darf während des ganzen Verfahrens in der Regel nicht mehr als zweimal einvernommen werden.

c. Eine zweite Einvernahme findet nur statt, wenn die Parteien bei der ersten Einvernahme ihre Rechte nicht ausüben konnten oder dies im Interesse der Ermittlungen oder des Kindes unumgänglich ist. Soweit möglich erfolgt die Befragung durch die gleiche Person, welche die erste Einvernahme durchgeführt hat.

d. Einvernahmen werden im Beisein einer Spezialistin oder eines Spezialisten von einer zu diesem Zweck ausgebildeten Ermittlungsbeamtin oder einem entsprechenden Ermittlungsbeamten durchgeführt. Findet keine Gegenüberstellung statt, so werden die Einvernahmen mit Bild und Ton aufgezeichnet.

e. Die Parteien üben ihre Rechte durch die befragende Person aus.

f. Die befragende Person und die Spezialistin oder der Spezialist halten ihre besonderen Beobachtungen in einem Bericht fest.

Art. 155 Massnahmen zum Schutz von Personen mit einer psychischen Störung

¹ Einvernahmen von Personen mit einer psychischen Störung werden auf das Notwendige beschränkt; mehrfache Befragungen werden vermieden.

² Die Verfahrensleitung kann spezialisierte Straf- oder Sozialbehörden mit der Einvernahme beauftragen oder zur Einvernahme Familienangehörige, andere Vertrauenspersonen oder Sachverständige beiziehen.

Art. 156 **Massnahmen zum Schutz von Personen ausserhalb eines Verfahrens**

Bund und Kantone können Massnahmen zum Schutz von Personen ausserhalb eines Verfahrens vorsehen.

2. Kapitel: Einvernahme der beschuldigten Person

Art. 157 Grundsatz

[1] Die Strafbehörden können die beschuldigte Person auf allen Stufen des Strafverfahrens zu den ihr vorgeworfenen Straftaten einvernehmen.

[2] Sie geben ihr dabei Gelegenheit, sich zu diesen Straftaten umfassend zu äussern.

Art. 158 Hinweise bei der ersten Einvernahme

[1] Polizei oder Staatsanwaltschaft weisen die beschuldigte Person zu Beginn der ersten Einvernahme in einer ihr verständlichen Sprache darauf hin, dass:

a. gegen sie ein Vorverfahren eingeleitet worden ist und welche Straftaten Gegenstand des Verfahrens bilden;

b. sie die Aussage und die Mitwirkung verweigern kann;

c. sie berechtigt ist, eine Verteidigung zu bestellen oder gegebenenfalls eine amtliche Verteidigung zu beantragen;

d. sie eine Übersetzerin oder einen Übersetzer verlangen kann.

[2] Einvernahmen ohne diese Hinweise sind nicht verwertbar.

Art. 159 Polizeiliche Einvernahmen im Ermittlungsverfahren

[1] Bei polizeilichen Einvernahmen hat die beschuldigte Person das Recht, dass ihre Verteidigung anwesend sein und Fragen stellen kann.

[2] Bei polizeilichen Einvernahmen einer vorläufig festgenommenen Person hat diese zudem das Recht, mit ihrer Verteidigung frei zu verkehren.

[3] Die Geltendmachung dieser Rechte gibt keinen Anspruch auf Verschiebung der Einvernahme.

Art. 160 Einvernahme einer geständigen beschuldigten Person

Ist die beschuldigte Person geständig, so prüfen Staatsanwaltschaft und Gericht die Glaubwürdigkeit ihres Geständnisses und fordern sie auf, die näheren Umstände der Tat genau zu bezeichnen.

Art. 161 Abklärung der persönlichen Verhältnisse im Vorverfahren

Die Staatsanwaltschaft befragt die beschuldigte Person über ihre persönlichen Verhältnisse nur dann, wenn mit einer Anklage oder einem Strafbefehl zu rechnen oder es aus anderen Gründen notwendig ist.

3. Kapitel: Zeuginnen und Zeugen

1. Abschnitt: Allgemeine Bestimmungen

Art. 162 Begriff

Zeugin oder Zeuge ist eine an der Begehung einer Straftat nicht beteiligte Person, die der Aufklärung dienende Aussagen machen kann und nicht Auskunftsperson ist.

Art. 163 Zeugnisfähigkeit und Zeugnispflicht

[1] Zeugnisfähig ist eine Person, die älter als 15 Jahre und hinsichtlich des Gegenstands der Einvernahme urteilsfähig ist.

[2] Jede zeugnisfähige Person ist zum wahrheitsgemässen Zeugnis verpflichtet; vorbehalten bleiben die Zeugnisverweigerungsrechte.

Art. 164 Abklärungen über die Zeugin oder den Zeugen

[1] Das Vorleben und die persönlichen Verhältnisse einer Zeugin oder eines Zeugen werden nur abgeklärt, soweit dies zur Prüfung ihrer Glaubwürdigkeit erforderlich ist.

[2] Bestehen Zweifel an der Urteilsfähigkeit oder liegen Anhaltspunkte für psychische Störungen vor, so kann die Verfahrensleitung eine ambulante Begutachtung der Zeugin oder des Zeugen anordnen, wenn die Bedeutung des Strafverfahrens und des Zeugnisses dies rechtfertigt.

Art. 165 Schweigegebot für die Zeugin oder den Zeugen

[1] Die einvernehmende Behörde kann eine Zeugin oder einen Zeugen unter Hinweis auf die Strafdrohung von Artikel 292 StGB[27] verpflichten, über die beabsichtigte oder die erfolgte Einvernahme und deren Gegenstand Stillschweigen zu bewahren.

[2] Die Verpflichtung wird befristet.

[3] Die Anordnung kann mit der Vorladung der Zeugin oder des Zeugen verbunden werden.

Art. 166 Einvernahme der geschädigten Person

[1] Die geschädigte Person wird als Zeugin oder Zeuge einvernommen.

[2] Vorbehalten bleibt die Einvernahme als Auskunftsperson nach Artikel 178.

Art. 167 Entschädigung

Die Zeugin oder der Zeuge hat Anspruch auf eine angemessene Entschädigung für Erwerbsausfall und Spesen.

---

27 SR 311.0

2. Abschnitt: Zeugnisverweigerungsrechte

Art. 168 Zeugnisverweigerungsrecht aufgrund persönlicher Beziehungen

¹ Das Zeugnis können verweigern:

a. die Ehegattin oder der Ehegatte der beschuldigten Person oder wer mit dieser eine faktische Lebensgemeinschaft führt;

b. wer mit der beschuldigten Person gemeinsame Kinder hat;

c. die in gerader Linie Verwandten oder Verschwägerten der beschuldigten Person;

d. die Geschwister und Stiefgeschwister der beschuldigten Person sowie die Ehegattin oder der Ehegatte eines Geschwisters oder Stiefgeschwisters;

e. die Geschwister und Stiefgeschwister der durch Ehe mit der beschuldigten Person verbundenen Person, sowie die Ehegattin oder der Ehegatte eines Geschwisters oder Stiefgeschwisters;

f. die Pflegeeltern, die Pflegekinder und die Pflegegeschwister der beschuldigten Person;

g. die für die beschuldigte Person zur Vormundschaft, zur Beiratschaft oder zur Beistandschaft eingesetzte Person.

² Das Zeugnisverweigerungsrecht nach Absatz 1 Buchstaben a und f besteht fort, wenn die Ehe aufgelöst wird oder wenn bei einer Familienpflege²⁸ das Pflegeverhältnis nicht mehr besteht.

³ Die eingetragene Partnerschaft ist der Ehe gleichgestellt.

⁴ Das Zeugnisverweigerungsrecht entfällt, wenn:

a.²⁹ sich das Strafverfahren auf eine Straftat nach den Artikeln 111–113, 122, 124, 140, 184, 185, 187, 189, 190 oder 191 StGB³⁰ bezieht; und

b. sich die Tat gegen eine Person richtete, zu der die Zeugin oder der Zeuge nach den Absätzen 1–3 in Beziehung steht.

Art. 169 Zeugnisverweigerungsrecht zum eigenen Schutz oder zum Schutz nahe stehender Personen

¹ Eine Person kann das Zeugnis verweigern, wenn sie sich mit ihrer Aussage selbst derart belasten würde, dass sie:

a. strafrechtlich verantwortlich gemacht werden könnte;

b. zivilrechtlich verantwortlich gemacht werden könnte, und wenn das Schutzinteresse das Strafverfolgungsinteresse überwiegt.

² Das Zeugnisverweigerungsrecht besteht auch dann, wenn die Person mit ihrer Aussage eine ihr im Sinne von Artikel 168 Absätze 1–3 nahe stehenden Person belasten würde; vorbehalten bleibt Artikel 168 Absatz 4.

---

28 Art. 4–11 vom 19. Oktober 1977 über die Aufnahme von Kindern zur Pflege und zur Adoption (SR 211.222.338).

29 Fassung gemäss Ziff. III des BG vom 30. Sept. 2011, in Kraft seit 1. Juli 2012 (AS 2012 2575; BBl 2010 5651 5677).

30 SR 311.0

³ Eine Person kann das Zeugnis verweigern, wenn ihr oder einer ihr im Sinne von Artikel 168 Absätze 1–3 nahe stehende Person durch ihre Aussage eine erhebliche Gefahr für Leib und Leben oder ein anderer schwerer Nachteil droht, welcher mit Schutzmassnahmen nicht abgewendet werden kann.

⁴ Ein Opfer einer Straftat gegen die sexuelle Integrität kann in jedem Fall die Aussage zu Fragen verweigern, die seine Intimsphäre betreffen.

Art. 170 Zeugnisverweigerungsrecht aufgrund eines Amtsgeheimnisses

¹ Beamtinnen und Beamte im Sinne von Artikel 110 Absatz 3 StGB[31] sowie Mitglieder von Behörden können das Zeugnis über Geheimnisse verweigern, die ihnen in ihrer amtlichen Eigenschaft anvertraut worden sind oder die sie bei der Ausübung ihres Amtes wahrgenommen haben.

² Sie haben auszusagen, wenn sie von ihrer vorgesetzten Behörde zur Aussage schriftlich ermächtigt worden sind.

³ Die vorgesetzte Behörde erteilt die Ermächtigung zur Aussage, wenn das Interesse an der Wahrheitsfindung das Geheimhaltungsinteresse überwiegt.

Art. 171 Zeugnisverweigerungsrecht aufgrund eines Berufsgeheimnisses

¹ Geistliche, Rechtsanwältinnen und Rechtsanwälte, Verteidigerinnen und Verteidiger, Notarinnen und Notare, Patentanwältinnen und Patentanwälte, Ärztinnen und Ärzte, Zahnärztinnen und Zahnärzte, Apothekerinnen und Apotheker, Hebammen, Psychologinnen und Psychologen sowie ihre Hilfspersonen können das Zeugnis über Geheimnisse verweigern, die ihnen aufgrund ihres Berufes anvertraut worden sind oder die sie in dessen Ausübung wahrgenommen haben.[32]

² Sie haben auszusagen, wenn sie:

a. einer Anzeigepflicht unterliegen; oder

b. nach Artikel 321 Ziffer 2 StGB[33] von der Geheimnisherrin, dem Geheimnisherrn oder schriftlich von der zuständigen Stelle von der Geheimnispflicht entbunden worden sind.

³ Die Strafbehörde beachtet das Berufsgeheimnis auch bei Entbindung von der Geheimnispflicht, wenn die Geheimnisträgerin oder der Geheimnisträger glaubhaft macht, dass das Geheimhaltungsinteresse der Geheimnisherrin oder des Geheimnisherrn das Interesse an der Wahrheitsfindung überwiegt.

⁴ Das Anwaltsgesetz vom 23. Juni 2000[34] bleibt vorbehalten.

---

31 SR 311.0
32 Fassung gemäss Art. 48 Ziff. 2 des Psychologieberufegesetzes vom 18. März 2011, in Kraft seit 1. April 2013 (AS 2012 1929, 2013 915 975; BBl 2009 6897).
33 SR 311.0
34 SR 935.61

Art. 172 Quellenschutz der Medienschaffenden

[1] Personen, die sich beruflich mit der Veröffentlichung von Informationen im redaktionellen Teil eines periodisch erscheinenden Mediums befassen, sowie ihre Hilfspersonen können das Zeugnis über die Identität der Autorin oder des Autors oder über Inhalt und Quellen ihrer Informationen verweigern.

[2] Sie haben auszusagen, wenn:

a. das Zeugnis erforderlich ist, um eine Person aus einer unmittelbaren Gefahr für Leib und Leben zu retten;

b. ohne das Zeugnis eine der folgenden Straftaten nicht aufgeklärt werden oder die einer solchen Tat beschuldigte Person nicht ergriffen werden kann:

1. Tötungsdelikte im Sinne der Artikel 111–113 StGB[35],
2. Verbrechen, die mit einer Freiheitsstrafe von mindestens 3 Jahren bedroht sind,
3. Straftaten nach den Artikeln 187, 189, 190, 191, 197 Ziffer 3, 260ter, 260^{quinquies}, 305bis, 305ter und 322ter–322^{septies} StGB,
4.[36] Straftaten nach Artikel 19 Absatz 2 des Betäubungsmittelgesetzes vom 3. Oktober 1951[37].

Art. 173 Zeugnisverweigerungsrecht bei weiteren Geheimhaltungspflichten

[1] Wer nach einer der folgenden Bestimmungen Berufsgeheimnisse wahren muss, hat nur auszusagen, wenn das Interesse an der Wahrheitsfindung das Geheimhaltungsinteresse überwiegt:

a. Artikel 321bis StGB[38];

b. Artikel 139 Absatz 3 des Zivilgesetzbuchs[39];

c. Artikel 2 des Bundesgesetzes vom 9. Oktober 1981[40] über die Schwangerschaftsberatungsstellen;

d.[41] Artikel 11 des Opferhilfegesetzes vom 23. März 2007[42];

e.[43] Artikel 3c Absatz 4 des Betäubungsmittelgesetzes vom 3. Oktober 1951[44].

[2] Trägerinnen und Träger anderer gesetzlich geschützter Geheimnisse sind zur Aussage verpflichtet. Die Verfahrensleitung kann sie von der Zeugnispflicht

---

35   SR 311.0
36   AS 2011 4487
37   SR 812.121
38   SR 311.0
39   SR 210. Dieser Artikel ist heute aufgehoben.
40   SR 857.5
41   Fassung gemäss Anhang Ziff. II 7 des Strafbehördenorganisationsgesetzes vom 19. März 2010, in Kraft seit 1. Jan. 2011 (AS 2010 3267; BBl 2008 8125).
42   SR 312.5
43   AS 2011 4487
44   SR 812.121

befreien, wenn sie glaubhaft machen können, dass das Geheimhaltungsinteresse das Interesse an der Wahrheitsfindung überwiegt.

Art. 174 Entscheid über die Zulässigkeit der Zeugnisverweigerung

[1] Über die Zulässigkeit der Zeugnisverweigerung entscheidet:

a. im Vorverfahren: die einvernehmende Behörde;

b. nach Anklageerhebung: das Gericht.

[2] Die Zeugin oder der Zeuge kann sofort nach der Eröffnung des Entscheides die Beurteilung durch die Beschwerdeinstanz verlangen.

[3] Bis zum Entscheid der Beschwerdeinstanz hat die Zeugin oder der Zeuge ein Zeugnisverweigerungsrecht.

Art. 175 Ausübung des Zeugnisverweigerungsrechts

[1] Die Zeugin oder der Zeuge kann sich jederzeit auf sein Zeugnisverweigerungsrecht berufen oder den Verzicht darauf widerrufen.

[2] Aussagen, die eine Zeugin oder ein Zeuge nach Belehrung über das Zeugnisverweigerungsrecht gemacht hat, können auch dann als Beweis verwertet werden, wenn sich die Zeugin oder der Zeuge zu einem späteren Zeitpunkt auf das Zeugnisverweigerungsrecht beruft oder den Verzicht auf das Zeugnisverweigerungsrecht widerruft.

Art. 176 Unberechtigte Zeugnisverweigerung

[1] Wer das Zeugnis verweigert, ohne dazu berechtigt zu sein, kann mit Ordnungsbusse bestraft und zur Tragung der Kosten und Entschädigungen verpflichtet werden, die durch die Verweigerung verursacht worden sind.

[2] Beharrt die zum Zeugnis verpflichtete Person auf ihrer Weigerung, so wird sie unter Hinweis auf Artikel 292 StGB[45] nochmals zur Aussage aufgefordert. Bei erneuter Verweigerung wird ein Strafverfahren eröffnet.

3. Abschnitt: Zeugeneinvernahme

Art. 177

[1] Die einvernehmende Behörde macht die Zeugin oder den Zeugen zu Beginn jeder Einvernahme auf die Zeugnis- und die Wahrheitspflichten und auf die Strafbarkeit eines falschen Zeugnisses nach Artikel 307 StGB[46] aufmerksam. Unterbleibt die Belehrung, so ist die Einvernahme ungültig.

---

45 SR 311.0
46 SR 311.0

2 Die einvernehmende Behörde befragt die Zeugin oder den Zeugen zu Beginn der ersten Einvernahme über ihre Beziehungen zu den Parteien sowie zu weiteren Umständen, die für ihre Glaubwürdigkeit von Bedeutung sein können.

3 Sie macht sie auf ihre Zeugnisverweigerungsrechte aufmerksam, sobald sie aufgrund der Befragung und der Akten solche Rechte erkennt. Unterbleibt der Hinweis und beruft sich die Zeugin oder der Zeuge nachträglich auf das Zeugnisverweigerungsrecht, so ist die Einvernahme nicht verwertbar.

4. Kapitel: Auskunftspersonen

Art. 178 Begriff

Als Auskunftsperson wird einvernommen, wer:

a. sich als Privatklägerschaft konstituiert hat;

b. zur Zeit der Einvernahme das 15. Altersjahr noch nicht zurückgelegt hat;

c. wegen eingeschränkter Urteilsfähigkeit nicht in der Lage ist, den Gegenstand der Einvernahme zu erfassen;

d. ohne selber beschuldigt zu sein, als Täterin, Täter, Teilnehmerin oder Teilnehmer der abzuklärenden Straftat oder einer anderen damit zusammenhängenden Straftat nicht ausgeschlossen werden kann;

e. als mitbeschuldigte Person zu einer ihr nicht selber zur Last gelegten Straftat zu befragen ist;

f. in einem andern Verfahren wegen einer Tat, die mit der abzuklärenden Straftat in Zusammenhang steht, beschuldigt ist;

g. in einem gegen ein Unternehmen gerichteten Strafverfahren als Vertreterin oder Vertreter des Unternehmens bezeichnet worden ist oder bezeichnet werden könnte, sowie ihre oder seine Mitarbeiterinnen und Mitarbeiter.

Art. 179 Auskunftspersonen bei polizeilichen Einvernahmen

1 Die Polizei befragt eine Person, die nicht als beschuldigte Person in Betracht kommt, als Auskunftsperson.

2 Vorbehalten bleibt die Einvernahme als Zeugin oder Zeuge gemäss Artikel 142 Absatz 2.

Art. 180 Stellung

1 Die Auskunftspersonen nach Artikel 178 Buchstaben b–g sind nicht zur Aussage verpflichtet; für sie gelten sinngemäss die Bestimmungen über die Einvernahme der beschuldigten Person.

2 Die Privatklägerschaft (Art. 178 Bst. a) ist vor der Staatsanwaltschaft, vor den Gerichten sowie vor der Polizei, die sie im Auftrag der Staatsanwaltschaft einvernimmt, zur Aussage verpflichtet. Im Übrigen sind die Bestimmungen

über die Zeuginnen und Zeugen sinngemäss anwendbar, mit Ausnahme von Artikel 176.

Art. 181 Einvernahme

[1] Die Strafbehörden machen die Auskunftspersonen zu Beginn der Einvernahme auf ihre Aussagepflicht oder ihre Aussage- oder Zeugnisverweigerungsrechte aufmerksam.

[2] Sie weisen Auskunftspersonen, die zur Aussage verpflichtet sind oder sich bereit erklären auszusagen, auf die möglichen Straffolgen einer falschen Anschuldigung, einer Irreführung der Rechtspflege und einer Begünstigung hin.

5. Kapitel: Sachverständige

Art. 182 Voraussetzungen für den Beizug einer sachverständigen Person

Staatsanwaltschaft und Gerichte ziehen eine oder mehrere sachverständige Personen bei, wenn sie nicht über die besonderen Kenntnisse und Fähigkeiten verfügen, die zur Feststellung oder Beurteilung eines Sachverhalts erforderlich sind.

Art. 183 Anforderungen an die sachverständige Person

[1] Als Sachverständige können natürliche Personen ernannt werden, die auf dem betreffenden Fachgebiet die erforderlichen besonderen Kenntnisse und Fähigkeiten besitzen.

[2] Bund und Kantone können für bestimmte Gebiete dauernd bestellte oder amtliche Sachverständige vorsehen.

[3] Für Sachverständige gelten die Ausstandsgründe nach Artikel 56.

Art. 184 Ernennung und Auftrag

[1] Die Verfahrensleitung ernennt die sachverständige Person.

[2] Sie erteilt ihr einen schriftlichen Auftrag; dieser enthält:

a. die Bezeichnung der sachverständigen Person;
b. allenfalls den Vermerk, dass die sachverständige Person für die Ausarbeitung des Gutachtens weitere Personen unter ihrer Verantwortung einsetzen kann;
c. die präzis formulierten Fragen;
d. die Frist zur Erstattung des Gutachtens;
e. den Hinweis auf die Geheimhaltungspflicht der sachverständigen Person und ihrer allfälligen Hilfspersonen;

f. den Hinweis auf die Straffolgen eines falschen Gutachtens nach Artikel 307 StGB[47].

[3] Die Verfahrensleitung gibt den Parteien vorgängig Gelegenheit, sich zur sachverständigen Person und zu den Fragen zu äussern und dazu eigene Anträge zu stellen. Sie kann bei Laboruntersuchungen davon absehen, namentlich wenn es um die Bestimmung der Blutalkoholkonzentration oder des Reinheitsgrades von Stoffen, den Nachweis von Betäubungsmitteln im Blut oder die Erstellung eines DNA-Profils geht.

[4] Sie übergibt der sachverständigen Person zusammen mit dem Auftrag die zur Erstellung des Gutachtens notwendigen Akten und Gegenstände.

[5] Sie kann einen Auftrag jederzeit widerrufen und neue Sachverständige ernennen, wenn es im Interesse der Strafsache liegt.

[6] Sie kann vor der Erteilung des Auftrags einen Kostenvoranschlag verlangen.

[7] Beantragt die Privatklägerschaft ein Gutachten, so kann die Verfahrensleitung die Erteilung des Auftrages von der Leistung eines Kostenvorschusses durch die Privatklägerschaft abhängig machen.

Art. 185 Ausarbeitung des Gutachtens

[1] Die sachverständige Person ist für das Gutachten persönlich verantwortlich.

[2] Die Verfahrensleitung kann die sachverständige Person zu Verfahrenshandlungen beiziehen und sie ermächtigen, den einzuvernehmenden Personen Fragen zu stellen.

[3] Hält die sachverständige Person Ergänzungen der Akten für notwendig, so stellt sie der Verfahrensleitung einen entsprechenden Antrag.

[4] Die sachverständige Person kann einfache Erhebungen, die mit dem Auftrag in engem Zusammenhang stehen, selber vornehmen und zu diesem Zweck Personen aufbieten. Diese haben dem Aufgebot Folge zu leisten. Weigern sie sich, so können sie polizeilich vorgeführt werden.

[5] Bei Erhebungen durch die sachverständige Person können die beschuldigte Person und, im Umfang ihres Verweigerungsrechts, Personen, die zur Aussage oder Zeugnisverweigerung berechtigt sind, die Mitwirkung oder Aussage verweigern. Die sachverständige Person weist die betroffenen Personen zu Beginn der Erhebungen auf dieses Recht hin.

Art. 186 Stationäre Begutachtung

[1] Staatsanwaltschaft und Gerichte können eine beschuldigte Person in ein Spital einweisen, wenn dies für die Ausarbeitung eines ärztlichen Gutachtens erforderlich ist.

---

47 SR 311.0

2 Die Staatsanwaltschaft beantragt dem Zwangsmassnahmengericht die Spitaleinweisung, wenn sich die betreffende beschuldigte Person nicht bereits in Untersuchungshaft befindet. Das Zwangsmassnahmengericht entscheidet darüber in einem schriftlichen Verfahren endgültig.

3 Erweist sich eine stationäre Begutachtung während des gerichtlichen Verfahrens als notwendig, so entscheidet darüber das betreffende Gericht in einem schriftlichen Verfahren endgültig.

4 Der Spitalaufenthalt ist auf die Strafe anzurechnen.

5 Im Übrigen richtet sich die stationäre Begutachtung sinngemäss nach den Vorschriften über die Untersuchungs- und die Sicherheitshaft.

Art. 187 Form des Gutachtens

1 Die sachverständige Person erstattet das Gutachten schriftlich. Waren an der Ausarbeitung weitere Personen beteiligt, so sind ihre Namen und die Funktion, die sie bei der Erstellung des Gutachtens hatten, zu nennen.

2 Die Verfahrensleitung kann anordnen, dass das Gutachten mündlich erstattet oder dass ein schriftlich erstattetes Gutachten mündlich erläutert oder ergänzt wird; in diesem Falle sind die Vorschriften über die Zeugeneinvernahme anwendbar.

Art. 188 Stellungnahme der Parteien

Die Verfahrensleitung bringt den Parteien das schriftlich erstattete Gutachten zur Kenntnis und setzt ihnen eine Frist zur Stellungnahme.

Art. 189 Ergänzung und Verbesserung des Gutachtens

Die Verfahrensleitung lässt das Gutachten von Amtes wegen oder auf Antrag einer Partei durch die gleiche sachverständige Person ergänzen oder verbessern oder bestimmt weitere Sachverständige, wenn:

a. das Gutachten unvollständig oder unklar ist;

b. mehrere Sachverständige in ihren Ergebnissen erheblich voneinander abweichen; oder

c. Zweifel an der Richtigkeit des Gutachtens bestehen.

Art. 190 Entschädigung

Die sachverständige Person hat Anspruch auf eine angemessene Entschädigung.

Art. 191 Pflichtversäumnis

Kommt eine sachverständige Person ihren Pflichten nicht oder nicht rechtzeitig nach, so kann die Verfahrensleitung:

a. sie mit einer Ordnungsbusse bestrafen;

b. den Auftrag ohne Entschädigung für die bisherigen Bemühungen widerrufen.

6. Kapitel: Sachliche Beweismittel

Art. 192 Beweisgegenstände

[1] Die Strafbehörden nehmen die Beweisgegenstände vollständig und im Original zu den Akten.

[2] Von Urkunden und weiteren Aufzeichnungen werden Kopien erstellt, wenn dies für die Zwecke des Verfahrens genügt. Die Kopien sind nötigenfalls zu beglaubigen.

[3] Die Parteien können im Rahmen der Vorschriften über die Akteneinsicht die Beweisgegenstände einsehen.

Art. 193 Augenschein

[1] Die Staatsanwaltschaft, die Gerichte und, in einfachen Fällen, die Polizei besichtigen Gegenstände, Örtlichkeiten und Vorgänge, die für die Beurteilung eines Sachverhalts bedeutsam sind, aber nicht unmittelbar als Beweisgegenstände vorliegen, in einem Augenschein an Ort und Stelle.

[2] Jede Person hat den Augenschein zu dulden und den Teilnehmerinnen und Teilnehmern den erforderlichen Zutritt zu gewähren.

[3] Müssen Häuser, Wohnungen oder andere nicht allgemein zugängliche Räume betreten werden, so beachten die Behörden die für die Hausdurchsuchung geltenden Vorschriften.

[4] Augenscheine werden mittels Bild- oder Tonaufnahmen, Plänen, Zeichnungen oder Beschreibungen oder in anderer Weise aktenkundig gemacht.

[5] Die Verfahrensleitung kann anordnen, dass:
a. andere Verfahrenshandlungen an den Ort des Augenscheins verlegt werden;
b. der Augenschein mit einer Rekonstruktion der Tat oder einer Konfrontation verbunden wird; in diesem Fall sind die beschuldigte Person, die Zeuginnen, Zeugen und die Auskunftspersonen verpflichtet, daran teilzunehmen; ihre Aussageverweigerungsrechte bleiben vorbehalten.

Art. 194 Beizug von Akten

[1] Die Staatsanwaltschaft und die Gerichte ziehen Akten anderer Verfahren bei, wenn dies für den Nachweis des Sachverhalts oder die Beurteilung der beschuldigten Person erforderlich ist.

[2] Verwaltungs- und Gerichtsbehörden stellen ihre Akten zur Einsichtnahme zur Verfügung, wenn der Herausgabe keine überwiegenden öffentlichen oder privaten Geheimhaltungsinteressen entgegenstehen.

[3] Konflikte zwischen Behörden des gleichen Kantons entscheidet die Beschwerdeinstanz des jeweiligen Kantons, solche zwischen Behörden verschiedener Kantone oder zwischen kantonalen und eidgenössischen Behörden das Bundesstrafgericht.

Art. 195 Einholen von Berichten und Auskünften

[1] Die Strafbehörden holen amtliche Berichte und Arztzeugnisse über Vorgänge ein, die im Strafverfahren bedeutsam sein können.

[2] Zur Abklärung der persönlichen Verhältnisse der beschuldigten Person holen Staatsanwaltschaft und Gerichte Auskünfte über Vorstrafen und den Leumund sowie weitere sachdienliche Berichte von Amtsstellen und Privaten ein.

5. Titel: Zwangsmassnahmen

1. Kapitel: Allgemeine Bestimmungen

Art. 196 Begriff

Zwangsmassnahmen sind Verfahrenshandlungen der Strafbehörden, die in Grundrechte der Betroffenen eingreifen und die dazu dienen:
a. Beweise zu sichern;
b. die Anwesenheit von Personen im Verfahren sicherzustellen;
c. die Vollstreckung des Endentscheides zu gewährleisten.

Art. 197 Grundsätze

[1] Zwangsmassnahmen können nur ergriffen werden, wenn:
a. sie gesetzlich vorgesehen sind;
b. ein hinreichender Tatverdacht vorliegt;
c. die damit angestrebten Ziele nicht durch mildere Massnahmen erreicht werden können;
d. die Bedeutung der Straftat die Zwangsmassnahme rechtfertigt.

[2] Zwangsmassnahmen, die in die Grundrechte nicht beschuldigter Personen eingreifen, sind besonders zurückhaltend einzusetzen.

Art. 198 Zuständigkeit

[1] Zwangsmassnahmen können anordnen:
a. die Staatsanwaltschaft;
b. die Gerichte, in dringenden Fällen ihre Verfahrensleitung;
c. die Polizei in den gesetzlich vorgesehenen Fällen.

[2] Bund und Kantone können die Befugnis der Polizei, Zwangsmassnahmen anzuordnen und durchzuführen, Polizeiangehörigen mit einem bestimmten Grad oder einer bestimmten Funktion vorbehalten.

Art. 199 Eröffnung der Anordnung

Ist eine Zwangsmassnahme schriftlich anzuordnen und ist sie nicht geheim zu halten, so wird den direkt betroffenen Personen gegen Empfangsbestätigung eine Kopie des Befehls und eines allfälligen Vollzugsprotokolls übergeben.

Art. 200 Gewaltanwendung

Zur Durchsetzung von Zwangsmassnahmen darf als äusserstes Mittel Gewalt angewendet werden; diese muss verhältnismässig sein.

2. Kapitel: Vorladung, Vorführung und Fahndung

1. Abschnitt: Vorladung

Art. 201 Form und Inhalt

[1] Die Vorladungen von Staatsanwaltschaft, Übertretungsstrafbehörden und Gerichten ergehen schriftlich.

[2] Sie enthalten:

a. die Bezeichnung der vorladenden Strafbehörde und der Personen, welche die Verfahrenshandlung vornehmen werden;

b. die Bezeichnung der vorgeladenen Person und der Eigenschaft, in der sie an der Verfahrenshandlung teilnehmen soll;

c. den Grund der Vorladung, sofern der Untersuchungszweck diesen Hinweis nicht verbietet;

d. Ort, Datum und Zeit des Erscheinens;

e. die Aufforderung, persönlich zu erscheinen;

f. den Hinweis auf die Rechtsfolgen des unentschuldigten Fernbleibens;

g. das Datum der Ausstellung der Vorladung;

h. die Unterschrift der vorladenden Person.

Art. 202 Frist

[1] Vorladungen werden zugestellt:

a. im Vorverfahren: mindestens 3 Tage vor der Verfahrenshandlung;

b. im Verfahren vor Gericht: mindestens 10 Tage vor der Verfahrenshandlung.

[2] Öffentliche Vorladungen werden mindestens einen Monat vor der Verfahrenshandlung publiziert.

[3] Bei der Festlegung des Zeitpunkts wird auf die Abkömmlichkeit der vorzuladenden Personen angemessen Rücksicht genommen.

Art. 203 Ausnahmen

[1] Eine Vorladung kann in anderer als der vorgeschriebenen Form und mit abgekürzten Fristen ergehen:

a. in dringenden Fällen; oder

b. mit dem Einverständnis der vorzuladenden Person.

[2] Wer sich am Orte der Verfahrenshandlung oder in Haft befindet, kann sofort und ohne Vorladung einvernommen werden.

Art. 204 Freies Geleit

[1] Sind Personen vorzuladen, die sich im Ausland befinden, so kann ihnen die Staatsanwaltschaft oder die Verfahrensleitung des Gerichts freies Geleit zusichern.

[2] Personen, denen freies Geleit zugesichert wurde, können in der Schweiz wegen Handlungen oder Verurteilungen aus der Zeit vor ihrer Abreise nicht verhaftet oder anderen freiheitsbeschränkenden Massnahmen unterworfen werden.

[3] Das freie Geleit kann an Bedingungen geknüpft werden. In diesem Fall sind die betroffenen Personen darauf aufmerksam zu machen, dass das freie Geleit erlischt, wenn sie die daran geknüpften Bedingungen missachten.

Art. 205 Erscheinungspflicht, Verhinderung und Säumnis

[1] Wer von einer Strafbehörde vorgeladen wird, hat der Vorladung Folge zu leisten.

[2] Wer verhindert ist, einer Vorladung Folge zu leisten, hat dies der vorladenden Behörde unverzüglich mitzuteilen; er oder sie hat die Verhinderung zu begründen und soweit möglich zu belegen.

[3] Eine Vorladung kann aus wichtigen Gründen widerrufen werden. Der Widerruf wird erst dann wirksam, wenn er der vorgeladenen Person mitgeteilt worden ist.

[4] Wer einer Vorladung von Staatsanwaltschaft, Übertretungsstrafbehörde oder Gericht unentschuldigt nicht oder zu spät Folge leistet, kann mit Ordnungsbusse bestraft und überdies polizeilich vorgeführt werden.

[5] Vorbehalten bleiben die Bestimmungen über das Abwesenheitsverfahren.

Art. 206 Polizeiliche Vorladungen

[1] Im polizeilichen Ermittlungsverfahren kann die Polizei Personen zum Zwecke der Befragung, der Identitätsfeststellung oder der erkennungsdienstlichen Behandlung ohne Beachtung besonderer Formen und Fristen vorladen.

[2] Wer einer polizeilichen Vorladung keine Folge leistet, kann mit Befehl der Staatsanwaltschaft vorgeführt werden, wenn diese Massnahme der vorgeladenen Person schriftlich angedroht worden ist.

2. Abschnitt: Polizeiliche Vorführung

Art. 207 Voraussetzungen und Zuständigkeit

[1] Eine Person kann polizeilich vorgeführt werden, wenn:

a. sie einer Vorladung nicht Folge geleistet hat;

b. aufgrund konkreter Anhaltspunkte anzunehmen ist, sie werde einer Vorladung nicht Folge leisten;

c. bei Verfahren wegen Verbrechen oder Vergehen ihr sofortiges Erscheinen im Interesse des Verfahrens unerlässlich ist;

d. sie eines Verbrechens oder Vergehens dringend verdächtigt wird und Haftgründe zu vermuten sind.

[2] Die Vorführung wird von der Verfahrensleitung angeordnet.

Art. 208 Form der Anordnung

[1] Die Vorführung wird in einem schriftlichen Befehl angeordnet. In dringenden Fällen kann sie mündlich angeordnet werden; sie ist aber nachträglich schriftlich zu bestätigen.

[2] Der Befehl enthält die gleichen Angaben wie eine Vorladung und zudem die ausdrückliche Ermächtigung der Polizei, zum Vollzug wenn nötig Gewalt anzuwenden sowie Häuser, Wohnungen und andere nicht allgemein zugängliche Räume zu betreten.

Art. 209 Vorgehen

[1] Die Polizei führt den Vorführungsbefehl unter grösstmöglicher Schonung der betroffenen Personen aus.

[2] Sie weist der vorzuführenden Person den Vorführungsbefehl vor und führt sie unverzüglich oder zu der im Vorführungsbefehl genannten Zeit der Behörde zu.

[3] Die Behörde informiert die vorgeführte Person unverzüglich und in einer ihr verständlichen Sprache über den Grund der Vorführung, nimmt die Verfahrenshandlung vor und entlässt sie danach unverzüglich, es sei denn, sie beantrage die Anordnung der Untersuchungs- oder der Sicherheitshaft.

3. Abschnitt: Fahndung

Art. 210 Grundsätze

[1] Staatsanwaltschaft, Übertretungsstrafbehörden und Gerichte können Personen, deren Aufenthalt unbekannt und deren Anwesenheit im Verfahren erforderlich ist, zur Ermittlung des Aufenthaltsortes ausschreiben. In dringenden Fällen kann die Polizei eine Ausschreibung von sich aus veranlassen.

² Eine beschuldigte Person kann zur Verhaftung und Zuführung ausgeschrieben werden, wenn sie eines Verbrechens oder Vergehens dringend verdächtigt wird und Haftgründe zu vermuten sind.

³ Ordnet die Staatsanwaltschaft, die Übertretungsstrafbehörde oder das Gericht nichts anderes an, so ist für die Durchführung der Ausschreibung die Polizei zuständig.

⁴ Die Absätze 1 und 3 gelten sinngemäss für die Fahndung nach Gegenständen und Vermögenswerten.

Art. 211 Mithilfe der Öffentlichkeit

¹ Die Öffentlichkeit kann zur Mithilfe bei der Fahndung aufgefordert werden.

² Bund und Kantone können Bestimmungen erlassen, wonach Privaten für die erfolgreiche Mitwirkung bei der Fahndung Belohnungen ausgerichtet werden können.

3. Kapitel: Freiheitsentzug, Untersuchungs- und Sicherheitshaft

1. Abschnitt: Allgemeine Bestimmungen

Art. 212 Grundsätze

¹ Die beschuldigte Person bleibt in Freiheit. Sie darf nur im Rahmen der Bestimmungen dieses Gesetzes freiheitsentziehenden Zwangsmassnahmen unterworfen werden.

² Freiheitsentziehende Zwangsmassnahmen sind aufzuheben, sobald:
a. ihre Voraussetzungen nicht mehr erfüllt sind;
b. die von diesem Gesetz vorgesehene oder von einem Gericht bewilligte Dauer abgelaufen ist; oder
c. Ersatzmassnahmen zum gleichen Ziel führen.

³ Untersuchungs- und Sicherheitshaft dürfen nicht länger dauern als die zu erwartende Freiheitsstrafe.

Art. 213 Betreten von Räumlichkeiten

¹ Müssen zur Anhaltung oder Festnahme einer Person Häuser, Wohnungen oder andere nicht allgemein zugängliche Räume betreten werden, so sind die Bestimmungen über die Hausdurchsuchung zu beachten.

² Ist Gefahr im Verzug, so kann die Polizei Räumlichkeiten auch ohne Hausdurchsuchungsbefehl betreten.

Art. 214 Benachrichtigung

[1] Wird eine Person vorläufig festgenommen oder in Untersuchungs- oder Sicherheitshaft gesetzt, so benachrichtigt die zuständige Strafbehörde umgehend:

a. ihre Angehörigen;

b. auf ihren Wunsch ihren Arbeitgeber oder die für sie zuständige ausländische Vertretung.

[2] Von einer Benachrichtigung wird abgesehen, wenn der Untersuchungszweck sie verbietet oder die betroffene Person sie ausdrücklich ablehnt.

[3] Gerät eine Person, die von der festgenommenen Person abhängig ist, wegen der freiheitsentziehenden Zwangsmassnahme in Schwierigkeiten, so benachrichtigt die Strafbehörde die zuständigen Sozialbehörden.

[4] Das Opfer wird über die Anordnung und die Aufhebung der Untersuchungs- oder der Sicherheitshaft sowie über eine Flucht der beschuldigten Person orientiert, es sei denn, es habe ausdrücklich darauf verzichtet. Die Orientierung über die Aufhebung der Haft kann unterbleiben, wenn die beschuldigte Person dadurch einer ernsthaften Gefahr ausgesetzt würde.

2. Abschnitt: Polizeiliche Anhaltung und Nacheile

Art. 215 Polizeiliche Anhaltung

[1] Die Polizei kann im Interesse der Aufklärung einer Straftat eine Person anhalten und wenn nötig auf den Polizeiposten bringen, um:

a. ihre Identität festzustellen;

b. sie kurz zu befragen;

c. abzuklären, ob sie eine Straftat begangen hat;

d. abzuklären, ob nach ihr oder nach Gegenständen, die sich in ihrem Gewahrsam befinden, gefahndet wird.

[2] Sie kann die angehaltene Person verpflichten:

a. ihre Personalien anzugeben;

b. Ausweispapiere vorzulegen;

c. mitgeführte Sachen vorzuzeigen;

d. Behältnisse oder Fahrzeuge zu öffnen.

[3] Sie kann Privatpersonen auffordern, sie bei der Anhaltung zu unterstützen.

[4] Ist aufgrund konkreter Anhaltspunkte anzunehmen, dass an einem bestimmten Ort Straftaten im Gange sind oder sich dort beschuldigte Personen aufhalten, so kann die Polizei diesen Ort absperren und die sich dort aufhaltenden Personen anhalten.

Art. 216 Nacheile

[1] Die Polizei ist berechtigt, in dringenden Fällen eine beschuldigte Person auf das Gebiet einer anderen Gemeinde, eines anderen Kantons und, im Rahmen völkerrechtlicher Verträge, ins Ausland zu verfolgen und dort anzuhalten.

[2] Soll die angehaltene Person anschliessend festgenommen werden, so wird sie unverzüglich der am Ort der Anhaltung zuständigen Behörde übergeben.

3. Abschnitt: Vorläufige Festnahme

Art. 217 Durch die Polizei

[1] Die Polizei ist verpflichtet, eine Person vorläufig festzunehmen und auf den Polizeiposten zu bringen, die:

a. sie bei einem Verbrechen oder Vergehen auf frischer Tat ertappt oder unmittelbar nach der Begehung einer solchen Tat angetroffen hat;

b. zur Verhaftung ausgeschrieben ist.

[2] Sie kann eine Person vorläufig festnehmen und auf den Polizeiposten bringen, die gestützt auf Ermittlungen oder andere zuverlässige Informationen eines Verbrechens oder Vergehens verdächtig ist.

[3] Sie kann eine Person, die sie bei der Begehung einer Übertretung auf frischer Tat ertappt oder unmittelbar nach Begehung einer solchen Tat angetroffen hat, vorläufig festnehmen und auf den Polizeiposten bringen, wenn:

a. die Person ihre Personalien nicht bekannt gibt;

b. die Person nicht in der Schweiz wohnt und nicht unverzüglich eine Sicherheit für die zu erwartende Busse leistet;

c. die Festnahme nötig ist, um die Person von weiteren Übertretungen abzuhalten.

Art. 218 Durch Privatpersonen

[1] Kann polizeiliche Hilfe nicht rechtzeitig erlangt werden, so sind Private berechtigt, eine Person vorläufig festzunehmen, wenn:

a. sie diese bei einem Verbrechen oder Vergehen auf frischer Tat ertappt oder unmittelbar nach der Begehung einer solchen Tat angetroffen haben; oder

b. die Öffentlichkeit zur Mithilfe bei deren Fahndung aufgefordert worden ist.

[2] Bei der Festnahme dürfen Privatpersonen nur nach Massgabe von Artikel 200 Gewalt anwenden.

[3] Festgenommene Personen sind so rasch als möglich der Polizei zu übergeben.

Art. 219 Vorgehen der Polizei

[1] Die Polizei stellt nach der Festnahme unverzüglich die Identität der festgenommenen Person fest, informiert diese in einer ihr verständlichen Sprache über die Gründe der Festnahme und klärt sie im Sinne von Artikel 158 über ihre Rechte auf. Danach informiert sie unverzüglich die Staatsanwaltschaft über die Festnahme.

[2] Anschliessend befragt sie die festgenommene Person in Anwendung von Artikel 159 zu dem gegen sie bestehenden Verdacht und trifft unverzüglich die geeigneten Abklärungen, um den Tatverdacht und die weiteren Haftgründe zu erhärten oder zu entkräften.

[3] Ergeben die Abklärungen, dass Haftgründe nicht oder nicht mehr bestehen, so lässt sie die festgenommene Person sofort frei. Bestätigen die Abklärungen den Tatverdacht und einen Haftgrund, so führt sie die Person unverzüglich der Staatsanwaltschaft zu.

[4] Entlassung oder Zuführung erfolgen in jedem Falle spätestens nach 24 Stunden; ging der Festnahme eine Anhaltung voraus, so ist deren Dauer an die Frist anzurechnen.

[5] Hat die Polizei eine Person im Sinne von Artikel 217 Absatz 3 vorläufig festgenommen und soll die Person länger als 3 Stunden festgehalten werden, so muss dies von Polizeiangehörigen angeordnet werden, die dazu vom Bund oder vom Kanton ermächtigt sind.

4. Abschnitt: Untersuchungs- und Sicherheitshaft: Allgemeine Bestimmungen

Art. 220 Begriffe

[1] Die Untersuchungshaft beginnt mit ihrer Anordnung durch das Zwangsmassnahmengericht und endet mit dem Eingang der Anklage beim erstinstanzlichen Gericht, dem vorzeitigen Antritt einer freiheitsentziehenden Sanktion oder mit der Entlassung der beschuldigten Person während der Untersuchung.

[2] Als Sicherheitshaft gilt die Haft während der Zeit zwischen dem Eingang der Anklageschrift beim erstinstanzlichen Gericht und der Rechtskraft des Urteils, dem Antritt einer freiheitsentziehenden Sanktion oder der Entlassung.

Art. 221 Voraussetzungen

[1] Untersuchungs- und Sicherheitshaft sind nur zulässig, wenn die beschuldigte Person eines Verbrechens oder Vergehens dringend verdächtig ist und ernsthaft zu befürchten ist, dass sie:

a. sich durch Flucht dem Strafverfahren oder der zu erwartenden Sanktion entzieht;

b. Personen beeinflusst oder auf Beweismittel einwirkt, um so die Wahrheitsfindung zu beeinträchtigen; oder

c. durch schwere Verbrechen oder Vergehen die Sicherheit anderer erheblich gefährdet, nachdem sie bereits früher gleichartige Straftaten verübt hat.

[2] Haft ist auch zulässig, wenn ernsthaft zu befürchten ist, eine Person werde ihre Drohung, ein schweres Verbrechen auszuführen, wahrmachen.

Art. 222[48] Rechtsmittel

Die verhaftete Person kann Entscheide über die Anordnung, die Verlängerung und die Aufhebung der Untersuchungs- oder Sicherheitshaft bei der Beschwerdeinstanz anfechten. Vorbehalten bleibt Artikel 233.

Art. 223 Verkehr mit der Verteidigung im Haftverfahren

[1] Die Verteidigung kann im Haftverfahren den Einvernahmen der beschuldigten Person und weiteren Beweiserhebungen beiwohnen.

[2] Die beschuldigte Person kann im Verfahren vor der Staatsanwaltschaft und den Gerichten um Anordnung von Haft jederzeit ohne Aufsicht mit der Verteidigung schriftlich oder mündlich verkehren.

5. Abschnitt: Untersuchungshaft

Art. 224 Haftverfahren vor der Staatsanwaltschaft

[1] Die Staatsanwaltschaft befragt die beschuldigte Person unverzüglich und gibt ihr Gelegenheit, sich zum Tatverdacht und zu den Haftgründen zu äussern. Sie erhebt unverzüglich jene Beweise, die zur Erhärtung oder Entkräftung des Tatverdachts und der Haftgründe geeignet und ohne Weiteres verfügbar sind.

[2] Bestätigen sich der Tatverdacht und die Haftgründe, so beantragt die Staatsanwaltschaft dem Zwangsmassnahmengericht unverzüglich, spätestens aber innert 48 Stunden seit der Festnahme, die Anordnung der Untersuchungshaft oder einer Ersatzmassnahme. Sie reicht ihren Antrag schriftlich ein, begründet ihn kurz und legt die wesentlichen Akten bei.

[3] Verzichtet sie auf einen Haftantrag, so verfügt sie die unverzügliche Freilassung. Beantragt sie eine Ersatzmassnahme, so trifft sie die erforderlichen sichernden Massnahmen.

Art. 225 Haftverfahren vor dem Zwangsmassnahmengericht

[1] Das Zwangsmassnahmengericht setzt nach Eingang des Antrags der Staatsanwaltschaft unverzüglich eine nicht öffentliche Verhandlung mit der Staats-

---

48 Fassung gemäss Anhang Ziff. II 7 des Strafbehördenorganisationsgesetzes vom 19. März 2010, in Kraft seit 1. Jan. 2011 (AS 2010 3267; BBl 8125).

anwaltschaft, der beschuldigten Person und deren Verteidigung an; es kann die Staatsanwaltschaft verpflichten, daran teilzunehmen.

2 Es gewährt der beschuldigten Person und der Verteidigung auf Verlangen vorgängig Einsicht in die ihm vorliegenden Akten.

3 Wer der Verhandlung berechtigterweise fern bleibt, kann Anträge schriftlich einreichen oder auf frühere Eingaben verweisen.

4 Das Zwangsmassnahmengericht erhebt die sofort verfügbaren Beweise, die geeignet sind, den Tatverdacht oder die Haftgründe zu erhärten oder zu entkräften.

5 Verzichtet die beschuldigte Person ausdrücklich auf eine Verhandlung, so entscheidet das Zwangsmassnahmengericht in einem schriftlichen Verfahren aufgrund des Antrags der Staatsanwaltschaft und der Eingaben der beschuldigten Person.

Art. 226 Entscheid des Zwangsmassnahmengerichts

1 Das Zwangsmassnahmengericht entscheidet unverzüglich, spätestens aber innert 48 Stunden nach Eingang des Antrags.

2 Es eröffnet seinen Entscheid der Staatsanwaltschaft, der beschuldigten Person und ihrer Verteidigung unverzüglich mündlich oder, falls sie abwesend sind, schriftlich. Anschliessend stellt es ihnen eine kurze schriftliche Begründung zu.

3 Ordnet es die Untersuchungshaft an, so weist es die beschuldigte Person darauf hin, dass sie jederzeit ein Haftentlassungsgesuch stellen kann.

4 Es kann in seinem Entscheid:

a. eine Höchstdauer der Untersuchungshaft festlegen;

b. die Staatsanwaltschaft anweisen, bestimmte Untersuchungshandlungen vorzunehmen;

c. an Stelle der Untersuchungshaft Ersatzmassnahmen anordnen.

5 Ordnet es die Untersuchungshaft nicht an, so wird die beschuldigte Person unverzüglich freigelassen.

Art. 227 Haftverlängerungsgesuch

1 Läuft die vom Zwangsmassnahmengericht festgesetzte Dauer der Untersuchungshaft ab, so kann die Staatsanwaltschaft ein Haftverlängerungsgesuch stellen. Hat das Zwangsmassnahmengericht die Haftdauer nicht beschränkt, so ist das Gesuch vor Ablauf von 3 Monaten Haft zu stellen.

2 Die Staatsanwaltschaft reicht dem Zwangsmassnahmengericht das schriftliche und begründete Gesuch spätestens 4 Tage vor Ablauf der Haftdauer ein und legt ihm die wesentlichen Akten bei.

³ Das Zwangsmassnahmengericht gibt der beschuldigten Person und ihrer Verteidigung Gelegenheit, die ihm vorliegenden Akten einzusehen und innert 3 Tagen schriftlich zum Gesuch Stellung zu nehmen.

⁴ Es kann die provisorische Fortdauer der Untersuchungshaft bis zu seinem Entscheid anordnen.

⁵ Das Zwangsmassnahmengericht entscheidet spätestens innert 5 Tagen nach Eingang der Stellungnahme beziehungsweise Ablauf der in Absatz 3 genannten Frist. Es kann die Staatsanwaltschaft anweisen, bestimmte Untersuchungshandlungen vorzunehmen, oder eine Ersatzmassnahme anordnen.

⁶ Das Verfahren ist in der Regel schriftlich, doch kann das Zwangsmassnahmengericht eine Verhandlung anordnen; diese ist nicht öffentlich.

⁷ Die Verlängerung der Untersuchungshaft wird jeweils für längstens 3 Monate, in Ausnahmefällen für längstens 6 Monate bewilligt.

Art. 228   Haftentlassungsgesuch

¹ Die beschuldigte Person kann bei der Staatsanwaltschaft jederzeit schriftlich oder mündlich zu Protokoll ein Gesuch um Haftentlassung stellen; vorbehalten bleibt Absatz 5. Das Gesuch ist kurz zu begründen.

² Entspricht die Staatsanwaltschaft dem Gesuch, so entlässt sie die beschuldigte Person unverzüglich aus der Haft. Will sie dem Gesuch nicht entsprechen, so leitet sie es zusammen mit den Akten spätestens 3 Tage nach dessen Eingang mit einer begründeten Stellungnahme an das Zwangsmassnahmengericht weiter.

³ Das Zwangsmassnahmengericht stellt die Stellungnahme der beschuldigten Person und ihrer Verteidigung zu und setzt ihnen eine Frist von 3 Tagen zur Replik.

⁴ Das Zwangsmassnahmengericht entscheidet spätestens innert 5 Tagen nach Eingang der Replik beziehungsweise Ablauf der in Absatz 3 genannten Frist in einer nicht öffentlichen Verhandlung. Verzichtet die beschuldigte Person ausdrücklich auf eine Verhandlung, so kann der Entscheid im schriftlichen Verfahren ergehen. Im Übrigen ist Artikel 226 Absätze 2–5 sinngemäss anwendbar.

⁵ Das Zwangsmassnahmengericht kann in seinem Entscheid eine Frist von längstens einem Monat setzen, innerhalb derer die beschuldigte Person kein Entlassungsgesuch stellen kann.

6. Abschnitt: Sicherheitshaft

Art. 229 Entscheid über die Anordnung der Sicherheitshaft

[1] Über die Anordnung der Sicherheitshaft bei vorbestehender Untersuchungshaft entscheidet das Zwangsmassnahmengericht auf schriftliches Gesuch der Staatsanwaltschaft.

[2] Ergeben sich erst nach der Anklageerhebung Haftgründe, so führt die Verfahrensleitung des erstinstanzlichen Gerichts in sinngemässer Anwendung von Artikel 224 ein Haftverfahren durch und beantragt dem Zwangsmassnahmengericht die Anordnung der Sicherheitshaft.

[3] Das Verfahren vor dem Zwangsmassnahmengericht richtet sich:

a. ohne vorbestehende Untersuchungshaft: sinngemäss nach den Artikeln 225 und 226;

b. bei vorbestehender Untersuchungshaft: sinngemäss nach Artikel 227.

Art. 230 Entlassung aus der Sicherheitshaft während des erstinstanzlichen Verfahrens

[1] Die beschuldigte Person und die Staatsanwaltschaft können während des erstinstanzlichen Verfahrens ein Haftentlassungsgesuch stellen.

[2] Das Gesuch ist an die Verfahrensleitung des erstinstanzlichen Gerichts zu richten.

[3] Entspricht die Verfahrensleitung dem Gesuch, so entlässt sie die beschuldigte Person unverzüglich aus der Haft. Will sie dem Gesuch nicht entsprechen, so leitet sie es an das Zwangsmassnahmengericht zum Entscheid weiter.

[4] Die Verfahrensleitung des erstinstanzlichen Gerichts kann mit Zustimmung der Staatsanwaltschaft die Haftentlassung auch selbst anordnen. Stimmt die Staatsanwaltschaft nicht zu, so entscheidet das Zwangsmassnahmengericht.

[5] Im Übrigen gelten die Bestimmungen von Artikel 228 sinngemäss.

Art. 231 Sicherheitshaft nach dem erstinstanzlichen Urteil

[1] Das erstinstanzliche Gericht entscheidet mit dem Urteil, ob eine verurteilte Person in Sicherheitshaft zu setzen oder zu behalten ist:

a. zur Sicherung des Straf- oder Massnahmenvollzuges;

b. im Hinblick auf das Berufungsverfahren.

[2] Wird die inhaftierte beschuldigte Person freigesprochen und verfügt das erstinstanzliche Gericht deren Freilassung, so kann die Staatsanwaltschaft beim erstinstanzlichen Gericht zu Handen der Verfahrensleitung des Berufungsgerichts die Fortsetzung der Sicherheitshaft beantragen. In diesem Fall bleibt die betreffende Person bis zum Entscheid der Verfahrensleitung des Berufungsgerichts in Haft. Die Verfahrensleitung des Berufungsgerichts entscheidet über den Antrag der Staatsanwaltschaft innert 5 Tagen seit Antragstellung.

[3] Wird eine Berufung zurückgezogen, so entscheidet das erstinstanzliche Gericht über die Anrechnung der Haftdauer nach dem Urteil.

Art. 232 Sicherheitshaft während eines Verfahrens vor dem Berufungsgericht

[1] Ergeben sich Haftgründe erst während eines Verfahrens vor dem Berufungsgericht, so lässt die Verfahrensleitung des Berufungsgerichts die in Haft zu setzende Person unverzüglich vorführen und hört sie an.

[2] Sie entscheidet innert 48 Stunden seit der Zuführung; dieser Entscheid ist nicht anfechtbar.

Art. 233 Haftentlassungsgesuch während eines Verfahrens vor dem Berufungsgericht

Die Verfahrensleitung des Berufungsgerichts entscheidet über Haftentlassungsgesuche innert 5 Tagen; dieser Entscheid ist nicht anfechtbar.

7. Abschnitt: Vollzug der Untersuchungs- und der Sicherheitshaft

Art. 234 Haftanstalt

[1] Untersuchungs- und Sicherheitshaft werden in der Regel in Haftanstalten vollzogen, die diesem Zwecke vorbehalten sind und die daneben nur dem Vollzug kurzer Freiheitsstrafen dienen.

[2] Ist es aus medizinischen Gründen angezeigt, so kann die zuständige kantonale Behörde die inhaftierte Person in ein Spital oder eine psychiatrische Klinik einweisen.

Art. 235 Vollzug der Haft

[1] Die inhaftierte Person darf in ihrer persönlichen Freiheit nicht stärker eingeschränkt werden, als es der Haftzweck sowie die Ordnung und Sicherheit in der Haftanstalt erfordern.

[2] Die Kontakte zwischen der inhaftierten Person und anderen Personen bedürfen der Bewilligung der Verfahrensleitung. Besuche finden wenn nötig unter Aufsicht statt.

[3] Die Verfahrensleitung kontrolliert die ein- und ausgehende Post, mit Ausnahme der Korrespondenz mit Aufsichts- und Strafbehörden. Während der Sicherheitshaft kann sie diese Aufgabe der Staatsanwaltschaft übertragen.

[4] Die inhaftierte Person kann mit der Verteidigung frei und ohne inhaltliche Kontrolle verkehren. Besteht begründeter Verdacht auf Missbrauch, so kann die Verfahrensleitung mit Genehmigung des Zwangsmassnahmengerichts den freien Verkehr befristet einschränken; sie eröffnet die Beschränkungen der inhaftierten Person und der Verteidigung vorgängig.

5 Die Kantone regeln die Rechte und Pflichten der inhaftierten Personen, ihre Beschwerdemöglichkeiten, die Disziplinarmassnahmen sowie die Aufsicht über die Haftanstalten.

Art. 236 Vorzeitiger Straf- und Massnahmenvollzug

1 Die Verfahrensleitung kann der beschuldigten Person bewilligen, Freiheitsstrafen oder freiheitsentziehende Massnahmen vorzeitig anzutreten, sofern der Stand des Verfahrens es erlaubt.

2 Ist bereits Anklage erhoben worden, so gibt die Verfahrensleitung der Staatsanwaltschaft Gelegenheit zur Stellungnahme.

3 Bund und Kantone können vorsehen, dass der vorzeitige Massnahmenvollzug der Zustimmung der Vollzugsbehörden bedarf.

4 Mit dem Eintritt in die Vollzugsanstalt tritt die beschuldigte Person ihre Strafe oder Massnahme an; sie untersteht von diesem Zeitpunkt an dem Vollzugsregime, wenn der Zweck der Untersuchungs- oder der Sicherheitshaft dem nicht entgegensteht.

8. Abschnitt: Ersatzmassnahmen

Art. 237 Allgemeine Bestimmungen

1 Das zuständige Gericht ordnet an Stelle der Untersuchungs- oder der Sicherheitshaft eine oder mehrere mildere Massnahmen an, wenn sie den gleichen Zweck wie die Haft erfüllen.

2 Ersatzmassnahmen sind namentlich:

a. die Sicherheitsleistung;

b. die Ausweis- und Schriftensperre;

c. die Auflage, sich nur oder sich nicht an einem bestimmten Ort oder in einem bestimmten Haus aufzuhalten;

d. die Auflage, sich regelmässig bei einer Amtsstelle zu melden;

e. die Auflage, einer geregelten Arbeit nachzugehen;

f. die Auflage, sich einer ärztlichen Behandlung oder einer Kontrolle zu unterziehen;

g. das Verbot, mit bestimmten Personen Kontakte zu pflegen.

3 Das Gericht kann zur Überwachung solcher Ersatzmassnahmen den Einsatz technischer Geräte und deren feste Verbindung mit der zu überwachenden Person anordnen.

4 Anordnung und Anfechtung von Ersatzmassnahmen richten sich sinngemäss nach den Vorschriften über die Untersuchungs- und die Sicherheitshaft.

5 Das Gericht kann die Ersatzmassnahmen jederzeit widerrufen, andere Ersatzmassnahmen oder die Untersuchungs- oder die Sicherheitshaft anord-

nen, wenn neue Umstände dies erfordern oder die beschuldigte Person die ihr gemachten Auflagen nicht erfüllt.

Art. 238 Sicherheitsleistung

[1] Bei Fluchtgefahr kann das zuständige Gericht die Leistung eines Geldbetrages vorsehen, der sicherstellen soll, dass die beschuldigte Person sich jederzeit zu Verfahrenshandlungen oder zum Antritt einer freiheitsentziehenden Sanktion einstellt.

[2] Die Höhe der Sicherheitsleistung bemisst sich nach der Schwere der Taten, die der beschuldigten Person vorgeworfen werden, und nach ihren persönlichen Verhältnissen.

[3] Die Sicherheitsleistung kann in bar oder durch Garantie einer in der Schweiz niedergelassenen Bank oder Versicherung erbracht werden.

Art. 239 Freigabe der Sicherheitsleistung

[1] Die Sicherheitsleistung wird freigegeben, wenn:
a. der Haftgrund weggefallen ist;
b. das Strafverfahren durch Einstellung oder Freispruch rechtskräftig abgeschlossen wurde;
c. die beschuldigte Person die freiheitsentziehende Sanktion angetreten hat.

[2] Wird die von der beschuldigten Person geleistete Sicherheitsleistung freigegeben, so kann sie zur Deckung der Geldstrafen, Bussen, Kosten und Entschädigungen verwendet werden, die der beschuldigten Person auferlegt worden sind.

[3] Über die Freigabe entscheidet die Behörde, bei der die Sache hängig ist oder zuletzt hängig war.

Art. 240 Verfall der Sicherheitsleistung

[1] Entzieht sich die beschuldigte Person dem Verfahren oder dem Vollzug einer freiheitsentziehenden Sanktion, so verfällt die Sicherheitsleistung dem Bund oder dem Kanton, dessen Gericht sie angeordnet hat.

[2] Hat eine Drittperson die Sicherheit geleistet, so kann auf den Verfall verzichtet werden, wenn die Drittperson den Behörden rechtzeitig die Informationen geliefert hat, die eine Ergreifung der beschuldigten Person ermöglicht hätten.

[3] Über den Verfall der Sicherheitsleistung entscheidet die Behörde, bei der die Sache hängig ist oder zuletzt hängig war.

[4] Eine verfallene Sicherheitsleistung wird in sinngemässer Anwendung von Artikel 73 StGB[49] zur Deckung der Ansprüche der Geschädigten und, wenn ein Überschuss bleibt, zur Deckung der Geldstrafen, Bussen und der Verfah-

---

49 SR 311.0

renskosten verwendet. Ein allfällig noch verbleibender Überschuss fällt dem Bund oder dem Kanton zu.

4. Kapitel: Durchsuchungen und Untersuchungen

1. Abschnitt: Allgemeine Bestimmungen

Art. 241 Anordnung

[1] Durchsuchungen und Untersuchungen werden in einem schriftlichen Befehl angeordnet. In dringenden Fällen können sie mündlich angeordnet werden, sind aber nachträglich schriftlich zu bestätigen.

[2] Der Befehl bezeichnet:

a. die zu durchsuchenden oder zu untersuchenden Personen, Räumlichkeiten, Gegenstände oder Aufzeichnungen;

b. den Zweck der Massnahme;

c. die mit der Durchführung beauftragten Behörden oder Personen.

[3] Ist Gefahr im Verzug, so kann die Polizei die Untersuchung der nicht einsehbaren Körperöffnungen und Körperhöhlen anordnen und ohne Befehl Durchsuchungen vornehmen; sie informiert darüber unverzüglich die zuständige Strafbehörde.

[4] Die Polizei kann eine angehaltene oder festgenommene Person durchsuchen, namentlich um die Sicherheit von Personen zu gewährleisten.

Art. 242 Durchführung

[1] Die durchführenden Behörden oder Personen treffen geeignete Sicherheitsvorkehren, um das Ziel der Massnahme zu erreichen.

[2] Sie können Personen untersagen, sich während der Durchsuchung oder Untersuchung zu entfernen.

Art. 243 Zufallsfunde

[1] Zufällig entdeckte Spuren oder Gegenstände, die mit der abzuklärenden Straftat nicht in Zusammenhang stehen, aber auf eine andere Straftat hinweisen, werden sichergestellt.

[2] Die Gegenstände werden mit einem Bericht der Verfahrensleitung übermittelt; diese entscheidet über das weitere Vorgehen.

2. Abschnitt: Hausdurchsuchung

Art. 244 Grundsatz

[1] Häuser, Wohnungen und andere nicht allgemein zugängliche Räume dürfen nur mit Einwilligung der berechtigten Person durchsucht werden.

[2] Die Einwilligung der berechtigten Person ist nicht nötig, wenn zu vermuten ist, dass in diesen Räumen:

a. gesuchte Personen anwesend sind;

b. Tatspuren oder zu beschlagnahmende Gegenstände oder Vermögenswerte vorhanden sind;

c. Straftaten begangen werden.

Art. 245 Durchführung

[1] Die mit der Durchführung beauftragten Personen weisen zu Beginn der Massnahme den Hausdurchsuchungsbefehl vor.

[2] Anwesende Inhaberinnen und Inhaber der zu durchsuchenden Räume haben der Hausdurchsuchung beizuwohnen. Sind sie abwesend, so ist nach Möglichkeit ein volljähriges Familienmitglied oder eine andere geeignete Person beizuziehen.

3. Abschnitt: Durchsuchung von Aufzeichnungen

Art. 246 Grundsatz

Schriftstücke, Ton-, Bild- und andere Aufzeichnungen, Datenträger sowie Anlagen zur Verarbeitung und Speicherung von Informationen dürfen durchsucht werden, wenn zu vermuten ist, dass sich darin Informationen befinden, die der Beschlagnahme unterliegen.

Art. 247 Durchführung

[1] Die Inhaberin oder der Inhaber kann sich vorgängig zum Inhalt der Aufzeichnungen äussern.

[2] Zur Prüfung des Inhalts der Aufzeichnungen, insbesondere zur Aussonderung von Aufzeichnungen mit geschütztem Inhalt, können sachverständige Personen beigezogen werden.

[3] Die Inhaberin oder der Inhaber kann der Strafbehörde Kopien von Aufzeichnungen und Ausdrucke von gespeicherten Informationen zur Verfügung stellen, wenn dies für das Verfahren ausreicht.

Art. 248 Siegelung

[1] Aufzeichnungen und Gegenstände, die nach Angaben der Inhaberin oder des Inhabers wegen eines Aussage- oder Zeugnisverweigerungsrechts oder

aus anderen Gründen nicht durchsucht oder beschlagnahmt werden dürfen, sind zu versiegeln und dürfen von den Strafbehörden weder eingesehen noch verwendet werden.

2 Stellt die Strafbehörde nicht innert 20 Tagen ein Entsiegelungsgesuch, so werden die versiegelten Aufzeichnungen und Gegenstände der berechtigten Person zurückgegeben.

3 Stellt sie ein Entsiegelungsgesuch, so entscheidet darüber innerhalb eines Monats endgültig:

a. im Vorverfahren: das Zwangsmassnahmengericht;

b. in den anderen Fällen: das Gericht, bei dem der Fall hängig ist.

4 Das Gericht kann zur Prüfung des Inhalts der Aufzeichnungen und Gegenstände eine sachverständige Person beiziehen.

4. Abschnitt: Durchsuchung von Personen und von Gegenständen

Art. 249 Grundsatz

Personen und Gegenstände dürfen ohne Einwilligung nur durchsucht werden, wenn zu vermuten ist, dass Tatspuren oder zu beschlagnahmende Gegenstände und Vermögenswerte gefunden werden können.

Art. 250 Durchführung

1 Die Durchsuchung von Personen umfasst die Kontrolle der Kleider, der mitgeführten Gegenstände, Behältnisse und Fahrzeuge, der Körperoberfläche und der einsehbaren Körperöffnungen und Körperhöhlen.

2 Durchsuchungen, die in den Intimbereich der Betroffenen eingreifen, werden von Personen des gleichen Geschlechts oder von einer Ärztin oder einem Arzt durchgeführt, es sei denn, die Massnahme dulde keinen Aufschub.

5. Abschnitt: Untersuchungen von Personen

Art. 251 Grundsatz

1 Die Untersuchung einer Person umfasst die Untersuchung ihres körperlichen oder geistigen Zustands.

2 Die beschuldigte Person kann untersucht werden, um:

a. den Sachverhalt festzustellen;

b. abzuklären, ob sie schuld-, verhandlungs- und hafterstehungsfähig ist.

3 Eingriffe in die körperliche Integrität der beschuldigten Person können angeordnet werden, wenn sie weder besondere Schmerzen bereiten noch die Gesundheit gefährden.

4 Gegenüber einer nicht beschuldigten Person sind Untersuchungen und Eingriffe in die körperliche Integrität gegen ihren Willen zudem nur zulässig, wenn sie unerlässlich sind, um eine Straftat nach den Artikeln 111–113, 122, 124, 140, 184, 185, 187, 189, 190 oder 191 StGB[50] aufzuklären.[51]

Art. 252 Durchführung am Körper

Untersuchungen von Personen und Eingriffe in die körperliche Integrität werden von einer Ärztin oder einem Arzt oder von einer anderen medizinischen Fachperson vorgenommen.

6. Abschnitt: Untersuchungen an Leichen

Art. 253 Aussergewöhnliche Todesfälle

1 Bestehen bei einem Todesfall Anzeichen für einen unnatürlichen Tod, insbesondere für eine Straftat, oder ist die Identität des Leichnams unbekannt, so ordnet die Staatsanwaltschaft zur Klärung der Todesart oder zur Identifizierung des Leichnams eine Legalinspektion durch eine sachverständige Ärztin oder einen sachverständigen Arzt an.

2 Bestehen nach der Legalinspektion keine Hinweise auf eine Straftat und steht die Identität fest, so gibt die Staatsanwaltschaft die Leiche zur Bestattung frei.

3 Andernfalls ordnet die Staatsanwaltschaft die Sicherstellung der Leiche und weitere Untersuchungen durch eine rechtsmedizinische Institution, nötigenfalls die Obduktion an. Sie kann die Leiche oder Teile davon zurückbehalten, solange der Zweck der Untersuchung es erfordert.

4 Die Kantone bestimmen, welche Medizinalpersonen verpflichtet sind, aussergewöhnliche Todesfälle den Strafbehörden zu melden.

Art. 254 Exhumierung

Wenn es zur Aufklärung einer Straftat nötig erscheint, kann die Ausgrabung einer bestatteten Leiche oder die Öffnung einer Aschenurne angeordnet werden.

5. Kapitel: DNA-Analysen

Art. 255 Voraussetzungen im Allgemeinen

1 Zur Aufklärung eines Verbrechens oder eines Vergehens kann eine Probe genommen und ein DNA-Profil erstellt werden von:

---

50 SR 311.0
51 Fassung gemäss Ziff. III des BG vom 30. Sept. 2011, in Kraft seit 1. Juli 2012 (AS 2012 2575; BBl 2010 5651 5677).

   a. der beschuldigten Person;
   b. anderen Personen, insbesondere Opfern oder Tatortberechtigten, soweit es notwendig ist, um von ihnen stammendes biologisches Material von jenem der beschuldigten Person zu unterscheiden;
   c. toten Personen;
   d. tatrelevantem biologischem Material.

[2] Die Polizei kann anordnen:
   a. die nicht invasive Probenahme bei Personen;
   b. die Erstellung eines DNA-Profils von tatrelevantem biologischem Material.

Art. 256 Massenuntersuchungen

Das Zwangsmassnahmengericht kann auf Antrag der Staatsanwaltschaft zur Aufklärung eines Verbrechens die Entnahme von Proben und die Erstellung von DNA-Profilen gegenüber Personen anordnen, die bestimmte, in Bezug auf die Tatbegehung festgestellte Merkmale aufweisen.

Art. 257 Bei verurteilten Personen

Das Gericht kann in seinem Urteil anordnen, dass eine Probe genommen und ein DNA-Profil erstellt wird von Personen:
   a. die wegen eines vorsätzlich begangenen Verbrechens zu einer Freiheitsstrafe von mehr als einem Jahr verurteilt worden sind;
   b. die wegen eines vorsätzlich begangenen Verbrechens oder Vergehens gegen Leib und Leben oder gegen die sexuelle Integrität verurteilt worden sind;
   c. gegenüber denen eine therapeutische Massnahme oder die Verwahrung angeordnet worden ist.

Art. 258 Durchführung der Probenahme

Invasive Probenahmen werden von einer Ärztin oder einem Arzt oder von einer anderen medizinischen Fachperson vorgenommen.

Art. 259 Anwendbarkeit des DNA-Profil-Gesetzes

Im Übrigen findet das DNA-Profil-Gesetz vom 20. Juni 2003[52] Anwendung.

6. Kapitel: Erkennungsdienstliche Erfassung, Schrift- und Sprachproben

Art. 260 Erkennungsdienstliche Erfassung

[1] Bei der erkennungsdienstlichen Erfassung werden die Körpermerkmale einer Person festgestellt und Abdrücke von Körperteilen genommen.

---

52 SR 363

[2] Die Polizei, die Staatsanwaltschaft und die Gerichte, in dringenden Fällen ihre Verfahrensleitung, können die erkennungsdienstliche Erfassung anordnen.

[3] Die erkennungsdienstliche Erfassung wird in einem schriftlichen, kurz begründeten Befehl angeordnet. In dringenden Fällen kann sie mündlich angeordnet werden, ist aber nachträglich schriftlich zu bestätigen und zu begründen.

[4] Weigert sich die betroffene Person, sich der Anordnung der Polizei zu unterziehen, so entscheidet die Staatsanwaltschaft.

Art. 261 Aufbewahrung und Verwendung erkennungsdienstlicher Unterlagen

[1] Erkennungsdienstliche Unterlagen über die beschuldigte Person dürfen ausserhalb des Aktendossiers während folgender Dauer aufbewahrt und, sofern ein hinreichender Tatverdacht auf ein neues Delikt besteht, auch verwendet werden:

a. im Falle einer Verurteilung oder eines Freispruchs wegen Schuldunfähigkeit: bis zum Ablauf der Fristen für die Entfernung der Einträge im Strafregister;

b. im Falle eines Freispruchs aus andern Gründen, der Einstellung oder der Nichtanhandnahme eines Verfahrens: bis zur Rechtskraft des Entscheids.

[2] Ist in einem Fall von Absatz 1 Buchstabe b aufgrund bestimmter Tatsachen zu erwarten, dass die erkennungsdienstlichen Unterlagen über die beschuldigte Person der Aufklärung künftiger Straftaten dienen könnten, so dürfen sie mit Zustimmung der Verfahrensleitung während höchstens 10 Jahren seit Rechtskraft des Entscheides aufbewahrt und verwendet werden.

[3] Erkennungsdienstliche Unterlagen über nicht beschuldigte Personen sind zu vernichten, sobald das Verfahren gegen die beschuldigte Person abgeschlossen oder eingestellt wurde oder entschieden wurde, es nicht an die Hand zu nehmen.

[4] Ist das Interesse an der Aufbewahrung und Verwendung vor Ablauf der Fristen nach den Absätzen 1–3 offensichtlich dahingefallen, so sind die erkennungsdienstlichen Unterlagen zu vernichten.

Art. 262 Schrift- und Sprachproben

[1] Beschuldigte Personen, Zeuginnen und Zeugen sowie Auskunftspersonen können dazu angehalten werden, für einen Schrift- oder Sprachvergleich Schrift- oder Sprachproben abzugeben.

[2] Personen, die sich der Abgabe solcher Proben widersetzen, können mit Ordnungsbusse bestraft werden. Ausgenommen sind die beschuldigte Person und, im Umfang ihres Verweigerungsrechts, Personen, die zur Aussage- oder Zeugnisverweigerung berechtigt sind.

7. Kapitel: Beschlagnahme

Art. 263 Grundsatz

[1] Gegenstände und Vermögenswerte einer beschuldigten Person oder einer Drittperson können beschlagnahmt werden, wenn die Gegenstände und Vermögenswerte voraussichtlich:

a. als Beweismittel gebraucht werden;
b. zur Sicherstellung von Verfahrenskosten, Geldstrafen, Bussen und Entschädigungen gebraucht werden;
c. den Geschädigten zurückzugeben sind;
d. einzuziehen sind.

[2] Die Beschlagnahme ist mit einem schriftlichen, kurz begründeten Befehl anzuordnen. In dringenden Fällen kann sie mündlich angeordnet werden, ist aber nachträglich schriftlich zu bestätigen.

[3] Ist Gefahr im Verzug, so können die Polizei oder Private Gegenstände und Vermögenswerte zuhanden der Staatsanwaltschaft oder der Gerichte vorläufig sicherstellen.

Art. 264 Einschränkungen

[1] Nicht beschlagnahmt werden dürfen, ungeachtet des Ortes, wo sie sich befinden, und des Zeitpunktes, in welchem sie geschaffen worden sind:

a. Unterlagen aus dem Verkehr der beschuldigten Person mit ihrer Verteidigung;
b. persönliche Aufzeichnungen und Korrespondenz der beschuldigten Person, wenn ihr Interesse am Schutz der Persönlichkeit das Strafverfolgungsinteresse überwiegt;
c.[53] Gegenstände und Unterlagen aus dem Verkehr der beschuldigten Person mit Personen, die nach den Artikeln 170–173 das Zeugnis verweigern können und im gleichen Sachzusammenhang nicht selber beschuldigt sind;
d.[54] Gegenstände und Unterlagen aus dem Verkehr einer anderen Person mit ihrer Anwältin oder ihrem Anwalt, sofern die Anwältin oder der Anwalt nach dem Anwaltsgesetz vom 23. Juni 2000[55] zur Vertretung vor schweizerischen Gerichten berechtigt ist und im gleichen Sachzusammenhang nicht selber beschuldigt ist.

[2] Die Einschränkungen nach Absatz 1 gelten nicht für Gegenstände und Vermögenswerte, die zur Rückgabe an die geschädigte Person oder zur Einziehung beschlagnahmt werden müssen.

---

53 Fassung gemäss Ziff. I 6 des BG vom 28. Sept. 2012 über die Anpassung von verfahrensrechtlichen Bestimmungen zum anwaltlichen Berufsgeheimnis, in Kraft seit 1. Mai 2013 (AS 2013 847; BBl 2011 8181).
54 Eingefügt durch Ziff. I 6 des BG vom 28. Sept. 2012 über die Anpassung von verfahrensrechtlichen Bestimmungen zum anwaltlichen Berufsgeheimnis, in Kraft seit 1. Mai 2013 (AS 2013 847; BBl 2011 8181).
55 SR 935.61

[3] Macht eine berechtigte Person geltend, eine Beschlagnahme von Gegenständen und Vermögenswerten sei wegen eines Aussage- oder Zeugnisverweigerungsrechts oder aus anderen Gründen nicht zulässig, so gehen die Strafbehörden nach den Vorschriften über die Siegelung vor.

Art. 265 Herausgabepflicht

[1] Die Inhaberin oder der Inhaber ist verpflichtet, Gegenstände und Vermögenswerte, die beschlagnahmt werden sollen, herauszugeben.

[2] Keine Herausgabepflicht haben:

a. die beschuldigte Person;

b. Personen, die zur Aussage- oder Zeugnisverweigerung berechtigt sind, im Umfang ihres Verweigerungsrechts;

c. Unternehmen, wenn sie sich durch die Herausgabe selbst derart belasten würden, dass sie:

1. strafrechtlich verantwortlich gemacht werden könnten, oder

2. zivilrechtlich verantwortlich gemacht werden könnten, und wenn das Schutzinteresse das Strafverfolgungsinteresse überwiegt.

[3] Die Strafbehörde kann die zur Herausgabe verpflichtete Person zur Herausgabe auffordern, ihr eine Frist setzen und sie für den Fall der Nichtbeachtung auf die Strafdrohung von Artikel 292 StGB[56] oder die Möglichkeit einer Ordnungsbusse hinweisen.

[4] Zwangsmassnahmen sind nur zulässig, wenn die Herausgabe verweigert wurde oder anzunehmen ist, dass die Aufforderung zur Herausgabe den Zweck der Massnahme vereiteln würde.

Art. 266 Durchführung

[1] Die anordnende Strafbehörde bestätigt im Beschlagnahmebefehl oder in einer separaten Quittung den Empfang der beschlagnahmten oder herausgegebenen Gegenstände und Vermögenswerte.

[2] Sie erstellt ein Verzeichnis und bewahrt die Gegenstände und Vermögenswerte sachgemäss auf.

[3] Werden Liegenschaften beschlagnahmt, so wird eine Grundbuchsperre angeordnet; diese wird im Grundbuch angemerkt.

[4] Die Beschlagnahme einer Forderung wird der Schuldnerin oder dem Schuldner angezeigt, mit dem Hinweis, dass eine Zahlung an die Gläubigerin oder den Gläubiger die Schuldverpflichtung nicht tilgt.

[5] Gegenstände, die einer schnellen Wertverminderung unterliegen oder einen kostspieligen Unterhalt erfordern, sowie Wertpapiere oder andere Werte mit einem Börsen- oder Marktpreis können nach den Bestimmungen des Bundes-

---

56 SR 311.0

gesetzes vom 11. April 1889[57] über Schuldbetreibung und Konkurs (SchKG) sofort verwertet werden. Der Erlös wird mit Beschlag belegt.

6 Der Bundesrat regelt die Anlage beschlagnahmter Vermögenswerte.

Art. 267 Entscheid über die beschlagnahmten Gegenstände und Vermögenswerte

1 Ist der Grund für die Beschlagnahme weggefallen, so hebt die Staatsanwaltschaft oder das Gericht die Beschlagnahme auf und händigt die Gegenstände oder Vermögenswerte der berechtigten Person aus.

2 Ist unbestritten, dass ein Gegenstand oder Vermögenswert einer bestimmten Person durch die Straftat unmittelbar entzogen worden ist, so gibt die Strafbehörde ihn der berechtigten Person vor Abschluss des Verfahrens zurück.

3 Ist die Beschlagnahme eines Gegenstandes oder Vermögenswertes nicht vorher aufgehoben worden, so ist über seine Rückgabe an die berechtigte Person, seine Verwendung zur Kostendeckung oder über seine Einziehung im Endentscheid zu befinden.

4 Erheben mehrere Personen Anspruch auf Gegenstände oder Vermögenswerte, deren Beschlagnahme aufzuheben ist, so kann das Gericht darüber entscheiden.

5 Die Strafbehörde kann die Gegenstände oder Vermögenswerte einer Person zusprechen und den übrigen Ansprecherinnen oder Ansprechern Frist zur Anhebung von Zivilklagen setzen.

6 Sind im Zeitpunkt der Aufhebung der Beschlagnahme die Berechtigten nicht bekannt, so schreibt die Staatsanwaltschaft oder das Gericht die Gegenstände oder Vermögenswerte zur Anmeldung von Ansprüchen öffentlich aus. Erhebt innert fünf Jahren seit der Ausschreibung niemand Anspruch, so fallen die beschlagnahmten Gegenstände und Vermögenswerte an den Kanton oder den Bund.

Art. 268 Beschlagnahme zur Kostendeckung

1 Vom Vermögen der beschuldigten Person kann so viel beschlagnahmt werden, als voraussichtlich nötig ist zur Deckung:

a. der Verfahrenskosten und Entschädigungen;

b. der Geldstrafen und Bussen.

2 Die Strafbehörde nimmt bei der Beschlagnahme auf die Einkommens- und Vermögensverhältnisse der beschuldigten Person und ihrer Familie Rücksicht.

3 Von der Beschlagnahme ausgenommen sind Vermögenswerte, die nach den Artikeln 92–94 SchKG[58] nicht pfändbar sind.

---

57 SR 281.1
58 SR 281.1

8. Kapitel: Geheime Überwachungsmassnahmen

1. Abschnitt: Überwachung des Post- und Fernmeldeverkehrs

Art. 269 Voraussetzungen

[1] Die Staatsanwaltschaft kann den Post- und den Fernmeldeverkehr überwachen lassen, wenn:

a. der dringende Verdacht besteht, eine in Absatz 2 genannte Straftat sei begangen worden;

b. die Schwere der Straftat die Überwachung rechtfertigt; und

c. die bisherigen Untersuchungshandlungen erfolglos geblieben sind oder die Ermittlungen sonst aussichtslos wären oder unverhältnismässig erschwert würden.

[2] Eine Überwachung kann zur Verfolgung der in den folgenden Artikeln aufgeführten Straftaten angeordnet werden:

a.[59] StGB: Artikel 111–113, 115, 118 Absatz 2, 122, 127, 129, 135, 138–140, 143, 144 Absatz 3, 144bis Ziffer 1 Absatz 2 und Ziffer 2 Absatz 2, 146–148, 156, 157 Ziffer 2, 158 Ziffer 1 Absatz 3 und Ziffer 2, 160, 163 Ziffer 1, 180–185, 187, 188 Ziffer 1, 189–191, 192 Absatz 1, 195, 197, 221 Absätze 1 und 2, 223 Ziffer 1, 224 Absatz 1, 226, 227 Ziffer 1 Absatz 1, 228 Ziffer 1 Absatz 1, 230bis, 231 Ziffer 1, 232 Ziffer 1, 233 Ziffer 1, 234 Absatz 1, 237 Ziffer 1, 238 Absatz 1, 240 Absatz 1, 242, 244, 251 Ziffer 1, 258, 259 Absatz 1, 260bis–260quinquies, 261bis, 264–267, 271, 272 Ziffer 2, 273, 274 Ziffer 1 Absatz 2, 285, 301, 303 Ziffer 1, 305, 305bis Ziffer 2, 310, 312, 314, 317 Ziffer 1, 319, 322ter, 322quater und 322septies;

b.[60] Bundesgesetz vom 16. Dezember 2005[61] über die Ausländerinnen und Ausländer: Artikel 116 Absatz 3 und 118 Absatz 3;

c. Bundesgesetz vom 22. Juni 2001[62] zum Haager Adoptionsübereinkommen und über Massnahmen zum Schutz des Kindes bei internationalen Adoptionen: Artikel 24;

d.[63] Kriegsmaterialgesetz vom 13. Dezember 1996[64]: Artikel 33 Absatz 2 und 34–35b;

e. Kernenergiegesetz vom 21. März 2003[65]: Artikel 88 Absätze 1 und 2, 89 Absätze 1 und 2 und 90 Absatz 1;

---

59 Fassung gemäss Ziff. II 4 des BG vom 28. Sept. 2012, in Kraft seit 1. Mai 2013 (AS 2013 1103; BBl 2011 6875).
60 Fassung gemäss Anhang Ziff. II 7 des Straforganisationsgesetzes vom 19. März 2010, in Kraft seit 1. Jan. 2011 (AS 2010 3267; BBl 2008 8125).
61 SR 142.20
62 SR 211.221.31
63 Fassung gemäss Ziff. II des BG vom 16. März 2012, in Kraft seit 1. Febr. 2013 (AS 2013 295; BBl 2011 5905).
64 SR 514.51
65 SR 732.1

f.[66] Betäubungsmittelgesetz vom 3. Oktober 1951[67]: Artikel 19 Absatz 2 sowie 20 Absatz 2;

g. Umweltschutzgesetz vom 7. Oktober 1983[68]: Artikel 60 Absatz 1 Buchstaben g–i sowie m und o;

h. Güterkontrollgesetz vom 13. Dezember 1996[69]: Artikel 14 Absatz 2.

i.[70] Sportförderungsgesetz vom 17. Juni 2011[71]: Artikel 22 Absatz 2;

j.[72] Börsengesetz vom 24. März 1995[73]: Artikel 40 und 40a.

3 Wird die Beurteilung einer der militärischen Gerichtsbarkeit unterstehenden Straftat der zivilen Gerichtsbarkeit übertragen, so kann die Überwachung des Post- und Fernmeldeverkehrs auch angeordnet werden zur Verfolgung der in Artikel 70 Absatz 2 des Militärstrafprozesses vom 23. März 1979[74] aufgeführten Straftaten.

Art. 270   Gegenstand der Überwachung

Es dürfen Postadresse und Fernmeldeanschluss folgender Personen überwacht werden:

a. der beschuldigten Person;

b. von Drittpersonen, wenn aufgrund bestimmter Tatsachen angenommen werden muss, dass:

    1. die beschuldigte Person die Postadresse oder den Fernmeldeanschluss der Drittperson benutzt, oder

    2. die Drittperson für die beschuldigte Person bestimmte Mitteilungen entgegennimmt oder von dieser stammende Mitteilungen an eine weitere Person weiterleitet.

Art. 271   Schutz von Berufsgeheimnissen

1 Bei der Überwachung einer Person, die einer in den Artikeln 170–173 genannten Berufsgruppe angehört, sind Informationen, die mit dem Gegenstand der Ermittlungen und dem Grund, aus dem diese Person überwacht wird, nicht in Zusammenhang stehen, unter der Leitung eines Gerichtes auszusondern. Dabei dürfen der Strafverfolgungsbehörde keine Berufsgeheimnisse zur Kenntnis gelangen.

---

66 AS 2011 4487

67 SR 812.121

68 SR 814.01

69 SR 946.202

70 Eingefügt durch Art. 34 Ziff. 2 des Sportförderungsgesetzes vom 17. Juni 2012, in Kraft seit 1. Okt. 2012 (AS 2012 3953; BBl 2009 8189).

71 SR 415.0

72 Berichtigt von der Redaktionskommission der BVers (Art. 58 Abs. 1 ParlG; SR 171.10). Eingefügt durch Ziff. II 4 des BG vom 28. Sept. 2012, in Kraft seit 1. Mai 2013 (AS 2013 1105; BBl 2011 6875).

73 SR 954.1

74 SR 322.1

² Direktschaltungen sind nur zulässig, wenn:

a. der dringende Tatverdacht gegen die Trägerin oder den Träger des Berufsgeheimnisses selber besteht; und

b. besondere Gründe die Direktschaltung erfordern.

³ Bei der Überwachung anderer Personen sind Informationen, über welche eine in den Artikeln 170–173 genannte Person das Zeugnis verweigern könnte, aus den Verfahrensakten auszusondern und sofort zu vernichten; sie dürfen nicht verwendet werden.

Art. 272 Genehmigungspflicht und Rahmenbewilligung

¹ Die Überwachung des Post- und des Fernmeldeverkehrs bedarf der Genehmigung durch das Zwangsmassnahmengericht.

² Ergeben die Ermittlungen, dass die zu überwachende Person in rascher Folge den Fernmeldeanschluss wechselt, so kann das Zwangsmassnahmengericht ausnahmsweise die Überwachung aller identifizierten Anschlüsse bewilligen, über welche die zu überwachende Person ihren Fernmeldeverkehr abwickelt, ohne dass jedes Mal eine Genehmigung im Einzelfall nötig ist (Rahmenbewilligung). Die Staatsanwaltschaft unterbreitet dem Zwangsmassnahmengericht monatlich und nach Abschluss der Überwachung einen Bericht zur Genehmigung.

³ Erfordert die Überwachung eines Anschlusses im Rahmen einer Rahmenbewilligung Vorkehren zum Schutz von Berufsgeheimnissen und sind die Vorkehren in der Rahmenbewilligung nicht enthalten, so ist diese einzelne Überwachung dem Zwangsmassnahmengericht zur Genehmigung zu unterbreiten.

Art. 273 Verkehrs- und Rechnungsdaten, Teilnehmeridentifikation

¹ Besteht der dringende Verdacht, ein Verbrechen oder Vergehen oder eine Übertretung nach Artikel 179^{septies} StGB[75] sei begangen worden, und sind die Voraussetzungen nach Artikel 269 Absatz 1 Buchstaben b und c erfüllt, so kann die Staatsanwaltschaft Auskunft verlangen:

a. darüber, wann und mit welchen Personen oder Anschlüssen die überwachte Person über den Post- oder Fernmeldeverkehr Verbindung hat oder gehabt hat;

b. über Verkehrs- und Rechnungsdaten.

² Die Anordnung bedarf der Genehmigung durch das Zwangsmassnahmengericht.

³ Auskünfte nach Absatz 1 können unabhängig von der Dauer der Überwachung und bis 6 Monate rückwirkend verlangt werden.

---

75 SR 311.0

Art. 274 Genehmigungsverfahren

[1] Die Staatsanwaltschaft reicht dem Zwangsmassnahmengericht innert 24 Stunden seit der Anordnung der Überwachung oder der Auskunftserteilung folgende Unterlagen ein:

a. die Anordnung;

b. die Begründung und die für die Genehmigung wesentlichen Verfahrensakten.

[2] Das Zwangsmassnahmengericht entscheidet mit kurzer Begründung innert 5 Tagen seit der Anordnung der Überwachung oder der Auskunftserteilung. Es kann die Genehmigung vorläufig oder mit Auflagen erteilen oder eine Ergänzung der Akten oder weitere Abklärungen verlangen.

[3] Das Zwangsmassnahmengericht eröffnet den Entscheid unverzüglich der Staatsanwaltschaft sowie dem Dienst für die Überwachung des Post- und Fernmeldeverkehrs nach Artikel 2 des Bundesgesetzes vom 6. Oktober 2000[76] betreffend die Überwachung des Post- und Fernmeldeverkehrs.

[4] Die Genehmigung äussert sich ausdrücklich darüber, ob:

a. Vorkehren zum Schutz von Berufsgeheimnissen getroffen werden müssen;

b. Direktschaltungen zulässig sind.

[5] Das Zwangsmassnahmengericht erteilt die Genehmigung für höchstens 3 Monate. Die Genehmigung kann ein- oder mehrmals um jeweils höchstens 3 Monate verlängert werden. Ist eine Verlängerung notwendig, so stellt die Staatsanwaltschaft vor Ablauf der bewilligten Dauer einen begründeten Verlängerungsantrag.

Art. 275 Beendigung der Überwachung

[1] Die Staatsanwaltschaft beendet die Überwachung unverzüglich, wenn:

a. die Voraussetzungen nicht mehr erfüllt sind; oder

b. die Genehmigung oder die Verlängerung verweigert wird.

[2] Die Staatsanwaltschaft teilt dem Zwangsmassnahmengericht im Fall von Absatz 1 Buchstabe a die Beendigung der Überwachung mit.

Art. 276 Nicht benötigte Ergebnisse

[1] Die aus genehmigten Überwachungen stammenden Aufzeichnungen, die für das Strafverfahren nicht notwendig sind, werden von den Verfahrensakten gesondert aufbewahrt und unmittelbar nach Abschluss des Verfahrens vernichtet.

[2] Postsendungen können so lange sichergestellt werden, als dies für das Strafverfahren notwendig ist; sie sind den Adressatinnen und Adressaten herauszugeben, sobald es der Stand des Verfahrens erlaubt.

---

76 SR 780.1

Art. 277 Verwertbarkeit von Ergebnissen aus nicht genehmigten Überwachungen

[1] Dokumente und Datenträger aus nicht genehmigten Überwachungen sind sofort zu vernichten. Postsendungen sind sofort den Adressatinnen und Adressaten zuzustellen.

[2] Durch die Überwachung gewonnene Erkenntnisse dürfen nicht verwertet werden.

Art. 278 Zufallsfunde

[1] Werden durch die Überwachung andere Straftaten als die in der Überwachungsanordnung aufgeführten bekannt, so können die Erkenntnisse gegen die beschuldigte Person verwendet werden, wenn zur Verfolgung dieser Straftaten eine Überwachung hätte angeordnet werden dürfen.

[1bis] Werden durch die Überwachung nach Artikel 3 des Bundesgesetzes vom 6. Oktober 2000[77] betreffend die Überwachung des Post- und Fernmeldeverkehrs strafbare Handlungen bekannt, so dürfen die Erkenntnisse unter den Voraussetzungen der Absätze 2 und 3 verwendet werden.[78]

[2] Erkenntnisse über Straftaten einer Person, die in der Anordnung keiner strafbaren Handlung beschuldigt wird, können verwendet werden, wenn die Voraussetzungen für eine Überwachung dieser Person erfüllt sind.

[3] In Fällen nach den Absätzen 1, 1bis und 2 ordnet die Staatsanwaltschaft unverzüglich die Überwachung an und leitet das Genehmigungsverfahren ein.[79]

[4] Aufzeichnungen, die nicht als Zufallsfunde verwendet werden dürfen, sind von den Verfahrensakten gesondert aufzubewahren und nach Abschluss des Verfahrens zu vernichten.

[5] Für die Fahndung nach gesuchten Personen dürfen sämtliche Erkenntnisse einer Überwachung verwendet werden.

Art. 279 Mitteilung

[1] Die Staatsanwaltschaft teilt der überwachten beschuldigten Person und den nach Artikel 270 Buchstabe b überwachten Drittpersonen spätestens mit Abschluss des Vorverfahrens Grund, Art und Dauer der Überwachung mit.

[2] Die Mitteilung kann mit Zustimmung des Zwangsmassnahmengerichts aufgeschoben oder unterlassen werden, wenn:

a. die Erkenntnisse nicht zu Beweiszwecken verwendet werden; und

b. der Aufschub oder das Unterlassen zum Schutze überwiegender öffentlicher oder privater Interessen notwendig ist.

---

77 SR 780.1
78 Eingefügt durch Anhang Ziff. II 7 des Strafbehördenorganisationsgesetzes vom 19. März 2010, in Kraft seit 1. Jan. 2011 (AS 2010 3267; BBl 2008 8125).
79 Fassung gemäss Anhang Ziff. II 7 des Strafbehördenorganisationsgesetzes vom 19. März 2010, in Kraft seit 1. Jan. 2011 (AS 2010 3267; BBl 2008 8125).

³ Personen, deren Fernmeldeanschluss oder Postadresse überwacht wurde oder die den überwachten Anschluss oder die Postadresse mitbenutzt haben, können Beschwerde nach den Artikel 393–397 führen. Die Beschwerdefrist beginnt mit Erhalt der Mitteilung zu laufen.

2. Abschnitt: Überwachung mit technischen Überwachungsgeräten

Art. 280 Zweck des Einsatzes

Die Staatsanwaltschaft kann technische Überwachungsgeräte einsetzen, um:

a. das nicht öffentlich gesprochene Wort abzuhören oder aufzuzeichnen;

b. Vorgänge an nicht öffentlichen oder nicht allgemein zugänglichen Orten zu beobachten oder aufzuzeichnen;

c. den Standort von Personen oder Sachen festzustellen.

Art. 281 Voraussetzung und Durchführung

¹ Der Einsatz darf nur gegenüber der beschuldigten Person angeordnet werden.

² Räumlichkeiten oder Fahrzeuge von Drittpersonen dürfen nur überwacht werden, wenn aufgrund bestimmter Tatsachen angenommen werden muss, dass die beschuldigte Person sich in diesen Räumlichkeiten aufhält oder dieses Fahrzeug benutzt.

³ Der Einsatz darf nicht angeordnet werden, um:

a. zu Beweiszwecken Vorgänge zu erfassen, an denen eine beschuldigte Person beteiligt ist, die sich im Freiheitsentzug befindet;

b. Räumlichkeiten oder Fahrzeuge einer Drittperson zu überwachen, die einer der in den Artikeln 170–173 genannten Berufsgruppen angehört.

⁴ Im Übrigen richtet sich der Einsatz technischer Überwachungsgeräte nach den Artikeln 269–279.

3. Abschnitt: Observation

Art. 282 Voraussetzungen

¹ Die Staatsanwaltschaft und, im Ermittlungsverfahren, die Polizei können Personen und Sachen an allgemein zugänglichen Orten verdeckt beobachten und dabei Bild- oder Tonaufzeichnungen machen, wenn:

a. aufgrund konkreter Anhaltspunkte anzunehmen ist, dass Verbrechen oder Vergehen begangen worden sind; und

b. die Ermittlungen sonst aussichtslos wären oder unverhältnismässig erschwert würden.

[2] Hat eine von der Polizei angeordnete Observation einen Monat gedauert, so bedarf ihre Fortsetzung der Genehmigung durch die Staatsanwaltschaft.

Art. 283 Mitteilung

[1] Die Staatsanwaltschaft teilt den von einer Observation direkt betroffenen Personen spätestens mit Abschluss des Vorverfahrens Grund, Art und Dauer der Observation mit.

[2] Die Mitteilung wird aufgeschoben oder unterlassen, wenn:

a. die Erkenntnisse nicht zu Beweiszwecken verwendet werden; und

b. der Aufschub oder die Unterlassung zum Schutze überwiegender öffentlicher oder privater Interessen notwendig ist.

4. Abschnitt: Überwachung von Bankbeziehungen

Art. 284 Grundsatz

Zur Aufklärung von Verbrechen oder Vergehen kann das Zwangsmassnahmengericht auf Antrag der Staatsanwaltschaft die Überwachung der Beziehungen zwischen einer beschuldigten Person und einer Bank oder einem bankähnlichen Institut anordnen.

Art. 285 Durchführung

[1] Stimmt das Zwangsmassnahmengericht dem Antrag zu, so erteilt es der Bank oder dem bankähnlichen Institut schriftliche Weisungen darüber:

a. welche Informationen und Dokumente zu liefern sind;

b. welche Geheimhaltungsmassnahmen zu treffen sind.

[2] Die Bank oder das bankähnliche Institut haben keine Informationen oder Dokumente zu liefern, wenn sie sich durch die Herausgabe selbst derart belasten würden, dass sie:

a. strafrechtlich verantwortlich gemacht werden könnten; oder

b. zivilrechtlich verantwortlich gemacht werden könnten, und wenn das Schutzinteresse das Strafverfolgungsinteresse überwiegt.

[3] Die Kontoberechtigten werden nach Massgabe von Artikel 279 Absätze 1 und 2 nachträglich über die Massnahme informiert.

[4] Personen, deren Bankverkehr überwacht wurde, können Beschwerde nach den Artikeln 393–397 führen. Die Beschwerdefrist beginnt mit Erhalt der Mitteilung zu laufen.

5. Abschnitt:[80] Verdeckte Ermittlung

Art. 285a[81] Begriff

Verdeckte Ermittlung liegt vor, wenn Angehörige der Polizei oder Personen, die vorübergehend für polizeiliche Aufgaben angestellt sind, unter Verwendung einer durch Urkunden abgesicherten falschen Identität (Legende) durch täuschendes Verhalten zu Personen Kontakte knüpfen mit dem Ziel, ein Vertrauensverhältnis aufzubauen und in ein kriminelles Umfeld einzudringen, um besonders schwere Straftaten aufzuklären.

Art. 286 Voraussetzungen

¹ Die Staatsanwaltschaft kann eine verdeckte Ermittlung anordnen, wenn:

a. der Verdacht besteht, eine in Absatz 2 genannte Straftat sei begangen worden;

b. die Schwere der Straftat die verdeckte Ermittlung rechtfertigt; und

c. die bisherigen Untersuchungshandlungen erfolglos geblieben sind oder die Ermittlungen sonst aussichtslos wären oder unverhältnismässig erschwert würden.

² Die verdeckte Ermittlung kann zur Verfolgung der in den folgenden Artikeln aufgeführten Straftaten eingesetzt werden:

a.[82] StGB[83]: Artikel 111–113, 122, 124, 129, 135, 138–140, 143 Absatz 1, 144 Absatz 3, 144bis Ziffer 1 Absatz 2 und Ziffer 2 Absatz 2, 146 Absätze 1 und 2, 147 Absätze 1 und 2, 148, 156, 160, 182–185, 187, 188 Ziffer 1, 189 Absätze 1 und 3, 190 Absätze 1 und 3, 191, 192 Absatz 1, 195, 197 Ziffern 3 und 3bis, 221 Absätze 1 und 2, 223 Ziffer 1, 224 Absatz 1, 227 Ziffer 1 Absatz 1, 228 Ziffer 1 Absatz 1, 230bis, 231 Ziffer 1, 232 Ziffer 1, 233 Ziffer 1, 234 Absatz 1, 237 Ziffer 1, 238 Absatz 1, 240 Absatz 1, 242, 244 Absatz 2, 251 Ziffer 1, 260bis–260quinquies, 264–267, 271, 272 Ziffer 2, 273, 274 Ziffer 1 Absatz 2, 301, 305bis Ziffer 2, 310, 322ter, 322septies;

b.[84] Bundesgesetz vom 16. Dezember 2005[85] über die Ausländerinnen und Ausländer: Artikel 116 Absatz 3 und 118 Absatz 3;

---

80 Ursprünglich vor Art. 286.

81 Eingefügt durch Ziff. I des BG vom 14. Dez. 2012 über die verdeckte Ermittlung und Fahndung, in Kraft seit 1. Mai 2013 (AS 2013 1051; BBl 2012 5591 5609).

82 Fassung gemäss Ziff. III des BG vom 30. Sept. 2011, in Kraft seit 1. Juli 2012 (AS 2012 2575; BBl 2010 5651 5677).

83 SR 311.0

84 Fassung gemäss Anhang Ziff. II 7 des Strafbehördenorganisationsgesetzes vom 19. März 2010, in Kraft seit 1. Jan. 2011 (AS 2010 3267; BBl 2008 8125).

85 SR 142.20

c. Bundesgesetz vom 22. Juni 2001[86] zum Haager Adoptionsübereinkommen und über Massnahmen zum Schutz des Kindes bei internationalen Adoptionen: Artikel 24;

d.[87] Kriegsmaterialgesetz vom 13. Dezember 1996[88]: Artikel 33 Absatz 2 und 34–35*b*;

e. Kernenergiegesetz vom 21. März 2003[89]: Artikel 88 Absätze 1 und 2, 89 Absätze 1 und 2 und 90 Absatz 1;

f.[90] Betäubungsmittelgesetz vom 3. Oktober 1951[91]: Artikel 19 Absatz 2 sowie 20 Absatz 2;

g. Güterkontrollgesetz vom 13. Dezember 1996[92]: Artikel 14 Absatz 2.

h.[93] Sportförderungsgesetz vom 17. Juni 2011[94]: Artikel 22 Absatz 2.

[3] Wird die Beurteilung einer der militärischen Gerichtsbarkeit unterstehenden strafbaren Handlung der zivilen Gerichtsbarkeit übertragen, so kann die verdeckte Ermittlung auch zur Verfolgung der in Artikel 70 Absatz 2 des Militärstrafprozesses vom 23. März 1979[95] aufgeführten Straftaten angeordnet werden.

Art. 287 Anforderungen an die eingesetzten Personen

[1] Als verdeckte Ermittlerinnen oder Ermittler können eingesetzt werden:

a. Angehörige eines schweizerischen oder ausländischen Polizeikorps;

b. Personen, die vorübergehend für polizeiliche Aufgaben angestellt werden, auch wenn sie nicht über eine polizeiliche Ausbildung verfügen.

[2] Als Führungspersonen dürfen nur Angehörige eines Polizeikorps eingesetzt werden.

[3] Werden Angehörige eines Polizeikorps des Auslandes eingesetzt, so werden sie in der Regel von ihrer bisherigen Führungsperson geführt.

Art. 288 Legende und Zusicherung der Anonymität

[1] Die Polizei stattet verdeckte Ermittlerinnen oder Ermittler mit einer Legende aus.[96]

---

86 SR 211.221.31
87 Fassung gemäss Ziff. II des BG vom 16. März 2012, in Kraft seit 1. Febr. 2013 (AS 2013 295; BBl 2011 5905).
88 SR 514.51
89 SR 732.1
90 AS 2011 4487
91 SR 812.121
92 SR 946.202
93 Eingefügt durch Art. 34 Ziff. 2 des Sportförderungsgesetzes vom 17. Juni 2012, in Kraft seit 1. Okt. 2012 (AS 2012 3953; BBl 2009 8189).
94 SR 415.0
95 SR 322.1
96 Fassung gemäss Ziff. I des BG vom 14. Dez. 2012 über die verdeckte Ermittlung und Fahndung, in Kraft seit 1. Mai 2013 (AS 2013 1051; BBl 2012 5591 5609).

² Die Staatsanwaltschaft kann verdeckten Ermittlerinnen oder Ermittlern zusichern, dass ihre wahre Identität auch dann nicht preisgegeben wird, wenn sie in einem Gerichtsverfahren als Auskunftspersonen oder Zeuginnen oder Zeugen auftreten.[97]

³ Begehen verdeckte Ermittlerinnen oder Ermittler während ihres Einsatzes eine Straftat, so entscheidet das Zwangsmassnahmengericht, unter welcher Identität das Strafverfahren geführt wird.

Art. 289 Genehmigungsverfahren

¹ Der Einsatz einer verdeckten Ermittlerin oder eines verdeckten Ermittlers bedarf der Genehmigung durch das Zwangsmassnahmengericht.

² Die Staatsanwaltschaft reicht dem Zwangsmassnahmengericht innert 24 Stunden seit der Anordnung der verdeckten Ermittlung folgende Unterlagen ein:

a. die Anordnung;

b. die Begründung und die für die Genehmigung wesentlichen Verfahrensakten.

³ Das Zwangsmassnahmengericht entscheidet mit kurzer Begründung innert 5 Tagen seit der Anordnung der verdeckten Ermittlung. Es kann die Genehmigung vorläufig oder mit Auflagen erteilen oder eine Ergänzung der Akten oder weitere Abklärungen verlangen.

⁴ Die Genehmigung äussert sich ausdrücklich darüber, ob es erlaubt ist:

a. Urkunden zum Aufbau oder zur Aufrechterhaltung einer Legende herzustellen oder zu verändern;

b. die Anonymität zuzusichern;

c. Personen einzusetzen, die über keine polizeiliche Ausbildung verfügen.

⁵ Die Genehmigung wird für höchstens 12 Monate erteilt. Sie kann einmal oder mehrmals um jeweils 6 Monate verlängert werden. Ist eine Verlängerung notwendig, so stellt die Staatsanwaltschaft vor Ablauf der bewilligten Dauer einen begründeten Verlängerungsantrag.

⁶ Wird die Genehmigung nicht erteilt oder wurde keine Genehmigung eingeholt, so beendet die Staatsanwaltschaft den Einsatz unverzüglich. Sämtliche Aufzeichnungen sind sofort zu vernichten. Durch die verdeckte Ermittlung gewonnene Erkenntnisse dürfen nicht verwertet werden.

Art. 290 Instruktion vor dem Einsatz

Die Staatsanwaltschaft instruiert die Führungsperson sowie die verdeckte Ermittlerin oder den verdeckten Ermittler vor Beginn des Einsatzes.

---

97 Fassung gemäss Ziff. I des BG vom 14. Dez. 2012 über die verdeckte Ermittlung und Fahndung, in Kraft seit 1. Mai 2013 (AS 2013 1051; BBl 2012 5591 5609).

Art. 291 Führungsperson

[1] Die verdeckte Ermittlerin oder der verdeckte Ermittler unterstehen während des Einsatzes der direkten Weisungsbefugnis der Führungsperson. Während des Einsatzes erfolgt der Kontakt zwischen der Staatsanwaltschaft und der verdeckten Ermittlerin oder dem verdeckten Ermittler ausschliesslich über die Führungsperson.

[2] Die Führungsperson hat insbesondere folgende Aufgaben:

a. Sie instruiert die verdeckte Ermittlerin oder den verdeckten Ermittler detailliert und fortlaufend über Auftrag und Befugnisse sowie über den Umgang mit der Legende.

b. Sie leitet und betreut die verdeckte Ermittlerin oder den verdeckten Ermittler und beurteilt laufend die Risikosituation.

c. Sie hält mündliche Berichte der verdeckten Ermittlerin oder des verdeckten Ermittlers schriftlich fest und führt ein vollständiges Dossier über den Einsatz.

d. Sie informiert die Staatsanwaltschaft laufend und vollständig über den Einsatz.

Art. 292 Pflichten der verdeckten Ermittlerinnen und Ermittler

[1] Verdeckte Ermittlerinnen und Ermittler führen ihren Einsatz im Rahmen der Instruktionen pflichtgemäss durch.

[2] Sie berichten der Führungsperson laufend und vollständig über ihre Tätigkeit und ihre Feststellungen.

Art. 293 Mass der zulässigen Einwirkung

[1] Verdeckte Ermittlerinnen und Ermittler dürfen keine allgemeine Tatbereitschaft wecken und die Tatbereitschaft nicht auf schwerere Straftaten lenken. Sie haben sich auf die Konkretisierung eines vorhandenen Tatentschlusses zu beschränken.

[2] Ihre Tätigkeit darf für den Entschluss zu einer konkreten Straftat nur von untergeordneter Bedeutung sein.

[3] Wenn erforderlich, dürfen sie zur Anbahnung des Hauptgeschäftes Probekäufe tätigen oder ihre wirtschaftliche Leistungsfähigkeit dokumentieren.

[4] Überschreitet eine verdeckte Ermittlerin oder ein verdeckter Ermittler das Mass der zulässigen Einwirkung, so ist dies bei der Zumessung der Strafe für die beeinflusste Person gebührend zu berücksichtigen, oder es ist von einer Strafe abzusehen.

Art. 294 Einsatz bei der Verfolgung von Delikten gegen das Betäubungsmittelgesetz

Verdeckte Ermittlerinnen und Ermittler sind nicht nach den Artikeln 19 sowie 20–22 des Betäubungsmittelgesetzes vom 3. Oktober 1951[98] strafbar, soweit sie im Rahmen einer genehmigten verdeckten Ermittlung handeln.

Art. 295 Vorzeigegeld

[1] Auf Antrag der Staatsanwaltschaft kann der Bund über die Nationalbank die für Scheingeschäfte und die Dokumentation der wirtschaftlichen Leistungsfähigkeit benötigten Geldbeträge in der erforderlichen Menge und Art zur Verfügung stellen.

[2] Der Antrag ist mit einer kurzen Sachverhaltsdarstellung an das Bundesamt für Polizei zu richten.

[3] Die Staatsanwaltschaft trifft die notwendigen Vorkehrungen zum Schutze des zur Verfügung gestellten Geldes. Bei Verlust haftet der Bund oder der Kanton, dem die Staatsanwaltschaft zugehört.

Art. 296 Zufallsfunde

[1] Ergebnisse aus einer verdeckten Ermittlung, die auf eine andere als die in der Anordnung genannte Straftat hindeuten, dürfen verwertet werden, wenn zur Aufklärung der neu entdeckten Straftat eine verdeckte Ermittlung hätte angeordnet werden dürfen.

[2] Die Staatsanwaltschaft ordnet unverzüglich die verdeckte Ermittlung an und leitet das Genehmigungsverfahren ein.

Art. 297 Beendigung des Einsatzes

[1] Die Staatsanwaltschaft beendet den Einsatz unverzüglich, wenn:

a. die Voraussetzungen nicht mehr erfüllt sind;

b. die Genehmigung oder die Verlängerung verweigert wird; oder

c. die verdeckte Ermittlerin oder der verdeckte Ermittler oder die Führungsperson Instruktionen nicht befolgt oder in anderer Weise ihre Pflichten nicht erfüllt, namentlich die Staatsanwaltschaft wissentlich falsch informiert.

[2] Sie teilt in den Fällen nach Absatz 1 Buchstaben a und c dem Zwangsmassnahmengericht die Beendigung des Einsatzes mit.

[3] Bei der Beendigung ist darauf zu achten, dass weder die verdeckte Ermittlerin oder der verdeckte Ermittler noch in die Ermittlung einbezogene Dritte einer abwendbaren Gefahr ausgesetzt werden.

---

98 SR 812.121

Art. 298 Mitteilung

[1] Die Staatsanwaltschaft teilt der beschuldigten Person spätestens mit Abschluss des Vorverfahrens mit, dass gegen sie verdeckt ermittelt worden ist.

[2] Die Mitteilung kann mit Zustimmung des Zwangsmassnahmengerichts aufgeschoben oder unterlassen werden, wenn:

a. die Erkenntnisse nicht zu Beweiszwecken verwendet werden; und

b. der Aufschub oder die Unterlassung zum Schutze überwiegender öffentlicher oder privater Interessen notwendig ist.

[3] Personen, gegen die verdeckt ermittelt wurde, können Beschwerde nach den Artikeln 393–397 führen. Die Beschwerdefrist beginnt mit Erhalt der Mitteilung zu laufen.

5a. Abschnitt:[99] Verdeckte Fahndung

Art. 298a Begriff

[1] Verdeckte Fahndung liegt vor, wenn Angehörige der Polizei im Rahmen kurzer Einsätze in einer Art und Weise, dass ihre wahre Identität und Funktion nicht erkennbar ist, Verbrechen und Vergehen aufzuklären versuchen und dabei insbesondere Scheingeschäfte abschliessen oder den Willen zum Abschluss vortäuschen.

[2] Verdeckte Fahnderinnen und Fahnder werden nicht mit einer Legende im Sinne von Artikel 285*a* ausgestattet. Ihre wahre Identität und Funktion wird in den Verfahrensakten und bei Einvernahmen offengelegt.

Art. 298b Voraussetzungen

[1] Die Staatsanwaltschaft und, im Ermittlungsverfahren, die Polizei können eine verdeckte Fahndung anordnen, wenn:

a. der Verdacht besteht, ein Verbrechen oder Vergehen sei begangen worden; und

b. die bisherigen Ermittlungs- oder Untersuchungshandlungen erfolglos geblieben sind oder die Ermittlungen sonst aussichtslos wären oder unverhältnismässig erschwert würden.

[2] Hat eine von der Polizei angeordnete verdeckte Fahndung einen Monat gedauert, so bedarf ihre Fortsetzung der Genehmigung durch die Staatsanwaltschaft.

---

99 Eingefügt durch Ziff. I des BG vom 14. Dez. 2012 über die verdeckte Ermittlung und Fahndung, in Kraft seit 1. Mai 2013 (AS 2013 1051; BBl 2012 5591 5609).

Art. 298c Anforderungen an die eingesetzten Personen und Durchführung

[1] Für die Anforderungen an die eingesetzten Personen gilt Artikel 287 sinngemäss. Der Einsatz von Personen nach Artikel 287 Absatz 1 Buchstabe b ist ausgeschlossen.

[2] Für Stellung, Aufgaben und Pflichten der verdeckten Fahnderinnen und Fahnder sowie der Führungspersonen gelten die Artikel 291–294 sinngemäss.

Art. 298d Beendigung und Mitteilung

[1] Die anordnende Polizei oder Staatsanwaltschaft beendet die verdeckte Fahndung unverzüglich, wenn:

a. die Voraussetzungen nicht mehr erfüllt sind;

b. im Falle einer Anordnung durch die Polizei die Genehmigung der Fortsetzung durch die Staatsanwaltschaft verweigert wird; oder

c. die verdeckte Fahnderin oder der verdeckte Fahnder oder die Führungsperson Instruktionen nicht befolgt oder in anderer Weise ihre Pflichten nicht erfüllt, namentlich die Staatsanwaltschaft wissentlich falsch informiert oder die Zielperson in unzulässiger Weise zu beeinflussen versucht.

[2] Die Polizei teilt der Staatsanwaltschaft die Beendigung der verdeckten Fahndung mit.

[3] Bei der Beendigung ist darauf zu achten, dass die verdeckte Fahnderin oder der verdeckte Fahnder keiner abwendbaren Gefahr ausgesetzt wird.

[4] Für die Mitteilung der verdeckten Fahndung gilt Artikel 298 Absätze 1 und 3 sinngemäss.

6. Titel: Vorverfahren

1. Kapitel: Allgemeine Bestimmungen

Art. 299 Begriff und Zweck

[1] Das Vorverfahren besteht aus dem Ermittlungsverfahren der Polizei und der Untersuchung der Staatsanwaltschaft.

[2] Im Vorverfahren werden, ausgehend vom Verdacht, es sei eine Straftat begangen worden, Erhebungen getätigt und Beweise gesammelt, um festzustellen, ob:

a. gegen eine beschuldigte Person ein Strafbefehl zu erlassen ist;

b. gegen eine beschuldigte Person Anklage zu erheben ist;

c. das Verfahren einzustellen ist.

Art. 300   Einleitung

[1] Das Vorverfahren wird eingeleitet durch:

a. die Ermittlungstätigkeit der Polizei;

b. die Eröffnung einer Untersuchung durch die Staatsanwaltschaft.

[2] Die Einleitung des Vorverfahrens ist nicht anfechtbar, es sei denn, die beschuldigte Person mache geltend, es liege eine Verletzung des Verbots der doppelten Strafverfolgung vor.

Art. 301   Anzeigerecht

[1] Jede Person ist berechtigt, Straftaten bei einer Strafverfolgungsbehörde schriftlich oder mündlich anzuzeigen.

[2] Die Strafverfolgungsbehörde teilt der anzeigenden Person auf deren Anfrage mit, ob ein Strafverfahren eingeleitet und wie es erledigt wird.

[3] Der anzeigenden Person, die weder geschädigt noch Privatklägerin oder Privatkläger ist, stehen keine weitergehenden Verfahrensrechte zu.

Art. 302   Anzeigepflicht

[1] Die Strafbehörden sind verpflichtet, alle Straftaten, die sie bei ihrer amtlichen Tätigkeit festgestellt haben oder die ihnen gemeldet worden sind, der zuständigen Behörde anzuzeigen, soweit sie für die Verfolgung nicht selber zuständig sind.

[2] Bund und Kantone regeln die Anzeigepflicht der Mitglieder anderer Behörden.

[3] Die Anzeigepflicht entfällt für Personen, die nach den Artikeln 113 Absatz 1, 168, 169 und 180 Absatz 1 zur Aussage- oder Zeugnisverweigerung berechtigt sind.

Art. 303   Antrags- und Ermächtigungsdelikte

[1] Bei Straftaten, die nur auf Antrag oder nach Ermächtigung verfolgt werden, wird ein Vorverfahren erst eingeleitet, wenn der Strafantrag gestellt oder die Ermächtigung erteilt wurde.

[2] Die zuständige Behörde kann schon vorher die unaufschiebbaren sichernden Massnahmen treffen.

Art. 304   Form des Strafantrags

[1] Der Strafantrag ist bei der Polizei, der Staatsanwaltschaft oder der Übertretungsstrafbehörde schriftlich einzureichen oder mündlich zu Protokoll zu geben.

[2] Verzicht und Rückzug des Strafantrags bedürfen der gleichen Form.

Art. 305[100] Information über die Opferhilfe und Meldung

[1] Die Polizei und die Staatsanwaltschaft informieren das Opfer bei der jeweils ersten Einvernahme umfassend über seine Rechte und Pflichten im Strafverfahren.

[2] Die Polizei und die Staatsanwaltschaft informieren bei gleicher Gelegenheit zudem über:

a. die Adressen und die Aufgaben der Opferberatungsstellen;
b. die Möglichkeit, verschiedene Opferhilfeleistungen zu beanspruchen;
c. die Frist für die Einreichung von Gesuchen um Entschädigung und Genugtuung.

[3] Sie melden Name und Adresse des Opfers einer Beratungsstelle, sofern dieses damit einverstanden ist.

[4] Die Absätze 1–3 finden auf Angehörige des Opfers sinngemäss Anwendung.

[5] Die Einhaltung der Bestimmungen dieses Artikels ist zu protokollieren.

2. Kapitel: Polizeiliches Ermittlungsverfahren

Art. 306 Aufgaben der Polizei

[1] Die Polizei stellt im Ermittlungsverfahren auf der Grundlage von Anzeigen, Anweisungen der Staatsanwaltschaft oder eigenen Feststellungen den für eine Straftat relevanten Sachverhalt fest.

[2] Sie hat namentlich:

a. Spuren und Beweise sicherzustellen und auszuwerten;
b. geschädigte und tatverdächtige Personen zu ermitteln und zu befragen;
c. tatverdächtige Personen nötigenfalls anzuhalten und festzunehmen oder nach ihnen zu fahnden.

[3] Sie richtet sich bei ihrer Tätigkeit nach den Vorschriften über die Untersuchung, die Beweismittel und die Zwangsmassnahmen; vorbehalten bleiben besondere Bestimmungen dieses Gesetzes.

Art. 307 Zusammenarbeit mit der Staatsanwaltschaft

[1] Die Polizei informiert die Staatsanwaltschaft unverzüglich über schwere Straftaten sowie über andere schwer wiegende Ereignisse. Die Staatsanwaltschaften von Bund und Kantonen können über diese Informationspflicht nähere Weisungen erlassen.

[2] Die Staatsanwaltschaft kann der Polizei jederzeit Weisungen und Aufträge erteilen oder das Verfahren an sich ziehen. In den Fällen von Absatz 1 führt sie die ersten wesentlichen Einvernahmen nach Möglichkeit selber durch.

---

100 Fassung gemäss Anhang Ziff. II 7 des Strafbehördenorganisationsgesetzes vom 19. März 2010, in Kraft seit 1. Jan. 2011 (AS 2010 3267; BBl 2008 8125).

³ Die Polizei hält ihre Feststellungen und die von ihr getroffenen Massnahmen laufend in schriftlichen Berichten fest und übermittelt diese nach Abschluss ihrer Ermittlungen zusammen mit den Anzeigen, Protokollen, weiteren Akten sowie sichergestellten Gegenständen und Vermögenswerten umgehend der Staatsanwaltschaft.

⁴ Sie kann von der Berichterstattung absehen, wenn:

a. zu weiteren Verfahrensschritten der Staatsanwaltschaft offensichtlich kein Anlass besteht; und

b. keine Zwangsmassnahmen oder andere formalisierte Ermittlungshandlungen durchgeführt worden sind.

3. Kapitel: Untersuchung durch die Staatsanwaltschaft

1. Abschnitt: Aufgaben der Staatsanwaltschaft

Art. 308 Begriff und Zweck der Untersuchung

¹ In der Untersuchung klärt die Staatsanwaltschaft den Sachverhalt tatsächlich und rechtlich so weit ab, dass sie das Vorverfahren abschliessen kann.

² Ist eine Anklage oder der Erlass eines Strafbefehls zu erwarten, so klärt sie die persönlichen Verhältnisse der beschuldigten Person ab.

³ Soll Anklage erhoben werden, so hat die Untersuchung dem Gericht die für die Beurteilung von Schuld und Strafe wesentlichen Grundlagen zu liefern.

Art. 309 Eröffnung

¹ Die Staatsanwaltschaft eröffnet eine Untersuchung, wenn:

a. sich aus den Informationen und Berichten der Polizei, aus der Strafanzeige oder aus ihren eigenen Feststellungen ein hinreichender Tatverdacht ergibt;

b. sie Zwangsmassnahmen anordnet;

c. sie im Sinne von Artikel 307 Absatz 1 durch die Polizei informiert worden ist.

² Sie kann polizeiliche Berichte und Strafanzeigen, aus denen der Tatverdacht nicht deutlich hervorgeht, der Polizei zur Durchführung ergänzender Ermittlungen überweisen.

³ Sie eröffnet die Untersuchung in einer Verfügung; darin bezeichnet sie die beschuldigte Person und die Straftat, die ihr zur Last gelegt wird. Die Verfügung braucht nicht begründet und eröffnet zu werden. Sie ist nicht anfechtbar.

⁴ Die Staatsanwaltschaft verzichtet auf die Eröffnung, wenn sie sofort eine Nichtanhandnahmeverfügung oder einen Strafbefehl erlässt.

Art. 310   Nichtanhandnahmeverfügung

[1] Die Staatsanwaltschaft verfügt die Nichtanhandnahme, sobald aufgrund der Strafanzeige oder des Polizeirapports feststeht, dass:

a. die fraglichen Straftatbestände oder die Prozessvoraussetzungen eindeutig nicht erfüllt sind;

b. Verfahrenshindernisse bestehen;

c. aus den in Artikel 8 genannten Gründen auf eine Strafverfolgung zu verzichten ist.

[2] Im Übrigen richtet sich das Verfahren nach den Bestimmungen über die Verfahrenseinstellung.

2. Abschnitt: Durchführung der Untersuchung

Art. 311   Beweiserhebung und Ausdehnung der Untersuchung

[1] Die Staatsanwältinnen und Staatsanwälte führen die Beweiserhebungen selber durch. Bund und Kantone bestimmen, in welchem Umfang sie einzelne Untersuchungshandlungen ihren Mitarbeiterinnen und Mitarbeitern übertragen können.

[2] Die Staatsanwaltschaft kann die Untersuchung auf weitere Personen oder weitere Straftaten ausdehnen. Artikel 309 Absatz 3 ist anwendbar.

Art. 312   Aufträge der Staatsanwaltschaft an die Polizei

[1] Die Staatsanwaltschaft kann die Polizei auch nach Eröffnung der Untersuchung mit ergänzenden Ermittlungen beauftragen. Sie erteilt ihr dazu schriftliche, in dringenden Fällen mündliche Anweisungen, die sich auf konkret umschriebene Abklärungen beschränken.

[2] Bei Einvernahmen, welche die Polizei im Auftrag der Staatsanwaltschaft durchführt, haben die Verfahrensbeteiligten die Verfahrensrechte, die ihnen bei Einvernahmen durch die Staatsanwaltschaft zukommen.

Art. 313   Beweiserhebungen im Zusammenhang mit Zivilklagen

[1] Die Staatsanwaltschaft erhebt die zur Beurteilung der Zivilklage erforderlichen Beweise, sofern das Verfahren dadurch nicht wesentlich erweitert oder verzögert wird.

[2] Sie kann die Erhebung von Beweisen, die in erster Linie der Durchsetzung der Zivilklage dienen, von der Leistung eines Kostenvorschusses der Privatklägerschaft abhängig machen.

Art. 314 Sistierung

[1] Die Staatsanwaltschaft kann eine Untersuchung sistieren, namentlich wenn:

a. die Täterschaft oder ihr Aufenthalt unbekannt ist oder andere vorübergehende Verfahrenshindernisse bestehen;

b. der Ausgang des Strafverfahrens von einem anderen Verfahren abhängt und es angebracht erscheint, dessen Ausgang abzuwarten;

c. ein Vergleichsverfahren hängig ist und es angebracht erscheint, dessen Ausgang abzuwarten;

d. ein Sachentscheid von der weiteren Entwicklung der Tatfolgen abhängt.

[2] Im Fall von Absatz 1 Buchstabe c ist die Sistierung auf 3 Monate befristet; sie kann einmal um 3 Monate verlängert werden.

[3] Vor der Sistierung erhebt die Staatsanwaltschaft die Beweise, deren Verlust zu befürchten ist. Ist die Täterschaft oder ihr Aufenthalt unbekannt, so leitet sie eine Fahndung ein.

[4] Die Staatsanwaltschaft teilt die Sistierung der beschuldigten Person, der Privatklägerschaft sowie dem Opfer mit.

[5] Im Übrigen richtet sich das Verfahren nach den Bestimmungen über die Verfahrenseinstellung.

Art. 315 Wiederanhandnahme

[1] Die Staatsanwaltschaft nimmt von Amtes wegen eine sistierte Untersuchung wieder an die Hand, wenn der Grund der Sistierung weggefallen ist.

[2] Die Wiederanhandnahme ist nicht anfechtbar.

3. Abschnitt: Vergleich

Art. 316

[1] Soweit Antragsdelikte Gegenstand des Verfahrens sind, kann die Staatsanwaltschaft die antragstellende und die beschuldigte Person zu einer Verhandlung vorladen mit dem Ziel, einen Vergleich zu erzielen. Bleibt die antragstellende Person aus, so gilt der Strafantrag als zurückgezogen.

[2] Kommt eine Strafbefreiung wegen Wiedergutmachung nach Artikel 53 StGB[101] in Frage, so lädt die Staatsanwaltschaft die geschädigte und die beschuldigte Person zu einer Verhandlung ein mit dem Ziel, eine Wiedergutmachung zu erzielen.

[3] Wird eine Einigung erzielt, so ist diese im Protokoll festzuhalten und von den Beteiligten zu unterzeichnen. Die Staatsanwaltschaft stellt alsdann das Verfahren ein.

---

101 SR 311.0

⁴ Bleibt bei einer Verhandlung nach Absatz 1 oder 2 die beschuldigte Person aus oder wird keine Einigung erzielt, so nimmt die Staatsanwaltschaft die Untersuchung unverzüglich an die Hand. Sie kann die antragstellende Person in begründeten Fällen verpflichten, innerhalb von zehn Tagen eine Sicherheit für Kosten und Entschädigungen zu leisten.

4. Abschnitt: Abschluss der Untersuchung

Art. 317 Schlusseinvernahme

In umfangreichen und komplizierten Vorverfahren befragt die Staatsanwaltschaft die beschuldigte Person vor Abschluss der Untersuchung nochmals in einer Schlusseinvernahme und fordert sie auf, zu den Ergebnissen Stellung zu nehmen.

Art. 318 Abschluss

¹ Erachtet die Staatsanwaltschaft die Untersuchung als vollständig, so erlässt sie einen Strafbefehl oder kündigt den Parteien mit bekanntem Wohnsitz schriftlich den bevorstehenden Abschluss an und teilt ihnen mit, ob sie Anklage erheben oder das Verfahren einstellen will. Gleichzeitig setzt sie den Parteien eine Frist, Beweisanträge zu stellen.

² Sie kann Beweisanträge nur ablehnen, wenn damit die Beweiserhebung über Tatsachen verlangt wird, die unerheblich, offenkundig, der Strafbehörde bekannt oder bereits rechtsgenügend erwiesen sind. Der Entscheid ergeht schriftlich und mit kurzer Begründung. Abgelehnte Beweisanträge können im Hauptverfahren erneut gestellt werden.

³ Mitteilungen nach Absatz 1 und Entscheide nach Absatz 2 sind nicht anfechtbar.

4. Kapitel: Einstellung des Verfahrens und Anklageerhebung

1. Abschnitt: Einstellung des Verfahrens

Art. 319 Gründe

¹ Die Staatsanwaltschaft verfügt die vollständige oder teilweise Einstellung des Verfahrens, wenn:

a. kein Tatverdacht erhärtet ist, der eine Anklage rechtfertigt;
b. kein Straftatbestand erfüllt ist;
c. Rechtfertigungsgründe einen Straftatbestand unanwendbar machen;
d. Prozessvoraussetzungen definitiv nicht erfüllt werden können oder Prozesshindernisse aufgetreten sind;

e. nach gesetzlicher Vorschrift auf Strafverfolgung oder Bestrafung verzichtet werden kann.

[2] Sie kann das Verfahren ausnahmsweise auch dann einstellen, wenn:

a. das Interesse eines Opfers, das zum Zeitpunkt der Straftat weniger als 18 Jahre alt war, es zwingend verlangt und dieses Interesse das Interesse des Staates an der Strafverfolgung offensichtlich überwiegt; und

b. das Opfer oder bei Urteilsunfähigkeit seine gesetzliche Vertretung der Einstellung zustimmt.

Art. 320 Einstellungsverfügung

[1] Form und allgemeiner Inhalt der Einstellungsverfügung richten sich nach den Artikeln 80 und 81.

[2] Die Staatsanwaltschaft hebt in der Einstellungsverfügung bestehende Zwangsmassnahmen auf. Sie kann die Einziehung von Gegenständen und Vermögenswerten anordnen.

[3] In der Einstellungsverfügung werden keine Zivilklagen behandelt. Der Privatklägerschaft steht nach Eintritt der Rechtskraft der Verfügung der Zivilweg offen.

[4] Eine rechtskräftige Einstellungsverfügung kommt einem freisprechenden Endentscheid gleich.

Art. 321 Mitteilung

[1] Die Staatsanwaltschaft teilt die Einstellungsverfügung mit:

a. den Parteien;

b. dem Opfer;

c. den anderen von der Verfügung betroffenen Verfahrensbeteiligten;

d. allfälligen weiteren von den Kantonen bezeichneten Behörden, falls diesen ein Beschwerderecht zusteht.

[2] Vorbehalten bleibt der ausdrückliche Verzicht einer oder eines Verfahrensbeteiligten.

[3] Im Übrigen sind die Artikel 84–88 sinngemäss anwendbar.

Art. 322 Genehmigung und Rechtsmittel

[1] Bund und Kantone können bestimmen, dass die Einstellungsverfügung durch die Ober- oder Generalstaatsanwaltschaft zu genehmigen ist.

[2] Die Parteien können die Einstellungsverfügung innert 10 Tagen bei der Beschwerdeinstanz anfechten.

Art. 323 Wiederaufnahme

[1] Die Staatsanwaltschaft verfügt die Wiederaufnahme eines durch Einstellungsverfügung rechtskräftig beendeten Verfahrens, wenn ihr neue Beweismittel oder Tatsachen bekannt werden, die:

a. für eine strafrechtliche Verantwortlichkeit der beschuldigten Person sprechen; und

b. sich nicht aus den früheren Akten ergeben.

[2] Sie teilt die Wiederaufnahme denjenigen Personen und Behörden mit, denen zuvor die Einstellung mitgeteilt worden ist.

2. Abschnitt: Anklageerhebung

Art. 324 Grundsätze

[1] Die Staatsanwaltschaft erhebt beim zuständigen Gericht Anklage, wenn sie aufgrund der Untersuchung die Verdachtsgründe als hinreichend erachtet und keinen Strafbefehl erlassen kann.

[2] Die Anklageerhebung ist nicht anfechtbar.

Art. 325 Inhalt der Anklageschrift

[1] Die Anklageschrift bezeichnet:

a. den Ort und das Datum;

b. die anklageerhebende Staatsanwaltschaft;

c. das Gericht, an welches sich die Anklage richtet;

d. die beschuldigte Person und ihre Verteidigung;

e. die geschädigte Person;

f. möglichst kurz, aber genau: die der beschuldigten Person vorgeworfenen Taten mit Beschreibung von Ort, Datum, Zeit, Art und Folgen der Tatausführung;

g. die nach Auffassung der Staatsanwaltschaft erfüllten Straftatbestände unter Angabe der anwendbaren Gesetzesbestimmungen.

[2] Die Staatsanwaltschaft kann eine Alternativanklage oder für den Fall der Verwerfung ihrer Hauptanklage eine Eventualanklage erheben.

Art. 326 Weitere Angaben und Anträge

[1] Die Staatsanwaltschaft macht dem Gericht folgende Angaben und stellt ihm folgende Anträge, soweit diese nicht bereits aus der Anklageschrift hervorgehen:

a. die Privatklägerschaft sowie deren allfällige Zivilklagen;

b. die angeordneten Zwangsmassnahmen;

c. die beschlagnahmten Gegenstände und Vermögenswerte;

d. die entstandenen Untersuchungskosten;

e. ihren allfälligen Antrag auf Anordnung der Sicherheitshaft;

f. ihre Anträge zu den Sanktionen oder die Ankündigung, diese Anträge würden an der Hauptverhandlung gestellt;

g. ihre Anträge auf nachträgliche richterliche Entscheidungen;

h. ihr Ersuchen, eine Vorladung zur Hauptverhandlung zu erhalten.

[2] Tritt die Staatsanwaltschaft nicht persönlich vor Gericht auf, so kann sie ihrer Anklage zur Erläuterung des Sachverhalts einen Schlussbericht beifügen, der auch Ausführungen zur Beweiswürdigung enthält.

Art. 327   Zustellung der Anklage

[1] Die Staatsanwaltschaft übermittelt die Anklageschrift sowie einen allfälligen Schlussbericht unverzüglich:

a. der beschuldigten Person, deren Aufenthaltsort bekannt ist;

b. der Privatklägerschaft;

c. dem Opfer;

d. dem zuständigen Gericht zusammen mit den Akten sowie den beschlagnahmten Gegenständen und Vermögenswerten.

[2] Beantragt die Staatsanwaltschaft die Anordnung der Sicherheitshaft, so übermittelt sie mit dem entsprechenden Gesuch auch dem Zwangsmassnahmengericht eine Ausfertigung der Anklageschrift.

7. Titel: Erstinstanzliches Hauptverfahren

1. Kapitel: Rechtshängigkeit, Vorbereitung der Hauptverhandlung, allgemeine Bestimmungen zur Hauptverhandlung

Art. 328   Rechtshängigkeit

[1] Mit dem Eingang der Anklageschrift wird das Verfahren beim Gericht rechtshängig.

[2] Mit der Rechtshängigkeit gehen die Befugnisse im Verfahren auf das Gericht über.

Art. 329   Prüfung der Anklage; Sistierung und Einstellung des Verfahrens

[1] Die Verfahrensleitung prüft, ob:

a. die Anklageschrift und die Akten ordnungsgemäss erstellt sind;

b. die Prozessvoraussetzungen erfüllt sind;

c. Verfahrenshindernisse bestehen.

[2] Ergibt sich aufgrund dieser Prüfung oder später im Verfahren, dass ein Urteil zurzeit nicht ergehen kann, so sistiert das Gericht das Verfahren. Falls erforderlich, weist es die Anklage zur Ergänzung oder Berichtigung an die Staatsanwaltschaft zurück.

3 Das Gericht entscheidet, ob ein sistierter Fall bei ihm hängig bleibt.

4 Kann ein Urteil definitiv nicht ergehen, so stellt das Gericht das Verfahren ein, nachdem es den Parteien und weiteren durch die Einstellung beschwerten Dritten das rechtliche Gehör gewährt hat. Artikel 320 ist sinngemäss anwendbar.

5 Soll das Verfahren nur in einzelnen Anklagepunkten eingestellt werden, so kann die Einstellung zusammen mit dem Urteil ergehen.

Art. 330 Vorbereitung der Hauptverhandlung

1 Ist auf die Anklage einzutreten, so trifft die Verfahrensleitung unverzüglich die zur Durchführung der Hauptverhandlung notwendigen Anordnungen.

2 Bei Kollegialgerichten setzt die Verfahrensleitung die Akten in Zirkulation.

3 Die Verfahrensleitung informiert das Opfer über seine Rechte, sofern die Strafverfolgungsbehörden dies noch nicht getan haben; Artikel 305 ist sinngemäss anwendbar.

Art. 331 Ansetzen der Hauptverhandlung

1 Die Verfahrensleitung bestimmt, welche Beweise in der Hauptverhandlung erhoben werden. Sie teilt den Parteien mit, in welcher Zusammensetzung das Gericht tagen wird und welche Beweise erhoben werden sollen.

2 Sie setzt den Parteien gleichzeitig Frist, um Beweisanträge zu stellen und zu begründen; dabei macht sie die Parteien auf die möglichen Kosten- und Entschädigungsfolgen verspäteter Beweisanträge aufmerksam.

3 Lehnt sie Beweisanträge ab, so teilt sie dies den Parteien mit kurzer Begründung mit. Die Ablehnung ist nicht anfechtbar, doch können abgelehnte Beweisanträge an der Hauptverhandlung erneut gestellt werden.

4 Die Verfahrensleitung setzt Datum, Zeit und Ort der Hauptverhandlung fest und lädt die Parteien sowie die Zeuginnen und Zeugen, Auskunftspersonen und Sachverständigen vor, die einvernommen werden sollen.

5 Sie entscheidet endgültig über Verschiebungsgesuche, die vor Beginn der Hauptverhandlung eingehen.

Art. 332 Vorverhandlungen

1 Die Verfahrensleitung kann die Parteien zur Regelung organisatorischer Fragen zu einer Vorverhandlung vorladen.

2 Sie kann die Parteien nach Massgabe von Artikel 316 zu Vergleichsverhandlungen vorladen.

3 Ist die Erhebung eines Beweises in der Hauptverhandlung voraussichtlich nicht möglich, so kann die Verfahrensleitung eine vorgängige Beweiserhebung durchführen, damit eine Delegation des Gerichts, in dringenden Fällen auch die Staatsanwaltschaft betrauen oder die Beweiserhebung rechtshilfeweise

vornehmen lassen. Den Parteien ist Gelegenheit zu geben, an solchen Beweiserhebungen teilzunehmen.

Art. 333 Änderung und Erweiterung der Anklage

[1] Das Gericht gibt der Staatsanwaltschaft Gelegenheit, die Anklage zu ändern, wenn nach seiner Auffassung der in der Anklageschrift umschriebene Sachverhalt einen andern Straftatbestand erfüllen könnte, die Anklageschrift aber den gesetzlichen Anforderungen nicht entspricht.

[2] Werden während des Hauptverfahrens neue Straftaten der beschuldigten Person bekannt, so kann das Gericht der Staatsanwaltschaft gestatten, die Anklage zu erweitern.

[3] Eine Erweiterung ist ausgeschlossen, wenn dadurch das Verfahren über Gebühr erschwert oder die Zuständigkeit des Gerichts ändern würde oder wenn ein Fall von Mittäterschaft oder Teilnahme vorliegt. In diesen Fällen leitet die Staatsanwaltschaft ein Vorverfahren ein.

[4] Das Gericht darf eine geänderte oder erweiterte Anklage seinem Urteil nur zu Grunde legen, wenn die Parteirechte der beschuldigten Person und der Privatklägerschaft gewahrt worden sind. Es unterbricht dafür nötigenfalls die Hauptverhandlung.

Art. 334 Überweisung

[1] Gelangt das Gericht zum Schluss, in einem bei ihm hängigen Verfahren komme eine Strafe oder Massnahme in Frage, die seine Urteilskompetenz überschreitet, so überweist es den Fall spätestens nach Abschluss der Parteivorträge dem zuständigen Gericht. Dieses führt ein eigenes Beweisverfahren durch.

[2] Der Überweisungsentscheid ist nicht anfechtbar.

2. Kapitel: Durchführung der Hauptverhandlung

1. Abschnitt: Gericht und Verfahrensbeteiligte

Art. 335 Zusammensetzung des Gerichts

[1] Das Gericht tagt während der gesamten Hauptverhandlung in seiner gesetzmässigen Zusammensetzung und im Beisein einer Gerichtsschreiberin oder eines Gerichtsschreibers.

[2] Fällt während der Hauptverhandlung eine Richterin oder ein Richter aus, so wird die gesamte Hauptverhandlung wiederholt, es sei denn, die Parteien verzichteten darauf.

3 Die Verfahrensleitung kann anordnen, dass von Anfang an ein Ersatzmitglied des Gerichts an den Verhandlungen teilnimmt, um nötigenfalls ein Mitglied des Gerichts zu ersetzen.

4 Hat das Gericht Straftaten gegen die sexuelle Integrität zu beurteilen, so muss ihm auf Antrag des Opfers wenigstens eine Person des gleichen Geschlechts wie das Opfer angehören. Bei Einzelgerichten kann von dieser Regelung abgewichen werden, wenn Opfer beiderlei Geschlechts beteiligt sind.

Art. 336 Beschuldigte Person, amtliche und notwendige Verteidigung

1 Die beschuldigte Person hat an der Hauptverhandlung persönlich teilzunehmen, wenn:
a. Verbrechen oder Vergehen behandelt werden; oder
b. die Verfahrensleitung ihre persönliche Teilnahme anordnet.

2 Die amtliche und die notwendige Verteidigung haben an der Hauptverhandlung persönlich teilzunehmen.

3 Die Verfahrensleitung kann die beschuldigte Person auf ihr Gesuch hin vom persönlichen Erscheinen dispensieren, wenn diese wichtige Gründe geltend macht und wenn ihre Anwesenheit nicht erforderlich ist.

4 Bleibt die beschuldigte Person unentschuldigt aus, so sind die Vorschriften über das Abwesenheitsverfahren anwendbar.

5 Bleibt die amtliche oder die notwendige Verteidigung aus, so wird die Verhandlung verschoben.

Art. 337 Staatsanwaltschaft

1 Die Staatsanwaltschaft kann dem Gericht schriftliche Anträge stellen oder persönlich vor Gericht auftreten.

2 Sie ist weder an die in der Anklageschrift vorgenommene rechtliche Würdigung noch an die darin gestellten Anträge gebunden.

3 Beantragt sie eine Freiheitsstrafe von mehr als einem Jahr oder eine freiheitsentziehende Massnahme, so hat sie die Anklage vor Gericht persönlich zu vertreten.

4 Die Verfahrensleitung kann die Staatsanwaltschaft auch in anderen Fällen zur persönlichen Vertretung der Anklage verpflichten, wenn sie dies für nötig erachtet.

5 Erscheint die Staatsanwaltschaft nicht an der Hauptverhandlung, obwohl sie dazu verpflichtet wäre, so wird die Verhandlung verschoben.

Art. 338 Privatklägerschaft und Dritte

1 Die Verfahrensleitung kann die Privatklägerschaft auf ihr Gesuch hin vom persönlichen Erscheinen dispensieren, wenn ihre Anwesenheit nicht erforderlich ist.

[2] Dem von einer beantragten Einziehung betroffenen Dritten ist das persönliche Erscheinen freigestellt.

[3] Erscheint die Privatklägerschaft oder der von einer beantragten Einziehung betroffene Dritte nicht persönlich, so kann sie oder er sich vertreten lassen oder schriftliche Anträge stellen.

2. Abschnitt: Beginn der Hauptverhandlung

Art. 339 Eröffnung; Vor- und Zwischenfragen

[1] Die Verfahrensleitung eröffnet die Hauptverhandlung, gibt die Zusammensetzung des Gerichts bekannt und stellt die Anwesenheit der vorgeladenen Personen fest.

[2] Anschliessend können das Gericht und die Parteien Vorfragen aufwerfen, insbesondere betreffend:

a. die Gültigkeit der Anklage;

b. die Prozessvoraussetzungen;

c. Verfahrenshindernisse;

d. die Akten und die erhobenen Beweise;

e. die Öffentlichkeit der Verhandlung;

f. die Zweiteilung der Verhandlung.

[3] Das Gericht entscheidet unverzüglich über die Vorfragen, nachdem es den anwesenden Parteien das rechtliche Gehör gewährt hat.

[4] Stellen die Parteien während der Hauptverhandlung Zwischenfragen, so behandelt sie das Gericht wie Vorfragen.

[5] Bei der Behandlung von Vor- oder Zwischenfragen kann das Gericht die Hauptverhandlung jederzeit vertagen, um die Akten oder die Beweise zu ergänzen oder durch die Staatsanwaltschaft ergänzen zu lassen.

Art. 340 Fortgang der Verhandlung

[1] Sind allfällige Vorfragen behandelt, so hat dies zur Folge, dass:

a. die Hauptverhandlung ohne unnötige Unterbrechungen zu Ende zu führen ist;

b. die Anklage nicht mehr zurückgezogen und unter Vorbehalt von Artikel 333 nicht mehr geändert werden kann;

c. zur Anwesenheit verpflichtete Parteien den Verhandlungsort nur noch mit Einwilligung des Gerichts verlassen dürfen; verlässt eine Partei den Verhandlungsort, so wird die Verhandlung gleichwohl fortgesetzt.

[2] Nach der Behandlung allfälliger Vorfragen gibt die Verfahrensleitung die Anträge der Staatsanwaltschaft bekannt, falls die Parteien nicht darauf verzichten.

3. Abschnitt: Beweisverfahren

Art. 341   Einvernahmen

¹ Die Verfahrensleitung oder ein von ihr bestimmtes Mitglied des Gerichts führt die Einvernahmen durch.

² Die anderen Mitglieder des Gerichts und die Parteien können durch die Verfahrensleitung Ergänzungsfragen stellen lassen oder sie mit deren Ermächtigung selber stellen.

³ Die Verfahrensleitung befragt zu Beginn des Beweisverfahrens die beschuldigte Person eingehend zu ihrer Person, zur Anklage und zu den Ergebnissen des Vorverfahrens.

Art. 342   Zweiteilung der Hauptverhandlung

¹ Das Gericht kann auf Antrag der beschuldigten Person oder der Staatsanwaltschaft oder von Amtes wegen die Hauptverhandlung zweiteilen; dabei kann es bestimmen, dass:

a. in einem ersten Verfahrensteil nur die Tat- und die Schuldfrage, in einem zweiten die Folgen eines Schuld- oder Freispruchs behandelt werden; oder

b. in einem ersten Verfahrensteil nur die Tatfrage und in einem zweiten die Schuldfrage sowie die Folgen eines Schuld- oder Freispruchs behandelt werden.

² Die Entscheidung über die Zweiteilung der Hauptverhandlung ist nicht anfechtbar.

³ Bei einer Zweiteilung dürfen die persönlichen Verhältnisse der beschuldigten Person nur im Falle eines Schuldspruchs zum Gegenstand der Hauptverhandlung gemacht werden, es sei denn, dass sie für die Frage des objektiven oder subjektiven Tatbestandes von Bedeutung sind.

⁴ Die Entscheide über die Tat- und die Schuldfrage werden nach ihrer Beratung eröffnet, sind jedoch erst mit dem gesamten Urteil anfechtbar.

Art. 343   Beweisabnahme

¹ Das Gericht erhebt neue und ergänzt unvollständig erhobene Beweise.

² Es erhebt im Vorverfahren nicht ordnungsgemäss erhobene Beweise nochmals.

³ Es erhebt im Vorverfahren ordnungsgemäss erhobene Beweise nochmals, sofern die unmittelbare Kenntnis des Beweismittels für die Urteilsfällung notwendig erscheint.

Art. 344   Abweichende rechtliche Würdigung

Will das Gericht den Sachverhalt rechtlich anders würdigen als die Staatsanwaltschaft in der Anklageschrift, so eröffnet es dies den anwesenden Parteien und gibt ihnen Gelegenheit zur Stellungnahme.

Art. 345   Abschluss des Beweisverfahrens

Vor Abschluss des Beweisverfahrens gibt das Gericht den Parteien Gelegenheit, weitere Beweisanträge zu stellen.

4. Abschnitt: Parteivorträge und Abschluss der Parteiverhandlungen

Art. 346   Parteivorträge

[1] Nach Abschluss des Beweisverfahrens stellen und begründen die Parteien ihre Anträge. Die Parteivorträge finden in folgender Reihenfolge statt:

a. Staatsanwaltschaft;

b. Privatklägerschaft;

c. Dritte, die von einer beantragten Einziehung (Art. 69–73 StGB[102]) betroffen sind;

d. beschuldigte Person oder ihre Verteidigung.

[2] Die Parteien haben das Recht auf einen zweiten Parteivortrag.

Art. 347   Abschluss der Parteiverhandlungen

[1] Die beschuldigte Person hat nach Abschluss der Parteivorträge das Recht auf das letzte Wort.

[2] Anschliessend erklärt die Verfahrensleitung die Parteiverhandlungen für geschlossen.

5. Abschnitt: Urteil

Art. 348   Urteilsberatung

[1] Das Gericht zieht sich nach dem Abschluss der Parteiverhandlungen zur geheimen Urteilsberatung zurück.

[2] Die Gerichtsschreiberin oder der Gerichtsschreiber nimmt mit beratender Stimme teil.

Art. 349   Ergänzung von Beweisen

Ist der Fall noch nicht spruchreif, so entscheidet das Gericht, die Beweise zu ergänzen und die Parteiverhandlungen wieder aufzunehmen.

---

102 SR 311.0

Art. 350 Bindung an die Anklage; Grundlage des Urteils

¹ Das Gericht ist an den in der Anklage umschriebenen Sachverhalt, nicht aber an die darin vorgenommene rechtliche Würdigung gebunden.

² Es berücksichtigt die im Vorverfahren und im Hauptverfahren erhobenen Beweise.

Art. 351 Urteilsfällung und Urteilseröffnung

¹ Kann das Gericht materiell über die Anklage entscheiden, so fällt es ein Urteil über die Schuld, die Sanktionen und die weiteren Folgen.

² Es fällt sein Urteil in allen Punkten mit einfacher Mehrheit. Jedes Mitglied ist zur Stimmabgabe verpflichtet.

³ Es eröffnet sein Urteil nach den Bestimmungen von Artikel 84.

8. Titel: Besondere Verfahren

1. Kapitel: Strafbefehlsverfahren, Übertretungsstrafverfahren

1. Abschnitt: Strafbefehlsverfahren

Art. 352 Voraussetzungen

¹ Hat die beschuldigte Person im Vorverfahren den Sachverhalt eingestanden oder ist dieser anderweitig ausreichend geklärt, so erlässt die Staatsanwaltschaft einen Strafbefehl, wenn sie, unter Einrechnung einer allfällig zu widerrufenden bedingten Strafe oder bedingten Entlassung, eine der folgenden Strafen für ausreichend hält:

a. eine Busse;

b. eine Geldstrafe von höchstens 180 Tagessätzen;

c. eine gemeinnützige Arbeit von höchstens 720 Stunden;

d. eine Freiheitsstrafe von höchstens 6 Monaten.

² Jede dieser Strafen kann mit einer Massnahme nach den Artikeln 66–73 StGB[103] verbunden werden.

³ Strafen nach Absatz 1 Buchstaben b–d können miteinander verbunden werden, sofern die insgesamt ausgesprochene Strafe einer Freiheitsstrafe von höchstens 6 Monaten entspricht. Eine Verbindung mit Busse ist immer möglich.

Art. 353 Inhalt und Eröffnung des Strafbefehls

¹ Der Strafbefehl enthält:

a. die Bezeichnung der verfügenden Behörde;

b. die Bezeichnung der beschuldigten Person;

---

103 SR 311.0

c. den Sachverhalt, welcher der beschuldigten Person zur Last gelegt wird;
d. die dadurch erfüllten Straftatbestände;
e. die Sanktion;
f. den kurz begründeten Widerruf einer bedingt ausgesprochenen Sanktion oder einer bedingten Entlassung;
g. die Kosten- und Entschädigungsfolgen;
h. die Bezeichnung beschlagnahmter Gegenstände und Vermögenswerte, die freigegeben oder eingezogen werden;
i. den Hinweis auf die Möglichkeit der Einsprache und die Folgen einer unterbliebenen Einsprache;
j. Ort und Datum der Ausstellung;
k. die Unterschrift der ausstellenden Person.

[2] Soweit die beschuldigte Person Zivilforderungen der Privatklägerschaft anerkannt hat, wird dies im Strafbefehl vorgemerkt. Nicht anerkannte Forderungen werden auf den Zivilweg verwiesen.

[3] Der Strafbefehl wird den Personen und Behörden, die zur Einsprache befugt sind, unverzüglich schriftlich eröffnet.

Art. 354 Einsprache

[1] Gegen den Strafbefehl können bei der Staatsanwaltschaft innert 10 Tagen schriftlich Einsprache erheben:
a. die beschuldigte Person;
b. weitere Betroffene;
c. soweit vorgesehen die Ober- oder Generalstaatsanwaltschaft des Bundes oder des betreffenden Kantons im jeweiligen eidgenössischen oder kantonalen Verfahren.

[2] Die Einsprachen sind zu begründen; ausgenommen ist die Einsprache der beschuldigten Person.

[3] Ohne gültige Einsprache wird der Strafbefehl zum rechtskräftigen Urteil.

Art. 355 Verfahren bei Einsprache

[1] Wird Einsprache erhoben, so nimmt die Staatsanwaltschaft die weiteren Beweise ab, die zur Beurteilung der Einsprache erforderlich sind.

[2] Bleibt eine Einsprache erhebende Person trotz Vorladung einer Einvernahme unentschuldigt fern, so gilt ihre Einsprache als zurückgezogen.

[3] Nach Abnahme der Beweise entscheidet die Staatsanwaltschaft, ob sie:
a. am Strafbefehl festhält;
b. das Verfahren einstellt;
c. einen neuen Strafbefehl erlässt;
d. Anklage beim erstinstanzlichen Gericht erhebt.

Art. 356 Verfahren vor dem erstinstanzlichen Gericht

[1] Entschliesst sich die Staatsanwaltschaft, am Strafbefehl festzuhalten, so überweist sie die Akten unverzüglich dem erstinstanzlichen Gericht zur Durchführung des Hauptverfahrens. Der Strafbefehl gilt als Anklageschrift.

[2] Das erstinstanzliche Gericht entscheidet über die Gültigkeit des Strafbefehls und der Einsprache.

[3] Die Einsprache kann bis zum Abschluss der Parteivorträge zurückgezogen werden.

[4] Bleibt die Einsprache erhebende Person der Hauptverhandlung unentschuldigt fern und lässt sie sich auch nicht vertreten, so gilt ihre Einsprache als zurückgezogen.

[5] Ist der Strafbefehl ungültig, so hebt das Gericht ihn auf und weist den Fall zur Durchführung eines neuen Vorverfahrens an die Staatsanwaltschaft zurück.

[6] Bezieht sich die Einsprache nur auf die Kosten und Entschädigungen oder weitere Nebenfolgen, so entscheidet das Gericht in einem schriftlichen Verfahren, es sei denn, die Einsprache erhebende Person verlange ausdrücklich eine Verhandlung.

[7] Sind gegen mehrere Personen Strafbefehle erlassen worden, die sich auf den gleichen Sachverhalt beziehen, so ist Artikel 392 sinngemäss anwendbar.

2. Abschnitt: Übertretungsstrafverfahren

Art. 357

[1] Die zur Verfolgung und Beurteilung von Übertretungen eingesetzten Verwaltungsbehörden haben die Befugnisse der Staatsanwaltschaft.

[2] Das Verfahren richtet sich sinngemäss nach den Vorschriften über das Strafbefehlsverfahren.

[3] Ist der Übertretungstatbestand nicht erfüllt, so stellt die Übertretungsstrafbehörde das Verfahren mit einer kurz begründeten Verfügung ein.

[4] Ist der zu beurteilende Sachverhalt nach Auffassung der Übertretungsstrafbehörde als Verbrechen oder Vergehen strafbar, so überweist sie den Fall der Staatsanwaltschaft.

2. Kapitel: Abgekürztes Verfahren

Art. 358 Grundsätze

[1] Die beschuldigte Person kann der Staatsanwaltschaft bis zur Anklageerhebung die Durchführung des abgekürzten Verfahrens beantragen, wenn sie

den Sachverhalt, der für die rechtliche Würdigung wesentlich ist, eingesteht und die Zivilansprüche zumindest im Grundsatz anerkennt.

[2] Das abgekürzte Verfahren ist ausgeschlossen, wenn die Staatsanwaltschaft eine Freiheitsstrafe von mehr als fünf Jahren verlangt.

Art. 359 Einleitung

[1] Die Staatsanwaltschaft entscheidet über die Durchführung des abgekürzten Verfahrens endgültig. Die Verfügung muss nicht begründet werden.

[2] Die Staatsanwaltschaft teilt den Parteien die Durchführung des abgekürzten Verfahrens mit und setzt der Privatklägerschaft eine Frist von 10 Tagen, um Zivilansprüche und die Forderung auf Entschädigung für notwendige Aufwendungen im Verfahren anzumelden.

Art. 360 Anklageschrift

[1] Die Anklageschrift enthält:

a. die Angaben nach den Artikeln 325 und 326;
b. das Strafmass;
c. Massnahmen;
d. Weisungen bei Gewährung des bedingten Strafvollzugs;
e. den Widerruf von bedingt ausgesprochenen Sanktionen oder Entlassungen aus dem Sanktionsvollzug;
f. die Regelung der zivilrechtlichen Ansprüche der Privatklägerschaft;
g. die Kosten- und Entschädigungsfolgen;
h. den Hinweis an die Parteien, dass diese mit der Zustimmung zur Anklageschrift auf ein ordentliches Verfahren sowie auf Rechtsmittel verzichten.

[2] Die Staatsanwaltschaft eröffnet die Anklageschrift den Parteien. Diese haben innert zehn Tagen zu erklären, ob sie der Anklageschrift zustimmen oder sie ablehnen. Die Zustimmung ist unwiderruflich.

[3] Lehnt die Privatklägerschaft die Anklageschrift innert Frist nicht schriftlich ab, so gilt dies als Zustimmung.

[4] Stimmen die Parteien zu, so übermittelt die Staatsanwaltschaft die Anklageschrift mit den Akten dem erstinstanzlichen Gericht.

[5] Stimmt eine Partei nicht zu, so führt die Staatsanwaltschaft ein ordentliches Vorverfahren durch.

Art. 361 Hauptverhandlung

[1] Das erstinstanzliche Gericht führt eine Hauptverhandlung durch.

[2] An der Hauptverhandlung befragt das Gericht die beschuldigte Person und stellt fest, ob:

a. sie den Sachverhalt anerkennt, welcher der Anklage zu Grunde liegt; und
b. diese Erklärung mit der Aktenlage übereinstimmt.

3 Das Gericht befragt wenn nötig auch die übrigen anwesenden Parteien.

4 Ein Beweisverfahren findet nicht statt.

Art. 362 Urteil oder ablehnender Entscheid

1 Das Gericht befindet frei darüber, ob:

a. die Durchführung des abgekürzten Verfahrens rechtmässig und angebracht ist;

b. die Anklage mit dem Ergebnis der Hauptverhandlung und mit den Akten übereinstimmt; und

c. die beantragten Sanktionen angemessen sind.

2 Sind die Voraussetzungen für ein Urteil im abgekürzten Verfahren erfüllt, so erhebt das Gericht die Straftatbestände, Sanktionen und Zivilansprüche der Anklageschrift zum Urteil. Die Erfüllung der Voraussetzungen für das abgekürzte Verfahren wird summarisch begründet.

3 Sind die Voraussetzungen für ein Urteil im abgekürzten Verfahren nicht erfüllt, so weist das Gericht die Akten an die Staatsanwaltschaft zur Durchführung eines ordentlichen Vorverfahrens zurück. Das Gericht eröffnet den Parteien seinen ablehnenden Entscheid mündlich sowie schriftlich im Dispositiv. Dieser Entscheid ist nicht anfechtbar.

4 Erklärungen, die von den Parteien im Hinblick auf das abgekürzte Verfahren abgegeben worden sind, sind nach der Ablehnung eines Urteils im abgekürzten Verfahren in einem folgenden ordentlichen Verfahren nicht verwertbar.

5 Mit der Berufung gegen ein Urteil im abgekürzten Verfahren kann eine Partei nur geltend machen, sie habe der Anklageschrift nicht zugestimmt oder das Urteil entspreche der Anklageschrift nicht.

3. Kapitel: Verfahren bei selbstständigen nachträglichen Entscheiden des Gerichts

Art. 363 Zuständigkeit

1 Das Gericht, welches das erstinstanzliche Urteil gefällt hat, trifft auch die einer gerichtlichen Behörde übertragenen selbstständigen nachträglichen Entscheide, sofern Bund oder Kantone nichts anderes bestimmen.

2 Hat die Staatsanwaltschaft im Strafbefehlsverfahren oder die Übertretungsstrafbehörde im Übertretungsstrafverfahren entschieden, so treffen diese Behörden auch die nachträglichen Entscheide.

3 Für nachträgliche Entscheide, die nicht dem Gericht zustehen, bestimmen Bund und Kantone die zuständigen Behörden.

Art. 364 Verfahren

[1] Die zuständige Behörde leitet das Verfahren auf Erlass eines nachträglichen richterlichen Entscheids von Amtes wegen ein, sofern das Bundesrecht nichts anderes bestimmt. Sie reicht dem Gericht die entsprechenden Akten sowie ihren Antrag ein.

[2] In den übrigen Fällen können die verurteilte Person oder andere dazu berechtigte Personen mit einem schriftlichen und begründeten Gesuch die Einleitung des Verfahrens beantragen.

[3] Das Gericht prüft, ob die Voraussetzungen für den nachträglichen richterlichen Entscheid erfüllt sind, und ergänzt wenn nötig die Akten oder lässt weitere Erhebungen durch die Polizei durchführen.

[4] Es gibt den betroffenen Personen und Behörden Gelegenheit, sich zum vorgesehenen Entscheid zu äussern und Anträge zu stellen.

Art. 365 Entscheid

[1] Das Gericht entscheidet gestützt auf die Akten. Es kann auch eine Verhandlung anordnen.

[2] Es erlässt seinen Entscheid schriftlich und begründet ihn kurz. Hat eine Verhandlung stattgefunden, so eröffnet es seinen Entscheid sofort mündlich.

4. Kapitel: Verfahren bei Abwesenheit der beschuldigten Person

1. Abschnitt: Voraussetzungen und Durchführung

Art. 366 Voraussetzungen

[1] Bleibt eine ordnungsgemäss vorgeladene beschuldigte Person der erstinstanzlichen Hauptverhandlung fern, so setzt das Gericht eine neue Verhandlung an und lädt die Person dazu wiederum vor oder lässt sie vorführen. Es erhebt die Beweise, die keinen Aufschub ertragen.

[2] Erscheint die beschuldigte Person zur neu angesetzten Hauptverhandlung nicht oder kann sie nicht vorgeführt werden, so kann die Hauptverhandlung in ihrer Abwesenheit durchgeführt werden. Das Gericht kann das Verfahren auch sistieren.

[3] Hat sich die beschuldigte Person selber in den Zustand der Verhandlungsunfähigkeit versetzt oder weigert sie sich, aus der Haft zur Hauptverhandlung vorgeführt zu werden, so kann das Gericht sofort ein Abwesenheitsverfahren durchführen.

[4] Ein Abwesenheitsverfahren kann nur stattfinden, wenn:

a. die beschuldigte Person im bisherigen Verfahren ausreichend Gelegenheit hatte, sich zu den ihr vorgeworfenen Straftaten zu äussern; und

b. die Beweislage ein Urteil ohne ihre Anwesenheit zulässt.

Art. 367 Durchführung und Entscheid

[1] Die Parteien und die Verteidigung werden zum Parteivortrag zugelassen.

[2] Das Gericht urteilt aufgrund der im Vorverfahren und im Hauptverfahren erhobenen Beweise.

[3] Nach Abschluss der Parteivorträge kann das Gericht ein Urteil fällen oder das Verfahren sistieren, bis die beschuldigte Person persönlich vor Gericht erscheint.

[4] Im Übrigen richtet sich das Abwesenheitsverfahren nach den Bestimmungen über das erstinstanzliche Hauptverfahren.

2. Abschnitt: Neue Beurteilung

Art. 368 Gesuch um neue Beurteilung

[1] Kann das Abwesenheitsurteil persönlich zugestellt werden, so wird die verurteilte Person darauf aufmerksam gemacht, dass sie innert 10 Tagen beim Gericht, welches das Urteil gefällt hat, schriftlich oder mündlich eine neue Beurteilung verlangen kann.

[2] Im Gesuch hat die verurteilte Person kurz zu begründen, weshalb sie an der Hauptverhandlung nicht teilnehmen konnte.

[3] Das Gericht lehnt das Gesuch ab, wenn die verurteilte Person ordnungsgemäss vorgeladen worden, aber der Hauptverhandlung unentschuldigt ferngeblieben ist.

Art. 369 Verfahren

[1] Sind die Voraussetzungen für eine neue Beurteilung voraussichtlich erfüllt, so setzt die Verfahrensleitung eine neue Hauptverhandlung an. An dieser entscheidet das Gericht über das Gesuch um neue Beurteilung und fällt gegebenenfalls ein neues Urteil.

[2] Die Rechtsmittelinstanzen sistieren die von anderen Parteien eingeleiteten Rechtsmittelverfahren.

[3] Die Verfahrensleitung entscheidet bis zur Hauptverhandlung über die Gewährung der aufschiebenden Wirkung sowie über die Sicherheitshaft.

[4] Bleibt die verurteilte Person der Hauptverhandlung erneut unentschuldigt fern, so bleibt das Abwesenheitsurteil bestehen.

[5] Das Gesuch um neue Beurteilung kann bis zum Schluss der Parteiverhandlungen unter Kosten- und Entschädigungsfolge zurückgezogen werden.

Art. 370 Neues Urteil

[1] Das Gericht fällt ein neues Urteil. Dagegen können die üblichen Rechtsmittel ergriffen werden.

[2] Mit der Rechtskraft des neuen Urteils fallen das Abwesenheitsurteil, die dagegen ergriffenen Rechtsmittel und die im Rechtsmittelverfahren bereits ergangenen Entscheide dahin.

Art. 371 Verhältnis zur Berufung

[1] Solange die Berufungsfrist noch läuft, kann die verurteilte Person neben oder statt dem Gesuch um neue Beurteilung auch die Berufung gegen das Abwesenheitsurteil erklären. Sie ist über diese Möglichkeit im Sinne von Artikel 368 Absatz 1 zu informieren.

[2] Auf eine Berufung wird nur eingetreten, wenn das Gesuch um neue Beurteilung abgelehnt wurde.

5. Kapitel: Selbstständige Massnahmeverfahren

1. Abschnitt: Anordnung der Friedensbürgschaft

Art. 372 Voraussetzungen und Zuständigkeit

[1] Kann eine Friedensbürgschaft nach Artikel 66 StGB[104] nicht im Rahmen des Strafverfahrens gegen die beschuldigte Person angeordnet werden, so findet ein selbstständiges Verfahren statt.

[2] Befindet sich die beschuldigte Person wegen Wiederholungs- oder Ausführungsgefahr in Haft, so wird keine Friedensbürgschaft angeordnet.

[3] Das Gesuch um Einleitung des selbstständigen Verfahrens ist bei der Staatsanwaltschaft des Ortes einzureichen, an dem die Drohung ausgesprochen oder die Wiederholungsabsicht geäussert worden ist.

Art. 373 Verfahren

[1] Die Staatsanwaltschaft befragt die beteiligten Personen und übermittelt anschliessend die Akten dem Zwangsmassnahmengericht. Dieses ordnet die in Artikel 66 StGB[105] genannten Massnahmen an. Gegen die Anordnung von Haft kann die betroffene Person bei der Beschwerdeinstanz Beschwerde führen.

[2] Die bedrohte Person hat die gleichen Rechte wie die Privatklägerschaft. Sie kann in begründeten Fällen verpflichtet werden, für die Kosten des Verfahrens und für Entschädigungen Sicherheit zu leisten.

[3] Die drohende Person hat die Rechte einer beschuldigten Person.

[4] Verfällt die Sicherheitsleistung gemäss Artikel 66 Absatz 3 StGB dem Staat, so wird darüber in Anwendung von Artikel 240 verfügt.

---

104 SR 311.0
105 SR 311.0

⁵ Droht von einer Person unmittelbar Gefahr, so kann die Staatsanwaltschaft diese Person vorläufig in Haft setzen oder andere Schutzmassnahmen treffen. Die Staatsanwaltschaft führt die Person unverzüglich dem zuständigen Zwangsmassnahmengericht zu; dieses entscheidet über die Anordnung der Haft.

2. Abschnitt: Verfahren bei einer schuldunfähigen beschuldigten Person

Art. 374 Voraussetzungen und Verfahren

¹ Ist eine beschuldigte Person schuldunfähig und kommt eine Anwendung der Artikel 19 Absatz 4 oder 263 StGB[106] nicht in Betracht, so beantragt die Staatsanwaltschaft dem erstinstanzlichen Gericht schriftlich eine Massnahme nach den Artikeln 59–61, 63, 64, 67 oder 67b StGB, ohne vorher das Verfahren wegen Schuldunfähigkeit einzustellen.

² Das erstinstanzliche Gericht kann mit Rücksicht auf den Gesundheitszustand oder zum Schutz der Persönlichkeit der beschuldigten Person:

a. in Abwesenheit der beschuldigten Person verhandeln;

b. die Öffentlichkeit von den Verhandlungen ausschliessen.

³ Es gibt der Privatklägerschaft Gelegenheit, sich zum Antrag der Staatsanwaltschaft und zu ihrer Zivilklage zu äussern.

⁴ Im Übrigen gelten die Bestimmungen über das erstinstanzliche Hauptverfahren.

Art. 375 Entscheid

¹ Das Gericht ordnet die beantragte oder andere Massnahmen an, wenn es die Täterschaft und die Schuldunfähigkeit für erwiesen und die Massnahme für erforderlich hält. Gleichzeitig entscheidet es über die geltend gemachten Zivilansprüche.

² Die Anordnung der Massnahme und der Entscheid über die Zivilansprüche ergehen in einem Urteil.

³ Erachtet das Gericht die beschuldigte Person als schuldfähig oder als für die im Zustand der Schuldunfähigkeit begangenen Straftaten verantwortlich, so weist es den Antrag der Staatsanwaltschaft ab. Mit der Rechtskraft dieses Entscheids wird das Vorverfahren gegen die beschuldigte Person weitergeführt.

---

106 SR 311.0

3. Abschnitt: Selbstständiges Einziehungsverfahren

Art. 376 Voraussetzungen

Ein selbstständiges Einziehungsverfahren wird durchgeführt, wenn ausserhalb eines Strafverfahrens über die Einziehung von Gegenständen oder Vermögenswerten zu entscheiden ist.

Art. 377 Verfahren

[1] Gegenstände oder Vermögenswerte, die voraussichtlich in einem selbstständigen Verfahren einzuziehen sind, werden beschlagnahmt.

[2] Sind die Voraussetzungen für die Einziehung erfüllt, so ordnet die Staatsanwaltschaft die Einziehung in einem Einziehungsbefehl an; sie gibt der betroffenen Person Gelegenheit zur Stellungnahme.

[3] Sind die Voraussetzungen nicht erfüllt, so verfügt sie die Einstellung des Verfahrens und gibt die Gegenstände oder Vermögenswerte der berechtigten Person zurück.

[4] Das Einspracheverfahren richtet sich nach den Bestimmungen über den Strafbefehl. Ein allfälliger Entscheid des Gerichts ergeht in Form eines Beschlusses oder einer Verfügung.

Art. 378 Verwendung zugunsten der geschädigten Person

Die Staatsanwaltschaft oder das Gericht entscheidet auch über die Anträge der geschädigten Person auf Verwendung der eingezogenen Gegenstände und Vermögenswerte zu ihren Gunsten. Artikel 267 Absätze 3–6 ist sinngemäss anwendbar.

9. Titel: Rechtsmittel

1. Kapitel: Allgemeine Bestimmungen

Art. 379 Anwendbare Vorschriften

Das Rechtsmittelverfahren richtet sich sinngemäss nach den allgemeinen Bestimmungen dieses Gesetzes, soweit dieser Titel keine besonderen Bestimmungen enthält.

Art. 380 Endgültige oder nicht anfechtbare Entscheide

Bezeichnet dieses Gesetz einen Entscheid als endgültig oder nicht anfechtbar, so ist dagegen kein Rechtsmittel nach diesem Gesetz zulässig.

Art. 381 Legitimation der Staatsanwaltschaft

[1] Die Staatsanwaltschaft kann ein Rechtsmittel zugunsten oder zuungunsten der beschuldigten oder verurteilten Person ergreifen.

[2] Sehen Bund oder Kantone eine Ober- oder Generalstaatsanwaltschaft vor, so bestimmen sie, welche Staatsanwaltschaft berechtigt ist, Rechtsmittel zu ergreifen.

[3] Sie regeln, welche Behörden im Übertretungsstrafverfahren Rechtsmittel ergreifen können.

[4] Die Staatsanwaltschaft des Bundes kann gegen kantonale Entscheide Rechtsmittel ergreifen, wenn:

a. das Bundesrecht vorsieht, dass ihr oder einer anderen Bundesbehörde der Entscheid mitzuteilen ist;

b. sie die Strafsache den kantonalen Behörden zur Untersuchung und Beurteilung überwiesen hat.

Art. 382 Legitimation der übrigen Parteien

[1] Jede Partei, die ein rechtlich geschütztes Interesse an der Aufhebung oder Änderung eines Entscheides hat, kann ein Rechtsmittel ergreifen.

[2] Die Privatklägerschaft kann einen Entscheid hinsichtlich der ausgesprochenen Sanktion nicht anfechten.

[3] Nach dem Tode der beschuldigten oder verurteilten Person oder der Privatklägerschaft können die Angehörigen im Sinne von Artikel 110 Absatz 1 StGB[107] in der Reihenfolge der Erbberechtigung ein Rechtsmittel ergreifen oder das Rechtsmittelverfahren weiterführen, soweit sie in ihren rechtlich geschützten Interessen betroffen sind.

Art. 383 Sicherheitsleistung

[1] Die Verfahrensleitung der Rechtsmittelinstanz kann die Privatklägerschaft verpflichten, innert einer Frist für allfällige Kosten und Entschädigungen Sicherheit zu leisten. Artikel 136 bleibt vorbehalten.

[2] Wird die Sicherheit nicht fristgerecht geleistet, so tritt die Rechtsmittelinstanz auf das Rechtsmittel nicht ein.

Art. 384 Fristbeginn

Die Rechtsmittelfrist beginnt:

a. im Falle eines Urteils: mit der Aushändigung oder Zustellung des schriftlichen Dispositivs;

b. bei andern Entscheiden: mit der Zustellung des Entscheides;

c. bei einer nicht schriftlich eröffneten Verfahrenshandlung: mit der Kenntnisnahme.

---

107 SR 311.0

Art. 385 Begründung und Form

[1] Verlangt dieses Gesetz, dass das Rechtsmittel begründet wird, so hat die Person oder die Behörde, die das Rechtsmittel ergreift, genau anzugeben:

a. welche Punkte des Entscheides sie anficht;

b. welche Gründe einen anderen Entscheid nahe legen;

c. welche Beweismittel sie anruft.

[2] Erfüllt die Eingabe diese Anforderungen nicht, so weist die Rechtsmittelinstanz sie zur Verbesserung innerhalb einer kurzen Nachfrist zurück. Genügt die Eingabe auch nach Ablauf der Nachfrist den Anforderungen nicht, so tritt die Rechtsmittelinstanz auf das Rechtsmittel nicht ein.

[3] Die unrichtige Bezeichnung eines Rechtsmittels beeinträchtigt seine Gültigkeit nicht.

Art. 386 Verzicht und Rückzug

[1] Wer berechtigt ist, ein Rechtsmittel zu ergreifen, kann nach Eröffnung des anfechtbaren Entscheids durch schriftliche oder mündliche Erklärung gegenüber der entscheidenden Behörde auf die Ausübung dieses Rechts verzichten.

[2] Wer ein Rechtsmittel ergriffen hat, kann dieses zurückziehen:

a. bei mündlichen Verfahren: bis zum Abschluss der Parteiverhandlungen;

b. bei schriftlichen Verfahren: bis zum Abschluss des Schriftenwechsels und allfälliger Beweis- oder Aktenergänzungen.

[3] Verzicht und Rückzug sind endgültig, es sei denn, die Partei sei durch Täuschung, eine Straftat oder eine unrichtige behördliche Auskunft zu ihrer Erklärung veranlasst worden.

Art. 387 Aufschiebende Wirkung

Rechtsmittel haben keine aufschiebende Wirkung; vorbehalten bleiben abweichende Bestimmungen dieses Gesetzes oder Anordnungen der Verfahrensleitung der Rechtsmittelinstanz.

Art. 388 Verfahrensleitende und vorsorgliche Massnahmen

Die Verfahrensleitung der Rechtsmittelinstanz trifft die notwendigen und unaufschiebbaren verfahrensleitenden und vorsorglichen Massnahmen. Sie kann namentlich:

a. die Staatsanwaltschaft mit unaufschiebbaren Beweiserhebungen beauftragen;

b. die Haft anordnen;

c. eine amtliche Verteidigung bestellen.

Art. 389 Beweisergänzungen

[1] Das Rechtsmittelverfahren beruht auf den Beweisen, die im Vorverfahren und im erstinstanzlichen Hauptverfahren erhoben worden sind.

2 Beweisabnahmen des erstinstanzlichen Gerichts werden nur wiederholt, wenn:

a. Beweisvorschriften verletzt worden sind;

b. die Beweiserhebungen unvollständig waren;

c. die Akten über die Beweiserhebungen unzuverlässig erscheinen.

3 Die Rechtsmittelinstanz erhebt von Amtes wegen oder auf Antrag einer Partei die erforderlichen zusätzlichen Beweise.

Art. 390 Schriftliches Verfahren

1 Wer ein Rechtsmittel ergreifen will, für welches dieses Gesetz das schriftliche Verfahren vorschreibt, hat eine Rechtsmittelschrift einzureichen.

2 Ist das Rechtsmittel nicht offensichtlich unzulässig oder unbegründet, so stellt die Verfahrensleitung den anderen Parteien und der Vorinstanz die Rechtsmittelschrift zur Stellungnahme zu. Kann die Rechtsmittelschrift nicht zugestellt werden oder bleibt eine Stellungnahme aus, so wird das Verfahren gleichwohl weitergeführt.

3 Die Rechtsmittelinstanz ordnet wenn nötig einen zweiten Schriftenwechsel an.

4 Sie fällt ihren Entscheid auf dem Zirkularweg oder in einer nicht öffentlichen Beratung aufgrund der Akten und der zusätzlichen Beweisabnahmen.

5 Sie kann von Amtes wegen oder auf Antrag einer Partei eine Verhandlung anordnen.

Art. 391 Entscheid

1 Die Rechtsmittelinstanz ist bei ihrem Entscheid nicht gebunden an:

a. die Begründungen der Parteien;

b. die Anträge der Parteien, ausser wenn sie Zivilklagen beurteilt.

2 Sie darf Entscheide nicht zum Nachteil der beschuldigten oder verurteilten Person abändern, wenn das Rechtsmittel nur zu deren Gunsten ergriffen worden ist. Vorbehalten bleibt eine strengere Bestrafung aufgrund von Tatsachen, die dem erstinstanzlichen Gericht nicht bekannt sein konnten.

3 Sie darf Entscheide im Zivilpunkt nicht zum Nachteil der Privatklägerschaft abändern, wenn nur von dieser ein Rechtsmittel ergriffen worden ist.

Art. 392 Ausdehnung gutheissender Rechtsmittelentscheide

1 Haben nur einzelne der im gleichen Verfahren beschuldigten oder verurteilten Personen ein Rechtsmittel ergriffen und wird dieses gutgeheissen, so wird der angefochtene Entscheid auch zugunsten jener aufgehoben oder abgeändert, die das Rechtsmittel nicht ergriffen haben, wenn:

a. die Rechtsmittelinstanz den Sachverhalt anders beurteilt; und

b. ihre Erwägungen auch für die anderen Beteiligten zutreffen.

² Die Rechtsmittelinstanz hört vor ihrem Entscheid wenn nötig die beschuldigten oder verurteilten Personen, die kein Rechtsmittel ergriffen haben, die Staatsanwaltschaft und die Privatklägerschaft an.

2. Kapitel: Beschwerde

Art. 393 Zulässigkeit und Beschwerdegründe

¹ Die Beschwerde ist zulässig gegen:

a. die Verfügungen und die Verfahrenshandlungen von Polizei, Staatsanwaltschaft und Übertretungsstrafbehörden;

b. die Verfügungen und Beschlüsse sowie die Verfahrenshandlungen der erstinstanzlichen Gerichte; ausgenommen sind verfahrensleitende Entscheide;

c. die Entscheide des Zwangsmassnahmengerichts in den in diesem Gesetz vorgesehenen Fällen.

² Mit der Beschwerde können gerügt werden:

a. Rechtsverletzungen, einschliesslich Überschreitung und Missbrauch des Ermessens, Rechtsverweigerung und Rechtsverzögerung;

b. die unvollständige oder unrichtige Feststellung des Sachverhalts;

c. Unangemessenheit.

Art. 394 Ausschluss der Beschwerde

Die Beschwerde ist nicht zulässig:

a. wenn die Berufung möglich ist;

b. gegen die Ablehnung von Beweisanträgen durch die Staatsanwaltschaft oder die Übertretungsstrafbehörde, wenn der Antrag ohne Rechtsnachteil vor dem erstinstanzlichen Gericht wiederholt werden kann.

Art. 395 Kollegialgericht als Beschwerdeinstanz

Ist die Beschwerdeinstanz ein Kollegialgericht, so beurteilt deren Verfahrensleitung die Beschwerde allein, wenn diese zum Gegenstand hat:

a. ausschliesslich Übertretungen;

b. die wirtschaftlichen Nebenfolgen eines Entscheides bei einem strittigen Betrag von nicht mehr als 5000 Franken.

Art. 396 Form und Frist

¹ Die Beschwerde gegen schriftlich oder mündlich eröffnete Entscheide ist innert 10 Tagen schriftlich und begründet bei der Beschwerdeinstanz einzureichen.

² Beschwerden wegen Rechtsverweigerung oder Rechtsverzögerung sind an keine Frist gebunden.

Art. 397 Verfahren und Entscheid

[1] Die Beschwerde wird in einem schriftlichen Verfahren behandelt.

[2] Heisst die Behörde die Beschwerde gut, so fällt sie einen neuen Entscheid oder hebt den angefochtenen Entscheid auf und weist ihn zur neuen Entscheidung an die Vorinstanz zurück.

[3] Heisst sie die Beschwerde gegen eine Einstellungsverfügung gut, so kann sie der Staatsanwaltschaft oder der Übertretungsstrafbehörde für den weiteren Gang des Verfahrens Weisungen erteilen.

[4] Stellt sie eine Rechtsverweigerung oder Rechtsverzögerung fest, so kann sie der betreffenden Behörde Weisungen erteilen und für deren Einhaltung Fristen setzen.

3. Kapitel: Berufung

1. Abschnitt: Allgemeine Bestimmungen

Art. 398 Zulässigkeit und Berufungsgründe

[1] Die Berufung ist zulässig gegen Urteile erstinstanzlicher Gerichte, mit denen das Verfahren ganz oder teilweise abgeschlossen worden ist.

[2] Das Berufungsgericht kann das Urteil in allen angefochtenen Punkten umfassend überprüfen.

[3] Mit der Berufung können gerügt werden:
a. Rechtsverletzungen, einschliesslich Überschreitung und Missbrauch des Ermessens, Rechtsverweigerung und Rechtsverzögerung;
b. die unvollständige oder unrichtige Feststellung des Sachverhalts;
c. Unangemessenheit.

[4] Bildeten ausschliesslich Übertretungen Gegenstand des erstinstanzlichen Hauptverfahrens, so kann mit der Berufung nur geltend gemacht werden, das Urteil sei rechtsfehlerhaft oder die Feststellung des Sachverhalts sei offensichtlich unrichtig oder beruhe auf einer Rechtsverletzung. Neue Behauptungen und Beweise können nicht vorgebracht werden.

[5] Beschränkt sich die Berufung auf den Zivilpunkt, so wird das erstinstanzliche Urteil nur so weit überprüft, als es das am Gerichtsstand anwendbare Zivilprozessrecht vorsehen würde.

Art. 399 Anmeldung der Berufung und Berufungserklärung

[1] Die Berufung ist dem erstinstanzlichen Gericht innert 10 Tagen seit Eröffnung des Urteils schriftlich oder mündlich zu Protokoll anzumelden.

[2] Das erstinstanzliche Gericht übermittelt die Anmeldung nach Ausfertigung des begründeten Urteils zusammen mit den Akten dem Berufungsgericht.

³ Die Partei, die Berufung angemeldet hat, reicht dem Berufungsgericht innert 20 Tagen seit der Zustellung des begründeten Urteils eine schriftliche Berufungserklärung ein. Sie hat darin anzugeben:

a. ob sie das Urteil vollumfänglich oder nur in Teilen anficht;

b. welche Abänderungen des erstinstanzlichen Urteils sie verlangt; und

c. welche Beweisanträge sie stellt.

⁴ Wer nur Teile des Urteils anficht, hat in der Berufungserklärung verbindlich anzugeben, auf welche der folgenden Teile sich die Berufung beschränkt:

a. den Schuldpunkt, allenfalls bezogen auf einzelne Handlungen;

b. die Bemessung der Strafe;

c. die Anordnung von Massnahmen;

d. den Zivilanspruch oder einzelne Zivilansprüche;

e. die Nebenfolgen des Urteils;

f. die Kosten-, Entschädigungs- und Genugtuungsfolgen;

g. die nachträglichen richterlichen Entscheidungen.

Art. 400 Vorprüfung

¹ Geht aus der Berufungserklärung nicht eindeutig hervor, ob das erstinstanzliche Urteil ganz oder nur in Teilen angefochten wird, so fordert die Verfahrensleitung des Berufungsgerichts die Partei auf, ihre Erklärung zu verdeutlichen, und setzt ihr dafür eine Frist.

² Die Verfahrensleitung übermittelt den anderen Parteien unverzüglich eine Kopie der Berufungserklärung.

³ Die anderen Parteien können innert 20 Tagen seit Empfang der Berufungserklärung schriftlich:

a. Nichteintreten beantragen; der Antrag muss begründet sein;

b. Anschlussberufung erklären.

Art. 401 Anschlussberufung

¹ Die Anschlussberufung richtet sich sinngemäss nach Artikel 399 Absätze 3 und 4.

² Sie ist nicht auf den Umfang der Hauptberufung beschränkt, es sei denn, diese beziehe sich ausschliesslich auf den Zivilpunkt des Urteils.

³ Wird die Berufung zurückgezogen oder wird auf sie nicht eingetreten, so fällt auch die Anschlussberufung dahin.

Art. 402 Wirkung der Berufung

Die Berufung hat im Umfang der Anfechtung aufschiebende Wirkung.

2. Abschnitt: Verfahren

Art. 403 Eintreten

[1] Das Berufungsgericht entscheidet in einem schriftlichen Verfahren, ob auf die Berufung einzutreten sei, wenn die Verfahrensleitung oder eine Partei geltend macht:

a. die Anmeldung oder Erklärung der Berufung sei verspätet oder unzulässig;

b. die Berufung sei im Sinne von Artikel 398 unzulässig;

c. es fehlten Prozessvoraussetzungen oder es lägen Prozesshindernisse vor.

[2] Es gibt den Parteien Gelegenheit zur Stellungnahme.

[3] Tritt es auf die Berufung nicht ein, so eröffnet es den Parteien den begründeten Nichteintretensentscheid.

[4] Andernfalls trifft die Verfahrensleitung ohne Weiteres die notwendigen Anordnungen zur Durchführung des weiteren Berufungsverfahrens.

Art. 404 Umfang der Überprüfung

[1] Das Berufungsgericht überprüft das erstinstanzliche Urteil nur in den angefochtenen Punkten.

[2] Es kann zugunsten der beschuldigten Person auch nicht angefochtene Punkte überprüfen, um gesetzwidrige oder unbillige Entscheidungen zu verhindern.

Art. 405 Mündliches Verfahren

[1] Die mündliche Berufungsverhandlung richtet sich nach den Bestimmungen über die erstinstanzliche Hauptverhandlung.

[2] Hat die beschuldigte Person oder die Privatklägerschaft die Berufung oder Anschlussberufung erklärt, so lädt die Verfahrensleitung sie zur Berufungsverhandlung vor. In einfachen Fällen kann sie sie auf ihr Gesuch hin von der Teilnahme dispensieren und ihr gestatten, ihre Anträge schriftlich einzureichen und zu begründen.

[3] Die Verfahrensleitung lädt die Staatsanwaltschaft zur Verhandlung vor:

a. in den in Artikel 337 Absätze 3 und 4 vorgesehenen Fällen;

b. wenn die Staatsanwaltschaft die Berufung oder die Anschlussberufung erklärt hat.

[4] Ist die Staatsanwaltschaft nicht vorgeladen, so kann sie schriftliche Anträge stellen und eine schriftliche Begründung einreichen oder persönlich vor Gericht auftreten.

Art. 406 Schriftliches Verfahren

[1] Das Berufungsgericht kann die Berufung in einem schriftlichen Verfahren behandeln, wenn ausschliesslich:

a. Rechtsfragen zu entscheiden sind;

b. der Zivilpunkt angefochten ist;

c. Übertretungen Gegenstand des erstinstanzlichen Urteils bilden und mit der Berufung nicht ein Schuldspruch wegen eines Verbrechens oder Vergehens beantragt wird;

d. die Kosten-, Entschädigungs- und Genugtuungsfolgen angefochten sind;

e. Massnahmen im Sinne der Artikel 66–73 StGB[108] angefochten sind.

² Mit dem Einverständnis der Parteien kann die Verfahrensleitung das schriftliche Verfahren zudem anordnen, wenn:

a. die Anwesenheit der beschuldigten Person nicht erforderlich ist;

b. Urteile eines Einzelgerichts Gegenstand der Berufung sind.

³ Die Verfahrensleitung setzt der Partei, welche die Berufung erklärt hat, Frist zur schriftlichen Begründung.

⁴ Das anschliessende Verfahren richtet sich nach Artikel 390 Absätze 2–4.

Art. 407　Säumnis der Parteien

¹ Die Berufung oder Anschlussberufung gilt als zurückgezogen, wenn die Partei, die sie erklärt hat:

a. der mündlichen Berufungsverhandlung unentschuldigt fernbleibt und sich auch nicht vertreten lässt;

b. keine schriftliche Eingabe einreicht; oder

c. nicht vorgeladen werden kann.

² Hat die Staatsanwaltschaft oder die Privatklägerschaft die Berufung im Schuld- oder Strafpunkt erklärt und bleibt die beschuldigte Person der Verhandlung unentschuldigt fern, so findet ein Abwesenheitsverfahren statt.

³ Hat die Privatklägerschaft ihre Berufung auf den Zivilpunkt beschränkt und bleibt die beschuldigte Person der Verhandlung unentschuldigt fern, so entscheidet das Berufungsgericht aufgrund der Ergebnisse der erstinstanzlichen Hauptverhandlung und der übrigen Akten.

3. Abschnitt: Berufungsentscheid

Art. 408　Neues Urteil

Tritt das Berufungsgericht auf die Berufung ein, so fällt es ein neues Urteil, welches das erstinstanzliche Urteil ersetzt.

Art. 409　Aufhebung und Rückweisung

¹ Weist das erstinstanzliche Verfahren wesentliche Mängel auf, die im Berufungsverfahren nicht geheilt werden können, so hebt das Berufungsgericht das angefochtene Urteil auf und weist die Sache zur Durchführung einer neuen

---

108 SR 311.0

Hauptverhandlung und zur Fällung eines neuen Urteils an das erstinstanzliche Gericht zurück.

² Das Berufungsgericht bestimmt, welche Verfahrenshandlungen zu wiederholen oder nachzuholen sind.

³ Das erstinstanzliche Gericht ist an die vom Berufungsgericht im Rückweisungsbeschluss vertretenen Rechtsauffassungen und an die Weisungen nach Absatz 2 gebunden.

4. Kapitel: Revision

Art. 410 Zulässigkeit und Revisionsgründe

¹ Wer durch ein rechtskräftiges Urteil, einen Strafbefehl, einen nachträglichen richterlichen Entscheid oder einen Entscheid im selbstständigen Massnahmenverfahren beschwert ist, kann die Revision verlangen, wenn:

a. neue, vor dem Entscheid eingetretene Tatsachen oder neue Beweismittel vorliegen, die geeignet sind, einen Freispruch, eine wesentlich mildere oder wesentlich strengere Bestrafung der verurteilten Person oder eine Verurteilung der freigesprochenen Person herbeizuführen;

b. der Entscheid mit einem späteren Strafentscheid, der den gleichen Sachverhalt betrifft, in unverträglichem Widerspruch steht;

c. sich in einem anderen Strafverfahren erweist, dass durch eine strafbare Handlung auf das Ergebnis des Verfahrens eingewirkt worden ist; eine Verurteilung ist nicht erforderlich; ist das Strafverfahren nicht durchführbar, so kann der Beweis auf andere Weise erbracht werden.

² Die Revision wegen Verletzung der Konvention vom 4. November 1950[109] zum Schutze der Menschenrechte und Grundfreiheiten (EMRK) kann verlangt werden, wenn:

a. der Europäische Gerichtshof für Menschenrechte in einem endgültigen Urteil festgestellt hat, dass die EMRK oder die Protokolle dazu verletzt worden sind;

b. eine Entschädigung nicht geeignet ist, die Folgen der Verletzung auszugleichen; und

c. die Revision notwendig ist, um die Verletzung zu beseitigen.

³ Die Revision zugunsten der verurteilten Person kann auch nach Eintritt der Verjährung verlangt werden.

⁴ Beschränkt sich die Revision auf Zivilansprüche, so ist sie nur zulässig, wenn das am Gerichtsstand anwendbare Zivilprozessrecht eine Revision gestatten würde.

---

109 SR 0.101

Art. 411 Form und Frist

[1] Revisionsgesuche sind schriftlich und begründet beim Berufungsgericht einzureichen. Im Gesuch sind die angerufenen Revisionsgründe zu bezeichnen und zu belegen.

[2] Gesuche nach Artikel 410 Absatz 1 Buchstabe b und 2 sind innert 90 Tagen nach Kenntnisnahme des betreffenden Entscheids zu stellen. In den übrigen Fällen sind Revisionsgesuche an keine Frist gebunden.

Art. 412 Vorprüfung und Eintreten

[1] Das Berufungsgericht nimmt in einem schriftlichen Verfahren eine vorläufige Prüfung des Revisionsgesuchs vor.

[2] Ist das Gesuch offensichtlich unzulässig oder unbegründet oder wurde es mit den gleichen Vorbringen schon früher gestellt und abgelehnt, so tritt das Gericht nicht darauf ein.

[3] Andernfalls lädt es die anderen Parteien und die Vorinstanz zur schriftlichen Stellungnahme ein.

[4] Es beschliesst die erforderlichen Beweis- und Aktenergänzungen sowie vorsorglichen Massnahmen, soweit sie nicht nach Artikel 388 der Verfahrensleitung obliegen.

Art. 413 Entscheid

[1] Erachtet das Berufungsgericht die geltend gemachten Revisionsgründe als nicht gegeben, so weist es das Revisionsgesuch ab und hebt allfällige vorsorgliche Massnahmen auf.

[2] Erachtet das Berufungsgericht die geltend gemachten Revisionsgründe als gegeben, so hebt es den angefochtenen Entscheid ganz oder teilweise auf und:
a. weist die Sache an die von ihm bezeichnete Behörde zur neuen Behandlung und Beurteilung zurück; oder
b. fällt selber einen neuen Entscheid, sofern es die Aktenlage erlaubt.

[3] Im Falle einer Rückweisung bestimmt es, in welchem Umfang die festgestellten Revisionsgründe die Rechtskraft und Vollstreckbarkeit des angefochtenen Entscheides beseitigen und in welchem Stadium das Verfahren wieder aufzunehmen ist.

[4] Es kann die beschuldigte Person vorläufig in Sicherheitshaft setzen oder darin belassen, wenn die Voraussetzungen erfüllt sind.

Art. 414 Neues Verfahren

[1] Hat das Berufungsgericht die Sache an die Staatsanwaltschaft zurückgewiesen, so entscheidet diese, ob eine neue Anklage zu erheben, ein Strafbefehl zu erlassen oder das Verfahren einzustellen ist.

² Hat es die Sache an ein Gericht zurückgewiesen, so nimmt dieses die notwendigen Beweisergänzungen vor und fällt nach einer Hauptverhandlung ein neues Urteil.

Art. 415 Folgen des neuen Entscheids

¹ Wird die beschuldigte Person im neuen Entscheid zu einer höheren Strafe verurteilt, so werden ihr bereits verbüsste Strafen angerechnet.

² Wird sie freigesprochen oder milder bestraft oder wird das Verfahren eingestellt, so werden ihr die zu viel bezahlten Bussen oder Geldstrafen zurückerstattet. Ansprüche der beschuldigten Person auf Entschädigung oder Genugtuung richten sich nach Artikel 436 Absatz 4.

³ Ersetzt der Freispruch eine Verurteilung, so können die beschuldigte Person oder nach ihrem Tod ihre Angehörigen die Veröffentlichung des neuen Entscheids verlangen.

10. Titel: Verfahrenskosten, Entschädigung und Genugtuung

1. Kapitel: Allgemeine Bestimmungen

Art. 416 Geltungsbereich

Die Bestimmungen dieses Titels gelten für alle Verfahren nach diesem Gesetz.

Art. 417 Kostenpflicht bei fehlerhaften Verfahrenshandlungen

Bei Säumnis und anderen fehlerhaften Verfahrenshandlungen kann die Strafbehörde Verfahrenskosten und Entschädigungen ungeachtet des Verfahrensausgangs der verfahrensbeteiligten Person auferlegen, die sie verursacht hat.

Art. 418 Beteiligung mehrerer Personen und Haftung Dritter

¹ Sind mehrere beteiligte Personen kostenpflichtig, so werden die Kosten anteilsmässig auferlegt.

² Die Strafbehörde kann für gemeinsam verursachte Kosten eine solidarische Haftung der kostenpflichtigen Personen anordnen.

³ Sie kann Dritte nach Massgabe der Haftungsgrundsätze des Zivilrechts verpflichten, die Kosten solidarisch mit der beschuldigten Person zu tragen.

Art. 419 Kostenpflicht von Schuldunfähigen

Wurde das Verfahren wegen Schuldunfähigkeit der beschuldigten Person eingestellt oder wurde diese aus diesem Grund freigesprochen, so können ihr die Kosten auferlegt werden, wenn dies nach den gesamten Umständen billig erscheint.

Art. 420   Rückgriff

Der Bund oder der Kanton kann für die von ihm getragenen Kosten auf Personen Rückgriff nehmen, die vorsätzlich oder grobfahrlässig:

a. die Einleitung des Verfahrens bewirkt haben;
b. das Verfahren erheblich erschwert haben;
c. einen im Revisionsverfahren aufgehobenen Entscheid verursacht haben.

Art. 421   Kostenentscheid

[1] Die Strafbehörde legt im Endentscheid die Kostenfolgen fest.

[2] Sie kann diese Festlegung vorwegnehmen in:

a. Zwischenentscheiden;
b. Entscheiden über die teilweise Einstellung des Verfahrens;
c. Entscheiden über Rechtsmittel gegen Zwischen- und Einstellungsentscheide.

2. Kapitel: Verfahrenskosten

Art. 422   Begriff

[1] Die Verfahrenskosten setzen sich zusammen aus den Gebühren zur Deckung des Aufwands und den Auslagen im konkreten Straffall.

[2] Auslagen sind namentlich:

a. Kosten für die amtliche Verteidigung und unentgeltliche Verbeiständung;
b. Kosten für Übersetzungen;
c. Kosten für Gutachten;
d. Kosten für die Mitwirkung anderer Behörden;
e. Post-, Telefon- und ähnliche Spesen.

Art. 423   Grundsätze

[1] Die Verfahrenskosten werden vom Bund oder dem Kanton getragen, der das Verfahren geführt hat; abweichende Bestimmungen dieses Gesetzes bleiben vorbehalten.

[2] und [3] ...[110]

Art. 424   Berechnung und Gebühren

[1] Bund und Kantone regeln die Berechnung der Verfahrenskosten und legen die Gebühren fest.

[2] Sie können für einfache Fälle Pauschalgebühren festlegen, die auch die Auslagen abgelten.

---

[110] Aufgehoben durch Anhang Ziff. II 7 des Strafbehördenorganisationsgesetzes vom 19. März 2010, mit Wirkung seit 1. Jan. 2011 (AS 2010 3267; BBl 2008 8125).

Art. 425 Stundung und Erlass

Forderungen aus Verfahrenskosten können von der Strafbehörde gestundet oder unter Berücksichtigung der wirtschaftlichen Verhältnisse der kostenpflichtigen Person herabgesetzt oder erlassen werden.

Art. 426 Kostentragungspflicht der beschuldigten Person und der Partei im selbstständigen Massnahmeverfahren

[1] Die beschuldigte Person trägt die Verfahrenskosten, wenn sie verurteilt wird. Ausgenommen sind die Kosten für die amtliche Verteidigung; vorbehalten bleibt Artikel 135 Absatz 4.

[2] Wird das Verfahren eingestellt oder die beschuldigte Person freigesprochen, so können ihr die Verfahrenskosten ganz oder teilweise auferlegt werden, wenn sie rechtswidrig und schuldhaft die Einleitung des Verfahrens bewirkt oder dessen Durchführung erschwert hat.

[3] Die beschuldigte Person trägt die Verfahrenskosten nicht, die:

a. der Bund oder der Kanton durch unnötige oder fehlerhafte Verfahrenshandlungen verursacht hat;

b. für Übersetzungen anfielen, die durch die Fremdsprachigkeit der beschuldigten Person nötig wurden.

[4] Die Kosten für die unentgeltliche Verbeiständung der Privatklägerschaft trägt die beschuldigte Person nur, wenn sie sich in günstigen wirtschaftlichen Verhältnissen befindet.

[5] Die Bestimmungen dieses Artikels gelten sinngemäss für die Partei im selbstständigen Massnahmeverfahren, wenn der Entscheid zu ihrem Nachteil ausfällt.

Art. 427 Kostentragungspflicht der Privatklägerschaft und der antragstellenden Person

[1] Der Privatklägerschaft können die Verfahrenskosten, die durch ihre Anträge zum Zivilpunkt verursacht worden sind, auferlegt werden, wenn:

a. das Verfahren eingestellt oder die beschuldigte Person freigesprochen wird;

b. die Privatklägerschaft die Zivilklage vor Abschluss der erstinstanzlichen Hauptverhandlung zurückzieht;

c. die Zivilklage abgewiesen oder auf den Zivilweg verwiesen wird.

[2] Bei Antragsdelikten können die Verfahrenskosten der antragstellenden Person, sofern diese mutwillig oder grob fahrlässig die Einleitung des Verfahrens bewirkt oder dessen Durchführung erschwert hat, oder der Privatklägerschaft auferlegt werden:

a. wenn das Verfahren eingestellt oder die beschuldigte Person freigesprochen wird; und

b. soweit die beschuldigte Person nicht nach Artikel 426 Absatz 2 kostenpflichtig ist.

³ Zieht die antragstellende Person im Rahmen eines durch die Staatsanwaltschaft vermittelten Vergleichs den Strafantrag zurück, so trägt in der Regel der Bund oder der Kanton die Verfahrenskosten.

⁴ Eine Vereinbarung zwischen der antragstellenden und der beschuldigten Person über die Kostentragung beim Rückzug des Strafantrags bedarf der Genehmigung der Behörde, welche die Einstellung verfügt. Die Vereinbarung darf sich nicht zum Nachteil des Bundes oder des Kantons auswirken.

Art. 428 Kostentragung im Rechtsmittelverfahren

¹ Die Kosten des Rechtsmittelverfahrens tragen die Parteien nach Massgabe ihres Obsiegens oder Unterliegens. Als unterliegend gilt auch die Partei, auf deren Rechtsmittel nicht eingetreten wird oder die das Rechtsmittel zurückzieht.

² Erwirkt eine Partei, die ein Rechtsmittel ergriffen hat, einen für sie günstigeren Entscheid, so können ihr die Verfahrenskosten auferlegt werden, wenn:
a. die Voraussetzungen für das Obsiegen erst im Rechtsmittelverfahren geschaffen worden sind; oder
b. der angefochtene Entscheid nur unwesentlich abgeändert wird.

³ Fällt die Rechtsmittelinstanz selber einen neuen Entscheid, so befindet sie darin auch über die von der Vorinstanz getroffene Kostenregelung.

⁴ Hebt sie einen Entscheid auf und weist sie die Sache zur neuen Entscheidung an die Vorinstanz zurück, so trägt der Bund oder der Kanton die Kosten des Rechtsmittelverfahrens und, nach Ermessen der Rechtsmittelinstanz, jene der Vorinstanz.

⁵ Wird ein Revisionsgesuch gutgeheissen, so entscheidet die Strafbehörde, die anschliessend über die Erledigung der Strafsache zu befinden hat, nach ihrem Ermessen über die Kosten des ersten Verfahrens.

3. Kapitel: Entschädigung und Genugtuung

1. Abschnitt: Beschuldigte Person

Art. 429 Ansprüche

¹ Wird die beschuldigte Person ganz oder teilweise freigesprochen oder wird das Verfahren gegen sie eingestellt, so hat sie Anspruch auf:
a. Entschädigung ihrer Aufwendungen für die angemessene Ausübung ihrer Verfahrensrechte;
b. Entschädigung der wirtschaftlichen Einbussen, die ihr aus ihrer notwendigen Beteiligung am Strafverfahren entstanden sind;
c. Genugtuung für besonders schwere Verletzungen ihrer persönlichen Verhältnisse, insbesondere bei Freiheitsentzug.

² Die Strafbehörde prüft den Anspruch von Amtes wegen. Sie kann die beschuldigte Person auffordern, ihre Ansprüche zu beziffern und zu belegen.

Art. 430 Herabsetzung oder Verweigerung der Entschädigung oder Genugtuung

¹ Die Strafbehörde kann die Entschädigung oder Genugtuung herabsetzen oder verweigern, wenn:

a. die beschuldigte Person rechtswidrig und schuldhaft die Einleitung des Verfahrens bewirkt oder dessen Durchführung erschwert hat;

b. die Privatklägerschaft die beschuldigte Person zu entschädigen hat; oder

c. die Aufwendungen der beschuldigten Person geringfügig sind.

² Im Rechtsmittelverfahren können Entschädigung und Genugtuung zudem herabgesetzt werden, wenn die Voraussetzungen von Artikel 428 Absatz 2 erfüllt sind.

Art. 431 Rechtswidrig angewandte Zwangsmassnahmen

¹ Sind gegenüber der beschuldigten Person rechtswidrig Zwangsmassnahmen angewandt worden, so spricht ihr die Strafbehörde eine angemessene Entschädigung und Genugtuung zu.

² Im Fall von Untersuchungs- und Sicherheitshaft besteht der Anspruch, wenn die zulässige Haftdauer überschritten ist und der übermässige Freiheitsentzug nicht an die wegen anderer Straftaten ausgesprochenen Sanktionen angerechnet werden kann.

³ Der Anspruch nach Absatz 2 entfällt, wenn die beschuldigte Person:

a. zu einer Geldstrafe, zu gemeinnütziger Arbeit oder zu einer Busse verurteilt wird, die umgewandelt eine Freiheitsstrafe ergäbe, die nicht wesentlich kürzer wäre als die ausgestandene Untersuchungs- und Sicherheitshaft;

b. zu einer bedingten Freiheitsstrafe verurteilt wird, deren Dauer die ausgestandene Untersuchungs- und Sicherheitshaft überschreitet.

Art. 432 Ansprüche gegenüber der Privatklägerschaft und der antragstellenden Person

¹ Die obsiegende beschuldigte Person hat gegenüber der Privatklägerschaft Anspruch auf angemessene Entschädigung für die durch die Anträge zum Zivilpunkt verursachten Aufwendungen.

² Obsiegt die beschuldigte Person bei Antragsdelikten im Schuldpunkt, so können die antragstellende Person, sofern diese mutwillig oder grob fahrlässig die Einleitung des Verfahrens bewirkt oder dessen Durchführung erschwert hat, oder die Privatklägerschaft verpflichtet werden, der beschuldigten Person die Aufwendungen für die angemessene Ausübung ihrer Verfahrensrechte zu ersetzen.

2. Abschnitt: Privatklägerschaft und Dritte

Art. 433   Privatklägerschaft

[1] Die Privatklägerschaft hat gegenüber der beschuldigten Person Anspruch auf angemessene Entschädigung für notwendige Aufwendungen im Verfahren, wenn:

a. sie obsiegt; oder

b. die beschuldigte Person nach Artikel 426 Absatz 2 kostenpflichtig ist.

[2] Die Privatklägerschaft hat ihre Entschädigungsforderung bei der Strafbehörde zu beantragen, zu beziffern und zu belegen. Kommt sie dieser Pflicht nicht nach, so tritt die Strafbehörde auf den Antrag nicht ein.

Art. 434   Dritte

[1] Dritte haben Anspruch auf angemessenen Ersatz ihres nicht auf andere Weise gedeckten Schadens sowie auf Genugtuung, wenn sie durch Verfahrenshandlungen oder bei der Unterstützung von Strafbehörden Schaden erlitten haben. Artikel 433 Absatz 2 ist sinngemäss anwendbar.

[2] Über die Ansprüche ist im Rahmen des Endentscheids zu befinden. In klaren Fällen kann die Staatsanwaltschaft schon im Vorverfahren darüber entscheiden.

3. Abschnitt: Besondere Bestimmungen

Art. 435   Verjährung

Entschädigungs- und Genugtuungsforderungen gegenüber dem Bund oder dem Kanton verjähren nach 10 Jahren seit Eintritt der Rechtskraft des Entscheides.

Art. 436   Entschädigung und Genugtuung im Rechtsmittelverfahren

[1] Ansprüche auf Entschädigung und Genugtuung im Rechtsmittelverfahren richten sich nach den Artikeln 429–434.

[2] Erfolgt weder ein vollständiger oder teilweiser Freispruch noch eine Einstellung des Verfahrens, obsiegt die beschuldigte Person aber in andern Punkten, so hat sie Anspruch auf eine angemessene Entschädigung für ihre Aufwendungen.

[3] Hebt die Rechtsmittelinstanz einen Entscheid nach Artikel 409 auf, so haben die Parteien Anspruch auf eine angemessene Entschädigung für ihre Aufwendungen im Rechtsmittelverfahren und im aufgehobenen Teil des erstinstanzlichen Verfahrens.

[4] Die nach einer Revision freigesprochene oder milder bestrafte beschuldigte Person hat Anspruch auf angemessene Entschädigung für ihre Aufwendungen im Revisionsverfahren. Sie hat zudem Anspruch auf Genugtuung und Entschädigung für ausgestandenen Freiheitsentzug, sofern dieser Freiheitsentzug nicht an die wegen anderer Straftaten ausgesprochenen Sanktionen angerechnet werden kann.

11. Titel: Rechtskraft und Vollstreckung der Strafentscheide

1. Kapitel: Rechtskraft

Art. 437 Eintritt

[1] Urteile und andere verfahrenserledigende Entscheide, gegen die ein Rechtsmittel nach diesem Gesetz zulässig ist, werden rechtskräftig, wenn:

a. die Rechtsmittelfrist unbenützt abgelaufen ist;

b. die berechtigte Person erklärt, auf ein Rechtsmittel zu verzichten, oder ein ergriffenes Rechtsmittel zurückzieht;

c. die Rechtsmittelinstanz auf das Rechtsmittel nicht eintritt oder es abweist.

[2] Die Rechtskraft tritt rückwirkend auf den Tag ein, an dem der Entscheid gefällt worden ist.

[3] Entscheide, gegen die kein Rechtsmittel nach diesem Gesetz zulässig ist, werden mit ihrer Ausfällung rechtskräftig.

Art. 438 Feststellung

[1] Die Strafbehörde, die einen Entscheid gefällt hat, vermerkt den Eintritt der Rechtskraft in den Akten oder im Urteil.

[2] Wurde den Parteien mitgeteilt, dass ein Rechtsmittel ergriffen worden ist, so wird ihnen auch der Eintritt der Rechtskraft des Urteils mitgeteilt.

[3] Ist der Eintritt der Rechtskraft strittig, so entscheidet darüber die Behörde, die den Entscheid gefällt hat.

[4] Gegen den Entscheid über die Rechtskraft ist die Beschwerde zulässig.

2. Kapitel: Vollstreckung der Strafentscheide

Art. 439 Vollzug von Strafen und Massnahmen

[1] Bund und Kantone bestimmen die für den Vollzug von Strafen und Massnahmen zuständigen Behörden sowie das entsprechende Verfahren; besondere Regelungen in diesem Gesetz und im StGB[111] bleiben vorbehalten.

---

111 SR 311.0

[2] Die Vollzugsbehörde erlässt einen Vollzugsbefehl.

[3] Rechtskräftige Freiheitsstrafen und freiheitsentziehende Massnahmen sind sofort zu vollziehen:

a. bei Fluchtgefahr;

b. bei erheblicher Gefährdung der Öffentlichkeit; oder

c. wenn die Erfüllung des Massnahmenzwecks anders nicht gewährleistet werden kann.

[4] Zur Durchsetzung des Vollzugsbefehls kann die Vollzugsbehörde die verurteilte Person verhaften oder ausschreiben lassen oder ihre Auslieferung verlangen.

Art. 440 Sicherheithaft

[1] In dringenden Fällen kann die Vollzugsbehörde die verurteilte Person zur Sicherung des Vollzugs der Strafe oder der Massnahme in Sicherheitshaft setzen.

[2] Sie unterbreitet den Fall innert 5 Tagen seit der Inhaftierung:

a. dem Gericht, das die zu vollziehende Strafe oder Massnahme ausgesprochen hat;

b. bei Strafbefehlen dem Zwangsmassnahmengericht am Ort der Staatsanwaltschaft, die den Strafbefehl erlassen hat.

[3] Das Gericht entscheidet endgültig, ob die verurteilte Person bis zum Antritt der Strafe oder Massnahme in Haft bleibt.

Art. 441 Vollstreckungsverjährung

[1] Verjährte Strafen dürfen nicht vollstreckt werden.

[2] Die Vollzugsbehörde prüft von Amtes wegen, ob die Strafe verjährt ist.

[3] Die verurteilte Person kann den drohenden Vollzug einer verjährten Strafe oder Massnahme bei der Beschwerdeinstanz des Vollzugskantons anfechten. Diese entscheidet auch über die aufschiebende Wirkung der Beschwerde.

[4] Hat die verurteilte Person eine verjährte freiheitsentziehende Sanktion verbüsst, so steht ihr in sinngemässer Anwendung von Artikel 431 eine Entschädigung und Genugtuung zu.

Art. 442 Vollstreckung von Entscheiden über Verfahrenskosten und weitere finanzielle Leistungen

[1] Verfahrenskosten, Geldstrafen, Bussen und weitere im Zusammenhang mit einem Strafverfahren zu erbringende finanzielle Leistungen werden nach den Bestimmungen des SchKG[112] eingetrieben.

[2] Forderungen aus Verfahrenskosten verjähren in 10 Jahren seit Eintritt der Rechtskraft des Kostenentscheides. Der Verzugszins beträgt 5 Prozent.

---

112 SR 281.1

[3] Bund und Kantone bestimmen, welche Behörden die finanziellen Leistungen eintreiben.

[4] Die Strafbehörden können ihre Forderungen aus Verfahrenskosten mit Entschädigungsansprüchen der zahlungspflichtigen Partei aus dem gleichen Strafverfahren sowie mit beschlagnahmten Vermögenswerten verrechnen.

Art. 443 Vollstreckung der Strafurteile im Zivilpunkt

Soweit das Urteil Zivilansprüche betrifft, wird es nach Massgabe des am Ort der Vollstreckung geltenden Zivilprozessrechts und des SchKG[113] vollstreckt.

Art. 444 Amtliche Bekanntmachungen

Bund und Kantone bestimmen die Behörden, welche amtliche Bekanntmachungen vorzunehmen haben.

12. Titel: Schlussbestimmungen

1. Kapitel: Ausführungsbestimmungen

Art. 445

Der Bundesrat und, soweit sie dafür zuständig sind, die Kantone erlassen die zum Vollzug dieses Gesetzes notwendigen Ausführungsbestimmungen.

2. Kapitel: Anpassung von Gesetzen

Art. 446 Aufhebung und Änderung bisherigen Rechts

[1] Die Aufhebung und die Änderung bisherigen Rechts werden im Anhang 1 geregelt.

[2] Die Bundesversammlung kann diesem Gesetz widersprechende, aber formell nicht geänderte Bestimmungen in Bundesgesetzen durch eine Verordnung anpassen.

Art. 447 Koordinationsbestimmungen

Die Koordination von Bestimmungen anderer Erlasse mit diesem Gesetz ist im Anhang 2 geregelt.

---

113 SR 281.1

3. Kapitel: Übergangsbestimmungen

1. Abschnitt: Allgemeine Verfahrensbestimmungen

Art. 448 Anwendbares Recht

[1] Verfahren, die bei Inkrafttreten dieses Gesetzes hängig sind, werden nach neuem Recht fortgeführt, soweit die nachfolgenden Bestimmungen nichts anderes vorsehen.

[2] Verfahrenshandlungen, die vor Inkrafttreten dieses Gesetzes angeordnet oder durchgeführt worden sind, behalten ihre Gültigkeit.

Art. 449 Zuständigkeit

[1] Verfahren, die bei Inkrafttreten dieses Gesetzes hängig sind, werden von den nach neuem Recht zuständigen Behörden weitergeführt, soweit die nachfolgenden Bestimmungen nichts anderes vorsehen.

[2] Konflikte über die Zuständigkeit zwischen Behörden des gleichen Kantons entscheidet die Beschwerdeinstanz des jeweiligen Kantons, solche zwischen Behörden verschiedener Kantone oder zwischen kantonalen und eidgenössischen Behörden das Bundesstrafgericht.

2. Abschnitt: Erstinstanzliches Hauptverfahren und besondere Verfahren

Art. 450 Erstinstanzliches Hauptverfahren

Ist bei Inkrafttreten dieses Gesetzes die Hauptverhandlung bereits eröffnet, so wird sie nach bisherigem Recht, vom bisher zuständigen erstinstanzlichen Gericht, fortgeführt.

Art. 451 Selbstständige nachträgliche Entscheide des Gerichts

Selbstständige nachträgliche Entscheide des Gerichts werden nach Inkrafttreten dieses Gesetzes von der Strafbehörde gefällt, die nach diesem Gesetz für das erstinstanzliche Urteil zuständig gewesen wäre.

Art. 452 Abwesenheitsverfahren

[1] Gesuche um neue Beurteilung nach einem Abwesenheitsurteil, die bei Inkrafttreten dieses Gesetzes hängig sind, werden nach bisherigem Recht beurteilt.

[2] Gesuche um neue Beurteilung nach einem Abwesenheitsurteil nach bisherigem Recht, die nach Inkrafttreten dieses Gesetzes gestellt werden, werden nach dem Recht beurteilt, das für die gesuchstellende Person günstiger ist.

³ Für die neue Beurteilung gilt neues Recht. Zuständig ist das Gericht, das nach diesem Gesetz für das Abwesenheitsurteil zuständig gewesen wäre.

3. Abschnitt: Rechtsmittelverfahren

Art. 453 Vor Inkrafttreten dieses Gesetzes gefällte Entscheide

¹ Ist ein Entscheid vor Inkrafttreten dieses Gesetzes gefällt worden, so werden Rechtsmittel dagegen nach bisherigem Recht, von den bisher zuständigen Behörden, beurteilt.

² Wird ein Verfahren von der Rechtsmittelinstanz oder vom Bundesgericht zur neuen Beurteilung zurückgewiesen, so ist neues Recht anwendbar. Die neue Beurteilung erfolgt durch die Behörde, die nach diesem Gesetz für den aufgehobenen Entscheid zuständig gewesen wäre.

Art. 454 Nach Inkrafttreten dieses Gesetzes gefällte Entscheide

¹ Für Rechtsmittel gegen erstinstanzliche Entscheide, die nach Inkrafttreten dieses Gesetzes gefällt werden, gilt neues Recht.

² Für Rechtsmittel gegen erstinstanzliche Entscheide höherer Gerichtsinstanzen, die nach Inkrafttreten dieses Gesetzes nach bisherigem Recht gefällt werden, gilt das bisherige Recht.

4. Abschnitt: Einsprachen gegen Strafbefehle; Privatstrafklageverfahren

Art. 455 Einsprachen gegen Strafbefehle

Für Einsprachen gegen Strafbefehle gilt Artikel 453 sinngemäss.

Art. 456 Privatstrafklageverfahren

Privatstrafklageverfahren nach bisherigem kantonalem Recht, die bei Inkrafttreten dieses Gesetzes bei einem erstinstanzlichen Gericht hängig sind, werden bis zum Abschluss des erstinstanzlichen Verfahrens nach bisherigem Recht, vom bisher zuständigen Gericht, fortgeführt.

5. Abschnitt:[114] Übergangsbestimmung zur Änderung vom 28. September 2012

Art. 456a

In Verfahren, die bei Inkrafttreten der Änderung vom 28. September 2012 dieses Gesetzes rechtshängig sind, gilt für Einvernahmen ab dem Zeitpunkt des Inkrafttretens das neue Recht.

4. Kapitel: Referendum und Inkrafttreten

Art. 457

[1] Dieses Gesetz untersteht dem fakultativen Referendum.

[2] Der Bundesrat bestimmt das Inkrafttreten.

Inkrafttreten: 1. Januar 2011[115]

Anhang 1 Aufhebung und Änderung bisherigen Rechts
(Art. 446 Abs. 1)

I

Die nachstehenden Bundesgesetze werden aufgehoben:

1. Bundesgesetz vom 15. Juni 1934[116] über die Bundesstrafrechtspflege;

2. Bundesgesetz vom 20. Juni 2003[117] über die verdeckte Ermittlung.

II

Die nachstehenden Bundesgesetze werden wie folgt geändert:

...[118]

---

114 Eingefügt durch Ziff. I 2 des BG vom 28. Sept. 2012 (Protokollierungsvorschriften), in Kraft seit 1. Mai 2013 (AS 2013 851; BBl 2012 5707 5719).

115 BRB vom 31. März 2010

116 [BS 3 303; AS 1971 777 Ziff. III 4, 1974 1857 Anhang Ziff. 2, 1978 688 Art. 88 Ziff. 4, 1979 1170, 1992 288 Anhang Ziff. 15 2465 Anhang Ziff. 2, 1993 1993, 1997 2465 Anhang Ziff. 7, 2000 505 Ziff. I 3 2719 Ziff. II 3 2725 Ziff. II, 2001 118 Ziff. I 3 3071 Ziff. II 1 3096 Anhang Ziff. 2 3308, 2003 2133 Anhang Ziff. 9, 2004 1633 Ziff. I 4, 2005 5685 Anhang Ziff. 19, 2006 1205 Anhang Ziff. 10, 2007 6087, 2008 1607 Anhang Ziff. 1 4989 Anhang 1 Ziff. 6 5463 Anhang Ziff. 3, 2009 6605 Anhang Ziff. II 3]

117 [AS 2004 1409, 2006 2197 Anhang Ziff. 29, 2007 5437 Anhang Ziff. II 6, 2006 5437 Art. 2 Ziff. 2. AS 2010 1881 Anhang 1 Ziff. I 2]

118 Die Änderungen können unter AS 2010 1881 konsultiert werden.

Anhang 2 Koordinationsbestimmungen (Art. 447)

1. Koordination von Artikel 305 Absatz 2 Buchstabe b Strafprozessordnung mit dem neuen Opferhilfegesetz[119]

Unabhängig davon, ob das neue Opferhilfegesetz vom 23. März 2007[120] (neues OHG) oder die Strafprozessordnung vom 5. Oktober 2007 (StPO) zuerst in Kraft tritt, wird mit Inkrafttreten des später in Kraft tretenden Gesetzes sowie bei gleichzeitigem Inkrafttreten Artikel 305 Absatz 2 Buchstabe b StPO wie folgt geändert:

...

2. Koordination von Ziffer 9 des Anhangs 1 mit dem neuen OHG

Unabhängig davon, ob das neue OHG oder die StPO zuerst in Kraft tritt, wird mit Inkrafttreten des später in Kraft tretenden Gesetzes sowie bei gleichzeitigem Inkrafttreten Ziffer 9 des Anhangs 1 der StPO gegenstandslos und das neue OHG wird gemäss Ziffer 10 des Anhangs 1 der StPO geändert.

3. Koordination des Militärstrafprozesses vom 23. März 1979[121] (Anhang 1 Ziffer 12) mit dem neuen OHG

Unabhängig davon, ob das neue OHG oder die StPO zuerst in Kraft tritt, werden mit Inkrafttreten des später in Kraft tretenden Gesetzes sowie bei gleichzeitigem Inkrafttreten die Artikel 84a, 104 Absatz 3 und 118 Absatz 2 von Ziffer 12 des Anhangs 1 der StPO wie folgt geändert:

...

---

119 Das neue OHG trat am 1. Jan. 2009 in Kraft.
120 SR 312.5
121 SR 322.1

20. Schweizerische Jugendstrafprozessordnung
(Jugendstrafprozessordnung, JStPO)

vom 20. März 2009

Die Bundesversammlung der Schweizerischen Eidgenossenschaft,

gestützt auf Artikel 123 Absatz 1 der Bundesverfassung[1],
nach Einsicht in die Botschaft des Bundesrates vom 21. Dezember 2005[2]
und in den Zusatzbericht des Bundesrates vom 22. August 2007[3],

beschliesst:

1. Kapitel: Gegenstand und Grundsätze

Art. 1 Gegenstand

Dieses Gesetz regelt die Verfolgung und Beurteilung der Straftaten nach Bundesrecht, die von Jugendlichen im Sinne von Artikel 3 Absatz 1 des Jugendstrafgesetzes vom 20. Juni 2003[4] (JStG) verübt worden sind, sowie den Vollzug der gegen sie verhängten Sanktionen.

Art. 2 Zuständigkeit

Für die Verfolgung und Beurteilung der Straftaten sowie den Vollzug der verhängten Sanktionen sind ausschliesslich die Kantone zuständig.

Art. 3 Anwendbarkeit der Strafprozessordnung

[1] Enthält dieses Gesetz keine besondere Regelung, so sind die Bestimmungen der Strafprozessordnung vom 5. Oktober 2007[5] (StPO) anwendbar.

[2] Nicht anwendbar sind die Bestimmungen der StPO über:

a. die Übertretungsstrafbehörden und das Übertretungsstrafverfahren (Art. 17 und 357);

b. die Bundesgerichtsbarkeit (Art. 23–28);

SR 312.1. AS 2010 1573
1   SR 101
2   BBl 2006 1085
3   BBl 2008 3121
4   SR 311.1
5   SR 312.0

c. den Gerichtsstand (Art. 31 und 32) und die besonderen Gerichtsstände im Falle mehrerer Beteiligter (Art. 33) und bei mehreren an verschiedenen Orten verübten Straftaten (Art. 34);

d. das abgekürzte Verfahren (Art. 358–362);

e. das Verfahren bei Anordnung der Friedensbürgschaft (Art. 372 und 373);

f. das Verfahren bei einer schuldunfähigen beschuldigten Person (Art. 374 und 375).

3 Kommt die Strafprozessordnung zur Anwendung, so sind deren Bestimmungen im Lichte der Grundsätze von Artikel 4 dieses Gesetzes auszulegen.

Art. 4 Grundsätze

1 Für die Anwendung dieses Gesetzes sind der Schutz und die Erziehung der Jugendlichen wegleitend. Alter und Entwicklungsstand sind angemessen zu berücksichtigen.

2 Die Strafbehörden achten in allen Verfahrensstadien die Persönlichkeitsrechte der Jugendlichen und ermöglichen ihnen, sich aktiv am Verfahren zu beteiligen. Vorbehältlich besonderer Verfahrensvorschriften hören sie die Jugendlichen persönlich an.

3 Sie sorgen dafür, dass das Strafverfahren nicht mehr als nötig in das Privatleben der Jugendlichen und in den Einflussbereich ihrer gesetzlichen Vertretung eingreift.

4 Sie beziehen, wenn es angezeigt scheint, die gesetzliche Vertretung und die Behörde des Zivilrechts ein.

Art. 5 Verzicht auf Strafverfolgung

1 Die Untersuchungsbehörde, die Jugendstaatsanwaltschaft und das Gericht sehen von der Strafverfolgung ab, wenn:

a. die Voraussetzungen für eine Strafbefreiung nach Artikel 21 JStG[6] gegeben und Schutzmassnahmen entweder nicht notwendig sind oder die Behörde des Zivilrechts bereits geeignete Massnahmen angeordnet hat; oder

b. ein Vergleich oder eine Mediation erfolgreich abgeschlossen werden konnte.

2 Im Übrigen ist Artikel 8 Absätze 2–4 StPO[7] anwendbar.

---

6 SR 311.1
7 SR 312.0

2. Kapitel: Jugendstrafbehörden

Art. 6 Strafverfolgungsbehörden

[1] Strafverfolgungsbehörden sind:

a. die Polizei;

b. die Untersuchungsbehörde;

c. die Jugendstaatsanwaltschaft, sofern der Kanton eine solche Behörde vorsehen muss (Art. 21).

[2] Die Kantone bezeichnen als Untersuchungsbehörde:

a. eine oder mehrere Jugendrichterinnen oder einen oder mehrere Jugendrichter; oder

b. eine oder mehrere Jugendanwältinnen oder einen oder mehrere Jugendanwälte.

[3] Die Jugendrichterinnen und Jugendrichter sind Mitglieder des Jugendgerichts. Im Übrigen bleiben die Bestimmungen über die Ablehnung (Art. 9) und den Ausstand (Art. 56–60 StPO[8]) vorbehalten.

[4] Die Jugendanwältinnen und Jugendanwälte vertreten vor dem Jugendgericht die Anklage.

Art. 7 Gerichte

[1] Gerichtliche Befugnisse im Jugendstrafverfahren haben:

a. das Zwangsmassnahmengericht;

b. das Jugendgericht;

c. die Beschwerdeinstanz in Jugendstrafsachen;

d. die Berufungsinstanz in Jugendstrafsachen.

[2] Das Jugendgericht setzt sich zusammen aus dem Präsidenten oder der Präsidentin und zwei Beisitzerinnen oder Beisitzern.

[3] Die Kantone können die Befugnisse der Beschwerdeinstanz der Berufungsinstanz übertragen.

Art. 8 Organisation

[1] Die Kantone regeln Wahl, Zusammensetzung, Organisation, Aufsicht und Befugnisse der Jugendstrafbehörden, soweit dieses Gesetz oder andere Bundesgesetze dies nicht abschliessend regeln.

[2] Die Kantone können interkantonal zuständige Jugendstrafbehörden vorsehen.

[3] Sie können Ober- oder Generaljugendanwaltschaften vorsehen.

---

[8] SR 312.0

3. Kapitel: Allgemeine Verfahrensregeln

Art. 9 Ablehnung

[1] Die oder der urteilsfähige beschuldigte Jugendliche und die gesetzliche Vertretung können innert zehn Tagen seit Eröffnung des Strafbefehls (Art. 32) beziehungsweise Zustellung der Anklageschrift (Art. 33) verlangen, dass die Jugendrichterin oder der Jugendrichter, die oder der bereits die Untersuchung geführt hat, im Hauptverfahren nicht mitwirkt. Die Ablehnung bedarf keiner Begründung.

[2] Die oder der urteilsfähige beschuldigte Jugendliche und die gesetzliche Vertretung werden im Strafbefehl oder in der Anklageschrift auf dieses Ablehnungsrecht aufmerksam gemacht.

Art. 10 Gerichtsstand

[1] Für die Strafverfolgung ist die Behörde des Ortes zuständig, an dem die oder der beschuldigte Jugendliche bei Eröffnung des Verfahrens den gewöhnlichen Aufenthalt hat.

[2] Fehlt ein gewöhnlicher Aufenthalt in der Schweiz, so ist folgende Behörde zuständig:

a. bei Taten im Inland die Behörde am Ort der Begehung;

b. bei Taten im Ausland die Behörde des Heimatortes oder, für die ausländische Jugendliche oder den ausländischen Jugendlichen, die Behörde des Ortes, wo sie oder er wegen der Tat erstmals angehalten wurde.

[3] Übertretungen werden am Ort ihrer Begehung verfolgt. Ergeben sich Anhaltspunkte dafür, dass Schutzmassnahmen angeordnet oder geändert werden müssen, so ist die Strafverfolgung der Behörde jenes Ortes zu übertragen, an dem die oder der Jugendliche den gewöhnlichen Aufenthalt hat.

[4] Die zuständige schweizerische Behörde kann auf Ersuchen der ausländischen Behörde die Strafverfolgung übernehmen, wenn:

a. die oder der Jugendliche den gewöhnlichen Aufenthalt in der Schweiz hat oder das Schweizer Bürgerrecht besitzt;

b. die oder der Jugendliche im Ausland eine auch nach schweizerischem Recht strafbare Tat begangen hat; und

c. die Voraussetzungen für die Strafverfolgung nach den Artikeln 4–7 des Strafgesetzbuches[9] (StGB) nicht erfüllt sind.

[5] Die zuständige Behörde wendet bei der Strafverfolgung nach Absatz 4 sowie nach den Artikeln 4–7 StGB ausschliesslich schweizerisches Recht an.

[6] Für den Vollzug ist die Behörde am Ort der Beurteilung zuständig; abweichende Bestimmungen in Verträgen zwischen den Kantonen bleiben vorbehalten.

---

9 SR 311.0

[7] Kompetenzkonflikte zwischen den Kantonen entscheidet das Bundesstrafgericht.

Art. 11   Trennung von Verfahren

[1] Verfahren gegen Erwachsene und Jugendliche werden getrennt geführt.

[2] Auf die Trennung kann ausnahmsweise verzichtet werden, wenn die Untersuchung durch die Trennung erheblich erschwert würde.

Art. 12   Mitwirkung der gesetzlichen Vertretung

[1] Die gesetzliche Vertretung und die Behörde des Zivilrechts haben im Verfahren mitzuwirken, wenn die Jugendstrafbehörde dies anordnet.

[2] Bei Nichtbefolgung kann die Untersuchungsbehörde oder das Jugendgericht die gesetzliche Vertretung verwarnen, bei der Behörde des Zivilrechts anzeigen oder ihr eine Ordnungsbusse bis zu 1000 Franken auferlegen. Der Bussenentscheid kann bei der Beschwerdeinstanz angefochten werden.

Art. 13   Vertrauensperson

Die oder der beschuldigte Jugendliche kann in allen Verfahrensstadien eine Vertrauensperson beiziehen, sofern die Interessen der Untersuchung oder überwiegende private Interessen einem solchen Beizug nicht entgegenstehen.

Art. 14   Ausschluss der Öffentlichkeit

[1] Das Strafverfahren findet unter Ausschluss der Öffentlichkeit statt. Die Untersuchungsbehörde und die Gerichte können die Öffentlichkeit in geeigneter Weise über den Stand des Verfahrens informieren.

[2] Das Jugendgericht und die Berufungsinstanz können eine öffentliche Verhandlung anordnen, wenn:

a. die oder der urteilsfähige beschuldigte Jugendliche oder die gesetzliche Vertretung dies verlangt oder das öffentliche Interesse es gebietet; und

b. dies den Interessen der oder des beschuldigten Jugendlichen nicht zuwiderläuft.

Art. 15   Umfang der Akteneinsicht

[1] Die Einsicht in Informationen über die persönlichen Verhältnisse der oder des beschuldigten Jugendlichen kann in ihrem oder seinem Interesse eingeschränkt werden für:

a. sie oder ihn selber;

b. die gesetzliche Vertretung;

c. die Privatklägerschaft;

d. die Behörde des Zivilrechts.

² Die Verteidigung und die Jugendstaatsanwaltschaft können die gesamten Akten einsehen. Sie dürfen von Inhalten, in welche die Einsicht eingeschränkt ist, keine Kenntnis geben.

Art. 16   Vergleich und Wiedergutmachung

Die Untersuchungsbehörde und das Jugendgericht können versuchen:

a. zwischen der geschädigten Person und der oder dem beschuldigten Jugendlichen einen Vergleich zu erreichen, soweit Antragsdelikte Gegenstand des Verfahrens sind; oder

b. eine Wiedergutmachung zu erzielen, sofern eine Strafbefreiung nach Artikel 21 Absatz 1 Buchstabe c JStG[10] in Frage kommt.

Art. 17   Mediation

¹ Die Untersuchungsbehörde und die Gerichte können das Verfahren jederzeit sistieren und eine auf dem Gebiet der Mediation geeignete Organisation oder Person mit der Durchführung eines Mediationsverfahrens beauftragen, wenn:

a. Schutzmassnahmen nicht notwendig sind oder die Behörde des Zivilrechts bereits geeignete Massnahmen angeordnet hat;

b. die Voraussetzungen von Artikel 21 Absatz 1 JStG[11] nicht erfüllt sind.

² Gelingt die Mediation, so wird das Verfahren eingestellt.

4. Kapitel: Parteien und Verteidigung

1. Abschnitt: Parteien

Art. 18   Begriff

Parteien sind:

a. die oder der beschuldigte Jugendliche;

b. die gesetzliche Vertretung der oder des beschuldigten Jugendlichen;

c. die Privatklägerschaft;

d. im Haupt- und im Rechtsmittelverfahren: die Jugendanwältin oder der Jugendanwalt beziehungsweise die Jugendstaatsanwaltschaft.

Art. 19   Beschuldigte Jugendliche oder beschuldigter Jugendlicher

¹ Die oder der beschuldigte Jugendliche handelt durch die gesetzliche Vertretung.

² Urteilsfähige beschuldigte Jugendliche können ihre Parteirechte selbstständig wahrnehmen.

---

10   SR 311.1
11   SR 311.1

³ Die Behörde kann das Recht der oder des beschuldigten Jugendlichen auf Teilnahme an bestimmten Verfahrenshandlungen mit Rücksicht auf Alter und ungestörte Entwicklung beschränken. Diese Beschränkungen gelten nicht für die Verteidigung.

Art. 20 Privatklägerschaft

¹ Die Privatklägerschaft kann an der Untersuchung teilnehmen, wenn dies den Interessen der oder des beschuldigten Jugendlichen nicht zuwiderläuft.

² Sie nimmt an der Hauptverhandlung nicht teil, ausser wenn besondere Umstände es erfordern.

Art. 21 Jugendstaatsanwaltschaft

Wird die Untersuchung durch eine Jugendrichterin oder einen Jugendrichter geführt, so sieht der Kanton eine Jugendstaatsanwaltschaft vor. Die Jugendstaatsanwaltschaft:

a. erhebt Anklage vor dem Jugendgericht;

b. kann an der Hauptverhandlung vor dem Jugendgericht und vor der Berufungsinstanz teilnehmen; sie ist dazu verpflichtet, wenn das Gericht sie dazu auffordert;

c. kann gegen Urteile des Jugendgerichts Berufung einlegen;

d. vertritt die Anklage vor der Berufungsinstanz;

e. nimmt jene Aufgaben wahr, welche ihr das kantonale Recht überträgt.

Art. 22 Ober- oder Generaljugendanwaltschaft

Sieht das kantonale Recht eine Ober- oder Generaljugendanwaltschaft vor, so sind die Artikel 322 Absatz 1, 354 Absatz 1 Buchstabe c und 381 Absatz 2 StPO¹² sinngemäss anwendbar.

2. Abschnitt: Verteidigung

Art. 23 Wahlverteidigung

Die oder der urteilsfähige beschuldigte Jugendliche sowie die gesetzliche Vertretung können eine Anwältin oder einen Anwalt mit der Verteidigung betrauen.

Art. 24 Notwendige Verteidigung

Die oder der Jugendliche muss verteidigt werden, wenn:

a. ihr oder ihm ein Freiheitsentzug von mehr als einem Monat oder eine Unterbringung droht;

---

12 SR 312.0

b. sie oder er die eigenen Verfahrensinteressen nicht ausreichend wahren kann und auch die gesetzliche Vertretung dazu nicht in der Lage ist;

c. die Untersuchungs- oder Sicherheitshaft mehr als 24 Stunden gedauert hat;

d. sie oder er vorsorglich in einer Einrichtung untergebracht worden ist;

e. die Jugendanwältin oder der Jugendanwalt beziehungsweise die Jugendstaatsanwaltschaft an der Hauptverhandlung persönlich auftritt.

Art. 25 Amtliche Verteidigung

[1] Die zuständige Behörde ordnet eine amtliche Verteidigung an, wenn bei notwendiger Verteidigung:

a. die oder der beschuldigte Jugendliche oder die gesetzliche Vertretung trotz Aufforderung keine Wahlverteidigung bestimmt;

b. der Wahlverteidigung das Mandat entzogen wurde oder sie es niedergelegt hat und die oder der beschuldigte Jugendliche oder die gesetzliche Vertretung nicht innert Frist eine neue Wahlverteidigung bestimmt; oder

c. die oder der beschuldigte Jugendliche und die gesetzliche Vertretung nicht über die erforderlichen Mittel verfügen.

[2] Die Entschädigung der amtlichen Verteidigung richtet sich nach Artikel 135 StPO[13]. Zur Rückerstattung im Sinne von Artikel 135 Absatz 4 StPO können im Rahmen ihrer Unterhaltspflicht auch die Eltern verpflichtet werden.

5. Kapitel: Zwangsmassnahmen, Schutzmassnahmen und Beobachtungen

Art. 26 Zuständigkeit

[1] Die Untersuchungsbehörde ist zuständig zur Anordnung:

a. jener Zwangsmassnahmen, die gemäss den Bestimmungen der StPO[14] durch die Staatsanwaltschaft angeordnet werden können;

b. der Untersuchungshaft;

c. der vorsorglichen Schutzmassnahmen nach den Artikeln 12–15 JStG[15];

d. der Beobachtung im Sinne von Artikel 9 JStG.

[2] Das Zwangsmassnahmengericht ist zuständig zur Anordnung oder Genehmigung der übrigen Zwangsmassnahmen.

[3] Ist der Straffall beim Gericht hängig, so ist dieses für die Anordnung der gesetzlich vorgesehenen Zwangsmassnahmen zuständig.

---

13 SR 312.0
14 SR 312.0
15 SR 311.1

Art. 27 Untersuchungs- und Sicherheitshaft

[1] Untersuchungs- und Sicherheitshaft werden nur in Ausnahmefällen und erst nach Prüfung sämtlicher Möglichkeiten von Ersatzmassnahmen angeordnet.

[2] Soll die Untersuchungshaft länger als sieben Tage dauern, so stellt die Untersuchungsbehörde spätestens am siebten Tag ein Verlängerungsgesuch an das Zwangsmassnahmengericht. Dieses entscheidet unverzüglich, spätestens aber innert 48 Stunden nach Eingang des Gesuchs. Das Verfahren richtet sich nach den Artikeln 225 und 226 StPO[16].

[3] Das Zwangsmassnahmengericht kann die Untersuchungshaft mehrmals verlängern, jedoch jeweils um höchstens einen Monat. Das Verfahren richtet sich nach Artikel 227 StPO.

[4] Die oder der urteilsfähige beschuldigte Jugendliche und die gesetzliche Vertretung können bei der Behörde, welche die Haft angeordnet hat, jederzeit die Entlassung beantragen. Das Verfahren richtet sich nach Artikel 228 StPO.

[5] Die Anfechtbarkeit der Entscheide des Zwangsmassnahmengerichts richtet sich nach Artikel 222 StPO.

Art. 28 Vollzug der Untersuchungs- und Sicherheitshaft

[1] Untersuchungs- und Sicherheitshaft werden in einer für Jugendliche reservierten Einrichtung oder in einer besonderen Abteilung einer Haftanstalt vollzogen, wo die Jugendlichen von erwachsenen Inhaftierten getrennt sind. Eine angemessene Betreuung ist sicherzustellen.

[2] Die Jugendlichen können auf ihr Gesuch hin einer Beschäftigung nachgehen, wenn das Verfahren dadurch nicht beeinträchtigt wird und die Verhältnisse der Einrichtung oder der Haftanstalt es erlauben.

[3] Für den Vollzug können private Einrichtungen beigezogen werden.

Art. 29 Vorsorgliche Anordnung von Schutzmassnahmen und Anordnung der Beobachtung

[1] Die vorsorglichen Schutzmassnahmen und die Beobachtung werden schriftlich angeordnet und begründet.

[2] Die stationäre Beobachtung ist angemessen auf die Strafe anzurechnen. Für den Vollzug ist Artikel 16 JStG[17] sinngemäss anwendbar.

---

16 SR 312.0
17 SR 311.1

6. Kapitel: Verfahren

1. Abschnitt: Untersuchung

Art. 30 Untersuchungsbehörde

[1] Die Untersuchungsbehörde leitet die Strafverfolgung und nimmt alle zur Wahrheitsfindung notwendigen Untersuchungshandlungen vor.

[2] Während der Untersuchung hat sie die Befugnisse und Aufgaben, die nach der StPO[18] in diesem Verfahrensstadium der Staatsanwaltschaft zukommen.

Art. 31 Zusammenarbeit

[1] Bei der Abklärung der persönlichen Verhältnisse der oder des beschuldigten Jugendlichen arbeitet die Untersuchungsbehörde mit allen Instanzen der Straf- und Zivilrechtspflege, mit den Verwaltungsbehörden, mit öffentlichen und privaten Einrichtungen und mit Personen aus dem medizinischen und sozialen Bereich zusammen; sie holt bei ihnen die nötigen Auskünfte ein.

[2] Diese Instanzen, Einrichtungen und Personen sind verpflichtet, die verlangten Auskünfte zu erteilen; das Berufsgeheimnis bleibt vorbehalten.

2. Abschnitt: Strafbefehlsverfahren

Art. 32

[1] Die Untersuchungsbehörde schliesst die Untersuchung ab und erlässt einen Strafbefehl, wenn die Beurteilung der Straftat nicht in die Zuständigkeit des Jugendgerichts fällt.

[2] Die oder der beschuldigte Jugendliche kann vor Erlass des Strafbefehls einvernommen werden.

[3] Die Untersuchungsbehörde kann im Strafbefehl auch über Zivilforderungen entscheiden, sofern deren Beurteilung ohne besondere Untersuchung möglich ist.

[4] Der Strafbefehl wird eröffnet:

a. der oder dem urteilsfähigen beschuldigten Jugendlichen und der gesetzlichen Vertretung;

b. der Privatklägerschaft und den anderen Verfahrensbeteiligten, soweit ihre Anträge behandelt werden;

c. der Jugendstaatsanwaltschaft, sofern das kantonale Recht dies vorsieht.

---

18 SR 312.0

⁵ Gegen den Strafbefehl können bei der Untersuchungsbehörde innert 10 Tagen schriftlich Einsprache erheben:

a. die oder der urteilsfähige beschuldigte Jugendliche und die gesetzliche Vertretung;

b. die Privatklägerschaft hinsichtlich des Zivilpunktes sowie hinsichtlich der Kosten- und Entschädigungsfolge;

c. weitere Verfahrensbeteiligte, soweit sie in ihren Interessen betroffen sind;

d. die Jugendstaatsanwaltschaft, sofern das kantonale Recht dies vorsieht.

⁶ Im Übrigen richtet sich das Verfahren nach den Artikeln 352–356 StPO¹⁹.

3. Abschnitt: Anklageerhebung

Art. 33

¹ Die zuständige Behörde erhebt Anklage vor dem Jugendgericht, wenn sie den Sachverhalt und die persönlichen Verhältnisse der oder des beschuldigten Jugendlichen als hinreichend geklärt erachtet und kein Strafbefehl erlassen wurde.

² Für die Anklageerhebung zuständig ist:

a. wenn die Untersuchung durch eine Jugendrichterin oder einen Jugendrichter geführt wurde: die Jugendstaatsanwaltschaft;

b. wenn die Untersuchung durch eine Jugendanwältin oder einen Jugendanwalt geführt wurde: die Jugendanwältin oder der Jugendanwalt.

³ Die zuständige Behörde stellt die Anklageschrift zu:

a. der oder dem beschuldigten Jugendlichen und der gesetzlichen Vertretung;

b. der Privatklägerschaft;

c. dem Jugendgericht, mitsamt den Akten sowie den beschlagnahmten Gegenständen und Vermögenswerten.

4. Abschnitt: Hauptverhandlung

Art. 34   Zuständigkeit

¹ Das Jugendgericht beurteilt als erste Instanz alle Straftaten, für die in Frage kommt:

a. eine Unterbringung;

b. eine Busse von mehr als 1000 Franken;

c. ein Freiheitsentzug von mehr als drei Monaten.

² Es beurteilt Anklagen im Anschluss an Einsprachen gegen Strafbefehle.

---

19 SR 312.0

3 Die Kantone, welche Jugendanwältinnen oder Jugendanwälte als Unter-
suchungsbehörde bezeichnen, können vorsehen, dass die Präsidentin oder der
Präsident des Jugendgerichts Anklagen im Anschluss an Einsprachen gegen
Strafbefehle beurteilt, welche Übertretungen zum Gegenstand haben.

4 Fällt eine Straftat nach Auffassung des Jugendgerichts in die Zuständigkeit
der Untersuchungsbehörde, so kann das Jugendgericht die Straftat selbst beurteilen oder den Fall der Untersuchungsbehörde zum Erlass eines Strafbefehls
überweisen.

5 Ist der Straffall bei ihm hängig, so ist das Jugendgericht für die Anordnung
der gesetzlich vorgesehenen Zwangsmassnahmen zuständig.

6 Das Jugendgericht kann auch über Zivilforderungen entscheiden, sofern
deren Beurteilung ohne besondere Untersuchung möglich ist.

Art. 35 Persönliches Erscheinen und Ausschluss

1 Die oder der beschuldigte Jugendliche und die gesetzliche Vertretung haben
an der Hauptverhandlung vor dem Jugendgericht und der Berufungsinstanz
persönlich zu erscheinen, wenn sie nicht davon dispensiert worden sind.

2 Das Gericht kann die oder den Jugendlichen, die gesetzliche Vertretung
und die Vertrauensperson von der Hauptverhandlung ganz oder teilweise
ausschliessen, sofern überwiegende private oder öffentliche Interessen dies
rechtfertigen.

Art. 36 Abwesenheitsverfahren

Das Abwesenheitsverfahren ist nur möglich, wenn:
a. die oder der beschuldigte Jugendliche trotz zweimaliger Vorladung nicht
   zur Hauptverhandlung erscheint;
b. sie oder er durch die Untersuchungsbehörde einvernommen worden ist;
c. die Beweislage ein Urteil in ihrer Abwesenheit zulässt; und
d. einzig eine Strafe in Betracht kommt.

Art. 37 Urteilseröffnung und -begründung

1 Das Urteil ist nach Möglichkeit mündlich zu eröffnen und zu begründen.

2 Das Gericht händigt den Parteien und den anderen Verfahrensbeteiligten
am Ende der Hauptverhandlung das Urteilsdispositiv aus oder stellt es ihnen
innert fünf Tagen zu.

3 Das Urteil wird schriftlich begründet und zugestellt:
a. der oder dem urteilsfähigen beschuldigten Jugendlichen und der gesetzlichen Vertretung;
b. der Jugendanwältin oder dem Jugendanwalt beziehungsweise der Jugendstaatsanwaltschaft;
c. der Privatklägerschaft und den anderen Verfahrensbeteiligten, soweit ihre
   Anträge behandelt werden.

[4] Das Gericht kann auf eine schriftliche Begründung verzichten, wenn:

a. es das Urteil mündlich begründet; und

b. keinen Freiheitsentzug und keine Schutzmassnahme verhängt hat.

[5] Das Gericht stellt den Parteien nachträglich ein begründetes Urteil zu, wenn:

a. eine Partei dies innert zehn Tagen nach Zustellung des Dispositivs verlangt;

b. eine Partei ein Rechtsmittel ergreift.

[6] Ergreift nur die Privatklägerschaft ein Rechtsmittel, so begründet das Gericht das Urteil nur insoweit, als dieses sich auf das strafbare Verhalten zum Nachteil der Privatklägerschaft oder auf deren Zivilansprüche bezieht.

7. Kapitel: Rechtsmittel

Art. 38 Legitimation

[1] Zum Ergreifen von Rechtsmitteln sind legitimiert:

a. die oder der urteilsfähige Jugendliche; und

b. die gesetzliche Vertretung oder, wo diese fehlt, die Behörde des Zivilrechts.

[2] Das Recht zur Berufung steht jener Behörde zu, die vor dem Jugendgericht die Anklage vertreten hat.

[3] Im Übrigen ist Artikel 382 StPO[20] anwendbar.

Art. 39 Beschwerde

[1] Die Zulässigkeit der Beschwerde und die Beschwerdegründe richten sich nach Artikel 393 StPO[21].

[2] Die Beschwerde ist überdies zulässig gegen:

a. die vorsorgliche Anordnung von Schutzmassnahmen;

b. die Anordnung der Beobachtung;

c. den Entscheid über die Einschränkung der Akteneinsicht;

d. die Anordnung der Untersuchungs- und Sicherheitshaft;

e. andere verfahrensleitende Entscheide, sofern sie einen nicht wiedergutzumachenden Nachteil zur Folge haben.

[3] Für den Entscheid zuständig ist die Beschwerdeinstanz; bei Beschwerden gegen die Anordnung der Untersuchungs- und Sicherheitshaft das Zwangsmassnahmengericht.

Art. 40 Berufung

[1] Die Berufungsinstanz entscheidet über:

a. Berufungen gegen erstinstanzliche Urteile des Jugendgerichts;

b. die Aussetzung einer vorsorglich angeordneten Schutzmassnahme.

---

20 SR 312.0
21 SR 312.0

² Ist ein Fall bei der Berufungsinstanz hängig, so ist diese für die Anordnung der gesetzlich vorgesehenen Zwangsmassnahmen zuständig.

Art. 41 Revision

Über Revisionsgesuche entscheidet das Jugendgericht.

8. Kapitel: Vollzug von Sanktionen

Art. 42 Zuständigkeit

¹ Für den Vollzug von Strafen und Schutzmassnahmen ist die Untersuchungsbehörde zuständig.

² Für den Vollzug können öffentliche und private Einrichtungen sowie Privatpersonen beigezogen werden.

Art. 43 Rechtsmittel

Mittels Beschwerde können angefochten werden:

a. die Änderung der Massnahme;

b. die Überweisung an eine andere Einrichtung;

c. die Verweigerung oder der Widerruf der bedingten Entlassung;

d. die Beendigung der Massnahme.

9. Kapitel: Kosten

Art. 44 Verfahrenskosten

¹ Die Verfahrenskosten werden vorerst von dem Kanton getragen, in dem das Urteil gefällt wurde.

² Im Übrigen gelten die Artikel 422–428 StPO²² sinngemäss.

³ Sind die Voraussetzungen für eine Kostenauflage zulasten der oder des beschuldigten Jugendlichen erfüllt (Art. 426 StPO), so können ihre oder seine Eltern für die Kosten solidarisch haftbar erklärt werden.

Art. 45 Vollzugskosten

¹ Als Vollzugskosten gelten:

a. die Kosten des Vollzugs von Schutzmassnahmen und Strafen;

b. die Kosten einer im Laufe des Verfahrens angeordneten Beobachtung oder vorsorglichen Unterbringung.

---

22 SR 312.0

² Der Kanton, in dem die oder der Jugendliche bei Eröffnung des Verfahrens den Wohnsitz hatte, trägt sämtliche Vollzugskosten mit Ausnahme der Kosten des Strafvollzugs.

³ Der Urteilskanton trägt:

a. sämtliche Vollzugskosten für Jugendliche, die in der Schweiz keinen Wohnsitz haben;

b. die Kosten des Strafvollzugs.

⁴ Vertragliche Regelungen der Kantone über die Kostenverteilung bleiben vorbehalten.

⁵ Die Eltern beteiligen sich im Rahmen ihrer zivilrechtlichen Unterhaltspflicht an den Kosten der Schutzmassnahmen und der Beobachtung.

⁶ Verfügt die oder der Jugendliche über ein regelmässiges Erwerbseinkommen oder über Vermögen, so kann sie oder er zu einem angemessenen Beitrag an die Vollzugskosten verpflichtet werden.

10. Kapitel: Schlussbestimmungen

1. Abschnitt: Änderung bisherigen Rechts

Art. 46

¹ Die Änderung bisherigen Rechts wird im Anhang geregelt.

² Die Bundesversammlung kann diesem Gesetz widersprechende, aber formell nicht geänderte Bestimmungen in Bundesgesetzen durch eine Verordnung anpassen.

2. Abschnitt: Übergangsbestimmungen

Art. 47 Anwendbares Recht

¹ Bei Inkrafttreten dieses Gesetzes hängige Verfahren und laufende Vollzugsmassnahmen werden nach neuem Recht fortgeführt, soweit die nachfolgenden Bestimmungen nichts anderes vorsehen.

² Verfahrenshandlungen, die vor Inkrafttreten dieses Gesetzes angeordnet oder durchgeführt worden sind, behalten ihre Gültigkeit.

Art. 48 Zuständigkeit

¹ Bei Inkrafttreten dieses Gesetzes hängige Verfahren und laufende Vollzugsmassnahmen werden von den nach neuem Recht zuständigen Behörden weitergeführt, soweit die nachfolgenden Bestimmungen nichts anderes vorsehen.

² Konflikte über die Zuständigkeit zwischen Behörden des gleichen Kantons entscheidet die Beschwerdeinstanz in Jugendstrafsachen des jeweiligen Kantons, solche zwischen Behörden verschiedener Kantone das Bundesstrafgericht. Der Entscheid ist nicht selbstständig anfechtbar.

Art. 49 Erstinstanzliches Hauptverfahren

¹ Ist bei Inkrafttreten dieses Gesetzes ein Verfahren vor einem Jugendgericht hängig, so kann die Jugendrichterin oder der Jugendrichter an der Hauptverhandlung nur teilnehmen, wenn die oder der Jugendliche der Teilnahme ausdrücklich zugestimmt hat.

² Ist beim Inkrafttreten dieses Gesetzes die Hauptverhandlung vor einem Einzelgericht oder einem Kollegialgericht bereits eröffnet, so wird sie nach bisherigem Recht, vom bisher zuständigen erstinstanzlichen Gericht, fortgeführt.

Art. 50 Abwesenheitsverfahren

¹ Abwesenheitsverfahren, die vor Inkrafttreten dieses Gesetzes aufgenommen worden sind, werden nach bisherigem Recht fortgesetzt.

² Kennt das kantonale Recht kein Abwesenheitsverfahren, so ist neues Recht anwendbar.

Art. 51 Rechtsmittel

¹ Ist ein Entscheid vor Inkrafttreten dieses Gesetzes gefällt worden, so können dagegen die Rechtsmittel nach bisherigem Recht ergriffen werden. Diese werden nach bisherigem Recht, von den nach bisherigem Recht zuständigen Behörden, beurteilt.

² Steht gegen den Entscheid kein Rechtsmittel nach bisherigem Recht zur Verfügung, so richtet sich seine Anfechtbarkeit nach den Bestimmungen des neuen Rechts.

³ Im Übrigen ist Artikel 453 Absatz 2 StPO[23] anwendbar.

Art. 52 Vorbehalt der Verfahrensgrundsätze nach neuem Recht

In Fällen, in denen nach Inkrafttreten dieses Gesetzes altes Recht zur Anwendung kommt, tragen die Behörden den Grundsätzen dieses Gesetzes Rechnung; sie achten insbesondere auf die Einhaltung der Verfahrensgrundsätze betreffend:

a. den Verzicht auf Strafverfolgung (Art. 5);
b. die Ablehnung (Art. 9);
c. die Mitwirkung der gesetzlichen Vertretung (Art. 12);
d. die Parteistellung (Art. 18);
e. die Verteidigung der oder des Jugendlichen (Art. 23–25);
f. die Untersuchungs- und die Sicherheitshaft (Art. 27 und 28).

---

23 SR 312.0

Art. 53 Vollzug

[1] Der Vollzug von Schutzmassnahmen, die bei Inkrafttreten dieses Gesetzes ihrem Ende zugehen, kann durch die nach bisherigem Recht zuständige Behörde abgeschlossen werden. Die Behörde prüft jedoch in jedem Fall, ob eine Übertragung an die nach diesem Gesetz zuständige Behörde angebracht erscheint.

[2] Wird bei Inkrafttreten dieses Gesetzes eine Beobachtung oder eine vorsorgliche Unterbringung durchgeführt, so richtet sich der Vollzug nach neuem Recht.

3. Abschnitt: Referendum und Inkrafttreten

Art. 54

[1] Dieses Gesetz untersteht dem fakultativen Referendum.

[2] Der Bundesrat bestimmt das Inkrafttreten.

Datum des Inkrafttretens: 1. Januar 2011[24]

Anhang (Art. 46 Abs. 1)

Änderung bisherigen Rechts

Die nachstehenden Bundesgesetze werden wie folgt geändert:

...[25]

---

24 BRB vom 31. März 2010
25 Die Änderungen können unter AS 2010 1573 konsultiert werden.

21. Bundesgesetz über den ausserprozessualen Zeugenschutz
(Zeugenschutzgesetz*, ZeugSG)

vom 23. Dezember 2011

Die Bundesversammlung der Schweizerischen Eidgenossenschaft,

gestützt auf die Artikel 38 Absatz 1, 54 Absatz 1, 57 Absatz 2, 122 Absatz 1 und 123 Absatz 1 der Bundesverfassung[1],
nach Einsicht in die Botschaft des Bundesrates vom 17. November 2010[2],

beschliesst:

1. Kapitel: Allgemeine Bestimmungen

Art. 1 Gegenstand

Dieses Gesetz regelt:

a. die Durchführung von Zeugenschutzprogrammen für Personen, welche aufgrund ihrer Mitwirkung in einem Strafverfahren gefährdet sind;

b. die Errichtung der Zeugenschutzstelle des Bundes und deren Aufgaben.

Art. 2 Geltungsbereich

[1] Dieses Gesetz gilt für Personen:

a. die aufgrund ihrer Mitwirkung oder Mitwirkungsbereitschaft in einem Strafverfahren des Bundes oder der Kantone einer erheblichen Gefahr für Leib und Leben oder einem anderen schweren Nachteil ausgesetzt sind oder sein können; und

b. ohne deren Mitwirkung die Strafverfolgung unverhältnismässig erschwert wäre oder unverhältnismässig erschwert gewesen wäre.

[2] Es gilt auch für Personen, die einer Person gemäss Absatz 1 in einem Verhältnis nach Artikel 168 Absätze 1–3 der Strafprozessordnung[3] (StPO) nahestehen und deswegen einer erheblichen Gefahr für Leib und Leben oder einem anderen schweren Nachteil ausgesetzt sind oder sein können.

SR 312.2. AS 2012 6715
* Kurztitel nicht amtlich
1 SR 101
2 BBl 2011 1
3 SR 312.0

³ Für Personen, für die ein Zeugenschutzprogramm eines ausländischen Staates oder eines internationalen Strafgerichts durchgeführt wird und die aus Sicherheitsgründen in die Schweiz verbracht werden, gilt das 2. Kapitel 4. und 5. Abschnitt dieses Gesetzes, soweit ein die Schweiz bindender völkerrechtlicher Vertrag keine abweichenden Bestimmungen enthält.

2. Kapitel: Zeugenschutzprogramm
1. Abschnitt: Begriff, Zweck und Inhalt

Art. 3 Begriff

Ein Zeugenschutzprogramm ist eine Gesamtheit von ausserprozessualen Zeugenschutzmassnahmen, die individuell zusammengestellt werden und mit denen eine Person vor jeder gefährlichen Auswirkung ihrer Mitwirkung in einem Strafverfahren, einschliesslich der Einschüchterung, geschützt werden soll.

Art. 4 Zweck

Zeugenschutzprogramme nach diesem Gesetz haben zum Zweck:
a. eine gefährdete Person und soweit erforderlich die ihr nahestehenden Personen für die Dauer ihrer Gefährdung zu schützen;
b. die Strafverfolgung dadurch zu unterstützen, dass die Aussagebereitschaft und die Aussagefähigkeit einer Person sichergestellt sind;
c. die zu schützende Person bei der Wahrung ihrer persönlichen und vermögensrechtlichen Interessen während der Dauer ihrer Gefährdung zu beraten und zu unterstützen.

Art. 5 Inhalt

Ein Zeugenschutzprogramm kann namentlich die folgenden ausserprozessualen Zeugenschutzmassnahmen umfassen:
a. Unterbringung an einem sicheren Ort;
b. Wechsel des Arbeits- und des Wohnortes;
c. Bereitstellung von Hilfsmitteln;
d. Sperre der Bekanntgabe von Daten über die zu schützende Person;
e. Aufbau einer neuen Identität der zu schützenden Person für den erforderlichen Zeitraum;
f. finanzielle Unterstützung.

2. Abschnitt: Ausarbeitung eines Zeugenschutzprogramms

Art. 6 Antrag

[1] Die zuständige Verfahrensleitung kann bei der Zeugenschutzstelle Antrag auf Durchführung eines Zeugenschutzprogramms stellen, wenn die zu schützende Person ihre Bereitschaft zur Mitwirkung im Strafverfahren geäussert hat.

[2] Soll ein Antrag nach Beendigung des Strafverfahrens gestellt werden, so stellt ihn die für den verfahrensabschliessenden Entscheid zuständige Behörde.

[3] Die antragstellende Behörde begründet den Antrag und äussert sich insbesondere zum Interesse der Öffentlichkeit an der Strafverfolgung, zur Bedeutung der Mitwirkung für das Strafverfahren und zur Gefährdungslage.

[4] Der Antrag und der damit zusammenhängende Schriftverkehr sind nicht Bestandteil der Akten des Strafverfahrens.

[5] Der Bundesrat regelt die Einzelheiten der Antragsstellung.

Art. 7 Prüfung des Antrags

[1] Die Zeugenschutzstelle führt ein umfassendes Prüfverfahren durch. Sie prüft insbesondere:

a. ob die Gefährdung der zu schützenden Person erheblich ist;
b. ob die zu schützende Person für ein Zeugenschutzprogramm geeignet ist;
c. ob bei der zu schützenden Person Vorstrafen oder ob andere Umstände vorliegen, welche eine Gefährdung der öffentlichen Sicherheit oder von entgegenstehenden Interessen Dritter darstellen könnten, wenn die Person in ein Zeugenschutzprogramm aufgenommen würde;
d. ob Massnahmen der allgemeinen Gefahrenabwehr durch die Kantone oder prozessuale Zeugenschutzmassnahmen nach den Artikeln 149–151 StPO[4] nicht ausreichend wären;
e. ob ein erhebliches öffentliches Interesse an der Strafverfolgung besteht.

[2] Sie informiert die zu schützende Person über:

a. Voraussetzungen, Möglichkeiten und Grenzen eines Zeugenschutzprogramms;
b. die Auswirkungen auf die persönliche Lebenssituation.

[3] Sie kann im Rahmen des Prüfverfahrens die notwendigen Sofortmassnahmen zugunsten der zu schützenden Person ergreifen.

Art. 8 Entscheid

[1] Die Direktorin oder der Direktor des Bundesamtes für Polizei (fedpol) entscheidet über die Durchführung eines Zeugenschutzprogramms auf Antrag der Zeugenschutzstelle.

---

4 SR 312.0

² Sie oder er berücksichtigt bei der Interessenabwägung insbesondere die Kriterien nach Artikel 7 Absatz 1[5].

³ Der Entscheid wird der zu schützenden Person und der antragstellenden Behörde schriftlich und begründet mitgeteilt.

⁴ Die zu schützende Person und die antragstellende Behörde sind berechtigt, gegen einen Entscheid Beschwerde zu führen.

⁵ Der Entscheid ist nicht Bestandteil der Akten des Strafverfahrens.

Art. 9 Zustimmung und Beginn des Zeugenschutzprogramms

¹ Die Zeugenschutzstelle informiert die zu schützende Person über den Ablauf des Zeugenschutzprogramms, über ihre Rechte und Pflichten sowie über die Folgen bei deren Verletzung.

² Das Zeugenschutzprogramm beginnt erst mit der schriftlichen Zustimmung der zu schützenden Person oder ihrer gesetzlichen Vertretung zu laufen.

Art. 10 Änderungen im Zeugenschutzprogramm

¹ Die Direktorin oder der Direktor von fedpol entscheidet über wesentliche Änderungen im Zeugenschutzprogramm, welche grundlegende Auswirkungen auf die persönliche Lebenssituation der zu schützenden Person haben.

² Die zu schützende Person kann gegen den Entscheid Beschwerde führen. Im Übrigen richtet sich das Verfahren nach Artikel 8 Absätze 3 und 4.

3. Abschnitt: Beendigung des Zeugenschutzprogramms und Fortführung über das Ende eines Strafverfahrens hinaus

Art. 11 Beendigung

¹ Die Direktorin oder der Direktor von fedpol kann das Zeugenschutzprogramm auf Antrag der Zeugenschutzstelle beenden, wenn die zu schützende Person:

a. nicht mehr gefährdet ist; oder

b. die vereinbarten Pflichten verletzt.

² Bis zum rechtskräftigen Abschluss eines Strafverfahrens kann das Zeugenschutzprogramm nur nach Rücksprache mit der zuständigen Verfahrensleitung beendet werden. Ist das Verfahren beim Gericht hängig, so ist zusätzlich mit der Staatsanwaltschaft Rücksprache zu nehmen.

³ Die Direktorin oder der Direktor von fedpol muss das Zeugenschutzprogramm in jedem Fall beenden, wenn die zu schützende Person dies ausdrücklich wünscht.

⁴ Der Bundesrat regelt die Beendigung des Zeugenschutzprogramms.

---

5 Berichtigt von der Redaktionskommission der BVers (Art. 58 Abs. 1 ParlG - SR 171.10).

Art. 12   Fortführung über das Ende des Strafverfahrens hinaus

Das Zeugenschutzprogramm wird über den Abschluss des Strafverfahrens durch rechtskräftiges Urteil oder Einstellungsverfügung hinaus fortgeführt, wenn die Gefährdung fortbesteht und die Zustimmung der zu schützenden Person zur Mitwirkung im Zeugenschutzprogramm weiterhin vorliegt.

4. Abschnitt: Rechte und Pflichten der zu schützenden Person

Art. 13   Ansprüche Dritter gegenüber der zu schützenden Person

[1] Die zu schützende Person hat der Zeugenschutzstelle ihr bekannte Ansprüche Dritter gegen sie offenzulegen.

[2] Die Zeugenschutzstelle stellt sicher, dass:

a. während der Durchführung des Zeugenschutzprogramms die Erreichbarkeit der zu schützenden Person im Rechtsverkehr gewährleistet ist; und

b. Dritte ihre Ansprüche gegenüber der zu schützenden Person weiterhin geltend machen können.

[3] Sie setzt Dritte über die Durchführung eines Zeugenschutzprogramms in Kenntnis, falls es zur Sicherung von deren Ansprüchen gegenüber der zu schützenden Person unerlässlich ist. Sie bestätigt ihnen gegenüber Tatsachen, die zur Entscheidung über den Anspruch von Bedeutung sind.

Art. 14   Ansprüche der zu schützenden Person gegenüber Dritten

[1] Ansprüche der zu schützenden Person gegenüber Dritten werden durch Massnahmen nach diesem Gesetz nicht berührt.

[2] Die Zeugenschutzstelle setzt Dritte über die Durchführung eines Zeugenschutzprogramms in Kenntnis, soweit dies zur Sicherung von Ansprüchen der zu schützenden Person gegenüber diesen Dritten unerlässlich ist. Sie bestätigt ihnen gegenüber Tatsachen, die zur Entscheidung über den Anspruch von Bedeutung sind.

Art. 15   Finanzielle Leistungen der Zeugenschutzstelle

[1] Die zu schützende Person erhält von der Zeugenschutzstelle im Rahmen des Zeugenschutzprogramms finanzielle Leistungen so lange und in dem Umfang, als dies zum Zwecke des Schutzes und für die Kosten der Lebenshaltung erforderlich ist.

[2] Für die Kosten der Lebenshaltung wird ein den wirtschaftlichen Verhältnissen angemessener Beitrag geleistet. Dabei werden das bisherige rechtmässige Einkommen und Vermögen, die familiären Verhältnisse, die Unterhalts- und Unterstützungspflichten und die Sicherheitsbedürfnisse berücksichtigt. Als untere Grenze gelten die Ansätze der Sozialhilfe des Aufenthaltsortes.

³ Die Zeugenschutzstelle kann die Leistungen zurückfordern, wenn sie aufgrund wissentlich falscher Angaben gewährt worden sind.

Art. 16 Mitwirkung in Verfahren

¹ Eine zu schützende Person ist in Gerichts- und Verwaltungsverfahren von Bund, Kantonen oder Gemeinden, in welchen ihre neue Identität oder der Wohn- oder Aufenthaltsort nicht bekannt ist, berechtigt, Angaben zu verweigern, die Rückschlüsse auf die neue Identität sowie den Wohn- oder Aufenthaltsort erlauben.

² Anstelle des Wohn- oder Aufenthaltsorts ist die Zeugenschutzstelle zu benennen.

³ In Strafverfahren richtet sich die Verweigerung von Aussagen nach den Bestimmungen der StPO⁶, in Militärstrafverfahren nach den Bestimmungen des Militärstrafprozesses vom 23. März 1979⁷.

5. Abschnitt: Zusammenarbeit mit öffentlichen Stellen und Privaten

Art. 17 Sperre der Bekanntgabe von Daten

¹ Die Zeugenschutzstelle kann von öffentlichen Stellen und von Privaten verlangen, dass diese bestimmte Daten der zu schützenden Person nicht bekanntgeben, soweit die bestehenden technischen Möglichkeiten dies erlauben.

² Derart angegangene öffentliche Stellen und Private haben bei ihrer Datenbearbeitung sicherzustellen, dass der Zeugenschutz nicht beeinträchtigt wird.

Art. 18 Mitteilungs- und Aushändigungspflicht

¹ Von der Zeugenschutzstelle angegangene öffentliche Stellen und Private teilen dieser festgestellte Ersuchen um Auskunft über die zu schützende Person unverzüglich mit.

² Bestehen bei automatisierten Informationssystemen Abfrageprotokolle, so sind der Zeugenschutzstelle auf deren Verlangen Auszüge auszuhändigen, die Abfragen zu der zu schützenden Person dokumentieren.

³ Die Zeugenschutzstelle kann die Mitteilungs- und die Aushändigungspflicht ausdehnen auf Auskunftsersuchen und Abfragen über Mitarbeiterinnen und Mitarbeiter der Zeugenschutzstelle.

---

6 SR 312.0
7 SR 322.1

Art. 19 Aufbau einer neuen Identität für den erforderlichen Zeitraum

[1] Die Zeugenschutzstelle kann zum Aufbau oder zur Aufrechterhaltung einer vorübergehenden neuen Identität für eine zu schützende Person von öffentlichen Stellen und von Privaten verlangen:

a. Urkunden oder sonstige Dokumente mit den von der Zeugenschutzstelle mitgeteilten Daten herzustellen oder zu verändern; und

b. diese Daten in ihrem Informationssystem zu bearbeiten.

[2] Die Zeugenschutzstelle berücksichtigt öffentliche Interessen oder schutzwürdigen Interessen Dritter.

[3] Wird die neue Identität aufgehoben, so sorgt die Zeugenschutzstelle in Zusammenarbeit mit öffentlichen Stellen und Privaten dafür, dass die neuen Einträge mit den Einträgen der ursprünglichen Identität zusammengeführt und anschliessend gelöscht werden.

[4] Der Aufbau einer vorübergehenden neuen Identität ist für den erforderlichen Zeitraum auch für Mitarbeiterinnen und Mitarbeiter der Zeugenschutzstelle zulässig.

Art. 20 Anhörung bei Aufenthaltsregelungen für Ausländerinnen und Ausländer

Die zuständige Behörde hört die Zeugenschutzstelle an, bevor sie gegenüber einer zu schützenden Person:

a. eine Bewilligung nach den Artikeln 32–34 des Ausländergesetzes vom 16. Dezember 2005[8] (AuG) verweigert;

b. eine bereits erteilte Bewilligung in Anwendung von Artikel 62 oder 63 AuG nicht verlängert oder widerruft;

c. Entfernungs- und Fernhaltemassnahmen nach den Artikeln 64–68 AuG verfügt.

Art. 21 Abstimmung bei freiheitsentziehenden Massnahmen

Die Zeugenschutzstelle trifft Entscheidungen, die Auswirkungen auf die Art und den Ort des Vollzugs einer die zu schützende Person betreffenden Untersuchungshaft, Sicherheitshaft, Freiheitsstrafe oder einer sonstigen freiheitsentziehenden Massnahme haben, nach Rücksprache mit den zuständigen Strafvollzugsbehörden.

---

8 SR 142.20

3. Kapitel: Zeugenschutzstelle

1. Abschnitt: Organisation und Aufgaben

Art. 22 Organisation

[1] Der Bund richtet zum Zweck des Zeugenschutzes nach diesem Gesetz eine Zeugenschutzstelle ein.

[2] Die Zeugenschutzstelle ist fedpol unterstellt. Sie ist personell und organisatorisch von den Einheiten zu trennen, die Ermittlungen führen.

Art. 23 Aufgaben und Ausbildung

[1] Die Zeugenschutzstelle erfüllt die folgenden Aufgaben:

a. Sie prüft Anträge auf Ausarbeitung eines Zeugenschutzprogramms für eine zu schützende Person und stellt der Direktorin oder dem Direktor von fedpol Antrag.

b. Sie führt die im Einzelfall erforderlichen und angemessenen Massnahmen zur Gewährleistung eines effektiven Schutzes durch.

c. Sie berät und betreut die zu schützende Person und unterstützt sie bei der Abwicklung persönlicher Angelegenheiten.

d. Sie koordiniert die ausserprozessualen Zeugenschutzmassnahmen nach diesem Gesetz mit den nötigen prozessualen Zeugenschutzmassnahmen gemäss der StPO[9].

e. Sie berät und unterstützt die inländischen Polizeibehörden bei Schutzmassnahmen zugunsten von Personen im Vorfeld und ausserhalb eines Zeugenschutzprogramms gemäss diesem Gesetz.

f. Sie prüft das Ersuchen eines ausländischen Staates oder eines internationalen Strafgerichts zur Durchführung des Schutzes einer Person in der Schweiz.

g. Sie koordiniert die Zusammenarbeit mit den zuständigen Dienststellen im Ausland.

h. Sie koordiniert die Zusammenarbeit mit beteiligten Dritten, insbesondere mit Organisationen der spezialisierten Opferbetreuung.

[2] Der Bundesrat regelt die Ausbildung der Mitarbeiterinnen und Mitarbeiter der Zeugenschutzstelle.

Art. 24 Aktenführung und Geheimhaltung

[1] Die Zeugenschutzstelle führt die Akten so, dass diese jederzeit eine vollständige und genaue Übersicht über die im Zusammenhang mit dem Zeugenschutz getroffenen Entscheidungen und Massnahmen ermöglichen.

[2] Die Akten unterliegen der Geheimhaltung. Sie sind nicht Bestandteil der Akten des Strafverfahrens.

---

9 SR 312.0

3 Das Öffentlichkeitsgesetz vom 17. Dezember 2004[10] ist nicht anwendbar auf Akten, welche sich auf die Durchführung von Zeugenschutzprogrammen beziehen.

2. Abschnitt: Datenbearbeitung

Art. 25 Informationssystem

1 Die Zeugenschutzstelle betreibt zur Erfüllung ihrer Aufgaben ein Informationssystem.

2 Das System enthält diejenigen Personendaten, welche die Zeugenschutzstelle zur Erfüllung ihrer Aufgaben nach diesem Gesetz benötigt.

3 Es ist nicht mit anderen Systemen verbunden.

4 Die Datenbearbeitung erfolgt ausschliesslich durch die für den Zeugenschutz zuständige Organisationseinheit von fedpol.

5 Der Bundesrat legt für das System fest:
a. die Verantwortlichkeit bei der Datenbearbeitung;
b. den Datenkatalog;
c. die Aufbewahrungsdauer der Daten und das Verfahren zur Datenlöschung;
d. die Weitergabe von Daten im Einzelfall an Dritte, soweit dies zur Erfüllung ihrer Aufgaben notwendig ist;
e. die Bestimmungen zur Gewährleistung der Datensicherheit;
f. die Protokollierung der Abfragen.

Art. 26 Im Informationssystem gespeicherte Daten

1 Das Informationssystem enthält Daten, welche die Zeugenschutzstelle zur Prüfung der Eignung einer Person für ein Zeugenschutzprogramm sowie zur Übersicht über die persönlichen und die vermögensrechtlichen Verhältnisse der zu schützenden Person benötigt, insbesondere über:
a. ihre engen persönlichen Beziehungen und ihre familiären Verhältnisse;
b. ihre finanzielle Lage;
c. ihre Gesundheit;
d. ihre Vorstrafen und weitere Ereignisse und Aktivitäten, die den Entscheid über die Aufnahme in ein Programm oder die Gestaltung der Auflagen und Bedingungen beeinflussen können.

2 Es enthält überdies Daten nach Absatz 1 über die mutmassliche gefährdende Person und über deren Umfeld, welche die Zeugenschutzstelle zur Abklärung der Gefährdungslage benötigt.

---

10 SR 152.3

Art. 27   Datenbeschaffung

[1] Die Zeugenschutzstelle kann die nach Artikel 26 benötigten Daten wie folgt beschaffen:

a. Sie kann über ein Abrufverfahren direkt auf das Strafregister, das zentrale Migrationssystem, die polizeilichen Informationssysteme des Bundes und über eine Kurzabfrage auf das informatisierte Staatsschutz-Informationssystem zugreifen.

b. Sie kann Auszüge aus den Registern der Betreibungs- und Konkursbehörden, der Zivilstandsämter, der Steuerämter und der Einwohnerkontrollen verlangen.

c. Sie kann die zuständigen kantonalen Polizeikorps anweisen, Daten über die zu schützende Person oder deren Gefährder zu beschaffen oder mitzuteilen, welche für die Eignungsprüfung oder die Abklärung der Gefährdungslage notwendig sind.

d. Sie kann Auskünfte bei den zuständigen Strafverfolgungsbehörden über laufende Strafverfahren einholen.

e. Sie kann Auskünfte bei weiteren öffentlichen Stellen und bei Privaten einholen, wenn die betroffene Person zugestimmt hat.

f. Sie kann die betroffenen Personen persönlich befragen.

[2] Die Beschaffung und die Mitteilung von Daten nach Absatz 1 zugunsten der Zeugenschutzstelle werden nicht in Rechnung gestellt.

4. Kapitel: Zusammenarbeit mit dem Ausland

Art. 28   Übergabe und Übernahme von zu schützenden Personen

[1] fedpol kann eine zu schützende Person ans Ausland übergeben oder eine zu schützende Person vom Ausland übernehmen, wenn:

a. es zur Wahrung erheblicher Sicherheitsinteressen der zu schützenden Person unerlässlich ist;

b. die aufnehmende Zeugenschutzstelle die erforderlichen Schutzmassnahmen gewährleisten kann;

c. die Zustimmung der zu schützenden Person vorliegt;

d. dadurch keine Gefahr für die öffentliche Ordnung oder die innere oder äussere Sicherheit der Schweiz entsteht;

e. die Schweiz mit dem entsprechenden Staat diplomatische Beziehungen pflegt;

f. die Rücknahme der zu schützenden Person durch die übergebende Zeugenschutzstelle jederzeit möglich ist; und

g. die Aufteilung der Kosten nach den Grundsätzen von Artikel 29 erfolgt.

[2] Für die Übernahme einer Person holt fedpol vorgängig die Zustimmung der für die Aufenthaltsregelung zuständigen Behörde ein.

Art. 29 Kostenteilung

1 Die Kosten bei einer Übergabe oder Übernahme nach Artikel 28 sind nach den folgenden Grundsätzen aufzuteilen:

a. Die Lebenshaltungskosten der zu schützenden Person sowie die laufenden Kosten für besondere Zeugenschutzmassnahmen werden von der ersuchenden Zeugenschutzstelle getragen.

b. Die Personal- und Sachkosten sowie die Kosten für nicht mit der ersuchenden Zeugenschutzstelle abgestimmte Massnahmen werden von der ersuchten Zeugenschutzstelle getragen.

2 Ausnahmsweise kann im Einzelfall auch der Personalaufwand von der ersuchenden Zeugenschutzstelle getragen werden, sofern die andere Seite Gegenrecht hält.

3 Vorbehalten bleiben Kostenvereinbarungen mit einer zuständigen Stelle des Auslands oder eines internationalen Strafgerichts gestützt auf einen Staatsvertrag.

5. Kapitel: Geheimhaltung

Art. 30 Schweigepflicht

1 Wer aufgrund seiner Mitwirkung im Zeugenschutzprogramm Kenntnisse über eine zu schützende Person oder über Zeugenschutzmassnahmen erlangt, darf diese Kenntnisse nicht ohne Zustimmung der Zeugenschutzstelle offenbaren.

2 Die Zeugenschutzstelle informiert die mitwirkenden Personen über ihre Schweigepflicht.

3 Die zu schützende Person darf Kenntnisse über die sie betreffenden Zeugenschutzmassnahmen oder über die sie betreuenden Personen nicht ohne Zustimmung der Zeugenschutzstelle offenbaren.

Art. 31 Strafdrohung für die Verletzung der Schweigepflicht

1 Wer die Schweigepflicht nach Artikel 30 dieses Gesetzes verletzt, wird mit einer Geldstrafe bis zu 180 Tagessätzen bestraft, sofern nicht ein mit einer höheren Strafe bedrohtes Verbrechen oder Vergehen des Strafgesetzbuches[11] vorliegt.

2 Das unbefugte Offenbaren von Personendaten oder von Kenntnissen über Zeugenschutzmassnahmen ist auch nach Beendigung der Tätigkeit, bei welcher die Daten anvertraut wurden, strafbar.

---

11 SR 311.0

6. Kapitel: Aufsicht

Art. 32 Berichterstattung

[1] Die Zeugenschutzstelle erstattet der Vorsteherin oder dem Vorsteher des Eidgenössischen Justiz- und Polizeidepartements (EJPD) jährlich Bericht über ihre Tätigkeit.

[2] Die Berichterstattung umfasst namentlich Angaben über:

a. die Zahl der abgeschlossenen und der hängigen Zeugenschutzfälle;

b. die Zahl der errichteten vorübergehenden neuen Identitäten;

c. die Zahl der abgelehnten Ersuchen um Aufnahme in ein Zeugenschutzprogramm;

d. den Einsatz von Personal sowie von Finanz- und Sachmitteln;

e. die Zahl der Beschwerden gegen Verfügungen von fedpol und die Ergebnisse dieser Beschwerden.

Art. 33 Einholung von Auskünften und Inspektion

[1] Personen, die im Rahmen der Oberaufsicht der eidgenössischen Räte nach dem Parlamentsgesetz vom 13. Dezember 2002[12] oder der Aufsicht des Bundesrates oder des EJPD nach dem Regierungs- und Verwaltungsorganisationsgesetz vom 21. März 1997[13] mit der Einholung von Auskünften oder mit einer Inspektion betraut sind, dürfen die erlangten Informationen nur in allgemeiner und anonymisierter Form als Grundlage für ihre Berichterstattung und ihre Empfehlungen verwenden.

[2] Die Zeugenschutzstelle trifft geeignete Massnahmen, damit der Zweck der Oberaufsicht erfüllt werden kann, ohne dass Informationen offengelegt werden müssen, die Aufschluss geben über den gegenwärtigen Aufenthaltsort einer zu schützenden Person oder über die von ihr benutzte Identität.

7. Kapitel: Kosten

Art. 34 Durchführung von Zeugenschutzprogrammen

[1] Die Lebenshaltungskosten der zu schützenden Person sowie die laufenden Kosten für die Zeugenschutzmassnahmen im Rahmen von Zeugenschutzprogrammen nach diesem Gesetz trägt der antragstellende Bund oder Kanton.

[2] Den Betrieb der Zeugenschutzstelle tragen Bund und Kantone zu gleichen Teilen.

[3] Der Bundesrat bestimmt den Verteilschlüssel für die Kostentragung der Kantone.

---

12 SR 171.10
13 SR 172.010

Art. 35 Beratungs- und Unterstützungsleistungen an die Kantone

¹ Die Kantone vergüten dem Bund umfangreiche Beratungs- und Unterstützungsleistungen im Sinne von Artikel 23 Absatz 1 Buchstabe e.

² Der Bundesrat bestimmt die zu vergütenden Leistungen sowie die Höhe und die Modalitäten ihrer Vergütung.

8. Kapitel: Änderung bisherigen Rechts

Art. 36

Die Änderung bisherigen Rechts ist im Anhang geregelt.

Datum des Inkrafttretens: 1. Januar 2013¹⁴

Anhang (Art. 36)
Änderung bisherigen Rechts

Die nachstehenden Bundesgesetze werden wie folgt geändert:

...¹⁵

---

14 BRB vom 7. Nov. 2012 (AS 2012 6713)
15 Die Änderungen können unter AS 2012 6715 konsultiert werden.

22. Bundesgesetz über das Bundesgericht
(Bundesgerichtsgesetz, BGG)

vom 17. Juni 2005

(Auszug)

Die Bundesversammlung der Schweizerischen Eidgenossenschaft,
gestützt auf die Artikel 188–191 c der Bundesverfassung[1],
nach Einsicht in die Botschaft des Bundesrates vom 28. Februar 2001[2],
beschliesst:

(...)

3. Kapitel: Das Bundesgericht als ordentliche Beschwerdeinstanz

(...)

2. Abschnitt: Beschwerde in Strafsachen

Art. 78 Grundsatz

[1] Das Bundesgericht beurteilt Beschwerden gegen Entscheide in Strafsachen.

[2] Der Beschwerde in Strafsachen unterliegen auch Entscheide über:

a. Zivilansprüche, wenn diese zusammen mit der Strafsache zu behandeln sind;

b. den Vollzug von Strafen und Massnahmen.

Art. 79 Ausnahme

Die Beschwerde ist unzulässig gegen Entscheide der Beschwerdekammer des Bundesstrafgerichts, soweit es sich nicht um Entscheide über Zwangsmassnahmen handelt.

Art. 80 Vorinstanzen

[1] Die Beschwerde ist zulässig gegen Entscheide letzter kantonaler Instanzen und des Bundesstrafgerichts.

SR 173.110. AS 2006 1205
1   SR 101
2   BBl 2001 4202

² Die Kantone setzen als letzte kantonale Instanzen obere Gerichte ein. Diese entscheiden als Rechtsmittelinstanzen. Ausgenommen sind die Fälle, in denen nach der Strafprozessordnung vom 5. Oktober 2007[38] (StPO) ein Zwangsmassnahmegericht oder ein anderes Gericht als einzige kantonale Instanz entscheidet.[39]

Art. 81 Beschwerderecht

¹ Zur Beschwerde in Strafsachen ist berechtigt, wer:

a. vor der Vorinstanz am Verfahren teilgenommen hat oder keine Möglichkeit zur Teilnahme erhalten hat; und

b. ein rechtlich geschütztes Interesse an der Aufhebung oder Änderung des angefochtenen Entscheids hat, insbesondere:

1. die beschuldigte Person,
2. ihr gesetzlicher Vertreter oder ihre gesetzliche Vertreterin,
3. die Staatsanwaltschaft,
4. ...[40]
5.[41] die Privatklägerschaft, wenn der angefochtene Entscheid sich auf die Beurteilung ihrer Zivilansprüche auswirken kann,
6. die Person, die den Strafantrag stellt, soweit es um das Strafantragsrecht als solches geht,
7.[42] die Staatsanwaltschaft des Bundes und die beteiligte Verwaltung in Verwaltungsstrafsachen nach dem Bundesgesetz vom 22. März 1974[43] über das Verwaltungsstrafrecht.

² Die Staatsanwaltschaft des Bundes ist auch zur Beschwerde berechtigt, wenn das Bundesrecht vorsieht, dass ihr oder einer anderen Bundesbehörde der Entscheid mitzuteilen ist oder wenn sie die Strafsache den kantonalen Behörden zur Untersuchung und Beurteilung überwiesen hat.[44]

³ Gegen Entscheide nach Artikel 78 Absatz 2 Buchstabe b steht das Beschwerderecht auch der Bundeskanzlei, den Departementen des Bundes oder, soweit das Bundesrecht es vorsieht, den ihnen unterstellten Dienststellen zu, wenn der angefochtene Entscheid die Bundesgesetzgebung in ihrem Aufgabenbereich verletzen kann.

---

38 SR 312.0
39 Dritter Satz eingefügt durch Anhang Ziff. II 5 des Strafbehördenorganisationsgesetzes vom 19. März 2010, in Kraft seit 1. Jan. 2011 (AS 2010 3267; BBl 2008 8125).
40 Aufgehoben durch Anhang 1 Ziff. II 3 der Strafprozessordnung vom 5. Okt. 2007, mit Wirkung seit 1. Jan. 2011 (AS 2010 1881; BBl 2006 1085).
41 Fassung gemäss Anhang Ziff. II 5 des Strafbehördenorganisationsgesetzes vom 19. März 2010, in Kraft seit 1. Jan. 2011 (AS 2010 3267; BBl 2008 8125).
42 Eingefügt durch Ziff. II 8 des BG vom 20. März 2008 zur formellen Bereinigung des Bundesrechts (AS 2008 3437; BBl 2007 6121). Fassung gemäss Anhang 1 Ziff. II 3 der Strafprozessordnung vom 5. Okt. 2007, in Kraft seit 1. Jan. 2011 (AS 2010 1881; BBl 2006 1085).
43 SR 313.0
44 Fassung gemäss Anhang 1 Ziff. II 3 der Strafprozessordnung vom 5. Okt. 2007, in Kraft seit 1. Jan. 2011 (AS 2010 1881; BBl 2006 1085).

3. Abschnitt: Beschwerde in öffentlich-rechtlichen Angelegenheiten

Art. 82 Grundsatz

Das Bundesgericht beurteilt Beschwerden:

a. gegen Entscheide in Angelegenheiten des öffentlichen Rechts;
b. gegen kantonale Erlasse;
c. betreffend die politische Stimmberechtigung der Bürger und Bürgerinnen sowie betreffend Volkswahlen und -abstimmungen.

Art. 83 Ausnahmen

Die Beschwerde ist unzulässig gegen:

a. Entscheide auf dem Gebiet der inneren oder äusseren Sicherheit des Landes, der Neutralität, des diplomatischen Schutzes und der übrigen auswärtigen Angelegenheiten, soweit das Völkerrecht nicht einen Anspruch auf gerichtliche Beurteilung einräumt;
b. Entscheide über die ordentliche Einbürgerung;
c. Entscheide auf dem Gebiet des Ausländerrechts betreffend:
   1. die Einreise,
   2. Bewilligungen, auf die weder das Bundesrecht noch das Völkerrecht einen Anspruch einräumt,
   3. die vorläufige Aufnahme,
   4. die Ausweisung gestützt auf Artikel 121 Absatz 2 der Bundesverfassung und die Wegweisung,
   5.[45] Abweichungen von den Zulassungsvoraussetzungen,
   6.[46] die Verlängerung der Grenzgängerbewilligung, den Kantonswechsel, den Stellenwechsel von Personen mit Grenzgängerbewilligung sowie die Erteilung von Reisepapieren an schriftenlose Ausländerinnen und Ausländer;
d. Entscheide auf dem Gebiet des Asyls, die:
   1.[47] vom Bundesverwaltungsgericht getroffen worden sind, ausser sie betreffen Personen, gegen die ein Auslieferungsersuchen des Staates vorliegt, vor welchem sie Schutz suchen,
   2. von einer kantonalen Vorinstanz getroffen worden sind und eine Bewilligung betreffen, auf die weder das Bundesrecht noch das Völkerrecht einen Anspruch einräumt;
e. Entscheide über die Verweigerung der Ermächtigung zur Strafverfolgung von Behördenmitgliedern oder von Bundespersonal;

---

45 Fassung gemäss Ziff. I 1 der V der BVers vom 20. Dez. 2006 über die Anpassung von Erlassen an die Bestimmungen des Bundesgerichtsgesetzes und des Verwaltungsgerichtsgesetzes, in Kraft seit 1. Jan. 2008 (AS 2006 5599).
46 Eingefügt durch Ziff. I 1 der V der BVers vom 20. Dez. 2006 über die Anpassung von Erlassen an die Bestimmungen des Bundesgerichtsgesetzes und des Verwaltungsgerichtsgesetzes, in Kraft seit 1. Jan. 2008 (AS 2006 5599).
47 Fassung gemäss Ziff. I 2 des BG vom 1. Okt 2010 über die Koordination des Asyl- und des Auslieferungsverfahrens, in Kraft seit 1. April 2011 (AS 2011 925; BBl 2010 1467).

f. Entscheide auf dem Gebiet der öffentlichen Beschaffungen:

   1. wenn der geschätzte Wert des zu vergebenden Auftrags den massgebenden Schwellenwert des Bundesgesetzes vom 16. Dezember 1994[48] über das öffentliche Beschaffungswesen oder des Abkommens vom 21. Juni 1999[49] zwischen der Schweizerischen Eidgenossenschaft und der Europäischen Gemeinschaft über bestimmte Aspekte des öffentlichen Beschaffungswesens nicht erreicht,

   2. wenn sich keine Rechtsfrage von grundsätzlicher Bedeutung stellt;

f[bis].[50] Entscheide des Bundesverwaltungsgerichts über Verfügungen nach Artikel 32i des Personenbeförderungsgesetzes vom 20. März 2009[51];

g. Entscheide auf dem Gebiet der öffentlich-rechtlichen Arbeitsverhältnisse, wenn sie eine nicht vermögensrechtliche Angelegenheit, nicht aber die Gleichstellung der Geschlechter betreffen;

h.[52] Entscheide auf dem Gebiet der internationalen Amtshilfe, mit Ausnahme der Amtshilfe in Steuersachen;

i. Entscheide auf dem Gebiet des Militär-, Zivil- und Zivilschutzdienstes;

j. Entscheide auf dem Gebiet der wirtschaftlichen Landesversorgung, die bei zunehmender Bedrohung oder schweren Mangellagen getroffen worden sind;

k. Entscheide betreffend Subventionen, auf die kein Anspruch besteht;

l. Entscheide über die Zollveranlagung, wenn diese auf Grund der Tarifierung oder des Gewichts der Ware erfolgt;

m. Entscheide über die Stundung oder den Erlass von Abgaben;

n. Entscheide auf dem Gebiet der Kernenergie betreffend:

   1. das Erfordernis einer Freigabe oder der Änderung einer Bewilligung oder Verfügung,

   2. die Genehmigung eines Plans für Rückstellungen für die vor Ausserbetriebnahme einer Kernanlage anfallenden Entsorgungskosten,

   3. Freigaben;

o. Entscheide über die Typengenehmigung von Fahrzeugen auf dem Gebiet des Strassenverkehrs;

p.[53] Entscheide des Bundesverwaltungsgerichts auf dem Gebiet des Fernmeldeverkehrs, des Radios und des Fernsehens sowie der Post betreffend:[54]

---

48   SR 172.056.1

49   SR 0.172.052.68

50   Eingefügt durch Ziff. I 2 des BG vom 16. März 2012 über den zweiten Schritt der Bahnreform 2, in Kraft seit 1. Juli 2013 (AS 2012 5619, 2013 1603; BBl 2011 911).

51   SR 745.1

52   Fassung gemäss Anhang Ziff. 1 des Steueramtshilfegesetzes vom 28. Sept. 2012, in Kraft seit 1. Febr. 2013 (AS 2013 231; BBl 2011 6193).

53   Fassung gemäss Art. 106 Ziff. 3 des BG vom 24. März 2006 über Radio und Fernsehen, in Kraft seit 1. April 2007 (AS 2007 737; BBl 2003 1569).

54   Fassung gemäss Anhang Ziff. II 1 des Postgesetzes 17. Dez. 2010, in Kraft seit 1. Okt. 2012 (AS 2012 4993; BBl 2009 5181).

1. Konzessionen, die Gegenstand einer öffentlichen Ausschreibung waren,

2. Streitigkeiten nach Artikel 11 *a* des Fernmeldegesetzes vom 30. April 1997[55];

3.[56] Streitigkeiten nach Artikel 8 des Postgesetzes vom 17. Dezember 2010[57];

q. Entscheide auf dem Gebiet der Transplantationsmedizin betreffend:

   1. die Aufnahme in die Warteliste,

   2. die Zuteilung von Organen;

r. Entscheide auf dem Gebiet der Krankenversicherung, die das Bundesverwaltungsgericht gestützt auf Artikel 34[58] des Verwaltungsgerichtsgesetzes vom 17. Juni 2005[59] getroffen hat;

s. Entscheide auf dem Gebiet der Landwirtschaft betreffend:

   1. die Milchkontingentierung,

   2. die Abgrenzung der Zonen im Rahmen des Produktionskatasters;

t. Entscheide über das Ergebnis von Prüfungen und anderen Fähigkeitsbewertungen, namentlich auf den Gebieten der Schule, der Weiterbildung und der Berufsausübung;

u.[60] Entscheide auf dem Gebiet der öffentlichen Kaufangebote (Art. 22 ff. des Börsengesetzes vom 24. März 1995[61]);

v.[62] Entscheide des Bundesverwaltungsgerichts über Meinungsverschiedenheiten zwischen Behörden in der innerstaatlichen Amts- und Rechtshilfe.

Art. 84 Internationale Rechtshilfe in Strafsachen

[1] Gegen einen Entscheid auf dem Gebiet der internationalen Rechtshilfe in Strafsachen ist die Beschwerde nur zulässig, wenn er eine Auslieferung, eine Beschlagnahme, eine Herausgabe von Gegenständen oder Vermögenswerten oder eine Übermittlung von Informationen aus dem Geheimbereich betrifft und es sich um einen besonders bedeutenden Fall handelt.

[2] Ein besonders bedeutender Fall liegt insbesondere vor, wenn Gründe für die Annahme bestehen, dass elementare Verfahrensgrundsätze verletzt worden sind oder das Verfahren im Ausland schwere Mängel aufweist.

---

55 SR 784.10

56 Eingefügt durch Anhang Ziff. II 1 des Postgesetzes 17. Dez. 2010, in Kraft seit 1. Okt. 2012 (AS 2012 4993; BBl 2009 5181).

57 SR 783.0

58 Berichtigt von der Redaktionskommission der BVers (Art. 58 Abs. 1 ParlG – SR 171.10).

59 SR 173.32. Dieser Art. ist aufgehoben. Siehe heute: Art. 33 Bst. i VGG in Verbindung mit Art. 53 Abs. 1 des BG vom 18. März 1994 über die Krankenversicherung (SR 832.10).

60 Eingefügt durch Anhang Ziff. 3 des Finanzmarktaufsichtsgesetzes vom 22. Juni 2007, in Kraft seit 1. Jan. 2009 (AS 2008 5207; BBl 2006 2829).

61 SR 954.1

62 Eingefügt durch Anhang Ziff. 3 des Finanzmarktaufsichtsgesetzes vom 22. Juni 2007, in Kraft seit 1. Jan. 2009 (AS 2008 5207; BBl 2006 2829).

Art. 84a[63] Internationale Amtshilfe in Steuersachen

Gegen einen Entscheid auf dem Gebiet der internationalen Amtshilfe in Steuersachen ist die Beschwerde nur zulässig, wenn sich eine Rechtsfrage von grundsätzlicher Bedeutung stellt oder wenn es sich aus anderen Gründen um einen besonders bedeutenden Fall im Sinne von Artikel 84 Absatz 2 handelt.

Art. 85 Streitwertgrenzen

[1] In vermögensrechtlichen Angelegenheiten ist die Beschwerde unzulässig:

a. auf dem Gebiet der Staatshaftung, wenn der Streitwert weniger als 30 000 Franken beträgt;

b. auf dem Gebiet der öffentlich-rechtlichen Arbeitsverhältnisse, wenn der Streitwert weniger als 15 000 Franken beträgt.

[2] Erreicht der Streitwert den massgebenden Betrag nach Absatz 1 nicht, so ist die Beschwerde dennoch zulässig, wenn sich eine Rechtsfrage von grundsätzlicher Bedeutung stellt.

Art. 86 Vorinstanzen im Allgemeinen

[1] Die Beschwerde ist zulässig gegen Entscheide:

a. des Bundesverwaltungsgerichts;

b. des Bundesstrafgerichts;

c. der unabhängigen Beschwerdeinstanz für Radio und Fernsehen;

d. letzter kantonaler Instanzen, sofern nicht die Beschwerde an das Bundesverwaltungsgericht zulässig ist.

[2] Die Kantone setzen als unmittelbare Vorinstanzen des Bundesgerichts obere Gerichte ein, soweit nicht nach einem anderen Bundesgesetz Entscheide anderer richterlicher Behörden der Beschwerde an das Bundesgericht unterliegen.

[3] Für Entscheide mit vorwiegend politischem Charakter können die Kantone anstelle eines Gerichts eine andere Behörde als unmittelbare Vorinstanz des Bundesgerichts einsetzen.

Art. 87 Vorinstanzen bei Beschwerden gegen Erlasse

[1] Gegen kantonale Erlasse ist unmittelbar die Beschwerde zulässig, sofern kein kantonales Rechtsmittel ergriffen werden kann.

[2] Soweit das kantonale Recht ein Rechtsmittel gegen Erlasse vorsieht, findet Artikel 86 Anwendung.

---

63 Eingefügt durch Anhang Ziff. 1 des Steueramtshilfegesetzes vom 28. Sept. 2012, in Kraft seit 1. Febr. 2013 (AS 2013 231; BBl 2011 6193).

Art. 88 Vorinstanzen in Stimmrechtssachen

[1] Beschwerden betreffend die politische Stimmberechtigung der Bürger und Bürgerinnen sowie betreffend Volkswahlen und -abstimmungen sind zulässig:

a. in kantonalen Angelegenheiten gegen Akte letzter kantonaler Instanzen;

b. in eidgenössischen Angelegenheiten gegen Verfügungen der Bundeskanzlei und Entscheide der Kantonsregierungen.

[2] Die Kantone sehen gegen behördliche Akte, welche die politischen Rechte der Stimmberechtigten in kantonalen Angelegenheiten verletzen können, ein Rechtsmittel vor. Diese Pflicht erstreckt sich nicht auf Akte des Parlaments und der Regierung.

Art. 89 Beschwerderecht

[1] Zur Beschwerde in öffentlich-rechtlichen Angelegenheiten ist berechtigt, wer:

a. vor der Vorinstanz am Verfahren teilgenommen hat oder keine Möglichkeit zur Teilnahme erhalten hat;

b. durch den angefochtenen Entscheid oder Erlass besonders berührt ist; und

c. ein schutzwürdiges Interesse an dessen Aufhebung oder Änderung hat.

[2] Zur Beschwerde sind ferner berechtigt:

a. die Bundeskanzlei, die Departemente des Bundes oder, soweit das Bundesrecht es vorsieht, die ihnen unterstellten Dienststellen, wenn der angefochtene Akt die Bundesgesetzgebung in ihrem Aufgabenbereich verletzen kann;

b. das zuständige Organ der Bundesversammlung auf dem Gebiet des Arbeitsverhältnisses des Bundespersonals;

c. Gemeinden und andere öffentlich-rechtliche Körperschaften, wenn sie die Verletzung von Garantien rügen, die ihnen die Kantons- oder Bundesverfassung gewährt;

d. Personen, Organisationen und Behörden, denen ein anderes Bundesgesetz dieses Recht einräumt.

[3] In Stimmrechtssachen (Art. 82 Bst. c) steht das Beschwerderecht ausserdem jeder Person zu, die in der betreffenden Angelegenheit stimmberechtigt ist.

4. Kapitel: Beschwerdeverfahren

1. Abschnitt: Anfechtbare Entscheide

Art. 90 Endentscheide

Die Beschwerde ist zulässig gegen Entscheide, die das Verfahren abschliessen.

Art. 91 Teilentscheide

Die Beschwerde ist zulässig gegen einen Entscheid, der:

a. nur einen Teil der gestellten Begehren behandelt, wenn diese Begehren unabhängig von den anderen beurteilt werden können;

b. das Verfahren nur für einen Teil der Streitgenossen und Streitgenossinnen abschliesst.

Art. 92 Vor- und Zwischenentscheide über die Zuständigkeit und den Ausstand

1 Gegen selbständig eröffnete Vor- und Zwischenentscheide über die Zuständigkeit und über Ausstandsbegehren ist die Beschwerde zulässig.

2 Diese Entscheide können später nicht mehr angefochten werden.

Art. 93 Andere Vor- und Zwischenentscheide

1 Gegen andere selbständig eröffnete Vor- und Zwischenentscheide ist die Beschwerde zulässig:

a. wenn sie einen nicht wieder gutzumachenden Nachteil bewirken können; oder

b. wenn die Gutheissung der Beschwerde sofort einen Endentscheid herbeiführen und damit einen bedeutenden Aufwand an Zeit oder Kosten für ein weitläufiges Beweisverfahren ersparen würde.

2 Auf dem Gebiet der internationalen Rechtshilfe in Strafsachen und dem Gebiet des Asyls sind Vor- und Zwischenentscheide nicht anfechtbar.[64] Vorbehalten bleiben Beschwerden gegen Entscheide über die Auslieferungshaft sowie über die Beschlagnahme von Vermögenswerten und Wertgegenständen, sofern die Voraussetzungen von Absatz 1 erfüllt sind.

3 Ist die Beschwerde nach den Absätzen 1 und 2 nicht zulässig oder wurde von ihr kein Gebrauch gemacht, so sind die betreffenden Vor- und Zwischenentscheide durch Beschwerde gegen den Endentscheid anfechtbar, soweit sie sich auf dessen Inhalt auswirken.

Art. 94 Rechtsverweigerung und Rechtsverzögerung

Gegen das unrechtmässige Verweigern oder Verzögern eines anfechtbaren Entscheids kann Beschwerde geführt werden.

---

64 Fassung gemäss Ziff. I 2 des BG vom 1. Okt 2010 über die Koordination des Asyl- und des Auslieferungsverfahrens, in Kraft seit 1. April 2011 (AS 2011 925; BBl 2010 1467).

2. Abschnitt: Beschwerdegründe

Art. 95 Schweizerisches Recht

Mit der Beschwerde kann die Verletzung gerügt werden von:
a. Bundesrecht;
b. Völkerrecht;
c. kantonalen verfassungsmässigen Rechten;
d. kantonalen Bestimmungen über die politische Stimmberechtigung der Bürger und Bürgerinnen und über Volkswahlen und -abstimmungen;
e. interkantonalem Recht.

Art. 96 Ausländisches Recht

Mit der Beschwerde kann gerügt werden:
a. ausländisches Recht sei nicht angewendet worden, wie es das schweizerische internationale Privatrecht vorschreibt;
b. das nach dem schweizerischen internationalen Privatrecht massgebende ausländische Recht sei nicht richtig angewendet worden, sofern der Entscheid keine vermögensrechtliche Sache betrifft.

Art. 97 Unrichtige Feststellung des Sachverhalts

[1] Die Feststellung des Sachverhalts kann nur gerügt werden, wenn sie offensichtlich unrichtig ist oder auf einer Rechtsverletzung im Sinne von Artikel 95 beruht und wenn die Behebung des Mangels für den Ausgang des Verfahrens entscheidend sein kann.

[2] Richtet sich die Beschwerde gegen einen Entscheid über die Zusprechung oder Verweigerung von Geldleistungen der Militär- oder Unfallversicherung, so kann jede unrichtige oder unvollständige Feststellung des rechtserheblichen Sachverhalts gerügt werden.[65]

Art. 98 Beschränkte Beschwerdegründe

Mit der Beschwerde gegen Entscheide über vorsorgliche Massnahmen kann nur die Verletzung verfassungsmässiger Rechte gerügt werden.

3. Abschnitt: Neue Vorbringen

Art. 99

[1] Neue Tatsachen und Beweismittel dürfen nur so weit vorgebracht werden, als erst der Entscheid der Vorinstanz dazu Anlass gibt.

[2] Neue Begehren sind unzulässig.

---

65   Fassung gemäss Ziff. IV 1 des BG vom 16. Dez. 2005, in Kraft seit 1. Jan. 2007 (AS 2006 2003; BBl 2005 3079).

4. Abschnitt: Beschwerdefrist

Art. 100 Beschwerde gegen Entscheide

[1] Die Beschwerde gegen einen Entscheid ist innert 30 Tagen nach der Eröffnung der vollständigen Ausfertigung beim Bundesgericht einzureichen.

[2] Die Beschwerdefrist beträgt zehn Tage:

a. bei Entscheiden der kantonalen Aufsichtsbehörden in Schuldbetreibungs- und Konkurssachen;

b.[66] bei Entscheiden auf den Gebieten der internationalen Rechtshilfe in Strafsachen und der internationalen Amtshilfe in Steuersachen;

c. bei Entscheiden über die Rückgabe eines Kindes nach dem Übereinkommen vom 25. Oktober 1980[67] über die zivilrechtlichen Aspekte internationaler Kindesentführung.

d.[68] bei Entscheiden des Bundespatentgerichts über die Erteilung einer Lizenz nach Artikel 40d des Patentgesetzes vom 25. Juni 1954[69].

[3] Die Beschwerdefrist beträgt fünf Tage:

a. bei Entscheiden der kantonalen Aufsichtsbehörden in Schuldbetreibungs- und Konkurssachen im Rahmen der Wechselbetreibung;

b. bei Entscheiden der Kantonsregierungen über Beschwerden gegen eidgenössische Abstimmungen.

[4] Bei Entscheiden der Kantonsregierungen über Beschwerden gegen die Nationalratswahlen beträgt die Beschwerdefrist drei Tage.

[5] Bei Beschwerden wegen interkantonaler Kompetenzkonflikte beginnt die Beschwerdefrist spätestens dann zu laufen, wenn in beiden Kantonen Entscheide getroffen worden sind, gegen welche beim Bundesgericht Beschwerde geführt werden kann.

[6] ...[70]

[7] Gegen das unrechtmässige Verweigern oder Verzögern eines Entscheids kann jederzeit Beschwerde geführt werden.

Art. 101 Beschwerde gegen Erlasse

Die Beschwerde gegen einen Erlass ist innert 30 Tagen nach der nach dem kantonalen Recht massgebenden Veröffentlichung des Erlasses beim Bundesgericht einzureichen.

---

66 Fassung gemäss Anhang Ziff. 1 des Steueramtshilfegesetzes vom 28. Sept. 2012, in Kraft seit 1. Febr. 2013 (AS 2013 231; BBl 2011 6193).

67 SR 0.211.230.02

68 Eingefügt durch Anhang Ziff. 2 des BG vom 20. März 2009 über das Bundespatentgericht, in Kraft seit 1. Jan. 2012 (AS 2010 513, 2011 2241; BBl 2008 455).

69 SR 232.14

70 Aufgehoben durch Anhang 1 Ziff. II 2 der Zivilprozessordnung vom 19. Dez. 2008, mit Wirkung seit 1. Jan. 2011 (AS 2010 1739; BBl 2006 7221).

5. Abschnitt: Weitere Verfahrensbestimmungen

Art. 102 Schriftenwechsel

[1] Soweit erforderlich stellt das Bundesgericht die Beschwerde der Vorinstanz sowie den allfälligen anderen Parteien, Beteiligten oder zur Beschwerde berechtigten Behörden zu und setzt ihnen Frist zur Einreichung einer Vernehmlassung an.

[2] Die Vorinstanz hat innert dieser Frist die Vorakten einzusenden.

[3] Ein weiterer Schriftenwechsel findet in der Regel nicht statt.

Art. 103 Aufschiebende Wirkung

[1] Die Beschwerde hat in der Regel keine aufschiebende Wirkung.

[2] Die Beschwerde hat im Umfang der Begehren aufschiebende Wirkung:

a. in Zivilsachen, wenn sie sich gegen ein Gestaltungsurteil richtet;
b. in Strafsachen, wenn sie sich gegen einen Entscheid richtet, der eine unbedingte Freiheitsstrafe oder eine freiheitsentziehende Massnahme ausspricht; die aufschiebende Wirkung erstreckt sich nicht auf den Entscheid über Zivilansprüche;
c. in Verfahren auf dem Gebiet der internationalen Rechtshilfe in Strafsachen, wenn sie sich gegen eine Schlussverfügung oder gegen jede andere Verfügung richtet, welche die Übermittlung von Auskünften aus dem Geheimbereich oder die Herausgabe von Gegenständen oder Vermögenswerten bewilligt.

[3] Der Instruktionsrichter oder die Instruktionsrichterin kann über die aufschiebende Wirkung von Amtes wegen oder auf Antrag einer Partei eine andere Anordnung treffen.

Art. 104 Andere vorsorgliche Massnahmen

Der Instruktionsrichter oder die Instruktionsrichterin kann von Amtes wegen oder auf Antrag einer Partei vorsorgliche Massnahmen treffen, um den bestehenden Zustand zu erhalten oder bedrohte Interessen einstweilen sicherzustellen.

Art. 105 Massgebender Sachverhalt

[1] Das Bundesgericht legt seinem Urteil den Sachverhalt zugrunde, den die Vorinstanz festgestellt hat.

[2] Es kann die Sachverhaltsfeststellung der Vorinstanz von Amtes wegen berichtigen oder ergänzen, wenn sie offensichtlich unrichtig ist oder auf einer Rechtsverletzung im Sinne von Artikel 95 beruht.

[3] Richtet sich die Beschwerde gegen einen Entscheid über die Zusprechung oder Verweigerung von Geldleistungen der Militär- oder Unfallversicherung,

so ist das Bundesgericht nicht an die Sachverhaltsfeststellung der Vorinstanz gebunden.[71]

Art. 106 Rechtsanwendung

[1] Das Bundesgericht wendet das Recht von Amtes wegen an.

[2] Es prüft die Verletzung von Grundrechten und von kantonalem und interkantonalem Recht nur insofern, als eine solche Rüge in der Beschwerde vorgebracht und begründet worden ist.

Art. 107 Entscheid

[1] Das Bundesgericht darf nicht über die Begehren der Parteien hinausgehen.

[2] Heisst das Bundesgericht die Beschwerde gut, so entscheidet es in der Sache selbst oder weist diese zu neuer Beurteilung an die Vorinstanz zurück. Es kann die Sache auch an die Behörde zurückweisen, die als erste Instanz entschieden hat.

[3] Erachtet das Bundesgericht eine Beschwerde auf dem Gebiet der internationalen Rechtshilfe in Strafsachen oder der internationalen Amtshilfe in Steuersachen als unzulässig, so fällt es den Nichteintretensentscheid innert 15 Tagen seit Abschluss eines allfälligen Schriftenwechsels. Auf dem Gebiet der internationalen Rechtshilfe in Strafsachen ist es nicht an diese Frist gebunden, wenn das Auslieferungsverfahren eine Person betrifft, gegen deren Asylgesuch noch kein rechtskräftiger Endentscheid vorliegt.[72]

[4] Über Beschwerden gegen Entscheide des Bundespatentgerichts über die Erteilung einer Lizenz nach Artikel 40d des Patentgesetzes vom 25. Juni 1954[73] entscheidet das Bundesgericht innerhalb eines Monats nach Anhebung der Beschwerde.[74]

6. Abschnitt: Vereinfachtes Verfahren

Art. 108 Einzelrichter oder Einzelrichterin

[1] Der Präsident oder die Präsidentin der Abteilung entscheidet im vereinfachten Verfahren über:

a. Nichteintreten auf offensichtlich unzulässige Beschwerden;

b. Nichteintreten auf Beschwerden, die offensichtlich keine hinreichende Begründung (Art. 42 Abs. 2) enthalten;

c. Nichteintreten auf querulatorische oder rechtmissbräuchliche Beschwerden.

---

71 Fassung gemäss Ziff. IV 1 des BG vom 16. Dez. 2005, in Kraft seit 1. Jan. 2007 (AS 2006 2003; BBl 2005 3079).

72 Fassung gemäss Anhang Ziff. 1 des Steueramtshilfegesetzes vom 28. Sept. 2012, in Kraft seit 1. Febr. 2013 (AS 2013 231; BBl 2011 6193).

73 SR 232.14

74 Eingefügt durch Anhang Ziff. 2 des BG vom 20. März 2009 über das Bundespatentgericht, in Kraft seit 1. Jan. 2012 (AS 2010 513, 2011 2241; BBl 2008 455).

2 Er oder sie kann einen anderen Richter oder eine andere Richterin damit betrauen.

3 Die Begründung des Entscheids beschränkt sich auf eine kurze Angabe des Unzulässigkeitsgrundes.

Art. 109 Dreierbesetzung

1 Die Abteilungen entscheiden in Dreierbesetzung über Nichteintreten auf Beschwerden, bei denen sich keine Rechtsfrage von grundsätzlicher Bedeutung stellt oder kein besonders bedeutender Fall vorliegt, wenn die Beschwerde nur unter einer dieser Bedingungen zulässig ist (Art. 74 und 83–85). Artikel 58 Absatz 1 Buchstabe b findet keine Anwendung.

2 Sie entscheiden ebenfalls in Dreierbesetzung bei Einstimmigkeit über:

a. Abweisung offensichtlich unbegründeter Beschwerden;

b. Gutheissung offensichtlich begründeter Beschwerden, insbesondere wenn der angefochtene Akt von der Rechtsprechung des Bundesgerichts abweicht und kein Anlass besteht, diese zu überprüfen.

3 Der Entscheid wird summarisch begründet. Es kann ganz oder teilweise auf den angefochtenen Entscheid verwiesen werden.

7. Abschnitt: Kantonales Verfahren

Art. 110 Beurteilung durch richterliche Behörde

Soweit die Kantone nach diesem Gesetz als letzte kantonale Instanz ein Gericht einzusetzen haben, gewährleisten sie, dass dieses selbst oder eine vorgängig zuständige andere richterliche Behörde den Sachverhalt frei prüft und das massgebende Recht von Amtes wegen anwendet.

Art. 111 Einheit des Verfahrens

1 Wer zur Beschwerde an das Bundesgericht berechtigt ist, muss sich am Verfahren vor allen kantonalen Vorinstanzen als Partei beteiligen können.

2 Bundesbehörden, die zur Beschwerde an das Bundesgericht berechtigt sind, können die Rechtsmittel des kantonalen Rechts ergreifen und sich vor jeder kantonalen Instanz am Verfahren beteiligen, wenn sie dies beantragen.

3 Die unmittelbare Vorinstanz des Bundesgerichts muss mindestens die Rügen nach den Artikeln 95–98 prüfen können. ...[75]

---

75 Zweiter Satz aufgehoben durch Anhang 1 Ziff. II 2 der Zivilprozessordnung vom 19. Dez. 2008, mit Wirkung seit 1. Jan. 2011 (AS 2010 1739; BBl 2006 7221).

Art. 112 Eröffnung der Entscheide

[1] Entscheide, die der Beschwerde an das Bundesgericht unterliegen, sind den Parteien schriftlich zu eröffnen. Sie müssen enthalten:

a. die Begehren, die Begründung, die Beweisvorbringen und Prozesserklärungen der Parteien, soweit sie nicht aus den Akten hervorgehen;

b. die massgebenden Gründe tatsächlicher und rechtlicher Art, insbesondere die Angabe der angewendeten Gesetzesbestimmungen;

c. das Dispositiv;

d. eine Rechtsmittelbelehrung einschliesslich Angabe des Streitwerts, soweit dieses Gesetz eine Streitwertgrenze vorsieht.

[2] Wenn es das kantonale Recht vorsieht, kann die Behörde ihren Entscheid ohne Begründung eröffnen. Die Parteien können in diesem Fall innert 30 Tagen eine vollständige Ausfertigung verlangen. Der Entscheid ist nicht vollstreckbar, solange nicht entweder diese Frist unbenützt abgelaufen oder die vollständige Ausfertigung eröffnet worden ist.

[3] Das Bundesgericht kann einen Entscheid, der den Anforderungen von Absatz 1 nicht genügt, an die kantonale Behörde zur Verbesserung zurückweisen oder aufheben.

[4] Für die Gebiete, in denen Bundesbehörden zur Beschwerde berechtigt sind, bestimmt der Bundesrat, welche Entscheide ihnen die kantonalen Behörden zu eröffnen haben.

5. Kapitel: Subsidiäre Verfassungsbeschwerde

Art. 113 Grundsatz

Das Bundesgericht beurteilt Verfassungsbeschwerden gegen Entscheide letzter kantonaler Instanzen, soweit keine Beschwerde nach den Artikeln 72–89 zulässig ist.

Art. 114 Vorinstanzen

Die Vorschriften des dritten Kapitels über die kantonalen Vorinstanzen (Art. 75 bzw. 86) gelten sinngemäss.

Art. 115 Beschwerderecht

Zur Verfassungsbeschwerde ist berechtigt, wer:

a. vor der Vorinstanz am Verfahren teilgenommen hat oder keine Möglichkeit zur Teilnahme erhalten hat; und

b. ein rechtlich geschütztes Interesse an der Aufhebung oder Änderung des angefochtenen Entscheids hat.

Art. 116   Beschwerdegründe

Mit der Verfassungsbeschwerde kann die Verletzung von verfassungsmässigen Rechten gerügt werden.

Art. 117   Beschwerdeverfahren

Für das Verfahren der Verfassungsbeschwerde gelten die Artikel 90–94, 99, 100, 102, 103 Absätze 1 und 3, 104, 106 Absatz 2 sowie 107–112 sinngemäss.

Art. 118   Massgebender Sachverhalt

[1] Das Bundesgericht legt seinem Urteil den Sachverhalt zugrunde, den die Vorinstanz festgestellt hat.

[2] Es kann die Sachverhaltsfeststellung der Vorinstanz von Amtes wegen berichtigen oder ergänzen, wenn sie auf einer Rechtsverletzung im Sinne von Artikel 116 beruht.

Art. 119   Gleichzeitige ordentliche Beschwerde

[1] Führt eine Partei gegen einen Entscheid sowohl ordentliche Beschwerde als auch Verfassungsbeschwerde, so hat sie beide Rechtsmittel in der gleichen Rechtsschrift einzureichen.

[2] Das Bundesgericht behandelt beide Beschwerden im gleichen Verfahren.

[3] Es prüft die vorgebrachten Rügen nach den Vorschriften über die entsprechende Beschwerdeart.

5a. Kapitel:[76] Revision gegen Entscheide der Strafkammern des Bundesstrafgerichts

Art. 119a

[1] Das Bundesgericht beurteilt Revisionen gegen Entscheide der Strafkammern des Bundesstrafgerichts.

[2] Das Revisionsverfahren richtet sich nach der StPO[77]; Artikel 413 Absatz 2 Buchstabe b StPO ist nicht anwendbar.

(...)

Datum des Inkrafttretens: 1. Januar 2007[94]

---

76 Eingefügt durch Anhang Ziff. II 5 des Strafbehördenorganisationsgesetzes vom 19. März 2010, in Kraft seit 1. Jan. 2011 (AS 2010 3267; BBl 2008 8125).
77 SR 312.0
94 Art. 1 Bst. a der V vom 1. März 2006 (AS 2006 1069).

23. Bundesgesetz über die Organisation der Strafbehörden des Bundes
(Strafbehördenorganisationsgesetz, StBOG)

vom 19. März 2010

Die Bundesversammlung der Schweizerischen Eidgenossenschaft,

gestützt auf die Artikel 123 Absatz 1, 173 Absatz 2 und 191a Absätze 1 und 3 der Bundesverfassung[1],
nach Einsicht in die Botschaft des Bundesrates vom 10. September 2008[2],

beschliesst:

1. Titel: Allgemeine Bestimmungen

Art. 1 Gegenstand und Geltungsbereich

[1] Dieses Gesetz regelt die Organisation der Strafbehörden des Bundes und enthält ergänzende Bestimmungen zur Strafprozessordnung vom 5. Oktober 2007[3] (StPO) für den Bereich der Bundesgerichtsbarkeit.

[2] Es gilt nicht für Strafsachen, welche die Bundesanwaltschaft kantonalen Behörden zur Untersuchung und Beurteilung oder nur zur Beurteilung übertragen hat.

Art. 2 Strafbehörden des Bundes

[1] Strafverfolgungsbehörden des Bundes sind:
a. die Polizei;
b. die Bundesanwaltschaft.

[2] Gerichtliche Befugnisse in Fällen der Bundesgerichtsbarkeit haben:
a. das Bundesstrafgericht;
b. das Bundesgericht;
c. die kantonalen Zwangsmassnahmengerichte, wenn sie für den Bund tätig werden.

SR 173.71. AS 2010 3267
1   SR 101
2   BBl 2008 8125
3   SR 312.0

Art. 3 Verfahrenssprache

[1] Die Verfahrenssprache ist Deutsch, Französisch oder Italienisch.

[2] Die Bundesanwaltschaft bestimmt die Verfahrenssprache bei der Eröffnung der Untersuchung. Sie berücksichtigt dabei namentlich:

a. die Sprachkenntnisse der Verfahrensbeteiligten;

b. die Sprache der wesentlichen Akten;

c. die Sprache am Ort der ersten Untersuchungshandlungen.

[3] Die bezeichnete Verfahrenssprache gilt bis zum rechtskräftigen Abschluss des Verfahrens.

[4] Sie kann ausnahmsweise aus wichtigen Gründen gewechselt werden, namentlich bei der Trennung und bei der Vereinigung von Verfahren.

[5] Die Verfahrensleitung kann bestimmen, dass einzelne Verfahrenshandlungen in einer der beiden anderen Verfahrenssprachen durchgeführt werden.

[6] Vor den Zwangsmassnahmengerichten bestimmt sich die Verfahrenssprache nach dem kantonalen Recht.

2. Titel: Strafverfolgungsbehörden

1. Kapitel: Polizei

Art. 4 Wahrnehmung der polizeilichen Aufgaben

Die Aufgaben der Polizei im Bereich der Bundesgerichtsbarkeit werden wahrgenommen durch:

a. die Bundeskriminalpolizei;

b. andere Einheiten des Bundesamtes für Polizei, soweit das Bundesrecht vorsieht, dass sie Aufgaben im Rahmen der Strafverfolgung wahrnehmen;

c. andere Bundesbehörden, soweit das Bundesrecht vorsieht, dass sie Aufgaben im Rahmen der Strafverfolgung wahrnehmen;

d. kantonale Polizeikräfte, die im Zusammenwirken mit den Strafbehörden des Bundes Aufgaben im Rahmen der Strafverfolgung wahrnehmen.

Art. 5 Stellung der kantonalen Polizeikräfte

[1] Nehmen kantonale Polizeikräfte Bundesaufgaben im Rahmen der Strafverfolgung wahr, so unterstehen sie der Aufsicht und den Weisungen der Bundesanwaltschaft.

[2] Gegen Verfügungen und Verfahrenshandlungen der kantonalen Polizeikräfte kann beim Bundesstrafgericht Beschwerde geführt werden.

Art. 6 Haftung für Schäden

[1] Der Bund haftet nach dem Verantwortlichkeitsgesetz vom 14. März 1958[4] für Schäden der Organe nach Artikel 4, welche diese bei der Wahrnehmung polizeilicher Aufgaben im Bereich der Bundesgerichtsbarkeit widerrechtlich verursacht haben.

[2] Hat der Bund Ersatz geleistet, so steht ihm der Rückgriff auf den Kanton zu, in dessen Dienst die Person steht, welche den Schaden verursacht hat. Das Verfahren richtet sich nach Artikel 10 Absatz 1 des Verantwortlichkeitsgesetzes vom 14. März 1958.

2. Kapitel: Bundesanwaltschaft

1. Abschnitt: Behörde und Sitz

Art. 7 Behörde

Staatsanwaltschaft des Bundes ist die Bundesanwaltschaft.

Art. 8 Sitz und Zweigstellen

[1] Die Bundesanwaltschaft hat ihren Sitz in Bern.

[2] Sie kann Zweigstellen einrichten und aufheben.

2. Abschnitt: Organisation, Verwaltung und Befugnisse

Art. 9 Bundesanwalt oder Bundesanwältin

[1] Der Bundesanwalt oder die Bundesanwältin führt die Bundesanwaltschaft.

[2] Er oder sie ist insbesondere verantwortlich für:

a. die fachgerechte und wirksame Strafverfolgung in Fällen der Bundesgerichtsbarkeit;

b. den Aufbau und den Betrieb einer zweckmässigen Organisation;

c. den wirksamen Einsatz von Personal sowie von Finanz- und Sachmitteln.

[3] Er oder sie regelt die Organisation und Verwaltung der Bundesanwaltschaft in einem Reglement.

Art. 10 Stellvertretende Bundesanwälte oder Bundesanwältinnen

[1] Der Bundesanwalt oder die Bundesanwältin hat zwei Stellvertreter oder Stellvertreterinnen (Stellvertretender Bundesanwalt oder Stellvertretende Bundesanwältin).

---

4 SR 170.32

2 Der Stellvertretende Bundesanwalt oder die Stellvertretende Bundesanwältin hat im Vertretungsfall alle Befugnisse des Bundesanwalts oder der Bundesanwältin.

Art. 11 Leitende Staatsanwälte und Staatsanwältinnen

Die Leitenden Staatsanwälte und Staatsanwältinnen führen je eine Einheit der Bundesanwaltschaft.

Art. 12 Staatsanwälte und Staatsanwältinnen

Die Staatsanwälte und Staatsanwältinnen sind je einer Einheit der Bundesanwaltschaft oder direkt dem Bundesanwalt oder der Bundesanwältin zugewiesen.

Art. 13 Weisungen

1 Weisungen können erlassen:

a. der Bundesanwalt oder die Bundesanwältin gegenüber allen Mitarbeiterinnen und Mitarbeitern der Bundesanwaltschaft;

b. die Leitenden Staatsanwälte und Staatsanwältinnen gegenüber den ihnen unterstellten Mitarbeiterinnen und Mitarbeitern.

2 Zulässig sind auch Weisungen im Einzelfall über die Einleitung, die Durchführung oder den Abschluss eines Verfahrens sowie über die Vertretung der Anklage und die Ergreifung von Rechtsmitteln.

Art. 14 Genehmigung von Verfügungen

Einstellungs-, Nichtanhandnahme- und Sistierungsverfügungen bedürfen der Genehmigung:

a. wenn sie von einem Staatsanwalt oder einer Staatsanwältin erlassen wurden: durch den Leitenden Staatsanwalt oder die Leitende Staatsanwältin;

b. wenn sie von einem Leitenden Staatsanwalt oder einer Leitenden Staatsanwältin erlassen wurden: durch den Bundesanwalt oder die Bundesanwältin.

Art. 15 Rechtsmittel der Bundesanwaltschaft

1 Zur Ergreifung von Rechtsmitteln sind befugt:

a. der Staatsanwalt oder die Staatsanwältin, der oder die die Anklage erhoben und vertreten hat;

b. der Leitende Staatsanwalt oder die Leitende Staatsanwältin der Einheit, durch welche die Anklage erhoben und vertreten wurde;

c. der Bundesanwalt oder die Bundesanwältin.

2 Das Gleiche gilt für die Beschränkung und den Rückzug von Rechtsmitteln sowie für die Umwandlung von Berufungen in Anschlussberufungen.

Art. 16 Verwaltung

[1] Die Bundesanwaltschaft verwaltet sich selbst.

[2] Sie richtet ihre Dienste ein und stellt das nötige Personal an.

[3] Sie führt eine eigene Rechnung.

Art. 17 Berichterstattung, Voranschlag und Rechnung

[1] Der Bundesanwalt oder die Bundesanwältin unterbreitet der Aufsichtsbehörde über die Bundesanwaltschaft (Aufsichtsbehörde) jährlich den Entwurf für den Voranschlag und die Rechnung zuhanden der Bundesversammlung und erstattet Bericht über die Tätigkeit der Bundesanwaltschaft.

[2] Die Berichterstattung umfasst namentlich Angaben über:
a. die interne Organisation;
b. die allgemeinen Weisungen;
c. die Zahl und die Art der abgeschlossenen und der hängigen Fälle sowie die Belastung der einzelnen Einheiten;
d. den Einsatz von Personal sowie von Finanz- und Sachmitteln;
e. die Zahl und die Ergebnisse von Beschwerden gegen Verfügungen und Verfahrenshandlungen der Bundesanwaltschaft.

Art. 18 Infrastruktur

[1] Für die Bereitstellung, die Bewirtschaftung und den Unterhalt der von der Bundesanwaltschaft benutzten Gebäude ist das Eidgenössische Finanzdepartement (EFD) zuständig. Dieses hat die Bedürfnisse der Bundesanwaltschaft angemessen zu berücksichtigen.

[2] Die Bundesanwaltschaft deckt ihren Bedarf an Gütern und Dienstleistungen im Bereich der Logistik selbstständig.

[3] Für die Einzelheiten der Zusammenarbeit zwischen der Bundesanwaltschaft und dem EFD gilt die Vereinbarung zwischen dem Bundesgericht und dem Bundesrat gemäss Artikel 25a Absatz 3 des Bundesgerichtsgesetzes vom 17. Juni 2005[5] sinngemäss; vorbehalten bleibt der Abschluss einer anders lautenden Vereinbarung zwischen der Bundesanwaltschaft und dem Bundesrat.

Art. 19 Orientierung der Öffentlichkeit

Der Bundesanwalt oder die Bundesanwältin erlässt Weisungen über die Orientierung der Öffentlichkeit über hängige Verfahren.

---

5 SR 173.110

3. Abschnitt: Wahl, Amtsdauer, Amtsenthebung und personalrechtliche Stellung

Art. 20 Wahl und Amtsdauer

[1] Die Vereinigte Bundesversammlung wählt den Bundesanwalt oder die Bundesanwältin und die Stellvertretenden Bundesanwälte oder Bundesanwältinnen.

[1bis] Wählbar ist, wer in eidgenössischen Angelegenheiten stimmberechtigt ist.[6]

[2] Der Bundesanwalt oder die Bundesanwältin wählt die übrigen Staatsanwälte und Staatsanwältinnen. Er oder sie kann die Wählbarkeit auf Personen beschränken, die in eidgenössischen Angelegenheiten stimmberechtigt sind.[7]

[3] Die Amtsdauer beträgt vier Jahre. Sie beginnt am 1. Januar nach Beginn der Legislaturperiode des Nationalrates.

Art. 21 Amtsenthebung

Die Wahlbehörde kann ein gewähltes Mitglied der Bundesanwaltschaft vor Ablauf der Amtsdauer des Amtes entheben, wenn es:

a. vorsätzlich oder grob fahrlässig Amtspflichten schwer verletzt hat; oder

b. die Fähigkeit, das Amt auszuüben, auf Dauer verloren hat.

Art. 22 Personalrechtliche Stellung

[1] Die Bundesversammlung regelt das Arbeitsverhältnis und die Besoldung des Bundesanwaltes oder der Bundesanwältin sowie der Stellvertretenden Bundesanwälte oder Bundesanwältinnen in einer Verordnung.

[2] Soweit dieses Gesetz nichts anderes bestimmt, gilt für die übrigen Staatsanwälte und Staatsanwältinnen sowie für die Mitarbeiter und Mitarbeiterinnen der Bundesanwaltschaft das Bundespersonalrecht. Arbeitgeberentscheide trifft der Bundesanwalt oder die Bundesanwältin.

4. Abschnitt: Aufsicht

Art. 23 Wahl und Zusammensetzung der Aufsichtsbehörde

[1] Die Aufsichtsbehörde wird von der Vereinigten Bundesversammlung gewählt.

[2] Sie umfasst sieben Mitglieder und setzt sich zusammen aus:

a. je einem Richter oder einer Richterin des Bundesgerichts und des Bundesstrafgerichts;

---

6 Eingefügt durch Ziff. I des BG vom 1. Okt. 2010, in Kraft seit 1. März 2011 (AS 2011 349; BBl 2010 4101 4133).
7 Zweiter Satz eingefügt durch Ziff. I des BG vom 1. Okt. 2010, in Kraft seit 1. März 2011 (AS 2011 349; BBl 2010 4101 4133).

b. zwei in einem kantonalen Anwaltsregister eingetragenen Anwälten oder Anwältinnen;

c. drei Fachpersonen, die weder einem eidgenössischen Gericht angehören noch in einem kantonalen Anwaltsregister eingetragen sein dürfen.

Art. 24 Unvereinbarkeit

[1] Die Mitglieder der Aufsichtsbehörde dürfen weder der Bundesversammlung noch dem Bundesrat angehören und in keinem Arbeitsverhältnis mit dem Bund stehen.

[2] Mitglieder, die in einem kantonalen Anwaltsregister eingetragen sind, dürfen nicht als Parteivertreter vor den Strafbehörden des Bundes auftreten.

Art. 25 Amtsdauer

[1] Die Amtsdauer der Mitglieder der Aufsichtsbehörde beträgt vier Jahre.

[2] Scheidet ein Mitglied während der Amtsdauer aus, so wird sein Nachfolger oder seine Nachfolgerin für den Rest der Amtsdauer gewählt.

[3] Mitglieder der Aufsichtsbehörde, die dem Bundesgericht oder dem Bundesstrafgericht angehören, scheiden mit der Beendigung des entsprechenden Amtes aus der Aufsichtsbehörde aus.

Art. 26 Amtsenthebung

Die Vereinigte Bundesversammlung kann ein Mitglied der Aufsichtsbehörde vor Ablauf der Amtsdauer des Amtes entheben, wenn es:

a. vorsätzlich oder grob fahrlässig Amtspflichten schwer verletzt hat; oder

b. die Fähigkeit, das Amt auszuüben, auf Dauer verloren hat.

Art. 27 Stellung und Organisation der Aufsichtsbehörde

[1] Die Aufsichtsbehörde konstituiert sich selbst.

[2] Sie verfügt über ein ständiges Sekretariat und trifft die Arbeitgeberentscheide.

[3] Die Bundesversammlung regelt Einzelheiten über die Organisation und die Aufgaben der Aufsichtsbehörde in einer Verordnung.

Art. 28 Ausstand

Die Bestimmungen der StPO[8] über den Ausstand einer in einer Strafbehörde tätigen Person gelten für die Mitglieder der Aufsichtsbehörde sinngemäss.

Art. 29 Aufsicht und Weisungsbefugnisse der Aufsichtsbehörde

[1] Die Aufsichtsbehörde erstattet der Bundesversammlung Bericht über ihre Tätigkeit.

---

8 SR 312.0

[2] Sie kann gegenüber der Bundesanwaltschaft generelle Weisungen über die Wahrnehmung ihrer Aufgaben erlassen. Ausgeschlossen sind Weisungen im Einzelfall betreffend Einleitung, Durchführung und Abschluss eines Verfahrens, die Vertretung der Anklage vor Gericht und die Ergreifung von Rechtsmitteln.

[3] Sie überprüft die Einhaltung der Weisungen und trifft nötigenfalls Massnahmen gegenüber der Bundesanwaltschaft.

Art. 30 Einholen von Auskünften und Inspektionen durch die Aufsichtsbehörde

[1] Die Aufsichtsbehörde kann bei der Bundesanwaltschaft Auskünfte und zusätzliche Berichte über ihre Tätigkeit verlangen und Inspektionen durchführen.

[2] Personen, die von der Aufsichtsbehörde mit der Einholung von Auskünften oder mit einer Inspektion betraut werden, haben Einsicht in die Verfahrensakten, soweit dies für die Erfüllung ihres Auftrags nötig ist.

[3] Sie dürfen die dabei erlangten Kenntnisse nur in allgemeiner und anonymisierter Form als Grundlage für ihre Berichterstattung und ihre Empfehlungen verwenden.

Art. 31 Weitere Aufgaben und Befugnisse der Aufsichtsbehörde

[1] Die Aufsichtsbehörde unterbreitet der Vereinigten Bundesversammlung den Antrag auf Amtsenthebung des Bundesanwaltes oder der Bundesanwältin sowie der Stellvertretenden Bundesanwälte oder Bundesanwältinnen.

[2] Bei Amtspflichtverletzungen kann sie gegenüber den von der Vereinigten Bundesversammlung gewählten Mitgliedern der Bundesanwaltschaft eine Verwarnung oder einen Verweis aussprechen oder eine Lohnkürzung verfügen.

[3] Dagegen kann Beschwerde an das Bundesverwaltungsgericht erhoben werden; das Verfahren richtet sich nach dem Verwaltungsverfahrensgesetz vom 20. Dezember 1968[9].

[4] Die Aufsichtsbehörde unterbreitet dem Bundesrat ihren Entwurf für den Voranschlag und ihre Rechnung sowie den Entwurf für den Voranschlag und die Rechnung der Bundesanwaltschaft. Der Bundesrat leitet diese unverändert der Bundesversammlung zu.

---

9 SR 172.021

3. Titel: Gerichtsbehörden

1. Kapitel: Bundesstrafgericht

1. Abschnitt: Sitz, Zusammensetzung und Aufsicht

Art. 32 Sitz

[1] Sitz des Bundesstrafgerichts ist Bellinzona.

[2] Das Bundesstrafgericht kann seine Verhandlungen an einem anderen Ort durchführen, wenn die Umstände es rechtfertigen.

[3] Der Bundesrat ist ermächtigt, mit dem Kanton Tessin einen Vertrag über dessen finanzielle Beteiligung an den Kosten der Errichtung des Bundesstrafgerichts abzuschliessen.

Art. 33 Zusammensetzung

Das Bundesstrafgericht besteht aus:
a. einer oder mehreren Strafkammern;
b. einer oder mehreren Beschwerdekammern.

Art. 34 Aufsicht

[1] Das Bundesgericht übt die administrative Aufsicht über die Geschäftsführung des Bundesstrafgerichts aus.

[2] Die Oberaufsicht wird von der Bundesversammlung ausgeübt.

[3] Das Bundesstrafgericht unterbreitet dem Bundesgericht jährlich seinen Entwurf für den Voranschlag und seine Rechnung sowie seinen Geschäftsbericht zuhanden der Bundesversammlung.

2. Abschnitt: Strafkammern

Art. 35 Zuständigkeiten

[1] Die Strafkammern urteilen in Fällen der Bundesgerichtsbarkeit als erstinstanzliches Gericht, sofern die Bundesanwaltschaft die Beurteilung nicht den kantonalen Behörden übertragen hat.

[2] Sie beurteilen zudem Strafsachen, die der Bundesrat nach dem Bundesgesetz vom 22. März 1974[10] über das Verwaltungsstrafrecht dem Bundesstrafgericht überwiesen hat.

Art. 36 Besetzung

[1] Die Strafkammern urteilen in der Besetzung mit drei Richtern oder Richterinnen.

---

10 SR 313.0

² Der Kammerpräsident oder die Kammerpräsidentin urteilt als Einzelgericht in den Fällen von Artikel 19 Absatz 2 StPO[11]. Er oder sie kann einen anderen Richter oder eine andere Richterin damit betrauen.

3. Abschnitt: Beschwerdekammern

Art. 37 Zuständigkeiten

¹ Die Beschwerdekammern des Bundesstrafgerichts treffen die Entscheide, für welche die StPO[12] die Beschwerdeinstanz oder das Bundesstrafgericht als zuständig bezeichnet.

² Sie entscheiden zudem über:

a. Beschwerden in internationalen Rechtshilfeangelegenheiten gemäss:
   1. dem Rechtshilfegesetz vom 20. März 1981[13],
   2. dem Bundesgesetz vom 21. Dezember 1995[14] über die Zusammenarbeit mit den internationalen Gerichten zur Verfolgung schwerwiegender Verletzungen des humanitären Völkerrechts,
   3. dem Bundesgesetz vom 22. Juni 2001[15] über die Zusammenarbeit mit dem Internationalen Strafgerichtshof,
   4. dem Bundesgesetz vom 3. Oktober 1975[16] zum Staatsvertrag mit den Vereinigten Staaten von Amerika über gegenseitige Rechtshilfe in Strafsachen;

b. Beschwerden, die ihnen das Bundesgesetz vom 22. März 1974[17] über das Verwaltungsstrafrecht zuweist;

c. Beschwerden gegen Verfügungen des Bundesverwaltungsgerichts über das Arbeitsverhältnis seiner Richter und Richterinnen und seines Personals;

d. Konflikte über die Zuständigkeit der militärischen und der zivilen Gerichtsbarkeit;

e. Anstände, die ihnen das Bundesgesetz vom 21. März 1997[18] über Massnahmen zur Wahrung der inneren Sicherheit zum Entscheid zuweist;

f. Anstände, die ihnen das Bundesgesetz vom 7. Oktober 1994[19] über kriminalpolizeiliche Zentralstellen des Bundes zum Entscheid zuweist;

g. Konflikte über die Zuständigkeit nach dem Bundesgesetz vom 8. Juni 1923[20] betreffend die Lotterien und die gewerbsmässigen Wetten.

---

11 SR 312.0
12 SR 312.0
13 SR 351.1
14 SR 351.20
15 SR 351.6
16 SR 351.93
17 SR 313.0
18 SR 120
19 SR 360
20 SR 935.51

Art. 38 Besetzung

Die Beschwerdekammern entscheiden in der Besetzung mit drei Richtern oder Richterinnen, soweit dieses Gesetz nicht die Verfahrensleitung als zuständig bezeichnet.

4. Abschnitt: Anwendbares Verfahrensrecht

Art. 39 Grundsatz

[1] Das Verfahren vor den Kammern des Bundesstrafgerichts richtet sich nach der StPO[21] und nach diesem Gesetz.

[2] Ausgenommen sind Fälle nach:

a. den Artikeln 35 Absatz 2 und 37 Absatz 2 Buchstabe b; auf sie ist das Bundesgesetz vom 22. März 1974[22] über das Verwaltungsstrafrecht anwendbar;

b. Artikel 37 Absatz 2 Buchstabe a; auf sie sind das Verwaltungsverfahrensgesetz vom 20. Dezember 1968[23] sowie die Bestimmungen der einschlägigen Rechtshilfeerlasse anwendbar;

c. Artikel 37 Absatz 2 Buchstabe c; auf sie sind das Bundespersonalgesetz vom 24. März 2000[24] und das Verwaltungsverfahrensgesetz vom 20. Dezember 1968 anwendbar;

d. Artikel 37 Absatz 2 Buchstaben e–g; auf sie ist das Verwaltungsverfahrensgesetz anwendbar.[25]

Art. 40 Revision, Erläuterung und Berichtigung von Entscheiden der Beschwerdekammern

[1] Für Revision, Erläuterung und Berichtigung von Entscheiden der Beschwerdekammern nach Artikel 37[26] Absatz 2 gelten die Artikel 121–129 des Bundesgerichtsgesetzes vom 17. Juni 2005[27] sinngemäss.

[2] Nicht als Revisionsgründe gelten Gründe, welche die Partei, die um Revision nachsucht, bereits mit einer Beschwerde gegen den Entscheid der Beschwerdekammer hätte geltend machen können.

---

21 SR 312.0
22 SR 313.0
23 SR 172.021
24 SR 172.220.1
25 Berichtigt von der Redaktionskommission der BVers (Art. 58 Abs. 1 ParlG; SR 171.10).
26 Berichtigt von der Redaktionskommission der BVers (Art. 58 Abs. 1 ParlG; SR 171.10).
27 SR 173.110

5. Abschnitt: Richter und Richterinnen

Art. 41 Zusammensetzung des Gerichts

[1] Das Bundesstrafgericht umfasst 15–35 ordentliche Richter und Richterinnen.

[2] Es wird ergänzt durch nebenamtliche Richter und Richterinnen; deren Zahl beträgt höchstens die Hälfte der Zahl der ordentlichen Richter und Richterinnen.

[3] Die Bundesversammlung bestimmt die Anzahl der Richter und Richterinnen in einer Verordnung.

Art. 42 Wahl

[1] Die Bundesversammlung wählt die Richter und Richterinnen.

[2] Wählbar ist, wer in eidgenössischen Angelegenheiten stimmberechtigt ist.

Art. 43 Unvereinbarkeit in der Person

[1] Dem Bundesstrafgericht dürfen nicht gleichzeitig als Richter oder Richterinnen angehören:

a. Ehegatten, eingetragene Partnerinnen oder Partner sowie Personen, die in dauernder Lebensgemeinschaft leben;

b. Ehegatten oder eingetragene Partnerinnen oder Partner von Geschwistern sowie Personen, die mit Geschwistern in dauernder Lebensgemeinschaft leben;

c. Verwandte in gerader Linie sowie bis und mit dem dritten Grad in der Seitenlinie;

d. Verschwägerte in gerader Linie sowie bis und mit dem dritten Grad in der Seitenlinie.

[2] Die Regelung von Absatz 1 Buchstabe d gilt bei dauernden Lebensgemeinschaften sinngemäss.

Art. 44 Unvereinbarkeit aufgrund eines Amts oder einer Tätigkeit

[1] Die Richter und Richterinnen dürfen weder der Bundesversammlung, dem Bundesrat noch dem Bundesgericht angehören und in keinem anderen Arbeitsverhältnis mit dem Bund stehen.

[2] Sie dürfen keine Tätigkeit ausüben, welche die Erfüllung der Amtspflichten, die Unabhängigkeit oder das Ansehen des Gerichts beeinträchtigt.

[3] Sie dürfen keine amtliche Funktion für einen ausländischen Staat ausüben und keine Titel und Orden ausländischer Behörden annehmen.

[4] Sie dürfen Dritte nicht berufsmässig vor Gericht vertreten.

[5] Richter und Richterinnen mit einem vollen Pensum dürfen kein Amt eines Kantons bekleiden und keine andere Erwerbstätigkeit ausüben. Sie dürfen

auch nicht als Mitglied der Geschäftsleitung, der Verwaltung, der Aufsichtsstelle oder der Revisionsstelle eines wirtschaftlichen Unternehmens tätig sein.

Art. 45 Andere Beschäftigungen

[1] Für die Ausübung einer Beschäftigung ausserhalb des Gerichts bedürfen die ordentlichen Richter und Richterinnen einer Bewilligung der Verwaltungskommission.

[2] Das Bundesstrafgericht bestimmt die Voraussetzungen für diese Bewilligung in einem Reglement.

Art. 46 Beschäftigungsgrad, Arbeitsverhältnis und Besoldung

[1] Die ordentlichen Richter und Richterinnen üben ihr Amt mit Voll- oder Teilpensum aus.

[2] Das Gesamtgericht kann in begründeten Fällen eine Veränderung des Beschäftigungsgrades während der Amtsdauer bewilligen; dabei darf die Summe der Stellenprozente des Gerichts insgesamt nicht verändert werden.

[3] Die Bundesversammlung regelt das Arbeitsverhältnis und die Besoldung der Richter und Richterinnen in einer Verordnung.

Art. 47 Eid und Gelübde

[1] Die Richter und Richterinnen legen vor ihrem Amtsantritt den Eid oder das Gelübde auf eine gewissenhafte Pflichterfüllung ab.

[2] Sie leisten den Eid oder das Gelübde vor dem Gesamtgericht.

Art. 48 Amtsdauer

[1] Die Amtsdauer der Richter und Richterinnen beträgt sechs Jahre.

[2] Richter und Richterinnen scheiden am Ende des Jahres aus ihrem Amt aus, in dem sie das 68. Altersjahr vollenden.[28]

[3] Frei gewordene Stellen werden für den Rest der Amtsdauer wieder besetzt.

Art. 49 Amtsenthebung

Die Bundesversammlung kann einen Richter oder eine Richterin vor Ablauf der Amtsdauer des Amtes entheben, wenn er oder sie:

a. vorsätzlich oder grob fahrlässig Amtspflichten schwer verletzt hat; oder

b. die Fähigkeit, das Amt auszuüben, auf Dauer verloren hat.

Art. 50[29]

---

28 Fassung gemäss Ziff. I 3 des BG vom 16. März 2012 (Änderung des Höchstalters für Richter und Richterinnen), in Kraft seit 1. Dez. 2012 (AS 2012 5647; BBl 2011 8995 9013).

29 Aufgehoben durch Anhang Ziff. 6 des BG vom 17. Juni 2011 (Gesuche um Aufhebung der Immunität), mit Wirkung seit 5. Dez. 2011 (AS 2011 4627; BBl 2010 7345 7385).

6. Abschnitt: Organisation und Verwaltung

Art. 51 Reglement

Das Bundesstrafgericht regelt seine Organisation und Verwaltung in einem Reglement.

Art. 52 Präsidium

[1] Die Bundesversammlung wählt auf Vorschlag des Gesamtgerichts aus den ordentlichen Richtern und Richterinnen:

a. den Präsidenten oder die Präsidentin des Bundesstrafgerichts;
b. den Vizepräsidenten oder die Vizepräsidentin des Bundesstrafgerichts.

[2] Die Wahl erfolgt für zwei Jahre; einmalige Wiederwahl ist zulässig.

[3] Der Präsident oder die Präsidentin führt den Vorsitz im Gesamtgericht und in der Verwaltungskommission. Er oder sie vertritt das Gericht nach aussen.

[4] Er oder sie wird durch den Vizepräsidenten oder die Vizepräsidentin oder, falls dieser oder diese verhindert ist, durch den Richter oder die Richterin mit dem höchsten Dienstalter vertreten; bei gleichem Dienstalter ist das höhere Lebensalter massgebend.

Art. 53 Gesamtgericht

[1] Das Gesamtgericht besteht aus den ordentlichen Richtern und Richterinnen.

[2] Es ist zuständig für:

a.[30] den Erlass von Reglementen über die Organisation und die Verwaltung des Gerichts, die Geschäftsverteilung, die Information, die Verfahrenskosten sowie die Entschädigungen nach Artikel 73;
b. den Vorschlag an die Bundesversammlung für die Wahl des Präsidenten oder der Präsidentin und des Vizepräsidenten oder der Vizepräsidentin;
c. Entscheide über Veränderungen des Beschäftigungsgrades der Richter und Richterinnen während der Amtsdauer;
d. die Verabschiedung des Geschäftsberichts zuhanden der Bundesversammlung;
e. die Bestellung der Kammern und die Wahl ihrer Präsidenten und Präsidentinnen auf Antrag der Verwaltungskommission;
f. die Zuteilung der nebenamtlichen Richter und Richterinnen an die Kammern auf Antrag der Verwaltungskommission;
g. die Anstellung des Generalsekretärs oder der Generalsekretärin und des Stellvertreters oder der Stellvertreterin auf Antrag der Verwaltungskommission;
h. die Vernehmlassung zu Erlassentwürfen;
i. Beschlüsse betreffend den Beitritt zu internationalen Vereinigungen;

---

30 Berichtigt von der Redaktionskommission der BVers (Art. 58 Abs. 1 ParlG; SR 171.10).

j. andere Aufgaben, die ihm durch Gesetz zugewiesen werden.

[3] Die Beschlüsse des Gesamtgerichts sind gültig, wenn an der Sitzung oder am Zirkulationsverfahren mindestens zwei Drittel der Richter und Richterinnen teilnehmen.

[4] Die für ein Teilpensum gewählten Richter und Richterinnen haben volles Stimmrecht.

Art. 54 Verwaltungskommission

[1] Die Verwaltungskommission setzt sich zusammen aus:

a. dem Präsidenten oder der Präsidentin des Bundesstrafgerichts;
b. dem Vizepräsidenten oder der Vizepräsidentin des Bundesstrafgerichts;
c. höchstens drei weiteren Richtern und Richterinnen.

[2] Der Generalsekretär oder die Generalsekretärin nimmt mit beratender Stimme an den Sitzungen der Verwaltungskommission teil.

[3] Die Richter und Richterinnen nach Absatz 1 Buchstabe c werden vom Gesamtgericht für zwei Jahre gewählt; einmalige Wiederwahl ist zulässig.

[4] Die Verwaltungskommission trägt die Verantwortung für die Gerichtsverwaltung. Sie ist zuständig für:

a. die Verabschiedung des Entwurfs des Voranschlags und der Rechnung zuhanden der Bundesversammlung;
b. den Erlass von Verfügungen über das Arbeitsverhältnis der Richter und Richterinnen, soweit das Gesetz nicht eine andere Behörde als zuständig bezeichnet;
c. die Anstellung der Gerichtsschreiber und Gerichtsschreiberinnen und deren Zuteilung an die Kammern auf Antrag der Kammern;
d. die Bereitstellung genügender wissenschaftlicher und administrativer Dienstleistungen;
e. eine angemessene Fortbildung des Personals;
f. die Bewilligung für Beschäftigungen der ordentlichen Richter und Richterinnen ausserhalb des Gerichts;
g. sämtliche weiteren Verwaltungsgeschäfte, die nicht in die Zuständigkeit des Gesamtgerichts fallen.

Art. 55 Bestellung der Kammern

[1] Das Gesamtgericht bestellt jeweils für zwei Jahre seine Kammern. Es macht ihre Zusammensetzung öffentlich bekannt.

[2] Bei der Bestellung sind die Amtssprachen angemessen zu berücksichtigen.

[3] Die Richter und Richterinnen sind zur Mitwirkung in anderen Kammern verpflichtet.

Art. 56 Kammervorsitz

[1] Das Gesamtgericht wählt die Präsidenten und Präsidentinnen der Kammern jeweils für zwei Jahre; zweimalige Wiederwahl ist möglich.

[2] Ist der Präsident oder die Präsidentin einer Kammer verhindert, so wird er oder sie durch den Richter oder die Richterin der Kammer mit dem höchsten Dienstalter vertreten; bei gleichem Dienstalter ist das höhere Lebensalter massgebend.

Art. 57 Abstimmung

[1] Das Gesamtgericht, die Verwaltungskommission und die Kammern treffen die Entscheide, Beschlüsse und Wahlen mit der absoluten Mehrheit der Stimmen.

[2] Bei Stimmengleichheit ist die Stimme des Präsidenten oder der Präsidentin ausschlaggebend; bei Wahlen und Anstellungen entscheidet das Los.

[3] Bei Entscheiden, die das Bundesstrafgericht im Rahmen seiner Rechtsprechungskompetenzen trifft, ist Stimmenthaltung nicht zulässig.

Art. 58 Geschäftsverteilung

Das Gesamtgericht bestimmt die Verteilung der Geschäfte auf die Kammern sowie die Bildung der Spruchkörper durch Reglement.

Art. 59 Gerichtsschreiber und Gerichtsschreiberinnen

[1] Die Gerichtsschreiber und Gerichtsschreiberinnen wirken bei der Instruktion der Fälle und bei der Entscheidfindung mit. Sie haben beratende Stimme.

[2] Sie erarbeiten unter der Verantwortung eines Richters oder einer Richterin Referate und redigieren die Entscheide des Bundesstrafgerichts.

[3] Sie erfüllen weitere Aufgaben, die ihnen das Reglement überträgt.

Art. 60 Verwaltung

[1] Das Bundesstrafgericht verwaltet sich selbst.

[2] Es richtet seine Dienste ein und stellt das nötige Personal an.

[3] Es führt eine eigene Rechnung.

Art. 61 Generalsekretär oder Generalsekretärin

Der Generalsekretär oder die Generalsekretärin steht der Gerichtsverwaltung einschliesslich der wissenschaftlichen Dienste vor. Er oder sie führt das Sekretariat des Gesamtgerichts und der Verwaltungskommission.

Art. 62 Infrastruktur

¹ Für die Bereitstellung, die Bewirtschaftung und den Unterhalt der vom Bundesstrafgericht benutzten Gebäude ist das EFD zuständig. Dieses hat die Bedürfnisse des Bundesstrafgerichts angemessen zu berücksichtigen.

² Das Bundesstrafgericht deckt seinen Bedarf an Gütern und Dienstleistungen im Bereich der Logistik selbstständig.

³ Für die Einzelheiten der Zusammenarbeit zwischen dem Bundesstrafgericht und dem EFD schliesst das Bundesstrafgericht mit dem Bundesrat eine Vereinbarung ab.

Art. 62a[31] Datenschutz bei der Benutzung der elektronischen Infrastruktur

¹ Für die Benutzung der elektronischen Infrastruktur des Bundesstrafgerichts finden im Rahmen seiner Verwaltungstätigkeit die Artikel 57i–57q des Regierungs- und Verwaltungsorganisationsgesetzes vom 21. März 1997[32] sinngemäss Anwendung.

² Das Bundesstrafgericht erlässt die Ausführungsbestimmungen.

Art. 63 Information

¹ Das Bundesstrafgericht informiert die Öffentlichkeit über seine Rechtsprechung.

² Die Veröffentlichung der Entscheide hat grundsätzlich in anonymisierter Form zu erfolgen.

³ Das Bundesstrafgericht regelt die Grundsätze der Information in einem Reglement.

⁴ Für die Gerichtsberichterstattung kann das Bundesstrafgericht eine Akkreditierung vorsehen.

Art. 64 Öffentlichkeitsprinzip

¹ Das Öffentlichkeitsgesetz vom 17. Dezember 2004[33] gilt sinngemäss für das Bundesstrafgericht, soweit dieses administrative Aufgaben erfüllt.

² Das Bundesstrafgericht kann vorsehen, dass kein Schlichtungsverfahren nach den Artikeln 13–15 des Öffentlichkeitsgesetzes vom 17. Dezember 2004 durchgeführt wird. In diesem Fall erlässt es die Stellungnahme zu einem Gesuch um Zugang zu amtlichen Dokumenten in Form einer beschwerdefähigen Verfügung.

---

31 Eingefügt durch Ziff. II 3 des BG vom 1. Okt. 2010 (Datenschutz bei der Benutzung der elektronischen Infrastruktur), in Kraft seit 1. April 2012 (AS 2012 941; BBl 2009 8513).

32 SR 172.010

33 SR 152.3

2. Kapitel: Kantonale Zwangsmassnahmengerichte

Art. 65

[1] Die kantonalen Zwangsmassnahmengerichte am Sitz der Bundesanwaltschaft oder ihrer Zweigstellen entscheiden in Fällen der Bundesgerichtsbarkeit über alle Zwangsmassnahmen gemäss Artikel 18 Absatz 1 StPO[34].

[2] Zuständig ist das kantonale Zwangsmassnahmengericht am Ort, wo das Verfahren geführt wird.

[3] Beschwerden gegen Entscheide nach Absatz 1 beurteilt das Bundesstrafgericht.

[4] Entscheidet ein kantonales Zwangsmassnahmengericht in einem Fall von Bundesgerichtsbarkeit, so entschädigt der Bund den Kanton dafür. Die Entschädigung erfolgt im Einzelfall; sie bemisst sich nach den Verfahrenskosten, welche das Zwangsmassnahmengericht in einem gleichen Fall kantonaler Gerichtsbarkeit festlegen würde, erhöht um einen Viertel.

4. Titel: Ergänzende Verfahrensbestimmungen

Art. 66 Politische Straftaten

[1] Die Verfolgung politischer Straftaten bedarf einer Ermächtigung durch den Bundesrat. Zur Wahrung der Interessen des Landes kann er sie verweigern.

[2] Bis zum Entscheid des Bundesrates trifft die Bundesanwaltschaft sichernde Massnahmen.

Art. 67 Straftaten von Mitgliedern der Bundesanwaltschaft

[1] Richtet sich die Strafverfolgung wegen Straftaten im Zusammenhang mit der amtlichen Tätigkeit gegen einen Leitenden Staatsanwalt, eine Leitende Staatsanwältin, einen Staatsanwalt oder eine Staatsanwältin, so bezeichnet die Aufsichtsbehörde ein Mitglied der Bundesanwaltschaft oder ernennt einen ausserordentlichen Staatsanwalt oder eine ausserordentliche Staatsanwältin für die Leitung des Verfahrens.

[2] Bis zur Bezeichnung oder Ernennung trifft die Bundesanwaltschaft sichernde Massnahmen.

Art. 68 Mitteilungsrechte und -pflichten

[1] Die Strafbehörden des Bundes dürfen andere Behörden des Bundes oder der Kantone über ihre Strafverfahren informieren, soweit diese zur Erfüllung ihrer gesetzlichen Aufgabe auf die Information zwingend angewiesen sind.

---

34 SR 312.0

[2] Vorbehalten bleiben Mitteilungsrechte und -pflichten aus anderen Bundesgesetzen.

Art. 69   Zustellung durch Veröffentlichung

Die Zustellung durch Veröffentlichung erfolgt im Bundesblatt.

Art. 70   Zeugeneinvernahmen durch die Polizei

Die Bundesanwaltschaft kann im Einzelfall Angehörige der Bundeskriminalpolizei mit der Durchführung von Zeugeneinvernahmen betrauen.

Art. 71   Belohnungen

Belohnungen können aussetzen:

a. im Vorverfahren: der Bundesanwalt oder die Bundesanwältin;
b. im Hauptverfahren: die Verfahrensleitung.

Art. 72   Vorgehen bei vorläufiger Festnahme wegen Übertretungen

Die vorläufige Festnahme von Personen, welche die Polizei bei der Begehung einer Übertretung auf frischer Tat ertappt oder unmittelbar nach Begehung einer solchen Tat angetroffen hat, bedarf nach drei Stunden der Genehmigung durch einen Pikettoffizier oder eine Pikettoffizierin der Bundeskriminalpolizei oder durch vom kantonalen Recht dazu befugte Polizeiangehörige.

Art. 73   Kosten und Entschädigung

[1] Das Bundesstrafgericht regelt durch Reglement:

a. die Berechnung der Verfahrenskosten;
b. die Gebühren;
c. die Entschädigungen an Parteien, die amtliche Verteidigung, den unentgeltlichen Rechtsbeistand, Sachverständige sowie Zeuginnen und Zeugen.

[2] Die Gebühr richtet sich nach Umfang und Schwierigkeit der Sache, Art der Prozessführung und finanzieller Lage der Parteien sowie nach dem Kanzleiaufwand.

[3] Es gilt ein Gebührenrahmen von 200–100 000 Franken für jedes der folgenden Verfahren:

a. Vorverfahren;
b. erstinstanzliches Verfahren;
c. Rechtsmittelverfahren.

Art. 74   Vollzug durch die Kantone

[1] Die Kantone vollziehen die folgenden Strafen und Massnahmen, die von den Strafbehörden des Bundes angeordnet wurden:

a. gemeinnützige Arbeit;
b. Freiheitsstrafen;
c. therapeutische Massnahmen;

    d. Verwahrung;
    e. Geldstrafen;
    f. Bussen;
    g. Friedensbürgschaften;
    h. Berufsverbote;
    i. Fahrverbote.

[2] Die Strafbehörde des Bundes bestimmt in Anwendung der Artikel 31–36 StPO[35] im Entscheid, welcher Kanton für den Vollzug zuständig ist.

[3] Der zuständige Kanton erlässt die Verfügungen über den Vollzug.

[4] Er ist berechtigt, den Erlös aus dem Vollzug von Bussen und Geldstrafen zu behalten.

[5] Der Bund entschädigt ihn für die Kosten des Vollzugs freiheitsentziehender Sanktionen. Die Entschädigung bemisst sich nach den Ansätzen, die für den vollziehenden Kanton beim Vollzug eines eigenen Urteils gelten würden.

Art. 75 **Vollzug durch die Bundesanwaltschaft**

[1] Die Bundesanwaltschaft vollzieht die Entscheide der Strafbehörden des Bundes, wenn nicht die Kantone zuständig sind.

[2] Sie bezeichnet dafür eine Stelle, die nicht mit der Untersuchung und Anklageerhebung betraut ist.

[3] Sie kann für die Einziehung und Verwertung Dritte beiziehen.

Art. 76 **Nachträgliche Entscheide**

Nachträgliche Entscheide, die nicht dem Gericht zustehen, werden getroffen:
    a. von der nach kantonalem Recht zuständigen Stelle, wenn ein Entscheid der Strafbehörden des Bundes durch einen Kanton vollzogen wird;
    b. von der Bundesanwaltschaft in den andern Fällen.

5. Titel: Schlussbestimmungen

Art. 77 **Aufhebung und Änderung bisherigen Rechts**

Die Aufhebung und die Änderung bisherigen Rechts werden im Anhang geregelt.

Art. 78 **Übergangsbestimmungen**

[1] Die Amtsdauer der Mitglieder der Bundesanwaltschaft, die vom Bundesrat nach bisherigem Recht gewählt worden sind, richtet sich nach bisherigem Recht.

---

35 SR 312.0

² Für die Zusammenarbeit zwischen dem Bundesstrafgericht und dem EFD gilt bis zum Abschluss der Vereinbarung nach Artikel 62 Absatz 3 sinngemäss die gestützt auf Artikel 25a Absatz 3 des Bundesgerichtsgesetzes vom 17. Juni 2005[36] abgeschlossene Vereinbarung vom 6. Juli 2007[37] zwischen dem Bundesgericht und dem Bundesrat über die Zusammenarbeit im Bereich der Infrastruktur.

Art. 79 Referendum und Inkrafttreten

¹ Dieses Gesetz untersteht dem fakultativen Referendum.

² Der Bundesrat bestimmt das Inkrafttreten.

Inkrafttreten: 1. Januar 2011[38]

Anhang (Art. 77)

Aufhebung und Änderung bisherigen Rechts

I

Die nachstehenden Bundesgesetze werden aufgehoben:

1. Bundesstrafgerichtsgesetz vom 4. Oktober 2002[39];
2. Bundesgesetz vom 21. Juni 2002[40] über den Sitz des Bundesstrafgerichts und des Bundesverwaltungsgerichts.

II

Die nachstehenden Bundesgesetze werden wie folgt geändert:

...[41]

---

36 SR 173.110
37 BBl 2007 5259
38 BRB vom 31. März 2010
39 AS 2003 2133 2131 3543, 2006 1205 2197 4213, 2010 1881
40 AS 2003 2163, 2005 4603
41 Die Änderungen können unter AS 2010 3267 konsultiert werden.

23a. Bundesgesetz über das Bundesstrafgericht (Strafgerichtsgesetz, SGG)*

vom 4. Oktober 2002

Die Bundesversammlung der Schweizerischen Eidgenossenschaft,

gestützt auf Artikel 191*a* der Bundesverfassung[1],
nach Einsicht in die Botschaft des Bundesrates vom 28. Februar 2001[2],

beschliesst:

1. Kapitel: Stellung und Organisation

1. Abschnitt: Stellung

Art. 1 Grundsatz

[1] Das Bundesstrafgericht ist das allgemeine Strafgericht des Bundes.

[2] Es entscheidet als Vorinstanz des Bundesgerichts, soweit das Gesetz die Beschwerde an das Bundesgericht nicht ausschliesst.

[3] Es umfasst 15–35 Richterstellen.

[4] Die Bundesversammlung bestimmt die Anzahl Richterstellen in einer Verordnung.

[5] Zur Bewältigung aussergewöhnlicher Geschäftseingänge kann die Bundesversammlung zusätzliche Richterstellen auf jeweils längstens zwei Jahre bewilligen.

Art. 2 Unabhängigkeit

Das Bundesstrafgericht ist in seiner Recht sprechenden Tätigkeit unabhängig und nur dem Recht verpflichtet.

Art. 3[3] Aufsicht

[1] Das Bundesgericht übt die administrative Aufsicht über die Geschäftsführung des Bundesstrafgerichts aus.

AS 2003 2133

* Mit der Inkraftsetzung des Strafbehördenorganisationsgesetzes (SR 173.71) am 1. Januar 2011 wurde das Strafgerichtsgesetz aufgehoben.
1 SR 101
2 BBl 2001 4202
3 Fassung gemäss Anhang Ziff. 14 des Verwaltungsgerichtsgesetzes vom 17. Juni 2005, in Kraft seit 1. Jan. 2007 (SR 173.32).

[2] Die Oberaufsicht wird von der Bundesversammlung ausgeübt.

[3] Das Bundesstrafgericht unterbreitet dem Bundesgericht jährlich seinen Entwurf für den Voranschlag sowie seine Rechnung und seinen Geschäftsbericht zuhanden der Bundesversammlung.

Art. 4 Sitz

[1] Sitz des Bundesstrafgerichts ist Bellinzona.[4]

[2] Wenn die Umstände es rechtfertigen, kann das Bundesstrafgericht seine Verhandlungen an einem anderen Ort durchführen.

2. Abschnitt: Richter und Richterinnen

Art. 5 Wahl

[1] Die Bundesversammlung wählt die Richter und Richterinnen.

[2] Wählbar ist, wer in eidgenössischen Angelegenheiten stimmberechtigt ist.

Art. 6 Unvereinbarkeit

[1] Die Richter und Richterinnen dürfen weder der Bundesversammlung, dem Bundesrat noch dem Bundesgericht angehören und in keinem anderen Arbeitsverhältnis mit dem Bund stehen.

[2] Sie dürfen weder eine Tätigkeit ausüben, welche die Erfüllung der Amtspflichten, die Unabhängigkeit oder das Ansehen des Gerichts beeinträchtigt, noch berufsmässig Dritte vor Gericht vertreten.

[3] Sie dürfen keine amtliche Funktion für einen ausländischen Staat ausüben und keine Titel und Orden ausländischer Behörden annehmen.

[4] Richter und Richterinnen mit einem vollen Pensum dürfen kein Amt eines Kantons bekleiden und keine andere Erwerbstätigkeit ausüben. Sie dürfen auch nicht als Mitglied der Geschäftsleitung, der Verwaltung, der Aufsichtsstelle oder der Revisionsstelle eines wirtschaftlichen Unternehmens tätig sein.

Art. 7 Andere Beschäftigungen

Für die Ausübung einer Beschäftigung ausserhalb des Gerichts bedürfen die Richter und Richterinnen einer Ermächtigung des Bundesstrafgerichts.

---

4   Fassung gemäss Art. 3 der V vom 25. Juni 2003, in Kraft seit 1. Aug. 2003 (AS 2003 2131). Siehe auch Art. 1 Abs. 2 des BG vom 21. Juni 2002 über den Sitz des Bundesstrafgerichts und des Bundesverwaltungsgerichts (SR 173.72).

Art. 8[5] Unvereinbarkeit in der Person

[1] Dem Bundesstrafgericht dürfen nicht gleichzeitig als Richter oder Richterinnen angehören:

a. Ehegatten, eingetragene Partnerinnen oder Partner und Personen, die in dauernder Lebensgemeinschaft leben;

b. Ehegatten oder eingetragene Partnerinnen oder Partner von Geschwistern und Personen, die mit Geschwistern in dauernder Lebensgemeinschaft leben;

c. Verwandte in gerader Linie sowie bis und mit dem dritten Grad in der Seitenlinie;

d. Verschwägerte in gerader Linie sowie bis und mit dem dritten Grad in der Seitenlinie.

[2] Die Regelung von Absatz 1 Buchstabe d gilt bei dauernden Lebensgemeinschaften sinngemäss.

Art. 9 Amtsdauer

[1] Die Amtsdauer der Richter und Richterinnen beträgt sechs Jahre.

[2] Richter und Richterinnen scheiden am Ende des Jahres aus ihrem Amt aus, in dem sie das ordentliche Rücktrittsalter nach den Bestimmungen über das Arbeitsverhältnis des Bundespersonals erreichen.

[3] Frei gewordene Stellen werden für den Rest der Amtsdauer wieder besetzt.

Art. 10 Amtsenthebung

Die Bundesversammlung kann einen Richter oder eine Richterin vor Ablauf der Amtsdauer des Amtes entheben, wenn er oder sie:

a. vorsätzlich oder grob fahrlässig Amtspflichten schwer verletzt hat; oder

b. die Fähigkeit, das Amt auszuüben, auf Dauer verloren hat.

Art. 11 Amtseid

[1] Die Richter und Richterinnen werden vor ihrem Amtsantritt auf gewissenhafte Pflichterfüllung vereidigt.

[2] Sie leisten den Eid vor dem Gesamtgericht.

[3] Statt des Eids kann ein Gelübde abgelegt werden.

Art. 11a[6] Immunität

[1] Gegen die Richter und Richterinnen kann während ihrer Amtsdauer wegen Verbrechen und Vergehen, die nicht in Zusammenhang mit ihrer amtlichen

---

5 Fassung gemäss Anhang Ziff. 14 des Verwaltungsgerichtsgesetzes vom 17. Juni 2005, in Kraft seit 1. Jan. 2007 (SR 173.32).

6 Eingefügt durch Anhang Ziff. II 4 Bst. c des BG vom 13. Dez. 2002 über die Bundesversammlung, in Kraft seit 1. Dez. 2003 (SR 171.10).

Stellung oder Tätigkeit stehen, ein Strafverfahren nur eingeleitet werden mit der schriftlichen Zustimmung der betroffenen Richter oder Richterinnen oder auf Grund eines Beschlusses des Gesamtgerichts.[7]

2 Vorbehalten bleibt die vorsorgliche Verhaftung wegen Fluchtgefahr oder im Fall des Ergreifens auf frischer Tat bei der Verübung eines Verbrechens. Für eine solche Verhaftung muss von der anordnenden Behörde innert vierundzwanzig Stunden direkt beim Gesamtgericht um Zustimmung nachgesucht werden, sofern die verhaftete Person nicht ihr schriftliches Einverständnis zur Haft gegeben hat.

3 Ist ein Strafverfahren wegen einer in Absatz 1 genannten Straftat bei Antritt des Amtes bereits eingeleitet, so hat die Person das Recht, gegen die Fortsetzung der bereits angeordneten Haft sowie gegen Vorladungen zu Verhandlungen den Entscheid des Gesamtgerichts zu verlangen.[8] Die Eingabe hat keine aufschiebende Wirkung.

4 Gegen eine durch rechtskräftiges Urteil verhängte Freiheitsstrafe, deren Vollzug vor Antritt des Amtes angeordnet wurde, kann die Immunität nicht angerufen werden.

5 Wird die Zustimmung zur Strafverfolgung eines Richters oder einer Richterin verweigert, so kann die Strafverfolgungsbehörde innert zehn Tagen bei der Bundesversammlung Beschwerde einlegen.

Art. 12 Beschäftigungsgrad und Rechtsstellung

1 Die Richter und Richterinnen üben ihr Amt mit Voll- oder Teilpensum aus.

2 Das Gericht kann in begründeten Fällen eine Veränderung des Beschäftigungsgrades während der Amtsdauer bewilligen, wenn die Summe der Stellenprozente insgesamt nicht verändert wird.

3 Die Bundesversammlung regelt das Arbeitsverhältnis und die Besoldung der Richter und Richterinnen in einer Verordnung.

3. Abschnitt: Organisation und Verwaltung

Art. 13 Grundsatz

Das Bundesstrafgericht regelt seine Organisation und Verwaltung.

---

7 Fassung gemäss Anhang Ziff. 14 des Verwaltungsgerichtsgesetzes vom 17. Juni 2005, in Kraft seit 1. Jan. 2007 (SR 173.32).

8 Fassung gemäss Anhang Ziff. 14 des Verwaltungsgerichtsgesetzes vom 17. Juni 2005, in Kraft seit 1. Jan. 2007 (SR 173.32).

Art. 14[9] Präsidium

[1] Die Bundesversammlung wählt aus den Richtern und Richterinnen:

a. den Präsidenten oder die Präsidentin des Bundesstrafgerichts;

b. den Vizepräsidenten oder die Vizepräsidentin.

[2] Die Wahl erfolgt für zwei Jahre; einmalige Wiederwahl ist zulässig.

[3] Der Präsident oder die Präsidentin führt den Vorsitz im Gesamtgericht und in der Verwaltungskommission (Art. 16). Er oder sie vertritt das Gericht nach aussen.

[4] Er oder sie wird durch den Vizepräsidenten oder die Vizepräsidentin oder, falls dieser oder diese verhindert ist, durch den Richter oder die Richterin mit dem höchsten Dienstalter vertreten; bei gleichem Dienstalter ist das höhere Lebensalter massgebend.

Art. 15 Gesamtgericht

[1] Das Gesamtgericht ist zuständig für:[10]

a.[11] den Erlass von Reglementen über die Organisation und Verwaltung des Gerichts, die Geschäftsverteilung, die Information, die Gerichtsgebühren sowie die Entschädigungen an Parteien, amtliche Vertreter und Vertreterinnen, Sachverständige sowie Zeugen und Zeuginnen;

b.[12] den Vorschlag an die Bundesversammlung für die Wahl des Präsidenten oder der Präsidentin und des Vizepräsidenten oder der Vizepräsidentin;

c. Entscheide über Veränderungen des Beschäftigungsgrades der Richter und Richterinnen während der Amtsdauer;

d. die Verabschiedung des Geschäftsberichts.

e. die Wahl der eidgenössischen Untersuchungsrichter und Untersuchungsrichterinnen und ihrer Stellvertretungen unter Berücksichtigung der Amtssprachen für eine Amtsdauer von sechs Jahren; bei Bedarf wählt es ausserordentliche Untersuchungsrichter und Untersuchungsrichterinnen.

f.[13] die Bestellung der Kammern und die Wahl ihrer Präsidenten und Präsidentinnen auf Antrag der Verwaltungskommission;

---

9 Fassung gemäss Anhang Ziff. 14 des Verwaltungsgerichtsgesetzes vom 17. Juni 2005, in Kraft seit 1. Jan. 2007 (SR 173.32).

10 Fassung gemäss Anhang Ziff. 14 des Verwaltungsgerichtsgesetzes vom 17. Juni 2005, in Kraft seit 1. Jan. 2007 (SR 173.32).

11 Fassung gemäss Anhang Ziff. 14 des Verwaltungsgerichtsgesetzes vom 17. Juni 2005, in Kraft seit 1. Jan. 2007 (SR 173.32).

12 Fassung gemäss Anhang Ziff. 14 des Verwaltungsgerichtsgesetzes vom 17. Juni 2005, in Kraft seit 1. Jan. 2007 (SR 173.32).

13 Eingefügt durch Anhang Ziff. 14 des Verwaltungsgerichtsgesetzes vom 17. Juni 2005, in Kraft seit 1. Jan. 2007 (SR 173.32).

g.[14] die Anstellung des Generalsekretärs oder der Generalsekretärin und des Stellvertreters oder der Stellvertreterin auf Antrag der Verwaltungskommission;

h.[15] Beschlüsse betreffend den Beitritt zu internationalen Vereinigungen;

i.[16] andere Aufgaben, die ihm durch Gesetz zugewiesen werden.

² Beschlüsse des Gesamtgerichts sind gültig, wenn an der Sitzung oder am Zirkulationsverfahren mindestens zwei Drittel aller Richter und Richterinnen teilnehmen.

³ Die für ein Teilpensum gewählten Richter und Richterinnen haben volles Stimmrecht.

Art. 16[17] Verwaltungskommission

¹ Die Verwaltungskommission setzt sich zusammen aus:

a. dem Präsidenten oder der Präsidentin des Bundesstrafgerichts;

b. dem Vizepräsidenten oder der Vizepräsidentin;

c. höchstens drei weiteren Richtern und Richterinnen.

² Der Generalsekretär oder die Generalsekretärin nimmt mit beratender Stimme an den Sitzungen der Verwaltungskommission teil.

³ Die Richter und Richterinnen nach Absatz 1 Buchstabe c werden vom Gesamtgericht für zwei Jahre gewählt; einmalige Wiederwahl ist zulässig.

⁴ Die Verwaltungskommission trägt die Verantwortung für die Gerichtsverwaltung. Sie ist zuständig für:

a. die Verabschiedung des Entwurfs des Voranschlags und der Rechnung zuhanden der Bundesversammlung;

b. den Erlass von Verfügungen über das Arbeitsverhältnis der Richter und Richterinnen, soweit das Gesetz nicht eine andere Behörde als zuständig bezeichnet;

c. die Anstellung der Gerichtsschreiber und Gerichtsschreiberinnen und deren Zuteilung an die Kammern auf Antrag der Kammern;

d. die Bereitstellung genügender wissenschaftlicher und administrativer Dienstleistungen;

e. die Gewährung einer angemessenen Fortbildung des Personals;

f. die Bewilligung von Beschäftigungen der Richter und Richterinnen ausserhalb des Gerichts;

---

14 Eingefügt durch Anhang Ziff. 14 des Verwaltungsgerichtsgesetzes vom 17. Juni 2005, in Kraft seit 1. Jan. 2007 (SR 173.32).

15 Eingefügt durch Anhang Ziff. 14 des Verwaltungsgerichtsgesetzes vom 17. Juni 2005, in Kraft seit 1. Jan. 2007 (SR 173.32).

16 Eingefügt durch Anhang Ziff. 14 des Verwaltungsgerichtsgesetzes vom 17. Juni 2005, in Kraft seit 1. Jan. 2007 (SR 173.32).

17 Fassung gemäss Anhang Ziff. 14 des Verwaltungsgerichtsgesetzes vom 17. Juni 2005, in Kraft seit 1. Jan. 2007 (SR 173.32).

g. sämtliche weiteren Verwaltungsgeschäfte, die nicht in die Zuständigkeit des Gesamtgerichts fallen.

Art. 17 Kammern

[1] Das Gesamtgericht bestellt jeweils für zwei Jahre eine oder mehrere Strafkammern sowie eine oder mehrere Beschwerdekammern. Es macht ihre Zusammensetzung öffentlich bekannt.

[2] Bei der Bestellung sind die Amtssprachen angemessen zu berücksichtigen.

[3] Die Richter und Richterinnen sind zur Aushilfe in anderen Kammern verpflichtet. Wer als Mitglied der Beschwerdekammer tätig gewesen ist, kann im gleichen Fall nicht als Mitglied der Strafkammer wirken.

Art. 18[18] Kammervorsitz

[1] Die Präsidenten oder die Präsidentinnen der Kammern werden jeweils für zwei Jahre gewählt.

[2] Im Verhinderungsfall werden sie durch den Richter oder die Richterin mit dem höchsten Dienstalter vertreten; bei gleichem Dienstalter ist das höhere Lebensalter massgebend.

[3] Der Kammervorsitz darf nicht länger als sechs Jahre ausgeübt werden.

Art. 19[19] Abstimmung

[1] Das Gesamtgericht, die Verwaltungskommission und die Kammern treffen die Entscheide, Beschlüsse und Wahlen, wenn das Gesetz nichts anderes bestimmt, mit der absoluten Mehrheit der Stimmen.

[2] Bei Stimmengleichheit ist die Stimme des Präsidenten beziehungsweise der Präsidentin ausschlaggebend; bei Wahlen und Anstellungen entscheidet das Los.

[3] Bei Entscheiden, die im Rahmen der Zuständigkeiten nach den Artikeln 26 und 28 Absatz 1 getroffen werden, ist Stimmenthaltung nicht zulässig.

Art. 20 Geschäftsverteilung

Das Bundesstrafgericht regelt die Verteilung der Geschäfte auf die Kammern sowie die Bildung der Spruchkörper durch Reglement.

Art. 21 Präjudiz und Praxisänderung

[1] Eine Kammer kann eine Rechtsfrage nur dann abweichend von einem früheren Entscheid einer oder mehrerer anderer Kammern entscheiden, wenn die Vereinigung der betroffenen Kammern zustimmt.

---

18 Fassung gemäss Anhang Ziff. 14 des Verwaltungsgerichtsgesetzes vom 17. Juni 2005, in Kraft seit 1. Jan. 2007 (SR 173.32).
19 Fassung gemäss Anhang Ziff. 14 des Verwaltungsgerichtsgesetzes vom 17. Juni 2005, in Kraft seit 1. Jan. 2007 (SR 173.32).

[2] Hat eine Kammer eine Rechtsfrage zu entscheiden, die mehrere Kammern betrifft, so holt sie die Zustimmung der Vereinigung aller betroffenen Kammern ein, sofern sie dies für die Rechtsfortbildung oder die Einheit der Rechtsprechung für angezeigt hält.

[3] Beschlüsse der Vereinigung der betroffenen Kammern sind gültig, wenn an der Sitzung oder am Zirkulationsverfahren mindestens zwei Drittel der Richter und Richterinnen jeder betroffenen Kammer teilnehmen. Der Beschluss wird ohne Parteiverhandlung gefasst und ist für die Antrag stellende Kammer bei der Beurteilung des Streitfalles verbindlich.

Art. 22   Gerichtsschreiber und Gerichtsschreiberinnen

[1] ...[20]

[2] Die Gerichtsschreiber und Gerichtsschreiberinnen wirken bei der Instruktion der Fälle und bei der Entscheidfindung mit. Sie haben beratende Stimme.

[3] Sie erarbeiten unter der Verantwortung eines Richters oder einer Richterin Referate und redigieren die Entscheide des Bundesstrafgerichts.

[4] Sie erfüllen weitere Aufgaben, die ihnen das Reglement überträgt.

Art. 23   Verwaltung

[1] Das Bundesstrafgericht verwaltet sich selbst.

[2] Es richtet seine Dienste ein und stellt das nötige Personal an.

[3] Es führt eine eigene Rechnung.

Art. 23a[21]   Infrastruktur

[1] Für die Bereitstellung, die Bewirtschaftung und den Unterhalt der vom Bundesstrafgericht benutzten Gebäude ist das Eidgenössische Finanzdepartement zuständig. Dieses hat die Bedürfnisse des Bundesstrafgerichts angemessen zu berücksichtigen.

[2] Das Bundesstrafgericht deckt seinen Bedarf an Gütern und Dienstleistungen im Bereich der Logistik selbständig.

[3] Für die Einzelheiten der Zusammenarbeit zwischen dem Bundesstrafgericht und dem Eidgenössischen Finanzdepartement gilt die Vereinbarung zwischen dem Bundesgericht und dem Bundesrat gemäss Artikel 25a Absatz 3 des Bundesgerichtsgesetzes vom 17. Juni 2005[22] sinngemäss; vorbehalten bleibt der Abschluss einer anders lautenden Vereinbarung zwischen dem Bundesstrafgericht und dem Bundesrat.

---

20 Aufgehoben durch Anhang Ziff. 14 des Verwaltungsgerichtsgesetzes vom 17. Juni 2005, mit Wirkung seit 1. Jan. 2007 (SR 173.32).

21 Eingefügt durch Ziff. I 2 des BG vom 23. Juni 2006 über die Bereinigung und Aktualisierung der Totalrevision der Bundesrechtspflege, in Kraft seit 1. Jan. 2007 (AS 2006 4213; BBl 2006 3067).

22 SR 173.110

Art. 24[23] Generalsekretariat

Der Generalsekretär oder die Generalsekretärin steht der Gerichtsverwaltung einschliesslich der wissenschaftlichen Dienste vor. Er oder sie führt das Sekretariat des Gesamtgerichts und der Verwaltungskommission.

Art. 25[24] Information

[1] Das Bundesstrafgericht informiert die Öffentlichkeit über seine Rechtsprechung.

[2] Die Veröffentlichung der Entscheide hat grundsätzlich in anonymisierter Form zu erfolgen.

[3] Das Bundesstrafgericht regelt die Grundsätze der Information in einem Reglement.

[4] Für die Gerichtsberichterstattung kann das Bundesstrafgericht eine Akkreditierung vorsehen.

Art. 25a[25] Öffentlichkeitsprinzip

[1] Das Öffentlichkeitsgesetz vom 17. Dezember 2004[26] gilt sinngemäss für das Bundesstrafgericht, soweit dieses administrative Aufgaben erfüllt.

[2] Das Bundesstrafgericht kann vorsehen, dass kein Schlichtungsverfahren durchgeführt wird; in diesem Fall erlässt es die Stellungnahme zu einem Gesuch um Zugang zu amtlichen Dokumenten in Form einer beschwerdefähigen Verfügung.

2. Kapitel: Zuständigkeiten und Verfahren

1. Abschnitt: Strafkammer

Art. 26 Zuständigkeit

Die Strafkammer beurteilt:

a. Strafsachen, die nach den Artikeln 340 und 340bis des Strafgesetzbuches[27] der Bundesstrafgerichtsbarkeit unterstehen, soweit der Bundesanwalt die Untersuchung und Beurteilung nicht den kantonalen Behörden übertragen hat;

---

23 Fassung gemäss Anhang Ziff. 14 des Verwaltungsgerichtsgesetzes vom 17. Juni 2005, in Kraft seit 1. Jan. 2007 (SR 173.32).
24 Fassung gemäss Anhang Ziff. 14 des Verwaltungsgerichtsgesetzes vom 17. Juni 2005, in Kraft seit 1. Jan. 2007 (SR 173.32).
25 Eingefügt durch Anhang Ziff. 3 des Öffentlichkeitsgesetzes vom 17. Dez. 2004 (SR 152.3). Fassung gemäss Anhang Ziff. 14 des Verwaltungsgerichtsgesetzes vom 17. Juni 2005, in Kraft seit 1. Jan. 2007 (SR 173.32).
26 SR 152.3
27 SR 311.0. Heute: nach den Art. 336 und 337.

b.[28] Verwaltungsstrafsachen, die

   1. gemäss einem Bundesgesetz der Bundesstrafgerichtsbarkeit unterstehen,

   2. der Bundesrat nach dem Bundesgesetz vom 22. März 1974[29] über das Verwaltungsstrafrecht dem Bundesstrafgericht überwiesen hat;

c. Rehabilitationsgesuche, die das Urteil einer Strafgerichtsbehörde des Bundes betreffen.

Art. 27 Besetzung

[1] Geschäfte, die in die Zuständigkeit der Strafkammer fallen, werden beurteilt:

a. durch den Kammerpräsidenten oder einen von ihm bezeichneten Richter, wenn als Sanktion Busse, Haft, Gefängnis von bis zu einem Jahr oder eine Massnahme ohne Freiheitsentzug in Betracht kommt;

b. in der Besetzung mit drei Richtern, wenn als Sanktion Gefängnis oder Zuchthaus von mehr als einem Jahr, aber höchstens zehn Jahren oder eine Massnahme mit Freiheitsentzug nach den Artikeln 43, 44 und 100bis des Strafgesetzbuches[30] in Betracht kommt;

c. in der Besetzung mit fünf Richtern, wenn als Sanktion Zuchthaus von mehr als zehn Jahren oder eine Massnahme mit Freiheitsentzug nach Artikel 42[31] des Strafgesetzbuches in Betracht kommt.

[2] Stellt die Strafkammer in der ursprünglich bestimmten Besetzung fest, dass eine Sanktion erforderlich ist, die ihre Zuständigkeit übersteigt, so wird der Fall in der entsprechenden grösseren Besetzung beurteilt.

[3] Der Angeklagte kann innert zehn Tagen seit der Zustellung der Anklageschrift verlangen, dass auch im Fall von Absatz 1 Buchstabe a drei Richter urteilen.

[4] Über Rehabilitationsgesuche entscheidet die Strafkammer in der Besetzung mit drei Richtern.

2. Abschnitt: Beschwerdekammer

Art. 28 Zuständigkeit

[1] Die Beschwerdekammer entscheidet über:

a. Beschwerden gegen Amtshandlungen oder Säumnis des Bundesanwalts und der eidgenössischen Untersuchungsrichter in Bundesstrafsachen (Art. 26 Bst. a);

---

28 Fassung gemäss Anhang Ziff. 5 des Finanzmarktaufsichtsgesetzes vom 22. Juni 2007, in Kraft seit 1. Jan. 2009 (SR 956.1).

29 SR 313.0

30 SR 311.0. Heute: nach den Art. 59–61.

31 Heute: nach Art. 64.

b. Zwangsmassnahmen und damit zusammenhängende Amtshandlungen, soweit das Bundesgesetz vom 15. Juni 1934[32] über die Bundesstrafrechtspflege oder ein anderes Bundesgesetz es vorsieht;

c. streitige Ausstandsbegehren gegen den Bundesanwalt sowie gegen eidgenössische Untersuchungsrichter und ihre Gerichtsschreiber;

c[bis].[33] die Ernennung von Ermittlern und Ermittlerinnen gemäss dem Bundesgesetz vom 20. Juni 2003[34] über die verdeckte Ermittlung;

d. Beschwerden, die ihr das Bundesgesetz vom 22. März 1974[35] über das Verwaltungsstrafrecht zuweist;

e.[36] Beschwerden in internationalen Rechtshilfeangelegenheiten gemäss:

1. dem Rechtshilfegesetz vom 20. März 1981[37],

2. dem Bundesbeschluss vom 21. Dezember 1995[38] über die Zusammenarbeit mit den Internationalen Gerichten zur Verfolgung von schwerwiegenden Verletzungen des humanitären Völkerrechts,

3. dem Bundesgesetz vom 22. Juni 2001[39] über die Zusammenarbeit mit dem Internationalen Strafgerichtshof,

4. dem Bundesgesetz vom 3. Oktober 1975[40] zum Staatsvertrag mit den Vereinigten Staaten von Amerika über gegenseitige Rechtshilfe in Strafsachen;

f. ...[41]

g. Anstände betreffend die Zuständigkeit und die innerstaatliche Rechtshilfe, soweit ein Bundesgesetz es vorsieht;

g[bis].[42] Überwachungsanordnungen und Beschwerden, die ihr das Bundesgesetz vom 6. Oktober 2000[43] betreffend die Überwachung des Post- und Fernmeldeverkehrs zuweist;

h.[44] Beschwerden gegen Verfügungen des Bundesverwaltungsgerichts über das Arbeitsverhältnis seiner Richter und Richterinnen und seines Personals.

---

32 SR 312.0

33 Eingefügt durch Anhang Ziff. 14 des Verwaltungsgerichtsgesetzes vom 17. Juni 2005, in Kraft seit 1. Jan. 2007 (SR 173.32).

34 SR 312.8

35 SR 313.0

36 Fassung gemäss Anhang Ziff. 14 des Verwaltungsgerichtsgesetzes vom 17. Juni 2005, in Kraft seit 1. Jan. 2007 (SR 173.32).

37 SR 351.1

38 SR 351.20

39 SR 351.6

40 SR 351.93

41 Aufgehoben durch Anhang Ziff. 14 des Verwaltungsgerichtsgesetzes vom 17. Juni 2005, mit Wirkung seit 1. Jan. 2007 (SR 173.32).

42 Eingefügt durch Anhang Ziff. 14 des Verwaltungsgerichtsgesetzes vom 17. Juni 2005, in Kraft seit 1. Jan. 2007 (SR 173.32).

43 SR 780.1

44 Fassung gemäss Anhang Ziff. 14 des Verwaltungsgerichtsgesetzes vom 17. Juni 2005, in Kraft seit 1. Jan. 2007 (SR 173.32).

2 Sie führt die Aufsicht über die Ermittlungen der gerichtlichen Polizei und die Voruntersuchung in Bundesstrafsachen.

Art. 29 Besetzung

Die Beschwerdekammer entscheidet in der Besetzung mit drei Richtern oder Richterinnen, soweit das Gesetz nicht den Präsidenten oder die Präsidentin als zuständig bezeichnet.

3. Abschnitt: Verfahren

Art. 30[45] Grundsatz

Das Verfahren vor dem Bundesstrafgericht richtet sich nach dem Bundesgesetz vom 15. Juni 1934[46] über die Bundesstrafrechtspflege; ausgenommen sind Fälle von:

a. Artikel 26 Buchstabe b und 28 Absatz 1 Buchstabe d, in denen das Bundesgesetz vom 22. März 1974[47] über das Verwaltungsstrafrecht anwendbar ist;

b. Artikel 28 Absatz 1 Buchstabe e, in denen das Bundesgesetz vom 20. Dezember 1968[48] über das Verwaltungsverfahren sowie die Bestimmungen der einschlägigen Rechtshilfeerlasse anwendbar sind.

Art. 31 Revision, Erläuterung und Berichtigung von Entscheiden der Beschwerdekammer

1 Für die Revision, Erläuterung und Berichtigung von Entscheiden der Beschwerdekammer gelten die Artikel 121–129 des Bundesgerichtsgesetzes vom 17. Juni 2005[49] sinngemäss.[50]

2 Nicht als Revisionsgründe gelten Gründe, welche die Partei, die um Revision nachsucht, bereits mit einer Beschwerde gegen den Entscheid der Beschwerdekammer hätte geltend machen können.

---

45 Fassung gemäss Anhang Ziff. 14 des Verwaltungsgerichtsgesetzes vom 17. Juni 2005, in Kraft seit 1. Jan. 2007 (SR 173.32).
46 SR 312.0
47 SR 313.0
48 SR 172.021
49 SR 173.110
50 Fassung gemäss Anhang Ziff. 4 des Bundesgerichtsgesetzes vom 17. Juni 2005, in Kraft seit 1. Jan. 2007 (SR 173.110).

3. Kapitel: Schlussbestimmungen

Art. 32 Änderung bisherigen Rechts

[1] Die Änderung bisherigen Rechts wird im Anhang* geregelt.

[2] Die Bundesversammlung kann diesem Gesetz widersprechende, aber formell nicht geänderte Bestimmungen in Bundesgesetzen durch eine Verordnung anpassen.

Art. 33 Übergangsbestimmungen

[1] Das Bundesstrafgericht nach diesem Gesetz übernimmt die Fälle, die bei dessen Inkrafttreten vor dem bisherigen Bundesstrafgericht und der Anklagekammer des Bundesgerichts hängig sind.

[2] Hängige Verfahren werden nach neuem Recht weitergeführt.

[3] Bis zum Inkrafttreten der Totalrevision des Bundesrechtspflegegesetzes vom 16. Dezember 1943[51] können Entscheide des Bundesstrafgerichts wie folgt angefochten werden:

a. Gegen Entscheide der Beschwerdekammer über Zwangsmassnahmen kann innert 30 Tagen seit der Eröffnung wegen Verletzung von Bundesrecht beim Bundesgericht Beschwerde geführt werden. Das Verfahren richtet sich sinngemäss nach den Artikeln 214–216, 218 und 219 des Bundesgesetzes vom 15. Juni 1934[52] über die Bundesstrafrechtspflege.

b. Gegen Entscheide der Strafkammer kann beim Kassationshof des Bundesgerichts Nichtigkeitsbeschwerde geführt werden. Das Verfahren richtet sich nach den Artikeln 268–278bis des Bundesgesetzes vom 15. Juni 1934 über die Bundesstrafrechtspflege; Artikel 269 Absatz 2 findet jedoch keine Anwendung. Der Bundesanwalt ist zur Beschwerde berechtigt.

Art. 34 Referendum und Inkrafttreten

[1] Dieses Gesetz untersteht dem fakultativen Referendum.

[2] Der Bundesrat bestimmt das Inkrafttreten.

---

* Wird hier nicht abgedruckt.

51 [BS 3 531; AS 1948 485 Art. 86, 1955 871 Art. 118, 1959 902, 1969 737 Art. 80 Bst. *b* 767, 1977 237 Ziff. II 3 862 Art. 52 Ziff. 2 1323 Ziff. III, 1978 688 Art. 88 Ziff. 3 1450, 1979 42, 1980 31 Ziff. IV 1718 Art. 52 Ziff. 2 1819 Art. 12 Abs. 1, 1982 1676 Anhang Ziff. 13, 1983 1886 Art. 36 Ziff. 1, 1986 926 Art. 59 Ziff. 1, 1987 226 Ziff. II 1 1665 Ziff. II, 1988 1776 Anhang Ziff. II 1, 1989 504 Art. 33 Bst. *a*, 1990 938 Ziff. III Abs. 5, 1992 288, 1993 274 Art. 75 Ziff. 1 1945 Anhang Ziff. 1, 1995 1227 Anhang Ziff. 3 4093 Anhang Ziff. 4, 1996 508 Art. 36 750 Art. 17 1445 Anhang Ziff. 2 1498 Anhang Ziff. 2, 1997 1155 Anhang Ziff. 6 2465 Anhang Ziff. 5, 1998 2847 Anhang Ziff. 3 3033 Anhang Ziff. 2, 1999 1118 Anhang Ziff. 1 3071 Ziff. I 2, 2000 273 Anhang Ziff. 6 416 Ziff. I 2 505 Ziff. I 1 2355 Anhang Ziff. 1 2719, 2001 114 Ziff. I 4 894 Art. 40 Ziff. 3 1029 Art. 11 Abs. 2, 2002 863 Art. 35 1904 Art. 36 Ziff. 1 2767 Ziff. II 3988 Anhang Ziff. 1, 2003 2133 Anhang Ziff. 7 3543 Anhang Ziff. II 4 Bst. *a* 4557 Anhang Ziff. II 1, 2004 1985 Anhang Ziff. II 1 4719 Anhang Ziff. II 1, 2005 5685 Anhang Ziff. 7. AS 2006 1205 Art. 131 Abs. 1]

52 SR 312.0

Datum des Inkrafttretens:[53]
Art. 1–14, 15 Abs. 1 Bst. a–d und Abs. 2 und 3, 16–20, 22–24, 32 und 34
sowie die Ziff. 2–6 des Anhangs: 1. Aug. 2003 in Kraft
Alle übrigen Bestimmungen: 1. April 2004

---

53   Art. 1 der V vom 25. Juni 2003 (AS 2003 2131)

24. Verordnung
über die elektronische Übermittlung im Rahmen von Zivil- und Strafprozessen sowie von Schuldbetreibungs- und Konkursverfahren
(VeÜ-ZSSV)[1]

vom 18. Juni 2010

Der Schweizerische Bundesrat,

gestützt auf die Artikel 130 Absatz 2, 139 Absatz 2 und 400 Absatz 1
der Zivilprozessordnung vom 19. Dezember 2008[2] (ZPO),
auf die Artikel 15 Absatz 2, 33*a* Absatz 2 und 34 Absatz 2 des Bundesgesetzes
vom 11. April 1889[3] über Schuldbetreibung und Konkurs (SchKG)
und auf die Artikel 110 Absatz 2 und 445 der Strafprozessordnung
vom 5. Oktober 2007[4] (StPO),

verordnet:

1. Abschnitt: Allgemeine Bestimmungen

Art. 1 Gegenstand und Geltungsbereich

[1] Diese Verordnung regelt die Modalitäten des elektronischen Verkehrs zwischen den Verfahrensbeteiligten und den Behörden im Rahmen von Verfahren, auf welche die ZPO, das SchKG oder die StPO Anwendung findet.

[2] Sie gilt nicht für Verfahren vor dem Bundesgericht.

Art. 2 Anerkannte Plattform für die sichere Zustellung

Eine Plattform für die sichere Zustellung (Zustellplattform) wird anerkannt, wenn sie:

a. für Signatur und Verschlüsselung Schlüsselpaare einsetzt, die auf Zertifikaten einer anerkannten Anbieterin von Zertifizierungsdiensten nach dem

---

SR 272.1. AS 2010 3105
1   Fassung gemäss Ziff. I der V vom 15. Mai 2013, in Kraft seit 1. Juli 2013 (AS 2013 1535
2   SR 272
3   SR 281.1
4   SR 312.0

Bundesgesetz vom 19. Dezember 2003[5] über die elektronische Signatur (anerkannte Anbieterin) basieren;

b. unverzüglich eine Quittung ausstellt mit dem Zeitpunkt des Eingangs einer Eingabe auf der Zustellplattform oder der Übergabe durch die Plattform an die Adressatin oder den Adressaten; diese Quittung und der von einem synchronisierten Zeitstempeldienst bestätigte Zeitpunkt ist mit einer elektronischen Signatur zu versehen, die auf einem Zertifikat einer anerkannten Anbieterin basiert;

c. nachweist, welche Dokumente übermittelt wurden;

d. die Eingaben und Verfügungen in geeigneter Weise vor unberechtigtem Zugriff durch Dritte schützt; liegt die Zustellplattform ausserhalb des geschützten Bereichs der Behörde, so dürfen die Eingaben und Verfügungen nur in verschlüsselter Form auf der Zustellplattform abgelegt werden und nur für die Behörde und die Adressatin oder den Adressaten lesbar sein;

e. die Verschlüsselung nach den technischen Standards der Bundesverwaltung gewährleistet;

f. imstande ist, mit den Bundesbehörden nach den technischen Standards der Bundesverwaltung bezüglich sicherer Übermittlung zu kommunizieren;

g. den Verkehr mit den andern anerkannten Zustellplattformen sicherstellt und die Nutzung von Vermittlungsfunktionen und Teilnehmerverzeichnissen unentgeltlich zur Verfügung stellt.

Art. 3   Anerkennungsverfahren

[1] Das Eidgenössische Justiz- und Polizeidepartement (EJPD) entscheidet über Anerkennungsgesuche. Es kann die Einzelheiten des Anerkennungsverfahrens regeln und insbesondere bestimmen:[6]

a. welche funktionalen und betrieblichen Anforderungen zu erfüllen sind;

b. wie Vermittlungsfunktionen und Teilnehmerverzeichnisse bereitzuhalten sind; und

c. welche Angaben mit dem Gesuch einzureichen sind.

[2] Es kann die Anerkennung entziehen, wenn es von Amtes wegen oder auf Anzeige hin feststellt, dass die Voraussetzungen nach Artikel 2 nicht mehr erfüllt sind.

[3] Die Entscheidgebühr wird nach Zeitaufwand berechnet; der Stundenansatz beträgt 250 Franken. Im Übrigen sind die Bestimmungen der Allgemeinen Gebührenverordnung vom 8. September 2004[7] anwendbar.

---

5   SR 943.03
6   Fassung gemäss Ziff. I der V vom 15. Mai 2013, in Kraft seit 1. Juli 2013 (AS 2013 1535).
7   SR 172.041.1

2. Abschnitt: Eingaben an eine Behörde

Art. 4 Eingaben

Eingaben an eine Behörde sind an die Adresse auf der von ihr verwendeten anerkannten Zustellplattform zu senden.

Art. 5 Verzeichnis

[1] Die Bundeskanzlei veröffentlicht im Internet ein Verzeichnis der Behördenadressen.

[2] Das Verzeichnis führt für jede Behörde auf:

a. die Internetadresse;

b. die Adresse für die elektronische Eingabe;

c. die Adresse der Zertifikate, die für die Überprüfung der elektronischen Signatur der Behörde zu verwenden sind.

[3] Die Bundeskanzlei kann die Aufnahme und die Nachführung der Einträge regeln.

Art. 6 Format

[1] Die Verfahrensbeteiligten haben ihre Eingaben einschliesslich Beilagen im Format PDF zu übermitteln.

[2] Das EJPD kann durch Verordnung festlegen, dass die Verfahrensdaten zusammen mit der Eingabe in strukturierter Form eingereicht werden können. Es regelt die technischen Vorgaben und das Datenformat.[8]

Art. 7 Signatur

Als anerkannte elektronische Signatur im Sinne von Artikel 130 Absatz 2 ZPO, Artikel 33a Absatz 2 SchKG und Artikel 110 Absatz 2 StPO gilt eine qualifizierte elektronische Signatur, die auf einem qualifizierten Zertifikat einer anerkannten Anbieterin beruht.

Art. 8 Zertifikat

Ist das qualifizierte Zertifikat mit dem Signaturprüfschlüssel weder auf der von der Behörde verwendeten Zustellplattform zugänglich noch im Verzeichnis der anerkannten Anbieterin aufgeführt, so muss es der Sendung beigefügt werden.

---

8   Fassung gemäss Ziff. I der V vom 15. Mai 2013, in Kraft seit 1. Juli 2013 (AS 2013 1535).

3. Abschnitt: Zustellung durch eine Behörde

Art. 9 Voraussetzungen

[1] Wer Vorladungen, Verfügungen, Entscheide und andere Mitteilungen (Mitteilungen) auf elektronischem Weg zugestellt erhalten will, hat sich auf einer anerkannten Zustellplattform einzutragen.

[2] Verfahrensbeteiligten, die sich auf der Zustellplattform eingetragen haben, können die Mitteilungen auf elektronischem Weg zugestellt werden, sofern sie dieser Art der Zustellung entweder für das konkrete Verfahren oder generell für sämtliche Verfahren vor einer bestimmten Behörde zugestimmt haben.

[3] Eine Person, die regelmässig Partei in einem Verfahren vor einer bestimmten Behörde ist oder regelmässig Parteien vor einer bestimmten Behörde vertritt, kann dieser Behörde mitteilen, dass ihr in einem oder in allen Verfahren die Mitteilungen auf elektronischem Weg zu eröffnen sind.

[4] Die Zustimmung kann jederzeit widerrufen werden.

[5] Zustimmung und Widerruf müssen schriftlich oder in einer anderen Form, die den Nachweis durch Text ermöglicht, erfolgen; sie können auch mündlich zu Protokoll gegeben werden.

Art. 10 Modalitäten

[1] Die Zustellung erfolgt über eine anerkannte Zustellplattform.

[2] Die Mitteilungen werden im Format PDF/A, die Beilagen im Format PDF übermittelt.

[3] Die Mitteilungen werden mit einer qualifizierten elektronischen Signatur versehen, die auf einem qualifizierten Zertifikat einer anerkannten Anbieterin basiert.

Art. 11 Zeitpunkt der Zustellung

[1] Die Zustellung gilt im Zeitpunkt des Herunterladens von der Zustellplattform als erfolgt.

[2] Erfolgt die Zustellung in ein elektronisches Postfach der Adressatin oder des Adressaten, das auf einer anerkannten Zustellplattform nach persönlicher Identifikation der Inhaberin oder des Inhabers des Postfaches eingerichtet wurde, so sind die Bestimmungen der ZPO und der StPO über die Zustellung eingeschriebener Sendungen sinngemäss anwendbar (Art. 138 Abs. 3 Bst. a ZPO bzw. Art. 85 Abs. 4 Bst. a StPO).

4. Abschnitt: Trägerwandel

Art. 12 Zusätzliche elektronische Zustellung von Verfügungen und Entscheiden

[1] Verfahrensbeteiligte können verlangen, dass ihnen die Behörde Verfügungen und Entscheide, die ihnen nicht elektronisch zugestellt worden sind, zusätzlich auch elektronisch zustellt.

[2] Die Behörde fügt dem elektronischen Dokument die Bestätigung bei, dass es mit der Verfügung oder dem Entscheid übereinstimmt.

Art. 13 Papierausdruck einer elektronischen Eingabe

[1] Die Behörde überprüft die elektronische Signatur bezüglich:

a. Integrität des Dokuments;
b. Identität der unterzeichnenden Person;
c. Gültigkeit und Qualität der elektronischen Signatur einschliesslich allfälliger rechtlich bedeutender Attribute;
d. Datum und Uhrzeit der elektronischen Signatur einschliesslich Qualität dieser Angaben.

[2] Sie fügt dem Papierausdruck das Ergebnis der Signaturprüfung und eine Bestätigung bei, dass der Papierausdruck den Inhalt der elektronischen Eingabe korrekt wiedergibt.

[3] Die Bestätigung ist zu datieren, zu unterzeichnen und mit Angaben zur unterzeichnenden Person zu versehen.

5. Abschnitt: Massenverfahren im Bereich Schuldbetreibung und Konkurs

Art. 14

[1] Das EJPD regelt die technischen und organisatorischen Vorgaben und das Datenformat, nach denen Gläubigerinnen und Gläubiger sowie Betreibungs- und Konkursämter in einer geschlossenen Benutzergruppe als Verbundteilnehmende Betreibungs- und Konkursdaten austauschen.

[2] Es bestimmt die zu verwendende Zustellplattform und die zu verwendende elektronische Signatur, die auf einem Zertifikat einer anerkannten Anbieterin basiert.

[3] Für jede Verbundteilnehmerin und jeden Verbundteilnehmer wird auf der Zustellplattform ein Postfach eingerichtet.

6. Abschnitt: Schlussbestimmungen

Art. 15[9] Übergangsbestimmung

[1] Das EJPD kann auf Verlangen eine Zustellplattform vorläufig anerkennen, wenn aus dem Anerkennungsgesuch nach summarischer Prüfung ersichtlich ist, dass die Voraussetzungen nach Artikel 2 wahrscheinlich erfüllt sind.

[2] Vorläufige Anerkennungen nach Absatz 1 sowie solche nach bisherigem Recht gelten bis zum definitiven Entscheid, längstens aber bis zum 31. Dezember 2015.

Art. 16 Inkrafttreten

Diese Verordnung tritt am 1. Januar 2011 in Kraft.

18. Juni 2010   Im Namen des Schweizerischen Bundesrates

                             Die Bundespräsidentin: Doris Leuthard
                             Die Bundeskanzlerin: Corina Casanova

---

9 Fassung gemäss Ziff. I der V vom 15. Mai 2013, in Kraft seit 1. Juli 2013 (AS 2013 1535).

Sachregister

Die laufenden Nummern der Erlasse (vgl. Inhaltsübersicht und Buchklappen) sind **fett**, die einzelnen Bestimmungen (Artikel, Absätze, Ziffern und Buchstaben) sind mager gedruckt.

Explosion
- fahrlässige Verursachung **1** 223 Ziff. 2
- Überwachung des Port- und Fernmeldeverkehrs **19** 269 Abs. 2 lit. a
- vorsätzliche Verursachung **1** 223
  Ziff. 1

Exportieren s. *Ausführen*

F
**Fabrikationsgeheimnis, Verlet-
zung 1** 162, 273, **7** 6
Fachkommission 1 62d Abs. 2, 75a
Fahndung 19 210 f.
- Mithilfe der Öffentlichkeit **19** 211
- Zuständigkeit **19** 210 Abs. 3
- Zweck **19** 210

**Fahndungssystem, automati-
siertes -** s. *RIPOL*
Fahnen s. *Hoheitszeichen*
Fahren
- in angetrunkenem Zustand **15** 91
  Abs. 1
- in fahrunfähigem Zustand **15** 91

Fahrlässigkeit
- Anwendungsfälle **1** 117, 125, 187
  Ziff. 4, 219 Abs. 2, 222, 223 Ziff. 2,
  225 Abs. 1, 226bis Abs. 2, 227 Ziff. 2,
  228 Ziff. 2, 229 Abs. 2, 230 Ziff. 2,
  230bis Abs. 2, 231 Ziff. 2, 232 Ziff. 2,
  233 Ziff. 2, 234 Abs. 2, 235 Ziff. 2, 236
  Abs. 2, 237 Ziff. 2, 238 Abs. 2, 239
  Ziff. 2, 243 Abs. 2, 267 Ziff. 3, 277
  Ziff. 2, 317 Ziff. 2, 318 Ziff. 2, 322bis,
  325, **6** 115 Abs. 3, 120, **15** 93 Abs. 1,
  16 21 Abs. 2, 22 **16a** 19 Ziff. 3, 20
  Ziff. 2, 21 Ziff. 2
- Begriff **1** 12 Abs. 3
- bei Sachverhaltsirrtum **1** 13 Abs. 2
- Strafbarkeit **1** 333 Abs. 7, **1** 12 Abs. 1
- bei Strassenverkehrsdelikten **15** 100
  Ziff. 1 Abs. 1
- bei Übertretungen des Nebenstraf-
  rechts **1** 333 Abs. 7

**Fahrlehrer, Strafbarkeit bei Strassen-
verkehrsdelikten 1** 100 Ziff. 3
Fahrrad s. *Motorloses Fahrzeug*
Fahrunfähigkeit 15 55, 91
- Vereitelung von Massnahmen zur
  Feststellung **15** 91a

Fahrverbot 1 67b, **2** 18
- bei schuldunfähigen beschuldigten
  Personen **19** 374 Abs. 1

Fahrzeug s.a. *Fahren, Fahrzeugausweis,
Fahrunfähigkeit, Führerausweis, Kontrollschilder, Motorloses Fahrzeug*
- Entwendung zum Gebrauch **15** 94
- nicht betriebssicheres - **15** 93
- in nicht genehmigter Ausführung **15** 99 Ziff. 1

Fahrzeugausweis
- Fahren ohne **15** 96
- nicht fristgemässes Einholen **15** 99
  Ziff. 2
- nicht Mitführen **15** 99 Ziff. 3
- nicht Vorweisen **15** 99 Ziff. 3bis

Fairnessgebot 19 3
Falschbeurkundung s. *Urkunden-
fälschung*
Falsche Anschuldigung 1 303
- Bundesgerichtsbarkeit **19** 23 Abs. 1
  lit. h
- Strafmilderung **1** 308

Falsche Anzeige 1 304, 308
Falsche Berichterstattung 1 272 Ziff. 2
- Überwachung des Post- und
  Fernmeldeverkehrs **19** 269 Abs. 2
  lit. a

Falsche Beurkundung
- Erschleichung **1** 253, **19** 24 Abs. 2

Falsche Beweisaussage 1 306
- Bundesgerichtsbarkeit **19** 23 Abs. 1
  lit. h
- Strafmilderung **1** 308

Falsche Übersetzung 1 307
- Bundesgerichtsbarkeit **19** 23 Abs. 1
  lit. h

Gebietshoheit
- fremde - **1** 299, 302, **19** 23 Abs. 1 lit. i
- schweizerische - **1** 269, **19** 23 Abs. 1 lit. h

Gebrauch
- einer falschen Beurkundung **1** 253 Abs. 2
- von falschen Urkunden im Rahmen einer verdeckten Ermittlung **1** 317bis
- von gefälschten Ausweisen **1** 252 Abs. 3
- von gefälschten Massen, Gewichten, Waagen oder anderen Messinstrumenten **1** 248 Abs. 4
- von gefälschten militärischen Aufgeboten oder Weisungen **1** 277 Ziff. 1 Abs. 2
- einer gefälschten Urkunde **1** 251 Ziff. 1 Abs. 3
- von Geldfälschungsgeräten **1** 247 Abs. 1
- von Geldherstellungsgeräten **1** 247 Abs. 2

Gebrechlichkeit 1 122

Gebühren
- für Privatauszüge aus Strafregister **14** 30
- des Strafverfahrens **19** 424

Gebührenüberforderung 1 313
- Bundesgerichtsbarkeit **19** 23 Abs. 1 lit. j

Geburt, Geburtsvorgang *s. Kindestötung*

Geburtsverhinderung (innerhalb einer Bevölkerungsgruppe) 1 264 lit. c

Gefahr
- für (fremdes) Eigentum **1** 223 ff., 238, 258
- der Flucht *s. Fluchtgefahr*

- für die Gesundheit von Menschen **1** 127, 136, 184, 226bis, 226ter, 231, 234
- für die Gesundheit von Tieren **1** 232, 234, 235, 236,
- für Leib und Leben **1** 18, 28a Abs. 2 lit. a, 119, 122, 127, 128, 129, 140, 156 Ziff. 3–4, 221 ff., 230bis Abs. 1 lit. a, 237, 238, 258, 271 Ziff. 2, **19** 172 Abs. 2 lit. a
- einer schweren seelischen Notlage **1** 119
- einer schwerwiegenden körperlichen Schädigung **1** 119
- unmittelbare, nicht anders abwendbare - **1** 17 f.
- weiterer Straftaten *s. Rückfallgefahr*

Gefahr im Verzug
- bei Beschlagnahmen **19** 263 Abs. 3
- Betreten von Räumlichkeiten **19** 213 Abs. 2
- Durchsuchungs- und Untersuchungsbefehl **19** 241 Abs. 3 und 4

Gefährdung
- von Betrieben, die der Allgemeinheit dienen **1** 239
- des Eisenbahnverkehrs **1** 238
- der Entwicklung von Minderjährigen **1** 187 f.
- des Friedens **1** 266 Ziff. 2
- durch gentechnisch veränderte oder pathogene Organismen **1** 230bis, **19** 269 Abs. 2 lit. a, 286 Abs. 2 lit. a
- der Gesundheit **1** 127 ff., 184, *s.a. Gefahr für die Gesundheit*
- der Interessen der Eidgenossenschaft oder der Kantone **1** 267
- durch Kernenergie, Radioaktivität und ionisierende Strahlen **1** 226bis
- der körperlichen oder seelischen Entwicklung eines Minderjährigen **1** 219

Rückzug
- des Gesuchs um neue Beurteilung **19** 369 Abs. 5
- des Rechtsmittels **19** 386
- des Strafantrages **1** 33
- Strafbefehlsverfahren **19** 355 Abs. 2, 356 Abs. 3 und 4

Rufschädigung 1 173 ff.

Ruhen der Vollstreckungsverjährung s. *Vollstreckungsverjährung, Verlängerung*

S

Sachbeschädigung 1 144, *s.a. Beschädigung*
- Bundesgerichtsbarkeit **19** 23 Abs. 1 lit. b
- verdeckte Ermittlung **19** 286 Abs. 2 lit. a

Sachen s. *Vermögensdelikte*

Sachentziehung 1 141
- Bundesgerichtsbarkeit **19** 23 Abs. 1 lit. b

Sachfahndungssystem s. *RIPOL*

Sachliche Beweismittel 19 192 ff.

Sachliche Zuständigkeit s. *Zuständigkeit*

Sachverhaltsirrtum s. *Tatbestandsirrtum*

Sachverständige 19 182 ff., *s.a. Begutachtung, Expertenkommission, Gutachten*
- Anforderungen **19** 183
- Auftrag, Inhalt **19** 184 Abs. 2
- Ausarbeitung des Gutachtens **19** 185
- Ausstandsgrund **19** 56 lit. b
- Ausstandsgründe *s. dort*
- Beizug bei Aufzeichnungen **19** 247 Abs. 2
- Bestechung **1** 322ter ff., **19** 23 Abs.1 lit. j, 24 Abs. 1
- Entschädigung **19** 190
- Erhebungen **19** 184 Abs. 4 und 5

- Ernennung **19** 184 Abs. 1
- Geheimhaltungspflicht **19** 73 Abs. 1, 184 Abs. 2 lit. e
- persönliche Verantwortlichkeit **19** 185 Abs. 1
- Pflichtversäumnis **19** 191
- als Verfahrensbeteiligte **19** 105 Abs. 1 lit. e
- im Verwaltungsstrafverfahren **13** 43
- Voraussetzung für Beizug **19** 182
- Widerruf **19** 184 Abs. 5

Sanität s. *Hilfs-, Rettungs- und Sicherheitsdienste*

Sanktionen
- Änderung **1** 56 Abs. 3, 65
- freiheitsentziehende – **2** 12
- Zusammentreffen mehrerer (im Vollzug) **2** 4 ff.
- Zusammentreffen mehrerer aus verschiedenen Kantonen **2** 13 ff.

Säumnis 19 93
- im Berufungsverfahren **19** 407
- Vorladung **19** 205 Abs. 4

Schadenersatz 1 48 lit. d, 73

Schädigungsabsicht 1 145, 251, 254, 256

Schädlinge
- fahrlässige Verbreitung **1** 233 Ziff. 2
- vorsätzliche Verbreitung **1** 233 Ziff. 1

Schändung 1 191
- Ausnahme vom Zeugnisverweigerungsrecht **19** 168 Abs. 4 lit. a, 172 Abs. 2 lit. b Ziff. 3
- Überwachung des Post- und Fernmeldeverkehrs **19** 269 Abs. 2 lit. a
- Untersuchung einer nicht beschuldigten Person **19** 251 Abs. 4
- verdeckte Ermittlung **19** 286 Abs. 2 lit. a

Scheinbare Vermögensminderung s. *Vermögensminderung*

Verbindung *s.a. Zusammentreffen von Sanktionen im Vollzug*
- der ambulanten Behandlung des Jugendlichen mit anderen Schutzmassnahmen **3** 14 Abs. 2
- von bedingten Strafen mit einer unbedingten Geldstrafe oder mit Busse **1** 42 Abs. 4
- von Freiheitsstrafe mit Geldstrafe **1** 135 Abs. 3 Satz 2, 172[bis], 197 Ziff. 4, 226[bis], 226[ter], 229 Abs. 1, 230 Ziff. 1 Abs. 4, 235 Ziff. 1 Abs. 2, 273 i.f., 282 Ziff. 2, 305[bis] Ziff. 2, 314 i.f., **6** 116 Abs. 3, 117, 118 Abs. 3, **15** 96 Abs. 2, **16** 19 Abs. 2, 20 Abs. 2, **16a** 19 Ziff. 1 i.f., 20 Ziff. 1 i.f.
- von Strafen im Jugendstrafrecht **3** 33, 34 Abs. 1

Verbindung von Strafen 19 352 Abs. 3
Verbindung von Strafen und Massnahmen 19 352 Abs. 2
Verbot der doppelten Strafverfolgung 19 11, 300 Abs. 2
- Vorbehalt **19** 11 Abs. 2, 323, 410 ff.

Verbot der Rechtsverzögerung 19 5
Verbotene Beweiserhebungsmethoden 19 140
Verbotsirrtum 1 21
Verbrechen 1 1 ff.
- im Ausland gegen den Staat **1** 4
- im Ausland gegen die Landesverteidigung **1** 4
- Begriff **1** 10 Abs. 1–2
- gegen die Familie **1** 213 ff.
- gegen die Freiheit **1** 180 ff.
- gemeingefährliche **1** 221 ff.
- im Inland **1** 3
- öffentliche Aufforderung **1** 259, **19** 269 Abs. 2 lit. a
- durch pflichtwidriges Untätigbleiben **1** 11
- unverjährbare - **1** 101, **5** 123b
- Zuständigkeit **19** 19 Abs. 2 lit. b

- einer ehrverletzenden Beschuldigung oder Verdächtigung **1** 173 f.
- menschlicher Krankheiten **1** 231, **19** 269 Abs. 2 lit. a, 286 Abs. 2 lit. a
- von Pornografie **1** 197
- von Schädlingen **1** 233, **19** 269 Abs. 2 lit. a, 286 Abs. 2 lit. a
- von Tierseuchen **1** 232, **19** 269 Abs. 2 lit. a, 286 Abs. 2 lit. a
- Verbreitung diskriminierender Ideologien **1** 261bis Abs. 2
- von durch Verletzung des Schriftgeheimnisses erlangten Tatsachen **1** 179 Abs. 2

Verbrechen gegen die Menschlichkeit 1 264a, 264k ff., *s.a. Kriegsverbrechen, Völkermord*
- Auslandtaten **1** 264m
- Ausschluss der relativen Immunität **1** 264n
- Bundesgerichtsbarkeit **19** 23 Abs. 1 lit. g
- strafbare Vorbereitungshandlungen **1** 260bis, **19** 23 Abs. 1 lit. h, 269 Abs. 2 lit. a, 286 Abs. 2 lit. a
- Tatbestände **1** 264a
- Überwachung des Post- und Fernmeldeverkehrs **19** 269 Abs. 2 lit. a
- Untergebene, Strafbarkeit **1** 264l
- verdeckte Ermittlung **19** 286 Abs. 2 lit. a
- Vorgesetzte, Strafbarkeit **1** 264k

Verdeckte Ermittlung 1 317bis, **19** 286 ff.
- Anforderungen an eingesetzte Person **19** 287
- Beendigung des Einsatzes **19** 297
- Beschwerde **19** 298 Abs. 3, 393–397
- betroffene Straftaten **19** 286 Abs. 2–3
- bei Drogenhandel **16** 23 Abs. 2, **16a** 23 Abs. 2
- Einsatz bei der Verfolgung von Delikten gegen das BetmG **19** 294

– gegen die Familie **1** 213 ff.
– gegen die Freiheit **1** 180 ff.
– gemeingefährliche **1** 221 ff.
– im Inland **1** 3
– durch pflichtwidriges Untätigbleiben **1** 11
– Zuständigkeit **19** 19 Abs. 2 lit. b
Vergewaltigung 1 190
– Ausnahme vom Zeugnisverweigerungsrecht **19** 168 Abs. 4 lit. a, 172 Abs. 2
  lit. b Ziff. 3
– Bundesgerichtsbarkeit **19** 23 Abs. 1
  lit. a
– lebenslängliche Verwahrung *s. dort*
– Überwachung des Post- und Fernmeldeverkehrs **19** 269 Abs. 2 lit. a
– Untersuchung einer nicht beschuldigten Person **19** 251 Abs. 4
– verdeckte Ermittlung **19** 286 Abs. 2
  lit. a
Vergleich 19 316
– im Jugendstrafprozess **20** 16
Vergleichsverhandlungen 19 332
  Abs. 2
**Verhaftete Personen bei unbestimm-
tem Gerichtsstand 19** 42 Abs. 2
Verhaftung
– zur Durchsetzung des Vollzugsbefehls **19** 439 Abs. 4
– Fahndung **19** 210 Abs. 1
– im Verwaltungsstrafverfahren **13** 52 ff.
Verhältnismässigkeit *s.a. Zwangsmassnahmen*
– bei der Anordnung von Massnahmen **1** 56 Abs. 2
– der Notwehr **1** 15
Verhandlungen
– amtliche geheime - (Veröffentlichung) **1** 293, **19** 23 Abs. 1 lit. h
Verhandlungsfähigkeit 19 114
– Vorbehalt bei Schuldunfähigkeit **19** 114 Abs. 3

**Verharmlosen von Völker-
  mord** *vgl. Völkermord*
Verhinderung
– von Nothilfe **1** 128
– Vorladung **19** 205 Abs. 2
Verjährung 1 97 ff.
– Beginn **1** 98, 100
– der Ehrverletzungsdelikte **1** 178
– der Entschädigung der amtlichen
  Verteidigung **19** 135 Abs. 5
– von Forderungen aus Verfahrenskosten **19** 442 Abs. 2
– Fristen **1** 97, 99, *s.a. Verjährungsfristen*
– im Jugendstrafrecht **3** 36 f.
– Revision **19** 410 Abs. 3
– bei sexuellen und bei pornografischen
  Straftaten an Kindern **1** 97 Abs. 2 ff.,
  5 123b
– Übergangsbestimmungen **1** 389
– von Übertretungen **1** 109
– Unverjährbarkeit **1** 101, **5** 123b
– der Verfolgung **1** 97 f.
– im Verwaltungsstrafrecht **13** 11
– der Vollstreckung **1** 99 f.
Verjährungsbeginn
– Verfolgung **1** 98
– Vollstreckung **1** 100
Verjährungsfristen
– bei Übertretungen **1** 109
– Verfolgung **1** 97
– verkürzte - **1** 118 Abs. 4, 178 Abs. 1,
  302 Abs. 3
– Vollstreckung **1** 99
Verkauf
– von Abhör-, Ton- und Bildaufnahmegeräten **1** 179[sexies]
– von Betäubungsmitteln **16** 19, **16a** 19
– von militärisch beschlagnahmtem
  Material **1** 330
– von Waffen **1** 260[quater]
Verkehr
– mit Betäubungsmitteln **16** 19, **16a** 19

Verleumdung 1 174
- durch nicht verbale Äusserungen 1 176
- gegen einen Verstorbenen oder verschollen Erklärten 1 175

Verlustschein (objektive Strafbarkeitsbedingung) 1 163 ff.

Vermessungszeichen, Beseitigung 1 257

Vermietung
- von Abhör-, Ton- und Bildaufnahmegeräten 1 179^{sexies}
- von Waffen 1 260^{quater}

Verminderte Schuldfähigkeit 1 19 Abs. 2–4

Vermittlung
- von Informationen *s. Rechtshilfe*
- von Menschen 1 182
- von Waffen 1 260^{quater}
- von Betäubungsmitteln 16 19, 16a 19

Vermögensdelikte 1 137 ff.
- geringfügige - 1 172ter
- Verbindung von Freiheitsstrafe mit Geldstrafe 1 172bis

Vermögenseinziehung *s.a. Teilung der eingezogenen Vermögenswerte und Gegenstände*
- bei Drogendelikten 16 24, 16a 24
- Ersatzforderungen 1 71
- Grundsätze 1 70
- bei krimineller Organisation 1 72

Vermögensminderung 1 164
- Bundesgerichtsbarkeit 19 24 Abs. 2
- Gerichtsstand 19 36 Abs. 1 und 3
- scheinbare - 1 163

Vermögensschädigung, arglistige - 1 151

Vermögensstrafrecht *s. Vermögensdelikte*

Vermögensverwalter *s. Berufsmässiger Vermögensverwalter, Finanzintermediär*

Vermögenswerte
- mit Beschlag belegte 1 169, 19 36 Abs. 1 und 3
- Beschlagnahme 19 266 Abs. 1, 2, 6
- Einziehung 1 70
- einer kriminellen Organisation 1 72
- Teilung nach Einziehung 10 1 ff.
- unrechtmässige Verwendung 1 141bis
- aus Verbrechen, Melderecht im Finanzsektor 1 305ter Abs. 2, 19 172 Abs. 2 lit. b Ziff. 3
- Verwendung zugunsten des Geschädigten 1 73

Vernachlässigung von Unterhaltspflichten 1 217

Vernichtung *s. Unbrauchbarmachen, Zerstörung*

Veröffentlichung *s.a. Zustellung von Mitteilungen*
- amtlicher geheimer Verhandlungen 1 293, 19 23 Abs. 1 lit. h
- von Mitteilungen 19 88
- Nichtverhinderung einer strafbaren 1 322bis, 19 23 Abs. 1 lit. j
- Quellenschutz 1 28a, 19 172
- des Revisionsentscheides 19 415 Abs. 3
- des Urteils *s. Urteilsveröffentlichung*
- verantwortliche Person (Mediendelikte) 1 28 Abs. 2–3, 322, 322bis

Verordnung von Betäubungsmitteln 16 19, 20, 16a 19, 20

Verpflichtung zur Rechtshilfe 19 44

Verrat *s.a. Hochverrat, Landesverrat*
- von Fabrikations- oder Geschäftsgeheimnissen 1 162
- von militärischen Nachrichten 1 274, 19 23 Abs. 1 lit. h
- von politischen Nachrichten 1 272, 19 23 Abs. 1 lit. h, 269 Abs. 2 lit. a
- von Wirtschaftsgeheimnissen 1 273, 19 23 Abs. 1 lit. h, 269 Abs. 2 lit. a

**Zwischenstaatliche Organisa-
tionen** *s. Internationale Organisationen*